中国社会科学年鉴

中国人口年鑑 2014

ALMANAC OF CHINA'S POPULATION

中国社会科学院人口与劳动经济研究所 编

中国社会科学出版社

图书在版编目（CIP）数据

中国人口年鉴．2014／中国社会科学院人口与劳动经济研究所编．—北京：中国社会科学出版社，2015.9

ISBN 978－7－5161－6886－8

Ⅰ．①中…　Ⅱ．①中…　Ⅲ．①人口—中国—2014—年鉴　Ⅳ．①C924.2－54

中国版本图书馆 CIP 数据核字(2015)第 213715 号

出 版 人　赵剑英
责任编辑　张靖晗
特邀编辑　张　妍
责任校对　林福国
责任印制　张雪娇

出　　版　中国社会科学出版社
社　　址　北京鼓楼西大街甲 158 号
邮　　编　100720
网　　址　http://www.csspw.cn
发 行 部　010－84083685
门 市 部　010－84029450
经　　销　新华书店及其他书店

印刷装订　三河市东方印刷有限公司
版　　次　2015 年 9 月第 1 版
印　　次　2015 年 9 月第 1 次印刷

开　　本　787×1092　1/16
印　　张　42.75
插　　页　2
字　　数　1203 千字
定　　价　385.00 元

编辑说明

时光飞度，转眼间岁末将至。《中国人口年鉴》2014卷携着编辑部各位同仁对读者的良好祝愿，如约与大家见面了。

由于工作调整和机构改革等原因，《中国人口年鉴》自2013卷起由期刊变为图书，改由中国社会科学出版社出版发行。《中国人口年鉴》仍将秉承“收录广泛、资料浓缩、信息密集、内容权威”的一贯原则，以全面、客观、翔实地反映中国人口及相关各项事业的发展概况，以及相关领域的研究状况为己任，继续在学术界和社会各界发挥自己应有的作用。

《中国人口年鉴》2014卷设7篇：1. 文献选载，2. 概况，3. 专论，4. 大事记，5. 附录，6. 数据，7. 索引。

1. 文献选载。该篇由“人口与发展”“劳动就业和社会保障”和“教育和公共卫生”三个部分组成。辑选了2013年度党和国家领导人的相关讲话、报告，以及有关人口、劳动就业、社会保障与社会保险、教育、公共卫生等方面的法律、法规和文件。各部分文献篇目以发表时间为序。为增加内容的时效性，辑入了2014年1月1日至4月30日之间发表或公布的部分文献。

2. 概况。该篇所收录的文章均由国家主管部门或权威人士撰写，内容的权威性具有可靠的保证，基本上涵盖了2013年度与人口发展相关的各项社会事业的发展概况。

3. 专论。该篇一直是本年鉴最具特色的重点篇目，由“专文”“学术研究综述”和“文摘”三部分组成。

“专文”部分的6篇文章，内容均为社会各界所关注的热点问题。著名人口学家曾毅教授撰写的《尽快启动普遍二孩软着陆，实现人口经济社会均衡发展》一文，就人口政策的变动对我国未来经济社会的影响进行了深入剖析。基于测算结果，明确指出与普遍允许二孩软着陆方案相比，只开放“双单独”的生育政策，仍有加速人口老化与劳动力萎缩，助长出生性别比偏高与继续制造独生子女高风险家庭等许多有损人口经济社会均衡发展的严重弊端；并提出了尽快稳妥实施普遍允许二孩软着陆政策的路线图与时间表，具有重大的现实意义。北京大学人口所专家穆光宗教授从人口价值观和政策分析的视角，思考了中国人口生育政策的改革，指出中国人口不是总量太大，而是人口失衡，进而提出了“统筹均衡—优化发展型人口价值观”的理念，令人耳目一新。复旦大学王桂新教授撰写的《中国城市化发展的挑战及其应对建议》一文，重点解读了中央政府强力推出的新型城镇化战略，分析了战略内容和实施中将面临的挑战，并对如何克服问题和应对挑战，实现新型城镇化转变经济发展模式、推进城乡一体化发展的战略目标提出独到见解。《试论当前中国人口发展的阶段特征及其影响——以城乡关系为视角》一文，全面客观地分析了中国城镇化发展的阶段性特征及其带来的新问题、新形势，有利于读者了解中国人口和城市化发展的关系现状。由国家卫生和计划生育委员会人口流动司专家撰写的《中国流动人口社会融合状况研究》，利用2013年国家卫生和计划生育委员会在上海等8个城市的调查数据，构建了社会融合指标体系，透视了流动人口在当地的融合水平。随着互联网技术的飞速发展，电子商务已渗透到经济社会生活的各个领域，并创造了大量就业机会，

《中国电子商务生态系统中的就业与创业研究》一文，为读者全面介绍了中国电子商务行业就业人群的现状、特征，以及未来电子商务发展面临的困境，对于读者了解电子商务的发展状况和个人的创业实践一定大有裨益。

“学术研究综述”收录了《2013：中国人口学研究的回顾与评述》《流动人口研究中的概念、数据及议题综述》《小企业生态对就业贡献的国内外研究进展》和《西方视角下的户籍制研究综述》4篇文章。《2013：中国人口学研究的回顾与评述》对2013年中国人口学研究的状况进行了梳理，使读者得以全方位地了解中国人口学研究发展的全貌；《流动人口研究中的概念、数据及议题综述》按照研究对象、数据选择、研究性质和研究成果，对已有文献的不同研究议题进行了归类综述；《小企业生态对就业贡献的国内外研究进展》详细地分析了美国、欧洲、中国台湾地区的小企业生态发展现状，并提出我国小企业发展的对策建议；《西方视角下的户籍制度研究综述》根据国外文献，梳理了西方学者对户籍制度的研究观点，读者可以通过此文对西方学者关于户籍制度的研究现状、理论、观点等有一个大致的了解。

“文摘”由本书编辑部根据国内2013年已出版的相关学术期刊中的内容选编而成，基本上反映了2013年人口学及相关学科的研究状况。中国社会科学院人口与劳动经济研究所博士后李雅楠为“文摘”的选编做了大量工作，在此特致谢意。

4. 大事记。该篇记录了2013年发生的与中国人口发展相关的事件，为读者把握中国人口发展提供时间序列上的清晰脉络。

5. 附录。该篇由“会议综述”和“会议动态”两部分组成。

6. 数据。该篇在本书中所占篇幅最大，其目的在于为读者在时间和空间上提供一个比较平台，以最大限度地发挥统计数据的作用。其中，中国数据部分包括“行政区划、人口数、户数和人口自然变动”“人口构成”“劳动就业”“社会保障与社会服务”“社会保险”“人民生活水平”“公共卫生、健康和计划生育”“教育状况”和“残疾人状况”方面的数据，以及台湾省、香港特别行政区和澳门特别行政区的相关统计数据。需要说明的是，受我国人口出生政策变动的影响，计划生育方面的相关数据统计工作有很大变动，部分数据今年暂缺。

在数据收集过程中，国家卫生和计划生育委员会、教育部、民政部、国家统计局、中国残疾人联合会等机构的相关部门给予了大力的支持，在此一并表示感谢。

“世界人口数据”包括部分相关国际统计数据及其指标解释。中国社会科学院人口与劳动经济研究所封婷为“世界人口数据”的选编做了不少工作，在此特致谢意。

7. 本书所载文章、数据，除特殊注明外均不包括台湾省、香港特别行政区、澳门特别行政区，以及服现役人员。

8. 为便于读者阅读，本书除在卷首列“目录”外，还在卷尾编有“索引”。

9. 《中国人口年鉴》2014卷编纂分工为：“英文目录”由张妍、李雅楠编译，郑真真审校；“文献选载”由张妍负责；“概况”由陈秋霖、张妍负责；“专论”由张妍、陈秋霖负责，其中“文摘”由张妍、李雅楠提供；“大事记”由施琛华负责，嵇平平供稿；“附录”由施琛华负责；“数据”由陈秋霖、张妍负责，其中图由王磊制作，“世界人口数据”由封婷编译；“索引”由张妍、施琛华编制。

全书由陈秋霖、张妍统编，副主编郑真真审校，主编张车伟审定。

《中国人口年鉴》编辑部

2014年12月

目　录

第一篇　文献选载

·人口与发展 …………………………………………………………………………………… (3)
民政部　国家发展和改革委员会　公安部　司法部　财政部　国家卫生和计划生育委员会
　国家宗教事务局关于进一步做好弃婴相关工作的通知(2013 年 5 月 14 日) ……………… (3)
中华人民共和国民政部令　第 48 号(2013 年 6 月 28 日)　…………………………………… (6)
中华人民共和国民政部令　第 49 号(2013 年 6 月 28 日) …………………………………… (10)
中华人民共和国国务院令　第 637 号(2013 年 7 月 12 日)　………………………………… (14)
国务院关于加快发展养老服务业的若干意见(2013 年 9 月 6 日) ………………………… (20)
中共中央关于全面深化改革若干重大问题的决定(2013 年 11 月 12 日中国共产党第十八届
　中央委员会第三次全体会议通过) ……………………………………………………………… (26)
国家卫生计生委　国家中医药管理局关于加快推进人口健康信息化建设的指导
　意见(2013 年 11 月 20 日) ……………………………………………………………………… (42)
中国残疾人联合会关于印发《残疾人托养服务基本规范(试行)》的通知(2013 年
　12 月 31 日) ……………………………………………………………………………………… (48)
中华人民共和国国务院令　第 649 号(2014 年 2 月 21 日)　………………………………… (58)
政府工作报告(节选)
　——2014 年 3 月 5 日在第十二届全国人民代表大会第二次会议上 ……………… 李克强(65)
中共中央　国务院印发《国家新型城镇化规划(2014—2020 年)》(2014 年 3 月 16 日) …… (69)
·劳动就业和社会保障　……………………………………………………………………… (97)
中共中央组织部等 7 部门关于促进残疾人按比例就业的意见(2013 年 8 月 19 日)　……… (97)
中华人民共和国人力资源和社会保障部令　第 20 号(2013 年 9 月 26 日)　……………… (100)
财政部　人力资源社会保障部　国家税务总局关于企业年金　职业年金个人所得税
　有关问题的通知(2013 年 12 月 6 日) ………………………………………………………… (105)
工伤职工劳动能力鉴定管理办法(2014 年 2 月 20 日) ……………………………………… (107)
国务院关于建立统一的城乡居民基本养老保险制度的意见(2014 年 2 月 21 日) ………… (111)
人力资源社会保障部　财政部关于印发《城乡养老保险制度衔接暂行办法》的通知
　(2014 年 2 月 24 日) …………………………………………………………………………… (115)
中华人民共和国国务院令　第 652 号(2014 年 4 月 25 日) ………………………………… (117)
·教育和公共卫生 ……………………………………………………………………………… (121)
国家卫生和计划生育委员会令　第 1 号(2013 年 5 月 31 日) ……………………………… (121)
财政部　教育部　人力资源社会保障部关于印发《中等职业学校国家助学金管理办法》
　的通知(2013 年 6 月 3 日)　…………………………………………………………………… (124)
财政部　教育部　人力资源社会保障部关于印发《中等职业学校免学费补助资金管理

办法》的通知(2013 年 6 月 3 日) …… (126)
教育部关于印发《中小学生学籍管理办法》的通知(2013 年 8 月 11 日) …… (128)
国家卫生计生委关于加强食品安全标准工作的指导意见(2013 年 9 月 12 日) …… (132)
国务院关于促进健康服务业发展的若干意见(2013 年 9 月 28 日) …… (136)
国家卫生计生委　国家中医药管理局关于加快发展社会办医的若干意见(2013 年 12 月 30 日) …… (142)
教育部　国家发展改革委　财政部关于全面改善贫困地区义务教育薄弱学校基本办学条件的意见(2013 年 12 月 31 日) …… (145)
国务院办公厅关于转发教育部等部门特殊教育提升计划(2014—2016 年)的通知(2014 年 1 月 8 日) …… (149)
国务院办公厅关于印发中国食物与营养发展纲要(2014—2020 年)的通知(2014 年 1 月 28 日) …… (153)

第二篇　概　况

2013 年中国人口发展概况 …… 李桂芝(159)
2013 年中国流动人口概况 …… 李桂芝(163)
2013 年中国教育事业发展概况 …… 教育部(166)
2013 年中国卫生和计划生育事业发展概况 …… 国家卫生和计划生育委员会(170)
2013 年中国残疾人事业发展概况 …… 中国残疾人联合会(186)
2013 年中国社会服务事业发展概况 …… 何珊珊(191)

第三篇　专　论

·专文 …… (199)
尽快启动普遍二孩软着陆,实现人口经济社会均衡发展 …… 曾　毅(199)
中国人口生育政策改革的思考 …… 穆光宗(228)
中国城市化发展的挑战及其应对建议 …… 王桂新(237)
试论当前中国人口发展的阶段特征及其影响——以城乡关系为视角 …… 曹文明　吕颖慧(252)
中国流动人口社会融合状况研究 …… 江婷婷(259)
中国电子商务生态系统中的就业与创业研究 …… 郝建彬(268)
·学术研究综述 …… (279)
2013:中国人口学研究的回顾与评述 …… 陆杰华　张　韵　李　月(279)
流动人口研究中的概念、数据及议题综述 …… 张展新　杨思思(292)
小企业生态对就业贡献的国内外研究进展 …… 刘　鹰　张　婷(303)
西方视角下的户籍制研究综述 …… 季　涛(322)
·文摘 …… (330)
1990 年以来中国人口寿命水平和死亡模式的再估计 …… (330)
FDI、环境监管与能源消耗:基于能耗强度分解的经验检验 …… (330)
北京市人口、经济和环境关系的协调度评价 …… (330)
城市化将如何应对老龄化?——从中国城乡人口流动到养老基金平衡的视角 …… (330)
城镇化进程中农民工就业稳定性及工资差距——基于分位数回归的分析 …… (330)

城镇居民婚姻匹配和家庭收入变动:1991—2009 ……………………………… (331)
独生子女死亡总量及变化趋势研究 …………………………………………… (331)
对2010年人口普查数据准确性的估计 ………………………………………… (331)
发展战略、城市化与中国城乡收入差距 ……………………………………… (331)
符合二胎政策妇女的生育意愿和生育行为差异——基于计划行为理论的实证研究 …… (332)
个人所得税的收入分配效应 …………………………………………………… (332)
个人所得税改善中国收入分配了吗——基于对1997—2011年微观数据的动态评估 … (332)
工会是否改善劳动收入份额?——理论分析与来自中国民营企业的经验证据 ……… (332)
户籍歧视对城乡收入差距的影响 ……………………………………………… (333)
技术进步、计算机使用与劳动收入占比——来自中国工业企业数据的证据 ………… (333)
技术偏向与中国劳动收入份额的再考察 ……………………………………… (333)
教育回报率的地区差异及其对劳动力流动的影响 …………………………… (333)
近20年来中国人口老龄化的区域差异及其演化 ……………………………… (333)
经济波动、劳动力市场摩擦与产业结构 ……………………………………… (334)
经济增速放缓与经济波动对居民福利影响的阶段差异分析 ………………… (334)
劳动关系的集体化转型与政府劳工政策的完善 ……………………………… (334)
劳动力市场扭曲、结构转变和中国劳动生产率 ……………………………… (334)
劳动力市场扭曲是促进还是抑制了FDI的流入 ……………………………… (335)
累计劣势与老年人经济安全的性别差异:一个生命历程视角的分析 ………… (335)
"六普"报告的婴儿死亡率误差和实际水平的估计 ……………………………… (335)
门当户对的婚姻会更幸福吗?——基于婚姻匹配结构与主观幸福感的实证研究 …… (335)
农民工流动方式与子女社会分化——对中国人口流动制度设计的反思 ………… (335)
能源使用、碳排放与我国全要素碳减排效率 ………………………………… (336)
企业出口对员工工资影响的再分析——基于广义倾向得分法的经验研究 ……… (336)
人口城镇化与城镇化用地关系研究——以江苏省为例 ……………………… (336)
人口结构与国际贸易 …………………………………………………………… (336)
人口老龄化另一种测量指标 …………………………………………………… (336)
人口流动对中国城乡居民健康差异的影响 …………………………………… (337)
人口年龄结构、养老保险制度转轨对居民储蓄率的影响 ……………………… (337)
人口年龄结构对居民消费影响的路径分析 …………………………………… (337)
人力资本与产业结构转化对经济增长的效应分析——来自中国省级面板数据的
　经验证据 …………………………………………………………………… (337)
社会经济地位对人口健康的影响——以生活方式为中介机制 ……………… (337)
生育水平评估与生育政策调整——基于中国大陆分省生育水平现状的分析 ……… (338)
提高劳动者的工资水平能否有效改善我国初次分配状况? …………………… (338)
外商直接投资、适度财政分权与农村剩余劳动力转移——基于经济因素和体制变革的
　双重合力视角 ……………………………………………………………… (338)
外资进入是否提高了劳动者的讨价还价能力 ………………………………… (338)
我国出生性别比变化新特点——基于"五普"和"六普"数据的比较 …………… (339)
我国人口因素对二氧化碳排放的影响——基于STIRPAT模型的分析 ………… (339)
新生代农民工"二元化"消费方式与身份认同研究——基于2010年上海市外来
　农民工的调查 ……………………………………………………………… (339)

养老金"双轨制"对城镇居民生命周期消费差距的影响 …………………………… (339)
预期城乡收入差距及其对我国农村劳动力转移的影响 …………………………… (339)
暂时性贫困与慢性贫困的度量、分解和决定因素分析 …………………………… (340)
制造业企业对劳动力市场变化的反应:基于微观数据的观察 …………………… (340)
中国城乡户籍一元化改革与劳动力职业分布 …………………………………… (340)
中国城乡家庭结构变动分析——基于2010年人口普查数据 …………………… (340)
中国城乡居民的教育机会不平等及其演变(1978—2008) ………………………… (341)
中国城镇化质量研究 …………………………………………………………… (341)
中国初婚模式变迁——基于婚姻表的分析 ……………………………………… (341)
中国的劳动份额是否真的很低:基于制造业的国际比较研究 …………………… (341)
中国经济增长的就业弹性 ……………………………………………………… (341)
中国经济增长如何转向全要素生产率驱动型 …………………………………… (342)
中国居民消费的碳排放趋势及其影响因素的经验分析 ………………………… (342)
中国劳动力市场发展对劳动力成本的影响 ……………………………………… (342)
中国劳动收入份额的变化趋势及其驱动机制新解——基于国际贸易和最低工资的视角 …………………………………………………………………………… (342)
中国老年人的居住方式现状与变动特点——基于"六普"和"五普"数据的分析 …… (342)
中国离退休人员收入分配中的横向与纵向失衡分析 …………………………… (343)
中国人口变动对经济增长影响的量化研究 ……………………………………… (343)
中国人口分布与经济发展空间一致性研究 ……………………………………… (343)
中国人口年龄结构与居民医疗保健消费 ………………………………………… (343)
中国人口生育水平低在何处——基于"六普"数据的分析 ………………………… (344)
中国人力资本的区域分布及发展动态 …………………………………………… (344)
中国社会的代际收入流动性趋势:2000—2009 ………………………………… (344)
中国生育率转变中的数量和进度效应 …………………………………………… (344)
中国通货膨胀对财产不平等的影响 ……………………………………………… (345)
中国制造业的就业创造与就业消失 ……………………………………………… (345)
中小城市规模分布如何影响劳动者工资收入? ………………………………… (345)
最低工资标准与中国企业的出口行为 …………………………………………… (345)

第四篇 大事记

· 2013年中国人口活动大事记 …………………………………………………… (349)

第五篇 附 录

· 会议综述 ……………………………………………………………………… (381)
第二届全国"人口、就业与社会保障"学术研讨会会议综述 ………………… 王莹莹 童玉芬(381)
部分新兴经济体的进城农村转移人口及其就业与住房保障
——2013年新兴经济体智库圆桌会议综述 ………………………… 夏 锋 李子明 郭文芹(385)
"进城务工人员随迁子女公平接受教育的财政制度设计"专题研讨会综述 ………… 张 眉(390)
· 会议动态 ……………………………………………………………………… (396)

人口普查国际学术研讨会 ……………………………………………………………… (396)
"全球化背景下劳动关系与劳工运动"国际研讨会…………………………………… (396)
全国人口和计划生育工作会议 ………………………………………………………… (396)
中国社会保障30人论坛年会(2013) ………………………………………………… (396)
2013年国际护士节护理大会…………………………………………………………… (397)
第二届全国"人口、就业与社会保障"学术研讨会 …………………………………… (397)
中国社会学学会2013年学术年会 ……………………………………………………… (397)
"农民工市民化与更高质量的城镇化"学术研讨会…………………………………… (398)
中央补助地方健康素养促进行动项目2012年总结暨2013年启动会 ……………… (398)
全国农村改革与发展座谈会 …………………………………………………………… (399)
中德流动人口社会融合国际研讨会 …………………………………………………… (399)
人口与发展南南合作部长级国际会议 ………………………………………………… (400)
健康老龄化:中、德、日的多学科研究国际研讨会 …………………………………… (400)
第五届CIER/IZA劳动经济学学术研讨会 …………………………………………… (400)
计划生育基层基础工作研讨会 ………………………………………………………… (401)
2013(第六届)中国人力资源管理年会………………………………………………… (401)
2013中国城市规划年会………………………………………………………………… (401)
当代劳动经济学国际研讨会 …………………………………………………………… (401)
"城乡发展一体化"国际研讨会………………………………………………………… (402)
中国城市转型与重构国际研讨会 ……………………………………………………… (402)
创新与改革——中国人口转变学术研讨会暨中国人口学会2013年年会 …………… (403)
中国社会保障30人论坛年会(2014) ………………………………………………… (403)
中德城市与区域可持续发展国际研讨会 ……………………………………………… (404)
新型城镇化与流动人口社会融合论坛(2014)………………………………………… (404)

第六篇　数　据

· **说明** ……………………………………………………………………………………… (407)
· **中国人口发展主要图表** …………………………………………………………………… (408)
图1　全国分地区的出生率、死亡率和自然增长率 ……………………………………… (408)
图2　2013年全国人口金字塔 …………………………………………………………… (408)
图3　2013年全国人口金字塔(城市)…………………………………………………… (409)
图4　2013年全国人口金字塔(镇)……………………………………………………… (409)
图5　2013年全国人口金字塔(乡村)…………………………………………………… (410)
图6　全国分城乡人口的受教育水平 ……………………………………………………… (410)
图7　全国分城乡人口的受教育水平(男性) …………………………………………… (411)
图8　全国分城乡人口的受教育水平(女性) …………………………………………… (411)
图9　全国分性别人口的婚姻状况 ………………………………………………………… (412)
图10　2013年各地区人口少儿抚养比与老年抚养比 …………………………………… (412)
图11　2013年全国分地区的城镇失业人数和失业率 …………………………………… (413)
图12　全国历年三次产业就业人员构成 ………………………………………………… (413)
图13　全国历年结婚对数与粗结婚率 …………………………………………………… (414)

图 14 全国历年离婚总数与粗离婚率 …… (414)
图 15 历年全国和城乡卫生费用 …… (415)
图 16 1991—2013 年卫生部监测地区新生儿死亡率、婴儿死亡率、5 岁以下儿童死亡率 …… (415)
图 17 1991—2013 年卫生部监测地区孕产妇死亡率 …… (416)

· 行政区划 …… (417)

1. 2013 年全国行政区划 …… (417)

· 人口数、户数和人口自然变动 …… (418)

2. 2013 年各省、自治区、直辖市人口数及人口自然变动情况 …… (418)
3. 2013 年全国分年龄、性别的人口数 …… (419)
4. 2013 年全国分年龄、性别的人口数(城市) …… (424)
5. 2013 年全国分年龄、性别的人口数(镇) …… (429)
6. 2013 年全国分年龄、性别的人口数(乡村) …… (434)
7. 2013 年各省、自治区、直辖市户数、人口数、性别比和平均家庭户规模 …… (439)
8. 2013 年各省、自治区、直辖市户数、人口数、性别比和平均家庭户规模(城市) …… (441)
9. 2013 年各省、自治区、直辖市户数、人口数、性别比和平均家庭户规模(镇) …… (443)
10. 2013 年各省、自治区、直辖市户数、人口数、性别比和平均家庭户规模(乡村) …… (445)
11. 2013 年各省、自治区、直辖市分性别、受教育程度的人口数 …… (447)
12. 2013 年各省、自治区、直辖市分性别、受教育程度的人口数(城市) …… (449)
13. 2013 年各省、自治区、直辖市分性别、受教育程度的人口数(镇) …… (451)
14. 2013 年各省、自治区、直辖市分性别、受教育程度的人口数(乡村) …… (453)
15. 2013 年各省、自治区、直辖市分性别、婚姻状况的人口数 …… (455)
16. 2013 年各省、自治区、直辖市分性别、婚姻状况的人口数(城市) …… (457)
17. 2013 年各省、自治区、直辖市分性别、婚姻状况的人口数(镇) …… (459)
18. 2013 年各省、自治区、直辖市分性别、婚姻状况的人口数(乡村) …… (461)

· 人口构成 …… (463)

19. 2013 年各省、自治区、直辖市人口城乡构成 …… (463)
20. 2013 年各省、自治区、直辖市人口年龄构成和抚养比 …… (464)
21. 2013 年各省、自治区、直辖市人口年龄构成和抚养比(城市) …… (465)
22. 2013 年各省、自治区、直辖市人口年龄构成和抚养比(镇) …… (466)
23. 2013 年各省、自治区、直辖市人口年龄构成和抚养比(乡村) …… (467)
24. 2013 年全国 15 岁及以上人口分年龄、性别的婚姻状况 …… (468)
25. 2013 年全国 15 岁及以上人口分年龄、性别的婚姻状况(城市) …… (472)
26. 2013 年全国 15 岁及以上人口分年龄、性别的婚姻状况(镇) …… (476)
27. 2013 年全国 15 岁及以上人口分年龄、性别的婚姻状况(乡村) …… (480)

· 劳动就业 …… (484)

28. 2008—2013 年全国就业基本情况 …… (484)
29. 全国历年按三次产业分就业人员数 …… (485)
30. 全国历年按城乡分就业人员数 …… (487)
31. 2013 年各省、自治区、直辖市按行业分城镇单位就业人员数 …… (489)
32. 2013 年各省、自治区、直辖市私营企业就业人员数 …… (491)
33. 2013 年各省、自治区、直辖市个体就业人员数 …… (492)

34. 1990—2013 年各省、自治区、直辖市城镇登记失业人员及失业率 …… (493)
· **社会保障与社会服务** …… (494)
35. 全国历年城市社会救济和城市居民最低生活保障 …… (494)
36. 2013 年各省、自治区、直辖市城市居民最低生活保障及其他社会救济 …… (495)
37. 全国历年农村社会救济和农村居民最低生活保障 …… (497)
38. 2013 年各省、自治区、直辖市农村居民最低生活保障情况 …… (499)
39. 2004—2013 年全国农村医疗救助情况 …… (500)
40. 2013 年各省、自治区、直辖市农村医疗救助及其他农村救济 …… (501)
41. 2013 年各省、自治区、直辖市农村五保供养情况 …… (502)
42. 1999—2013 年全国最低生活保障和社会救济平均标准 …… (504)
43. 1999—2013 年全国最低生活保障和社会救济平均支出水平 …… (505)
44. 2013 年各省、自治区、直辖市养老服务机构(城市) …… (506)
45. 2013 年各省、自治区、直辖市养老服务机构(农村) …… (508)
46. 2013 年各省、自治区、直辖市儿童收养机构 …… (510)
47. 2013 年各省、自治区、直辖市社会福利院 …… (512)
48. 2013 年各省、自治区、直辖市老龄事业发展概况(一) …… (514)
49. 2013 年各省、自治区、直辖市老龄事业发展概况(二) …… (516)
50. 全国历年结婚登记情况 …… (518)
51. 2013 年各省、自治区、直辖市结婚登记服务情况(一) …… (519)
52. 2013 年各省、自治区、直辖市结婚登记服务情况(二) …… (520)
53. 全国历年离婚办理情况 …… (521)
54. 2013 年各省、自治区、直辖市民政部门离婚办理服务情况 …… (522)
55. 全国历年自然灾害情况 …… (523)
56. 2013 年各省、自治区、直辖市自然灾害损失情况 …… (524)
· **社会保险** …… (525)
57. 1994—2013 年全国社会保险基本情况 …… (525)
58. 1990—2013 年全国社会保险基金收支及累计结余 …… (526)
59. 2013 年各省、自治区、直辖市城镇职工基本养老保险情况 …… (528)
60. 1989—2013 年全国参加城镇职工基本养老保险人数 …… (529)
61. 2013 年各省、自治区、直辖市城乡居民社会养老保险情况 …… (530)
62. 2013 年各省、自治区、直辖市城镇基本医疗保险参保人数 …… (531)
63. 2013 年各省、自治区、直辖市城镇基本医疗保险基金收支情况 …… (532)
64. 2013 年各省、自治区、直辖市失业保险情况 …… (533)
65. 2013 年各省、自治区、直辖市工伤保险情况 …… (534)
66. 2013 年各省、自治区、直辖市生育保险情况 …… (535)
· **人民生活水平** …… (536)
67. 2013 年人民生活基本情况 …… (536)
68. 2013 年各省、自治区、直辖市城镇居民平均每人全年家庭收入来源 …… (538)
69. 2013 年各省、自治区、直辖市按来源分农村居民家庭人均纯收入 …… (539)
70. 全国历年城乡居民家庭人均收入及恩格尔系数 …… (540)
71. 2013 年各省、自治区、直辖市城镇居民家庭平均每人全年现金消费支出 …… (541)
72. 2013 年各省、自治区、直辖市农村居民家庭平均每人消费支出 …… (542)

73. 全国历年城乡居民家庭人均收入和消费支出 …… (543)
74. 2013 年各省、自治区、直辖市居民消费水平 …… (544)
75. 全国历年居民消费水平 …… (545)
76. 2013 年各省、自治区、直辖市城镇单位就业人员工资总额和指数 …… (546)
77. 1995—2013 年全国城镇单位就业人员工资总额和指数 …… (547)
78. 2013 年各省、自治区、直辖市城镇单位就业人员平均工资和指数 …… (548)
79. 1995—2013 年全国城镇单位就业人员平均工资和指数 …… (550)
· **公共卫生与健康** …… (552)
80. 2013 年各省、自治区、直辖市医疗卫生机构数 …… (552)
81. 2013 年各省、自治区、直辖市医疗卫生机构床位数 …… (553)
82. 2013 年各省、自治区、直辖市卫生人员数 …… (554)
83. 2013 年各省、自治区、直辖市农村乡镇卫生院及床位、人员数 …… (555)
84. 2013 年各省、自治区、直辖市村卫生室及人员数 …… (556)
85. 2013 年各省、自治区、直辖市医院诊疗人次、住院人数 …… (557)
86. 2013 年各省、自治区、直辖市基层医疗卫生机构诊疗人次、住院人数 …… (558)
87. 1990—2013 年全国卫生总费用情况 …… (559)
88. 2013 年全国公立医院收入与支出情况 …… (560)
89. 2013 年综合医院收入与支出情况 …… (561)
90. 2009—2013 年全国医院次均门诊费用、人均住院费用 …… (562)
91. 2012—2013 年全国综合医院门诊费用、人均住院费用 …… (563)
92. 2013 年各地区医院门诊和住院病人人均医药费用 …… (564)
93. 2013 年全国城市分性别前 10 位疾病死亡率及死亡原因构成 …… (565)
94. 2013 年全国农村居民分性别前 10 位疾病死亡率及死亡原因构成 …… (566)
95. 1990—2013 年全国儿童保健情况 …… (567)
96. 2013 年各省、自治区、直辖市儿童保健情况 …… (568)
97. 1991—2013 年卫生部监测地区新生儿死亡率、婴儿死亡率、5 岁以下儿童和孕产妇死亡率 …… (569)
98. 1980—2013 年全国孕产妇保健情况 …… (570)
99. 2013 年各省、自治区、直辖市孕产妇保健情况(一) …… (571)
100. 2013 年各省、自治区、直辖市孕产妇保健情况(二) …… (572)
101. 2013 年 28 种传染病报告发病及死亡情况 …… (573)
102. 2013 年各省、自治区、直辖市农村改水情况 …… (574)
103. 2013 年各省、自治区、直辖市农村改厕工作情况 …… (575)
104. 2013 年全国育龄妇女分年龄、孩次的生育状况 …… (576)
105. 2013 年全国育龄妇女分年龄、孩次的生育状况(城市) …… (578)
106. 2013 年全国育龄妇女分年龄、孩次的生育状况(镇) …… (580)
107. 2013 年全国育龄妇女分年龄、孩次的生育状况(乡村) …… (582)
108. 各地区已婚育龄妇女避孕率(2009—2013) …… (584)
109. 全国历年计划生育手术情况 …… (585)
110. 2013 年各省、自治区、直辖市计划生育手术情况 …… (587)
· **教育状况** …… (588)
111. 全国历年各级各类学校数 …… (588)

2-40
2-41
2-42
2-43

112. 全国历年各级各类学校专任教师数…………………………………………………………（589）
113. 全国历年各级各类学校招生数……………………………………………………………（590）
114. 全国历年各级各类学校在校学生数…………………………………………………………（591）
115. 2013年各省、自治区、直辖市每10万人口各级学校平均在校生数 ……………………………（592）
116. 全国历年各级各类学校毕业生数……………………………………………………………（593）
117. 2013年各省、自治区、直辖市各级普通学校生师比…………………………………………（594）
118. 1990—2013年全国学龄儿童入学率和各级普通学校毕业生升学率……………………………（595）
119. 2013年全国高等教育学校（机构）学生数 ………………………………………………（596）
120. 2013年全国各级各类学历教育学生情况……………………………………………………（597）
121. 2013年各省、自治区、直辖市特殊教育基本情况……………………………………………（599）
122. 全国历年教育经费情况（1992—2012） …………………………………………………（600）
123. 2013年各省、自治区、直辖市分性别的15岁及以上文盲人口 ………………………………（601）
124. 2013年各省、自治区、直辖市分性别的15岁及以上文盲人口（城市） ………………………（602）
125. 2013年各省、自治区、直辖市分性别的15岁及以上文盲人口（镇） …………………………（603）
126. 2013年各省、自治区、直辖市分性别的15岁及以上文盲人口（乡村） ………………………（604）
· **残疾人数据** ……………………………………………………………………………（605）
127. 2013年分地区未入学学龄残疾儿童少年情况…………………………………………………（605）
128. 2013年分地区残疾人就业情况………………………………………………………………（606）
129. 2013年分地区残疾人职业培训………………………………………………………………（607）
130. 2013年分地区城镇残疾人参加社会保险情况…………………………………………………（608）
131. 2013年分地区残疾人参加新型农村社会养老保险………………………………………………（609）
132. 2013年分地区残疾人社会救助与社会福利……………………………………………………（610）
133. 2013年分地区托养服务机构建设情况…………………………………………………………（611）
134. 2013年分地区农村残疾人扶贫开发……………………………………………………………（612）
135. 2013年分地区残疾人法律服务和法律援助……………………………………………………（613）
136. 2013年分地区残疾人服务设施建设……………………………………………………………（614）
· **台湾省** ……………………………………………………………………………………（615）
137. 2008—2013年台湾省面积和人口主要指标………………………………………………………（615）
138. 2008—2013年台湾省劳动力和就业状况…………………………………………………………（616）
139. 2004—2012年台湾省医院、病床和医务人员情况 ………………………………………………（617）
140. 2004—2013年台湾省入学率和教育经费…………………………………………………………（617）
· **香港特别行政区** ……………………………………………………………………………（618）
141. 2008—2013年香港特别行政区人口主要指标……………………………………………………（618）
142. 2008—2013年香港特别行政区劳动人口及失业状况………………………………………………（618）
143. 2008—2013年香港特别行政区按行业划分的就业人数………………………………………………（619）
144. 2008—2013年香港特别行政区按居住国家/地区划分的访港旅客人数 …………………………（619）
145. 2008—2013年香港特别行政区医疗卫生条件……………………………………………………（620）
146. 2008—2013年香港特别行政区15岁及以上人口受教育程度 ………………………………………（621）
· **澳门特别行政区** ……………………………………………………………………………（622）
147. 2008—2013年澳门特别行政区人口主要指标……………………………………………………（622）
148. 2009—2013年澳门特别行政区按行业划分的就业人口………………………………………………（623）
149. 2008—2013年澳门特别行政区经济活动人口及失业状况………………………………………………（623）

150. 2008—2013 年澳门特别行政区医疗卫生条件…………………………………(624)
151. 澳门特别行政区按教育机构类别统计的注册学生人数……………………(624)
· **世界人口数据** ……………………………………………………………………(625)
152. 2014 年人口统计指标…………………………………………………………(625)
153. 世界部分国家人类发展指数及其构成…………………………………………(627)
154. 世界部分国家人类发展指数趋势 1980—2013 年 ……………………………(629)
155. 世界部分国家不平等调整后人类发展指数……………………………………(631)
156. 世界部分国家性别不平等指数…………………………………………………(633)
157. 世界部分国家性别发展指数(GDI) ……………………………………………(635)
158. 发展中国家的多维贫困指数……………………………………………………(637)
159. 世界部分国家的儿童青少年健康状况…………………………………………(638)
160. 世界部分国家的教育状况………………………………………………………(640)
· **世界人口数据部分指标解释** ……………………………………………………(642)

第七篇　索　引

……………………………………………………………………………………(647)

Contents

I Selections from Documents

· **Population and Development** …… (3)

Circular of the Ministry of Civil Affairs, the National Development and Reform Commission and other Departments on Further Improving the Relevant Work of the Foundling (May 14, 2013) …… (3)

Decree of the Ministry of Civil Affairs of the People's Republic of China (No. 48) (June 28, 2013) …… (6)

Decree of the Ministry of Civil Affairs of the People's Republic of China (No. 49) (June 28, 2013) …… (10)

Decree of the State Council of the People's Republic of China (No. 637) (July 12, 2013) …… (14)

Opinions of the State Council on Accelerating the Development of Pension Service Industry (September 6, 2013) …… (20)

Decisions of the Central Committee of the Communist Party of China on the Comprehensive Reform of Certain Major Issue (November 12, 2013) …… (26)

Opinions of the National Health and Family Planning Commission and the State Administration of Traditional Chinese Medicine on Accelerating the Construction of Informatization of Population Health Guidance (November 20, 2013) …… (42)

Issuance of China Disabled Persons' Federation of "The Basic Norms of Disabled People Services (Trial Implementation)" (December 31, 2013) …… (48)

Decree of the State Council of the People's Republic of China (No. 649) (February 21, 2014) …… (58)

Report on the Work of the Government (excerpt) ——Delivered at the Second Session of the 12th National People's Congress on March 5, 2014 …… Li Keqiang (65)

Issuance of CPC central committee and State Council of "The New Urbanization State Plan (2014 - 2020)" …… (69)

· **Employment and Social Security** …… (97)

Promotion of Disabled Persons According to the Proportion of Employment (August 19, 2013) …… (97)

Decree of the Human Resources and Social Security of the People's Republic of China (No. 20) (September 26, 2013) …… (100)

Notifications of the Relevant Problems of Enterprise and Occupation Pension Annuity on Personal Income Tax (December 6, 2013) …… (105)

Measures for Identification of the Ability to Work for Injured Workers (February 20, 2014) ······ (107)
Opinions of Establishing a Unified Basic Pension Insurance System for Urban and Rural Residents (February 21, 2014) ······ (111)
Notifications of Issuing Provisional Measures of the Combination of Urban and Rural Pension Insurance System (February 24, 2014) ······ (115)
Decree of the State Council of the People's Republic of China (No. 652) (April 25, 2014) ······ (117)
· **Education and Public Health** ······ (121)
Decree of the National Health and Family Planning Commission of the People's Republic of China (No. 1) (May 31, 2013) ······ (121)
Notifications of the Ministry of Finance, the Ministry of Education and the Ministry of Human Resources and Social Security on Issues Regarding the Measures for Medium Occupation School State Grants (June 3, 2013) ······ (124)
Notifications of the Ministry of Finance, the Ministry of Education and the Ministry of Human Resources and Social Security on Issues Regarding the Measures for Medium Occupation School Tuition Subsidy Funds (June 3, 2013) ······ (126)
Notifications of the Ministry of Education on Issues Regarding the Measures for Administration of Primary and Secondary Students in School (August 11, 2013) ······ (128)
Opinions of the National Health and Family Planning Commission on Strengthening the Work of Food Safety Standards (September 12, 2013) ······ (132)
Opinions of the State Council on Promoting the Development of Health Service Industry (September 28, 2013) ······ (136)
Opinions of the National Health and Family Planning Commission and the State Administration of Traditional Chinese Medicine on Accelerating the Development of Social Medical (December 30, 2013) ······ (142)
Opinions of the Ministry of Education, the National Development and reform Commission and the Ministry of Finance on the Comprehensive Improvement of Compulsory Education in Poor Area of Basic Conditions for Running the Weak School (December 31, 2013) ··· (145)
Circular of the General Office of the State Council on Transmitting and Issuing the Opinions of the Ministry of Education and Other Departments on Enhancing the Program of Special Education (2014－2016) (January 8, 2014) ······ (149)
Circular of the General Office of the State Council on Issuing the Outline for the Development of Food and Nutrition in China (2014－2020) (January 28, 2014) ······ (153)

II Survey

China's Population in 2013 ······ *Li Guizhi* (159)
An Overview of Floating Population in China in 2013 ······ *Li Guizhi* (163)
China's Education Development in 2013 ······ *The Ministry of Education* (166)
The Overview of China's Health Care and Family Planning Development in 2013 ······ *National Health and Family Planning Commission* (170)

The Overview of China's disabled Persons in 2013 ········ *China Disabled Persons' Federation* (186)
China's Social Services Work in 2013 ········ *He Shanshan* (191)

III Monograph

· **Special Essays** ········ (199)
Start "Two Children Policy" As Soon As Possible, Realize the Balanced Development of Population, Economy and Society ········ *Zeng Yi* (199)
Rethink on Reform of China's Population and Child-bearing Policy ········ *Mu Guangzong* (228)
The Challenge and Suggestions of China's Urbanization Development ········ *Wang Guixin* (237)
The Characteristics of the Current China Population Development and its Effect - From the perspective of the Relationship between Urban and Rural ········ *Cao Wenming Lv Yinghui* (252)
Study on the Social Integration of the China Floating Population ········ *Jiang Tingting* (259)
Study on the Employment and Entrepreneurship of E-commerce Ecological System in China ········ *Hao Jianbin* (268)
· **Academic Research Review** ········ (279)
Review and Comments on China's Demographic studies in 2013 ········ *Lu Jiehua, Zhang Yun and Li Yue* (279)
Review on Concept and Data of Migrant Study ········ *Zhang Zhanxin Yang Sisi* (292)
The Small Business Eco-System and Employment: A Research Review ········ *Liu Ying Zhang Ting* (303)
A Survey on the Study of Household Registration System in Western Perspective ········ *Ji Tao* (322)
· **Digest** ········ (330)
Trends in Life Expectancies and Mortality Patterns in China since 1990: A Further Examination and Analysis ········ (330)
FDI, Environmental Regulation and Energy Consumption: An Empirical Test Based on the Decomposition of Energy Consumption Intensity ········ (330)
Evaluation about the Coordination Degree of Population, Economic and Environmental in Beijing ········ (330)
Facing Aging: What Can Urbanization Help? ········ (330)
The Stable Employment and Wage Gap of Rural Migrants in Urbanization ········ (330)
The Assortative Mating and Changes in Household Income: 1991 - 2009 ········ (301)
"Only-child-death" Family and Its Developing Trends under the Current Family Planning Policy ········ (331)
An Evaluation of Data Accuracy of the 2010 Population Census of China ········ (331)
Development Strategy, Urbanization and the Rural-urban Income Disparity in China ········ (331)
Difference between Fertility Intention and Fertility Behavior for Women Subject to the Two-children Policy: An Empirical Study Based on the Theory of Planned Behavior ········ (332)
The Income Distribution Effects of Personal Taxes ········ (332)
Has the Personal Income Tax Improved China's Income Distribution? A Dynamic Assessment of the 1997 - 2011 Micro Data ········ (332)

Does Labor Union Improve Labor Share? Theoretical Analysis and Evidence from Private Firms in China …… (332)
The Effects of Household Registration System Discrimination on Urban-rural Income Inequality in China …… (333)
Technological Change, Computer Use and Declining Labor Share: Evidence from China's Manufacturing Enterprises …… (333)
Biased Technical Change and Labor Income Share in China …… (333)
Regional Distribution of Rural-to-Urban Migrants the Return to Education for and Its Impact on Migration …… (333)
Regional Differences and Evolutions of Population Aging in China …… (333)
Economic Volatility, Labor Market Frictions and Industrial Structure …… (334)
The Intertemporal Difference of Welfare Cost of Business Cycle Volatility and Slowdown in Economic Growth Rate in China …… (334)
The Collective Transformation of Labor Relations and the Improvement of the Government's Labor Policy …… (334)
Labor Market's Distortion, Structural Change and Labor Productivity in China …… (334)
Labor Market Distortions Promote or Inhibit FDI …… (335)
The Latest Status of the Economic Security of the Elderly in China …… (335)
Infant Mortality Reported in the 2010 Census: Bias and Adjustment …… (335)
Does Similar Mating Make Life Happier —— The Empirical Study on the Relationship Between Assortative Mating Structure and Subjective Well-Being …… (335)
The Social Mobility of China Peasant-workers' Children: Social Differentiation Patterns between the Floating-along and the Left-behind …… (335)
Energy Use, Carbon Emission and China's Total Factor Carbon Emission Reduction Eficiency …… (336)
Reanalysis of Firm's Export and Staff Wages in China …… (336)
Study on Relationship Between Urbanization of Population and Urbanization of Land in Jiangsu …… (336)
Demography and International Trade …… (336)
An Alternative Measurement of Population Ageing …… (336)
Migration and Its Impact on the Differences in Health between Rural and Urban Residents in China …… (337)
The Effects of the Age Structure of Population and the Old-age Insurance System Transition on Residents' Savings Rates …… (337)
A Path Analysis on the Influence of the Age Structure of Population upon Consumption …… (337)
Effect of Human Capital and Industrial Structure Transformation on Economic Growth …… (337)
The Effects of Socioeconomic Status on Health: Based on Lifestyle Mediator …… (337)
Fertility Level Assessment and Fertility Policy Adjustment: An Analysis of the Provincial Data on Fertility Level in Mainland China …… (338)
Can Higher Wages Improve the Labor's Share? …… (338)
FDI, Appropriate Fiscal Decentralization and Transference of Redundant Rural Labor Force: the Perspective of Double Integrated Force Based on Economic Factors and Institutional

Change ········· (338)
Dose Foreign Firm Entry Improve Labor's Bargaining Power ········· (338)
Changing Patterns of Sex Ratio at Birth in China: A Comparative Analysis of Data from the Fifth and Sixth Censuses of China ········· (339)
The Impact of Population on Carbon Dioxide Emissions in China: An Analysis Based on STIRPAT Model ········· (339)
Research on Relation between Urban-rural Dual Consumption Patterns and Self-identity of New-generation Migrant Workers ········· (339)
"Double-track" Pension Scheme and Its Impact on Life-cycle Consumption Gap of Urban Household ········· (339)
Expected Rural-Urban Income Gap and the Impact on Chinese Rural Labor Force Immigration ········· (339)
Chronic Poverty and Transient Poverty in Rural China: Decomposition and Their Determinants ········· (340)
The Responsiveness of Firms to Labor Market Changes: Observation Based on Micro-Level Survey ········· (340)
HuKou Unification Reform and Labor Occupation Distribution ········· (340)
An Analysis of the Changes in China's Urban and Rural Family Structures: Based on 2010 Census Data ········· (340)
Educational Opportunities of Chinese Rural and Urban Residents in 1978 – 2008: Inequality and Evolution ········· (341)
Study on the Quality of China's Urbanization ········· (341)
The Transformation of China's First Marriage Pattern: Analysis on Nuptiality Table ········· (341)
Is China's Labor Share Really Low? An International Comparison of Labor Share in Manufacturing Industry ········· (341)
Employment Elasticity of Economic Growth in China ········· (341)
How Can Chinese Economy Achieve the Transition toward Total Factor Productivity Growth? ········· (342)
Impact of China's Residents Consumption on Carbon Emissions: An Empirical Analysis ······ (342)
The Influence of China's Labor Market Development on Labor Costs ········· (342)
The Evolution and the Driving Mechanism of Labor Income Share in China: An Analysis from the International Trade and Minimum Wage Perspective ········· (342)
Current Situation and Changing Patterns of Living Arrangement of Chinese Elderly: An Analysis Based on Data from the Fifth and Sixth Censuses of China ········· (342)
Horizontal and Vertical Inequality of the Retirees' Income Distribution in China ········· (343)
A Quantitative Analysis on the Effects of Population Change on the Economic Development in China ········· (343)
Multi-scale Studies on the Space Consistency between Population Distribution and Economic Development in China ········· (343)
The Impacts of Population Age Structure on Household Health Care Consumption in China ··· (343)
Why the Total Fertility Rate of 2010 Population Census Is so Low? ········· (344)
Regional Distribution and Dynamics of Human Capital in China ········· (344)

Intergenerational Income Mobility Trends in China: 2000 – 2009 ······ (344)
Quantum and Tempo of Fertility in China ······ (344)
The Effects of China's Inflation on Wealth Inequality ······ (345)
Job Creation and Destruction in China's Manufacturing Sector ······ (345)
How Does the Distribution of Small and Medium Size Cities Affect Labors' Wage? ······ (345)
Productivity Heterogeneity, Minimum Wage and Firms' Exports in China ······ (345)

IV Events

Major Events of China's Population in 2013 ······ (349)

V Appendix

· **Conference Overview** ······ (381)
Review of the 2th Symposium on Population, Employment and Social Security ······ (381)
Review of 2013 International Roundtable Conference on Migrant Workers' Employment and Housing of Emerging Economies ······ (385)
Review of "Design Fair Education Financial System on Migrant Workers' Children" Conference ······ (390)
· **Conference News** ······ (396)
International Symposium on Population Census ······ (396)
International Symposium on Labor Relationship and Movement Under the Background of globalization ······ (396)
National Population and Family Planning Work Conference ······ (396)
China Social Security 30 Forum Annual Meeting ······ (396)
2013 International Nurses Day and Nursing Conference ······ (397)
The 2th Symposium on Population, Employment and Social Security ······ (397)
Chinese Sociological Association Academic Conference 2013 ······ (397)
"Urban Citizenship of Migrant Workers and Urbanization with Better Quality" Academic Conference ······ (398)
The Central Subsidies to Local Health Literacy Promoting Action Project 2012 Summary and 2013 Release Meeting ······ (398)
National Rural Reform and Development Forum ······ (399)
Sino-Germany International Symposium on Social Integration of Migrant People ······ (399)
International Inter-Ministerial Conference on South-South Cooperation for Population and Development ······ (400)
International Workshop: Well-being in Aging Societies Perspective from China, Germany and Japan ······ (400)
5th CIER/IZA Annual Workshop on Research in Labor Economics ······ (400)
Family Planning Grassroots Work Conference ······ (401)
The 6th China Human Resource Management Conference 2013 ······ (401)
Annual National Planning Conference 2013 ······ (401)

2013 International Symposium on Contemporary Labor Economics …… (401)
International Symposium on the Integration of Urban and Rural Development …… (402)
International Conference on China's Urban Transformation and Restructuring …… (402)
Reform and Innovation-Symposium on China Population Change: Chinese Population Association Annual Meeting 2013 …… (403)
China Social Security 30 Forum Annual Meeting 2014 …… (403)
Sino-Germany International Symposium on City and Regional Sustainable Development …… (404)
New Type of Urbanization and Social Integration of Migrant Forum 2014 …… (404)

VI Data

· **Notes of Data** …… (407)
· **Key Data Figures of Population** …… (408)
Table1 Natural Changes of Population by Region …… (408)
Table2 Population Pyramid (2013) …… (408)
Table3 Cities Population Pyramid (2013) …… (409)
Table4 Towns Population Pyramid (2013) …… (409)
Table5 Rural Population Pyramid (2013) …… (410)
Table6 Educational Attainment of Population by Region …… (410)
Table7 Educational Attainment of Population by Region (Male) …… (411)
Table8 Educational Attainment of Population by Region (Female) …… (411)
Table9 Population by Sex and Marital Status …… (412)
Table10 Dependency Ratio of Population by Region (2013) …… (412)
Table11 Registered Unemployed Persons and Unemployed Rate in Urban Area by Region (2013) …… (413)
Table12 Number of Employment Persons by Three Strata of Industry (1952 – 2013) …… (413)
Table13 Marriage Registration (1978 – 2013) …… (414)
Table14 Divorces Handled by Civil Affairs System (1978 – 2013) …… (414)
Table15 National Health Expenditures by Region (1990 – 2013) …… (415)
Table16 Neonatal Mortality Rate, Infant Mortality Rate and Infant Mortality Rate of Children Under 5 – year in Surveillance Region (1991 – 2013) …… (415)
Table17 Maternal Mortality Rate in Surveillance Region (1991 – 2013) …… (416)
· **Division of Administrative Areas** …… (417)
1. Divisions of Administrative Areas in China (2013) …… (417)
· **Numbers of Population, Household and Natural Change of Population** …… (418)
2. Total Population and Natural Changes by Region (2013) …… (418)
3. Population by Age and Sex (2013) …… (419)
4. Population of Cities by Age and Sex (2013) …… (424)
5. Population of Towns by Age and Sex (2013) …… (429)
6. Population of Rural by Age and Sex (2013) …… (434)
7. Households, Population, Sex Ratio and Household Size by Region (2013) …… (439)
8. Households, Population, Sex Ratio and Household Size of Cities by Region (2013) …… (441)

9. Households, Population, Sex Ratio and Household Size of Towns by Region (2013) ······ (443)
10. Households, Population, Sex Ratio and Household Size of Rural by Region (2013) ··· (445)
11. Population by Sex, Educational Attainment and Region (2013) ······························ (447)
12. Cities Population by Sex, Educational Attainment and Region (2013) ····················· (449)
13. Towns Population by Sex, Educational Attainment and Region (2013) ····················· (451)
14. Rural Population by Sex, Educational Attainment and Region (2013) ····················· (453)
15. Population by Sex, Marital Status and Region (2013) ·· (455)
16. Cities Population by Sex, Marital Status and Region (2013) ································· (457)
17. Towns Population by Sex, Marital Status and Region (2013) ································· (459)
18. Rural Population by Sex, Marital Status and Region (2013) ································· (461)
· **Composition of population** ·· (463)
19. Population by Urban and Rural Residence and Region (2013) ······························ (463)
20. Age Composition and Dependency Ratio of Population by Region (2013) ················· (464)
21. Age Composition and Dependency Ratio of Cities Population by Region (2013) ············ (465)
22. Age Composition and Dependency Ratio of Towns Population by Region (2013) ········· (466)
23. Age Composition and Dependency Ratio of Rural Population by Region (2013) ··········· (467)
24. Population Aged 15 and Over by Age, Sex and Marital Status (2013) ····················· (468)
25. Cities Population Aged 15 and Over by Age, Sex and Marital Status (2013) ··············· (472)
26. Towns Population Aged 15 and Over by Age, Sex and Marital Status (2013) ············ (476)
27. Rural Population Aged 15 and Over by Age, Sex and Marital Status (2013) ··············· (480)
· **Labor and Employment** ··· (484)
28. Employment (2007 - 2013) ·· (484)
29. Number of Employment Persons by Three Strata of Industry (1952 - 2013) ··············· (485)
30. Number of Employment Persons in Urban and Rural Areas (1978 - 2013) ················· (487)
31. Number of Employment Persons in Urban Units by Sector and Region (2013) ············ (489)
32. Number of Employment Persons in Private Enterprises by Region (2013) ················ (491)
33. Number of Self-Employed Individual by Region (2013) ····································· (492)
34. Registered Unemployed Persons and Unemployed Rate in Urban Area by Region (1990 - 2013) ·· (493)
· **Social Security and Social Services** ·· (494)
35. Urban Social Relief and Minimum Life Guarantee (1978 - 2013) ·························· (494)
36. Urban Minimum Life Guarantee and Other Social Relief by Region (2013) ················ (495)
37. Rural Social Relief and Minimum Life Guarantee (1978 - 2013) ····························· (497)
38. Rural Minimum Life Guarantee by Region (2013) ·· (499)
39. Medical Aid (2004 - 2013) ··· (500)
40. Medical Aid and Other Rural Social Relief by Region (2013) ······························· (501)
41. Rural Five Guarantee by Region (2013) ·· (502)
42. Average Standards of Minimum Life Guarantee and Social Relief (1999 - 2013) ········· (504)
43. Average Level of Expenditure of Minimum Life Guarantee and Social Relief (1999 - 2013) ·· (505)
44. Statistics of Pension Agencies in Urban by Region (2013) ································· (506)
45. Statistics of Pension Agencies in Rural by Region (2013) ································· (508)

46. Statistics of Child Welfare by Region (2013) .... (510)
47. Social Welfare Homes (2013) .... (512)
48. Development Situation on Ageing by Region (2013) (1) .... (514)
49. Development Situation on Ageing by Region (2013) (2) .... (516)
50. Marriage Registration (1978 - 2013) .... (518)
51. Marriage Registration by Region (2013) (1) .... (519)
52. Marriage Registration by Region (2013) (2) .... (520)
53. Divorces Handled by Civil Affairs System (1978 - 2013) .... (521)
54. Divorces Handled by Civil Affairs System by Region (2013) .... (522)
55. Losses Caused by Natural Disasters (1978 - 2013) .... (523)
56. Natural Disasters Losses by Region (2013) .... (524)
· **Social Insurance** .... (525)
57. Basic Statistics of Social Insurance (1994 - 2013) .... (525)
58. Revenue, Expenses and Balance of Social Insurance Fund (1990 - 2013) .... (526)
59. Statistics on Urban Employee Basic Pension Insurance by Region (2013) .... (528)
60. Number of People Participated in Urban Basic Pension insurance (1989 - 2013) .... (529)
61. Statistics on Basic Pension Insurance for Urban and Rural Residents by Region (2013) .... (530)
62. Persons Covered of Urban Basic Medical Care Insurance by Region (2013) .... (531)
63. Revenue and Expenses of Urban Basic Medical Insurance by Region (2013) .... (532)
64. Statistics of Unemployment Insurance by Region (2013) .... (533)
65. Statistics of Work Insurance by Region (2013) .... (534)
66. Statistics of Maternity Insurance by Region (2013) .... (535)
· **People's Livelihood** .... (536)
67. Basic Statistics on People's Living Conditions (2013) .... (536)
68. Per Capita Annual Income of Urban Households by Sources and Region (2013) .... (538)
69. Per Capita Annual Net Income of Rural Households by Sources and Region (2013) .... (539)
70. Per Capita Annual Income and Engel's Coefficient of Urban and Rural Households (1978 - 2013) .... (540)
71. Per Capita Annual Consumption Expenditure of Urban Households by Region (2013) ... (541)
72. Per Capita Consumption Expenditure of Rural Households by Region (2013) .... (542)
73. Per Capita Income and Consumption Expenditure of Urban and Rural Households (1978 - 2013) .... (543)
74. Statistics of Consumption Level by Region (2013) .... (544)
75. Statistics of Consumption Level (1978 - 2013) .... (545)
76. Total Wages Bill of Staff and Workers and Related Indices in Urban by Region (2013) .... (546)
77. Total Wages Bill of Staff and Workers and Related Indices in Urban (1995 - 2013) .... (547)
78. Average Wage of Staff and Workers and Related Indices by Region (2013) .... (548)
79. Average Wage of Staff and Workers and Related Indices (1995 - 2013) .... (550)
· **Public Health and Family Planning** .... (552)
80. Number of Health Institutions by Region (2013) .... (552)

81. Number of Beds by Region in Health Institutions (2013) ······ (553)
82. Number of Health Personnel by Region (2013) ······ (554)
83. Number of Township Health Centers, Beds & Personnel by Region (2013) ······ (555)
84. Number of Village Clinics and Personnel by Region (2013) ······ (556)
85. Number of Visits and Inpatients in Hospitals by Region (2013) ······ (557)
86. Number of Visits and Inpatients in Grass-roots Health Care Institutions by Region (2013) ······ (558)
87. National Health Expenditures (1990 – 2013) ······ (559)
88. Income & Expenditure of Public Hospitals (2013) ······ (560)
89. Income & Expenditure of General Hospitals by Grade (2013) ······ (561)
90. Average Medical Expense Per Outpatient in Hospitals (2009 – 2013) ······ (562)
91. Average Medical Expense Per Outpatient in General Hospitals by Grade (2012 – 2013) ······ (563)
92. Average Medical Expense Per Outpatient in Hospitals by Region (2013) ······ (564)
93. Death Rate of 10 Main Diseases in Urban (2013) ······ (565)
94. Death Rate of 10 Main Diseases in Rural (2013) ······ (566)
95. Child Health (1990 – 2013) ······ (567)
96. Child Health by Region (2013) ······ (568)
97. Neonatal Mortality Rate, Infant Mortality Rate of Children Under 5 – year and Maternal Mortality Rate in Surveillance Region (1991 – 2013) ······ (569)
98. Maternal Health (1990 – 2013) ······ (570)
99. Maternal Health by Region (2013) (1) ······ (571)
100. Maternal Health by Region (2013) (2) ······ (572)
101. Number of Reported Incidence & Death of 28 Infectious Diseases (2013) ······ (573)
102. Improvement of Rural Drinking Water Supply by Region (2013) ······ (574)
103. Improvement of Rural Hygienic Toilets by Region (2013) ······ (575)
104. Age-specific Fertility Rate of Women at Childbearing Ages by Age of Mother and Birth Order (2013) ······ (576)
105. Age-specific Fertility Rate of City Women at Childbearing Ages by Age of Mother and Birth Order (2013) ······ (578)
106. Age-specific Fertility Rate of Town Women at Childbearing Ages by Age of Mother and Birth Order (2013) ······ (580)
107. Age-specific Fertility Rate of Rural Women at Childbearing Ages by Age of Mother and Birth Order ······ (582)
108. Contraceptive Using of Married Women of Childbearing Age by Region (2013) ······ (584)
109. Cases of Sterilization Operation (2013) ······ (585)
110. Cases of Sterilization Operation by Region (2013) ······ (587)
· **Education** ······ (588)
111. Number of Schools by Level and Type of School ······ (588)
112. Number of Full-time Teachers by Level and Type of School ······ (589)
113. Number of New Students Enrollment by Level and Type of School ······ (590)
114. Number of Students Enrollment by Level and Type of School ······ (591)

115. Number of Students per 100 000 Population by Region (2013) ………… (592)
116. Number of Graduates by Level and Type of School ………… (593)
117. Students-Teachers Ratio by Level of Regular Schools by Region (2013) ………… (594)
118. Net Enrollment Ratio of Primary Schools and Promotion Rate of Various Schools (1990 – 2013) ………… (595)
119. Number of Students in Regular Institutions of Higher Education (2013) ………… (596)
120. Basic Statistics on Students by Level and Type of Education (2013) ………… (597)
121. Basic Statistics on Special Education by Region (2013) ………… (599)
122. Educational Funds (1992 – 2012) ………… (600)
123. Illiterate Population Aged 15 and Over by Sex and Region (2013) ………… (601)
124. City Illiterate Population Aged 15 and Over by Sex and Region (2013) ………… (602)
125. Town Illiterate Population Aged 15 and Over by Sex and Region (2013) ………… (603)
126. Rural Illiterate Population Aged 15 and Over by Sex and Region (2013) ………… (604)
· **Disabilities** ………… (605)
127. School-age Children with Disabilities Unable to Enter Schools by Region (2013) ………… (605)
128. Employment of PWDs in Urban and Rural Areas by Region (2013) ………… (606)
129. Vocational Training for PWDs by Region (2013) ………… (607)
130. PWDs Covered by Social Insurance in Urban Areas by Region (2013) ………… (608)
131. PWDs Covered by New Types of Rural Pension Insurance by Region (2013) ………… (609)
132. Social Relief and Welfare for PWDs by Region (2013) ………… (610)
133. Development of Fostering Service Institutions by Region (2013) ………… (611)
134. Poverty Alleviation for PWDs in Rural Areas by Region (2013) ………… (612)
135. Legal Service and Legal Aid by Region (2013) ………… (613)
136. Service Facilities for PWDs by Region (2013) ………… (614)
· **Taiwan Province** ………… (615)
137. Main Indicators of Area and Population of Taiwan Province (2008 – 2013) ………… (615)
138. Labor Force and Employment of Taiwan Province (2008 – 2013) ………… (616)
139. Medical Facilities and Health Personnel of Taiwan Province (2004 – 2012) ………… (617)
140. Net Enrolment Rate and Public Expenditure for Education at Current Market Prices of Taiwan Province (2004 – 2013) ………… (617)
· **Hong Kong Special Administrative Region** ………… (618)
141. Main Indicators of Area and Population of Hong Kong Special Administrative Region (2008 – 2013) ………… (618)
142. Labor Force and Unemployment of Hong Kong Special Administrative Region (2008 – 2013) ………… (618)
143. Employed Persons by Industry of Hong Kong Special Administrative Region (2008 – 2013) ………… (619)
144. Visitor Arrivals by Country/Territory of Hong Kong Special Administrative Region (2008 – 2013) ………… (619)
145. Conditions of Public Health of Hong Kong Special Administrative Region (2008 – 2013) ………… (620)
146. Educational Attainment of Population Aged 15 and Above of Hong Kong Special

Administrative Region (2008 - 2013) …… (621)
· **Macao Special Administrative Region** …… (622)
147. Main Demographic Indicator of Macao Special Administrative Region (2008 - 2013) …… (622)
148. Employed Population by Industry of Macao Special Administrative Region (2009 - 2013) …… (623)
149. Labor Force and Unemployment of Macao Special Administrative Region (2008 - 2013) …… (623)
150. Health of Macao Special Administrative Region (2008 - 2013) …… (624)
151. Students Enrolment by Type of Educational Institutions …… (624)
· **Data of World** …… (625)
152. Population Statistics …… (625)
153. Human Development Index and Its Components …… (627)
154. Human Development Index Trends (1980 - 2013) …… (629)
155. Inequality-adjusted Human Development Index …… (631)
156. Gender Inequality Index …… (633)
157. Gender-related Development Index (GDI) …… (635)
158. Multidimensional Poverty Index …… (637)
159. Health: Children and Youth …… (638)
160. Education …… (640)
· **Explanatory Notes on Data of World** …… (642)

VII Index

…… (647)

第一篇

文献选载

民政部　国家发展和改革委员会　公安部　司法部　财政部　国家卫生和计划生育委员会　国家宗教事务局关于进一步做好弃婴相关工作的通知

民发〔2013〕83号

各省、自治区、直辖市民政厅（局）、发展改革委、公安厅（局）、司法厅（局）、财政厅（局）、卫生厅局（卫生计生委）、人口计生委、宗教局，新疆生产建设兵团民政局、发展改革委、公安局、司法局、财务局、卫生局、人口计生委、民宗局：

弃婴是全社会最弱势的特殊群体。近年来，各地区各部门以及社会各界在弃婴救助和保护方面做了许多卓有成效的工作，绝大多数弃婴得到了妥善安置和生活保障。但是必须看到，弃婴现象仍屡禁不止，弃婴安置和救治保障体系仍不健全，保障弃婴的基本生活和生命安全仍需要做大量艰苦细致的工作。为深入贯彻落实以人为本的执政理念和儿童优先的原则，维护弃婴合法权益，促进弃婴健康成长，现就进一步做好弃婴相关工作通知如下：

一　切实做好弃婴的接收、体检、户籍登记和抚育工作

（一）做好弃婴接收工作。公民发现弃婴后，要第一时间向所辖社区居民委员会或村民委员会通报，及时依法向当地公安机关报案，不得自行收留和擅自处理。公安机关要做好查找弃婴的生父母和其他监护人的工作，对查找不到生父母和其他监护人的，出具弃婴捡拾证明，送民政部门指定的儿童福利机构临时代养并签订协议。儿童福利机构要及时发布寻亲公告，公告期满后，仍查找不到生父母和其他监护人的，经主管民政部门审批后，办理正式进入儿童福利机构的手续。

（二）做好弃婴体检和救治工作。对公安机关移送的弃婴，儿童福利机构要及时送卫生部门指定的医疗机构进行体检和传染病检查，并出具体检表。对患病弃婴，医疗机构要按照“先救治、后结算”的原则，积极予以救治，出院时医疗机构要出具治疗证明。

（三）做好弃婴户籍登记工作。儿童福利机构应持弃婴入院登记表、公安机关出具的弃婴捡拾证明等相关材料，及时到当地公安机关办理户籍登记。

（四）做好弃婴的抚育工作。对办理正式入院手续的弃婴，儿童福利机构要按照国务院办公厅《关于加强孤儿保障工作的意见》（国办发〔2010〕54号），做好抚育工作。

二 着力解决当前民办机构和个人收留弃婴的问题

（一）已收留弃婴的民办机构，应达到社会福利机构设置的基本标准，配置儿童成长必需的抚养、医疗、康复、教育等功能设施，配备与所承担工作和所提供服务相匹配的护理人员，建立健全符合国家消防安全和卫生防疫标准的制度等。对具备上述基本条件并与民政部门合办的，要严格按照双方签订的协议，加强日常管理，强化监督责任，依法依规开展工作；对具备上述基本条件未与民政部门合办的，民政部门要与其签订代养协议，明确责任，加强业务指导和规范管理；对具备上述基本条件但既不同意合办又不签订代养协议的，或不具备上述基本条件的，民政部门要会同公安等有关部门责令其停止收留活动，并将收留的弃婴一律送交民政部门设立的儿童福利机构收留抚养。

关于宗教界收留的弃婴，由民政部、国家宗教事务局在调研基础上，另行制定相关意见，加强引导，规范管理。条件成熟的，由地方民政部门商同级宗教事务部门提出稳妥处理意见，先行一步。

（二）已私自收留弃婴的个人，收留人有收养意愿且符合《中华人民共和国收养法》及相关法律政策规定的，依法办理收养登记。收留人有收养意愿但不符合相关法律政策规定的，收留人常住户口所在地的乡（镇）人民政府、街道办事处应当动员其将弃婴送交当地儿童福利机构抚养，同时为收留人看望弃婴、奉献爱心、开展志愿服务提供优先和便利条件；若收留人坚持自行抚养又符合家庭寄养条件的，当地儿童福利机构可与其签订家庭寄养协议，并参照《家庭寄养管理暂行办法》指导和监管。

（三）对利用弃婴牟利或从事违法活动的机构和个人，要严厉打击。构成犯罪的，要依法追究其刑事责任。

三 不断加强弃婴源头治理工作

（一）加强对《中华人民共和国刑法》、《中华人民共和国治安管理处罚法》、《中华人民共和国婚姻法》、《中华人民共和国未成年人保护法》和《中华人民共和国收养法》中关于遗弃婴儿属于违法行为的宣传普及，提高儿童特别是残疾儿童的生父母及监护人的守法意识，营造呵护婴儿光荣、遗弃婴儿可耻的社会氛围。

（二）依据《中华人民共和国刑法》、《中华人民共和国残疾人保障法》和《中华人民共和国收养法》，打击和制止弃婴现象。加强技术防范、技术查询工作，对遗弃婴儿的当事人依法予以惩处。充分发挥民政助理员或基层社区工作人员、儿童福利督导员的作用，加强社区弃婴问题的监督管理，发现弃婴问题及时报案，积极协助弃婴捡拾人办理报案、移送等相关手续。

（三）依据《国务院关于批转中国残疾人事业“十二五”发展纲要的通知》（国发〔2011〕13号）要求，有条件的地方在开展一户多残、老残一体等困难残疾人生活补助试点和重度残疾人护理补贴试点工作中，统筹考虑残疾儿童保障问题，切实减轻生育和养育残疾婴儿家庭的经济负担。

四 落实相关部门职责，形成工作合力

民政部门要发挥做好弃婴相关工作的主导作用，协调有关部门健全弃婴的接收、救治、安置机制，加强对各类儿童福利机构以及弃婴收养工作的指导和管理，提高弃婴的养育质量和抚

育水平。发展改革部门要根据儿童福利事业发展需要，推动儿童福利机构设施建设。公安机关要积极主动为弃婴办理相关手续，妥善做好弃婴接收、户籍办理等工作，要积极查找弃婴和儿童的生父母和其他监护人，严厉查处打击遗弃婴儿等违法犯罪行为。司法行政部门要加大弃婴权益保护法律法规宣传力度，开展多种形式的法制宣传活动，指导公证机构依法办理收养公证。财政部门要加大资金支持力度，保障儿童福利工作相关经费支出。卫生计生部门要加强对医疗保健机构的指导，指定条件较好的医院作为弃婴救治、体检的医疗机构，明确费用结算办法，配合相关部门做好弃婴的救治工作，并全面掌握辖区内居民的家庭成员情况和育龄人员的生育情况。宗教事务部门要配合相关部门做好引导和规范宗教界收留弃婴相关工作。

自本通知下发之日起，社会力量兴办以孤儿、弃婴为服务对象的社会福利机构，必须与当地县级以上人民政府民政部门共同举办。严禁任何机构和个人私自收留弃婴。

民政部　国家发展和改革委员会
公安部　司法部　财政部
国家卫生和计划生育委员会　国家宗教事务局
2013 年 5 月 14 日

中华人民共和国民政部令

第 48 号

《养老机构设立许可办法》已经 2013 年 6 月 27 日民政部部务会议通过，现予公布，自 2013 年 7 月 1 日起施行。

部长：李立国

2013 年 6 月 28 日

养老机构设立许可办法

第一章　总则

第一条　为了规范养老机构设立许可，促进养老机构健康发展，根据《中华人民共和国老年人权益保障法》和有关法律、行政法规，制定本办法。

第二条　养老机构设立许可的申请、受理、审查、决定和监督检查，适用本办法。

第三条　本办法所称养老机构，是指为老年人提供集中居住和照料服务的机构。

第四条　国务院民政部门负责全国养老机构设立许可工作。

县级以上地方人民政府民政部门负责本行政区域内养老机构设立许可工作。

第五条　实施养老机构设立许可，应当遵循公开、公平、公正原则。

第二章　条件和程序

第六条　设立养老机构，应当符合下列条件：

（一）有名称、住所、机构章程和管理制度；

（二）有符合养老机构相关规范和技术标准，符合国家环境保护、消防安全、卫生防疫等要求的基本生活用房、设施设备和活动场地；

（三）有与开展服务相适应的管理人员、专业技术人员和服务人员；

（四）有与服务内容和规模相适应的资金；

（五）床位数在 10 张以上；

（六）法律、法规规定的其他条件。

第七条　依法成立的组织或者具有完全民事行为能力的自然人可以向养老机构住所地县级以上人民政府民政部门申请设立养老机构。

第八条　县、不设区的市、直辖市的区人民政府民政部门实施本行政区域内养老机构的设立许可。

设区的市人民政府民政部门实施住所在市辖区的养老机构的设立许可。

设区的市人民政府民政部门可以委托市辖区人民政府民政部门实施许可。

第九条　省级以上人民政府投资兴办的发挥实训、示范功能的养老机构，可以到同级人民政府民政部门申请设立许可。

前款规定的许可事项，可以委托下一级人民政府民政部门实施许可。

第十条　外国的组织、个人独资或者与中国的组织、个人合资、合作设立养老机构的，香港、澳门、台湾地区的组织、个人以及华侨独资或者与内地（大陆）的组织、个人合资、合作设立养老机构的，由住所地省级人民政府民政部门或者其委托的设区的市级人民政府（行政公署）民政部门实施许可。

法律、法规对投资者另有规定的，从其规定。

第十一条　许可机关根据申请人筹建养老机构的需要和条件，在设立条件、提交材料等方面提供指导和支持。

第十二条　申请设立养老机构，应当向许可机关提交下列文件、资料：

（一）设立申请书；

（二）申请人、拟任法定代表人或者主要负责人的资格证明文件；

（三）符合登记规定的机构名称、章程和管理制度；

（四）建设单位的竣工验收合格证明，卫生防疫、环境保护部门的验收报告或者审查意见，以及公安消防部门出具的建设工程消防设计审核、消防验收合格意见，或者消防备案凭证；

（五）服务场所的自有产权证明或者房屋租赁合同；

（六）管理人员、专业技术人员、服务人员的名单、身份证明文件和健康状况证明；

（七）资金来源证明文件、验资证明和资产评估报告；

（八）依照法律、法规、规章规定，需要提供的其他材料。

第十三条　许可机关应当自受理设立申请之日起20个工作日内，对申请人提交的文件、材料进行书面审查并实地查验。符合条件的，颁发养老机构设立许可证（以下简称设立许可证）；不符合条件的，应当书面通知申请人并说明理由。

第十四条　养老机构应当取得许可并依法登记。未获得许可和依法登记前，养老机构不得以任何名义收取费用、收住老年人。

第三章　许可管理

第十五条　设立许可证应当载明机构名称、住所、法定代表人或者主要负责人、服务范围、有效期限等事项。

设立许可证分为正本和副本，正本和副本具有同等法律效力。设立许可证的式样由国务院民政部门统一规定。

第十六条　设立许可证有效期5年。设立许可证有效期届满30日前，养老机构应当持设立许可证、登记证书副本、养老服务提供情况报告到原许可机关申请换发许可证。

许可机关应当在有效期限届满前按照设立条件作出是否准予延续的决定，逾期未做决定的，视为准予延续。

第十七条　养老机构设立分支机构，应当依照本办法第八条、第九条和第十条的规定，到分支机构住所地的县级以上人民政府民政部门办理申请设立许可手续。相关法律、行政法规对分支机构另有规定的，从其规定。

第十八条　养老机构变更名称、法定代表人或者主要负责人、服务范围的，应当到原许可机关办理变更手续。

养老机构变更住所的，应当重新办理申请设立许可手续。

第十九条　养老机构自行解散，或者无法继续提供服务的，应当终止，并将设立许可证交回原许可机关，办理注销手续。

终止服务的养老机构应当按照有关规定进行清算。

第二十条　养老机构因分立、合并、改建、扩建等原因暂停服务的，或者因解散等原因终止服务的，应当向原许可机关提出申请，并提交老年人安置方案，经批准后实施。未经批准，不得擅自暂停或者终止服务。

第二十一条　许可机关应当建立健全养老机构设立许可信息管理制度，及时公布养老机构设立许可相关信息。

第四章　监督检查

第二十二条　许可机关依法对养老机构的名称、住所、法定代表人或者主要负责人、服务范围等设立许可证载明事项的变化情况进行监督检查，养老机构应当接受和配合监督检查。

许可机关实施养老机构设立许可和对有关事项进行监督检查，不得收取任何费用。

第二十三条　有下列情形之一的，许可机关或者其上级机关，根据利害关系人的请求或者依据职权，可以撤销许可：

（一）许可机关工作人员滥用职权、玩忽职守作出准予许可决定的；

（二）超越法定职权作出准予许可决定的；

（三）违反法定程序作出准予许可决定的；

（四）对不符合法定条件的养老机构准予许可的；

（五）依法可以撤销许可的其他情形。

许可机关发现养老机构以欺骗、贿赂等不正当手段取得许可的，应当予以撤销。

许可机关依法撤销许可后，应当告知相关登记管理机关。

第二十四条　养老机构有下列情形之一的，许可机关应当注销许可，并予以公告：

（一）设立许可证有效期届满未延续的；

（二）养老机构依法终止的；

（三）许可被依法撤销、撤回的；

（四）被登记管理机关依法吊销登记证书的；

（五）因不可抗力导致许可事项无法实施的；

（六）法律、法规规定的应当注销许可的其他情形。

许可机关依法注销许可后，应当告知相关登记管理机关。

第二十五条　任何单位和个人对违反本办法的行为，有权向许可机关举报，许可机关应当及时核实、处理。

第五章　法律责任

第二十六条　养老机构有下列情形之一的，许可机关应当依法给予警告，并处以 3 万元以下罚款；构成犯罪的，依法追究刑事责任：

（一）未依法履行变更、终止手续的；

（二）涂改、倒卖、出租、出借、转让设立许可证的。

第二十七条　未经许可设立养老机构的，由许可机关责令改正；造成人身、财产损害的，依法承担民事责任；违反治安管理规定的，由公安机关依照《中华人民共和国治安管理处罚法》的有关规定予以处罚；构成犯罪的，依法追究刑事责任。

第二十八条　许可机关及其工作人员在养老机构设立许可申请、受理、审查、决定和监督检查中滥用职权、玩忽职守、徇私舞弊的，由上级机关责令改正；造成严重后果的，对直接负责的主管人员和其他直接责任人员依法给予处分；构成犯罪的，依法追究刑事责任。

第六章　附则

第二十九条　本办法实施前设立的养老机构，符合本办法规定条件的，应当按照本办法的规定办理有关手续。

本办法实施前设立的养老机构，不符合设立条件的，应当在本办法实施后1年内完成整改，其中农村五保供养服务机构应当在实施后2年内完成整改。

第三十条　城乡社区日间照料和互助型养老场所等不适用本办法。

第三十一条　本办法自2013年7月1日起施行。

中华人民共和国民政部令

第 49 号

《养老机构管理办法》已经 2013 年 6 月 27 日民政部部务会议通过，现予公布，自 2013 年 7 月 1 日起施行。

部长：李立国

2013 年 6 月 28 日

养老机构管理办法

第一章　总则

第一条　为了规范对养老机构的管理，促进养老事业健康发展，根据《中华人民共和国老年人权益保障法》和有关法律、行政法规，制定本办法。

第二条　本办法所称养老机构是指依照《养老机构设立许可办法》设立并依法办理登记的为老年人提供集中居住和照料服务的机构。

第三条　国务院民政部门负责全国养老机构的指导、监督和管理，县级以上地方人民政府民政部门负责本行政区域内养老机构的指导、监督和管理。其他有关部门依照职责分工对养老机构实施监督。

第四条　养老机构应当依法保障收住老年人的合法权益。

入住养老机构的老年人应当遵守养老机构的规章制度。

第五条　县级以上地方人民政府民政部门应当根据本级人民政府经济社会发展规划和相关规划，会同有关部门编制养老机构建设规划，并组织实施。

第六条　政府投资兴办的养老机构，应当优先保障孤老优抚对象和经济困难的孤寡、失能、高龄等老年人的服务需求。

第七条　民政部门应当会同有关部门采取措施，鼓励、支持企业事业单位、社会组织或者个人兴办、运营养老机构。

鼓励公民、法人或者其他组织为养老机构提供捐赠和志愿服务。

第八条　民政部门对在养老机构服务和管理工作中做出显著成绩的单位和个人，依照国家有关规定给予表彰和奖励。

第二章　服务内容

第九条　养老机构按照服务协议为收住的老年人提供生活照料、康复护理、精神慰藉、文化娱乐等服务。

第十条　养老机构提供的服务应当符合养老机构基本规范等有关国家标准或者行业标准和规范。

第十一条　养老机构为老年人提供服务，应当与接受服务的老年人或者其代理人签订服务协议。

服务协议应当载明下列事项：

（一）养老机构的名称、住所、法定代表人或者主要负责人、联系方式；

（二）老年人及其代理人和老年人指定的经常联系人的姓名、住址、身份证明、联系方式；

（三）服务内容和服务方式；

（四）收费标准以及费用支付方式；

（五）服务期限和地点；

（六）当事人的权利和义务；

（七）协议变更、解除与终止的条件；

（八）违约责任；

（九）意外伤害责任认定和争议解决方式；

（十）当事人协商一致的其他内容。

服务协议示范文本由国务院民政部门另行制定。

第十二条　养老机构应当提供满足老年人日常生活需求的吃饭、穿衣、如厕、洗澡、室内外活动等服务。

养老机构应当提供符合老年人居住条件的住房，并配备适合老年人安全保护要求的设施、设备及用具，定期对老年人活动场所和物品进行消毒和清洗。

养老机构提供的饮食应当符合卫生要求、有利于老年人营养平衡、符合民族风俗习惯。

第十三条　养老机构应当建立入院评估制度，做好老年人健康状况评估，并根据服务协议和老年人的生活自理能力，实施分级分类服务。

养老机构应当为老年人建立健康档案，组织定期体检，做好疾病预防工作。

养老机构可以通过设立医疗机构或者采取与周边医疗机构合作的方式，为老年人提供医疗服务。养老机构设立医疗机构的，应当依法取得医疗机构执业许可证，按照医疗机构管理相关法律法规进行管理。

第十四条　养老机构在老年人突发危重疾病时，应当及时通知代理人或者经常联系人并转送医疗机构救治；发现老年人为疑似传染病病人或者精神障碍患者时，应当依照传染病防治、精神卫生等相关法律法规的规定处理。

第十五条　养老机构应当根据需要为老年人提供情绪疏导、心理咨询、危机干预等精神慰藉服务。

第十六条　养老机构应当开展适合老年人的文化、体育、娱乐活动，丰富老年人的精神文化生活。

养老机构开展文化、体育、娱乐活动时，应当为老年人提供必要的安全防护措施。

第三章　内部管理

第十七条　养老机构应当按照国家有关规定建立健全安全、消防、卫生、财务、档案管理等规章制度，制定服务标准和工作流程，并予以公开。

第十八条　养老机构应当配备与服务和运营相适应的工作人员，并依法与其签订聘用合同或者劳动合同。

养老机构中从事医疗、康复、社会工作等服务的专业技术人员，应当持有关部门颁发的专业技术等级证书上岗；养老护理人员应当接受专业技能培训，经考核合格后持证上岗。

养老机构应当定期组织工作人员进行职业道德教育和业务培训。

第十九条　养老机构应当依照其登记类型、经营性质、设施设备条件、管理水平、服务质量、护理等级等因素确定服务项目的收费标准。

养老机构应当在醒目位置公示各类服务项目收费标准和收费依据，并遵守国家和地方政府价格管理有关规定。

第二十条　养老机构应当按照国家有关规定接受、使用捐赠物资，接受志愿服务。

第二十一条　养老机构应当实行 24 小时值班，做好老年人安全保障工作。

第二十二条　养老机构应当依法履行消防安全职责，健全消防安全管理制度，实行消防工作责任制，配置、维护消防设施、器材，开展日常防火检查，定期组织灭火和应急疏散消防安全培训。

第二十三条　养老机构应当制定突发事件应急预案。

突发事件发生后，养老机构应当立即启动应急处理程序，根据突发事件应对管理职责分工向有关部门报告，并将应急处理结果报实施许可的民政部门和住所地民政部门。

第二十四条　鼓励养老机构投保责任保险，降低机构运营风险。

第二十五条　养老机构应当建立老年人信息档案，妥善保存相关原始资料。

养老机构应当保护老年人的个人信息。

第二十六条　养老机构应当经常听取老年人的意见和建议，发挥老年人对养老机构服务和管理的监督促进作用。

第二十七条　养老机构因变更或者终止等原因暂停、终止服务的，应当于暂停或者终止服务 60 日前，向实施许可的民政部门提交老年人安置方案，方案中应当明确收住老年人的数量、安置计划及实施日期等事项，经批准后方可实施。

民政部门应当自接到安置方案之日起 20 日内完成审核工作。

民政部门应当督促养老机构实施安置方案，并及时为其妥善安置老年人提供帮助。

第四章　监督检查

第二十八条　民政部门应当按照实施许可权限，通过书面检查或者实地查验等方式对养老机构进行监督检查，并向社会公布检查结果。上级民政部门可以委托下级民政部门进行监督检查。

养老机构应当于每年 3 月 31 日之前向实施许可的民政部门提交上一年度的工作报告。年度工作报告内容包括服务范围、服务质量、运营管理等情况。

第二十九条　民政部门应当建立养老机构评估制度，定期对养老机构的人员、设施、服务、管理、信誉等情况进行综合评价。

养老机构评估工作可以委托第三方实施，评估结果应当向社会公布。

第三十条　民政部门应当定期开展养老服务行业统计工作，养老机构应当及时准确报送相关信息。

第三十一条　民政部门应当建立对养老机构管理的举报和投诉制度。

民政部门接到举报、投诉后，应当及时核实、处理。

第三十二条　上级民政部门应当加强对下级民政部门的指导和监督，及时纠正养老机构管理中的违规违法行为。

第五章　法律责任

第三十三条　养老机构有下列行为之一的，由实施许可的民政部门责令改正；情节严重的，处以3万元以下的罚款；构成犯罪的，依法追究刑事责任：

（一）未与老年人或者其代理人签订服务协议，或者协议不符合规定的；

（二）未按照国家有关标准和规定开展服务的；

（三）配备人员的资格不符合规定的；

（四）向负责监督检查的民政部门隐瞒有关情况、提供虚假材料或者拒绝提供反映其活动情况真实材料的；

（五）利用养老机构的房屋、场地、设施开展与养老服务宗旨无关的活动的；

（六）歧视、侮辱、虐待或遗弃老年人以及其他侵犯老年人合法权益行为的；

（七）擅自暂停或者终止服务的；

（八）法律、法规、规章规定的其他违法行为。

第三十四条　民政部门及其工作人员违反本办法有关规定，由上级行政机关责令改正；情节严重的，对直接负责的主管人员和其他责任人员依法给予行政处分；构成犯罪的，依法追究刑事责任。

第六章　附则

第三十五条　国家对光荣院、农村五保供养服务机构等养老机构的管理有特别规定的，依照其规定办理。

第三十六条　本办法自2013年7月1日起施行。

中华人民共和国国务院令

第 637 号

《中华人民共和国外国人入境出境管理条例》已经 2013 年 7 月 3 日国务院第 15 次常务会议通过，现予公布，自 2013 年 9 月 1 日起施行。

总理　李克强

2013 年 7 月 12 日

中华人民共和国外国人入境出境管理法

第一章　总则

第一条　为了规范签证的签发和外国人在中国境内停留居留的服务和管理，根据《中华人民共和国出境入境管理法》（以下简称出境入境管理法）制定本条例。

第二条　国家建立外国人入境出境服务和管理工作协调机制，加强外国人入境出境服务和管理工作的统筹、协调与配合。

省、自治区、直辖市人民政府可以根据需要建立外国人入境出境服务和管理工作协调机制，加强信息交流与协调配合，做好本行政区域的外国人入境出境服务和管理工作。

第三条　公安部应当会同国务院有关部门建立外国人入境出境服务和管理信息平台，实现有关信息的共享。

第四条　在签证签发管理和外国人在中国境内停留居留管理工作中，外交部、公安部等国务院部门应当在部门门户网站、受理出境入境证件申请的地点等场所，提供外国人入境出境管理法律法规和其他需要外国人知悉的信息。

第二章　签证的类别和签发

第五条　外交签证、礼遇签证、公务签证的签发范围和签发办法由外交部规定。

第六条　普通签证分为以下类别，并在签证上标明相应的汉语拼音字母：

（一）C 字签证，发给执行乘务、航空、航运任务的国际列车乘务员、国际航空器机组人员、国际航行船舶的船员及船员随行家属和从事国际道路运输的汽车驾驶员。

（二）D 字签证，发给入境永久居留的人员。

（三）F 字签证，发给入境从事交流、访问、考察等活动的人员。

（四）G 字签证，发给经中国过境的人员。

（五）J1 字签证，发给外国常驻中国新闻机构的外国常驻记者；J2 字签证，发给入境进行短期采访报道的外国记者。

（六）L 字签证，发给入境旅游的人员；以团体形式入境旅游的，可以签发团体 L 字签证。

（七）M 字签证，发给入境进行商业贸易活动的人员。

（八）Q1 字签证，发给因家庭团聚申请入境居留的中国公民的家庭成员和具有中国永久居留资格的外国人的家庭成员，以及因寄养等原因申请入境居留的人员；Q2 字签证，发给申请入境短期探亲的居住在中国境内的中国公民的亲属和具有中国永久居留资格的外国人的亲属。

（九）R 字签证，发给国家需要的外国高层次人才和急需紧缺专门人才。

（十）S1 字签证，发给申请入境长期探亲的因工作、学习等事由在中国境内居留的外国人的配偶、父母、未满 18 周岁的子女、配偶的父母，以及因其他私人事务需要在中国境内居留的人员；S2 字签证，发给申请入境短期探亲的因工作、学习等事由在中国境内停留居留的外国人的家庭成员，以及因其他私人事务需要在中国境内停留的人员。

（十一）X1 字签证，发给申请在中国境内长期学习的人员；X2 字签证，发给申请在中国境内短期学习的人员。

（十二）Z 字签证，发给申请在中国境内工作的人员。

第七条 外国人申请办理签证，应当填写申请表，提交本人的护照或者其他国际旅行证件以及符合规定的照片和申请事由的相关材料。

（一）申请 C 字签证，应当提交外国运输公司出具的担保函件或者中国境内有关单位出具的邀请函件。

（二）申请 D 字签证，应当提交公安部签发的外国人永久居留身份确认表。

（三）申请 F 字签证，应当提交中国境内的邀请方出具的邀请函件。

（四）申请 G 字签证，应当提交前往国家（地区）的已确定日期、座位的联程机（车、船）票。

（五）申请 J1 字及 J2 字签证，应当按照中国有关外国常驻新闻机构和外国记者采访的规定履行审批手续并提交相应的申请材料。

（六）申请 L 字签证，应当按照要求提交旅行计划行程安排等材料；以团体形式入境旅游的，还应当提交旅行社出具的邀请函件。

（七）申请 M 字签证，应当按照要求提交中国境内商业贸易合作方出具的邀请函件。

（八）申请 Q1 字签证，因家庭团聚申请入境居留的，应当提交居住在中国境内的中国公民、具有永久居留资格的外国人出具的邀请函件和家庭成员关系证明，因寄养等原因申请入境的，应当提交委托书等证明材料；申请 Q2 字签证，应当提交居住在中国境内的中国公民、具有永久居留资格的外国人出具的邀请函件等证明材料。

（九）申请 R 字签证，应当符合中国政府有关主管部门确定的外国高层次人才和急需紧缺专门人才的引进条件和要求，并按照规定提交相应的证明材料。

（十）申请 S1 字及 S2 字签证，应当按照要求提交因工作、学习等事由在中国境内停留居留的外国人出具的邀请函件、家庭成员关系证明，或者入境处理私人事务所需的证明材料。

（十一）申请 X1 字签证应当按照规定提交招收单位出具的录取通知书和主管部门出具的证明材料；申请 X2 字签证，应当按照规定提交招收单位出具的录取通知书等证明材料。

（十二）申请 Z 字签证，应当按照规定提交工作许可等证明材料。

签证机关可以根据具体情况要求外国人提交其他申请材料。

第八条 外国人有下列情形之一的，应当按照驻外签证机关要求接受面谈：

（一）申请入境居留的；

（二）个人身份信息、入境事由需要进一步核实的；

（三）曾有不准入境、被限期出境记录的；

（四）有必要进行面谈的其他情形。

驻外签证机关签发签证需要向中国境内有关部门、单位核实有关信息的，中国境内有关部门、单位应当予以配合。

第九条 签证机关经审查认为符合签发条件的，签发相应类别签证。对入境后需要办理居留证件的，签证机关应当在签证上注明入境后办理居留证件的时限。

第三章 停留居留管理

第十条 外国人持签证入境后，按照国家规定可以变更停留事由、给予入境便利的，或者因使用新护照、持团体签证入境后由于客观原因需要分团停留的，可以向停留地县级以上地方人民政府公安机关出入境管理机构申请换发签证。

第十一条 在中国境内的外国人所持签证遗失、损毁、被盗抢的，应当及时向停留地县级以上地方人民政府公安机关出入境管理机构申请补发签证。

第十二条 外国人申请签证的延期、换发、补发和申请办理停留证件，应当填写申请表，提交本人的护照或者其他国际旅行证件以及符合规定的照片和申请事由的相关材料。

第十三条 外国人申请签证延期、换发、补发和申请办理停留证件符合受理规定的，公安机关出入境管理机构应当出具有效期不超过7日的受理回执，并在受理回执有效期内作出是否签发的决定。

外国人申请签证延期、换发、补发和申请办理停留证件的手续或者材料不符合规定的，公安机关出入境管理机构应当一次性告知申请人需要履行的手续和补正的申请材料。

申请人所持护照或者其他国际旅行证件因办理证件被收存期间，可以凭受理回执在中国境内合法停留。

第十四条 公安机关出入境管理机构作出的延长签证停留期限决定，仅对本次入境有效，不影响签证的入境次数和入境有效期，并且累计延长的停留期限不得超过原签证注明的停留期限。

签证停留期限延长后，外国人应当按照原签证规定的事由和延长的期限停留。

第十五条 居留证件分为以下种类：

（一）工作类居留证件，发给在中国境内工作的人员；

（二）学习类居留证件，发给在中国境内长期学习的人员；

（三）记者类居留证件，发给外国常驻中国新闻机构的外国常驻记者；

（四）团聚类居留证件，发给因家庭团聚需要在中国境内居留的中国公民的家庭成员和具有中国永久居留资格的外国人的家庭成员，以及因寄养等原因需要在中国境内居留的人员；

（五）私人事务类居留证件，发给入境长期探亲的因工作、学习等事由在中国境内居留的外国人的配偶、父母、未满18周岁的子女、配偶的父母，以及因其他私人事务需要在中国境内居留的人员。

第十六条 外国人申请办理外国人居留证件，应当提交本人护照或者其他国际旅行证件以及符合规定的照片和申请事由的相关材料，本人到居留地县级以上地方人民政府公安机关出入境管理机构办理相关手续，并留存指纹等人体生物识别信息。

（一）工作类居留证件，应当提交工作许可等证明材料；属于国家需要的外国高层次人才和急需紧缺专门人才的，应当按照规定提交有关证明材料。

（二）学习类居留证件，应当按照规定提交招收单位出具的注明学习期限的函件等证明材料。

（三）记者类居留证件，应当提交有关主管部门出具的函件和核发的记者证。

（四）团聚类居留证件，因家庭团聚需要在中国境内居留的，应当提交家庭成员关系证明和与申请事由相关的证明材料；因寄养等原因需要在中国境内居留的，应当提交委托书等证明材料。

（五）私人事务类居留证件，长期探亲的，应当按照要求提交亲属关系证明、被探望人的居留证件等证明材料；入境处理私人事务的，应当提交因处理私人事务需要在中国境内居留的相关证明材料。

外国人申请有效期 1 年以上的居留证件的，应当按照规定提交健康证明。健康证明自开具之日起 6 个月内有效。

第十七条　外国人申请办理居留证件的延期、换发、补发，应当填写申请表，提交本人的护照或者其他国际旅行证件以及符合规定的照片和申请事由的相关材料。

第十八条　外国人申请居留证件或者申请居留证件的延期、换发、补发符合受理规定的，公安机关出入境管理机构应当出具有效期不超过 15 日的受理回执，并在受理回执有效期内作出是否签发的决定。

外国人申请居留证件或者申请居留证件的延期、换发、补发的手续或者材料不符合规定的，公安机关出入境管理机构应当一次性告知申请人需要履行的手续和补正的申请材料。

申请人所持护照或者其他国际旅行证件因办理证件被收存期间，可以凭受理回执在中国境内合法居留。

第十九条　外国人申请签证和居留证件的延期、换发、补发，申请办理停留证件，有下列情形之一的，可以由邀请单位或者个人、申请人的亲属、有关专门服务机构代为申请：

（一）未满 16 周岁或者已满 60 周岁以及因疾病等原因行动不便的；

（二）非首次入境且在中国境内停留居留记录良好的；

（三）邀请单位或者个人对外国人在中国境内期间所需费用提供保证措施的。

外国人申请居留证件，属于国家需要的外国高层次人才和急需紧缺专门人才以及前款第一项规定情形的，可以由邀请单位或者个人、申请人的亲属、有关专门服务机构代为申请。

第二十条　公安机关出入境管理机构可以通过面谈、电话询问、实地调查等方式核实申请事由的真实性，申请人以及出具邀请函件、证明材料的单位或者个人应当予以配合。

第二十一条　公安机关出入境管理机构对有下列情形之一的外国人，不予批准签证和居留证件的延期、换发、补发，不予签发停留证件：

（一）不能按照规定提供申请材料的；

（二）在申请过程中弄虚作假的；

（三）违反中国有关法律、行政法规规定，不适合在中国境内停留居留的；

（四）不宜批准签证和居留证件的延期、换发、补发或者签发停留证件的其他情形。

第二十二条　持学习类居留证件的外国人需要在校外勤工助学或者实习的，应当经所在学校同意后，向公安机关出入境管理机构申请居留证件加注勤工助学或者实习地点、期限等信息。

持学习类居留证件的外国人所持居留证件未加注前款规定信息的，不得在校外勤工助学或者实习。

第二十三条　在中国境内的外国人因证件遗失、损毁、被盗抢等原因未持有效护照或者国际旅行证件，无法在本国驻中国有关机构补办的，可以向停留居留地县级以上地方人民政府公安机关出入境管理机构申请办理出境手续。

第二十四条　所持出境入境证件注明停留区域的外国人、出入境边防检查机关批准临时入境且限定停留区域的外国人，应当在限定的区域内停留。

第二十五条　外国人在中国境内有下列情形之一的，属于非法居留：

（一）超过签证、停留居留证件规定的停留居留期限停留居留的；

（二）免办签证入境的外国人超过免签期限停留且未办理停留居留证件的；

（三）外国人超出限定的停留居留区域活动的；

（四）其他非法居留的情形。

第二十六条　聘用外国人工作或者招收外国留学生的单位，发现有下列情形之一的，应当及时向所在地县级以上地方人民政府公安机关出入境管理机构报告：

（一）聘用的外国人离职或者变更工作地域的；

（二）招收的外国留学生毕业、结业、肄业、退学，离开原招收单位的；

（三）聘用的外国人、招收的外国留学生违反出境入境管理规定的；

（四）聘用的外国人、招收的外国留学生出现死亡、失踪等情形的。

第二十七条　金融、教育、医疗、电信等单位在办理业务时需要核实外国人身份信息的，可以向公安机关出入境管理机构申请核实。

第二十八条　外国人因外交、公务事由在中国境内停留居留证件的签发管理，按照外交部的规定执行。

第四章　调查和遣返

第二十九条　公安机关根据实际需要可以设置遣返场所。

依照出境入境管理法第六十条的规定对外国人实施拘留审查的，应当在24小时内将被拘留审查的外国人送到拘留所或者遣返场所。

由于天气、当事人健康状况等原因无法立即执行遣送出境、驱逐出境的，应当凭相关法律文书将外国人羁押在拘留所或者遣返场所。

第三十条　依照出境入境管理法第六十一条的规定，对外国人限制活动范围的，应当出具限制活动范围决定书。被限制活动范围的外国人，应当在指定的时间到公安机关报到；未经决定机关批准，不得变更生活居所或者离开限定的区域。

第三十一条　依照出境入境管理法第六十二条的规定，对外国人实施遣送出境的，作出遣送出境决定的机关应当依法确定被遣送出境的外国人不准入境的具体期限。

第三十二条　外国人被遣送出境所需的费用由本人承担。本人无力承担的，属于非法就业的，由非法聘用的单位、个人承担；属于其他情形的，由对外国人在中国境内停留居留提供保证措施的单位或者个人承担。

遣送外国人出境，由县级以上地方人民政府公安机关或者出入境边防检查机关实施。

第三十三条　外国人被决定限期出境的，作出决定的机关应当在注销或者收缴其原出境入境证件后，为其补办停留手续并限定出境的期限。限定出境期限最长不得超过15日。

第三十四条　外国人有下列情形之一的，其所持签证、停留居留证件由签发机关宣布作废：

（一）签证、停留居留证件损毁、遗失、被盗抢的；

（二）被决定限期出境、遣送出境、驱逐出境，其所持签证、停留居留证件未被收缴或者注销的；

（三）原居留事由变更，未在规定期限内向公安机关出入境管理机构申报，经公安机关公告后仍未申报的；

（四）有出境入境管理法第二十一条、第三十一条规定的不予签发签证、居留证件情形的。

签发机关对签证、停留居留证件依法宣布作废的，可以当场宣布作废或者公告宣布作废。

第三十五条　外国人所持签证、停留居留证件有下列情形之一的，由公安机关注销或者收缴：

（一）被签发机关宣布作废或者被他人冒用的；

（二）通过伪造、变造、骗取或者其他方式非法获取的；

（三）持有人被决定限期出境、遣送出境、驱逐出境的。

作出注销或者收缴决定的机关应当及时通知签发机关。

第五章　附则

第三十六条　本条例下列用语的含义：

（一）签证的入境次数，是指持证人在签证入境有效期内可以入境的次数。

（二）签证的入境有效期，是指持证人所持签证入境的有效时间范围。非经签发机关注明，签证自签发之日起生效，于有效期满当日北京时间24时失效。

（三）签证的停留期限，是指持证人每次入境后被准许停留的时限，自入境次日开始计算。

（四）短期，是指在中国境内停留不超过180日（含180日）。

（五）长期、常驻，是指在中国境内居留超过180日。

本条例规定的公安机关出入境管理机构审批期限和受理回执有效期以工作日计算，不含法定节假日。

第三十七条　经外交部批准，驻外签证机关可以委托当地有关机构承办外国人签证申请的接件、录入、咨询等服务性事务。

第三十八条　签证的式样由外交部会同公安部规定。停留居留证件的式样由公安部规定。

第三十九条　本条例自2013年9月1日起施行。1986年12月3日国务院批准，1986年12月27日公安部、外交部公布，1994年7月13日、2010年4月24日国务院修订的《中华人民共和国外国人入境出境管理法实施细则》同时废止。

国务院关于加快发展养老服务业的若干意见

国发〔2013〕35号

各省、自治区、直辖市人民政府，国务院各部委、各直属机构：

近年来，我国养老服务业快速发展，以居家为基础、社区为依托、机构为支撑的养老服务体系初步建立，老年消费市场初步形成，老龄事业发展取得显著成就。但总体上看，养老服务和产品供给不足、市场发育不健全、城乡区域发展不平衡等问题还十分突出。当前，我国已经进入人口老龄化快速发展阶段，2012年底我国60周岁以上老年人口已达1.94亿，2020年将达到2.43亿，2025年将突破3亿。积极应对人口老龄化，加快发展养老服务业，不断满足老年人持续增长的养老服务需求，是全面建成小康社会的一项紧迫任务，有利于保障老年人权益，共享改革发展成果，有利于拉动消费、扩大就业，有利于保障和改善民生，促进社会和谐，推进经济社会持续健康发展。为加快发展养老服务业，现提出以下意见：

一　总体要求

（一）指导思想。

以邓小平理论、“三个代表”重要思想、科学发展观为指导，从国情出发，把不断满足老年人日益增长的养老服务需求作为出发点和落脚点，充分发挥政府作用，通过简政放权，创新体制机制，激发社会活力，充分发挥社会力量的主体作用，健全养老服务体系，满足多样化养老服务需求，努力使养老服务业成为积极应对人口老龄化、保障和改善民生的重要举措，成为扩大内需、增加就业、促进服务业发展、推动经济转型升级的重要力量。

（二）基本原则。

深化体制改革。加快转变政府职能，减少行政干预，加大政策支持和引导力度，激发各类服务主体活力，创新服务供给方式，加强监督管理，提高服务质量和效率。

坚持保障基本。以政府为主导，发挥社会力量作用，着力保障特殊困难老年人的养老服务需求，确保人人享有基本养老服务。加大对基层和农村养老服务的投入，充分发挥社区基层组织和服务机构在居家养老服务中的重要作用。支持家庭、个人承担应尽责任。

注重统筹发展。统筹发展居家养老、机构养老和其他多种形式的养老，实行普遍性服务和个性化服务相结合。统筹城市和农村养老资源，促进基本养老服务均衡发展。统筹利用各种资源，促进养老服务与医疗、家政、保险、教育、健身、旅游等相关领域的互动发展。

完善市场机制。充分发挥市场在资源配置中的基础性作用，逐步使社会力量成为发展养老服务业的主体，营造平等参与、公平竞争的市场环境，大力发展养老服务业，提供方便可及、价格合理的各类养老服务和产品，满足养老服务多样化、多层次需求。

（三）发展目标。

到2020年，全面建成以居家为基础、社区为依托、机构为支撑的，功能完善、规模适度、覆盖城乡的养老服务体系。养老服务产品更加丰富，市场机制不断完善，养老服务业持续健康发展。

——服务体系更加健全。生活照料、医疗护理、精神慰藉、紧急救援等养老服务覆盖所有居家老年人。符合标准的日间照料中心、老年人活动中心等服务设施覆盖所有城市社区，90%以上的乡镇和60%以上的农村社区建立包括养老服务在内的社区综合服务设施和站点。全国社会养老床位数达到每千名老年人35—40张，服务能力大幅增强。

——产业规模显著扩大。以老年生活照料、老年产品用品、老年健康服务、老年体育健身、老年文化娱乐、老年金融服务、老年旅游等为主的养老服务业全面发展，养老服务业增加值在服务业中的比重显著提升，全国机构养老、居家社区生活照料和护理等服务提供1000万个以上就业岗位。涌现一批带动力强的龙头企业和大批富有创新活力的中小企业，形成一批养老服务产业集群，培育一批知名品牌。

——发展环境更加优化。养老服务业政策法规体系建立健全，行业标准科学规范，监管机制更加完善，服务质量明显提高。全社会积极应对人口老龄化意识显著增强，支持和参与养老服务的氛围更加浓厚，养老志愿服务广泛开展，敬老、养老、助老的优良传统得到进一步弘扬。

二　主要任务

（一）统筹规划发展城市养老服务设施。

加强社区服务设施建设。各地在制定城市总体规划、控制性详细规划时，必须按照人均用地不少于0.1平方米的标准，分区分级规划设置养老服务设施。凡新建城区和新建居住（小）区，要按标准要求配套建设养老服务设施，并与住宅同步规划、同步建设、同步验收、同步交付使用；凡老城区和已建成居住（小）区无养老服务设施或现有设施没有达到规划和建设指标要求的，要限期通过购置、置换、租赁等方式开辟养老服务设施，不得挪作他用。

综合发挥多种设施作用。各地要发挥社区公共服务设施的养老服务功能，加强社区养老服务设施与社区服务中心（服务站）及社区卫生、文化、体育等设施的功能衔接，提高使用率，发挥综合效益。要支持和引导各类社会主体参与社区综合服务设施建设、运营和管理，提供养老服务。各类具有为老年人服务功能的设施都要向老年人开放。

实施社区无障碍环境改造。各地区要按照无障碍设施工程建设相关标准和规范，推动和扶持老年人家庭无障碍设施的改造，加快推进坡道、电梯等与老年人日常生活密切相关的公共设施改造。

（二）大力发展居家养老服务网络。

发展居家养老便捷服务。地方政府要支持建立以企业和机构为主体、社区为纽带、满足老年人各种服务需求的居家养老服务网络。要通过制定扶持政策措施，积极培育居家养老服务企业和机构，上门为居家老年人提供助餐、助浴、助洁、助急、助医等定制服务；大力发展家政服务，为居家老年人提供规范化、个性化服务。要支持社区建立健全居家养老服务网点，引入社会组织和家政、物业等企业，兴办或运营老年供餐、社区日间照料、老年活动中心等形式多样的养老服务项目。

发展老年人文体娱乐服务。地方政府要支持社区利用社区公共服务设施和社会场所组织开展适合老年人的群众性文化体育娱乐活动，并发挥群众组织和个人积极性。鼓励专业养老机构利用自身资源优势，培训和指导社区养老服务组织和人员。

发展居家网络信息服务。地方政府要支持企业和机构运用互联网、物联网等技术手段创新居家养老服务模式，发展老年电子商务，建设居家服务网络平台，提供紧急呼叫、家政预约、健康咨询、物品代购、服务缴费等适合老年人的服务项目。

（三）大力加强养老机构建设。

支持社会力量举办养老机构。各地要根据城乡规划布局要求，统筹考虑建设各类养老机构。在资本金、场地、人员等方面，进一步降低社会力量举办养老机构的门槛，简化手续、规范程序、公开信息，行政许可和登记机关要核定其经营和活动范围，为社会力量举办养老机构提供便捷服务。鼓励境外资本投资养老服务业。鼓励个人举办家庭化、小型化的养老机构，社会力量举办规模化、连锁化的养老机构。鼓励民间资本对企业厂房、商业设施及其他可利用的社会资源进行整合和改造，用于养老服务。

办好公办保障性养老机构。各地公办养老机构要充分发挥托底作用，重点为“三无”（无劳动能力，无生活来源，无赡养人和扶养人、或者其赡养人和扶养人确无赡养和扶养能力）老人、低收入老人、经济困难的失能半失能老人提供无偿或低收费的供养、护理服务。政府举办的养老机构要实用适用，避免铺张豪华。

开展公办养老机构改制试点。有条件的地方可以积极稳妥地把专门面向社会提供经营性服务的公办养老机构转制成为企业，完善法人治理结构。政府投资兴办的养老床位应逐步通过公建民营等方式管理运营，积极鼓励民间资本通过委托管理等方式，运营公有产权的养老服务设施。要开展服务项目和设施安全标准化建设，不断提高服务水平。

（四）切实加强农村养老服务。

健全服务网络。要完善农村养老服务托底的措施，将所有农村“三无”老人全部纳入五保供养范围，适时提高五保供养标准，健全农村五保供养机构功能，使农村五保老人老有所养。在满足农村五保对象集中供养需求的前提下，支持乡镇五保供养机构改善设施条件并向社会开放，提高运营效益，增强护理功能，使之成为区域性养老服务中心。依托行政村、较大自然村，充分利用农家大院等，建设日间照料中心、托老所、老年活动站等互助性养老服务设施。农村党建活动室、卫生室、农家书屋、学校等要支持农村养老服务工作，组织与老年人相关的活动。充分发挥村民自治功能和老年协会作用，督促家庭成员承担赡养责任，组织开展邻里互助、志愿服务，解决周围老年人实际生活困难。

拓宽资金渠道。各地要进一步落实《中华人民共和国老年人权益保障法》有关农村可以将未承包的集体所有的部分土地、山林、水面、滩涂等作为养老基地，收益供老年人养老的要求。鼓励城市资金、资产和资源投向农村养老服务。各级政府用于养老服务的财政性资金应重点向农村倾斜。

建立协作机制。城市公办养老机构要与农村五保供养机构等建立长期稳定的对口支援和合作机制，采取人员培训、技术指导、设备支援等方式，帮助其提高服务能力。建立跨地区养老服务协作机制，鼓励发达地区支援欠发达地区。

（五）繁荣养老服务消费市场。

拓展养老服务内容。各地要积极发展养老服务业，引导养老服务企业和机构优先满足老年人基本服务需求，鼓励和引导相关行业积极拓展适合老年人特点的文化娱乐、体育健身、休闲旅游、健康服务、精神慰藉、法律服务等服务，加强残障老年人专业化服务。

开发老年产品用品。相关部门要围绕适合老年人的衣、食、住、行、医、文化娱乐等需要，支持企业积极开发安全有效的康复辅具、食品药品、服装服饰等老年用品用具和服务产品，引导商场、超市、批发市场设立老年用品专区专柜；开发老年住宅、老年公寓等老年生活设施，提高老年人生活质量。引导和规范商业银行、保险公司、证券公司等金融机构开发适合老年人的理财、信贷、保险等产品。

培育养老产业集群。各地和相关行业部门要加强规划引导，在制定相关产业发展规划中，要鼓励发展养老服务中小企业，扶持发展龙头企业，实施品牌战略，提高创新能力，形成一批产业链长、覆盖领域广、经济社会效益显著的产业集群。健全市场规范和行业标准，确保养老服务和产品质量，营造安全、便利、诚信的消费环境。

（六）积极推进医疗卫生与养老服务相结合。

推动医养融合发展。各地要促进医疗卫生资源进入养老机构、社区和居民家庭。卫生管理部门要支持有条件的养老机构设置医疗机构。医疗机构要积极支持和发展养老服务，有条件的二级以上综合医院应当开设老年病科，增加老年病床数量，做好老年慢病防治和康复护理。要探索医疗机构与养老机构合作新模式，医疗机构、社区卫生服务机构应当为老年人建立健康档案，建立社区医院与老年人家庭医疗契约服务关系，开展上门诊视、健康查体、保健咨询等服务，加快推进面向养老机构的远程医疗服务试点。医疗机构应当为老年人就医提供优先优惠服务。

健全医疗保险机制。对于养老机构内设的医疗机构，符合城镇职工（居民）基本医疗保险和新型农村合作医疗定点条件的，可申请纳入定点范围，入住的参保老年人按规定享受相应待遇。完善医保报销制度，切实解决老年人异地就医结算问题。鼓励老年人投保健康保险、长期护理保险、意外伤害保险等人身保险产品，鼓励和引导商业保险公司开展相关业务。

三　政策措施

（一）完善投融资政策。要通过完善扶持政策，吸引更多民间资本，培育和扶持养老服务机构和企业发展。各级政府要加大投入，安排财政性资金支持养老服务体系建设。金融机构要加快金融产品和服务方式创新，拓宽信贷抵押担保物范围，积极支持养老服务业的信贷需求。积极利用财政贴息、小额贷款等方式，加大对养老服务业的有效信贷投入。加强养老服务机构信用体系建设，增强对信贷资金和民间资本的吸引力。逐步放宽限制，鼓励和支持保险资金投资养老服务领域。开展老年人住房反向抵押养老保险试点。鼓励养老机构投保责任保险，保险公司承保责任保险。地方政府发行债券应统筹考虑养老服务需求，积极支持养老服务设施建设及无障碍改造。

（二）完善土地供应政策。各地要将各类养老服务设施建设用地纳入城镇土地利用总体规划和年度用地计划，合理安排用地需求，可将闲置的公益性用地调整为养老服务用地。民间资本举办的非营利性养老机构与政府举办的养老机构享有相同的土地使用政策，可以依法使用国有划拨土地或者农民集体所有的土地。对营利性养老机构建设用地，按照国家对经营性用地依法办理有偿用地手续的规定，优先保障供应，并制定支持发展养老服务业的土地政策。严禁养老设施建设用地改变用途、容积率等土地使用条件搞房地产开发。

（三）完善税费优惠政策。落实好国家现行支持养老服务业的税收优惠政策，对养老机构提供的养护服务免征营业税，对非营利性养老机构自用房产、土地免征房产税、城镇土地使用税，对符合条件的非营利性养老机构按规定免征企业所得税。对企事业单位、社会团体和个人向非营利性养老机构的捐赠，符合相关规定的，准予在计算其应纳税所得额时按税法规定比例扣除。各地对非营利性养老机构建设要免征有关行政事业性收费，对营利性养老机构建设要减半征收有关行政事业性收费，对养老机构提供养老服务也要适当减免行政事业性收费，养老机构用电、用水、用气、用热按居民生活类价格执行。境内外资本举办养老机构享有同等的税收等优惠政策。制定和完善支持民间资本投资养老服务业的税收优惠政策。

（四）完善补贴支持政策。各地要加快建立养老服务评估机制，建立健全经济困难的高龄、失能等老年人补贴制度。可根据养老服务的实际需要，推进民办公助，选择通过补助投资、贷款贴息、运营补贴、购买服务等方式，支持社会力量举办养老服务机构，开展养老服务。民政部本级彩票公益金和地方各级政府用于社会福利事业的彩票公益金，要将50%以上的资金用于支持发展养老服务业，并随老年人口的增加逐步提高投入比例。国家根据经济社会发展水平和职工平均工资增长、物价上涨等情况，进一步完善落实基本养老、基本医疗、最低生活保障等政策，适时提高养老保障水平。要制定政府向社会力量购买养老服务的政策措施。

（五）完善人才培养和就业政策。教育、人力资源社会保障、民政部门要支持高等院校和中等职业学校增设养老服务相关专业和课程，扩大人才培养规模，加快培养老年医学、康复、护理、营养、心理和社会工作等方面的专门人才，制定优惠政策，鼓励大专院校对口专业毕业生从事养老服务工作。充分发挥开放大学作用，开展继续教育和远程学历教育。依托院校和养老机构建立养老服务实训基地。加强老年护理人员专业培训，对符合条件的参加养老护理职业培训和职业技能鉴定的从业人员按规定给予相关补贴，在养老机构和社区开发公益性岗位，吸纳农村转移劳动力、城镇就业困难人员等从事养老服务。养老机构应当积极改善养老护理员工作条件，加强劳动保护和职业防护，依法缴纳养老保险费等社会保险费，提高职工工资福利待遇。养老机构应当科学设置专业技术岗位，重点培养和引进医生、护士、康复医师、康复治疗师、社会工作者等具有执业或职业资格的专业技术人员。对在养老机构就业的专业技术人员，执行与医疗机构、福利机构相同的执业资格、注册考核政策。

（六）鼓励公益慈善组织支持养老服务。引导公益慈善组织重点参与养老机构建设、养老产品开发、养老服务提供，使公益慈善组织成为发展养老服务业的重要力量。积极培育发展为老服务公益慈善组织。积极扶持发展各类为老服务志愿组织，开展志愿服务活动。倡导机关干部和企事业单位职工、大中小学学生参加养老服务志愿活动。支持老年群众组织开展自我管理、自我服务和服务社会活动。探索建立健康老人参与志愿互助服务的工作机制，建立为老志愿服务登记制度。弘扬敬老、养老、助老的优良传统，支持社会服务窗口行业开展“敬老文明号”创建活动。

四 组织领导

（一）健全工作机制。各地要将发展养老服务业纳入国民经济和社会发展规划，纳入政府重要议事日程，进一步强化工作协调机制，定期分析养老服务业发展情况和存在问题，研究推进养老服务业加快发展的各项政策措施，认真落实养老服务业发展的相关任务要求。民政部门要切实履行监督管理、行业规范、业务指导职责，推动公办养老机构改革发展。发展改革部门要将养老服务业发展纳入经济社会发展规划、专项规划和区域规划，支持养老服务设施建设。财政部门要在现有资金渠道内对养老服务业发展给予财力保障。老龄工作机构要发挥综合协调作用，加强督促指导工作。教育、公安消防、卫生计生、国土、住房城乡建设、人力资源社会保障、商务、税务、金融、质检、工商、食品药品监管等部门要各司其职，及时解决工作中遇到的问题，形成齐抓共管、整体推进的工作格局。

（二）开展综合改革试点。国家选择有特点和代表性的区域进行养老服务业综合改革试点，在财政、金融、用地、税费、人才、技术及服务模式等方面进行探索创新，先行先试，完善体制机制和政策措施，为全国养老服务业发展提供经验。

（三）强化行业监管。民政部门要健全养老服务的准入、退出、监管制度，指导养老机构完善管理规范、改善服务质量，及时查处侵害老年人人身财产权益的违法行为和安全生产责任事故。价格主管部门要探索建立科学合理的养老服务定价机制，依法确定适用政府定价和政府指导价的范围。有关部门要建立完善养老服务业统计制度。其他各有关部门要依照职责分工对养老服务业实施监督管理。要积极培育和发展养老服务行业协会，发挥行业自律作用。

（四）加强督促检查。各地要加强工作绩效考核，确保责任到位、任务落实。省级人民政府要根据本意见要求，结合实际抓紧制定实施意见。国务院相关部门要根据本部门职责，制定具体政策措施。民政部、发展改革委、财政部等部门要抓紧研究提出促进民间资本参与养老服务业的具体措施和意见。发展改革委、民政部和老龄工作机构要加强对本意见执行情况的监督检查，及时向国务院报告。国务院将适时组织专项督查。

国务院

2013 年 9 月 6 日

中共中央关于全面深化改革若干重大问题的决定

（2013年11月12日中国共产党第十八届
中央委员会第三次全体会议通过）

为贯彻落实党的十八大关于全面深化改革的战略部署，十八届中央委员会第三次全体会议研究了全面深化改革的若干重大问题，作出如下决定。

一　全面深化改革的重大意义和指导思想

（1）改革开放是党在新的时代条件下带领全国各族人民进行的新的伟大革命，是当代中国最鲜明的特色。党的十一届三中全会召开三十五年来，我们党以巨大的政治勇气，锐意推进经济体制、政治体制、文化体制、社会体制、生态文明体制和党的建设制度改革，不断扩大开放，决心之大、变革之深、影响之广前所未有，成就举世瞩目。

改革开放最主要的成果是开创和发展了中国特色社会主义，为社会主义现代化建设提供了强大动力和有力保障。事实证明，改革开放是决定当代中国命运的关键抉择，是党和人民事业大踏步赶上时代的重要法宝。

实践发展永无止境，解放思想永无止境，改革开放永无止境。面对新形势新任务，全面建成小康社会，进而建成富强民主文明和谐的社会主义现代化国家、实现中华民族伟大复兴的中国梦，必须在新的历史起点上全面深化改革，不断增强中国特色社会主义道路自信、理论自信、制度自信。

（2）全面深化改革，必须高举中国特色社会主义伟大旗帜，以马克思列宁主义、毛泽东思想、邓小平理论、“三个代表”重要思想、科学发展观为指导，坚定信心，凝聚共识，统筹谋划，协同推进，坚持社会主义市场经济改革方向，以促进社会公平正义、增进人民福祉为出发点和落脚点，进一步解放思想、解放和发展社会生产力、解放和增强社会活力，坚决破除各方面体制机制弊端，努力开拓中国特色社会主义事业更加广阔的前景。

全面深化改革的总目标是完善和发展中国特色社会主义制度，推进国家治理体系和治理能力现代化。必须更加注重改革的系统性、整体性、协同性，加快发展社会主义市场经济、民主政治、先进文化、和谐社会、生态文明，让一切劳动、知识、技术、管理、资本的活力竞相迸发，让一切创造社会财富的源泉充分涌流，让发展成果更多更公平惠及全体人民。

紧紧围绕使市场在资源配置中起决定性作用深化经济体制改革，坚持和完善基本经济制度，加快完善现代市场体系、宏观调控体系、开放型经济体系，加快转变经济发展方式，加快建设创新型国家，推动经济更有效率、更加公平、更可持续发展。

紧紧围绕坚持党的领导、人民当家作主、依法治国有机统一深化政治体制改革，加快推进社会主义民主政治制度化、规范化、程序化，建设社会主义法治国家，发展更加广泛、更加充分、更加健全的人民民主。

紧紧围绕建设社会主义核心价值体系、社会主义文化强国深化文化体制改革，加快完善文化管理体制和文化生产经营机制，建立健全现代公共文化服务体系、现代文化市场体系，推动社会主义文化大发展大繁荣。

紧紧围绕更好保障和改善民生、促进社会公平正义深化社会体制改革，改革收入分配制度，促进共同富裕，推进社会领域制度创新，推进基本公共服务均等化，加快形成科学有效的社会治理体制，确保社会既充满活力又和谐有序。

紧紧围绕建设美丽中国深化生态文明体制改革，加快建立生态文明制度，健全国土空间开发、资源节约利用、生态环境保护的体制机制，推动形成人与自然和谐发展现代化建设新格局。

紧紧围绕提高科学执政、民主执政、依法执政水平深化党的建设制度改革，加强民主集中制建设，完善党的领导体制和执政方式，保持党的先进性和纯洁性，为改革开放和社会主义现代化建设提供坚强政治保证。

（3）全面深化改革，必须立足于我国长期处于社会主义初级阶段这个最大实际，坚持发展仍是解决我国所有问题的关键这个重大战略判断，以经济建设为中心，发挥经济体制改革牵引作用，推动生产关系同生产力、上层建筑同经济基础相适应，推动经济社会持续健康发展。

经济体制改革是全面深化改革的重点，核心问题是处理好政府和市场的关系，使市场在资源配置中起决定性作用和更好发挥政府作用。市场决定资源配置是市场经济的一般规律，健全社会主义市场经济体制必须遵循这条规律，着力解决市场体系不完善、政府干预过多和监管不到位问题。

必须积极稳妥从广度和深度上推进市场化改革，大幅度减少政府对资源的直接配置，推动资源配置依据市场规则、市场价格、市场竞争实现效益最大化和效率最优化。政府的职责和作用主要是保持宏观经济稳定，加强和优化公共服务，保障公平竞争，加强市场监管，维护市场秩序，推动可持续发展，促进共同富裕，弥补市场失灵。

（4）改革开放的成功实践为全面深化改革提供了重要经验，必须长期坚持。最重要的是，坚持党的领导，贯彻党的基本路线，不走封闭僵化的老路，不走改旗易帜的邪路，坚定走中国特色社会主义道路，始终确保改革正确方向；坚持解放思想、实事求是、与时俱进、求真务实，一切从实际出发，总结国内成功做法，借鉴国外有益经验，勇于推进理论和实践创新；坚持以人为本，尊重人民主体地位，发挥群众首创精神，紧紧依靠人民推动改革，促进人的全面发展；坚持正确处理改革发展稳定关系，胆子要大、步子要稳，加强顶层设计和摸着石头过河相结合，整体推进和重点突破相促进，提高改革决策科学性，广泛凝聚共识，形成改革合力。

当前，我国发展进入新阶段，改革进入攻坚期和深水区。必须以强烈的历史使命感，最大限度集中全党全社会智慧，最大限度调动一切积极因素，敢于啃硬骨头，敢于涉险滩，以更大决心冲破思想观念的束缚、突破利益固化的藩篱，推动中国特色社会主义制度自我完善和发展。

到2020年，在重要领域和关键环节改革上取得决定性成果，完成本决定提出的改革任务，形成系统完备、科学规范、运行有效的制度体系，使各方面制度更加成熟更加定型。

二 坚持和完善基本经济制度

公有制为主体、多种所有制经济共同发展的基本经济制度，是中国特色社会主义制度的重要支柱，也是社会主义市场经济体制的根基。公有制经济和非公有制经济都是社会主义市场经济的重要组成部分，都是我国经济社会发展的重要基础。必须毫不动摇巩固和发展公有制经济，坚持公有制主体地位，发挥国有经济主导作用，不断增强国有经济活力、控制力、影响力。必须毫不动摇鼓励、支持、引导非公有制经济发展，激发非公有制经济活力和创造力。

（5）完善产权保护制度。产权是所有制的核心。健全归属清晰、权责明确、保护严格、流转顺畅的现代产权制度。公有制经济财产权不可侵犯，非公有制经济财产权同样不可侵犯。

国家保护各种所有制经济产权和合法利益，保证各种所有制经济依法平等使用生产要素、公开公平公正参与市场竞争、同等受到法律保护，依法监管各种所有制经济。

（6）积极发展混合所有制经济。国有资本、集体资本、非公有资本等交叉持股、相互融合的混合所有制经济，是基本经济制度的重要实现形式，有利于国有资本放大功能、保值增值、提高竞争力，有利于各种所有制资本取长补短、相互促进、共同发展。允许更多国有经济和其他所有制经济发展成为混合所有制经济。国有资本投资项目允许非国有资本参股。允许混合所有制经济实行企业员工持股，形成资本所有者和劳动者利益共同体。

完善国有资产管理体制，以管资本为主加强国有资产监管，改革国有资本授权经营体制，组建若干国有资本运营公司，支持有条件的国有企业改组为国有资本投资公司。国有资本投资运营要服务于国家战略目标，更多投向关系国家安全、国民经济命脉的重要行业和关键领域，重点提供公共服务、发展重要前瞻性战略性产业、保护生态环境、支持科技进步、保障国家安全。

划转部分国有资本充实社会保障基金。完善国有资本经营预算制度，提高国有资本收益上缴公共财政比例，2020年提到百分之三十，更多用于保障和改善民生。

（7）推动国有企业完善现代企业制度。国有企业属于全民所有，是推进国家现代化、保障人民共同利益的重要力量。国有企业总体上已经同市场经济相融合，必须适应市场化、国际化新形势，以规范经营决策、资产保值增值、公平参与竞争、提高企业效率、增强企业活力、承担社会责任为重点，进一步深化国有企业改革。

准确界定不同国有企业功能。国有资本加大对公益性企业的投入，在提供公共服务方面作出更大贡献。国有资本继续控股经营的自然垄断行业，实行以政企分开、政资分开、特许经营、政府监管为主要内容的改革，根据不同行业特点实行网运分开、放开竞争性业务，推进公共资源配置市场化。进一步破除各种形式的行政垄断。

健全协调运转、有效制衡的公司法人治理结构。建立职业经理人制度，更好发挥企业家作用。深化企业内部管理人员能上能下、员工能进能出、收入能增能减的制度改革。建立长效激励约束机制，强化国有企业经营投资责任追究。探索推进国有企业财务预算等重大信息公开。

国有企业要合理增加市场化选聘比例，合理确定并严格规范国有企业管理人员薪酬水平、职务待遇、职务消费、业务消费。

（8）支持非公有制经济健康发展。非公有制经济在支撑增长、促进创新、扩大就业、增加税收等方面具有重要作用。坚持权利平等、机会平等、规则平等，废除对非公有制经济各种形式的不合理规定，消除各种隐性壁垒，制定非公有制企业进入特许经营领域具体办法。

鼓励非公有制企业参与国有企业改革，鼓励发展非公有资本控股的混合所有制企业，鼓励有条件的私营企业建立现代企业制度。

三　加快完善现代市场体系

建设统一开放、竞争有序的市场体系，是使市场在资源配置中起决定性作用的基础。必须加快形成企业自主经营、公平竞争，消费者自由选择、自主消费，商品和要素自由流动、平等交换的现代市场体系，着力清除市场壁垒，提高资源配置效率和公平性。

(9) 建立公平开放透明的市场规则。实行统一的市场准入制度，在制定负面清单基础上，各类市场主体可依法平等进入清单之外领域。探索对外商投资实行准入前国民待遇加负面清单的管理模式。推进工商注册制度便利化，削减资质认定项目，由先证后照改为先照后证，把注册资本实缴登记制逐步改为认缴登记制。推进国内贸易流通体制改革，建设法治化营商环境。

改革市场监管体系，实行统一的市场监管，清理和废除妨碍全国统一市场和公平竞争的各种规定和做法，严禁和惩处各类违法实行优惠政策行为，反对地方保护，反对垄断和不正当竞争。建立健全社会征信体系，褒扬诚信，惩戒失信。健全优胜劣汰市场化退出机制，完善企业破产制度。

(10) 完善主要由市场决定价格的机制。凡是能由市场形成价格的都交给市场，政府不进行不当干预。推进水、石油、天然气、电力、交通、电信等领域价格改革，放开竞争性环节价格。政府定价范围主要限定在重要公用事业、公益性服务、网络型自然垄断环节，提高透明度，接受社会监督。完善农产品价格形成机制，注重发挥市场形成价格作用。

(11) 建立城乡统一的建设用地市场。在符合规划和用途管制前提下，允许农村集体经营性建设用地出让、租赁、入股，实行与国有土地同等入市、同权同价。缩小征地范围，规范征地程序，完善对被征地农民合理、规范、多元保障机制。扩大国有土地有偿使用范围，减少非公益性用地划拨。建立兼顾国家、集体、个人的土地增值收益分配机制，合理提高个人收益。完善土地租赁、转让、抵押二级市场。

(12) 完善金融市场体系。扩大金融业对内对外开放，在加强监管前提下，允许具备条件的民间资本依法发起设立中小型银行等金融机构。推进政策性金融机构改革。健全多层次资本市场体系，推进股票发行注册制改革，多渠道推动股权融资，发展并规范债券市场，提高直接融资比重。完善保险经济补偿机制，建立巨灾保险制度。发展普惠金融。鼓励金融创新，丰富金融市场层次和产品。

完善人民币汇率市场化形成机制，加快推进利率市场化，健全反映市场供求关系的国债收益率曲线。推动资本市场双向开放，有序提高跨境资本和金融交易可兑换程度，建立健全宏观审慎管理框架下的外债和资本流动管理体系，加快实现人民币资本项目可兑换。

落实金融监管改革措施和稳健标准，完善监管协调机制，界定中央和地方金融监管职责和风险处置责任。建立存款保险制度，完善金融机构市场化退出机制。加强金融基础设施建设，保障金融市场安全高效运行和整体稳定。

(13) 深化科技体制改革。建立健全鼓励原始创新、集成创新、引进消化吸收再创新的体制机制，健全技术创新市场导向机制，发挥市场对技术研发方向、路线选择、要素价格、各类创新要素配置的导向作用。建立产学研协同创新机制，强化企业在技术创新中的主体地位，发挥大型企业创新骨干作用，激发中小企业创新活力，推进应用型技术研发机构市场化、企业化改革，建设国家创新体系。

加强知识产权运用和保护，健全技术创新激励机制，探索建立知识产权法院。打破行政主导和部门分割，建立主要由市场决定技术创新项目和经费分配、评价成果的机制。发展技术市场，健全技术转移机制，改善科技型中小企业融资条件，完善风险投资机制，创新商业模式，促进科技成果资本化、产业化。

整合科技规划和资源，完善政府对基础性、战略性、前沿性科学研究和共性技术研究的支持机制。国家重大科研基础设施依照规定应该开放的一律对社会开放。建立创新调查制度和创新报告制度，构建公开透明的国家科研资源管理和项目评价机制。

改革院士遴选和管理体制，优化学科布局，提高中青年人才比例，实行院士退休和退出制度。

四 加快转变政府职能

科学的宏观调控，有效的政府治理，是发挥社会主义市场经济体制优势的内在要求。必须切实转变政府职能，深化行政体制改革，创新行政管理方式，增强政府公信力和执行力，建设法治政府和服务型政府。

（14）健全宏观调控体系。宏观调控的主要任务是保持经济总量平衡，促进重大经济结构协调和生产力布局优化，减缓经济周期波动影响，防范区域性、系统性风险，稳定市场预期，实现经济持续健康发展。健全以国家发展战略和规划为导向、以财政政策和货币政策为主要手段的宏观调控体系，推进宏观调控目标制定和政策手段运用机制化，加强财政政策、货币政策与产业、价格等政策手段协调配合，提高相机抉择水平，增强宏观调控前瞻性、针对性、协同性。形成参与国际宏观经济政策协调的机制，推动国际经济治理结构完善。

深化投资体制改革，确立企业投资主体地位。企业投资项目，除关系国家安全和生态安全、涉及全国重大生产力布局、战略性资源开发和重大公共利益等项目外，一律由企业依法依规自主决策，政府不再审批。强化节能节地节水、环境、技术、安全等市场准入标准，建立健全防范和化解产能过剩长效机制。

完善发展成果考核评价体系，纠正单纯以经济增长速度评定政绩的偏向，加大资源消耗、环境损害、生态效益、产能过剩、科技创新、安全生产、新增债务等指标的权重，更加重视劳动就业、居民收入、社会保障、人民健康状况。加快建立国家统一的经济核算制度，编制全国和地方资产负债表，建立全社会房产、信用等基础数据统一平台，推进部门信息共享。

（15）全面正确履行政府职能。进一步简政放权，深化行政审批制度改革，最大限度减少中央政府对微观事务的管理，市场机制能有效调节的经济活动，一律取消审批，对保留的行政审批事项要规范管理、提高效率；直接面向基层、量大面广、由地方管理更方便有效的经济社会事项，一律下放地方和基层管理。

政府要加强发展战略、规划、政策、标准等制定和实施，加强市场活动监管，加强各类公共服务提供。加强中央政府宏观调控职责和能力，加强地方政府公共服务、市场监管、社会管理、环境保护等职责。推广政府购买服务，凡属事务性管理服务，原则上都要引入竞争机制，通过合同、委托等方式向社会购买。

加快事业单位分类改革，加大政府购买公共服务力度，推动公办事业单位与主管部门理顺关系和去行政化，创造条件，逐步取消学校、科研院所、医院等单位的行政级别。建立事业单位法人治理结构，推进有条件的事业单位转为企业或社会组织。建立各类事业单位统一登记管理制度。

（16）优化政府组织结构。转变政府职能必须深化机构改革。优化政府机构设置、职能配置、工作流程，完善决策权、执行权、监督权既相互制约又相互协调的行政运行机制。严格绩效管理，突出责任落实，确保权责一致。

统筹党政群机构改革，理顺部门职责关系。积极稳妥实施大部门制。优化行政区划设置，有条件的地方探索推进省直接管理县（市）体制改革。严格控制机构编制，严格按规定职数配备领导干部，减少机构数量和领导职数，严格控制财政供养人员总量。推进机构编制管理科学化、规范化、法制化。

五 深化财税体制改革

财政是国家治理的基础和重要支柱，科学的财税体制是优化资源配置、维护市场统一、促进社会公平、实现国家长治久安的制度保障。必须完善立法、明确事权、改革税制、稳定税负、透明预算、提高效率，建立现代财政制度，发挥中央和地方两个积极性。

(17) 改进预算管理制度。实施全面规范、公开透明的预算制度。审核预算的重点由平衡状态、赤字规模向支出预算和政策拓展。清理规范重点支出同财政收支增幅或生产总值挂钩事项，一般不采取挂钩方式。建立跨年度预算平衡机制，建立权责发生制的政府综合财务报告制度，建立规范合理的中央和地方政府债务管理及风险预警机制。

完善一般性转移支付增长机制，重点增加对革命老区、民族地区、边疆地区、贫困地区的转移支付。中央出台增支政策形成的地方财力缺口，原则上通过一般性转移支付调节。清理、整合、规范专项转移支付项目，逐步取消竞争性领域专项和地方资金配套，严格控制引导类、救济类、应急类专项，对保留专项进行甄别，属地方事务的划入一般性转移支付。

(18) 完善税收制度。深化税收制度改革，完善地方税体系，逐步提高直接税比重。推进增值税改革，适当简化税率。调整消费税征收范围、环节、税率，把高耗能、高污染产品及部分高档消费品纳入征收范围。逐步建立综合与分类相结合的个人所得税制。加快房地产税立法并适时推进改革，加快资源税改革，推动环境保护费改税。

按照统一税制、公平税负、促进公平竞争的原则，加强对税收优惠特别是区域税收优惠政策的规范管理。税收优惠政策统一由专门税收法律法规规定，清理规范税收优惠政策。完善国税、地税征管体制。

(19) 建立事权和支出责任相适应的制度。适度加强中央事权和支出责任，国防、外交、国家安全、关系全国统一市场规则和管理等作为中央事权；部分社会保障、跨区域重大项目建设维护等作为中央和地方共同事权，逐步理顺事权关系；区域性公共服务作为地方事权。中央和地方按照事权划分相应承担和分担支出责任。中央可通过安排转移支付将部分事权支出责任委托地方承担。对于跨区域且对其他地区影响较大的公共服务，中央通过转移支付承担一部分地方事权支出责任。

保持现有中央和地方财力格局总体稳定，结合税制改革，考虑税种属性，进一步理顺中央和地方收入划分。

六 健全城乡发展一体化体制机制

城乡二元结构是制约城乡发展一体化的主要障碍。必须健全体制机制，形成以工促农、以城带乡、工农互惠、城乡一体的新型工农城乡关系，让广大农民平等参与现代化进程、共同分享现代化成果。

(20) 加快构建新型农业经营体系。坚持家庭经营在农业中的基础性地位，推进家庭经营、集体经营、合作经营、企业经营等共同发展的农业经营方式创新。坚持农村土地集体所有权，依法维护农民土地承包经营权，发展壮大集体经济。稳定农村土地承包关系并保持长久不变，在坚持和完善最严格的耕地保护制度前提下，赋予农民对承包地占有、使用、收益、流转及承包经营权抵押、担保权能，允许农民以承包经营权入股发展农业产业化经营。鼓励承包经营权在公开市场上向专业大户、家庭农场、农民合作社、农业企业流转，发展多种形式规模经营。

鼓励农村发展合作经济，扶持发展规模化、专业化、现代化经营，允许财政项目资金直接投向符合条件的合作社，允许财政补助形成的资产转交合作社持有和管护，允许合作社开展信用合作。鼓励和引导工商资本到农村发展适合企业化经营的现代种养业，向农业输入现代生产要素和经营模式。

（21）赋予农民更多财产权利。保障农民集体经济组织成员权利，积极发展农民股份合作，赋予农民对集体资产股份占有、收益、有偿退出及抵押、担保、继承权。保障农户宅基地用益物权，改革完善农村宅基地制度，选择若干试点，慎重稳妥推进农民住房财产权抵押、担保、转让，探索农民增加财产性收入渠道。建立农村产权流转交易市场，推动农村产权流转交易公开、公正、规范运行。

（22）推进城乡要素平等交换和公共资源均衡配置。维护农民生产要素权益，保障农民工同工同酬，保障农民公平分享土地增值收益，保障金融机构农村存款主要用于农业农村。健全农业支持保护体系，改革农业补贴制度，完善粮食主产区利益补偿机制。完善农业保险制度。鼓励社会资本投向农村建设，允许企业和社会组织在农村兴办各类事业。统筹城乡基础设施建设和社区建设，推进城乡基本公共服务均等化。

（23）完善城镇化健康发展体制机制。坚持走中国特色新型城镇化道路，推进以人为核心的城镇化，推动大中小城市和小城镇协调发展、产业和城镇融合发展，促进城镇化和新农村建设协调推进。优化城市空间结构和管理格局，增强城市综合承载能力。

推进城市建设管理创新。建立透明规范的城市建设投融资机制，允许地方政府通过发债等多种方式拓宽城市建设融资渠道，允许社会资本通过特许经营等方式参与城市基础设施投资和运营，研究建立城市基础设施、住宅政策性金融机构。完善设市标准，严格审批程序，对具备行政区划调整条件的县可有序改市。对吸纳人口多、经济实力强的镇，可赋予同人口和经济规模相适应的管理权。建立和完善跨区域城市发展协调机制。

推进农业转移人口市民化，逐步把符合条件的农业转移人口转为城镇居民。创新人口管理，加快户籍制度改革，全面放开建制镇和小城市落户限制，有序放开中等城市落户限制，合理确定大城市落户条件，严格控制特大城市人口规模。稳步推进城镇基本公共服务常住人口全覆盖，把进城落户农民完全纳入城镇住房和社会保障体系，在农村参加的养老保险和医疗保险规范接入城镇社保体系。建立财政转移支付同农业转移人口市民化挂钩机制，从严合理供给城市建设用地，提高城市土地利用率。

七 构建开放型经济新体制

适应经济全球化新形势，必须推动对内对外开放相互促进、引进来和走出去更好结合，促进国际国内要素有序自由流动、资源高效配置、市场深度融合，加快培育参与和引领国际经济合作竞争新优势，以开放促改革。

（24）放宽投资准入。统一内外资法律法规，保持外资政策稳定、透明、可预期。推进金融、教育、文化、医疗等服务业领域有序开放，放开育幼养老、建筑设计、会计审计、商贸物流、电子商务等服务业领域外资准入限制，进一步放开一般制造业。加快海关特殊监管区域整合优化。

建立中国上海自由贸易试验区是党中央在新形势下推进改革开放的重大举措，要切实建设好、管理好，为全面深化改革和扩大开放探索新途径、积累新经验。在推进现有试点基础上，选择若干具备条件地方发展自由贸易园（港）区。

扩大企业及个人对外投资，确立企业及个人对外投资主体地位，允许发挥自身优势到境外开展投资合作，允许自担风险到各国各地区自由承揽工程和劳务合作项目，允许创新方式走出去开展绿地投资、并购投资、证券投资、联合投资等。

加快同有关国家和地区商签投资协定，改革涉外投资审批体制，完善领事保护体制，提供权益保障、投资促进、风险预警等更多服务，扩大投资合作空间。

（25）加快自由贸易区建设。坚持世界贸易体制规则，坚持双边、多边、区域次区域开放合作，扩大同各国各地区利益汇合点，以周边为基础加快实施自由贸易区战略。改革市场准入、海关监管、检验检疫等管理体制，加快环境保护、投资保护、政府采购、电子商务等新议题谈判，形成面向全球的高标准自由贸易区网络。

扩大对香港特别行政区、澳门特别行政区和台湾地区开放合作。

（26）扩大内陆沿边开放。抓住全球产业重新布局机遇，推动内陆贸易、投资、技术创新协调发展。创新加工贸易模式，形成有利于推动内陆产业集群发展的体制机制。支持内陆城市增开国际客货运航线，发展多式联运，形成横贯东中西、联结南北方对外经济走廊。推动内陆同沿海沿边通关协作，实现口岸管理相关部门信息互换、监管互认、执法互助。

加快沿边开放步伐，允许沿边重点口岸、边境城市、经济合作区在人员往来、加工物流、旅游等方面实行特殊方式和政策。建立开发性金融机构，加快同周边国家和区域基础设施互联互通建设，推进丝绸之路经济带、海上丝绸之路建设，形成全方位开放新格局。

八　加强社会主义民主政治制度建设

发展社会主义民主政治，必须以保证人民当家作主为根本，坚持和完善人民代表大会制度、中国共产党领导的多党合作和政治协商制度、民族区域自治制度以及基层群众自治制度，更加注重健全民主制度、丰富民主形式，从各层次各领域扩大公民有序政治参与，充分发挥我国社会主义政治制度优越性。

（27）推动人民代表大会制度与时俱进。坚持人民主体地位，推进人民代表大会制度理论和实践创新，发挥人民代表大会制度的根本政治制度作用。完善中国特色社会主义法律体系，健全立法起草、论证、协调、审议机制，提高立法质量，防止地方保护和部门利益法制化。健全"一府两院"由人大产生、对人大负责、受人大监督制度。健全人大讨论、决定重大事项制度，各级政府重大决策出台前向本级人大报告。加强人大预算决算审查监督、国有资产监督职能。落实税收法定原则。加强人大常委会同人大代表的联系，充分发挥代表作用。通过建立健全代表联络机构、网络平台等形式密切代表同人民群众联系。

完善人大工作机制，通过座谈、听证、评估、公布法律草案等扩大公民有序参与立法途径，通过询问、质询、特定问题调查、备案审查等积极回应社会关切。

（28）推进协商民主广泛多层制度化发展。协商民主是我国社会主义民主政治的特有形式和独特优势，是党的群众路线在政治领域的重要体现。在党的领导下，以经济社会发展重大问题和涉及群众切身利益的实际问题为内容，在全社会开展广泛协商，坚持协商于决策之前和决策实施之中。

构建程序合理、环节完整的协商民主体系，拓宽国家政权机关、政协组织、党派团体、基层组织、社会组织的协商渠道。深入开展立法协商、行政协商、民主协商、参政协商、社会协商。加强中国特色新型智库建设，建立健全决策咨询制度。

发挥统一战线在协商民主中的重要作用。完善中国共产党同各民主党派的政治协商，认真听取各民主党派和无党派人士意见。中共中央根据年度工作重点提出规划，采取协商会、谈心会、座谈会等进行协商。完善民主党派中央直接向中共中央提出建议制度。贯彻党的民族政策，保障少数民族合法权益，巩固和发展平等团结互助和谐的社会主义民族关系。

发挥人民政协作为协商民主重要渠道作用。重点推进政治协商、民主监督、参政议政制度化、规范化、程序化。各级党委和政府、政协制定并组织实施协商年度工作计划，就一些重要决策听取政协意见。完善人民政协制度体系，规范协商内容、协商程序。拓展协商民主形式，更加活跃有序地组织专题协商、对口协商、界别协商、提案办理协商，增加协商密度，提高协商成效。在政协健全委员联络机构，完善委员联络制度。

(29) 发展基层民主。畅通民主渠道，健全基层选举、议事、公开、述职、问责等机制。开展形式多样的基层民主协商，推进基层协商制度化，建立健全居民、村民监督机制，促进群众在城乡社区治理、基层公共事务和公益事业中依法自我管理、自我服务、自我教育、自我监督。健全以职工代表大会为基本形式的企事业单位民主管理制度，加强社会组织民主机制建设，保障职工参与管理和监督的民主权利。

九 推进法治中国建设

建设法治中国，必须坚持依法治国、依法执政、依法行政共同推进，坚持法治国家、法治政府、法治社会一体建设。深化司法体制改革，加快建设公正高效权威的社会主义司法制度，维护人民权益，让人民群众在每一个司法案件中都感受到公平正义。

(30) 维护宪法法律权威。宪法是保证党和国家兴旺发达、长治久安的根本法，具有最高权威。要进一步健全宪法实施监督机制和程序，把全面贯彻实施宪法提高到一个新水平。建立健全全社会忠于、遵守、维护、运用宪法法律的制度。坚持法律面前人人平等，任何组织或者个人都不得有超越宪法法律的特权，一切违反宪法法律的行为都必须予以追究。

普遍建立法律顾问制度。完善规范性文件、重大决策合法性审查机制。建立科学的法治建设指标体系和考核标准。健全法规、规章、规范性文件备案审查制度。健全社会普法教育机制，增强全民法治观念。逐步增加有地方立法权的较大的市数量。

(31) 深化行政执法体制改革。整合执法主体，相对集中执法权，推进综合执法，着力解决权责交叉、多头执法问题，建立权责统一、权威高效的行政执法体制。减少行政执法层级，加强食品药品、安全生产、环境保护、劳动保障、海域海岛等重点领域基层执法力量。理顺城管执法体制，提高执法和服务水平。

完善行政执法程序，规范执法自由裁量权，加强对行政执法的监督，全面落实行政执法责任制和执法经费由财政保障制度，做到严格规范公正文明执法。完善行政执法与刑事司法衔接机制。

(32) 确保依法独立公正行使审判权检察权。改革司法管理体制，推动省以下地方法院、检察院人财物统一管理，探索建立与行政区划适当分离的司法管辖制度，保证国家法律统一正确实施。

建立符合职业特点的司法人员管理制度，健全法官、检察官、人民警察统一招录、有序交流、逐级遴选机制，完善司法人员分类管理制度，健全法官、检察官、人民警察职业保障制度。

(33) 健全司法权力运行机制。优化司法职权配置，健全司法权力分工负责、互相配合、互相制约机制，加强和规范对司法活动的法律监督和社会监督。

改革审判委员会制度，完善主审法官、合议庭办案责任制，让审理者裁判、由裁判者负责。明确各级法院职能定位，规范上下级法院审级监督关系。

推进审判公开、检务公开，录制并保留全程庭审资料。增强法律文书说理性，推动公开法院生效裁判文书。严格规范减刑、假释、保外就医程序，强化监督制度。广泛实行人民陪审员、人民监督员制度，拓宽人民群众有序参与司法渠道。

(34) 完善人权司法保障制度。国家尊重和保障人权。进一步规范查封、扣押、冻结、处理涉案财物的司法程序。健全错案防止、纠正、责任追究机制，严禁刑讯逼供、体罚虐待，严格实行非法证据排除规则。逐步减少适用死刑罪名。

废止劳动教养制度，完善对违法犯罪行为的惩治和矫正法律，健全社区矫正制度。

健全国家司法救助制度，完善法律援助制度。完善律师执业权利保障机制和违法违规执业惩戒制度，加强职业道德建设，发挥律师在依法维护公民和法人合法权益方面的重要作用。

十 强化权力运行制约和监督体系

坚持用制度管权管事管人，让人民监督权力，让权力在阳光下运行，是把权力关进制度笼子的根本之策。必须构建决策科学、执行坚决、监督有力的权力运行体系，健全惩治和预防腐败体系，建设廉洁政治，努力实现干部清正、政府清廉、政治清明。

(35) 形成科学有效的权力制约和协调机制。完善党和国家领导体制，坚持民主集中制，充分发挥党的领导核心作用。规范各级党政主要领导干部职责权限，科学配置党政部门及内设机构权力和职能，明确职责定位和工作任务。

加强和改进对主要领导干部行使权力的制约和监督，加强行政监察和审计监督。

推行地方各级政府及其工作部门权力清单制度，依法公开权力运行流程。完善党务、政务和各领域办事公开制度，推进决策公开、管理公开、服务公开、结果公开。

(36) 加强反腐败体制机制创新和制度保障。加强党对党风廉政建设和反腐败工作统一领导。改革党的纪律检查体制，健全反腐败领导体制和工作机制，改革和完善各级反腐败协调小组职能。

落实党风廉政建设责任制，党委负主体责任，纪委负监督责任，制定实施切实可行的责任追究制度。各级纪委要履行协助党委加强党风建设和组织协调反腐败工作的职责，加强对同级党委特别是常委会成员的监督，更好发挥党内监督专门机关作用。

推动党的纪律检查工作双重领导体制具体化、程序化、制度化，强化上级纪委对下级纪委的领导。查办腐败案件以上级纪委领导为主，线索处置和案件查办在向同级党委报告的同时必须向上级纪委报告。各级纪委书记、副书记的提名和考察以上级纪委会同组织部门为主。

全面落实中央纪委向中央一级党和国家机关派驻纪检机构，实行统一名称、统一管理。派驻机构对派出机关负责，履行监督职责。改进中央和省区市巡视制度，做到对地方、部门、企事业单位全覆盖。

健全反腐倡廉法规制度体系，完善惩治和预防腐败、防控廉政风险、防止利益冲突、领导干部报告个人有关事项、任职回避等方面法律法规，推行新提任领导干部有关事项公开制度试点。健全民主监督、法律监督、舆论监督机制，运用和规范互联网监督。

(37) 健全改进作风常态化制度。围绕反对形式主义、官僚主义、享乐主义和奢靡之风，加快体制机制改革和建设。健全领导干部带头改进作风、深入基层调查研究机制，完善直接联系和服务群众制度。改革会议公文制度，从中央做起带头减少会议、文件，着力改进会风文风。健全严格的财务预算、核准和审计制度，着力控制“三公”经费支出和楼堂馆所建设。完善选人用人专项检查和责任追究制度，着力纠正跑官要官等不正之风。改革政绩考核机制，着力解决“形象工程”、“政绩工程”以及不作为、乱作为等问题。

规范并严格执行领导干部工作生活保障制度，不准多处占用住房和办公用房，不准超标准配备办公用房和生活用房，不准违规配备公车，不准违规配备秘书，不准超规格警卫，不准超标准进行公务接待，严肃查处违反规定超标准享受待遇等问题。探索实行官邸制。

完善并严格执行领导干部亲属经商、担任公职和社会组织职务、出国定居等相关制度规定，防止领导干部利用公共权力或自身影响为亲属和其他特定关系人谋取私利，坚决反对特权思想和作风。

十一　推进文化体制机制创新

建设社会主义文化强国，增强国家文化软实力，必须坚持社会主义先进文化前进方向，坚持中国特色社会主义文化发展道路，培育和践行社会主义核心价值观，巩固马克思主义在意识形态领域的指导地位，巩固全党全国各族人民团结奋斗的共同思想基础。坚持以人民为中心的工作导向，坚持把社会效益放在首位、社会效益和经济效益相统一，以激发全民族文化创造活力为中心环节，进一步深化文化体制改革。

（38）完善文化管理体制。按照政企分开、政事分开原则，推动政府部门由办文化向管文化转变，推动党政部门与其所属的文化企事业单位进一步理顺关系。建立党委和政府监管国有文化资产的管理机构，实行管人管事管资产管导向相统一。

健全坚持正确舆论导向的体制机制。健全基础管理、内容管理、行业管理以及网络违法犯罪防范和打击等工作联动机制，健全网络突发事件处置机制，形成正面引导和依法管理相结合的网络舆论工作格局。整合新闻媒体资源，推动传统媒体和新兴媒体融合发展。推动新闻发布制度化。严格新闻工作者职业资格制度，重视新型媒介运用和管理，规范传播秩序。

（39）建立健全现代文化市场体系。完善文化市场准入和退出机制，鼓励各类市场主体公平竞争、优胜劣汰，促进文化资源在全国范围内流动。继续推进国有经营性文化单位转企改制，加快公司制、股份制改造。对按规定转制的重要国有传媒企业探索实行特殊管理股制度。推动文化企业跨地区、跨行业、跨所有制兼并重组，提高文化产业规模化、集约化、专业化水平。

鼓励非公有制文化企业发展，降低社会资本进入门槛，允许参与对外出版、网络出版，允许以控股形式参与国有影视制作机构、文艺院团改制经营。支持各种形式小微文化企业发展。

在坚持出版权、播出权特许经营前提下，允许制作和出版、制作和播出分开。建立多层次文化产品和要素市场，鼓励金融资本、社会资本、文化资源相结合。完善文化经济政策，扩大政府文化资助和文化采购，加强版权保护。健全文化产品评价体系，改革评奖制度，推出更多文化精品。

（40）构建现代公共文化服务体系。建立公共文化服务体系建设协调机制，统筹服务设施网络建设，促进基本公共文化服务标准化、均等化。建立群众评价和反馈机制，推动文化惠民项目与群众文化需求有效对接。整合基层宣传文化、党员教育、科学普及、体育健身等设施，建设综合性文化服务中心。

明确不同文化事业单位功能定位，建立法人治理结构，完善绩效考核机制。推动公共图书馆、博物馆、文化馆、科技馆等组建理事会，吸纳有关方面代表、专业人士、各界群众参与管理。

引入竞争机制，推动公共文化服务社会化发展。鼓励社会力量、社会资本参与公共文化服务体系建设，培育文化非营利组织。

（41）提高文化开放水平。坚持政府主导、企业主体、市场运作、社会参与，扩大对外文化交流，加强国际传播能力和对外话语体系建设，推动中华文化走向世界。理顺内宣外宣体制，支持重点媒体面向国内国际发展。培育外向型文化企业，支持文化企业到境外开拓市场。

鼓励社会组织、中资机构等参与孔子学院和海外文化中心建设，承担人文交流项目。

积极吸收借鉴国外一切优秀文化成果，引进有利于我国文化发展的人才、技术、经营管理经验。切实维护国家文化安全。

十二　推进社会事业改革创新

实现发展成果更多更公平惠及全体人民，必须加快社会事业改革，解决好人民最关心最直接最现实的利益问题，努力为社会提供多样化服务，更好满足人民需求。

（42）深化教育领域综合改革。全面贯彻党的教育方针，坚持立德树人，加强社会主义核心价值体系教育，完善中华优秀传统文化教育，形成爱学习、爱劳动、爱祖国活动的有效形式和长效机制，增强学生社会责任感、创新精神、实践能力。强化体育课和课外锻炼，促进青少年身心健康、体魄强健。改进美育教学，提高学生审美和人文素养。大力促进教育公平，健全家庭经济困难学生资助体系，构建利用信息化手段扩大优质教育资源覆盖面的有效机制，逐步缩小区域、城乡、校际差距。统筹城乡义务教育资源均衡配置，实行公办学校标准化建设和校长教师交流轮岗，不设重点学校重点班，破解择校难题，标本兼治减轻学生课业负担。加快现代职业教育体系建设，深化产教融合、校企合作，培养高素质劳动者和技能型人才。创新高校人才培养机制，促进高校办出特色争创一流。推进学前教育、特殊教育、继续教育改革发展。

推进考试招生制度改革，探索招生和考试相对分离、学生考试多次选择、学校依法自主招生、专业机构组织实施、政府宏观管理、社会参与监督的运行机制，从根本上解决一考定终身的弊端。义务教育免试就近入学，试行学区制和九年一贯对口招生。推行初高中学业水平考试和综合素质评价。加快推进职业院校分类招考或注册入学。逐步推行普通高校基于统一高考和高中学业水平考试成绩的综合评价多元录取机制。探索全国统考减少科目、不分文理科、外语等科目社会化考试一年多考。试行普通高校、高职院校、成人高校之间学分转换，拓宽终身学习通道。

深入推进管办评分离，扩大省级政府教育统筹权和学校办学自主权，完善学校内部治理结构。强化国家教育督导，委托社会组织开展教育评估监测。健全政府补贴、政府购买服务、助学贷款、基金奖励、捐资激励等制度，鼓励社会力量兴办教育。

（43）健全促进就业创业体制机制。建立经济发展和扩大就业的联动机制，健全政府促进就业责任制度。规范招人用人制度，消除城乡、行业、身份、性别等一切影响平等就业的制度障碍和就业歧视。完善扶持创业的优惠政策，形成政府激励创业、社会支持创业、劳动者勇于创业新机制。完善城乡均等的公共就业创业服务体系，构建劳动者终身职业培训体系。增强失业保险制度预防失业、促进就业功能，完善就业失业监测统计制度。创新劳动关系协调机制，畅通职工表达合理诉求渠道。

促进以高校毕业生为重点的青年就业和农村转移劳动力、城镇困难人员、退役军人就业。结合产业升级开发更多适合高校毕业生的就业岗位。政府购买基层公共管理和社会服务岗位更多用于吸纳高校毕业生就业。健全鼓励高校毕业生到基层工作的服务保障机制，提高公务员定向招录和事业单位优先招聘比例。实行激励高校毕业生自主创业政策，整合发展国家和省级高校毕业生就业创业基金。实施离校未就业高校毕业生就业促进计划，把未就业的纳入就业见习、技能培训等就业准备活动之中，对有特殊困难的实行全程就业服务。

（44）形成合理有序的收入分配格局。着重保护劳动所得，努力实现劳动报酬增长和劳动生产率提高同步，提高劳动报酬在初次分配中的比重。健全工资决定和正常增长机制，完善最低工资和工资支付保障制度，完善企业工资集体协商制度。改革机关事业单位工资和津贴补贴制度，完善艰苦边远地区津贴增长机制。健全资本、知识、技术、管理等由要素市场决定的报酬机制。扩展投资和租赁服务等途径，优化上市公司投资者回报机制，保护投资者尤其是中小投资者合法权益，多渠道增加居民财产性收入。

完善以税收、社会保障、转移支付为主要手段的再分配调节机制，加大税收调节力度。建立公共资源出让收益合理共享机制。完善慈善捐助减免税制度，支持慈善事业发挥扶贫济困积极作用。

规范收入分配秩序，完善收入分配调控体制机制和政策体系，建立个人收入和财产信息系统，保护合法收入，调节过高收入，清理规范隐性收入，取缔非法收入，增加低收入者收入，扩大中等收入者比重，努力缩小城乡、区域、行业收入分配差距，逐步形成橄榄型分配格局。

（45）建立更加公平可持续的社会保障制度。坚持社会统筹和个人账户相结合的基本养老保险制度，完善个人账户制度，健全多缴多得激励机制，确保参保人权益，实现基础养老金全国统筹，坚持精算平衡原则。推进机关事业单位养老保险制度改革。整合城乡居民基本养老保险制度、基本医疗保险制度。推进城乡最低生活保障制度统筹发展。建立健全合理兼顾各类人员的社会保障待遇确定和正常调整机制。完善社会保险关系转移接续政策，扩大参保缴费覆盖面，适时适当降低社会保险费率。研究制定渐进式延迟退休年龄政策。加快健全社会保障管理体制和经办服务体系。健全符合国情的住房保障和供应体系，建立公开规范的住房公积金制度，改进住房公积金提取、使用、监管机制。

健全社会保障财政投入制度，完善社会保障预算制度。加强社会保险基金投资管理和监督，推进基金市场化、多元化投资运营。制定实施免税、延期征税等优惠政策，加快发展企业年金、职业年金、商业保险，构建多层次社会保障体系。

积极应对人口老龄化，加快建立社会养老服务体系和发展老年服务产业。健全农村留守儿童、妇女、老年人关爱服务体系，健全残疾人权益保障、困境儿童分类保障制度。

（46）深化医药卫生体制改革。统筹推进医疗保障、医疗服务、公共卫生、药品供应、监管体制综合改革。深化基层医疗卫生机构综合改革，健全网络化城乡基层医疗卫生服务运行机制。加快公立医院改革，落实政府责任，建立科学的医疗绩效评价机制和适应行业特点的人才培养、人事薪酬制度。完善合理分级诊疗模式，建立社区医生和居民契约服务关系。充分利用信息化手段，促进优质医疗资源纵向流动。加强区域公共卫生服务资源整合。取消以药补医，理顺医药价格，建立科学补偿机制。改革医保支付方式，健全全民医保体系。加快健全重特大疾病医疗保险和救助制度。完善中医药事业发展政策和机制。

鼓励社会办医，优先支持举办非营利性医疗机构。社会资金可直接投向资源稀缺及满足多元需求服务领域，多种形式参与公立医院改制重组。允许医师多点执业，允许民办医疗机构纳入医保定点范围。

坚持计划生育的基本国策，启动实施一方是独生子女的夫妇可生育两个孩子的政策，逐步调整完善生育政策，促进人口长期均衡发展。

十三　创新社会治理体制

创新社会治理，必须着眼于维护最广大人民根本利益，最大限度增加和谐因素，增强社会发展活力，提高社会治理水平，全面推进平安中国建设，维护国家安全，确保人民安居乐业、社会安定有序。

（47）改进社会治理方式。坚持系统治理，加强党委领导，发挥政府主导作用，鼓励和支持社会各方面参与，实现政府治理和社会自我调节、居民自治良性互动。坚持依法治理，加强法治保障，运用法治思维和法治方式化解社会矛盾。坚持综合治理，强化道德约束，规范社会行为，调节利益关系，协调社会关系，解决社会问题。坚持源头治理，标本兼治、重在治本，以网格化管理、社会化服务为方向，健全基层综合服务管理平台，及时反映和协调人民群众各方面各层次利益诉求。

（48）激发社会组织活力。正确处理政府和社会关系，加快实施政社分开，推进社会组织明确权责、依法自治、发挥作用。适合由社会组织提供的公共服务和解决的事项，交由社会组织承担。支持和发展志愿服务组织。限期实现行业协会商会与行政机关真正脱钩，重点培育和优先发展行业协会商会类、科技类、公益慈善类、城乡社区服务类社会组织，成立时直接依法申请登记。加强对社会组织和在华境外非政府组织的管理，引导它们依法开展活动。

（49）创新有效预防和化解社会矛盾体制。健全重大决策社会稳定风险评估机制。建立畅通有序的诉求表达、心理干预、矛盾调处、权益保障机制，使群众问题能反映、矛盾能化解、权益有保障。

改革行政复议体制，健全行政复议案件审理机制，纠正违法或不当行政行为。完善人民调解、行政调解、司法调解联动工作体系，建立调处化解矛盾纠纷综合机制。

改革信访工作制度，实行网上受理信访制度，健全及时就地解决群众合理诉求机制。把涉法涉诉信访纳入法治轨道解决，建立涉法涉诉信访依法终结制度。

（50）健全公共安全体系。完善统一权威的食品药品安全监管机构，建立最严格的覆盖全过程的监管制度，建立食品原产地可追溯制度和质量标识制度，保障食品药品安全。深化安全生产管理体制改革，建立隐患排查治理体系和安全预防控制体系，遏制重特大安全事故。健全防灾减灾救灾体制。加强社会治安综合治理，创新立体化社会治安防控体系，依法严密防范和惩治各类违法犯罪活动。

坚持积极利用、科学发展、依法管理、确保安全的方针，加大依法管理网络力度，加快完善互联网管理领导体制，确保国家网络和信息安全。

设立国家安全委员会，完善国家安全体制和国家安全战略，确保国家安全。

十四　加快生态文明制度建设

建设生态文明，必须建立系统完整的生态文明制度体系，实行最严格的源头保护制度、损害赔偿制度、责任追究制度，完善环境治理和生态修复制度，用制度保护生态环境。

（51）健全自然资源资产产权制度和用途管制制度。对水流、森林、山岭、草原、荒地、滩涂等自然生态空间进行统一确权登记，形成归属清晰、权责明确、监管有效的自然资源资产产权制度。建立空间规划体系，划定生产、生活、生态空间开发管制界限，落实用途管制。健全能源、水、土地节约集约使用制度。

健全国家自然资源资产管理体制，统一行使全民所有自然资源资产所有者职责。完善自然资源监管体制，统一行使所有国土空间用途管制职责。

（52）划定生态保护红线。坚定不移实施主体功能区制度，建立国土空间开发保护制度，严格按照主体功能区定位推动发展，建立国家公园体制。建立资源环境承载能力监测预警机制，对水土资源、环境容量和海洋资源超载区域实行限制性措施。对限制开发区域和生态脆弱的国家扶贫开发工作重点县取消地区生产总值考核。

探索编制自然资源资产负债表，对领导干部实行自然资源资产离任审计。建立生态环境损害责任终身追究制。

（53）实行资源有偿使用制度和生态补偿制度。加快自然资源及其产品价格改革，全面反映市场供求、资源稀缺程度、生态环境损害成本和修复效益。坚持使用资源付费和谁污染环境、谁破坏生态谁付费原则，逐步将资源税扩展到占用各种自然生态空间。稳定和扩大退耕还林、退牧还草范围，调整严重污染和地下水严重超采区耕地用途，有序实现耕地、河湖休养生息。建立有效调节工业用地和居住用地合理比价机制，提高工业用地价格。坚持谁受益、谁补偿原则，完善对重点生态功能区的生态补偿机制，推动地区间建立横向生态补偿制度。发展环保市场，推行节能量、碳排放权、排污权、水权交易制度，建立吸引社会资本投入生态环境保护的市场化机制，推行环境污染第三方治理。

（54）改革生态环境保护管理体制。建立和完善严格监管所有污染物排放的环境保护管理制度，独立进行环境监管和行政执法。建立陆海统筹的生态系统保护修复和污染防治区域联动机制。健全国有林区经营管理体制，完善集体林权制度改革。及时公布环境信息，健全举报制度，加强社会监督。完善污染物排放许可制，实行企事业单位污染物排放总量控制制度。对造成生态环境损害的责任者严格实行赔偿制度，依法追究刑事责任。

十五　深化国防和军队改革

紧紧围绕建设一支听党指挥、能打胜仗、作风优良的人民军队这一党在新形势下的强军目标，着力解决制约国防和军队建设发展的突出矛盾和问题，创新发展军事理论，加强军事战略指导，完善新时期军事战略方针，构建中国特色现代军事力量体系。

（55）深化军队体制编制调整改革。推进领导管理体制改革，优化军委总部领导机关职能配置和机构设置，完善各军兵种领导管理体制。健全军委联合作战指挥机构和战区联合作战指挥体制，推进联合作战训练和保障体制改革。完善新型作战力量领导体制。加强信息化建设集中统管。优化武装警察部队力量结构和指挥管理体制。

优化军队规模结构，调整改善军兵种比例、官兵比例、部队与机关比例，减少非战斗机构和人员。依据不同方向安全需求和作战任务改革部队编成。加快新型作战力量建设。深化军队院校改革，健全军队院校教育、部队训练实践、军事职业教育三位一体的新型军事人才培养体系。

（56）推进军队政策制度调整改革。健全完善与军队职能任务需求和国家政策制度创新相适应的军事人力资源政策制度。以建立军官职业化制度为牵引，逐步形成科学规范的军队干部制度体系。健全完善文职人员制度。完善兵役制度、士官制度、退役军人安置制度改革配套政策。

健全军费管理制度，建立需求牵引规划、规划主导资源配置机制。健全完善经费物资管理标准制度体系。深化预算管理、集中收付、物资采购和军人医疗、保险、住房保障等制度改革。

健全军事法规制度体系，探索改进部队科学管理的方式方法。

（57）推动军民融合深度发展。在国家层面建立推动军民融合发展的统一领导、军地协调、需求对接、资源共享机制。健全国防工业体系，完善国防科技协同创新体制，改革国防科研生产管理和武器装备采购体制机制，引导优势民营企业进入军品科研生产和维修领域。改革完善依托国民教育培养军事人才的政策制度。拓展军队保障社会化领域。深化国防教育改革。健全国防动员体制机制，完善平时征用和战时动员法规制度。深化民兵预备役体制改革。调整理顺边海空防管理体制机制。

十六　加强和改善党对全面深化改革的领导

全面深化改革必须加强和改善党的领导，充分发挥党总揽全局、协调各方的领导核心作用，建设学习型、服务型、创新型的马克思主义执政党，提高党的领导水平和执政能力，确保改革取得成功。

(58) 全党同志要把思想和行动统一到中央关于全面深化改革重大决策部署上来，正确处理中央和地方、全局和局部、当前和长远的关系，正确对待利益格局调整，充分发扬党内民主，坚决维护中央权威，保证政令畅通，坚定不移实现中央改革决策部署。

中央成立全面深化改革领导小组，负责改革总体设计、统筹协调、整体推进、督促落实。

各级党委要切实履行对改革的领导责任，完善科学民主决策机制，以重大问题为导向，把各项改革举措落到实处。加强各级领导班子建设，完善干部教育培训和实践锻炼制度，不断提高领导班子和领导干部推动改革能力。创新基层党建工作，健全党的基层组织体系，充分发挥基层党组织的战斗堡垒作用，引导广大党员积极投身改革事业，发扬"钉钉子"精神，抓铁有痕、踏石留印，为全面深化改革作出积极贡献。

(59) 全面深化改革，需要有力的组织保证和人才支撑。坚持党管干部原则，深化干部人事制度改革，构建有效管用、简便易行的选人用人机制，使各方面优秀干部充分涌现。发挥党组织领导和把关作用，强化党委（党组）、分管领导和组织部门在干部选拔任用中的权重和干部考察识别的责任，改革和完善干部考核评价制度，改进竞争性选拔干部办法，改进优秀年轻干部培养选拔机制，区分实施选任制和委任制干部选拔方式，坚决纠正唯票取人、唯分取人等现象，用好各年龄段干部，真正把信念坚定、为民服务、勤政务实、敢于担当、清正廉洁的好干部选拔出来。

打破干部部门化，拓宽选人视野和渠道，加强干部跨条块跨领域交流。破除"官本位"观念，推进干部能上能下、能进能出。完善和落实领导干部问责制，完善从严管理干部队伍制度体系。深化公务员分类改革，推行公务员职务与职级并行、职级与待遇挂钩制度，加快建立专业技术类、行政执法类公务员和聘任人员管理制度。完善基层公务员录用制度，在艰苦边远地区适当降低进入门槛。

建立集聚人才体制机制，择天下英才而用之。打破体制壁垒，扫除身份障碍，让人人都有成长成才、脱颖而出的通道，让各类人才都有施展才华的广阔天地。完善党政机关、企事业单位、社会各方面人才顺畅流动的制度体系。健全人才向基层流动、向艰苦地区和岗位流动、在一线创业的激励机制。加快形成具有国际竞争力的人才制度优势，完善人才评价机制，增强人才政策开放度，广泛吸引境外优秀人才回国或来华创业发展。

(60) 人民是改革的主体，要坚持党的群众路线，建立社会参与机制，充分发挥人民群众积极性、主动性、创造性，充分发挥工会、共青团、妇联等人民团体作用，齐心协力推进改革。鼓励地方、基层和群众大胆探索，加强重大改革试点工作，及时总结经验，宽容改革失误，加强宣传和舆论引导，为全面深化改革营造良好社会环境。

全党同志要紧密团结在以习近平同志为总书记的党中央周围，锐意进取，攻坚克难，谱写改革开放伟大事业历史新篇章，为全面建成小康社会、不断夺取中国特色社会主义新胜利、实现中华民族伟大复兴的中国梦而奋斗！

国家卫生计生委　国家中医药管理局
关于加快推进人口健康信息化建设的指导意见

国卫规划发〔2013〕32号

各省、自治区、直辖市卫生厅局、人口计生委（卫生计生委）、中医药管理局，新疆生产建设兵团卫生局、人口计生委，委机关各司局，委直属和联系单位：

为加快建设人口健康信息化，提高卫生计生（含中医药，下同）服务与管理水平，现提出如下意见。

一　充分认识人口健康信息化建设的重要性和紧迫性

信息化是经济与社会发展的创新驱动力。人口健康信息化是国家信息化建设的重点领域和重要组成部分，是深化医药卫生体制改革的重要内容，是体现国民生活质量和国家综合实力的标志之一。

近年来，在党中央、国务院的正确领导和有关部门大力支持下，经过全系统的不懈努力，我国人口健康信息化建设全面推进、快速发展，为提高卫生计生服务和管理水平发挥了重要作用。覆盖城乡的传染病与突发公共卫生事件报告网络全面建立，以临床应用和电子病历建设为主要内容的医院信息化建设取得重要进展，远程会诊系统初具规模，基层医疗卫生管理信息系统的应用推广步伐加快，居民健康卡试点成效开始显现，信息标准和安全体系建设日益健全，150余项标准和安全规范初步满足当前人口健康信息化建设需求，部分地方建立了省级信息平台和地市、县级区域信息平台，区域内卫生信息共享以及跨区域业务协同逐步深化。国家和省级全员人口信息资源库覆盖13亿人口，支持信息采集、人口与计划生育业务和人口决策三大应用，形成数据向上集中、应用向下延伸的服务模式，探索开展了计划生育服务管理信息的跨部门、跨地域交互和共享，促进了计划生育服务和管理由粗放型向精细化的转变。

但是，人口健康信息化建设仍然面临亟需解决的问题。亟需整合卫生计生已有信息系统，扩大区域信息平台覆盖面，并提高联网水平，实现系统互连互通、信息共享、业务协同，提高卫生计生服务能力和水平，改善人民群众就医感受。亟需改变中医类医疗卫生机构信息化建设的薄弱状态，促进各类医疗卫生机构信息化建设的平衡发展。亟需提升数据集成、信息资源综合利用水平，提高科学决策支持能力。亟需进一步加强制度、管理、人才和资金的保障，进一步完善信息标准和安全体系，支撑信息化建设顺利推进。

“十二五”时期是深化医药卫生体制改革的攻坚阶段，也是建立基本医疗卫生制度的关键时期。2013年以来，党中央、国务院就深化医改、加快推进人口健康信息化作出了一系列重大决策和战略部署，人口健康信息化建设面临重大机遇，亟需以信息技术支撑全人口、全生命周期的精细化人口健康服务，以人口健康推动实现社会的全面小康。大力推进人口健康信息技术的普及应用是促进卫生与计生融合发展，提升服务水平、创新服务模式、健全管理工作机制的重要手段，事关既定医改目标的有效实现，事关计划生育基本国策的有效落实，事关卫生计生事业的科学发展。人口健康信息化建设对于促进人人享有基本医疗服务目标的实现具有重要的战略意义和现实意义。

二 基本原则、总体框架与建设目标

（一）基本原则。按照国家信息化发展战略和国务院相关部署，坚持“制度先行、统筹设计、强化应用、互联共享、业务协同”的总原则，紧密围绕深化医改、完善生育政策和卫生计生融合发展，全面推进人口健康信息化工作，加快推进业务系统应用和协同，健全绩效评估和长效运维机制，有效提升科学决策、精细化管理和个性化服务水平，推动重点示范应用，实现行业率先发展。

（二）总体框架。统筹人口健康信息资源，强化制度、标准和安全体系建设，有效整合和共享全员人口信息、电子健康档案和电子病历三大数据库资源，实现公共卫生、计划生育、医疗服务、医疗保障、药品管理、综合管理等六大业务应用，建设国家、省、地市和县四级人口健康信息平台，以四级平台作为六大业务应用纵横连接的枢纽，以居民健康卡为群众享受各项卫生计生服务的联结介质，形成覆盖各级各类卫生计生机构（含中医药机构，下同）高效统一的网络，实现业务应用互联互通、信息共享、有效协同。

（三）总体目标。以业务和管理需求为导向，全面建成实用、共享、安全的人口健康信息网络体系，为深化医药卫生体制改革，有效落实计划生育基本国策，促进中医药事业发展，提高卫生计生服务与管理水平，实现人人享有基本医疗卫生服务目标提供有力的信息技术支撑和保障。

（四）阶段目标。至“十二五”末，基本实现各级各类卫生计生机构的信息网络安全互联；以区域为重点完成全员人口信息、电子健康档案和电子病历数据库建设，实现试点地区互联互通；结合地方实际，合理构建四级信息平台，实现六大业务应用，基本覆盖80%的省份、70%的地市以及50%的县区，公立医院综合改革试点地区全覆盖；在试点地区普及应用居民健康卡。

“十三五”时期，深入开展与新一轮信息技术革命相承接的人口健康信息化重大工程建设，全力加强示范推广，持续深化重点业务应用，实现全员人口信息、电子健康档案和电子病历数据库基本覆盖全国人口并整合共享；全面建成互联互通的四级信息平台，实现六大业务应用、业务协同和信息共享；普及应用居民健康卡，全国实现“一卡通”。

三 重点任务

（一）健全制度和统一标准体系。结合实际，健全人口健康信息化管理制度，完善居民健康卡普及应用工作机制和管理制度，完善区域人口健康信息平台、全员人口信息、电子健康档案、电子病历数据库建设和运维管理的工作机制，保障工作正常开展。

建立健全适应中西医业务发展需求，促进卫生计生科学发展，涵盖数据、应用、管理、安全等方面的人口健康信息化标准规范体系；修订完善全员人口信息、电子健康档案、中西医电子病历数据标准和技术规范，统一建立人口健康数据元值域代码数据库，实现与相关业务领域信息标准协同；完善业务术语标准、各类数据集标准、统一接口标准，完善信息化标准应用管理工作机制，推动中医药信息标准的建立和应用，加强人口健康软件、终端和网络相关标准的符合性测试，实施标准应用评估，确保人口健康信息系统标准统一、有效互通和可持续发展。

（二）统筹建设三大数据库。推进全员人口信息数据库的建设和应用，实现全员人口信息的实时动态管理，为促进人口与经济社会、资源环境全面协调可持续发展提供决策依据。

推进居民电子健康档案数据库建设和应用。完善居民电子健康档案数据库，支撑区域内基层卫生计生机构间信息动态共享及业务协同，提升公共卫生和基层医疗卫生应用服务水平，满足居民个人健康档案信息查询、增强自我保健和健康管理能力，提高全民健康水平。

推进中西医电子病历的建设和应用。以中西医电子病历为核心，实现医院内部信息资源整合和共享，提高医疗服务效率和质量，加强公立医院行为监管，体现公益性。通过区域信息平台实现居民基本健康信息和检查检验结果、医学影像、用药记录等的医疗机构之间信息共享，实现区域内居民电子健康档案与电子病历的实时动态更新，提高数据质量。

全员人口信息、电子健康档案和电子病历三大数据库相对独立又相互关联，在确保三大数据库基本信息的一致性、准确性、完整性，避免多头重复采集的基础上，对外授权实现部门信息共享，对内有效提升临床和基础医学科学研究水平，实现信息资源综合开发利用和信息共享，支撑人口健康战略决策和精细化服务管理。

（三）统筹建设六大业务应用系统。统筹建设和深化涵盖卫生计生各项业务领域的公共卫生、计划生育、医疗服务、医疗保障、药品管理、综合管理等六大重点业务应用系统，充分运用大数据、云计算、物联网、视联网、智能卡等新技术，有效提升人口健康信息化业务应用水平。

加强公共卫生信息系统建设，实现分级管理，数据同步，协同应用。完善疾病防控、健康教育、妇幼健康、食品安全、血液管理、综合监督、卫生应急决策信息系统，提高业务能力，加快卫生计生门户网站和服务热线建设，推动实现基本公共卫生服务均等化。

加强计划生育应用信息系统建设。完善出生人口信息采集和监测预警机制，实现流动人口服务管理跨地域业务协同，加强出生人口性别比综合治理和计划生育利益导向政策落实，开展计划生育依法行政和便民服务，提升家庭发展能力，加强人口与计划生育目标管理责任制考核，推动人口与计划生育工作转型发展。

加强医疗服务应用信息系统建设，推进中西医电子病历应用和远程医疗，优化医疗服务流程，规范医疗服务行为，用信息化手段提高医疗服务质量和效率，保障医疗安全，方便群众看病就医。

完善医疗保障信息系统在卫生计生行业的应用，促进医疗、医保体系信息共享。加快完善新农合信息系统，提高新农合基金监管水平和使用效率，方便参合农民异地就医和即时结报，加强全国新农合业务运行监控和信息决策支持。

完善医疗机构和公共卫生机构药品供应保障应用信息系统，支持基本药物管理和使用，支持药品、医疗器械招标采购、物流配送、使用管理，强化及时监管。

完善综合管理应用信息系统，提高人口健康信息数据采集的及时性和准确性，提高信息数据统计分析和应用能力，实现对各级各类卫生计生机构业务工作、财务管理、内部运行的精细化管理，有效支撑卫生计生战略决策和政策规划。

（四）合理构建四级信息平台。建设标准统一、融合开放、有机对接、分级管理、安全可靠的国家、省、地市、县四级人口健康信息平台。

各地根据服务人口数量和地域特点，因地制宜、合理规划，建设地市及县级区域信息平台，联通区域内各类卫生计生机构的信息系统，以服务居民为中心，支撑公共卫生、计划生育、医疗服务、医疗保障、药品管理、综合管理等业务应用，支持远程会诊、预约挂号、双向转诊、健康咨询等服务，突出传染病防控、预防接种、重点精神障碍等报告与管理，实现电子病历与电子健康档案信息实时更新，满足居民查询个人健康档案需求。支持区域内医疗卫生人员绩效考核、卫生计生服务监管、药物使用监管等精细化管理。联通省级信息平台，满足跨区域业务协同需求。

省级信息平台数据同步来源于辖区内地市、县级信息平台，形成全省（区、市）居民电子健康档案索引库，实现满足业务需求的统计分析功能，支持综合管理和科学决策，支持跨区域信息查询和六大业务应用协同。依托省级全员人口信息数据库实现辖区内计划生育服务和管理。联通国家平台，满足跨省业务协同需求。

国家平台数据主要来源于省级平台，统筹中医药管理、疾病预防控制、妇幼健康、综合监督、计划生育、新农合和应急指挥等管理功能。依托信息资源库和多主题数据库，实现全国人口健康信息数据挖掘和综合分析，支撑国家人口健康管理和决策，支撑跨省、跨业务领域信息共享和业务协同。对外授权实现与有关部门信息系统对接和信息共享。

（五）加快推进人口健康信息网络统一共享、互联互通建设。人口健康信息化建设的重点在于互联互通、信息共享，实现卫生计生各项业务相向协同，同时集中数据信息资源，发挥大数据应用优势，有效提升人口健康科学决策和服务管理水平。以国家电子政务外网为骨干，多种通信网络为补充，构建与互联网安全隔离，横向到边、纵向到底，高效、稳定的人口健康信息网络，稳步扩大网络覆盖面，推动四级信息平台、平台与各级各类卫生计生机构信息系统的互联互通，加快推进全行业信息共享交换和业务协同。

（六）加快推进居民健康卡建设与应用。以居民健康卡为联结介质，依托四级人口健康信息平台，有效共享全员人口信息、电子健康档案、电子病历信息。坚持居民健康卡的专属、通用、交互和开放功能，实现居民身份识别、基本健康信息存储、跨区域跨机构就医和费用结算，促进居民个人电子健康信息动态实时更新，强化个人健康与疾病监测的管理，构建优化、规范、共享、互信的诊疗流程，方便居民享受连续、高效、便捷的卫生计生服务。

（七）强化信息安全防护体系建设。贯彻执行国家信息安全等级保护制度、分级保护制度和信息安全审查制度，同步规划、同步设计、同步实施人口健康信息系统（平台）安全建设。完善安全管理机制和制度，加强信息安全防护体系建设，强化容灾备份工作，确保系统运行安全和信息安全。推行以电子认证技术为基础的网络信任体系建设，建立统一互认的CA认证体系，保障业务应用安全。完善涉及居民隐私的信息安全体系建设，实现信息共享与隐私保护同步发展。

四　重点工程

（一）全面推进“全民健康保障信息化工程”和“金人工程”。按照《“十二五”国家政务信息化工程建设规划》建设全民健康保障信息化工程，实现卫生相关政务部门的信息共享和业务协同，提高突发公共卫生事件应对能力、重大疾病防控能力、食品安全、综合监督和公众健康保障能力，以及基层医疗卫生服务能力，提升医疗卫生事业行政监督管理水平，提高远程医疗服务能力，促进基本公共卫生服务均等化，满足人民群众多层次多样化医疗卫生服务需求。重点完善以疾病防控网络为主体的中西医协同的公共卫生信息系统；完善以食品安全风险监测评估为主体的食品安全信息系统；建立完善覆盖城乡的公共卫生、医疗服务、计划生育等的综合监督信息系统；建立涵盖基本药物采购供应和使用管理、居民健康管理、诊疗导航和绩效考核等功能的基层医疗卫生管理系统；建立妇幼卫生监测、孕产妇、儿童保健管理、生殖健康服务等的妇幼健康服务信息系统；以建立城乡居民电子健康档案和中西医电子病历为重点，建设支持各级医院上下联动、医保医药医疗业务协同、居民健康监测咨询等的医疗健康公共服务信息系统，支持医疗机构分级协作和医保支付、费用核查、即时结算；建设基本药物制度管理信息系统和基本医疗卫生服务质量与绩效评价信息系统。

推进国家和省级全员人口统筹管理信息系统（“金人工程”）建设。加强全员人口信息的自主采集、业务办理采集和共享采集，加强人口与计划生育服务管理。建立完善国家和省级全员人口数据中心，形成标准统一、更新及时、真实准确的全员人口统筹管理信息资源；推进计划生育公共服务管理，基本实现全国流动人口计划生育相关信息的快速查询和异地办证；建立出生人口登记和出生医学证明信息系统，开展出生人口信息监测，推进出生性别比综合治理；探索开展以家庭为主体的信息管理，加强计划生育家庭利益导向、应对人口老龄化等政策制定实施；加强人口政策辅助决策支撑体系，加强对人口总量、素质、结构、动态分布、家庭发展能力、人口城镇化等关系社会发展重大问题的动态监测、分析评价和科学预测，为完善计划生育政策提供信息支持和科学依据。

全面推进两项工程建设，统筹业务需求，共享基础设施和数据，促进软硬件匹配、信息整合和大数据应用。

（二）实施信息惠民工程。按照《国务院关于促进信息消费扩大内需的若干意见》，将远程医疗和居民健康卡建设纳入信息惠民工程。一是建设国家远程医疗服务监管系统和省级远程医疗服务信息系统，并实现远程医疗系统之间的互联互通。整合远程医疗服务资源，提供远程会诊、远程影像诊断、远程心电诊断、远程病理诊断、远程监护、远程教育等远程医学服务。二是普及应用居民健康卡。加快大型医疗机构以及新农合参合人群、新生儿群体、职业卫生高危人群、无偿献血者等人群的发放与应用，服务于民，惠及于民。将居民健康卡的发放使用情况纳入医院等级评审考核指标。

（三）推广区域人口健康信息化示范。在全国大中型城市推广区域人口健康信息化成功经验，依托居民健康卡和医疗卫生人员绩效考核卡（CA 电子认证），促进区域内人口健康信息共享、业务协同，创新资源集约、流程科学、服务规范的卫生服务模式，方便居民获得优质高效的医疗卫生服务，培养居民健康管理理念，改善看病就医感受，健全以内部管理、外部监管、绩效考核、政府补偿为核心的监管体系，形成整体示范效应。

（四）加快推进各地已有信息化建设。继续加强省级人口健康信息化综合建设工作，推进居民电子健康档案、电子病历、门诊统筹管理，加快省级综合管理信息平台和区域信息平台建设，实现各级各类医疗卫生机构互联互通。推动以省（区、市）为单位建设统一的基层医疗卫生机构管理信息系统，实现基本药物招标采购供应，构建涵盖居民健康管理、公共卫生监测与服务、规范化诊疗、绩效考核等基本功能的管理信息系统，提升基层医疗卫生机构规范化服务质量和水平。加快推动医疗卫生机构药品电子监管系统建设，实现医疗机构和疾控机构内部药品（疫苗）使用的全程监管。

（五）加强突发公共事件卫生应急信息化建设。按照《国家突发事件应急体系建设“十二五”规划》要求，依托现有基础，加强卫生应急指挥决策信息系统建设和移动应急指挥平台建设，提高卫生应急准备、监测和应急处理信息数据采集、分析、研判能力，实现卫生应急值守、预警评估、辅助决策、现场指挥、异地会商、队伍和物资的有效管理与调度，构建国家、省、地市、县之间互联互通、信息共享、反应灵敏的卫生应急指挥体系。

（六）推动中医药服务信息化建设。依托四级人口健康信息平台，实现中医药与卫生计生业务协同、信息共享。建设中医药电子政务、综合统计、预防保健（治未病）系统，加强医院、社区卫生服务中心中医电子病历和中西医医疗信息系统。继续开展中药资源基础数据服务和动态监测信息系统建设。逐步增强民族医药信息化能力建设。

五　保障措施

（一）建立统筹协调机制。各级卫生计生行政部门要高度重视，加强领导，建立完善人口健康信息化管理组织和专业机构，明确业务部门和相关机构的信息化建设工作职责与任务。各地要加强信息化建设业务指导和监督评估，将信息化建设成效纳入年度目标考核内容。要加强与相关部门的沟通和协调，争取政策、编制等方面的支持，为人口健康信息化工作提供坚实保障。

（二）加强制度保障与人才队伍建设。形成有效的人口健康信息化管理机制和完备的规章制度体系，保证各级人口健康信息化建设高效管控与有序开展。重点加强人才队伍建设，特别是高端急需人才和基层实用人才的培养，建立业务培训考核和职称评聘制度，探索建立持证上岗制度，逐步形成稳定、可持续的复合型人才队伍的培养、管理与保障制度。

（三）加大投入力度。各级卫生计生行政部门要统筹安排使用信息化建设资金。要会同发展改革、财政、信息化管理等有关部门，加大人口健康信息化建设及科研资金投入，重点保障各项重大工程建设和系统运维经费投入，确保持续深入开展人口健康信息化建设。

（四）完善体制机制。完善信息化归口管理、各业务部门分工协作的工作机制。探索建立政府统筹、部门主导、社会参与、便民惠民、合作共赢的人口健康信息化建设模式。充分利用已有信息资源，加强与专业咨询机构、国内科研机构及相关具有自主知识产权的知名企业开展战略合作。充分发挥信息学会协会作用，探索建立行业软件评价和准入机制。

国家卫生计生委　国家中医药管理局
2013 年 11 月 20 日

中国残疾人联合会关于印发《残疾人托养服务基本规范(试行)》的通知

残联发〔2013〕20号

各省、自治区、直辖市及计划单列市残联，新疆生产建设兵团残联，黑龙江垦区残联：

为加强残疾人托养机构服务规范化管理，提升残疾人托养服务水平，促进残疾人托养服务健康发展，贯彻落实《关于加快发展残疾人托养服务的意见》（残联发〔2012〕16号），中国残联制定了《残疾人托养服务基本规范（试行）》，并征得有关部门同意，现印发你们，请遵照执行。

中国残疾人联合会

2013年12月31日

残疾人托养服务基本规范（试行）

前言

为加强残疾人托养机构服务规范化管理，提升残疾人托养服务水平，促进残疾人托养服务健康发展，根据《中华人民共和国残疾人保障法》、《中共中央、国务院关于促进残疾人事业发展的意见》、《中国残疾人事业“十二五”发展纲要》、《国家基本公共服务体系“十二五”规划》、《关于加快发展残疾人托养服务的意见》以及《残疾人社会福利机构基本规范》的有关要求，制定本规范。

本规范的主要技术内容包括：一、总则，二、术语，三、机构托养服务规范，四、居家托养服务规范，五、服务管理，六、服务质量考核及评价。

本规范主要起草单位：中国残联教育就业部。

一　总则

（一）本规范所指的残疾人托养服务，是指为符合条件的智力、精神和重度肢体残疾人，提供基本生活照料和护理、生活自理能力训练、社会适应能力辅导、职业康复和劳动技能训练、运动功能训练等方面的社会服务。

（二）本规范第（一）款中所指的符合条件的智力、精神和重度肢体残疾人，是指：

1. 处于就业年龄段、有托养服务需求的智力残疾人；

2. 处于就业年龄段、有托养服务需求且通过专业医疗机构精神科医师风险评估适宜托养的精神残疾人；

3. 处于就业年龄段、有托养服务需求的重度肢体残疾人（包括同时存在智力残疾或精神残疾的多重残疾人）。

（三）本规范的宗旨是通过专业化托养服务，帮助残疾人提高生活自理能力、社会适应能力和价值创造能力，改善残疾人生存发展条件，促进残疾人共享经济社会发展成果。

（四）本规范适用于中华人民共和国行政区划内为残疾人提供寄宿托养、日间照料及居家托养等服务的各类机构或组织。

（五）残疾人托养服务工作除应符合本规范外，还应符合国家现行相关管理服务标准及要求。

（六）本规范所列各种条款为基本要求。地方残疾人托养服务有关规范中有更高标准规定的，当地应按照本地规范标准执行。

二 术语

（一）机构托养

本规范所指的机构托养，是指在各级、各类寄宿制集中托养机构和日间照料机构中，为符合条件的智力、精神和重度肢体残疾人提供本规范总则第（一）款规定的托养服务内容。

（二）居家托养

本规范所指的居家托养，是指通过一定的组织或机构，以合适的方式为分散居住在家庭和社区中符合条件的智力、精神和长期需要专人照料或护理的重度肢体残疾人，提供本规范总则第（一）款规定的托养服务内容。

（三）生活照料和护理

为服务对象提供日常生活照顾和护理以及健康生活所需的基本服务。

（四）生活自理能力训练

在服务对象的能力范围内为其提供衣食住行等日常生活的基本能力训练服务。

（五）社会适应能力训练

为服务对象提供有针对性的社会适应能力训练服务、基本的文化体育娱乐等休闲活动服务和一般性心理咨询引导服务，通过特定场景模拟重现等方式帮助服务对象了解、熟悉社会场景，克服或缓解心理和行为上的障碍，改善不良意识、行为和消极倾向，逐渐掌握社会交往的基本技能。为适宜的服务对象提供参与真实社会活动的机会。

（六）职业康复和劳动技能训练

根据服务对象的情况有针对性地提供合适其身体和心理条件状况的技能培训课程和训练服务，为服务对象提供自愿参与简单生产劳动的机会，对有一定劳动能力并有就业意愿的服务对象进行就业指导和职业介绍服务。

（七）辅助性就业

是指针对精神、智力和重度残疾人因劳动就业能力不足，无法进入竞争性就业市场的实际状况，通过集中组织残疾人参加适当生产劳动，帮助他们提高劳动技能、改善身体生活状况。辅助性就业机构包括工疗机构、农疗机构、托养机构中的劳动车间、庇护工场等。

（八）支持性就业

是指由专业就业辅导员专职辅助服务对象，使服务对象能够在普通企事业单位（非庇护工场等专门雇佣特殊群体的工作场所）获得稳定、有收入的工作机会。直至服务对象顺利过渡、融入工作环境，工作能力得到提升，就业辅导员再逐步减少介入。

（九）运动功能训练

为已接受过医疗康复服务之后的服务对象开展以运动功能和日常生活活动为主的运动康复训练，增强其生活自理能力和参与社会生活的能力，同时为服务对象提供必要的医疗卫生保健服务。

（十）托养服务机构

本规范中提到的“托养服务机构”，指寄宿制托养服务机构和日间照料机构。

三　机构托养服务规范

（一）机构要求

1. 托养服务机构一般要求相对独立，设置在交通便利的区域。
2. 服务场所应为自有用房或协议承租5年以上。
3. 依法设立，申请审批、注册登记手续齐全，合法运营。
4. 在显著位置公开服务项目、服务指南和工作流程。
5. 应有稳定的运营资金保障，确保能够持续运营发展。
6. 配置与其服务范围相适应的服务场地，包括住养居室、食堂、护理保健室、文体活动室、康复室、心理咨询室、劳动（生产）工作间等。
7. 具备基本的无障碍设施设备。寄宿制集中托养机构的建筑设计应符合国家标准《无障碍设计规范》的规定。
8. 房屋建筑质量安全和消防设施符合国家相关标准的要求。
9. 政府兴办的寄宿制托养服务机构应具备《残疾人托养机构建设标准》中规定的基本设施设备、功能场所。
10. 接受中央财政“阳光家园计划”项目资助的机构，应在显著位置使用“阳光家园计划”专用标识。

（二）人员要求

托养服务机构应配备与其服务范围相适应的管理人员、专业人员和护理人员。

1. 管理人员

（1）应从事过管理工作，具有社会工作类、社会福利类或康复类等相关学习或培训经历。

（2）熟悉残疾人相关法律法规与政策，熟练掌握残疾人托养的基本知识、主要政策和专业知识。

（3）托养服务机构中的财务等专业岗位上的管理人员应当持有有效的从业资格和职业资格

证书。

（4）主要管理人员平均年龄不宜超过 55 岁。

（5）每年至少参加 1 次以上管理培训活动。

2. 专业人员

（1）内设医疗部门的机构应配备专业医务人员。

（2）应配备康复专业技术人员，其数量以能满足需要并能提供本规范所规定的运动功能训练服务为原则。

（3）有精神残疾服务对象的，应配备精神卫生医师、专业心理治疗师或经过相应专业卫生医疗机构上岗培训并考核合格的专业人员。

（4）应配备至少 1 名残疾人就业服务指导员和 1 名能够从事心理咨询和疏导的专业人员。

（5）寄宿制托养服务机构原则上应配备全职的专业人员，日间照料机构可根据实际需求整合利用资源。

（6）可根据实际需要招募一定数量的社会工作者和志愿者。

（7）应具有本人身份证明、健康证明。对需持证上岗的职业，应按有关法律法规规定持有效的从业资格和职业资格证书。

3. 服务人员

（1）根据服务对象需求配备适宜的护理员。护理人员与服务对象的比例最低不低于1 ∶ 5。护理员中男女比例应根据实际情况配备。

（2）至少配备 1 名经公安部门认可的安保人员。

（3）应熟练掌握相应的业务知识和岗位技能，并接受过残疾人特殊生理与心理知识培训。

（4）应具有本人身份证明、健康证明，并接受过托养服务与专业培训。

（5）提供服务时应统一着装，挂胸牌。

（6）每年至少参加 12 学时以上的业务培训活动。

（7）遵纪守法，遵守职业道德，尊重和善待残疾人，对待服务对象应文明友善、耐心细致。

（三）服务内容和要求

1. 生活照料和护理

（1）根据服务对象的特点，营养、合理配餐，制定每周食谱，能够提供点餐、加餐、助餐服务，尊重服务对象饮食习惯，使其得到合理、规律的膳食服务。

（2）寄宿制托养服务机构应根据季节和天气情况为服务对象提供合理频率的身体清洁服务和衣物换洗服务，保持服务对象身体清洁、无异味，衣物卫生、整洁、得体。

（3）对有需要的服务对象提供起床、穿衣、就寝、脱衣、整理床铺、如厕等基本起居服务。

（4）制定合理的作息制度并在显著位置标示。

（5）寄宿制托养服务机构应根据服务对象特点进行分级护理，并用记录卡片标注在显著位置。

（6）为有需要的服务对象按医嘱提供服药服务。

（7）护理智力残疾对象时，应注意观察和指导。避免因为理解障碍造成意外伤害。

（8）护理精神残疾对象时，应注意安全保护和监护。遇特殊情况时，应及时通知其家属或监护人，由专业医技人员或在其指导下适时采取安全保护和监护措施，或转入专业医疗机构就诊。

（9）在护理过程中，应尊重服务对象的人格和尊严，特别注意保护女性服务对象的人身权益不受侵害。

（10）协助有需要的服务对象进行户外活动。在天气情况允许的条件下，每天保证服务对象到户外活动1小时。

2. 生活自理能力训练

（1）根据服务对象的需求和特点，制定适宜的培养与训练计划，并张贴在显著位置。

（2）指导服务对象进行基本生活自理活动训练，使其能够自行洗漱、如厕、穿衣、吃饭等。

（3）在模拟家庭环境和劳动环境中指导服务对象学习简单家务和劳动，使其能够在协助和指导下完成煮饭、拣择蔬菜、整理床铺、洗衣服、打扫卫生等活动。

（4）应与服务对象的家属或监护人及时沟通训练的内容和情况，以便服务对象回家时可以在真实家庭生活场景中对其生活自理能力进行重复巩固训练。

（5）可根据服务对象个体情况，设计适宜的训练课程，例如制作面食、烘焙饼干、缝制衣物等，发掘其生活自理能力方面可能存在的其他潜力。

（6）训练考评结果应记录存档，并依此调整或完善训练计划。

3. 社会适应能力辅导

（1）参考《残疾人残疾分类和分级》国家标准中对智力和精神残疾人社会适应能力的描述和分级，为服务对象制定社会适应能力辅导计划。

（2）以适当方式为服务对象普及简单的礼仪知识、两性知识等基本社会行为准则和常识。

（3）每天与服务对象的交流时间应不少于15分钟，为服务对象提供日常心理疏导和心理健康关爱服务。

（4）对心理和行为出现异常的服务对象进行关注，有必要时召集专业人员进行座谈分析，为其制定行为矫正方案。对于心理和行为出现极端异常、严重影响其他服务对象正常生活甚至人身安全的服务对象，应立即转介至专业医疗机构就诊。

（5）为有需要的服务对象提供教育培训、图书阅览、上网和收看收听电视广播等服务，使其对社会和舆情具备一定的知晓度。

（6）在机构内开展适宜的文化、体育、娱乐活动，可以根据实际情况组织比赛、展示或表演，使其具备基本的人际交往兴趣和能力。

（7）指导服务对象在模拟超市、银行、医院、邮局、公共交通等简单社会场景中进行社会适应性训练，提高其参与社会生活的能力。

（8）定期安排服务对象家属或监护人、志愿者到机构内进行活动，鼓励服务对象接待访客或外出参加社区或社会公益活动，逐步拓展其在直接参与社会生活方面的能力。

（9）根据服务对象的社会适应能力的恢复和提升情况，适时调整社会适应辅导计划。

4. 职业康复与劳动技能训练

（1）组织有需要的服务对象开展与其行为能力相适应的简单基本生产劳动，例如制作绢花、组配零件等。通过劳动帮助其活动肢体、锻炼大脑、集中注意力、协调手眼。

（2）服务对象参与生产劳动之前，应根据个体实际情况对其进行必要的培训。

（3）为有需要的服务对象提供职业指导、职业心理咨询、职业适应评定、职业康复训练、职业介绍等服务。

（4）根据实际情况开设专业的劳动技能培训课程，开发服务对象的职业能力。

（5）有条件的托养服务机构应开设庇护工场或与爱心企业等社会力量合作建立职业康复车间，使部分服务对象实现辅助性就业，获得一定的劳动收入。为条件适宜的服务对象提供支持性就业，进而实现社会性就业。

（6）合理处理劳动生产成果和可能获得的收入。处理方式和处理结果应记录并存档。

（7）有条件的托养服务机构宜定期组织技能展示、竞赛等相关活动。

（8）定期开展身体功能评估和劳动能力评估，适时对服务对象的职业适应性进行测评和评价，及时调整职业康复与劳动技能训练计划。

5. 运动功能训练

（1）为有需求的服务对象提供适当的以运动功能为主的训练，指导其规范使用矫形器和训练器具，帮助其巩固医疗康复效果，使其身体运动功能得到恢复或代偿。

（2）有条件的托养服务机构应定期对服务对象的监护人进行必要的简单技术培训，使其在机构之外也能够得到持续的运动功能训练。

（3）根据服务对象的身体情况，开展运动功能评估，适时调整训练计划。

（4）服务对象身体状况发生较大变化时，应及时转介到专业医疗康复机构进行诊断和治疗。

四　居家托养服务规范

（一）服务平台要求

1. 具有合法经营资质、具备相关资质证书的托养服务机构及各类社会服务机构、家政服务机构等提供公益性社会服务的机构，均可为服务对象提供居家托养服务。

2. 具有与其业务范围相适应的管理人员、服务人员和固定的经济来源。

3. 具有与其业务范围相适应的经营场所，具备提供残疾人居家托养服务的功能。

（二）人员要求

1. 人员配置

（1）配备能够从事残疾人护理和普通家务劳动的专业服务人员，其数量以满足需要并能提供本规范所规定的生活照料和护理、生活自理能力训练服务为原则。

（2）配备至少 1 名能够从事心理咨询和疏导的专业服务人员或是社会工作者。

（3）配备康复专业技术人员，其数量以满足需要并能提供本规范所规定的运动功能训练服务为原则。

（4）可根据实际需要招募一定数量的志愿者。

2. 管理人员

（1）从事过管理工作，具有社会工作类、社会福利类或康复类等相关学习或培训经历。

（2）熟悉残疾人相关法律法规与政策，熟练掌握残疾人托养的基本知识、主要政策和专业知识。

（3）财务等专业岗位上的管理人员应当持有有效的从业资格和职业资格证书。

（4）每年至少参加 1 次以上管理培训活动。

3. 服务人员

（1）应具有本人身份证明、健康证明。对需持证上岗的职业，应按有关法律法规规定持有效的从业资格和职业资格证书。

（2）对残疾人托养相关法律法规与政策有一定了解，熟练掌握相应的业务知识和岗位技能。

（3）接受过残疾人特殊生理与心理知识培训。

（4）遵纪守法，遵守职业道德，尊重和善待残疾人，对待服务对象应文明友善、耐心细致。

（5）提供服务时应统一着装。

（6）每年至少参加12个学时以上的业务培训活动。

（三）服务内容及要求

1. 生活照料和护理

按照服务对象或监护人的要求，提供以下服务：

（1）协助服务对象整理家庭环境卫生。

（2）协助服务对象整理个人卫生。

（3）上门送餐或在服务对象家中协助准备膳食，有需要的可根据情况提供帮助进食服务。

（4）经过合法的委托手续，可协助办理家庭日常事务。

（5）根据医嘱同意，可陪同在服务对象居住附近安全合理的地区进行户外活动。

（6）其他合法、安全并经所在服务机构批准同意提供的服务。

2. 社会适应能力辅导和运动功能训练

按照服务对象或监护人的要求，提供以下服务：

（1）指导并协助有需要的服务对象或其监护人正确使用配发的康复、保健仪器和辅助器械；

（2）协助有需要的服务对象通过网络、电视、广播、报刊杂志等多种方式了解新闻和知识；

（3）经常与服务对象进行交流，了解其心理特点，有需要进行心理干预的及时向其本人或监护人提出建议；

（4）对有需求的服务对象提供简单的家务劳动训练和辅导；

（5）对服务对象提供手工编织、绘画或其他适宜在家庭环境中进行的职业康复功能训练和辅导；

（6）协助陪同服务对象参与与其身体状况相适应的文体活动及有益身心的公益活动；

（7）其他合法、安全、力所能及并经所在服务机构批准同意提供的服务。

五　服务管理

（一）规章制度

1. 制定健全的行政、人事、档案管理等规章和制度。

2. 建立合同责任机制，与服务对象或其家属、监护人签订具有法律效力的托养服务协议。

3. 财务制度健全，凭证、账簿符合财务规定。社会捐助、政府补助资金专款专用，有详尽的使用记录，定期公开财务报表。

4. 制定清晰、准确的服务说明书，包括机构介绍、服务设施、服务内容和项目、收费项目和收费标准、服务承诺、相关费用减免政策等。服务说明书应以适当方式公开。

5. 服务人员岗位职责明确，公开上墙。

6. 应有服务回访制度和防范服务风险的制度和措施。

（二）服务协议

1. 应与每一位服务对象或其家属、监护人签订具有法律效力、权责清晰的托养服务协议。

2. 签订协议之前，应有有效途径供拟入托人员或其监护人进行信息咨询和反馈。

3. 托养服务机构应对拟入托人员的托养适宜性及护理等级进行评估，评估结果应得到家属或监护人认可。

4. 协议中必须明确，拟入托人员若是曾有精神疾病史，在入托适宜性评估时应提供专业医疗机构或康复机构出具的正式风险评估表，以确定其病情已经稳定并具备了从专业医疗机构转介至托养服务机构的条件。

5. 协议中应确定服务对象、服务内容、服务方式、服务流程、服务时间、收费标准及其他必要事项。服务对象在托养服务机构中入托满一年，就应对其进行一次托养适宜性评估，根据评估结果确定是否有必要继续入托。协议一般一年一签。

6. 应为进入机构进行托养的服务对象购买意外伤害保险，有条件的机构或个人还可购买大病险等其他险种。

7. 托养服务机构应按照协议提供相应的服务。妥善保存和管理服务对象的个人信息，尊重和保护服务对象个人隐私。

（三）事务管理

1. 组织机构、工作人员及服务对象等信息的登记应真实、完整并及时更新。

2. 建立服务对象个人档案，服务对象1人1档，包括个人基本情况、托养服务协议书、健康情况、医疗记录、护理等级评估报告、康复训练情况等。及时更新，动态管理。

3. 及时掌握服务情况，通过电话、家访、网络等途径收集服务反馈意见。

4. 保持机构内干净、整洁、无异味。居室和公共区域每日清扫不少于1次，每周消毒不少于1次。

5. 保持各种护理用具和生活用品清洁、有序。定期清洗床上用品。有明显污渍时，应及时更换。

6. 服务对象用餐、休息期间，应有值班工作人员定时查房，并做好值班记录，值班表上墙。

7. 有条件的地方可根据入托服务对象残疾类别和服务需求的不同，分别建立独立针对某个类别的寄宿制托养服务机构，或者在寄宿制托养服务机构内为入托的智力和精神残疾人设置相对独立的生活场所和活动空间，依据智力残疾人和精神残疾人的身心特点，提供有针对性的服务。

8. 寄宿制托养服务机构应建立内设医疗部门或签约专业医疗机构（医师）提供必要的医疗保健服务。内设医疗部门或签约专业医疗机构（医师）应具有诊治残疾人常见病、多发病和处理残疾人突发性疾病的能力。

9. 寄宿制托养服务机构应每年为签约服务对象提供1次常规身体检查服务，建立个人健康档案，并在服务对象入托期间保存其身体检查结果单及既有病史病历。

（四）安全与应急

1. 在托养服务机构的公共区域应安装实时监控装置。寄宿制托养服务机构应有24小时开启的监控装置，有专人值班，并能够随时查房。

2. 寄宿制托养服务机构应配备安保人员，并设置门卫，实施人员出入登记制度。并宜为智力和精神残疾服务对象准备便于随身携带、注明姓名与机构联系方式的标识或卡片。

3. 托养服务机构服务对象在托养期间外出实践或参与活动，应与其家属或监护人沟通并征得同意。

4. 托养服务机构应在危险区域设置警示标识，具有防止服务对象接触到危险物品（电源、热源、水池、刀具、绳索、化学品、药品等）的措施。

5. 为服务对象进行家务劳动和简单生产劳动训练时要注意防止服务对象直接接触电源、明火或沸水等有危险性的物品。

6. 托养服务机构的过道、洗手间应有防滑、防摔设施，浴室应有通风透气的相关设施。

7. 托养服务机构中两层及以上、供服务对象使用的建筑物应在楼道加装防护设施，防止坠楼等意外事故发生。应设置紧急疏散通道，保持畅通。

8. 托养服务机构内有精神残疾服务对象的，宜设置独立的管理区域，并在入住房间和集中区域增设安全防护门窗。居家服务中有精神残疾服务对象的，应对服务人员进行专门培训之后方可上门服务。

9. 对易摔、易坠床、站立或行走不稳的托养服务机构服务对象，应采取防护措施。

10. 对餐具、炊具和操作环境按时进行清洁和消毒。严防食物中毒，寄宿制托养服务机构提供的餐饮食品应每天留样，至少保留 24 小时。

11. 应采取措施，杀灭机构中的老鼠、蟑螂、蚊蝇等，防止对服务对象的健康造成损害或引发传染病。一旦发现服务对象有患传染病的迹象，要及时启动应急预案，通知其家属或监护人，并采取有效的隔离、消毒和转介治疗措施。

12. 服务对象进行床位更换时，应对床铺进行常规消毒处理。服务对象患传染病或死亡的，应对床位和居室进行全面相关特殊消毒处理。

13. 医疗药品使用严格按照医嘱执行。代发代管医疗药品，应有有效的委托书。接受医疗药品时，应查阅核对就诊病历卡、处置单等，做好药品交接记录。药品应由专人、专柜保管，避免丢失、损坏和过期失效。

14. 寄宿制托养机构应建立以防走失、防火、防盗、预防突发疾病和意外受伤为核心的应急预案，定期组织管理人员和服务人员进行应急预案的演习。

15. 提供居家服务的机构应建立以预防突发疾病和意外受伤为主的应急预案，组织管理和服务人员进行培训和演习。

16. 发生突发事件，应及时向主管机构及相关部门汇报。

（五）公共关系

1. 托养服务机构每年应举办公益性活动至少 1 次，应与所在社区举办 1—2 次联谊活动，动员服务对象参与机构举办的公益性活动。

2. 托养服务机构可与企业建立合作关系，制定周密的合作计划，拓展发展空间。可通过共同举办活动、展览、赞助、义卖、设立庇护工场承接订单等方式与企业开展合作。

3. 积极吸纳社区居民、社区志愿者参与残疾人托养工作。

4. 应接受全社会的监督，对外公布监督、投诉电话，对于社会投诉、反馈意见，应在 3 个工作日内给出明确答复。

5. 托养服务机构应有固定的社会开放日，在预先约定的情况下，可在社会开放日接受公众参观。

6. 托养服务机构应以适当方式公开公布有关服务对象的重要决定与重大安排。

7. 制定采访接待制度，规范采访接待程序，由专人或部门负责接待采访。

六　服务质量考核及评价

（一）托养服务机构和开展居家托养服务的机构可通过内部的工作检查考核、主管单位组织的考核评定和社会监督评议等方式进行服务质量考核与改进。考评依据主要包括：

——行业规范与服务标准

——内部规章制度与管理要求

——岗位职责与要求

——管理与服务记录

——社会反馈与投诉。

（二）应依据本规范，结合本机构的实际情况编制管理人员、服务人员考核评定表进行自查。自查评定的周期宜为1月/次。

（三）可通过统一填写主管部门的考核表、主管部门抽查或普查等方式进行服务质量政府部门考核。

（四）应通过设立意见箱、召开座谈会、家长会、社会投诉等方式进行服务质量社会监督考核。每季度至少召开1次家属或监护人会议，或者由专人上门家访，收集服务反馈意见和建议。

（五）应定期或不定期查阅服务反馈意见、服务过程记录等相关信息，定期走访调研，进行满意度调查，持续改进服务质量，提升服务能力与水平。

（六）服务质量考核结果应以适当方式公开。

（七）服务质量考核应与激励制度相结合，依此制定服务奖惩制度。

抄送：国家发展改革委、民政部、财政部、人力资源社会保障部、
国土资源部、国家税务总局、中国人民银行。

中国残联办公厅2013年12月31日印发

中华人民共和国国务院令

第 649 号

现公布《社会救助暂行办法》，自 2014 年 5 月 1 日起施行。

总理　李克强

2014 年 2 月 21 日

社会救助暂行办法

第一章　总则

第一条　为了加强社会救助，保障公民的基本生活，促进社会公平，维护社会和谐稳定，根据宪法，制定本办法。

第二条　社会救助制度坚持托底线、救急难、可持续，与其他社会保障制度相衔接，社会救助水平与经济社会发展水平相适应。

社会救助工作应当遵循公开、公平、公正、及时的原则。

第三条　国务院民政部门统筹全国社会救助体系建设。国务院民政、卫生计生、教育、住房城乡建设、人力资源社会保障等部门，按照各自职责负责相应的社会救助管理工作。

县级以上地方人民政府民政、卫生计生、教育、住房城乡建设、人力资源社会保障等部门，按照各自职责负责本行政区域内相应的社会救助管理工作。

前两款所列行政部门统称社会救助管理部门。

第四条　乡镇人民政府、街道办事处负责有关社会救助的申请受理、调查审核，具体工作由社会救助经办机构或者经办人员承担。

村民委员会、居民委员会协助做好有关社会救助工作。

第五条　县级以上人民政府应当将社会救助纳入国民经济和社会发展规划，建立健全政府领导、民政部门牵头、有关部门配合、社会力量参与的社会救助工作协调机制，完善社会救助资金、物资保障机制，将政府安排的社会救助资金和社会救助工作经费纳入财政预算。

社会救助资金实行专项管理，分账核算，专款专用，任何单位或者个人不得挤占挪用。社会救助资金的支付，按照财政国库管理的有关规定执行。

第六条　县级以上人民政府应当按照国家统一规划建立社会救助管理信息系统，实现社会救助信息互联互通、资源共享。

第七条　国家鼓励、支持社会力量参与社会救助。

第八条　对在社会救助工作中作出显著成绩的单位、个人，按照国家有关规定给予表彰、奖励。

第二章　最低生活保障

第九条　国家对共同生活的家庭成员人均收入低于当地最低生活保障标准，且符合当地最低生活保障家庭财产状况规定的家庭，给予最低生活保障。

第十条　最低生活保障标准，由省、自治区、直辖市或者设区的市级人民政府按照当地居民生活必需的费用确定、公布，并根据当地经济社会发展水平和物价变动情况适时调整。

最低生活保障家庭收入状况、财产状况的认定办法，由省、自治区、直辖市或者设区的市级人民政府按照国家有关规定制定。

第十一条　申请最低生活保障，按照下列程序办理：

（一）由共同生活的家庭成员向户籍所在地的乡镇人民政府、街道办事处提出书面申请；家庭成员申请有困难的，可以委托村民委员会、居民委员会代为提出申请。

（二）乡镇人民政府、街道办事处应当通过入户调查、邻里访问、信函索证、群众评议、信息核查等方式，对申请人的家庭收入状况、财产状况进行调查核实，提出初审意见，在申请人所在村、社区公示后报县级人民政府民政部门审批。

（三）县级人民政府民政部门经审查，对符合条件的申请予以批准，并在申请人所在村、社区公布；对不符合条件的申请不予批准，并书面向申请人说明理由。

第十二条　对批准获得最低生活保障的家庭，县级人民政府民政部门按照共同生活的家庭成员人均收入低于当地最低生活保障标准的差额，按月发给最低生活保障金。

对获得最低生活保障后生活仍有困难的老年人、未成年人、重度残疾人和重病患者，县级以上地方人民政府应当采取必要措施给予生活保障。

第十三条　最低生活保障家庭的人口状况、收入状况、财产状况发生变化的，应当及时告知乡镇人民政府、街道办事处。

县级人民政府民政部门以及乡镇人民政府、街道办事处应当对获得最低生活保障家庭的人口状况、收入状况、财产状况定期核查。

最低生活保障家庭的人口状况、收入状况、财产状况发生变化的，县级人民政府民政部门应当及时决定增发、减发或者停发最低生活保障金；决定停发最低生活保障金的，应当书面说明理由。

第三章　特困人员供养

第十四条　国家对无劳动能力、无生活来源且无法定赡养、抚养、扶养义务人，或者其法定赡养、抚养、扶养义务人无赡养、抚养、扶养能力的老年人、残疾人以及未满 16 周岁的未成年人，给予特困人员供养。

第十五条　特困人员供养的内容包括：

（一）提供基本生活条件；

（二）对生活不能自理的给予照料；

（三）提供疾病治疗；

（四）办理丧葬事宜。

特困人员供养标准，由省、自治区、直辖市或者设区的市级人民政府确定、公布。

特困人员供养应当与城乡居民基本养老保险、基本医疗保障、最低生活保障、孤儿基本生活保障等制度相衔接。

第十六条　申请特困人员供养，由本人向户籍所在地的乡镇人民政府、街道办事处提出书面申请；本人申请有困难的，可以委托村民委员会、居民委员会代为提出申请。

特困人员供养的审批程序适用本办法第十一条规定。

第十七条　乡镇人民政府、街道办事处应当及时了解掌握居民的生活情况，发现符合特困供养条件的人员，应当主动为其依法办理供养。

第十八条　特困供养人员不再符合供养条件的，村民委员会、居民委员会或者供养服务机构应当告知乡镇人民政府、街道办事处，由乡镇人民政府、街道办事处审核并报县级人民政府民政部门核准后，终止供养并予以公示。

第十九条　特困供养人员可以在当地的供养服务机构集中供养，也可以在家分散供养。特困供养人员可以自行选择供养形式。

第四章　受灾人员救助

第二十条　国家建立健全自然灾害救助制度，对基本生活受到自然灾害严重影响的人员，提供生活救助。

自然灾害救助实行属地管理，分级负责。

第二十一条　设区的市级以上人民政府和自然灾害多发、易发地区的县级人民政府应当根据自然灾害特点、居民人口数量和分布等情况，设立自然灾害救助物资储备库，保障自然灾害发生后救助物资的紧急供应。

第二十二条　自然灾害发生后，县级以上人民政府或者人民政府的自然灾害救助应急综合协调机构应当根据情况紧急疏散、转移、安置受灾人员，及时为受灾人员提供必要的食品、饮用水、衣被、取暖、临时住所、医疗防疫等应急救助。

第二十三条　灾情稳定后，受灾地区县级以上人民政府应当评估、核定并发布自然灾害损失情况。

第二十四条　受灾地区人民政府应当在确保安全的前提下，对住房损毁严重的受灾人员进行过渡性安置。

第二十五条　自然灾害危险消除后，受灾地区人民政府民政等部门应当及时核实本行政区域内居民住房恢复重建补助对象，并给予资金、物资等救助。

第二十六条　自然灾害发生后，受灾地区人民政府应当为因当年冬寒或者次年春荒遇到生活困难的受灾人员提供基本生活救助。

第五章　医疗救助

第二十七条　国家建立健全医疗救助制度，保障医疗救助对象获得基本医疗卫生服务。

第二十八条　下列人员可以申请相关医疗救助：

（一）最低生活保障家庭成员；

（二）特困供养人员；

（三）县级以上人民政府规定的其他特殊困难人员。

第二十九条　医疗救助采取下列方式：

（一）对救助对象参加城镇居民基本医疗保险或者新型农村合作医疗的个人缴费部分，给予补贴；

（二）对救助对象经基本医疗保险、大病保险和其他补充医疗保险支付后，个人及其家庭难以承担的符合规定的基本医疗自负费用，给予补助。

医疗救助标准，由县级以上人民政府按照经济社会发展水平和医疗救助资金情况确定、公布。

第三十条　申请医疗救助的，应当向乡镇人民政府、街道办事处提出，经审核、公示后，由县级人民政府民政部门审批。最低生活保障家庭成员和特困供养人员的医疗救助，由县级人民政府民政部门直接办理。

第三十一条　县级以上人民政府应当建立健全医疗救助与基本医疗保险、大病保险相衔接的医疗费用结算机制，为医疗救助对象提供便捷服务。

第三十二条　国家建立疾病应急救助制度，对需要急救但身份不明或者无力支付急救费用的急重危伤病患者给予救助。符合规定的急救费用由疾病应急救助基金支付。

疾病应急救助制度应当与其他医疗保障制度相衔接。

第六章　教育救助

第三十三条　国家对在义务教育阶段就学的最低生活保障家庭成员、特困供养人员，给予教育救助。

对在高中教育（含中等职业教育）、普通高等教育阶段就学的最低生活保障家庭成员、特困供养人员，以及不能入学接受义务教育的残疾儿童，根据实际情况给予适当教育救助。

第三十四条　教育救助根据不同教育阶段需求，采取减免相关费用、发放助学金、给予生活补助、安排勤工助学等方式实施，保障教育救助对象基本学习、生活需求。

第三十五条　教育救助标准，由省、自治区、直辖市人民政府根据经济社会发展水平和教育救助对象的基本学习、生活需求确定、公布。

第三十六条　申请教育救助，应当按照国家有关规定向就读学校提出，按规定程序审核、确认后，由学校按照国家有关规定实施。

第七章　住房救助

第三十七条　国家对符合规定标准的住房困难的最低生活保障家庭、分散供养的特困人员，给予住房救助。

第三十八条　住房救助通过配租公共租赁住房、发放住房租赁补贴、农村危房改造等方式实施。

第三十九条　住房困难标准和救助标准，由县级以上地方人民政府根据本行政区域经济社会发展水平、住房价格水平等因素确定、公布。

第四十条　城镇家庭申请住房救助的，应当经由乡镇人民政府、街道办事处或者直接向县级人民政府住房保障部门提出，经县级人民政府民政部门审核家庭收入、财产状况和县级人民政府住房保障部门审核家庭住房状况并公示后，对符合申请条件的申请人，由县级人民政府住房保障部门优先给予保障。

农村家庭申请住房救助的，按照县级以上人民政府有关规定执行。

第四十一条　各级人民政府按照国家规定通过财政投入、用地供应等措施为实施住房救助提供保障。

第八章　就业救助

第四十二条　国家对最低生活保障家庭中有劳动能力并处于失业状态的成员，通过贷款贴息、社会保险补贴、岗位补贴、培训补贴、费用减免、公益性岗位安置等办法，给予就业救助。

第四十三条　最低生活保障家庭有劳动能力的成员均处于失业状态的，县级以上地方人民政府应当采取有针对性的措施，确保该家庭至少有一人就业。

第四十四条　申请就业救助的，应当向住所地街道、社区公共就业服务机构提出，公共就业服务机构核实后予以登记，并免费提供就业岗位信息、职业介绍、职业指导等就业服务。

第四十五条　最低生活保障家庭中有劳动能力但未就业的成员，应当接受人力资源社会保障等有关部门介绍的工作；无正当理由，连续3次拒绝接受介绍的与其健康状况、劳动能力等相适应的工作的，县级人民政府民政部门应当决定减发或者停发其本人的最低生活保障金。

第四十六条　吸纳就业救助对象的用人单位，按照国家有关规定享受社会保险补贴、税收优惠、小额担保贷款等就业扶持政策。

第九章　临时救助

第四十七条　国家对因火灾、交通事故等意外事件，家庭成员突发重大疾病等原因，导致基本生活暂时出现严重困难的家庭，或者因生活必需支出突然增加超出家庭承受能力，导致基本生活暂时出现严重困难的最低生活保障家庭，以及遭遇其他特殊困难的家庭，给予临时救助。

第四十八条　申请临时救助的，应当向乡镇人民政府、街道办事处提出，经审核、公示后，由县级人民政府民政部门审批；救助金额较小的，县级人民政府民政部门可以委托乡镇人民政府、街道办事处审批。情况紧急的，可以按照规定简化审批手续。

第四十九条　临时救助的具体事项、标准，由县级以上地方人民政府确定、公布。

第五十条　国家对生活无着的流浪、乞讨人员提供临时食宿、急病救治、协助返回等救助。

第五十一条　公安机关和其他有关行政机关的工作人员在执行公务时发现流浪、乞讨人员的，应当告知其向救助管理机构求助。对其中的残疾人、未成年人、老年人和行动不便的其他人员，应当引导、护送到救助管理机构；对突发急病人员，应当立即通知急救机构进行救治。

第十章　社会力量参与

第五十二条　国家鼓励单位和个人等社会力量通过捐赠、设立帮扶项目、创办服务机构、提供志愿服务等方式，参与社会救助。

第五十三条　社会力量参与社会救助，按照国家有关规定享受财政补贴、税收优惠、费用减免等政策。

第五十四条　县级以上地方人民政府可以将社会救助中的具体服务事项通过委托、承包、采购等方式，向社会力量购买服务。

第五十五条　县级以上地方人民政府应当发挥社会工作服务机构和社会工作者作用，为社会救助对象提供社会融入、能力提升、心理疏导等专业服务。

第五十六条　社会救助管理部门及相关机构应当建立社会力量参与社会救助的机制和渠

道，提供社会救助项目、需求信息，为社会力量参与社会救助创造条件、提供便利。

第十一章　监督管理

第五十七条　县级以上人民政府及其社会救助管理部门应当加强对社会救助工作的监督检查，完善相关监督管理制度。

第五十八条　申请或者已获得社会救助的家庭，应当按照规定如实申报家庭收入状况、财产状况。

县级以上人民政府民政部门根据申请或者已获得社会救助家庭的请求、委托，可以通过户籍管理、税务、社会保险、不动产登记、工商登记、住房公积金管理、车船管理等单位和银行、保险、证券等金融机构，代为查询、核对其家庭收入状况、财产状况；有关单位和金融机构应当予以配合。

县级以上人民政府民政部门应当建立申请和已获得社会救助家庭经济状况信息核对平台，为审核认定社会救助对象提供依据。

第五十九条　县级以上人民政府社会救助管理部门和乡镇人民政府、街道办事处在履行社会救助职责过程中，可以查阅、记录、复制与社会救助事项有关的资料，询问与社会救助事项有关的单位、个人，要求其对相关情况作出说明，提供相关证明材料。有关单位、个人应当如实提供。

第六十条　申请社会救助，应当按照本办法的规定提出；申请人难以确定社会救助管理部门的，可以先向社会救助经办机构或者县级人民政府民政部门求助。社会救助经办机构或者县级人民政府民政部门接到求助后，应当及时办理或者转交其他社会救助管理部门办理。

乡镇人民政府、街道办事处应当建立统一受理社会救助申请的窗口，及时受理、转办申请事项。

第六十一条　履行社会救助职责的工作人员对在社会救助工作中知悉的公民个人信息，除按照规定应当公示的信息外，应当予以保密。

第六十二条　县级以上人民政府及其社会救助管理部门应当通过报刊、广播、电视、互联网等媒体，宣传社会救助法律、法规和政策。

县级人民政府及其社会救助管理部门应当通过公共查阅室、资料索取点、信息公告栏等便于公众知晓的途径，及时公开社会救助资金、物资的管理和使用等情况，接受社会监督。

第六十三条　履行社会救助职责的工作人员行使职权，应当接受社会监督。

任何单位、个人有权对履行社会救助职责的工作人员在社会救助工作中的违法行为进行举报、投诉。受理举报、投诉的机关应当及时核实、处理。

第六十四条　县级以上人民政府财政部门、审计机关依法对社会救助资金、物资的筹集、分配、管理和使用实施监督。

第六十五条　申请或者已获得社会救助的家庭或者人员，对社会救助管理部门作出的具体行政行为不服的，可以依法申请行政复议或者提起行政诉讼。

第十二章　法律责任

第六十六条　违反本办法规定，有下列情形之一的，由上级行政机关或者监察机关责令改正；对直接负责的主管人员和其他直接责任人员依法给予处分：

（一）对符合申请条件的救助申请不予受理的；

（二）对符合救助条件的救助申请不予批准的；

（三）对不符合救助条件的救助申请予以批准的；

（四）泄露在工作中知悉的公民个人信息，造成后果的；

（五）丢失、篡改接受社会救助款物、服务记录等数据的；

（六）不按照规定发放社会救助资金、物资或者提供相关服务的；

（七）在履行社会救助职责过程中有其他滥用职权、玩忽职守、徇私舞弊行为的。

第六十七条　违反本办法规定，截留、挤占、挪用、私分社会救助资金、物资的，由有关部门责令追回；有违法所得的，没收违法所得；对直接负责的主管人员和其他直接责任人员依法给予处分。

第六十八条　采取虚报、隐瞒、伪造等手段，骗取社会救助资金、物资或者服务的，由有关部门决定停止社会救助，责令退回非法获取的救助资金、物资，可以处非法获取的救助款额或者物资价值1倍以上3倍以下的罚款；构成违反治安管理行为的，依法给予治安管理处罚。

第六十九条　违反本办法规定，构成犯罪的，依法追究刑事责任。

第十三章　附则

第七十条　本办法自2014年5月1日起施行。

政府工作报告(节选)

——2014年3月5日在第十二届全国人民代表大会第二次会议上

国务院总理　李克强

……

三　2014年重点工作

……

（四）促进农业现代化和农村改革发展。

农业是扩内需调结构的重要领域，更是安天下稳民心的产业。要坚持把解决好“三农”问题放在全部工作的重中之重，以保障国家粮食安全和促进农民增收为核心，推进农业现代化。坚守耕地红线，提高耕地质量，增强农业综合生产能力，确保谷物基本自给、口粮绝对安全，把13亿中国人的饭碗牢牢端在自己手中。

强化农业支持保护政策。提高小麦、稻谷最低收购价格，继续执行玉米、油菜籽、食糖临时收储政策。探索建立农产品目标价格制度，市场价格过低时对生产者进行补贴，过高时对低收入消费者进行补贴。农业新增补贴向粮食等重要农产品、新型农业经营主体、主产区倾斜。增加对粮油猪等生产大县的奖励补助，扶持牛羊肉生产。发挥深松整地对增产的促进作用，今年启动1亿亩试点。统筹整合涉农资金。不管财力多么紧张，都要确保农业投入只增不减。

夯实农业农村发展基础。国家集中力量建设一批重大水利工程，今年拟安排中央预算内水利投资700多亿元，支持引水调水、骨干水源、江河湖泊治理、高效节水灌溉等重点项目。各地要加强中小型水利项目建设，解决好用水“最后一公里”问题。加快建成一批旱涝保收高标准农田，抓紧培育一批重要优良品种，研发推广一批新型高效农业机械。完善农村水电路气信等基础设施，改造农村危房260万户，改建农村公路20万公里。高度重视农村留守儿童、妇女、老人和“空心村”问题。今年再解决6 000万农村人口的饮水安全问题，经过今明两年努力，要让所有农村居民都能喝上干净的水。

积极推进农村改革。坚持和完善农村基本经营制度，赋予农民更多财产权利。保持农村土地承包关系长久不变，抓紧土地承包经营权及农村集体建设用地使用权确权登记颁证工作，引导承包地经营权有序流转，慎重稳妥进行农村土地制度改革试点。坚持家庭经营基础性地位，培育专业大户、家庭农场、农民合作社、农业企业等新型农业经营主体，发展多种形式适度规模经营。完善集体林权制度改革。加快国有农牧林场改革。健全农业社会化服务体系，推进供销合作社综合改革试点。农村改革要从实际出发，试点先行，切实尊重农民意愿，坚决维护农民合法权益。

创新扶贫开发方式。加快推进集中连片特殊困难地区区域发展与扶贫攻坚。国家加大对跨区域重大基础设施建设和经济协作的支持，加强生态保护和基本公共服务。地方要优化整合扶贫资源，实行精准扶贫，确保扶贫到村到户。引导社会力量参与扶贫事业。今年再减少农村贫困人口 1 000 万人以上。我们要继续向贫困宣战，决不让贫困代代相传。

（五）推进以人为核心的新型城镇化。

城镇化是现代化的必由之路，是破除城乡二元结构的重要依托。要健全城乡发展一体化体制机制，坚持走以人为本、四化同步、优化布局、生态文明、传承文化的新型城镇化道路，遵循发展规律，积极稳妥推进，着力提升质量。今后一个时期，着重解决好现有“三个 1 亿人”问题，促进约 1 亿农业转移人口落户城镇，改造约 1 亿人居住的城镇棚户区和城中村，引导约 1 亿人在中西部地区就近城镇化。

有序推进农业转移人口市民化。推动户籍制度改革，实行不同规模城市差别化落户政策。把有能力、有意愿并长期在城镇务工经商的农民工及其家属逐步转为城镇居民。对未落户的农业转移人口，建立居住证制度。使更多进城务工人员随迁子女纳入城镇教育、实现异地升学，实施农民工职业技能提升计划。稳步推进城镇基本公共服务常住人口全覆盖，使农业转移人口和城镇居民共建共享城市现代文明。

加大对中西部地区新型城镇化的支持。提高产业发展和集聚人口能力，促进农业转移人口就近从业。加快推进交通、水利、能源、市政等基础设施建设，增强中西部地区城市群和城镇发展后劲。优化东部地区城镇结构，进一步提升城镇化质量和水平。

加强城镇化管理创新和机制建设。要更大规模加快棚户区改造，决不能一边高楼林立，一边棚户连片。以国家新型城镇化规划为指导，做好相关规划的统筹衔接。提高城镇建设用地效率，优先发展公共交通，保护历史文化和自然景观，避免千城一面。加强小城镇和村庄规划管理。探索建立农业转移人口市民化成本分担、多元化城镇建设投融资登记制。通过提高建设和管理水平，让我们的城镇各具特色、宜业宜居，更加充满活力。

……

（七）加强教育、卫生、文化等社会建设。

繁荣发展社会事业是促进社会公正、增进人民福祉的有效途径。要深化社会体制改革，以更大的投入和更有力的举措，推动经济社会协调发展。

促进教育事业优先发展、公平发展。继续加大教育资源向中西部和农村倾斜，促进义务教育均衡发展。全面改善贫困地区义务教育薄弱学校办学条件。贫困地区农村学生上重点高校人数要再增长 10% 以上，使更多农家子弟有升学机会。加强农村特别是边远贫困地区教师队伍建设，扩大优质教育资源覆盖面，改善贫困地区农村儿童营养状况。发展学前教育，实施特殊教育提升计划。继续增加中央财政教育投入，提高使用效率并强化监督。深化教育综合改革，积极稳妥改革考试招生制度，扩大省级政府教育统筹权和高校办学自主权，鼓励发展民办学校。加快构建以就业为导向的现代职业教育体系。我们要为下一代提供良好的教育，努力使每一个孩子有公平的发展机会。

推动医改向纵深发展。巩固全民基本医保，通过改革整合城乡居民基本医疗保险制度。完善政府、单位和个人合理分担的基本医疗保险筹资机制，城乡居民基本医保财政补助标准提高到人均 320 元。在全国推行城乡居民大病保险。加强城乡医疗救助、疾病应急救助。县级公立医院综合改革试点扩大到 1 000 个县，覆盖农村 5 亿人口。扩大城市公立医院综合改革试点。

破除以药补医，理顺医药价格，创新社会资本办医机制。巩固完善基本药物制度和基层医疗卫生机构运行新机制。健全分级诊疗体系，加强全科医生培养，推进医师多点执业，让群众能够就近享受优质医疗服务。提高重大传染病、慢性病和职业病、地方病防治能力，人均基本公共服务补助标准增加到35元。扶持中医药和民族医药事业发展。坚持计划生育基本国策不动摇，落实一方是独生子女的夫妇可生育两个孩子政策。为了人民的身心健康和家庭幸福，我们一定要坚定不移推进医改，用中国式办法解决好这个世界性难题。

文化是民族的血脉。要培育和践行社会主义核心价值观，加强公民道德和精神文明建设。继续深化文化体制改革，完善文化经济政策，增强文化整体实力和竞争力。促进基本公共文化服务标准化均等化，发展文化艺术、新闻出版、广播电影电视、档案等事业，繁荣发展哲学社会科学，倡导全民阅读。提升文化产业发展水平，培育和规范文化市场。传承和弘扬优秀传统文化，重视保护文物。加快文化走出去，发展文化贸易，加强国际传播能力建设，提升国家文化软实力。发展全民健身和竞技体育产业。我国是历史悠久的文明古国，也一定能建成现代文化强国。

推进社会治理创新。注重运用法治方式，实行多元主体共同治理，健全村务公开、居务公开和民主管理制度，更好发挥社会组织在公共服务和社会治理中的作用。加强应急管理，提高公共安全和防灾救灾减灾能力，做好地震、气象、测绘等工作。改革信访工作制度，及时就近化解社会矛盾。加强行政复议工作。深入开展普法教育，加大法律援助。加强社会治安综合治理，坚决打击暴力恐怖犯罪活动，维护国家安全，形成良好社会秩序。今天大会开始时，我们对3月1日发生在云南昆明火车站的严重暴力恐怖事件，表示了强烈谴责，对不幸遇难群众表示了沉痛哀悼，对遇难家属和受伤群众表示了深切慰问，我们要坚决打击一切亵渎国家法律尊严，挑战人类文明底线的暴恐犯罪，确保广大人民群众生命财产安全，共同建设平安中国。

（八）统筹做好保障和改善民生工作。

民惟邦本，本固邦宁。政府工作的根本目的，是让全体人民过上好日子。要坚持建机制、补短板、兜底线，保障群众基本生活，不断提高人民生活水平和质量。

就业是民生之本。坚持实施就业优先战略和更加积极的就业政策，优化就业创业环境，以创新引领创业，以创业带动就业。今年高校毕业生将达727万人，要开发更多就业岗位，实施不间断的就业创业服务，提高大学生就业创业比例。加大对城镇就业困难人员帮扶力度，确保“零就业”家庭至少有一人就业，做好淘汰落后产能职工安置和再就业工作。统筹农村转移劳动力、退役军人等就业工作。努力实现更加充分、更高质量就业，使劳动者生活更加体面、更有尊严。

收入是民生之源。要深化收入分配体制改革，努力缩小收入差距。健全企业职工工资决定和正常增长机制，推进工资集体协商，构建和谐劳动关系。加强和改进国有企业负责人薪酬管理。改革机关事业单位工资制度，在事业单位逐步推行绩效工资，健全医务人员等适应行业特点的薪酬制度，完善艰苦边远地区津贴增长机制。多渠道增加低收入者收入，不断扩大中等收入者比重。使城乡居民收入与经济同步增长，广大人民群众普遍感受到得实惠。

社保是民生之基。重点是推进社会救助制度改革，继续提高城乡低保水平，全面实施临时救助制度，为特殊困难群众基本生活提供保障，为人民创业奋斗解除后顾之忧。建立统一的城乡居民基本养老保险制度，完善与职工养老保险的衔接办法，改革机关事业单位养老保险制度，鼓励发展企业年金、职业年金和商业保险。完善失业保险和工伤保险制度。落实社会救助和保障标准与物价水平挂钩联动机制。发展老龄事业，保障妇女权益，关心青少年发展，加强未成年人保护和困境家庭保障，做好残疾人基本公共服务和残疾预防，支持慈善事业发展。让每一个身处困境者都能得到社会关爱和温暖。

完善住房保障机制。以全体人民住有所居为目标，坚持分类指导、分步实施、分级负责，加大保障性安居工程建设力度，今年新开工700万套以上，其中各类棚户区470万套以上，加强配套设施建设。提高大城市保障房比例。推进公租房和廉租房并轨运行。创新政策性住房投融资机制和工具，采取市场化运作方式，为保障房建设提供长期稳定、成本适当的资金支持。各级政府要增加财政投入，提高建设质量，保证公平分配，完善准入退出机制，年内基本建成保障房480万套，让翘首以盼的住房困难群众早日迁入新居。针对不同城市情况分类调控，增加中小套型商品房和共有产权住房供应，抑制投机投资性需求，促进房地产市场持续健康发展。

人命关天，安全生产这根弦任何时候都要绷紧。要严格执行安全生产法律法规，全面落实安全生产责任制，坚决遏制重特大安全事故发生。大力整顿和规范市场秩序，继续开展专项整治，严厉打击制售假冒伪劣行为。建立从生产加工到流通消费的全过程监管机制、社会共治制度和可追溯体系，健全从中央到地方直至基层的食品药品安全监管体制。严守法规和标准，用最严格的监管、最严厉的处罚、最严肃的问责，坚决治理餐桌上的污染，切实保障“舌尖上的安全”。

……

中共中央　国务院印发《国家新型城镇化规划（2014—2020年）》

国家新型城镇化规划（2014—2020年），根据中国共产党第十八次全国代表大会报告、《中共中央关于全面深化改革若干重大问题的决定》、中央城镇化工作会议精神、《中华人民共和国国民经济和社会发展第十二个五年规划纲要》和《全国主体功能区规划》编制，按照走中国特色新型城镇化道路、全面提高城镇化质量的新要求，明确未来城镇化的发展路径、主要目标和战略任务，统筹相关领域制度和政策创新，是指导全国城镇化健康发展的宏观性、战略性、基础性规划。

第一篇　规划背景

我国已进入全面建成小康社会的决定性阶段，正处于经济转型升级、加快推进社会主义现代化的重要时期，也处于城镇化深入发展的关键时期，必须深刻认识城镇化对经济社会发展的重大意义，牢牢把握城镇化蕴含的巨大机遇，准确研判城镇化发展的新趋势新特点，妥善应对城镇化面临的风险挑战。

第一章　重大意义

城镇化是伴随工业化发展，非农产业在城镇集聚、农村人口向城镇集中的自然历史过程，是人类社会发展的客观趋势，是国家现代化的重要标志。按照建设中国特色社会主义五位一体总体布局，顺应发展规律，因势利导，趋利避害，积极稳妥扎实有序推进城镇化，对全面建成小康社会、加快社会主义现代化建设进程、实现中华民族伟大复兴的中国梦，具有重大现实意义和深远历史意义。

——城镇化是现代化的必由之路。工业革命以来的经济社会发展史表明，一国要成功实现现代化，在工业化发展的同时，必须注重城镇化发展。当今中国，城镇化与工业化、信息化和农业现代化同步发展，是现代化建设的核心内容，彼此相辅相成。工业化处于主导地位，是发展的动力；农业现代化是重要基础，是发展的根基；信息化具有后发优势，为发展注入新的活力；城镇化是载体和平台，承载工业化和信息化发展空间，带动农业现代化加快发展，发挥着不可替代的融合作用。

——城镇化是保持经济持续健康发展的强大引擎。内需是我国经济发展的根本动力，扩大内需的最大潜力在于城镇化。目前我国常住人口城镇化率为53.7%，户籍人口城镇化率只有36%左右，不仅远低于发达国家80%的平均水平，也低于人均收入与我国相近的发展中国家60%的平均水平，还有较大的发展空间。城镇化水平持续提高，会使更多农民通过转移就业提高收入，通过转为市民享受更好的公共服务，从而使城镇消费群体不断扩大、消费结构不断升级、消费潜力不断释放，也会带来城市基础设施、公共服务设施和住宅建设等巨大投资需求，这将为经济发展提供持续的动力。

——城镇化是加快产业结构转型升级的重要抓手。产业结构转型升级是转变经济发展方式的战略任务，加快发展服务业是产业结构优化升级的主攻方向。目前我国服务业增加值占国内生产总值比重仅为46.1%，与发达国家74%的平均水平相距甚远，与中等收入国家53%的平均水平也有较大差距。城镇化与服务业发展密切相关，服务业是就业的最大容纳器。城镇化过程中的人口集聚、生活方式的变革、生活水平的提高，都会扩大生活性服务需求；生产要素的优化配置、三次产业的联动、社会分工的细化，也会扩大生产性服务需求。城镇化带来的创新要素集聚和知识传播扩散，有利于增强创新活力，驱动传统产业升级和新兴产业发展。

——城镇化是解决农业农村农民问题的重要途径。我国农村人口过多、农业水土资源紧缺，在城乡二元体制下，土地规模经营难以推行，传统生产方式难以改变，这是“三农”问题的根源。我国人均耕地仅0.1公顷，农户户均土地经营规模约0.6公顷，远远达不到农业规模化经营的门槛。城镇化总体上有利于集约节约利用土地，为发展现代农业腾出宝贵空间。随着农村人口逐步向城镇转移，农民人均资源占有量相应增加，可以促进农业生产规模化和机械化，提高农业现代化水平和农民生活水平。城镇经济实力提升，会进一步增强以工促农、以城带乡能力，加快农村经济社会发展。

——城镇化是推动区域协调发展的有力支撑。改革开放以来，我国东部沿海地区率先开放发展，形成了京津冀、长江三角洲、珠江三角洲等一批城市群，有力推动了东部地区快速发展，成为国民经济重要的增长极。但与此同时，中西部地区发展相对滞后，一个重要原因就是城镇化发展很不平衡，中西部城市发育明显不足。目前东部地区常住人口城镇化率达到62.2%，而中部、西部地区分别只有48.5%、44.8%。随着西部大开发和中部崛起战略的深入推进，东部沿海地区产业转移加快，在中西部资源环境承载能力较强地区，加快城镇化进程，培育形成新的增长极，有利于促进经济增长和市场空间由东向西、由南向北梯次拓展，推动人口经济布局更加合理、区域发展更加协调。

——城镇化是促进社会全面进步的必然要求。城镇化作为人类文明进步的产物，既能提高生产活动效率，又能富裕农民、造福人民，全面提升生活质量。随着城镇经济的繁荣，城镇功能的完善，公共服务水平和生态环境质量的提升，人们的物质生活会更加殷实充裕，精神生活会更加丰富多彩；随着城乡二元体制逐步破除，城市内部二元结构矛盾逐步化解，全体人民将共享现代文明成果。这既有利于维护社会公平正义、消除社会风险隐患，也有利于促进人的全面发展和社会和谐进步。

第二章 发展现状

改革开放以来，伴随着工业化进程加速，我国城镇化经历了一个起点低、速度快的发展过程。1978—2013年，城镇常住人口从1.7亿人增加到7.3亿人，城镇化率从17.9%提升到53.7%，年均提高1.02个百分点；城市数量从193个增加到658个，建制镇数量从2 173个增加到20 113个。京津冀、长江三角洲、珠江三角洲三大城市群，以2.8%的国土面积集聚了18%的人口，创造了36%的国内生产总值，成为带动我国经济快速增长和参与国际经济合作与竞争的主要平台。城市水、电、路、气、信息网络等基础设施显著改善，教育、医疗、文化体育、社会保障等公共服务水平明显提高，人均住宅、公园绿地面积大幅增加。城镇化的快速推进，吸纳了大量农村劳动力转移就业，提高了城乡生产要素配置效率，推动了国民经济持续快速发展，带来了社会结构深刻变革，促进了城乡居民生活水平全面提升，取得的成就举世瞩目。

表 1　城市（镇）数量和规模变化情况　单位：个

	1978 年	2010 年
城市	193	658
1000 万以上人口城市	0	6
500 万—1000 万人口城市	2	10
300 万—500 万人口城市	2	21
100 万—300 万人口城市	25	103
50 万—100 万人口城市	35	138
50 万以下人口城市	129	380
建制镇	2 173	19 410

注：2010 年数据根据第六次全国人口普查数据整理。

表 2　城市基础设施和服务设施变化情况

指标	2000 年	2012 年
用水普及率（%）	63.9	97.2
燃气普及率（%）	44.6	93.2
人均道路面积（平方米）	6.1	14.4
人均住宅建筑面积（平方米）	20.3	32.9
污水处理率（%）	34.3	87.3
人均公园绿地面积（平方米）	3.7	12.3
普通中学（所）	14 473	17 333
病床数（万张）	142.6	273.3

在城镇化快速发展过程中，也存在一些必须高度重视并着力解决的突出矛盾和问题。

——大量农业转移人口难以融入城市社会，市民化进程滞后。目前农民工已成为我国产业工人的主体，受城乡分割的户籍制度影响，被统计为城镇人口的 2.34 亿农民工及其随迁家属，未能在教育、就业、医疗、养老、保障性住房等方面享受城镇居民的基本公共服务，产城融合不紧密，产业集聚与人口集聚不同步，城镇化滞后于工业化。城镇内部出现新的二元矛盾，农村留守儿童、妇女和老人问题日益凸显，给经济社会发展带来诸多风险隐患。

——“土地城镇化”快于人口城镇化，建设用地粗放低效。一些城市“摊大饼”式扩张，过分追求宽马路、大广场，新城新区、开发区和工业园区占地过大，建成区人口密度偏低。1996—2012 年，全国建设用地年均增加 724 万亩，其中城镇建设用地年均增加 357 万亩；2010—2012 年，全国建设用地年均增加 953 万亩，其中城镇建设用地年均增加 515 万亩。2000—2011 年，城镇建成区面积增长 76.4%，远高于城镇人口 50.5% 的增长速度；农村人口减少 1.33 亿人，农村居民点用地却增加了 3 045 万亩。一些地方过度依赖土地出让收入和土地抵押融资推进城镇建设，加剧了土地粗放利用，浪费了大量耕地资源，威胁到国家粮食安全和生态安全，也加大了地方政府性债务等财政金融风险。

——城镇空间分布和规模结构不合理，与资源环境承载能力不匹配。东部一些城镇密集地区资源环境约束趋紧，中西部资源环境承载能力较强地区的城镇化潜力有待挖掘；城市群布局不尽合理，城市群内部分工协作不够、集群效率不高；部分特大城市主城区人口压力偏大，与综合承载能力之间的矛盾加剧；中小城市集聚产业和人口不足，潜力没有得到充分发挥；小城镇数量多、规模小、服务功能弱，这些都增加了经济社会和生态环境成本。

——城市管理服务水平不高，“城市病”问题日益突出。一些城市空间无序开发、人口过度集聚，重经济发展、轻环境保护，重城市建设、轻管理服务，交通拥堵问题严重，公共安全事件频发，城市污水和垃圾处理能力不足，大气、水、土壤等环境污染加剧，城市管理运行效率不高，公共服务供给能力不足，城中村和城乡接合部等外来人口集聚区人居环境较差。

——自然历史文化遗产保护不力，城乡建设缺乏特色。一些城市景观结构与所处区域的自然地理特征不协调，部分城市贪大求洋、照搬照抄，脱离实际建设国际大都市，“建设性”破坏不断蔓延，城市的自然和文化个性被破坏。一些农村地区大拆大建，照搬城市小区模式建设新农村，简单用城市元素与风格取代传统民居和田园风光，导致乡土特色和民俗文化流失。

——体制机制不健全，阻碍了城镇化健康发展。现行城乡分割的户籍管理、土地管理、社会保障制度，以及财税金融、行政管理等制度，固化着已经形成的城乡利益失衡格局，制约着农业转移人口市民化，阻碍着城乡发展一体化。

第三章　发展态势

根据世界城镇化发展普遍规律，我国仍处于城镇化率30%—70%的快速发展区间，但延续过去传统粗放的城镇化模式，会带来产业升级缓慢、资源环境恶化、社会矛盾增多等诸多风险，可能落入“中等收入陷阱”，进而影响现代化进程。随着内外部环境和条件的深刻变化，城镇化必须进入以提升质量为主的转型发展新阶段。

——城镇化发展面临的外部挑战日益严峻。在全球经济再平衡和产业格局再调整的背景下，全球供给结构和需求结构正在发生深刻变化，庞大生产能力与有限市场空间的矛盾更加突出，国际市场竞争更加激烈，我国面临产业转型升级和消化严重过剩产能的挑战巨大；发达国家能源资源消费总量居高不下，人口庞大的新兴市场国家和发展中国家对能源资源的需求迅速膨胀，全球资源供需矛盾和碳排放权争夺更加尖锐，我国能源资源和生态环境面临的国际压力前所未有，传统高投入、高消耗、高排放的工业化城镇化发展模式难以为继。

——城镇化转型发展的内在要求更加紧迫。随着我国农业富余劳动力减少和人口老龄化程度提高，主要依靠劳动力廉价供给推动城镇化快速发展的模式不可持续；随着资源环境瓶颈制约日益加剧，主要依靠土地等资源粗放消耗推动城镇化快速发展的模式不可持续；随着户籍人口与外来人口公共服务差距造成的城市内部二元结构矛盾日益凸显，主要依靠非均等化基本公共服务压低成本推动城镇化快速发展的模式不可持续。工业化、信息化、城镇化和农业现代化发展不同步，导致农业根基不稳、城乡区域差距过大、产业结构不合理等突出问题。我国城镇化发展由速度型向质量型转型势在必行。

——城镇化转型发展的基础条件日趋成熟。改革开放30多年来我国经济快速增长，为城镇化转型发展奠定了良好物质基础。国家着力推动基本公共服务均等化，为农业转移人口市民化创造了条件。交通运输网络的不断完善、节能环保等新技术的突破应用，以及信息化的快速推进，为优化城镇化空间布局和形态，推动城镇可持续发展提供了有力支撑。各地在城镇化方面的改革探索，为创新体制机制积累了经验。

第二篇　指导思想和发展目标

我国城镇化是在人口多、资源相对短缺、生态环境比较脆弱、城乡区域发展不平衡的背景下推进的，这决定了我国必须从社会主义初级阶段这个最大实际出发，遵循城镇化发展规律，走中国特色新型城镇化道路。

第四章　指导思想

高举中国特色社会主义伟大旗帜，以邓小平理论、“三个代表”重要思想、科学发展观为指导，紧紧围绕全面提高城镇化质量，加快转变城镇化发展方式，以人的城镇化为核心，有序推进农业转移人口市民化；以城市群为主体形态，推动大中小城市和小城镇协调发展；以综合承载能力为支撑，提升城市可持续发展水平；以体制机制创新为保障，通过改革释放城镇化发展潜力，走以人为本、四化同步、优化布局、生态文明、文化传承的中国特色新型城镇化道路，促进经济转型升级和社会和谐进步，为全面建成小康社会、加快推进社会主义现代化、实现中华民族伟大复兴的中国梦奠定坚实基础。

要坚持以下基本原则：

——以人为本，公平共享。以人的城镇化为核心，合理引导人口流动，有序推进农业转移人口市民化，稳步推进城镇基本公共服务常住人口全覆盖，不断提高人口素质，促进人的全面发展和社会公平正义，使全体居民共享现代化建设成果。

——四化同步，统筹城乡。推动信息化和工业化深度融合、工业化和城镇化良性互动、城镇化和农业现代化相互协调，促进城镇发展与产业支撑、就业转移和人口集聚相统一，促进城乡要素平等交换和公共资源均衡配置，形成以工促农、以城带乡、工农互惠、城乡一体的新型工农、城乡关系。

——优化布局，集约高效。根据资源环境承载能力构建科学合理的城镇化宏观布局，以综合交通网络和信息网络为依托，科学规划建设城市群，严格控制城镇建设用地规模，严格划定永久基本农田，合理控制城镇开发边界，优化城市内部空间结构，促进城市紧凑发展，提高国土空间利用效率。

——生态文明，绿色低碳。把生态文明理念全面融入城镇化进程，着力推进绿色发展、循环发展、低碳发展，节约集约利用土地、水、能源等资源，强化环境保护和生态修复，减少对自然的干扰和损害，推动形成绿色低碳的生产生活方式和城市建设运营模式。

——文化传承，彰显特色。根据不同地区的自然历史文化禀赋，体现区域差异性，提倡形态多样性，防止千城一面，发展有历史记忆、文化脉络、地域风貌、民族特点的美丽城镇，形成符合实际、各具特色的城镇化发展模式。

——市场主导，政府引导。正确处理政府和市场关系，更加尊重市场规律，坚持使市场在资源配置中起决定性作用，更好发挥政府作用，切实履行政府制定规划政策、提供公共服务和营造制度环境的重要职责，使城镇化成为市场主导、自然发展的过程，成为政府引导、科学发展的过程。

——统筹规划，分类指导。中央政府统筹总体规划、战略布局和制度安排，加强分类指导；地方政府因地制宜、循序渐进抓好贯彻落实；尊重基层首创精神，鼓励探索创新和试点先行，凝聚各方共识，实现重点突破，总结推广经验，积极稳妥扎实有序推进新型城镇化。

第五章　发展目标

——城镇化水平和质量稳步提升。城镇化健康有序发展，常住人口城镇化率达到60%左右，户籍人口城镇化率达到45%左右，户籍人口城镇化率与常住人口城镇化率差距缩小2个百分点左右，努力实现1亿左右农业转移人口和其他常住人口在城镇落户。

——城镇化格局更加优化。"两横三纵"为主体的城镇化战略格局基本形成，城市群集聚经济、人口能力明显增强，东部地区城市群一体化水平和国际竞争力明显提高，中西部地区城市群成为推动区域协调发展的新的重要增长极。城市规模结构更加完善，中心城市辐射带动作用更加突出，中小城市数量增加，小城镇服务功能增强。

——城市发展模式科学合理。密度较高、功能混用和公交导向的集约紧凑型开发模式成为主导，人均城市建设用地严格控制在100平方米以内，建成区人口密度逐步提高。绿色生产、绿色消费成为城市经济生活的主流，节能节水产品、再生利用产品和绿色建筑比例大幅提高。城市地下管网覆盖率明显提高。

——城市生活和谐宜人。稳步推进义务教育、就业服务、基本养老、基本医疗卫生、保障性住房等城镇基本公共服务覆盖全部常住人口，基础设施和公共服务设施更加完善，消费环境更加便利，生态环境明显改善，空气质量逐步好转，饮用水安全得到保障。自然景观和文化特色得到有效保护，城市发展个性化，城市管理人性化、智能化。

——城镇化体制机制不断完善。户籍管理、土地管理、社会保障、财税金融、行政管理、生态环境等制度改革取得重大进展，阻碍城镇化健康发展的体制机制障碍基本消除。

专栏1　新型城镇化主要指标

指　　标	2012年	2020年
城镇化水平		
常住人口城镇化率（%）	52.6	60左右
户籍人口城镇化率（%）	35.3	45左右
基本公共服务		
农民工随迁子女接受义务教育比例（%）		≥99
城镇失业人员、农民工、新成长劳动力免费接受基本职业技能培训覆盖率（%）		≥95
城镇常住人口基本养老保险覆盖率（%）	66.9	≥90
城镇常住人口基本医疗保险覆盖率（%）	95	98
城镇常住人口保障性住房覆盖率（%）	12.5	≥23
基础设施		
百万以上人口城市公共交通占机动化出行比例（%）	45*	60
城镇公共供水普及率（%）	81.7	90
城市污水处理率（%）	87.3	95
城市生活垃圾无害化处理率（%）	84.8	95
城市家庭宽带接入能力（Mbps）	4	≥50
城市社区综合服务设施覆盖率（%）	72.5	100

续表

专栏 1　新型城镇化主要指标		
指　　标	2012 年	2020 年
资源环境		
人均城市建设用地（平方米）		≤100
城镇可再生能源消费比重（%）	8.7	13
城镇绿色建筑占新建建筑比重（%）	2	50
城市建成区绿地率（%）	35.7	38.9
地级以上城市空气质量达到国家标准的比例（%）	40.9	60

注：①带＊为 2011 年数据。
②城镇常住人口基本养老保险覆盖率指标中，常住人口不含 16 周岁以下人员和在校学生。
③城镇保障性住房：包括公租房（含廉租房）、政策性商品住房和棚户区改造安置住房等。
④人均城市建设用地：国家《城市用地分类与规划建设用地标准》规定，人均城市建设用地标准为 65.0—115.0 平方米，新建城市为 85.1—105.0 平方米。
⑤城市空气质量国家标准：在 1996 年标准基础上，增设了 $PM_{2.5}$浓度限值和臭氧 8 小时平均浓度限值，调整了 PM_{10}、二氧化氮、铅等浓度限值。

第三篇　有序推进农业转移人口市民化

按照尊重意愿、自主选择，因地制宜、分步推进，存量优先、带动增量的原则，以农业转移人口为重点，兼顾高校和职业技术院校毕业生、城镇间异地就业人员和城区城郊农业人口，统筹推进户籍制度改革和基本公共服务均等化。

第六章　推进符合条件农业转移人口落户城镇

逐步使符合条件的农业转移人口落户城镇，不仅要放开小城镇落户限制，也要放宽大中城市落户条件。

第一节　健全农业转移人口落户制度

各类城镇要健全农业转移人口落户制度，根据综合承载能力和发展潜力，以就业年限、居住年限、城镇社会保险参保年限等为基准条件，因地制宜制定具体的农业转移人口落户标准，并向全社会公布，引导农业转移人口在城镇落户的预期和选择。

第二节　实施差别化落户政策

以合法稳定就业和合法稳定住所（含租赁）等为前置条件，全面放开建制镇和小城市落户限制，有序放开城区人口 50 万—100 万的城市落户限制，合理放开城区人口 100 万—300 万的大城市落户限制，合理确定城区人口 300 万—500 万的大城市落户条件，严格控制城区人口 500 万以上的特大城市人口规模。大中城市可设置参加城镇社会保险年限的要求，但最高年限不得超过 5 年。特大城市可采取积分制等方式设置阶梯式落户通道调控落户规模和节奏。

第七章　推进农业转移人口享有城镇基本公共服务

农村劳动力在城乡间流动就业是长期现象，按照保障基本、循序渐进的原则，积极推进城镇基本公共服务由主要对本地户籍人口提供向对常住人口提供转变，逐步解决在城镇就业居住但未落户的农业转移人口享有城镇基本公共服务问题。

第一节　保障随迁子女平等享有受教育权利

建立健全全国中小学生学籍信息管理系统，为学生学籍转接提供便捷服务。将农民工随迁子女义务教育纳入各级政府教育发展规划和财政保障范畴，合理规划学校布局，科学核定教师编制，足额拨付教育经费，保障农民工随迁子女以公办学校为主接受义务教育。对未能在公办学校就学的，采取政府购买服务等方式，保障农民工随迁子女在普惠性民办学校接受义务教育的权利。逐步完善农民工随迁子女在流入地接受中等职业教育免学费和普惠性学前教育的政策，推动各地建立健全农民工随迁子女接受义务教育后在流入地参加升学考试的实施办法。

第二节　完善公共就业创业服务体系

加强农民工职业技能培训，提高就业创业能力和职业素质。整合职业教育和培训资源，全面提供政府补贴职业技能培训服务。强化企业开展农民工岗位技能培训责任，足额提取并合理使用职工教育培训经费。鼓励高等学校、各类职业院校和培训机构积极开展职业教育和技能培训，推进职业技能实训基地建设。鼓励农民工取得职业资格证书和专项职业能力证书，并按规定给予职业技能鉴定补贴。加大农民工创业政策扶持力度，健全农民工劳动权益保护机制。实现就业信息全国联网，为农民工提供免费的就业信息和政策咨询。

专栏2　农民工职业技能提升计划
01　**就业技能培训** 对转移到非农产业务工经商的农村劳动者开展专项技能或初级技能培训。依托技工院校、中高等职业院校、职业技能实训基地等培训机构，加大各级政府投入，开展政府补贴农民工就业技能培训，每年培训1 000万人次，基本消除新成长劳动力无技能从业现象，对少数民族转移就业人员实行双语技能培训。
02　**岗位技能提升培训** 对与企业签订一定期限劳动合同的在岗农民工进行提高技能水平培训。鼓励企业结合行业特点和岗位技能需求，开展农民工在岗技能提升培训，每年培训农民工1 000万人次。
03　**高技能人才和创业培训** 对符合条件的具备中高级技能的农民工实施高技能人才培训计划，完善补贴政策，每年培养100万高技能人才。对有创业意愿并具备创业条件的农民工开展提升创业能力培训。
04　**劳动预备制培训** 对农村未能继续升学并准备进入非农产业就业或进城务工的应届初高中毕业生、农村籍退役士兵进行储备性专业技能培训。

续表

专栏2　农民工职业技能提升计划
05　**社区公益性培训** 组织中高等职业院校、普通高校、技工院校开展面向农民工的公益性教育培训，与街道、社区合作，举办灵活多样的社区培训，提升农民工的职业技能和综合素质。
06　**职业技能培训能力建设** 依托现有各类职业教育和培训机构，提升改造一批职业技能实训基地。鼓励大中型企业联合技工院校、职业院校，建设一批农民工实训基地。支持一批职业教育优质特色学校和示范性中高等职业院校建设。

第三节　扩大社会保障覆盖面

扩大参保缴费覆盖面，适时适当降低社会保险费率。完善职工基本养老保险制度，实现基础养老金全国统筹，鼓励农民工积极参保、连续参保。依法将农民工纳入城镇职工基本医疗保险，允许灵活就业农民工参加当地城镇居民基本医疗保险。完善社会保险关系转移接续政策，在农村参加的养老保险和医疗保险规范接入城镇社保体系，建立全国统一的城乡居民基本养老保险制度，整合城乡居民基本医疗保险制度。强化企业缴费责任，扩大农民工参加城镇职工工伤保险、失业保险、生育保险比例。推进商业保险与社会保险衔接合作，开办各类补充性养老、医疗、健康保险。

第四节　改善基本医疗卫生条件

根据常住人口配置城镇基本医疗卫生服务资源，将农民工及其随迁家属纳入社区卫生服务体系，免费提供健康教育、妇幼保健、预防接种、传染病防控、计划生育等公共卫生服务。加强农民工聚居地疾病监测、疫情处理和突发公共卫生事件应对。鼓励有条件的地方将符合条件的农民工及其随迁家属纳入当地医疗救助范围。

第五节　拓宽住房保障渠道

采取廉租住房、公共租赁住房、租赁补贴等多种方式改善农民工居住条件。完善商品房配建保障性住房政策，鼓励社会资本参与建设。农民工集中的开发区和产业园区可以建设单元型或宿舍型公共租赁住房，农民工数量较多的企业可以在符合规定标准的用地范围内建设农民工集体宿舍。审慎探索由集体经济组织利用农村集体建设用地建设公共租赁住房。把进城落户农民完全纳入城镇住房保障体系。

第八章　建立健全农业转移人口市民化推进机制

强化各级政府责任，合理分担公共成本，充分调动社会力量，构建政府主导、多方参与、成本共担、协同推进的农业转移人口市民化机制。

第一节　建立成本分担机制

建立健全由政府、企业、个人共同参与的农业转移人口市民化成本分担机制，根据农业转移人口市民化成本分类，明确成本承担主体和支出责任。

政府要承担农业转移人口市民化在义务教育、劳动就业、基本养老、基本医疗卫生、保障性住房以及市政设施等方面的公共成本。企业要落实农民工与城镇职工同工同酬制度，加大职工技能培训投入，依法为农民工缴纳职工养老、医疗、工伤、失业、生育等社会保险费用。农民工要积极参加城镇社会保险、职业教育和技能培训等，并按照规定承担相关费用，提升融入城市社会的能力。

第二节　合理确定各级政府职责

中央政府负责统筹推进农业转移人口市民化的制度安排和政策制定，省级政府负责制定本行政区农业转移人口市民化总体安排和配套政策，市县政府负责制定本行政区城市和建制镇农业转移人口市民化的具体方案和实施细则。各级政府根据基本公共服务的事权划分，承担相应的财政支出责任，增强农业转移人口落户较多地区政府的公共服务保障能力。

第三节　完善农业转移人口社会参与机制

推进农民工融入企业、子女融入学校、家庭融入社区、群体融入社会，建设包容性城市。提高各级党代会代表、人大代表、政协委员中农民工的比例，积极引导农民工参加党组织、工会和社团组织，引导农业转移人口有序参政议政和参加社会管理。加强科普宣传教育，提高农民工科学文化和文明素质，营造农业转移人口参与社区公共活动、建设和管理的氛围。城市政府和用工企业要加强对农业转移人口的人文关怀，丰富其精神文化生活。

第四篇　优化城镇化布局和形态

根据土地、水资源、大气环流特征和生态环境承载能力，优化城镇化空间布局和城镇规模结构，在《全国主体功能区规划》确定的城镇化地区，按照统筹规划、合理布局、分工协作、以大带小的原则，发展集聚效率高、辐射作用大、城镇体系优、功能互补强的城市群，使之成为支撑全国经济增长、促进区域协调发展、参与国际竞争合作的重要平台。构建以陆桥通道、沿长江通道为两条横轴，以沿海、京哈京广、包昆通道为三条纵轴，以轴线上城市群和节点城市为依托、其他城镇化地区为重要组成部分，大中小城市和小城镇协调发展的“两横三纵”城镇化战略格局。

第九章　优化提升东部地区城市群

东部地区城市群主要分布在优化开发区域，面临水土资源和生态环境压力加大、要素成本快速上升、国际市场竞争加剧等制约，必须加快经济转型升级、空间结构优化、资源永续利用和环境质量提升。

京津冀、长江三角洲和珠江三角洲城市群，是我国经济最具活力、开放程度最高、创新能力最强、吸纳外来人口最多的地区，要以建设世界级城市群为目标，继续在制度创新、科技进步、产业升级、绿色发展等方面走在全国前列，加快形成国际竞争新优势，在更高层次参与国际合作和竞争，发挥其对全国经济社会发展的重要支撑和引领作用。科学定位各城市功能，增强城市群内中小城市和小城镇的人口经济集聚能力，引导人口和产业由特大城市主城区向周边和其他城镇疏散转移。依托河流、湖泊、山峦等自然地理格局建设区域生态网络。

东部地区其他城市群，要根据区域主体功能定位，在优化结构、提高效益、降低消耗、保护环境的基础上，壮大先进装备制造业、战略性新兴产业和现代服务业，推进海洋经济发展。充分发挥区位优势，全面提高开放水平，集聚创新要素，增强创新能力，提升国际竞争力。统筹区域、城乡基础设施网络和信息网络建设，深化城市间分工协作和功能互补，加快一体化发展。

第十章　培育发展中西部地区城市群

中西部城镇体系比较健全、城镇经济比较发达、中心城市辐射带动作用明显的重点开发区域，要在严格保护生态环境的基础上，引导有市场、有效益的劳动密集型产业优先向中西部转移，吸纳东部返乡和就近转移的农民工，加快产业集群发展和人口集聚，培育发展若干新的城市群，在优化全国城镇化战略格局中发挥更加重要作用。

加快培育成渝、中原、长江中游、哈长等城市群，使之成为推动国土空间均衡开发、引领区域经济发展的重要增长极。加大对内对外开放力度，有序承接国际及沿海地区产业转移，依托优势资源发展特色产业，加快新型工业化进程，壮大现代产业体系，完善基础设施网络，健全功能完备、布局合理的城镇体系，强化城市分工合作，提升中心城市辐射带动能力，形成经济充满活力、生活品质优良、生态环境优美的新型城市群。依托陆桥通道上的城市群和节点城市，构建丝绸之路经济带，推动形成与中亚乃至整个欧亚大陆的区域大合作。

中部地区是我国重要粮食主产区，西部地区是我国水源保护区和生态涵养区。培育发展中西部地区城市群，必须严格保护耕地特别是基本农田，严格保护水资源，严格控制城市边界无序扩张，严格控制污染物排放，切实加强生态保护和环境治理，彻底改变粗放低效的发展模式，确保流域生态安全和粮食生产安全。

第十一章　建立城市群发展协调机制

统筹制定实施城市群规划，明确城市群发展目标、空间结构和开发方向，明确各城市的功能定位和分工，统筹交通基础设施和信息网络布局，加快推进城市群一体化进程。加强城市群规划与城镇体系规划、土地利用规划、生态环境规划等的衔接，依法开展规划环境影响评价。中央政府负责跨省级行政区的城市群规划编制和组织实施，省级政府负责本行政区内的城市群规划编制和组织实施。

建立完善跨区域城市发展协调机制。以城市群为主要平台，推动跨区域城市间产业分工、基础设施、环境治理等协调联动。重点探索建立城市群管理协调模式，创新城市群要素市场管理机制，破除行政壁垒和垄断，促进生产要素自由流动和优化配置。建立城市群成本共担和利益共享机制，加快城市公共交通“一卡通”服务平台建设，推进跨区域互联互通，促进基础设施和公共服务设施共建共享，促进创新资源高效配置和开放共享，推动区域环境联防联控联治，实现城市群一体化发展。

第十二章　促进各类城市协调发展

优化城镇规模结构，增强中心城市辐射带动功能，加快发展中小城市，有重点地发展小城镇，促进大中小城市和小城镇协调发展。

第一节 增强中心城市辐射带动功能

直辖市、省会城市、计划单列市和重要节点城市等中心城市，是我国城镇化发展的重要支撑。沿海中心城市要加快产业转型升级，提高参与全球产业分工的层次，延伸面向腹地的产业和服务链，加快提升国际化程度和国际竞争力。内陆中心城市要加大开发开放力度，健全以先进制造业、战略性新兴产业、现代服务业为主的产业体系，提升要素集聚、科技创新、高端服务能力，发挥规模效应和带动效应。区域重要节点城市要完善城市功能，壮大经济实力，加强协作对接，实现集约发展、联动发展、互补发展。特大城市要适当疏散经济功能和其他功能，推进劳动密集型加工业向外转移，加强与周边城镇基础设施连接和公共服务共享，推进中心城区功能向 1 小时交通圈地区扩散，培育形成通勤高效、一体发展的都市圈。

第二节 加快发展中小城市

把加快发展中小城市作为优化城镇规模结构的主攻方向，加强产业和公共服务资源布局引导，提升质量，增加数量。鼓励引导产业项目在资源环境承载力强、发展潜力大的中小城市和县城布局，依托优势资源发展特色产业，夯实产业基础。加强市政基础设施和公共服务设施建设，教育医疗等公共资源配置要向中小城市和县城倾斜，引导高等学校和职业院校在中小城市布局、优质教育和医疗机构在中小城市设立分支机构，增强集聚要素的吸引力。完善设市标准，严格审批程序，对具备行政区划调整条件的县可有序改市，把有条件的县城和重点镇发展成为中小城市。培育壮大陆路边境口岸城镇，完善边境贸易、金融服务、交通枢纽等功能，建设国际贸易物流节点和加工基地。

专栏 3 重点建设的陆路边境口岸城镇	
01	**面向东北亚** 丹东、集安、临江、长白、和龙、图们、珲春、黑河、绥芬河、抚远、同江、东宁、满洲里、二连浩特、甘其毛都、策克
02	**面向中亚西亚** 喀什、霍尔果斯、伊宁、博乐、阿拉山口、塔城
03	**面向东南亚** 东兴、凭祥、宁明、龙州、大新、靖西、那坡、瑞丽、磨憨、畹町、河口
04	**面向南亚** 樟木、吉隆、亚东、普兰、日屋

第三节 有重点地发展小城镇

按照控制数量、提高质量，节约用地、体现特色的要求，推动小城镇发展与疏解大城市中心城区功能相结合、与特色产业发展相结合、与服务“三农”相结合。大城市周边的重点镇，要加强与城市发展的统筹规划与功能配套，逐步发展成为卫星城。具有特色资源、区位优势的小城镇，要通过规划引导、市场运作，培育成为文化旅游、商贸物流、资源加工、交通枢纽等专业特色镇。远离中心城市的小城镇和林场、农场等，要完善基础设施和公共服务，发展成为服务农村、带动周边的综合性小城镇。对吸纳人口多、经济实力强的镇，可赋予同人口和经济规模相适应的管理权。

专栏 4　县城和重点镇基础设施提升工程
01　**公共供水** 加强供水设施建设，实现县城和重点镇公共供水普及率 85% 以上。
02　**污水处理** 因地制宜建设集中污水处理厂或分散型生态处理设施，使所有县城和重点镇具备污水处理能力，实现县城污水处理率达 85% 左右、重点镇达 70% 左右。
03　**垃圾处理** 实现县城具备垃圾无害化处理能力，按照以城带乡模式推进重点镇垃圾无害化处理，重点建设垃圾收集、转运设施，实现重点镇垃圾收集、转运全覆盖。
04　**道路交通** 统筹城乡交通一体化发展，县城基本实现高等级公路连通，重点镇积极发展公共交通。
05　**燃气供热** 加快城镇天然气（含煤层气等）管网、液化天然气（压缩天然气）站、集中供热等设施建设，因地制宜发展大中型沼气、生物质燃气和地热能，县城逐步推进燃气替代生活燃煤，北方地区县城和重点镇集中供热水平明显提高。
06　**分布式能源** 城镇建设和改造要优先采用分布式能源，资源丰富地区的城镇新能源和可再生能源消费比重显著提高。鼓励条件适宜地区大力促进可再生能源建筑应用。

第十三章　强化综合交通运输网络支撑

完善综合运输通道和区际交通骨干网络，强化城市群之间交通联系，加快城市群交通一体化规划建设，改善中小城市和小城镇对外交通，发挥综合交通运输网络对城镇化格局的支撑和引导作用。到 2020 年，普通铁路网覆盖 20 万以上人口城市，快速铁路网基本覆盖 50 万以上人口城市；普通国道基本覆盖县城，国家高速公路基本覆盖 20 万以上人口城市；民用航空网络不断扩展，航空服务覆盖全国 90% 左右的人口。

第一节　完善城市群之间综合交通运输网络

依托国家“五纵五横”综合运输大通道，加强东中部城市群对外交通骨干网络薄弱环节建设，加快西部城市群对外交通骨干网络建设，形成以铁路、高速公路为骨干，以普通国省道为基础，与民航、水路和管道共同组成的连接东西、纵贯南北的综合交通运输网络，支撑国家“两横三纵”城镇化战略格局。

第二节　构建城市群内部综合交通运输网络

按照优化结构的要求，在城市群内部建设以轨道交通和高速公路为骨干，以普通公路为基础，有效衔接大中小城市和小城镇的多层次快速交通运输网络。提升东部地区城市群综合交通运输一体化水平，建成以城际铁路、高速公路为主体的快速客运和大能力货运网络。推进中西部地区城市群内主要城市之间的快速铁路、高速公路建设，逐步形成城市群内快速交通运输网络。

第三节 建设城市综合交通枢纽

建设以铁路、公路客运站和机场等为主的综合客运枢纽，以铁路和公路货运场站、港口和机场等为主的综合货运枢纽，优化布局，提升功能。依托综合交通枢纽，加强铁路、公路、民航、水运与城市轨道交通、地面公共交通等多种交通方式的衔接，完善集疏运系统与配送系统，实现客运“零距离”换乘和货运无缝衔接。

第四节 改善中小城市和小城镇交通条件

加强中小城市和小城镇与交通干线、交通枢纽城市的连接，加快国省干线公路升级改造，提高中小城市和小城镇公路技术等级、通行能力和铁路覆盖率，改善交通条件，提升服务水平。

第五篇 提高城市可持续发展能力

加快转变城市发展方式，优化城市空间结构，增强城市经济、基础设施、公共服务和资源环境对人口的承载能力，有效预防和治理“城市病”，建设和谐宜居、富有特色、充满活力的现代城市。

第十四章 强化城市产业就业支撑

调整优化城市产业布局和结构，促进城市经济转型升级，改善营商环境，增强经济活力，扩大就业容量，把城市打造成为创业乐园和创新摇篮。

第一节 优化城市产业结构

根据城市资源环境承载能力、要素禀赋和比较优势，培育发展各具特色的城市产业体系。改造提升传统产业，淘汰落后产能，壮大先进制造业和节能环保、新一代信息技术、生物、新能源、新材料、新能源汽车等战略性新兴产业。适应制造业转型升级要求，推动生产性服务业专业化、市场化、社会化发展，引导生产性服务业在中心城市、制造业密集区域集聚；适应居民消费需求多样化，提升生活性服务业水平，扩大服务供给，提高服务质量，推动特大城市和大城市形成以服务经济为主的产业结构。强化城市间专业化分工协作，增强中小城市产业承接能力，构建大中小城市和小城镇特色鲜明、优势互补的产业发展格局。推进城市污染企业治理改造和环保搬迁。支持资源枯竭城市发展接续替代产业。

第二节 增强城市创新能力

顺应科技进步和产业变革新趋势，发挥城市创新载体作用，依托科技、教育和人才资源优势，推动城市走创新驱动发展道路。营造创新的制度环境、政策环境、金融环境和文化氛围，激发全社会创新活力，推动技术创新、商业模式创新和管理创新。建立产学研协同创新机制，强化企业在技术创新中的主体地位，发挥大型企业创新骨干作用，激发中小企业创新活力。建设创新基地，集聚创新人才，培育创新集群，完善创新服务体系，发展创新公共平台和风险投资机构，推进创新成果资本化、产业化。加强知识产权运用和保护，健全技术创新激励机制。推动高等学校提高创新人才培养能力，加快现代职业教育体系建设，系统构建从中职、高职、本科层次职业教育到专业学位研究生教育的技术技能人才培养通道，推进中高职衔接和职普沟通。引导部分地方本科高等学校转型发展为应用技术类型高校。试行普通高校、高职院校、成人高校之间的学分转换，为学生多样化成才提供选择。

第三节　营造良好就业创业环境

发挥城市创业平台作用，充分利用城市规模经济产生的专业化分工效应，放宽政府管制，降低交易成本，激发创业活力。完善扶持创业的优惠政策，形成政府激励创业、社会支持创业、劳动者勇于创业新机制。运用财政支持、税费减免、创业投资引导、政策性金融服务、小额贷款担保等手段，为中小企业特别是创业型企业发展提供良好的经营环境，促进以创业带动就业。促进以高校毕业生为重点的青年就业和农村转移劳动力、城镇困难人员、退役军人就业。结合产业升级开发更多适合高校毕业生的就业岗位，实行激励高校毕业生自主创业政策，实施离校未就业高校毕业生就业促进计划。合理引导高校毕业生就业流向，鼓励其到中小城市创业就业。

第十五章　优化城市空间结构和管理格局

按照统一规划、协调推进、集约紧凑、疏密有致、环境优先的原则，统筹中心城区改造和新城新区建设，提高城市空间利用效率，改善城市人居环境。

第一节　改造提升中心城区功能

推动特大城市中心城区部分功能向卫星城疏散，强化大中城市中心城区高端服务、现代商贸、信息中介、创意创新等功能。完善中心城区功能组合，统筹规划地上地下空间开发，推动商业、办公、居住、生态空间与交通站点的合理布局与综合利用开发。制定城市市辖区设置标准，优化市辖区规模和结构。按照改造更新与保护修复并重的要求，健全旧城改造机制，优化提升旧城功能。加快城区老工业区搬迁改造，大力推进棚户区改造，稳步实施城中村改造，有序推进旧住宅小区综合整治、危旧住房和非成套住房改造，全面改善人居环境。

专栏5　棚户区改造行动计划	
01	**城市棚户区改造** 加快推进集中成片城市棚户区改造，逐步将其他棚户区、城中村改造统一纳入城市棚户区改造范围，到2020年基本完成城市棚户区改造任务。
02	**国有工矿棚户区改造** 将位于城市规划区内的国有工矿棚户区统一纳入城市棚户区改造范围，按照属地原则将铁路、钢铁、有色、黄金等行业棚户区纳入各地棚户区改造规划组织实施。
03	**国有林区棚户区改造** 加快改造国有林区棚户区和国有林场危旧房，将国有林区（场）外其他林业基层单位符合条件的住房困难人员纳入当地城镇住房保障体系。
04	**国有垦区危房改造** 加快改造国有垦区危房，将华侨农场非归难侨危房改造统一纳入垦区危房改造中央补助支持范围。

第二节　严格规范新城新区建设

严格新城新区设立条件，防止城市边界无序蔓延。因中心城区功能过度叠加、人口密度过高或规避自然灾害等原因，确需规划建设新城新区，必须以人口密度、产出强度和资源环境承载力为基准，与行政区划相协调，科学合理编制规划，严格控制建设用地规模，控制建设标准过度超前。统筹生产区、办公区、生活区、商业区等功能区规划建设，推进功能混合和产城融合，在集聚产业的同时集聚人口，防止新城新区空心化。加强现有开发区城市功能改造，推动单一生产功能向城市综合功能转型，为促进人口集聚、发展服务经济拓展空间。

第三节　改善城乡接合部环境

提升城乡接合部规划建设和管理服务水平，促进社区化发展，增强服务城市、带动农村、承接转移人口功能。加快城区基础设施和公共服务设施向城乡接合部地区延伸覆盖，规范建设行为，加强环境整治和社会综合治理，改善生活居住条件。保护生态用地和农用地，形成有利于改善城市生态环境质量的生态缓冲地带。

第十六章　提升城市基本公共服务水平

加强市政公用设施和公共服务设施建设，增加基本公共服务供给，增强对人口集聚和服务的支撑能力。

第一节　优先发展城市公共交通

将公共交通放在城市交通发展的首要位置，加快构建以公共交通为主体的城市机动化出行系统，积极发展快速公共汽车、现代有轨电车等大容量地面公共交通系统，科学有序推进城市轨道交通建设。优化公共交通站点和线路设置，推动形成公共交通优先通行网络，提高覆盖率、准点率和运行速度，基本实现 100 万人口以上城市中心城区公共交通站点 500 米全覆盖。强化交通综合管理，有效调控、合理引导个体机动化交通需求。推动各种交通方式、城市道路交通管理系统的信息共享和资源整合。

第二节　加强市政公用设施建设

建设安全高效便利的生活服务和市政公用设施网络体系。优化社区生活设施布局，健全社区养老服务体系，完善便民利民服务网络，打造包括物流配送、便民超市、平价菜店、家庭服务中心等在内的便捷生活服务圈。加强无障碍环境建设。合理布局建设公益性菜市场、农产品批发市场。统筹电力、通信、给排水、供热、燃气等地下管网建设，推行城市综合管廊，新建城市主干道路、城市新区、各类园区应实行城市地下管网综合管廊模式。加强城镇水源地保护与建设和供水设施改造与建设，确保城镇供水安全。加强防洪设施建设，完善城市排水与暴雨外洪内涝防治体系，提高应对极端天气能力。建设安全可靠、技术先进、管理规范的新型配电网络体系，加快推进城市清洁能源供应设施建设，完善燃气输配、储备和供应保障系统，大力发展热电联产，淘汰燃煤小锅炉。加强城镇污水处理及再生利用设施建设，推进雨污分流改造和污泥无害化处置。提高城镇生活垃圾无害化处理能力。合理布局建设城市停车场和立体车库，新建大中型商业设施要配建货物装卸作业区和停车场，新建办公区和住宅小区要配建地下停车场。

第三节　完善基本公共服务体系

根据城镇常住人口增长趋势和空间分布，统筹布局建设学校、医疗卫生机构、文化设施、体育场所等公共服务设施。优化学校布局和建设规模，合理配置中小学和幼儿园资源。加强社区卫生服务机构建设，健全与医院分工协作、双向转诊的城市医疗服务体系。完善重大疾病防控、妇幼保健等专业公共卫生和计划生育服务网络。加强公共文化、公共体育、就业服务、社保经办和便民利民服务设施建设。创新公共服务供给方式，引入市场机制，扩大政府购买服务规模，实现供给主体和方式多元化，根据经济社会发展状况和财力水平，逐步提高城镇居民基本公共服务水平，在学有所教、劳有所得、病有所医、老有所养、住有所居上持续取得新进展。

第十七章　提高城市规划建设水平

适应新型城镇化发展要求，提高城市规划科学性，加强空间开发管制，健全规划管理体制机制，严格建筑规范和质量管理，强化实施监督，提高城市规划管理水平和建筑质量。

第一节　创新规划理念

把以人为本、尊重自然、传承历史、绿色低碳理念融入城市规划全过程。城市规划要由扩张性规划逐步转向限定城市边界、优化空间结构的规划，科学确立城市功能定位和形态，加强城市空间开发利用管制，合理划定城市“三区四线”，合理确定城市规模、开发边界、开发强度和保护性空间，加强道路红线和建筑红线对建设项目的定位控制。统筹规划城市空间功能布局，促进城市用地功能适度混合。合理设定不同功能区土地开发利用的容积率、绿化率、地面渗透率等规范性要求。建立健全城市地下空间开发利用协调机制。统筹规划市区、城郊和周边乡村发展。

第二节　完善规划程序

完善城市规划前期研究、规划编制、衔接协调、专家论证、公众参与、审查审批、实施管理、评估修编等工作程序，探索设立城市总规划师制度，提高规划编制科学化、民主化水平。推行城市规划政务公开，加大公开公示力度。加强城市规划与经济社会发展、主体功能区建设、国土资源利用、生态环境保护、基础设施建设等规划的相互衔接。推动有条件地区的经济社会发展总体规划、城市规划、土地利用规划等“多规合一”。

第三节　强化规划管控

保持城市规划权威性、严肃性和连续性，坚持一本规划一张蓝图持之以恒加以落实，防止换一届领导改一次规划。加强规划实施全过程监管，确保依规划进行开发建设。健全国家城乡规划督察员制度，以规划强制性内容为重点，加强规划实施督察，对违反规划行为进行事前事中监管。严格实行规划实施责任追究制度，加大对政府部门、开发主体、居民个人违法违规行为的责任追究和处罚力度。制定城市规划建设考核指标体系，加强地方人大对城市规划实施的监督检查，将城市规划实施情况纳入地方党政领导干部考核和离任审计。运用信息化等手段，强化对城市规划管控的技术支撑。

专栏6 城市“三区四线”规划管理

01	**禁建区** 基本农田、行洪河道、水源地一级保护区、风景名胜区核心区、自然保护区核心区和缓冲区、森林湿地公园生态保育区和恢复重建区、地质公园核心区、道路红线、区域性市政走廊用地范围内、城市绿地、地质灾害易发区、矿产采空区、文物保护单位保护范围等，禁止城市建设开发活动。
02	**限建区** 水源地二级保护区、地下水防护区、风景名胜区非核心区、自然保护区非核心区和缓冲区、森林公园非生态保育区、湿地公园非保育区和恢复重建区、地质公园非核心区、海陆交界生态敏感区和灾害易发区、文物保护单位建设控制地带、文化地下埋藏区、机场噪声控制区、市政走廊预留和道路红线外控制区、矿产采空区外围、地质灾害低易发区、蓄滞洪区、行洪河道外围一定范围等，限制城市建设开发活动。
03	**适建区** 在已经划定为城市建设用地的区域，合理安排生产用地、生活用地和生态用地，合理确定开发时序、开发模式和开发强度。
04	**绿线** 划定城市各类绿地范围的控制线，规定保护要求和控制指标。
05	**蓝线** 划定在城市规划中确定的江、河、湖、库、渠和湿地等城市地表水体保护和控制的地域界线，规定保护要求和控制指标。
06	**紫线** 划定国家历史文化名城内的历史文化街区和省、自治区、直辖市人民政府公布的历史文化街区的保护范围界线，以及城市历史文化街区外经县级以上人民政府公布保护的历史建筑的保护范围界线。
07	**黄线** 划定对城市发展全局有影响、必须控制的城市基础设施用地的控制界线，规定保护要求和控制指标。

第四节 严格建筑质量管理

强化建筑设计、施工、监理和建筑材料、装修装饰等全流程质量管控。严格执行先勘察、后设计、再施工的基本建设程序，加强建筑市场各类主体的资质资格管理，推行质量体系认证制度，加大建筑工人职业技能培训力度。坚决打击建筑工程招投标、分包转包、材料采购、竣工验收等环节的违法违规行为，惩治擅自改变房屋建筑主体和承重结构等违规行为。健全建筑档案登记、查询和管理制度，强化建筑质量责任追究和处罚，实行建筑质量责任终身追究制度。

第十八章 推动新型城市建设

顺应现代城市发展新理念新趋势，推动城市绿色发展，提高智能化水平，增强历史文化魅力，全面提升城市内在品质。

专栏 7　绿色城市建设重点	
01	**绿色能源** 推进新能源示范城市建设和智能微电网示范工程建设，依托新能源示范城市建设分布式光伏发电示范区。在北方地区城镇开展风电清洁供暖示范工程。选择部分县城开展可再生能源热利用示范工程，加强绿色能源县建设。
02	**绿色建筑** 推进既有建筑供热计量和节能改造，基本完成北方采暖地区居住建筑供热计量和节能改造，积极推进夏热冬冷地区建筑节能改造和公共建筑节能改造。逐步提高新建建筑能效水平。严格执行节能标准。积极推进建筑工业化、标准化，提高住宅工业化比例。政府投资的公益性建筑、保障性住房和大型公共建筑全面执行绿色建筑标准和认证。
03	**绿色交通** 加快发展新能源、小排量等环保型汽车，加快充电站、充电桩、加气站等配套设施建设，加强步行和自行车等慢行交通系统建设，积极推进混合动力、纯电动、天然气等新能源和清洁燃料车辆在公共交通行业的示范应用。推进机场、车站、码头节能节水改造，推广使用太阳能等可再生能源。继续严格实行运营车辆燃料消耗量准入制度，到 2020 年淘汰全部黄标车。
04	**产业园区循环化改造** 以国家级和省级产业园区为重点，推进循环化改造，实现土地集约利用、废物交换利用、能量梯级利用、废水循环利用和污染物集中处理。
05	**城市环境综合整治** 实施清洁空气工程，强化大气污染综合防治，明显改善城市空气质量；实施安全饮用水工程，治理地表水、地下水，实现水质、水量双保障；开展存量生活垃圾治理工作；实施重金属污染防治工程，推进重点地区污染场地和土壤修复治理。实施森林、湿地保护与修复。
06	**绿色新生活行动** 在衣食住行游等方面，加快向简约适度、绿色低碳、文明节约方式转变，培育生态文化，引导绿色消费，推广节能环保型汽车、节能省地型住宅。健全城市废旧商品回收体系和餐用废弃物资源化利用体系，减少使用一次性产品，抑制商品过度包装。

第一节　加快绿色城市建设

将生态文明理念全面融入城市发展，构建绿色生产方式、生活方式和消费模式。严格控制高耗能、高排放行业发展。节约集约利用土地、水和能源等资源，促进资源循环利用，控制总量，提高效率。加快建设可再生能源体系，推动分布式太阳能、风能、生物质能、地热能多元化、规模化应用，提高新能源和可再生能源利用比例。实施绿色建筑行动计划，完善绿色建筑标准及认证体系、扩大强制执行范围，加快既有建筑节能改造，大力发展绿色建材，强力推进建筑工业化。合理控制机动车保有量，加快新能源汽车推广应用，改善步行、自行车出行条件，倡导绿色出行。实施大气污染防治行动计划，开展区域联防联控联治，改善城市空气质量。完善废旧商品回收体系和垃圾分类处理系统，加强城市固体废弃物循环利用和无害化处置。合理划定生态保护红线，扩大城市生态空间，增加森林、湖泊、湿地面积，将农村废弃地、其他污染土地、工矿用地转化为生态用地，在城镇化地区合理建设绿色生态廊道。

第二节　推进智慧城市建设

统筹城市发展的物质资源、信息资源和智力资源利用，推动物联网、云计算、大数据等新一代信息技术创新应用，实现与城市经济社会发展深度融合。强化信息网络、数据中心等信息基础设施建设。促进跨部门、跨行业、跨地区的政务信息共享和业务协同，强化信息资源社会化开发利用，推广智慧化信息应用和新型信息服务，促进城市规划管理信息化、基础设施智能化、公共服务便捷化、产业发展现代化、社会治理精细化。增强城市要害信息系统和关键信息资源的安全保障能力。

专栏 8　智慧城市建设方向	
01	**信息网络宽带化** 推进光纤到户和“光进铜退”，实现光纤网络基础覆盖城市家庭，城市宽带接入能力达到 50Mbps，50% 家庭达到 100Mbps，发达城市部分家庭达到 1Gbps。推动 4G 网络建设，加快城市公共热点区域无线局域网覆盖。
02	**规划管理信息化** 发展数字化城市管理，推动平台建设和功能拓展，建立城市统一的地理空间信息平台及建（构）筑物数据库，构建智慧城市公共信息平台，统筹推进城市规划、国土利用、城市管网、园林绿化、环境保护等市政基础设施管理的数字化和精准化。
03	**基础设施智能化** 发展智能交通，实现交通诱导、指挥控制、调度管理和应急处理的智能化。发展智能电网，支持分布式能源的接入、居民和企业用电的智能管理。发展智能水务，构建覆盖供水全过程、保障供水质量安全的智能供排水和污水处理系统。发展智能管网，实现城市地下空间、地下管网的信息化管理和运行监控智能化。发展智能建筑，实现建筑设施、设备、节能、安全的智慧化管控。
04	**公共服务便捷化** 建立跨部门跨地区业务协同、共建共享的公共服务信息服务体系。利用信息技术，创新发展城市教育、就业、社保、养老、医疗和文化的服务模式。
05	**产业发展现代化** 加快传统产业信息化改造，推进制造模式向数字化、网络化、智能化、服务化转变。积极发展信息服务业，推动电子商务和物流信息化集成发展，创新并培育新型业态。
06	**社会治理精细化** 在市场监管、环境监管、信用服务、应急保障、治安防控、公共安全等社会治理领域，深化信息应用，建立完善相关信息服务体系，创新社会治理方式。

第三节　注重人文城市建设

发掘城市文化资源，强化文化传承创新，把城市建设成为历史底蕴厚重、时代特色鲜明的人文魅力空间。注重在旧城改造中保护历史文化遗产、民族文化风格和传统风貌，促进功能提升与文化文物保护相结合。注重在新城新区建设中融入传统文化元素，与原有城市自然人文特征相协调。加强历史文化名城名镇、历史文化街区、民族风情小镇文化资源挖掘和文化生态的整体保护，传承和弘扬优秀传统文化，推动地方特色文化发展，保存城市文化记忆。培育和践行社会主义核心价值观，加快完善文化管理体制和文化生产经营机制，建立健全现代公共文化服务体系、现代文化市场体系。鼓励城市文化多样化发展，促进传统文化与现代文化、本土文化与外来文化交融，形成多元开放的现代城市文化。

专栏9　人文城市建设重点	
01	**文化和自然遗产保护** 加强国家重大文化和自然遗产地、国家考古遗址公园、全国重点文物保护单位、历史文化名城名镇名村保护设施建设，加强城市重要历史建筑和历史文化街区保护，推进非物质文化遗产保护利用设施建设。
02	**文化设施** 建设城市公共图书馆、文化馆、博物馆、美术馆等文化设施，每个社区配套建设文化活动设施，发展中小城市影剧院。
03	**体育设施** 建设城市体育场（馆）和群众性户外体育健身场地，每个社区有便捷实用的体育健身设施。
04	**休闲设施** 建设城市生态休闲公园、文化休闲街区、休闲步道、城郊休憩带。
05	**公共设施免费开放** 逐步免费开放公共图书馆、文化馆（站）、博物馆、美术馆、纪念馆、科技馆、青少年宫和公益性城市公园。

第十九章　加强和创新城市社会治理

树立以人为本、服务为先理念，完善城市治理结构，创新城市治理方式，提升城市社会治理水平。

第一节　完善城市治理结构

顺应城市社会结构变化新趋势，创新社会治理体制，加强党委领导，发挥政府主导作用，鼓励和支持社会各方面参与，实现政府治理和社会自我调节、居民自治良性互动。坚持依法治理，加强法治保障，运用法治思维和法治方式化解社会矛盾。坚持综合治理，强化道德约束，规范社会行为，调节利益关系，协调社会关系，解决社会问题。坚持源头治理，标本兼治、重在治本，以网格化管理、社会化服务为方向，健全基层综合服务管理平台，及时反映和协调人民群众各方面各层次利益诉求。加强城市社会治理法律法规、体制机制、人才队伍和信息化建设。激发社会组织活力，加快实施政社分开，推进社会组织明确权责、依法自治、发挥作用。适合由社会组织提供的公共服务和解决的事项，交由社会组织承担。

第二节　强化社区自治和服务功能

健全社区党组织领导的基层群众自治制度，推进社区居民依法民主管理社区公共事务和公益事业。加快公共服务向社区延伸，整合人口、劳动就业、社保、民政、卫生计生、文化以及综治、维稳、信访等管理职能和服务资源，加快社区信息化建设，构建社区综合服务管理平台。发挥业主委员会、物业管理机构、驻区单位积极作用，引导各类社会组织、志愿者参与社区服务和管理。加强社区社会工作专业人才和志愿者队伍建设，推进社区工作人员专业化和职业化。加强流动人口服务管理。

第三节　创新社会治安综合治理

建立健全源头治理、动态协调、应急处置相互衔接、相互支撑的社会治安综合治理机制。

创新立体化社会治安防控体系，改进治理方式，促进多部门城市管理职能整合，鼓励社会力量积极参与社会治安综合治理。及时解决影响人民群众安全的社会治安问题，加强对城市治安复杂部位的治安整治和管理。理顺城管执法体制，提高执法和服务水平。加大依法管理网络力度，加快完善互联网管理领导体制，确保国家网络和信息安全。

第四节 健全防灾减灾救灾体制

完善城市应急管理体系，加强防灾减灾能力建设，强化行政问责制和责任追究制。着眼抵御台风、洪涝、沙尘暴、冰雪、干旱、地震、山体滑坡等自然灾害，完善灾害监测和预警体系，加强城市消防、防洪、排水防涝、抗震等设施和救援救助能力建设，提高城市建筑灾害设防标准，合理规划布局和建设应急避难场所，强化公共建筑物和设施应急避难功能。完善突发公共事件应急预案和应急保障体系。加强灾害分析和信息公开，开展市民风险防范和自救互救教育，建立巨灾保险制度，发挥社会力量在应急管理中的作用。

第六篇 推动城乡发展一体化

坚持工业反哺农业、城市支持农村和多予少取放活方针，加大统筹城乡发展力度，增强农村发展活力，逐步缩小城乡差距，促进城镇化和新农村建设协调推进。

第二十章 完善城乡发展一体化体制机制

加快消除城乡二元结构的体制机制障碍，推进城乡要素平等交换和公共资源均衡配置，让广大农民平等参与现代化进程、共同分享现代化成果。

第一节 推进城乡统一要素市场建设

加快建立城乡统一的人力资源市场，落实城乡劳动者平等就业、同工同酬制度。建立城乡统一的建设用地市场，保障农民公平分享土地增值收益。建立健全有利于农业科技人员下乡、农业科技成果转化、先进农业技术推广的激励和利益分享机制。创新面向“三农”的金融服务，统筹发挥政策性金融、商业性金融和合作性金融的作用，支持具备条件的民间资本依法发起设立中小型银行等金融机构，保障金融机构农村存款主要用于农业农村。加快农业保险产品创新和经营组织形式创新，完善农业保险制度。鼓励社会资本投向农村建设，引导更多人才、技术、资金等要素投向农业农村。

第二节 推进城乡规划、基础设施和公共服务一体化

统筹经济社会发展规划、土地利用规划和城乡规划，合理安排市县域城镇建设、农田保护、产业集聚、村落分布、生态涵养等空间布局。扩大公共财政覆盖农村范围，提高基础设施和公共服务保障水平。统筹城乡基础设施建设，加快基础设施向农村延伸，强化城乡基础设施连接，推动水电路气等基础设施城乡联网、共建共享。加快公共服务向农村覆盖，推进公共就业服务网络向县以下延伸，全面建成覆盖城乡居民的社会保障体系，推进城乡社会保障制度衔接，加快形成政府主导、覆盖城乡、可持续的基本公共服务体系，推进城乡基本公共服务均等化。率先在一些经济发达地区实现城乡一体化。

第二十一章　加快农业现代化进程

坚持走中国特色新型农业现代化道路，加快转变农业发展方式，提高农业综合生产能力、抗风险能力、市场竞争能力和可持续发展能力。

第一节　保障国家粮食安全和重要农产品有效供给

确保国家粮食安全是推进城镇化的重要保障。严守耕地保护红线，稳定粮食播种面积。加强农田水利设施建设和土地整理复垦，加快中低产田改造和高标准农田建设。继续加大中央财政对粮食主产区投入，完善粮食主产区利益补偿机制，健全农产品价格保护制度，提高粮食主产区和种粮农民的积极性，将粮食生产核心区和非主产区产粮大县建设成为高产稳产商品粮生产基地。支持优势产区棉花、油料、糖料生产，推进畜禽水产品标准化规模养殖。坚持“米袋子”省长负责制和“菜篮子”市长负责制。完善主要农产品市场调控机制和价格形成机制。积极发展都市现代农业。

第二节　提升现代农业发展水平

加快完善现代农业产业体系，发展高产、优质、高效、生态、安全农业。提高农业科技创新能力，做大做强现代种植业，健全农技综合服务体系，完善科技特派员制度，推广现代化农业技术。鼓励农业机械企业研发制造先进实用的农业技术装备，促进农机农艺融合，改善农业设施装备条件，耕种收综合机械化水平达到70%左右。创新农业经营方式，坚持家庭经营在农业中的基础性地位，推进家庭经营、集体经营、合作经营、企业经营等共同发展。鼓励承包经营权在公开市场上向专业大户、家庭农场、农民合作社、农业企业流转，发展多种形式规模经营。鼓励和引导工商资本到农村发展适合企业化经营的现代种养业，向农业输入现代生产要素和经营模式。加快构建公益性服务与经营性服务相结合、专项服务与综合服务相协调的新型农业社会化服务体系。

第三节　完善农产品流通体系

统筹规划农产品市场流通网络布局，重点支持重要农产品集散地、优势农产品产地批发市场建设，加强农产品期货市场建设。加快推进以城市便民菜市场（菜店）、生鲜超市、城乡集贸市场为主体的农产品零售市场建设。实施粮食收储供应安全保障工程，加强粮油仓储物流设施建设，发展农产品低温仓储、分级包装、电子结算。健全覆盖农产品收集、存储、加工、运输、销售各环节的冷链物流体系。加快培育现代流通方式和新型流通业态，大力发展快捷高效配送。积极推进“农批对接”、“农超对接”等多种形式的产销衔接，加快发展农产品电子商务，降低流通费用。强化农产品商标和地理标志保护。

第二十二章　建设社会主义新农村

坚持遵循自然规律和城乡空间差异化发展原则，科学规划县域村镇体系，统筹安排农村基础设施建设和社会事业发展，建设农民幸福生活的美好家园。

第一节　提升乡镇村庄规划管理水平

适应农村人口转移和村庄变化的新形势，科学编制县域村镇体系规划和镇、乡、村庄规划，建设各具特色的美丽乡村。按照发展中心村、保护特色村、整治空心村的要求，在尊重农民意愿的基础上，科学引导农村住宅和居民点建设，方便农民生产生活。在提升自然村落功能基础上，保持乡村风貌、民族文化和地域文化特色，保护有历史、艺术、科学价值的传统村落、少数民族特色村寨和民居。

第二节 加强农村基础设施和服务网络建设

加快农村饮水安全建设，因地制宜采取集中供水、分散供水和城镇供水管网向农村延伸的方式解决农村人口饮用水安全问题。继续实施农村电网改造升级工程，提高农村供电能力和可靠性，实现城乡用电同网同价。加强以太阳能、生物沼气为重点的清洁能源建设及相关技术服务。基本完成农村危房改造。完善农村公路网络，实现行政村通班车。加强乡村旅游服务网络、农村邮政设施和宽带网络建设，改善农村消防安全条件。继续实施新农村现代流通网络工程，培育面向农村的大型流通企业，增加农村商品零售、餐饮及其他生活服务网点。深入开展农村环境综合整治，实施乡村清洁工程，开展村庄整治，推进农村垃圾、污水处理和土壤环境整治，加快农村河道、水环境整治，严禁城市和工业污染向农村扩散。

第三节 加快农村社会事业发展

合理配置教育资源，重点向农村地区倾斜。推进义务教育学校标准化建设，加强农村中小学寄宿制学校建设，提高农村义务教育质量和均衡发展水平。积极发展农村学前教育。加强农村教师队伍建设。建立健全新型职业化农民教育、培训体系。优先建设发展县级医院，完善以县级医院为龙头、乡镇卫生院和村卫生室为基础的农村三级医疗卫生服务网络，向农民提供安全价廉可及的基本医疗卫生服务。加强乡镇综合文化站等农村公共文化和体育设施建设，提高文化产品和服务的有效供给能力，丰富农民精神文化生活。完善农村最低生活保障制度。健全农村留守儿童、妇女、老人关爱服务体系。

第七篇 改革完善城镇化发展体制机制

加强制度顶层设计，尊重市场规律，统筹推进人口管理、土地管理、财税金融、城镇住房、行政管理、生态环境等重点领域和关键环节体制机制改革，形成有利于城镇化健康发展的制度环境。

第二十三章 推进人口管理制度改革

在加快改革户籍制度的同时，创新和完善人口服务和管理制度，逐步消除城乡区域间户籍壁垒，还原户籍的人口登记管理功能，促进人口有序流动、合理分布和社会融合。

——建立居住证制度。全面推行流动人口居住证制度，以居住证为载体，建立健全与居住年限等条件相挂钩的基本公共服务提供机制，并作为申请登记居住地常住户口的重要依据。城镇流动人口暂住证持有年限累计进居住证。

——健全人口信息管理制度。加强和完善人口统计调查制度，进一步改进人口普查方法，健全人口变动调查制度。加快推进人口基础信息库建设，分类完善劳动就业、教育、收入、社保、房产、信用、计生、税务等信息系统，逐步实现跨部门、跨地区信息整合和共享，在此基础上建设覆盖全国、安全可靠的国家人口综合信息库和信息交换平台，到2020年在全国实行以公民身份号码为唯一标识，依法记录、查询和评估人口相关信息制度，为人口服务和管理提供支撑。

第二十四章　深化土地管理制度改革

实行最严格的耕地保护制度和集约节约用地制度，按照管住总量、严控增量、盘活存量的原则，创新土地管理制度，优化土地利用结构，提高土地利用效率，合理满足城镇化用地需求。

——建立城镇用地规模结构调控机制。严格控制新增城镇建设用地规模，严格执行城市用地分类与规划建设用地标准，实行增量供给与存量挖潜相结合的供地、用地政策，提高城镇建设使用存量用地比例。探索实行城镇建设用地增加规模与吸纳农业转移人口落户数量挂钩政策。有效控制特大城市新增建设用地规模，适度增加集约用地程度高、发展潜力大、吸纳人口多的卫星城、中小城市和县城建设用地供给。适当控制工业用地，优先安排和增加住宅用地，合理安排生态用地，保护城郊菜地和水田，统筹安排基础设施和公共服务设施用地。建立有效调节工业用地和居住用地合理比价机制，提高工业用地价格。

——健全节约集约用地制度。完善各类建设用地标准体系，严格执行土地使用标准，适当提高工业项目容积率、土地产出率门槛，探索实行长期租赁、先租后让、租让结合的工业用地供应制度，加强工程建设项目用地标准控制。建立健全规划统筹、政府引导、市场运作、公众参与、利益共享的城镇低效用地再开发激励约束机制，盘活利用现有城镇存量建设用地，建立存量建设用地退出激励机制，推进老城区、旧厂房、城中村的改造和保护性开发，发挥政府土地储备对盘活城镇低效用地的作用。加强农村土地综合整治，健全运行机制，规范推进城乡建设用地增减挂钩，总结推广工矿废弃地复垦利用等做法。禁止未经评估和无害化治理的污染场地进行土地流转和开发利用。完善土地租赁、转让、抵押二级市场。

——深化国有建设用地有偿使用制度改革。扩大国有土地有偿使用范围，逐步对经营性基础设施和社会事业用地实行有偿使用。减少非公益性用地划拨，对以划拨方式取得用于经营性项目的土地，通过征收土地年租金等多种方式纳入有偿使用范围。

——推进农村土地管理制度改革。全面完成农村土地确权登记颁证工作，依法维护农民土地承包经营权。在坚持和完善最严格的耕地保护制度前提下，赋予农民对承包地占有、使用、收益、流转及承包经营权抵押、担保权能。保障农户宅基地用益物权，改革完善农村宅基地制度，在试点基础上慎重稳妥推进农民住房财产权抵押、担保、转让，严格执行宅基地使用标准，严格禁止一户多宅。在符合规划和用途管制前提下，允许农村集体经营性建设用地出让、租赁、入股，实行与国有土地同等入市、同权同价。建立农村产权流转交易市场，推动农村产权流转交易公开、公正、规范运行。

——深化征地制度改革。缩小征地范围，规范征地程序，完善对被征地农民合理、规范、多元保障机制。建立兼顾国家、集体、个人的土地增值收益分配机制，合理提高个人收益，保障被征地农民长远发展生计。健全争议协调裁决制度。

——强化耕地保护制度。严格土地用途管制，统筹耕地数量管控和质量、生态管护，完善耕地占补平衡制度，建立健全耕地保护激励约束机制。落实地方各级政府耕地保护责任目标考核制度，建立健全耕地保护共同责任机制；加强基本农田管理，完善基本农田永久保护长效机制，强化耕地占补平衡和土地整理复垦监管。

第二十五章 创新城镇化资金保障机制

加快财税体制和投融资机制改革，创新金融服务，放开市场准入，逐步建立多元化、可持续的城镇化资金保障机制。

——完善财政转移支付制度。按照事权与支出责任相适应的原则，合理确定各级政府在教育、基本医疗、社会保障等公共服务方面的事权，建立健全城镇基本公共服务支出分担机制。建立财政转移支付同农业转移人口市民化挂钩机制，中央和省级财政安排转移支付要考虑常住人口因素。依托信息化管理手段，逐步完善城镇基本公共服务补贴办法。

——完善地方税体系。培育地方主体税种，增强地方政府提供基本公共服务能力。加快房地产税立法并适时推进改革。加快资源税改革，逐步将资源税征收范围扩展到占用各种自然生态空间。推动环境保护费改税。

——建立规范透明的城市建设投融资机制。在完善法律法规和健全地方政府债务管理制度基础上，建立健全地方债券发行管理制度和评级制度，允许地方政府发行市政债券，拓宽城市建设融资渠道。创新金融服务和产品，多渠道推动股权融资，提高直接融资比重。发挥现有政策性金融机构的重要作用，研究制定政策性金融专项支持政策，研究建立城市基础设施、住宅政策性金融机构，为城市基础设施和保障性安居工程建设提供规范透明、成本合理、期限匹配的融资服务。理顺市政公用产品和服务价格形成机制，放宽准入，完善监管，制定非公有制企业进入特许经营领域的办法，鼓励社会资本参与城市公用设施投资运营。鼓励公共基金、保险资金等参与项目自身具有稳定收益的城市基础设施项目建设和运营。

第二十六章 健全城镇住房制度

建立市场配置和政府保障相结合的住房制度，推动形成总量基本平衡、结构基本合理、房价与消费能力基本适应的住房供需格局，有效保障城镇常住人口的合理住房需求。

——健全住房供应体系。加快构建以政府为主提供基本保障、以市场为主满足多层次需求的住房供应体系。对城镇低收入和中等偏下收入住房困难家庭，实行租售并举、以租为主，提供保障性安居工程住房，满足基本住房需求。稳定增加商品住房供应，大力发展二手房市场和住房租赁市场，推进住房供应主体多元化，满足市场多样化住房需求。

——健全保障性住房制度。建立各级财政保障性住房稳定投入机制，扩大保障性住房有效供给。完善租赁补贴制度，推进廉租住房、公共租赁住房并轨运行。制定公平合理、公开透明的保障性住房配租政策和监管程序，严格准入和退出制度，提高保障性住房物业管理、服务水平和运营效率。

——健全房地产市场调控长效机制。调整完善住房、土地、财税、金融等方面政策，共同构建房地产市场调控长效机制。各城市要编制城市住房发展规划，确定住房建设总量、结构和布局。确保住房用地稳定供应，完善住房用地供应机制，保障性住房用地应保尽保，优先安排政策性商品住房用地，合理增加普通商品住房用地，严格控制大户型高档商品住房用地。实行差别化的住房税收、信贷政策，支持合理自住需求，抑制投机投资需求。依法规范市场秩序，健全法律法规体系，加大市场监管力度。建立以土地为基础的不动产统一登记制度，实现全国住房信息联网，推进部门信息共享。

第二十七章　强化生态环境保护制度

完善推动城镇化绿色循环低碳发展的体制机制，实行最严格的生态环境保护制度，形成节约资源和保护环境的空间格局、产业结构、生产方式和生活方式。

——建立生态文明考核评价机制。把资源消耗、环境损害、生态效益纳入城镇化发展评价体系，完善体现生态文明要求的目标体系、考核办法、奖惩机制。对限制开发区域和生态脆弱的国家扶贫开发工作重点县取消地区生产总值考核。

——建立国土空间开发保护制度。建立空间规划体系，坚定不移实施主体功能区制度，划定生态保护红线，严格按照主体功能区定位推动发展，加快完善城镇化地区、农产品主产区、重点生态功能区空间开发管控制度，建立资源环境承载能力监测预警机制。强化水资源开发利用控制、用水效率控制、水功能区限制纳污管理。对不同主体功能区实行差别化财政、投资、产业、土地、人口、环境、考核等政策。

——实行资源有偿使用制度和生态补偿制度。加快自然资源及其产品价格改革，全面反映市场供求、资源稀缺程度、生态环境损害成本和修复效益。建立健全居民生活用电、用水、用气等阶梯价格制度。制定并完善生态补偿方面的政策法规，切实加大生态补偿投入力度，扩大生态补偿范围，提高生态补偿标准。

——建立资源环境产权交易机制。发展环保市场，推行节能量、碳排放权、排污权、水权交易制度，建立吸引社会资本投入生态环境保护的市场化机制，推行环境污染第三方治理。

——实行最严格的环境监管制度。建立和完善严格监管所有污染物排放的环境保护管理制度，独立进行环境监管和行政执法。完善污染物排放许可制，实行企事业单位污染物排放总量控制制度。加大环境执法力度，严格环境影响评价制度，加强突发环境事件应急能力建设，完善以预防为主的环境风险管理制度。对造成生态环境损害的责任者严格实行赔偿制度，依法追究刑事责任。建立陆海统筹的生态系统保护修复和污染防治区域联动机制。开展环境污染强制责任保险试点。

第八篇　规划实施

本规划由国务院有关部门和地方各级政府组织实施。各地区各部门要高度重视、求真务实、开拓创新、攻坚克难，确保规划目标和任务如期完成。

第二十八章　加强组织协调

合理确定中央与地方分工，建立健全城镇化工作协调机制。中央政府要强化制度顶层设计，统筹重大政策研究和制定，协调解决城镇化发展中的重大问题。国家发展改革委要牵头推进规划实施和相关政策落实，监督检查工作进展情况。各有关部门要切实履行职责，根据本规划提出的各项任务和政策措施，研究制定具体实施方案。地方各级政府要全面贯彻落实本规划，建立健全工作机制，因地制宜研究制定符合本地实际的城镇化规划和具体政策措施。加快培养一批专家型城市管理干部，提高城镇化管理水平。

第二十九章 强化政策统筹

根据本规划制定配套政策，建立健全相关法律法规、标准体系。加强部门间政策制定和实施的协调配合，推动人口、土地、投融资、住房、生态环境等方面政策和改革举措形成合力、落到实处。城乡规划、土地利用规划、交通规划等要落实本规划要求，其他相关专项规划要加强与本规划的衔接协调。

第三十章 开展试点示范

本规划实施涉及诸多领域的改革创新，对已经形成普遍共识的问题，如长期进城务工经商的农业转移人口落户、城市棚户区改造、农民工随迁子女义务教育、农民工职业技能培训和中西部地区中小城市发展等，要加大力度，抓紧解决。对需要深入研究解决的难点问题，如建立农业转移人口市民化成本分担机制，建立多元化、可持续的城镇化投融资机制，建立创新行政管理、降低行政成本的设市设区模式，改革完善农村宅基地制度等，要选择不同区域不同城市分类开展试点。继续推进创新城市、智慧城市、低碳城镇试点。深化中欧城镇化伙伴关系等现有合作平台，拓展与其他国家和国际组织的交流，开展多形式、多领域的务实合作。

第三十一章 健全监测评估

加强城镇化统计工作，顺应城镇化发展态势，建立健全统计监测指标体系和统计综合评价指标体系，规范统计口径、统计标准和统计制度方法。加快制定城镇化发展监测评估体系，实施动态监测与跟踪分析，开展规划中期评估和专项监测，推动本规划顺利实施。

2014 年 3 月 16 日

中共中央组织部等7部门关于促进残疾人按比例就业的意见

残联发〔2013〕11号

各省、自治区、直辖市及计划单列市党委组织部、编制办公室、财政厅（局）、人力资源社会保障厅（局）、国资委、公务员局、残联，新疆生产建设兵团党委组织部、编制办公室、财务局、人力资源社会保障局、国资委、公务员局、残联：

残疾人是就业困难群体。为保障残疾人劳动就业权益，上世纪90年代，我国参照国际通行做法，建立了用人单位按比例安排残疾人就业制度。这一制度的实施对于建立完善残疾人就业保护和就业促进制度体系，改善残疾人就业状况发挥了重要作用。按比例就业已成为我国残疾人就业的一种重要形式。但从实践看，目前残疾人按比例就业仍然存在着相关规定落实难、用人单位缺乏主动性和积极性等问题。为进一步促进残疾人按比例就业，现提出以下意见。

一　依法推进残疾人按比例就业

（一）《中华人民共和国残疾人保障法》规定“国家实行按比例安排残疾人就业制度”。《残疾人就业条例》进一步明确“用人单位应当按照一定比例安排残疾人就业，并为其提供适当的工种、岗位”。这些规定确立了我国按比例安排残疾人就业的法律制度，明确了按比例安排残疾人就业是用人单位的责任和义务，体现了对残疾人就业权利的尊重和保护。各地要根据国家法律规定，制定地方配套法规政策，进一步细化按比例就业的有关规定，增强可操作性和规范性，提高执行力和约束力。要依法行政，推动用人单位履行法律责任和义务。要加大执法检查力度，把残疾人按比例就业列为重点检查内容，发现问题，及时通报，妥善纠正和解决。

二　推动党政机关、事业单位及国有企业带头安排残疾人就业

（二）《中共中央国务院关于促进残疾人事业发展的意见》（中发〔2008〕7号）明确提出“党政机关、事业单位及国有企业要带头安置残疾人”。党政机关、事业单位及国有企业应当为全社会作出表率，率先垂范招录和安置残疾人。根据残疾人按比例就业制度相关规定，各级机关、事业单位应包含一定数量的岗位用于残疾人就业。

（三）各级党政机关在坚持具有正常履行职责的身体条件的前提下，对残疾人能够胜任的岗位，在同等条件下要鼓励优先录用残疾人。各地要切实维护残疾人平等报考公务员的权利，除特殊岗位外，不得额外设置限制残疾人报考的条件。招录机关专设残疾人招录岗位时，省级以上公务员主管部门要给予放宽开考比例等倾斜政策。各地在招录公务员时，要结合实际，采取适当措施，努力为残疾人考生创造良好的考试环境。

（四）各级残疾人工作委员会成员单位要率先招录残疾人，继而带动其他党政机关。各级党政机关中的非公务员岗位（科研、技术、后勤等），要积极安排残疾人就业，并依法与残疾职工订立劳动合同，保障其合法权益。到2020年，所有省级党政机关、地市级残工委主要成员单位至少安排有1名残疾人。各级残联机关干部队伍中都要有一定数量的残疾人干部，其中省级残联机关干部队伍中残疾人干部的比例应达到15%以上。

（五）各级党政机关要督导所属各类事业单位做好按比例安排残疾人就业工作。各类事业单位要结合本单位岗位构成情况，确定适合残疾人就业的岗位，多渠道招聘残疾人。

（六）国有和国有控股企业应根据行业特点，确定适合残疾人就业的岗位，招录符合岗位要求的残疾人就业。企业对招录的残疾人应依据《中华人民共和国劳动合同法》订立劳动合同，实行同工同酬。

三　加大对用人单位的补贴、奖励和惩处力度

（七）认真贯彻《中华人民共和国就业促进法》及相关法律法规，落实就业专项资金管理的有关规定，对参加职业培训、职业技能鉴定并符合条件的残疾人给予职业培训、职业技能鉴定补贴，对吸纳残疾人就业并符合条件的用人单位，按规定给予社会保险补贴。

（八）加大残疾人就业保障金（以下简称残保金）对按比例和超比例安置残疾人就业单位的奖励力度，提高用人单位安排残疾人就业的积极性。

（九）用人单位安排残疾人就业达不到规定比例的，应严格按规定标准交纳残保金。对拒不安排残疾人就业又不缴纳残保金的用人单位，可采取通报、申请法院强制执行等措施。各地应将用人单位是否履行按比例安排残疾人就业义务纳入各类先进单位评选标准，对于不履行义务的用人单位，不能参评先进单位，其主要负责同志不能参评先进个人。

四　加强对用人单位按比例安排残疾人的就业服务

（十）加强培训提高残疾人就业能力，是促进残疾人按比例就业的基础。各地要贯彻落实《关于加强残疾人职业培训促进就业工作的通知》（残联发〔2012〕15号）精神，下大力气抓好残疾人职业培训。准确了解用人单位用工情况，结合岗位需求，有针对性地组织残疾人开展订单培训、定向培训、定岗培训，不断提高残疾人职业技能，以适应用人单位需求。

（十一）各级公共就业服务机构和残疾人就业服务机构要发挥好用人单位与残疾人之间的桥梁和纽带作用，准确掌握辖区内就业年龄段残疾人的基本情况，加快完善残疾人就业需求登记制度；全面了解辖区用人单位的岗位需求，定期做好信息发布。主动走进残疾人家庭和用人单位，掌握第一手信息，重点做好向用人单位的推荐工作。协助用人单位定期或不定期开展残疾人招聘活动，促进用人单位按比例安排残疾人。

五 齐抓共管协力促进残疾人按比例就业

（十二）残疾人按比例就业是国家为保护和促进残疾人就业而采取的重要举措，是法律赋予用人单位的责任和义务。各有关部门要高度重视这一工作，建立促进残疾人按比例就业的协调工作机制，共同做好制度完善、政策落实、监督管理等各项工作。加强对按比例就业法规政策、履行法律义务的用人单位的宣传，进一步扩大社会影响，营造良好的社会环境。

（十三）各级人力资源社会保障部门要依法加强残疾人劳动权益维护工作。各类职业院校和培训机构要积极参与和承担残疾人职业培训职责。公共就业服务机构和基层劳动就业社会保障服务平台要加强对残疾人的就业服务和就业援助。

（十四）各级公务员主管部门负责落实并指导各部门做好残疾人公务员招录工作。要建立党政机关残疾人公务员实名制统计制度，准确掌握残疾人公务员底数。

（十五）各级事业单位登记管理部门在事业单位登记管理、绩效评估和年度审核工作中，要积极引导事业单位按比例安排残疾人就业。

（十六）各级国资委要重视并督促国有及国有控股企业按比例安排残疾人就业工作，积极推进残疾人就业工作。

（十七）财政部将会同国务院有关部门重新修订《残疾人就业保障金管理暂行办法》（财综字〔1995〕5号），各省（区、市）要认真落实并相应修订完善本地区残保金具体实施办法，更好地发挥残保金对促进残疾人就业的作用。各地要大力加强残保金征收使用管理。落实征收机关的责任，完善征收措施、规范征收程序、加大征收力度，做到依法征收、应收尽收。建立责任追究制度，对擅自多征、减征、缓征残保金的，要严肃追究责任人的责任。进一步规范残保金使用管理，残保金要专项用于残疾人职业培训、奖励超比例安置残疾人单位、扶持残疾人就业相关支出，不得挪作他用。要将残保金收支纳入各级政府性基金预算管理，提高资金使用效益。

（十八）各级残联及所属残疾人就业服务机构要积极主动做好残疾人按比例就业工作。沟通协调有关部门，进一步健全规范按比例就业制度。着力抓好残疾人职业培训，提高残疾人就业能力，向用人单位主动介绍、推荐残疾人；落实对按比例和超比例安排残疾人就业单位的补贴和奖励；加强对用人单位按比例安排残疾人就业情况的年审和检查、监督，完善各项服务。

（十九）各省、自治区、直辖市、计划单列市和新疆生产建设兵团有关部门要根据本意见精神，协商制定具体实施意见，并于2013年12月31日前报送上级主管部门。

中共中央组织部　中央机构编制委员会办公室
财政部　人力资源和社会保障部
国务院国有资产监督管理委员会　国家公务员局
中国残疾人联合会
2013年8月19日

中华人民共和国
人力资源和社会保障部令

第 20 号

《社会保险费申报缴纳管理规定》已经人力资源社会保障部第 114 次部务会审议通过，现予公布，自 2013 年 11 月 1 日起施行。

部长　尹蔚民

2013 年 9 月 26 日

社会保险费申报缴纳管理规定

第一章　总则

第一条　为规范社会保险费的申报和缴纳管理工作，根据《中华人民共和国社会保险法》（以下简称社会保险法）、《社会保险费征缴暂行条例》，制定本规定。

第二条　用人单位进行缴费申报和社会保险经办机构征收社会保险费，适用本规定。

本规定所称社会保险费，是指由用人单位及其职工依法参加社会保险并缴纳的职工基本养老保险费、职工基本医疗保险费、工伤保险费、失业保险费和生育保险费。

第三条　社会保险经办机构负责社会保险缴费申报、核定等工作。

省、自治区、直辖市人民政府决定由社会保险经办机构征收社会保险费的，社会保险经办机构应当依法征收社会保险费。

社会保险经办机构负责征收的社会保险费，实行统一征收。

第二章　社会保险费申报

第四条　用人单位应当按月在规定期限内到当地社会保险经办机构办理缴费申报，申报事项包括：

（一）用人单位名称、组织机构代码、地址及联系方式；

（二）用人单位开户银行、户名及账号；

（三）用人单位的缴费险种、缴费基数、费率、缴费数额；

（四）职工名册及职工缴费情况；

（五）社会保险经办机构规定的其他事项。

在一个缴费年度内，用人单位初次申报后，其余月份可以只申报前款规定事项的变动情况；无变动的，可以不申报。

第五条　职工应缴纳的社会保险费由用人单位代为申报。代职工申报的事项包括：职工姓名、社会保障号码、用工类型、联系地址、代扣代缴明细等。

用人单位代职工申报的缴费明细以及变动情况应当经职工本人签字认可，由用人单位留存备查。

第六条　用人单位到社会保险经办机构办理社会保险缴费申报有困难的，经社会保险经办机构同意，可以邮寄申报。邮寄申报以寄出地的邮戳日期为实际申报日期。

有条件的地区，用人单位也可以按照社会保险经办机构的规定进行网上申报。

第七条　用人单位应当向社会保险经办机构如实申报本规定第四条、第五条所列申报事项。用人单位申报材料齐全、缴费基数和费率符合规定、填报数量关系一致的，社会保险经办机构核准后出具缴费通知单；用人单位申报材料不符合规定的，退用人单位补正。

社会保险经办机构在开展社会保险稽核工作过程中，发现用人单位未如实申报造成漏缴、少缴社会保险费的，按照社会保险法第八十六条的规定处理。

第八条　用人单位应当自用工之日起 30 日内为其职工申请办理社会保险登记并申报缴纳社会保险费。未办理社会保险登记的，由社会保险经办机构核定其应当缴纳的社会保险费。

用人单位未按照规定申报应缴纳的社会保险费数额的，社会保险经办机构暂按该单位上月缴费数额的 110% 确定应缴数额；没有上月缴费数额的，社会保险经办机构暂按该单位的经营状况、职工人数、当地上年度职工平均工资等有关情况确定应缴数额。用人单位补办申报手续后，由社会保险经办机构按照规定结算。

第九条　用人单位因不可抗力，不能按期办理缴费申报的，可以延期申报；不可抗力情形消除后，应当立即向社会保险经办机构报告。社会保险经办机构应当查明事实，予以核准。

第三章　社会保险费缴纳

第十条　用人单位应当持社会保险经办机构出具的缴费通知单在规定的期限内采取下列方式之一缴纳社会保险费：

（一）到其开户银行或者其他金融机构缴纳；

（二）与社会保险经办机构约定的其他方式。

社会保险经办机构、用人单位可以与银行或者其他金融机构签订协议，委托银行或者其他金融机构根据社会保险经办机构开出的托收凭证划缴用人单位和为其职工代扣的社会保险费。

第十一条　职工应当缴纳的社会保险费由用人单位代扣代缴。用人单位依法履行代扣代缴义务时，任何单位或者个人不得干预或者拒绝。

用人单位未按时足额代缴的，社会保险经办机构应当责令其限期缴纳，并自欠缴之日起按日加收 0.5‰的滞纳金。用人单位不得要求职工承担滞纳金。

第十二条　征收的社会保险费，应当存入社会保险经办机构按照规定开设的社会保险基金收入户。社会保险经办机构应当按照有关规定定期将收到的基金存入依法开设的社会保险基金财政专户。

第十三条　社会保险经办机构对已征收的社会保险费，根据用人单位实际缴纳额（包括代扣代缴额）和代扣代缴明细，按照国家有关规定进行记账。

第十四条　用人单位应当按月将缴纳社会保险费的明细情况告知职工本人。

用人单位应当每年向本单位职工代表大会通报或者在本单位住所的显著位置公布本单位全年社会保险费缴纳情况，接受职工监督。

第十五条　社会保险经办机构应当及时、完整、准确地记录用人单位及其职工的缴费情况，并将缴费情况定期告知用人单位和职工。用人单位和职工有权按照《社会保险个人权益记录管理办法》等规定查询缴费情况。

社会保险经办机构应当至少每年一次向社会公布社会保险费征收情况，接受社会监督。

第四章　未按时足额缴纳社会保险费的处理

第十六条　用人单位有下列情形之一的，社会保险经办机构应当于查明欠缴事实之日起5个工作日内发出社会保险费限期补缴通知，责令用人单位在收到通知后5个工作日内补缴，同时告知其逾期仍未缴纳的，将按照社会保险法第六十三条、第八十六条的规定处理：

（一）未按规定申报且未缴纳社会保险费的；

（二）申报后未按时足额缴纳社会保险费的；

（三）因瞒报、漏报职工人数、缴费基数等事项而少缴社会保险费的。

第十七条　用人单位未按照本规定第十六条规定的期限补缴的，社会保险经办机构可以按照社会保险法第六十三条第二款的规定，向用人单位开户银行或者其他金融机构查询其存款账户。

第十八条　社会保险经办机构可以根据查询结果向所属的社会保险行政部门申请作出划拨社会保险费的决定，并提交下列材料：

（一）用人单位名称、法定代表人、地址、联系方式；

（二）用人单位开户银行、户名及账号；

（三）申请划拨的事实、理由及依据；

（四）申请划拨的社会保险费数额；

（五）社会保险行政部门要求提供的其他材料。

第十九条　社会保险行政部门接到社会保险经办机构划拨申请后，应当按照《中华人民共和国行政强制法》的规定，及时作出划拨社会保险费决定，并书面通知用人单位开户银行或者其他金融机构予以划拨。

第二十条　社会保险行政部门作出的划拨社会保险费决定，应当按照《中华人民共和国行政强制法》的规定送达用人单位，并抄送社会保险经办机构。

第二十一条　经查询，用人单位账户余额少于应当缴纳的社会保险费数额的，或者划拨后用人单位仍未足额清偿社会保险费的，社会保险经办机构可以要求用人单位以抵押、质押的方式提供担保。

第二十二条　用人单位应当到社会保险经办机构认可的评估机构对其抵押财产或者质押财产进行评估，经社会保险经办机构审核后，对能够足额清偿社会保险费的，双方依法签订抵押合同或者质押合同；需要办理登记的，应当依法办理抵押登记或者质押登记。

第二十三条　社会保险经办机构与用人单位签订抵押合同或者质押合同后，应当签订延期缴费协议，并约定协议期满用人单位仍未足额清偿社会保险费的，社会保险经办机构可以参照协议期满时的市场价格，以抵押财产、质押财产折价或者以拍卖、变卖所得抵缴社会保险费。

延期缴费协议期限最长不超过1年。

第二十四条　用人单位提供担保并签订延期缴费协议的，其职工在延缴期间按照规定享受社会保险待遇。

第二十五条　用人单位经责令仍未补缴且有下列情形之一的，社会保险经办机构可以按照社会保险法第六十三条第三款的规定，向所在地有管辖权的人民法院申请扣押、查封、拍卖用人单位财产，以拍卖所得抵缴应缴纳的社会保险费、滞纳金：

（一）经查询，用人单位开户银行账户余额少于应缴纳的社会保险费数额且未签订担保合同的；

（二）经划拨，用人单位仍未足额清偿应缴纳的社会保险费且未签订担保合同的；

（三）延期缴费协议期满，因担保财产的市场价格或者权利状况发生变化，用人单位仍未足额清偿应缴纳的社会保险费的。

第二十六条　社会保险经办机构申请人民法院强制执行的，应当提供下列材料：

（一）强制执行申请书；

（二）用人单位欠缴社会保险费及加收滞纳金的事实、理由和依据；

（三）社会保险经办机构限期补缴通知；

（四）用人单位的意见；

（五）用人单位有本规定第二十五条所列情形时的相关材料；

（六）申请强制执行的用人单位财产情况；

（七）法律、行政法规规定以及人民法院要求的其他材料。

强制执行申请书应当由社会保险经办机构负责人签名，加盖社会保险经办机构的印章，并注明日期。

第五章　法律责任

第二十七条　社会保险行政部门及其工作人员作出划拨社会保险费决定时，有下列行为之一的，按照《中华人民共和国行政强制法》的规定，由上级社会保险行政部门或者有关部门责令改正，对直接负责的主管人员和其他直接责任人员依法给予处分；给用人单位或者个人造成损失的，依法承担赔偿责任；构成犯罪的，依法追究刑事责任：

（一）违反法定程序作出划拨社会保险费决定的；

（二）未在规定时限内及时作出划拨社会保险费决定并书面通知用人单位开户银行或者其他金融机构的；

（三）决定划拨的社会保险费数额错误的；

（四）向当事人泄露信息影响划拨社会保险费的；

（五）有违反法律、法规和规章的其他行为的。

第二十八条　社会保险经办机构及其工作人员有下列行为之一的，由社会保险行政部门责令改正，视情节轻重对直接负责的主管人员和其他直接责任人员依法给予相应处分：

（一）未按照本规定第八条核定或者确定用人单位应当缴纳的社会保险费数额的；

（二）对已征收的社会保险费未按照国家规定记账的；

（三）未依法责令欠缴社会保险费的用人单位限期补缴社会保险费、加收滞纳金的；

（四）申请人民法院强制执行不符合规定的；

（五）签订担保合同和延期缴费协议不符合规定的；

（六）未按照规定审核、处置担保财产的；

（七）法律、法规和规章规定的其他情形。

第二十九条　社会保险经办机构擅自更改社会保险费缴费基数、费率，导致少收或者多收社会保险费的，由社会保险行政部门责令其追缴应当缴纳的社会保险费或者退还不应当缴纳的社会保险费；对直接负责的主管人员和其他直接责任人员依法给予处分。

第三十条　用人单位未按照规定向社会保险经办机构进行缴费申报或者未按照规定缴纳社会保险费的，社会保险行政部门应当依法查处。

用人单位未按时足额缴纳社会保险费的，由社会保险经办机构按照社会保险法第八十六条的规定，责令其限期缴纳或者补足，并自欠缴之日起按日加收0.5‰的滞纳金；逾期仍不缴纳的，由社会保险行政部门处欠缴数额1倍以上3倍以下的罚款。

第三十一条　用人单位未按月将代扣代缴社会保险费明细情况告知职工本人，或者未按照规定通报、公布本单位全年社会保险费缴纳情况的，职工有权向社会保险行政部门举报、投诉。

第六章　附则

第三十二条　社会保险费由税务机关征收的，社会保险经办机构应当及时将用人单位和职工应缴社会保险费数额提供给税务机关；税务机关应当及时向社会保险经办机构提供用人单位和职工的缴费情况。

社会保险经办机构应当按月将单位和个人缴纳失业保险费的情况提供给负责支付失业保险待遇的经办机构。

第三十三条　以个人身份参加社会保险的，社会保险费申报和缴纳办法另行规定。

第三十四条　本规定自2013年11月1日起施行。原劳动和社会保障部《社会保险费申报缴纳管理暂行办法》（劳动和社会保障部令第2号）同时废止。

财政部　人力资源社会保障部　国家税务总局关于企业年金　职业年金个人所得税有关问题的通知

财税〔2013〕103 号

各省、自治区、直辖市、计划单列市财政厅（局）、人力资源社会保障厅（局）、地方税务局，新疆生产建设兵团财务局、人力资源社会保障局：

为促进我国多层次养老保险体系的发展，根据个人所得税法相关规定，现就企业年金和职业年金个人所得税有关问题通知如下：

一、企业年金和职业年金缴费的个人所得税处理

1. 企业和事业单位（以下统称“单位”）根据国家有关政策规定的办法和标准，为在本单位任职或者受雇的全体职工缴付的企业年金或职业年金（以下统称“年金”）单位缴费部分，在计入个人账户时，个人暂不缴纳个人所得税。

2. 个人根据国家有关政策规定缴付的年金个人缴费部分，在不超过本人缴费工资计税基数的 4% 标准内的部分，暂从个人当期的应纳税所得额中扣除。

3. 超过本通知第一条第 1 项和第 2 项规定的标准缴付的年金单位缴费和个人缴费部分，应并入个人当期的工资、薪金所得，依法计征个人所得税。税款由建立年金的单位代扣代缴，并向主管税务机关申报解缴。

4. 企业年金个人缴费工资计税基数为本人上一年度月平均工资。月平均工资按国家统计局规定列入工资总额统计的项目计算。月平均工资超过职工工作地所在设区城市上一年度职工月平均工资 300% 以上的部分，不计入个人缴费工资计税基数。

职业年金个人缴费工资计税基数为职工岗位工资和薪级工资之和。职工岗位工资和薪级工资之和超过职工工作地所在设区城市上一年度职工月平均工资 300% 以上的部分，不计入个人缴费工资计税基数。

二、年金基金投资运营收益的个人所得税处理

年金基金投资运营收益分配计入个人账户时，个人暂不缴纳个人所得税。

三、领取年金的个人所得税处理

1. 个人达到国家规定的退休年龄，在本通知实施之后按月领取的年金，全额按照“工资、薪金所得”项目适用的税率，计征个人所得税；在本通知实施之后按年或按季领取的年金，平均分摊计入各月，每月领取额全额按照“工资、薪金所得”项目适用的税率，计征个人所得税。

2. 对单位和个人在本通知实施之前开始缴付年金缴费，个人在本通知实施之后领取年金的，允许其从领取的年金中减除在本通知实施之前缴付的年金单位缴费和个人缴费且已经缴纳个人所得税的部分，就其余额按照本通知第三条第 1 项的规定征税。在个人分期领取年金的情况下，可按本通知实施之前缴付的年金缴费金额占全部缴费金额的百分比减计当期的应纳税所

得额，减计后的余额，按照本通知第三条第1项的规定，计算缴纳个人所得税。

3. 对个人因出境定居而一次性领取的年金个人账户资金，或个人死亡后，其指定的受益人或法定继承人一次性领取的年金个人账户余额，允许领取人将一次性领取的年金个人账户资金或余额按12个月分摊到各月，就其每月分摊额，按照本通知第三条第1项和第2项的规定计算缴纳个人所得税。对个人除上述特殊原因外一次性领取年金个人账户资金或余额的，则不允许采取分摊的方法，而是就其一次性领取的总额，单独作为一个月的工资薪金所得，按照本通知第三条第1项和第2项的规定，计算缴纳个人所得税。

4. 个人领取年金时，其应纳税款由受托人代表委托人委托托管人代扣代缴。年金账户管理人应及时向托管人提供个人年金缴费及对应的个人所得税纳税明细。托管人根据受托人指令及账户管理人提供的资料，按照规定计算扣缴个人当期领取年金待遇的应纳税款，并向托管人所在地主管税务机关申报解缴。

5. 建立年金计划的单位、年金托管人，应按照个人所得税法和税收征收管理法的有关规定，实行全员全额扣缴明细申报。受托人有责任协调相关管理人依法向税务机关办理扣缴申报、提供相关资料。

四、建立年金计划的单位应于建立年金计划的次月15日内，向其所在地主管税务机关报送年金方案、人力资源社会保障部门出具的方案备案函、计划确认函以及主管税务机关要求报送的其他相关资料。年金方案、受托人、托管人发生变化的，应于发生变化的次月15日内重新向其主管税务机关报送上述资料。

五、财政、税务、人力资源社会保障等相关部门以及年金机构之间要加强协调，通力合作，共同做好政策实施各项工作。

六、本通知所称企业年金，是指根据《企业年金试行办法》（原劳动和社会保障部令第20号）的规定，企业及其职工在依法参加基本养老保险的基础上，自愿建立的补充养老保险制度。所称职业年金是指根据《事业单位职业年金试行办法》（国办发〔2011〕37号）的规定，事业单位及其工作人员在依法参加基本养老保险的基础上，建立的补充养老保险制度。

七、本通知自2014年1月1日起执行。《国家税务总局关于企业年金个人所得税征收管理有关问题的通知》（国税函〔2009〕694号）、《国家税务总局关于企业年金个人所得税有关问题补充规定的公告》（国家税务总局公告2011年第9号）同时废止。

财政部　人力资源社会保障部　国家税务总局

2013年12月6日

工伤职工劳动能力鉴定管理办法

中华人民共和国人力资源和社会保障部
中华人民共和国国家卫生和计划生育委员会 令

《工伤职工劳动能力鉴定管理办法》已经人力资源社会保障部部务会、国家卫生计生委委主任会议讨论通过，现予公布，自2014年4月1日起施行。

人力资源社会保障部部长　尹蔚民
国家卫生计生委主任　李　斌
2014年2月20日

工伤职工劳动能力鉴定管理办法

第一章　总则

第一条　为了加强劳动能力鉴定管理，规范劳动能力鉴定程序，根据《中华人民共和国社会保险法》、《中华人民共和国职业病防治法》和《工伤保险条例》，制定本办法。

第二条　劳动能力鉴定委员会依据《劳动能力鉴定　职工工伤与职业病致残等级》国家标准，对工伤职工劳动功能障碍程度和生活自理障碍程度组织进行技术性等级鉴定，适用本办法。

第三条　省、自治区、直辖市劳动能力鉴定委员会和设区的市级（含直辖市的市辖区、县，下同）劳动能力鉴定委员会分别由省、自治区、直辖市和设区的市级人力资源社会保障行政部门、卫生计生行政部门、工会组织、用人单位代表以及社会保险经办机构代表组成。

承担劳动能力鉴定委员会日常工作的机构，其设置方式由各地根据实际情况决定。

第四条　劳动能力鉴定委员会履行下列职责：

（一）选聘医疗卫生专家，组建医疗卫生专家库，对专家进行培训和管理；

（二）组织劳动能力鉴定；

（三）根据专家组的鉴定意见作出劳动能力鉴定结论；

（四）建立完整的鉴定数据库，保管鉴定工作档案50年；

（五）法律、法规、规章规定的其他职责。

第五条　设区的市级劳动能力鉴定委员会负责本辖区内的劳动能力初次鉴定、复查鉴定。

省、自治区、直辖市劳动能力鉴定委员会负责对初次鉴定或者复查鉴定结论不服提出的再次鉴定。

第六条　劳动能力鉴定相关政策、工作制度和业务流程应当向社会公开。

第二章 鉴定程序

第七条 职工发生工伤，经治疗伤情相对稳定后存在残疾、影响劳动能力的，或者停工留薪期满（含劳动能力鉴定委员会确认的延长期限），工伤职工或者其用人单位应当及时向设区的市级劳动能力鉴定委员会提出劳动能力鉴定申请。

第八条 申请劳动能力鉴定应当填写劳动能力鉴定申请表，并提交下列材料：

（一）《工伤认定决定书》原件和复印件；

（二）有效的诊断证明、按照医疗机构病历管理有关规定复印或者复制的检查、检验报告等完整病历材料；

（三）工伤职工的居民身份证或者社会保障卡等其他有效身份证明原件和复印件；

（四）劳动能力鉴定委员会规定的其他材料。

第九条 劳动能力鉴定委员会收到劳动能力鉴定申请后，应当及时对申请人提交的材料进行审核；申请人提供材料不完整的，劳动能力鉴定委员会应当自收到劳动能力鉴定申请之日起 5 个工作日内一次性书面告知申请人需要补正的全部材料。

申请人提供材料完整的，劳动能力鉴定委员会应当及时组织鉴定，并在收到劳动能力鉴定申请之日起 60 日内作出劳动能力鉴定结论。伤情复杂、涉及医疗卫生专业较多的，作出劳动能力鉴定结论的期限可以延长 30 日。

第十条 劳动能力鉴定委员会应当视伤情程度等从医疗卫生专家库中随机抽取 3 名或者 5 名与工伤职工伤情相关科别的专家组成专家组进行鉴定。

第十一条 劳动能力鉴定委员会应当提前通知工伤职工进行鉴定的时间、地点以及应当携带的材料。工伤职工应当按照通知的时间、地点参加现场鉴定。对行动不便的工伤职工，劳动能力鉴定委员会可以组织专家上门进行劳动能力鉴定。组织劳动能力鉴定的工作人员应当对工伤职工的身份进行核实。

工伤职工因故不能按时参加鉴定的，经劳动能力鉴定委员会同意，可以调整现场鉴定的时间，作出劳动能力鉴定结论的期限相应顺延。

第十二条 因鉴定工作需要，专家组提出应当进行有关检查和诊断的，劳动能力鉴定委员会可以委托具备资格的医疗机构协助进行有关的检查和诊断。

第十三条 专家组根据工伤职工伤情，结合医疗诊断情况，依据《劳动能力鉴定 职工工伤与职业病致残等级》国家标准提出鉴定意见。参加鉴定的专家都应当签署意见并签名。

专家意见不一致时，按照少数服从多数的原则确定专家组的鉴定意见。

第十四条 劳动能力鉴定委员会根据专家组的鉴定意见作出劳动能力鉴定结论。劳动能力鉴定结论书应当载明下列事项：

（一）工伤职工及其用人单位的基本信息；

（二）伤情介绍，包括伤残部位、器官功能障碍程度、诊断情况等；

（三）作出鉴定的依据；

（四）鉴定结论。

第十五条 劳动能力鉴定委员会应当自作出鉴定结论之日起 20 日内将劳动能力鉴定结论及时送达工伤职工及其用人单位，并抄送社会保险经办机构。

第十六条 工伤职工或者其用人单位对初次鉴定结论不服的，可以在收到该鉴定结论之日起 15 日内向省、自治区、直辖市劳动能力鉴定委员会申请再次鉴定。

申请再次鉴定，除提供本办法第八条规定的材料外，还需提交劳动能力初次鉴定结论原件和复印件。

省、自治区、直辖市劳动能力鉴定委员会作出的劳动能力鉴定结论为最终结论。

第十七条　自劳动能力鉴定结论作出之日起1年后，工伤职工、用人单位或者社会保险经办机构认为伤残情况发生变化的，可以向设区的市级劳动能力鉴定委员会申请劳动能力复查鉴定。

对复查鉴定结论不服的，可以按照本办法第十六条规定申请再次鉴定。

第十八条　工伤职工本人因身体等原因无法提出劳动能力初次鉴定、复查鉴定、再次鉴定申请的，可由其近亲属代为提出。

第十九条　再次鉴定和复查鉴定的程序、期限等按照本办法第九条至第十五条的规定执行。

第三章　监督管理

第二十条　劳动能力鉴定委员会应当每3年对专家库进行一次调整和补充，实行动态管理。确有需要的，可以根据实际情况适时调整。

第二十一条　劳动能力鉴定委员会选聘医疗卫生专家，聘期一般为3年，可以连续聘任。

聘任的专家应当具备下列条件：

（一）具有医疗卫生高级专业技术职务任职资格；

（二）掌握劳动能力鉴定的相关知识；

（三）具有良好的职业品德。

第二十二条　参加劳动能力鉴定的专家应当按照规定的时间、地点进行现场鉴定，严格执行劳动能力鉴定政策和标准，客观、公正地提出鉴定意见。

第二十三条　用人单位、工伤职工或者其近亲属应当如实提供鉴定需要的材料，遵守劳动能力鉴定相关规定，按照要求配合劳动能力鉴定工作。

工伤职工有下列情形之一的，当次鉴定终止：

（一）无正当理由不参加现场鉴定的；

（二）拒不参加劳动能力鉴定委员会安排的检查和诊断的。

第二十四条　医疗机构及其医务人员应当如实出具与劳动能力鉴定有关的各项诊断证明和病历材料。

第二十五条　劳动能力鉴定委员会组成人员、劳动能力鉴定工作人员以及参加鉴定的专家与当事人有利害关系的，应当回避。

第二十六条　任何组织或者个人有权对劳动能力鉴定中的违法行为进行举报、投诉。

第四章　法律责任

第二十七条　劳动能力鉴定委员会和承担劳动能力鉴定委员会日常工作的机构及其工作人员在从事或者组织劳动能力鉴定时，有下列行为之一的，由人力资源社会保障行政部门或者有关部门责令改正，对直接负责的主管人员和其他直接责任人员依法给予相应处分；构成犯罪的，依法追究刑事责任：

（一）未及时审核并书面告知申请人需要补正的全部材料的；

（二）未在规定期限内作出劳动能力鉴定结论的；

（三）未按照规定及时送达劳动能力鉴定结论的；

（四）未按照规定随机抽取相关科别专家进行鉴定的；

（五）擅自篡改劳动能力鉴定委员会作出的鉴定结论的；

（六）利用职务之便非法收受当事人财物的；

（七）有违反法律法规和本办法的其他行为的。

第二十八条　从事劳动能力鉴定的专家有下列行为之一的，劳动能力鉴定委员会应当予以解聘；情节严重的，由卫生计生行政部门依法处理：

（一）提供虚假鉴定意见的；

（二）利用职务之便非法收受当事人财物的；

（三）无正当理由不履行职责的；

（四）有违反法律法规和本办法的其他行为的。

第二十九条　参与工伤救治、检查、诊断等活动的医疗机构及其医务人员有下列情形之一的，由卫生计生行政部门依法处理：

（一）提供与病情不符的虚假诊断证明的；

（二）篡改、伪造、隐匿、销毁病历材料的；

（三）无正当理由不履行职责的。

第三十条　以欺诈、伪造证明材料或者其他手段骗取鉴定结论、领取工伤保险待遇的，按照《中华人民共和国社会保险法》第八十八条的规定，由人力资源社会保障行政部门责令退回骗取的社会保险金，处骗取金额2倍以上5倍以下的罚款。

第五章　附则

第三十一条　未参加工伤保险的公务员和参照公务员法管理的事业单位、社会团体工作人员因工（公）致残的劳动能力鉴定，参照本办法执行。

第三十二条　本办法中的劳动能力鉴定申请表、初次（复查）鉴定结论书、再次鉴定结论书、劳动能力鉴定材料收讫补正告知书等文书基本样式由人力资源社会保障部制定。

第三十三条　本办法自2014年4月1日起施行。

附件：（略）

1. 劳动能力鉴定申请表
2. 初次（复查）鉴定结论书
3. 再次鉴定结论书
4. 劳动能力鉴定材料收讫补正告知书

国务院关于建立统一的城乡居民基本养老保险制度的意见

国发〔2014〕8号

各省、自治区、直辖市人民政府，国务院各部委、各直属机构：

按照党的十八大精神和十八届三中全会关于整合城乡居民基本养老保险制度的要求，依据《中华人民共和国社会保险法》有关规定，在总结新型农村社会养老保险（以下简称新农保）和城镇居民社会养老保险（以下简称城居保）试点经验的基础上，国务院决定，将新农保和城居保两项制度合并实施，在全国范围内建立统一的城乡居民基本养老保险（以下简称城乡居民养老保险）制度。现提出以下意见：

一　指导思想

高举中国特色社会主义伟大旗帜，以邓小平理论、“三个代表”重要思想、科学发展观为指导，贯彻落实党中央和国务院的各项决策部署，按照全覆盖、保基本、有弹性、可持续的方针，以增强公平性、适应流动性、保证可持续性为重点，全面推进和不断完善覆盖全体城乡居民的基本养老保险制度，充分发挥社会保险对保障人民基本生活、调节社会收入分配、促进城乡经济社会协调发展的重要作用。

二　任务目标

坚持和完善社会统筹与个人账户相结合的制度模式，巩固和拓宽个人缴费、集体补助、政府补贴相结合的资金筹集渠道，完善基础养老金和个人账户养老金相结合的待遇支付政策，强化长缴多得、多缴多得等制度的激励机制，建立基础养老金正常调整机制，健全服务网络，提高管理水平，为参保居民提供方便快捷的服务。“十二五”末，在全国基本实现新农保和城居保制度合并实施，并与职工基本养老保险制度相衔接。2020年前，全面建成公平、统一、规范的城乡居民养老保险制度，与社会救助、社会福利等其他社会保障政策相配套，充分发挥家庭养老等传统保障方式的积极作用，更好保障参保城乡居民的老年基本生活。

三　参保范围

年满16周岁（不含在校学生），非国家机关和事业单位工作人员及不属于职工基本养老保险制度覆盖范围的城乡居民，可以在户籍地参加城乡居民养老保险。

四 基金筹集

城乡居民养老保险基金由个人缴费、集体补助、政府补贴构成。

（一）个人缴费。

参加城乡居民养老保险的人员应当按规定缴纳养老保险费。缴费标准目前设为每年100元、200元、300元、400元、500元、600元、700元、800元、900元、1 000元、1 500元、2 000元12个档次，省（区、市）人民政府可以根据实际情况增设缴费档次，最高缴费档次标准原则上不超过当地灵活就业人员参加职工基本养老保险的年缴费额，并报人力资源社会保障部备案。人力资源社会保障部会同财政部依据城乡居民收入增长等情况适时调整缴费档次标准。参保人自主选择档次缴费，多缴多得。

（二）集体补助。

有条件的村集体经济组织应当对参保人缴费给予补助，补助标准由村民委员会召开村民会议民主确定，鼓励有条件的社区将集体补助纳入社区公益事业资金筹集范围。鼓励其他社会经济组织、公益慈善组织、个人为参保人缴费提供资助。补助、资助金额不超过当地设定的最高缴费档次标准。

（三）政府补贴。

政府对符合领取城乡居民养老保险待遇条件的参保人全额支付基础养老金，其中，中央财政对中西部地区按中央确定的基础养老金标准给予全额补助，对东部地区给予50%的补助。

地方人民政府应当对参保人缴费给予补贴，对选择最低档次标准缴费的，补贴标准不低于每人每年30元；对选择较高档次标准缴费的，适当增加补贴金额；对选择500元及以上档次标准缴费的，补贴标准不低于每人每年60元，具体标准和办法由省（区、市）人民政府确定。对重度残疾人等缴费困难群体，地方人民政府为其代缴部分或全部最低标准的养老保险费。

五 建立个人账户

国家为每个参保人员建立终身记录的养老保险个人账户，个人缴费、地方人民政府对参保人的缴费补贴、集体补助及其他社会经济组织、公益慈善组织、个人对参保人的缴费资助，全部记入个人账户。个人账户储存额按国家规定计息。

六 养老保险待遇及调整

城乡居民养老保险待遇由基础养老金和个人账户养老金构成，支付终身。

（一）基础养老金。中央确定基础养老金最低标准，建立基础养老金最低标准正常调整机制，根据经济发展和物价变动等情况，适时调整全国基础养老金最低标准。地方人民政府可以根据实际情况适当提高基础养老金标准；对长期缴费的，可适当加发基础养老金，提高和加发部分的资金由地方人民政府支出，具体办法由省（区、市）人民政府规定，并报人力资源社会保障部备案。

（二）个人账户养老金。个人账户养老金的月计发标准，目前为个人账户全部储存额除以139（与现行职工基本养老保险个人账户养老金计发系数相同）。参保人死亡，个人账户资金余额可以依法继承。

七　养老保险待遇领取条件

参加城乡居民养老保险的个人，年满60周岁、累计缴费满15年，且未领取国家规定的基本养老保障待遇的，可以按月领取城乡居民养老保险待遇。

新农保或城居保制度实施时已年满60周岁，在本意见印发之日前未领取国家规定的基本养老保障待遇的，不用缴费，自本意见实施之月起，可以按月领取城乡居民养老保险基础养老金；距规定领取年龄不足15年的，应逐年缴费，也允许补缴，累计缴费不超过15年；距规定领取年龄超过15年的，应按年缴费，累计缴费不少于15年。

城乡居民养老保险待遇领取人员死亡的，从次月起停止支付其养老金。有条件的地方人民政府可以结合本地实际探索建立丧葬补助金制度。社会保险经办机构应每年对城乡居民养老保险待遇领取人员进行核对；村（居）民委员会要协助社会保险经办机构开展工作，在行政村（社区）范围内对参保人待遇领取资格进行公示，并与职工基本养老保险待遇等领取记录进行比对，确保不重、不漏、不错。

八　转移接续与制度衔接

参加城乡居民养老保险的人员，在缴费期间户籍迁移、需要跨地区转移城乡居民养老保险关系的，可在迁入地申请转移养老保险关系，一次性转移个人账户全部储存额，并按迁入地规定继续参保缴费，缴费年限累计计算；已经按规定领取城乡居民养老保险待遇的，无论户籍是否迁移，其养老保险关系不转移。

城乡居民养老保险制度与职工基本养老保险、优抚安置、城乡居民最低生活保障、农村五保供养等社会保障制度以及农村部分计划生育家庭奖励扶助制度的衔接，按有关规定执行。

九　基金管理和运营

将新农保基金和城居保基金合并为城乡居民养老保险基金，完善城乡居民养老保险基金财务会计制度和各项业务管理规章制度。城乡居民养老保险基金纳入社会保障基金财政专户，实行收支两条线管理，单独记账、独立核算，任何地区、部门、单位和个人均不得挤占挪用、虚报冒领。各地要在整合城乡居民养老保险制度的基础上，逐步推进城乡居民养老保险基金省级管理。

城乡居民养老保险基金按照国家统一规定投资运营，实现保值增值。

十　基金监督

各级人力资源社会保障部门要会同有关部门认真履行监管职责，建立健全内控制度和基金稽核监督制度，对基金的筹集、上解、划拨、发放、存储、管理等进行监控和检查，并按规定披露信息，接受社会监督。财政部门、审计部门按各自职责，对基金的收支、管理和投资运营情况实施监督。对虚报冒领、挤占挪用、贪污浪费等违纪违法行为，有关部门按国家有关法律法规严肃处理。要积极探索有村（居）民代表参加的社会监督的有效方式，做到基金公开透明，制度在阳光下运行。

十一　经办管理服务与信息化建设

省（区、市）人民政府要切实加强城乡居民养老保险经办能力建设，结合本地实际，科学整合现有公共服务资源和社会保险经办管理资源，充实加强基层经办力量，做到精确管理、便捷服务。要注重运用现代管理方式和政府购买服务方式，降低行政成本，提高工作效率。要加强城乡居民养老保险工作人员专业培训，不断提高公共服务水平。社会保险经办机构要认真记录参保人缴费和领取待遇情况，建立参保档案，按规定妥善保存。地方人民政府要为经办机构提供必要的工作场地、设施设备、经费保障。城乡居民养老保险工作经费纳入同级财政预算，不得从城乡居民养老保险基金中开支。基层财政确有困难的地区，省市级财政可给予适当补助。

各地要在现有新农保和城居保业务管理系统基础上，整合形成省级集中的城乡居民养老保险信息管理系统，纳入“金保工程”建设，并与其他公民信息管理系统实现信息资源共享；要将信息网络向基层延伸，实现省、市、县、乡镇（街道）、社区实时联网，有条件的地区可延伸到行政村；要大力推行全国统一的社会保障卡，方便参保人持卡缴费、领取待遇和查询本人参保信息。

十二　加强组织领导和政策宣传

地方各级人民政府要充分认识建立城乡居民养老保险制度的重要性，将其列入当地经济社会发展规划和年度目标管理考核体系，切实加强组织领导；要优化财政支出结构，加大财政投入，为城乡居民养老保险制度建设提供必要的财力保障。各级人力资源社会保障部门要切实履行主管部门职责，会同有关部门做好城乡居民养老保险工作的统筹规划和政策制定、统一管理、综合协调、监督检查等工作。

各地区和有关部门要认真做好城乡居民养老保险政策宣传工作，全面准确地宣传解读政策，正确把握舆论导向，注重运用通俗易懂的语言和群众易于接受的方式，深入基层开展宣传活动，引导城乡居民踊跃参保、持续缴费、增加积累，保障参保人的合法权益。

各省（区、市）人民政府要根据本意见，结合本地区实际情况，制定具体实施办法，并报人力资源社会保障部备案。

本意见自印发之日起实施，已有规定与本意见不一致的，按本意见执行。

国务院

2014 年 2 月 21 日

人力资源社会保障部　财政部关于印发《城乡养老保险制度衔接暂行办法》的通知

人社部发〔2014〕17 号

各省、自治区、直辖市人民政府，新疆生产建设兵团：

经国务院同意，现将《城乡养老保险制度衔接暂行办法》印发给你们，请认真贯彻执行。

实现城乡养老保险制度衔接，是贯彻落实党的十八届三中全会精神和社会保险法规定，进一步完善养老保险制度的重要内容。做好城乡养老保险制度衔接工作，有利于促进劳动力的合理流动，保障广大城乡参保人员的权益，对于健全和完善城乡统筹的社会保障体系具有重要意义。各地区要高度重视，加强组织领导，明确职责分工，密切协同配合，研究制定具体实施办法，深入开展政策宣传解释和培训，全力做好经办服务，抓好信息系统建设，确保城乡养老保险制度衔接工作平稳实施。

人力资源社会保障部　财政部

2014 年 2 月 24 日

城乡养老保险制度衔接暂行办法

第一条　为了解决城乡养老保险制度衔接问题，维护参保人员的养老保险权益，依据《中华人民共和国社会保险法》和《实施〈中华人民共和国社会保险法〉若干规定》（人力资源和社会保障部令第 13 号）的规定，制定本办法。

第二条　本办法适用于参加城镇职工基本养老保险（以下简称城镇职工养老保险）、城乡居民基本养老保险（以下简称城乡居民养老保险）两种制度需要办理衔接手续的人员。已经按照国家规定领取养老保险待遇的人员，不再办理城乡养老保险制度衔接手续。

第三条　参加城镇职工养老保险和城乡居民养老保险人员，达到城镇职工养老保险法定退休年龄后，城镇职工养老保险缴费年限满 15 年（含延长缴费至 15 年）的，可以申请从城乡居民养老保险转入城镇职工养老保险，按照城镇职工养老保险办法计发相应待遇；城镇职工养老保险缴费年限不足 15 年的，可以申请从城镇职工养老保险转入城乡居民养老保险，待达到城乡居民养老保险规定的领取条件时，按照城乡居民养老保险办法计发相应待遇。

第四条　参保人员需办理城镇职工养老保险和城乡居民养老保险制度衔接手续的，先按城镇职工养老保险有关规定确定待遇领取地，并将城镇职工养老保险的养老保险关系归集至待遇领取地，再办理制度衔接手续。

参保人员申请办理制度衔接手续时，从城乡居民养老保险转入城镇职工养老保险的，在城镇职工养老保险待遇领取地提出申请办理；从城镇职工养老保险转入城乡居民养老保险的，在转入城乡居民养老保险待遇领取地提出申请办理。

第五条 参保人员从城乡居民养老保险转入城镇职工养老保险的，城乡居民养老保险个人账户全部储存额并入城镇职工养老保险个人账户，城乡居民养老保险缴费年限不合并计算或折算为城镇职工养老保险缴费年限。

第六条 参保人员从城镇职工养老保险转入城乡居民养老保险的，城镇职工养老保险个人账户全部储存额并入城乡居民养老保险个人账户，参加城镇职工养老保险的缴费年限合并计算为城乡居民养老保险的缴费年限。

第七条 参保人员若在同一年度内同时参加城镇职工养老保险和城乡居民养老保险的，其重复缴费时段（按月计算，下同）只计算城镇职工养老保险缴费年限，并将城乡居民养老保险重复缴费时段相应个人缴费和集体补助退还本人。

第八条 参保人员不得同时领取城镇职工养老保险和城乡居民养老保险待遇。对于同时领取城镇职工养老保险和城乡居民养老保险待遇的，终止并解除城乡居民养老保险关系，除政府补贴外的个人账户余额退还本人，已领取的城乡居民养老保险基础养老金应予以退还；本人不予退还的，由社会保险经办机构负责从城乡居民养老保险个人账户余额或者城镇职工养老保险基本养老金中抵扣。

第九条 参保人员办理城乡养老保险制度衔接手续时，按下列程序办理：

（一）由参保人员本人向待遇领取地社会保险经办机构提出养老保险制度衔接的书面申请。

（二）待遇领取地社会保险经办机构受理并审核参保人员书面申请，对符合本办法规定条件的，在15个工作日内，向参保人员原城镇职工养老保险、城乡居民养老保险关系所在地社会保险经办机构发出联系函，并提供相关信息；对不符合本办法规定条件的，向申请人作出说明。

（三）参保人员原城镇职工养老保险、城乡居民养老保险关系所在地社会保险经办机构在接到联系函的15个工作日内，完成制度衔接的参保缴费信息传递和基金划转手续。

（四）待遇领取地社会保险经办机构收到参保人员原城镇职工养老保险、城乡居民养老保险关系所在地社会保险经办机构转移的资金后，应在15个工作日内办结有关手续，并将情况及时通知申请人。

第十条 健全完善全国县级以上社会保险经办机构联系方式信息库，并向社会公布，方便参保人员办理城乡养老保险制度衔接手续。建立全国统一的基本养老保险参保缴费信息查询服务系统，进一步完善全国社会保险关系转移系统，加快普及全国通用的社会保障卡，为参保人员查询参保缴费信息、办理城乡养老保险制度衔接提供便捷有效的技术服务。

第十一条 本办法从2014年7月1日起施行。各地已出台政策与本办法不符的，以本办法规定为准。

中华人民共和国国务院令

第 652 号

《事业单位人事管理条例》已经2014年2月26日国务院第40次常务会议通过，现予公布，自2014年7月1日起施行。

总理　李克强

2014年4月25日

事业单位人事管理条例

第一章　总则

第一条　为了规范事业单位的人事管理，保障事业单位工作人员的合法权益，建设高素质的事业单位工作人员队伍，促进公共服务发展，制定本条例。

第二条　事业单位人事管理，坚持党管干部、党管人才原则，全面准确贯彻民主、公开、竞争、择优方针。

国家对事业单位工作人员实行分级分类管理。

第三条　中央事业单位人事综合管理部门负责全国事业单位人事综合管理工作。

县级以上地方各级事业单位人事综合管理部门负责本辖区事业单位人事综合管理工作。

事业单位主管部门具体负责所属事业单位人事管理工作。

第四条　事业单位应当建立健全人事管理制度。

事业单位制定或者修改人事管理制度，应当通过职工代表大会或者其他形式听取工作人员意见。

第二章　岗位设置

第五条　国家建立事业单位岗位管理制度，明确岗位类别和等级。

第六条　事业单位根据职责任务和工作需要，按照国家有关规定设置岗位。

岗位应当具有明确的名称、职责任务、工作标准和任职条件。

第七条　事业单位拟订岗位设置方案，应当报人事综合管理部门备案。

第三章　公开招聘和竞聘上岗

第八条　事业单位新聘用工作人员，应当面向社会公开招聘。但是，国家政策性安置、按照人事管理权限由上级任命、涉密岗位等人员除外。

第九条　事业单位公开招聘工作人员按照下列程序进行：
（一）制定公开招聘方案；
（二）公布招聘岗位、资格条件等招聘信息；
（三）审查应聘人员资格条件；
（四）考试、考察；
（五）体检；
（六）公示拟聘人员名单；
（七）订立聘用合同，办理聘用手续。
第十条　事业单位内部产生岗位人选，需要竞聘上岗的，按照下列程序进行：
（一）制定竞聘上岗方案；
（二）在本单位公布竞聘岗位、资格条件、聘期等信息；
（三）审查竞聘人员资格条件；
（四）考评；
（五）在本单位公示拟聘人员名单；
（六）办理聘任手续。
第十一条　事业单位工作人员可以按照国家有关规定进行交流。

第四章　聘用合同

第十二条　事业单位与工作人员订立的聘用合同，期限一般不低于3年。

第十三条　初次就业的工作人员与事业单位订立的聘用合同期限3年以上的，试用期为12个月。

第十四条　事业单位工作人员在本单位连续工作满10年且距法定退休年龄不足10年，提出订立聘用至退休的合同的，事业单位应当与其订立聘用至退休的合同。

第十五条　事业单位工作人员连续旷工超过15个工作日，或者1年内累计旷工超过30个工作日的，事业单位可以解除聘用合同。

第十六条　事业单位工作人员年度考核不合格且不同意调整工作岗位，或者连续两年年度考核不合格的，事业单位提前30日书面通知，可以解除聘用合同。

第十七条　事业单位工作人员提前30日书面通知事业单位，可以解除聘用合同。但是，双方对解除聘用合同另有约定的除外。

第十八条　事业单位工作人员受到开除处分的，解除聘用合同。

第十九条　自聘用合同依法解除、终止之日起，事业单位与被解除、终止聘用合同人员的人事关系终止。

第五章　考核和培训

第二十条　事业单位应当根据聘用合同规定的岗位职责任务，全面考核工作人员的表现，重点考核工作绩效。考核应当听取服务对象的意见和评价。

第二十一条　考核分为平时考核、年度考核和聘期考核。

年度考核的结果可以分为优秀、合格、基本合格和不合格等档次，聘期考核的结果可以分为合格和不合格等档次。

第二十二条　考核结果作为调整事业单位工作人员岗位、工资以及续订聘用合同的依据。

第二十三条　事业单位应当根据不同岗位的要求，编制工作人员培训计划，对工作人员进行分级分类培训。

工作人员应当按照所在单位的要求，参加岗前培训、在岗培训、转岗培训和为完成特定任务的专项培训。

第二十四条　培训经费按照国家有关规定列支。

第六章　奖励和处分

第二十五条　事业单位工作人员或者集体有下列情形之一的，给予奖励：

（一）长期服务基层，爱岗敬业，表现突出的；

（二）在执行国家重要任务、应对重大突发事件中表现突出的；

（三）在工作中有重大发明创造、技术革新的；

（四）在培养人才、传播先进文化中作出突出贡献的；

（五）有其他突出贡献的。

第二十六条　奖励坚持精神奖励与物质奖励相结合、以精神奖励为主的原则。

第二十七条　奖励分为嘉奖、记功、记大功、授予荣誉称号。

第二十八条　事业单位工作人员有下列行为之一的，给予处分：

（一）损害国家声誉和利益的；

（二）失职渎职的；

（三）利用工作之便谋取不正当利益的；

（四）挥霍、浪费国家资财的；

（五）严重违反职业道德、社会公德的；

（六）其他严重违反纪律的。

第二十九条　处分分为警告、记过、降低岗位等级或者撤职、开除。

受处分的期间为：警告，6 个月；记过，12 个月；降低岗位等级或者撤职，24 个月。

第三十条　给予工作人员处分，应当事实清楚、证据确凿、定性准确、处理恰当、程序合法、手续完备。

第三十一条　工作人员受开除以外的处分，在受处分期间没有再发生违纪行为的，处分期满后，由处分决定单位解除处分并以书面形式通知本人。

第七章　工资福利和社会保险

第三十二条　国家建立激励与约束相结合的事业单位工资制度。

事业单位工作人员工资包括基本工资、绩效工资和津贴补贴。

事业单位工资分配应当结合不同行业事业单位特点，体现岗位职责、工作业绩、实际贡献等因素。

第三十三条　国家建立事业单位工作人员工资的正常增长机制。

事业单位工作人员的工资水平应当与国民经济发展相协调、与社会进步相适应。

第三十四条　事业单位工作人员享受国家规定的福利待遇。

事业单位执行国家规定的工时制度和休假制度。

第三十五条　事业单位及其工作人员依法参加社会保险，工作人员依法享受社会保险待遇。

第三十六条　事业单位工作人员符合国家规定退休条件的，应当退休。

第八章 人事争议处理

第三十七条 事业单位工作人员与所在单位发生人事争议的，依照《中华人民共和国劳动争议调解仲裁法》等有关规定处理。

第三十八条 事业单位工作人员对涉及本人的考核结果、处分决定等不服的，可以按照国家有关规定申请复核、提出申诉。

第三十九条 负有事业单位聘用、考核、奖励、处分、人事争议处理等职责的人员履行职责，有下列情形之一的，应当回避：

（一）与本人有利害关系的；

（二）与本人近亲属有利害关系的；

（三）其他可能影响公正履行职责的。

第四十条 对事业单位人事管理工作中的违法违纪行为，任何单位或者个人可以向事业单位人事综合管理部门、主管部门或者监察机关投诉、举报，有关部门和机关应当及时调查处理。

第九章 法律责任

第四十一条 事业单位违反本条例规定的，由县级以上事业单位人事综合管理部门或者主管部门责令限期改正；逾期不改正的，对直接负责的主管人员和其他直接责任人员依法给予处分。

第四十二条 对事业单位工作人员的人事处理违反本条例规定给当事人造成名誉损害的，应当赔礼道歉、恢复名誉、消除影响；造成经济损失的，依法给予赔偿。

第四十三条 事业单位人事综合管理部门和主管部门的工作人员在事业单位人事管理工作中滥用职权、玩忽职守、徇私舞弊的，依法给予处分；构成犯罪的，依法追究刑事责任。

第十章 附则

第四十四条 本条例自 2014 年 7 月 1 日起施行。

国家卫生和计划生育委员会令

第 1 号

《新食品原料安全性审查管理办法》已于 2013 年 2 月 5 日经原卫生部部务会审议通过，现予公布，自 2013 年 10 月 1 日起施行。

主任　李斌

2013 年 5 月 31 日

新食品原料安全性审查管理办法

第一条　为规范新食品原料安全性评估材料审查工作，根据《中华人民共和国食品安全法》及其实施条例的有关规定，制定本办法。

第二条　新食品原料是指在我国无传统食用习惯的以下物品：

（一）动物、植物和微生物；

（二）从动物、植物和微生物中分离的成分；

（三）原有结构发生改变的食品成分；

（四）其他新研制的食品原料。

第三条　新食品原料应当具有食品原料的特性，符合应当有的营养要求，且无毒、无害，对人体健康不造成任何急性、亚急性、慢性或者其他潜在性危害。

第四条　新食品原料应当经过国家卫生计生委安全性审查后，方可用于食品生产经营。

第五条　国家卫生计生委负责新食品原料安全性评估材料的审查和许可工作。

国家卫生计生委所属卫生监督中心承担新食品原料安全性评估材料的申报受理、组织开展安全性评估材料的审查等具体工作。

第六条　拟从事新食品原料生产、使用或者进口的单位或者个人（以下简称申请人），应当提出申请并提交以下材料：

（一）申请表；

（二）新食品原料研制报告；

（三）安全性评估报告；

（四）生产工艺；

（五）执行的相关标准（包括安全要求、质量规格、检验方法等）；

（六）标签及说明书；

（七）国内外研究利用情况和相关安全性评估资料；

（八）有助于评审的其他资料。

另附未启封的产品样品1件或者原料30克。

第七条 申请进口新食品原料的，除提交第六条规定的材料外，还应当提交以下材料：

（一）出口国（地区）相关部门或者机构出具的允许该产品在本国（地区）生产或者销售的证明材料；

（二）生产企业所在国（地区）有关机构或者组织出具的对生产企业审查或者认证的证明材料。

第八条 申请人应当如实提交有关材料，反映真实情况，对申请材料内容的真实性负责，并承担法律责任。

第九条 申请人在提交本办法第六条第一款第二项至第六项材料时，应当注明其中不涉及商业秘密，可以向社会公开的内容。

第十条 国家卫生计生委受理新食品原料申请后，向社会公开征求意见。

第十一条 国家卫生计生委自受理新食品原料申请之日起60日内，应当组织专家对新食品原料安全性评估材料进行审查，作出审查结论。

第十二条 审查过程中需要补充资料的，应当及时书面告知申请人，申请人应当按照要求及时补充有关资料。

根据审查工作需要，可以要求申请人现场解答有关技术问题，申请人应当予以配合。

第十三条 审查过程中需要对生产工艺进行现场核查的，可以组织专家对新食品原料研制及生产现场进行核查，并出具现场核查意见，专家对出具的现场核查意见承担责任。省级卫生监督机构应当予以配合。

参加现场核查的专家不参与该产品安全性评估材料的审查表决。

第十四条 新食品原料安全性评估材料审查和许可的具体程序按照《行政许可法》、《卫生行政许可管理办法》等有关法律法规规定执行。

第十五条 国家卫生计生委根据新食品原料的安全性审查结论，对符合食品安全要求的，准予许可并予以公告；对不符合食品安全要求的，不予许可并书面说明理由。

对与食品或者已公告的新食品原料具有实质等同性的，应当作出终止审查的决定，并书面告知申请人。

第十六条 根据新食品原料的不同特点，公告可以包括以下内容：

（一）名称；

（二）来源；

（三）生产工艺；

（四）主要成分；

（五）质量规格要求；

（六）标签标识要求；

（七）其他需要公告的内容。

第十七条 有下列情形之一的，国家卫生计生委应当及时组织对已公布的新食品原料进行重新审查：

（一）随着科学技术的发展，对新食品原料的安全性产生质疑的；

（二）有证据表明新食品原料的安全性可能存在问题的；

（三）其他需要重新审查的情形。

对重新审查不符合食品安全要求的新食品原料，国家卫生计生委可以撤销许可。

第十八条 新食品原料生产单位应当按照新食品原料公告要求进行生产，保证新食品原料的食用安全。

第十九条 食品中含有新食品原料的，其产品标签标识应当符合国家法律、法规、食品安全标准和国家卫生计生委公告要求。

第二十条 违反本办法规定，生产或者使用未经安全性评估的新食品原料的，按照《食品安全法》的有关规定处理。

第二十一条 申请人隐瞒有关情况或者提供虚假材料申请新食品原料许可的，国家卫生计生委不予受理或者不予许可，并给予警告，且申请人在一年内不得再次申请该新食品原料许可。

以欺骗、贿赂等不正当手段通过新食品原料安全性评估材料审查并取得许可的，国家卫生计生委将予以撤销许可。

第二十二条 本办法下列用语的含义：

实质等同，是指如某个新申报的食品原料与食品或者已公布的新食品原料在种属、来源、生物学特征、主要成分、食用部位、使用量、使用范围和应用人群等方面相同，所采用工艺和质量要求基本一致，可以视为它们是同等安全的，具有实质等同性。

传统食用习惯，是指某种食品在省辖区域内有30年以上作为定型或者非定型包装食品生产经营的历史，并且未载入《中华人民共和国药典》。

第二十三条 本办法所称的新食品原料不包括转基因食品、保健食品、食品添加剂新品种。转基因食品、保健食品、食品添加剂新品种的管理依照国家有关法律法规执行。

第二十四条 本办法自2013年10月1日起施行。原卫生部2007年12月1日公布的《新资源食品管理办法》同时废止。

财政部　教育部　人力资源社会保障部
关于印发《中等职业学校国家
助学金管理办法》的通知

财教〔2013〕110 号

各省、自治区、直辖市、计划单列市财政厅（局）、教育厅（局、教委）、人力资源社会保障厅（局），新疆生产建设兵团财务局、教育局、人力资源社会保障局：

按照《财政部　国家发展改革委　教育部　人力资源社会保障部关于扩大中等职业教育免学费政策范围　进一步完善国家助学金制度的意见》（财教〔2012〕376 号）规定，为加强中等职业学校国家助学金的管理，确保助学金政策顺利实施，我们制定了《中等职业学校国家助学金管理办法》，现印发给你们，请遵照执行。

财政部　教育部　人力资源社会保障部

2013 年 6 月 3 日

中等职业学校国家助学金管理办法

第一条　为了规范中等职业学校国家助学金管理（以下简称国家助学金），确保资助工作顺利实施，根据《财政部　国家发展改革委　教育部　人力资源社会保障部关于扩大中等职业教育免学费政策范围　进一步完善国家助学金制度的意见》（财教〔2012〕376 号）等有关规定，制定本办法。

第二条　本办法所称中等职业学校是指经政府有关部门依法批准设立，实施全日制中等学历教育的各类职业学校，包括公办和民办的普通中专、成人中专、职业高中、技工学校和高等院校附属的中专部、中等职业学校等。

第三条　国家助学金资助对象是具有中等职业学校全日制学历教育正式学籍的一、二年级在校涉农专业学生和非涉农专业家庭经济困难学生。

六盘山区、秦巴山区、武陵山区、乌蒙山区、滇桂黔石漠化区、滇西边境山区、大兴安岭南麓山区、燕山—太行山区、吕梁山区、大别山区、罗霄山区等 11 个连片特困地区和西藏及四省藏区、新疆南疆三地州中等职业学校农村学生（不含县城）全部纳入享受国家助学金范围。

第四条　国家助学金由中央和地方政府共同出资设立，主要资助受助学生的生活费开支，资助标准每生每年 1 500 元。以后年度，将根据经济发展水平和财力状况适时调整资助标准。

第五条　国家助学金按学期申请和评定，按月发放。学校应将《中等职业学校国家助学金申请表》（附 1）及《中等职业学校国家助学金申请指南》（附 2）随同入学通知书一并寄发给录取的新生。新生和二年级学生在新学年开学一周内向就读学校提出申请，并递交相关证明材料。

中等职业学校应当根据本办法和各地制定的国家助学金实施细则，受理学生申请，组织初审，并通过全国中等职业学校学生管理信息系统和技工学校学生管理信息系统报至同级学生资助管理机构审核、汇总。学生资助管理机构将审核结果在相关学校内进行不少于5个工作日的公示。

第六条　中央财政于每年9月30日前按照财政部提前通知转移支付指标的有关规定，根据全国中等职业学校学生管理信息系统和技工学校学生管理信息系统核定的受助学生数和生源结构，按照一定比例提前下达下一年度应承担的国家助学金预算。省级财政部门在收到提前下达的助学金预算后，应尽快分解下达，确保下一年度春季学期国家助学金按时发放到受助学生手中。

中央财政于每年10月重新核定当年应承担的国家助学金预算。地方各级财政部门应当足额安排应承担的国家助学金预算，按时拨付国家助学金。

第七条　国家助学金通过学生资助卡发放给受助学生。中等职业学校或学生资助管理机构为每位受助学生办理学生资助卡，学生本人持身份证原件和学生证，到发卡银行网点柜台激活资助卡后方可使用。不得向学生收取卡费或押金等费用，也不得以实物或服务等形式，抵顶或扣减国家助学金。

第八条　中等职业学校国家助学金实行学校法人代表负责制，校长是第一责任人，对学校助学工作负主要责任。学校应当制定本校国家助学金具体实施办法，设立专门机构和配备专职人员具体负责助学工作。

中等职业学校应当建立专门档案，将学生申请表、受理结果、资金发放等有关凭证和工作情况分年度建档备查。

第九条　省级教育、人力资源社会保障、财政部门要根据实际情况，对享受资助政策的民办中等职业学校，在办学条件、学费标准、招生就业、资助家庭经济困难学生措施等方面做出明确规定，督促民办中等职业学校依法办学，规范收费。

第十条　国家鼓励地方政府、行业企业和社会团体设立中等职业学校助学金、奖学金，鼓励和引导金融机构为接受中等职业教育的学生提供助学贷款。

中等职业学校应当开辟“绿色通道”，对携有可证明其家庭经济困难材料的新生，可先办理入学手续，根据核实后的家庭经济情况予以不同方式的资助，再办理学籍注册。

第十一条　各级财政、教育、人力资源社会保障部门应加强对国家助学金的管理，实行专款专用、专账核算，并接受审计、监察部门的检查和社会的监督。对弄虚作假、套取财政专项资金或挤占、挪用、滞留国家助学金的行为，将追究直接责任人和相关领导的责任。

第十二条　本办法由财政部、教育部、人力资源社会保障部负责解释，各省（区、市）可依据本办法制定实施细则，并报财政部、教育部、人力资源社会保障部备案。

第十三条　本办法自2013年7月1日起施行。原《财政部　教育部关于印发〈中等职业学校国家助学金管理暂行办法〉的通知》（财教〔2007〕84号）和《财政部　劳动保障部关于做好技工学校国家助学金发放管理工作的通知》（财教〔2007〕85号）同时废止。

财政部　教育部　人力资源社会保障部关于印发《中等职业学校免学费补助资金管理办法》的通知

财教〔2013〕84号

各省、自治区、直辖市、计划单列市财政厅（局）、教育厅（局、教委）、人力资源社会保障厅（局），新疆生产建设兵团财务局、教育局、人力资源社会保障局：

按照《财政部　国家发展改革委　教育部　人力资源社会保障部关于扩大中等职业教育免学费政策范围　进一步完善国家助学金制度的意见》（财教〔2012〕376号）的规定，为加强中等职业学校免学费补助资金的管理，确保免学费政策顺利实施，我们制定了《中等职业学校免学费补助资金管理办法》，现印发给你们，请遵照执行。

财政部　教育部　人力资源社会保障部

2013年6月3日

中等职业学校免学费补助资金管理办法

第一条　为了规范中等职业学校免学费补助资金管理，确保免学费政策顺利实施，根据《财政部　国家发展改革委　教育部　人力资源社会保障部关于扩大中等职业教育免学费政策范围　进一步完善国家助学金制度的意见》（财教〔2012〕376号）等有关规定，制定本办法。

第二条　本办法所称中等职业学校是指经政府有关部门依法批准设立，实施全日制中等学历教育的各类职业学校，包括公办和民办的普通中专、成人中专、职业高中、技工学校和高等院校附属的中专部、中等职业学校等。

第三条　中等职业学校免学费补助资金是指中等职业学校学生享受免学费政策后，为弥补学校运转出现的经费缺口，财政核拨的补助资金。

第四条　中等职业学校免学费补助资金由中央和地方财政共同承担，省级财政统筹落实，省和省以下各级财政根据各省（区、市）人民政府及其价格主管部门批准的公办中等职业学校学费标准予以补助。

第五条　中央财政统一按每生每年平均2 000元测算标准和一定比例与地方财政分担，具体分担比例为：西部地区，不分生源，分担比例为8∶2；中部地区，生源地为西部地区的，分担比例为8∶2，生源地为其他地区的，分担比例为6∶4；东部地区，生源地为西部地区和中部地区的，分担比例分别为8∶2和6∶4，生源地为东部地区的，分担比例分省确定。

第六条　对公办中等职业学校免学费资金的补助方式为：第一、二学年因免除学费导致学校运转出现的经费缺口，由财政按照享受免学费政策学生人数和免学费标准补助学校；第三学年原则上由学校通过校企合作和顶岗实习等方式获取的收入予以弥补，不足部分由财政按照不高于三年级享受免学费政策学生人数50%的比例和免学费标准，适当补助学校。

第七条　对民办中等职业学校学生的补助方式为：对一、二年级符合免学费条件的学生，按照当地同类型同专业公办中等职业学校免学费标准给予补助。学费标准高出公办学校免学费标准部分由学生家庭负担；低于公办学校免学费标准的，按照民办学校实际学费标准予以补助。

第八条　中央财政于每年9月30日前按照财政部提前通知转移支付指标的有关规定，根据全国中等职业学校学生管理信息系统和技工学校学生管理信息系统核定的学生数和生源结构，按照一定比例提前下达下一年度应承担的免学费补助资金预算。省级财政部门在收到提前下达的免学费中央补助资金预算后，应尽快分解下达，确保下一年度春季学期学校正常运转。

中央财政于每年10月重新核定当年应承担的免学费补助资金预算。地方各级财政部门应当足额安排应承担的免学费补助资金预算，按时拨付免学费补助资金，保证中等职业学校教育教学活动的正常开展。

第九条　中等职业学校应当根据本办法和各地制定的免学费实施细则，受理学生申请，组织初审，并通过全国中等职业学校学生管理信息系统和技工学校学生管理信息系统报至同级学生资助管理机构审核、汇总。学生资助管理机构将审核结果在相关学校内进行不少于5个工作日的公示。

第十条　中等职业学校免学费工作实行学校法人代表负责制，校长是第一责任人，对学校免学费工作负主要责任。中等职业学校应当加强财务管理，建立规范的预决算制度，按照预算管理的要求，编制综合预算，收支全部纳入学校预算管理，年终应当编制决算。

第十一条　各地职业教育行政管理部门应当加强学生学籍管理，建立健全学生信息档案，保证享受免学费政策的学生信息完整和准确。

第十二条　各级财政、教育和人力资源社会保障部门应当加强对中等职业学校免学费补助资金使用情况的监督检查。对虚报学生人数，骗取财政补助资金或挤占、挪用、截留免学费补助资金等违规行为，按照《财政违法行为处罚处分条例》有关规定追究法律责任。涉嫌犯罪的，依法移送司法机关。

第十三条　每年春季学期开学前，各地职业教育行政管理部门应当对中等职业学校办学资质进行全面清查并公示，对年检不合格的学校，取消其享受免学费补助资金的资格。各地职业教育行政管理部门应当根据《民办教育促进法》的规定，加强对民办中等职业学校的监管，纳入免学费补助范围的民办学校名单由省级教育和人力资源社会保障部门负责审定。

第十四条　本办法由财政部、教育部和人力资源社会保障部负责解释。各省（区、市）可依据本办法制定实施细则，并报财政部、教育部、人力资源社会保障部备案。

第十五条　本办法自2013年7月1日起施行。《中等职业学校免学费补助资金管理暂行办法》（财教〔2010〕3号）同时废止。

教育部关于印发《中小学生学籍管理办法》的通知

教基一〔2013〕7号

各省、自治区、直辖市教育厅（教委），新疆生产建设兵团教育局：

现将《中小学生学籍管理办法》（以下简称《办法》）印发给你们，请遵照执行，并就贯彻落实工作通知如下。

一、建立统一规范的学籍信息管理制度。出台《办法》是加快推进教育现代化、提高科学管理水平、深入实施素质教育的客观要求，是转变管理方式、改进工作作风的重要内容。要按照《办法》要求加快建设全国中小学生学籍信息管理系统，建立全国统一、规范的学籍信息管理制度，提高学籍管理服务工作水平。学生学籍号是学籍信息的核心要素，以学生居民身份证号为基础，从幼儿园入园或小学入学初次采集学籍信息后开始使用，基础教育、高等教育、职业教育、成人教育有机衔接，终身不变。

二、抓紧制订或完善《办法》实施细则。《办法》确定了省级统筹、属地管理的基本原则。已出台省级学籍管理办法的省份要按照《办法》的规定进行完善和调整，尚未出台省级学籍管理办法的省份要根据《办法》要求抓紧研究出台实施细则，明确各类学籍变动的具体条件和操作办法。

三、有效开展《办法》教育培训。要按照职责划分组织对学籍管理人员和学籍系统技术支持人员进行培训。主要内容是，加强学籍管理的重要意义、《办法》的基本内容、学籍系统的基本功能、学籍信息采集的基本要求、学籍变动操作办法等。对省级培训由教育部教育管理信息中心实施。

四、建立加强学籍管理的长效机制。要加快制订实施工作方案，明确责任人、工作任务和时间表。要建立学籍核准制度、信息保密制度、责任追究制度，严肃追究违反规定人员的责任。各级教育督导部门要对《办法》实施情况进行专项督导。我部安排教育管理信息化经费和其他经费时将与《办法》实施情况和成效挂钩。

五、营造实施《办法》的良好舆论环境。要利用报纸、电视、互联网、家长通知书等多种方式进行政策解读和宣传，重点介绍必要性、重要性和预期成果。要取得家长理解和支持，使《办法》家喻户晓。要让教育部门认识到《办法》对于科学决策的价值，让学校感受到对于提高整体管理水平的作用，让家长和社会体会到教育部门促进教育公平、提升服务水平的坚定决心。

有关进展情况请及时报我部基础教育一司。

教育部

2013年8月11日

中小学生学籍管理办法

第一章 总则

第一条 为规范中小学生学籍管理，提高新形势下基础教育科学管理水平，保障适龄儿童、少年受教育的权利，根据《中华人民共和国教育法》《中华人民共和国义务教育法》等有关法律，制订本办法。

第二条 本办法适用于我国所有由政府、企业事业组织、社会团体、其他社会组织及公民个人依法举办的小学、初中、普通高中、特殊教育学校、工读学校（以下简称学校）和在这些学校就读的学生（以下简称学生）。

第三条 学生学籍管理采用信息化方式，实行分级负责、省级统筹、属地管理、学校实施的管理体制。

国务院教育行政部门宏观指导各地学生学籍管理工作，负责组织建设全国联网的学生电子学籍信息管理系统（以下简称电子学籍系统），制订相关技术标准和实施办法。

省级教育行政部门统筹本行政区域内学生学籍管理工作，制订本省（区、市）学籍管理实施细则，指导、监督、检查本行政区域内各地和学校学生学籍管理工作；按照国家要求建设电子学籍系统运行环境和学生数据库，确保正常运行和数据交换；作为学籍主管部门指导其直管学校的学籍管理工作并应用电子学籍系统进行相应管理。

地（市）级教育行政部门负责指导、督促县级教育行政部门认真落实国家和本省（区、市）关于学生学籍管理的各项规定和要求；作为学籍主管部门指导其直管学校的学籍管理工作并应用电子学籍系统进行相应管理。

县级教育行政部门具体负责本行政区域内学校的学生学籍管理工作；应用电子学籍系统进行相应管理；督促学校做好学生学籍的日常管理工作。

学校负责学籍信息收集、汇总、校验、上报，应用电子学籍系统开展日常学籍管理工作，确保信息真实、准确、完整。

第二章 学籍建立

第四条 学生初次办理入学注册手续后，学校应为其采集录入学籍信息，建立学籍档案，通过电子学籍系统申请学籍号。

学籍主管部门应通过电子学籍系统及时核准学生学籍。

第五条 学籍号以学生居民身份证号为基础生成，一人一号，终身不变。学籍号具体生成规则由国务院教育行政部门另行制订。

逐步推行包含学生学籍信息的免费学生卡。

第六条 学校不得以虚假信息建立学生学籍，不得重复建立学籍。学籍主管部门和学校应利用电子学籍系统进行查重。

学籍管理实行“籍随人走”。除普通学校接收特殊学校学生随班就读、特殊教育学校、工读学校外，学校不接收未按规定办理转学手续的学生入学。残疾程度较重、无法进入学校学习的学生，由承担送教上门的学校建立学籍。

第七条 学校应当从学生入学之日起 1 个月内为其建立学籍档案。

学生学籍档案内容包括：

一、学籍基础信息及信息变动情况；

二、学籍信息证明材料（户籍证明、转学申请、休学申请等）；

三、综合素质发展报告（含学业考试信息、体育运动技能与艺术特长、参加社区服务和社会实践情况等）；

四、体质健康测试及健康体检信息、预防接种信息等；

五、在校期间的获奖信息；

六、享受资助信息；

七、省级教育行政部门规定的其他信息和材料。

学籍基础信息表由国务院教育行政部门统一制订。

第八条　学籍档案分为电子档案和纸质档案。电子档案纳入电子学籍系统管理，纸质档案由学校学籍管理员负责管理。

逐步推进学籍档案电子化，同时保留必要的纸质档案。

第九条　学生转学或在基础教育阶段升学时，学籍档案应当转至转入学校或升入学校，转出学校或毕业学校应保留电子档案备份，同时保留必要的纸质档案复印件。学生最后终止学业的学校应当归档永久保存学生的学籍档案，或按相关规定办理。

学校合并的，其学籍档案移交并入的学校管理。

学校撤销的，其学籍档案移交县级教育行政部门指定的单位管理。

第十条　如学生父母或其他监护人提出修改学生基础信息的，凭《居民户口簿》或其他证明文件向学校提出申请，并附《居民户口簿》复印件或其他证明复印件，由学校核准变更学籍信息，并报学籍主管部门核准。

第三章　学籍变动管理

第十一条　各学段各类学籍变动的具体条件和要求由省级教育行政部门根据国家法律法规和当地实际统筹制定。

第十二条　正常升级学生的学籍信息更新，由电子学籍系统完成。

第十三条　学生学籍信息发生变化，学籍进行转接或学生毕业（结业、肄业）时，学校应及时维护电子学籍系统中的有关信息，并将证明材料归入学生学籍档案。学籍主管部门应及时对学生学籍变动信息进行更新。

第十四条　学生转学或升学的，转入学校应通过电子学籍系统启动学籍转接手续，转出学校及双方学校学籍主管部门予以核办。

转入、转出学校和双方学校学籍主管部门应当分别在10个工作日内完成学生学籍转接。

第十五条　学生办理学籍转接手续后，转出学校应及时转出学籍档案，并在1个月内办结。

第十六条　学生转学或升学后，转入学校应当以收到的学籍档案为基础为学生接续档案。

第十七条　特教学校学生转入普通学校随班就读，或普通学校随班就读残疾学生转入特教学校就读的，其学籍可以转入新学校，也可保留在原学校。

进入工读学校就读的学生，其学籍是否转入工读学校，由原学校与学生的父母或其他监护人商定。

第十八条　省（区、市）直管学校、设区的市直管学校学生的转入转出情况，由学校每学期书面告知所在地县（区）教育行政部门。

第十九条　学生休学由父母或其他监护人提出书面申请，学校审核同意后，通过电子学籍系统报学籍主管部门登记。复学时，学校应及时办理相关手续。

学生休学期间学校应为其保留学籍。

第二十条　学生到境外就读的，应当凭有效证件到现就读学校办理相关手续。回到境内后仍接受基础教育的，应接续原来的学籍档案。

第二十一条　学生死亡，学校应当凭相关证明在10个工作日内通过电子学籍系统报学籍主管部门注销其学籍。

第二十二条　学校应将义务教育阶段学生辍学情况依法及时书面上报当地乡镇人民政府、县级教育行政部门和学籍主管部门，在义务教育年限内为其保留学籍，并利用电子学籍系统进行管理。

义务教育阶段外来务工人员随迁子女辍学的，就读学校的学籍主管部门应于每学期末将学生学籍档案转交其户籍所在地县（区）教育行政部门。

第四章　保障措施

第二十三条　地方教育行政部门和学校应当为学籍管理提供必要的保障条件，配备或指定学籍管理员，完善管理制度，建立工作机制。

对学籍管理员当实行先培训后上岗，并保持相对稳定。各级学籍管理员的基本信息须报送上一级教育行政部门。

第二十四条　地方教育行政部门和学校应当每学期复核学生学籍，确保学籍变动手续完备、学生基本信息和学籍变动信息准确。

第二十五条　各级教育行政部门和学校要建立严格的保密制度。非经学籍主管部门书面批准，学籍信息一律不得向外提供，严防学籍信息外泄和滥用。

第二十六条　教育行政部门违反本办法的规定，由上一级教育行政部门责令改正；情节严重的，对直接负责的主管人员和其他直接责任人员依法处理。

第二十七条　学校违反本办法的规定，有下列情形之一的，由主管部门责令改正；情节严重的，依法追究校长和相关人员责任：

一、不为已接收学生建立学籍档案的；

二、以虚假信息建立学籍或学籍档案的；

三、不及时把学籍变动信息纳入学籍档案的；

四、不及时报告义务教育阶段学生辍学情况的；

五、接收学生不为其办理转学手续的；

六、不按规定为学生转接学籍档案的；

七、泄露或非法使用学生学籍信息的；

八、违反本办法规定的其他行为。

第五章　附则

第二十八条　学校的外籍学生和港澳台学生学籍管理，参照本办法执行。

第二十九条　省级教育行政部门应制订或完善实施细则。

第三十条　本办法自2013年9月1日起施行。

国家卫生计生委
关于加强食品安全标准工作的指导意见

国卫食品发〔2013〕18号

各省、自治区、直辖市卫生厅局（卫生计生委），新疆生产建设兵团卫生局，中国疾控中心、卫生监督中心、食品风险评估中心：

为指导各地做好食品安全标准工作，根据《中华人民共和国食品安全法》及其实施条例、《国务院关于加强食品安全工作的决定》、《国家食品安全监管体系“十二五”规划》和《食品安全国家标准“十二五”规划》，现提出以下指导意见：

一　依法履行食品安全标准工作职责

（一）高度重视食品安全标准工作。按照国务院部署，食品安全标准工作已列入当前食品安全重点工作和重点建设项目，要求加快食品标准清理整合和重点标准制（修）订，完善食品安全标准体系，在“十二五”期间，基本构建保障人民群众健康需要、适应我国国情的食品安全标准体系。各级卫生计生行政部门要充分认识食品安全标准工作的重要性和紧迫性，要完善管理制度，健全组织机构，加强人才队伍建设，依法履职，提高工作能力和水平，扎实做好各项工作。

（二）明确食品安全标准工作职责和任务。省级卫生计生行政部门依法负责食品安全地方标准制定公布和食品安全企业标准备案工作。地方各级卫生计生行政部门要承担食品安全国家标准、地方标准的宣传贯彻、跟踪评价和技术咨询等工作任务。国家食品安全风险评估中心承担食品安全地方标准备案工作，指导各地做好食品安全标准各项工作。

二　加强食品安全地方标准工作

（一）加强食品安全地方标准制度建设。省级卫生计生行政部门应当制定公布食品安全地方标准管理制度和工作程序。各级卫生监督机构、疾病预防控制机构要在省级卫生计生行政部门组织下，参与地方标准相关工作。鼓励相关部门、科研院校和社会各方参与食品安全地方标准制定等工作。省级食品安全地方标准审评专家委员会要做好地方标准的审查，确保食品安全标准科学性和权威性。

（二）严格食品安全地方标准范围。省级卫生计生行政部门要对本辖区现行食品地方标准进行清理，及时废止地方标准中不符合食品安全要求的内容。食品安全地方标准的立项要严格执行《食品安全地方标准管理办法》第三条规定，不得与国家标准交叉、重复和矛盾，食品安全国家标准已经涵盖的食品品种和相应指标，不应当重复制定地方标准。食品安全国家标准公布后，相应的食品安全地方标准自行废止。省级卫生计生行政部门制定食品安全地方标准立项计划时，应当及时与国家食品安全风险评估中心沟通。

（三）坚持科学合理、公开透明的原则。制定食品安全地方标准要充分考虑地方食品特色、传统以及饮食习惯等因素，要以食品安全风险监测及其评估结果为依据，参考和借鉴国内外相关标准规定，深入调查研究，广泛收集监测、检测等数据。要坚持公开透明原则，充分听取社会各方意见，确保标准科学合理、安全可靠。

（四）推进标准贯彻执行。省级卫生计生行政部门要主动公开食品安全地方标准工作进展和标准文本，加强标准宣传和贯彻实施工作，收集地方标准执行情况、问题和建议，逐步修订完善食品安全地方标准。

三　做好食品安全企业标准备案工作

（一）加强食品安全企业标准备案制度建设。省级卫生计生行政部门要健全食品安全企业标准备案制度和工作程序，主动向社会公布，接受食品生产经营企业和社会监督。要制订完善方便企业、服务企业的工作制度，增强服务意识，提高服务效率和服务质量，为企业做好备案工作提供技术指导和帮助。

（二）明确食品安全企业标准备案范围。对于没有食品安全国家标准和地方标准的食品，应当制定食品安全企业标准。企业制定严于国家标准或地方标准的食品安全企业标准，应当如实提交必要的依据和验证材料。除以上情形外，对已有食品安全国家标准或者地方标准的，或者国家另有相关规定的，不再备案相关的企业标准。

（三）坚持企业是食品安全第一责任人原则。食品生产企业依法制定发布食品安全企业标准后，应当按照规定将企业标准向省级卫生计生行政部门备案，由省级卫生计生行政部门存档备查。食品企业对其制定的企业标准内容真实性、合法性负责，并对备案后的企业标准的实施后果依法承担责任。备案的企业标准，在本企业内部适用。企业标准中凡不符合食品安全国家标准或地方标准的，一经发现，备案企业应当修订其企业标准。企业应当依据法律法规和食品安全标准要求，组织食品生产经营，确保食品安全。

（四）简化备案程序，方便公众查询。对新建食品生产企业，根据食品生产企业提交的《营业执照》或《企业名称预先核准通知书》，对符合相关要求的，省级卫生计生行政部门可以受理食品安全企业标准备案申请。省级卫生计生行政部门要将已备案的企业标准及时通报相关部门，同时按照政务公开要求，向社会公布已备案的企业标准，方便公众查阅。

（五）增强服务意识，提高工作效率。省级卫生计生行政部门要积极探索方便企业备案的工作程序和方式，可以委托有能力的省级以下地方卫生机构受理辖区内食品生产企业的标准备案申请，提供企业标准备案指导等，为企业标准备案提供便利。省级卫生计生行政部门应当鼓励食品行业协会或其他专业社会组织为食品生产企业制定食品安全企业标准提供专家咨询服务，指导食品生产企业制定食品安全企业标准。

四　开展食品安全标准研究和跟踪评价工作

（一）加强国际食品法典及其他国家食品标准技术法规的追踪研究。国家食品安全风险评估中心要积极参与国际食品法典委员会（CAC）工作，跟踪国际食品法典标准的制（修）订动态，参与或牵头与我国食品贸易密切相关的国际食品法典标准制定、修订和相关技术交流，逐步提高我国食品安全国家标准工作水平。

（二）认真执行《食品安全国家标准跟踪评价规范（试行）》。省级卫生计生行政部门要组织各地开展食品安全标准跟踪评价工作，制订年度食品安全标准跟踪评价工作计划，指定卫生监督和疾病预防控制等专业机构承担食品安全标准跟踪评价任务，安排专门技术人员负责跟踪评价工作，认真调查研究食品安全国家、地方标准的贯彻实施情况，科学分析执行中发现的问题和意见及建议，按时报送跟踪评价结果。

（三）做好标准跟踪评价与风险监测工作的衔接。各地在执行年度食品安全风险监测计划，安排食品安全风险监测工作任务时，可以将食品安全国家标准中的指标监测情况作为落实食品安全国家标准跟踪评价手段，通过监测来客观反映标准执行情况，为适时修订食品安全标准提供科学依据。

五　做好食品安全标准宣传贯彻工作

（一）开展食品安全标准宣传活动。省级卫生计生行政部门要建立食品安全宣传培训工作机制，开展形式多样的宣传活动，充分发挥电视、报刊、广播和网络等媒体作用，广泛宣传食品安全标准的重要意义和作用，引导公众科学认识食品安全标准，普及食品安全标准知识，营造良好的舆论氛围和社会环境。

（二）做好食品安全标准信息公开工作。各级卫生计生行政部门要按照我委《关于做好食品安全标准信息公开工作的通知》要求，完善标准信息公开工作机制和程序，认真做好食品安全标准信息公开工作，便于社会公众及时获取信息。

（三）做好标准技术咨询服务工作。各级卫生计生行政部门要建立食品安全标准咨询、指导和服务的工作机制，主动开展标准培训和技术咨询服务工作，特别是重点标准解读和技术咨询服务工作，推动标准的正确理解和全面贯彻实施。

六　加强食品安全标准审评委员会委员管理

（一）做好食品安全国家标准审评委员会日常管理。要加强标准审评委员会秘书处建设，改善工作条件，做好委员服务工作。要完善委员管理制度，完善标准审评工作程序，确保食品安全标准审评的公开、公正和透明，主动接受社会监督。

（二）加强地方食品安全标准专家管理。各级卫生计生行政部门要根据地方标准管理规定，做好地方标准审评专家委员会、标准制（修）订工作专家组管理，为标准专家提供相关保障措施，做好服务工作，同时严格专家委员会制度管理，确保食品安全标准工作的权威性。

七　加强食品安全标准工作能力建设

省级卫生计生行政部门要明确食品安全地方标准和企业标准、标准跟踪评价等工作的管理机构，充分利用现有卫生资源，发挥卫生监督机构、疾病预防控制机构作用，同时注重发挥相关技术机构、科研院校和行业协会的积极性，配合做好食品安全标准工作。要加强人才队伍建设，大力培养食品安全标准专业人才，充实食品安全标准技术队伍，省级卫生计生行政部门要有专门处室或人员负责食品安全标准工作，各级卫生监督机构、疾病预防控制机构要有专门科室或人员负责食品安全标准工作。要落实食品安全标准工作的激励和考核制度，要将批准发布的食品安全标准列为科研成果，作为标准主要起草人专业技术职称（职务）晋升的评审依据。

对食品安全标准工作成绩突出的单位和个人，要予以奖励并通报表扬。要加强食品安全标准工作的监督和考核评价，确保各项措施落实到位，取得实效。要将标准工作经费纳入各级地方财政预算，落实各项保障机制。

国家卫生计生委

2013 年 9 月 12 日

国务院关于促进健康服务业发展的若干意见

国发〔2013〕40号

各省、自治区、直辖市人民政府，国务院各部委、各直属机构：

新一轮医药卫生体制改革实施以来，取得重大阶段性成效，全民医保基本实现，基本医疗卫生制度初步建立，人民群众得到明显实惠，也为加快发展健康服务业创造了良好条件。为实现人人享有基本医疗卫生服务的目标，满足人民群众不断增长的健康服务需求，要继续贯彻落实《中共中央　国务院关于深化医药卫生体制改革的意见》（中发〔2009〕6号），坚定不移地深化医药卫生体制改革，坚持把基本医疗卫生制度作为公共产品向全民提供的核心理念，按照保基本、强基层、建机制的基本原则，加快健全全民医保体系，巩固完善基本药物制度和基层运行新机制，积极推进公立医院改革，统筹推进基本公共卫生服务均等化等相关领域改革。同时，要广泛动员社会力量，多措并举发展健康服务业。

健康服务业以维护和促进人民群众身心健康为目标，主要包括医疗服务、健康管理与促进、健康保险以及相关服务，涉及药品、医疗器械、保健用品、保健食品、健身产品等支撑产业，覆盖面广，产业链长。加快发展健康服务业，是深化医改、改善民生、提升全民健康素质的必然要求，是进一步扩大内需、促进就业、转变经济发展方式的重要举措，对稳增长、调结构、促改革、惠民生，全面建成小康社会具有重要意义。为促进健康服务业发展，现提出以下意见：

一　总体要求

（一）指导思想。

以邓小平理论、“三个代表”重要思想、科学发展观为指导，在切实保障人民群众基本医疗卫生服务需求的基础上，转变政府职能，加强政策引导，充分调动社会力量的积极性和创造性，大力引入社会资本，着力扩大供给、创新服务模式、提高消费能力，不断满足人民群众多层次、多样化的健康服务需求，为经济社会转型发展注入新的动力，为促进人的全面发展创造必要条件。

（二）基本原则。

坚持以人为本、统筹推进。把提升全民健康素质和水平作为健康服务业发展的根本出发点、落脚点，切实维护人民群众健康权益。区分基本和非基本健康服务，实现两者协调发展。统筹城乡、区域健康服务资源配置，促进均衡发展。

坚持政府引导、市场驱动。强化政府在制度建设、规划和政策制定及监管等方面的职责。发挥市场在资源配置中的基础性作用，激发社会活力，不断增加健康服务供给，提高服务质量和效率。

坚持深化改革、创新发展。强化科技支撑，拓展服务范围，鼓励发展新型业态，提升健康服务规范化、专业化水平，建立符合国情、可持续发展的健康服务业体制机制。

（三）发展目标。

到2020年，基本建立覆盖全生命周期、内涵丰富、结构合理的健康服务业体系，打造一批知名品牌和良性循环的健康服务产业集群，并形成一定的国际竞争力，基本满足广大人民群众的健康服务需求。健康服务业总规模达到8万亿元以上，成为推动经济社会持续发展的重要力量。

——医疗服务能力大幅提升。医疗卫生服务体系更加完善，形成以非营利性医疗机构为主体、营利性医疗机构为补充，公立医疗机构为主导、非公立医疗机构共同发展的多元办医格局。康复、护理等服务业快速增长。各类医疗卫生机构服务质量进一步提升。

——健康管理与促进服务水平明显提高。中医医疗保健、健康养老以及健康体检、咨询管理、体质测定、体育健身、医疗保健旅游等多样化健康服务得到较大发展。

——健康保险服务进一步完善。商业健康保险产品更加丰富，参保人数大幅增加，商业健康保险支出占卫生总费用的比重大幅提高，形成较为完善的健康保险机制。

——健康服务相关支撑产业规模显著扩大。药品、医疗器械、康复辅助器具、保健用品、健身产品等研发制造技术水平有较大提升，具有自主知识产权产品的市场占有率大幅提升，相关流通行业有序发展。

——健康服务业发展环境不断优化。健康服务业政策和法规体系建立健全，行业规范、标准更加科学完善，行业管理和监督更加有效，人民群众健康意识和素养明显提高，形成全社会参与、支持健康服务业发展的良好环境。

二 主要任务

（一）大力发展医疗服务。

加快形成多元办医格局。切实落实政府办医责任，合理制定区域卫生规划和医疗机构设置规划，明确公立医疗机构的数量、规模和布局，坚持公立医疗机构面向城乡居民提供基本医疗服务的主导地位。同时，鼓励企业、慈善机构、基金会、商业保险机构等以出资新建、参与改制、托管、公办民营等多种形式投资医疗服务业。大力支持社会资本举办非营利性医疗机构、提供基本医疗卫生服务。进一步放宽中外合资、合作办医条件，逐步扩大具备条件的境外资本设立独资医疗机构试点。各地要清理取消不合理的规定，加快落实对非公立医疗机构和公立医疗机构在市场准入、社会保险定点、重点专科建设、职称评定、学术地位、等级评审、技术准入等方面同等对待的政策。对出资举办非营利性医疗机构的非公经济主体的上下游产业链项目，优先按相关产业政策给予扶持。鼓励地方加大改革创新力度，在社会办医方面先行先试，国家选择有条件的地区和重点项目作为推进社会办医联系点。

优化医疗服务资源配置。公立医院资源丰富的城市要加快推进国有企业所办医疗机构改制试点；国家确定部分地区进行公立医院改制试点。引导非公立医疗机构向高水平、规模化方向发展，鼓励发展专业性医院管理集团。二级以上医疗机构检验对所有医疗机构开放，推动医疗机构间检查结果互认。各级政府要继续采取完善体制机制、购买社会服务、加强设施建设、强化人才和信息化建设等措施，促进优质资源向贫困地区和农村延伸。各地要鼓励以城市二级医院转型、新建等多种方式，合理布局、积极发展康复医院、老年病医院、护理院、临终关怀医院等医疗机构。

推动发展专业、规范的护理服务。推进临床护理服务价格调整，更好地体现服务成本和护理人员技术劳动价值。强化临床护理岗位责任管理，完善质量评价机制，加强培训考核，提高护理质量，建立稳定护理人员队伍的长效机制。科学开展护理职称评定，评价标准侧重临床护理服务数量、质量、患者满意度及医德医风等。加大政策支持力度，鼓励发展康复护理、老年护理、家庭护理等适应不同人群需要的护理服务，提高规范化服务水平。

（二）加快发展健康养老服务。

推进医疗机构与养老机构等加强合作。在养老服务中充分融入健康理念，加强医疗卫生服务支撑。建立健全医疗机构与养老机构之间的业务协作机制，鼓励开通养老机构与医疗机构的预约就诊绿色通道，协同做好老年人慢性病管理和康复护理。增强医疗机构为老年人提供便捷、优先优惠医疗服务的能力。推动二级以上医院与老年病医院、老年护理院、康复疗养机构等之间的转诊与合作。各地要统筹医疗服务与养老服务资源，合理布局养老机构与老年病医院、老年护理院、康复疗养机构等，形成规模适宜、功能互补、安全便捷的健康养老服务网络。

发展社区健康养老服务。提高社区为老年人提供日常护理、慢性病管理、康复、健康教育和咨询、中医保健等服务的能力，鼓励医疗机构将护理服务延伸至居民家庭。鼓励发展日间照料、全托、半托等多种形式的老年人照料服务，逐步丰富和完善服务内容，做好上门巡诊等健康延伸服务。

（三）积极发展健康保险。

丰富商业健康保险产品。在完善基本医疗保障制度、稳步提高基本医疗保障水平的基础上，鼓励商业保险公司提供多样化、多层次、规范化的产品和服务。鼓励发展与基本医疗保险相衔接的商业健康保险，推进商业保险公司承办城乡居民大病保险，扩大人群覆盖面。积极开发长期护理商业险以及与健康管理、养老等服务相关的商业健康保险产品。推行医疗责任保险、医疗意外保险等多种形式医疗执业保险。

发展多样化健康保险服务。建立商业保险公司与医疗、体检、护理等机构合作的机制，加强对医疗行为的监督和对医疗费用的控制，促进医疗服务行为规范化，为参保人提供健康风险评估、健康风险干预等服务，并在此基础上探索健康管理组织等新型组织形式。鼓励以政府购买服务的方式委托具有资质的商业保险机构开展各类医疗保险经办服务。

（四）全面发展中医药医疗保健服务。

提升中医健康服务能力。充分发挥中医医疗预防保健特色优势，提升基层中医药服务能力，力争使所有社区卫生服务机构、乡镇卫生院和70%的村卫生室具备中医药服务能力。推动医疗机构开展中医医疗预防保健服务，鼓励零售药店提供中医坐堂诊疗服务。开发中医诊疗、中医药养生保健仪器设备。

推广科学规范的中医保健知识及产品。加强药食同用中药材的种植及产品研发与应用，开发适合当地环境和生活习惯的保健养生产品。宣传普及中医药养生保健知识，推广科学有效的中医药养生、保健服务，鼓励有资质的中医师在养生保健机构提供保健咨询和调理等服务。鼓励和扶持优秀的中医药机构到境外开办中医医院、连锁诊所等，培育国际知名的中医药品牌和服务机构。

（五）支持发展多样化健康服务。

发展健康体检、咨询等健康服务。引导体检机构提高服务水平，开展连锁经营。加快发展心理健康服务，培育专业化、规范化的心理咨询、辅导机构。规范发展母婴照料服务。推进全科医生服务模式和激励机制改革试点，探索面向居民家庭的签约服务。大力开展健康咨询和疾病预防，促进以治疗为主转向预防为主。

发展全民体育健身。进一步开展全民健身运动，宣传、普及科学健身知识，提高人民群众体育健身意识，引导体育健身消费。加强基层多功能群众健身设施建设，到2020年，80%以上的市（地）、县（市、区）建有“全民健身活动中心”，70%以上的街道（乡镇）、社区（行政村）建有便捷、实用的体育健身设施。采取措施推动体育场馆、学校体育设施等向社会开放。支持和引导社会力量参与体育场馆的建设和运营管理。鼓励发展多种形式的体育健身俱乐部和体育健身组织，以及运动健身培训、健身指导咨询等服务。大力支持青少年、儿童体育健身，鼓励发展适合其成长特点的体育健身服务。

发展健康文化和旅游。支持健康知识传播机构发展，培育健康文化产业。鼓励有条件的地区面向国际国内市场，整合当地优势医疗资源、中医药等特色养生保健资源、绿色生态旅游资源，发展养生、体育和医疗健康旅游。

（六）培育健康服务业相关支撑产业。

支持自主知识产权药品、医疗器械和其他相关健康产品的研发制造和应用。继续通过相关科技、建设专项资金和产业基金，支持创新药物、医疗器械、新型生物医药材料研发和产业化，支持到期专利药品仿制，支持老年人、残疾人专用保健用品、康复辅助器具研发生产。支持数字化医疗产品和适用于个人及家庭的健康检测、监测与健康物联网等产品的研发。加大政策支持力度，提高具有自主知识产权的医学设备、材料、保健用品的国内市场占有率和国际竞争力。

大力发展第三方服务。引导发展专业的医学检验中心和影像中心。支持发展第三方的医疗服务评价、健康管理服务评价，以及健康市场调查和咨询服务。公平对待社会力量提供食品药品检测服务。鼓励药学研究、临床试验等生物医药研发服务外包。完善科技中介体系，大力发展专业化、市场化的医药科技成果转化服务。

支持发展健康服务产业集群。鼓励各地结合本地实际和特色优势，合理定位、科学规划，在土地规划、市政配套、机构准入、人才引进、执业环境等方面给予政策扶持和倾斜，打造健康服务产业集群，探索体制创新。要通过加大科技支撑、深化行政审批制度改革、产业政策引导等综合措施，培育一批医疗、药品、医疗器械、中医药等重点产业，打造一批具有国际影响力的知名品牌。

（七）健全人力资源保障机制。

加大人才培养和职业培训力度。支持高等院校和中等职业学校开设健康服务业相关学科专业，引导有关高校合理确定相关专业人才培养规模。鼓励社会资本举办职业院校，规范并加快培养护士、养老护理员、药剂师、营养师、育婴师、按摩师、康复治疗师、健康管理师、健身教练、社会体育指导员等从业人员。对参加相关职业培训和职业技能鉴定的人员，符合条件的按规定给予补贴。建立健全健康服务业从业人员继续教育制度。各地要把发展健康服务业与落实各项就业创业扶持政策紧密结合起来，充分发挥健康服务业吸纳就业的作用。

促进人才流动。加快推进规范的医师多点执业。鼓励地方探索建立区域性医疗卫生人才充分有序流动的机制。不断深化公立医院人事制度改革，推动医务人员保障社会化管理，逐步变身份管理为岗位管理。探索公立医疗机构与非公立医疗机构在技术和人才等方面的合作机制，对非公立医疗机构的人才培养、培训和进修等给予支持。在养老机构服务的具有执业资格的医护人员，在职称评定、专业技术培训和继续医学教育等方面，享有与医疗机构医护人员同等待遇。深入实施医药卫生领域人才项目，吸引高层次医疗卫生人才回国服务。

（八）夯实健康服务业发展基础。

推进健康服务信息化。制定相关信息数据标准，加强医院、医疗保障等信息管理系统建设，充分利用现有信息和网络设施，尽快实现医疗保障、医疗服务、健康管理等信息的共享。积极发展网上预约挂号、在线咨询、交流互动等健康服务。以面向基层、偏远和欠发达地区的远程影像诊断、远程会诊、远程监护指导、远程手术指导、远程教育等为主要内容，发展远程医疗。探索发展公开透明、规范运作、平等竞争的药品和医疗器械电子商务平台。支持研制、推广适应广大乡镇和农村地区需求的低成本数字化健康设备与信息系统。逐步扩大数字化医疗设备配备，探索发展便携式健康数据采集设备，与物联网、移动互联网融合，不断提升自动化、智能化健康信息服务水平。

加强诚信体系建设。引导企业、相关从业人员增强诚信意识，自觉开展诚信服务，加强行业自律和社会监督，加快建设诚信服务制度。充分发挥行业协会、学会在业内协调、行业发展、监测研究，以及标准制订、从业人员执业行为规范、行业信誉维护等方面的作用。建立健全不良执业记录制度、失信惩戒以及强制退出机制，将健康服务机构及其从业人员诚信经营和执业情况纳入统一信用信息平台。加强统计监测工作，加快完善健康服务业统计调查方法和指标体系，健全相关信息发布制度。

三　政策措施

（一）放宽市场准入。建立公开、透明、平等、规范的健康服务业准入制度，凡是法律法规没有明令禁入的领域，都要向社会资本开放，并不断扩大开放领域；凡是对本地资本开放的领域，都要向外地资本开放。民办非营利性机构享受与同行业公办机构同等待遇。对连锁经营的服务企业实行企业总部统一办理工商注册登记手续。各地要进一步规范、公开医疗机构设立的基本标准、审批程序，严控审批时限，下放审批权限，及时发布机构设置和规划布局调整等信息，鼓励有条件的地方采取招标等方式确定举办或运行主体。简化对康复医院、老年病医院、儿童医院、护理院等紧缺型医疗机构的立项、开办、执业资格、医保定点等审批手续。研究取消不合理的前置审批事项。放宽对营利性医院的数量、规模、布局以及大型医用设备配置的限制。

（二）加强规划布局和用地保障。各级政府要在土地利用总体规划和城乡规划中统筹考虑健康服务业发展需要，扩大健康服务业用地供给，优先保障非营利性机构用地。新建居住区和社区要按相关规定在公共服务设施中保障医疗卫生、文化体育、社区服务等健康服务业相关设施的配套。支持利用以划拨方式取得的存量房产和原有土地兴办健康服务业，土地用途和使用权人可暂不变更。连续经营 1 年以上、符合划拨用地目录的健康服务项目可按划拨土地办理用地手续；不符合划拨用地目录的，可采取协议出让方式办理用地手续。

（三）优化投融资引导政策。鼓励金融机构按照风险可控、商业可持续原则加大对健康服务业的支持力度，创新适合健康服务业特点的金融产品和服务方式，扩大业务规模。积极支持符合条件的健康服务企业上市融资和发行债券。鼓励各类创业投资机构和融资担保机构对健康服务领域创新型新业态、小微企业开展业务。政府引导、推动设立由金融和产业资本共同筹资的健康产业投资基金。创新健康服务业利用外资方式，有效利用境外直接投资、国际组织和外国政府优惠贷款、国际商业贷款。大力引进境外专业人才、管理技术和经营模式，提高健康服务业国际合作的知识和技术水平。

（四）完善财税价格政策。建立健全政府购买社会服务机制，由政府负责保障的健康服务类公共产品可通过购买服务的方式提供，逐步增加政府采购的类别和数量。创新财政资金使用方式，引导和鼓励融资性担保机构等支持健康服务业发展。将健康服务业纳入服务业发展引导资金支持范围并加大支持力度。符合条件、提供基本医疗卫生服务的非公立医疗机构，其专科建设、设备购置、人才队伍建设纳入财政专项资金支持范围。完善政府投资补助政策，通过公办民营、民办公助等方式，支持社会资本举办非营利性健康服务机构。经认定为高新技术企业的医药企业，依法享受高新技术企业税收优惠政策。企业、个人通过公益性社会团体或者县级以上人民政府及其部门向非营利性医疗机构的捐赠，按照税法及相关税收政策的规定在税前扣除。发挥价格在促进健康服务业发展中的作用。非公立医疗机构用水、用电、用气、用热实行与公立医疗机构同价政策。各地对非营利性医疗机构建设免予征收有关行政事业性收费，对营利性医疗机构建设减半征收有关行政事业性收费。清理和取消对健康服务机构不合法、不合理的行政事业性收费项目。纠正各地自行出台的歧视性价格政策。探索建立医药价格形成新机制。非公立医疗机构医疗服务价格实行市场调节价。

（五）引导和保障健康消费可持续增长。政府进一步加大对健康服务领域的投入，并向低收入群体倾斜。完善引导参保人员利用基层医疗服务、康复医疗服务的措施。着力建立健全工伤预防、补偿、康复相结合的工伤保险制度体系。鼓励地方结合实际探索对经济困难的高龄、独居、失能老年人补贴等直接补助群众健康消费的具体形式。企业根据国家有关政策规定为其员工支付的补充医疗保险费，按税收政策规定在企业所得税税前扣除。借鉴国外经验并结合我国国情，健全完善健康保险有关税收政策。

（六）完善健康服务法规标准和监管。推动制定、修订促进健康服务业发展的相关法律、行政法规。以规范服务行为、提高服务质量和提升服务水平为核心，健全服务标准体系，强化标准的实施，提高健康服务业标准化水平。在新兴的健康服务领域，鼓励龙头企业、地方和行业协会参与制订服务标准。在暂不能实行标准化的健康服务行业，广泛推行服务承诺、服务公约、服务规范等制度。完善监督机制，创新监管方式，推行属地化管理，依法规范健康服务机构从业行为，强化服务质量监管和市场日常监管，严肃查处违法经营行为。

（七）营造良好社会氛围。充分利用广播电视、平面媒体及互联网等新兴媒体深入宣传健康知识，鼓励开办专门的健康频道或节目栏目，倡导健康的生活方式，在全社会形成重视和促进健康的社会风气。通过广泛宣传和典型报道，不断提升健康服务业从业人员的社会地位。规范药品、保健食品、医疗机构等方面广告和相关信息发布行为，严厉打击虚假宣传和不实报道，积极营造良好的健康消费氛围。

各地区、各部门要高度重视，把发展健康服务业放在重要位置，加强沟通协调，密切协作配合，形成工作合力。各有关部门要根据本意见要求，各负其责，并按职责分工抓紧制定相关配套文件，确保各项任务措施落实到位。省级人民政府要结合实际制定具体方案、规划或专项行动计划，促进本地区健康服务业有序快速发展。发展改革委要会同有关部门对落实本意见的情况进行监督检查和跟踪分析，重大情况和问题及时向国务院报告。国务院将适时组织专项督查。

国务院

2013 年 9 月 28 日

国家卫生计生委　国家中医药管理局
关于加快发展社会办医的若干意见

国卫体改发〔2013〕54号

各省、自治区、直辖市卫生计生委（卫生厅局）、中医药管理局，新疆生产建设兵团卫生局：

加快发展社会办医是深化医药卫生体制改革、促进健康服务业发展的重要组成部分，是转变卫生发展方式、优化卫生资源配置的重要举措，是增加卫生资源供给、满足人民群众多样化多层次医疗卫生服务需求的重要途径。为深入贯彻党的十八届三中全会精神，落实《国务院关于促进健康服务业发展的若干意见》（国发〔2013〕40号），切实解决加快发展社会办医面临的突出问题和困难，现提出以下意见。

一　总体要求

各级卫生计生、中医药行政管理部门要转变政府职能，认真履行部门职责，强化行业指导，将社会办医纳入区域卫生规划统筹考虑。优先支持社会资本举办非营利性医疗机构，加快形成以非营利性医疗机构为主体、营利性医疗机构为补充的社会办医体系。持续提高社会办医的管理和质量水平，引导非公立医疗机构向规模化、多层次方向发展，实现公立和非公立医疗机构分工协作、共同发展。

二　加强规划引导

（一）制定实施卫生规划。国家完善卫生资源规划指导性文件，编制好《全国卫生服务体系规划纲要（2015—2020年）》，进一步明确卫生服务体系的功能定位、分级配置要求和资源配置指导标准，强化区域内各机构之间的功能整合及分工协作，完善规划实施的保障措施和监督评价机制。省级人民政府根据国家规划和本地实际制定卫生资源配置标准。各省和地市级人民政府负责制定区域卫生规划和医疗机构设置规划并负责组织实施，不断改善和提高医疗卫生综合服务能力和资源利用效率。

（二）切实将社会办医纳入规划范围。在区域卫生规划和医疗机构设置规划中为非公立医疗机构留出足够空间，优先满足非营利性医疗机构需求。新增卫生资源无论何种资金渠道，须按照有关规划要求和标准进行审批。

（三）优化卫生资源配置。按照总量控制、结构调整、规模适度的原则，严格控制公立医院发展规模，留出社会办医的发展空间。公立医院资源丰富的地区，在满足群众基本医疗需求的情况下，支持并优先选择社会信誉好、具有较强管理服务能力的社会资本，通过多种形式参与部分公立医院（包括国有企业所办医院）的改制重组。明确和规范改制的方法、程序和条件，充分听取职工意见，确保职工合法权益，同时要防止国有资产流失。

三　加大发展社会办医的支持力度

（一）放宽举办主体要求。建立公开、透明、平等、规范的社会办医准入制度。进一步放宽境外资本在内地设立独资医院的范围，按照逐步放开、风险可控的原则，将香港、澳门和台湾服务提供者在内地设立独资医院的地域范围扩大到全国地级以上城市；其他具备条件的境外资本可在中国（上海）自由贸易试验区等特定区域设立独资医疗机构。合理设定中外合资、合作医疗机构境外资本股权比例要求，并将审批权限下放到省级。

（二）放宽服务领域要求。凡是法律法规没有明令禁入的领域，都要向社会资本开放。鼓励社会资本直接投向资源稀缺及满足多元需求服务领域，举办康复医院、老年病医院、护理院、临终关怀医院等医疗机构，鼓励社会资本举办高水平、规模化的大型医疗机构或向医院集团化发展。积极发展中医类别医疗机构，鼓励社会资本举办中医专科医院，鼓励药品经营企业举办中医坐堂医诊所，鼓励有资质的中医专业技术人员特别是名老中医开办中医诊所。

（三）放宽大型医用设备配置。各地要科学制订本地区大型医用设备配置规划，严格控制公立医疗机构配置，充分考虑非公立医疗机构的发展需要，并按照非公立医疗机构设备配备不低于20%的比例，预留规划空间。按照满足合理需求、保障医疗质量安全的原则，对非公立医疗机构的配置申请，重点考核人员资质、技术能力等相关指标，对床位规模、门急诊人次等业务量评价指标方面的要求，可根据实际情况适当把握。对新建非公立医疗机构可按照建设方案拟定的科室、人员等条件予以配置评审。如符合配置要求，可予先行采购，经组织专家复审并确保相关专业人员落实到位后再正式下达配置规划。积极引导和支持区域内医疗机构按照国家有关规定联合建立区域性大型医用设备检查中心，形成共建、共用、共享和共管机制，促进资源充分合理利用，推进二级以上医疗机构检验对所有医疗机构开放。

（四）完善配套支持政策。按照国家有关法律法规和政策规定，在当地政府的统一领导下，各级卫生计生、中医药行政管理部门要加强与有关部门的协调和沟通，允许非公立医疗机构纳入医保定点范围，完善规划布局和用地保障，优化投融资引导政策，完善财税价格政策，非公立医疗机构医疗服务价格实行市场调节价。发挥非公立医疗机构在提供基本公共卫生和医疗服务中的作用，建立健全政府购买社会服务机制。

（五）加快办理审批手续。各地要加快落实非公立与公立医疗机构在设置审批、运行发展等方面同等对待的政策，不得设置法律法规规范以外的歧视性限制条件。对具备相应资质的非公立医疗机构，应按照规定予以批准，加快办理审批手续，简化审批流程，提高审批效率。

四　支持非公立医疗机构提升服务能力

（一）支持重点专科建设。各级卫生计生、中医药行政管理部门应当加强对非公立医疗机构临床专科能力建设的指导，将其统一纳入临床重点专科建设规划。非公立医疗机构获得国家和省市级重点专科建设项目的，在资金分配等方面给予同等对待。

（二）支持引进和培养人才。将非公立医疗机构所需专业人才纳入当地人才引进总体规划，享有当地政府规定的引进各类人才的同等优惠政策。在引进高层次人才以及开展继续医学教育、全科医生培养、住院医师规范化培训、新技术技能培训等方面，要对非公立医疗机构一视同仁。鼓励非公立医疗机构在业务收入中提取一定比例的教育培训经费。

（三）允许医师多点执业。制定规范的医师多点执业指导意见，重点明确医师多点执业的条件、注册、执业、责任分担等有关内容。卫生计生、中医药行政管理部门对符合条件的医师要及时办理有关手续。允许医务人员在不同举办主体医疗机构之间有序流动，在工龄计算、参加事业单位保险以及人事聘用等方面探索建立公立和非公立医疗机构间的衔接机制。为名老中医多点执业创造有利条件。

（四）支持提升学术地位。协调支持将具备较高管理能力和专业技术水平的非营利性医院优先纳入医学高等院校教学医院范围。鼓励大型公立医疗机构对口支援非公立医疗机构。各医学类行业协会、学术组织和医疗机构评审委员会要平等吸纳非公立医疗机构人员参与，扩大非公立医疗机构人员所占的比例。进一步保障非公立医疗机构在行业协会学会中享有承担与其学术水平和专业能力相适应的职务的机会。

（五）支持开展信息化建设。支持非公立医疗机构加快实现与医疗保障、公立医疗机构等信息系统的互联互通。卫生计生、中医药行政管理部门要按照信息公开的规定，及时公布各类卫生资源配置规划、行业政策、市场需求等方面信息，畅通非公立医疗机构获取相关政策信息的渠道，保障非公立和公立医疗机构在政策知情和信息占用等公共资源共享方面享有平等权益。

五　加强对非公立医疗机构监管

（一）确保医疗服务质量。将非公立医疗机构纳入统一的医疗质量控制与评价范围。对非公立医疗机构和公立医疗机构在医疗技术临床应用准入管理方面给予同等对待。卫生计生、中医药行政管理部门要切实履行政府监管职责，按照有关法律法规和标准规范，以规范非公立医疗机构的服务行为、提高服务质量和提升服务水平为核心，创新监管手段，加强对非公立医疗机构的监管。同时，充分发挥有关行业协会、社会组织对非公立医疗机构服务质量、服务费用、经营性质等方面的监管作用，建立统一立体的监管体系，实现对非公立医疗机构监管的制度化、常态化，保证医疗质量和医疗安全。严厉打击各类违法违规行为，建立“黑名单”制度。

（二）切实维护医疗秩序。将非公立医疗机构统一纳入医疗纠纷预防、处置管理体系，非公立医疗机构在发生重大医患纠纷时，当地卫生计生、中医药行政管理部门要协调公安等部门积极指导和支持其依法依规处置，维护医患双方的合法权益，保障良好的诊疗秩序。鼓励非公立医疗机构参加医疗责任保险、医疗意外保险等多种形式的执业保险。

（三）推动行业自律和医德医风建设。支持和鼓励有关协会、学会在职责范围内对非公立医疗机构进行行业指导，加强行业自律，维护非公立医疗机构合法权益。支持非公立医疗机构成立独立的行业协会。引导非公立医疗机构增强社会责任意识，坚持以病人为中心，加强医德医风建设，弘扬救死扶伤精神，努力构建和谐医患关系。

国家卫生计生委　国家中医药管理局

2013 年 12 月 30 日

教育部　国家发展改革委　财政部关于全面改善贫困地区义务教育薄弱学校基本办学条件的意见

教基一〔2013〕10 号

各省、自治区、直辖市人民政府：

为深入贯彻党的十八大和十八届三中全会精神，全面落实《国家中长期教育改革和发展规划纲要（2010—2020 年）》，统筹城乡义务教育资源均衡配置，加快缩小区域、城乡教育差距，促进基本公共教育服务均等化，经国务院同意，现就全面改善贫困地区义务教育薄弱学校基本办学条件提出以下意见。

一　充分认识改善贫困地区义务教育薄弱学校基本办学条件的重要意义

近些年来，国家逐步健全农村义务教育经费保障机制，实施了农村义务教育薄弱学校改造计划、农村初中改造工程等一系列教育重大工程项目，改善了农村义务教育学校办学条件。但是，农村、边远、贫困和民族地区特别是集中连片特困地区经济社会发展相对滞后，办学成本较高，教学条件较差，寄宿制学校宿舍、食堂等生活设施不足，村小和教学点运转比较困难，教师队伍不够稳定，辍学率相对较高，仍然是我国义务教育事业发展的薄弱环节。全面改善贫困地区薄弱学校基本办学条件，推进义务教育学校标准化建设，不让贫困家庭孩子输在成长"起点"，既是守住"保基本"民生底线、推进教育公平和社会公正的有力措施，也是增强贫困地区发展后劲、缩小城乡和区域差距、推动义务教育均衡发展的有效途径，关乎国家长远发展。

二　改善贫困地区义务教育薄弱学校基本办学条件的总体要求

（一）指导思想。贯彻落实党的十八大和十八届三中全会精神，按照均衡发展九年义务教育的要求，统筹规划，突出重点，因地制宜，循序渐进，加强科学化精细化管理，着力提高资金使用绩效，全面改善薄弱学校基本办学条件，深入推进义务教育学校标准化建设，整体提升义务教育发展水平。

（二）实施原则。

覆盖贫困地区，聚焦薄弱学校。从困难地方做起，从薄弱环节入手，主要面向农村，立足改善薄弱学校基本办学条件，不得将教育资金资源向少数优质学校集中。

坚持勤俭办学，满足基本需要。按照勤俭办教育和"缺什么补什么"的原则，改善基本办学条件，满足教育教学和生活的基本需要，杜绝超标准建设。

加强省级统筹，分步逐校实施。由省级人民政府统筹使用中央、省级财政投入资金，根据省域内改善薄弱学校基本办学条件的任务和完成时限等因素合理分配；地市和县级人民政府以校为单位制定年度工作目标和分步实施计划，确保按期完成任务。

（三）实施范围和主要目标。以中西部农村贫困地区为主，兼顾东部部分困难地区；以集中连片特困地区为主，兼顾其他国家扶贫开发工作重点地区、民族地区、边境地区等贫困地区。经过3—5年的努力，使贫困地区农村义务教育学校教室、桌椅、图书、实验仪器、运动场等教学设施满足基本教学需要；学校宿舍、床位、厕所、食堂（伙房）、饮水等生活设施满足基本生活需要；留守儿童学习和寄宿需要得到基本满足，村小学和教学点能够正常运转；县镇超大班额现象基本消除，逐步做到小学班额不超过45人、初中班额不超过50人；教师配置趋于合理，数量、素质和结构基本适应教育教学需要；小学辍学率努力控制在0.6%以下，初中辍学率努力控制在1.8%以下。

三　改善贫困地区义务教育薄弱学校基本办学条件的重点任务

（一）保障基本教学条件。要保障教室坚固、适用、通风，符合抗震、消防安全要求，自然采光、室内照明和黑板材料符合规范要求。按照学校规模和教育教学要求配备必要的教学仪器设备、器材。每个学生都有合格的课桌椅。配备适合学生身心发展特点的图书，激发和培养学生阅读兴趣，有条件的地方逐步达到小学生均图书不低于15册，初中生均图书不低于25册。根据学校地理条件和农村体育特点，因地制宜地建设运动场地和配备体育设施，保障学生活动锻炼的空间和条件。

（二）改善学校生活设施。保障寄宿学生每人1个床位，消除大通铺现象。根据实际需要配备必要的洗浴设施和条件。食堂或伙房要洁净卫生，满足学生就餐需要。设置开水房或安装饮水设施，确保学生饮水安全便捷。厕所要有足够厕位。北方和高寒地区学校应有冬季取暖设施。设置必要的安全设施，保障师生安全。

（三）办好必要的教学点。对确需保留的教学点要配备必要设施，满足教学和生活基本需求。中心学校统筹教学点课程和教师安排，保障教学点教学质量。优先安排免费师范生和特岗教师到教学点任教。职称晋升和绩效工资分配向教学点专任教师倾斜。农村教师周转宿舍建设和使用要优先考虑教学点教师需要。对学生规模不足100人的村小学和教学点按100人的标准单独核定公用经费，由县级财政和教育部门按时足额拨付，不得截留挪用。

（四）妥善解决县镇学校大班额问题。要适应城镇化发展趋势，充分考虑区域内学生流动、人口出生和学龄人口变化等情况，科学规划学校布局，并充分利用已有办学资源，首先解决超大班额问题，逐步消除大班额现象。必要情况下，可以采取新建、扩建、改建等措施，对县镇义务教育学校进行改造。加强新建住宅区配套学校建设。对教育资源较好学校的大班额问题，积极探索通过学区制、学校联盟、集团化办学等方式扩大优质教育资源覆盖面，合理分流学生。对于大班额现象严重的学校，要限制其招生人数。

（五）推进农村学校教育信息化。要逐步提升农村学校信息化基础设施与教育信息化应用水平，加强教师信息技术应用能力培训，推进信息技术在教育教学中的深入应用，使农村地区师生便捷共享优质数字教育资源。稳步推进农村学校宽带网络、数字教育资源、网络学习空间建设。要为确需保留的村小学和教学点配置数字教育资源接收和播放设备，配送优质数字教育资源。加快学籍管理等教育管理信息系统应用，并将学生、教师、学校资产等基本信息全部纳入信息系统管理。

（六）提高教师队伍素质。要特别抓好农村教师队伍建设，通过实施农村义务教育学校教师特岗计划等多种方式，完善农村教师补充机制。推进县域内校长教师交流轮岗，提高城镇中小学教师到乡村学校任教的比例。面向乡镇以下农村学校培养能承担多门学科教学任务的小学教师和“一专多能”的初中教师。提高中小学教师国家级培训计划的针对性和有效性，省级教师培训要向农村义务教育教师、校长倾斜。要结合实际制定农村教师职称评审条件、程序和办法，农村学校教师职称晋升比例应不低于当地城区学校教师。要落实对在连片特困地区的乡、村学校和教学点工作的教师给予生活补助的政策。要积极推进农村教师周转宿舍建设，努力改善农村教师生活条件。

四　有关工作要求

（一）明确责任。全面改善贫困地区义务教育薄弱学校基本办学条件工作由国家统一部署、省级人民政府统筹安排、县级人民政府具体实施。教育部、发展改革委、财政部要加强组织协调，及时跟踪了解各地工作进展等情况，加强指导和推动。地方各级教育、发展改革、财政等部门要各负其责、加强协作、形成合力，确保各项工作落到实处。

（二）摸清底数。县级人民政府要在科学制定农村义务教育学校布局专项规划基础上，以校为单位，清查教室、桌椅、运动场地、体育设施等教学设施和宿舍、食堂、厕所等生活设施，立足“保基本、兜网底”，对照基本办学需要，分析确定每个学校（含教学点）办学条件缺口，列出现状和需求清单并编制账册，做好改善办学条件的基础工作。

（三）制定方案。县级人民政府及其教育、发展改革、财政等部门要根据在国家教育体制改革领导小组备案的农村义务教育学校布局专项规划，针对每一所存在基本办学条件缺口的学校制订专门方案，明确弥补缺口的途径、时间安排和资金来源，形成本地区改善薄弱学校基本办学条件的时间表、路线图。地市级人民政府要做好指导和协调工作。省级人民政府要从实际出发，分清轻重缓急，在汇总各县（区）方案的基础上制定本省（区、市）改善贫困地区薄弱学校基本办学条件的实施方案，并于2014年4月30日前将实施方案报送教育部、发展改革委、财政部。

（四）保障经费。中央通过完善农村义务教育经费保障机制、适当调整薄弱学校改造计划、继续实施初中改造工程等措施，加大项目统筹与经费投入力度，按照“总量控制、突出重点、动态调整、包干使用”的原则，对中西部贫困地区和东部部分困难地区改善薄弱学校基本办学条件予以倾斜支持。农村义务教育经费保障机制重点保障学校基本运行需要和校舍维修；在原有基础上扩充薄弱学校改造计划内容，将信息化建设和农村小学必要的运动场、学生宿舍、食堂、饮水设施、厕所、澡堂等教学和生活设施纳入支持范围；初中改造工程重点支持农村初中必要的运动场、学生宿舍、食堂、饮水设施、厕所、澡堂等教学和生活设施建设。省级人民政府要加大省级财政投入，优化财政支出结构，最大限度地向贫困地区义务教育倾斜，做好改善基本办学条件建设需求与相关资金的统筹和对接，防止资金、项目安排重复交叉或支持缺位。地市和县级人民政府要加大经费投入、严格经费管理，按规划确保各项资金落实到位和管理使用安全高效，抓好项目实施。

（五）规范实施。要运用信息技术加强基础数据管理，对每所学校的建设内容和项目实行动态监控和全程管理。新建工程项目要严格履行基本建设程序，确保工程质量和安全。要落实政府采购、招投标和国库集中支付等相关制度，确保各项工作“阳光操作”。要把“补短板”、满足基本需要放在首位，坚持勤俭节约，杜绝超标准建设和奢华浪费，不得将财政资金向少数学校过度集中，拉大教育差距。严禁举债建设义务教育学校和改善义务教育办学条件。要加强资金监管，保证专款专用，防止发生套取、挪用、截留资金等问题，切实提高资金使用效益。

（六）加强监督检查评估。教育部、发展改革委、财政部要对各地相关工作开展情况进行专项督查。省级人民政府要加强过程检查，及时发现和协调解决有关问题，督促地市和县级人民政府按照实施方案要求，依法依规实施工程项目，确保按时完成改善薄弱学校基本办学条件工作。对套取、挪用、截留资金以及举债建设、项目管理失职渎职等违纪违规问题，要严肃查处并依法依规追究相关单位和责任人的责任。各地要采取适当方式公开有关信息，自觉接受社会监督。各省（区、市）对改善薄弱学校基本办学条件工作要适时开展评估，并将评估报告报送教育部、发展改革委、财政部。

教育部　国家发展改革委　财政部

2013 年 12 月 31 日

国务院办公厅
关于转发教育部等部门特殊教育提升计划(2014—2016年)的通知

国办发〔2014〕1号

各省、自治区、直辖市人民政府，国务院各部委、各直属机构：

教育部、发展改革委、民政部、财政部、人力资源社会保障部、卫生计生委、中国残联《特殊教育提升计划（2014—2016年）》已经国务院同意，现转发给你们，请认真贯彻执行。

国务院办公厅
2014年1月8日

特殊教育提升计划（2014—2016年）

为贯彻落实党的十八大和十八届二中、三中全会精神，深入实施《国家中长期教育改革和发展规划纲要（2010—2020年）》，加快推进特殊教育发展，大力提升特殊教育水平，切实保障残疾人受教育权利，特制定本计划。

一　重要意义

发展特殊教育是推进教育公平、实现教育现代化的重要内容，是坚持以人为本理念、弘扬人道主义精神的重要举措，是保障和改善民生、构建社会主义和谐社会的重要任务。新世纪以来特别是近年来，我国特殊教育事业取得较大发展，各级政府投入明显增加，残疾儿童少年义务教育普及水平显著提高，非义务教育阶段特殊教育办学规模不断扩大，基本实现了30万人口以上的县独立设置一所特殊教育学校的目标，残疾学生在国家助学体系中得到优先保障。但总体上看，我国特殊教育整体水平不高，发展不平衡。农村残疾儿童少年义务教育普及率不高，非义务教育阶段特殊教育发展水平偏低，特殊教育学校办学条件有待改善，特殊教育教师和康复专业人员数量不足、专业水平有待提高。因此，必须加快推进特殊教育发展，提升特殊教育水平，进一步保障残疾人受教育权利，帮助残疾人全面发展和更好融入社会，使广大残疾人共享改革发展成果，在全面建成小康社会、实现“两个百年”目标和中国梦的进程中实现幸福人生。

二　总体目标和重点任务

（一）总体目标。

全面推进全纳教育，使每一个残疾孩子都能接受合适的教育。经过三年努力，初步建立布局合理、学段衔接、普职融通、医教结合的特殊教育体系，办学条件和教育质量进一步提升。建立财政为主、社会支持、全面覆盖、通畅便利的特殊教育服务保障机制，基本形成政府主导、部门协同、各方参与的特殊教育工作格局。到2016年，全国基本普及残疾儿童少年义务教育，视力、听力、智力残疾儿童少年义务教育入学率达到90%以上，其他残疾人受教育机会明显增加。

（二）重点任务。

1. 提高普及水平。针对实名登记的未入学残疾儿童少年残疾状况和教育需求，采用多种形式，逐一安排其接受义务教育。积极发展残疾儿童学前教育，大力发展以职业教育为主的残疾人高中阶段教育，加快发展残疾人高等教育，逐步提高非义务教育阶段残疾人接受教育的比例。

2. 加强条件保障。提高特殊教育学校生均预算内公用经费标准。建立健全覆盖全体残疾学生的资助体系。改善特殊教育办学条件，加强残疾学生学习和生活无障碍设施建设。

3. 提升教育教学质量。研究制订盲、聋和培智三类特殊教育学校课程标准。健全适合残疾学生学习特点的教材体系。扩大特殊教育教师培养规模，加大特殊教育教师培训力度，提高特殊教育教师的专业化水平。逐步建立特殊教育质量监测评价体系。

三　主要措施

（一）扩大残疾儿童少年义务教育规模。

扩大普通学校随班就读规模。尽可能在普通学校安排残疾学生随班就读，加强特殊教育资源教室、无障碍设施等建设，为残疾学生提供必要的学习和生活便利。有条件的儿童福利机构可设立特教班。

提高特殊教育学校招生能力。国家支持建设的中西部地区特殊教育学校，要在2014年秋季开学前全部开始招生。支持现有特殊教育学校扩大招生规模、增加招生类别。

组织开展送教上门。县（市、区）教育行政部门要统筹安排特殊教育学校和普通学校教育资源，为确实不能到校就读的重度残疾儿童少年提供送教上门或远程教育等服务，并将其纳入学籍管理。

（二）积极发展非义务教育阶段特殊教育。

学前教育。各地要将残疾儿童学前教育纳入当地学前教育发展规划，列入国家学前教育重大项目。支持普通幼儿园创造条件接收残疾儿童。支持特殊教育学校和有条件的儿童福利机构增设附属幼儿园（学前教育部）。

高中阶段教育。普通高中和中等职业学校要积极招收残疾学生。鼓励特殊教育学校根据需要举办残疾人高中部（班）。扩大残疾人中等职业学校招生规模，紧密结合经济社会发展需求和残疾人特点合理调整专业结构，为残疾学生提供更多选择。

高等教育。各地要根据需要，有计划地在高等学校设置特殊教育学院或相关专业，满足残疾人接受高等教育的需求。高等学校要按照有关法律法规和政策，努力创造条件，积极招收符合录取标准的残疾考生，不得因其残疾而拒绝招收。要为残疾人接受成人高等学历教育提供便利。加强残疾人职业培训，提高就业创业能力。

（三）加大特殊教育经费投入力度。

切实保障特殊教育学校正常运转。义务教育阶段特殊教育学校生均预算内公用经费标准要在三年内达到每年6 000元，有条件的地区可进一步提高。目前标准高于每年6 000元的地区不得下调。随班就读、特教班和送教上门的义务教育阶段生均公用经费参照上述标准执行。

进一步提高残疾学生资助水平。针对义务教育阶段残疾学生的特殊需要，在“两免一补”基础上进一步提高补助水平。各地可根据实际对残疾学生提供交通费补助，纳入校车服务方案统筹解决。完善非义务教育阶段残疾学生资助政策，积极推进高中阶段残疾学生免费教育。

各级财政支持的残疾人康复项目优先资助残疾儿童。安排一定比例的残疾人就业保障金，支持特殊教育学校开展劳动技能教育。中央专项彩票公益金继续支持特殊教育发展。鼓励企事业单位、社会团体和公民个人捐资助学。

（四）加强特殊教育基础能力建设。

继续实施特殊教育学校建设项目。合理布局，科学规划，支持残疾人中等职业学校和高等院校新建或改扩建一批急需的基础设施，扩大残疾人接受中、高等教育的规模。支持高等学校特殊教育师范专业建设，扩建教学设施，提高特教教师培养培训能力。鼓励有条件的地区试点建设孤独症儿童少年特殊教育学校（部）。

继续实施改善特殊教育办学条件项目。支持承担随班就读残疾学生较多的普通学校设立特殊教育资源教室（中心），配备基本的教育教学和康复设备，为残疾学生提供个别化教育和康复训练。支持特殊教育学校配备必要的教育教学、康复训练等仪器设备，开展“医教结合”实验，探索教育与康复相结合的特殊教育模式。加大对薄弱特殊教育学校配备教育教学和康复设施的支持力度。

（五）加强特殊教育教师队伍建设。

完善教师管理制度。各省（区、市）要落实特殊教育学校开展正常教学和管理工作所需编制，配足配齐教职工。针对特殊教育学校学生少、班额小、寄宿生多、残疾差异大、康复类专业人员需求多、承担随班就读巡回指导任务等特点，可结合地方实际出台特殊教育学校教职工编制标准。全面落实国家规定的特殊教育津贴等特殊教育教师工资待遇倾斜政策。对在普通学校承担残疾学生随班就读教学和管理工作的教师，在绩效考核中给予倾斜。各地要为送教教师和承担“医教结合”实验的相关医务人员提供工作和交通补贴。

提高教师专业水平。研究建立特殊教育教师专业证书制度，逐步实行特殊教育教师持证上岗。制订特殊教育学校教师专业标准。推动地方确定随班就读教师、送教上门指导教师和康复训练人员等的岗位条件。将特殊教育相关内容纳入教师资格考试。教师职务（职称）评聘向特殊教育教师倾斜，将儿童福利机构特教班教师职务（职称）评聘工作纳入当地教师职务（职称）评聘规划。加大特殊教育教师培养力度，鼓励各省（区、市）择优选择师范类院校和其他高校增设特殊教育专业。鼓励高校在师范类专业中开设特殊教育课程，培养师范生的全纳教育理念和指导残疾学生随班就读的教学能力。加大国家级教师培训计划中特殊教育教师培训的比重。采取集中培训和远程培训相结合的方式，逐级开展特殊教育教师全员培训和校长、骨干教师培训。加强普通学校随班就读、资源指导、送教上门等特殊教育教师培训。

（六）深化特殊教育课程教学改革。

健全课程教材体系。根据国家义务教育课程标准，结合残疾学生特点和需求，制订盲、聋和培智三类特殊教育学校课程标准。加强特殊教育教材建设，新编和改编盲、聋和培智三类特殊教育学校的义务教育阶段课程教材，覆盖所有学科所有年级。注重培养学生自尊、自信、自立、自强的精神，注重学生的潜能开发和功能补偿。增加必要的职业教育内容，强化生活技能和社会适应能力培养。

改革教育教学方法。加强个别化教育，增强教育的针对性与有效性。开展“医教结合”实验，提升残疾学生的康复水平和知识接受能力。探索建立特殊教育学校与普通学校定期举行交流活动的制度，促进融合教育。以培养就业能力为导向，强化残疾人中、高等职业学校专业特色，建好实习实训基地，进一步加强对残疾学生的就业指导。

四 组织领导

（一）加强统筹规划。各地要将发展特殊教育作为落实教育规划纲要和办好人民满意教育的重要任务，明确各级政府责任，结合本地实际制订特殊教育提升计划实施方案，明确路线图和时间表。要本着特教特办、重点扶持的原则，统筹安排相关资金，合理配置特殊教育和康复资源，切实解决制约特殊教育事业发展的瓶颈问题。

（二）建立工作机制。各地要建立政府领导负责、相关部门协同推进计划实施的工作机制，落实目标任务和主要措施，确保计划如期完成。教育部门要统筹制定特殊教育计划实施方案，加强对承担特殊教育工作学校的指导，开展特殊教育教师培养培训，依托全国中小学生学籍信息管理系统等平台，加强残疾儿童少年教育信息监测服务和动态管理。发展改革部门要把特殊教育纳入当地经济社会发展规划，加强特殊教育学校建设。财政部门要完善特殊教育投入政策，支持改善特殊教育办学条件，加大对特殊教育学生资助力度。民政部门要做好福利机构孤残儿童抚育工作。人力资源社会保障部门要完善和落实工资待遇、职称评定等方面对特殊教育教师的支持政策。卫生计生部门要做好对残疾儿童少年的医疗与康复服务。残联要继续做好未入学适龄残疾儿童少年实名调查登记工作，加强残疾儿童少年康复训练和辅具配发等工作。

（三）加强督导检查和评估验收。各地要以县（市、区）为单位，对基本普及残疾儿童少年义务教育进行评估验收，将残疾儿童少年入学率、特殊教育教师专业化水平和特殊教育保障水平等作为评估验收的主要指标，评估结果向社会公布。国家有关部门组织开展对特殊教育提升计划实施情况的专项督导检查。残疾儿童少年义务教育入学率不达标的县（市、区），不得申报全国义务教育基本均衡县。

国务院办公厅
关于印发中国食物与营养发展
纲要（2014—2020年）的通知

国办发〔2014〕3号

各省、自治区、直辖市人民政府，国务院各部委、各直属机构：

《中国食物与营养发展纲要（2014—2020年）》已经国务院同意，现印发给你们，请认真贯彻执行。

国务院办公厅
2014年1月28日

中国食物与营养发展纲要（2014—2020年）

近年来，我国农产品综合生产能力稳步提高，食物供需基本平衡，食品安全状况总体稳定向好，居民营养健康状况明显改善，食物与营养发展成效显著。但是，我国食物生产还不能适应营养需求，居民营养不足与过剩并存，营养与健康知识缺乏，必须引起高度重视。为保障食物有效供给，优化食物结构，强化居民营养改善，特制定本纲要。

一　总体要求

（一）指导思想。

以邓小平理论、“三个代表”重要思想、科学发展观为指导，顺应各族人民过上更好生活的新期待，把保障食物有效供给、促进营养均衡发展、统筹协调生产与消费作为主要任务，把重点产品、重点区域、重点人群作为突破口，着力推动食物与营养发展方式转变，着力营造厉行节约、反对浪费的良好社会风尚，着力提升人民健康水平，为全面建成小康社会提供重要支撑。

（二）基本原则。

坚持食物数量与质量并重。实施以我为主、立足国内、确保产能、适度进口、科技支撑的国家粮食安全战略。在重视食物数量的同时，更加注重品质和质量安全，加强优质专用新品种的研发与推广，提高优质食物比重，实现食物生产数量与结构、质量与效益相统一。

坚持生产与消费协调发展。充分发挥市场机制的作用，以现代营养理念引导食物合理消费，逐步形成以营养需求为导向的现代食物产业体系，促进生产、消费、营养、健康协调发展。

坚持传承与创新有机统一。传承以植物性食物为主、动物性食物为辅的优良膳食传统，保护具有地域特色的膳食方式，创新繁荣中华饮食文化，合理汲取国外膳食结构的优点，全面提升膳食营养科技支撑水平。

坚持引导与干预有效结合。普及公众营养知识，引导科学合理膳食，预防和控制营养性疾病；针对不同区域、不同人群的食物与营养需求，采取差别化的干预措施，改善食物与营养结构。

（三）发展目标。

食物生产量目标。确保谷物基本自给、口粮绝对安全，全面提升食物质量，优化品种结构，稳步增强食物供给能力。到2020年，全国粮食产量稳定在5.5亿吨以上，油料、肉类、蛋类、奶类、水产品等生产稳定发展。

食品工业发展目标。加快建设产业特色明显、集群优势突出、结构布局合理的现代食品加工产业体系，形成一批品牌信誉好、产品质量高、核心竞争力强的大中型食品加工及配送企业。到2020年，传统食品加工程度大幅提高，食品加工技术水平明显提升，全国食品工业增加值年均增长速度保持在10%以上。

食物消费量目标。推广膳食结构多样化的健康消费模式，控制食用油和盐的消费量。到2020年，全国人均全年口粮消费135公斤、食用植物油12公斤、豆类13公斤、肉类29公斤、蛋类16公斤、奶类36公斤、水产品18公斤、蔬菜140公斤、水果60公斤。

营养素摄入量目标。保障充足的能量和蛋白质摄入量，控制脂肪摄入量，保持适量的维生素和矿物质摄入量。到2020年，全国人均每日摄入能量2 200—2 300千卡，其中，谷类食物供能比不低于50%，脂肪供能比不高于30%；人均每日蛋白质摄入量78克，其中，优质蛋白质比例占45%以上；维生素和矿物质等微量营养素摄入量基本达到居民健康需求。

营养性疾病控制目标。基本消除营养不良现象，控制营养性疾病增长。到2020年，全国5岁以下儿童生长迟缓率控制在7%以下；全人群贫血率控制在10%以下，其中，孕产妇贫血率控制在17%以下，老年人贫血率控制在15%以下，5岁以下儿童贫血率控制在12%以下；居民超重、肥胖和血脂异常率的增长速度明显下降。

二 主要任务

（一）构建供给稳定、运转高效、监控有力的食物数量保障体系。稳定耕地面积，加快高标准农田建设，积极调整农业结构，提高粮食等重要农产品综合生产能力。大力发展畜牧业，提高牛肉、羊肉、禽肉供给比重。大力发展海洋经济，保障水产品供应。广辟食物资源，因地制宜发展杂粮、木本粮油等生产。大力发展农产品储藏、保鲜等产地初加工。积极推进物联网等信息技术应用，加强市场网络和配送服务体系建设，加快形成安全卫生、布局合理的现代食物市场流通体系。加强农产品数量安全智能分析与监测预警，健全中央、地方和企业三级食用农产品收储体系，增强宏观调控能力。更加积极地利用国际农产品市场和农业资源，有效调剂和补充国内食物供给。

（二）构建标准健全、体系完备、监管到位的食物质量保障体系。建立最严格的覆盖全过程的食物安全监管制度，健全各类食物标准，落实地方政府属地管理和生产经营主体责任，规范食物生产、加工和销售行为。加快推进原料标准化基地建设，集中创建一批园艺作物标准园、畜禽养殖标准化示范场、水产标准化健康养殖示范场和农业标准化示范县。完善投入品管理制度，加强农产品质量安全监管，推进农产品质量安全监管示范县创建活动。推进食物生产、加工和流通企业诚信制度建设，加大对失信企业惩处力度，增强企业诚信经营意识。加强食物安全信息共享与公共管理体系建设，健全快速反应机制，加强应急处置，强化舆论监督和引导。

（三）构建定期监测、分类指导、引导消费的居民营养改善体系。建立健全居民食物与营养监测管理制度，加强监测和信息分析。对重点区域、重点人群实施营养干预，重视解决微量营养素缺乏、部分人群油脂摄入过多等问题。开展多种形式的营养教育，引导居民形成科学的膳食习惯，推进健康饮食文化建设。

三　发展重点

（一）重点产品。

1. 优质食用农产品。全面推行食用农产品标准化生产，提升“米袋子”和“菜篮子”产品质量。大力发展无公害农产品和绿色食品生产、经营，因地制宜发展有机食品，做好农产品地理标志工作。积极培育具有地域特色的农产品品牌，严格保护产地环境。

2. 方便营养加工食品。加快发展符合营养科学要求和食品安全标准的方便食品、营养早餐、快餐食品、调理食品等新型加工食品，不断增加膳食制品供应种类。强化对主食类加工产品的营养科学指导，加强营养早餐及快餐食品集中生产、配送、销售体系建设，推进主食工业化、规模化发展。发展营养强化食品和保健食品，促进居民营养改善。加快传统食品生产的工业化改造，推进农产品综合开发与利用。

3. 奶类与大豆食品。扶持奶源基地建设，强化奶业市场监管，培育乳品消费市场，加强奶业各环节衔接，推进现代奶业建设。充分发挥我国传统大豆资源优势，加强大豆种质资源研究和新品种培育，扶持国内大豆产业发展，强化大豆生产与精深加工的科学研究，实施传统大豆制品的工艺改造，开发新型大豆食品，推进大豆制品规模化生产。

（二）重点区域。

1. 贫困地区。采取扶持与开发相结合的方式，提高贫困地区居民的食物消费水平。创新营养改善方式，合理开发利用当地食物资源。动员社会各界参与扶贫开发，采取营养干预措施，实现贫困人口食物与营养的基本保障和逐步改善。

2. 农村地区。加快农村经济社会发展，增加农民收入。加强农村商贸与流通基础设施建设，将城镇现代流通业向广大农村地区延伸，推进“万村千乡”市场工程，开拓农村食物市场，方便农村居民购买食物。

3. 流动人群集中及新型城镇化地区。改善外来务工人员的饮食条件，加强对在外就餐人员及新型城镇化地区居民膳食指导，倡导文明生活方式和合理膳食模式，控制高能量、高脂肪、高盐饮食，降低营养性疾病发病率。

（三）重点人群。

1. 孕产妇与婴幼儿。做好孕产妇营养均衡调配，重点改善低收入人群孕妇膳食中钙、铁、锌和维生素 A 摄入不足的状况，预防中高收入人群孕妇因膳食不合理而导致的肥胖、巨大儿等营养性疾病。大力倡导母乳喂养，重视农村地区 6 个月龄至 24 个月龄婴幼儿的辅食喂养与营养补充，加强母乳代用品和婴幼儿食品质量监管。

2. 儿童青少年。着力降低农村儿童青少年生长迟缓、缺铁性贫血的发生率，做好农村留守儿童营养保障工作。遏制城镇儿童青少年超重、肥胖增长态势。将食物与营养知识纳入中小学课程，加强对教师、家长的营养教育和对学生食堂及学生营养配餐单位的指导，引导学生养成科学的饮食习惯。强化营养干预，加大蛋奶供应，保障食物与营养需求。

3. 老年人。研究开发适合老年人身体健康需要的食物产品，重点发展营养强化食品和低盐、低脂食物。开展老年人营养监测与膳食引导，科学指导老年人补充营养、合理饮食，提高老年人生活质量和健康水平。

四 政策措施

（一）全面普及膳食营养和健康知识。加强对居民食物与营养的指导，提高全民营养意识，提倡健康生活方式，树立科学饮食理念。研究设立公众“营养日”。开展食物与营养知识进村（社区）入户活动，加强营养和健康教育。发布适宜不同人群特点的膳食指南，定期在商场、超市、车站、机场等人流集中地发放。发挥主要媒体对食物与营养知识进行公益宣传的主渠道作用，增强营养知识传播的科学性。加大对食物与营养事业发展的投入，加强流通、餐饮服务等基础设施建设。

（二）加强食物生产与供给。全面落实“米袋子”省长负责制和“菜篮子”市长负责制，强化地方人民政府的食物安全责任。加大对食用农产品生产的支持力度，保护农民发展生产的积极性。加大对食物加工、流通领域的扶持力度，鼓励主产区发展食物加工业，支持大中城市食品加工配送中心建设，发展共同配送、统一配送。加强农业生态环境保护，有效治理面源污染。支持到境外特别是与周边国家开展互利共赢的农业生产和进出口合作。

（三）加大营养监测与干预。开展全国居民营养与基本健康监测工作，进行食物消费调查，定期发布中国居民食物消费与营养健康状况报告，引导居民改善食物与营养状况。加大财政投入，改善老少边穷地区的中小学校和幼儿园就餐环境。

（四）推进食物与营养法制化管理。抓紧进行食物与营养相关法律法规的研究工作，适时开展营养改善条例的立法工作。针对食物与营养的突出问题，依法规范食物生产经营活动，开展专项治理整顿，营造安全、诚信、公平的市场环境。创新食物与营养执法监督，提高行政监管效能。弘扬勤俭节约的传统美德，形成厉行节约、反对浪费的良好社会风尚。

（五）加快食物与营养科技创新。针对食物、营养和健康领域的重大需求，引导企业加大食物与营养科技投入，加强对食物与营养重点领域和关键环节的研究。加强对新食物资源开发和食物安全风险分析技术的研究，在科技创新中提高食物安全水平。加强食物安全监测预警技术研究，促进食物安全信息监测预警系统建设。深入研究食物、营养和健康的关系，及时修订居民膳食营养素参考摄入量标准。

（六）加强组织领导和咨询指导。由农业部、卫生计生委牵头，发展改革委、教育部、科技部、工业和信息化部、财政部、商务部、食品药品监管总局、林业局等部门参加，建立部际协调机制，做好本纲要实施工作。继续发挥国家食物与营养咨询委员会的议事咨询作用，及时向政府提供决策咨询意见。省级人民政府要根据本纲要确立的目标、任务和重点，结合本地区实际，制定当地食物与营养发展实施计划。

第二篇

概　况

2013 年中国人口发展概况

李桂芝

2013 年全国人口变动调查共抽取了 31 个省（自治区、直辖市）的 2 101 个县（市、区），4 387 个乡（镇、街道），4 789 个村（居）委会，调查登记了 138.5 万人，其中常住人口 111.8 万人。

调查结果显示，2013 年我国人口呈现以下特点：人口总量继续保持低速增长；15—59 岁人口继续呈下降趋势，老龄化进程加快；总人口性别比呈下降态势；城镇人口比重继续稳步提高；流动人口规模不断扩大；人口婚姻、家庭状况保持稳定；人口素质稳步提高。

一　人口总量继续保持低速增长

2013 年末，我国大陆总人口为 136 072 万人，比 2012 年增加了 668 万人。全年出生人口 1 640万人，人口出生率为 12.08‰，比 2012 年下降了 0.02 个千分点；死亡人口 972 万人，人口死亡率为 7.16‰，比 2012 年提高了 0.01 个千分点；人口自然增长率为 4.92‰，比 2012 年下降了 0.03 个千分点。

分地区看，2013 年末，我国东部地区人口规模达 51 819 万人，占各省（自治区、直辖市）人口合计的 38.3%；东北地区人口规模为 10 976 万人，占 8.1%；中部地区人口规模为 36 085 万人，占 26.6%；西部地区人口规模为 36 637 万人，占 27.0%。与 2012 年相比，各地区人口所占比重基本保持不变，从人口数量上看，东北地区人口增长最慢，东部地区增长最快，西部地区人口增长略快于中部地区。

2013 年 15—49 岁育龄妇女人数比 2012 年明显减少，22—29 岁生育旺盛期育龄妇女人数略有增加，但上升幅度较小，总和生育率保持不变，根据育龄妇女规模推算，出生人口略有增加，比 2012 年多出生 5 万人，受总人口数量增加的影响，人口出生率略有下降。

各省人口自然增长率呈现明显差异，辽宁省的自然增长率连续三年为负值，自然增长率最高的新疆则高达 10.92‰，自然增长率低的地区主要集中在东北和东部沿海发达地区，而自然增长率高的地区多为西部欠发达地区。省际自然增长率差异主要由出生水平不同导致。

二　15—59 岁人口继续呈下降趋势，老龄化进程加快

2013 年全国 0—14 岁（含不满 15 周岁）人口为 22 329 万人，占总人口的 16.4%，比 2012 年下降了 0.05 个百分点；60 岁及以上人口达到 20 243 万人，比 2012 年增加了 853 万人，占总人口的 14.9%，提高了 0.56 个百分点；65 岁及以上人口达到 13 161 万人，占总人口的 9.7%，比 2012 年增加了 447 万人，提高了 0.28 个百分点；15—59 岁（含不满 60 周岁）劳动年龄人口为 93 500 万人，比 2012 年减少了 227 万人，占总人口的比重为 68.7%，下降了 0.51 个百分点。15—59 岁（含不满 60 周岁）人口总量连续两年减少，呈现下降趋势（见图 1）。

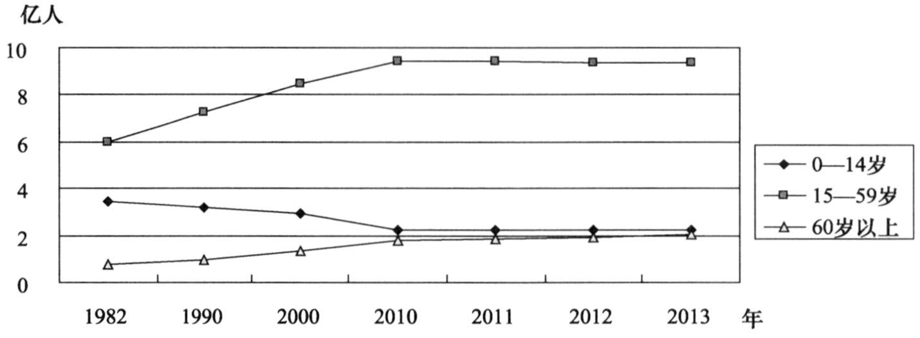

图1 我国人口年龄结构的变化

随着人口年龄结构的变化，抚养比也随之变化。与2012年相比，少儿抚养保持不变，老年抚养比和总抚养比继续上升。从几次普查年份的数据来看，少儿抚养比一直处于下降趋势，下降幅度逐渐缩小，2013年为22.20%，与2012年持平；老年抚养比上升幅度增大，2013年为13.08%，提高了0.42个百分点；总抚养比为35.28%，提高了0.42个百分点（见表1）。

表1　四次人口普查与2011—2013年人口抚养比　单位：%

指标＼年份	1982	1990	2000	2010	2011	2012	2013
总抚养比	62.60	49.84	42.55	34.17	34.35	34.86	35.28
少儿抚养比	54.62	41.49	32.63	22.27	22.10	22.20	22.20
老年抚养比	7.98	8.35	9.92	11.90	12.25	12.66	13.08

三　总人口性别比呈下降态势

2013年，我国男性人口69 728万人，比2012年增加333万人，占全国总人口的51.24%，女性人口66 344万人，比2012年增加335万人，占48.76%；男性人口比女性人口多3 384万人，总人口性别比为105.10，受出生人口和死亡人口性别比的影响，总人口性别比自2005年来一直呈现下降态势（见图2）。

四　城镇人口比重继续稳步提高

2013年末，我国城镇人口比重达到53.73%，与2012年相比，上升了1.16个百分点，城镇人口为73 111万人，增加了1 929万人；乡村人口为62 961万人，减少了1 261万人。城镇人口比乡村人口多10 150万人（见表2）。

近年来，我国城镇化水平不断提高，2005—2013年间，我国城镇化率以平均每年1.34个百分点的速度发展，城镇人口平均每年增长2 112万人。

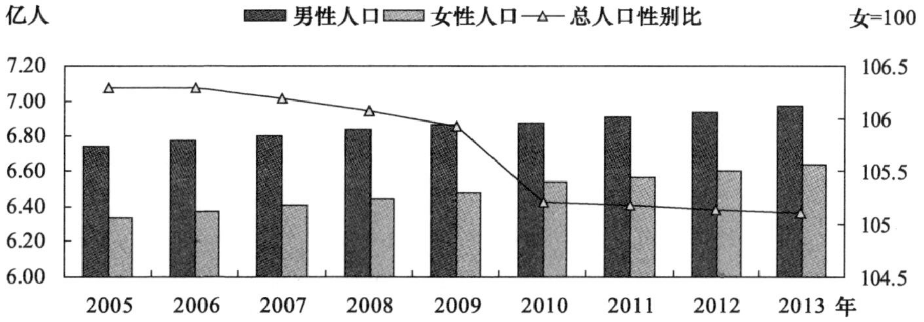

图 2　2005—2013 年分性别人口和总人口性别比

表 1　2005—2013 年全国城镇人口比重　单位：万人，%

年份	总人口	城镇人口数	城镇人口比重	增长幅度
2005	130 756	56 212	42.99	—
2006	131 448	58 288	44.34	1.35
2007	132 129	60 633	45.89	1.55
2008	132 802	62 403	46.99	1.10
2009	133 450	64 512	48.34	1.35
2010	134 091	66 978	49.95	1.61
2011	134 735	69 079	51.27	1.32
2012	135 404	71 182	52.57	1.30
2013	136 072	73 111	53.73	1.16

分地区看，中西部地区城镇化发展速度快于东部地区，东部地区又快于东北地区。2013 年，东部地区城镇人口比重 62.80，东北地区城镇人口比重 60.22%，中部和西部城镇人口比重分别为 48.49% 和 45.98%，与 2012 年相比，东中西和东北地区分别增长 0.94、1.29、1.24 和 0.62 个百分点。中西部地区城镇化发展继续保持较快速度，但与东部和东北地区的差距仍然较大。

五　流动人口规模不断扩大

2013 年，全国人户分离的（居住地和户口登记地所在乡镇街道不一致且离开户口登记地半年以上的）人口为 2.89 亿，比 2012 年增加 959 万人。其中，流动人口（人户分离人口中不包括市辖区内人户分离的人口。市辖区内人户分离的人口是指一个直辖市或地级市所辖区内和区与区之间，居住地和户口登记地不在同一乡镇街道的人口）为 2.45 亿，比 2012 年增加 812 万人。2010 年以来我国人户分离人口和流动人口总量不断增加（见图 3）。

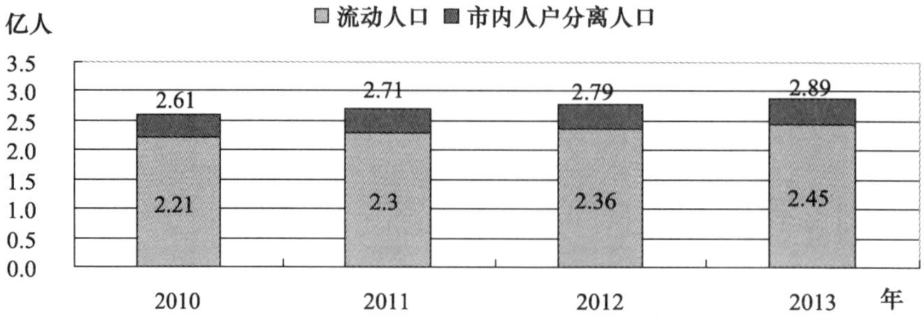

图 3　2010—2013 年人户分离人口和流动人口

六　人口婚姻、家庭状况保持稳定

2013 年全国人口变动调查结果显示，我国人口婚姻状况相对稳定，未婚比例低、有配偶比例高、离婚比例低等基本特征未变，在 15 岁及以上人口中，未婚比例为 20.18%，初婚有配偶比例为 71.21%，再婚有配偶比例为 1.61%，离婚比例仅为 1.58%，丧偶比例为 5.42%。

分城乡看，城乡人口婚姻构成状况存在差别，城镇中未婚和离婚比例高于乡村，初婚有配偶、再婚有配偶和丧偶比例低于乡村（见表 3）。

表 3　　2013 年我国城乡 15 岁及以上人口婚姻构成状况　　单位:%

地区	未婚	初婚有配偶	再婚有配偶	离婚	丧偶
全国	20.18	71.21	1.61	1.58	5.42
城镇	21.75	70.64	1.56	1.84	4.21
乡村	18.22	71.92	1.67	1.25	6.93

家庭户规模继续保持平稳下降，2013 年，我国平均家庭户规模为 2.98 人。从户规模来看，二人户和三人户所占比重较高，分别为 27.25% 和 26.94%。从家庭户类型来看，最为典型的家庭户类型为两代户和一代户，分别为 45.75% 和 37.06%。分城乡看，城镇平均家庭户规模 2.84 人，小于乡村平均家庭户规模 3.15 人。

七　人口素质稳步提高

2013 年，我国 15 岁及以上人口的平均受教育年限为 9.34 年，比 2012 年提高了 0.12 年，人口文化程度不断提高。分城乡看，城镇人口的文化程度高于乡村，城镇 15 岁及以上人口的平均受教育年限为 10.50 年，乡村为 7.88 年。

15 岁及以上人口文盲率为 4.60%，其中，男性文盲率为 2.53%，女性文盲率为 6.73%，与 2012 年相比，我国文盲率下降了 0.36 个百分点，男性和女性文盲率分别降低了 0.14 和 0.59 个百分点。从各种受教育程度的人口分布来看，小学和初中文化程度的人口所占比重在缩小，而高中及以上各种文化程度人口所占比重在增加。

（作者单位：国家统计局人口和就业统计司）

2013年中国流动人口概况

李桂芝

全国年度人口变动情况调查数据显示，2013年我国流动人口总量继续增加，跨省流动人口半数以上集中在东部地区，近八成流动人口在现住地居住时间超过一年，流动人口以青壮年为主体，省内流动人口受教育程度高于跨省流动人口，务工经商是人口流动的主要原因，流动人口带未成年子女外出比重较高，参加社会医疗保险的比重高于参加社会养老保险的比重。

一　流动人口总量继续增加

2013年我国人户分离人口（指居住地和户口登记地所在乡镇街道不一致且离开户口登记地半年以上的人口）为2.89亿。其中，流动人口（指人户分离人口中扣除市辖区内人户分离的人口。市辖区内人户分离的人口是指一个直辖市或地级市所辖区内和区与区之间，居住地和户口登记地不在同一乡镇街道的人口）为2.45亿，比2012年增加812万人。2010—2013年人户分离人口和流动人口总量不断增加，分别从2010年的2.61亿人和2.21亿人增加到2013年的2.89亿人和2.45亿人。

二　跨省流动人口半数以上集中在东部地区

在流动人口中，跨省流动人口占39.87%。分地区看，流动人口主要集中在东部地区，东部10个省（市）中跨省流动人口比重最高，占全部跨省流动人口的54.52%，西部地区占23.18%，略高于中部地区的15.61%，东北地区跨省流动人口所占比重最低为6.69%。分省看，跨省流入人口最多的是广东，占全国跨省流入人口的24.80%，其次为浙江、上海、北京、福建、江苏，分别占全国跨省流入人口的15.77%、13.73%、8.25%、7.89%、6.49%，六个省（市）合计占76.93%。

三　近八成流动人口在现住地居住时间超过一年

从流动人口居住时间看，在现住地居住不满半年的比重最低，为8.51%，半年至一年的占12.07%，一年至三年的比重最高，为33.04%，三年至五年的占17.53%，五年及以上的占28.85%，近80%的流动人口在现住地居住了一年以上，流动人口的居住相对稳定。

四　流动人口以青壮年为主体

流动人口中青壮年人口比重高。其中，20—30岁人口占流动人口的30.65%，31—45岁人口占32.15%，均高于两个年龄组人口在总人口中所占的比重（18.46%和25.48%）。分性别看，流动人口中男性多于女性，性别比为106.94（女性=100），略高于全国总人口性别比105.10，不存在明显的性别差异。

五　省内流动人口受教育程度高于跨省流动人口

15岁及以上流动人口平均受教育年限为10.81年。其中，省内流动人口平均受教育年限为11.21年，跨省流动人口平均受教育年限为10.03年。省内流动人口中，受教育程度为初中、高中和大专及以上人口的比重分别占34.31%、27.07%和26.77%，小学比重为9.89%；跨省流动人口中，受教育程度为初中的人口超过50%，高中、大专及以上和小学分别为12.27%、13.63%和18.67%。在省内和跨省流动人口中，未上过学人口比重均为最低。省内和跨省流动人口受教育程度的差别，与流动人口的年龄结构和户口性质相关，跨省流动人口比省内流动人口更加年轻，农业户籍人口比重更高。

六　务工经商是人口流动主要原因

在离开户口登记地原因中，务工经商所占比重最高，为42.86%，其次是随迁家属和拆迁或搬家，分别占16.03%和15.11%，其他原因依次为学习培训、婚姻嫁娶、投亲靠友、工作调动等。务工经商和随迁家属存在明显的性别差异，因务工经商离开户口登记地的男性占48.28%，高于女性的37.17%，作为随迁家属离开户口登记地，女性所占比重为18.14%，高出男性4.13个百分点。

七　流动人口带未成年子女外出比重高

调查显示，流动人口中一半的人口有未成年子女。从家庭的完整性来看，有未成年子女的流动人口中，76.86%的人口携带未成年子女外出并共同居住。从分省情况看，广东、上海、浙江、福建、重庆和北京的流动人口与未成年子女共同居住的比重在53%—64%之间，低于全国平均水平，与这些地区生活成本较高有关。

八　流动人口参加社会医疗保险的比重高于参加社会养老保险的比重

15岁及以上流动人口中，参加社会医疗保险的比重为83.25%。其中，参加新型农村合作医疗保险的人口占34.07%，职工基本医疗保险占32.19%，城镇居民基本医疗保险占10.90%，城乡居民基本医疗保险和公费医疗两者所占比重仅为6.09%。流动人口参加社会养老保险的比重低于参加社会医疗保险的比重，仅为60.89%。其中，参加城镇职工基本养老保险的占31.90%，参加新型农村社会养老保险的占18.25%，城镇居民社会养老保险、城乡居民社会养老保险和机关事业单位养老保险所占比重较低，三者共占10.74%（见下页表）。

2013年流动人口参加社会医疗保险和养老保险的比重

单位:%

参加社会医疗保险情况	比重	参加社会养老保险情况	比重
职工基本医疗保险	32.19	城镇职工基本养老保险	31.90
城镇居民基本医疗保险	10.90	城镇居民社会养老保险	5.31
新型农村合作医疗保险	34.07	新型农村社会养老保险	18.25
城乡居民基本医疗保险	4.48	城乡居民社会养老保险	3.03
公费医疗	1.61	机关事业单位养老保险	2.40
未参加	16.75	未参加	39.11

（作者单位：国家统计局人口和就业统计司）

2013 年中国教育事业发展概况

教育部

2013 年，在党中央、国务院坚强领导下，教育优先发展战略地位进一步落实，教育系统全面贯彻落实教育规划纲要，努力推进教育事业健康持续发展，着力促进教育公平、调整教育结构、提高教育质量，在培养优秀人才、服务经济社会发展等方面取得了新成绩，为经济社会发展提供了有力的人才保障和智力支持。

一、学前教育。全国共有幼儿园 19.86 万所，比上年增加 1.73 万所，在园幼儿（包括附设班）3 894.69 万人，比上年增加 208.93 万人。幼儿园园长和教师共 188.51 万人，比上年增加 20.76 万人。学前教育毛入园率达到 67.5%，比上年提高 3 个百分点。

二、义务教育。全国共有义务教育阶段学校 26.63 万所，比上年减少 1.55 万所。全国义务教育阶段共招生 3 191.44 万人；在校生 1.38 亿人；专任教师 906.56 万人；九年义务教育巩固率 92.3%。

1. 小学

全国共有小学 21.35 万所，比上年减少 1.51 万所；招生 1 695.36 万人，比上年减少 19.31 万人；在校生 9 360.55 万人，比上年减少 335.35 万人；毕业生1 581.06万人，比上年减少 60.50 万人。小学学龄儿童净入学率达到 99.71%；其中，男女童净入学率分别为 99.70% 和 99.72%，女童高于男童 0.02 个百分点。

小学教职工 549.49 万人，比上年减少 4.36 万人；专任教师 558.46 万人，比上年减少 823 人。专任教师学历合格率 99.83%，比上年提高 0.02 个百分点。生师比 16.76：1，与上年的 17.36：1 有所改善。

普通小学（含教学点）校舍建筑面积 62 064.85 万平方米，比上年增长 3 002.92 万平方米。设施设备配备达标的学校比例情况分别为：体育运动场（馆）面积达标学校比例 51.44%，体育器械配备达标学校比例 52.13%，音乐器械配备达标学校比例 50.13%，美术器械配备达标学校比例 50.09%，数学自然实验仪器达标学校比例 54.19%。

2. 初中

全国共有初中学校 5.28 万所（其中职业初中 40 所），比上年减少 412 所。招生 1 496.09 万人，比上年减少 74.68 万人；在校生 4 440.12 万人，比上年减少 322.94 万人；毕业生 1 561.55万人，比上年减少 99.23 万人。初中阶段毛入学率 104.1%，比上年提升 2.0 个百分点。初中毕业生升学率 91.2%，比上年提高 2.8 个百分点。

初中教职工 392.88 万人，比上年减少 1.03 万人；专任教师 348.10 万人，比上年减少 2.34 万人。初中专任教师学历合格率 99.28%，比上年提高 0.16 个百分点。生师比 12.76：1，比上年的 13.59：1 有所改善。

初中校舍建筑面积 50 079.41 万平方米，比上年增长 2 497.35 万平方米。设施设备配备达标的学校比例情况分别为：体育运动场（馆）面积达标学校比例 69.68%，体育器械配备达标学校比例 72.84%，音乐器械配备达标学校比例 70.34%，美术器械配备达标学校比例 70.04%，理科实验仪器达标学校比例 77.57%。

3. 进城务工人员随迁子女和农村留守儿童

全国义务教育阶段在校生中进城务工人员随迁子女共 1 277.17 万人。其中，在小学就读 930.85 万人，在初中就读 346.31 万人。

全国义务教育阶段在校生中农村留守儿童共 2 126.75 万人。其中，在小学就读 1 440.47 万人，在初中就读 686.28 万人。

三、特殊教育。全国共有特殊教育学校 1 933 所，比上年增加 80 所；特殊教育学校共有专任教师 4.57 万人。全国共招收特殊教育学生 6.60 万人，比上年增加 278 人；在校生 36.81 万人，比上年减少 1.06 万人。其中，视力残疾学生 4.01 万人，听力残疾学生 8.92 万人，智力残疾学生 18.50 万人，其他残疾学生 5.38 万人。特殊教育毕业生 5.07 万人，比上年增加 0.21 万人。普通小学、初中随班就读和附设特教班招收的学生 3.50 万人，在校生 19.08 万人，分别占特殊教育招生总数和在校生总数的 53.12% 和 51.84%。

四、高中阶段教育。全国高中阶段教育共有学校 2.62 万所，比上年减少 643 所；招生 1 497.45万人，比上年减少 101.29 万人；在校学生 4 369.92 万人，比上年减少 225.36 万人。高中阶段毛入学率 86.0%，比上年提高 1.0 个百分点。

1. 普通高中

全国普通高中 1.34 万所，比上年减少 157 所；招生 822.70 万人，比上年减少 21.91 万人，降低 2.59%；在校生 2 435.88 万人，比上年减少 31.29 万人，降低 1.27%；毕业生 798.98 万人，比上年增加 7.47 万人，增长 0.94%。

普通高中教职工 247.36 万人，比上年增加 1.10 万人；专任教师 162.90 万人，比上年增加 3.40 万人，生师比 14.95：1，比上年的 15.47：1 有所改善；专任教师学历合格率 96.80%，比上年提高 0.36 个百分点。

普通高中共有校舍建筑面积 43 560.14 万平方米，比上年增长 1 313.49 万平方米。普通高中设施设备配备达标的学校比例情况分别为：体育运动场（馆）面积达标学校比例 82.86%，体育器械配备达标学校比例 84.67%，音乐器械配备达标学校比例 82.52%，美术器械配备达标学校比例 82.94%，理科实验仪器达标学校比例 86.02%。

2. 成人高中

全国成人高中 611 所，比上年减少 85 所；在校生 11.07 万人，比上年减少 3.35 万人；毕业生 10.40 万人，比上年减少 1.23 万人。成人高中教职工 6 061 人，比上年减少 1 282 人；专任教师 4 618 人，比上年减少 1 183 人。

3. 中等职业教育

全国中等职业教育共有学校 1.23 万所，比上年减少 401 所。其中，普通中等专业学校 3 577所，比上年减少 104 所；职业高中 4 267 所，比上年减少 250 所；技工学校 2 882 所，比上年减少 19 所；成人中等专业学校 1 536 所，比上年减少 28 所。

中等职业教育招生 674.76 万人，比上年减少 79.38 万人，占高中阶段教育招生总数的 45.06%。其中，普通中专招生 271.47 万人，比上年减少 5.89 万人；职业高中招生 183.53 万人，比上年减少 30.37 万人；技工学校招生 133.50 万人，比上年减少 23.56 万人；成人中专招生 86.26 万人，比上年减少 19.55 万人。

中等职业教育在校生 1 922.97 万人，比上年减少 190.72 万人，占高中阶段教育在校生总数的 44.00%。其中，普通中专在校生 772.18 万人，比上年减少 40.38 万人；职业高中在校生 534.22 万人，比上年减少 88.83 万人；技工学校在校生 386.59 万人，比上年减少 37.22 万人；

成人中专在校生229.98万人，比上年减少24.29万人。

中等职业教育毕业生674.44万人，比上年减少4 550人。其中，普通中专毕业生265.21万人，比上年减少1 053人；职业高中毕业生204.52万人，比上年减少12.92万人；技工学校毕业生116.88万人，比上年减少3.63万人；成人中专毕业生87.83万人，比上年增加16.20万人。

中等职业教育学校共有教职工115.34万人，比上年减少3.60万人。其中，普通中等专业学校教职工41.93万人，比上年减少1.13万人；职业高中教职工37.54万人，比上年减少1.89万人；技工学校教职工26.94万人，比上年增加1 337人；成人中等专业学校教职工7.27万人，比上年减少4 767人。

中等职业教育学校共有专任教师86.79万人，比上年减少1.30万人，生师比22.97：1，比上年的24.19：1有所改善。其中，普通中等专业学校专任教师30.36万人，比上年减少1 979人；职业高中专任教师30.14万人，比上年减少1.03万人；技工学校专任教师19.92万人，比上年增加2 298人；成人中等专业学校专任教师5.20万人，比上年减少2 186人。

五、高等教育。全国各类高等教育在学总规模达到3 460万人，高等教育毛入学率达到34.5%。全国共有普通高等学校和成人高等学校2 788所，比上年减少2所。其中，普通高等学校2 491所（含独立学院292所），比上年增加49所；成人高等学校297所，比上年减少51所。普通高校中本科院校1 170所，比上年增加25所；高职（专科）院校1 321所，比上年增加24所。全国共有培养研究生单位830个，其中普通高校548个，科研机构282个。

研究生招生61.14万人，比上年增加2.17万人，增长3.68%，其中，博士生招生7.05万人，硕士生招生54.09万人。在学研究生179.40万人，比上年增加7.41万人，增长4.31%，其中，在学博士生29.83万人，在学硕士生149.57万人。毕业研究生51.36万人，比上年增加2.72万人，增长5.59%，其中，毕业博士生5.31万人，毕业硕士生46.05万人。

普通高等教育本专科共招生699.83万人，比上年增加11.00万人，增长1.60%；在校生2 468.07万人，比上年增加76.76万人，增长3.21%；毕业生638.72万人，比上年增加13.99万人，增长2.24%。

成人高等教育本专科共招生256.49万人，比上年增加12.54万人；在校生626.41万人，比上年增加43.30万人；毕业生199.77万人，比上年增加4.34万人。

全国高等教育自学考试学历教育报考766.30万人次，取得毕业证书73.42万人；非学历教育报考958.7万人次。

普通高等学校本科、高职（专科）全日制在校生平均规模9 814人，其中，本科学校14 261人，高职（专科）学校5 876人。

普通高等学校教职工229.63万人，比上年增加4.19万人；专任教师149.69万人，比上年增加5.66万人。普通高校生师比为17.53：1。成人高等学校教职工5.64万人，比上年减少9 195人；专任教师3.36万人，比上年减少5 746人。

普通高等学校校舍总建筑面积84 154.95万平方米，比上年增加3 094.53万平方米；教学科研仪器设备总值3 309.58亿元，比上年增加374.21亿元。

六、成人培训与扫盲教育。全国接受各种非学历高等教育的学生678.56万人次，当年已结业933.77万人次；接受各种非学历中等教育的学生达4 914.65万人次，当年已结业5 340.34万人次。

全国职业技术培训机构11.23万所，比上年减少1.15万所；教职工48.22万人；专任教师27.43万人。

全国有成人小学2.18万所，在校生124.26万人，教职工4.36万人，其中，专任教师2.26

万人；成人初中 1 768 所，在校生 48.23 万人，教职工 7 281 人，其中，专任教师 5 833 人。

全国共扫除文盲 50.59 万人，比上年减少 7.99 万人；另有 61.92 万人正在参加扫盲学习，比上年减少 6.98 万人。扫盲教育教职工 3.27 万人，比上年减少 5 607 人；专任教师 1.54 万人，比上年减少 2 402 人。

七、民办教育。全国共有各级各类民办学校（教育机构）14.90 万所，比上年增加 9 057 所；招生 1 494.52 万人，比上年增加 44.49 万人；各类教育在校生达 4 078.31 万人，比上年增加 167.29 万人。其中：

民办幼儿园 13.35 万所，比上年增加 8 813 所；入园儿童 907.96 万人，比上年增加 42.34 万人；在园儿童 1 990.25 万人，比上年增加 137.51 万人。

民办普通小学 5 407 所，比上年增加 194 所；招生 111.28 万人，比上年增加 6.85 万人；在校生 628.60 万人，比上年增加 30.75 万人。

民办普通初中 4 535 所，比上年增加 202 所；招生 162.11 万人，比上年增加 4.31 万人；在校生 462.35 万人，比上年增加 10.94 万人。

民办普通高中 2 375 所，比上年增加 4 所；招生 79.82 万人，比上年减少 2.31 万人；在校生 231.64 万人，比上年减少 3.31 万人。

民办中等职业学校 2 482 所，比上年减少 167 所；招生 73.16 万人，比上年减少 10.60 万人；在校生 207.94 万人，比上年减少 32.94 万人。另有非学历教育学生 30.23 万人。

民办高校 718 所（含独立学院 292 所），比上年增加 11 所；招生 160.19 万人，比上年减少 949 人；在校生 557.52 万人，比上年增加 24.34 万人。其中，硕士研究生在校生 335 人，本科在校生 361.64 万人，专科在校生 195.85 万人；另有自考助学班学生、预科生、进修及培训学生 25.84 万人。民办的非学历高等教育机构 802 所，各类注册学生 87.99 万人。

另外，还有其他民办培训机构 2.01 万所，943.56 万人次接受了培训。

2013年中国卫生和计划生育事业发展概况

国家卫生和计划生育委员会

2013年，各级卫生计生部门按照党中央、国务院的决策和部署，继续深入推进医药卫生体制改革，巩固完善基本药物制度和基层医疗卫生机构运行新机制，积极推进公立医院改革，做好重大疾病防控和医疗卫生服务工作，强化食品安全，计生改革取得突破，卫生和计划生育事业发展稳中有进，实现了良好开局。

一　卫生资源

（一）卫生总费用。据初步核算，2013年全国卫生总费用预计达31 661.5亿元，其中：政府卫生支出9 521.4亿元（占30.1%），社会卫生支出11 413.4亿元（占36.0%），个人卫生支出10 726.8亿元（占33.9%）。人均卫生费用2 326.8元，卫生总费用占GDP百分比为5.57%。

（二）卫生人员总数。2013年末，全国卫生人员总数达979.0万人，比上年增加67.4万人（增长7.4%）。2013年末卫生人员总数中，卫生技术人员721.1万人，乡村医生和卫生员108.1万人，其他技术人员36.0万人，管理人员42.1万人，工勤技能人员71.8万人。卫生技术人员中，执业（助理）医师279.5万人（其中全科医生14.6万人），注册护士278.3万人。与上年比较，卫生技术人员增加53.5万人（增长8.0%），其他人员数见表1。

2013年末卫生人员机构分布：医院537.1万人（占54.9%），基层医疗卫生机构351.4万人（占35.9%），专业公共卫生机构82.6万人（占8.4%）。与上年比较，三类机构卫生人员均有所增加（见表2）。

2013年末卫生技术人员学历结构：本科及以上占28.5%，大专占38.7%，中专占30.0%，高中及以下占2.7%。与2012年相比，本科及以上提高1.8个百分点，大专提高1.1个百分点，中专下降2.3百分点，高中及以下下降0.7个百分点。

2013年，每千人口执业（助理）医师2.06人，每千人口注册护士2.05人，每万人口全科医生1.07人，每万人口专业公共卫生机构人员6.08人。

表1　　全国卫生人员数

	2013	2012
卫生人员总数（万人）	979.0	911.6
卫生技术人员	721.1	667.6

续表

	2013	2012
#执业（助理）医师	279.5	261.6
#执业医师	228.6	213.9
注册护士	278.3	249.7
药师（士）	39.6	37.7
技师（士）	38.8	36.4
乡村医生和卫生员	108.1	109.4
其他技术人员	36.0	31.9
管理人员	42.1	37.3
工勤技能人员	71.8	65.4
每千人口执业（助理）医师（人）	2.06	1.94
每千人口注册护士（人）	2.05	1.85
每万人口全科医师（人）	1.07	0.81
每万人口公共卫生人员（人）	6.08	4.94

注：卫生人员和卫生技术人员包括公务员中取得“卫生监督员证书”的人数。下表同。
#系其中数。以下各表同。

表 2　全国各类医疗卫生机构人员数（万人）

	人员数		卫生技术人员	
	2013	2012	2013	2012
总计	**979.0**	**911.6**	**721.1**	**667.6**
医院	537.1	493.7	442.5	405.8
公立医院	460.6	428.2	383.9	355.5
民营医院	76.4	65.5	58.6	50.2
基层医疗卫生机构	351.4	343.7	213.8	205.2
#社区卫生服务中心（站）	47.6	45.4	40.6	38.7
乡镇卫生院	123.4	120.5	104.3	101.7
专业公共卫生机构	82.6	66.7	60.9	52.9
#疾病预防控制中心	19.4	19.3	14.3	14.1
卫生监督机构	8.2	9.3	7.0	8.5
其他机构	7.9	7.5	3.9	3.7

（三）床位数。2013 年末，全国医疗卫生机构床位 618.2 万张，其中：医院 457.9 万张（占 74.1%），基层医疗卫生机构 135.0 万张（占 21.8%）。与上年比较，床位增加 45.7 万张，其中：医院床位增加 41.7 万张，基层医疗卫生机构床位增加 2.6 万张（见表 3）。每千人口医疗卫生机构床位数由 2012 年 4.24 张增加到 2013 年 4.55 张。

表 3　　全国医疗卫生机构及床位数

	机构数（个）		床位数（张）	
	2013	2012	2013	2012
总计	**974 398**	**950 297**	**6 181 891**	**5 724 775**
医院	24 709	23 170	4 578 601	4 161 486
公立医院	13 396	13 384	3 865 385	3 579 309
民营医院	11 313	9 786	713 216	582 177
医院中：三级医院	1 787	1 624	1 670 000	1 469 737
二级医院	6 709	6 566	1 952 214	1 827 240
一级医院	6 473	5 962	350 272	312 866
基层医疗卫生机构	915 368	912 620	1 349 908	1 324 270
#社区卫生服务中心（站）	33 965	33 562	194 241	203 210
#政府办	18 638	19 579	137 143	136 615
乡镇卫生院	37 015	37 097	1 136 492	1 099 262
#政府办	36 593	36 667	1 125 098	1 087 286
村卫生室	648 619	653 419	—	—
诊所（医务室）	184 050	177 798	—	—
专业公共卫生机构	31 155	12 083 *	214 870	198 198
#疾病预防控制中心	3 516	3 490		
专科疾病防治机构	1 271	1 289	38 507	35 715
妇幼保健机构	3 144	3 044	175 476	161 560
卫生监督机构	2 967	3 088	—	—
其他机构	3 166	2 424	38 512	40 821

注：* 仅包括原卫生部门主管（不含原计生部门）的计划生育技术服务机构。

（四）医疗卫生机构总数。2013 年末，全国医疗卫生机构总数达 974 398 个，比上年增加 24 101 个（主要原因是 2013 年计划生育技术服务机构增加了原人口计生部门主管的机构数）。其中：医院 24 709 个，基层医疗卫生机构 915 368 个，专业公共卫生机构 31 155 个。与上年比较，医院增加 1 539 个，基层医疗卫生机构减少 2 748 个，专业公共卫生机构增加 19 072 个（见表 3）。

医院中，公立医院 13 396 个，民营医院 11 313 个。医院按等级分：三级医院 1 787 个（其中：三级甲等医院 1 079 个），二级医院 6 709 个，一级医院 6 473 个，未定级医院 9 740 个。医院按床位数分：100 张床位以下医院 14 798 个，100—199 张床位医院 3 647 个，200—499 张床位医院 3 624 个，500—799 张床位医院 1 428 个，800 张床位及以上医院 1 212 个。

基层医疗卫生机构中，社区卫生服务中心（站）33 965 个，乡镇卫生院 37 015 个，诊所和医务室 184 050 个，村卫生室 648 619 个。政府办基层医疗卫生机构 55 231 个。

专业公共卫生机构中，疾病预防控制中心 3 516 个，其中：省级 31 个、市（地）级 393

个、县（区、县级市）级 2 806 个。卫生监督机构 2 967 个，其中：省级 31 个、市（地）级 372 个、县（区、县级市）级 2 514 个，另有 22 个疾病预防控制中心承担卫生监督职责。

二 医疗服务

（一）门诊和住院量。2013 年，全国医疗卫生机构总诊疗人次达 73.1 亿人次，比上年增加 4.2 亿人次（增长 6.1%）。2013 年居民到医疗卫生机构平均就诊 5.4 次。

2013 年总诊疗人次中，医院 27.4 亿人次（占 37.5%），基层医疗卫生机构 43.2 亿人次（占 59.1%），其他医疗机构 2.5 亿人次（占 3.4%）。与上年比较，医院诊疗人次增加 2.0 亿人次，基层医疗卫生机构诊疗人次增加 2.1 亿人次（见表 4）。

2013 年公立医院诊疗人次 24.6 亿人次（占医院总数的 89.8%），民营医院 2.9 亿人次（占医院总数的 10.6%）。

2013 年乡镇卫生院和社区卫生服务中心（站）门诊量达 16.6 亿人次，比上年增加 1.0 亿人次。乡镇卫生院和社区卫生服务中心（站）门诊量占门诊总量的 22.8%，所占比重与上年持平。

表 4　　全国医疗服务工作量

	诊疗人次数（亿人次）		入院人数（万人）	
	2013	**2012**	**2013**	**2012**
医疗卫生机构合计	**73.1**	**68.9**	**19 215**	**17 857**
医院	27.4	25.4	14 007	12 727
公立医院	24.6	22.9	12 315	11 331
民营医院	2.9	2.5	1 692	1 396
医院中：三级医院	12.4	10.9	5 450	4 726
二级医院	10.9	10.5	6 621	6 242
一级医院	1.8	1.7	729	649
基层医疗卫生机构	43.2	41.1	4 300	4 254
其他机构	2.5	2.4	907	876
合计中：非公医疗卫生机构	16.3	15.7	1 773	1 476

2013 年，全国医疗卫生机构入院人数 19 215 万人，比上年增加 1 358 万人（增长 7.6%），年住院率为 14.1%。

2013 年入院人数中，医院 14 007 万人（占 72.9%），基层医疗卫生机构 4 300 万人（占 22.4%），其他医疗机构 907 万人（占 4.7%）。与上年比较，医院入院增加 1 280 万人，基层医疗卫生机构入院增加 46 万人，其他医疗机构入院增加 31 万人（见表 4）。

2013 年，公立医院入院人数 12 315 万人（占医院总数的 87.9%），民营医院 1 692 万人（占医院总数的 12.1%）。

（二）医师工作负荷。2013 年，医院医师日均担负诊疗 7.3 人次和住院 2.6 床日，其中：公立医院医师日均担负诊疗 7.6 人次和住院 2.7 床日。与上年比较，医院医师日均担负工作量略有增加（见表5）。

表5　医院医师担负工作量

	医师日均担负诊疗人次		医师日均担负住院床日	
	2013	2012	2013	2012
医院	7.3	7.2	2.6	2.6
公立医院	7.6	7.5	2.7	2.7
民营医院	5.6	5.7	2.0	1.9
医院中：三级医院	8.3	8.2	2.8	2.8
二级医院	6.9	6.9	2.7	2.6
一级医院	6.5	6.6	1.8	1.7

（三）病床使用。2013年，全国医院病床使用率89.0%，其中：公立医院93.5%。与上年比较，医院病床使用率下降1.1个百分点（其中公立医院下降0.7个百分点）。2013年医院出院者平均住院日为9.8日（其中：公立医院10.0日），比上年缩短0.2日（见表6）。

表6　医院病床使用情况

	病床使用率（%）		出院者平均住院日	
	2013	2012	2013	2012
医院	89.0	90.1	9.8	10.0
公立医院	93.5	94.2	10.0	10.2
民营医院	63.4	63.2	8.4	8.3
医院中：三级医院	102.9	104.5	11.0	11.4
二级医院	89.5	90.7	9.0	9.1
一级医院	60.9	60.4	9.0	8.9

三　基层卫生

（一）社区卫生服务体系建设。2013年底，全国已设立社区卫生服务中心（站）33 965个，其中：社区卫生服务中心8 488个，社区卫生服务站25 477个。与上年相比，社区卫生服务中心增加306个，社区卫生服务站增加97个。社区卫生服务中心人员36.9万人，平均每个中心43人；社区卫生服务站人员10.7万人，平均每站4人。社区卫生服务中心（站）人员数比上年增加2.2万人，增长4.8%。

表7 全国社区卫生服务情况

	2013	2012
街道数（个）	7 564	7 282
社区卫生服务中心数（个）	8 488	8 182
床位数（张）	167 998	163 556
卫生人员数（人）	368 636	346 816
#卫生技术人员	311 332	292 362
#执业（助理）医师	130 907	124 634
诊疗人次（亿人次）	5.1	4.5
入院人数（万人）	292.1	268.7
医师日均担负诊疗人次	15.7	14.8
医师日均担负住院床日	0.7	0.7
病床使用率（%）	57.0	55.5
出院者平均住院日	9.8	10.1
社区卫生服务站数（个）	25 477	25 380
卫生人员数（人）	107 437	107 344
#卫生技术人员	94 886	94 590
#执业（助理）医师	42 931	42 780
诊疗人次（亿人次）	1.5	1.4
医师日均担负诊疗人次	14.3	14.0

（二）社区医疗服务。2013年，全国社区卫生服务中心诊疗人次5.1亿人次，入院人数292.1万人，门诊和住院量比上年增加（见表7）；平均每个中心年诊疗量6.0万人次，年入院量344人；医师日均担负诊疗15.7人次和住院0.7床日。2013年，全国社区卫生服务站诊疗人次1.5亿人次，平均每站年诊疗量5 888人次，医师日均担负诊疗14.3人次。

（三）农村三级医疗服务体系建设。2013年底，全国1 981个县（县级市）共设有县级医院11 631所、县级妇幼保健机构2 042所、县级疾病预防控制中心2 217所、县级卫生监督所1 930所，四类县级卫生机构共有卫生人员231.1万人。

2013年底，全国3.29万个乡镇共设3.7万个乡镇卫生院，床位113.6万张，卫生人员123.4万人（其中卫生技术人员104.3万人）。

与上年比较，乡镇卫生院减少82个（乡镇撤并后卫生院合并），床位增加3.7万张，人员增加2.9万人（见表8）。2013年，每千农业人口乡镇卫生院床位由2012年1.25张增加到2013年1.30张，每千农业人口乡镇卫生院人员由1.37人增加到1.41人。

表 8　　全国农村乡镇卫生院医疗服务情况

	2013	2012
乡镇数（万个）	3. 29	3. 32
乡镇卫生院数（个）	37 015	37 097
床位数（万张）	113. 6	109. 9
卫生人员数（万人）	123. 4	120. 5
#卫生技术人员	104. 3	101. 7
#执业（助理）医师	43. 4	42. 3
每千农业人口乡镇卫生院床位（张）	1. 30	1. 25
每千农业人口乡镇卫生院人员（人）	1. 41	1. 37
诊疗人次（亿人次）	10. 07	9. 68
入院人数（万人）	3 937	3 908
医师日均担负诊疗人次	9. 3	9. 1
医师日均担负住院床日	1. 6	1. 5
病床使用率（%）	62. 8	62. 1
出院者平均住院日	5. 9	5. 7

2013 年底，全国 58. 9 万个行政村共设 64. 9 万个村卫生室。村卫生室人员达 145. 7 万人，其中：执业（助理）医师 29. 1 万人、注册护士 8. 5 万人、乡村医生 100. 5 万人。平均每村村卫生室人员 2. 47 人。与上年比较，村卫生室数减少 0. 4 万个，人员总数增加 8. 5 万人（见表 9）。

表 9　　全国村卫生室及人员数

	2013	2012
行政村数（万个）	58. 9	58. 8
村卫生室数（万个）	64. 9	65. 3
人员总数	145. 7	137. 2
执业（助理）医师数（万人）	29. 1	23. 3
注册护士数（万人）	8. 5	4. 4
乡村医生和卫生员数（万人）	108. 1	109. 4
#乡村医生	100. 5	102. 3
平均每村村卫生室人员数（人）	2. 47	2. 33

注：村卫生室执业（助理）医师和注册护士数包括乡镇卫生院设点的数字。

（四）农村医疗服务。2013 年，全国县级（含县级市）医院诊疗人次达 9. 2 亿人次，比上年增加 0. 5 亿人次；入院人数 6 507. 6 万人，比上年增加 514. 8 万人；病床使用率 85. 8%，比上年下降 1. 3 个百分点。

2013 年，乡镇卫生院诊疗人次为10.07 亿人次，比上年增加0.4 亿人次；入院人数3 937万人，比上年增加29 万人。2013 年，医师日均担负诊疗9.3 人次和住院1.6 床日。病床使用率62.8%，出院者平均住院日5.9 日。与上年相比，乡镇卫生院医师工作负荷有所增加，病床使用率提高0.7 个百分点，平均住院日延长0.2 日。

2013 年村卫生室诊疗量达20.1 亿人次，比上年增加0.8 亿人次，平均每个村卫生室年诊疗量3 102人次。

（五）新型农村合作医疗。截至2013 年底，全国有2 489 个县（市、区）开展了新型农村合作医疗，参合人口数达8.02 亿人，参合率为98.7%。2013 年度新农合筹资总额达2 972.5 亿元，人均筹资370.6 元。全国新农合基金支出2 909.2 亿元；补偿支出受益19.42 亿人次，其中：住院补偿0.93 亿人次，普通门诊补偿15.2 亿人次（见表10）。

表 10　　**全国新型农村合作医疗情况**

	2013	2012
参合人口数（亿人）	8.02	8.05
参合率（%）	98.7	98.3
当年筹资总额（亿元）	2 972.5	2 484.7
人均筹资（元）	370.6	308.5
当年基金支出（亿元）	2 909.2	2 408.0
当年补偿支出受益人次（亿人次）	19.42	17.45

注：部分城市统一实行城乡居民基本医保制度，参合人数有所减少。

四　中医药服务

（一）中医类机构、床位及人员数。2013 年末，全国中医类医疗卫生机构总数达41 966 个，比上年增加2 584 个。其中：中医类医院3 590 个，中医类门诊部、诊所38 328 个，中医类研究机构48 个。与上年比较，中医类医院增加193 个，中医类门诊部及诊所增加2 403 个（见表11）。

表 11　　**全国中医类医疗卫生机构数和床位数**

	机构数（个）		床位数（张）	
	2013	2012	2013	2012
总计	**41 966**	**39 382**	**794 160**	**705 795**
中医类医院	3 590	3 409	686 793	612 777
中医医院	3 015	2 889	608 843	547 967
中西医结合医院	358	312	58 774	49 844
民族医医院	217	208	19 176	14 966
中医类门诊部	1283	1218	807	805
中医门诊部	991	910	490	423

续表

	机构数（个）		床位数（张）	
	2013	2012	2013	2012
中西医结合门诊部	279	297	289	363
民族医医院	13	11	28	19
中医类诊所	37 045	34 707	—	—
中医诊所	29 335	27 209	—	—
中西医结合诊所	7 286	7 088	—	—
民族医诊所	424	410	—	—
中医类研究机构	48	48	—	—
中医（药）研究院（所）	35	35	—	—
中西医结合研究所	3	3	—	—
民族医（药）学研究所	10	10	—	—
其他医疗机构中医类临床科室	—	—	106 560	92 213

注：中医类临床科室包括中医科各专业、中西医结合科、民族医学科。

2013年末，提供中医服务的社区卫生服务中心占同类机构的82.5%，社区卫生服务站占51.3%，乡镇卫生院占63.6%，村卫生室占33.6%。与上年比较，四类机构所占比重均有提高（见表12）。

表12　提供中医服务的基层医疗卫生机构占同类机构的比重（%）

	2013	2012
社区卫生服务中心	82.5	80.8
社区卫生服务站	51.3	48.0
乡镇卫生院	63.6	61.2
村卫生室	33.6	32.8

2013年末，全国中医类医疗卫生机构床位79.4万张，其中：中医类医院68.7万张（占86.5%）。与上年比较，中医类床位增加8.8万张，其中：中医类医院床位增加7.4万张。

2013年末，全国中医药卫生人员总数达52.3万人，比上年增加3.4万人（增长7.2%）。其中：中医类别执业（助理）医师39.8万人，中药师（士）11万人。两类人员较上年均有所增加（见表13）。

表 13　　全国中医药人员数

	2013	2012
中医药人员总数（万人）	52.3	48.8
中医类别执业（助理）医师	39.8	36.8
见习中医师	1.4	1.2
中药师（士）	11.0	10.8
中医药人员占同类人员总数的百分比（%）		
中医类别执业（助理）医师	14.3	14.1
见习中医师	6.9	6.7
中药师（士）	27.9	28.5

（二）中医医疗服务。2013 年，全国中医类医疗卫生机构总诊疗人次达 8.1 亿人次，比上年增加 0.7 亿人次（增长 9.0%）。其中：中医类医院 4.9 亿人次（占 60.1%），中医类门诊部及诊所 1.2 亿人次（占 15.3%），其他医疗机构中医类临床科室 2.0 亿人次（占 24.5%）。

2013 年，全国中医类医疗卫生机构出院人数 2 276.0 万人，比上年增加 253.8 万人（增长 12.6%）。其中：中医类医院 2 010.1 万人（占 88.3%），中医类门诊部 0.8 万人，其他医疗卫生机构中医类临床科室 263.2 万人（占 11.6%）。

表 14　　全国中医类医疗卫生机构医疗服务量

	诊疗人次（万人次）		出院人数（万人）	
	2013	2012	2013	2012
中医类总计	81 409.4	74 695.2	2 276.0	2 022.2
中医类医院	48 952.5	45 120.2	2 010.1	1 798.9
中医医院	43 726.3	40 705.2	1 815.7	1 636.2
中西医结合医院	4 466.1	3 769.1	154.1	129.0
民族医医院	760.1	645.9	40.2	33.7
中医类门诊部	1 433.6	1 290.8	0.8	0.6
中医门诊部	1 221.6	1 069.5	0.5	0.3
中西医结合门诊部	207.9	217.8	0.3	0.3
民族医门诊部	4.1	3.5	—	—
中医类诊所	11 059.3	10 250.2	—	—
中医诊所	8 616.7	7 857.7	—	—
中西医结合诊所	2 341.5	2 291	—	—
民族医诊所	101.1	101.5	—	—
其他医疗卫生机构中医类临床科室	19 964.0	18 033.9	263.2	222.7
中医类服务量占医疗服务总量的百分比	15.4	15.1	11.9	11.4

五　病人医药费用

（一）医院病人医药费用。2013 年，医院次均门诊费用 206.4 元，按当年价格比上年上涨 7.2%，按可比价格上涨 4.5%（注：2013 年全国居民消费价格指数 102.6%）；人均住院费用 7 442.3元，按当年价格比上年上涨 6.6%，按可比价格上涨 3.9%。日均住院费用 756.2 元，上涨幅度高于人均住院费用上涨（见表 15）。

2013 年，医院门诊药费占 49.3%，比上年下降 1.0 个百分点；医院住院药费占 39.5%，比上年下降 1.6 个百分点。

2013 各级公立医院门诊和住院费用涨幅不一。二级医院门诊费用上涨 5.6%（当年价格，下同），涨幅较上年下降 1.0 个百分点（见表 15）。低于三级医院 0.4 个百分点；二级医院住院费用上涨 5.1%，高于三级医院 0.3 个百分点。

表 15　医院病人门诊和住院费用

	医院							
			公立医院					
					三级医院		二级医院	
	2013	2012	2013	2012	2013	2012	2013	2012
次均门诊费用（元）	206.4	192.5	207.9	193.4	256.7	242.1	166.2	157.40
上涨%（当年价格）	7.2	7.1	7.5	7.3	6.0	4.4	5.6	6.6
上涨%（可比价格）	4.5	4.4	4.8	4.6	3.3	1.8	2.9	3.9
人均住院费用（元）	7 442.3	6 980.4	7 858.9	7 325.1	11 722.4	11 186.8	4 968.3	4 729.4
上涨%（当年价格）	6.6	5.3	7.3	6.0	4.8	2.3	5.1	3.6
上涨%（可比价格）	3.9	2.6	4.6	3.3	2.1	-0.3	2.4	1.0
日均住院费用（元）	756.2	697.6	782.7	716.8	1 061.1	979.1	552.7	519.5
上涨%（当年价格）	8.4	8.4	9.2	8.9	8.4	7.4	6.4	6.2
上涨%（可比价格）	5.7	5.6	6.4	6.2	5.5	4.6	3.7	3.5

注：①绝对数按当年价格计算。②次均门诊费用指门诊病人次均医药费用，人均住院费用指出院病人人均医药费用，日均住院费用指出院病人日均医药费用。下表同。

（二）基层医疗卫生机构病人医药费用。2013 年，社区卫生服务中心次均门诊费用 86.5 元，按当年价格比上年上涨 2.2%，按可比价格下降 0.3%；人均住院费用 2 482.7 元，按当年价格比上年上涨 2.7%，按可比价格上涨 0.1%。

2013 年，社区卫生服务中心门诊药费占门诊费用的 68.7%，比上年下降 0.5 个百分点；住院药费占住院费用的 45.5%，比上年下降 1.0 个百分点。

表 16 基层医疗卫生机构病人门诊和住院费用

	社区卫生服务中心		乡镇卫生院	
	2013	2012	2013	2012
次均门诊费用（元）	86.5	84.6	52.7	49.2
上涨%（当年价格）	2.2	3.8	7.1	3.6
上涨%（可比价格）	-0.3	1.2	4.4	1.0
人均住院费用（元）	2 482.7	2 417.9	1 267.0	1 140.7
上涨%（当年价格）	2.7	4.4	11.1	8.5
上涨%（可比价格）	0.1	1.8	8.3	5.8
日均住院费用（元）	252.4	240.3	214.0	200.9
上涨%（当年价格）	5.0	5.3	6.5	6.7
上涨%（可比价格）	2.4	2.7	3.8	4.0

注：绝对数按当年价格计算。

2013 年，乡镇卫生院次均门诊费用 52.7 元，按当年价格比上年上涨 7.1%，按可比价格上涨 4.4%；人均住院费用 1 267.0 元，按当年价格比上年上涨 11.1%，按可比价格上涨 8.3%。日均住院费用 214.0 元，按当年价格比上年上涨 6.5%，按可比价格上涨 3.8%。

2013 年，乡镇卫生院门诊药费占门诊费用的 54.5%，比上年下降 0.3 个百分点；住院药费占住院费用的 46.8%，比上年下降 1.4 个百分点（见表 16）。

六 疾病控制与公共卫生

（一）传染病报告发病和死亡。2013 年，全国甲乙类传染病共报告发病 305.75 万例，死亡 16 301 人。报告发病数居前 5 位的病种依次为病毒性肝炎、肺结核、梅毒、细菌性阿米巴性痢疾、淋病，占甲乙类传染病报告发病总数的 93.26%；报告死亡数居前五位的病种依次为艾滋病、肺结核、狂犬病、病毒性肝炎、流行性出血热，占甲乙类传染病报告死亡总数的 98.09%（见表 17）。

2013 年，全国甲乙类传染病报告发病率为 225.80/10 万，死亡率为 1.20/10 万。

表 17 全国甲乙类传染病报告发病及死亡数

病名	发病例数（例）		死亡人数（人）	
	2013	2012	2013	2012
总计	**3 057 463**	**3 216 932**	**16 301**	**16 721**
鼠疫	0	1	0	1
霍乱	53	75	1	0
传染性非典型肺炎	0	0	0	0
艾滋病	42 286	41 929	11 437	11 575

续表

病名	发病例数（例）		死亡人数（人）	
	2013	2012	2013	2012
病毒性肝炎	1 251 872	1 380 800	739	747
脊髓灰质炎	0	0	0	0
人感染高致病性禽流感	2	1	2	1
麻疹	27 646	6 183	24	8
流行性出血热	12 810	13 308	109	104
狂犬病	1 172	1 425	1 128	1 361
流行性乙型脑炎	2 178	1 763	64	59
登革热	4 663	575	0	0
炭疽	193	237	1	1
细菌性和阿米巴性痢疾	188 669	207 429	13	13
肺结核	904 434	951 508	2 576	2 662
伤寒和副伤寒	14 136	11 998	3	3
流行性脑脊髓膜炎	213	195	21	24
百日咳	1 712	2 183	0	1
白喉	0	0	0	0
新生儿破伤风	492	656	45	51
猩红热	34 207	46 459	2	2
布鲁氏菌病	43 486	39 515	0	1
淋病	99 659	91 853	1	1
梅毒	406 772	410 074	69	79
钩端螺旋体病	353	440	5	5
血吸虫病	5 699	4 802	1	4
疟疾	3 896	2 451	20	15
人感染 H7N9 禽流感	19	1	0	0

注：自 2013 年 11 月 1 日起，人感染 H7N9 禽流感纳入法定乙类传染病进行管理，甲型 H1N1 流感从乙类调整至丙类，纳入流行性感冒进行统计。2013 年甲乙类传染病合计中包括 2013 年 1—10 月甲型 H1N1 流感报告发病数和死亡数。

2013 年，全国丙类传染病共报告发病 335.90 万例，死亡 291 人。报告发病数居前 5 位的病种依次为手足口病、其它感染性腹泻病、流行性腮腺炎、流行性感冒和急性出血性结膜炎，占丙类传染病报告发病总数的 99.29%。报告死亡数较多的病种依次为手足口病、其它感染性腹泻病和流行性感冒，占丙类传染病报告死亡总数的 98.28%（见表 18）。

2013 年，全国丙类传染病报告发病率为 248.07/10 万，死亡率为 0.02/10 万。

表 18　　全国丙类传染病报告发病及死亡数

病名	发病例数（例）		死亡人数（人）	
	2013	2012	2013	2012
合计	**3 358 955**	**3 734 546**	**291**	**594**
流行性感冒	129 873	122 140	14	4
流行性腮腺炎	327 759	479 518	1	0
风疹	17 580	40 156	0	1
急性出血性结膜炎	36 387	32 333	0	0
麻风病	402	430	2	3
斑疹伤寒	1 989	2 102	0	0
黑热病	158	218	1	1
包虫病	3 841	3 234	1	1
丝虫病	0	0	0	0
其它感染性腹泻病	1 012 589	885 678	20	17
手足口病	1 828 377	2 168 737	252	567

注：自 2013 年 11 月 1 日起，甲型 H1N1 流感从乙类调整至丙类，纳入流行性感冒进行统计。

（二）血吸虫病防治。2013 年底，全国血吸虫病流行县（市、区）454 个；累计达到血吸虫病传播控制标准的县（市、区）124 个，累计达到传播阻断标准的县（市、区）296 个；年底实有病人 18.5 万人，比上年减少 5.6 万人；年内治疗病人 33.8 万人次，扩大化疗 272.0 万人次。

（三）地方病防治。2013 年底，全国克山病病区县数 326 个，累计控制（消除）县 257 个，现症病人 3.9 万人；大骨节病病区县 378 个，累计控制（消除）县 249 个，现症病人 62.5 万人；碘缺乏病防治工作县（区）2 801 个，现症病人 31.2 万人。地方性氟中毒（饮水型）病区县数 1 137 个，控制县数 217 个，氟斑牙病人 1 961.6 万人，氟骨症病人 132.2 万人；地方性氟中毒（燃煤污染型）病区县数 173 个，控制县数 30 个，氟斑牙病人 1 455.8 万人，氟骨症病人 187.7 万人。

（四）农村改水改厕。截至 2013 年底，全国累计农村改水受益人口 8.99 亿人，改水受益人口占农村总人口的 95.6%。农村自来水普及率为 76.4%，比上年提高 1.8 个百分点。农村累计使用卫生厕所 19 400.6 万户，其中：当年新增卫生厕所 648.3 万户。农村卫生厕所普及率 74.1%，比上年提高 2.4 个百分点。

七　妇幼卫生

（一）妇幼保健。2013 年，孕产妇产前检查率 95.6%，产后访视率 93.5%。与上年比较，产前检查率和产后访视率有所提高（见表 19）。2013 年住院分娩率为 99.5%（市 99.9%，县 99.2%），比上年提高 0.3 个百分点（市提高 0.2 个百分点，县提高 0.4 个百分点）。

2013 年，3 岁以下儿童系统管理率达 90.7%，比上年提高 3.7 个百分点；孕产妇系统管理率达 89.5%，比上年提高 1.9 个百分点（见表 19）。

表 19 孕产妇及儿童保健情况

	2013	2012
产前检查率（%）	95.6	95.0
产后访视率（%）	93.5	92.6
住院分娩率（%）	99.5	99.2
市	99.9	99.7
县	99.2	98.8
3 岁以下儿童系统管理率（%）	90.7	87.0
孕产妇系统管理率（%）	89.5	87.6

（二）5 岁以下儿童死亡率。据妇幼卫生监测，2013 年，5 岁以下儿童死亡率 12.0‰，其中：城市 6.0‰，农村 14.5‰；婴儿死亡率 9.5‰，其中：城市 5.2‰，农村 11.3‰；新生儿死亡率 6.3‰，其中：城市 3.7‰，农村 7.3‰。与上年相比，5 岁以下儿童死亡率、婴儿死亡率、新生儿死亡率均有不同程度的下降（见表 20）。

（三）孕产妇死亡率。据妇幼卫生监测，2013 年，孕产妇死亡率为 23.2/10 万，其中：城市 22.4/10 万，农村 23.6/10 万。与上年相比，孕产妇死亡率有所下降（见表 20）。城市孕产妇主要死因构成：产科出血占 25.0%、羊水栓塞占 11.8%、妊娠期高血压疾病占 9.2%、合并心脏病占 9.2%；农村孕产妇主要死因构成：产科出血占 29.3%、羊水栓塞占 13.8%、妊娠期高血压疾病占 12.1%、合并心脏病占 7.3%。

表 20 监测地区孕产妇和儿童死亡率

	合计		城市		农村	
	2013	2012	2013	2012	2013	2012
孕产妇死亡率（1/10 万）	23.2	24.5	22.4	22.2	23.6	25.6
5 岁以下儿童死亡率（‰）	12.0	13.2	6.0	5.9	14.5	16.2
婴儿死亡率（‰）	9.5	10.3	5.2	5.2	11.3	12.4
新生儿死亡率（‰）	6.3	6.9	3.7	3.9	7.3	8.1

（四）国家免费孕前优生项目。实施区域从 60% 的县扩大到全国所有县（市、区），目标人群覆盖全部农村计划怀孕夫妇，实现全国全覆盖。2013 年全国共为 1 182 万名计划怀孕夫妇提供免费孕前优生健康检查服务，目标人群覆盖率平均达到 92%。筛查出的风险人群全部获得针对性的咨询指导和治疗转诊等服务，落实了孕前预防措施，有效降低了出生缺陷的发生风险。

八　食品安全与卫生监督

（一）扩大食品安全风险监测范围。根据各省（区、市）及新疆生产建设兵团报告（下同），截至2013年底，全国设置食品安全风险监测点2 183个，对29类29.5万份样品进行监测，获得监测数据309万个；在1 600个医疗卫生机构设置监测点，开展食源性疾病监测试点工作。

（二）公共场所卫生监督。2013年，全国公共场所卫生被监督单位132.1万个，从业人员757.6万人，持健康证人数占97.9%。对公共场所进行经常性卫生监督226.2万户次，合格率为99.3%。依法查处案件2.3万件，结案2.1万件。

（三）生活饮用水卫生监督。2013年，全国生活饮用水卫生（供水）被监督单位5.9万个，从业人员32.8万人，持健康证人数占82.8%。生活饮用水经常性卫生监督12.9万户次，合格率为99.5%。对涉水产品进行抽样检测182件，合格率98.9%。

（四）消毒产品卫生监督。2013年，全国消毒产品被监督单位3 832个，从业人员6.8万人，有效卫生许可证3 832份。消毒产品经常性卫生监督2.3万户次，合格率为96.3%。对1.45万件消毒产品进行监测，合格率为95.2%。

（五）学校卫生监督。2013年，全国被监督学校19.2万所，77.9%的学校已建立学生健康档案，97.9%的学校开设健康教育课，96.7%的学校建立突发公共卫生事件应急预案。依法查处案件247件，结案214件。

（六）职业卫生和放射卫生监督。2013年，全国职业卫生技术机构被监督单位数3 222家，依法查处案件4件，结案6件，其中依法作出卫生行政处罚案件4件。全国放射卫生被监督单位4.2万个，放射工作人员19.3万人，放射工作人员持证上岗率89.3%。依法查处案件1 479件，结案1 414件。

（七）医疗服务、采供血和传染病防治监督。2013年，依法对医疗机构或医务人员作出卫生行政处罚并结案1.94万件。依法查处无证行医案件1.25万件，其中取缔4 281件。依法对采供血机构作出卫生行政处罚并结案22件。依法对传染病防治作出查处案件9 917件，结案9 657件，其中依法作出卫生行政处罚案件9 909件。

九 计划生育

（一）流动人口计划生育基本公共服务均等化。加强便民维权，积极推进流动人口计划生育基本公共服务均等化试点工作。通过试点引导地方建立经费投入保障机制，创新流动人口管理手段和服务多元供给模式，服务覆盖面不断扩大，服务内容得到拓展，40个试点城市计划生育手术服务免费覆盖率达89%（包括部分免费）。

（二）计划生育惠民政策。2013年“三项制度”共投入资金78.1亿元，比上年增加13.3亿元；共扶助受益717.0万人，其中农村奖励扶助制度受益649.9万人，特别扶助制度受益67.1万人，“少生快富”工程受益6.4万户。

2013 年中国残疾人事业发展概况

中国残疾人联合会

2013 年中国残联第六次全国代表大会胜利召开，为在新的起点上推动创新发展提供了重要的思想和组织保障。在党中央、国务院正确领导和带领下，党政部门高度重视，残联组织辛勤工作，社会各界积极参与，广大残疾人自强不息，残疾人事业取得了新的进步。

一　康复

2013 年，通过实施一批重点康复工程，使 746.8 万残疾人得到不同程度的康复。开展全国残疾人社区康复示范区、县培育活动，积极推进残疾人社区康复工作；做好儿童残疾预防，尤其是 0—6 岁儿童残疾筛查工作；指导加强残疾人康复服务机构建设力度；实施《全国残联系统康复人才培养规划》，加强人才队伍建设；积极推动残疾人医疗康复保障政策的出台和落实；大力宣传和普及康复知识。

在 901 个市辖区和 2 014 个县（市）开展了社区康复工作，累计已建社区康复站的社区总数 21.4 万个，配备 37.9 万名社区康复协调员。

1 458 个县的 1 844 个医疗卫生机构陆续开展残疾儿童筛查工作，年度新诊断 0—6 岁残疾儿童 5.0 万人。

开展视力残疾康复机构总数达到 805 个，完成白内障复明手术 74.6 万例；为 29.1 万名贫困白内障患者免费施行复明手术；为 12.9 万名低视力患者配用助视器，培训低视力儿童家长 3.8 万名，有效开展家庭康复训练。对 12.0 万名盲人进行定向行走训练。

推进听力语言康复机构规范化管理，完善基层服务网络。已建设省级听力语言康复机构 32 个，基层听力语言康复机构 1 014 个。年度新收训聋儿 2.0 万名，在训聋儿 3.2 万名；规范聋儿家长学校，开展家庭训练，共培训聋儿家长 3.9 万名；开展各级各类听力语言康复专业技术人员培训，共培训专业人员 6 448 人；实施贫困聋儿人工耳蜗、助听器抢救性康复项目，资助 4 288名聋儿免费植入人工耳蜗，资助 4 500 名聋儿免费配戴助听器；开展彩票公益金成年听力残疾人（助听器）康复项目，为 1.0 万名贫困成年听力残疾人免费验配助听器，各级康复机构共为 3.2 万名成年听力残疾人提供技术服务。

开展肢体残疾康复训练服务机构达 1 927 个，其中，省级康复机构 39 个，地市级、县级康复机构 1 888 个；培训各级各类肢体残疾康复人员 3.5 万人次；全国共对 35.4 万肢体残疾者实施康复训练；实施救助项目资助 3.5 万名脑瘫儿童进行机构康复训练，资助 6 721 名贫困肢体残疾儿童实施矫治手术。

为麻风畸残者实施矫治手术 418 例，开展宣传普及教育，为麻风患者回归社会营造良好社会氛围。

开展智力残疾康复训练服务的机构 1 471 个，其中，省级康复机构 35 个，地市级、县级康复机构 1 436 个；培训各级各类智力残疾康复人员 1.6 万人次；全国共对 13.1 万名智力残疾人进行康复训练；实施救助项目资助 2.4 万名智力残疾儿童进行机构康复训练，同时培训儿童家长。

大力推广“社会化、综合性、开放式”精神病防治康复工作。在 2 627 个市县开展精神病防治康复工作，对 584.0 万重性精神病患者进行综合防治康复，监护率达到 79.1%，显好率达到 66.2%，社会参与率达到 51.4%，肇事率 0.17%；解除关锁 3 702 人；对 46.9 万贫困精神病患者进行医疗救助。

建立了 34 个省级孤独症儿童康复训练机构；1.7 万名孤独症儿童在各级机构进行了康复训练。

加强残疾人辅助器具服务体系建设，深入开展辅助器具供应服务，为残疾人减免费用供应辅助器具 128.3 万件，其中装配假肢 2.9 万例、矫形器 4.7 万例，验配助视器 12.5 万件。

二 教育

2013 年，残疾人受教育权得到了更好保障，进一步提高了残疾人素质和平等参与社会的能力。

残疾人事业专项彩票公益金助学项目，为全国家庭经济困难的残疾儿童享受普惠性学前教育提供资助 1 万余人次。各地也积极多渠道争取资金支持，对 3 489 名残疾儿童给予学前教育资助。

已开办特殊教育普通高中班（部）194 个，在校生 7 313 人。其中聋高中 125 个，在校生 5 704 人；盲高中 27 个，在校生 1 609 人。残疾人中等职业学校（班）198 个，在校生 11 350 人，毕业生 7 772 人，其中 6 200 人获得职业资格证书。全国有 7 538 名残疾人被普通高等院校录取，1 388 名残疾人进入特殊教育学院学习。

截至 2013 年底，全国有未入学适龄残疾儿童少年 8.4 万人，其中视力残疾儿童 0.5 万人，听力残疾儿童 0.5 万人，言语残疾儿童 0.5 万人，肢体残疾儿童 2.6 万人，智力残疾儿童 2.6 万人，精神残疾儿童 0.3 万人，多重残疾儿童 1.2 万人。

三 就业

2013 年，残疾人就业取得新进展。城镇新就业残疾人 36.9 万，其中，集中就业残疾人 10.7 万，按比例安排残疾人就业 8.7 万，公益性岗位就业 1.5 万，个体就业及其它形式灵活就业 14.6 万，辅助性就业 1.3 万。全国城镇就业人数 445.6 万；1 757.2 万农村残疾人在业，其中 1 385.4 万残疾人从事农业生产劳动。

全国残疾人职业培训基地达到 5 357 个，其中残联兴办 2 022 个，依托社会机构兴办 3 335 个，37.8 万人次城镇残疾人接受了职业培训。

盲人按摩事业稳定发展，按摩机构迅速增长。2013 年度培训盲人保健按摩人员 20 111 名、盲人医疗按摩人员 5 694 名；保健按摩机构达到 14 704 个，医疗按摩机构达到 936 个；在专业技术职务资格评审中，分别有 334 人和 1 043 人通过医疗按摩人员中级和初级职称评审。

四 社会保障

2013 年新型农村和城镇居民社会养老保险进一步扩大覆盖面，已有 401.4 万城镇残疾人参加了城镇居民社会养老保险，参保率65.1%。在60岁以下的参保残疾人中有77.9万重度残疾人，其中73.1万得到了政府的参保扶助，代缴补贴比例达到93.8%。有56.8万非重度残疾人也享受了全额或部分代缴的优惠政策。领取养老金待遇的人数达到162.0万人。

新型农村社会养老保险方面，共有1 638.3万残疾人参加了新型农村社会养老保险，参保率71.2%。在60周岁以下的参保残疾人中有重度残疾人314.0万，其中302.9万得到了政府的参保扶助，代缴补贴比例达到96.5%。有175.2万非重度残疾人也享受了全额或部分代缴的优惠政策。享受养老金待遇的人数达到628.1万人。

城镇残疾职工参加社会保险人数达到296.7万，城镇残疾居民参加基本医疗保险达到547.3万人，城镇264.8万和农村828.2万残疾人纳入最低生活保障范围；城镇集中供养残疾人和农村五保供养残疾人分别达到11.7万和65.2万；366.2万和92.0万符合条件的城乡残疾人分别享受了稳定的生活补贴和护理补贴。266.0万城乡残疾人得到了其他救助救济。

残疾人托养服务工作规范推进，残疾人托养服务机构达到5 677个，共为16.0万残疾人提供了托养服务。其中寄宿制托养服务机构1 750个；日间照料机构2 000个；综合性托养服务机构1 927个。接受居家托养服务的残疾人达到78.4万人。

五　扶贫开发

2013年，残疾人扶贫开发成效显著，贫困残疾人生产生活状况得到进一步改善。238.7万贫困残疾人得到扶持，其中120.6万人通过扶贫开发实际脱贫；接受实用技术培训的残疾人达到85.6万人次。

康复扶贫贴息贷款扶持7.9万农村残疾人，6.4万个单位和40.5万个人对贫困残疾人开展结对帮扶。残疾人扶贫基地达到6 201个，安置16.4万残疾人就业，扶持带动24.6万残疾人。

完成12.2万户农村贫困残疾人危房改造，各地投入危房资金11.5亿元，14.4万残疾人受益。

基层党组织助残扶贫项目帮扶76 845名农村贫困残疾人。“万村千乡市场工程”助残扶贫项目安置6 925名贫困残疾人就业，帮扶贫困残疾人创办2 372个村级农村店。

六　宣传文化

2013年，“中国梦”、“走基层”等国家重点宣传栏目推出了多篇有关残疾人内容的报道；结合“帮扶贫困残疾人”第二十三次全国助残日活动，推出扶贫工作系列深度报道《农村残疾人扶贫应该怎么办》；广泛开展典型宣传，组织媒体对全国11名优秀残疾人基层工作者事迹进行报道。全年中央电视台《新闻联播》播出残疾人题材报道40条，《朝闻天下》《新闻直播间》等栏目播出88条，《人民日报》刊登相关社论、侧记和事业综述等80余篇。截至2013年底，全国共有省级残疾人专题广播节目120个，电视手语栏目36个；地市级残疾人专题广播节目539个，电视手语栏目227个。

残疾人文化生活更加丰富活跃，残疾人受到社会广泛关注并更加全面地参与到社会生活当中。以落实中宣部等11部委《关于加强残疾人文化建设的意见》为重点，全国26个省（区、市）出台了本地加强残疾人文化的意见，136个地市制定了本地实施意见；批准了全国32个残疾人文化体育示范市（区）和10个内地与澳门残疾人文化示范市（区）创建；组织第八届全国残疾人艺术汇演，全国31个省（区、市）和新疆生产建设兵团的5 000余名演职员参加了声乐、器乐、舞蹈和戏剧小品四大类的比赛，少数民族节目超过20个，节目总数达348个，间接参与汇演的残疾人超过10万人，达历史之最；拍摄的残疾人题材电影《一生有爱》获蒙特利尔电影节优秀节目奖，联合摄制的电影《吴运铎》在俄罗斯举行的第十届尤·尼·奥泽罗夫国际军事电影节上荣获最佳视觉效果奖和最佳导演奖。

七 体育

2013年，残疾人体育工作以提高残疾人体育健身服务能力和残疾人体育运动水平为着力点，全面实施“自强健身工程”，不断提高竞技水平。

举办第三届残疾人健身周活动，全国27个省（区、市）开展了残疾人体育健身培训、比赛及体育进家庭等形式多样的活动6 000多场次。全国累计培养审批了524名国家级残疾人体育健身指导员。在全国27个省（区、市）命名资助了90个自强健身示范点；为中西部地区配发了35套健身器材，并纳入示范点统一管理；累计共资助建设自强健身示范点203个。组织第七次全国特奥日活动、特奥足球比赛及家庭论坛等系列活动，特奥运动员达到115.9万人。

举办了18项全国单项赛事，2 200名运动员参赛，涌现了一批优秀的年轻运动员。他们参加了第二十二届世界夏季听障奥运会、第十届冬季特奥运动会等27项国际赛事交流活动。其中，参加第二十二届世界夏季听障奥运会获得12金、5银、8铜，位居金牌榜第四位。组织了27批次575人次的运动员集训，残疾人体育人才队伍和组织建设不断加强。注册登记的残疾人运动员达到6 800人，审批的裁判员1 188人、分级员45人。国家级残疾人体育培训基地达到31所。

各地深入开展残疾人体育工作。组织省级残疾人群众体育健身活动254次，5.8万多人次参加；建设省级残疾人群众体育活动示范点达到596个；培训省级残疾人体育健身指导员达到5 352人；组织省级残疾人体育比赛114次，参赛运动员达1.3万人次；省级残疾人体育训练基地已达207个。组织地市级残疾人体育活动4 568次，63.6万人次参加；设立地市级残疾人群众体育活动示范点1 591个；培训地市级残疾人体育健身指导员1.2万人。

八 维权

各级残联维权组织建设得到加强，残疾人事业法律法规体系进一步完善，残疾人维权工作全面开展。

2013年，修订《残疾人保障法》地方实施办法4件；制定或修改了关于残疾人的专门法规、规章省级5件、地市级26件；制定或修改保障残疾人权益的规范性文件省级30件、地市级76件。全国县级以上人大进行《残疾人保障法》执法检查和专题调研799次；政协进行视察和专题调研746次。全国开展普法宣传教育活动6 606次，105.2万人参加；举办法律培训班1 670个，9.6万人参加。

截至2013年底，全国成立残疾人法律救助工作协调机构1 306个，建立残疾人法律救助工作站901个，办理案件7 905件，建立残疾人法律援助中心（工作站）3 096个，办理案件2.3万件，有力地促进了法律救助和法律援助工作。

残疾人参政议政工作得到加强，各级残联协助人大代表、政协委员提出议案、建议、提案1 743件，办理议案、建议、提案1 464件。

无障碍建设法规、标准进一步完善。全国共出台了444个省、地市、县级无障碍建设与管理法规、规章和规范性文件；1 419个市、县、区系统开展无障碍建设；全国开展无障碍建设检查3 492次，无障碍培训3.6万人次；为13.6万个贫困残疾人家庭实施了无障碍改造；为

65.7 万残疾人发放了残疾人机动轮椅车燃油补贴。

全国各级残联共处理残疾人群众来信 5.4 万余件，接待残疾人群众来访 32.3 万人次，其中集体访 1 145 批次、1.8 万人次。

九　组织建设

2013 年，30 个省级残联领导班子中配备了残疾人理事长或副理事长；251 个地市级残联在领导班子中配备了残疾人理事长或副理事长；1 625 个县级残联机关配备了残疾人干部；已建乡镇（街道）残联 4.0 万个，已建率达到 98.0%，选聘残疾人专职委员 4.6 万名；已建社区（村）残协 58.1 万个，已建率达到 92.6%，选聘残疾人专职委员 53.8 万名。

全国省市县乡残联实有人员已达 11.1 万人。各级残联共举办培训班 3.2 万期，培训机关干部、协会干部及残疾人专职委员 76.5 万人次。

全国共建立省级以下各类残疾人专门协会 15 410 个，市级专门协会已建比例为 97.6%，市辖区专门协会已建比例 96.3%；县（含县级市）级专门协会已建比例为 90.4%。

十　服务设施建设

残疾人服务设施建设得到全面发展。截至 2013 年底，全国已竣工并投入使用的各级残疾人综合服务设施 2 094 个，总建设规模 424.1 万平方米，总投资 119.6 亿元；已竣工并投入使用的各级残疾人康复设施 542 个，总建设规模 100.7 万平方米，总投资 32.7 亿元；已竣工并投入使用的各级残疾人托养服务设施 353 个，总建设规模 78.2 万平方米，总投资 19.6 亿元。

十一　信息化建设

2013 年，中国残联网站年度访问量达到 6 900 万次，刊发各地残联稿件超过 1.2 万篇，内容更新总量达到 1.6 万条。全国 33 个省级残联、277 个地市级残联和 1 307 个县级残联开通网站，比 2012 年增加 77 个。33 个省、291 个地市、1 779 个县级残联实现网上信息报送与审核。首次将网站无障碍纳入中国政府网站绩效评估范围，对 117 家部委和省政府等网站开展无障碍专项评估。

中国残疾人服务网连续第 3 年开展央视春晚（文字 + 视频）网上无障碍直播服务，访问用户超过 28 万人。为盲人提供图形验证码网上识别服务达 127.4 万人次。加强与社会专业招聘信息网站合作，提供残疾人专属就业岗位信息超过 4 000 余个。连续组织 7 期淘宝网“云客服”招募，超过 1 000 人报名。

截至 2013 年底，全国残疾人人口基础信息数据库累计采集、收录持证和非持证残疾人 4 020余万人。结合全国农村贫困残疾人扶贫调查，采集农村贫困残疾人扶贫需求信息 1 500 余万条。作为国家权威的残疾人基础信息资源，残疾人人口基础数据库已取得较为明显的社会效益和经济效益。

2013年中国社会服务事业发展概况*

何珊珊

一 社会服务基本情况

截至2013年底，全国共有社会服务机构156.2万个，比上年增长6.8%，职工总数1 197.6万人（其中全国持证社会工作者共计123 084人，包括社会工作师31 183人和助理工作师91 901人），固定资产总值为6 810.2亿元，比上年增长2.0%，增加值为2 251.9亿元，比上年增长5.6%，占第三产业的比重为0.9%。

截至2013年底，全国社会服务事业费支出4 276.5亿元，比上年增长16.1%，占国家财政支出比重为3.1%，比上年增长0.1个百分点。中央财政共向各地转移支付社会服务事业费2 149.7亿元，比上年增长19.8%，占社会服务事业费比重50.3%，比上年增加1.6个百分点。社会服务事业基本建设施工项目19 116个，全年完成投资总额292.8亿元，比上年增长24.7%（见表1）。

表1　　社会服务基本情况　　单位：亿元

指标	2006年	2007年	2008年	2009年	2010年	2011年	2012年	2013年
社会服务事业费支出	915.4	1 215.5	2 146.5	2 181.9	2 697.5	3 229.1	3 683.7	4 276.5
基本建设投资总额	33.5	47.7	66.6	157	183	218.5	235	292.8
社会服务机构固定资产原值	4 066.7	3 973.0	4 592.8	5 198	6 589.3	6 676.7	6 675.4	6 810.2

二 社会工作

（一）提供住宿的社会服务

截至2013年底，全国各类提供住宿的社会服务机构4.6万个（其中登记注册为事业单位机构1.3万个）；床位526.7万张，比上年增长17.2%；每千人口平均拥有社会服务机构床位3.9张，比上年增长17.3%（见图1）；收养各类人员322.5万人，比上年增长4.2%。

1. 养老服务机构。全国各类养老服务机构42 475个，拥有床位493.7万张，比上年增长18.9%（每千名老年人拥有养老床位24.4张，比上年增长13.9%），年末收留抚养老年人

* 说明：本资料中的民政对象人数和机构数均为当年实际发生数和法定机构数，与当年批准数、计划数和预算数不可比。本资料部分数据由于四舍五入，存在分项数据与合计数据不等的情况，由此产生的误差，均未作机械调整。各项统计数据均未包括香港特别行政区、澳门特别行政区和台湾省。

307.4 万人，比上年增长 5.5%。其中社区留宿和日间照料床位 64.1 万张。

2. 智障与精神疾病服务机构。全国民政部门管理的智障与精神疾病服务机构共有 261 个，拥有床位 7.4 万张，比上年增长 10.4%。其中社会福利医院（精神病院）155 个，床位数 4.5 万张，比上年增长 9.7%，年末收养各类人员 3.7 万人；复退军人精神病院 106 个，床位数 2.9 万张，年末收养各类人员 2.3 万人，比上年增长 11.5%。

3. 儿童福利和儿童救助机构。全国共有儿童收养救助服务机构 803 个，拥有床位 9.8 万张，年末收养各类人员 5.6 万人。其中儿童福利机构 529 个，比上年增加 66 个，床位 8.7 万张，比上年增长 12.7%；未成年人救助保护中心 274 个，床位 1.1 万张，全年救助生活无着流浪乞讨未成年人 18.4 万人次。

4. 其他提供住宿的社会服务机构。全国共有其他提供住宿的社会服务机构 2 438 个，床位 15.7 万张。其中，救助管理站 1 891 个，床位 9.7 万张，全年救助城市生活无着的流浪乞讨人员 348.5 万人次，在站救助 296.2 万人次，不在站救助 52.3 万人次；安置农场 26 个；军供站 325 个，床位 3.7 万张；其他收养机构 196 个，床位 2.3 万张，年末收养各类人员 1.3 万人。

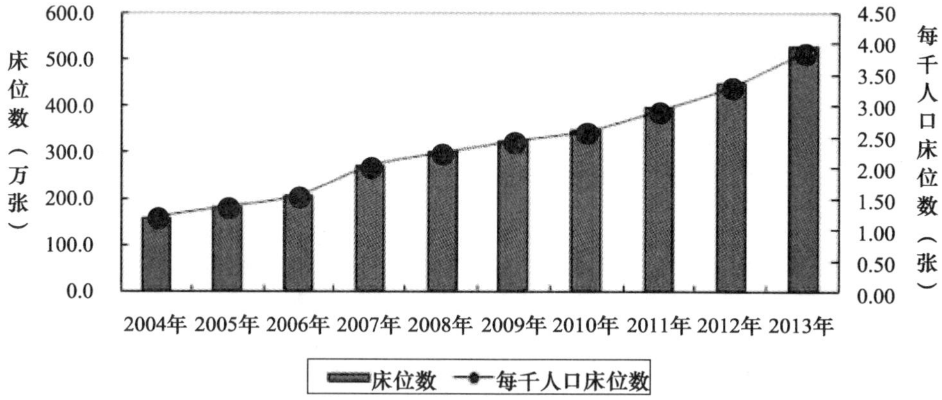

图 1　社会服务机构床位数

（二）不提供住宿的社会服务

1. 老龄服务。截至 2013 年底，全国 60 岁及以上老年人口 20 243 万人，占总人口的 14.9%，其中 65 岁及以上人口 13 161 万人，占总人口的 9.7%（见表 2）。截至 2013 年底，全国共有老龄事业单位 2 571 个，老年法律援助中心 2.1 万个，老年维权协调组织 7.8 万个，老年学校 5.4 万个、在校学习人员 692.0 万人，各类老年活动室 36.0 万个。

表 2　　我国 60 岁以上老年人口数及其占全国总人口比重　　单位：万人，%

指标	2006 年	2007 年	2008 年	2009 年	2010 年	2011 年	2012 年	2013 年
60 岁以上人口	14 901	15 340	15 989	16 714	17 765	18 499	19 390	20 243
比重	11.3	11.6	12.0	12.5	13.3	13.7	14.3	14.9

2. 儿童福利。截至 2013 年底，全国共有孤儿 54.9 万人，其中，集中供养孤儿 9.4 万人，社会散居孤儿 45.5 万人。2013 年全国办理家庭收养登记 24 460 件，其中：内地居民收养登记 21 033 件，港澳台华侨收养 197 件，外国人收养登记 3 230 件（见表 3）。

表 3　家庭儿童收养　单位：人，%

指标	2006 年	2007 年	2008 年	2009 年	2010 年	2011 年	2012 年	2013 年
家庭收养儿童数	49 148	46 047	441 15	44 359	34 473	31 329	27 310	24 460
年增长率	-3.5	-6.3	-4.2	0.6	-22.3	-9.1	-12.8	-10.4

3. 残疾人服务机构。截至 2013 年底，全国共有为残疾人提供服务的机构 18 227 个；企业增加值为 701.5 亿元，占第三产业的比重 0.27%；吸纳残疾职工 53.9 万人就业；实现利润 106.9 亿元；年末固定资产 1 760.1 亿元。

4. 社会救助。

城市低保。截至 2013 年底，全国共有城市低保对象 1 097.2 万户、2 064.2 万人。全年各级财政共支出城市低保资金 756.7 亿元，比上年增长 12.2%，其中中央财政补助资金 545.6 亿元，占总支出的 72.1%。2013 年全国城市低保平均标准 373 元/人、月，比上年增长 13%；全国城市低保月人均补助水平 264 元。

城市"三无"救济。2013 年救济城市"三无"8.6 万人。

农村低保。截至 2013 年底，全国有农村低保对象 2 931.1 万户、5 388.0 万人，比上年同期增加 43.5 万人，增长 0.8%。全年各级财政共支出农村低保资金 866.9 亿元，比上年增长 20.7%，其中中央补助资金 612.3 亿元，占总支出的 70.6%。2013 年全国农村低保平均标准 2 434元/人、年，比上年提高 366 元，增长 17.7%；全国农村低保月人均补助水平 116 元，比上年增长 11.7%。

农村五保。截至 2013 年底，全国有农村五保供养对象 537.2 万人，比上年下降 1.5%。全年各级财政共支出农村五保供养资金 172.3 亿元，比上年增长 18.9%。其中：农村五保集中供养 183.5 万人，集中供养年平均标准为 4 685 元/人，比上年增长 15.4%；农村五保分散供养 353.8 万人，分散供养年平均标准为 3 499 元/人，比上年增长 16.3%（见表 4）。

表 4　社会救助情况　单位：万人

指标	2006 年	2007 年	2008 年	2009 年	2010 年	2011 年	2012 年	2013 年
城市最低生活保障人数	2 240.1	2 272.1	2 334.8	2 345.6	2 310.5	2 276.8	2 143.5	2 064.2
农村最低生活保障人数	1 593.1	3 566.3	4 305.5	4 760.0	5 214.0	5 305.7	5 344.5	5 388.0
农村五保供养人数	503.3	531.3	548.6	553.4	556.3	551.0	545.6	537.2

农村传统救济。2013 年农村传统救济 73.0 万人。

医疗救助。2013 年民政部门资助参加城镇居民基本医疗保险 1 490.1 万人，人均资助参保水平 96.7 元，各级财政共支出资助参保资金 14.4 亿元；民政部门资助参加新型农村合作医疗 4 868.7 万人，人均资助参合水平 61.7 元，各级财政共支出资助参合资金 30.0 亿元；直接医疗救助 2 126.4 万人次，各级财政共支出直接医疗救助资金 180.5 亿元。

2013 年全年累计医疗补助优抚对象 454.1 万人次，人均补助水平 715.8 元，各级财政共支出优抚医疗补助资金 32.5 亿元。

临时救助。2013 年临时救助 698.1 万户次，其中，按户籍性质分类城市家庭 323.0 万户次，农村家庭 375.1 万户次；按属地分类当地常驻户口 681.0 万户次，非当地常驻户口 17.2 万户次；按救助类型分类支出型临时救助 620.5 万户次，应急型临时救助 77.6 万户次。

5. 防灾减灾。2013 年全国各类自然灾害共造成 3.9 亿人次不同程度受灾，因灾死亡失踪 2

284 人（见表5），紧急转移安置 1 215.0 万人次；农作物受灾面积 3 135.0 万公顷，其中绝收面积 384.4 万公顷；倒塌房屋 87.5 万间，严重损坏 226.9 万间，一般损坏 543.4 万间；因灾直接经济损失 5 808.4 亿元。国家减灾委、民政部共启动 10 次预警响应和 39 次应急响应，协调派出 35 个救灾应急工作组赶赴灾区，财政部、民政部下拨中央救灾资金 102.7 亿元①，民政部调拨帐篷 19.6 万顶、棉衣被 62.8 万件（床）、折叠床 8.9 万张等救灾物资，累计救助受灾群众 8 000 万人次。受灾群众基本生活得到妥善保障。

表 5　因灾死亡（含失踪）人口　单位：人

指标	2006 年	2007 年	2008 年	2009 年	2010 年	2011 年	2012 年	2013 年
因灾死亡（含失踪）人口	3 186	2 325	88 928	1 528	7 844	1 126	1 530	2 284

6. 慈善事业。

慈善捐赠。截至 2013 年底，全国共建立经常性社会捐助工作站、点和慈善超市 3.1 万个（其中慈善超市 9 492 个）。全年各地共接收社会捐赠款物 566.4 亿元，其中：民政部门直接接收社会各界捐款 107.6 亿元，各类社会组织接收捐款 458.8 亿元。全年各地接收捐赠衣被 10 405.0万件，捐赠物资价值折合人民币 8.7 亿元。间接接收其他部门转入的社会捐款 5.0 亿元，棉衣被 739.1 万件，捐赠物资折款 35 081.4 万元。全年有 1 246.0 万人（次）困难群众受益。全年有 1 368.8 万人次在社会服务领域提供了 3 579.7 万小时的志愿服务。

福利彩票。2013 年中国福利彩票年销售 1 765.3 亿元，比上年增加 255.0 亿元，同比增长 16.9%。全年筹集福彩公益金 510.7 亿元，比上年增长 13.6%。全年民政系统共支出彩票公益金 195.5 亿元，比上年增加 36.5 亿元，其中包括：资助用于抚恤 7.5 亿元，退役安置 0.6 亿元，社会福利 117.1 亿元，社会救助 26.1 亿元，自然灾害救助 2.6 亿元，其他 41.6 亿元。

7. 优抚安置。截至 2013 年底，国家抚恤、补助各类重点优抚对象 950.5 万人，比上年增长 0.6%。其中：伤残人员 81.2 万人，带病回乡退伍军人 130.6 万人，在乡复员军人 126.1 万人，60 岁以上农村籍退伍军人 356.7 万人，在乡退伍红军老战士 647 人，在乡西路军红军老战士 117 人，红军失散人员 18 976 人，烈士遗属 24.0 万人，因公牺牲、病故军人遗属 12.6 万人（见表 6）。

表 6　国家抚恤、补助优抚对象　单位：万人，亿元，%

指标	2006 年	2007 年	2008 年	2009 年	2010 年	2011 年	2012 年	2013 年
国家抚恤、补助优抚对象	462.6	622.4	633.2	630.7	625	852.5	944.4	950.5
抚恤事业费	178.8	210.8	253.6	310.3	362.7	428.3	517	618.4
抚恤事业费年增长率	24.5	17.9	20.3	22.4	16.9	18.1	20.7	19.6

2013 年实际发放烈士褒扬金人数为 200 人。截至 2013 年底，全国共有烈士纪念设施管理机构1 463个，占地面积 4 585 公顷，机构内烈士纪念设施 13 602 处，零散烈士纪念设施 13 601 处。

① 财政部、民政部下拨中央救灾资金不包含中央级救灾物资采购经费和中央拨付新疆生产建设兵团救灾资金。

2013 年共接收军队离退休干部（含退休士官）、无军籍退休退职职工、复员干部 3.9 万人。军队离退休人员管理中心 145 个，年末职工 0.2 万人；军队离退休人员活动中心 28 个，年末职工 0.1 万人。

8. 社区服务。截至 2013 年底，全国共有各类社区服务机构 25.2 万个，社区服务机构覆盖率 36.9%，其中：社区服务指导中心 890 个，社区服务中心 19 014 个，比上年增加 3 517 个，社区服务站 108 377 个，比上年增加 20 446 个，养老等其他社区服务机构 12.4 万个，比上年增加 2.8 万个。城镇便民、利民服务网点 35.9 万个（见表 7）。社区志愿服务组织 12.8 万个。

表 7 社区服务机构

指标	2006 年	2007 年	2008 年	2009 年	2010 年	2011 年	2012 年	2013 年
社区服务机构（万个）	12.5	12.9	14.6	14.6	15.3	16.0	20.0	25.2
社区服务中心（个）	8 565	9 319	9 873	10 003	12 720	14 391	163 06	19 904
社区服务站（个）	—	50 116	30 021	53 170	44 237	56 156	87 931	108 377
便民、利民网点（万个）	45.8	89.3	74.9	69.3	53.9	45.3	39.7	35.9

三 成员组织和其他社会服务

（一）成员组织

1. 社会组织。截至 2013 年底，全国共有社会组织 54.7 万个，比上年增长 9.6%；吸纳社会各类人员就业 636.6 万人，比上年增加 3.8%；形成固定资产 1 496.6 亿元；社会组织增加值为 571.1 亿元，比上年增长 8.7%，占第三产业增加值比重为 0.22%；接收各类社会捐赠 458.8 亿元；全年共查处社会组织违法违规案件 3 117 起，其中取缔非法社会组织 46 起，行政处罚 3 071起。

全国共有社会团体 28.9 万个，比上年增长 6.6%。其中：工商服务业类 31 031 个，科技研究类 17 399 个，教育类 11 753 个，卫生类 9 953 个，社会服务类 41 777 个，文化类 27 115个，体育类 17 869 个，生态环境类 6 636 个，法律类 3 264 个，宗教类 4 801 个，农业及农村发展类 58 825 个，职业及从业组织类 19 743 个，国际及其他涉外组织类 481 个，其他 38 379 个。全年共查处社会团体违法违规案件 2 173 起，其中取缔非法社会团体 21 起，行政处罚 2 152 起。

全国共有基金会 3 549 个，比上年增加 520 个，增长 17.2%。其中：公募基金会 1 378 个，非公募基金会 2 137 个，涉外基金会 8 个，境外基金会代表机构 26 个。民政部登记的基金会 216 个。公募基金会和非公募基金会共接收社会各界捐赠 302.9 亿元。全年对基金会作出行政处罚 4 起。

全国共有民办非企业单位 25.5 万个，比上年增长 13.1%。其中：科技服务类 13 729 个，生态环境类 377 个，教育类 145 210 个，卫生类 21 234 个，社会服务类 36 698 个，文化类 11 694个，体育类 10 353 个，商务服务类 5 625 个，宗教类 94 个，国际及其他涉外组织类 4 个，其他 9 652 个。全年共查处民办非企业单位违法违纪案件 940 起，其中取缔非法民办非企业单位 25 起，行政处罚 915 起（见表 8）。

表 8 社会组织

指标	2006 年	2007 年	2008 年	2009 年	2010 年	2011 年	2012 年	2013 年
社会团体（万个）	19.2	21.2	23	23.9	24.5	25.5	27.1	28.9
基金会（个）	1 144	1 340	1 597	1 843	2 200	2 614	3 029	3 549
民办非企业（万个）	16.1	17.4	18.2	19	19.8	20.4	22.5	25.5

2. 自治组织。截至 2013 年底，基层群众自治组织共计 68.3 万个，其中：村委会 58.9 万个，村民小组 466.4 万个，村委会成员 232.3 万人；居委会 94 620 个，增长 3.8%，居民小组 135.7 万个，比上年增加 2.2 万个，居委会成员 48.4 万人，比上年增长 3.2%（见表 9）。全年共有 15.0 万个村（居）委会完成选举，参与选举的村（居）民登记数为 2.2 亿人，参与投票人数为 1.7 亿人。

表 9 自治组织 单位：个

指标	2006 年	2007 年	2008 年	2009 年	2010 年	2011 年	2012 年	2013 年
居委会	80 717	82 006	83 413	84 689	87 057	89 480	91 153	94 620
村委会	623 669	612 709	604 285	599 078	594 658	589 653	588 475	588 547

（二）其他社会服务

1. 婚姻服务。2013 年全国共有事业单位性质的婚姻登记机构 2 059 个。各级民政部门和婚姻登记机构共依法办理结婚登记 1 346.9 万对，比上年增长 1.8%。其中：内地居民登记结婚 1 341.4万对，涉外及华侨、港澳台居民登记结婚 5.5 万对。粗结婚率为 9.9‰，比上年上升 0.1 个千分点。2013 年 25—29 岁办理结婚登记占结婚总人口比重最多，占 35.2%，比上年提高 1 个百分点。

2013 年依法办理离婚手续的共有 350.0 万对，比上年增长 12.8%，粗离婚率为 2.6‰，比上年增加 0.3 个千分点。其中：民政部门登记离婚 281.5 万对，法院办理离婚 68.5 万对①。

2. 殡葬服务。截至 2013 年底，全国共有殡葬服务机构 4 382 个，比上年增加 26 个，其中殡仪馆 1 784 个，殡葬管理机构 1 063 个，民政部门管理的公墓 1 506 个。殡葬服务机构职工共有 8.1 万人，其中殡仪馆职工 4.6 万人。火化炉 5 743 台，火化遗体 468.9 万具。火化率 48.2%。

（作者单位：民政部规划财务司）

① 离婚登记服务中法院判决、调解离婚数据来源于最高人民法院。

第三篇

专　　论

● 专文

尽快启动普遍二孩软着陆，实现人口经济社会均衡发展*

曾 毅

"只开放双单独夫妇生二孩"，即只允许双方或一方是独生子女的夫妇生二孩，而不允许非双单独夫妇生二孩（简称只开放双单独），是生育政策调整所迈出的具有突破意义的第一步。在许多受人口分母决定论误导，而反对生育政策调整、主张保持原生育政策不变的声音仍然十分强大的情况下，迈出这第一步是很不容易的，也是值得庆幸的。但是，本文报告的基于2010年人口普查和其他最新数据的研究表明，只开放双单独方案虽比保持原生育政策不变有所改善，但与普遍允许二孩软着陆方案相比，仍有加速人口老化与劳动力萎缩，助长出生性别比偏高与继续制造独生子女高风险家庭等许多有损人口社会经济均衡发展的严重弊端。因此，必须与时俱进，尽快进一步调整和完善生育政策。

本文第一部分根据2010年人口普查等最新数据以及反向预测和正向"打靶"等人口分析方法，估计与论证我国2010年排除漏报后的实际低生育水平。第二部分通过家庭人口模拟预测对比分析讨论"普遍允许二孩软着陆"在七个方面优于"只开放双单独"，也与最为糟糕的原生育政策不变方案进行比较①，为后面的政策建议提供科学依据。第三部分阐述讨论尽快稳妥实施普遍允许二孩软着陆政策的路线图与时间表建议，并论证其可行性。第四部分作为结语，讨论尽快启动普遍允许二孩软着陆的紧迫性。作为科学研究的技术资料，附录A扼要介绍支撑政策分析结论的人口家庭预测方法和参数估测，相关技术细节参数列在附录B中。

一 从2010年人口普查数据看我国低生育水平现状

依据比较可信的2010年人口普查10—19岁人数和2000—2009年死亡率，本课题"反向预测"2000年0—9岁人数，进而估计2000年人口普查0—9岁人数的漏报率，从而佐证2010年0—9岁的可能漏报率。除此之外，基于2010年人口普查最新数据、2005年小普查以及其他相关数据，估计了我国2000—2009年死亡率和人口城镇化水平。根据这些估计数据、2000年的

---

* 作者衷心感谢国家自然科学基金（项目批准号：1233001和71110107025）对本项研究的资助；衷心感谢王正联、史文钊、陈华帅、唐杰、杨光等同志的研究协助。

① 将2014年实行开放单双独生二孩以前的"原生育政策不变"作为模拟预测方案之一，既为尽快调整我国实行了30多年的原生育政策提供科学依据，又可说明为什么至今仍有少数同仁主张保持原生育政策不变（甚至个别人要求进一步收紧）的观点是不正确的。

年龄别育龄妇女人数和假定的2000—2010年总和生育率，我们“打靶”预测2010年0—9岁人数，并综合考虑按上述“反向预测”估计的漏报率。根据这些基于2010年普查等新数据的人口学深入严谨分析，我们估算出我国2000年和2010年较为可信的实际总和生育率分别为1.66和1.63左右，处于近十年来绝大多数人口专家估计的1.5—1.8区间的低端附近，显著低于原国家人口计生委向中央报告和社会发布的1.8左右的高端数值。

基于2010年人口普查等最新数据的分析令人信服地证明，近十几年来，我国几乎所有全国性大样本调查均得出的、排除漏报因素之后，平均每个妇女生1.6左右个孩子的低生育水平是客观真实的。原国家人口计生委组织的2006年人口与计划生育调查之所以给出当年总和生育率为平均每个妇女生1.87个孩子的结果，主要是因为该调查抽样存在偏误，即偏重调查了近年有过生育的育龄妇女，但非常严重地遗漏了年轻、未婚育龄妇女，尤其是遗漏了外出打工的年轻未婚妇女，因而使生育率的分母被严重低估，导致大大高估了2005—2006年总和生育率（郭志刚，2009）。2010年人口普查等最新数据分析进一步验证了这一有理有据的判断，否定了有关部门根据2006年调查呈报中央的所谓“生育反弹、形势严峻”、“人口容易失控”、“面临巨大风险”的误导性报告（郭志刚，2013；曾毅，2013）。

全国各地五十多篇生育意愿调查报告的综述分析（风笑天、张青松，2002），以及1997年、2001年、2006年全国3次生殖健康大规模调查的数据分析与诸多研究均表明，中国城镇育龄妇女理想子女数为1个与2个孩子的比例分别为55%和43%左右，农村育龄妇女理想子女数为2个孩子的比例在70%左右。在生育意愿最高的西部农村地区，有多子女偏好的群众只占13%左右（郑真真，2004）。零点研究咨询集团2010年进行的“中国城市和农村居民生育意愿调查”结果显示，如果可以自由选择，36.0%、29.1%和25.7%的城市、小城镇和农村居民只想生一个孩，56.0%、64.9%和66.6%的城市、小城镇和农村居民想生二个孩，想生三孩的城市、小城镇和农村居民分别为1.0%、2.2%和4.9%。

近年国内外研究发现，在许多国家都出现了实际生育水平低于抽样调查反映的生育意愿的规律性趋势（Bongaarts，2001；顾宝昌，2006）。这是因为被调查者考虑到繁衍后代的社会责任与道德标准而倾向于申报不是太低（如二个孩子）的生育意愿。但生儿育女成本越来越高的客观现实迫使他们虽然口头上说生二个孩子最好，而实际上却选择只生一个，一些年轻人甚至选择不生育。当然，在贫穷落后、生儿育女成本很低的偏远农村地区，也有可能出现实际生育水平高于被调查者回答的生育意愿的情况。

我国不打算生育而希望“双份收入无小孩”的“丁克（DINK）”家庭自20世纪80年代以来逐年增加。例如，“零点指标网”的调查发现，北京、上海、广州和武汉希望成为“双份收入无小孩”的“丁克”家庭比例从1997年的1.1%上升到2004年的10.5%。新华网公布的调查数据表明，北京约有10%的年轻已婚夫妇不打算生小孩①。“零点指标网”2008年对20个城市所进行的生育意愿调查表明，平均6.5%的被访家庭表示不愿意要孩子。毫无疑问，由于生儿育女成本大增，我国有利于在相对比较宽松生育政策下，保持较低生育水平的社会经济环境已经形成。

二　不同生育政策方案下未来人口与经济社会均衡发展的对比分析

为了在预测和政策分析中充分体现我国在社会经济发展水平、生育观念、生育水平和生育政策及其执行力度等方面客观存在的巨大区域差异，使模拟预测的整体可信度更高，我们根据

① 新华网，http：//news.xinhuanet.com/english/2004—05—25。

各省、自治区和直辖市社会经济水平和生育政策的差异将全国划分为三大区域：东部原1孩政策为主的较发达地区（12省市）；中西部原1.5孩政策为主的中等发达地区（13省、自治区）；少数民族原2+孩政策为主的欠发达地区（6省、自治区）。我国目前这三类地区的省、自治区和直辖市区域分布详见附录A的A1节。对于这三类地区，我们分别进行全国统一的普遍允许二孩软着陆、只允许双单独夫妇生二孩、原生育政策不变等三种生育政策方案下的人口与家庭预测，并充分考虑三类地区因社会经济水平的巨大差异，全国统一的政策基本原则对不同地区实际生育水平的影响程度不同。由于本文主题是讨论全国的生育政策调整问题，加上篇幅限制，我们只阐述讨论全国三大区域城乡合一的预测结果。

我们在本部分第一小节讨论三种不同生育政策方案下的生育水平估测和假定。各类地区其他主要人口参数的估测和假定，请参见附录A的第A4节和附录B。需要说明的是，虽然本研究的人口家庭预测结果不可能很准确，因为未来的不确定因素太多，譬如生育及其他参数的假定就不可能十分准确，作为模拟预测基础的人口普查及调查的数据也不可能100%准确。但是，在所有其他人口家庭预测参数（死亡率、迁移、城镇人口占总人口比例、初婚、离婚、再婚、子女离家、老年父母与成年子女一起居住比例等）假定完全相同的情况下，仅仅因为今后生育政策不同方案导致生育水平的差异，造成人口增长、老年人口比例、空巢老人比例、劳动年龄人数、老年抚养比等方面的巨大差异的模拟预测结果，及其相关的政策分析讨论，则是科学可信的。这也是政策模拟分析的科学与实际意义所在。

（一）三种不同生育政策方案下的生育水平估测和假定

为了比较不同生育政策的影响，需要预测未来人口家庭的数量与结构。因此，除了估计当前生育水平外，还需要估测未来的总和生育率。如前文所述，我们估计2010年时期总和生育率为1.63，城镇和农村分别为1.24与2.01。那么，在不同的生育政策方案下，未来的总和生育率会如何变化？

为了回答这个问题，首先，我们的普遍允许二孩软着陆政策方案假定城镇平均每个妇女终生生育1.8个孩子。这一假定隐含的是，如果有大约5%的妇女终生不孕的话，城镇将有大约10%的妇女主动选择只生一孩。同时，考虑到一些农村少数民族及边远地区允许生三孩与个别超生现象，我们的二孩政策方案假定农村平均每个妇女终生生育2.27个孩子。2015年城乡合一平均每个妇女终生生育2.01个孩子。由于较快人口城镇化使城镇低生育人群比例不断显著上升的结构性影响，2030年城乡合一平均每个妇女终生生育1.94个孩子。

我国人口基数与育龄妇女数量庞大，目前只生育了一孩而希望生二孩的夫妇众多。如果无条件一步到位全面放开二孩，在二孩生育潜能多年累积量较大的农村和中小城镇地区，很可能形成新的生育堆积，对新生育高峰期出生婴孩今后的入托上学、就医就业等带来一系列负面影响。然而，“出生人口数量与生育年龄此消彼长”的人口规律告诉我们，只要在实行普遍允许二孩同时，因地制宜提倡适当晚育，我国完全可以避免新的生育高峰，而实现普遍允许二孩的软着陆。

何谓“出生人口数量与生育年龄此消彼长”的人口规律？大量国内外人口学的实证数据分析以及严格的人口数学推导早已证明：在给定平均每对夫妇终生生育孩子数的前提下，一个国家或地区的平均生育年龄上升或下降将导致该国或地区在相应时期的实际生育水平与生育数显著下降或上升。全世界人口学界公认和广泛应用的邦戈茨—菲尼公式表明，如果平均生育年龄每年增加（或下降）0.05岁、0.1岁或0.15岁，当年的实际总和生育率与生育数量将下降（或增加）5%、10%或15%（Bongaats and Feeney，1998；郭志刚2000；曾毅，2004）。

如后面第3节的讨论，我国绝大多数地区生儿育女成本已大大提升，很多年轻夫妇因住房、就业等原因而愿意适当推迟生育。显然，在普遍允许二孩同时，通过社会经济鼓励机制实施的因地制宜“提倡适当晚育”政策完全可以、而且容易被广大民众接受（详见三（一）节）。因此，基于“出生人口数量与生育年龄此消彼长的人口规律”以及我国当前的客观现实，在上述二孩政策妇女终生生育水平假定条件下，我们设计了“普遍允许二孩软着陆方案”。该方案假定由于政府提倡鼓励和社会经济发展的综合影响，从实现软着陆的2015年到2030年的15年中，一、二孩平均生育—年龄分别共增加0.75岁与1.5岁，即平均每年一、二孩生育年龄增加0.05岁与0.1岁。于是，根据国内外人口学界公认的邦戈茨—菲尼公式估算，这15年间每一年的一、二孩时期总和生育率分别比妇女一、二孩终生生育子女数下降5%与10%，导致2015—2030年农村和城镇时期实际总和生育率分别为2.15和1.67，显著低于农村与城镇平均每个妇女终生生育2.27与1.8个孩子的二孩方案妇女终生生育水平；2015年和2030年城乡合一时期总和生育率分别为1.88和1.81，2030年比2015年略有下降。假定2030年后生育年龄不再增加，至2035年时，城乡合一时期总和生育率略有回升，2035年以后保持不变。

“只开放双单独生二孩”方案预测取自本课题组成员、“国家人口宏观管理与决策信息系统”技术总监、神州数码行业战略发展总监史文钊等应用国家人口宏观管理与决策信息系统软件、硬件和数据，而开展的计算机微观仿真模拟研究成果。只开放双单独生二孩方案2013—2080年时期总和生育率也是计算机微观仿真模拟的结果（详见附录A第A5节和附录B）。

在“原生育政策不变”方案下，假定农村、城镇时期总和生育率保持在2010年水平不变。但是由于人口城镇化的结构性影响，城乡合一的总和生育率逐年有少许下降（见附录B）。

在上述估测或假定的不同生育政策方案下各年份全国分城乡时期总和生育率基础上，我们根据人口普查数据反映的三大区域分城乡的总和生育率区域差异，估得各年份各区域全国统一的不同生育政策方案下分城乡总和生育率（具体数值列在附录B中）。

（二）人口总数变动趋势

表1给出了普遍允许二孩软着陆、只开放双单独生二孩和原生育政策不变等不同方案的总人口变动趋势。

如前所述，普遍允许二孩软着陆方案下，由于因地制宜提倡适当晚育（详见三（一）节），加上社会经济发展促使人们推迟生育，将导致2015—2030年期间每一年的一、二孩时期实际总和生育率分别比妇女一、二孩终生生育子女数下降5%和10%；我国人口总数在2029年达到14.45亿峰值（远远低于几年前提出的人口峰值15亿左右的国家人口战略目标），然后平缓下降，2050年和2080年总人口分别为14.20亿和12.43亿。毫无疑问，普遍允许二孩软着陆绝不会造成人口失控，又满足了城乡所有希望生二孩家庭的愿望，实属国家与百姓家庭“双赢”。

表1　　不同生育政策方案下总人口变动趋势（预测值）　　单位：亿人

年　份	普遍允许软着陆	只开放双单独生二孩	原生育政策不变
2000	12.60	12.60	12.60
2010	13.40	13.40	13.40
2020	14.23	14.09	13.96
2030	14.45	14.19	13.86
2040	14.41	13.96	13.48

续表

年　份	普遍允许软着陆	只开放双单独生二孩	原生育政策不变
2050	14.20	13.33	12.69
2060	13.58	12.31	11.57
2070	12.98	11.28	10.39
2080	12.43	10.27	9.20
人口峰值年份	2029	2027	2023
峰值总人数（亿）	14.45	14.22	13.99

只开放双单独方案下与原生育政策不变的人口峰值分别出现在2027年和2023年，总人口分别为14.22亿和13.99亿，随后开始快速下降，2040—2050年间人口平均负增长率分别高达-4.6‰和-6.0‰，2050—2080年更将分别高达-8.7‰和-10.7‰。毫无疑问，只开放双单独和原生育政策不变方案下，过快的人口下降不但将造成人口加速老龄化、劳动力严重短缺、社会保障与退休基金入不敷出和经济萎缩，而且将产生教育、医疗等社会服务设施难以适应等一系列严重问题。

（三）人口老化、劳动力资源和老年抚养比

图1和图2给出了不同生育政策方案下的65+岁老人及80+岁高龄老人占总人口比例的比较。与普遍允许二孩软着陆方案相比较，只开放双单独生二孩方案下，2050年和2080年65+岁老人占总人口比例分别高出9.4%和19.1%；80+岁高龄老人占总人口比例分别高出9.8%和14.4%；原生育政策不变方案下2050年和2080年的65+岁老人占总人口比例分别高出11.7%和31.2%；最需要照料的80+岁高龄老人占总人口的比例分别高出11.8%和34.4%。

只开放双单独生二孩方案下，2050年和2080年65+岁老人占总人口比例高达28.0%和33.8%，2050年和2080年高龄老人占总人口比例高达9.3%和13.4%。在原生育政策不变方案下，2050年和2080年65+岁老人占总人口比例高达28.6%和37.2%，80+岁高龄老人占总人口比例高达9.4%和15.8%。如此之高的老年人口与高龄老人比例是社会难以承受的。

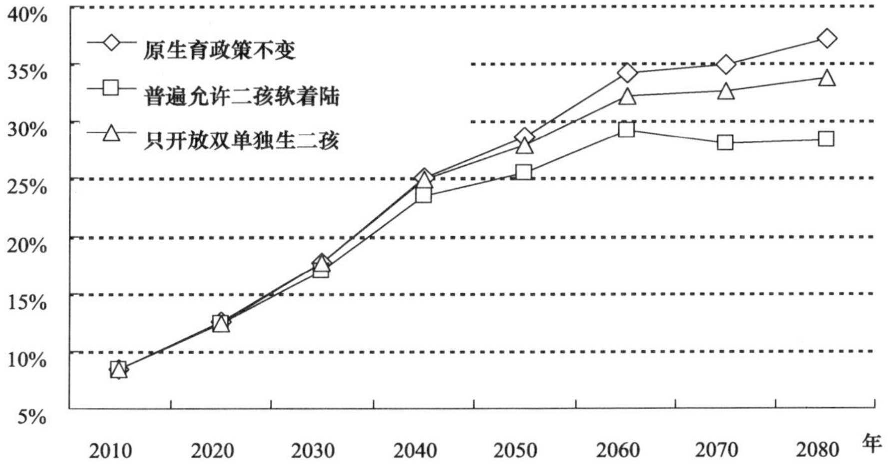

图1　不同生育政策方案下65+岁老人占总人口百分比

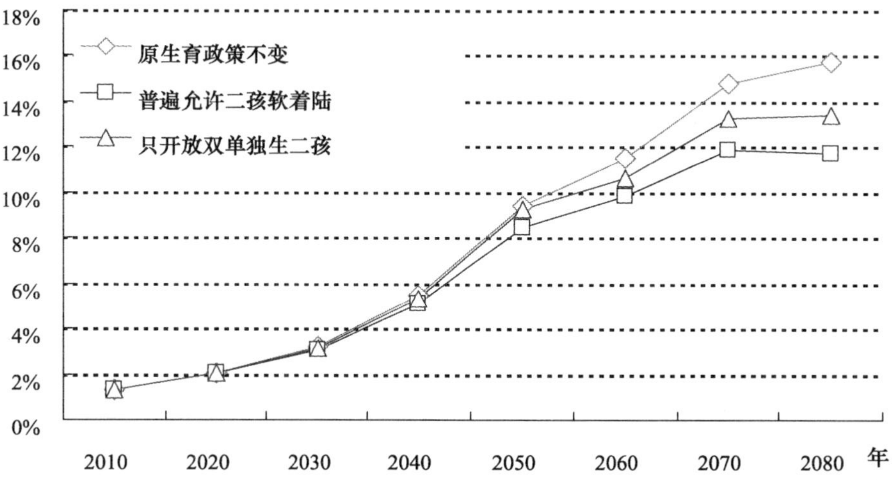

图 2　不同生育政策方案下 80 + 岁高龄老人占总人口百分比

图 3 和图 4 表明，无论原生育政策不变还是采取普遍允许二孩软着陆方案，我国空巢老人（即不与子女一起居住的老人）占总人口的比例都将大幅度增加，但前者显著高于后者。2030 年、2050 年和 2080 年 65 + 岁空巢老人占总人口比例分别等于 2010 年的 2.4 倍、4.3 倍和 5.5 倍（原生育政策方案）以及 2.3 倍、3.8 倍和 4.2 倍（普遍允许二孩软着陆方案）（见图 3）；2030 年、2050 年和 2080 年 80 + 岁高龄老人空巢比例则分别等于 2010 年的 2.3 倍、8.9 倍和 15.4 倍（原生育政策方案）以及 2.2 倍、8.0 倍和 11.5 倍（普遍允许二孩软着陆方案）（见图 4）。原生育政策不变方案 2050 年和 2080 年 65 + 岁空巢老人比例比普遍允许二孩软着陆方案分别高出 11.2% 和 29.9%；2050 年和 2080 年这一相对差异百分比对于 80 + 岁高龄空巢老人来说，是 11.4% 和 33.0%。由于普遍允许二孩软着陆和原生育政策不变方案在关于因工作、迁移、观念变化等造成的子女不与老年父母一起居住的比例，以及其它人口要素的假定完全相同，图 3 和图 4 所反映的两个方案在空巢老人比例上的显著差异，完全是由生育水平即子女数的差异造成的。这些模拟预测结果从照料老人的角度，充分说明中国应尽快向普遍允许二孩软着陆政策过渡。

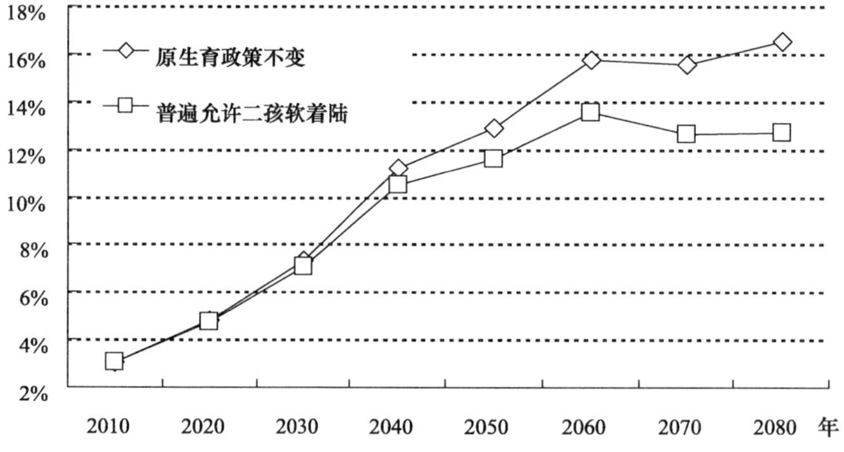

图 3　不同生育政策方案下 65 + 岁空巢老人占总人口百分比

注：由史文钊等所做的“只开放双单独生二孩”政策模拟预测未包括空巢老人的测算，所以图 3 和图 4 只进行“原生育政策不变”和“普遍允许二孩软着陆”两个政策方案的比较。

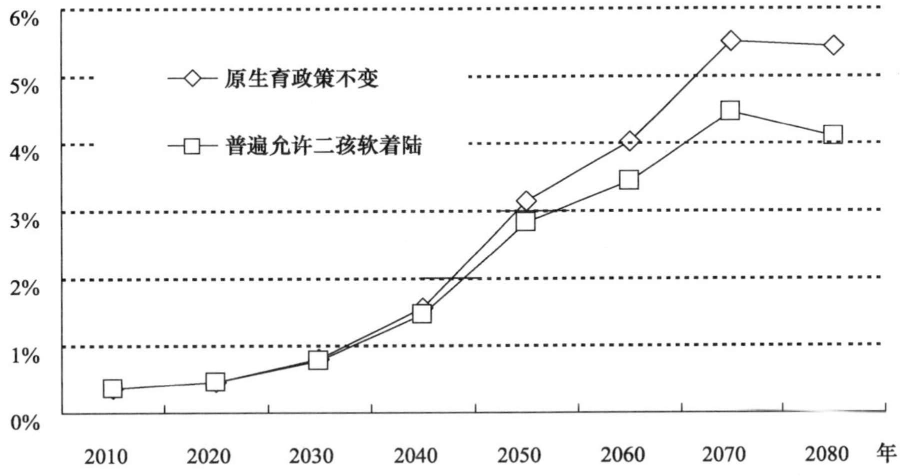

图 4　不同生育政策方案下 80 + 岁空巢高龄老人占总人口百分比

另外，图 1、图 2、图 3、图 4 的预测结果还表明，在普遍允许二孩软着陆方案下，我国 65 + 岁老人和空巢老人比例在 2060 年以后停止增长甚至稍有下降，80 + 岁高龄老人和高龄空巢老人比例在 2070 年以后停止增长或稍有下降。然而，在原生育政策不变和只开放双单独生二孩方案下，老年人口和空巢老人比例在 2060—2080 年期间基本上继续保持增长势头。

由于我国 20 世纪 50—60 年代生育高峰期出生的人群很快要进入老年，生育率早已快速降至显著低于更替水平，再加上不可改变的人均寿命不断延长，未来几十年老年人数大增及其增长速度等于发达国家的二倍已成定局。然而，如果老年人数与劳动年龄人数之比能保持在一个比较合理的范围，老年人数大增并不可怕。可怕的是，在老年人数大幅增加的同时，劳动年龄人口过快下降而老年人口占总人口比例过快上升。

预测结果表明，无论未来采取何种政策方案，我国劳动力资源在 2025 年以后都将快速萎缩，而只开放双单独生二孩和原生育政策不变方案下的劳动力资源萎缩速度大大快于普遍允许二孩软着陆。只开放双单独生二孩方案下，18—64 岁劳动年龄人口从 2010 年的 9.4 亿较快速萎缩到 2050 年的 7.6 亿，然后继续加速萎缩到 2080 年的 5.2 亿，2030 年以后平均每十年减少劳力 0.77 亿。原生育政策不变方案下，18—64 岁劳动年龄人口从 2030 年的 9.14 亿快速萎缩到 2050 年的 7.34 亿，然后继续加速萎缩到 2080 年的 4.70 亿，2030 年以后平均每十年减少劳力 0.90 亿。

普遍允许二孩软着陆方案的劳动年龄人口在 2030 年后下降速度比只开放双单独生二孩和原生育政策不变方案要减缓很多，在 2040 年、2050 年和 2080 年分别比只开放双单独方案多出 0.19 亿、0.37 亿和 1.42 亿，分别比原生育政策不变多出 0.34 亿、0.63 亿和 1.97 亿劳动力资源（见图 5）。

只开放双单独生二孩方案下，老年抚养负担将从 2010 年平均每 8.1 个劳动者供养一位老人，快速下降到 2030 年、2050 年、2080 年平均每 3.6 个、2.04 个和 1.5 个劳动者供养一位老人，老年抚养负担分别等于 2010 年的 2.2 倍、3.9 倍和 5.3 倍（见图 6）。原生育政策不变方案下，老年抚养负担将从 2010 年平均每 8.0 个 18—64 岁劳动者供养一位 65 + 岁老人，快速下降到 2030 年、2050 年、2080 年的平均每 3.5 个、2.0 个和 1.4 个劳动者供养一位老人，老年抚养负担分别等于 2010 年的 2.3 倍、4.1 倍和 5.8 倍。显然，在只开放双单独生二孩和原生育政

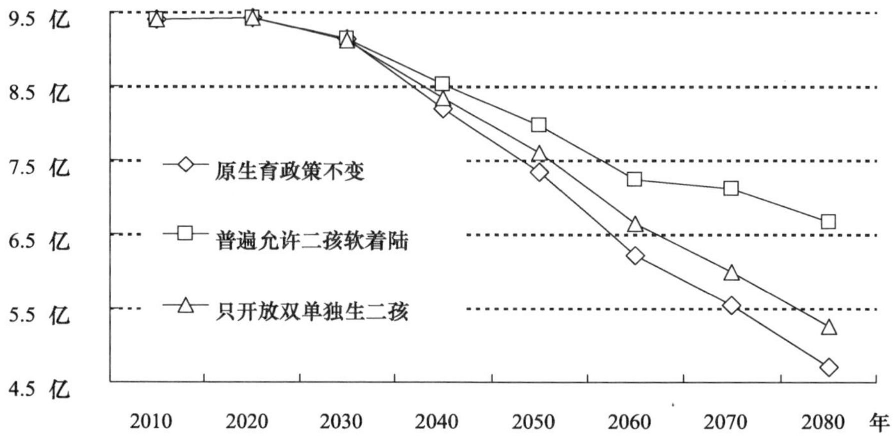

图 5　不同生育政策方案下的 18—64 岁劳动年龄人口

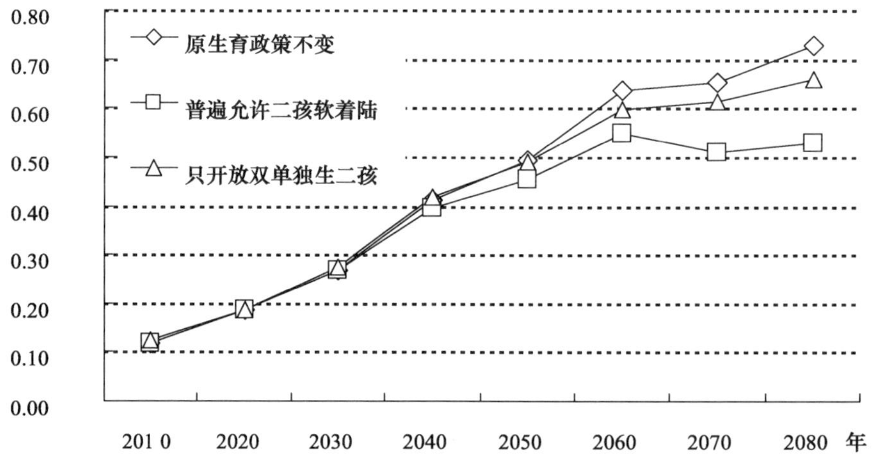

图 6　不同生育政策方案下的老年抚养比

策不变方案下如此之高的老年抚养负担将阻碍经济社会持续发展，并削弱我国保护环境资源和参与国际竞争的综合国力，从而严重影响中华民族福祉的改善。普遍允许二孩软着陆方案虽然也面临劳动力资源显著缩减和老少抚养比较快上升的严峻挑战，但相对于只开放双单独生二孩方案和原生育政策不变要好得多（见图 5 和图 6）。

（四）不同生育政策对人口、社会、经济、资源、环境均衡发展的影响

只开放双单独方案在 2030 年、2050 年与 2080 年的总人口分别比普遍允许二孩软着陆方案减少 1.8%、6.1% 和 17.4%；原生育政策不变方案在 2030 年、2050 年与 2080 年的总人口分别比普遍允许二孩软着陆方案减少 4.1%、10.6% 和 26.0%（见表 1）。这些数字也许会被一些同仁用来支持长期保持只开放双单独，甚至保持原生育政策不变的主张。但是，对以下问题的冷静分析和思考，可以帮助我们理解只开放双单独方案和长期保持原生育政策不变的弊端，以及尽快向普遍允许二孩软着陆政策平稳过渡的必要性。

只开放双单独和原生育政策不变方案比普遍允许二孩软着陆方案减少的人口数中，到

2040 年时有 2/5，2050 年有近 1/2，2080 年有 2/3 是 18—64 岁劳动年龄人口，其余为 0—17 岁少年儿童，后者也是潜在的劳动力。毫无疑问，2015—2080 年期间，如果保持只开放双单独或原生育政策不变，与普遍允许二孩软着陆相比，所减少人口数的 100% 是劳动力资源或潜在的劳动力资源，这将严重危及我国未来经济的可持续发展。以下分析可以帮助我们理解这一结论。

20 世纪 70 年代末以来的改革开放使中国摒弃了 50 年代、60 年代、70 年代实行的自我封闭、效率低下的计划经济体系，而开始大规模实践社会主义市场经济发展道路。虽然由于人口惯性的作用，我国 2010 年总人口（13.4 亿）比 1978 年总人口（9.54 亿）增长了 41%。但是，按可比价格计算，我国 2008 年人均 GDP 等于 1978 年的 11.7 倍，1978—2008 年 GDP 年均增长率为 8.5%。按可比价格估算，我国 2008 年城乡人均可支配纯收入分别等于 1978 年的 8.2 倍和 7.9 倍（国家统计局，2010）。与 20 世纪 70 年代居民日常食品和生活必需品严重短缺相比，改革开放 30 多年来，我国城乡居民生活水平和生活质量巨幅提升，确实发生了天翻地覆的变化！

为什么新中国成立 60 年来的前 30 年和改革开放后 30 年都经历了人口规模的大幅度增长，但经济发展的规模和速度以及居民人均收入和生活水平改善程度却有如此之大的天壤之别？林毅夫教授和其他学者们的理论与实证分析可以为我们提供答案。林毅夫（2004、2010、2013）认为，从 1953 年开始到 1978 年改革之前，我国推行的是重工业优先发展战略，投资很多，创造的就业机会却很少，人浮于事，效率很低。这样人多不但不是好办事，事实上还是社会的一个很大负担。可是，在我国现代化的过程中，人多一点是否必然就是坏事？从改革开放这些年的经验来看，发展最好、最快的是广东、江苏、浙江、福建、山东这些自然资源相对贫乏，人口密度最高的地区。从国际经验来看，第二次世界大战以后，日本和亚洲“四小龙”（韩国、新加坡、我国台湾地区和香港地区）经济高速发展，它们都属全球人口密度最高的经济体，比我国大陆高得多。例如，2000 年我国大陆的人口密度是每平方公里 135 人，而日本是 337 人，韩国是 479 人，台湾地区是 616 人。中国沿海五省市（广东、江苏、浙江、福建、上海）改革开放 30 年来 GDP 年均增长 12%，显著高于亚洲“四小龙”鼎盛发展时期，而中国沿海五省市人口密度比亚洲“四小龙”高 25%。如何解释我国在改革开放以来出现的这一与人口分母决定论截然相反的客观现实？为什么人多在改革开放以后的我国沿海五省却反而成了优势？其原因在于改革开放以来，这些人多地少资源贫乏的沿海省份，大力发展劳动密集型产业，充分利用了我国劳动力多、劳动力便宜的比较优势，产品在国内和国际市场都非常有竞争力。这样看来，只要按照比较优势来发展经济，发展劳动力相对密集的产业，在较低生育水平下，人口多一点就会成为一种推动经济发展的优势，经济发展得好，资金就能得到较快的积累，产业升级得快，收入水平也就提升得快。

二战后出生的“婴儿潮”一代为欧洲、日本 20 世纪 60—80 年代的经济快速发展提供了丰富的劳动力，劳动人口的储蓄转化为资本，年轻人口的创新发明推动了技术进步。然而，随着“婴儿潮”一代步入老年，以及生育率的大大降低，日本经济陷入了长期低迷和衰退，欧洲不少国家政府只能长期借债，苦苦维持，最终导致近年愈演愈烈的主权债务危机（李宏彬等，2013）。欧洲、日本、韩国、新加坡和我国台湾、香港地区等早已意识到生育率偏低对经济发展的严重危害，而不得不从国家或地区财政中拨出巨款，实行按生育数发放奖励补贴、带薪产后休假、托儿补助等鼓励生育政策。然而，各国各种鼓励生育政策收效甚微。各国人口经济社会学家们进行深入调查与数据实证分析后，不约而同地得出结论：当人类社会经济发展到较高水平和生育率降至很低程度以后，将很难甚至不可能通过政策补贴而显著提升生育水平。

实证数据分析表明，过去 100 年全世界最伟大的近 300 项发明中，72% 是在发明家三四十岁时发明的，其中42%的伟大发明是发明家三十来岁时发明的（Jones，2005）。根据世界银行22国数据的实证分析，一个年轻人口占总人口比例为55%的国家的企业创业倾向和创业投资活跃程度，比一个年轻人口只有45%的国家高出一倍。这说明企业创业活动的增加是因为更有创业倾向的年轻人口比例较高，引起整个社会结构的变化，使得整个社会更具活力。反之，如果老年人不断增多而年轻人不断减少，则整个社会趋于保守，本来就不多的年轻人也会失去活力（梁建章，2013）。

显然，一个具有良好教育科研体制和经济发展的国家参与成长和竞争的年轻人群越大，该国的伟大科学家和创业创新企业家就越多。我国改革开放30多年来，闭关锁国低效落后的教育科研与计划经济体制已被正在迈向世界先进水平的教育科研和社会主义市场经济体制取代，我国的生育水平已比美国低22.4%，与欧洲一些很低生育率国家不相上下。在这种新的人口与经济社会条件下，如果我们继续执行长期保持只开放双单独生二孩或原生育政策，将生育水平长期控制在远远低于人类更替水平以下，未来我国参与竞争的年轻人群越来越小，这势必导致我国的伟大发明家和创新企业家相对越来越少的可悲结局。

除了美国以外，21世纪中国最大的竞争对手是印度。与联合国公布的印度人口预测比较，如果我国长期保持原生育政策不变，2030年和2050年中国65+岁老人比例分别比印度高出85.9%和87.7%；中国80+岁高龄老人比例分别比印度高出88.8%和137.6%；中国18—64岁劳动年龄人数将由2000年比印度多37.5%变为在2030年和2050年分别比印度少30%和27%，老人加少儿总抚养负担由2000年比印度低24%变为2040年和2050年分别比印度高23%和26%。长期保持只开放双单独政策虽然比原生育政策长期不变的情况有所改善，但仍将使中国与印度在劳动力资源和总抚养负担等方面由现在的显著优势变为2030年以后的严重劣势，很有可能由于养老保障压力太大和人力资源不足而使我国的经济实力被印度抛在后面，更谈不上赶超美国。

总之，欧美与东亚的经济发展与人口转变历史已经证明，在经济起飞与生育率下降到显著低于更替水平之后，劳动力资源萎缩将成为阻碍经济继续增长的瓶颈因素。面对各国相同的前车之鉴，我们不能不思考：在1980年发布的中共中央公开信中明确说明为期“一代人”（25年左右）的、鼓励只生一孩的原生育政策，在实行超过34年的今天，在生育水平已下降到显著低于更替水平的新形势下，确实必须尽快改变原生育政策。这是因为，如果继续保持只开放双单独生二孩政策或原生育政策不变，未来减少的总人口数量正是经济持续增长所需要的劳动力资源，这将使我国走上日本和西欧债务危机国生育率过低、人口加速老化与劳动力严重短缺而导致长期经济衰退的覆辙，严重危及中华民族的复兴和长治久安。

图7和图8给出的我国1949—2080年人均水资源与人均耕地数据表明，2008年我国人均水资源与人均耕地分别比1949年下降62.2%和49.6%；分别比1979年下降30.0%和34.3%。同时，我国经济社会发展与人均收入发生了翻天覆地的巨大变化，这当然是改革开放的伟大成果，也包括计划生育控制人口过速增长的伟大贡献。在普遍允许二孩软着陆方案下，我国人均水资源与人均耕地在2029年人口峰值前后达到最低值，却分别只比2008年下降2%和6%左右，而2029年以后我国人均水资源与人均耕地将因人口总数平稳下降而逐渐缓慢上升。同时，近期许多国内外研究表明，大规模人口城镇化导致生态脆弱的农村地区大批人口外迁，而使当地效益差的农耕地退耕还林或退耕还草，生态环境状况显著好转（李秀彬等，2013）。再加上科学技术发展以及政府关于环境保护与可再生能源开发等政策的实施，完全没有必要担心二孩政策平稳过渡会影响人口与资源环境的协调发展。以保护资源环境为由反对调整生育政策确实是不科学的。

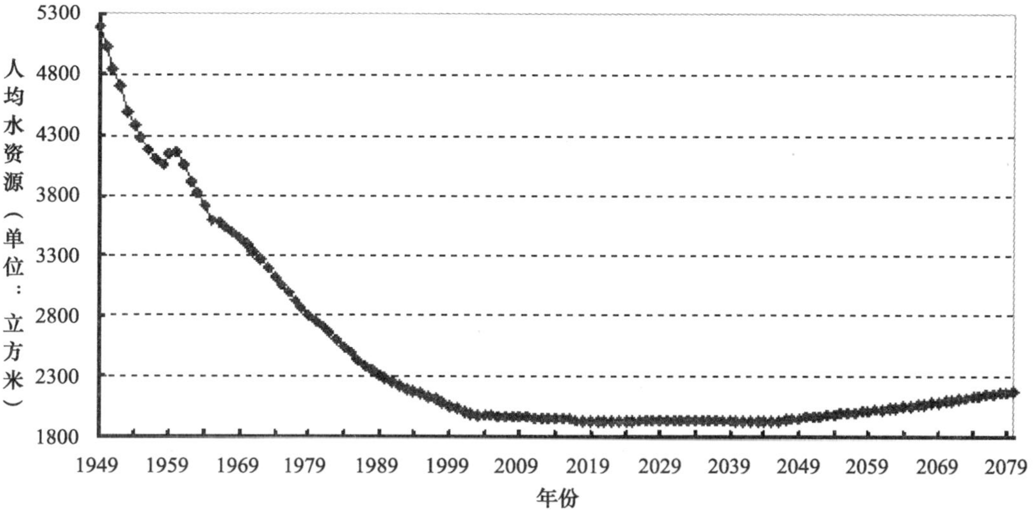

图 7 中国人均水资源（1949—2080 年）

资料来源与估算方法：1949—2033 年人均水资源数据取自《国家人口发展战略研究总报告》（中国人口出版社 2007 年版，第 61 页）。由于该总报告未给出 2033 年以后的人均资源、人均耕地与总人口数据，我们假定 2033 年后水资源总量和耕地总量分别保持在 2033 年水平不变，于是，2034—2080 年，人均水资源 = 水资源总量/当年总人数；人均耕地 = 耕地总量/当年总人数，而 2034—2080 年每年总人口数取自普遍允许二孩软着陆方案的预测结果。

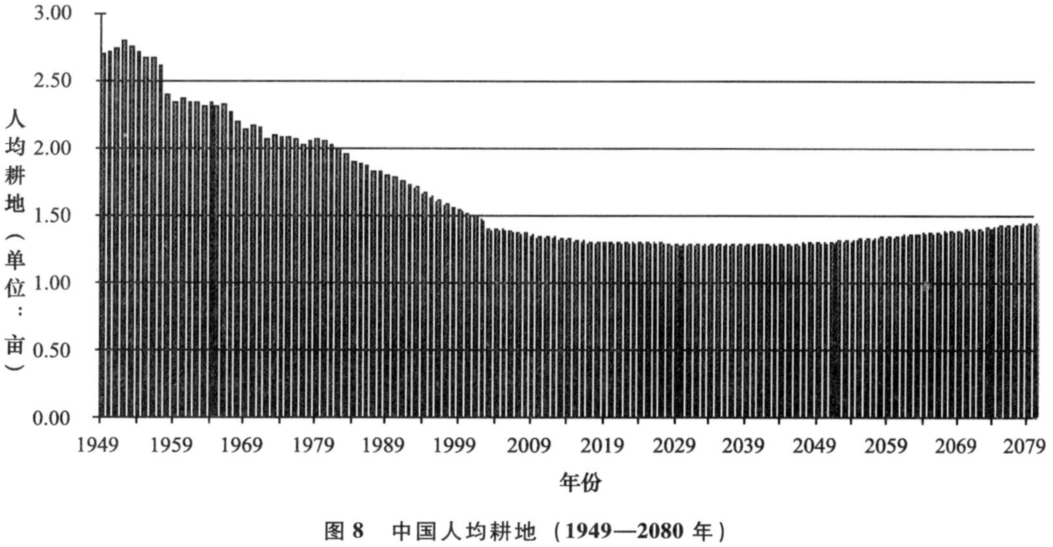

图 8 中国人均耕地（1949—2080 年）

资料来源与估算方法：同图 7。

（五）出生性别比偏高问题

全世界公认的、没有婴儿性别选择的正常出生性别比（指平均每 100 个新出生女孩所对应的男孩数）是 105—106 左右。我国 20 世纪 50—60 年代及 70 年代的出生性别比正常，80 年代初开始偏高，且持续快速上升，从 1982 年的 107.1 上升到 2000 年的 116.9 和 2010 年的 121.2，高出正常水平16个百分点。所有相关研究一致认为，产前性别鉴定与流产女婴是我国出生性别比大幅度偏高的最主要直接原因。

原国家人口计生委自2003年开始在全国开展旨在降低出生性别比的“关爱女孩行动计划”。各级干群对此付出了巨大心血和努力，政府也付出了很大成本。但是，2010年出生性别比较2000年不但没有下降，反而明显上升。这一严峻现实迫使我们不得不认真反思：花很大力气治理后的出生性别比仍然居高不下，它是否与原生育政策本身的弊端有关？

我国执行一孩半（即只允许独女户生二孩）政策地区和在晚育前提下普遍允许生二孩政策地区的2000年出生性别比分别为124.7和109.0（郭志刚，2005）。20多年以来一直实行二孩加间隔政策的甘肃酒泉市、山西翼城县、河北承德市与湖北恩施州（合计840万人口）的出生性别比多年来一直保持在正常或接近正常的范围，而大大低于其周边一孩半政策地区（顾宝昌等，2008）。这些数据反映的客观现实令人信服地说明：在全国52.9%的人口中执行的原一孩半政策客观上助长了出生性别比严重偏高。政府的一孩半政策实际上是在告诉群众：生女孩的价值远远够不上生男孩，需要再生一个；而生一个男孩的价值大于两个女孩，不必再生了。这在理论上可称为“心理暗示导向作用”的政策影响使得本来根深蒂固的重男轻女观念更难消除，很多农民利用已经很普及的B超技术做产前性别鉴定，流女保男（即流产女胎保住男胎）。实证分析表明，当前我国一孩半政策地区大约有19%的一胎女孩夫妇做性别鉴定与流产女婴以保证二胎是男孩；而二孩政策地区的这一比例只有4.6%（曾毅，2009）。

另外，常理和实证数据都说明，所有一孩为男孩而再生二孩的出生性别比正常。但是，在一孩半政策地区，这些约占总数51.3%，一孩生了男孩、将对出生性别比趋于正常作贡献的夫妇却不被允许生二孩；而那些一孩生了女孩，很可能做性别鉴定并流女保男的夫妇（占夫妇总数48.7%左右）却被允许生二孩。也就是说，即使假定一孩半政策下产前性别鉴定及流产女婴比例与二孩政策下完全相同，一孩半政策本身也将导致二胎女孩数结构性减少，其影响占出生性别比超常部分的35%以上（曾毅，2009）。

在农村地区，不论是现在还是将来，双单独夫妇比例都很低，只开放双单独方案基本等于维持原一孩半政策，即允许双单独和独女非双单独夫妇生二孩，而不允许第一孩男孩的非双单独夫妇生二孩。然而，如前面所述，一孩半政策客观上造成“一个男孩价值大于二个女孩”的心理暗示与舆论导向作用，显著助长了重男轻女、产前性别鉴定与流产女婴；一孩半政策不允许第一孩是男孩而不会流产女婴的夫妇生二孩，只允许第一孩是女孩而可能流产女婴的夫妇生二孩，政策本身也导致女孩数减少与男孩数增加。这些都将继续导致出生性别比超常偏高。

另外，基层计生干部告诉我们，那些不符合生二孩政策要求、而千方百计想生二胎男孩者，很容易钻原生育政策或只开放单双独政策的空子。他们的做法如下：在B超查出二胎怀的是女孩后，以自己避孕失败、怀了计划外二胎为理由找计生干部，要求人工流产，还向政府索要计划生育人流误工费、营养费、医药费，等等。如果计生干部不理睬，他们就去上访，找上级领导一哭二闹三上吊。结果往往是达到目的，既把肚子里的女婴做掉了，还能得到一笔不菲的费用。更有甚者，查出二胎怀的是女孩后，利用计生部门的举报热线，玩自己举报自己的把戏。计生部门往往为了降低“违法”二孩生育数量，只好心知肚明地配合这种人来流产女婴，也成了性别比失衡的推手，还用纳税人的劳动汗水钱“奖励”那些流产二胎女婴者的误工费、营养费、医药费等。而普遍允许二孩软着陆（即使间隔不够也不允许非医学原因流产二胎）政策可以有效避免这种钻政策空子的弊端。

还有，只开放单双独或原生育政策不变方案导致生育水平长期大大低于更替水平①，更年轻的年龄组人数大大少于年长年龄组，比相同或相近年龄女性“多”出的年长男子到更年轻女子中找妻子的概率大大下降，从而加剧大龄男子找妻难问题的严重程度（曾毅，2009）。已经发生的出生性别比偏高将导致2020年时20—45岁婚龄男性比女性多3 000万②。如果长期保持只开放单双独或原生育政策不变，包括继续在全国农村人口中执行一孩半政策，其助长出生性别比偏高的负面影响将继续存在，2020年以后婚龄男性多于女性数字将达四五千万，而找不到妻子的大龄男子中多为贫穷与素质低下者，势必严重影响到社会和谐与长治久安（曾毅，2006、2009）；而普遍允许二孩软着陆将大大有利于扭转出生性别比偏高的危险倾向。

（六）独生子女高风险家庭与国防安全

按2000年人口普查给出的年龄别死亡率估算，在一般正常情况下，我国只生一孩的75岁、80岁、85岁、90岁妇女中的唯一孩子先于父母死亡的平均概率分别为4.0%、11.6%、15.5%和21.4%，随父母年龄增加而不断增长。而地震和其他天灾人祸突发事件中的中老年夫妇独生子女死亡比例则要比这一平均概率高很多。丧失再生育能力的中年母亲的独生子女因疾病或天灾人祸先于父母死亡，则形成“失独家庭”。例如，四川汶川地震中死亡的青少年中很大比例是独生子女，其中很多人的母亲已丧失生育能力，这些失独家庭是何等悲惨！唯一孩子死亡的无后老年夫妇一方死后，另一方则成为孤寡老人，漫漫余生何其难！而只开放双单独生二孩或原生育政策不变方案下，独生子女家庭占家庭总数比例将越来越高。他们应对疾病死亡和天灾人祸突发事件的脆弱性，必将产生越来越多的“失独家庭和失独孤寡老人”；他们“失独”以后难以弥补的忧伤怨恨情绪，将严重危及社会和谐稳定。如新华社记者写的内参所述，基层调研发现，各地失独家庭数量显著增加，很多因意外或疾病死亡失去独生子女的家庭“抱团取暖”，通过互联网串联，且有愈演愈烈之势（黄豁等，2012）。

毫无疑问，独生子女高风险家庭的脆弱性毋庸置疑。长期保持只开放双单独或维持原生育政策将继续制造大量独生子女“高风险家庭”，严重违背“以人为本”的科学发展理念。

许多心理学家与社会学家的研究表明，越来越多的独生子女在家庭中的“唯一性”和小皇帝地位造成的心理缺陷等弊端，将严重危及军人心理素质与国防实力。例如，李川云等（2004）对某部1 077名新兵的心理健康水平进行分析发现，与非独生子女新兵相比，独生子女更容易出现身体不适、焦虑等症状。刘素珍（2002）随机选择362名军人，采用症状自评量表的方法，也得到了与李川云等类似的结论。李权超等（2004）通过对929名独生子女新兵和3 686名非独生子女新兵进行心理测评发现，独生子女新兵不仅在身体不适和焦虑方面的症状比非独生子女新兵明显，而且独生子女新兵出现忧郁、敌对的情绪以及心理的两极倾向也比非独生子女新兵更严重。王鲁豫等（2003）对703名入伍新兵进行的心理健康及个性测评和背景资料调查也进一步支持了上述观点。刘学敏和黄少罗（2002）对434名独生子女士兵以及蒋忠军（2002）等对1 440名新兵的心理状况进行评定的结果表明，独生子女士兵的心理健康状况显著低于军人群体平均水平。王爱平（2006）等采用国际通用量表方法对181名军人进行心理测评发现，独生子女比非独生子女更加容易不受约束，在纪律性方面的表现较

① “更替生育水平”指新出生一代活到生育年龄的妇女人数与上一代生育年龄妇女人数相同所对应的生育水平。考虑到死亡率影响，我国的更替生育水平为平均每个妇女生育2.1个孩子。如果忽略国际人口迁移影响，长期保持低于、等于或高于更替生育水平的人口最终将实现人口的持续负增长、零增长或正增长。

② 国家人口发展战略研究课题组：《国家人口发展战略研究报告》，中国人口出版社2007年版，第45页。

差。范红蕙（2006）和郑文达（2005）的分析表明，独生子女家庭的家长更加倾向于不让孩子参军。即使参军的独生子女，也容易因为父母和祖父母的过分关爱而造成娇生惯养、怕苦怕累、感情脆弱、任性散漫等缺陷，较难适应部队纪律严格的集体生活环境，从而严重损伤解放军战斗力和国防安全。

与只开放双单独或原生育政策不变相比，普遍二孩软着陆将避免生育政策本身造成的独生子女高风险家庭，并消除了独生子女生育政策本身对国防安全的负面影响。

（七）遏制腐败

根据我们和其他许多学者的基层调研，以及我们的学生们每年假期回乡了解的基层实情，我们不得不承认，只开放双单独或原生育政策下，只允许部分人而不允许另一部分人生二孩的生育指标审批和超生罚款政策，将继续滋生民众超生造假、一些政府部门编假数据和通过超生罚款敛财、走后门甚至行贿受贿等诸多腐败现象。与贪污盗窃、买官卖官、侵占国有和集体资产等腐败遭民众深恶痛绝截然不同，超生二孩产生的腐败治理难度特别大，很多干部和民众对它有同情姑息心态。正如基层计生干部所说："时间长了，把老实人也搞得不老实了，不腐败者也变腐败了。"而普遍允许二孩软着陆不存在上述问题，大大有利于遏制腐败。

（八）社会不公、计生工作难度与政治代价

只开放双单独夫妇生二孩政策将导致双独夫妇抚养4个老人与2个小孩（共6个需抚养对象），单独夫妇抚养3个老人与2个小孩（共5个需抚养对象），而非双单独夫妇抚养2个老人与1个小孩（共3个需抚养对象）。如果双单独夫妇群起质问政府：当国家需要控制人口过速增长时，我们的父母只生一孩，是奉献的一代；现在国家因劳动力资源萎缩和人口老化需要提高生育数，而放宽生育政策。但是，我们这些奉献一代的子女必须抚养三四位老人和二个孩子，老少抚养负荷等于那些父母没有为国家奉献的非双单独夫妇的2（=6/3）倍或1.67（=5/3）倍，这对我们与我们的父母都是很不公平的。因此，政府必须对这一新的社会不公予以补偿。对此呼声，政府如何回答？我国的台湾、香港、澳门地区以及韩国、新加坡、欧洲、北美、日本、俄罗斯等国在生育水平降至显著低于更替水平之后，早已实行奖励政策鼓励人们生育，将生儿育女看作为国家做奉献。而我们为何在生育水平已大大低于更替水平之后，仍然非要抱住允许生育二孩是一种"优惠"的观念不放呢？

我国城市生育水平很低，符合双单独生二孩条件的育龄夫妇很多。而在很多农村地区，生育率一直相对较高，符合双单独生二孩条件的育龄夫妇却很少。农村地区人们耳闻目睹城市很多夫妇被新政策允许生二孩，自然会跃跃欲试生二孩。于是，各级卫生计生委必须大张旗鼓，苦口婆心，甚至不惜以行政制裁手段制止计划外生二孩，或者干脆编造假数据。而在以人为本、执政为民、老百姓维权意识越来越强的新形势下，制止一些人"违规"生育二孩的工作将越来越难。毫无疑问，"只开放双单独生二孩"将造成老百姓的"攀比"心理，必然加大计划生育工作难度。

如前面提及，被允许生二孩的双单独夫妇因其老少抚养负担远远高于非双单独夫妇而不满意，可能群起责问并要求政府予以补偿。同时，只被允许生一孩的非双单独夫妇可能对政府更不满意，将导致政府站到几乎所有夫妇（包括双单独和非双单独）以及他们的家庭的对立面。再加上限制生育二孩造成大量从小因"非法生育"而遭受心灵创伤的孩子，其中很多孩子因其父母躲避罚款而未被登记、被视为"黑孩子"，可能一辈子留下对政府不满的心理阴影；以及前面提到的越来越多积怨甚深的失独家庭和失独孤寡老人。这一切必将恶化党群关系，大大增加计划生育的政治代价。

另外，只开放双单独生二孩还将引发其他新的社会问题。例如，一位非独生子女爱上了另一位青梅竹马或萍水相逢的非独生子女，但他们一旦结婚，不能生育二孩。于是双方很想抱两个孙子女的父母极力反对他们结婚，也许酿成现代梁山伯祝英台的悲剧。

三 普遍允许二孩软着陆的政策建议及其可行性分析

（一）因地制宜的普遍允许二孩软着陆政策建议

为了克服只允许双单独生二孩和原生育政策的上述诸多“远虑”和“近忧”的严重弊端，我们建议尽快启动普遍允许二孩软着陆，具体内容如下：

（1）信息公开，取得民众理解和支持。在多年积累许多已生一孩、希望生二孩育龄夫妇的农村和不提倡晚育的不很发达城镇地区，若普遍全面无条件放开二孩，可能因集中生育造成一系列问题。因此，必须实行普遍允许生二孩与因地制宜提倡适当晚育。建议人口计生部门以基层社区为单位，通过调查摸底搞清楚以下情况：

（a）已生一孩、希望生二孩的育龄妇女人数以及近期可能生一孩的育龄妇女人数；

（b）当地所有小学合计每年最多可招收的一年级新生人数。

将（a）与（b）向民众公布，如果（a）显著大于（b），则告示民众，为了避免集中生育影响到你们孩子将来的上学、就医和长大后就业，请较年轻妇女适当晚一些生二孩，让年龄较大妇女优先生二孩；晓之以理，动之以情，取得民众理解和支持。建议根据（a）和（b）的差异，因地制宜，确定一个各地不同的当前优先生二孩年龄（例如，32—35 或 30—35 岁）。然后，每隔一年优先生二孩年龄下降 1—2 岁，可望较快实现城乡年满 28 岁妇女都允许生二孩。

建议 2015 年启动普遍允许二孩软着陆。软着陆以后，随着社区等候生二孩妇女人数下降，生二孩的提倡低限年龄也逐步相应下降，时机成熟时予以取消，由民众自行选择生育年龄。

大力宣传适当晚育间隔有利于母婴健康与降低婴儿死亡率的客观规律。对模范执行适当晚育间隔生二孩者予以公开表扬奖励，形成感谢他们为防止生育堆积、避免大家的孩子上学难做出贡献的社会舆论。对不符合晚育要求而怀孕二胎者予以公开批评教育，让他们为自己有损社区公众利益的行为感到内疚，但对他们生二孩绝不视为违法，绝不罚款，绝不列为违反计划生育案例，不但允许而且要求其生下二孩，防止以不满间隔为由的性别选择流产女婴。建议加大鼓励女性青少年接受中高等教育和职业教育，先立业后成家的宣传、引导与扶持力度。

（2）因地制宜，不搞一刀切。在生育成本很高、晚育少育已成社会习俗的发达城市地区，如果通过调查摸底得出的该社区近期每年预期生育一、二胎孩子总数（a）并不显著大于该社区每年最多可招收一年级新生人数（b），则不必区分生二孩的优先和非优先年龄，即可以一步到位放开生二孩。

（3）定心丸。政府郑重地向民众承诺，无论在农村和不很发达的城镇地区，还是在发达城市，城乡普遍允许生二孩的新政策决不会再变，给群众一颗定心丸，彻底消除民众害怕因适当推迟而丧失生二孩机会的担心，以利于二孩政策平稳过渡。对女方 36 岁及以上、为避免难产和出生缺陷等问题不宜再生育的独生子女夫妇作为奉献一代，国家继续奖励补助。

（二）普遍允许二孩软着陆的可行性分析

从 1980 年代初以来一直实行二孩晚育间隔政策的甘肃酒泉市、山西翼城县、河北承德市与湖北恩施州（合计840万人口）的实践证明，二孩晚育间隔政策十分成功。30余年来，这些地区年均人口增长率与时期总和生育率低于或接近于周边实施一孩半政策、社会经济水平并不比它们差的地区，出生性别比多年来一直保持在正常或接近正常范围，并大大低于其周边一孩半政策地区。20多年前这些农村地区开始实施二孩晚育间隔政策时，其社会经济水平与生育观念远远落后于当今全国实行一孩政策（大部分为城镇）以及一孩半政策农村地区的平均水平。既然这四个试点地区840万人口30年的二孩晚育间隔政策能够不约而同地获得成功，并全部持续发展至今，我们完全没有理由怀疑经济起飞之后、生儿育女成本大增、人们生育观念显著变化的今日中国实行普遍二孩因地制宜提倡适当晚育政策的可行性。而且，随着社会经济发展，生儿育女成本不断上升，年轻人更倾向于少生优生，先立业、购房，享受二人世界（包括旅游），再生儿育女；今后条件成熟时，可以逐步淡化生育政策限制，最后无需生育政策限制，由个人与家庭自由选择，将是水到渠成、顺理成章的事情。

全国大样本生殖健康调查数据表明：在5年之内，一、二孩间隔越长，第二孩死亡率越低；母亲32岁以前，生育二孩年龄越高，第二孩的死亡率越低（见图9）。湖南医科大学对中国南、北方13个省、市的15个城市24 150例新生儿与母亲的深入调查研究表明：24—34岁晚育组所生婴儿比非晚育组所生婴儿的体重平均重153克；身长、头围、胸围、臀围、上臂围等指标平均长0.54厘米。与非晚育组相比，晚育组的早产儿发生率低4.27个百分点，足月产的成熟率高6.91个百分点，而过期产的滞留率低2.82个百分点（王宝琼等，1993）。适当晚育可拉大世代间隔，缩减中青年夫妇一生中处于“上有老，下有小”困难时期的长度。一、二孩间隔数年还可减轻抚养婴幼儿负担过分集中的压力，保证两个孩子都健康成长。

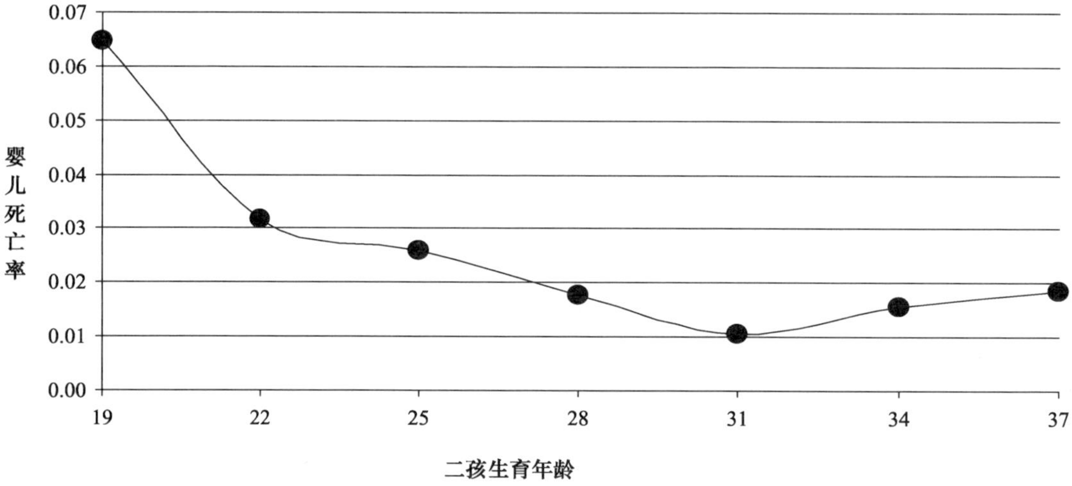

图9　二孩生育年龄与二孩死亡率的关系

数据来源：1997年与2001年全国生殖健康调查（21 340位已生育二孩及以上妇女）。

显然，适当晚育间隔有利于群众的切身利益，是实现我国生育政策平稳过渡、国家与百姓双赢的措施：既可避免因希望生二孩育龄妇女累积很多而造成生育堆积，又可满足民众生育二孩愿望，并改善儿童健康与降低婴孩死亡率，从而取得民众支持。

四　尽快实施普遍允许二孩软着陆政策的紧迫性

必须指出的是，我们基于2010年人口普查等最新数据进行的2010—2080年人口家庭预测结果表明，过去大部分研究机构和学者所做的人口预测显著高估了未来人口增长趋势，同时低估了人口老化的严峻程度。例如，国家人口发展战略研究课题组（2007）和曾毅（2006）预测的2050年总人口分别为14.4亿和14.6亿；2050年65+岁老年人口比例分别为22.5%和24.1%。联合国以前发布的预测结果也与此类似。然而，本课题根据2010年人口普查等最新数据预测的普遍允许二孩软着陆方案下，2050年总人口为14.2亿，65+岁老年人口比例为25.6%，而在只开放双单独或保持原生育政策不变方案下，2050年总人口将达13.33亿或12.69亿，而65+岁老年人口比例为28.0%或28.6%。

过去的大部分人口预测之所以高估我国未来人口增长趋势和低估人口老化趋势，其原因除了做人口预测的多数机构与学者们高估了起点年份的生育水平外，还存在以下三方面的原因：其一，都存在对2000年普查的0—9岁人数漏报率估计偏高，而过度调高了2000年0—9岁基数人口的问题（详见第一部分）。其二，以往大家都未能预计到2010年第六次普查时，我国城镇人口比例能如此快速上升到50%。对城镇化速度的低估导致相应高估了城乡合一生育率。其三，在本课题研究之前多数预测机构与学者们的中等死亡率方案都假定2050年我国男女合一0岁期望寿命接近80岁。而2010年普查数据表明，由于近年来全国城乡医疗保险和城乡养老保障的较快普及以及人民生活水平的大幅提高，我国未来死亡率下降将快于先前的估计，期望寿命将变得更高。

显然，基于2010年人口普查最新数据的人口预测结果表明，我国未来人口增长压力低于以往预期，而人口老龄化的严峻程度高于以往预期，这意味着生育政策及时调整紧迫性的增强。同时，非常重要的是，作为最容易受生育政策放宽影响的人群，27—30岁二孩生育旺盛年龄妇女人数在2006—2013年间处于低谷，2014年后攀升，到2018年达到峰值。显然，我们已经错过了十一五期间启动生育政策调整平稳过渡的很好时机，尽管2014—2015年的时机也不差。因此，我们建议尽快在2015年启动普遍允许二孩软着陆，至2017—2018年前后完成平稳过渡。

有的同志主张目前第一步只开放双单独，试行几年，如平稳的话，再过渡到普遍允许二孩，觉得这样更加稳妥。我们的研究表明，这不是上策，其主要原因有二。其一，如第二部分所论述，“只开放双单独”继承了原生育政策诸多远虑近忧的严重弊端，实在是得不偿失。而且，试行几年只开放双单独，再过渡到普遍允许二孩，将优先赋予本可等几年再生二孩的很多年轻夫妇生二孩许可，而使目前三十多岁希望生二孩的非双单独夫妇等到今后普遍允许二孩时，很可能因女方年龄已高而完全丧失生育能力，或陷入难产与婴儿出生缺陷的困境，这是很不公平的，于国于民都极为不利。其二，尽快实施普遍允许二孩软着陆政策在第二部分论证的七个方面远优于只开放双单独，在我国生育成本大大提升、生育观念显著改变的当今社会经济条件下，绝不会造成人口失控，还有利于母婴健康与家庭幸福，确是国家与百姓的“双赢”，是非常稳妥的生育政策调整方案。因此，我们建议，在突破重重阻力，启动一方是独生子女的夫妇可生育两个孩子、迈出生育政策调整第一步以后，继续调整完善，尽快实施普遍允许二孩软着陆。

如果我们尽快启动普遍允许二孩软着陆政策，新增婴儿正可扩大当前急需增加的内需市场，而当这些孩子进入劳动年龄时，正好可以大大减轻2030年前后开始的劳动力资源快速萎缩与老年比例迅速增加的“人口负债”压力，促进经济社会持续发展。如等到三年、五年、十年后再去调整生育政策，将大大加剧2030年后劳动力资源的快速减少，而且新增婴儿在2030年后相当一段时期内仍是需要抚养的儿童，与那时“人口负债”期的老年人口迅速增加和劳动力迅速减少压力迭加在一起，则可谓雪上加霜，悔之晚矣！

附录 A：支撑政策分析结论的人口家庭预测方法和参数估测

A1. 考虑区域差异的人口家庭模拟预测

文献综述表明，绝大部分国内外关于中国人口的预测研究将全国城乡合一（少数预测也分城乡）的各区域合在一起进行预测。这在计算上虽然简单一些，但却未考虑各区域生育率、死亡率等可能存在的差异，而可能影响到预测的精度以及根据预测结果进行政策分析或区域规划的合理性。

为了在预测和政策分析中充分体现我国在社会经济发展水平、生育观念、生育水平和生育政策及其执行力度等方面客观存在的巨大区域差异，使模拟预测的整体可信度更高，我们根据各省、自治区、直辖市社会经济水平和生育政策①的差异将全国划分为三大区域：东部原 1 孩政策为主的较发达地区（12 省、直辖市），中西部原 1.5 孩政策为主的中等发达地区（13 省、自治区）；少数民族原 2 + 孩政策为主的欠发达地区（6 省、自治区）。我国目前这三类地区的省、自治区、直辖市区域分布如下：

东部原 1 孩政策为主的较发达地区，即原政策总和生育率低于或等于 1.45 的 12 个省、直辖市：北京、天津、上海、辽宁、黑龙江、吉林、江苏、浙江、山东、广东、重庆、四川。这 12 个省、直辖市中，除了重庆、四川属于西部地区外，都是东部省、直辖市，故简称为“东部原 1 孩政策为主的较发达地区”。

中西部原 1.5 孩政策为主的中等发达地区，即原政策总和生育率等于 1.46—1.6 的 13 个省、自治区：河北、山西、内蒙古、安徽、福建、江西、河南、湖北、湖南、广西、贵州、陕西、甘肃。这 13 个省、自治区中，7 个属于中部地区，5 个属于西部地区，1 个属于东部地区，故简称为“中西部原 1.5 孩政策为主的中等发达地区”。

少数民族原 2 孩政策为主的欠发达地区，即政策总和生育率等于或大于 2.0 的 6 个少数民族自治区和省：海南、云南、西藏、青海、宁夏、新疆。这些地区全部是少数民族聚居地区，简称为“少数民族原 2 孩政策为主的欠发达地区”。

对于上述三类地区，我们分别进行全国统一的普遍允许二孩软着陆、只允许双单独夫妇生二孩、原生育政策不变三种生育政策方案下的人口与家庭预测，并充分考虑三类地区因社会经济发展水平的巨大差异，全国统一的政策基本原则对不同地区实际生育水平的影响程度不同。各类地区不同生育政策方案下未来年份城乡总和生育率和其他主要人口参数的假定，请参见附录 B。

A2. 多区域多维人口与家庭预测研究方法

人口学家们一般使用分要素预测法（cohort-component projection method）进行传统的人口数量和年龄性别结构预测。分要素预测法的要点是将人口数按性别、年龄分组，并分别预测估算生育、死亡、迁入与迁出。

家庭是社会结构、老人抚养和许多经济活动（消费、储蓄和微观投资）的基本单元。毫无疑问，如果将传统的人口数量、年龄性别结构预测与家庭结构（包括老年人居住安排，如有无配偶、有无子女、是否独居等）结合起来，综合到一个模型中，同时进行预测分析，其科学和

---

① 按照各省、自治区、直辖市发布的计划生育条例，我们估算了各省、自治区、直辖市的政策总和生育率，即如果生育政策 100% 得到执行和完全实现的假定情况下，平均每对夫妇终身生育数。

政策分析实际应用价值会更大。

目前国际国内应用最多的三类家庭户预测模型是：户主率方法、微观模拟模型、宏观模拟模型。尽管户主率方法仍然被较广泛地应用，但它存在很大缺陷。“户主”概念本身有许多模糊与不便之处。各地分性别的户主率可能因普查调查入户访问时间不同而不同，且随时间变化。例如，如入户访问在白天（晚上）进行，妻子（丈夫）作为被访人而自报为户主的可能性显著上升。因此，户主定义很难有统一标准，很不利于横向和纵向的比较与预测。户主率方法的另一个大问题是它与人口事件发生率没有直接联系：无法通过预测（或假定）生育、死亡、结婚、离婚等人口参数来推测户主率的变动（Mason and Racelis，1992；Spicer et al.，1992）。

微观模拟模型亦称计算机仿真模型，其基本思路是根据事件按一定概率分布随机发生的原理，利用计算机仿真技术对每一个样本个体一生中生育、死亡、婚姻、家庭关系与状态变化进行模拟，然后予以汇总，得出人口家庭的整体特征与分布。它的优点是可以精细地模拟研究个体或较小群体之间的异质性差异及其概率分布（1976；Wachter，1987），这是宏观模拟模型与户主率方法所无法做到的。然而，由于微观模拟对人口家庭个体特征分类比较精细，作为预测起点的样本人口规模与抽样比必须足够大才能具有较好的代表性。例如，中国人口的1%样本是1 340万人，按微观模拟方法对如此之多的个体一个一个地分别就其生育、死亡、婚姻、迁移、离家等各种人口事件做精细的仿真模拟，将需要超大量的计算机机时而影响研究进展。例如，哪怕对模拟预测方案只改动一个参数或输入数据，研究人员也必须等候一天（详见附录B第B4节），才能得到对1 340万个体新的仿真模拟结果。另外，人口普查一般只搜集一些比较简单的人口家庭信息，而无法满足微观模拟模型对人口家庭特征分类很细的需求。

宏观模拟模型没有户主率方法本身存在的概念模糊、无法与人口要素联系等缺点。宏观模拟模型虽然没有微观模拟模型那么精细，但它不受起点年份样本人口规模的限制而可充分利用人口普查所搜集到的全部人口信息。另外，在计算机软件的帮助下，一般研究人员及规划政策分析人员可以在微机上比较方便快速地进行宏观模拟预测分析。例如，对模拟预测方案参数或输入数据改动后，研究人员可在几十秒钟内得到新的模拟预测结果。尽管宏观模拟模型具有上述优点，但我们并不认为微观模拟模型是较差的。相反，我们认为微观与宏观两类模型各有千秋，可以相互补充，如能结合起来应用，则更为理想。本课题将应用微观模拟模型进行只开放双单独夫妇生二孩政策方案的人口预测。

在邦戈茨（Bongaarts，1987）核心家庭状态生命表模型基础上，曾毅建立了既包括核心家庭，又包括三代家庭的家庭状态生命表模型（Zeng，1986）。曾毅等人于1992—1994年获国家自然科学基金委的项目资助，2006—2009年再次获国家自然科学基金委重点项目资助继续深入研究，建立了已在国际国内一流期刊发表、克服了经典的户主率家庭户预测方法一系列局限的ProFamy多维人口家庭预测新方法和软件，用人口生育率、死亡率、迁移率、结婚率、离婚率和可从相邻两个人口普查数据估算的子女离家率等作为输入值，在进行人口数量和年龄性别分布预测同时，预测详细的家庭户类型和规模、老人的居住安排以及所有家庭成员的婚姻、生育、是否与父母子女同住等状况，并保证人口数量结构预测与家庭结构预测两者的内部一致性。关于多维人口家庭预测方法的数学模型、计算策略、如何保证结婚离婚的两性平衡[①]，子女离家与父母和子女同住的两代平衡，及其在中国、美国人口家庭预测中的应用等，请参阅相关文献（曾毅等，1998；Zeng et al.，2006）。

验证一个预测模型最有效的方法，是用过去一个时点的数据和该模型去预测另一个更近一

① 即每年男性结婚、离婚人数必须分别等于女性结婚、离婚人数。

些的、有实际观测数据时点的状况，然后比较预测数据与实际观测数据的差异。我们用多维人口家庭预测模型以及相关数据对中国 1990—2000 年间的家庭户和人口变化进行预测，2000 年预测数与普查实际观测数据的差异在合理的范围内（Zeng et al.，2008）。我们还用多维人口家庭预测模型和相关数据，对 1990—2000 年美国全国、50 个州和华盛顿特区的家庭户、老人居住安排以及人口年龄、性别构成分布进行预测，将美国全国及其 51 个州中每一州的 2000 年预测值与 2000 年普查实际观测的相应数据一一相比，预测差异都在合理范围内（Zeng et al.，2006；Zeng et al.，2013）。

这些检验表明，应用多维人口家庭预测模型对家庭户、老人居住安排和人口预测相当成功。曾毅建立的多维人口家庭预测模型经国内外专家在众多模型中评审选择，已被国家人口宏观管理与决策信息系统（PADIS）正式采纳应用。国家自然科学基金委 2009 年度报告"成果巡礼"也对此做了介绍。这一由中国学者自主创新建立的新方法在国际上已经得到比较广泛的认可和应用。例如，Dalton et al.（2008）将我们的 ProFamy 多维人口家庭预测方法应用于美国家庭户能源消费预测研究，成果于 2008 年在《能源经济》发表；Smith et al.（2008、2012）等将该方法应用于美国全国和州人口老龄化与住房需求预测，成果分别于 2008 年和 2012 年在《美国计划协会学刊》和《住房研究》发表；Feng et al.（2012）和 Prskawetz et al.（2004）将该方法应用于美国和奥地利家庭户汽车消费预测分析，成果分别在《国际市场研究》和《维也纳人口研究年鉴》发表。

本课题将多维人口家庭预测模型扩展到同时分析预测我国东部原 1 孩政策为主，中西部原 1.5 孩政策为主和少数民族 2 孩政策等三类地区。这是一个分城乡的多区域人口家庭预测。

A3. 数据准备的检验：以 2000 年为起点预测的 2010 年人口家庭主要指标与 2010 年人口普查数据的对比

作为 21 世纪上半叶人口家庭预测和政策分析的基础工作之一，为了进一步检验我们中国学者自己创立、已在国际上得到比较广泛认可应用的 ProFamy 多维人口家庭预测方法在全国和分区域分城乡预测分析应用的可信性，检验三个区域预测模型设计的合理可行性，以及检验 2010 年人口普查与 2000 年人口普查等与我们应用的相关基础数据的一致性及可信度，我们以 2000 年人口普查数据为起点，预测 2010 年全国和三大区域的人口家庭数量结构，并与 2010 年已公布的主要人口家庭指标进行对比。所用的预测基础数据信息包括：

（1）根据 2010 年 10—19 岁人数反向预测得到的 2000 年 0—9 岁人数；

（2）关于 2010 年我国比较可信的城乡合一总和生育率在 1.63 左右，并估计得到三大原生育政策区域分城乡的 2010 年总和生育率；

（3）本课题根据 2000 年人口普查、2010 年人口普查和 2005 年小普查等数据估测的 2000—2010 年 0 岁期望寿命、城镇人口占总人口比例、一般结婚率、一般离婚率、平均初婚年龄和平均结婚年龄等相关人口参数。

表 2 列出了 2010 年全国和三大区域主要人口家庭指标预测值与 2010 年已公布的相关观测数据进行对比的检验结果。结果表明，我们预测的 2010 年东部原 1 孩政策为主地区、中西部原 1.5 孩政策为主地区、少数民族 2 孩政策地区和全国的总人数与 2010 年人口普查观测数据的差异分别为 -0.52%、0.26%、-3.39% 和 -0.31%；我们预测的 2010 年这三大区域和全国的总家庭户数和平均家庭规模与 2010 年人口普查观测数据的差异幅度分别为 -2.2%—0.49% 和 -1.72%—-0.09%。在全国、东部原 1 孩政策为主地区和中西部原 1.5 孩政策为主地区，我们预测的 65+岁总人口、65+岁老年人口占总人数比例和集体户人数与 2010 年人口普查观测数据的差异幅度分别为 -4.95%—-6.62%，-4.46%—-6.86% 和 -2.41%—0.05%；而在

少数民族2孩政策地区，我们预测的这三个指标与2010年人口普查观测数据的差异分别为-16.98%、-14.06%和-2.29%。显然，根据我们的数据估计和预测模型设计，应用ProFamy家庭人口预测方法得到的全国、东部原1孩政策为主地区和中西部原1.5孩政策为主地区2010年主要人口家庭指标的预测结果与2010年人口普查观测数据很接近。这些检验结果既进一步证明了ProFamy家庭人口预测方法的有效性，也说明2000年人口普查和2010年人口普查的主要相关人口家庭参数的一致性和基本可信度较好。因为，如果2000年人口普查和2010年人口普查数据的一致性和基本可信度不好，用再好的方法，以2000年为起点预测2010年人口家庭主要指标，也将因为数据质量差，而不太可能得到2010年预测值和普查观测值比较接近的结果。

然而，虽然当前少数民族2孩政策地区预测的2010年总人数、总家庭户数和平均家庭规模与2010年人口普查观测数据比较接近，但是65+岁老年人口总数和比例与2010年人口普查观测数据的负向差异高达-16.98%和-14.06%。这说明根据公布的六个少数民族省、自治区2000年0岁期望寿命估计的老年死亡率被显著低估，或者这六个少数民族省、自治区还有其他数据误差。

A4. 参数的估测和假定

1. 我国未来城镇人口占总人口比例的估测和假定。

我们假定2010—2030年期间，东部原1孩政策为主的社会经济发达地区、多数为中等发达省的中西部原1.5孩政策为主地区与少数民族2孩政策地区（六个欠发达少数民族省与自治区）的城镇人口比例分别平均每年增长1.0、1.1和1.15个百分点，比2000—2010年间全国平均每年增长1.3个百分点有所递减，但仍保持较快增长。东部原1孩政策为主的社会经济发达地区2030年城镇人口比例接近82%，之后增长速度将降低，假定2030—2050年期间平均每年增长0.5个百分点；而2030—2050年期间中西部原1.5孩政策为主与少数民族2孩政策地区的人口城镇化潜力仍然较大，假定这两个地区2030—2050年期间城镇人口占总人口比例平均每年增长1.0个百分点。假定2050—2080年期间三个区域的城镇人口比例的增长都将显著减缓（详见附录B）。

2. 0岁期望寿命的估测和假定。

我们假定2005—2015年间男、女0岁期望寿命每年增长幅度与2000—2005年期间的每年增长幅度相同，2015年城乡合一男、女期望寿命为73.4岁和77.1岁。我们用2000年人口普查10—90岁人数作为基数，以及按上述期望寿命增长趋势估计的2000—2010年死亡率，预测的2010年20—64岁人数与2010年普查观测数相当吻合，而预测的2010年65+岁老年人数比2010年人口普查观测值低估6.5%。这说明上述期望寿命增长趋势的假定比以往的偏低假定更为切合实际，但是仍有一定偏低的可能。

我们假定2015—2030年期望寿命年均增幅有所减缓，2030—2050年间继续有所减缓，而2050—2080年间期望寿命进一步减缓，其间30年的增幅等于2035—2050年15年的增幅。假定城乡合一男、女0岁期望寿命2050年分别为80.0岁和83.6岁，2080年分别为82.3岁和85.8岁。估测未来年份全国城乡合一男、女0岁期望寿命之后，我们按普查数据反映的三大原生育政策区域分城乡的0岁期望寿命区域差异，估得未来年份各区域分城乡的男、女0岁期望寿命。

表 2 应用2000年人口普查、2005年小普查等相关数据和多维人口家庭预测方法的比较

主要人口家庭指标	东部原1孩政策为主地区			中西部原1.5孩政策地区			少数民族原2孩政策地区			全国		
	六普观测	ProFamy预测	差异	六普观测	ProFamy预测	差异	六普观测	ProFamy预测	差异	六普观测	ProFamy预测	差异
总人口	5.53亿	5.50亿	-0.52%	6.88亿	6.90亿	0.26%	0.91亿	0.88亿	-3.39%	13.33亿	13.29亿	-0.31%
0—9岁	0.51亿	0.56亿	8.55%	0.83亿	0.86亿	4.04%	0.12亿	0.14亿	11.78%	1.46亿	1.56亿	6.27%
10—14岁	0.28亿	0.28亿	0.84%	0.40亿	0.41亿	0.99%	0.07亿	0.07亿	4.00%	0.75亿	0.76亿	1.20%
15—19岁	0.39亿	0.38亿	-2.85%	0.53亿	0.55亿	2.86%	0.08亿	0.08亿	2.51%	1.00亿	1.00亿	0.61%
15—59岁	3.96亿	3.92亿	-1.08%	4.75亿	4.78亿	0.50%	0.63亿	0.59亿	-5.74%	9.34亿	9.28亿	-0.59%
60+岁	0.78亿	0.75亿	-4.14%	0.90亿	0.86亿	-4.79%	0.10亿	0.08亿	-12.64%	1.78亿	1.69亿	-4.93%
65+岁	0.52亿	0.50亿	-4.95%	0.60亿	0.56亿	-6.62%	0.07亿	0.05亿	-16.98%	1.19亿	1.11亿	-6.45%
65+%	9.47%	9.05%	-4.46%	8.72%	8.12%	-6.86%	7.15%	6.14%	-14.06%	8.92%	8.37%	-6.16%
集体户人数	0.47亿	0.47亿	0.05%	0.41亿	0.40亿	-2.41%	0.05亿	0.05亿	-2.29%	0.93亿	0.92亿	-1.16%
总家庭户数	1.75亿	1.75亿	0.16%	2.02亿	2.03亿	0.49%	0.25亿	0.25亿	-2.20%	4.02亿	4.03亿	0.18%
平均家庭规模	2.90人	2.88人	-0.79%	3.21人	3.20人	-0.09%	3.46人	3.40人	-1.72%	3.08人	3.07人	-0.43%

注：(ProFamy)从2000年预测2010年的主要人口家庭指标，并与2010年第六次人口普查观测值的比较。

3. 关于农村向城镇转移人口平均年龄的假定。

我们的深入分析研究发现，如果假定2000年人口普查微观数据得到的从农村到城镇迁移人口（绝大多数为35岁以下年轻人）的年龄分布和平均年龄保持不变，2030年以后有的地区农村年轻人即使全部迁往城镇也难以达到所预测的城镇人口占总人口的比例，有时甚至出现负值。显然，假定2000年人口普查得到的分区域农村到城镇迁移人口年龄分布完全保持不变是不合理的。实际上，今后将有越来越多的农村地区当地所有年龄（包括老年人）人口整体转化为城镇人口，即“就地整体城镇化”，还有越来越多的数年甚至十来年前从农村到城镇打工、但未能计入城镇人口、已经不年轻的“暂住人口”随新户籍政策而就地转为正式城镇人口。因此，农村向城镇转移人口平均年龄将不断提高；而且经济越发达的地区，今后“就地城镇化”化的趋势越强，农村向城镇转移人口平均年龄提高幅度更大。因此，我们假定少数民族当前2孩政策地区、中西部当前1.5孩政策为主地区、东部当前1孩政策为主地区的2050年农村向城镇转移人口平均年龄将分别比2000年增加5、6、7.5岁，2050年以后保持不变。

4. 其它有关数据的估计和参数假设。

基于2000年人口普查、2005年小普查微观数据和其他相关调查数据，我们估算了用于人口家庭预测的分年龄、性别、城乡的死亡率，分年龄、性别的婚姻状态转化的发生/风险率，分年龄、孩次别的生育发生/风险率，分年龄、性别的迁出到其它地区的迁出概率，以及从其它地区迁入的分年龄、性别的频率分布等。分年龄、性别的净离（父母）家率是根据1990年和2000年两个邻近人口普查的微观数据，用多维人口家庭预测模型的ProFamy软件估算的。其估算方法最早由Coale（1984、1985）、Coale等（1985）提出，并由Stupp（1988）进一步发展。这种方法曾应用于估算美国、中国、法国、瑞典、日本和韩国的分年龄、性别的净离家率（Zeng et al.，1994）。除了分年龄分性别的迁出概率和迁入频率分布是用2000年普查微观数据对三大区域分别估计外，三大区域上述其他分年龄性别的人口事件发生/风险率使用了全国的标准模式，因为没有分区域估算所需的样本量足够大的调查数据。这类似于在没有区域生命表观测数据的情况下，使用模型生命表预测或估算死亡率。我们假定未来年份各区域的国内人口迁移的流向和流量将沿袭普查数据反映的模式，并通过参照未来人口数量和结构进行估测。

A5. 只开放双单独夫妇生二孩方案的微观仿真模拟方法简介①

只开放双单独夫妇生二孩政策对时期总和生育率产生的影响，很难用传统的人口学方法进行估计和推算，而用微观仿真模拟是一个比较好的解决方案。要点如下：

（1）微观仿真程序先判断个体是否为独生子女，当育龄妇女或其配偶任一方是独生子女时，按照可生二孩前提下的年龄别生育概率判断该育龄妇女是否生育，当育龄妇女及其配偶都不是独生子女时，按年龄别生育概率判断其是否生育。

（2）由于没有得到2010年人口普查的微观个案数据，2010年的样本是按2000年1%的人口样本仿真模拟得到，起点样本总数：13 028 399人，分省分性别样本数如表3所示。

（3）独生子女的判断：根据概率分布，给每个个体添加是否为独生子女数据项。在可判断的个体中独生子女占34%，非独生子女为66%。

（4）结婚仿真：总的仿真思路是通过待婚女性的年龄得到她对应的丈夫年龄分布概率，再通过随机概率得到她的丈夫年龄，再从满足年龄条件的男性中随机得到她的丈夫。

① 本节由史文钊撰写。

（5）目前仿真没有考虑民族属性，没有考虑民族生育政策影响。

（6）仿真周期：目前仿真事件包括：死亡、升学、辍学、离家、婚态转移、育龄妇女生育（包括只开放双单独夫妇生二孩政策仿真）、迁移。运行全部事件需要6—7天时间。整个仿真程序是模块化编程，研究只开放双单独夫妇生二孩政策仿真情况。如果断开教育、离家、迁移及家庭汇总等模块，仿真50年约需1天时间。

表3　分省分性别的微观仿真起点人口样本数　单位：人

地区	男性	女性	地区	男性	女性	地区	男性	女性
北　京	73 498	70 003	安　徽	319 565	302 468	四　川	412 282	399 494
天　津	51 952	51 337	福　建	181 957	174 081	贵　州	198 235	183 862
河　北	368 974	358 242	江　西	199 034	188 282	云　南	241 503	226 846
山　西	181 237	171 775	山　东	483 417	475 002	西　藏	15 652	15 164
内蒙古	133 125	127 746	河　南	509 218	477 417	陕　西	192 027	182 326
辽　宁	226 198	221 651	湖　北	288 070	271 186	甘　肃	143 306	137 279
吉　林	139 840	134 791	湖　南	324 038	300 623	青　海	30 782	29 890
黑龙江	188 607	182 711	广　东	463 368	447 281	宁　夏	33 002	31 833
上　海	83 968	81 238	广　西	245 198	222 658	新　疆	118 261	114 055
江　苏	380 641	376 115	海　南	42 487	38 284			
浙　江	246 719	237 383	重　庆	143 028	138 187			

附录 B:预测参数假定

年份	农村							城镇							全国						
	2000	2010	2015	2030	2035	2050	2080	2000	2010	2015	2030	2035	2050	2080	2000	2010	2015	2030	2035	2050	2080
原 1 孩政策为主地区																					
2 孩提倡适当晚育 TFR	1.66	1.78	1.93	1.93	1.98	1.98	1.98	1.06	1.11	1.60	1.60	1.65	1.65	1.65	1.38	1.37	1.71	1.66	1.70	1.68	1.67
原生育政策不变 TFR	1.66	1.78	1.78	1.78	1.78	1.78	1.78	1.06	1.11	1.11	1.11	1.11	1.11	1.11	1.38	1.37	1.33	1.23	1.21	1.16	1.14
男 0 岁期望寿命	69.4	71.4	72.4	75.0	77.8	77.8	79.8	73.1	75.1	76.1	78.6	79.3	81.6	83.7	71.1	73.7	74.9	78.0	79.1	81.3	83.5
女 0 岁期望寿命	73.8	75.9	77.0	79.9	80.7	82.9	85.0	77.0	79.1	80.2	83.1	83.8	86.2	88.4	75.3	77.9	79.1	82.5	83.3	85.9	88.2
一般结婚率	0.064	0.064	0.064	0.063	0.062	0.059	0.059	0.059	0.059	0.059	0.059	0.059	0.059	0.059	0.062	0.061	0.061	0.060	0.060	0.059	0.059
一般离婚率	0.002	0.002	0.002	0.003	0.004	0.006	0.006	0.006	0.006	0.006	0.006	0.006	0.006	0.006	0.004	0.005	0.005	0.005	0.006	0.006	0.006
平均生育年龄(2 孩晚育)	25.2	25.2	25.2	26.5	26.5	26.5	26.5	26.1	26.1	26.1	27.4	27.4	27.4	27.4	25.6	25.8	25.8	27.2	27.3	27.3	27.4
平均生育年龄(其他方案)	25.2	25.2	25.2	25.2	25.2	25.2	25.2	26.1	26.1	26.1	26.1	26.1	26.1	26.1	25.6	25.8	25.8	25.9	26.0	26.0	26.1
城镇人口占总人口比例																0.46	0.62	0.67	0.82	0.84	0.92
原 1.5 孩政策为主地区																					
2 孩提倡适当晚育 TFR	2.05	2.05	2.20	2.20	2.25	2.25	2.25	1.28	1.37	1.78	1.78	1.83	1.83	1.83	1.81	1.76	2.00	1.93	1.96	1.90	1.88
原生育政策不变 TFR	2.05	2.05	2.05	2.05	2.05	2.05	2.05	1.28	1.37	1.37	1.37	1.37	1.37	1.37	1.81	1.77	1.73	1.62	1.58	1.48	1.45
男 0 岁期望寿命	68.0	70.0	71.0	73.6	76.3	76.3	78.2	71.5	73.5	74.5	76.9	77.6	79.8	81.9	69.1	71.5	72.7	75.7	77.2	79.2	81.5
女 0 岁期望寿命	71.4	73.4	74.4	77.3	78.0	80.2	82.2	74.9	77.0	78.0	80.8	81.6	83.8	86.0	72.5	74.9	76.1	79.5	80.5	83.2	85.6
一般结婚率	0.070	0.070	0.070	0.070	0.070	0.070	0.060	0.060	0.060	0.060	0.060	0.060	0.060	0.060	0.067	0.066	0.065	0.063	0.063	0.061	0.060
一般离婚率	0.002	0.002	0.002	0.002	0.002	0.002	0.005	0.005	0.005	0.005	0.005	0.005	0.005	0.005	0.003	0.003	0.003	0.004	0.004	0.004	0.005
平均生育年龄(2 孩晚育)	25.2	25.2	25.2	26.5	26.5	26.5	26.5	26.1	26.1	26.1	27.4	27.4	27.4	27.4	25.5	25.6	25.6	27.1	27.1	27.3	27.3
平均生育年龄(其他方案)	25.2	25.2	25.2	25.2	25.2	25.2	25.2	26.1	26.1	26.1	26.1	26.1	26.1	26.1	25.5	25.6	25.6	25.8	25.8	26.0	26.0
城镇人口占总人口比例																0.31	0.42	0.47	0.64	0.69	0.84

续表

年份	农村							城镇							全国						
	2000	2010	2015	2030	2035	2050	2080	2000	2010	2015	2030	2035	2050	2080	2000	2010	2015	2030	2035	2050	2080
2孩政策少数民族地区																					
2孩提倡适当晚育 TFR	2.56	2.58	2.55	2.50	2.47	2.35	2.35	1.43	1.43	1.87	1.87	1.92	1.92	1.92	2.24	2.14	2.26	2.12	2.11	2.00	1.98
原生育政策不变 TFR	2.56	2.58	2.55	2.50	2.47	2.35	2.35	1.43	1.43	1.43	1.43	1.43	1.43	1.43	2.24	2.14	2.06	1.85	1.78	1.60	1.56
男0岁期望寿命	63.6	65.4	66.4	68.8	71.3	71.3	73.1	69.4	71.4	72.4	74.7	75.4	77.5	79.5	65.2	67.7	69.0	72.4	74.0	76.4	78.6
女0岁期望寿命	66.6	68.5	69.4	72.1	72.8	74.8	76.7	72.2	74.2	75.2	77.8	78.6	80.7	82.8	68.2	70.6	71.9	75.6	76.6	79.6	82.0
一般结婚率	0.071	0.071	0.071	0.071	0.071	0.071	0.063	0.063	0.063	0.063	0.063	0.063	0.063	0.063	0.069	0.068	0.067	0.066	0.066	0.065	0.063
一般离婚率	0.004	0.004	0.004	0.004	0.004	0.004	0.009	0.009	0.009	0.009	0.009	0.009	0.009	0.009	0.005	0.006	0.006	0.007	0.007	0.008	0.009
平均生育年龄(2孩晚育)	25.7	25.7	25.7	25.7	25.7	25.7	25.7	26.4	26.4	26.4	27.5	27.5	27.5	27.5	25.9	26.0	26.0	26.8	26.9	27.2	27.2
平均生育年龄(其他方案)	25.7	25.7	25.7	25.7	25.7	25.7	25.7	26.4	26.4	26.4	26.4	26.4	26.4	26.4	25.9	26.0	26.0	26.1	26.2	26.3	26.3
城镇人口占总人口比例																0.28	0.38	0.44	0.61	0.66	0.81
全国																					
2孩提倡适当晚育 TFR	1.95	2.01	2.15	2.16	2.21	2.13	2.11	1.17	1.24	1.67	1.67	1.72	1.72	1.71	1.66	1.63	1.88	1.81	1.84	1.77	1.74
只开放双单独生二孩 TFR	1.91	2.10	2.12	2.18	2.20	2.20	2.20	1.11	1.17	1.69	1.50	1.48	1.48	1.48	1.61	1.63	1.89	1.73	1.70	1.62	1.62
原生育政策不变 TFR	1.95	2.01	2.01	2.03	2.03	1.94	1.90	1.17	1.24	1.24	1.24	1.24	1.24	1.21	1.66	1.63	1.58	1.47	1.44	1.33	1.27
男0岁期望寿命	68.2	70.1	71.1	73.6	76.4	76.5	77.7	72.2	74.2	75.2	77.7	78.4	80.5	82.8	69.6	72.1	73.4	76.5	77.9	80.0	82.3
女0岁期望寿命	71.8	73.9	74.8	77.6	78.4	80.7	83.2	75.8	77.9	79.0	81.8	82.5	84.0	86.0	73.3	75.9	77.1	80.6	81.5	83.6	85.8
一般结婚率	0.068	0.068	0.068	0.068	0.068	0.067	0.060	0.060	0.060	0.060	0.060	0.060	0.060	0.060	0.065	0.064	0.063	0.062	0.062	0.061	0.060
一般离婚率	0.002	0.002	0.002	0.002	0.003	0.003	0.006	0.006	0.006	0.006	0.006	0.006	0.006	0.006	0.003	0.004	0.004	0.005	0.005	0.005	0.006
平均生育年龄(2孩晚育)	25.2	25.2	25.2	26.4	26.4	26.5	26.5	26.1	26.1	26.1	27.3	27.3	27.3	27.4	25.6	25.7	25.7	27.1	27.1	27.2	27.3
平均生育年龄(其他方案)	25.2	25.2	25.2	25.2	25.2	25.2	25.2	26.1	26.1	26.1	26.1	26.1	26.1	26.1	25.6	25.7	25.7	25.9	25.9	26.0	26.0
城镇人口占总人口比例															0.37	0.50	0.55	0.71	0.75	0.87	0.91

参考文献

1. 范红蕙：《独生子女家庭与国防风险研究》，《青年探索》2006 年第 1 期。

2. 风笑天、张青松：《二十年城乡居民生育意愿变迁研究》，《市场与人口分析》2002 年第 5 期。

3. 国家统计局国民经济综合统计司编：《新中国六十年统计资料汇编》，中国统计出版社 2010 年版。

4. 郭志刚：《从近年来的时期生育行为看终身生育水平——中国生育数据的去进度效应总和生育率的研究》，《人口研究》2000 年第 1 期。

5. 郭志刚：《2000 年人口普查按生育政策类型的人口分析》，载国家统计局编《国务院第五次全国人口普查办公室 2002 年重点研究课题最终研究报告》，2005 年。

6. 郭志刚：《近年生育率显著“回升”的由来——对 2006 年人口和计划生育调查的评价研究》，《中国人口科学》2009 年第 2 期。

7. 郭志刚：《重新认识中国的人口形势》，载曾毅、顾宝昌、梁建章、郭志刚主编《生育政策调整与中国发展》，社会科学文献出版社 2013 年版。

8. 顾宝昌：《对人口的客观规律性要抱有敬畏感——读“中国未来生育政策的选择”》，《市场与人口分析》2006 年第 3 期。

9. 顾宝昌、宋健、刘爽等：《人口与发展论坛：二孩生育政策地区的实践及启示》，《人口研究》2008 年第 4 期。

10. 黄豁、朱薇、谢樱等：《失独家庭数量增加，群体诉求值得关注》，《老龄参考》2012 年第 3 期。

11. 蒋忠军、曾岚等：《生活条件对新兵心理适应能力的影响》，《中国职业医学》2002 年第 4 期。

12. 李宏彬、谢洁玉、李蕾：《人口转型与经济兴衰——发达国家经济危机对中国的启示》，载曾毅、顾宝昌、梁建章、郭志刚主编《生育政策调整与中国发展》，社会科学文献出版社 2013 年版。

13. 李权超、王应立、杨阳等：《独生子女新兵心理应激及其应对方式、社会支持水平的研究》，《中国职业医学》2004 年第 6 期。

14. 李川云、严进、许涛等：《1 077 名新兵心理健康水平及相关因素分析》，《第二军医大学学报》2004 年第 6 期。

15. 李秀彬、辛良杰、谈明洪等：《人口城镇化有可能减轻生态环境压力》，载曾毅、顾宝昌、梁建章、郭志刚主编《生育政策调整与中国发展》，社会科学文献出版社 2013 年版。

16. 梁建章：《现行生育政策负面影响中国经济活力》，载曾毅、顾宝昌、梁建章、郭志刚主编《生育政策调整与中国发展》，社会科学文献出版社 2013 年版。

17. 林毅夫：《制定“十一五”计划应考虑的十个战略问题》，《宏观经济研究》2004 年第 1 期。

18. 林毅夫：《经济发展战略、老龄化与人口政策》，载曾毅等著《老年人口家庭、健康与照料需求成本研究》，科学出版社 2010 年版。

19. 林毅夫：《经济发展战略与现行生育政策调整》，载曾毅、顾宝昌、梁建章、郭志刚主编《生育政策调整与中国发展》，社会科学文献出版社 2013 年版。

20. 刘学敏、黄少罗：《独生子女兵心理健康状况的调查研究》，《健康心理学杂志》2002 年第 1 期。

21. 刘素珍：《军人心理问题自我评估结果的分析》，《第二军医大学学报》2002 年第 8 期。

22. 王鲁豫、陈庭富、景占峰等：《入伍新战士心理健康分析》，《神经疾病与精神卫生》2003 年第 2 期。

23. 王宝琼，韩珊瑞，张宝林等：《新生儿体格发育与母亲分娩年龄的关系》，《中华医学杂志》1993 年第 4 期。

24. 王爱平、周增改、张洁：《军队士兵健康人格适应能力的研究》，《中国健康心理学杂志》2006 年第 5 期。

25. 郑真真：《中国育龄妇女的生育意愿研究》，《中国人口科学》2004 年第 5 期。

26. 郑文达：《论我国人口结构变化对新兵的影响》，《国防大学学报》2005 年第 7 期。

27. 曾毅、金沃泊、王正联：《多维家庭人口预测模型的建立与应用》，《中国人口科学》1998 年第 5 期。

28. 曾毅：《邦戈茨—菲尼新方法的评述、检验与灵敏度分析》，《中国人口科学》2004 年第 1 期。

29. 曾毅：《论二孩晚育政策软着陆的必要性与可行性》，《中国社会科学》2006 年第 2 期。

30. 曾毅：《二孩晚育软着陆方案有利于解决我国出生性别比偏高问题》，《社会科学》2009 年第 8 期。

31. 曾毅：《从国际视野看我国生育政策的平稳过渡》，《经济参考报》2009 年 6 月 17 日。

32. 曾毅：《建议尽快实行"普遍允许二孩与提倡适当晚育"政策》，载曾毅、顾宝昌、梁建章、郭志刚主编《生育政策调整与中国发展》，社会科学文献出版社 2013 年版。

33. Bongaarts, J. (1987), "The Projection of Family Composition over the Life Course with Family Status Life Tables", *Family demography: Methods and applications*, edited by J. Bongaarts (eds.), Oxford: Clarendon Press, pp. 189 - 212.

34. Bongaarts, John and Griffith Feeney. (1998), "On the Quantum and Tempo of Fertility", *Population and Development Review*, 24 (2): 271 - 291.

35. Bongaarts, J. (2001), "Fertility and Reproductive Preference in Post-Trasitional Societies", *Population and Development Review*, Vol. 27, Supplement Global Fertility Transition, pp. 260 - 281.

36. Coale, A. J. (1984), "Life Table Construction on the Basis of Two Enumerations of a Closed Population", *Population Index*, 50: 193 - 213.

37. Coale, A. J. (1985), "Anextension and Simplification of a New Synthesis of Age Structure and Growth", *Asian and Pacific Forum*, 12: 5 - 8.

38. Dalton, M., B. O'Neill, A. Prskawetz, L. Jiang and J. Pitkin. (2008), "Population Aging and Future Carbon Emissions in the United States", *Energy Economics*, 30: 642 - 675.

39. Feng, Qiushiu, Zhengliang Wang, Danan Gu and Yi Zeng (2011), "Household Vehicle Consumption Forecasts in the United States, 2000 to 2025", *International Journal of Market Research*, 53 (5).

40. Jones, B. F. (2005), "Age and Great Invention", *NBER Working Paper* 11395.

41. Mason, A. and Rachel Racelis. (1992), "A Comparison of Four Methods for Projecting HouseHolds", *International Journal of Forecasting*, 8: 509 - 527. Projections At The Sub-National Level: An Extended Cohort-Component Approach, forthcoming in: Demography.

42. Prskawetz, A., L. Jiang and B. O'Neill. (2004), "Demographic Composition and Projections of Car Use In-Austria", *Yearbook of Population Research 2004*, Vienna, Austria: Austrian Academy of Sciences Press, pp. 274 - 326.

43. Smith, S. K., Stefan Rayer and Eleanor A. Smith. (2008), "Aging and Disability: Implications for the Housing Industry and Housing Policy in the United States", *Journal of the American Planning Association*, 74 (3) 289 - 306.

44. Smith, S. K., Stefan Rayer, Eleanor Smith, Zhenglian Wang, Yi Zeng. (2012), "Population Aging, Disability and Housing Accessibility: Implications for Sub-national Areas in the United States", *Housing Studies*, DOI: 10.1080/02673037.2012.649468 (Available online: 01 Mar 2012; Printed Version Will be Available Later).

45. Spicer, K., Ian Diamond and Marie Ni Bhrolchain. (1992), "Into the Twenty-first Century with British Households", *International Journal of Forecasting*, 8: 529 - 539.

46. Stupp, P. W. (1988), "Ageneral Procedure for Estimating Intercensal Age Schedules", *Population Index*, 54: 209 - 234.

47. Tietze, C. (1957), "Reproductive Span and Rate of Conception among Hutterite Women", *Fertility and Sterility*, 8: 89 - 97.

48. Wachter, K. W. (1987), "Microsimulation of Household Cycles", in *Family Demography: Methods and Applications* edited by Bongaarts, T. K. Burch and K. W. Wachter, Oxford: Clarendon Press, pp. 215 - 227.

49. Zeng, Yi, A. Coale, M. K. Choe, Z. Liang and L. Liu. (1994), "Leaving Parental Home: Census Based Estimates for China, Japan, South Korea, The United States, France, and Sweden", *Population Studies*, 48: 65 - 80.

50. Zeng Yi, Zhenglian Wang, Jiang Leiwen, and Danan Gu. (2008), "Projection of Family Households and Elderly Living Arrangement in the Context of Rapid Population Aging in China-A Demographic Window of Opportunity

Until 2030 and Serious Challenges Thereafter", *GENUS-An International Journal of Demography*, LXIV (1 - 2): 9 - 36.

51. Zeng, Y. (1986), "Changes in Family Structure in China: A Simulation Study", *Population and Development Review*, 12 (4): 675 - 703.

52. Zeng, Yi, Kenneth C. Land, Zhenglian Wang and Gu Danan. (2006), "U. S. Family Household Momentum and Dynamics-Extension of ProFamy Method and Application", *Population Research and Policy Review*, 25 (1): 1 - 41.

53. Zeng, Y., K. C. Land, Z. Wang and D. Gu. (2013), "Household and Living Arrangements Projections at The Sub-National Level: An Extended Cohort-Component Approach", *Demography*, 50: 827 - 852.

(作者单位：北京大学国家发展研究院教授、健康老龄与发展研究中心主任)

中国人口生育政策改革的思考

穆光宗

关于人口生育政策的调整和完善问题，近年来议论风生。一胎化政策持续执行34年之后，中国人口政策的确走到了何去何从的关口。中国共产党十八大报告中提出："坚持计划生育的基本国策，提高出生人口素质，逐步完善政策，促进人口长期均衡发展。"人口有自身发展的规律，独生子女政策不可能长期维持不变。

一 改革的理由

第一，一胎化政策误判了人口形势。如果以今天的认识站到1980年一胎化政策出台的历史原点，中国可以有更好的抉择。本来，经过1970年代倡导性兼服务性计生"黄金十年"的努力，我国平均生育率已下降一半，从1971年的5.8下降到1980年的2.75，人口快速增长的势头已经得到遏制。如果我们延续70年代生育政策"晚、稀、少"的定位，那么在柔性计生的指引下，人民和国家就会减少很多的冲突、痛苦、代价和风险；而且，可以相信，随着十一届三中全会的召开和以经济建设为中心的改革开放宏图的展开，80年代以后的中国人口出生率必将遵循1974年布加勒斯特首次世界人口会议提出的"发展是最好的避孕"规律而次第下降。1950年代后出现的所谓人口爆炸，实际是人口转变增长，是人口转变的过渡性、阶段性特征，是阳光灿烂前的一抹暗云，终究会散去，不会长久。特别是没有预见到，随着计划经济体制的转轨，人口增长的压力在自由的市场环境和经济体系中会转化为巨大的社会活力和经济动力，释放出可贵可观的人口红利。

遗憾的是，由于受人均指标和分母理论这些"负人口观"的误导，改革开放之初的中国没有看到人口的价值和优势，采取了与70年代截然不同的政策取向：变倡导性为强制性，变选择性为唯一性。1980年9月25日，《关于控制我国人口增长问题致全体共产党员、共青团员的公开信》所宣称的"提倡一对夫妇生育一个孩子"事实上演变成"一对夫妇只生育一个孩子"。人口干预的"急刹车"突破了人口平衡发展的"红线"——维持人口可持续发展需要维护更替水平生育率，破坏了人口的生态安全——不争的事实是，独生子女家庭本质上是高风险家庭，独生子女人口占主体的社会则是人口学意义上的高风险社会。

第二，一胎化政策加剧了权利贫困。国民的权利贫困是经济贫困和文明落后的根源。权利贫困意味着人口主体性的丧失，意味着人类发展的不足和失败。人口人口，一人一口，人代表了人口的主体性和社会性，口代表了人口的数量性和统计性。人决定口，口影响人，这就是人本主义人口观。人类现代文明史表明，对私权的高度尊崇和严格保护，是"以人为本"的核心，也是制度文明的基石。人口安全是人口发展必须坚守的底线，生命安全又是人口安全的基础。

1968年世界人权会议通过的《德黑兰宣言》早已宣示："父母享有自由负责地决定子女人

数及其出生间隔的基本人权。”1974 年，在罗马尼亚首都布加勒斯特召开的首次世界人口大会通过了《世界人口行动计划》，其中对生育权做了如下定义：“所有夫妇和个人都有自由和负责任地决定生育孩子数量和生育间隔并为此而获得信息、教育和手段的基本权利；夫妇和个人在行使这种权利时有责任考虑他们现有子女和将来子女的需要以及他们对社会的责任。”这次会议承认生育目标的多样性，故不建议各国给出任何规范性的家庭人数标准，而是提出，“当低生育率业已成为事实或成为政策目标时，设法确保家庭人数仍有变动的可能。”其后的国际会议也一再重申“生育权是天赋人权”的基本观点。虽然“计划经济”这一名词在我国已经成为历史，但在生育权问题上，我国仍未全面开放。

强制计生的推行，某种程度上是以生命和发展为代价的。因为手术后遗症，有多少男人和女人痛苦终生？因为强迫堕胎，有多少孕产妇付出了生命代价？因为选择性流产，有多少女胎被扼杀于母腹中？据有关专家计算，1980—2010 年中国共出生了 29 702 万男孩、26 129 万女孩。这样，若按正常男女出生性别比为 102∶100—107∶100 计算，大约有 1 630 万至2 991万女胎被剥夺了出生权利；按 105∶100 的均值计算，大约有 2 159 万女胎被剥夺了出生权利。

第三，一胎化政策加速了大国空巢。生育一胎化加速了家庭规模的小型化和家庭结构的核心化进程。据 2014 年年初的统计，我国空巢老人数量今年会突破 1 亿大关，全国老年空巢率平均接近 40%。实际情况会更严重，因独生子女外出求学、工作和生活，其父母中年就已处空巢的情况较多。由于生育的少子化和年轻人口外出，不少乡村出现空心化趋势，农村老人的空巢率更高，代际居住的分离导致赡养—照料的“代际脱离”，老年安全问题普遍出现。

除了“未富先老”和“未备先老”外，“孤独终老”也是我国人口老龄化的重要特征。这些特征将贯穿 21 世纪，贯穿独生子女父母和独生子女自身两代人的生命历程。家庭养老名存实亡，社会养老又难以期待。空巢空心，老无所依，空巢老人失养失助失亲现象日趋普遍。独生子女家庭将经历两三代“痛苦老龄化”的过程，这是一个全新的人道主义问题。“积谷防饥，养儿防老”，古有明训，于今更烈。无论家庭养老还是社会养老，都必须依靠儿女子孙和年轻劳动力的支持。

在人口问题方面，需要分析人口与资源环境、经济社会的互动关系，更需要审视分析人口（sub-population）之间的依赖关系。人口长期均衡发展的关键，在于保护人口生态的内部平衡。如果发生人口失衡和人口崩塌的状况，则将诱发社会危机。

第四，一胎化政策诱发了性别失衡。性别失衡所导致的婚姻挤压，本质上是严峻的人口生态失衡危机，根本上是过于严格、狭小的生育选择空间和过于强烈的偏男生育意愿相互冲突的产物。由于 1980 年代以来持续、普遍、严峻的出生性别比失调，导致婚配性别比失衡，迄今产生了至少 3 000 万的男性光棍。根据原国家人口和计划生育委员会参与、2012 年底发布的《2012—2013 年中国男女婚恋观调研报告》的数据，中国 80 后非婚人口男女比例为 136∶100，70 后非婚人口男女性别比高达 206∶100。2010 年进行的第六次人口普查数据显示，30—39 岁男性中有 1 195. 9 万人处于非婚状态，而同年龄段女性中有 582 万人处于非婚状态。“剩男”问题正持续发酵。媒体报道，在广大农村地区，存在着一群找不到媳妇的“老大男”。河北沧县某村人口数千，大龄未婚男子据称过百。而农村女青年无论考学还是打工，都愿意留到城市里生活，加剧了小区域的性别比失衡。

“剩男剩女”现象蔓延，降低了婚内生育率，进一步加剧了超低生育率的问题，危及人口自身的可持续发展。此外，“剩男”现象也很可能诱发大量性犯罪等行为，严重破坏社会稳定，危及经济社会的和谐发展。在我国人口性别比持续、普遍、严重失调的大背景下，即使“剩男”自身抱有天大的乐观心态，也无法化解严峻人口形势下择偶难、成家难、养老难的连锁问题。

第五，一胎化政策产生了人力短缺。持续的低生育率已带来“青年赤字”，导致劳动力短缺和国防人力资源短缺，经济安全和国防安全的问题凸显。2012 年底，我国 15—59 岁的劳动年龄人口相比 2011 年底减少了 345 万，出现了有记录以来的首次减少。这拉开了人力资源短缺的帷幕。严格的生育独子化和持续的人口少子化，导致最富有创造力、生产力、消费力和战斗力的年轻人口的规模和比重下降。据测算，我国 18—22 岁年龄段的青年人口 2008 年达到峰值 12 540 万左右，以后逐渐下降，到 2020 年，同年龄段的人口将只相当于 2008 年的 56.2%，为 7 000 万左右。1982 年第三次人口普查时 0—14 岁人口占人口总量的 33.6%，1990 年第四次人口普查时降到 27.69%，2000 年第五次人口普查时降到 22.89%，2010 年第六次人口普查时又下降到 16.60%，28 年间降低一半以上。0—14 岁人口占比持续下降的趋势，表明中国人口已严重少子化。

年轻人口是国家的最大资产，具有显而易见的国家安全意义和战略资产价值。年轻人口包括少儿人口和青壮人口，其中青壮人口是国家的“实力人口”，其长期变动趋势深刻影响经济社会的发展。生育少子化会产生连锁效应，少儿人口供给量减少会导致青年人口减少。从人口形势看，我国面临着人口资产大幅缩水的严峻挑战。年轻人口亏损危机现在处在潜伏状态，今后还会不断深化和显化。

人口安全战略需要平衡代际人口的关系，通过人口年轻化来遏制人口老龄化。从长远看，需要将生育率提到一个适宜的水平，从当前看，则需要吸纳劳动年龄人口。年轻人口今后将成为最稀缺也最重要的资源，各地抢夺劳动力的大战即将拉开帷幕。

年轻型人口结构是生产型、活跃型、实力型、优势型的人口结构。保持平衡的男女比例、适当的老少比例是实现人口长期均衡发展的必然要求，能否做到这一点，取决于能否保持适度的生育水平（总和生育率，即每个妇女在育龄期平均生育的孩子数，保持在 1.8—2.3 之间为宜），不掉入总和生育率长期在更替水平以下的“低生育率陷阱”。在家庭自主负责生育的大前提下，鼓励家庭生育两个孩子，规避独生子女风险，是生育政策必须守住的“红线”。令人扼腕的是，中国早已掉入“低生育率陷阱”，不以为忧反以为喜。中国要应对老龄化的诸多危机，必须从源头上遏制少子化趋势，提振生育率，鼓励二胎而不仅是开放二胎。这样今后可望在一定程度上增加劳动力，分担养老压力。

二　树立正确的人口观

人口是文化的载体，是经济的引擎，是发展的依靠。人口是资源，是力量，是希望。人口兴衰可知国运民生，人口兴则国强，人口衰则国弱。因此，树立正确人口观对于实现中华民族伟大复兴极端重要。

人口是什么？表象而言，人口是人类的数量特征；实质来看，人口是社会人的集合构成，是社会属性和自然属性的统一。人口是拥有一定数量规模和社会属性的人的集合，是一个统计总体，亦是社会群体。毛泽东说过：“人是第一可宝贵的。”至理名言！

有关人口的三个公理性认识是：人口是社会生活的主体，人口是社会生存的基础，人口是社会发展的动力。“人口”不仅仅是“人数”，也包括了“人脑”、“人欲”、“人权”、“人性”、“人文”、“人手”等等。1994 年开罗国际人口与发展会议明确提出，一切人口与发展活动都应以人（Human beings）而不是人的数量（Human numbers）为中心。人口不仅仅是一个数量概念，更是结构概念，不仅有一个统计规模性，更有社会主体性。以人的自由和全面的发展为中心是科学人口发展的核心价值取向。[①] 人口发展包括了人的发展和口（数）的发展。积极的人口发展必须始终贯彻以人为本的原则，以人的权利—需要—发展为导向，以“人”的发展来解决“口”的问题，这是人本主义人口观的基本思想。正如联合国人口基金会在2002年工作报告中曾经指出的：人口问题的本质是人的问题。没有谁比联合国人口基金会认识得更为深刻。

新时期的人口发展理论和人口文化建设需要立足于“人口发展”而不是“人口增长”。人口发展的含义远比人口增长丰富。人口发展包括了人口的数量、素质、结构和分布变动等多个维度。传统的人口控制理论主要是解决人口数量的增量问题，例如从降低生育率到稳定低生育率。问题在于，人口发展的诸多方面是相互关联的，人口发展需要统筹考虑和协调推进，而人口控制理论体现的恰恰是单纯的人口数量观点。探索能够以人为本、统筹解决人口问题的具有中国特色的人口优化发展之路，彰显三大价值追求：

第一，能够实现人口的积极发展。人口积极发展是指人力资本得到积累、人力资源得到开发，人口发展能顺应资源环境和经济社会发展的要求。人口积极发展需要不断提升人口的综合素质，优化人口的结构功能，协调人口与资源环境、经济社会的关系，这些都超越了人口控制理论的范围。其实质是人口素质的提升和人口数量的适度。人口优化发展理论从全生命历程出发，在特定的历史坐标中探索有品质、可协调的人口发展之路。

就全国而言，以强制一胎化为内核的“人口控制”实现的是减量式的人口发展，产生了年轻人口亏损、人口生态失衡、少子老龄化等严重问题。“人口优化”则以人的自由发展、人力资源储备、人力资本增强、人口生态平衡为四大核心追求，路径是保护公民自由自主生育权、延长全民义务教育年限、拓宽全民社会流动和升迁的通道、实施全民医疗保障制度、全方位促进人口健康等。人口是一国之命脉，人口的增减变动影响国家的长治久安。对中国来说，跳出低生育率的认识和政策误区，实现适度、理性、负责、优质的人口增长十分必要。

第二，能够实现人口的均衡发展。十八大报告提出要“实现人口长期均衡发展”。人口均衡发展是指一定时期一定区域内对人口的需求和人口的供应能相对协调、互相契合，其实质是人口结构的安全，是人口生态的和谐，是人口发展的协同。人口和谐、协同、均衡的发展需要考虑几个维度：一是人口性别的和谐均衡；二是人口年龄的和谐均衡（特别是老少均衡）；三是人口区域的和谐均衡（特别是城乡均衡）；四是人口阶层的和谐均衡。但在实际生活中，我国人口发展处在失衡状态甚至趋向严重失衡，挑战巨大。人口优化发展理论需要探索人口数量控制和人口结构安全相互协调的新发展之路。

第三，能够实现人口的持续发展。人口持续发展是指从长远看人口能够维持自身再生产的机制和力量，保持住中国作为一个人口大国的活力和优势。人口的持续发展有强弱之分。在理论上，什么样的生育水平才能保证我国人口的持续发展？如何确保适度的低生育水平？目前我国的低生育水平属于什么性质？未来变动趋势如何？人口文化建设需要探索人口转变和生育转变的规律，确立人口控制的底线，探索新的人口增长理论和适度生育理论。其实质是人口增长的安全。

中华民族的伟大复兴需要实现的是人口的优化发展，即实现人口的积极、和谐、持续的发展。进一步地，从广义的角度讲，人口发展的核心价值观则要实现四个有机的发展，即人的全面发展、家庭的幸福发展、人口的优化发展和社会的和谐发展，这四个方面的发展是相辅相

---

① 鲁迅先生的人本观点值得重视。正如鲁迅研究专家钱理群先生所说：所谓“现代化”、“现代文明”，还是鲁迅说的那句老话，“根柢在人”，这也是他一直倡导的“立人”的文明观——现代化目标的深意：“首在立人，人立而凡事举”，“必尊精神而张精神”，在鲁迅看来，“人的个体精神自由”才是现代文明之根、现代化的根本目标。参见钱理群《当下中国需要讲什么，我能讲什么》，《南方日报》2012年2月27日。

成的。

第一，人的全面发展。“人的全面发展”，是指在确保人与自然、人与社会、人与人关系和谐的状态下，使最大数量的人终其一生都能得到自由表达、公正对待、充分保障和全面实现的过程。人的全面发展不是一个孤立的历史发展过程，而是始终处在如何处理好人与自然、人与社会、人与人的关系网络中，始终面临在冲突中寻求和谐、在困境中谋求发展的历史挑战中。

人的全面发展，实质是生命潜能的充分开发，是人的素质和潜能的自由、全面的发展。为此，在战略层面上，需要明确树立以下九项原则：

其一，树立“充分发展”的原则。人的全面发展包括身心健康的发展、知识技能的发展、道德伦理的发展、审美素质的发展和价值实现的发展等。“充分发展”的原则意味着每个方面都应该得到发展，残缺不全的发展有违人的自由、全面发展的宗旨。

其二，树立“均衡发展”的原则。上述五个方面的发展也必须是均衡、协调的发展，不能有所偏废。为此，建议国家和政府尽快建立一套国民素质发展的综合检测体系，及时提醒国民和相关职能部门如何通过“加短助长”的策略来克服短板效应，实现均衡全面的发展。

其三，树立“多元发展”的原则。男女老幼存在着发展的差异性，人的多元发展就是从人的差异性这一事实出发的。对个性的肯定，不仅是对个体生命的尊重，也是对潜在创造力的保护。多元的发展，在很大程度上测度着一个社会“人类发展”的自由程度。越是全面的发展，越是需要自由的发展，越是需要对个体差异性的尊重。

其四，树立“终生发展”的原则。人的全面发展需要放在整个生命周期来看待和推进，需要有序推进和有前后相联系的展开。如果说青少年时期的素质发展是全生命周期的基础性发展，那么青壮年时期的素质发展是关键性的发展，是兼具人力投资和人力开发的发展过程。而老年期的素质发展则是新的继续发展期，且可能形成生命发展的高峰。

因此，越是基础的发展就越要强调全面的发展。基础发展期的重点，应放在健康、知识、道德和审美上。而在关键发展期和继续发展期，就要力图实现人的增量发展和质量发展。关键发展期和继续发展期的重点，除了保持基础发展期的存量以外，还应提升身心健康、知识技能、道德伦理和审美素质发展的增量，同时提升价值实现发展的质量。

其五，树立“公正发展”的原则。公正是指政府的立场，公平是指分配的原则。无论代内关系还是代际关系，都要力图贯彻好公正、公平的原则。其中，尽量缩小不同阶层的公民待遇差别，是实现公正发展的重要内容。而在代际关系上，应处理好当代人和后代人利益需求的协调问题，实现可持续发展。因此，公正的发展实际上是追求适度的、协调的可持续发展。

其六，树立“优先发展”的原则。人的发展，相对于其他的经济社会发展应该处在最优先的位置；人的全面发展的诸多方面，在不同时期和人群中也应该有相对优先的领域。国民知识和技能的发展，是当前人的发展的优先领域。提倡优先发展，需要在特定时期对特定人群的特定素质优先发展、重点发展。优先发展并不是非均衡的发展，而是要对不同的人才资源善加区别，进而加以有针对性的培训和使用。

其七，树立“高效发展”的原则。人的全面发展需要自始至终贯彻效率原则，争取以同样的投入有更大的产出，或者更大的投入有更好的产出。人的全面发展应紧紧围绕基本人权的保护、不同需求的满足和价值实现的肯定这三个环节来展开和推进。人的素质的提高，人的权利的保障，人的幸福的增进，是衡量人类发展效益高下的基本尺度。

其八，树立“共同发展”的原则。具体来说，就是要实现全体中国人的共同发展，既要鼓励有条件的地区发达和富裕起来，还要重视和帮助其他落后地区和贫困人群的发展。

其九，树立“永续发展”的原则。人的全面发展是一个没有尽头的发展过程，是一个逐步推进、不断实现的过程。人的全面发展并不存在所谓的绝对尺度，它在不同的历史时期有不同的约束条件和不同的价值目标。

归纳起来，实现“人的全面发展”就是要尊重人权，满足需求；维护公正，扩大自由；终生发展，提高素质；实现价值，幸福人类。

“人的全面发展”是一个宏大的主题，国家应该遵循以人为本，尊重权利，以服务对象为中心，从避孕节育到优生优育、性别平等和生殖健康，抓住“人口健康促进”这条主线，对象不仅仅是育龄妇女的生殖健康，而是全人口的健康咨询、健康教育、健康检查和健康建设，最终促进人的全面、健康和终生的发展。

第二，家庭的幸福发展。家庭的幸福建筑在生育质量、生命质量和生活质量的基础之上，建筑在全人口的健康促进的基础之上。家庭是社会的细胞，是人口再生产的基本单位，家庭的健康、和谐与发展是社会健康、和谐与发展的保证。

发展以人为本，人以健康为本。“健康”是民生之本，是发展之基，是幸福之源。“健康身心，健康生育，健康成长，健康人生，健康生活”是家庭健康促进的一条主线。家庭是社会的细胞，人是家庭中的人，以家庭为单位促进人的全面发展，使一个高深的理论命题变成了可操作的项目。“家庭健康”不仅仅是生殖健康和人口健康，也包括家庭结构的健全。生育关系到家庭的幸福感、安全感，突出的是计划生育家庭的养老问题，生育和养老要联系起来看待，前后向统筹。

根据调研和思考，“家庭健康”的含义包括三个层面：

首先是家庭成员的身心健康。“优婚、优孕、优育、优生、优教”为具体内容的五优做法就是要促进人口的健康。但目标与措施要对应起来，每一个“优”都有相应的措施来保障。即便是生殖健康与优生优育这两个方面，也需要考虑计生与卫生如何联手，整合资源。

其次是家庭结构的功能健康。结构健康实际上也是结构安全，少生不等于独生。汶川大地震再次提醒我们，天有不测风云，人有旦夕祸福。独生子女家庭本质上是风险家庭，失独家庭本质上是痛苦家庭。人口安全问题是客观存在的，需要通过生育的战略储备促进家庭的结构健康，确保人口安全。这个工作可以在现有的政策框架里解决，就是要不鼓励可以生育二胎的家庭放弃二胎生育指标，鼓励计划生育家庭用足政策性生育资源，同时尽快还权于民，全面开放二胎，杜绝大月份引产。

再次是家庭关系的互动健康。家庭关系包括了家庭内部的关系，如亲子关系、姻亲关系。家庭关系也包括了家庭与家庭之间的关系。家庭是社区中的家庭，所以存在着一个家庭和家庭之间的关系的健康。家庭健康促进包括了家庭健康服务，或者说健康服务进家庭；还有社区健康文化，或者说健康文化进社区。一些地方开展了“邻里节”活动，对于促进家庭健康和打造和谐社区做出了贡献。家庭健康促进是社会系统工程。

第三，人口的优化发展。优化发展要求树立底线意识、生态意识和协调意识。人口的优化发展是指以人口生态维护和建设为宗旨，促进人口结构和功能优化，实现人口均衡、协调和可持续发展的过程。人口生态是指人口的男女老幼或者说人口的性别年龄构成的生物多样性。人口生态平衡是人口安全的根本保证，人口生态失衡是人口安全的根本威胁。

人口的安全发展主要是一个性别年龄结构问题。人口的安全发展是要消除人口发展的风险性。人口发展要从传统的增量控制转向风险控制，这就需要一个适度的低生育水平的保障。根据计划生育家庭四分类的观点，计划生育家庭包括了计划生育强势家庭、弱势家庭、风险家庭和残缺家庭。人口发展的风险控制就是要控制和减少风险家庭和残缺家庭的规模和比例，至于弱势家庭主要是一个性别平等问题，所以不是单一的生育调节可以解决的。发达国家的经验教训表明，长期的超低生育率会导致劳动力短缺、人口老龄化过度、经济增长缺乏人口推力等弊端。在我国，为避免过高的人口老龄化所带来的养老困境，坚持以更替水平生育率作为人口安全发展的底线是战略性要求，从而提出了人口发展战略的底线伦理：国家主导的价值取向应该及早回归一对夫妻生育两个孩子的历史坐标上。

第四，社会的和谐发展。现在谈稳定低生育水平多，谈完善人口生育政策少。如果有完善，也是外围性、边缘性的完善，如打政策补丁，就是生育政策产生的弊端需要一些补偿性的社会政策来弥补。科学决策一定要倾听基层的声音和公民的声音。尊重公民的话语权，他们是自身利益的最好代言人。

人性关爱、人文关怀的核心价值取向使人口计生的改革与发展融入了和谐社会建设的发展主流中。在相容、相近、相亲的人际关系中最易形成集体主义、利他主义。良好的人际关系可以提高社会的合作性水平以及和谐度，有利于社会的发展和进步。形成良好人际关系的一个重要条件是人际互信，提高全民族的道德和信用水平。

从发展的眼光看，稳定低生育水平的提法要进一步发展，中国需要稳定的是一个适度的生育水平，很多地方反映生育水平很低甚至太低。人口的结构性安全问题、政策性人口问题越来越突出，需要高度关注。新一代80后、90后育龄人口的生育观念发生了很大变化，出现了意愿性低生育现象。

“极高明而道中庸”。过犹不及，任何事物的健康发展都需要保持一个适度的水平和边界。从人口自身长期均衡发展的要求出发，生育水平不能一味地单调递减。生育水平的调节需要一个时间的提前量，中华民族的伟大复兴需要人力的支撑，生育率并非越低越好。保持一个适度的低生育水平是可持续发展的内在要求。“超低生育率”的出现已经逾越了一条合理的界限，提出了人口负增长的警告。过低的生育率如果保持一个比较长的时期，从长远看会损害人口自身的可持续发展能力、破坏人口与资源环境以及经济社会发展的关系，导致生育率回升能力的丧失。

根据这四个层面的发展诉求来重新考量计划生育的定位和走向，是历史的必然。生育是人口发展的前提，也是社会发展的前提。适度生育（生育数量的适度、生育间隔的适度、生育时机的适度）和优化生育（生育的结构、素质、潜力、保障）是当下中国需要考虑的有关生育问题的两大命题。

人口的价值观经历了从传统到现代的变迁。20世纪50年代之前，国家追求的是实力人口和人口发展，年轻人口多意味着劳力多、财富多、兵源足、实力强。对家庭和家族来说，追求的是多子多福、传宗接代、养老送终、人多势众、开枝散叶、人丁兴旺。新中国成立后最初是计划经济条件下形成了“人多力量大”的人口正价值观，从1970年代初开始毛泽东提出“人口非控制不行”之后，形成“人多负担大”的人口负价值观，形成了一个人口大国延续至今的人口控制的社会实践。但“出生控制—数量减少型的人口价值观”缺少了非常重要的人口结构视角和人口生态视角。

“统筹均衡—优化发展型人口价值观”则认为，人口数量、人口结构和人口素质是一个问题的几个方面，不能割裂，所以需要统筹和均衡。统筹是说要全面考量人口发展的所有方面以及彼此的关联，均衡是说要权衡几个方面人口发展的利弊得失、兴废长短。人口数量要适度，调控的说法比控制更有弹性。人口结构要健全，而且人口结构比人口数量更为深刻，因为结构决定功能。人口的性别年龄结构决定着社会经济结构。人口素质要提高，但人口素质的提高与人口数量的适度和人口结构的健全和均衡是分不开的。需要树立大优生观，包括（人类）遗传优生、（生活）环境优生和（人口）生态优生。

人口是最宝贵的资源和财富。人口协调均衡是社会稳定有序的基础，人口适度增长则是经济社会持续发展的前提。无论着眼于人口总量还是人口分量，人口都不是简单的“数字”，而是意味着一套由不同性别、年龄和社会标识的人群（分人口）互相支撑、互相需要、互相平衡而构成的人口社会生态。

三　改革的方向

中国人口增长的大势已去，伴随着持续的超低生育率出现的新人口问题接踵而至，中国需要适当鼓励生育的声音越来越多也越来越大。被庞大的人口总量所迷惑，很多人还没有意识到人口问题在悄悄转型，即从数量型人口问题转向结构型人口问题，从自然型人口问题转向政策型人口问题，从单一型人口问题转向复合型人口问题。生育率过低所隐伏的风险和代价并没有被充分认识，这是最令人遗憾的地方。独子高龄化是中国独有的人口现象和人口问题。在既定的人口生育政策下，这一趋势继续被强化，在某种意义上，养老问题实质上是计生问题的折射。国家需要认真考虑"适度生育"战略，尽快调整人口生育政策，努力控制、预防和减少人口发展的风险和代价，为国家和家庭造福。

首先，全面放开二胎能够满足一些家庭被压抑的生育意愿，有利于从政策的层面减少"风险家庭"的产生，确保年轻家庭发展的安全性。不争的事实是，独生子女家庭本质上是风险家庭，风险性就在于唯一性，从家庭可能遇到的风险来看，包括了独子夭折、伤残、失踪（被拐卖）、不孝（啃老）、空巢这五大风险。独生子女家庭占主体的社会本质上是"风险社会"。家庭是社会的细胞，我们需要提出"强细胞"理论来支撑中国社会的未来发展。为规避风险、减少风险，实现安全的和可持续的人口发展，中国的家庭政策要实现战略转移，即从家庭限制转向家庭发展、从计划生育转向优化生育，打造四边形结构为主、多边形和三角形结构为辅的健康家庭人口生态——不仅有夫妻关系、亲子关系，而且有兄弟姐妹的关系。控制和减少"独生子女风险家庭"，鼓励和增加"双生子女健康家庭"。

其次，全面放开二胎可以缓解一胎化带来的人口亏损、人口萎缩的风险。维持一个更替水平生育率是人口长期均衡发展的必然要求。但 2000 年以来的数据表明，我国平均生育率始终处于很低的水平。少子老龄化加快的挑战不仅来自不健康老年人口的增长，而且来自支持老年人口的年轻人口的不足和减少上——这一点在家庭层面上看得很清楚。独生子女家庭普遍面临的是独子老龄化、无后老龄化、空巢老龄化的挑战，老无所养、老无所依、孤独终老将困扰很多逐渐老去的独生子女父母。因此，中国需要的是"适度老龄化"战略，也就是"双子生育主导的老龄化"战略。必须认识到，仅仅有钱不足以保障老年人的需要，还必须有强大的年轻人力资源的支撑，包括创造社会财富的人力，也包括为老年群体提供服务的人力。"适度老龄化"是适度低生育的历时反映。无论对国家还是对家庭的长远发展来说，坚持生育两个孩子是人口生育政策的"底线伦理"，是实现适度低生育、适度老龄化的必要前提。但是放宽人口生育政策只是亡羊补牢，所以同时也需要不断完善多层面的为老社会服务、关怀和保障体系。

再次，全面开放二胎接近于适度低生育率，有助于中国人口走出低谷，实现人口均衡发展。中国早已掉入了超低生育率陷阱，长期的低生育率积累了人口负增长的巨大惯性。新生代不愿意生育第二个孩子，双方都是独生子女的年轻夫妇并没有个个申请二胎生育指标，因为他们赡养和照料双方老人的担子普遍较重，即使他们认为两个孩子比较好，但也可能因为缺乏充足的条件而放弃生育第二个孩子的机会。

20 世纪 90 年代，中国进入了孩子抚养成本逐渐趋高、生育二胎的意愿普遍弱化的时代。全面放开二胎决不会导致人口的激增，所谓出生堆积的负面效果被严重夸大。其实，出生波动完全正常，人口发展的常态就是波浪式前进。通常人们认为倾向于多生多育的农村地区其生育观念、生育文化也发生了巨变。真正需要担心的是，生育率难以恢复到适度水平。1992 年，我国生育率开始低于更替水平。2010 年第六次人口普查统计出来的全国总和生育率只有 1.18。国家统计局数据显示，2011 年的总和生育率仅有 1.04。即使在全国范围内放开“单独生二胎”，一些被压抑的生育意愿得到释放，也只会在短期内和局部地区形成小的生育回潮。一旦生育意愿释放完毕，由于我国已形成意愿性、内生性的超低生育率，1990 年代积累起来的人口负增长惯性也开始发挥作用，所以生育率很快会回落到更低的水平，国家必须面对人口萎缩、人口老弱的巨大挑战。这样的人口大势，早已不以我们的意志为转移。

最后，中国不仅应该放开二胎生育，而且应该向欧洲、日本、韩国、新加坡、中国的台湾和香港地区学习，及时鼓励生育。根据目前家庭所承受的高昂的生育成本，只有部分家庭有勇气生育第二个孩子。所以，生育成本的外部化和社会化是实现适度低生育率的重要路径。历史留给我们的战略机遇期很短，现在的生育主体已经是 1980 年以后出生的独生子女新生代，中国人口的生育意愿可以说是一代弱于一代，80 后弱于 70 后，90 后弱于 80 后。长此以往，中国将离人口的可持续发展渐行渐远。全面开放二胎不仅完全必要，而且刻不容缓。有二胎以上生育意愿的家庭对中华民族的复兴来说是福音、是希望。中国要大力推进优化人口发展的政策改革，为民造福，为国解忧。

生育决定人口的未来，人口决定国家的未来。只有适度生育才能保障人口生机，只有优化人口才能保障长治久安。因此，生育政策调整已成为改革的大方向，同时政府还应为家庭提供人文关怀、经济救助、知识引导、公共服务和社会保障，降低生育成本。

参考文献

1. 穆光宗：《人口优化发展理论初探》，《北京大学学报》（哲学社会科学版）2012 年第 5 期。
2. 郑晓瑛、穆光宗：《试论人的全面发展与中国人口问题的根本出路》，《人口与发展》2008 年第 4 期。
3. 穆光宗：《中国人口转变的风险前瞻》，《浙江大学学报》（人文社会科学版）2006 年第 6 期。

（作者单位：北京大学人口研究所）

中国城市化发展的挑战及其应对建议

王桂新

城市化是社会经济发展到一定阶段的必然产物，它作为一种社会经济发展过程自有其内在的规律性。遵循城市化规律是推进城市化健康发展的基本保证。改革开放以来中国城市化在各级政府的推动下快速发展并取得显著成就，但也存在并产生诸如违背城市化规律、盲目推进城市化发展的不少问题；中央政府新近强力推出新型城镇化[①]战略，其主要内容及其实施也同样面临一些新的挑战。在中国全面转型期，新型城镇化被作为推动经济可持续发展的主要动力引擎，并定位为国家战略全面实施。改革开放以来中国城市化的发展主要存在哪些问题？新型城镇化战略又面临那些主要挑战？本文对这些问题进行了认真考察，并对如何克服中国城市化发展的问题，应对新型城镇化战略的挑战，推进城市化健康发展，实现新型城镇化转变经济发展模式、推进城乡一体化发展的战略目标提出了自己的看法和建议。文章还认为，作为一种“新生事物”的新型城镇化战略主要内容的科学性及其实施的可行性尚有进一步探讨论证的余地。

一　改革开放以来人口城市化的发展及其特征

中国改革开放30多年来，人口城市化的发展主要表现出以下特征：

第一，从低起点起步，呈单调升势快速发展。新中国成立以来，由于实行计划经济，出台户籍制度，分割对立城乡，把全体国民划分为城市人口和农村人口两大人口集团，并严格控制农村人口向城市迁移，向城市人口转变，造成人口城市化长期以来发展曲折，速度缓慢，水平不高。如1949年新中国成立时城市化率为10.6%，到启动改革开放的1978年也只曲折增长到17.92%。进入1980年代以来，经济体制的改革、市场经济的导入，首先在农村地区解体了人民公社制度，实行家庭承包责任制，形成了几乎可无限供给的农业剩余劳动力迁移“资源”；在城市地区，快速的城市建设与经济发展，以及就业制度的改革和劳动力市场的初步建立，创造并拓展了农村劳动力入迁、就业的竞争机会和“空间”容量。加之户籍制度等二元社会结构体制的改革及其对农村人口乡—城迁移制约作用的逐步弱化，给中国人口迁移，特别是农村人口向城市的迁移注入了巨大启动力，长期受计划经济体制及城乡分隔制约所形成、集聚起来的迁移“势能”得以释放，使人口迁移，特别是农村人口向城市的迁移日趋活跃，并推动人口城市化呈单调升势快速发展。2000年城市化率即在1978年的低起点上快速增长到36.22%，比1978年提高了18.3个百分点；到2012年进一步增长到52.57%，比1978年提高了34.65个百

① 笔者认为城市化与城镇化为同一概念，但在文章中作一般表述时用城市化，而在表述政府概念时仍沿用政府所用的城镇化。

分点，平均每年约提高1个百分点（见图1）。而且城市化速度①在1980—1990年、1990—2000年和2000—2010年期间分别为3.09%、3.16%和3.21%，显示改革开放以来中国人口城市化呈加快发展趋势。

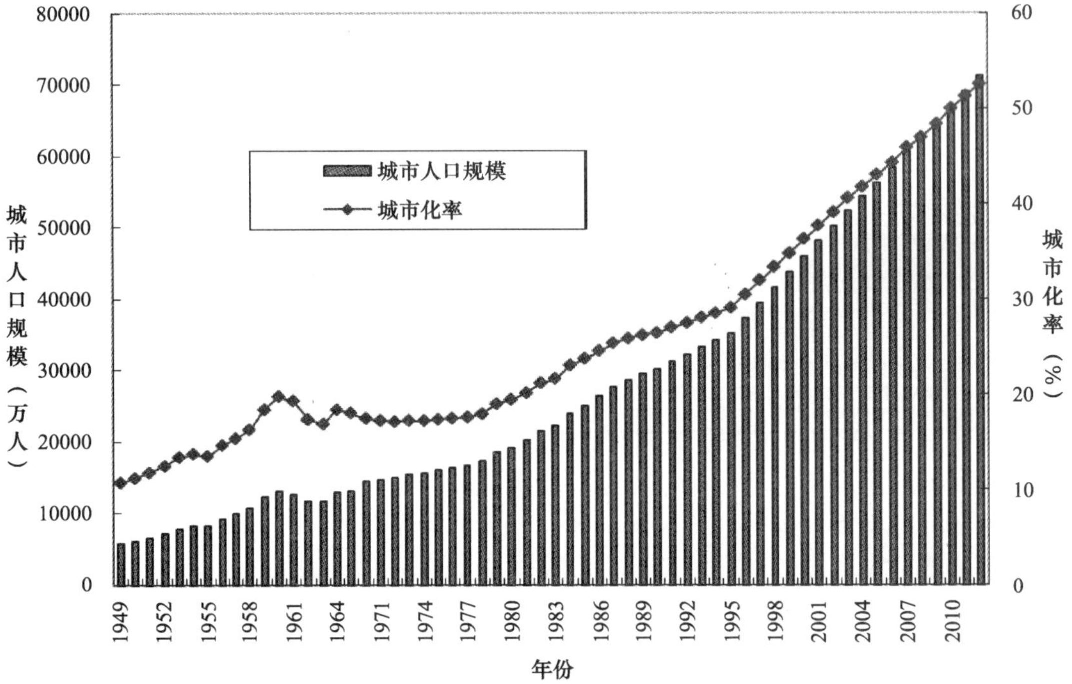

图1 中国人口城市化的发展趋势（1949—2012年）

资料来源：中国历年统计年鉴。

第二，城市人口增长规模大，以人口迁移增长为主。改革开放以来，中国人口城市化的快速发展，直接导因是城市人口大规模的快速增长。如图1所示，中国城市人口规模1978年为17 245万人，到1990年增长到30 195万人，12年增长了75.09%，年均增长规模达1 079万人，超过葡萄牙一个国家的人口（2012年为1 056万人）。2000年以来城市人口增长进一步加快，到2010年即增长到66 978万人，比2000年（45 906万人）增长了46%，年均增长规模进一步增大到1 850万人，几乎相当于两个瑞典国家的人口（2012年为945万人）。而城市人口的增长，又以人口迁移增长为主。一般地说，城市人口的增长由三部分构成：一是城市人口的"自然增长"，二是农村人口迁移到城市转变为城市人口的"迁移增长"，三是行政区划变更使农村人口转变为城市人口的"区划变更增长"。根据王桂新等人估算，在1991年，城市人口增长尚以区划变更增长为主，其次是自然增长，迁移增长最少，三者分别占城市增长人口的41.88%、33.35%和24.77%，但此后人口迁移日趋活跃，增长规模及所占比重逐年增大，1996年即超越区划变更增长（39.14%）达到41.30%。到2010年城市迁移增长人口已达到2 300多万人，占城市增长人口的比重进一步提高到73%以上（王桂新、黄祖宇，2014）。可以说，自1990年代中期以来，中国人口城市化的快速发展，主要是受农村人口向城市迁移的迁

① 这里所说的城市化速度是根据连续变化率方法计算的，计算公式为Tm＝（LnPt＋n － LnPt）/n。公式中，Tm为城市化速度，Pt、Pt＋n分别为时点t和t＋n的城市化水平，n为计算期间的长度（年数）。

移增长推动；人口城市化率的快速上升，主要是由城市人口迁移增长所致。

第三，受集聚效益的作用及收入预期、就业机会等因素的吸引，使农村迁向城市的人口更趋向大城市迁移集中。大城市具有的大规模、高密度、开放性、流动性及多样化人口、多元化文化的异质性和包容性等特征，形成明显的集聚经济效益，吸引企业大量集中；企业的大量集中，又创造出较高的收入水平和较多就业机会，吸引人口、劳动力进一步向大城市迁移。尤其在集权体制明显主导的社会，通常对社会资源的配置更加垄断，并向城市，特别是大城市集中。如我国尽管"京、上、广"都已很大、很拥挤，但奥运会仍被安排在北京，世博会、迪士尼仍被安排在上海，亚运会仍被安排在广州。由此导致人口，特别是农村转移人口更趋向大城市迁移集中，进而造成大城市特别是特大城市人口规模的更快增长。这几乎已形成我国城市化快速发展时期农村人口集中向大城市迁移、大城市人口快速增长的必然趋势。如表 1 所示，在 2000—2010 年间，市区人口规模小于 50 万人的城市，城市个数及人口规模均呈减少趋势；市区人口规模在 50 万人以上的城市，规模越大、数量越少的城市，城市个数及人口总量均增长越多。比如，市区人口规模大于 200 万人的大城市，数量由 20 个增加到 44 个，增长了 1 倍多；人口总量增长了 98.51%，几乎增长 1 倍，高居各规模城市人口增长幅度之首。特别是其中的京、津、沪三大直辖市，2000 年与 2010 年人口普查显示，其常住人口平均增长 39.53%，仍高于城市人口平均增长率。至今仍对人口入迁实施严格控制的北京、上海增速甚至高达 44.54% 和 40.2%。中国自 1980 年就实施控制大城市规模、合理发展中等城市、积极发展小城市（镇）的城市发展方针，但也一直未能改变小城市吸引力较弱、人口特别是农村转移人口更趋向大城市迁移集中的"大城市化"趋势，大城市及特大城市人口仍在政府的严格控制下快速增长。

表 1　　不同规模城市增长的比较（2000 年和 2010 年）

规模分级	城市个数（个）			市区人口数（万人，%）		
	2000	2010	2000—2010 年间的变化	2000	2010	2000—2010 年间的变化
合计	262	287	25	28 583.28	38 866.02	35.97
>200	20	44	24	9 006.98	17 879.52	98.51
100—200	70	81	11	9 715.24	11 136.87	14.63
50—100	103	110	7	7 234.73	7 944.31	9.81
<50	69	52	-17	2 626.33	1 905.32	-27.45

资料来源：《中国城市统计年鉴》2001 年版和 2011 年版。

第四，受户籍制度等二元社会体制制约，城市迁移增长人口基本呈"半"城市化形态。在中国特有户籍制度下，人口城市化过程也相应形成了独特的"两阶段"模式（王桂新，2008）：第一阶段为集中化阶段，农村人口从农村迁向城市并常住城市工作生活，完成从农民向农民工的转变。这些农民工虽然已长期在城市居住工作生活，也已被统计为城市常住人口，但受户籍制度等二元社会体制的制约，他们却得不到城市户籍，不能享受城市居民的福祉待遇，所以他们只是完成了表面形式的地域城市化，故称为形式（或地域）城市化阶段；第二阶段为市民化阶段，已"常住"城市的农民工，试图通过持续努力逐步获得迁居城市的户籍，争取在就业、医疗、社会保障、子女教育等若干方面也获得与城市居民同样的权益，从农民工进一步转变为城市居民，真正实现由农村人口向城市居民的质变——市民化。农村人口经历完这一阶段的城市化，才是真正地完成城市化，故称为实质城市化阶段。改革开放以来，大量农村人口相继迁向城市，并常住城市工作生活，即形成了庞大的被统计为城市人口的农民工队伍。根据2010年人口普查数据测算，居住在城市[①]半年以上、户籍在其他区县的外来人口约有2亿人，其中真正来自农村的农民工约有1.4亿人，包括他们的子女可达1.6亿左右。这数以亿计的农村人口，受户籍制度等二元社会体制的制约，都仍处于半城市化状态，他们以后还面临一个进一步向城市居民转变的市民化过程。

第五，人口城市化地区发展不平衡，东部沿海地区人口城市化水平普遍较高，中西部省区城市化水平大多较低。由于中国不同地区的自然环境条件、经济发展水平以及人文历史基础等都互不相同，由此致使不同地区城市化的发展阶段、发展水平也都表现出明显的地区差异（见图2）。根据2010年人口普查数据计算，人口城市化率的总体趋势是，自然环境及区位条件优越、经济比较发达的东部沿海地区省份的城市化率普遍较高，自然环境及区位条件较差、经济相对落后的中西部地区省份的城市化率大多较低。如东部沿海地区经济最发达的京、津、沪三大直辖市人口城市化率都在70%以上，以上海最高，接近90%（89.30%）；其次为江苏、浙江、广东、辽宁四省，城市化率也都在60%以上；而中西部地区的山西、安徽、江西、湖北、湖南、陕西、宁夏、青海、新疆和四川等省区的城市化率都在50%以下，西藏最低还不到30%。从作为城市化发展主要推动因素的城市净迁入人口规模来看，也基本表现出与城市化率相似的区域差异特征。经济最发达的京、津、沪三大直辖市和广东、浙江两省，城市净迁入人口不仅规模大，而且以省际净迁入人口为主；江苏、福建两省城市的省际和省内净迁入人口规模基本相当。其余各省除新疆以外，城市净迁入人口基本上都是来自省内。这说明，中西部绝大部分省区人口城市化的发展，主要受省内乡城人口迁移的推动；东部沿海地区的京、津、沪三大直辖市和广东、浙江两省人口城市化的发展，则受省内外乡城人口迁移的双重作用，而且以省际净迁入人口的推动为主。

第六，人口城市化的快速发展为推动社会经济发展做出重要贡献。因为农村人口向城市迁移的城市化，就是农村人口从低生产率地区或部门迁向高生产率地区或部门，从分散形态趋向集聚状态，从而提高"生产力"，创出集聚效益，推动经济的发展。所以，人口城市化过程本身也是一种生产要素空间配置的效率化过程、集聚经济的创出过程和推动经济发展的作用过程。改革开放以来，随着改革开放的不断深化，中国户籍制度等二元社会体制也有所改革和软化，逐步放松了对农村人口入迁城市的控制，使数以亿计的农村人口得以迁入城市工作生活。数以亿计的农村人口迁入城市，不仅改变了农村劳动力剩余、农业劳动生产率低下的矛盾，也很好地满足了东部地区城市经济快速发展对劳动力的需求，解决了迁入城市劳动力结构性不足的问题，为城市建设和社会经济快速发展做出了重要贡献。根据蔡昉等人（1999）的研究，在1978—1998年间中国GDP的增长中，劳动力从农业向非农业转移的贡献达到21%。王桂新等人的研究也说明，人口迁移对经济增长具有明显的推动作用，如在1982—2000年间，中国省际人口迁移规模每增加1万人，国民生产总值和人均GDP将分别增加100亿元和8元；省际人口迁移率每提高1个千分点，其对经济增长的即时作用，可使国民生产总值增加1.3万亿元，人均GDP约增长1 000元（王桂新等，2004）。进入新世纪以来，省际人口迁移推动经济增长的经济效应更加显著（王桂新等，2012）。因此，在一定意义上可以说，改革开放以来数以亿计的农村人口向城市迁移的城市化，成为推动经济增长的重要动力，为中国经济实现持续30余年的快速增长做出了重要贡献。

---

① 这里所说的城市包括城市和镇。

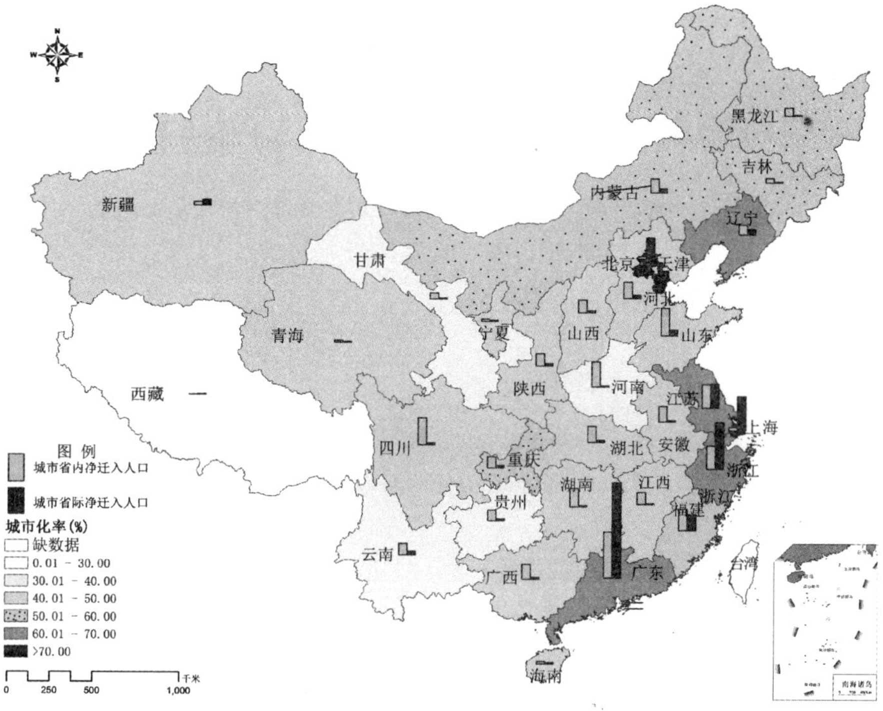

图 2 中国人口城市化水平的地区差异（2010 年）

资料来源：根据 2010 年人口普查数据绘制。

二 城市化发展的主要问题及其原因

改革开放 30 多年来，中国城市化取得重要进展，2012 年城市化率已达 52.5%。但长期以来由于对城市化基本理论的理解有偏差，对城市化规律的普遍性认识不足，过于片面强调中国基本国情的特殊性，特别是急功近利的 GDP 崇拜以及不同利益集团以城市化为幌子的相互博弈，导致在城市化的发展上走了不少弯路，造成了诸多严重问题。概括起来，主要有以下几点：

第一，新中国成立以来，中国的制度设计及相关政策总体上是违背城市化规律甚至是反城市化的。主要表现在新中国成立不久就出台户籍制度，把城乡分割对立起来，把全体国民划分为城市人口和农村人口两大人口集团，并严格控制农村人口向城市迁移、向城市人口转变。此后，又以户籍制度为基础，进一步附加就业、住房、教育、医疗、社会保障等若干“身份”性福利于城市人口集团，逐步建立起以户籍制度为基础的二元社会体制，由此构成了阻挡农村人口向城市迁移的制度性屏障。特别在“文化大革命”期间，还组织城市“知识青年”上山下乡、强迫干部及知识分子到农村接受贫下中农再教育，掀起人类社会极为罕见的“逆”城市化运动。新中国成立不久即逐步建立起来的以户籍制度为基础的二元社会体制，人为地设置城市化的制度性障碍，不仅造成中国城市化长期以来水平低、发展慢、过程曲折，更明显延缓了中国现代化的发展进程。即使到已改革开放 30 余年的今天，这一以户籍制度为基础的二元社会体制，虽然已进行了某些改革，但仍在深刻地影响和制约着中国的城市化进程，致使数以亿计常住在城市工作、生活的"农民工"只能做到"半城市化"，而不能获得居民户籍、转变为城市居民，实现"完全城市化"。

第二，重城市轻农村，偏离城乡协调发展规律，造成城乡差距日渐扩大，"城市病"、"农村病"及不稳定"社会病"并存生发。这是以上城市化制度设计的必然结果。因为以上制度设计的核心是重城市轻农村，以剥夺农村发展城市，并偏重维护城市利益集团的权益。尽管改革开放以来，中国总体上提倡积极发展中小城市及小城镇，但市场和城市规模效益的作用，特别是权贵集团垄断利益的驱使，使各种优质公共资源主要向大城市特别是北京、上海等超大城市集中的过度配置，吸引人口过度集中和增长，造成这些城市交通拥堵、环境恶化等"城市病"已人所共知。以大城市为中心的城市化的快速发展，对农村则如同釜底抽薪，农村资本和大量青壮年劳动力被吸引流向城市，造成农业生产资金短缺、老弱病残劳动力比重高、公共服务贫乏落后、农民被强制集中"上楼"等各种"农村病"，严重削弱了农村的发展能力和可持续发展的基础，给农业现代化和新农村建设带来极大困难。城乡发展的不平衡，更造成二者差距特别是收入差距呈明显扩大趋势（见表2）。另据有关学者研究，目前反映城乡收入差距的基尼系数可能已接近0.6（汪丁丁，2012）。城乡收入差距的明显扩大，已导致社会矛盾更趋激化，造成近几年群体事件及刑事犯罪案件急剧增加。"城市病"、"农村病"及"社会病"的相继爆发，将严重危及中国城市化的健康发展和现代化建设目标的实现。

表 2　　中国城乡居民人均收入差距的变化（1980—2010 年）

期间	城乡收入年均增长率（%）		年份	绝对差距（元）（城市—农村）	相对差距（城市/农村）
	城镇居民	农村居民			
1981—1990	11.68	11.88	1980	286	2.50
1991—2000	13.96	12.26	1990	823	2.20
2001—2010	10.79	9.60	2000	4 026	2.79
1981—2010	12.91	11.54	2010	13 190	3.23

注：城市指标为城市居民人均可支配收入，农村指标为农村居民人均纯收入。

资料来源：《中国统计年鉴》1981—2011 年各年版。

第三，人口城市化严重滞后于工业化和非农化，土地城市化又疯狂扩张，远超人口城市化。根据城市化发展规律，城市非农产业应与农业生产相协调，土地城市化应与人口城市化相适应；城市非农产业与农业生产相协调，又具体表现为人口城市化与劳动就业结构的工业化、非农化协调发展。然而，中国城市化的发展却深陷多重矛盾：应该推进的人口城市化仍长期受到制约，应该控制的土地城市化却如脱缰之马，人口城市化严重滞后与土地城市化超常发展并存。作为城市化基础的人口城市化，长期以来受以户籍制度为基础的二元社会体制的制约，不仅在改革开放之前一直明显滞后，而且在改革开放之后仍呈滞后状态，至今仍未发生根本性的改变（王桂新，2012）。与此相反，GDP 崇拜的导向、土地财政的诱惑，使不少地方政府不惜举债，大拆大建，大搞"造城运动"及开发区建设，以土地城市化逆推人口城市化，并超越人口城市化疯狂发展。比如，在 1991—2010 年间，全国城市（镇）常住人口增长 1.15 倍，仅城市建成区面积就扩大 1.86 倍，特别在 2001—2010 年间，二者分别增长了 45.9% 和 78.5%。城市用地的疯狂扩张和土地城市化的超常发展，造成土地资源的严重浪费。就连寸土寸金的北京，也出现 279 处"征而未建、拆而未建"地块撂荒，面积达 5 800 多万平方米，相当于 80 个故宫的大小（马喆，2013）。

第四，半城市化（或“分离式”城市化）为乡城迁移人口城市化的主要形态，已造成社会不平等及家庭分离等若干重大社会问题。就人口城市化而言，中国城市化的制度设计，不仅使其严重滞后于工业化和非农化，而且还停留在半城市化状态。所谓半城市化亦称“分离式”城市化或不完全城市化，就是指乡城迁移人口常住地与户籍地相分离、居住城市与市民身份相分离的城市化形态。目前，中国约有2亿多处于半城市化状态的农民工，其中有一半以上工作、生活在县级以上城市。农民工为中国的城市建设和经济社会发展做出了重大贡献，但他们却得不到城市居民的户籍，不能享受市民权益，社会的不公正、生存环境的脆弱性和不稳定性，使他们面临很大的生存危机。而且，这些不平等差距已呈代际“遗传”趋势转移给“新生代”农民工。“分离式”城市化还造成了很多家庭处于离散破碎状态，由于丈夫外出打工或夫妇同时外出打工，造就了农村6 000万留守儿童、4 700万留守妇女和4 000万留守老人，这些留守人口构成了一个规模近1.5亿的庞大的农村人口特殊群体。城乡收入差距的持续扩大以及日益衰退的农村经济和社会，使这一庞大规模的农村人口特殊群体的生存更加困难。尤其是6 000万留守儿童，本来有望成为祖国未来建设的栋梁人才，但目前城市化的现实却极有可能使他们成为流浪失学儿童乃至少年犯的最大后备军。

第五，长期以来实施的优先发展小城镇及中小城市的城市化战略，违背城市化规律，弱化了城市化效益，影响了城市化推动经济增长的“正能量”。中国率先启动的农村改革，首先把长期被束缚在土地上的农民解放出来，形成了几乎可无限供给的农村剩余劳动力迁移“资源”。面对主要在农村“推力”作用下形成的大量剩余劳动力，应该引导他们主要迁向哪些城市，是改革开放以来中国推进城市化发展的重要战略选择。根据城市化基本规律可知，城市化具有集约性并能创造效益。一般地说，在当时情况下，城市化人口向较大规模的城市集中，会创造更大的集聚经济和规模效益，因此更有利于推动经济的快速发展。欧美、日本等发达国家的城市化经验也显示，在经济起飞、城市化发展初期及之后较长一段时间，首先实施效益优先的非均衡、集中型城市化战略，可以更有效地推动经济增长。但我们却无视城市化的集约、效益规律，也没有很好地借鉴发达国家的这些成功经验，而是把“小城镇”作为大问题，在小城镇大力发展社队企业，主要以小城镇的社队企业吸收农业转移劳动力，鼓励和提倡农民“离土不离乡”、“进厂不进城”，试图把他们限制在农村。直到今天，中国积极发展小城镇的情结仍根深蒂固，如中国一直不愿采用国际通用的“城市化”概念而坚持用“城镇化”概念，无疑是这一小城镇情结的“坚强”体现。这种片面坚持以发展小城镇及中小城市为主导的城市化战略，不仅延缓了中国的城市化进程，影响了经济的快速发展，而且还造成了遍地开花的“面状”环境污染，给环境保护和污染治理带来极大困难。

第六，以政府主导代替市场作用，盲目创新和规划城市化，导致目前城市化乱象频现，无序发展。基于城市化与经济发展的密切联系及其对经济发展的促进作用，政府把城市化作为实现现代化的重大战略和推动经济增长的持久动力无可厚非，但前提是一定要遵循其自身的发展规律。遵循城市化自身的发展规律，就要减少政府行政干预，发挥市场的作用。当然政府也可以发挥好的作用，在市场失灵时适时调控，或为城市化的健康发展提供法律和制度保证。这也是欧美、日本等发达国家城市化的成功经验。我们应该借鉴这些国家的成功经验，力求少走弯路，推进城市化健康发展。但不少地区却无视城市化规律的普遍性，仍在坚持搞自己的“中国特色”城市化。实际上，目前为止各种释义的城市化及其发展过程和内容，发达国家的城市化基本上都已经历过，我们现在搞的所谓“中国特色”城市化，不仅又在重复那些发达国家的城市化过程（包括其失误），而且还在政府主导下出现更多的中国特色的城市化乱象。如甘肃省兰州市削山造城，河南省濮阳县西辛庄村首创“村级市”；有房无人的新建“鬼城”越造越多；不少地方正用以GDP为指标制定经济发展规划的思路，以城市化率为指标制定城市化发展规划；国家发改委也在最新城市化规划中提出要在中西部地区再打造10个城市群的城市化发展目标。这些现象显示，我们现在所搞的城市化，仍未脱离以往政府主导的重速度、轻质量、高投入、低效率的大跃进运动式的“传统”城市化轨道。如此搞下去，难免要继续受市场规律和城市化规律的惩罚！

三 “新型城镇化”战略的实施及其挑战

（一）“新型城镇化”战略的提出及其主要内容

针对改革开放30多年来城市化发展过程中出现的诸多问题，面临经济保持年均增长率超过10%的高速增长时代已将结束，2013年3月中央明确提出了“新型城镇化”战略，并由国家发改委牵头、国土部等众多部委参与先后制定和出台了《全国促进城镇化健康发展规划（2011—2020年）》和《国家新型城镇化规划（2014—2020年）》，进一步阐释了新型城镇化的基本方针和实施战略。这显示，新一届中央政府更加重视城市化的发展，并把城市化定位为推动经济持续发展的重要引擎，把城市化战略上升为国家战略。

中央政府新近推出的“新型城镇化”战略的相关内容及关系，如图3所示。可以认为，中央政府推进新型城镇化的基本目标，大致可概括为两个方面：一是由以往的高消耗、高污染、高增长经济和投资拉动主导型经济转变为资源环境友好型经济和个人消费主导型经济，实现经济发展方式转变；二是努力解决好“三农”问题，缩小城乡收入差距，实现城乡一体化发展。最终目标是实现社会经济可持续发展，建成小康社会和现代化强国。

在推进新型城镇化过程中，李克强总理一再强调新型城镇化的核心是“人的城镇化”。以此理解，新型城镇化的主要内容，就应该是由农村迁向城市人口的市民化问题。也就是说，“以人为核心”的新型城镇化，就是应该使迁移到城市的农村人口真正实现城市化和市民化，使他们平等地分享到城市的基本公共服务和城市居民权益，体面地常住在城市生产、生活。但由于中国的现行体制，要实现农村迁向城市人口的市民化，就不可避免要涉及与之密切相关的户籍制度、土地制度、金融制度、企业制度、财政制度、行政管理体制等一系列制度改革和政策创新。没有这一系列制度的改革和相关政策的创新，农村迁向城市人口的市民化就难以实现，新型城镇化就难以成功。因此，新型城镇化亦包括诸如户籍制度、土地制度等各种相关制度的改革和政策创新。2014年7月，国务院发布了《关于进一步推进户籍制度改革的意见》，预示着为推进新型城镇化发展的综合改革已经开始。

根据李克强总理在2013年“两会”上作的政府工作报告和《国家新型城镇化规划（2014—2020年）》，中国的新型城镇化到2020年要解决好现有“三个1亿人”问题，即促进约1亿农业转移人口和其他常住人口落户城镇，改造约1亿人居住的城镇棚户区和城中村，引导约1亿人在中西部地区就近城镇化。这里主要涉及图3中的两个问题：一个是农村流向城镇的城市化人口，怎样在东、中、西三大地区分布；一个是农村流向城镇的城市化人口，如何在大、中、小不同规模的城镇分布。显然，中央政府的新型城镇化规划是明确的：第一，中西部地区的约1亿人要就近城镇化；第二，由于《国家新型城镇化规划（2014—2020年）》提出要“加快发展中小城市，有重点地发展小城镇，促进大中小城市和小城镇协调发展”，同时还强调要“严格控制特大城市人口规模”。这就是说，主要集中在东部地区城镇的约1亿农业转移人口和其他常住人口，要使他们主要集中到“加快发展”的中小城市和“重点发展”的小城镇落户，而类似北京、上海、广州、深圳等特大城市，则要严格控制农业转移人口迁居落户。

（二）实施“新型城镇化”战略的主要挑战

基于上述目前城市化发展的基础、现状和所处的体制环境，实施新型城镇化战略无疑要面临很多的挑战，以下几个方面也许是实施新型城镇化需要面对的主要挑战。

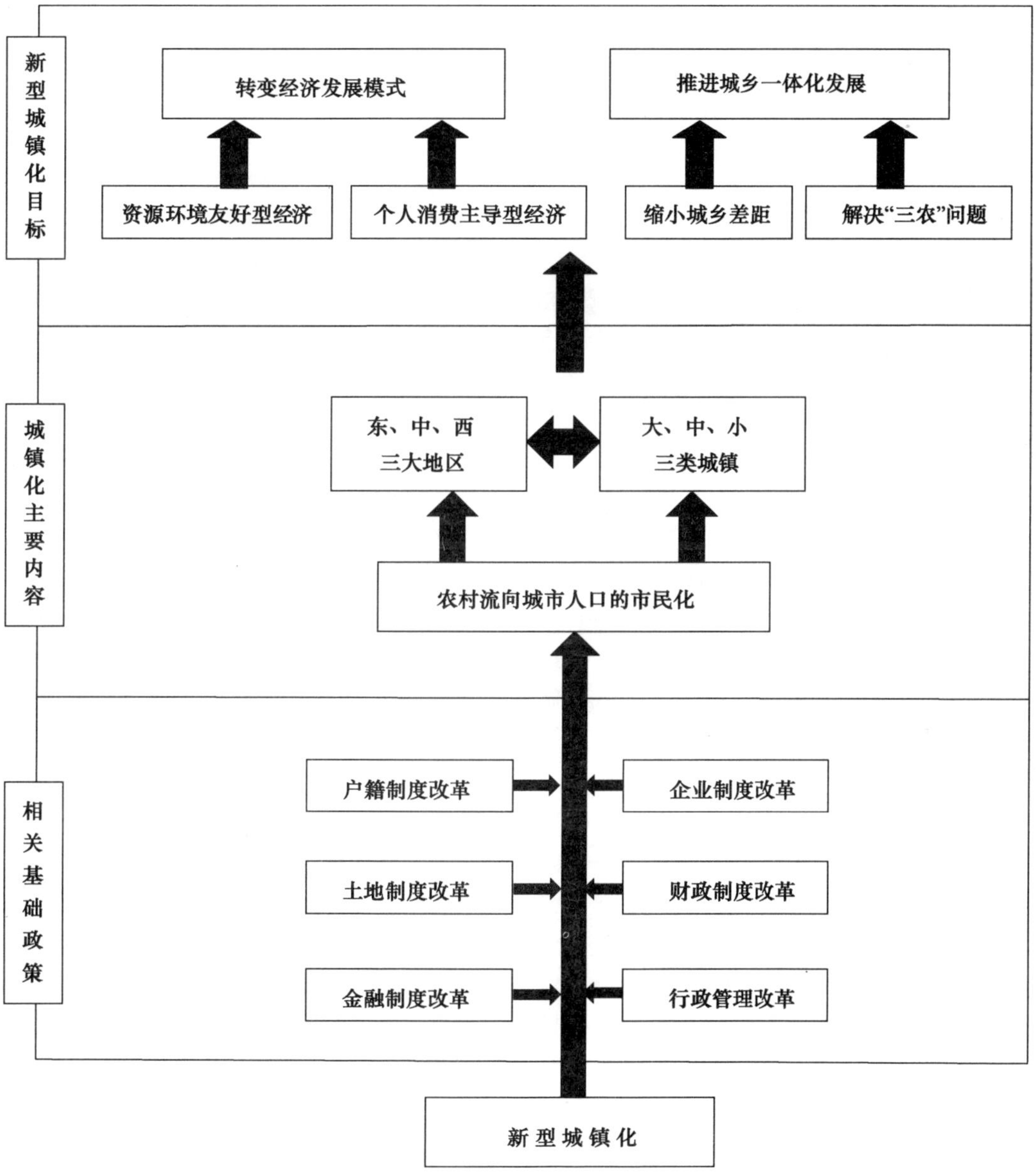

图 3　新型城镇化关系“全景”

资料来源：作者根据相关文件的理解绘制。

第一，以往“旧”城市化发展的巨大惯性，将使新型城镇化战略的实施面临很大困难。惯性是事物变化的一般规律，城市化作为一种社会经济现象也同样遵循惯性规律。特别是改革开放以来中国城市化的发展规模大、速度快，因而必然具有更大的惯性，特别是改革开放 30 多年来一些违背城市化规律的“问题”，城市化运行所形成的“负”惯性也不小，并构成阻碍新型城镇化发展的巨大障碍。例如，城市化管理与实施单位的领导干部们的观念意识和主观行为具有一定的惯性。在以往的城市化过程中，大规模的土地城市化为政府带来了巨大财富，政府责任者不管是观念意识还是主观行为，都想把土地城市化继续下去，目前政府对房地产业发展转缓、土地财政减少的应对已显示出其巨大的惯性；以往城市化过程造成的一些既成事实，也将保持其客观趋势延续下去。例如，比较典型的由以上所说的土地城市化造成的大量空置房完全消化尚需时日，特别是要改观为数不少的“鬼城”更需较长的时间。要实施新型城镇化，就必须克服以往城市化发展的巨大惯性，逆转其“问题”城市化的运行趋势，使城市化“拨乱反正”，回归正途，健康发展。

第二，利益的重新切割和再分配，将构成推进新型城镇化的巨大障碍。新型城镇化强调要“以人为核心”的城镇化，推进基本公共服务均等化等不同社会群体分享国民权益的公平、公正，这就要求打破已有利益格局，对利益进行重新切割和再分配。比如，推进新型城镇化必须开展户籍制度改革，对不同社会群体既得利益进行力度较大的全面调整。这样就难免遇到来自各方面的阻力。如由现有户籍制度划分的城市人口集团，长期享受优于农村人口的市民待遇，大量农村人口迁移进城的市民化就可能影响他们对城市基础设施的利用及各种公共资源与服务的享受水平，甚至可能要直接抢他们的饭碗，影响其子女的升学概率。特别是城市人口集团中的权贵集团，更是只考虑自己享受，不愿意别人分享自己高度垄断的权益。所以城市人口集团对户籍制度改革大多是消极的，甚至是抵制的。

第三，新型城镇化作为国家战略推进，涉及国民经济、社会制度和行政体制的方方面面，是一个极为复杂的系统工程。全面深化改革，是一个庞大的系统工程。图 3 已初步显示了新型城镇化所涉及的各种关系和内容的复杂性。如推进城市农业转移人口的市民化，农民进城市民化了，就涉及农村土地怎么办，原来规划的建设用地怎么办，这就涉及土地制度改革；农民进城市民化了，就涉及怎样使他们平等分享到城市居民的各种权益，怎样使他们尽快融入城市社会，这就涉及社会保障制度的改革；农民进城市民化要分享城市居民的各种权益，需要增加城市基础设施和基本公共服务，这就涉及金融制度和财政制度的改革；要取消以往城市化过程造成的空置房及“鬼城”，就要增加居民收入，提高居民消费购买能力，同时要降低房价，使居民能买得起房，这就涉及房地产政策及分配制度的改革。中央政府也看到了这一点，所以建立了“规范用地流转、完善农村宅基地有序退出机制”①，并出台了《国务院关于进一步推进户籍制度改革的意见》等文件，规范和指导新型城镇化的发展，并明确要求各省、自治区、直辖市人民政府要统筹考虑，因地制宜，防止急于求成、运动式推进。

第四，新型城镇化的主要内容之一，就是要通过重点建设和发展中小城市（镇），把大量农村转移人口集中到重点建设和发展的中小城市（镇）。在科学涵义上，城镇化与国际上通用的概念——城市化是完全一致的，但中国政府坚持使用城镇化的概念，无疑显示了政府对城市化的强烈政策倾向，即主张重点建设和发展中小城市（镇），把大量农村转移人口集中到重点建设和发展的中小城市（镇）。但是，人口迁移和城市化自有它的发展规律；市场经济以及集聚经济等经济规律的作用也是难以改变的。如前述，改革开放 30 多年以来，受市场经济及集聚经济等经济规律的作用，中国日益活跃的迁移人口，即使在“控制大城市规模、合理发展中等城市、积极发展小城市（镇）”政策作用下，也仍然选择迁向大城市，而且总体来看城市人口规模越大，迁入人口越多，常住人口增长越快（见表 1）。从省际人口迁移中选择迁向京津冀、长三角和珠三角三大都市群的人口占全国的比重来看，1985—1991 年间迁入人口比重为

---

① 见新华网，http：//news. xinhuanet. com/pobtics/2013 -04/03/C -115269366. htm，2013 年 4 月 3 日。

32.97%，到2005—2010年间即上升到64.27%，几乎增加了1倍[①]，也同样显示省际人口迁移流向大城市的集中趋势更加明显。新型城镇化如何改变已延续30多年并日益增强的向大城市集中迁移的趋势？

第五，新型城镇化的另一主要内容，就是要引导约1亿人在中西部地区就近城镇化。事实上，上述主要选择集中迁向东部地区京津冀、长三角和珠三角三大都市群的迁移人口，主要来自中西部地区特别是农村地区。也就是说，改革开放30多年以来的省际人口迁移，主要表现为中西部地区农村人口向东部地区城市特别是大城市的迁移（王桂新，2000、2012）。图4显示了1995—2000年和2005—2010年间东、中、西三大地区的省际人口迁移流分布。可以看出，中西部地区的迁出人口都是主要选择向东部地区迁移，而且选择向东部地区迁移的人口规模和比重均呈增大趋势；从净迁移考察，中部和西部地区都是人口净迁出，只有东部地区一直是人口净迁入。比如，在2005—2010年间，选择迁入东部地区的人口比重高达80.33%，比1995—2000年间的迁入人口比重提高了约3个百分点；东部地区的净迁入人口规模为3 164万人，比1995—2000年间的净迁入人口规模增加了将近1 200万人。同样，在这种情况下，新型城镇化如何改变已延续数十年的“一江春水向东流”的迁移趋势，引导约1亿人能在中西部地区就近城镇化？特别是经济发展比较落后、人口分布比较稀疏的地区，城市体系“一城独大”几乎是普遍规律。中西部地区各省区的城市体系完全符合这一规律，基本上都是省会城市“一城独大”，而其他城镇的人口规模都相对较小，吸引力较弱。这样要引导约1亿人在中西部地区就近城镇化将更加困难。

第六，如何正确处理好政府与市场的关系以及把握新型城镇化的科学内涵与遵循城市化客观规律，以推进新型城镇化健康发展，这可能是一个最大、也最难以应对的问题和挑战。前已述及，以往城市化发展过程中存在的一个很大问题，就是不少地方以政府主导代替市场作用，而且这一问题也带来了如前述盲目规划、土地财政、以房地产业绑架城市化等一系列不良后果。现在中央政府把新型城镇化定位为国家战略，在一定意义上似乎更易强化政府作用的倾向，以大政府的强干预取代市场的作用恐怕更容易成为趋势。从城市化本身考察，城市化作为一种社会经济现象，有它发展的客观规律；作为国家战略的新型城镇化，也一定有其内在的科学内涵。要推进新型城镇化健康发展，必须把握新型城镇化的科学内涵，遵循城市化发展的客观规律。但中国长期以来已习惯计划思维，以上说的“一官独大”现象也很突出，在这种情况下如何把握好市场，处理好政府与市场的关系？发达国家城市化发展的成功经验在中国未必适用，中国推进“新型城镇化”如何遵循城市化发展的一般规律？概而言之，如何处理好政府与市场的关系，正确把握新型城镇化的科学内涵，遵循市场经济与城市化发展的客观规律，推进新型城镇化健康发展，对各级政府及决策者来说都是一个必须认真面对的考验。

四　推进中国城市化健康发展的几点建议

目前，中国正面临全面转型，城市化的发展也进入一个关键时期。能否克服以往城市化的各种问题，新型城镇化能否顺利推进，都事关能否保证社会经济全面转型、顺利跨越“中等收入陷阱”、早日实现“中国梦”。2013年中央经济工作会议也曾特别提出要“积极稳妥推进城镇化，着力提高城镇化质量”，确保城市化健康发展。如何推进中国城市化健康发展？根据以

① 长三角都市群包括上海、江苏、浙江一市二省，京津冀都市群包括北京、天津、河北二市一省，珠三角都市群只包括广东省一省。根据1990年和2010年人口普查数据，长三角与京津冀两大都市群均不包括各自省内部之间的迁移人口。

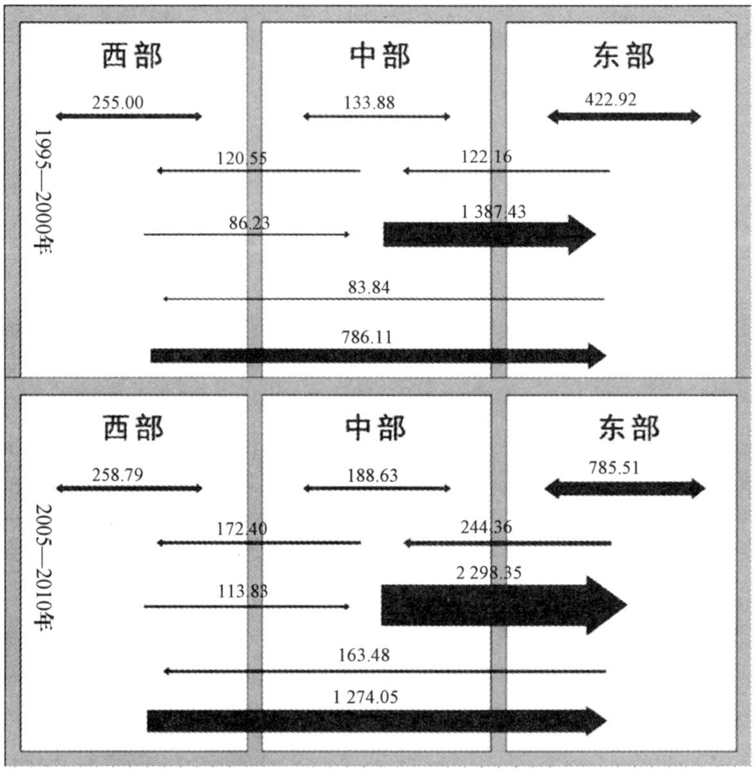

图4 1995—2000 年和 2005—2010 年间中国三大地区省际人口迁移流（万人）

数据来源：根据 2000 年、2010 年全国人口普查数据绘制。

上分析研究，借鉴国外成功经验，综合考虑至少应该注意抓好以下几点：

第一，要认真学习城市化基本理论，掌握城市化发展规律；结合中国具体国情及城市化的实际，科学借鉴和活用发达国家城市化的成功经验。正确的理论可以指导科学实践，科学城市化理论应该成为中国推进城市化发展的指导理论。要把城市化作为国家战略，就应该自上而下，组织各级政府主管干部及相关专业人员，认真学习和掌握城市化理论，提高城市化理论水平。前已述及，发达国家已经有成功的城市化经验供我们参考和借鉴。当年日本采取学习、模仿战略，经过二十几年的高速增长就成为发达国家①，我们已高速增长 30 多年，至今还是停留在发展中国家阶段②。历史的经验值得注意，有成功的经验不学习并非大智。要充分认识人类社会的共性和城市化规律的普遍性，没必要因意识形态不同就拒绝发达国家城市化的成功经验。发达国家城市化的成功经验，根本的一条就是充分发挥市场作用，尊重城市化规律，按市场规律和城市化规律推进城市化的发展，政府只是在市场失灵时适时进行调控，对城市化的发展提供制度和法律保障。学习和遵循城市化规律，借鉴和活用发达国家城市化的成功经验，是中国推进城市化少走弯路、健康发展的重要手段和有效途径。

第二，以科学态度深入探讨新型城镇化的主要内容，进一步明晰新型城镇化的科学内涵及主要内容的科学性，真正把新型城镇化战略建立在中国的具体国情与严谨的城市化科学基础

① 当然这只是一个方面的原因。

② 见《中国共产党第十八届中央委员会第三次全体会议公报》。

上。新型城镇化，虽然是中央政府在总结以往城市化发展基础上提出的，不少学者也对其进行了很多阐释，但从其科学基础及初步实施来看，总体而言新型城镇化还属于一个多方面有待进一步培育和完善的“新生事物”，其两项主要内容的实施部署仍存在一些值得进一步探讨的问题。如前已述及“要引导约1亿人在中西部地区就近城镇化”的问题，就中西部地区来说：其一，那里多山地荒漠，生态环境比较脆弱，不少地方属于限制开发区域甚至禁止开发区域，把1亿人留在那里就地开发，不利于当地生态环境的保护；其二，中西部地区自然环境地域差异很大，人口分布稀疏，城市体系发育不健全，省会城市“一城独大”和人口向省会城市的高度集中，而地县级城市多规模不大，吸引力也比较弱，难以吸引农村人口就地向中小城镇迁移；其三，中西部地区经济发展比较落后，改革开放30多年来迁出人口主要迁向东部地区不仅已形成很大的惯性，而且本身也说明这种选择的合理性。诸如此类，都不利于这个“1亿人”目标的实现。而且，要实现市民化的“1亿人”目标，也与一些客观规律相抵触，规划中要实现“市场在资源配置中起决定性作用”与“严格控制城区人口500万以上的特大城市人口规模”在严谨的科学意义上也并不能相洽。所以，对新型城镇化战略一些内容的科学性和可行性，仍有进一步探讨和论证的余地。

第三，积极推进政治体制和经济体制综合改革，为推进城市化健康发展提供制度保证；在此改革基础上，从整个国家系统着眼，对城市化总体推进思路及相关制度安排做出顶层设计。长期以来，中国作为一个“一官（书记）独大”的强势政府，一切社会经济活动无不由政府绝对主导，包括目前中国新型城镇化的推进也是如此。开展政治体制改革，就是要政府下放权力，转变职能，尊重市场规律，实行民主决策。由于城市化涉及人口、户籍、就业、土地、住房、医疗、教育、社会保障等互相联系、彼此制约的多种制度，所以深化经济体制改革，就是要推进城市化各相关方面的联动改革、配套改革和综合改革。首先要从根本上改革以户籍制度为基础的二元社会体制，改革土地赋权和流转体制，排除人口城市化正常发展的制度性屏障；同时要以市场主导替代政府干预，使人口城市化回归市场并按自身规律发展。应该认识到，实现以户籍制度为基础的二元社会体制及土地赋权、流转的根本性改革，是推进城市化健康发展的基本前提；建立以人为本、公正民主、市场主导、信息透明的科学决策机制，是推进城市化健康发展的重要保障。基于城市化的系统性，要推进中国城市化健康发展，还必须在以上改革基础上从整个国家系统着眼，分析整个国家系统与城市化系统之间的关系，特别要通过透视各大利益集团的博弈关系、各种错综复杂的改革路径以及城市化本身的各种要素构成、作用机理，找出影响城市化健康发展的各种体制（或制度）性和战略性障碍，厘清城市化本身各种构成要素之间的关系及其相互作用规律，反思新中国成立以后，特别是改革开放以来城市化所走的弯路及其经验教训，对城市化总体推进思路及相关制度安排做出系统性顶层设计。

第四，采取综合调控措施，逐步实现人口城市化与土地城市化以及工业化和农业现代化有序、协调发展。这不仅是城市化发展的基本规律，也是发达国家城市化的重要经验。近年中国城市用地疯狂扩张，土地城市化远超人口城市化，造成土地资源严重浪费，所以必须严格控制土地城市化的恶性扩张，坚持高效、集约利用土地。而人口城市化与农业现代化又明显滞后于工业化及非农化，因此也要采取措施，尽快改变目前这种现状，大力发展农业现代化，使人口城市化在农业现代化不断提高的前提下有序地转移农村劳动力，并与工业化、非农化发展相互协调、互动发展。根据发达国家的经验，一般应把第二产业劳动力比重与人口城市化率之比，包括第二产业的非农产业劳动力比重与人口城市化率之比控制在0.5和1.2左右，方可保证人口城市化与工业化、非农化保持相对协调状态（王桂新，1997）。在推进人口城市化加快发展的过程中，要创新思路，积极探索，通过户籍制度、土地制度、劳动力市场、教育、医疗、社会保障及财政制度等改革，妥善处理好现有城市农民工的市民化和城市新增迁入农村人口市民化的问题，近几年首先要集中解决现有城市农民工的市民化问题，在此基础上再努力解决好城市新增迁入农村人口市民化的问题。通过改革实践，逐步消灭目前形态的半城市化现象，使以后每个城市化人口实现自由流动、人户（籍）同迁、一步到位的完全城市化。

第五，加强农村基础建设，提高农村发展能力，控制城乡收入差距扩大，特别要保证农民能分享城市化的成果。根据发达国家的城市化经验，一是要根据市场规律和城市化规律，允许人口、劳动力自由流动，实施以效益优先的集中型城市化战略，通过城市化促进生产要素的优化配置和经济社会的快速发展；二是政府要注意发挥“好”的保障和调控作用，在推进城市化发展时加强农村基本建设，提高农村发展能力，控制城乡收入差距扩大，统筹城乡协调发展，使农民与市民共享城市化的成果。具体要做到：制定保护和扶持农村和农业发展的政策、法律和法规；加大对农村和农业的投入，促进农业发展和农村公共基础设施的建设；加强对城市化过程中农村土地流转的管理，提高城市土地利用效率；坚持城市反哺，发展农村，提高农民收入，把城乡收入差距控制在较低水平。根据发达国家的经验，一般应把基尼系数控制在0.4以下。目前中国的基尼系数已远超这一水平，因此一定要积极采取措施，尽快把基尼系数降下来。通过加强农村基础建设，提高农村发展能力，控制城乡收入差距扩大，特别要保证农民与城市居民一样能分享城市化的成果。

第六，要搞好城市化科学规划，制定城市化发展战略，实现城乡共生和“一体化”发展。要遵循城市化阶段性、周期性和区域差异性规律，根据中国的区域差异以及各地城市化的发展阶段和水平，深入实地调研，制定城市化科学规划，提出区域城市化发展战略。国家发改委制定国家城市化规划，应立足全国，主要体现原则性和指导性。各个地方制定城市化规划，一定要立足本地区实际，主要体现区域性、差异性和具体可操作性。要区别城市规划与城市化规划，二者虽只有一字之差，但理论和方法却有很大差异。城市化规划更要以人为本，更具综合性和复杂性。可目前却几乎都在像做城市规划一样做城市化规划，其结果总是差“一口气”。在制定地区城市化规划时，一定要根据城市化理论和本地区实际，参考国家关于城市化总体推进思路及相关制度安排的顶层设计，以城乡融合、协调发展为基本原则和目的，通过规划建设不同规模、层次的城市圈和生活圈的网络体系覆盖全国，把有利和可能实现二者融合的城市与农村地区作为同一规划地区，使被规划为同一规划地区的城市和农村能相互交流，相互扶持，形成一个城乡发展综合体（如城市圈或生活圈）。在这个城乡发展综合体中，农村要向城市提供农产品和生态支持，城市要反哺农村，把带动农村发展作为自己的责任；农村和城市在相互交流、相互扶持中，逐步实现城乡共生和“一体化”发展的城市化目标。

参考文献

1. 王桂新、黄祖宇：《中国城市人口增长构成及其对城市化的贡献：1991—2010》，《中国人口科学》2014年第2期。

2. 王桂新、沈建法、刘建波：《中国城市农民工市民化研究》，《人口与发展》2008年第1期。

3. 蔡昉、王德文：《中国经济增长可持续性与劳动贡献》，《经济研究》1999年第10期。

4. 王桂新、沈建法、魏星：《中国省际人口迁移与经济发展互动关系研究》，《中国劳动经济学》2004年第1期。

5. 王桂新、潘泽翰、陆燕秋：《中国省际人口迁移区域模式变化及其影响因素》，《中国人口科学》2012年第5期。

6. 汪丁丁：《寻租中国》，《百度文库》2012年2月22日。

7. 王桂新：《城市化发展几个问题的思考》，《人口研究》2012 年第 2 期。

8. 马喆：《北京 279 处撂荒地面积逾 5 800 万平米　相当于 80 个故宫》，中国广播网（北京）2013 年 5 月 27 日。

9. 王桂新：《中国经济体制改革以来省际人口迁移区域模式及其变化》，《人口与经济》2000 年第 3 期。

（作者单位：复旦大学人口研究所）

试论当前中国人口发展的阶段特征及其影响

——以城乡关系为视角

曹文明　吕颖慧

据《中国统计年鉴2013》，1996—2012年中国大陆城镇化水平由30.48%提升为52.57%，年均递增近1.4个百分点。《2013年国民经济和社会发展统计公报》公布中国大陆城镇常住人口达到73 111万人，占总人口比重为53.73%，比上年末再提高1.16个百分点。人口城镇化是现代化的重要内容，人口变迁对现代化进程具有全局意义和影响。中国城镇化的快速提升既反映了现代化进程中的发展和成就，也表明了社会转型的急剧和深刻。另一方面，快速且急剧的社会转型，也导致社会问题、社会矛盾的积累日渐突出尖锐。从人口发展的角度来看，与城镇化相伴生的中国城乡社会的阶段性变化，概括起来主要有：以城镇人口为主导的城乡社会结构开始成型，中国已告别数千年的乡村社会；农村精英过度流失，农村“空心化”态势快速蔓延；“农村病”与“城市病”并发多发，对人口的健康发展造成极大威胁；社会文化生态的剧变还导致城乡历史文化和自然遗产破坏严重，直接影响国人的生活质量和国家未来发展的根基。这些阶段性变化及其带来的新问题、新形势，是中国以往从未经历过的新课题，对人口发展、农业农村发展乃至国家的发展全局都具有深远的影响，值得深入分析和对待。

第一，城镇化的快速推进使城乡社会结构发生历史性变化，以城镇人口为主导的城乡社会结构开始成型。

城镇化是伴随工业化而产生的经济社会结构变迁过程中最突出的历史性现象之一，推进城镇化稳健发展是关系现代化建设全局的战略性任务。进入新世纪以来，党和国家高度重视城镇化工作，十六大做出了走中国特色城镇化道路的战略决策，十七届五中全会对积极稳妥推进城镇化作出了具体部署，十八大进一步做出了走中国特色新型城镇化道路的战略部署，要求推动工业化和城镇化良性互动、城镇化和农业现代化相互协调。在此背景下，中国城镇化水平得到快速提升。2011年城镇化率达到51.3%，城镇人口总量首次超过农村人口，标志着城乡社会结构发生历史性转折。到2013年末中国大陆总人口达到136 072万人，其中城镇常住人口为73 111万人，占总人口比重为53.7%，比2011年末又提高2.4个百分点。

作为传统社会向现代社会转型的核心内容之一，城镇化水平的快速提升反映了中国社会结构、生产方式、生活方式的历史性变化，表明中国已告别数千年的乡村社会，正在从传统的以乡村人口为主体的社会结构转变成现代的以城镇人口为主体的社会结构。这种巨大的社会变迁是人口流动的结果，对今后的人口布局和发展具有多方面的影响。一方面可以为城乡协调发展创造新的条件、空间。农村人口向城镇的转移，相应增加了农村居民人均占有资源量，有利于提高农业生产的规模化和市场化水平，有利于提高农业生产效率和商品化率，推动现代农业的发展，也有利于增加农民收入、提高农民消费水平；而且城镇化水平的提高，城市经济实力的提升，还有助于增强以工补农、以城带乡的能力，有利于改善农村面貌，带动农村经济社会发展，这些客观上都有助于减弱农村对人口外流的推力。另一方面，社会结构的突变也对影响城乡人口发展的社会经济体制提出了更强烈的变革要求。传统的城镇人口与农村人口相区隔的城乡二元结构是在过去工业化的原始积累时期形成的，其基本格局就是土地、财税、金融、就业和社会保障等资源向城镇人口、向城镇经济的倾斜，近年城乡一体化战略的积极推进虽对这种二元结构的体制格局产生了一系列的冲击，但仍未改变农村人口、农村经济在整体发展中的弱势地位，而且目前社会存在的一些矛盾问题，尤其是日益凸显的一些阻碍“三农”长期发展的深层次问题和矛盾，与城乡分治的体制和政策有着密切的关系。由此，迫切需要把过去城乡分治的体制政策改建为城乡一体的体制框架和政策体系，否则如果这个体型庞大的强势城市继续从一个体型瘦小的弱势农村中抽血来滋补自己，不仅会进一步损害农村自身活力，而且继续牺牲农村也将危及中国社会生存和发展的根基。

需要指出的是，在城乡社会结构历史性变迁的同时，国内的劳动力供求关系也发生了重大转折。2012 年全国 15—59 岁劳动年龄人口为 9. 37 亿人，比上年减少 345 万人，这是在相当长的时期内出现的劳动年龄人口绝对数量首次下降。2013 年 15—59 岁劳动年龄人口进一步降为 9. 35 亿人，比上年再减少 227 万人。而 2010 年中国总抚养比已达最低点，少儿抚养比仍在下降，老年抚养比在不断上升。在劳动年龄人口总数持续下降的情况下，我国劳动人口总量即将出现供给拐点，在未来几十年内持续下降，再加上近十年来我国外出农民工增量持续减少，表明中国城镇化的快速发展所依赖的后备人口资源正逐渐收缩，中国正从城镇化快速发展阶段转入城镇化稳定发展阶段。城镇化面临的人口环境正在发生转折性变化，客观上要求对人口政策在内的城镇化政策做出重大调整。

第二，青壮年劳动力的过度流失，导致农村“空心化”现象不断蔓延，农村的发展活力受到严重削弱。

城镇化水平的提高与农村人口的趋减是社会转型中密切联系的两项内容，城镇化水平的提高必然以农村人口的外流作为前提，在这个意义上农村人口外流不可避免。2012 年全国农民工总量达到 26 261 万人，比上年增加 983 万人，其中外出农民工 16 336 万人。2013 年全国农民工总量为 26 894 万人，比上年再增 2. 4%，其中外出农民工 16 610 万人，增长 1. 7%。但是农村人口外流在给经济增长与农民生活带来收益的同时，其青壮年劳动力的过度流失也已经成为当前“三农”问题的突出现象，导致农村“空心化”态势快速蔓延，强化了农业农村的弱势地位。如果翻阅相关报纸新闻，可以深刻感受到，在稍微远离城市的农村，尤其是在中西部农村，除了春节等个别的时日，整个村庄只剩下留守的妇女、儿童、老人，很难遇到五十岁以下的中青年劳动力。笔者在家乡——山东西部农村也多遇到如此凄凉寂寞的景象。这种情况已成为影响农村经济、阻碍农村发展的重要因素，在直接带来务农劳力缺乏的“农民荒”的同时，也对农村发展带来了相应的连锁反应。

农村的“空心化”，主要包含两个方面的内容：一是建筑景观层面的“空心”，即农村住宅“人走屋空”、村庄用地“外扩内空”现象，这主要涉及农村的土地利用、住宅规划等问题，其后果是稀缺土地资源的浪费；二是内在资源层面的“空心”，即农村精英及其有形资本、社会资本等过度流失到城市，从而造成了农村资源匮乏、农业生产萧条、生活环境脏乱、公共事业衰败等景象。这两个层面密切联系，但后一种“空心”的影响更为深远，可以说，“空心化”现象反映了工业化、城镇化快速推进下的传统农村衰败的景象，其成因、影响及治理等问题都需要深入研究。“空心化”是农村衰败的表现形式，其本身就对农村发展带来危害，直接造成了村庄土地资源的浪费，乡村发展缺乏人才活力等，但从国家的全局来看，危害更为深远。

一是农业从业人员素质水平下降，农村后备劳动力资源严重匮乏，制约现代农业发展，威胁国家粮食安全。随着大量人口外流，尤其是青壮年劳动力大量外流，农村土地撂荒日益严重，深刻地影响农业稳定和粮食安全。农村劳动力大规模迁徙至城市，在给城市发展提供了源源不断的廉价生产力的同时，严重削弱了农业的发展后劲。现在几乎没有年轻人愿意留在农村，留在农村也很难找到发展的“空间”。除了城市郊区和一些非农产业发达的农村以外，废弃的院落和抛荒的耕地几乎成为全国农村的共同景观，以种地为耻、出去闯一闯成为农村青年一致的观念。清华大学2013年发布的一项调查结果显示，70%的农民工不打算回乡就业，其中，20世纪90年代和80年代出生的新生代农民工不打算回乡就业的比例分别达72.7%和71.2%；60—70年代出生的农民工这一比例为69.0%；50年代及以前出生的老一代农民工中，选此项的比例低于其他三个出生组，但也达到68.0%。即使回家就业，他们多数也排除了务农的选择：首选是“自己经商做买卖”（40.9%），其次是“去企业工作”（23.2%），二者合计达64.1%。只有15.7%的人选择回家“务农”，其中90年代和80年代农民工群体中，选择“务农”的仅仅分别为3.8%和7.3%①。在中老年劳动力已成务农中坚力量、青壮年劳动力普遍不愿务农的态势下，从“农民荒”、“土地荒”到“粮食荒”，其间还有多远？

二是青壮年劳动力过度流失导致农村经济衰落，致使贫困地区发展更加艰难。随着外出务工收入成为农民收入的重要来源，贫困地区青壮年大量外出现象更为明显，但外出务工收入的增加无法抵消人才流失对本地区长远发展的不利影响。农村人才大量流失不仅制约了农业发展，更使畜牧业、渔业、林业等多种经济形式的发展失去动力，使农村的文教科研和卫生部门的人才出现严重空缺，从而进一步拉大了地区间经济社会发展的差距，这种差距反过来又削弱了贫困地区招商引资能力，导致贫困地区经济发展出现恶性循环，加剧城乡、地区差距，可以说青壮年劳动力缺失已成为农村经济发展的最大制约因素。

三是空心化使农村社会主体过度老弱化，导致广大农村的社会功能退化，农村深陷社会管理之困，加大了社会治理的成本和难度。外出务工的劳动力多是有一定文化的青壮年，高素质劳动力的过度流失使农村基层后备干部严重不足，村级换届选举中不少地方只能将年龄大、文化低，甚至能力不强的村民选入村委会，致使村干部素质下降，无法带领农民发展生产、进行产业结构调整，也制约了农村公共事业的发展，导致留守群体中的恶性治安问题多发频发。2013年5月全国妇联发布的《全国农村留守儿童、城乡流动儿童状况研究报告》显示，2010年全国有农村留守儿童6 102.55万，占农村儿童总数的37.7%，占全国儿童总数的21.88%，其中重庆、四川、安徽、江苏、江西和湖南等省留守儿童占农村儿童的比例超过50%，湖北、广西、广东、贵州的比例超过40%，农村留守儿童不仅广泛分布于中西部省份，也分布于江苏、广东等东部发达省份，甚至有205.7万的农村留守儿童单独居住②。由于亲情的缺失、家庭教育的缺位，他们相当程度地存在着生活、教育、情感、心理、安全等一系列问题，对其性格养成、行为习惯以及家庭和社会都有诸多潜在的负面影响，影响着全社会人口素质的提高。青壮年人口流失还加剧了农村的人口老龄化问题。目前，全国农村还有约4 000万留守老人，他们的养老问题及其安全问题，也需要妥善的解决办法。另外，由于缺乏治理，农村环境脏乱的问题也很突出。诸如此类因农村空心化而形成的社会问题愈发凸显，如果处理不及时、不恰当，不仅会影响农村的社会治安，而且更可能殃及农村、农业未来的长远发展。

四是由于工业化的冲击以及人才的缺乏，农村农业生产的诸多传统技能和知识方法正在日趋边缘化，传承了数千年的知识、技能包括传统的工艺等文化资源面临失传的危险，尽管在工业化的背景下这类知识技能失去了在全社会广泛保存应用的条件，但其间蕴含的宝贵智慧、技巧、经验一旦丧失，将是中国农业、中国文化不可弥补的损失。

---

① 周易：《清华大学调查显示中国户籍城镇化率仅为27.6%》，《中国青年报》2013年11月5日。

② 全国妇联课题组：《全国农村留守儿童、城乡流动儿童状况研究报告》，《中国妇运》2013年第6期。

第三，农村病与城市病相互叠加，各种环境问题严重影响人口的健康发展。

所谓“农村病”与“城市病”，实际上都是在现阶段中国经济快速发展、社会急剧变革的同时，农村、城市所伴生的各种不协调的负面效应。两者各有征象，农村病更多表现为滞后发展症状，主要呈现为人口流失、生产退化、社会涣散、教育衰败、环境污染等问题；城市病则是一种过度发展症状，典型表现是人口膨胀、交通拥堵、环境污染、住房紧张等问题。但是，两者的病因则有一致性，就是在既有城乡二元结构的背景下，很多地方盲目追求城镇化的速度与规模，而对城乡协调发展着力不够。由此，人口迁移与环境污染将农村病与城市病——中国城镇化进程中日趋严重的城乡两极发展趋势密切联系起来。当然大量农业转移人口的市民化进程严重滞后，他们大多仍无法在户籍身份以及教育、就业、医疗、养老、住房等社会经济权利方面与城镇居民享受平等的待遇，这也应属城市病的重要表征，限于篇幅，本文不对此展开论述，但需要说明的是，在作为弱势群体游离在城市边缘、生活处境艰难、合法权益难以保障的条件下，广大农民工仍心甘情愿背井离乡、前赴后继涌入城市，足以反衬农业农村的弱势和孤寂，也能够说明城镇化发展质量和发展模式的突出问题。

2013 年 1 月 10 日至 14 日，京津冀区域出现 21 世纪以来最严重的持续空气污染事件，北京地区连续 5 天空气质量指数级别为重度污染和严重污染。是月，除了京津冀地区受污染最严重以外，罕见的连续高强度大气灰霾污染还席卷全国许多地区，涉及中东部、东北及西南共计 10 个省区市，占到国土面积的 1/3。国家发改委在题为《节能减排形势严峻　产业发展潜力巨大》的报告中也提到：一月份北京市只有 5 天达到空气质量二级标准，其他时间均为雾霾天气。2013 年 12 月 1 日至 9 日，中东部地区再次集中爆发严重的灰霾污染过程，长三角地区成为污染最重地区，京津冀地区和东北部分地区也污染较重。这两次污染范围广、影响人群多、持续时间长、污染程度重的大气重污染事件引起了全世界的关注，空气污染成为目前中国环境保护问题的一个缩影，它表面上看似由不利气象条件引起，但高能耗产业导致各种污染物排放量过大是主要原因，更深层次的原因则是快速城镇化和工业化进程中累积的环境问题集中爆发，是多年积累的点状污染汇集后形成的广泛的面状恶化。与此相对应，除了舟山市六项污染物全部达标外，2013 年京津冀、珠三角、长三角地区所有城市的空气质量均未达标。这清楚地表明环境问题的恶化趋势仍未得到有效的遏制，严峻的环境挑战不再遥远和抽象，已经成为制约我国经济社会发展建设全局的一个关键问题。

城市是人口最密集、社会活动强度最大的地区，大规模严重空气污染其实是多年来以猛扩张、高能耗、重污染为特征的粗放型城镇化长期累积的恶果，是人口、经济过度扩张导致的人口与资源、土地、生态环境的矛盾日益加剧的表现，是特大城市环境承载能力透支的警示，由此“城市拥挤、资源紧缺，环境容量顶到‘天花板’了”成为北京等特大城市发展的“突出难题”[①]。加之，机动车保有量急剧增长、建筑工地“遍地开花”、产业布局不合理、水资源缺乏等因素的影响，包括交通拥堵、垃圾处理困境等在内的一系列环境问题频繁发作、快速蔓延，正逐渐成为中国城市环境的不可承受之重，导致中国进入了城市病的集中爆发期，对基本生活和生存形成了越来越严峻的挑战，严重威胁到城市居民的身心健康，这不仅加大了经济社会和生态环境成本，也对中国城市的城市功能、结构调整和国际竞争力形成了严重制约。另一方面，随着工矿污染与城市污染向农村转移的趋势加剧，以及工业化的生产生活方式带来的农村自身污染的快速发展，中国农村环境污染也面临全面爆发的危险。环境保护部发布的《2012 中国环境状况公报》显示，随着工业化、城镇化和农业现代化不断推进，农村环境形势严峻，

---

① 郭金龙：《服从服务于首都城市战略新定位》，《人民日报》2014 年 7 月 28 日。

突出表现为工矿污染压力加大，生活污染局部加剧，畜禽养殖污染严重①。全国798个村庄的农村环境质量试点监测结果表明，试点村庄空气质量总体较好，农村饮用水源和地表水受到不同程度污染，农村环境保护形势依然严峻。可以说，目前农村生态环境污染不仅类型多样，而且来源广泛，呈现出输入型污染与自源型污染并发、点源污染与面源污染共存、生活污染和工业污染叠加、各种新旧污染相互交织的复合型污染特征，农村生态资源退化由局部向更广阔的区域扩展。

值得一提的是，精壮劳动力流失与农村环境污染之间也有一定的内在联系，其直接后果是农村环境治理和现代农业发展缺乏必要的人才资源支撑，配方施肥、土壤分析、新技术养殖等农业技术难以推广，农业粗放经营过程中过度使用农药、化肥、农膜等工业品导致农业环境面源污染问题日趋严重，目前许多地区的农业面源污染占污染负荷的比重已超过工业污染，成为当地及周边水体和土壤的主要污染源，进一步强化了内源性污染与输入型污染在农村区域的交叉、叠加、强化的发展态势。农村环境污染的直接受害者和最大受害者是农民，但农村污染正快速溢出农村范围，尤其是污染物在农作物中的积累，可以通过食物链进入人体，有可能危及国民的健康和国家的发展，事实上由环境污染引发的农产品安全和人体健康问题已经多次成为公共事件。在这种形势下，越来越多的城市和城市之间原来相应的农业隔离区越来越小，环境污染从局地快速向区域连片化发展，从东部地区向中部快速蔓延扩展，形成了多个城市群，包括广大农村在内的区域性污染，呈现出明显的时间压缩型、空间密集型、种类复合型、爆发集中型的特点。日益凸显的经济发展与资源环境的矛盾直接威胁现代化进程和国家生态安全，已成为制约城乡发展的重大瓶颈。如何疏解中国城乡的环境承载压力，阻断并扭转环境污染进一步扩散与加剧的趋势，不仅成为中国城镇化发展的当务之急，也事关国民的健康与发展。

第四，急剧的城镇化导致城乡居民的社会生态发生了重大变化，直接影响国人的生活质量。

天人合一思想是中华传统文化发展的基础性缘由和深层次根源，它与主客二分（或天人相分）的区别，构成了中西文化最根本、最深层、最核心的差异。这一理想渗透到古代社会生活的各个方面，古人生活其中的宏观聚落形态、微观建筑形态及其社会空间布局都从不同方面演绎着这一理想的深刻内涵，形成了一个个自然环境优美、空间变化有致、社会关系凝聚的"人—聚落（群体）—自然"有机社会文化生态系统，体现了中华先人处理人与自然、人与人、人与社会关系的智慧。但在快速城镇化的冲击下，中国城乡居民的社会文化生态系统正发生剧烈变化，不仅人与自然的和谐关系遭到破坏，而且城乡聚落及其建筑的建设也忽视应有的社会文化功能及其内在联系，导致社会文化空间的虚置化、碎片化、边缘化倾向，影响社会交往的深入和社会关系的凝聚。这种社会文化生态产生的背景，固然有工业化的社会生产生活方式的影响，也有与工业化相伴生的模式化、规范化、简单化的技术缺陷，更有贪大求洋、漠视中国文化智慧的观念误区。此类的问题与偏差，也可以归纳为中国传统城镇化的一大误区，亟须创造性地重构中国城乡居民的社会文化生态，再造和谐社会关系赖以依托的社会文化空间。

问题之一，城市建设忽视历史文脉和自然环境，历史文化遗产和自然遗产受损严重，"千城一面"现象突出。随着城镇化进程的不断加快，一些地方为在短期内提高城镇化率，加上对土地财政的严重依赖，不顾当地实际情况和城市发展规律，不考虑居民意愿，在城市发展上过度依靠行政权力干预，走上了大迁大拆大建的造城之路：建新区造新城、拆旧城造仿古城的做法不断蔓延，盲目抄袭的"洋、奇、怪"建筑盛行，多地历史文化街区频遭毁灭，部分国家历

---

① 中华人民共和国环境保护部：《2012中国环境状况公报》，中华人民共和国国土资源部网站，http://www.mlr.gov.cn/zwgk/tjxx/201306/t20130604_1223034.htm。

史文化名城仅剩空壳。这些情况都从多个方面直接影响到城市居民的生活环境和生活质量：一是诸多历史文化遗产的毁灭，造成城市精神文化的缺失，动摇城市特色和城市发展的文化根基；二是大拆大建破坏了各地城市丰富生动的自然山水风光、形胜生态特色，又损害了城市特色赖以形成的自然生态根基，甚至加剧了城市的环境问题；三是城市空间布局忽视了社会功能的复杂性和混合性，尤其是新建居住小区普遍缺乏社会交流、凝聚的物质空间形态，迷失了传统住宅的生活韵味和睦邻风尚。

问题之二，空心化引发乡村社会传统纽带的断裂危机。19 世纪末以来，尽管遭到多次社会政治运动的冲击，中国传统乡村仍保有着以血缘或拟血缘的人伦关系为纽带、以邻里信任为交往基础的共同体特色。这种共同体积淀了乡民共同遵守的规范、准则和信仰，在满足个体情感与精神需要的同时，也激发了共同的家园认同感、家园荣誉感，“远亲不如近邻”，“亲不亲、故乡人”就是乡村社会整合的典型例证。但在空心化的态势下，我们似乎听到了传统人伦纽带正在迅速断裂的声音，这不仅因为在农村弱势的条件下，乡民失去了家园的荣誉感，乡民长年累月的打工生活使原有的人伦教化丧失了传承的条件，乡村正由亲密信任的熟人社会演变为疏远冷漠的陌生人社会。而且因为农民向城市的转移、对村落的过度开发等，也导致许多传统村落迅速消亡。而正是传统村落的房屋围合方式和空间布局，造就了天人合一、温暖和睦的家园，哺育了友爱、互助、亲密、融洽的街巷风情和社会品德。传统村落作为文化之根，承载着悠远的文化记忆和深刻的思想智慧，它们的消失，可能意味着文化记忆的消亡、社会历史的断裂、发展根基的损毁。保护传统村落，延续乡土中国的文化根脉，已迫在眉睫。

问题之三，新农村建设中模式化倾向突出，影响农民的生产生活。随着城市规模的盲目扩张、建设用地的日趋紧缺，不少地方想方设法将农民手中的承包地及宅基地变为土地财政的来源渠道，以城镇化或新农村建设为名，强征农民承包地、宅基地，大搞拆村并点，强迫农民“上楼”集中居住。对地方政府来讲，拆村并点的目标更多是为了获得新增城市建设用地指标的经济利益，尽可能降低成本是当然的选择，新村建设质量低劣、盲目照抄照搬城镇小区的建设模式成为突出问题。“近日去几个新村里转了转，只见中央一个休闲广场，四周居民住宅楼林立，外围一圈环带水泥路，一排行道树……几个新村都是一个‘版本’。昔日的小河填平了，村头的大树移走了，一口口老井掩埋了。在这样的‘新村’里，田园风光消失了。”大拆大建、推倒重来的结果就是“将乡村‘洋化’，城不像城，乡不像乡，不但耗资多，浪费惊人，也割断了农村的历史和传统，毁掉了田园风光”①。拆旧村建新居，对于多数农民来讲，很难产生新的福利，反而剧烈改变了他们的生产生活环境，更有可能加重其生产生活负担。从农业生产上来讲，合并后的居民点必然加大生产者与承包地之间的地理距离，不仅会增加生产成本，也不利于农业生产的投入；从生活质量上来讲，上楼后的农民告别了以往低成本的生活方式，失去了庭院经济和家庭畜养的收入来源，水、菜、物业等生活成本反而大幅度增加。尤其对失地农民而言，工作难找，无所事事，生活水平大幅度下降，《人民日报》刊载的《“四处冒烟”的楼房》《被“农转非”的农民》《地没了，姑妈闲得慌》《失地农民长远生计无保障》等来信，就报道了不少农民被迫上楼、生活水平大为下降的窘境。另外生活方式的改变与社会交流场所的减少还带来社会交往的新问题，导致邻里、亲友交往互动的减少，相互关系变得疏远，使得一些传统的风俗和礼节也失去了传承的空间和条件。

农村是国人繁衍生息的根基，城市是国家经济社会发展的龙头，两者各有特色又相互影响。目前，在工业化、城镇化快速发展的过程中，由于片面追求高速城镇化而忽视城乡统筹发展，城乡都积累了诸多不平衡、不协调、不可持续的发展问题，不仅造成了日益严峻的“城市

---

① 曹乾石：《城乡一体化不能“城乡一样化”》，《人民日报》2013 年 10 月 22 日。

病”，也带来了日趋严重的“乡村衰败问题”，尤其是农业兼业化、农业劳动力的老龄化、农村空心化的发展和蔓延，成为自神农氏制以来中国数千年文明史上从未出现过的尖锐问题。

这四个阶段性特征具有难以分割的内在联系，其中既包含有社会变迁的本质内容和积极因素，同时也包含有中国城乡发展的严重问题，构成了中国社会变革的棘手挑战。这种形势凸显了打破城乡二元体制、转变城镇化发展方式、推动城乡一体化发展的必要性和紧迫性，也表明了当前中国经济社会全局性的阶段性变化，即经过近二十年的快速发展，中国城镇化进入了快速城镇化积累的矛盾凸显和“城市病”集中爆发的阶段，进入了必须依赖农村社会的活力和繁荣、依赖城乡一体化的有力支撑才能顺利推进城镇化进程的新阶段。在此背景下，宏观意义的人口工作也就具有了稳定人口迁移水平、加强人口的社会服务和综合调控、统筹解决城乡人口问题、促进人的全面发展的新内涵，亟须建立城乡规划、市场调节、政策激励、利益引导、产业布局、基础设施建设、公共服务资源配置等多种杠杆有机结合的人口布局调整和优化机制，积极有序推进和引导城乡人口合理分布，使人口布局与经济、社会、资源、环境协调和可持续发展，也亟须探索新环境下涵养农村发展活力的新思路、新途径，同步推进农村现代化，使城乡、区域间都有可能享有相对公平的政治、经济、社会、文化资源。进而，通过中国乡土的建设与繁荣，以现代生活造福乡村，更以文化的传承和伦理秩序的重构而滋养国人的精神生活，弥补单调冷漠的城市生活的文化缺憾。

（作者单位：中国社会科学院当代城乡发展规划院）

中国流动人口社会融合状况研究

江婷婷

流动人口社会融合是中国当前加强和创新社会管理的重大课题，也是提高城镇化质量和实现健康城镇化的核心内容。在大规模的人口流动进程中，流动人口特别是农业转移人口能否融入城市，是各级政府高度关注的问题。受国家卫生和计划生育委员会委托，课题组研究编制了流动人口社会融合指数指标和流动人口市民化政策指标，并利用2013年国家卫生和计划生育委员会在上海等八个城市进行的社会融合专题调查[①]数据对各地流动人口的融合状况进行了分析。

一　社会融合指标体系的构建与完善

构建流动人口社会融合指标体系，综合测量流动人口的总体融合状况，系统把握融合的影响因素和影响机制，是有效推进社会融合的前提，可为改革和完善流动人口的服务管理体制、引导人口有序流动提供及时、准确的信息和决策依据。为了更科学、全面、系统、准确地反映中国流动人口的总体融合水平，课题组以“着眼主客观结合、公平公正、亟须优先、逐级构建”为基本编制思想，参考国外较为成熟的指标体系建构方法，结合中国的国情和政府部门的实际工作需要，分别选取客观指标与主观指标，在反复测算和检验的基础上，建构了“流动人口社会融合指数指标”和“流动人口市民化政策指标”。利用前者测量流动人口社会融合的现状及特点，综合反映我国流动人口社会融合的现状和问题；借助后者评估流入地城市的公共政策对流动人口的包容和接纳程度，以此作为进一步推动和改善地方融合工作的抓手和工具。

（一）流动人口社会融合指数指标

社会融合是一个内涵丰富、外延模糊的抽象的理论概念，在研究中必须将其转化为具体可测的指标。如表1所示，社会融合指数由三级指标构成：一级指标是四个维度，即经济立足、社会接纳、文化交融、身份认同；二级指标是12个具体指标，各自具有代表性、独立性，是社会融合四个维度的主要要素，也是构成社会融合指数的基础元素；三级指标为测评变量。附属于每个指标的变量反映各自的潜在决定因素；同样，附属于每个维度的指标反映一个更高层次的潜在变量，这些维度最终反映流动人口社会融合的总体状况。

---

① 调查在上海市松江区、苏州市、无锡市、武汉市、长沙市、西安市、泉州市、咸阳市八个城市进行，包括个人调查和社区调查。其中，个人调查的对象为在流入地居住一个月及以上，非本区（县、市）户口的15—59周岁流动人口，以及相应年龄段的本地户籍人口。

表 1　　流动人口社会融合指数指标

维度	指标	测评变量
经济立足	就业稳定	在本岗位连续就业年数
	职业类型	目前从事的职业
	收入水平	每月平均收入（包括工资和经营性收入）
社会接纳	社交网络	日常主要交往圈；困难的主要求助对象
	社区参与	社区管理与服务、公益活动、社区选举
	组织参与	工会、志愿者协会、支部、家乡商会、同学会
文化交融	语言使用	对当地方言的熟悉程度
	居住融合	邻居主要是本地人还是外地人
	文化接纳	与本地人在风俗习惯上的差异
身份认同	居留安排	在本地的长期居留意愿
	团聚打算	在未来 1—3 年内，把核心家庭成员带到流入地的打算
	认同结果	认为自己主要是哪里人

（二）流动人口市民化政策指标

在流动人口社会融合过程中，总有一些要素产生积极的影响和正向的作用。与指数指标判断流动人口是否融合的方法不同，政策指标着重判断国家和地区的公共政策与社会服务是否具备包容接纳的基本精神，是否具有正向的、促进融合的趋势，是否兼顾推进融合的各项要素，是否关注推进融合的可能性与执行力。政策指标着眼于融合的必要条件。上述要素具备得越多，社会融合的可能性就会越大。对上述要素的考察，也是综合判断流入地社会融合政策的手段。

构建市民化政策指标框架必须把构成元素的基础核心性、政策导向的清晰性和政策含义的明确性放在首位，能分别从各自层面反映公共政策对流动人口的包容接纳程度，能通过出台或改善相关政策促进流动人口的社会融合。课题组依据国务院 2012 年 7 月印发的《国家基本公共服务体系“十二五”规划》，参考国家各部委近期发布的相关文件，借鉴欧盟“移民整合政策指数”，经过反复论证和多次检验，提出如表 2 所示的流动人口市民化政策指标。

指标体系涵盖六个维度，即劳动就业、社会保障、子女教育、卫计服务、社区接纳、入籍门槛。每个维度下辖若干个政策指标，共有 17 个二级指标。三级指标是二级指标的进一步拓展和操作化，每个二级指标均有 1 个或 2 个测评变量。

表 2　　流动人口市民化政策指标

维度	指标	测评变量
劳动就业	职业培训	流动人口参加流入地政府资助的职业技能培训比重
	劳动合同	流动人口劳动合同签订率
	工资收入	同职业流动人口小时工资与常住人口小时工资比率
社会保障	养老保险	流动人口参加城镇职工养老保险比重
	医疗保险	流动人口参加城镇职工医疗保险比重
	工伤保险	流动人口参加城镇职工工伤保险比重
	住房保障	流动人口获得保障性住房比重
子女教育	学前教育	流动人口随迁子女在本地公立托儿所或幼儿园的比重
	义务教育	流动人口随迁子女在公办学校接受义务教育的比重
	拓展教育	流动人口随迁子女在幼儿园、公办普高接受教育的比重
卫计服务	健康档案	0—6 岁儿童健康档案建立率
	儿童免疫	流动儿童计免率
	妇产服务	流动人口的住院分娩率；孕产妇办理保健手册率
	计划生育	流动人口计划生育免费服务综合覆盖率
社区接纳	社区自治	流动人口参加各类社区活动比重
	社区服务	流动人口享受社区便民服务比重
	文化交往	流动人口参加当地组织或资助的文化活动比重
入籍资格	户籍门槛	流动人口办理居住证、暂住证或工作证比重

二　流动人口社会融合分析结果

课题组利用 2013 年国家卫生和计划生育委员会在八个城市的融合专题调查数据，对流动人口社会融合状况进行分析。调查城市覆盖了东、中、西部地区，并兼顾了大、中、小不同类型的城市。由于地理区域、人口规模和经济社会发展水平有别，八城市的相关政策不尽相同，构成各自流动人口生存发展的外部环境，并通过居住社区、职业类型、收入水平等因素，透视出流动人口在当地的融合水平。

（一）流动人口社会融合指数分析结果

本研究在利用单个指标构建流动人口社会融合四个维度的分指数时，采用可有效且合理地给指标赋权的因子分析法；在将四个分指数形成总指数时，采用均权法，四个维度的权重各为 25%。指数得分介于 0—100，取值越大，表明融合程度越高。

1. 流动人口已初步融入城市，基本实现了在流入地的生存立足。

流动人口社会融合总指数得分为 63.7 分（见图 1）。其中，文化交融得分最高，经济立足得分次之，身份认同得分再次，社会接纳得分最低，说明流动人口的社会网络依旧处于血缘、亲缘、地缘阶段，与本地人有较大的社会隔离；也说明总体融合水平还有很大的提升空间，且不同领域的融合水平并不同步。

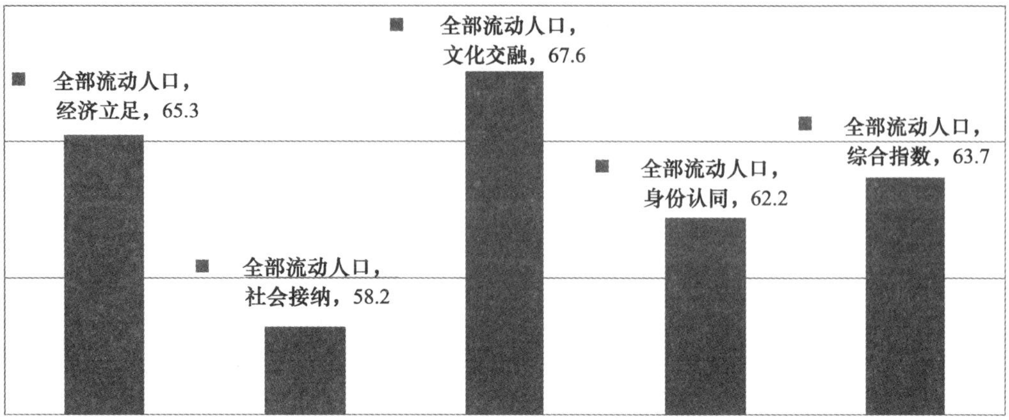

图 1 流动人口社会融合分指数和总指数得分

2. 经济发展水平较高的地区，流动人口经济立足水平较高；经济发展水平较低的地区，流动人口社会接纳、文化交融和身份认同状况较好。

在经济发展程度较高的地区，流动人口经济立足水平相对较好，但其他三个方面的得分较低，且城市间文化交融的差距犹大。在上海市松江区和苏州市，经济立足指数得分均高于八城市平均水平。而在经济发展水平较低的地区，虽然经济立足情况不佳，但其他三个方面的融合得分较高，中西部城市社会融合总指数以及其他三个分指数均明显高于东部地区，经济发展与社会接纳之间呈现清晰的梯次特点。这表明，经济发展程度与社会融合之间存在着较为复杂的关系，凸显出社会融合是个十分复杂的社会问题；经济发展能在一定程度上促进流动人口的经济立足，但未必一定带来流动人口和本地市民之间在行为、文化和心理方面的交融。

东部城市经济较为发达，就业机会较多，个人发展前景较大，吸引了大量的外省和外市人口前来劳动就业，流动人口总量很大，苏州市流动人口数量与本地人口数量倒挂。上海市松江区全部流动人口均跨省而来，苏州市 3/4 的流动人口来自省外。中西部地区经济相对欠发达，流动人口总量较少，且多为跨县或跨市流动人口。可见，地域之间在流动人口总量和结构方面差异甚大，加上东部城市具有独特的方言，浓厚的地方文化特色，内敛性较强，外地人短期难以适应，且不少流动人口到此主要是为了务工经商，并无很强的融合意愿，推进其融入城市的难度相对较大。

3. 跨省流动人口的总体融合水平较低，但经济立足状况较好；跨县流动人口更易实现社会接纳，文化的交流与融合、认同感和归属感较强。

概而言之，跨省流动人口的总体融合水平、社会接纳、文化交融、身份认同得分均低于跨市和跨县流动人口，但经济立足的得分最高，而跨县流动者的经济立足得分最低，梯次特征十分清晰（见图 2）。这是因为，市内流动人口熟悉当地的社会环境，拥有相同或类似的文化背景，语言行为更易适应，融合障碍较小；跨市流动开始出现语言交流障碍，社会关系网络不再密集，劳动就业、保障居住等问题凸显，故融合程度稍低；跨省流动使空间距离的影响最大化，社会关系需要重构，行为习惯或完全不同，社会保障缺乏，故即使跨省流动可获得更多的就业机会和较高的工资，也会被亲情缺乏、语言障碍、习惯差异、归属不明所抵消，终使他们的总体融合水平较低。这也进一步佐证了八城市之间流动人口社会融合水平呈现差异的原因。

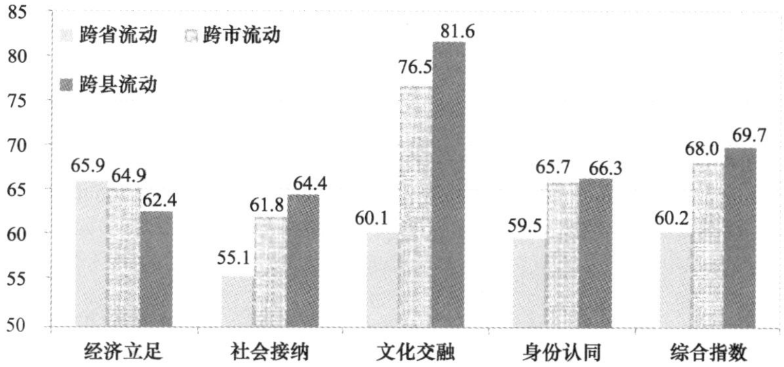

图 2　分流动范围的流动人口社会融合分指数和总指数得分

4. 户籍制度的“双二元性”使乡—城流动人口处于双重弱势，融合水平低于城—城流动人口；而新生代农民工更因年龄、户籍类型和户籍地点，处于三重弱势，融合境况更为堪忧。

在中国，户籍地点将流入地人群区分为本地人和外来人，户籍类型将流动人口划分为城—城流动人口和乡—城流动人口。先赋和后致要素的差别，使得乡—城流动人口与城—城流动人口在社会融合方面存在较大差异，城—城流动人口的得分明显高于乡—城流动人口的得分，社会接纳方面更是如此（见图 3）。这表明，乡—城流动人口在社交网络、社区参与、组织参与等诸多方面，面临的问题更多，所要应对的困难更大，更难以被流入地社会所接纳。

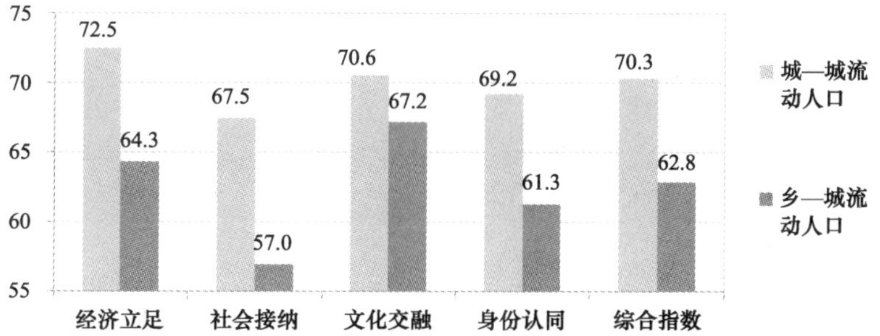

图 3　分户籍流动人口社会融合分指数和总指数得分

图 4 和图 5 展示的出生队列，以及出生队列与户籍制度的分析结果表明，除社会接纳外，融合水平随年龄的增长而提升，代际之间具有明显的梯次性。而同时作为外来人、农村人和年轻人的 90 后农民工，总指数仅得 55.6 分，比 80 前农民工低 9 分，也比 80—90 间农民工低 8 分。

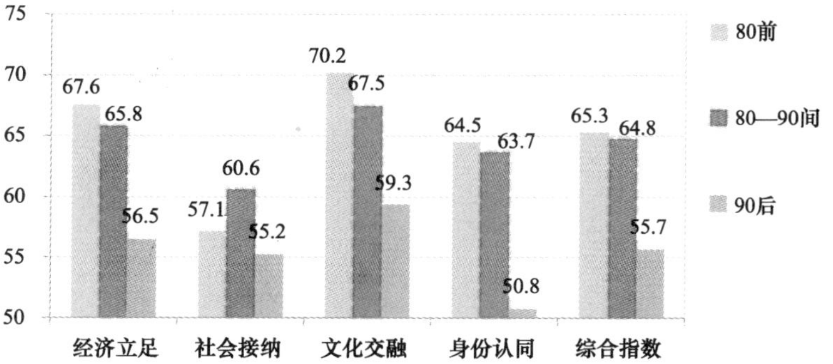

图 4　分出生队列流动人口社会融合分指数和总指数得分

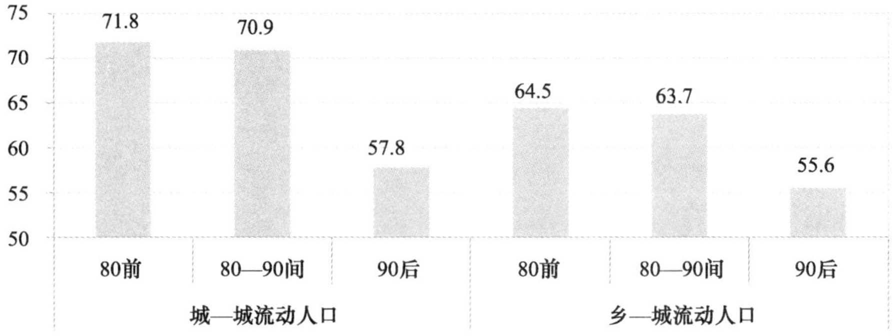

图 5　分年龄和户籍流动人口社会融合总指数得分

出生队列的融合差异模式不同于当下社会和学界普遍认为新生代流动人口更容易融入城市的认识。新进入劳动力市场的农民工虽然年轻，受教育程度相对较高，但其工作稳定性较差，专业技能较缺，工作经验较少，社会历练较乏，社交网络狭小且同质性更强，社会资本积累不足。这些都是制约其社会融合总体水平提高的要素。尽管他们的就业期望和对流入地的总体期待更高，但理想与现实之间的落差也较大，导致他们比老一代农民工更难融入流入地。

5. 受教育水平的提升和政府职业技能培训的提供，均可较大地改善流动人口的社会融合水平。

受教育程度越高，社会融合水平越高，教育的回报率也越大。受过大专及以上教育的流动人口融合指数得分超过仅有小学及以下教育水平者 14.0 分，二者在社会接纳方面的差距更高达 22.5 分，表明受过高等教育之人相对容易为当地市民所接纳（见图 6）。

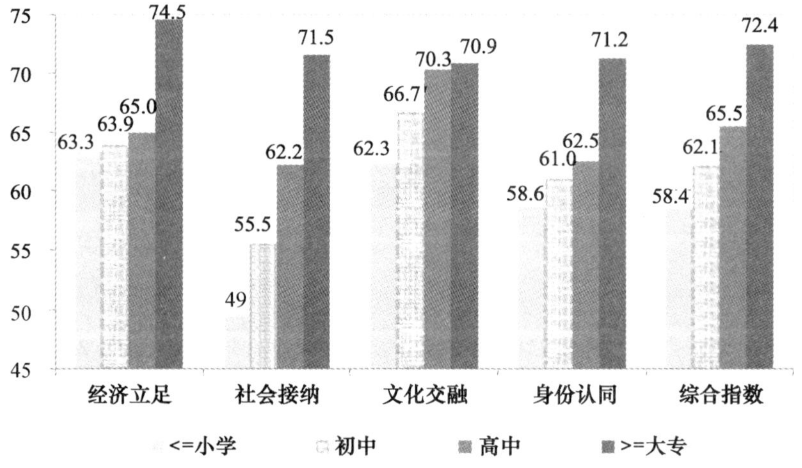

图 6　分受教育程度流动人口社会融合分指数和总指数得分

近三年在本地接受过政府提供的免费培训的流动人口，社会融合总指数得分达 70.8 分，比未受过培训者高 8.2 分（见图 7）。就分指数而言，接受过培训和未接受过培训的流动人口得分差距最大的依然是社会接纳，前者较后者高 19.1 分；其后依次为身份认同、文化交融、经济立足，表明目前政府提供的免费培训对稳定就业、提升职业声望和收入水平的作用不大。但培训过程本身，可能为流动人口与本地市民的交往营造了一个平台，推动了文化的交融，提升了流动人口对流入地的认同感。

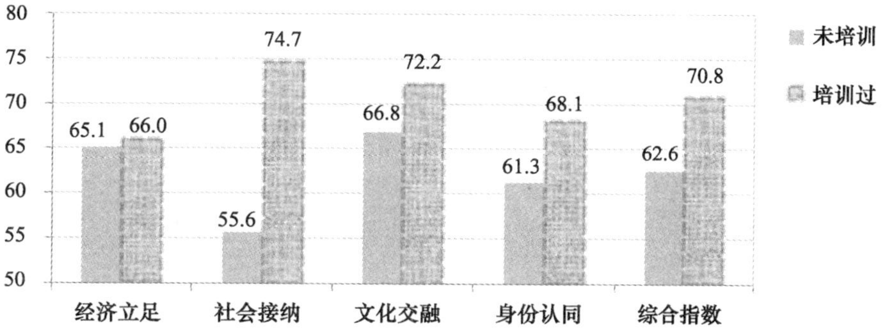

图7　分培训与否流动人口社会融合分指数和总指数得分

此外，女性、少数民族流动人口的融合水平分别低于男性和汉族流动人口。在制造业就业、受雇于他人者的融合水平较低。以务工经商为目的的流动人口尽管经济立足水平较高，但总体融合水平低于因其他原因而流动者。居留时间越长，流动人口的融合水平越高，而本地市民的歧视与排斥明显降低流动人口的融合水平。

（二）流动人口市民化政策指标分析结果

1. 流动人口参与政府提供的职业培训的比例不高，劳动权益保护政策尚未落实到位。

八个城市为流动人口提供职业培训的比例高则七成，低仅三成。但流动人口参与政府补贴培训项目的比例仅为12.87%，长三角地区的平均水平微弱超过中西部地区。各城市流动人口劳动合同的签订率虽均在50%以上，但城市之间存在差异，东部地区的比例高于中西部城市。从劳动报酬看，相同职业流动人口的小时工资均低于常住人口。长三角地区的工资比率大致相当，而中部城市、西部城市内差异甚大。

2. 城镇职工的社会保险未能惠及所有在业流动人口，保障性住房几乎尚未覆盖流动人口。

流动人口各项社会保险的参保人数均不到其人口总量的1/4。养老保险、医疗保险、工伤保险的覆盖率相对较高，住房公积金的覆盖比例很低，保障性住房几乎没有惠及流动人口（见图8）。

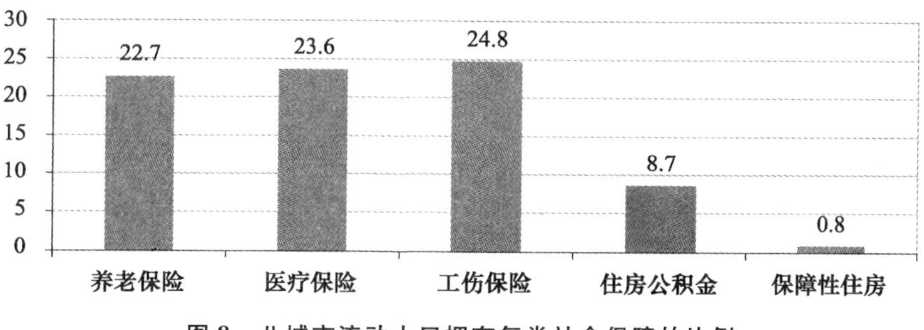

图8　八城市流动人口拥有每类社会保障的比例

从总体上看，东部地区（尤其是长三角城市）的社会保障覆盖到了更多的流动人口，中部地区次之，西部地区社会保障的覆盖率相对更低，表明长三角城市社会保障的可及性和可得性明显好于其他城市。

3. 义务教育已普及到多数随迁子女，学前教育和中等教育的覆盖率尚有较大提升空间。

流动儿童在流入地接受义务教育的状况良好，7—12 岁小学适龄儿童在学率为 99.16%，13—15 岁初中适龄儿童在学率为 98.07%，其中在公办学校接受义务教育的比例为 88.1%。3—6 岁学前教育适龄儿童在学率为 64.6%，16—18 岁高中适龄人群在学率为 77.17%，而进入公办托幼机构的比例仅为 39.9%，表明学前教育和高中教育的普及程度仍有较大的提升余地。

4. 流动人口能够享受城市妇幼保健服务，计划生育免费服务基本得到保障。

随着基本公共服务均等化的推进，流动人口基本享受到了与户籍人口同等的儿童计划免疫、儿童健康检查、孕产妇保健等服务。随着医疗技术水平的提高和医疗服务的可及性增强，住院分娩得到基本普及。八城市流动人口住院分娩率达到 98.7%，且城市之间的差异很小。流动人口到流入城市的计划生育服务机构，可享受国家规定的免费药具、放置节育环、取出节育环等免费服务。八城市计划生育免费服务综合覆盖率在 80% 以上。

5. 社区为流动人口提供了多样化的便民服务措施，组织了较为丰富的活动，致力营造流动人口融合的良好氛围。

表 3 列举了最近一年内八城市在社区层面为流动人口提供的生活帮扶、就业援助、子女就学服务；为流动人口组织的文体活动、公益活动、计划生育协会活动和卫生活动；流动人口参与社区管理活动、参加评优评先活动的资格以及参加社区志愿者队伍的情况。其中，社区活动组织较好，但流动人口参与社区管理活动的比例较低，大部分流动人口未能进入社区的管理视野。

表 3　　流动人口社区服务及活动比例　　单位:%

	提供社区服务			组织社区活动				参与资格			社区志愿者队伍
	生活帮扶	就业援助	子女就学	文体活动	公益活动	计划生育协会活动	卫生活动	业主委员会活动	选举评优活动	居委会管理和服务	
平均水平	61.26	64.48	79.62	68.77	66.22	87.40	89.28	37.27	44.24	65.68	82.84

6. 流入城市的入籍门槛依旧较高，各地办理居住证的比例还较低。

总体而言，八城市流动人口办理居住证或类似证件的比例不高，只有 52.1% 的流动人口持有居住证、暂住证或工作证等证件，表明各地的入籍门槛较高，流动人口实现身份转变还比较难。

三　政策启示

（一）落实户籍制度及相关制度改革，为有融入意愿的流动人口实现社会融合扫除体制和制度壁垒。

破除城乡分割、区域分割的户籍制度，消除城乡之别、内外之分，真正落实同工同酬，为流动人口在流入地落户提供便利。这就需要在总体原则的指导下，逐渐破除相关的制度壁垒，向流动人口提供平等的公共服务和权益保障：比如，进一步将学前教育、高中教育的公共资源向随迁子女开放，消除学前教育和高中教育这块短板，为随迁子女的成长成才奠定牢固的基石；将流动人口纳入城市住房建设规划，渐进式地向他们开放各类保障性住房，使他们能够长期稳定居住，对流入地有“家”的感觉，使他们进得来、留得下、能稳定、可发展，有梦想可追求，有愿景可实现。

（二）东部地区应切实保障流动人口劳动就业的合法权益，推进基本公共服务均等化；中西部地区应加快中小城市发展，提高人口聚集能力。

各地在推进流动人口社会融合时，需要明确社会融合的重点领域，因地制宜制定和完善融合政策。大部分东部地区的流动人口为就业而来，故而必须重点保证他们在劳动就业方面的合法权益，进一步推进基本公共服务均等化，优先照顾长期居留人员落户，留住人力资源，保证经济社会长期可持续性发展。中西部城市应提升自身的经济社会发展能力，致力创造更多的就业岗位，提高地区内的人口凝聚力，鼓励人口就地就近转移。

（三）构筑交往载体，搭建对话平台，增进人群之间的相互接纳和彼此认同。

一方面，社区为流动人口提供了多样化的服务、组织了丰富的公益和文体活动，但另一方面，流动人口的参与比例较低，透视出社区和个体层面信息的不对称，折射出公共服务宣传不到位和效率低下。社区服务和活动可从三方面介入：一是借助课堂、短信或公益广告，介绍本地的风土人情和文化习俗，开展融合教育，帮助流动人口尽快适应本地的生产和生活。二是组织本地市民和流动人口共同参与的各类活动，拓展流动人口的社交网络，增进与本地市民的了解和感情，建立多样化和融洽的人际关系，提高流动人口的社区参与兴趣和热情。三是保障流动人口平等享有参加社区管理和各类组织的权利，搭建流动人口与社区管理层之间的对话平台，为他们提供有效的利益表达途径和诉求渠道。

（四）强化职业技能培训在内容和对象方面的针对性，提升流动人口的人力资本、劳动技能和交流机会，改善他们实现融合的能力。

流动人口尤其是新生代农民工因人力资本较低，主要就职于次级劳动力市场，工作稳定性较差、收入水平不高。尽管如上所述，流入地政府多组织过职业培训，但个体数据结果却表明，接受培训的流动人口比例较低，信息亦不对称，造成公共资源的巨大浪费。这就要求将培训信息广而告之，扩大培训的知晓度和受益面；强调内容的针对性、个性化和层次化，讲求实效，基于流动人口的需求开设培训课程。设计手段多样和模式生动的培训方式，激发流动人口的参与兴趣和热情；注重培训时间的灵活性，提高流动人口参与的可行性。职业技能培训可提高新生代农民工的人力资本，帮助他们掌握一技之长，做到专业化、职业化、岗位化，进而使他们获得稳定的就业机会，提升进入主要劳动力市场的可能性。

（五）重视信息搜集，使政府的社会融合管理科学化、规范化；创新融合促进项目，着力解决流动人口社会融合中的重点和难点问题。

融合信息的监测和搜集工作非常重要，政府有关社会融合政策都是在对多个部门信息的综合和比较基础上制定的。必须进一步完善量化的社会融合指标，进行动态比较，考察现状，检验政策功效，及时发现融合问题之所在，有针对性地提出解决问题的办法。必须创新融合政策和融合项目，根据流动人口的基本特征、流出地、居住时间、社区特点，锁定重点目标人群，设计有针对性的融合促进政策和项目，提高政策的执行效果，改善科学化的服务管理水平。在选定的城市和社区，动员和整合社会力量，实施易于操作且受欢迎的融合项目，如子女托管、学习辅导、文化娱乐等，探索在我国现有国力条件下，通过资源整合解决社会融合重点和难点问题的方法。

（作者单位：国家卫生计生委流动人口司）

中国电子商务生态系统中的就业与创业研究

郝建彬

近年来，我国电子商务的蓬勃发展离不开大量的草根创业与大众创新，最为宝贵的财富就是大批具有创新意识、创造能力的“人才”以及千万拥有梦想、激情的从业者，他们是中国电子商务发展的中坚力量。

一　我国电子商务生态系统中的新型就业

随着电子商务在经济社会生活各领域的加快渗透，迅速增长的网络交易对实体经济的影响力愈发彰显。最近五年，中国电子商务交易额年均增速近30%，截至2013年底，电子商务交易额突破10万亿元，同比增长26.8%①，其中网络零售额超过1.85万亿，同比增长41.2%。据中国互联网络信息中心统计，截至2014年6月，我国网络购物用户规模达到3.32亿，较2013年底增加2 962万人，半年度增长率为9.8%。与2013年12月相比，我国网民使用网络购物的比例从48.9%提升至52.5%。与此同时，手机购物在移动商务市场发展迅速，用户规模达到2.05亿，半年度增长率为42.0%，是网络购物市场整体用户规模增长速度的4.3倍，手机购物的使用比例由28.9%提升至38.9%。

按2013年的数据计算，电子商务交易额相当于GDP的比重约17.5%，成为经济发展的加速器。越来越多的人开始用“生态系统”来描述庞大的线上电子商务产业链。

（一）电子商务生态系统已经形成

电子商务被经济合作与发展组织（OECD）定义为“发生在开放网络上的包含企业之间、企业和消费者之间的商业贸易”。中国电子商务经过十多年的发展，从最初1998年电子商务概念进入中国市场，到2003年“非典”时爆发的回暖期，到2007年的网络购物爆发年，再到2013年电子商务市场交易规模突破10万亿元，仅仅经历短暂的十几年。但对于促进消费、扩大内需、转变经济增长方式，却有深远意义。

电子商务正使商业的内涵，从单一的企业扩展到产业，形成“小前端、大平台、富生态”这样的企业—产业复合体的新结构。中国的电子商务围绕一个核心电子商务企业，以交易主体为中心、各种服务型组织为支持、增值服务商为依托的生态化迹象开始显现；可以预见的是，这种生态化的结果是将形成由一系列关系密切的企业或组织，以互联网作为竞争和沟通的平台，通过虚拟、联盟等形式进行优势互补和资源共享的一个有机的生态系统。

电子商务生态系统极大整合了产业链。其起点固然是传统的生产，但是生产之后的贸易、物流配送、电子支付、电子认证、IT服务、数据挖掘、网络营销、客服外包、即时通讯等几乎

① 数据来源：商务部《中国电子商务发展报告（2013）》。

都实现了在线化（Online）。

（二）相关公共服务体系正在形成

平台支撑体系。为促进国家电子商务示范城市各项创建工作任务落实，国家发展改革委按照《国民经济和社会发展“十二五”规划纲要》要求，提出做好电子商务发展与现代服务业、战略性新兴产业等领域“十二五”规划的衔接，协调推进相关部门和地区的电子商务规制建设，对示范城市开展的电子商务应用基础设施、公共服务平台、支撑体系建设等领域的试点工程给予支持。

统计支撑体系。商务部负责组织各示范城市研究推动网络零售规制和电子商务统计制度建设，推进内外贸流通领域的电子商务应用，组织实施电子商务示范基地和电子商务示范企业创建活动。

信用服务体系。人民银行会同国家发展改革委、商务部、税务总局、工商总局、质检总局等有关部门，建立信息开放共享和规范信用信息服务的机制、体制，组织示范城市率先开展电子商务信用体系、信用服务标准和信用服务监管等方面的研究，适时启动面向电子商务服务企业的在线信用信息服务平台试点工程建设。

税收征管体系。税务总局、财政部负责组织相关部门及各示范城市，研究完善电子商务税收征管制度，制定网络（电子）发票管理暂行办法及标准规范，研究安全网络（电子）发票系统及网络（电子）发票管理与服务平台的建设思路，形成试点工程方案，并在相关示范城市组织开展试点，推动基于电子商务交易、在线支付、物流信息的网络（电子）发票应用。

在线商品规范体系。国家工商总局负责加快推进网络商品交易及有关服务行为监管的法制建设，在各示范城市开展网络经营者电子标识和网络交易商品、交易行为的标准规范与服务试点工作，促进电子商务市场主体、客体及交易过程的规范管理，维护网络交易秩序，改善公共服务。

标准支撑体系。国家质检总局负责研究建立涵盖电子商务全过程的标准体系以及电子商务急需的关键技术标准，开展电子商务标准化综合试点示范（郑昱，2014）。①

（三）新型就业人口不断增长

1. 就业概念辨析

传统经济形态下的就业人口，在我国是指在16周岁以上，特殊职业需要18周岁以上，从事一定社会劳动并获取劳动报酬或经营收入的人员；具体包括在岗职工、离退休再就业人员、私营业主、个体户主、私营和个体工商户就业人员、乡镇企业就业人员、农村就业人员、其他就业人员。

电子商务生态系统中的就业是一种新型就业概念。中国就业促进会与阿里巴巴集团2012年完成的《关于推进网络创业促进就业研究》对网络创业就业界定了概念：劳动者个人自行开办网店或依托互联网企业提供的平台，自找项目、自筹资金、自主经营、自担风险，不仅实现自我创业，并且通过合伙经营或雇用人员带动就业的方式，都可以称为“网络创业就业”。

目前，由于缺乏网络创业就业的认定标准和统计指标，网络创业就业人员尚未正式纳入国家就业统计体系。

---

① 郑昱：《构建中国电子商务生态系统——访国家电子商务示范城市创建工作专家咨询委员会专家组组长、清华大学教授柴跃廷》，《中国自动识别技术杂志》2014年第4期。

2. 就业规模

国家统计局的数据资料显示，2013 年年末我国全国就业人员 76 977 万人，比上年末增加 273 万人，其中城镇就业人员 38 240 万人，比上年末增加 1 138 万人。

针对电子商务生态系统内部就业情况，阿里巴巴集团研究中心和清华大学社会科学院联合进行了抽样调查。通过对阿里巴巴网络零售平台（淘宝网和天猫）全体商户发放问卷，分层测算结果为：截至 2013 年 6 月底，阿里巴巴网络零售平台（淘宝网和天猫）创业就业人数为 972 万人，带动间接就业 204 万人（见表 1）。

表 1　就业促进会就业项目调查获得的直接和间接就业数据

<table>
<tr><th>就业类型</th><th>分类说明</th><th>就业人员（万人）</th><th>合计（万人）</th></tr>
<tr><td rowspan="2">直接就业</td><td>淘宝网商户的就业人员</td><td>927</td><td rowspan="2">972</td></tr>
<tr><td>天猫商户的就业人员</td><td>45</td></tr>
<tr><td rowspan="3">间接就业</td><td>交易服务（淘宝网、天猫、一淘、聚划算的就业人员）</td><td>1</td><td rowspan="3">204</td></tr>
<tr><td>支撑服务（支付宝的就业人员以及物流快递行业的部分就业人员）</td><td>94</td></tr>
<tr><td>衍生服务（代运营服务、IT 服务、广告服务、客服外包服务、培训、咨询服务等行业的就业人员）</td><td>109</td></tr>
<tr><td></td><td>阿里巴巴网络零售平台带动的就业人员合计（万人）</td><td>1 176</td><td>1 176</td></tr>
</table>

数据来源：2013 年《阿里巴巴网络零售平台创造就业研究》项目数据。该项目采取网络问卷抽样调查的方式进行数据收集，调查对象主要为淘宝平台上的卖家，调查时间为 2013 年 6—7 月，有效样本数 8 000 余个。

根据国家统计局的统计数字，2013 年末我国就业人员 76 977 万人，淘宝网、天猫所带来的直接就业 972 万，阿里电子商务生态系统的“线上就业人口”已经达到了全国就业人员的 1.2%。

【案例】“淘宝村”现象

“淘宝村”指的是大量网商聚集在农村，以淘宝为主要交易平台，形成规模效应和协同效应的电子商务生态现象。近年来，越来越多的淘宝村的涌现，是农民网商群体崛起的有力证明。根据阿里研究院发布的《淘宝村研究微报告》显示，截至 2013 年 12 月底，全国已发现淘宝村 20 个，分布在 7 个省，涵盖网店总数约 1.5 万家，年销售总额上百亿元，拉动直接就业 6 万人（按照每户 4 人计算），销售产品以农产品、箱包、家具、服装为主。

3. 就业人口的产业分布

截至 2013 年底，全国就业人员中，第一产业就业人员占 31.4%；第二产业就业人员占 30.1%；第三产业就业人员占 38.5%。第三产业解决就业接近 3 亿人。

经历了 30 多年的改革开放和城市化建设，我国经济结构发生显著变化，特别是近 5 年来，就业人口的产业分布呈现第一产业向第二、第三产业转移的趋势。统计数据显示，2008—2013 年间，第一产业的就业人口数量逐年下降，第二产业和第三产业的就业人口明显增加，这表明了劳动人口向第三产业转移的总体趋势（见图 1）。

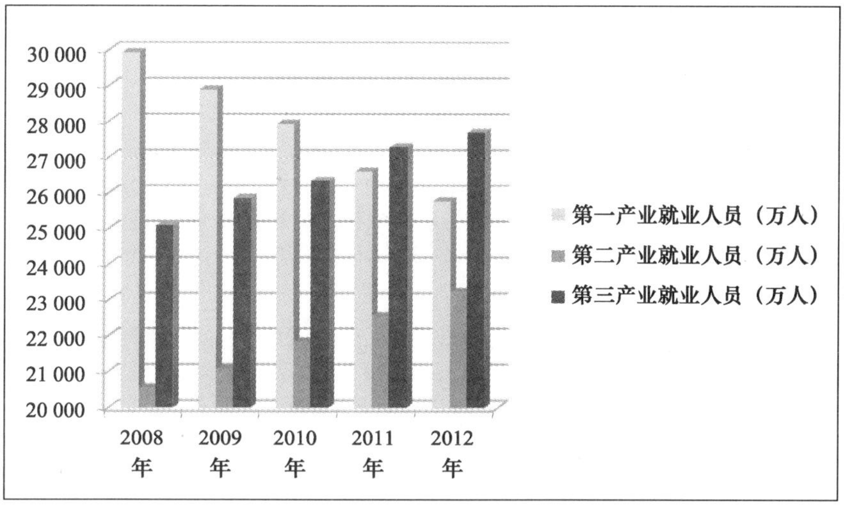

图 1　2008—2012 年三大产业就业人员变化情况

中国就业促进会 2012 年调查显示，在 2011 年淘宝网直接创造的就业岗位中，客户服务占 89%，打包占 73%，网店设计或美工占 53%，网店管理和运营占 47%，销售占 33%，财务占 30%，生产加工占 15%。其中明显属于服务业的岗位高达 80% 以上。中国就业促进会 2013 年调查数据显示，淘宝网网络创业就业总人数为 866.22 万，占我国第三产业就业人口约 2.9%。

4. 就业弹性系数①

过去的 20 年，中国就业弹性系数总体呈下降趋势。分析表明，工业经济下 GDP 每增长一个百分点，可以增加就业人口约 80—100 万人。

值得一提的是在国外得到普遍认可的奥肯定律在中国的变异。奥肯定律认为：GDP 每增加 2%，失业率大约下降一个百分点。中国自 20 世纪 80 年代以来经济保持了较高增长率，年平均达到 9.4%，但并没有带来就业的相应增长。未来，解决就业方向是大力发展服务业为主的第三产业。与其他产业相比，服务业具有就业弹性大，劳动密集、技术密集和知识密集并存的特点，同时随着社会分工的加剧，更多个性化的服务岗位、细分的服务领域被创造，在吸纳劳动力就业方面具有独特优势，能够吸纳多层次、全方位的劳动者就业。电子商务生态系统下，服务业打破了时间、空间、地域、文化、经验的限制，延伸了服务空间、服务时间、服务半径，大大增加了就业弹性系数，帮助第三产业吸纳了更多劳动力，同时，大大消除了由于信息不对称导致的就业供需错配，改善了劳动者的就业质量，提高了劳动者收入。

二　我国电子商务生态系统中的新型就业群体

前十年，我国电子商务产生的变革主要聚焦在流通领域，体现在网上消费群体的扩大、新型消费方式和消费领域的培育等方面。由于流通效率大幅度提升，流通成本大大降低，这加速了商品和服务价值创造。发展到今天，电子商务以“全天候、全方位、零距离”等特点，正倒逼生产制造模式和企业组织方式，潜移默化地改变着原有工业经济的产业结构和全社会的资源

① 就业弹性系数是指就业增长速度与经济增长速度的比值，即经济每增长 1 个百分点，所对应的就业数量变化的百分比。当 k 越接近 1 时，就业弹性系数就越大，该经济活动吸收劳动力的能力就越强。

配置方式。信息经济时代，新的生产模式、资源配置方式下，就业群体也有着与工业经济截然不同的诠释。

（一）新型就业人才特点

1. 大学生创业者超过半数

电子商务创业人才大多是高知人群，具有智力密集型特点。网络创业是以智力为基础的经济，不再依赖资源或硬件投入的数量和规模，而要直接依靠知识技能或有效信息的利用和创新。以知识技能为基础，可以减少对资源、劳动、时间、场地、资本的依赖，真正体现出科技是第一生产力。

2013 年，中国就业促进会联合阿里巴巴集团开展的网络创业就业调查结果显示，目前电子商务创业者创业前身份特征分布为：企业工作占 55.3%，自己做生意占 22%，上学占 9.8%，无事可做占 4%。其教育培训背景分布为：高中（含中专、技校）占 26.4%、大专（含高职）占 33.1%、大学本科占 25.5%，研究生占 1.8%。网络创业者中大专及以上的学历者超过了半数，同时也说明未来大学生网络创业还有很大的发展空间。

2. 青年创业者超过八成

2013 年，中国就业促进会联合阿里巴巴集团开展的网络创业就业调查结果显示，网店店主的平均年龄是 28 岁，24 岁以下的占 34.1%，25—34 岁的人员占 54.4%，35 岁及以上的人员仅占 11.5%。网店雇用员工以 34 岁以下青年为主，其中，25—34 岁之间的占 46%，24 岁及以下的占 36.1%；35 岁及以上的不足 20%。电子商务创业者呈现年轻化趋势，超过八成为 34 岁以下的青年。

2014 年，我国应届高校毕业生达 727 万，创历史新高，就业形势严峻。近来不少大学生都选择了自主创业，以创业带动就业来实现自我价值。我国出台了一系列政策措施，加大资金支持力度，落实小额担保贷款政策，简化反担保手续，落实银行贷款和财政贴息，重点支持吸纳大学生较多的初创企业。2013 年 7 月，浙江省出台《关于促进普通高等学校毕业生就业创业的实施意见》（浙政办发〔2013〕91 号），首次提出鼓励网络创业，为毕业生提供小额担保贷款、贴息和社保补贴政策扶持。对毕业两年以内的高校毕业生从事电子商务经营并通过网上交易平台实名注册认证的，经人力社保、财政部门认定，享受小额担保贷款和贴息政策。对按规定缴纳社会保险费满一年的，可给予一次性自主创业社会保险补贴。自主创业金融扶持上，小额担保贷款和贴息额度从 20 万元提高至 30 万元，贴息期限从 2 年延长至 3 年。

【案例】：“切糕王子”维族大学生阿迪力·买买提吐热电商创业成功，不忘回馈社会

湖南长沙理工大学的维吾尔族学生阿迪力·买买提吐热今年 24 岁，出生在一个切糕世家。2012 年，天价切糕事件触动了正在念大三的阿迪力，看到网上的各种议论声，阿迪力决心让大家尝到味道正宗而又价格实惠的切糕，为家乡美食正名。富有创业勇气和激情的阿迪力与另外两名汉族同学组成“中国合伙人”，在淘宝上开了一个切糕网店，一天的营业额在 3 000元左右，销售业绩平稳。

今年 5 月初以来，随着《舌尖上的中国 2》的播出，该店业绩爆升，每天的营业额翻到原来的十倍，达到 3 万元左右，特别是节目播出切糕制作过程后的一个星期，有一天销售收入达到 10 万元。产品持续热销，阿迪力淘宝店的信誉也在短短两周内从 4 钻蹿到了双皇冠。阿迪力在毕业前，赚取了人生第一桶金。阿迪力·买买提吐热也被网民誉为“切糕王子”。

2014 年 7 月，云南鲁甸地区遭遇强地震。8 月 5 日阿迪力带着重达 5 吨、价值 50 万元的切糕前往云南鲁甸地震灾区，免费赠送给受灾群众，并接受了中央电视台的采访。

3. 团队规模灵活

2014 年《网络创业就业统计和社保研究报告》的数据显示，九成以上网络创业网店为个人网店，每个网店的平均员工数为 2.55 人。个人全职自营网店共带动 141.05 万人就业，个人全职有雇用员工网店共带动 135.12 万人就业，个人兼职有雇用员工网店共带动 91.58 万人就业，个人兼职无雇用员工网店共带动 225.46 万人就业。

2014 年 9 月，阿里研究院与淘宝商学院联合发布了《县域电子商务人才研究微报告》显示，63.7% 受访企业团队不超过 2 人。团队规模大的主要是上规模的电子商务创业企业，或者转型开展电子商务的传统企业。网店以家庭经营为主，“夫妻店”比较常见，员工较多来自家人或亲戚。

4. 员工流动率较高

电子商务创业人员具有较强的流动性。淘宝商学院的调研数据显示，电子商务创业者普遍提出招人难、留人更难的问题。电子商务创业者多为自我雇佣或被家庭成员雇佣，因此工作自主性较强。同时，网络创业门槛较低，一些合伙方往往合作一段时间后离开，自己开店创业。数据显示，51.4% 的网商表示员工离职的原因是他们自己开店。开网店门槛低和很多人希望“自己当老板”是更深层的影响因素。离职原因位居第二、第三位的分别是对工资不满意和不符合要求被辞退，分别占 34.8% 和 32.1%。

针对员工离职，网商们最常见的留人措施是提高奖金提成，占 58.7%，其次是提高基础工资，占 49.9%。此外，还有其他多样的留人措施，比如，增加员工可自由安排的时间（34.9%）、奖励股权（21.2%）、提供深造学习机会（14.3%）、承诺升职（9.8%）。

对比分析发现，电子商务销售额高的网商，选择提高基础工资、提高奖金提成和承诺升职的比例高。其中，在年销售额超过百万元的网商中，61.5% 的人选择提高基础工资、60.5% 的人选择提高奖金提成、12.8% 的人选择承诺升职，均高于平均水平。

（二）新型就业职业

电子商务创业具有很强的关联性，带动上下游企业共同发展。网络创业带动了网络营销、客服、美工等职业的快速发展。个性化规模定制和柔性化生产应用，出现了阿米巴经营模式①的买手制和可持续的社会公益创新，促进了商品和服务的个性化发展，催生大量新型就业职业。随着互联网、移动互联网、云计算等技术和应用的普及，“云就业”将成为未来就业的一种新方式，雇主无须占有某个固定的员工，员工也将不再依附于某个特定的机构谋生，工作将变得更加弹性、灵活、多样，一人可以身兼数职，也可以跨时间、跨地域执业。

1. 网店客服

随着淘宝网店的规模逐渐增大，网店客服成为一个新的职业。数据显示，目前淘宝网店一般都会聘请 2—4 名网店客服，更有规模大的网店客服队伍已经接近百人。

2. 淘女郎

淘女郎平台目前从业人数高达 37 638 人，兼职人数占 86.24%，淘女郎平均年龄为 23 岁。淘女郎呈现多元化发展，依托淘女郎平台发展起来的脸模、眼模、腿模、手模、嘴模、腰模、脚模、胸模、耳模、臀模十种新类型，受到了珠宝、化妆品商家的青睐。淘女郎正在往一条更加专业、时尚的方向发展。

① 阿米巴经营模式源于稻盛创业早年的困境，当时他一个人既负责研发，又负责营销，当公司发展到 100 人以上时，觉得苦不堪言，非常渴望有许多个自己的分身可以到各重要部门承担责任。于是，他把公司细分成所谓“阿米巴”的小集体，并委以经营重任，从而培育出许多具有经营者意识的领导者。

3. 淘宝客

淘宝客是指帮助卖家推广商品获取佣金赚钱的人。他们只要获取淘宝商品的推广链接，让买家通过推广链接进入淘宝店铺购买商品并确认付款，就能赚取由卖家支付的佣金。它的推广形式包括：推广单件、推广类目、页面推广、推广店铺、搜索推广、软文推广、智能推广等。

4. 电商培训师

传统企业急需找到路径进入电商领域，而网商卖家又急需发展壮大，瞬间让电商培训成为电商热后的又一快速增长的新领域。

5. 网店装修师

做装修，不用刷油漆、不用贴瓷砖，只需要点点鼠标，不到一天的时间一个漂亮的店面就能装修好。作为新兴职业，如今网店装修师职业的发展已颇具规模。目前这一职业已经成为不少大学生就业的热门，而这也源于目前不少年轻人热衷于开设网店进行自主创业的市场需求。

6. 电子商品导购

电子商务的蓬勃发展吸引着各层次的商品争相“触网”，网购的商品渐由小额向大宗、大金额趋势发展，就连让人望而却步的国际奢侈品大牌也纷纷抢滩庞大的网购市场。LV、Armani、Chanel、Cartier、Ferrari 等众多国际“大牌”纷纷“触网”、布局网络零售。奢侈品导购员成为当下时尚且高薪的热门就业岗位。

【案例】云客服成为大学生就业新选择

云客服是目前淘宝官方重要的客服渠道，业务内容涵盖买家卖家服务。值得一提的是，云客服提供的全新的互联网概念的服务——淘宝人服务淘宝人。服务人员只需一台电脑一根网线，不限时间、工作地点，就能为淘宝会员提供快捷的在线服务。现阶段一线云客服人群主要来自在校大学生，目前有服务资格的云客服数量在 7 000 人左右，每天在线服务人员在 2 000—3 000 人左右。

这个打破时间、地点限制的新颖服务模式，被生动地形容为“云客服”，意即在云端提供服务。从 2010 年 10 月云客服成立以来，累计为超过 2 万的大学生提供了学习、实践的机会，同时这也是他们提前进入社会的一次锻炼，甚至间接或直接推动了他们的就业。

云客服这种社会化、集合受雇人员的碎片化时间的模式以及先进的服务系统，可以为整个电商客服外包市场带来管理系统支持及服务思维创新，这也是整个电商客服市场的“福音”。

（三）新型就业发展趋势

在可以预见的未来，电子商务的发展速度将进一步加快。移动互联网的迅猛发展大大改变了人们的工作及生活方式。未来 5—10 年，网络技术将是社会与经济变化的主要技术性驱动因素。在客观环境支持下，以新网商、新生态和新商业文明为基础的新商业社会将成为未来发展的趋势和必然。电子商务将大量融入主流经济体系中，使得网络创业成为社会化潮流。以网络创业为主要特征的电子商务，将促进中国制造向中国“智”造转型，推动现代服务业发展，促进工业经济和互联网经济在交织中融合创新，并孵化出新的商业体系与规则体系。

1. 未来用工缺口

在新型就业发展趋势下，未来就业岗位将发生结构性转变。淘宝商学院的调查结果显示，目前约有 14% 的网店表示缺工。其中，个人网店缺工的占 13.1%，企业网店缺工的占 48.3%。网店规模越大，缺工概率越大，对人才需求越旺盛。其中，最缺的三类人才分别是运营推广、美工设计和数据分析人才。

从计划招工规模看，在计划招工网店中，平均每个网店计划招工 3 人。按照淘宝网店

339.71 万家的数据，以及计划招工网店比例占 30.7% 推算，淘宝缺工网店总量为 104.3 万家，以此估算目前淘宝网店未来一年计划招工总量约为 313 万人。按照目前淘宝网店总量约占全国网店的 90% 推算，全国网店未来一年计划招工的总量约为 348 万人。

2. 热门电商岗位

随着网络创业就业的发展，就业岗位将实现转型升级，一部分岗位将会逐渐消失，同时另一部分岗位会被创造出来，成为热门岗位。网络创业岗位分布主要集中在智力密集型、劳动密集型和技术密集型企业。据淘宝网平台统计，在 2011 年淘宝网直接创造的就业岗位中，客户服务占 89%，打包占 73%，网店设计或美工占 53%，网店管理和运营占 47%，销售占 33%，财务占 30%，生产加工占 15%。

淘宝商学院 2013 年的调查显示，网络创业企业对电子商务营销人才的需求量最大，占 81%；对电子商务管理人才的需求占 34%，对电子商务技术人才的需求占 34%，对电子商务法律人才的需求占 20%，对其他方面的人才需求占 3%。这说明，随着未来电子商务用户的快速增长，线上与线下业务的融合，以及移动互联和云计算等新技术新模式的应用，网络创业企业对于电子商务专业营销人才及营销、管理、法律等方面人才的需求将不断增长。

3. 电子商务人才国际化

随着互联网企业的发展，越来越多的电商公司在境外上市，如京东、聚美优品、兰亭集势等，今年 9 月阿里巴巴在纽约证券交易所的上市更是创造了史上最大 IPO 的记录。电子商务企业在走出国门的同时，也面临着业务全球化带来的考验。目前的人才队伍、人员结构是否能满足国际化业务的要求？我国企业在国外一直缺乏顶尖技术、语言、法律、规则和管理人才，人才培养是永久的话题。企业可以通过多种方式来进行国际化人才培养，如继任者计划：致力于将高潜质人才培养成高成就的人，挑选具有高素质的人才作为集团骨干培养；或国际轮岗计划：派送中国员工去国外任职和参与管理，让中国员工与其它不同文化背景的员工及客户在各方面增进理解沟通和交流，开阔中国本地人才的国际化视野。

三　电商人才培养误区与建议

（一）培养误区

中国政府十分重视电子商务的发展。国务院 2005 年发布了《关于加快电子商务发展的若干意见》，教育部与商务部也于同年联合发布《关于推动有关高等学校进一步加强电子商务理论与实践研究的通知》；2010 年教育部再发通知称，加大互联网、电子商务等新兴产业人才培养力度。中国现在已有 300 多所院校开设了电子商务专业。电子商务行业高速发展的背后，呈现出来的是电子商务人才的缺失：一方面是中国目前电商人才奇缺，近六成电商企业有急迫人才需求，另一方面大量电子商务专业毕业生不能如期就业转投其他行业，这是国内就业形势和人才市场的一大尴尬。①

目前的电子商务人才培养方面存在一些误区：

首先是关于人才培养的目标定位问题。电子商务专业虽然在中国开设已有十多年，但这个专业的培养方向依然存在较多问题，比如定位不明确，缺少岗位群细分，缺少具体岗位能力分析；各学校的培养计划及课程设置往往是计算机课程和经管类课程的简单堆砌，被一些人批评为在培养“万金油式”学生。暨南大学的一项调查研究表明，大部分被调查学生认为，目前电

① 刘海燕、卓丽杰：《关于电子商务专业人才培养新模式的探讨》，《经济研究导刊》2014 年第 1 期。

子商务专业还需进一步明确专业的培养目标。表2列出了调查中发现的电子商务专业的主要问题。①

表2 电子商务专业存在的主要问题及比率

问题	百分比	问题	百分比
培养目标定位不明确	83.3	教学内容陈旧	42.2
缺乏专业实习	77.8	教学经费不足	25.6
忽视个性培养	58.9	教师质量不高	21.1
教学方法单一	56.7	教师数量不足	20.0
缺乏案例教学	50.0	教学管理水平差	13.3
教学计划不合理	50.0	学生数量过多	5.6

其次，实践教学匮乏。电子商务是一个交叉性很强的学科，既有商务与管理内容，又有很强的操作性，所以对理论和实践要求都很高。目前国内大部分高校都有自己的电子商务模拟实验，能使学生有一个初步认识，但毕竟软件本身是脱离实际商业环境运行的，教师本身又很少参与电商实际运作，所以课程的实习指导、创业指导必然会受到极大限制，在暨南大学的调查中甚至有高达77.8%的学生认为专业实习环节还需加强。

最后，师资力量薄弱。目前电子商务专业的教师基本都是从计算机和市场营销等专业转行而来的，往往在学术水平以及知识结构方面能够得到学生较高的评价，但在教学方法和教学质量等方面还有提升空间。

（二）培养建议

电子商务是技术创新与商业模式创新相结合的产物，人才是电子商务持续发展的关键生产力要素。

1. 政府政策促进电子商务人才培育

目前，世界各国在电子商务的人才培养方面都非常重视且投入巨大。韩国政府预测电子商务人力资源将会在相当长的时期内非常缺乏，于2000年制定了“电子商务人力资源发展计划”并实施了多个项目，包括建立和运作电子商务人力资源发展中心，制定金卡计划以吸引海外电子商务人才，引进电子商务管理人员认证项目，对私营培训机构的电子商务培训课程进行认证，建立电子商务成功案例库。2003年，韩国政府确定了电子商务技术蓝图和电子商务技术中长期发展计划，重点支持面向未来的技术和核心战略领域，确保在世界市场中的竞争力。韩国正在建立系统性的电子商务技术发展支持体系，涵盖了企业、大学和研究机构。

日本2001年提出“IT基本战略”，成立了由首相担任部长的“IT战略本部”，以及由索尼公司会长担任议长的“IT战略会议”，制定了四大重点政策领域，其中的关键一项就是加强培养人才，尤其是电子商务等IT关键领域人才，重点提出要吸收约3万名优秀的外国技术人员。之所以吸收外国技术人员，这与日本的人口老龄化密切相关，随着人口老龄化加剧，日本IT技

① 黄江文：《电子商务专业人才培养现状调查分析——以暨南大学为例》，《电子商务》2014年第1期。

术人员的素质明显降低，人员数量越发不足，合理利用国外的资源就成为日本电子商务和 IT 业界的共识。因此，我国的相关政府部门也应尽快出台电子商务方面的相关政策和战略计划，为推动电子商务的发展提供依据和指导方向。

2. 高校电子商务人才培育体系的再造

首先，对电子商务专业进行准确清晰的定位。电子商务的特征决定了电子商务人才、知识必须是复合型的，但复合型决不意味着是互联网技术和商务知识的堆砌。学校在培养电子商务专业学生时，要明白电子商务专业学生竞争的优势所在。这样在专业设置与人才培养定位上，就可以依托行业，根据行业特点和要求，比如服装电子商务、旅游电子商务、汽车电子商务、地产电子商务等，制定符合市场需要的培养计划和课程安排。这种围绕特定行业的企业对电子商务的需求而展开的专门设计，既避免了人才培养目标上的"模糊不清"及"广泛适应性带来的不适用"等不足，又能让高校学生在学习期间努力将自己的职业发展目标、专业知识积累、电子商务应用技能向该行业看齐，让高校人才供给和市场需求尽可能对接、匹配。

其次，增加校内实训课程所占比重。电子商务专业本身是对实训要求较高的专业，所以根据学生实践能力培养要求，可以合理安排与理论教学相配套的实验课，并采取多种实践方式，加大实践课程学时的比重，增强学生各知识层和多种技能的培训。另外，还要增加学生的商务类课程设计实训环节。

再次，探索校企合作培训，联合培养。开设电子商务专业的院校应加强与各类企业尤其是本经济区域内有关企业合作，联合办学。如开展企业网络营销推广方案的设计、企业电子商务的实施方案等项目实际训练，使得学生通过实际项目训练完成课程实操，并获得一定的收益，提高学生的动手积极性。

最后，加大力度培养师资队伍。不拘一格扩充提升师资队伍，如从电商企业聘请实战经验丰富的电子商务人才作为学生的社会导师；鼓励专职教师参与企业实际营运，每学期选派教师到企业中挂职锻炼等。

总之，高校应该认真分析、总结电子商务人才培养过程中存在的问题，努力进行改进，培养出真正"为企业所需，为社会服务"的电子商务人才。

3. 企业电子商务人才发展体系的设计

电子商务属于新兴产业，人才存量本身不足，高校与培训机构对人才培养输出也存在不足，造成了电子商务领域巨大的人才真空。企业最现实的手段就是打造自身的"人才库"。

校企合作，共建实用的电子商务人才培训体系。利用高校优秀的教学资源结合企业优秀的实践经验，打造人才培训体系，包括嵌入式课程、共建电子商务实训室、共建校外实训基地、推荐就业等。

企业中级人才培训。中层是企业的中坚，承担承上启下的重要职能，通过对电子商务企业中层管理人员的提升培训，将会改善企业工作效率，改善提升企业知识结构。可以开展如电商美工、客户经理、数据营销、网络营销等专题培训班，通过对企业最重要的人员教授最实用的技能，大幅改善企业经营状况。

高端电子商务培训项目。电子商务与传统渠道运营模式差异巨大，需要管理者对思维意识、知识结构进行变革，尤其对于传统企业进入电商领域的企业高管，更应加强互联网、云计算、大数据等领域的培训，塑造高管的电商"基因"。

【案例】河北启动百万电商人才培养计划　产学研一体化发展

线上培养75万人，高校培养15万人，企业培养10万人，力争用三年时间培养百万电商人才，有效缓解河北企业电商人才需求。河北省商务厅日前正式启动河北省百万电商人才培养计划。

据了解，此次人才培养计划将依托阿里巴巴集团旗下的“淘宝大学”，以1 500余名教师为教学支撑，由无界电商培训机构来承接整个河北地区电商人才的培养任务。百万人才中，有75万的人才培训工作将通过线上免费培训系统来普及和实现；15万人才培养将在高校完成，期间无界电商将为大学生免费提供实训课程培训；另外10万人才的培养，将针对传统企业和涉足电商的企业来进行培训。

据石家庄电子商务协会秘书长高文海介绍，驻河北省高等院校中有57所学校设置了与电商相关联的专业，其中驻石的高校有13所，这13所学校每年向社会输送毕业生约1.5万人，但其中最少有1万名毕业生的就业地点在北上广等城市，因此石家庄以及全省对于电子商务人才的需求极为迫切。

目前，电商人才培养主要有三种途径，即高校、企业和第三方培训机构。高文海认为，虽然河北省高校从2002年起就设置了电子商务专业，起步较早，但随着科技进步和时代发展，理论知识与实践发展有所滞延，所以高校的电商人才培养也需要与企业、第三方机构进行合作，达成产、学、研一体化发展。

（作者单位：阿里巴巴集团政策研究室）

2013：中国人口学研究的回顾与评述

陆杰华　张　韵　李　月

2013年是我国全面深化改革进程中具有关键意义的一年，党的十八届三中全会通过了《中共中央关于全面深化改革若干重大问题的决定》，标志着我国社会经济发展进入了一个新的历史时期，其中与人口学相关的单独二孩生育政策调整引起了世人的普遍热议和广泛关注。正是在此背景下，2013年3月份国家人口和计划生育委员会与卫生部合并，组建为国家卫生和计划生育委员会，标志着我国计生和卫生工作进入了一个新的时期，同时也见证和预示了我国人口形势的重大变化。在研究领域，学者们敏锐地洞察到新时期我国人口形势的最新变化，并从各个角度探讨了这一变化对社会发展产生的深远影响。整体来看，2013年我国人口学研究集中在人口与计划生育、人口与经济、人口迁移与流动、老龄问题等方面。除此之外，居民健康与寿命、婚姻与家庭等方面也涌现出一些具有代表性的研究成果。

一　人口与计划生育专题研究

2013年生育政策和生育水平依然是学者们热议的议题之一，出生性别比的持续偏高也引起了学者们的关注。此外，这一年对人口普查方法与评估方面的研究也涌现出一些具有代表性的成果。

（一）生育政策和生育水平

2013年国家人口计生委与卫生部合并成立国家卫生计生委，成立32年的国家人口计生委结束了其独立存在，这无疑是我国人口计生工作历史上的重大事件。周长洪对于这次合并及其可能产生的影响进行了全面的探讨。姚义贤等也基于国务院机构改革和职能转变的大背景，以全新视角深度剖析了当前计划生育工作面临的种种问题，并阐释了当前和今后一段时期计划生育工作的新思路。杨云彦等特别关注了普惠型公共政策在实践中使得农村计划生育政策的利益导向功能趋于弱化的现实问题，并提出了相关政策建议。

在调整生育政策的问题上，学者们对于实行普遍允许二孩政策的呼声已越来越高，但其中也不乏反对的声音。尹文耀认为我国生育政策全国统一调整时机已成熟，发展促使生育率下降的趋势已不可逆转，生育政策调整完善中的生育率反弹可通过渐进式策略实施有效调控，不会引起生育率的大幅强烈反弹。倪红福等分析了不同人口政策调整对中国经济增长和结构的影响，发现完善单独、推行二孩晚育政策下的基准情景的人均GDP水平最高。曾毅从人口结构危机的角度出发，指出尽快启动普遍允许二孩与提倡适当晚育政策是应对人口老龄化、性别比失调等问题的合理选择方案。然而，对于生育政策调整的最佳时机，学者们的观点尚未达成一致。针对人口结构危机论，谢韬等指出人口老龄化有一个极限，不会无限制地恶化下去，而我国在积极应对人口老龄化的同时应当稳定低生育率水平，对生育率控制指标的最佳调节时机至少还要再等待20年。原华荣等从人口与资源的关系出发，认为人口规模问题才是中国能否可持续发展的症结所在，而就目前情况看我国的人口压力远未消失，应当继续缩减人口，从根本上维护发展的可持续性。

一般而言，生育政策与生育意愿紧密相连。一方面生育政策的变动对人们的生育意愿产生影响；另一方面，生育意愿不仅是学者预测未来生育率的重要依据，也是制定生育政策的重要参考因素。茅倬彦等对江苏省符合生育二胎政策的妇女的生育意愿和生育行为进行了研究，结果表明四成妇女的生育意愿高于生育行为，六成妇女的生育意愿等于生育行为，尚没有妇女的生育意愿低于生育行为。同时，王广州等对中国育龄妇女的生育意愿进行研究，认为二孩生育目标占绝对优势，潜在二孩生育的比例不到50%。王军等学者对中国育龄人群的生育意愿做了具体估计，指出在95%置信区间范围内中国育龄人群的平均生育意愿是［1.84，1.88］，并指出意愿生育水平每提高0.10，中国每年出生人口规模将再增加100万人左右。而对于放开单独二孩政策是否会引起人口反弹的担忧，王广州等通过随机微观人口仿真模型研究放开“单独”二孩政策和全面放开二孩政策对出生人口规模的影响，认为放开“单独”二孩政策并不会引起很大的出生人口堆积。对于生育政策和生育意愿的相互关系，茅倬彦等认为生育计划的制定是实现生育意愿的重要推动力，但王军则通过二孩生育间隔的研究指出，不同地区经济和社会发展的不平等状况是导致地区间二孩生育间隔差异的主要原因，而生育政策对不同政策类型地区二孩生育间隔差异的影响程度基本在20%以下。

学者们对于第六次人口普查显示的总和生育率数据提出了各自的看法。杨凡等人通过对2000年、2010年普查数据、最新的教育统计数据以及最新的户籍登记数据的评估和比对，认为2000年以来的中国的总和生育率至少达到了1.6左右的水平。郭志刚认为“六普”数据显示的极低生育水平主要是由于时期进度效应导致的，具体说来是由于近年来婚育年龄推迟，育龄妇女的未婚比例升高，一孩生育普遍推迟的强烈时期进度效应造成全面性的一孩总和生育率下降。徐行等人支持了郭志刚的观点，认为“六普”显示生育水平极低的原因是育龄妇女的生育集中年龄向后推迟。学者们对生育率指标如何反映真实的生育水平进行了讨论。陈卫等指出，20世纪70年代到90年代我国生育率下降中的数量效应占比超过了进度效应，但自2000年以来数量效应和进度效应的作用此消彼长，总体而言，数量效应不足50%。因此，若要考察实际的生育水平需要首先剔除人口结构的影响。内在总和生育率是对生育的年龄、胎次和间隔同时进行控制的生育率指标，反映的是生育行为内在稳定的生育水平，它能更准确测量生育率的数量效应和进度效应。

（二）出生性别比

性别比是衡量人口结构健康发展的重要指标。第六次人口普查显示全国出生性别比持续升高，石人炳概括了我国出生性比别变化的特点为“五升高”、“四缩小”和“一增多”，具体表现为全国出生性别比继续升高、一孩出生性别比升高、城市出生性别比升高、少数民族出生性别比升高、各类受教育程度女性生育孩子性别比全面升高；出生性别比的地区间差距缩小、城乡间差距缩小、汉族和少数民族之间差距缩小、孩次之间差距缩小；出生性别比严重偏高和极端严重偏高的省市区增多。对于性别比持续偏高的原因，李树茁等认为长期的出生性别比偏高的累积作用是其中的主要原因。同时，死亡率的性别差异已不再是构成中国人口性别结构失衡的驱动因素，人口年龄结构的加速老化反而对改善人口性别结构起着越来越重要的作用。除此之外，王钦池论证了出生性别比与孩次的关系，他指出对于没有性别偏好和性别选择行为的人口，生育水平变化是引起出生性别比波动的主要原因。有性别选择行为时，生育水平变化对出生性别比的影响较小，性别选择行为是出生性别比异常的主要原因。而对于性别偏好的影响因素，学者们从不同的角度进行了探讨。靳小怡等对流动人口的生育性别偏好进行了分析，认为对农村流动人口的生育性别偏好的观念与行为产生影响的主要因素是相对剥夺感，而不是传统认为的婚姻挤压。张现苓等从婚居模式的角度出发对农村妇女的生育性别偏好进行了分析，指出与夫妻独立居住或与女方父母同住的婚居模式相比，与公婆同住的妇女生育男孩的比例更高，并且影响主要集中在二孩及多孩次生育中。同时也指出了已育孩子性别结构显著影响妇女再次生育时的孩子性别。

（三）人口普查方法与评估

第六次人口普查已经告一段落，本次普查数据的有效性和准确性是学者们关心的首要问题。学者们分别从不同角度对“六普”数据进行了评估。胡耀岭等通过比较同一出生队列人口在不同普查年份的人口规模对人口普查数据一致性进行检验，结果表明相当数量的出生队列人口出现系统性正偏离，这反映了在人口普查中存在较为严重的人口漏报、人口重报或死亡漏报。王金营等指出，“六普”数据中0—9岁人口的年龄人口漏报率为0.75%，低龄人口的死亡漏报率超过60%，老年人口的死亡漏报也平均在5%以上。崔红艳等认为，“六普”数据中分年龄数据准确性差异较大，死亡人口数据漏报较为严重，妇女生育水平明显偏低。但除此之外，分性别数据与历史数据的一致性较好，分教育数据与教育部门的行政记录吻合度较高，长表的主要数据结构代表性较好，“六普”数据的总体质量明显提高。针对如何提高普查数据的准确性和有效性问题，翟振武等建议将身份证号码纳入以后的人口普查问卷，以身份证号码为识别码，可以有效地解决重报和漏报的问题。而对于如何有效地进行评估人口普查质量的事后调查，胡桂华认为三系统模型最适合于既定的数据描述。最后，冯乃林等以“普查组织、方案设计”，“区域划分、摸底”，“流动人口、入户登记”，“宣传培训、质量控制、数据处理”四个专题为基础，对人口普查的具体方法进行了系统而细致的讨论。

二 人口与经济专题研究

人口与经济之间有密切的联系，人口的空间分布、迁移流动、数量结构的变化会对经济增长产生影响，而人口变动与城镇化的进程之间的影响作用是相互的。把握人口与经济的关系具有重要意义。

（一）人口变化与经济发展

人口变化与经济发展的关系主要体现在三个方面：一是人口分布与经济发展的关系，二是人口数量结构与经济发展的关系，三是人口流动与经济发展的关系。人口分布与经济发展之间的关系长期以来备受瞩目。封志明等对中国的人口分布与经济发展的空间一致性进行了分析，结果表明近10年来中国人口分布与经济发展的空间一致性趋于强化，人口经济一致性趋于增强。就地区分布来看，东部地区人口经济一致性程度基本稳定，中部保持最优，西部呈减弱态势，东北呈增强特征。张车伟等指出，中国的区域差距主要由经济聚集度变化所决定，人口聚集度变化往往处于从属地位，但随着人口流动壁垒的降低，其在缩小区域差距上的作用在不断加大。肖周燕认为，中国人口与经济分布的不一致性存在较强空间聚集和空间依赖，当控制了经济水平和结构变量，人口与经济分布不一致性不仅受物质和人力资本、基础设施建设、区域政策和区位条件的影响，而且还与邻近地区的人口与经济分布不一致状况存在较强相关性。蔡昉对人口变化与经济发展的关系进行了总结，从人口变化趋势、劳动力市场走向、社会保障和就业状况，以及宏观经济形势等角度，揭示潜在的制度红利，并提出了有关人口与生育政策、就业政策、户籍制度、新型城镇化、教育体制和经济增长模式等领域的改革路径。

学者们还从人口要素的角度探讨了中国经济减速的主要原因。李建新指出人口替代规律与大国实力兴衰之间具有微妙关联，人口要素在大国硬实力和软实力背后具有不可忽视的重要性。齐明珠认为，我国人口年龄结构和总量变化都将给经济发展带来负面影响，短期看人口年龄结构的影响更大，中长期看则人口总量的影响更大。同时，她还提出为应对我国未来劳动力减少的挑战，应寻求降低非充分就业率，力求真正提升劳动力的利用率，并积极关注第二次人口红利的实现。翟振武等也认同了我国经济发展模式转型的重要性，指出其是解决我国“民工荒”与大学生“就业难”并存的矛盾现象的关键所在。对于中国经济减速的原因，有学者提出了不同的观点。李猛通过测算资本、劳动和全要素生产率的影响发现，中国经济减速90%的原因可以由全要素生产率的增长放缓来解释，其余10%可以由资本增长放缓来解释，而劳动在经济减速中的影响可以忽略不计。经济稳增长的关键在于提升全要素生产率。

学者们还从不同角度探讨了人口流动对经济的影响作用。于潇分析了我国目前迁移人口特征的变化，并通过灰色关联度分析证明迁入人口数和就业人数与经济总量之间存在较强的相关关系。王金营等认为以人口素质、人口流动聚集、年龄结构等为表征量的人口活跃因素对经济发展不仅仅总体上有积极作用，而且对于生产要素的效率有着显著影响，因而指出在未来区域经济增长和发展中要充分利用年轻化的人口年龄结构，促进区域人口有效流动，提高人口素质尤其劳动力人口素质。辜胜阻等看到了以产业转移和劳动力回流为主要特征的“双转移”是当前我国经济进入中速增长背景下一个新的发展趋势。

流动人口与公共服务同样也是学者们关注的问题。张力等探讨了城市自由落户的地方公共财政压力，认为自由落户下城市基本公共服务成本的增加主要取决于外来人口的结构而非外来人口的规模，只简单考虑外来人口总量、忽视外来人口结构的影响会低估自由落户的资金缺口。梁宏在对不同年龄层劳动力的特征进行分析的基础上，对提高领取养老金年龄、延迟退休年龄的渐进实现问题提出了一些建议。

（二）人口城镇化

学者们对人口城镇化的发展模式、形成机制、特点及存在问题进行了讨论。罗淳区别了“城市化”和“城镇化”的概念，分析了中国城镇化进程中来自“市”“镇”两个层面的人口学效应。对于城镇化的发展模式，田雪原主张目前我国的城市化已步入“以大为主”的第二阶段，如果继续沿用“以小为主”的城镇化概念便脱离了现实，无论在理论层面还是实践层面上都会带来弊害。而罗淳则认为，尽管中国的城市化在整体上已进入中期加速阶段，但鉴于区域发展的不均衡性及制度变革的不彻底性，中国城市化的发展格局应当是多元的，而非一概而论的。王桂新对中国城镇化的形成机制及发展规律进行了具体的理论阐述，并对如何根据城市化规律、推进中国城市化健康发展提出了建议。

秦佳等对中国人口城镇化水平的空间差异进行了分析，指出地区之间土地城镇化水平、第二、三产业就业水平和产值水平，以及人均GDP的差距是造成人口城镇化水平空间差异的主要原因。而与一些研究文献的结论不同的是，财政支出水平、出口规模、港澳台资企业和外资企业发展水平对人口城镇化的空间差异影响并不显著。李爱民基于全国第六次人口普查数据研究了我国31个省（市、区）和288个地级以上城市半城镇化的特点、形成机制以及解决路径。

关于城镇化中的人口问题，童玉芬等进行了系统的分析，主要包括：城市化带来人口过度向东南部大城市集中，造成城市资源超载和环境问题加剧；人口空间分布不均导致西部人口较少，影响国家安全与稳定；家庭规模小型化和人口老龄化的加剧，给我国养老事业带来严峻挑战；城市化发展加剧了农村转移劳动力的社会融合问题等。金瑞庭分析了人口城市化与碳排放之间的内在机理和动态机制，认为城市居民的人均可支配收入对碳排量存在正效应，而城市人口密度和城市第三产业的就业人数从长期来看对碳排量存在负效应。辜胜阻等认为城镇化过程中存在偏重于物的“城镇化”，而忽视人的城镇化问题。对于这些问题，李强等提出新型城镇化必须从“物的城镇化”走向“人的城镇化”，而人的城镇化是包括生产方式、生活方式、文明素质和社会权益等全方位进入现代文明体系的过程。

除此之外，城镇化发展对生育率的影响得到了进一步的探讨。果臻的研究表明在当前的低生育水平条件下，城镇化发展仍然起着稳定全国生育水平的作用，并且城镇化的持续高速发展将进一步降低全国的生育水平。

三 人口迁移与流动专题研究

2013年对流动人口的研究成果颇丰，学者们的讨论主要集中在三个方面：一是基于“六普”数据对人口流动的总体特征的描述和概括；二是对流动人口的行为模式及其效应的分析；三是对流动人口社会融入问题的研究。

（一）人口流动的总体特征

基于“六普”数据，学者们从总体上对流动人口的规模、特点及发展趋势做了概括和估计。曾明星等发现人口分布空间格局向“多中心聚集”方向发展。段成荣等指出当前我国流动人口的主要特点表现为规模持续快速增长、流动性减弱、家庭化进程已完成第二阶段并开始向第三阶段过渡、流向仍呈现向沿海地区集中但已展现出分散趋势、新生代流动人口逐渐成为流动人口的主体等方面。同时，他还指出流动人口的普遍化趋势增强，经济因素仍然是主要的流动原因。田成诗等也指出了流动人口规模日趋扩大且分布呈集聚性，务工经商、随迁家属和投亲靠友是人口流动的主要原因。鉴于人口流动的常态化和长期化成为日益显著的趋势，陈卫提出了一个新的概念和指标，即“流动预期寿命”，是指在给定的分年龄人口流动率的条件下，人们预期在流动状态下度过的年数。段成荣和田成诗还指出流动人口的性别比均衡受到挑战，而郑真真认为流动人口的性别结构更趋于平衡。乔晓春等对分省迁入率和迁出率进行了估计，同时还对迁移率与收入的关系进行了分析，发现城镇可支配收入越高，迁入率也越高；农村纯收入越低，迁出率越高。逯进等也研究了人口迁移过程中的经济发展水平变动特征，指出二元人口迁移存在明确的动态均衡过程，并且我国省域间的城乡二元人口净迁移具有明确的经济增长效应。

人口流动产生了区域聚集度过高的问题，而如何解决这一问题，罗源昆认为不能只靠行政手段调控人口。他认为只有经济因素才是区域人口承载力的直接影响因素，其他因素作为经济因素的成本要素间接影响着区域人口承载力，因而正确的调控方法应该是以业控人、合理布局。李铁等也从不同角度讨论了北京市的人口调控思路和政策，并分析了政策的制定对流动人口的影响。韦艳等讨论了流动人口测量指标中存在的问题，指出各种统计口径在流动的时间、空间单元和登记方式等方面的尺度标准并不统一，并且随着社会经济变化多次调整，并分析了造成这一“乱象”的原因。

（二）人口流动的行为模式与效应

人口流动模式主要分为家庭式和非家庭式两种，杨菊华等通过研究发现人口流动过程中，家庭成员多分批到达流入地，家庭团聚具有梯次性。在中部地区和跨县流动者中，完整家庭式流动的比例最高，家庭成员团聚的批次较少、间隔较短，而在经济发达和欠发达之地，完整家庭式流动的比例都低。这是因为发达地区家庭团聚的门槛或生活成本较高，而欠发达地区优质资源的不足对流动人口携家带口的吸引力不够。郭永昌分析了流动人口婚迁的变化、特征及其影响因素。张航空通过对流动人口带眷流动意愿的分析发现社会认同、长期居留意愿和年龄因素对于流动人口的带眷流动意愿有着较为显著的影响。家庭化迁居已成为我国未来人口流动的主要趋势，盛亦男分析了当前我国流动人口家庭化迁居的现状，对家庭化迁居的概念、类型重新进行了界定。

流动人口中的亚群体引起了学者们的兴趣。王培安分析了新生代流动人口的发展特征，提出了以新生代流动人口为重点人群，推进人口城镇化的政策建议。和红关注了新生代流动人口的健康状况与健康保障制度。张伊娜等对老年人口的迁移特征进行了归纳，指出我国老年人口依旧把经济发达地带、大城市作为主要迁入地，与青壮年人口迁移方向产生同构。国内老年迁移人口的迁入地过于集中，将对迁入地的社会医疗服务设施等构成巨大的压力。劳动力的迁移和流动造成了大量的留守儿童，农村留守儿童问题受到政府和社会的高度关注。段成荣等估算了全国农村留守儿童的规模、结构、地域分布等基本情况，并重点分析农村留守儿童的受教育状况、家庭照料状况等。杨河清等对海归回流引起的知识溢出效应进行了实证研究，结果表明海归回流作为国际知识转移的新渠道对中国知识溢出效应有显著影响，能促进中国的技术进步。

（三）流动人口的社会融入

流动人口的社会融入问题研究主要包括社会融入感、流动人口居留意愿以及农民工福利政策等方面。王胜今等对吉林省流入人口融入感的结构与影响因素进行了初步分析，研究认为社会融入感是流入者基于自身的融入意愿，根据融入过程中的客观体验，而获得对自身融入状况的全面感受。杨菊华从绝对经济地位和相对融入水平两个角度，分析了流动人口经济融入的基本特点和影响要素。李荣彬等基于社会变迁的视角对我国流动人口的身份认同进行了研究，指出相对收入和社会地位则是其实现身份认同的重要因素。任义科分析了社会支持网对农民心理和生理健康的影响，研究结果显示了不同类型的社会互动关系对于农民身心健康的重要性。

学者们从不同角度对流动人口居留意愿进行了分析。蔚志新认为流动人口居留意愿的影响因素在个体层面上存在较大的地区差异，这与不同地区的区位特点及其流动人口的个性特征密切相关。王玉君的研究结果表明城市归属感在农民工城市定居决策中具有重要作用，各因素直接或通过城市归属感间接影响其定居意愿。

社会福利是影响农民工在城市融入程度的重要因素。郭秀云认为流入地政府是农民工福利供给的主要承担者。郭菲等研究了城乡福利保障一体化的政策改革对农民工和其他迁移人口的影响，结果表明经过十多年新政策的执行，农村迁移人口或农民工参与社会保险的概率仍然明显低于市民迁移人口和城市本地居民，迁移人口是否参与各种社会保险项目与他们的就业状况紧密相关。除此之外，陶建杰对农民工的需求信息做了具体的分析，认为新生代农民工的信息需求具有层次性、现实性、发展性的特点，并出现了“亚群体分化”；其信息需求主要受个人特征、流动特征、社会融合、信息环境、信息成本等多种因素影响，与老一代农民工相比，影响因素更加多元分散。

流动儿童是广受社会关注的群体。段成荣对全国流动儿童的人口学特征、迁移特征和受教育状况等进行了概括和分析。孟兆敏等分析了上海市学龄人口的空间分布及基础教育资源的供给现状、学龄人口变动与基础教育资源配置的适应性及原因。

四　老龄问题专题研究

随着我国人口老龄化的日益加剧，老龄群体越来越受到广泛关注。从2013年学者们对老龄问题的讨论中可以看出，除了延续以往对人口老龄化的影响和后果以及对养老模式的讨论以外，学者们开始更多地关注老年群体的社会处境和生存状况。

（一）人口老龄化态势及影响

人口老龄化是我国将要面临的一大人口问题，人口老龄化对经济发展的影响以及所产生的社会效应都是学者们所关心的议题。廖立国剖析了中国人口老龄化的成因、现状和未来的发展趋势，并以新古典经济增长理论为基础，从老龄化视角讨论了中国经济的增长潜力和可持续性发展问题。赵晋平等在对2010—2030年的中国经济增长前景作出展望的基础上，对中国人口老龄化的发展趋势、经济影响与对策作了系统分析。莫龙研究了人口老龄化对中国人口发展战略（集中讨论人口数量控制）的制约、影响及对策。学者们还分析了人口老龄化可能的后果。陈友华认为人口老龄化不仅让社保制度难以为继，还会使经济增长与科技创新乏力。莫龙指出中国未来的人口老龄化经济压力有可能比以往预测的要大，因此必须考虑调整现行的国家人口发展战略。

在老年问题的研究方法上也有所创新。姚远等建立了包括概念、理论、命题、指标和运用等内容的老年群体分析视角理论框架。郭震威等从期望余寿的角度界定“前瞻年龄”和老年人口，较好地解决了忽略人口期望寿命提高等因素影响的问题。

（二）老龄健康与生存状况

学者们从不同角度评估了老年人的健康状况。杨贞贞等研究了老年人不健康寿命变动的分状态贡献率，结果显示与2005年相比，老年人不健康寿命及比重均变小，但分状态寿命的变动趋势存在显著差异，并指出生活不能自理状态对不健康寿命缩短的贡献率大于不健康但生活能自理状态。杜鹏对中国老年人口健康状况的年龄差异、性别差异、城乡和地区差异、婚姻状况差异进行了分析。杜本峰分析了我国老年人健康状况的时间和空间演变，并利用健康集中指数证实了我国老年人健康不平等的存在及其变化趋势。

老龄健康得到改善的同时，老年人口中的自杀现象近年来却出乎意料地呈现上升趋势，老年群体的生存状况再次引起了社会和学者们的广泛关注。黄润龙等对1987—2010年我国老年人口自杀死亡的趋势、城乡差异和性别差异作了分析，探讨了老人自杀死亡的原因，并提出了相关的防范措施。刘燕舞认为摆脱疾病痛苦而形成的利己型自杀与因生存困境而导致的绝望型自杀越来越成为农村老年人自杀的主要类型，并且在不同的文化区域中，农村老年人自杀的诸项特征呈现出较为明显的分布差异。王武林也认同中国老年人口自杀率存在显著的性别差异、城乡差异和年龄差异，并提出了老年人口自杀率的三种不同模型。伍小兰等指出我国家庭内老年人受虐待发生率为13.3%，农村显著高于城市，西部地区显著高于其他地区。社会经济地位、健康以及家庭代际关系状况是老年人遭受虐待的重要风险因素。

（三）失独家庭

社会政策、传统文化、经济等因素使得失独老人面临着社会保障、经济困顿、养老、医疗、社会心理恢复等问题。方曙光对安徽省合肥市失独老人生活现状及社会支持网络作了实证研究，结果表明失独老人对现状不满意，社会关系“家庭化”，存在社会支持方面的缺失。程中兴探讨了公众与失独者各自眼中的失独问题范围。王广州对独生子女总量和累计死亡总量进行了评估，结果表明2010年全国独生子女总量在1.45亿左右，累计死亡独生子女超过100万。陈恩对这一结果提出了质疑，并在对独生子女家庭、失独家庭的概念进行重新界定的基础上得出截至2010年全国狭义失独家庭数量在63.5万以上。有关独生子女死亡家庭的扶助也得到了讨论。周伟等对城乡独生子女规模、死亡风险、死亡人数、49岁以上失独父母人数、城乡失独家庭扶助标准进行了分析，并对现行的扶助政策提出了调整建议。

（四）养老模式

人口老龄化使得养老模式发生了转变。陈雯对“四二一”家庭结构的假设进行了重新审视，通过建立“长时距”和“短时距”的家庭生命历程发现，从现实情况来看很少出现“四二一”理论假设当中所谓的“沉重的负担”，从而指出了这一假设是在夸大家庭养老压力。子女孝顺是实现家庭养老的重要保障，杜鹏等研究了老年人对子女孝顺评价的影响因素，发现子女的孝行和老年人自身的健康状况是影响孝顺评价的最主要因素；与“多子多福”、“养儿防老”的传统观念不同，有女儿且子女数较少的老人对子女的孝顺评价更好。经济保障是养老问题的关键所在。丁志宏指出近年来我国老年人的主要经济生活来源结构没有发生大的变化，但各类生活来源的比重发生了较大变化。老年人的经济生活来源存在明显的性别、年龄、婚姻、城乡、地区差异。李绍泰通过研究发现中国养老金支出在国内生产总值中的比重在不断增加，但慢于老龄化的速度，因此，老年人口的实际保障水平在降低。

五　其他专题研究

（一）居民健康与寿命

婴儿死亡率是反映居民健康与寿命的一个重要指标。黄荣清和赵梦晗对“六普”数据公布的婴儿死亡率提出了质疑，并分别对婴儿死亡率进行了评估和修正。黄荣清认为修正后的全国婴儿死亡率为17.27‰，赵梦晗得出的结果为18‰—19‰。李鸿斌认为，中国婴儿死亡率呈下降趋势，并将从快速下降向缓慢下降转型。我国婴儿死亡率在下降的同时，出生预期寿命也得到了提高。王金营在三次人口普查的基础上重新估计了我国人口的出生预期寿命，结果显示1990年我国男性出生预期寿命为67.33岁，女性为71.70岁，2010年男性为71.58岁，女性为78.26岁。樊新民对90岁以上的长寿人口进行了统计分析，认为长寿人口总体规模呈快速增长趋势，且只有三成以下的长寿人口生活不能自理。

影响居民健康的因素也受到了学者们的关注。李树生等分析了气候变化对人口死亡率的影响，研究发现气温对人口死亡率的影响曲线呈现U形，并且曲线左低右高，在5℃—10℃区间人口死亡率最低，高温时病菌等更容易损害人体免疫力和抵抗力，导致人口死亡率增加；同时区域经济发达程度能够显著地影响人口死亡率。牛建林指出城乡流动对农村常住人口的总体健康状况具有重要影响。贺买宏等对人均卫生资源配置的均衡性和公平性进行了评估，认为我国各省份之间卫生资源配置不均衡，但主要卫生资源人口分布较为公平；并指出我国卫生资源配置重点不再是解决人口拥有量的问题，而是要注重优化卫生资源结构。陆杰华等总结和分析了在国家大部制改革背景和卫生计划领域需求变化的情况下，深圳卫生计生系统的最新改革发展情况，并对深圳卫生计生系统的改革绩效进行了评价。

（二）婚姻与家庭

随着社会经济的转型，我国的婚姻状况也发生了变化。陆杰华等通过分析20世纪90年代以来我国婚姻状况变迁的主要特点，指出无论是结婚状况、离婚状况，还是分性别、城乡平均初婚年龄，以及分年龄婚姻状况，都产生了与以往不同的变化特征。许琪具体探讨了当代中国家庭的居住安排，认为当代中国家庭从妻居的比例仍然明显低于从夫居。韦艳等系统分析了近30年来中国初婚模式的变动及性别差异。此外，杨雪燕等还对性别失衡背景下中国农村大龄未婚男性的商业性行为及其影响因素进行了分析，发现商业性行为的发生率在农村地区的大龄未婚男性当中存在显著升高的可能性。

（三）少数民族人口

郑长德分析了2000—2010年10年间中国少数民族人口增长与空间分布的变化。研究发现2000年以来，少数民族人口增长较之1990—2000年有大幅度下降，但不同民族间差异明显，由此导致各民族人口规模变化较大。各民族的老年人口增长率都有提高，少数民族人口的城镇化水平也有大幅提高。

（四）人口学学科建设

田雪原对人口学研究与学科建设进行了归纳和总结，主要从以下几个方面展开：对新中国成立以来关于人口问题的几次论战的回溯；对人口和国民经济关系的研究；发达国家人口研究动向和人口问题；利用人口年龄结构变动促进现代化建设；城市人口划分标准研究；市场经济体制下的老龄问题和老年科学研究等。

六 总结

2013年的人口学研究紧贴时代脉搏，其内容丰富，研究角度多样。纵观这一年的研究，主要体现出了三个鲜明的特点。一是对社会问题的广泛关注，体现了学界的高度社会责任感。社会广泛关注的问题是学者们研究的重点，譬如对生育政策的辩论、对流动人口的多角度研究、对养老模式的探析、居民健康与寿命，等等。同时社会中潜在的问题也为学者们所洞察，其中不乏人口结构失衡问题、城镇化所引发的问题、老年人自杀问题，等等。对这些问题的讨论既体现了学者们的社会责任感，也反映了人口与社会密不可分的关系。二是对人口与经济关系的深入探讨，体现了人口学在社会经济发展中的重要地位。学者们从人口分布、人口数量结构变化、人口流动等方面深入分析了人口变动对社会经济发展产生的重要影响。对人口城镇化的研究也出现了新的视角。三是对数据和研究方法的系统讨论，体现了学界完善学科建设的追求。学者们对“六普”数据中总和生育率、分年龄人口数据及婴儿死亡率等数据提出了质疑，并进行了充分的讨论。在人口普查方法和人口学学科建设方面也出现了有代表性的研究成果。除此之外，2013年我国人口学研究在国际视野上和跨学科研究上都有所进步。展望未来，随着经济的发展和社会改革的不断深入，以人口学的视角分析经济、社会问题将成为人口学科的研究重点，生育政策调整、人口城镇化、人口老龄化、流动人口、人口红利等问题可能依然成为下一阶段研究的热点问题。人口与经济、人口与社会的学科交叉性也将会受到学者们更多的关注。

参考文献

1. 周长洪：《国家人口计生委被合并与生育政策调整》，《人口与发展》2013 年第 2 期。

2. 姚义贤、苏建明、夏鸣：《大部制改革视域下计划生育工作思路探析》，《人口研究》2013 年第 6 期。

3. 杨云彦、李波平：《普惠型公共政策与计划生育利益导向政策的比较分析——基于湖北农村的调查》，《人口与经济》2013 年第 4 期。

4. 尹文耀等：《生育水平评估与生育政策调整——基于中国大陆分省生育水平现状的分析》，《中国社会科学》2013 年第 6 期。

5. 倪红福、李善同、何建武：《人口政策调整的一般均衡分析》，《人口与发展》2013 年第 3 期。

6. 曾毅：《关于中国现行人口政策的若干思考》，《行政管理改革》2013 年第 5 期。

7. 谢戟、李春洋、胡动刚：《我国人口政策的调节时机研究》，《西北人口》2013 年第 6 期。

8. 原华荣、朱中仕：《缩减人口还是稳定人口？——中国向何处去的命运之择》，《浙江大学学报》（人文社会科学版）2013 年第 5 期。

9. 茅倬彦、罗昊：《符合二胎政策妇女的生育意愿和生育行为差异》，《人口研究》2013 年第 1 期。

10. 王广州、张丽萍：《到底能生多少孩子？——中国人的政策生育潜力估计》，《社会学研究》2012 年第 5 期。

11. 王军、王广州：《中国育龄人群的生育意愿及其影响估计》，《中国人口科学》2013 年第 4 期。

12. 茅倬彦、罗昊：《符合二胎政策妇女的生育意愿和生育行为差异》，《人口研究》2013 年第 1 期。

13. 王军：《我国生育政策对二孩生育间隔影响的分层模型研究》，《南方人口》2013 年第 4 期。

14. 杨凡、赵梦晗：《2000 年以来中国人口生育水平的估计》，《人口研究》2013 年第 2 期。

15. 郭志刚：《中国人口生育水平低在何处——基于“六普”数据的分析》，《中国人口科学》2013 年第 2 期。

16. 徐行、梁海艳：《中国育龄妇女生育集中度变化分析——基于“五普”、“六普”数据》，《南方人口》2013 年第 3 期。

17. 陈卫、高爽：《中国生育率转变中的数量和进度效应》，《人口研究》2013 年第 3 期。

18. 高爽、陈卫：《论内在总和生育率》，《人口与经济》2013 年第 1 期。

19. 石人炳：《我国出生性别比变化新特点》，《人口研究》2013 年第 2 期。

20. 李树茁、果臻：《当代中国人口性别结构的演变》，《中国人口科学》2013 年第 2 期。

21. 王钦池：《生育水平、性别偏好和出生性别比——兼论出生性别比的监测方法》，《人口学刊》2013 年第 2 期。

22. 靳小怡、谢娅婷、韩雪：《婚姻挤压下农村流动人口的生育性别偏好》，《人口学刊》2013 年第 3 期。

23. 张现苓、翟振武：《婚居模式对农村妇女生育孩子性别的影响》，《中国人口科学》2013 年第 6 期。

24. 胡耀岭、原新：《1982—2010 年期间四次全国人口普查数据一致性研究》，《人口研究》2013 年第 1 期。

25. 王金营、戈艳霞：《2010 年人口普查数据质量评估以及对以往人口变动分析校正》，《人口研究》2013 年第 1 期。

26. 崔红艳、徐岚、李睿：《对 2010 年人口普查数据准确性的估计》，《人口研究》2013 年第 1 期。

27. 翟振武、张浣珺：《普查数据质量与调查方法》，《人口研究》2013 年第 1 期。

28. 胡桂华：《人口普查质量评估的三系统模型》，《中国人口科学》2013 年第 6 期。

29. 冯乃林主编：《2010 年人口普查方法研究》，中国统计出版社 2013 年版。

30. 封志明、刘晓娜：《中国人口分布与经济发展空间一致性研究》，《人口与经济》2013 年第 2 期。

31. 张车伟、蔡翼飞：《人口与经济分布匹配视角下的中国区域均衡发展》，《人口研究》2013 年第 6 期。

32. 肖周燕：《中国人口与经济分布一致性的空间效应研究》，《人口研究》2013 年第 5 期。

33. 蔡昉主编：《中国人口与劳动问题报告 . No. 14，从人口红利到制度红利》，社会科学文献出版社 2013 年版。

34. 李建新：《人口变迁、人口替代与大国实力兴衰》，《探索与争鸣》2013 年第 5 期。
35. 齐明珠：《中国人口变动对经济增长影响的量化研究》，《人口与经济》2013 年第 6 期。
36. 齐明珠：《人口变化与经济增长：中国与印度的比较研究》，《人口研究》2013 年第 3 期。
37. 翟振武、赵梦晗：《生育率下降与经济发展模式转型》，《人口与经济》2013 年第 1 期。
38. 李猛：《中国经济减速之源：1952—2011 年》，《中国人口科学》2013 年第 1 期。
39. 于潇、李袁园、雷俊一：《我国省际人口迁移及其对区域经济发展的影响分析——“五普”和“六普”的比较》，《人口学刊》2013 年第 3 期。
40. 王金营、石贝贝、李竞博等：《人口活跃因素对区域经济增长影响的研究》，《人口学刊》2013 年第 3 期。
41. 辜胜阻、孙祥栋、刘江日：《推进产业和劳动力“双转移”的战略思考》，《人口研究》2013 年第 3 期。
42. 张力、吴开亚：《城市自由落户的地方公共财政压力分析》，《中国人口科学》2013 年第 6 期。
43. 梁宏：《年龄分层视角下的中国劳动力》，《南方人口》2013 年第 6 期。
44. 罗淳、舒宇：《中国人口“城”“镇”化解析——基于人口普查数据的观测》，《人口与经济》2013 年第 4 期。
45. 田雪原：《城镇化还是城市化》，《人口学刊》2013 年第 6 期。
46. 罗淳：《中国“城市化”的认识重构与实践再思》，《人口研究》2013 年第 5 期。
47. 王桂新：《城市化基本理论与中国城市化的问题及对策》，《人口研究》2013 年第 6 期。
48. 秦佳、李建民：《中国人口城镇化的空间差异与影响因素》，《人口研究》2013 年第 2 期。
49. 李爱民：《中国半城镇化研究》，《人口研究》2013 年第 4 期。
50. 童玉芬、武玉：《中国城市化进程中的人口特点与问题》，《人口与发展》2013 年第 4 期。
51. 金瑞庭、王桂新：《中国人口城市化与碳排放关系的实证研究——基于 1978 年—2009 年时间序列数据的计量检验》，《人口与发展》2013 年第 1 期。
52. 辜胜阻等：《中国城镇化的转型方向和配套改革》，《中国人口科学》2013 年第 3 期。
53. 李强、薛澜主编：《城镇化进程中的人口迁移与人的城镇化研究城镇化进程中的公共治理研究》，中国建筑工业出版社 2013 年版。
54. 果臻、吴正、李树茁：《中国城镇化发展对生育水平的影响研究》，《人口与经济》2013 年第 4 期。
55. 曾明星、吴瑞君、张善余：《中国人口再分布新形势及其社会经济效应研究——基于“六普”数据的分析》，《人口学刊》2013 年第 5 期。
56. 段成荣、吕利丹、邹湘江：《当前我国流动人口面临的主要问题和对策》，《人口研究》2013 年第 2 期。
57. 段成荣、袁艳、郭静：《我国流动人口的最新状况》，《西北人口》2013 年第 6 期。
58. 田成诗、曾宪宝：《基于“六普”数据的中国省际人口流动规律分析》，《西北人口》2013 年第 1 期。
59. 陈卫：《中国人口的流动预期寿命》，《人口学刊》2013 年第 6 期。
60. 郑真真：《中国流动人口变迁及政策启示》，《中国人口科学》2013 年第 1 期。
61. 乔晓春、黄衍华：《中国跨省流动人口状况——基于“六普”数据的分析》，《人口与发展》2013 年第 1 期。
62. 逯进、周惠民：《中国省域人口迁移的经济增长效应——基于内生增长视角的实证分析》，《人口与发展》2013 年第 5 期。
63. 罗源昆、王大伟、刘洁等：《大城市的人口只能主要靠行政手段调控吗？——基于区域人口承载力研究》，《人口与经济》2013 年第 1 期。
64. 李铁、范毅等：《我国城市流动人口和北京市人口问题研究》，中国发展出版社 2013 年版。
65. 韦艳、张力：《“数字乱象”或“行政分工”：对中国流动人口多元统计口径的认识》，《人口研究》2013 年第 4 期。
66. 杨菊华、陈传波：《流动人口家庭化的现状与特点：流动过程特征分析》，《人口与发展》2013 年第 3 期。

67. 郭永昌、丁金宏：《进城还是回村？——跨省婚迁者的空间选择》，《南方人口》2013 年第 4 期。

68. 张航空：《流动人口带眷流动意愿研究》，《南方人口》2013 年第 3 期。

69. 盛亦男：《中国流动人口家庭化迁居》，《人口研究》2013 年第 4 期。

70. 王培安主编：《中国流动人口发展报告 2013》，中国人口出版社 2013 年版。

71. 和红：《新生代流动人口健康问题及社会支持的实证研究》，中国人口出版社 2013 年版。

72. 张伊娜、周双海：《中国老年人口迁移的选择性》，《南方人口》2013 年第 3 期。

73. 段成荣等：《我国农村留守儿童生存和发展基本状况——基于第六次人口普查数据的分析》，《人口学刊》2013 年第 3 期。

74. 杨河清、陈怡安：《海归回流：知识溢出及门槛效应》，《人口研究》2013 年第 5 期。

75. 王胜今、许世存：《流入人口社会融入感的结构与影响因素分析——基于吉林省的调查数据》，《人口学刊》2013 年第 1 期。

76. 杨菊华：《中国流动人口经济融入》，社会科学文献出版社 2013 年版。

77. 李荣彬、袁城：《社会变迁视角下流动人口身份认同的实证研究——基于全国流动人口动态监测调查数据》，《人口与发展》2013 年第 6 期。

78. 任义科、郝小艳、杜海峰：《社会支持网对农民健康的影响》，《人口与发展》2013 年第 6 期。

79. 蔚志新：《分地区流动人口居留意愿影响因素比较研究——基于全国 5 城市流动人口动态监测调查数据》，《人口与经济》2013 年第 4 期。

80. 王玉君：《农民工城市定居意愿研究》，《人口研究》2013 年第 4 期。

81. 郭秀云：《农民工的城市融入：财政压力—政策相应模型的构建》，《西北人口》2013 年第 1 期。

82. 郭菲、张展新：《农民工新政下的流动人口社会保险：来自中国四大城市的证据》，《人口研究》2013 年第 3 期。

83. 陶建杰：《新生代农民工的信息需求及影响因素研究——兼与老一代农民工的比较》，《人口与经济》2013 年第 5 期。

84. 段成荣、吕利丹、邹湘江：《当前我国流动人口面临的主要问题和对策》，《人口研究》2013 年第 2 期。

85. 孟兆敏、吴瑞君：《学龄人口变动与基础教育资源配置的协调性及原因探析——以上海为例》，《南方人口》2013 年第 1 期。

86. 廖立国：《中国人口老龄化经济增长效应分析》，吉林人民出版社 2013 年版。

87. 赵晋平等：《中国经济增长前景与人口老龄化问题研究》，经济科学出版社 2013 年版。

88. 莫龙、韦宇红：《中国人口：结构与规模的博弈——人口老龄化对中国人口发展战略的制约及对策》，社会科学文献出版社 2013 年版。

89. 陈友华：《关于人口老龄化几点认识的反思》，《国际经济评论》2012 年第 6 期。

90. 莫龙：《人口老龄化对中国人口发展战略的制约及对策》，《人口与发展》2013 年第 1 期。

91. 姚远、陈昫：《老龄问题群体分析视角理论框架构建研究》，《人口研究》2013 年第 2 期。

92. 郭震威、齐险峰：《人口老龄化另一种测量指标》，《人口研究》2013 年第 3 期。

93. 杨贞贞、米红：《中国老年人不健康寿命变动的分状态贡献率研究》，《南方人口》2013 年第 5 期。

94. 杜鹏：《中国老年人口健康状况分析》，《人口与经济》2013 年第 6 期。

95. 杜本峰、王旋：《老年人健康不平等的演化、区域差异与影响因素分析》，《人口研究》2013 年第 5 期。

96. 黄润龙、刘敏：《对 1987—2010 年我国老年人口自杀死亡的研究分析》，《人口与发展》2013 年第 4 期。

97. 刘燕舞：《农村老年人自杀及危机干预（1980—2009）》，《南方人口》2013 年第 2 期。

98. 王武林：《中国老年人口自杀问题研究》，《人口与发展》2013 年第 1 期。

99. 伍小兰、李晶：《中国虐待老人问题现状及原因探析》，《人口与发展》2013 年第 3 期。

100. 方曙光：《社会断裂与社会支持：失独老人社会关系的重建》，《人口与发展》2013 年第 5 期。

101. 程中兴：《公共政策视角下的“失独”问题探视：基于公众认知与主体感知的研究综述》，《人口与发展》2013 年第 4 期。

102. 王广州：《独生子女死亡总量及变化趋势研究》，《中国人口科学》2013 年第 1 期。

103. 陈恩：《全国“失独”家庭的规模估计》，《人口与发展》2013 年第 6 期。

104. 陈雯：《“四二一”家庭结构假设与家庭养老压力事实》，《华中师范大学学报》（人文社会科学版）2012 年第 5 期。

105. 杜鹏、曲嘉瑶：《中国老年人对子女孝顺评价的变化及影响因素》，《人口研究》2013 年第 5 期。

106. 丁志宏：《中国老年人经济生活来源变化：2005—2010》，《人口学刊》2013 年第 1 期。

107. 李绍泰：《人口老龄化下合理养老金支出研究》，《人口与经济》2013 年第 5 期。

108. 黄荣清、曾宪新：《“六普”报告的婴儿死亡率误差和实际水平的估计》，《人口研究》2013 年第 2 期。

109. 赵梦晗、杨凡：《“六普”数据中婴儿死亡率及儿童死亡概率的质疑与评估》，《人口研究》2013 年第 5 期。

110. 李鸿斌：《中国婴儿死亡率发展趋势研究——动态数列分析法的应用》，《中国人口科学》2013 年第 6 期。

111. 王金营、戈艳霞：《2010 年人口普查数据质量评估以及对以往人口变动分析校正》，《人口研究》2013 年第 1 期。

112. 李树生、田阳霞：《区域气候变化对中国人口死亡率的影响——基于面板数据的研究》，《人口与经济》2013 年第 3 期。

113. 牛建林：《人口流动对中国城乡居民健康差异的影响》，《中国社会科学》2013 年第 2 期。

114. 贺买宏、王林、贺加等：《我国卫生资源人口分布的公平性评价——基于洛伦兹曲线与基尼系数分析》，《西北人口》2013 年第 2 期。

115. 陆杰华、苏杨、曾序春主编：《深圳人口与健康发展报告 2013》，社会科学文献出版社 2013 年版。

116. 陆杰华、王笑非：《20 世纪 90 年代以来我国婚姻状况变化分析》，《北京社会科学》2013 年第 3 期。

117. 许琪：《探索从妻居——现代化、人口转变和现实需求的影响》，《人口与经济》2013 年第 6 期。

118. 韦艳、董硕、姜全保：《中国初婚模式变迁——基于婚姻表的分析》，《人口与经济》2013 年第 2 期。

119. 杨雪燕、伊莎贝尔·阿塔尼、李树茁：《性别失衡背景下大龄未婚男性的商业性行为——基于中国农村地区的研究发现》，《人口学刊》2013 年第 1 期。

120. 郑长德：《2000 年以来中国少数民族人口的增长与分布》，《西北人口》2013 年第 2 期。

121. 田雪原：《人口学研究与学科建设》，中国社会科学出版社 2013 年版。

（作者单位：北京大学社会学系）

流动人口研究中的概念、数据及议题综述

张展新　杨思思

近30年来，中国的流动人口研究文献数量不断增长，研究内容也在扩展。20世纪80年代，以流动人口统计与控制为主；90年代起，全国或地区流动人口的总体研究继续加强，同时出现了以某些流动人口群体为特定对象的专题探索，最引人注目的是关于农民工的研究。近年来，流动人口研究已经形成人口学、社会学、经济学、管理科学等多学科并存、研究议题丰富且不断增多的局面。在流动人口研究繁荣的同时也提出了新的挑战。已有文献中对流动人口的研究对象、使用数据、研究取向、最终结果等存在明显差别，不同研究处于一定程度的分割状态，缺乏交流与互动。这已经影响到流动人口研究的整体发展。因此，需要讨论流动人口研究设计的多样性及其挑战。本文辨析流动人口的主要概念和数据类型，对不同的研究议题进行归类，最后阐述研究多样化带来的问题。

一　流动人口、农民工和外来人口概念辨析

流动人口研究的发展首先表现在主要概念的扩展上，反映出研究对象的多元化。最初只有单一的“流动人口”概念，现在“农民工”和“外来人口”也成为常用概念。

（一）流动人口的定义

“流动人口”是一个中国特有的现象，与户籍制度有着密切的关系。20世纪80年代，当“流动人口”刚刚进入研究视野时，这一概念一度泛指常住户口人口之外的所有人口，包括在非户籍地长期居住人口、短期逗留人口和“流量”（郑桂珍等，1985；罗茂初等，1986；张庆五，1986）。后来，流动人口的界定逐渐统一为户口登记地与现居住地分离、但长期居住的人口①。这样，流动人口成为一种“中国式”的迁移人口，即改变了居住地，但没有户口登记地相应变更的迁移人口。由于中国流动人口和户籍迁移人口并存，而其他国家一般没有这种区别，国际学术界通常采用一些对偶概念来研究中国的迁移流动，如“永久迁移/临时迁移”、“户籍迁移/非户籍迁移”、“正式迁移/非正式迁移”等，后一类迁移即人口流动（Cindy，2001）。

与国际上迁移人口定义和统计类似，流动人口概念总是以特定地理范围为基础的。“第六次全国人口普查公报”提供了流动人口统计的两个口径及普查结果②。第一口径以乡镇街道为边界，把流动人口定义为居住地与户口登记地所在乡镇街道不一致，且离开户口登记地半年以

---

① 长期居住即所谓“常住”，其时间标准是：1990年“四普”规定为一年以上，而2000年“五普”和2010年“六普”都把这一标准缩短到半年以上。

② 《2010年第六次全国人口普查主要数据公报（第一号）》，见国家统计局网站，http：//www. stats. gov. cn。

上的“人户分离”人口。通俗地说，这是指跨乡镇街道流动的人口。第二口径是在第一口径流动人口中，减去“市辖区内人户分离人口”。这就是说，在市辖区范围内跨乡镇街道流动、改变常住地且无户口登记变更的行为不被视为人口流动。按第一口径统计，普查时点全国 31 个省份流动人口为 261 386 075 人，而第二口径统计的流动人口为 221 426 652 人，为前者的 84.7%。2010 年的流动人口总量约为 2.21 亿，这是官方正式报告的当年中国大陆流动人口总量①。在下文中，如无特别声明，“流动人口”专指第二口径流动人口。

（二）农民工的概念

在流动人口研究中，“农民工”也是一个常用概念，而且近年来被选用的频率明显高于“流动人口”。实际上，学术关注的重点不是一般意义上的农民工，而是“外出农民工”、“流动农民工”或“外来农民工”。按照国家统计局的定义，农民工是指从农业转移出来的农村户籍劳动者，包括在本乡镇从事非农工作的本地农民工和在本乡镇以外务工经商的外出农民工（国家统计局住户调查办公室，2013）。2010 年，全国农民工总量为 24 223 万人，其中本地农民工 8 888 万，外出农民工 15 335 万，分别占当年农民工总量的 36.7% 和 63.3%。本地农民工在家乡当地或附近实现了非农转移，并不涉及人口流动。外出农民工的定义符合第一口径流动人口的统计标准，15 335 万外出农民工是 26 138.6 万流动人口（第一口径）的组成部分。图 1 表示农民工、第一口径流动人口两大集合之间的关系，两个集合的交集就是外出农民工集合。

然而，外出农民工个体不都属于第二口径流动人口，在市辖区有例外②。因此，外出农民工不是第二口径流动人口的子集，“2.21 亿流动人口包括 15 335 万外出农民工”是一个不太严格的说法。图 2 表示第二口径流动人口、外出农民工两大集合之间的关系。所谓外出农民工，是就流出地而言的；基于流入地视角的概念是“外来农民工”。

“农民工”是当代中国经济社会转型时期的一个特殊概念。“流动人口”的背景是现行户籍管理制度下的人户分离，而“农民工”源于城乡二元户籍制度。因此，与前者相比，农民工概念关系到更深层的城乡分割制度安排和身份制社会分层。此外，农民工是从农业向工业和城市转移的劳动者，这又涉及发展经济学关注的二元经济结构转变。正是由于其制度性、结构性属性，农民工研究成为社会学、经济学等学科解释性研究的一个重点。

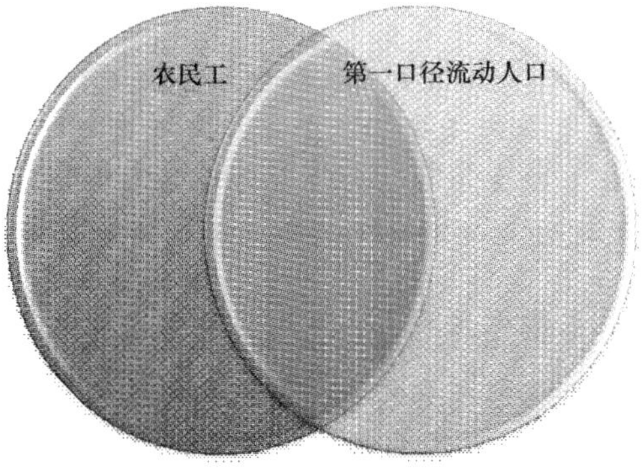

图 1　农民工集合与第一口径流动人口集合

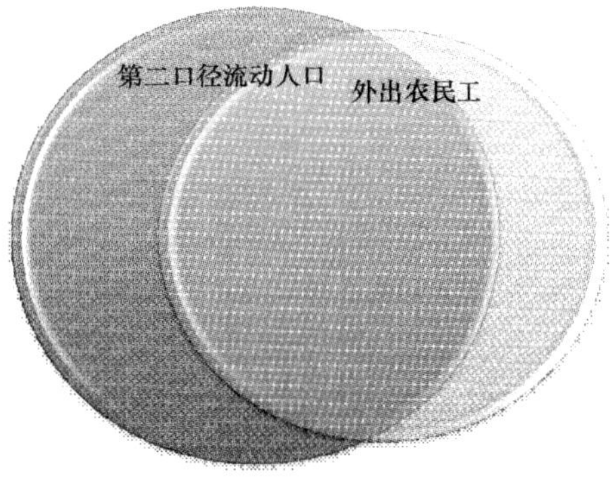

图 2　第二口径流动人口集合与外出农民工集合

① 《中国流动人口已达 2.21 亿》，《人民日报》2011 年 3 月 2 日。

② 在一个市辖区，如果一个农村户籍劳动者的非农就业地点在本乡镇之外、本市辖区之内，那么他属于外出农民工，但不属于第二口径流动人口。只有他到该市辖区以外从事非农业活动时，才符合流动人口统计的第二口径要求。

（三）外来人口的概念

在流动人口文献中，有时“外来农民工”与“外来人口”两个称谓混用，但实际上前者只是后者的一部分。“外来人口”概念具有强烈的地域性，是相对于“本地人口”而言的，通常指没有本地户口的外来人员。在全国性研究文献或政策条文中，一般使用“流动人口”概念或“农民工”这样的总体概念。只是在地域性研究或地方法规政策中，才有可能选用“外来人口”或“外来劳动力”、“外来务工人员”这类术语。因此，在特定区域内进行外来人口数量的统计或估计才有意义。在一个行政区域（通常是省或地级市）内，（第二口径）流动人口由行政区域内部流动人口和区域外流入流动人口两部分组成，后者即这个区域的外来人口。一些区域性的流动人口抽样调查或研究使用了“流动人口”概念，但不涉及区域内部的流动人口，实际上是以外来人口为对象。按照户口的农业/非农业性质，一个城市的外来人口可以划分为农村户籍外来人口（外来农民工及其家属）和城市户籍外来人口（“外来市民”，即城市间流动人口或城—城流动人口）两大类别。

“外来人口”概念同样离不开户籍制度，但这种关联不是人户分离，也不是城乡分割，而是户籍身份的区域分割。在城市中，特别是流动人口聚集的大城市和沿海开放城市中，由于地方公共资源紧张、本地居民压力、政绩追求等，政府部门可能利用“本地”、“非本地”两种户籍身份，制定、实施有利于本地人口的地方政策。差异性、排他性的地方公共政策、社会政策派生出新“本地—外来”不平等，这与城乡分割是有区别的。

（四）城市流动人口、外来人口、外来农民工的数量关系

根据逻辑关系和通常的经验观察，在一个城市，流动人口、外来人口与外来农民工（及家属）三者之间存在着以下数量关系：(1) 流动人口数量 > 外来人口数量 > 外来农民工及家属数量（逻辑关系）；(2) 外来农民工及家属数量 > 外来市民数量（经验观察）。

以北京为例，根据北京市第六次人口普查数据，2010 年，北京市常住人口总数 19 612 368 人，其中“人户分离”的第一口径流动人口 10 498 288 人，为常住人口的 53.5%。在第一口径流动人口中，市辖区内“人户分离”人口 2 738 462 人，由此可以计算出第二口径流动人口为 7 759 826人，为常住人口的 39.57%。在第二口径流动人口中，户口登记地不是北京的常住外来人口 7 044 533 人，为常住人口的 35.92%①。图 3 展示了 2010 年，北京市常住人口的“流动性”结构。虽然第二口径流动人口是测量全国人口流动的核心指标，但对于北京市来说，最重要的是常住外来人口，市域内部的人口流动不是政府部门关注的重点②。在北京的常住外来人口中，外地农业户口人口（农民工及家属）4 768 145 人，为外来人口总数的 67.69%；外地非农业户口人口 2 276 388 人，为总数的 32.31%③。

---

① 北京市 2010 年常住人口总数、户口登记地在外乡镇街道的人户分离人口数、市辖区内人户分离人口数来源于国务院人口普查办公室、国家统计局人口和就业统计司编《中国 2010 年人口普查资料》（上册），中国统计出版社 2012 年版，第 1 页、第 458—459 页；常住外来人口数来源于北京市统计局编《北京市 2010 年人口普查资料——外来人口卷》，中国统计出版社 2012 年版，第 3 页。

② 在《北京市 2010 年第六次全国人口普查主要数据公报》中，只报告了常住人口和其中的外来人口。参见 2011 年 5 月 5 日《北京日报》。

③ 外地农业户口人口数和外地非农业人口数来源于北京市统计局编《北京市 2010 年人口普查资料——外来人口卷》，中国统计出版社 2012 年版，第 7 页。

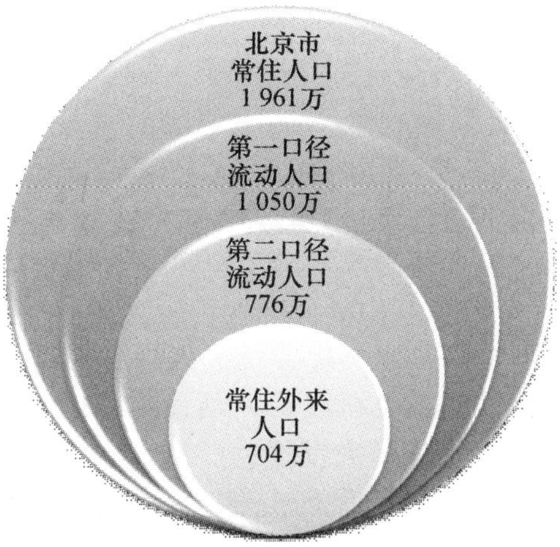

图3　北京市常住人口、流动人口和外来人口（2010）

（五）流动人口、农民工、外来人口三大概念的使用情况

目前，流动人口、农民工和外来人口是流动人口研究的三大对象，农民工专题研究的文献数量最多。“中国知网”期刊检索结果是：1992—2012 年，以“流动人口”、“农民工”和“外来人口”其中之一为关键词的核心期刊论文数分别为 2 624 篇、8 456 篇和 1 178 篇[①]。但农民工专题研究论文明显居多的情况是2000 年以后才出现的。图 4 显示了上述论文数的跨时间变化情况。从中可以看出，1992—2003 年“流动人口”、“农民工”、“外来人口”被选为关键词的论文频数大致在一个水平上；2003 年以后，“农民工”的使用频率上升到最高，“流动人口”

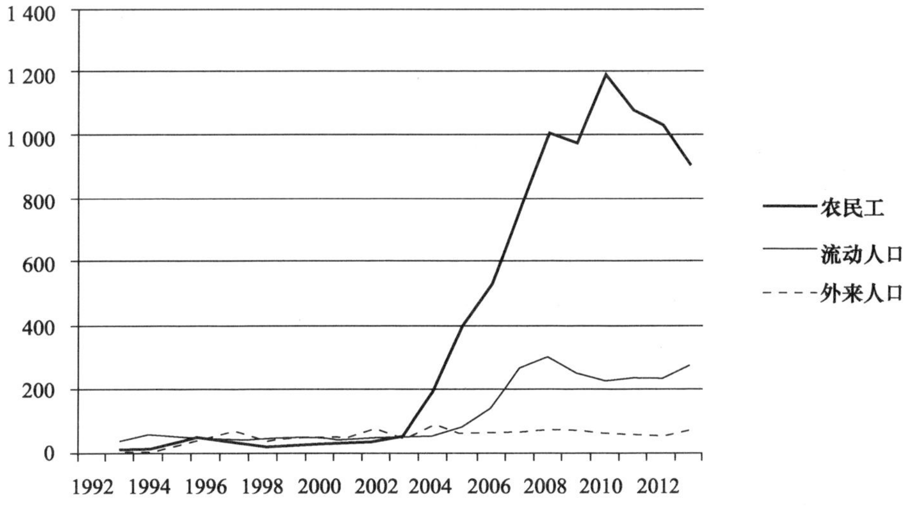

图4　核心期刊论文关键词，1992—2012

① 以其他流动人口主体为关键词的论文数目明显要少。例如，运用同样方法检索，以“转移劳动力”和“暂住人口”为关键词的核心期刊论文数分别为 204 篇和 220 篇。

和“外来人口”的频率分别是第二、第三位。这说明，流动人口研究对象向“农民工”聚集，这是最近10年发生的事情。[①]

二 流动人口研究的数据类型

流动人口研究的另一特点是使用多种数据，包括人口普查数据、1%人口抽样调查数据、专项抽样调查数据和汇总数据。其中使用较多的是1990年、2000年和2010年普查数据，尤以2000年“五普”数据使用的频率最高。除了全国人口普查数据，2005年全国1%人口抽样调查数据也被广泛使用。该调查数据覆盖全国、样本量极大，有类似于人口普查数据的收集人口统计信息功能，被视为小普查。在流动人口研究的原创性文献中，普查数据和1%抽样数据的主要用途是：（1）作为主数据使用，提供研究发现；（2）作为配套数据或辅助数据使用，此时其他数据可以是抽样调查数据，也可以是汇总数据；（3）提供一些关键性指标，用以评估主数据的样本代表性。

抽样调查是按照某种目的或需要设计的，抽样调查数据可以用于描述性研究，也可以用于解释性研究。在流动人口研究中，抽样调查数据的主要用途是后者，为理论导向的经济学、社会学和其他学科学者所偏爱。流动人口研究的抽样调查数据有一个重要特点：根据抽样地点划分为流出地调查数据和流入地调查数据。流出地抽样调查，即在流动人口的家乡来组织调查、获取数据。流出地调查一般在农村展开，调查对象主要是外出农民工。目前最重要的流出地调查是国家统计局组织的农民工统计监测调查，调查范围为全国899个县、7 500多个村（国家统计局住户调查办公室，2013）。该调查数据是全国农民工基础信息的主要来源，对于农民工研究而言，有类似于普查数据或1%抽样数据的作用。另外，农业部农村经济研究中心、人力资源和社会保障部、中国人民银行等机构也在农民工流出地组织了抽样调查，获得了全国性数据。但是，只有农村经济研究中心的数据与国家统计局数据的各项估计指标较为接近（张展新等，2011）。在流动人口研究中，上述全国性流出地调查数据几乎不曾作为主数据使用；需要获得流出地数据的研究者要自行设计抽样调查，或使用他人的调查数据。这样的调查范围一般不大，通常做法是先选一个县，再从中选出样本村或村民小组，最后确定调查农户。

流入地调查通常在外来农民工或外来人口有一定比重的大中城市组织实施。“中国居民收入调查”、“中国城市劳动力市场调查”等都收集了进城农民工的样本，形成为数不多的多城市、跨年份流动人口调查数据。近年来，覆盖单一或几个城市的流动人口流入地调查项目逐渐增多，其中一些项目的调查对象已经不限于外来农民工，也包括其他外来人口。流入地抽样调查的一个主要问题是没有适用的抽样框（陈传波等，2012）。这背后的原因是，大部分城市没有建立常规的外来人口信息系统。如果城市有外来人口的分布信息，可以通过一定步骤，获得有代表性的样本（侯亚非、洪小良，2007）。在没有抽样框的条件下，在城市农民工或外来人口调查中，样本集中在中心城、以户籍人口住户信息为抽样基础等，都可能造成系统性偏差。提高流入地调查数据的质量，从根本上说，有赖于地方人口管理模式摆脱户籍制度的束缚，向常住人口管理和城乡一体化转变。

在流动人口研究中，有时需要使用一些经济、社会、环境统计的“年鉴数据”，主要来源是全国或地方的统计年鉴。研究者使用的来自统计年鉴的汇总数据，主要是地区层面（省份或城市）的一些指标，如GDP、农民人均纯收入、人均固定资产投资等。流动人口研究不能仅仅使用年鉴数据，原因是统计年鉴没有流动人口的统计指标。在研究中，汇总数据一般要与从普

---

① 用关键词来代表论文的研究对象，这是一个粗略的方法，可以大致估计研究对象的分布。

查或调查得到的数据联合使用。

为了考察流动人口研究的数据类型分布，我们选取了一批代表性论文。选取的步骤如下：（1）在最有可能涉及流动人口研究的人口学、经济学和社会学核心期刊中，确定了9份具有一定权威性的期刊①。（2）利用“中国知网”的信息平台，选择从1992年到2012年，在这些期刊文献上发表的，关键词为“流动人口”、“农民工”、“外来人口”其中之一的论文。最后共选定652篇论文。（3）在上述652篇论文中，再筛选出使用定量数据，具有原创性的代表性论文320篇②。

表1给出了代表性论文使用的数据类型与期刊类别的交互统计。从表1可以看出，使用流入地调查数据的论文最多，大大超过了其他的论文数量。这就是说，大多数原创性流动人口研究使用流入地调查数据。使用流出地调查数据的论文数量最少。这个现象的原因可能是流出地调查更为困难。使用普查数据或1%抽样数据的论文数与使用汇总数据的论文数大致相当，但二者都大大低于使用流入地数据的论文数。该表报告的代表性论文的数据分布，反映了在流动人口研究中，数据使用的整体状况。另外，从期刊类别上来看，人口学期刊使用数据的论文数量最大。但这并不体现数据使用的学科分布，原因是自20世纪90年代起，人口学期刊登载的流动人口研究论文已经走出人口统计的局限，开始多学科化。

表1　　代表性论文的数据类型　　单位：篇

数据类型	期刊类型			累计
	人口学	经济学	社会学	
普查数据或1%抽样调查数据	28	1	0	29
普查数据、调查数据混用	4	1	1	6
流入地调查数据	170	15	44	229
流出地调查数据	10	2	4	16
流入、流出地数据合用	8	0	1	9
汇总数据、其他数据合用	23	6	2	31
合计	243	25	52	320

三　流动人口研究的主要议题

在讨论了主要概念和数据类型之后，可以归纳流动人口研究的模式。以往的流动人口文献回顾与总结侧重研究内容。这里增加了研究设计这一主线，研究对象、数据类型、研究的性质（描述/解释）等都纳入考量。基于这样的新视角，我们从流动人口研究文献中，梳理出以下五个重要的研究议题，并从研究设计上做一些讨论。

---

① 人口学类期刊包括《中国人口科学》《人口研究》和《人口学刊》；经济学类期刊包括《经济研究》《经济学动态》和《经济学家》；社会学类期刊包括《社会学研究》和《社会》；综合类期刊为《中国社会科学》。

② 根据登载于《中国社会科学》的代表性论文的研究主题，我们将《中国社会科学》归入经济学类期刊。

（一）流动人口的描述研究

全国流动人口总体描述的研究对象是流动人口，而地区流动人口描述研究的对象多为这个地区的流入人口，即外来人口。早期的流动人口文献主要以描述性研究为主，使用专门设计的流动人口抽样调查数据。1990 年以后，人口普查数据的开发利用成为流动人口描述研究的主要手段，这在区域流动人口研究上更为明显（叶健夫等，2003；李晓、朱宇，2004）。但是，依然有研究使用地方的流动人口专项调查数据（翟振武等，2007）。目前，"六普"数据已经用于流动人口最新状况的描述研究（乔晓春、黄衍华，2013；郑真真，2013）。流动人口描述研究的重点是：（1）流动人口总体的人口学特征，如年龄、性别、婚姻状况、受教育水平、流动时间；（2）流动人口总体的就业特征，如就业岗位与行业、就业方式、收入水平、社会保险参与比例；（3）流动人口的空间特征，如流动人口来源、流向、分布结构、对流入地人口结构的影响；（4）流动因素的描述性分析，如流动人口的社会网络、流出地、流入地的平均收入等。流动人口描述方法比较简明，通常不涉及复杂的统计手段。因此，如果数据质量没有问题，研究结果一般不会引起大的差异。流动人口描述研究的一个重要功能是为解释性研究提供可参照的基础信息。

（二）人口流动因素的中观分析

研究人口跨地区流动的影响因素属于中观分析，观察与分析单位是地区（省份或城市）流动人口群体。例如，以城市流动人口规模为被解释变量的研究（朱传耿等，2002；于涛方，2012），省内和省际人口流动影响因素的研究（王桂新、潘泽瀚，2013）。这类研究需要利用大样本人口统计数据（普查数据、1%抽样数据等）估计所关注地区的流动人口规模；另一方面，需要收集地区层面的统计年鉴数据，构建解释或控制变量，如人均 GDP、人均收入、常住人口规模等。有的研究把流动人口的个体变量纳入，研究流入省份的选择，尝试新的分析模式（周皓，2006）。综观这类文献，各个研究在统计年鉴变量选择上存在明显差异。由于这一原因，尽管"拉力"因素是这类研究的共同关注点，但研究结果的可比性还不够强。

（三）农民工外出与回流行为分析

农民工外出与回流行为研究具有鲜明的微观分析性质。在这一领域，一些研究使用了流出地抽样调查数据。这类调查以农户为对象，既包括了外出或回流的农民工，也涉及其他农村劳动者，这样就有了外出或回流农民工的参照群体。农民工外出决策研究一般关注农村劳动者的个人特征、家庭特征、流入地特征等因素（时金芝、苏志霞，2004）。在考察收入对外出决策的影响时，有研究尝试对经典的迁移经济学理论进行修正（蔡昉、都阳，2002）。有的学者以农户外出务工时间、务工人数比例等为被解释变量，分析了户籍改革对农村劳动力外出的影响（孙文凯等，2011）。农民工回流研究侧重个人、家庭因素和城市就业环境影响（白南生、何宇鹏，2002；张宗益等，2007）。另一方面，一些研究使用流入地调查数据来分析农民工外出决策及相关行为。例如，影响农民工外出的内部、外部因素研究（纪韶，2012），农民工就业地选择因素分析（刘家强等，2011），农民工家庭迁移行为研究（洪小良，2007）。这些文献为农民工外出与回流行为分析提供了另一个观察视角。需要注意的是，由于缺乏抽样框，这类研究多采用非随机抽样的调查方法，因此可能存在着样本的偏差；流入地调查的另一缺陷是没有外出农民工的农村参照群体。这些问题都可能影响最终成果。因此，这类研究需要获得更多的流出地调查数据。

（四）外来人口相对地位研究

相对于本地人口，外来人口在城市中处于什么样的经济社会地位？是否受到歧视或排斥？这是流动人口研究的一个重要议题。早期研究聚焦外来农民工（李强、唐壮，2002；杨云彦等，2004）。近年来，外来市民作为一个新变量被纳入观察与研究（张展新等，2007），形成外来农民工、外来市民和本地人口的“三群体”分析（原新、韩靓，2009；杨菊华，2011；郭菲、张展新，2012）。这些研究以流入地抽样调查为主，也有研究使用了1%人口抽样调查数据。外来人口地位研究与农民工外出与回流行为研究都是微观个体的分析，但外来人口地位研究关注的不是决策行为，而是就业、收入、保障、居住等方面的不平等状态——与本地人口的净差异，并试图做出制度性或结构性的理论解释。外来人口相对地位研究的一个新热点是城市外来人口的社会融入或融合研究，这既有三群体比较视角（杨菊华，2010），也有新的关注点（张文宏、雷开春，2008）。在外来人口相对地位研究这一领域，基于流入地调查的研究需要提升样本质量。普查数据或1%人口抽样数据可能没有质量问题，但这类数据的原始目的是人口统计，问卷设计可能不完全适用于具有理论导向性的社会学或经济学研究，这是研究者需要注意的。

（五）外来农民工个体差异分析

外来人口相对地位研究强调群体间不平等，而外来农民工个体差异分析的重点是农民工群体内部的差异及影响因素。这是一个综合的研究议题，包括多个不同的主题。这类研究一般只分析农民工样本，不需要参照群体。这方面的具体议题比较多，例如：农民工职业流动因素分析（赵延东、王奋宇，2002；姚先国、俞玲，2006），农民工参加社会保险意愿研究（谢勇、李放，2009），农民工社会网络研究（李树茁等，2007），农民工进城落户或定居意愿研究（张翼，2011），等等。这些研究所使用的数据包括全国性抽样调查、多城市抽样调查和单个城市的外来农民工调查。使用流入地调查数据观察进城农民工群体内部差异，可能存在着样本代表性问题。这类研究的兴趣点差异很大，研究成果也各具特色，但共同点是有助于观察和理解农民工群体的差异性。这一研究取向有助于形成新的学术关注点。例如，有研究在分析了农民工职业流动因素后指出：中国农民工的职业已经多元化，但统一的身份类属掩盖了群体分化的事实（符平等，2012）。农民工个体差异研究可以为农民工相对地位研究提供有价值的参考和补充。

上述五大议题覆盖了流动人口文献所涉及的大部分领域，代表着不同的研究模式。在流动人口研究中，还有一些分散的主题，没有纳入以上的讲座之中，如少数民族流动人口研究，流动人口聚居区研究，等等。这些研究往往有较强的特殊性，不属于以上议题的范围。

四　流动人口研究设计的差异及其挑战

从前面总结的主要议题来看，流动人口文献研究设计的差别很大。各个议题的研究对象不同，所使用的主要数据或数据组合不同；从研究的性质来看，除了流动人口描述研究，其它议题都属于解释性研究，但解释（控制）变量、被解释变量的选择各异。人口流动的中观分析与农民工行为分析都力求解释人口流动，但分析单位和使用数据上有明显区别。城市的外来农民工研究可以重点研究群体间差异，也可以侧重群体内部的差异。研究议题的差别，从某种意义上说，反映了中国人口流动现象的复杂性：流动人口是多层次、多群体的，因此要区分不同的研究对象；流动动因或约束是多方位的，因此要按照中观/微观、流出地/流入地等多个视角展开研究。另外，研究者的学术训练背景是多样的，包括人口学、经济学、社会学、管理科学，等等。这些都是研究设计多样性的原因。

流动人口研究的多样性是学术繁荣的一种表现，但也应该重视与此相关联的一些问题。第一，由于研究对象使用的数据、研究目的等差异很大，各类研究形成不同的话语体系，“各说各话”，相近研究缺乏必要的交流。例如，人口流动的中观研究和农民工外出的微观分析二者之间几乎没有对话，更谈不到研究成果的相互借鉴（主要表现在文献引用上）；流动人口相对地位研究与农民工个体差异分析之间也大致如此。第二，有的学者较少考虑不同研究的特点，简单地使用某类研究的标准来评价其它研究。例如，有的学者片面强调一些研究的数据代表性问题，忽视其理论意义、地方适用性和学术贡献。第三，有些研究缺乏深度，在不同学科、不同议题的结合部上做一些看似“突破”的文章，实际上真正的学术价值不高。由于学术平台不明，这类研究尽管可以得到发表，但难以置于充分的学术对话之中，不能取得实质性的研究进展。第四，面对错综复杂的研究学科和研究议题，青年学者难以做自身的学术定位，可能需要经历长期徘徊。应当说，在综合研究领域中，大都存在着类似的问题。但是，中国流动人口研究是在不长的时间里，通过多头并进扩展的，因此这类问题显得更为突出。这些情况已经造成研究资源的分割和研究兴趣的分散，影响到流动人口研究的整体发展。

流动人口研究需要积极应对研究设计多样化带来的问题与挑战。首先，要加强流动人口的跨学科、跨议题研究，通过比较、分析与综合的探讨，全面认识和理解流动人口研究，把握不同研究设计上的区别与联系。本文的研究就是这方面的尝试。再者，对于研究者而言，在研究中应当加强文献综述工作，尽可能把主要文献和相关文献都收集过来，进行深入细致的研究，从中找出与本研究相关的多个参照点。另外，流动人口研究的学术交流活动（如学术研讨会）要增强多学科意识，避免参与者的范围过窄。总之，流动人口研究需要更为宽广的研究视野、更多互动和学术包容。

五　总结与思考

当代中国流动人口文献不仅内容丰富，研究方法也呈现多样性。过去，流动人口文献评述以研究内容为主，缺少以研究方法为视角的观察与思考。本文基于社会科学研究设计的理念，考察并概括这种多样性，并讨论研究设计差异给流动人口研究带来的挑战。首先对流动人口研究的三个主要概念——流动人口、农民工和外来人口进行了界定和比较；讨论流动人口研究的数据类型，包括普查数据、调查数据和汇总数据，调查数据又有流出地数据和流入地数据之分；在概念和数据辨析的基础上，概括了流动人口研究的五个经典议题，包括流动人口描述研究、人口流动因素的中观分析、农民工外出与回流分析、外来人口相对地位研究、农民工个体差异分析；阐述了研究设计的差异、原因及其对流动人口研究发展的不利影响，并提出一些对策建议。

本文侧重流动人口文献中的定量研究成果，没有涉及定性的流动人口研究。主要是由于定性研究的特殊性，不便于把这类文献纳入研究设计的比较与综合。实际上，在流动人口文献中，定性研究占有一席之地，而且颇具特色。在研究设计上，流动人口定性研究与定量研究的差异非常大，带来的交流问题更多。因此，也要加强这方面的比较研究。

把流动人口研究对象归纳为流动人口、农民工、外来人口三大类，是以过去积累的文献为基础的。这三个概念都与户籍制度有关，折射出约束流动人口的先赋因素。近年来，中国的劳动力市场整合与社会政策改革的力度很大，户籍身份对流动人口权利地位的不利影响正在弱化。流动人口研究的一些新概念体现了这种变化。例如，“外来白领群体”研究显示，在广州，外来白领的近60%来自农村（李若建，2009）。这一发现构成了对我们所熟悉的“农民工”概念的冲击。职业身份不断强化，就是户籍身份的弱化，就是自致因素作用的不断增长。代表了这种趋势的新概念（例如外来白领）以及相关研究可能会成为流动人口研究的新议题。

参考文献

1. 白南生、何宇鹏：《回乡，还是外出？——安徽四川二省农村外出劳动力回流研究》，《社会学研究》2002年第3期。

2. 蔡昉、都阳：《迁移的双重动因及其政策含义——检验相对贫困假说》，《中国人口科学》2002年第4期。

3. 陈传波等：《适应性区群抽样：研究流动农民工的方法与实践》，《统计研究》2012年第5期。

4. 符平等：《农民工的职业分割与向上流动》，《中国人口科学》2012年第6期。

5. 郭菲、张展新：《流动人口在城市劳动力市场中的地位：三群体研究》，《人口研究》2012年第1期。

6. 国家统计局住户调查办公室：《2012年全国农民工监测调查报告》，载蔡昉主编《中国人口与劳动问题报告 No. 14——从人口红利到制度红利》，社会科学文献出版社2013年版。

7. 洪小良：《城市农民工的家庭迁移行为及影响因素研究》，《中国人口科学》2007年第6期。

8. 侯亚非、洪小良；《2006年北京市流动人口家庭户调查报告》，《新视野》2007年第2期。

9. 纪韶：《“十二五”期间京津冀都市圈农民工流动就业影响因素——微观决策模型分析视角》，《经济学动态》2012年第8期。

10. 李强、唐壮：《城市农民工与城市中的非正规就业》，《社会学研究》2002年第6期。

11. 李若建：《广州市外来白领群体现状分析》，《中国人口科学》2009年第2期。

12. 李树茁等：《农民工的社会网络与职业阶层和收入：来自深圳调查的发现》，《当代经济科学》2007年第1期。

13. 李晓、朱宇：《福建省流动人口状况分析》，《福建师范大学学报》（哲学社会科学版）2004年第5期。

14. 刘家强等：《农民工就业地选择决策的影响因素分析》，《人口研究》2011年第2期。

15. 罗茂初等：《全面认识人口流动现象，审慎选择对策——北京市流动人口调查》，《人口研究》1986年第3期。

16. 乔晓春、黄衍华：《中国跨省流动人口状况——基于“六普”数据的分析》，《人口与发展》2013年第1期。

17. 时金芝、苏志霞：《河北省农村劳动力跨地区流动的基本特征》，《人口研究》2004年第2期。

18. 孙文凯等：《户籍制度改革对中国农村劳动力流动的影响》，《经济研究》2011年第1期。

19. 王桂新、潘泽瀚：《我国流动人口的空间分布及其影响因素——基于第六次人口普查资料的分析》，《现代城市研究》2013年第3期。

20. 谢勇、李放：《农民工参加社会保险意愿的实证研究——以南京市为例》，《人口研究》2009年第3期。

21. 杨菊华：《“城乡差分”和“内外有别”：流动人口经济融入水平研究》，《江苏社会科学》2010年第3期。

22. 杨菊华：《“城乡差分”和“内外有别”：流动人口保障研究》，《人口研究》2011年第5期。

23. 杨云彦等：《城市就业与劳动力市场转型》，中国统计出版社2004年版。

24. 姚先国、俞玲：《农民工职业分层与人力资本约束》，《浙江大学学报》（人文社会科学版）2006年第5期。

25. 叶健夫等：《广东流动人口研究》，《南方人口》2003年第1期。

26. 于涛方：《中国城市人口流动增长的空间类型及影响因素》，《中国人口科学》2012年第4期。

27. 原新、韩靓：《多重分割视角下外来人口就业与收入歧视分析》，《人口研究》2009年第1期。

28. 翟振武等：《北京市流动人口的最新状况与分析》，《人口研究》2007年第2期。

29. 张庆五：《对我国流动人口的初步探讨》，《人口与经济》1986年第3期。

30. 张文宏、雷开春：《城市新移民社会融合的结构、现状与影响因素分析》，《社会学研究》2008 年第 5 期。

31. 张翼：《农民工“进城落户”意愿与中国近期城镇化道路的选择》，《中国人口科学》2011 年第 2 期。

32. 张展新等：《城乡分割、区域分割与城市外来人口社会保障缺失——来自上海等五城市的证据》，《中国人口科学》2007 年第 6 期。

33. 张展新等：《农民工收入水平与变化：基于不同来源数据的估计》，载蔡昉主编《中国人口与劳动问题报告——“十二五“时期挑战：人口、就业和收入分配》，社会科学文献出版社 2011 年版。

34. 张宗益等：《西部地区农村外出劳动力回流：动因及其决策》，《统计研究》2007 年第 12 期。

35. 赵延东、王奋宇：《城乡流动人口的经济地位获得及决定因素》，《中国人口科学》2002 年第 4 期。

36. 郑桂珍等：《上海市区流动人口问题初探》，《人口研究》1985 年第 3 期。

37. 郑真真：《中国人口流动变迁及政策启示》，《中国人口科学》2013 年第 1 期。

38. 周皓：《资本形式、国家政策与省级人口迁移》，《中国人口科学》2006 年第 1 期。

39. 朱传耿等：《中国城市流动人口影响因素的定量分析》，《人口学刊》2002 年第 2 期。

40. Cindy Fan. （2001）, Migration and Labor-market Returns in Urban China：Results from a Recent Survey in Guangzhou. *Environment and Planning A*. Vol. 33，458 – 479.

（作者单位：中国社会科学院人口与劳动经济研究所
原载《中国人口科学》2013 年第 6 期）

小企业生态对就业贡献的国内外研究进展

刘 鹰 张 婷

一 时代的挑战和经验

2014 年 10 月 4 日英国《经济学人》杂志刊登“财富没有工人，工人没有财富”的文章，疾呼：无论是世界富国或穷国，数字革命带来劳动力市场的彻底改变！并指出，“现代数字化革命以电脑力、连接力、数据力无处不在为标志，带来了手机和互联网，而不是拥挤的大杂院和霍乱……这个技术进步对于世界上劳工的破坏和分割的程度是近一个多世纪以来没见过的。巨大财富的创造可以不用很多工人；除了少数精英以外的大多数人，（雇佣）劳动不再是收入的保证。”①

一个不能靠劳动换取收入保证的社会是很危险的，它会在社会贫富差别激化的同时，导致社会创新力的衰竭。就业成为世界上最棘手的经济问题。

工业革命以来几乎将所有依附于土地的农民挤出国民收入的生产，圈地运动带来的灾难依然使人们记忆犹新。② 1811 年英国诺丁汉织袜子、编鞋带的勒德分子砸毁编织机以抗议由于“人机替换”造成的失业。③ 后来的“人机替换”将大批劳动力从第一产业与第二产业推向第三产业。而信息革命以来的“人机替换”将“白领”也推进失业大军。2011 年 3 月纽约时报 John Markoff 讲述电脑的“模式识别功能”已被利用到法律行业中。他估计，电脑的识别功能可以让一位律师做 500 人的工作。

麻省理工学院的埃里克·布林约尔松（Erik Brynjolfsson）教授和安德鲁·迈克菲（Andrew McAfee）指出：“技术改变着收入的份额，目前可以看到的是三对赢家与输家：有技能与没有技能的人，超级名星与其他的人，以及资本与劳动。这是一个简单的零和游戏，一些损失能通过其它收益来抵消吗？不一定。从积极的一面来看，不平等可以成为获取技能的个人奋斗以及资本积累等有益的激励机制。但是从很多方面来看，这种收入的差异可以损害经济福祉。”这是因为如果容忍和放纵收入的不平等，一个社会就会失去效益与平等兼顾的机会平等；同时，这种不平等会不可避免地通过政治带来社会动乱。④

---

① “Wealth without workers, workers without wealth.” http: //www. economist. com/news/leaders/21621800-digital-revolution-bringing-sweeping-change-labour-markets-both-rich-and-poor?

② “In agriculture the years between 1760 and 1820 are the years of wholesale enclosure in which, in village after village, common rights are lost.” (p. 217) “Enclosure (when all the sophistications are allowed for) was a plain enough case of class robbery.” (p. 237) Thompson, E. P. (1991), *The Making of the English Working Class*, Penguin.

③ Easterly, William (2001), *The Elusive Quest for Growth: Economists' Adventures and Misadventures in the Tropics*, Cambridge, Massachusetts: MIT Press, pp. 53 - 54.

④ http: //www. theatlantic. com/business/archive/2011/10/why-the-massive-wealth-of-the - 1 - could-ruin-the-economy/247277/2/.

如何应对这种就业市场的挑战？在 20 世纪 30 年代，约翰·梅纳德·凯恩斯（John Maynard Keynes）曾预言，由于“经济问题”会被“休闲问题”所取代，在一个世纪之后会有 15 小时的工作周。[①] 这已经不是一个预言，而是历史。大多数国家的工作时间有显著的减少。例如 19 世纪后期美国的工作时间是每周高于 60 小时；而今天则是 33 小时。今日的欧洲更是激进：法国 30 小时，荷兰 27 小时，德国有最低的工作时长，即 25.6 小时。[②]

虽然取消了第二次世界大战后的体力劳动和流水线作业，通过推进机械化和自动化，在服务业（第三产业）、工业界（第二产业）吸收流离失所的劳动力而增加就业。例如，通过一次性大幅增加信息技术（“IT”）的工作，在同一时间抵消许多保留给美国 20 世纪 90 年代制造业的工作。在某些情况下，腾出的劳动力可以进入更高的技术管理等典型的高薪工作。[③] 表 1 数据表明美国第三产业的就业占全部就业总数的 80%。

表 1　1800—2012 年法国和美国各部门的就业人口比例　单位：%

年份	法国			美国		
	农业	工业	服务业	农业	工业	服务业
1800	64	22	14	68	18	13
1900	43	29	28	41	28	31
1950	32	33	35	14	36	50
2012	3	21	76	2	18	80

注释：2012 年，法国总就业人口中农业占 3%，工业占 21%，服务业占 76%。其中，建筑业就业占 7%。
资料来源：Pikelly（2014）piketty. pse. ens. fr/capital21c。

在他们的《第二机器时代：就业、进步与繁荣辉煌科技》和《与机器博弈的时代：如何在数字化革命正在加速创新，提高生产率，并不可逆转地转变就业与经济》两部著作里，迈克菲和布林约尔松教授注意到，由于越来越聪明地利用先进的数字技术，自动化的步伐加快。笔者主张建立计算机和人类之间的合作伙伴关系以创造未来的就业机会。“在医学、法律、金融、零售、制造甚至科学发现”，他们写道，“制胜的关键不是与机器一争高下，而是与机器合作共进”。[④] 事实上，机器和电脑要支付很高的成本去做人类非常简单的，尤其是需要人类的认知、悟性等方面的生产活动。

除此以外，2014 年 10 月在安徽省六安市霍山县佛子岭镇佛子岭村一农户家中举行了以“绿色发展如何促进贫困地区经济起飞”为主题的绿色发展跨洲视频连线研讨会。会议将佛子岭村农户家与万里之遥的布鲁塞尔欧盟会场和美国凤凰城亚利桑那州立大学会场相连，与会者共同探讨贫困地区新的崛起之路，就六安绿色发展的战略思考和抓手等问题进行了互动交流。这场以国务院研究中心张永生博士发起并与国际合作的会议构建了一个全新的 21 世纪就业、

① Elliott，Larry（2008），“Economics：Whatever Happened to Keynes' 15 - Hour Working Week?”，The Guardian（London），http：//www. theguardian. com/business/2008/sep/01/economics.

② http：//en. wikipedia. org/wiki/Working_ time.

③ http：//en. wikipedia. org/wiki/Technological_ unemployment#cite_ ref-easterly_ 30 – 0.

④ Erik Brynjolfsson，Andrew McAfee，*Race Against The Machine*：*How the Digital Revolution is Accelerating Innovation*，*Driving Productivity*，*and Irreversibly Transforming Employment and the Economy*，Digital Frootier Press，2012，p. 55.

发展与繁荣的模式。[①]

詹姆斯·阿布思（James Albus）在1976年就提出人民资本主义的思想来解决迅猛来临的超级自动化的“人机替换”所产生的经济、社会和政治影响。阿布思的《人民资本主义》提议创建一个新的社会秩序以保证物质繁荣和个人的财务安全。人民资本主义会产生必要的储蓄和贷款来资助现代技术的大量新投资和创造生产率的快速增长。每个人都将成为资本家。每个人都拥有自己的生产资料份额，经济快速增长的所有好处会分配到每一个人。它可以解决资本主义和社会主义之间的基本冲突。一旦理解这个思路，“你将不再相信乌托邦是可望而不可即”。[②]

与人民资本主义平行的思路则是全民创新力的释放。创新力的研究开始于17世纪末和18世纪初以古典经济学为基础的理查德·坎蒂隆（Richard Cantillon）和亚当·斯密（Adam Smith）。20世纪30年代的约瑟夫·熊彼特（Joseph Schumpeter）和其他经济学家，如卡尔·门格尔（Carl Menger），路德维希·冯·米塞斯（Ludwig von Mises）和弗里德里希·冯·哈耶克（Friedrich von Hayek）在创新力的研究中形成了著名的奥地利学派。[③]

创业者或企业家（Entrepreneur）是20世纪的中心人物，但是主流经济学家们对这个中心人物只可意会却不可言传。该词借用法语，英语的翻译是Undertake an Enterprise，最好的中文翻译是“自己创立并运营企业的商人”。[④] 熊彼特是上世纪初研究企业家的最伟大学者，他定义企业家为那些做新事，或用新方法做已经存在的事情的人。更重要的是，企业家能“把事情做成”。[⑤] 鲍莫尔教授提出创业家对于创新的双重作用：“创业家既是有限资源的配置者，也是被配置的资源。”[⑥] 但是，以新古典经济学为基础的主流经济学不仅不关注这样的双重作用，甚至没有统一规范的术语来定义经济学的“企业家”。鲍莫尔教授在他1968年美国经济学年会的报告中曾经调侃：“经济学理论中的企业（Firm）没有创业家（Entrepreneurless），就像《哈姆雷特》的讨论没有丹麦王子一样。”[⑦]

如果说在大工业时代创业家的双重作用没有特别突出的经济意义的话，那么，在数字时代则不然。各种交易成本的低廉使大生产碎片化，劳动力成本不断攀升或利润最大化的目标使雇主企业尽量使生产过程外包化，或进行人机替代。例如，苹果公司将一部分产品外包给电子产品制造商富士康。在劳动力成本成为问题以后，富士康则购买百万台机器人，以取代大部分劳动力。现在，机器人接管日常工作，如喷漆、焊接以及基本组装等。[⑧]

---

① http：//epaper. 21cbh. com/html/2014 – 10/14/content_ 113096. htm? div = – 1.

② http：//james-albus. org/books. html.

③ http：//en. wikipedia. org/wiki/Entrepreneurship.

④ http：//zh. wikipedia. org/wiki/% E4% BC% 81% E4% B8% 9A% E5% AE% B6.

⑤ “The defining characteristic is simply the doing of new things or the doing of things that are already being done in a new way (innovation) .” In addition, “the entrepreneur ‘gets things done’” . 见 Schumpeter (1947), “The Creative Response in Economic History” in *Essays on Entrepreneurs*, *Innovations*, *Business Cycles*, *and the Evolution of Capitalism*, Transaction Publishers, 3rd printing, 1997, pp. 223 – 224.

⑥ William Baumol (1993), *Entrepreneurship*, *Management*, *and the Structure of Payoffs*, The MIT Press, p. 19.

⑦ William Baumol (1968), “Entrepreneurship in Economic Theory”, “The theoretical firm is entrepreneurless – the Prince of Denmark has been expunged from the discussion of Hamlet. ” in *The American Economic Review*, 58 (2): 66.

⑧ Erik Brynjolfsson and Andrew McAfee (2011), “Why Workers Are Losing the War Against Machines”, http：//www. theatlantic. com/business/archive/2011/10/why-the-massive-wealth-of-the – 1 – could-ruin-the-economy/247277.

当今机器人替代劳动力仅仅是历史的重演。只是由于西方的金融危机使目前这个替代过程变得更加残酷。人们没有太多的选择：要么把自己作为“被配置的资源”，等待机器人的替代；要么发挥自己“有限资源的配置者”的功能，立足于创新创业，打造新时代的新事业。

西方国家的发展历史表明，由于制造业大机器的使用导致了严重的劳动力过剩，企业家们开创了包括金融、物流、教育、卫生等服务业，使基于大机器/大工业的服务业的发展成为第二次世界大战后新的增长引擎，服务业发展最快的美国也因此步入世界经济列强的地位。

中国获得了千载难逢的发展机遇。进入数字时代的中国还处于“二元经济”阶段，大量的农民生活在“隐形失业”状态；互联网、信息化、数字化等技术革命在非农产业带来严重的结构性失业压力。人机替代不仅使大量劳动者失去工作，即使是应届大学生也面临极大的就业压力。将这种“压力”变成“机遇”的最好途径是通过释放全社会的创新力（entrepreneurship），让更多的人用创业和企业经营作为个人创新意愿、能力和志向的表达方式。

在“自由经营—自由竞争”为特点的市场经济条件下，草根创业和难以数计的小企业是经济的一种自然生态。而维系这种自然生态则是草根创新、大众繁荣的可持续经济发展的前提。由于中国根深蒂固的精英文化，以及特有的历史原因，形成这种草根创业和大面积小企业所有的自然生态也许还需要一段时间，但是对这种自然经济生态及其对社会就业的作用要有充分的认识。

二　小企业的自然生态

什么是小企业？小企业的定义因不同国家、不同时代以及不同产业而不同。大多数人关注“量”的定义，但重要的则是“质”的概念。1953 年美国国会通过的《小企业法》有很好的陈述：小企业是指“独立所有的、运作的……以及那些在其经营领域不占主宰地位的企业”。[①] 这个小企业法成为日后美国联邦小企业管理署操作运营的法律根据。

小企业的自然生态是指一个在一定社会条件之下的小企业的统计学特征（small business demographics），例如，小企业总体、规模分布以及动态发展变化特点等。

（一）美国的小企业生态

美国联邦普查局 2012 年经济普查数据表明，2012 年美国共有 2 840 万个企业，其中 2 270 万个（占 80%）为无雇员企业（Nonemployer），500 万个为大众（Mainstreet）雇主（Employer）小企业，50 万个为服务大企业的产业链雇主小企业，20 万个为高成长雇主小企业，仅仅 1.8 万个为雇佣 500 或更多员工的大型企业。[②] 小企业被认为是美国经济的“脊梁骨”（见图 1）。

2007 年，美国有 2 710 万个企业，总销售额为 30 万亿美元。其中：570 万个大企业销售额占 29 万亿美元，而 2 140 万个无雇员个体户销售额仅为 1 万亿美元。那么，庞大数量的个体户存在的意义何在？事实上，每年大约有 3% 的无雇员企业经过三年创业和快速成长，开始雇佣员工，进入雇主企业的行列。倘若没有低门槛进入的个体户这个生态体，数目不菲的高成长创新企业便会失去创新之路。

表 2 显示了美国的无雇员单位按销售额规模分类的分布情况。在 2 270 万个无雇员企业中，共有 22 735 915 个单位。美国定义“企业（Firm）”以法人为单位；“单位（Establishment）”有时也翻译成“厂商”，则是以经济活动的地理位置为单位。年销售额在 1 000 美元或以上的无

① ［美］曼塞尔·布莱克福德：《美国小企业史》，刘鹰等译，浙江大学出版社 2013 年版，第 2 页。

② Karen Mill & Brayden McCarthy（2014），“The State of Small Business Lending：Credit Access during the Recovery and How Technology May Change the Game”，*Harvard Business School Working Paper 15 – 004.*

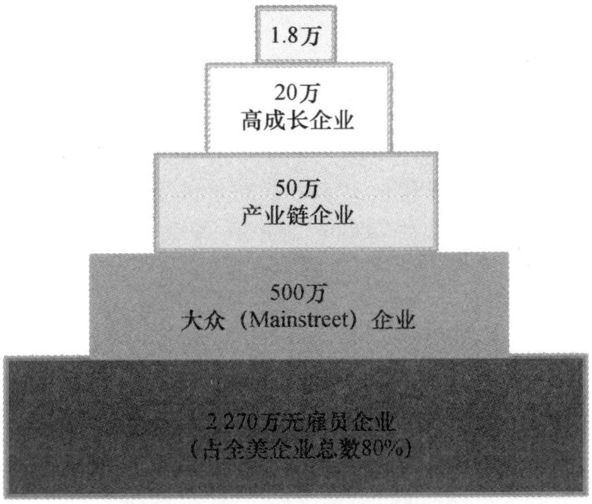

图 1　2012 年美国小企业总体

雇员企业列入统计中。在这个总体中，鲜有无雇员企业会有两个或以上的“单位”。在“外包”盛行的今天，越来越多的劳动者同企业建立“契约”关系而不是“雇佣”关系。例如，大学教授注册一个自我就业的无雇员咨询公司，所得的咨询收入扣除成本以后纳入“年收入”一起报税，而不用专门缴纳“公司”税。

表 2　　2012 年无雇员单位的销售额规模分类

按销售额划分的单位	全部单位		金融保险行业单位	
	数（个）	占比（%）	数（个）	占比（%）
全部无雇员单位数	22 735 915	100.000	720 598	100.000
小于$5 000	5 519 673	24.277	163 641	22.709
$5 000—$9 999	3 767 416	16.570	100 580	13.958
$10 000—$24 999	5 692 845	25.039	139 969	19.424
$25 000—$49 999	3 094 407	13.610	104 734	14.534
$50 000—$99 999	2 212 148	9.730	94 003	13.045
$100 000—$249 999	1 682 694	7.401	77 622	10.772
$250 000—$499 999	513 137	2.257	26 002	3.608
$500 000—$999 999	221 815	0.976	11 604	1.610
$1 000 000—$2 499 999	29 494	0.130	1 844	0.256
$2 500 000—$4 999 999	1 900	0.008	282	0.039
大于或等于$5 000 000	386	0.002	317	0.044

数据来源：美国普查局 2012 年经济普查。

表 2 数据显示，40.8%的无雇员单位年销售额不到 1 000 美元，79%的无雇员单位年销售额不到 5 万美元，仅有 0.14%的无雇员单位年销售额达 100 万美元或更多，386 家的无雇员单位年销售额达 500 万美元或更多。金融保险行业的无雇员单位显然比其它行业略胜一筹，在所

有500万美元年销售额的无雇员单位中，317家是在金融保险行业，比重超过82%。

表3显示了2011年美国按员工人数规模详细分类的雇主企业分布。2011年美国共有雇主企业5 684 424个，包括7 354 043个单位，雇佣113 425 965个员工，工资总额近5.2万亿美元。少于5个员工的企业占雇主企业总数的62.14%、工资总额的4.46%；少于20个员工的企业占总数的近90%，工资总额的14.19%。与此同时，雇佣5 000个员工或以上的特大企业有1 839个，包括790 531个所属单位，总共雇佣近3 800万个员工，占全社会就业总数的33.43%，工资总额的38.13%，近2万亿美元。

表3　2011年美国按员工人数规模分类的雇主企业分布

雇员规模	企业数（个）	百分比（%）	单位数（个）	百分比（%）	雇员人数（人）	百分比（%）	工资额度（千美元）	百分比（%）
总数	5 684 424	—	7 354 043	100.00	113 425 965	—	5 164 897 905	—
0—4	3 532 058	62.14	3 540 155	48.14	5 857 662	5.16	230 422 086	4.46
5—9	978 993	17.22	993 101	13.50	6 431 931	5.67	218 085 669	4.22
10—14	391 469	6.89	408 962	5.56	4 581 725	4.04	161 600 950	3.13
15—19	201 494	3.54	218 019	2.96	3 379 556	2.98	122 650 664	2.37
20—24	121 765	2.14	137 714	1.87	2 655 453	2.34	98 877 041	1.91
25—29	81 321	1.43	95 402	1.30	2 182 127	1.92	82 583 198	1.60
30—34	58 592	1.03	72 068	0.98	1 867 376	1.65	71 972 695	1.39
35—39	43 724	0.77	57 011	0.78	1 610 941	1.42	62 404 067	1.21
40—44	34 003	0.60	46 326	0.63	1 423 620	1.26	55 781 969	1.08
45—49	26 979	0.47	38 671	0.53	1 263 505	1.11	50 391 425	0.98
50—74	77 777	1.37	125 879	1.71	4 677 761	4.12	189 423 191	3.67
75—99	37 335	0.66	78 553	1.07	3 199 218	2.82	134 651 465	2.61
100—149	35 212	0.62	96 126	1.31	4 260 619	3.76	181 807 611	3.52
150—199	17 372	0.31	65 118	0.89	2 992 069	2.64	127 360 567	2.47
200—299	16 637	0.29	88 449	1.20	4 025 425	3.55	176 261 650	3.41
300—399	7 641	0.13	57 917	0.79	2 635 522	2.32	117 146 704	2.27
400—499	4 381	0.08	42 587	0.58	1 953 802	1.72	87 933 021	1.70
500—749	5 854	0.10	76 452	1.04	3 552 822	3.13	163 036 081	3.16
750—999	2 907	0.05	50 805	0.69	2 507 862	2.21	117 453 909	2.27
1 000—1 499	2 881	0.05	63 017	0.86	3 517 851	3.10	173 801 612	3.37
1 500—1 999	1 487	0.03	48 823	0.66	2 568 331	2.26	127 903 632	2.48
2 000—2 499	892	0.02	37 464	0.51	2 002 122	1.77	102 558 504	1.99
2 500—4 999	1 811	0.03	124 893	1.70	6 363 120	5.61	341 259 268	6.61
5 000 +	1 839	0.03	790 531	10.75	37 915 545	33.43	1 969 530 926	38.13
<20	5 104 014	89.79	5 160 237	70.17	20 250 874	17.85	732 759 369	14.19
<500	5 666 753	99.69	6 162 058	83.79	54 998 312	48.49	2 169 353 973	42.00
500 +	17 671	0.31	1 191 985	16.21	58 427 653	51.51	2 995 543 932	58.00

数据来源：美国联邦普查局。

（二）欧洲的小企业生态

根据2010年OECD的统计资料表明，欧盟27国共有2 180万个雇主企业，其中10个员工以下的企业数占92.4%，250个员工以上的企业共有42 421个，仅占欧盟企业总数的0.2%。

表4　　2010年OECD国家按雇员规模分类的雇主企业数

国别	按雇员数分类的企业数(个)						按雇员数分类企业数的百分比(%)				
	全部	0—9	10—19	20—49	50—249	250+	0—9	10—19	20—49	50—249	250+
欧盟27国	21 801 180	20 154 303	888 500	466 500	222 000	42 421	92.4	4.1	2.1	1.0	0.2
比利时	538 545	506 138	16 967	10 350	4 222	867	94.0	3.2	1.9	0.8	0.2
捷克共和国	976 792	935 367	20 900	12 484	6 673	1 368	95.8	2.1	1.3	0.7	0.1
爱沙尼亚	52 180	46 377	2 865	1 842	963	133	88.9	5.5	3.5	1.8	0.3
西班牙	2 500 574	2 345 329	89 060	46 353	16 912	2 920	93.8	3.6	1.9	0.7	0.1
法国	2 513 679	2 368 046	73 332	47 827	20 140	4 336	94.2	2.9	1.9	0.8	0.2
克罗地亚	165 490	152 178	7 240	3 677	1 972	423	92.0	4.4	2.2	1.2	0.3
立陶宛	114 511	101 934	6 402	3 865	2 025	285	89.0	5.6	3.4	1.8	0.2
卢森堡	28 345	24 876	1 686	1 072	575	136	87.8	5.9	3.8	2.0	0.5
匈牙利	554 886	525 411	16 786	7 833	4 052	804	94.7	3.0	1.4	0.7	0.1
马耳他	28 933	27 343	798	477	265	50	94.5	2.8	1.6	0.9	0.2
荷兰	777 869	727 802	24 494	15 615	8 404	1 554	93.6	3.1	2.0	1.1	0.2
奥地利	301 730	263 804	20 978	11 103	4 841	1 000	87.4	7.0	3.7	1.6	0.3
波兰	1 480 097	1 411 715	26 796	23 040	15 457	3 089	95.4	1.8	1.6	1.0	0.2
葡萄牙	861 135	817 408	24 704	12 833	5 385	805	94.9	2.9	1.5	0.6	0.1
罗马尼亚	447 091	397 901	24 869	15 189	7 635	1 497	89.0	5.6	3.4	1.7	0.3
斯洛文尼亚	115 243	107 864	3 847	2 078	1 224	230	93.6	3.3	1.8	1.1	0.2
斯洛伐克	406 084	388 531	10 867	3 876	2 307	503	95.7	2.7	1.0	0.6	0.1
瑞典	623 087	588 665	18 116	10 426	4 899	981	94.5	2.9	1.7	0.8	0.2
英国	1 649 086	1 473 562	94 648	49 450	25 631	5 795	89.4	5.7	3.0	1.6	0.4
挪威	268 022	245 527	12 636	6 552	2 758	549	91.6	4.7	2.4	1.0	0.2

数据来源：http://stats.oecd.org/。

（三）中国台湾的小企业生态

中国台湾经济部每年发布《中小企业白皮书》，表5数据显示了中小企业占比的变化。多年来，台湾中小企业一直占绝对优势，而且这种占比逐年增加，从1992年的96.77%提升到2001年的98.18%。从2001—2013年间，小企业增加了253 020个。与此相反，大企业数的锐减令人震惊:从 1992—1995 年间,大企业减少 8 478 家;而在 2001 年,又比上年减少 912 家(2000 年台湾人口为 2 230 万)。

表 5　1992—2013 年台湾企业数以及中小企业占比　单位:个,%

年份	全部企业(个)	大企业(个)	中小企业(个)	中小企业占比(%)
1992	900 801	29 075	871 726	96.77
1995	1 012 212	20 597	991 615	97.97
2000	1 091 245	20 935	1 070 310	98.08
2001	1 098 185	20 023	1 078 162	98.18
2013	—	—	1 331 182	—

数据来源:台湾经济部《中小企业白皮书》。

(四)阿里巴巴生态体系中的小企业生态

阿里巴巴旗下的淘宝平台上有 800 多万的活跃卖家①,这些卖家构成了中国当下小企业生态的一个微缩景观。2013 年 6 月,阿里研究院和清华大学社会科学学院共同完成了一项《阿里巴巴网络零售平台创造就业研究》项目②,通过在淘宝平台上发放问卷,获得了 8 000 多个卖家的雇佣员工情况。如表 6 所示,57.6% 的雇主卖家依靠淘宝平台作为唯一或主要收入来源;而对于无雇员卖家来说,这个比例只有 30.7%。三分之二的雇主卖家为男性,而男性无雇员商家占 55.2%。雇主卖家的 63.1% 已婚,这一比例比无雇员卖家高出 11.4 个百分点。

表 6　淘宝无雇员卖家与雇主卖家对比　单位:%

(1)是否主要收入来源	无雇员企业占比	雇主企业占比
非主要收入来源	69.3	42.4
主要收入来源	20.5	34.1
唯一收入来源	10.2	23.5
(2)婚姻状况	无雇员企业占比	雇主企业占比
未婚	48.3	36.9
已婚	51.7	63.1
(3)性别	无雇员企业占比	雇主企业占比
男	55.2	67.1
女	44.8	32.9

数据来源:2013 年《阿里巴巴网络零售平台创造就业研究》项目数据。

近年来,大学生就业创业备受政府和社会的关注,从上述调查数据当中,研究人员筛选了满

① 活跃卖家是指过去一年内在淘宝平台上至少有一笔交易的卖家。

② 该项目采取网络问卷抽样调查的方式进行数据收集,调查对象主要为淘宝平台上的卖家,调查时间为 2013 年 6—7 月,有效样本数 8 000 余个。

足条件的店主以了解近期大学生(包括研究生,年龄在18—30岁)从事网络开店的基本情况。数据显示,约有19.3%的店主满足如下定义为近期大学毕业卖家的任一条件:

(1)年龄18—22岁,具有大专、大学本科或研究生及以上学历;

(2)年龄23—25岁,具有大专、大学本科或研究生及以上学历;

(3)年龄26—30岁,具有研究生及以上学历。

淘宝平台上的近期大学生店主的部分生态变量展示如表7所示。数据表明,淘宝平台上近期大学毕业生卖家占全部淘宝卖家的19.3%。如果按800万活跃卖家来计算,淘宝(不包括天猫)平台上的大学生商家约有154万。从主要职业看,33.2%的大学生卖家只经营网店,没有其它工作;34.9%受雇于企业(包括个体户);15%依然就学;6.9%打理自己的实体店或工厂;6.8%在政府部门或事业单位工作;3.7%是自我就业的个体户;还有3.1%从事其它类型的经济活动。近41%的大学生卖家依靠阿里巴巴平台的电子商务作为唯一或主要收入来源;而其他59%则作为非主要收入来源。77.8%的大学生卖家的年龄在23—25岁之间;大学本科以上的大学生卖家占41.7%,其他59.3%则有大专学历。

表7 淘宝平台大学生商家生态 单位:%

收入来源	比例	主要职业	比例
非主要收入来源	59.2	只经营网店,没有其他工作	33.2
主要收入来源	25.5	受雇于企业(包括个体户)	31.2
唯一收入来源	15.3	上学	15.0
年龄		打理自己的实体店或工厂	6.9
18—22岁	19.1	在政府部门或事业单位工作	6.8
23—25岁	77.8	个体户	3.7
26—30岁	3.1	其他	3.1
学历			
大专	59.3		
大学本科	35.9		
硕士研究生或以上	4.8		

数据来源:2013年《阿里巴巴网络零售平台创造就业研究》项目数据。

三 创业就是创造就业

(一)从劳动分类看创业与就业的关系

Lowrey(2011)非常细致地推算了美国的创业所创造的社会就业,并在美国经济学年会上发表了一篇实证文章。由于华尔街邮报的推荐,这篇文章的副标题成为媒体和政治家时尚的口号:“Business Creation is Job Creation(创业就是创造就业)!”

该文将就业划分成两大类：雇佣就业和创业就业，声称“创业就是创造就业”。根据2002年美国经济普查数据估计，2002年平均每一个新创雇主企业创造了5.8个就业（4.4个雇佣就业和1.4个创业就业）；平均每一个无雇员企业创造了1.2个创业就业。这篇文章建立在如图2所示的分析框架基础上。

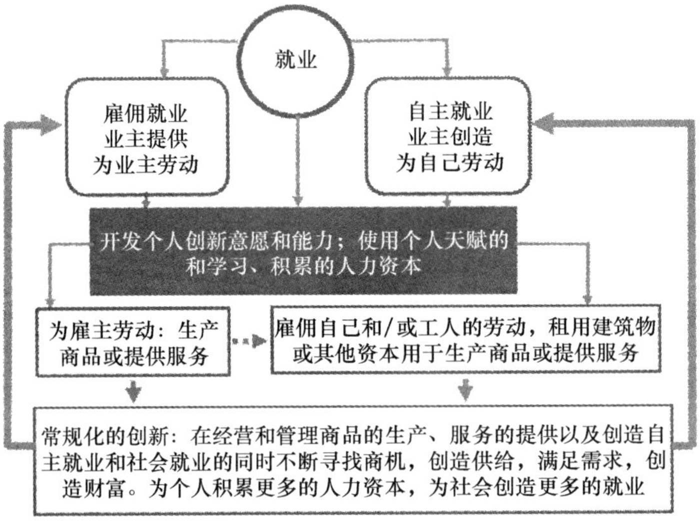

图2　就业的类别：雇佣就业与自主就业

资料来源：Lowrey，2011。

Lowrey认为就业应当分为雇佣就业和自主就业两大类。这个就业的分类是由于劳动的分类所致，与她在2003年、2006年以及2010年的理论研究一致。在先前的研究中，她将经济人在效用最大化过程中的劳动分成两类：一类是维持生计的劳动，另一类是经济人可以得以愉悦的创造性的劳动。

不管是何种劳动的就业，经济人都要不断开发个人创新意愿和能力；使用个人天赋和学习以及积累的人力资本进行劳动。不同的是，雇佣就业是一种为业主劳动的契约型就业。而业主为自己创造的就业则是经济人在“创造”自己的劳动同时，可能雇佣他人的劳动、租用建筑物或其他资本用于生产商品或提供服务。不管是哪一种就业劳动，常规化的创新在市场经济条件下是必须的。业主劳动者要在经营和管理商品的生产、服务的提供以及创造自主就业和社会就业的同时不断寻找商机，创造供给，满足需求，创造财富。同业主劳动者一样，雇佣劳动者也必须在经济活动中为个人积累更多的人力资本，为社会创造更多的财富。

（二）西方经济学关于创业与就业的研究

David Birch（1979）年对小企业在创造就业方面的作用进行了具有里程碑意义的研究。Blau（1987）、Evans & Jovanovic（1989）、Fairlie（1999）、Dunn and Holtz-Eakin（2000）都利用各种“自谋职业”的数据库来研究创造自我就业的原因。Glazer & Moynihan（1970）、Light（1979）、Sowell（1981）和Moore（1983）认为自我就业是摆脱贫困的途径，并作为失业的替代，或对劳动力市场歧视的响应。Borjas（1986）发现，自我就业代表美国移民在劳动力市场的重要组成部分。Thurik（2008）等人则提出“自主就业减少失业吗？”他们给出了不同条件下的复杂答案。

Knight（1921）研究个人性格对寻求自我雇佣的影响，指出企业家具有对风险的承受能力。Lazear（2005）研究企业家“万事通”的特点。Blanchflower and Oswald（1998）强调企业家的独立性和给自己当老板等非金钱效用。Lowrey(2006、2010)发现企业家在“做新事、或用一种新的方式做已经存在的事情、并把事情做成功的过程中”获取正效用,这样的正效应会驱使人们创新和创业。山田(1996)注意到,多数发展中国家的“城市非正规部门”的出现是对城市服务业和小规模制造业需求的一种“回应”。

Lowrey(2011)利用美国人口普查局的“县域商业态势(County Business Pattern)”数据、劳动统计局的创业就业变化(BED)季度数据和由美国人口普查局经济研究中心构建的企业动态统计(BDS)数据,估算出美国每年的新创企业可以创造至少250万个就业岗位。

四　小企业是创造就业的主体

(一)英国的小企业所创造的就业

显然,由于经济生态的变化,英国的经济统计也开始使用美国无雇员(nonemployer)的企业概念,同时引进“工作业主(Working Proprietors)”的定义。事实上,大部分业主在创业和经营的同时也是劳动者,他们的创业和经营活动一部分计算在“就业”统计之中,例如注册为公司的企业业主,除了分享根据入股的股份来得到利润以外,他们还以“雇员”的身份获得“工资”。但是有为数不少的业主尤其是在创业的初期是不拿“收入”的,他们没有计算在“劳动就业”的统计之内。因此,英国目前的这种将就业区分为(1)雇佣就业和(2)工作业主就业是科学的。

除了区分就业以外,英国的企业统计将所有企业分成三大类:(1)雇主企业;(2)无雇员未注册企业;(3)无雇员已注册企业。由于大量的小企业,尤其是初创企业的收入很少,有的入不敷出,对这类企业免于征税是一种鼓励创业、鼓励小企业发展的好政策。

表8显示了2013年英国有4 895 655个企业,其中:未注册的无雇员企业占56%,已注册的无雇员企业占19%,雇主企业占24%。在全部就业人员中,83%为雇佣就业,17%为工作业主就业;在全部的工作业主就业中,无雇员业主占74%。雇佣200员工以下的小企业提供了58%的雇佣就业和工作业主就业。

表8　英国的雇主企业、无雇员未注册企业和无雇员已注册企业的数量以及雇佣人数

按就业人数划分	企业数(个)	就业人数(千人)	雇佣人数(千人)	工作业主[3](千人)	营业额[1](百万英镑)
所有企业	4 895 655	24 332	20 279	4 053	3 279 961
所有雇主企业	1 210 910	20 298	19 678	620	3 071 334
无雇员未注册企业[2]	2 739 990	2 980	0	2 980	91 116
无雇员已注册企业[2]	944 755	1 054	600	453	117 511
1	162 465	367	162	205	26 909
2—4	594 655	1 782	1 558	224	184 531
5—9	229 765	1 580	1 494	86	176 215
10—19	121 530	1 683	1 638	45	200 713
20—49	65 215	1 981	1 949	32	289 285

续表

按就业人数划分	企业数（个）	就业人数（千人）	雇佣人数（千人）	工作业主[3]（千人）	营业额[1]（百万英镑）
50—99	20 180	1 392	1 385	8	217 660
100—199	8 760	1 216	1 211	5	206 258
200—249	1 745	389	388	2	67 364
250—499	3 415	1 185	1 181	4	220 566
500 或更多员工	3 180	8 722	8 713	9	1 481 833

数据来源：The United Kingdom Statistics Authority, Department for Business Innovation & Skills: Business Population Estimates for the UK and Regions 2013。

注释：1. 由于营业额口径不可比，总营业额的数字不包括 SIC2007 条 K（金融和保险活动）。

2. 企业没有员工既可以"注册"为企业，或者是"未注册"（因为他们收入低于税收的起征点而不被征税）。

3. 从这里的"工作的业主"，可以与雇佣者区分开来。工作的业主被定义为企业的所有者，但工作不是根据雇佣合同以换取工资或薪水。

（二）中国台湾地区的小企业所创造的就业

中国台湾地区是一个最典型的小企业经济。台湾经济部 2001 年中小企业白皮书显示，自 20 世纪 90 年代以来，中小企业创造了 78% 的社会就业，成为创造社会就业的主体力量（见表 9）。2001 年，中小企业提供的就业占 78%，大企业占 12%，政府占 10%。台湾的就业统计有同英国相同之处，那就是将就业与雇佣就业区分开来。例如，2001 年，全社会就业是 938.3 万，所有的雇佣就业是 672.7 万，占 71.68%；而非雇佣的就业达 265.2 万，占 28.32%。可以断定，近年的非雇佣就业人数比 10 年以前要高得多。

表 9　　台湾 1996—2001 年就业与雇佣人数统计　　单位：千人，%

就业方式	年份	就业合计	政府雇佣	大企业就业	中小企业就业	大企业创造的非雇佣就业	中小企业创造的非雇佣就业	中小企业占全部就业比
全部就业	1996	9 068	1 027	910	7 131	3	2 778	78.64
	1997	9 176	1 023	956	7 197	6	2 748	78.43
	1998	9 289	975	1 049	7 265	5	2 729	78.21
	1999	9 385	961	1 080	7 344	4	2 757	78.25
	2000	9 486	956	1 125	7 405	4	2 741	78.06
	2001	9 383	961	1 134	7 288	5	2 652	77.67

续表

	年份	雇佣就业合计	政府雇佣	大企业雇佣就业	中小企业雇佣就业	政府占全部雇佣就业比	雇佣占全部就业比	非雇佣占全部就业比
雇佣就业	1996	6 287	1 027	907	4 353	16.34	69.33	30.67
	1997	6 423	1 023	950	4 449	15.93	70.00	30.01
	1998	6 555	975	1 044	4 536	14.87	70.57	29.43
	1999	6 625	961	1 076	4 587	14.51	70.59	29.42
	2000	6 741	956	1 121	4 664	14.18	71.06	28.94
	2001	6 727	961	1 129	4 636	14.29	71.68	28.32

数据来源：根据中国台湾经济部《2001 年中小企业白皮书》第 380 —390 页整理。

五　企业密度和大繁荣

人类的经济知识，即如何生产和生产什么，只有在草根大众积极参与的前提下才能有效积累并应用于提高人类的经济生活水平。这是 2006 年诺贝尔经济学奖得主埃德蒙 · 菲尔普斯《大繁荣》一书的核心思想。作为 20 世纪经济飞跃发展的见证人，菲尔普斯确认：开拓新大陆的重商主义和伟大的科学发现及其带动的各种重大发明，都不可能是西欧和北美国家在 19 世纪的生产率与工资的迅速与持续攀升的原因。他认为："经济知识在 19 世纪的爆炸一定是某种全新经济形态出现的结果：只要这种经济形态持续运行，就可以产生一代又一代的内生创新。只有打造这种经济形态以实践本土的创造性并为本土创新开拓通道，那么这些本土的创新就可以将这些国家推向持续增长的快建通道。如果说这里有某种终极'发明'的话，那就是塑造这种经济形态，以引导蕴含不断创新尝试动力的创造和直觉。"①

小企业生态就是这样的经济形态。只有认识、承认并打造这样一种小企业生态，经济的活力才有可能得以激活。菲尔普斯这样刻画具有活力的经济形态："在经历过起飞的各个国家，除了前所未有的已持续和显然可持续的增长以外，还出现了各种深刻的社会变革：当勇于探路的创业家大量涌现的时候，最终在数量上超过传统商人。越来越多的人参与工艺和产品的改革并进行新的构思，日益增加的参与者使得人们的工作体验产生根本性的改变。从零售业、纺织业到流行音乐，社会大众活跃在构思、创造、评价以及尝试新事物之中，并从实验中不断学习。"

（一）美国企业密度与经济福祉研究

展示经济活力的小企业生态简单地说就是草根大众可以自由地用创业来展示他们的创新意愿、能力和志向，创新得以奖励和支持，企业所有权（business ownership）得以保护的一种生态。出于对小企业生态这样的一种认识，Lowrey（2006）建造一个基于地理经济的数学模型，推导出企业密度（即用每单位人口的企业数来模拟小企业生态活跃程度的变量）和经济福祉之间的理论关系，然后利用美国 50 个州的企业数据和宏观经济数据进行相关分析，以验证理论模型的结果。

企业密度与经济福祉关系的研究分析建立在创业家和企业家在经济活动中的重要作用的理

① ［美］埃德蒙 · 费尔普斯：《大繁荣》，余江译，中信出版社 2013 年版，第 14 页。

论基础之上，也为数据所验证。Lowrey（2006）分析估计，在其它条件不变的情况下，企业密度每提高 1 个百分点，美国的个人收入、家庭收入和税收收入的提高幅度都超过 1%；企业密度与犯罪率、贫困率、收入差距等变量成反比（见图 3）。特别是在测试女性企业所有权影响的时候，妇女的企业密度与经济福祉的相关关系更为明显。

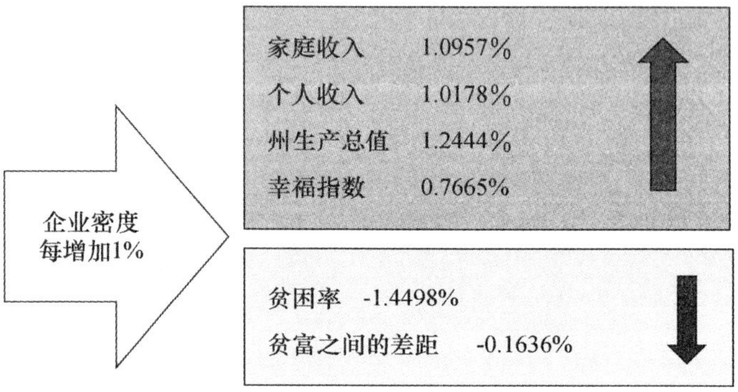

图 3　企业密度与经济福祉的相关关系

资料来源：Lowrey（2006）。

（二）淘宝活跃商家与大众繁荣

“繁荣的核心是生活的兴盛：对事业的投入、迎接挑战、自我实现和个人成长。获得收入可以带来兴盛，但收入本身不属于生活的兴盛。人生的兴盛来自新体验：新环境、新问题、新观察以及从中激发出来并分享给他人的新创意。与之类似，国家层面的繁荣（大众繁荣）源自民众对创新过程的普遍参与。它涉及新工艺和新产品的构思、开发与普及，是深入草根阶层的自主创新。”①菲尔普斯验证描述“民众对创新过程的普遍参与”的“企业密度”与“大众繁荣”之间的直接关系。

2013 年《阿里巴巴网络零售平台创造就业研究》数据显示，近千万的商家利用电子商务作为创业的第一步，约 43% 的活跃卖家为无雇员业主，这些来自草根阶层的自主创新，是国家繁荣的动力源泉。表 10 显示了网商密度最高的前 25 个县市的排名变化。利用小商品生产和交易作为集群（cluster）策略的义乌，始终屹立于网商密度的榜首。

表 10　2014 年二季度零售网商密度最高的 25 个县

排名	县	省	排名变化	排名	县	省	排名变化
1	义乌	浙江	—	14	温岭	浙江	↑4
2	天台	浙江	↑1	15	晋江	福建	↑1
3	石狮	福建	↑1	16	云和	浙江	↓2
4	高碑店	河北	↑1	17	浦江	浙江	↑2
5	常熟	江苏	↑2	18	惠东	广东	↑6
6	桐乡	浙江	—	19	苍南	浙江	↑1
7	永康	浙江	↑1	20	普宁	广东	↑1

① Phelp，Edmund，*Mass Flourishing*：*How Grassroots Innovation Created Jobs*，*Challenge*，*and Change*，Princeton Vniversity Press，2013，p. vii.

续表

排名	县	省	排名变化	排名	县	省	排名变化
8	海门	江苏	↑1	21	安溪	福建	↑2
9	增城	广东	↑2	22	南宫	河北	↓5
10	清河	河北	↓8	23	睢宁	江苏	↓1
11	平湖	浙江	↓1	24	海宁	浙江	↓9
12	德化	福建	—	25	瑞安	浙江	—
13	冀州	河北	—				

说明：零售网商密度 = 活跃零售网商数量/人口数量。

来源：阿里巴巴研究院，2014 年 9 月。

六　对我国创业就业新形态的启示

(一)就业新形态的涌现

虽然官方统计资料和理论文献缺乏对中国小企业生态和创业带动就业情况的系统阐述，但我们仍然可以从部分民间研究中得到一些启示。

2013 年，阿里研究院和清华大学社会科学院合作进行了《阿里巴巴网络零售平台创造就业研究》，展示了淘宝平台上丰富的创业与就业活动。研究表明，淘宝平台为近 60 万个没有工作的人提供了充分就业的机会，其中包括 8 万家庭主妇、17 万待业者、31 万在校学生和 2 300 个退休职工。①

更重要的是，与工业经济时代的就业形态相比，互联网技术大大降低了创业门槛、打破了传统就业方式，为灵活就业创造了更多的可能。因此，该项研究还关注了淘宝店主的就业形态，例如是否兼职、在哪里办公以及工作时长等，并总结出互联网时代的创业就业方式呈现出的三大新特征：身兼多职、工作家庭化、网状协同、任务型组织。

1. 身兼多职：就业者身兼多份工作，收入来源多元化。网店就业时间空间灵活，卖家只要“在线”即可随时随地打理网店，这种就业形态可以和人们原有的全职工作、兼职工作兼容并蓄，网店收入是大多数兼职卖家的补充收入甚至主要收入来源（见图 4）。

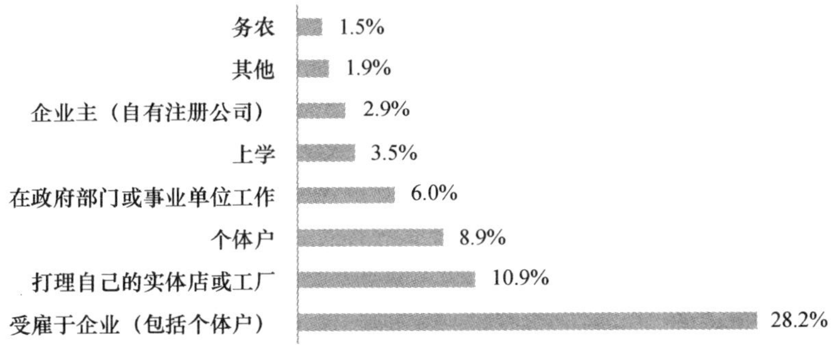

图 4　淘宝店主除经营网店之外的职业状态

资料来源：2013 年《阿里巴巴网络零售平台创造就业研究》项目数据。

① 淘宝网成最大草根创业平台：http://tech. sina. com. cn/i/2013 - 12 - 25/11389039913. shtml。

2. 工作家庭化：劳动时间不限，劳动时间与非劳动时间混化；劳动空间不限，分散于家庭成为可能；办公（在线）的同时可以兼顾生活休闲，生活和工作融为一体，工作生活化成为现实。《阿里巴巴网络零售平台创造就业研究》数据显示，超过一半（54.7%）的淘宝卖家在家经营淘宝店铺，另有29.7%的卖家租用民房或住宅小区作为独立的办公场所，在写字楼或厂区有办公室的比例为13.5%；从规模来看，成交额在10万—100万元之间的卖家在写字楼或厂区办公的比例仅为32.6%，而100万元以上的卖家则近半数在写字楼或厂区办公（46.4%）。

3. 网状协同：卖家与服务商以及平台之间的合作不受地域限制，通过互联网实现协同。在电子商务平台上，越来越多的卖家把部分业务外包给了专业的第三方服务商。例如，淘宝平台上的卖家可以使用的电商服务多种多样，包括工具类软件、网店托管、信息系统、数据研究、质检、广告营销、摄影模特、咨询培训，等等。卖家与服务商之间形成交叉密集的连接与网状协同关系，卖家按需付费，使得工作成本降低，产出高效快捷。

4. 任务型组织：基于互联网的任务型组织应运而生，依任务而聚，任务完成而散。例如，一些中小型服装类卖家，销售淡季时只需一两个人打理店铺即可，而在销售旺季到来的时候，订单量突增，为保证客户体验和提升营业收入，店主通常会临时雇佣一些帮工（甚至无需付劳动报酬的家庭成员）。这种任务型组织，依任务而聚，任务完成而散，忙时消化其他剩余劳动力，闲时仅维持自身就业，充分体现了互联网创业就业的灵活性。

这些就业新形态的出现令人深思。以互联网为代表的信息技术革命推动了人们的自我追求、文化理念和思想意识，引发了从工业经济“千人一面”到信息经济“千人千面”的转变，人们从工业时代的“螺丝钉”变成了有面孔的人，从流水线的简单重复到互联网上的瞬息万变。互联网创业就业具有更大的包容性、可变性和流动性，充分激发了年轻人的创造力和想象力，也给经济和社会的发展注入了活力。

（二）大学生创业的新浪潮

创业就是创造就业。企业的创建不仅带动雇佣就业，更带动无雇员业主和雇主们的创新。在高失业率和最严重的经济衰退的时候是如此，在经济可持续发展的阶段也是如此。社会的活力和经济的增长靠的是人类不断释放的创新力。自盘古开天地，人类的发展靠的不是等待工作机会，而是一代又一代的创业者不断创造企业和他人就业，但最重要的是为自己利用创业和经营来表达个人创新的意愿、能力和志向。

当前的高失业，尤其是大学毕业生的高失业反映了技术进步再次导致国际和国内市场的结构性变化。中国的比较优势已经从劳动密集型的加工工业和其他传统行业需要大量的工人逐渐地走向新的增长领域，朝着如信息和通信、绿色技术、医疗保健、生物技术和纳米技术等领域进行大量转移。由于后发优势，中国可以不通过“creative destruction”的痛苦过程迅速地开辟例如电子商务那样的新行业，为创业和就业带来无穷商机。

创业有各种原因，但是对当代的中国大学生来讲，则是要通过创业来表达一种个人实现的心理需求。大量90后大学生是独生子女，他们没有经济压力，家长们允许他们自由发展、做他们愿意做的事情，中国传统的“不为良相则为良医”对他们的影响不深，大量成功企业家产生强烈的示范效应等，展现出21世纪中国大地的“本土化”创新创业的崭新生态环境。有一大批学生放弃“吃皇粮”、“求职”、出国留学等机会，选择创业。

（三）中国千载难逢的机遇

实现中国梦，其核心就是要在中国实现以小企业为主体的经济体系，以中产阶级为主体的社会体系。在世界进入21世纪的时候，中国借助日益成熟和广泛利用的信息—数字—自动化等技术、以及平台—网络—绿色经济等理念，利用中国城市化、自动化、现代化等经济转型的契机，形成菲尔普斯所指出的中国特有的“本土化”创新创业的活力。

根据美国普查局和中国国家统计局对2012年经济数据的统计，美国的企业密度为每千人90家企业，其中每一百家企业中有3.6家在金融和保险行业；而这两个数在中国分别为40家和0.04家（见表11）。如果中国的企业密度增加到每千人60家企业，中国的企业数将升至8 124万，全社会的非农就业将有4.03亿人。如果允许金融和保险行业的开放和创新，让金融力度提升到美国的一半，即每100家企业有两家从事金融保险业务，那么中国将有162.4万家为金融保险企业，全社会从事金融保险服务的专业人才将达到1 240万（见图5）。

表11　　2012年美国和中国的企业密度与金融力度的比较

2012年美国		2012年中国	
全部企业	28.4百万	全部企业	5 430万
全部人口	316.1百万	全部人口	1 354千万
企业密度	89.8家/千人	企业密度	40.1家/千人
金融力度	3.6家/百家	金融力度	0.04家/百家

资料来源：美国普查局，中国国家统计局。

中国的小企业		中国的微金融	
如果：企业密度为60家/千人		如果：金融力度为2家/百家	
企业总数	8 124万家	金融保险企业总数	162.4万家
无雇员企业数	6 499万家	无雇员企业数	123.4万家
雇主企业	1 625万家	雇主企业数	39.0万家
雇主企业就业	3.25亿人	雇主企业就业数	940万人
全社会非农就业	4.03亿人	全社会金融保险就业	1 240万人

图5　增加企业密度和金融力度的机遇

（四）政策建议

没有人会怀疑，21世纪应该是属于中国的。这种信念建立在宽松的创新创业的基础上，唯独有法制管理和机制约束的“自由经营—自由竞争”环境才能形成中国自己的“以小企业为主体的经济体系，以中产阶级为主体的社会体系”。这两大体系足以让中国人民享受来自草根、惠及草根的创业繁荣、创新繁荣和经济繁荣。我们不怀疑、也不反对“大工业”和“大金融”对中国经济起飞和持续发展的作用。由于20世纪发达国家的经验和教训，我们相信中国的大工业和大金融依然有发展的空间。但是，中国21世纪的经济发展不能继续在沙上建塔，“21世纪属于中国”这个命题成真的前提是前面提到的两大体系的形成。为此，我们建议：

1. 建立和完善企业、就业等统计体系，承认雇佣劳动、雇主劳动和业主劳动的存在性、合理性和科学性，向私营企业和个体企业开放各种包括科技、金融等行业创业和就业的机会；中国行政管理部门通过协调以及对全部的管理数据进行整合、对接、梳理，定期及时发布反映人力资本、社会劳动和其它经济活动的数据资料。

2. 大学是年轻人形成创新创业的意愿、能力和志向的最佳时间，在各种新技术新产品低成本、无障碍可得的今天，高等院校的课程设置、教学方法、学习内容等改革和创新不容等待。创业"做生意"可因人而异，而"创业"过程可以使大学生迅速寻找自己的激情，自主完善自己的知识基础，以及提高领导力和执行力、加快成长步伐。因此，将"创业"作为必修课是现代高等学校最好的"因材施教"。

3. 唯独互联网—大数据技术和平台经济的理念可以使亚当·斯密的"看不见的手"和看不见的"道德规范"同时在市场经济中有效地调节市场和约束人的行为，政府对小企业的科学监管可以通过大量公开、透明、有效和可追责(accountable)的机制设置来实现。与此同时，利用各种媒体和其他方式来表彰和鼓励创新创业是释放全社会创新力，形成可持续的经济发展、社会进步的生态环境，以保证大众创业、草根创业的可持续繁荣。

参考文献

1. Bartel, Ann, Saul Lach, and Nachum Sicherman (2004), "Outsourcing and Technological Change", *National Bureau of Economic Research Working Paper.*

2. Bartelsman, E., S. Scarpetta and F. Schivardi (2003), "Comparative Analysis of Firm Demographics and Survival: Micro-level Evidence for the OECD Countries", *OECD Economics Department Working Papers*, No. 328.

3. Blackford, Mansel (1991), *A History of Small Business in America*, New York: Twayne Publishers.

4. Blanchflower, David G. and Andrew J. Oswald (1998), "What Makes an Entrepreneur?", *Journal of Labor Economics*, 16(1).

5. Blau, David M. (1987), "A Time-Series Analysis of Self-Employment in the United States", *Journal of Political Economy*, 95(3).

6. Birch, David (1979), *The Job Creation Process*, Cambridge, MA: Center for the Study of Neighborhood and Regional Change, Cambridge, MA: MIT Press.

7. Bowler, Mary and Teresa Morisi (2006), "Understanding the Employment Measures from the CPS and CES Survey", *Monthly Labor Review*, 129(2).

8. Bunzel, John (1956), *The American Small Businessman*, Salt Lake City: University of Utah Press. Davis, S. J. and J. C. Haltiwanger (1990), "Gross Job Creation and Destruction: Microeconomic Evidence and Macroeconomic Implications", *NBER Macroeconomic Annual*, 123 – 168.

9. Davis, Steven, John Haltiwanger, Ron Jarmin and Javier Miranda (2006), "Volatility and Dispersion in Business Growth Rates: Publicly Traded Versus Privately Held Firms", *NBER Working Paper*, No. 12354.

10. Dunne, T., M. J. Roberts, and L. Samuelson (1988), "Patterns of Firm Entry and Exit in U. S. Manufacturing Industries", *Rand Journal of Economics*, 19(4).

11. Dunn, Thomas A., and Holtz-Eakin, Douglas J. (2000), "Financial Capital, Human Capital, and the Transition to Self-Employment: Evidence from Intergenerational Links", *Journal of Labor Economics*, 18(2).

12. Evans, David, and Jovanovic, Boyan (1989), "An Estimated Model of Entrepreneurial Choice under Liquidity Constraints", *Journal of Political Economy*, 97(4).

13. Evans, David, and Leighton, Linda (1989), "Some Empirical Aspects of Entrepreneurship", *American Economic Review*, 79(3).

14. Fairlie, Robert W. (1999), "The Absence of the African-American Owned Business: An Analysis of the Dynamics of Self-Employment", *Journal of Labor Economics*, 17(1).

15. Gartner, W. B., K. G. Shaver, N. M. Carter, and P. D. Reynolds (Eds) (2004), *Handbook of Entrepreneurial Dynamics: The Process of Business Creation.* Thousand Oaks, CA: Sage Publications.

16. Greene, Richard (1982), "Tracking Job Growth in Private Industry", *Monthly Labor Review*, 105(9).

17. Holtz-Eakin, Douglas, David Joulfaian, and Harvey Rosen (1994), "Entrepreneurial Decisions and Liquidity Constraints", *Rand Journal of Economics*, 23(2).

18. Hsieh, Chang-Tai & Benjamin A. Olken (2014), "The Missing 'Missing Middle'", *NBER working paper*, No. 19966, http://www.nber.org/papers/w19966.

19. Knight, Frank H. (1921), *Risk, Uncertainty and Profit*, New York: Houghton Mifflin.

20. Lazear, Edward (2005), "Entrepreneurship", *Journal of Labor Economics*, 23(4).

21. Light, Ivan (1979), "Disadvantaged Minorities in Self Employment", *International Journal of Comparative Sociology*, 20(12).

22. Lowrey, Y. (2014), "Alibaba Innovation: Growing by Unleashing Grassroots Entrepreneurship", *Anaemic Europe: How to Achieve Dynamism and Mass Flourishing*, Springer.

23. Light, Ivan (2011), "Estimating Entrepreneurial Jobs: Business Creation is Job Creation", presented to the 2011 American Economic Association Annual Meeting in Denver, Colorado.

24. Light, Ivan (2010), "Preference for Exerting Entrepreneurial Effort: a Neoclassical Model and Computational Simulation", presented to the Society for the Advancement of Behavioral Economics (SABE) 2010 conference.

25. Light, Ivan (2006), "An Examination of Entrepreneurial Effort", paper presented at the 2006 American Economic Association Annual Meeting in Boston.

26. Meyer, Bruce. (1990), "Why Are There So Few Black Entrepreneurs?", *Working Paper*, No. 3537, Cambridge, MA: National Bureau of Economic Research.

27. Moore, Robert L. (1983), "Employer Discrimination: Evidence from Self-Employed Workers", *Review of Economics and Statistics*, 65(3).

28. Phillips, Bruce and Holly Wade (2008), "Small Business Problems and Priorities 2008", the NFIB Research Foundation.

29. Reynolds, Paul D. and Richard T. Curtin (Eds) (2009), *New Firm Creation in the U. S.: Initial Explorations with the PSED II Data Set.* New York: Springer.

30. Reynolds, Paul D. (2004), "Nature of Business Start-Ups", Chapter 23 in Gartner, William B. et al (Eds), *Handbook of Entrepreneurial Dynamics: The Process of Business Creation*, Thousand Oaks, CA: Sage, 244 – 258.

31. Yamada, Gustavo (1996), "Urban Informal Employment and Self-Employment in Developing Countries: Theory and Evidence", *Economic Development and Cultural Change*, 44(2).

32. John Haltiwanger, Ron Jarmin and Javier Miranda (2008), "Business Formation and Dynamics by Business Age: Results from the New Business Demography Statistics".

33. Sadeghi, Akbar, James R. Spletzer, and David M. Talan (2009), "Business Employment Dynamics: Annual Tabulations", *Monthly Labor Review Online*, 132(5).

34. Schumpeter, Joseph (1947), "The Creative Response in Economic History", *Essays on Entrepreneurs, Innovations, Business Cycles, and the Evolution of Capitalism*, Transaction Publishers, 3rd printing, 1997.

35. Spletzer, James R. (2000), "The Contribution of Establishment Births and Deaths to Employment Growth", *Journal of Business & Economic Statistics*, January, 18(1).

36. Stauss, James H. (1944), "The Entrepreneur: The Firm", *The Journal of Political Economy*, 52(2).

37. Thurika, A. Roy, Martin A. Carree, André van Stel, and David B. Audretsch (2008), "Does Self-Employment Reduce Unemployment?", *Journal of Business Venturing*, 23(6).

（作者单位：清华大学社会科学学院，阿里巴巴研究院）

西方视角下的户籍制研究综述

季　涛

一　中国特色——“户口”

“在中国，社会控制的重要形式之一，也是最有特色的，就是户口制度（潘鸣啸，2009）。”从20世纪80年代以来，户籍制越来越得到西方民主体制下学者的关注①，并日益成为一个对中国进行研究的专门领域。改革开放以来，户籍制愈加成为人们所关注的热点问题，国家也逐渐开始启动户籍制改革。作为一项重要的政治制度，国家每次针对户籍制所做出的改革，都会对人们的生活带来不小的影响，并从侧面反映出政治经济体制的变化与趋势。因此，对户籍制的产生、变迁进行研究是一个很好的对中国进行解读的切入口。此外，中国社会二元结构的形成与户籍制的建设关联密切，政治学、人口学、社会学、历史学等学科的专家都在试图通过对户籍制的研究，阐述中国的社会经济结构、社会变迁等宏观问题。在这样的背景下，20世纪80年代以来，西方学者开始围绕户籍制的产生原因、功能、变迁等问题进行研究，在90年代后研究有了实质性的变化。

正像潘鸣啸所认为的那样，户口在以历史研究为主的汉学家和20世纪90年代以前对其进行研究的其他学科学者眼中，更多只是国家实施社会控制的工具，国家往往以此为名，来限制人们的行动（潘鸣啸，2009）。除此之外，学者的研究从90年代②以来发生了很大的转变，其主要表现有两点：第一，不满足于对历史研究的只叙不论，或者对户籍制只做功能主义或者工具论的读解，而是深入历史的变迁，把户籍制与中国的社会经济结构结合起来进行阐释。这种“结构——功能”式的思考方式超越了对户籍制的功能主义阐述。在这种理论架构下，户籍制往往不再是学者所关注主题的一个解释维度，而成为主要的解释维度；第二，希望在户籍制产

---

① 户籍制被国外学界认为是具有中国特色的政治制度，他们看待这个制度的眼光往往是以西方民主体制为背景和铺垫的。需要注意的是，中国作为不同于西方的“他者”，户籍制往往成为另一种文明或国家类型中的学者对中国进行解读的焦点所在，需要意识到西方学者在看待户籍制问题时所受到的意识形态影响。本文的研究对象具体指处于西方民主体制范畴之内并受其意识形态影响对户籍制进行研究的学者。

② 对中国户籍制进行专门研究主要为政治学家和社会学家，在20世纪90年代以前，关注中国的学者主要为以历史研究为主的汉学家，以及改革开放后开始陆续进入中国做田野调查的人类学家，这方面以波特夫妇（Potter，S. H. and Jack M. Potter）为代表，他们在对中国农民的研究过程中开始发现户籍制度对人的形塑力量（参考 Sulamith Heins Potter，and Jack M. Potter，*China's Peasants*：*the Anthropology of a Revolution*，Cambridge：Cambridge University Press，1990.）。波特在其一篇早期的文章中对此做出专门的探讨，通过联系中国传统文化中对人所处社会位置的限制性规定，户籍制可谓继承了中国文化对人进行分类的理所当然性，有所不同的是在形式上用官僚主义取代了传统，一个人想要从低阶层转换身份，必须通过体制内渠道“打关升级”（参考 Sulamith Heins Potter，The Position of Peasants in Modern China's Social Order，*Modern China*，Vol.9，1983，pp. 465—499）。

生原因方面进行更为深入的探讨。在此之前，学界对此问题已经形成了较为一致的共识，认为户籍制产生与新中国成立后亲苏式重工业发展模式的选择相关，推出此制度的主要目的是为阻止人口流动，让人们各安其业，从而优先保证城市与工业发展（Selden，1988）。

理论转向的原因主要受西方从 1990 年代以来研究范式转变的影响，例如新制度主义、语言与文化转向、社会建构论、谱系学、场域理论等理论范式在各社会人文学科中被学者们广泛运用。发展至今，户籍制研究仍然是吸引关注中国问题学者的一个重要研究领域，其研究成果仍处于不断推陈出新的进程。

从目前来看，在学科界限日益模糊的背景下，学者们在解释一个复杂社会现象时并不会囿于一种理论范式，尤其在户籍制研究方面表现较为突出。以新制度主义为例，作为一种理论范式，它深受制度经济学和语言、文化转向的影响，虽然研究方法和认识论有所不同，但是不同学科学者的关注点都聚焦于制度，以此作为对国家与社会关系进行分析的中间变量。新制度主义正在成为一个开放的理论架构，这也同样表现在其他理论范式的发展过程中。因此，纵览近 30 年关于户籍制研究的文献，很难对任何一位学者的研究做出精确的范式归类。除理论范式外，很多学者是在某一研究领域，例如移民研究中，把户籍制作为核心观察对象的。但无论身处什么学科，其研究处于何种领域，研究户籍制的学者仍然具有一定的共同点，即他们的研究视角与出发点颇为相似，都是从政治制度与社会的结合处出发去寻找中国国家诸种制度中特别富有特色、不同于西方制度的地方，然后再对此进行深入的研究探讨。近年来，此类研究视角已经发展出对“中国模式”研究的学术潮流。户籍制正是在这种思考逻辑中走到了前台。

从上述这种关照角度出发，本文试图综合研究者的问题意识、研究理路和理论范式各方面对户籍制研究进行梳理，进而分辨出两个较为独特且重要的研究理路——公民权与制度的谱系学研究理路。另外，本文把其他关于户籍制的研究仍归于对政治学影响颇深的新制度主义研究理路中加以介绍。

二　公民权研究理路：社会与国家的应对策略

苏黛瑞（2009）在其著作开始对公民权概念进行了一番梳理，质疑了公民权与资本主义发展相伴相随的固化理念，目的在于提出西方视角与中国问题之间的适应性问题。在这方面，她明显是持否定态度的，由此引出了变化的公民权概念，认为此概念的含义在不同地方会有所不同，是随着社会经济变迁而变的。这种理论上的铺垫是与其在后文中提出的对中国流动人口所具有的公民权性质的探讨相一致的。

苏黛瑞在文中隐含的问题是，专制国家能否在市场经济作用下实现民主。通过观察中国改革开放后市场与流动人口成正比发展的现实，经济发展并不能导致政治层面相应的变革，因此透过公民权这个“点”而折射出来的民主的“面”，也没有得到根本的落实。然而，他并没有就此把公民权概念固化，认为在中国城市中，农民工在国家、体制之外为了自己的生存而利用原有的社会联系创设了一个“能动者空间”，例如以浙江村为代表的城中村，这种行为使进城农民在体制的漠视与限制下获得了自己的生存空间，从而在一定意义上拥有了部分公民权。而这种生存的可能也与国家针对人口流动的非决定性变革有关。在此基础上，苏黛瑞构建出一个中国的公民权序列：有城市户口的人拥有公民权，而非城市户口的进城农民则只具有初始的公民权，也即一等公民与二等公民。

户籍制在中国公民权问题中发挥着决定性的作用，正是通过户口对人的分类而导致差别公民权的出现。在户籍制没有彻底退出历史的前提下，中国的结构性政治变革也不会发生，那么公民权的差别问题就无法得到根本解决。虽然如此，苏黛瑞仍认为政治变革是渐进式的，当市场与流动人口问题变得愈加突出时，对不彻底民主的忧虑与恐惧将可能导致真正的政治变迁。因此，国家、市场与流动人口之间，作者认为形成了辩证回归的关系。

在苏黛瑞的公民权研究理路上延续与回应之的是台湾“清华大学”的吴介民教授，他在文中明确提出自己对苏黛瑞理论的延续与补充，并认为她所感受到的20世纪90年代的中国目前已发生了很大变化，户籍制所导致的二元社会结构表面上已经不显得那么刚性，而是向纵深层次转化（吴介民，2009）。在城市新保护主义兴起的当下，公民身份呈现差序格局。政府与市场紧密结合，在经济发展诉求的驱使下，开始利用户籍制对农民采取差序化吸纳，从而公民权也呈现出差序排列的等级化拥有现象。

针对苏黛瑞所提出的资本主义与公民权二者之间的关系问题，吴介民虽然没有对公民权概念进行细致的探讨，但是他也认为中国的发展模式可能带来资本主义越发展，威权公民身份体制越稳固的结果。在这种独特的“中国模式”中，政治体制不发生根本变革的前提下，市场经济仍要获得巨大发展，就需要国家通过一定的方法来牺牲一部分人的利益。这个方法就是户籍制。

改革开放后，在原有城乡二元隔离形态解体后，其中发挥关键作用的户籍制从正面退居到暗面，开始嵌入性地发挥作用。政府利用户籍制在细节层面做文章，从而使以前刚性的城乡二元结构对立在种种内部制度的再生产中被重构，而相应的市民身份也发生了再制度化。国家在原来城乡对立的空间隔离解体后，在表面上退出市场社会的背后，其实巧妙地运用户籍制改革所产生的种种“变体”隐藏于城市或者地域之间，重新设置进入壁垒，而与其息息相关的社会福利安排也发生了再地域化。这种后现代意义上的“再”在表明着二元体制并没有退出历史舞台，而是本身成为了历史的一部分。制度路径依赖与经济发展主导话语搭台唱戏，难辨虚实。作者由此断定：“以户籍制度与城乡二元体制的变型，作为公民身份差序的制度基础，可能是‘中国模式’最大特色之一。”

在此基础上，吴介民得出了与苏黛瑞相似的结论，公民权问题，即在此进路下认为的流动人口问题得到解决的关键是成问题的户籍制能否得到根本解决，而这又取决于“中国资本主义进程与政治体制变迁之间交互辨证的结果”。

三　制度的谱系学研究理路：户籍制作为一种治理术的意义

户籍制的“生命力”，易于被持公民权理论进路的学者所忽视，通过运用福柯的谱系学方法对其进行历史的回溯，达顿（2009）把户籍制作为一项古老的国家治理技术在中国历史中做了一番细致的梳理与回顾，其关注焦点是户口—登记如何成为国家必须运用的治理术以及是怎样发挥作用的。这其中有两个关键的转化过程：第一，登记技术的产生是国家用来惩罚罪犯—恶人的手段，是被动的无奈之举，是任何国家在管理社会中的必须行为；第二，对犯人的惩罚技术扩展到对社会中良民的治理，从而由惩罚术转化为规制术，这是国家主动积极的行为；第三，登记制从监狱扩展到社会，也是从国家直接的监控过渡到在间接监控下的民众自我治理。户籍登记的微妙就在于看似是一个无奈之举，其实通过第二次转化后，在表面的被动后隐藏着国家倾注深情的主动。这个“深情”是国家希望用道德统制技术，以技术来彰显德性。户籍登记术作为一种古老的技术，无论古今中外，这两种转化都是不变的，因此无论是民国时期西方思潮的侵袭，还是新中国成立后苏联的影响，中国的惩罚与规制体制都会在演变过程中带上自我的烙印。

恰恰正是在这个意义上，马太深深质疑了西方学者对中国实现西方那种于人的个体化基础上建立起来的民主所抱的不切实际的希望，以及中国学者不加批判地拒斥封建残余思想和拥抱马克思主义思想的超现实行为。因为，通过对户籍登记术的考察，马太发现中国不缺个体化，统治者的治理手段中也不缺中国元素。

达顿对于户籍登记的研究与波特拥有类似的眼光，都关注到传统文化在国家治理方面的延续性，通过登记知识的谱系学考察，马太带给人最大的启发在于，户籍制是与国家的精神息息相关的。作为一种制度，它容易使人忽视国家灌注于其中的精神，忽视国家使用这个制度的用意到底何在。权力对人的规制是希冀把国家的精神贯彻到社会，使社会的精神与国家保持一致，这就需要运用一种制度来处理社会关系。在帝制时代，保甲制是法律儒家化的结果，国家通过户籍制把儒家的集体主义，即父权主义思想精髓渗透到民间的组织管理中去。在现代中国，与户口登记相关的一系列身份制度是“大杂烩”① 般的现代化的结果，国家通过户籍制把社会主义的集体主义，即人民主义贯彻进社会。在这个过程中，一项制度也就转化为治理术。

四　新制度主义研究理路：一个制度，多个面向

（一）户籍制存在的必要性

对中国户籍制的制度史研究是以 1978 年前后改革开放为分野的。目前，大部分学者较为关注改革之后户籍制的演变，主要原因是在改革开放之前户籍制作为一个社会控制制度没有发生太大的变化。相对应的是，改革后在市场经济的冲击下，人的流动以及流动所带来的种种问题迫使国家对原来较为固化的户籍制进行调整。在制度史研究方面，对改革开放之前户籍制研究的代表性文献是程铁军与萨尔顿的著作，他们详细追溯了新中国成立后户籍制产生的原因，认为受制于当时具体的社会经济环境，户籍制是国家对经济发展模式进行权衡后的选择，并且也与当时国家的统治策略与意识形态要求相符合。户籍制的推行所带来的结果是形成了独特的社会经济结构——城乡二元结构，资源配置是在此基础上运行的。相应的，户籍制也构造出一个城市与乡村对立的等级空间，国家在配置资源时是从城市到城镇再到农村由高到低进行的（Cheng and Selden，1994）。

从 20 世纪 90 年代起，国家大力推进小城镇建设，与这种经济发展模式相呼应的户籍制改革，其指导精神在于让农民的流动行为“离土不离乡”，Mallee（1995）的研究对此进行了细致的叙述，并认为农民的城市梦虽然很难在大城市落实，但是小城镇这时却成为国家为之提供的另一个圆城市梦的地方。在市场经济引发的人口迁徙的背景下，作者关注到在改革开放后城乡户口壁垒之间存在的可能通道。而即便如此，户籍制在拉动经济发展的无力与作为社会制度难以消除之间形成根本矛盾，这不利于国家的进一步发展与重新定位，因此有必要对之进行根本改革（Mallee，1995；Davin，1999）。

在户籍制研究领域，学者们喜欢用长城的轰然崩塌（Wang feiling，2010）来形容户籍制在市场经济冲击下发生的变迁。作为主要在城乡间分配资源的制度在市场的渗透下，看似已经失去了其存在的意义，即户籍制已经无法适应当前社会经济的发展，只有取消这个制度才能给社会“松绑”，并彻底踢开经济发展道路上的“绊脚石”。这也是莫雷等对户籍制研究的学者们普遍认同的看法。但是，从目前学界研究的主流趋势来看，大家也普遍较为认同，由于路径依赖的影响，户籍制显然无法在短期内被彻底取消，因为它已经深度参与到社会、经济的结构中去。因此，很多学者开始围绕户籍制作为一个应该被取消的制度为什么依然存在这个命题展开

① 按照达顿的研究，影响中国现代户籍制之形成的源头可追溯到三个方面：中国传统的户籍制、苏联的内部“护照”制度，以及西方的登记规制技术，例如监狱管理技术。

了论述。

一种观点侧重于国家与社会之间的关系，突出社会控制，维持稳定对于国家的意义（王飞凌，2008）。① 认为国家一直把户籍制的社会控制功能放在首位，通过户籍制制造社会分层。改革的结果是原来的户籍制在市场社会中变得更加灵活，“放口子”行为使得社会分层更加复杂，市场放开使户口也具有了市场，本来就处于底层的农民在户口市场中仍然处于弱势，因此社会控制非但没有减轻，反而有加重的趋势。这与中国的国家政治体制是密切相关的，无论原来的“硬控制”，还是现在的“软控制”，都可以在户籍制框架内进行灵活的转换。另外，从中国革命的特殊历史性来看，治国精英会更加重视对城市社会的控制与管理，户籍制的发展演变与此有很大的关联（Martin，2010）。

另一种观点注重国家与市场间的关系，突出经济发展对于国家的意义。陈金永认为户籍制与中国的社会经济结构和发展战略是密切相关的，其产生与发展一直与国家利益密切相关，无论改革前后，国家与市场之间的关系都不应被忽略。国家需要户籍制来协助进行国民经济的规划与发展市场经济。由推出户籍制而进一步建立起来的城乡二元结构已经深入到中国的社会、政治、经济体系中，因此，在改革开放后随着经济的变迁，虽然二元壁垒不再刚性，但即便如此，二元体系显得不成体系并不意味着其体系性发生了本质上的动摇，即便取消户籍制，二元壁垒仍将存在（Chan and Zhang，1999；Chan，2010；陈金永，2010）。

（二）户籍制的“未来”

户籍制目前仍在一定程度上被学者们看作国家进行社会控制、配置资源的手段。无论改革前后，户籍制都作为一个不可缺少的工具，配合着国家政治与经济的发展蓝图，对人进行分类，并在此基础上配置资源，包括公共物品和劳动力资源。从这个角度出发，学者们主要看到的是一个明显已经不能适应社会变迁的制度为什么仍然可以存在。

因此，户籍制的“未来”也成为学界的热门话题。由于户籍制明显带来了社会的二元分化，不符合全球化世界中政治民主化的主流发展趋势，因此遭到西方学者的强烈批判。而在改革开放后，随着人口流动的加速，城乡区隔日益淡化，社会分化就显得更加不合时宜，现实中的阶层分化似乎也在主导着户籍制未来的走向，因此引起了更多学者从这个角度对户籍制加以探讨。

户籍制在改革前后一项十分重要的功能是向社会配置资源，市场经济使私人物品的配置变得无关紧要，而公共物品的配置仍然受户籍制的影响。户籍制作为一项制度与体系在改革后发生了多面向的变迁，国家不断对之进行修补以适应社会经济的变化，但是其内核仍然没变，公共物仍然难以惠及进城农民（Zhao and Li，2006）。但是，也有学者认为户籍制并不是铁板一块，城乡间的大门其实在改革之前就一直存在，这一点往往易于被学者所忽略。二元结构之下仍然有“农转非”现象，那么，国家为什么要留一手呢？看看“农转非”的都是哪些人就明白了。大学生、军人和党员等身份、资格都意味着是城市，是国家需要的人才，在国家的严格控制下他们可以“农转非”（Wu and Donald，2004），即便这种身份的转变很难在代际间传承（Wu and Donald，2007）。

在一个看似封闭的制度发展过程中，为什么总有很多“口子”陆续出现呢？这恰恰表现为一种“有序的迁移”过程，改革后经济体制和现实的深刻变革并没有使户籍制退出历史舞台，也恰恰说明国家的某种深度参与，城乡区隔、社会分化正是在国家主导下的宏观战略行为

① 关于王飞凌更系统化的研究还可参见 Fei-Ling Wang，*Organizing through Division and Exclusion*：*China's Hukou System*. Stanford：Stanford University Press，2005。

（Lei，2001）。由于户籍制的限制，城市中开始出现根据户口划分出来的不同类型的人，劳动力市场的分割也与此密切相关，户籍制向社会的深度渗透而带来的社会分层致使一个新的社会秩序开始形成（Fan，2002）。

还有的学者从流动的农民工身上看到了另一种力量发展的可能，开始关注流动人口的主体性。相应的，国家的力量逐渐受到市场经济的渗透，才给这种主体性带来了可能。虽然目前的户籍制改革仍不彻底，但是政治权力的去中心化，以及通过市场配置资源取代过去的计划配置资源，新的社会秩序开始形成，户籍制改革走上软着陆通道（Wang，1997）。在国家的“对立面社会”，这些人并不是被动无为的，进城农民并没有一味地等待国家给自己一个公平，而是利用各种机会为自己创造一个新世界，一个城市中的飞地（Wang，1997；Mackenzie，2002）[①]。

无论从历史制度主义的视角来看待户籍制的产生演变，还是从国家中心论的角度阐释户籍制对于国家行动主体的意义，以及从非正式制度视角来看待农民工的主体性，还有户籍制的经济意涵，上述观点基本都对户籍制的未来感到悲观，认为它是市场经济模式下的计划经济“裹脚布”，再怎么改，内核只要仍在，市场就无法自由配置资源，中国的经济发展就无法实现效率的最大化。与之不同的观点认为，虽然国家的主观意向不明确，但是联系中国未来小城镇建设的规划，农民的主体性仍需得到重视，在压力下，其自我建设的前景是乐观的（Mackenzie，2002）。

较为中立的观点偏向把国家与社会关系还原到户籍制实际运作中涉及的不同主体，从这个角度出发，户籍制不再是一个固化的制度，而演变为一个多方主体参与其中的空间、市场与结构。从地方政府与进城农民的关系来看，他们都是在市场中行动的主体，会趋利避害，在户籍改革的过程中寻找各种机会。户籍制的存在反而在这种背景下演变出一个户口市场，越改革就越会不断制造更多的机遇与市场（Windrow and Guha，2005）。从机会结构角度来看，户籍制的变革既在生成机遇，也在从根本上维持着机会结构（Cheng and Selden，1997）。而机遇大概永远都是有选择地为人准备的，户籍制的“不死”带来了空间转换到城市中的制度再生产，最后，二元分化被复杂的制度结构内化的结果就是保护主义换汤不换药的继承与延续（吴介民，2010）。

五 讨论：聚焦制度变迁，解释“中国模式”

户籍制往往被学者认为是中国无法实现民主的一个主要的障碍，因为它无法落实公民权，因为它赋予国家过于强大的社会控制力。一个人在出生之前就已经被分类，在这样的国家中，民主是缺席的，社会是分裂的。以公民权为导向的研究把西方的民主理念现成照搬到中国，再去寻找其中的动因，然后再加以挞伐，似有目的论的嫌疑[②]，而其中的动因就是户籍制。公民权研究由于采用新制度主义视角，着重对制度进行分析，从而使对此主题的探讨更加贴近中国现实。其中所提出的非正式制度催生出来的能动空间以及制度空间等分析概念对“中国模式”的解读具有很强的解释力，从而备受关注。

而从福柯对权力的谱系分析角度把户籍制作为一种登记的知识与技术进行历史性的追溯，则给我们展现出另一幅不同的知识图像。从中我们看到制度惊人的延续性，权力的再现与使用

---

① 流动人群中的精英人物通过市场与居住空间的双重控制，在动员流动社会网络方面是卓有成效的，但是他们只是在国家强力的缝隙中生存，随时都面临被治理的可能。

② 站在西方反思立场对公民权和公民社会的探讨可参见［美］墨子刻：《中国历史背景中的西方市民社会观念》，秋风译，《华东师范大学学报》（哲学社会科学版）1998年第6期。作者认为通过中国的传统文化可见中国与西方的文化内涵与理念差异巨大，西方自下而上组织社会的公民权思想与中国自上而下的精英组织管理社会是根本不同的。把西方的公民概念生搬硬套显然无法解决文化因素影响的长久生命力问题。

是对某些"普世性"方法的深度挖掘摆弄出来的。当把中国特色的户籍制看作一种登记技术时，也就没有了中国特色。国家如何把其精神与治理进行恰当的结合，其在中国的体现就是户籍制度。虽然谱系学的方法看似与对中国现实的分析"脱轨"，但是这种批判的视角有助于对户籍制的内涵做深度的把握。

可以说，近30年来的户籍制研究都可以被归于新制度主义这个大的框架底下，因为其本身就体现出多学科融合借鉴、理论范式多元化的倾向①。改革开放后，随着人口流动的高速增长与市场经济的发展，很难再把户籍制作为一种国家工具来看待。如同学界目前基本的共识一样，即便取消户籍制，也不能一步到位，而是需要循序渐进。主要原因是它确实已经深入到社会的方方面面。在面对独特的"中国模式"时，众多学者们不约而同都把户籍制作为主要的分析对象，希望通过它来解释移民问题、劳动力市场问题、城乡二元区隔问题、城市发展问题，等等。在他们看来，围绕着这项制度，各方行动主体与之形成日益复杂的利益关系。"中国模式"就像一个看上去胡乱缠绕、难解难分的线团。而户籍制就是暗藏于其中的一个线头，循着它的理路，就可一步步解开线团，解读中国。

参考文献

1. 陈金永：《中国人口发展、农民工流动趋势与刘易斯转折点》，《中国劳动经济》2010年第1期。

2. ［奥地利］迈克尔·R. 达顿：《中国的规制与惩罚：从父权本位到人民本位》，郝方昉、崔洁译，清华大学出版社2009年版。

3. Delia Davin, *Internal Migration in Contemporary China*, New York: Palgrave, 1999.

4. C. C. Fan, "The Elite, the Natives, and the Outsiders: Migration and Labor Market Segmentation in Urban China", *Annals of the Association of American Geographers*, Vol. 92, No. 1, 2002.

5. Fei Guo and Robyn Iredale, "The Impact of Hukou Status on Migrants' Employment: Findings from the 1997 Beijing Migrant Census", *International Migration Review*, Vol. 38, No. 2, 2004.

6. Fei-Ling Wang, Conflict, "Resistance and the Transformation of the Hukou System", in E. J. Perry and M. Selden (eds.), *Chinese Society: Change, Conflict and Resistance, 3rd.* London: Routledge, 2010.

7. Fei-Ling Wang, *Organizing through Division and Exclusion: China's Hukou System.* Stanford: Stanford University Press, 2005.

8. Fei-Ling Wang, "Reformed Migration Control and New Targeted People: China's Hukou System in the 2000s", *The China Quarterly*, No. 177, 2004.

9. Flemming Christiansen, "Social Division and Peasant Mobility in Mainland China: The Implications of Hu-kou System", *Issues and Studies* 26. 4, 1990.

10. Feng Wang, "The Breakdown of a Great Wall: Recent Changes in Household Registration System in China", in Thomas Scharping, (ed.), *Floating Population and Migration in China: The Impact of Economic Reforms.* Hamburg, Germany: Institute of Asian Studies, 1997.

11. Guang Lei, "Reconstituting the Rural-Urban Divide: Peasant Migration and the Rise of 'Orderly Migration' in Contemporary China", *Journal of Contemporary China* Vol. 28, No. 10, 2001.

12. H. Mallee, "China's Household Registration System under Reform", *Development and Change*, No. 26, 1995.

① 一个突出的例子是，户籍制对社会的渗透性之深入反映在对族群关系的研究上（Xiaojiang Hu and Miguel A. Salazar, "Ethnicity, Rurality and Status: Hukou and the Institutional and Cultural Determinants of Social Status in Tibet", *The China Journal*, No. 60, 2008, pp. 1 - 21）。当由户籍制带来的对人身份的划分，随着农民进城，与传统文化因素相结合后，以前的等级观念开始在拉萨的藏族市民中复活，汉藏族群关系与拉萨社会的阶层分化变得愈加复杂。

13. Hayden Windrow and Anik Guha, The Hukou System, Migrant Workers, & State Power.

14. In the People's Republic of China, *Northwestern University Journal of International Human Rights*, Vol. 3, 2005.

15. Kam Wing Chan, "The Household Registration System and Migrant Labor in China: Notes on a Debate", *Population and Development Review*, Vol. 36, No. 2, 2010.

16. Kam Wing Chan and Li Zhang, "The Hukou System and Rural-Urban Migration in China: Processes and Changes", *The China Quarterly*, No. 160, 1999.

17. Li Zhang, "Migration and Privatization of Space and Power in Late Socialist China", *American Ethnologist*, Vol. 28, No. 1, 2001.

18. Linda Wong and Huen Wai-Po, "Reforming the Household Registration System: A Preliminary Glimpse of the Blue Chop Household Registration System in Shanghai and Shenzhen", *International Migration Review*, Vol. 32, No. 4, 1998.

19. Litao Zhao and Li Jianying, "China's Hukou System: Multifaceted Changes and Institutional Causes", *China Policy Institute Discussion Paper* No. 9, The University of Nottingham, 2006.

20. Mark Selden, *The Political Economy of Chinese Socialis*, Armonk, New York: M. E. Sharpe, 1988.

21. Martin King Whyte, "The Paradoxes of Rural-Urban Inequality", in Martin King Whyte (ed.), *One Country, Two Societies: Rural-Urban Inequality in Contemporary China*, Cambridge, MA: Harvard University Press, 2010.

22. ［美］墨子刻：《中国历史背景中的西方市民社会观念》，秋风译，《华东师范大学学报》（哲学社会科学版）1998 年第 6 期。

23. ［法］潘鸣啸：《失落的一代：中国的上山下乡运动（1968—1980）》，欧阳因译，中国大百科全书出版社 2009 年版。

24. Peter W. Mackenzie, "Strangers in the City: The Hukou and Urban Citizenship in China", *Journal of International Affairs*, Vol. 56, No. 1, 2002.

25. S. Goldstein, Z. Liang, and A. Goldstein, "Migration, Gender, and Labor Force in Hubei Province, 1985—1990", in B. Entwisle and G. E. Henderson (eds.), *Re-drawing Boundaries. Work,. Households, and Gender in China*, Berkeley: University of California Press, 2000.

26. ［美］苏黛瑞：《在中国城市中争取公民权》，王春光等译，浙江人民出版社 2009 年版。

27. Sulamith Heins Potter, "The Position of Peasants in Modern China's Social Order", *Modern China*, Vol. 9, 1983.

28. Sulamith Heins Potter, and Jack M. Potter, *China's Peasants: the Anthropology of a Revolution*, Cambridge: Cambridge University Press, 1990.

29. Tiejun Cheng and Mark Selden, "The Origins and Social Consequences of China's Hukou System", *The China Quarterly*, No. 139, 1994.

30. Tiejun Cheng and Mark Selden, "The Construction of Spatial Hierarchies: China's Hukou and Danwei Systems", in T. Cheek and T. Saich (eds.), *New Perspectives on State Socialism in China*, Armonk and London: M. E. Sharpe, 1997.

31. 王飞凌：《中国户口制度的转型》，《二十一世纪》2008 年第 109 期。

32. 吴介民：《永远的异乡客？公民身份差序与中国农民工阶级》，《台湾社会学》2011 年第 21 期。

33. Xiaogang Wu and Donald J. Treiman, "The Household Registration System and Social Stratification in China: 1955－1996", *Demography*, Vol. 41, No. 2, 2004.

34. Xiaogang Wu and Donald J. Treiman, "Inequality and Equality under Chinese Socialism: The Hukou System and Intergenerational Occupational Mobility", *American Journal of Sociology*, Vol. 113, No. 2, 2007.

35. Xiaojiang Hu and Miguel A. Salazar, "Ethnicity, Rurality and Status: Hukou and the Institutional and Cultural Determinants of Social Status in Tibet", *The China Journal*, No. 60, 2008.

（作者单位：中央民族大学民族学与社会学学院）

● 文摘

【1990 年以来中国人口寿命水平和死亡模式的再估计】

中国人民大学人口与发展研究中心、河北大学经济学院王金营等在《人口研究》（北京）2013 年第 4 期撰文，采用留存率方法和布拉斯罗吉特生命表法对 1990 年以来三次人口普查的低龄人口和老年人口的死亡漏报、年龄别死亡概率、寿命水平进行重新评估计算。结果发现，低龄人口 0—4 岁漏报较为严重，特别是 2010 年第六次人口普查，不仅仅 0—4 岁人口死亡漏报严重，而且 60 岁及以上老年人口的死亡漏报也相当严重。根据重新修正的分性别、分年龄别的死亡概率数据，构建生命表，分别计算得到 1990 年、2000 年和 2010 年出生预期寿命，1990 年我国男性出生预期寿命为 67.33 岁，女性为 71.70 岁，2010 年男性为 71.58 岁，女性为 78.26 岁。进入 21 世纪的前 10 年我国寿命水平提高快于 2000 年之前的 20 年。

【FDI、环境监管与能源消耗：基于能耗强度分解的经验检验**】**

南开大学国际经济研究所张宇等在《世界经济》（北京）2013 年第 3 期撰文，从外资进入对中国能源消耗所产生的影响这一基本问题出发，通过构造特定的能耗强度指标对各地区的能耗状况进行评价，并将其进一步分解得到影响能耗强度变动的产业结构、总体技术进步与地区相对技术进步指标。以此为基础对外资进入与政府监管在地区能耗强度变化过程中所起到的作用，以及外资进入与政府监管之间的相互反馈作用进行经验检验。结果表明，外资企业的进入并未引起中国产业结构向高能耗行业转移。同时外资的流入显著促进了当地和其他地区节能技术的应用，并对当地的环境监管起到明显的强化作用。尽管外资流入会通过弱化其他地区的环境监管引起这些地区能耗强度的提升，但其在节能降耗方面的总体影响仍是积极的。

【北京市人口、经济和环境关系的协调度评价】

首都经济贸易大学人口经济研究所童玉芬等在《人口与发展》（北京）2013 年第 1 期撰文，采用主成分法对北京市人口、经济和环境系统进行综合评价，通过建立变异系数协调度模型对北京市 1996—2010 年协调度进行定量分析。研究发现，这些年北京市的协调度在不断提高，但协调水平仍然不高；未来仍需注重提高劳动者素质，提升人口发展水平，继续转变经济增长方式和巩固环境治理效果。

【城市化将如何应对老龄化？——从中国城乡人口流动到养老基金平衡的视角**】**

复旦大学经济学院陈沁等在《金融研究》（北京）2013 年第 6 期撰文，用 2000 年第五次人口普查与 2010 年第六次人口普查数据，推算农村人口分年龄、性别的城乡迁移率。使用推算出的城乡人口迁移率，对 2010—2100 年的全国人口情况与老龄化情况进行了模拟，并引入城镇养老保险框架，讨论中国城镇养老基金在城市化过程中的演化。研究发现，城市化对城镇的老龄化程度与城镇养老基金的收支状况有显著的改善作用。在城市化背景下，通过放松计划生育来提高生育率对养老金收支的改善效果在短期内并不明显，长期内则十分显著；而推迟退休年龄则在任何情况下都能极大地改善养老金收支。

【城镇化进程中农民工就业稳定性及工资差距——基于分位数回归的分析**】**

清华大学经济管理学院寇恩惠等在《数量经济技术经济研究》（北京）2013 年第 7

期撰文，在我国城乡统筹加速发展的背景下，对农民工"短工化"以及由此导致的工资差距展开分析。在修正劳动参与和短工化的样本选择问题基础上，使用分位数回归方法估计农民工工资函数，并且使用MM方法对短期农民工和长期农民工的工资差距进行分解。结果显示，高学历、培训经历、本地就业以及通过亲缘和正规劳动力市场寻找工作的人，获得长期合同的可能性较高；地区和教育对农民工工资的贡献较大；两种合同类型的农民工在工资分布的底端存在较大差距，农民工的工资差距存在"粘性地板效应"。这些结论对于促进农民工稳定就业，提高收入分配公平程度，加快城镇化进程，平衡区域间发展等方面都有重要的借鉴意义。

【城镇居民婚姻匹配和家庭收入变动：1991—2009】

南开大学经济学院李亚楠等在《人口与经济》（北京）2013年第6期撰文，利用1991—2009年的中国营养与健康调查数据，考察婚姻匹配对第一阶段（1991—1997年）和第二阶段（2001—2009年）家庭收入的影响。研究发现在绝大多数分位数上，同质性婚姻匹配对家庭收入有显著的正向影响，且在多数分位数上婚姻匹配对第二阶段家庭收入的影响系数大于第一阶段，说明随着市场化过程的深化，同质性婚姻匹配对家庭收入所起的作用逐渐增强。此外，跨期的家庭收入变动分解结果表明同质性婚姻匹配是家庭收入跨期差距的重要原因；尤其在低收入分位数上，同质性婚姻匹配对跨期收入差距的贡献更大。

【独生子女死亡总量及变化趋势研究】

中国社会科学院人口与劳动经济研究所王广州在《中国人口科学》（北京）2013年第1期撰文，以1990年、2000年和2010年人口普查数据为基础，通过2005年全国人口1%抽样调查数据和计算机仿真模型估计2010年全国独生子女总量在1.45亿左右，累计死亡独生子女超过100万。在现行生育政策下，预计2050年全国独生子女总量在3亿左右，累计死亡独生子女将超过1 184万，每年新增死亡独生子女的总量将由目前的9.5万上升到2050年的56万左右。由于"失独"家庭规模不断扩大，政府和全社会应重视和解决这一群体面临的实际问题。

【对2010年人口普查数据准确性的估计】

国家统计局人口和就业统计司崔红艳等在《人口研究》（北京）2013年第1期撰文，根据2010年第六次全国人口普查汇总资料，利用人口分析技术和与历史数据、行政记录资料比较等方法，从人口的年龄、性别、生育、死亡、总规模、教育以及长寿的代表性等多方面对"六普"的主要数据结果进行深入的分析，对普查数据的准确性进行客观评估。结果表明，2010年普查登记的分年龄数据准确性差异较大，0—9岁低年龄人口存在漏报，20—45岁人口有重有漏，其余年龄组完整性较高；分性别数据与历史数据的一致性较好；妇女生育水平明显偏低；死亡人口数据漏报较为严重；分教育数据与教育部门的行政记录吻合度较高；长寿的主要数据结构代表性较好。与2000年人口普查相比，2010年人口普查总人口的漏登率大幅降低，普查的总体质量明显提高。

【发展战略、城市化与中国城乡收入差距】

中央财经大学经济学院陈斌开、北京大学国家发展研究院林毅夫在《中国社会科学》（北京）2013年第4期撰文，从政府发展战略的视角，研究中国城市化滞后、城乡收入差距持续扩大的原因。结果发现，旨在鼓励资本密集型部门优先发展的政府战略，造成城市部门就业需求的相对下降，进而延缓城市化进程，农村居民不能有效地向城市转移，城乡收入差距扩大。以技术选择指数作为政府对资本密集型部门政策倾斜程度的度量指标，利用1978—2008年中国省级面板数据，对理论假说进行了实证检验。研究还发现，中国城乡收入差距在经济发展过程中呈现出先下降、后上升的U形规律。

【符合二胎政策妇女的生育意愿和生育行为差异——基于计划行为理论的实证研究】

原国家人口计生委科学技术研究所茅倬彦、清华大学社会学系罗昊在《人口研究》（北京）2013 年第 1 期撰文，通过对“江苏省群众生育意愿和生育行为调查”的 2007 年基线和 2010 年跟踪数据中符合生育二胎政策妇女的分析，从社会心理学入手，以计划行为理论为支撑，重新架构从生育意愿到生育行为的理论框架，从微观视角来研究当政策赋予人们生育二胎权利时，妇女生育意愿和生育行为之间的差异及其影响因素。研究结果表明，该地区符合生育二胎政策的妇女中，四成妇女的生育意愿高于生育行为，六成妇女的生育意愿等于生育行为，尚没有妇女的生育意愿低于生育行为。当面临是否生育二胎的选择时，妇女会进行理性考虑，生育态度、主观规范和行为控制都对生育意愿和生育行为的差异产生显著影响。同时，生育计划的制定是实现生育意愿的重要推动力。

【个人所得税的收入分配效应】

北京师范大学刘元生等在《经济研究》（北京）2013 年第 1 期撰文，通过建立一个包含人力资本投资和政府税收的两阶段世代交替模型讨论了个人所得税免征额和税率对收入和财富分配以及经济增长的影响。在模型中引入了两种能力异质性，即体能和学习能力的差异；能力的不同会影响个人的收入和教育选择，进而影响收入分配和人力资本积累。模型中的主要参数依据中国数据进行了校准。数值模拟发现，个人所得税免征额与收入的基尼系数呈 U 形曲线关系。对于给定的税率，存在一个使基尼系数最小化的免征额，此后进一步提高免征额会使基尼系数上升，但对经济增长有一定的促进作用。为减少收入分配的差距，免征额应随收入分布的变化进行调整。一般来说，个人所得税税率与经济增长率呈反向变动，反映了公平和效率之间的取舍关系。

【个人所得税改善中国收入分配了吗——基于对 1997—2011 年微观数据的动态评估】

北京师范大学经济管理学院徐建炜等在《中国社会科学》（北京）2013 年第 6 期撰文，利用微观住户调查数据考察 1997 年以来中国个人所得税的收入分配效应，研究发现：1997—2005 年，在税制保持不变而居民收入增长时期，个税累进性逐年下降，但是由于平均有效税率上升，个税的收入分配效应仍在增强。2006—2011 年，在税制改革时期，尽管三次免征额提高和 2011 年的税率层级调整提升了个税累进性，但同时降低了平均有效税率，恶化了个税的收入分配效应。不同收入人群的纳税份额和平均税负变动迥异，中等收入阶层是税制不变时期个税收入增加的主要负担者，也是免征额提高时税负降低的主要受益者。与发达国家相比，我国个税累进性较高，但平均税率偏低，导致个税政策调节收入分配的作用有限，这与当前居民收入水平和政府征税能力有关。因此，个税改革不能一蹴而就，完善税收征缴能力，同时降低流转税的税率，是当务之急。

【工会是否改善劳动收入份额？——理论分析与来自中国民营企业的经验证据】

华南师范大学经济与管理学院魏下海等在《经济研究》（北京）2013 年第 8 期撰文，我国正处于劳动关系转型的关键时期，工会的作用及其经济后果广受关注。本文通过一个理论模型刻画了工会影响劳动收入份额的经济逻辑，并利用 2010 年全国民营企业调查数据展开经验研究。结果表明，工会导致企业工资率和劳动生产率的显著提升，但由于后者的升幅更大，因此劳动收入份额反而下降了。针对子样本的分析进一步发现，工会对劳动收入份额的影响程度在不同要素密集型行业有着差异。上述研究从理论和经验上确认了工会是劳动收入份额的重要影响因素之一，有助于深化人们对工会在收入分配中的实际作用的认识和理解。

【户籍歧视对城乡收入差距的影响】

国家发展和改革委员会社会研究所万海远等在《经济研究》（北京）2013 年第 9 期撰文，侧重评估户籍歧视对城乡收入差距产生的影响。为了克服个体户籍类型的自选择和样本偏差问题，本文重点考察了近年来户籍属性发生转换的群体，并采用倾向得分匹配与双重差分的方法来构造反事实，从而在拟实验环境下去估计户籍歧视的价值。在 2007 年和 2008 年中国城乡劳动力流动面板数据的基础上，尽可能多地控制了可观测因素、随时间不变及随时间同步变化的不可观测因素的影响，从而得到户籍歧视对个体收入的纯影响。结果表明，仅仅因为是户籍职业选择歧视，农户个体的收入将会减少 3.5%。在剔除户籍歧视因素后，整体收入差距会明显下降，平均来看，基尼系数会从 0.499 下降为 0.488，表明户籍歧视对我国城乡居民的收入差距有显著影响。

【技术进步、计算机使用与劳动收入占比——来自中国工业企业数据的证据】

北京师范大学经济与工商管理学院邢春冰等在《金融研究》（北京）2013 年第 12 期撰文，考察计算机在生产中的使用如何导致劳动收入占比下降。文章假定计算机可以替代劳动力提供的常规任务，却无法替代非常规任务。技术进步促使厂商用更多的计算机替代劳动力提供的常规任务，导致劳动收入占比下降。文章利用工业企业数据对上述结论进行了验证，结果表明企业中人均计算机的数量越多，企业工资和福利总额占其总产值的比重越低；企业出口比例上升可以提高企业劳动收入占比，资本深化则使劳动收入占比下降。

【技术偏向与中国劳动收入份额的再考察】

浙江工商大学经济学院、现代商贸研究中心陈宇峰等在《经济研究》（北京）2013 年第 6 期撰文，在厘清劳动收入份额定义的基础上，构建了一个综合考虑技术偏向、垄断利润等因素的生产决策模型，重新考察了转型期中国劳动收入份额的影响与决定机制。结果表明，就单个产业而言，垄断利润率是劳动收入份额短期变动的主要原因，而技术偏向性是决定劳动收入份额长期运行水平的关键因素。中国劳动收入份额长期低位运行的主要原因是占有大量资源的国有企业选择了资本偏向型技术；在二元经济结构的转型背景下，“逆资源禀赋”的技术偏向降低了经济增长的就业吸纳能力，使劳动力工资长期处于低增长状态，进一步恶化了劳动收入份额状况。

【教育回报率的地区差异及其对劳动力流动的影响】

北京师范大学经济与工商管理学院邢春冰等在《经济研究》（北京）2013 年第 11 期撰文，使用 2005 年 1% 人口抽样调查数据以及 2011 年流动人口动态监测调查数据分析发现，农民工教育回报率存在明显的地区差异：东部地区和发达城市的教育回报率明显高于中西部地区。比较两个年份的结果可以看出，农民工的总体教育回报率有所降低，地区间回报率的差异也有所降低，并呈现出向均值收敛的特征。控制福利状况和迁移时间以及修正样本选择偏差对文章分析的结论影响不大。教育回报率的地区差异对不同教育水平劳动力的相对迁移概率产生了显著的影响。进一步减少流动障碍，促进农民工合理流动将有助于提升我国的经济增长潜力。

【近 20 年来中国人口老龄化的区域差异及其演化】

北京大学政府管理学院王志宝等在《人口研究》（北京）2013 年第 1 期撰文，借助各省区人口老龄化的演变过程及其与本地区经济的发展相关程度变化，来判别中国是否出现“未富先老”、“城乡倒置”或“人口红利”消失阻滞经济发展以及区域差异化演变等问题。通过一系列的数据分析发现：（1）中国各省区的人口老龄化演变阶段差异很大，但基本没有出现“未富先老”，人口老龄化并没有妨碍经济发展，这既与经济转型、开放经济等有关，也符合全球人口老龄化演化的一般规律；（2）勾画中国各省区人口老龄化演变特征，可将其划分成四类不同的人口老龄化类型，其演变历程的地域推移与地域集聚现象十分明显。就目前的演变过程来看，中国人口老龄化与地区经济发展有明显相关性，经济发展成为中国人口老龄化的重要推动因素之一。

【经济波动、劳动力市场摩擦与产业结构】

南开大学国际经济研究所王永进等在《世界经济》（北京）2013 年第 4 期撰文，基于劳动力市场摩擦的视角构建理论模型，考察经济波动对产业结构微观机制的影响。当发生负面经济冲击时，由于差异化产品生产企业的工资无法灵活调整，这就使得密集使用差异化中间投入的产业用工需求、利润和产值的大幅下降。因此，频繁的经济波动会增加这些产业的运行成本，并降低其技术进步与产值占比。在此基础上，本文采用跨国分行业数据验证了经济波动影响产业结构的现象，并利用 2008 年金融危机这一“准自然实验”，结合 2007 年和 2009 年微观企业数据对理论模型的核心机制进行检验。研究发现，对于密集使用差异化中间投入的产业而言，经济波动显著降低了其技术进步与产值占比。

【经济增速放缓与经济波动对居民福利影响的阶段差异分析】

东北财经大学经济学院陈太明在《统计研究》（北京）2013 年第 1 期撰文，基于中国 1952—2007 年时序数据定量研究经济增速放缓的福利损失和经济波动的福利损失，并侧重考察两种福利损失的大小关系在改革开放和经济体制改革目标确立前后的阶段差异。研究发现，无论是总体而言，还是在中国经济发展的不同阶段，经济波动的福利损失并不必然小于经济增速放缓的福利损失，在相关参数的合理取值范围内，经济波动的福利损失大于经济增速放缓的福利损失的情形相当普遍。因此，我们在重视长期经济增长的同时，不能草率否定短期经济稳定的重要性。

【劳动关系的集体化转型与政府劳工政策的完善】

中国人民大学劳动人事学院、日本北海道大学法学院常凯等在《中国社会科学》（北京）2013 年第 6 期撰文，中国的劳动关系正由个别劳动关系调整向集体劳动关系调整转型。《劳动合同法》的颁布实施，标志着中国劳动关系的个别调整在法律建构上已经初步完成，同时也开启了劳动关系集体调整的新起点。现实中的个别劳动关系建构和调整，已经无法解决劳资矛盾和维系劳动关系的稳定。在劳动关系集体化转型的过程中，有两种互补的力量和途径：一是政府主导的自上而下的建构过程，二是劳动者自发的自下而上的促进过程。从权利争议到利益争议，是劳动关系集体化转型的重要特点。中国的劳工政策亟待调整和完善，包括劳动关系理论指导和调整模式的选择、集体劳动法的健全、劳动者集体权利的确认以及两种劳工力量的关系处理等。

【劳动力市场扭曲、结构转变和中国劳动生产率】

上海交通大学安泰经济与管理学院盖庆恩等在《经济研究》（北京）2013 年第 5 期撰文，在封闭的两部门经济中，引入劳动力市场扭曲，使用非位似的 Stone-Gary 效用函数从理论上说明了劳动力市场扭曲同经济结构变化和劳动生产率间的关系，并使用 1980—2009 年间的中国宏观经济数据进行实证分析。研究发现：首先，中国部门间劳动力市场存在扭曲，且并没有呈现随时间而减弱的趋势，控制部门间人力资本差异后的年均扭曲指数为 0.24，即农业的工资水平仅相当于非农部门的 24%；其次，劳动市场扭曲会显著迟滞中国经济结构调整，若消除扭曲，中国农业劳动力占比将下降 26.38%；最后，劳动力市场的扭曲使过多的劳动力滞留在农村，会带来显著的效率损失，年均潜在损失达到 16.34%。若消除劳动力市场扭曲，中国劳均产出可增加 19.53%。

【劳动力市场扭曲是促进还是抑制了 FDI 的流入】

南开大学跨国经济研究中心冼国明等在《世界经济》（北京）2013 年第 9 期撰文，利用 2004—2009 年中国地级城市面板数据，测算各城市劳动力市场扭曲的程度，验证中国城市普遍存在工资低于劳动力边际产出的事实，并构建了劳动力市场扭曲影响 FDI 的计量模型。本文结论显示：（1）中国城市劳动力市场扭曲通过降低工资水平促进了 FDI 的流入，但劳动力市场扭曲也意味着投资风险的提升、劳动力就业意愿以及资本边际产出的降低，从而抑制了 FDI 的流入。因此，通过干预劳动力市场来压低工资，从而吸引更多 FDI 的做法并不一定有效。（2）经济发展水平高的城市，劳动力市场扭曲对 FDI 的抑制性强，说明经济发展水平高的城市，更需要优越的制度来消除劳动力市场扭曲对经济发展的负面影响；地理位置处于劣势的城市，劳动力市场扭曲对 FDI 的抑制性强，说明经济发展“先天不足”的城市，更需要优越的制度来减少劳动力市场扭曲对经济发展的负面影响。

【累计劣势与老年人经济安全的性别差异：一个生命历程视角的分析**】**

中国人民大学人口与发展研究中心杨菊华等在《妇女研究论丛》（北京）2013 年第 4 期撰文，利用 2010 年“中国妇女社会地位调查”数据，借助生命历程理论视角，突出可能的性别差异，分析了老年人经济安全的现状、特点及影响因素。结果表明，性别差异十分突出，女性老年人的经济安全程度显著低于男性老年人；同时，女性老年人先期生命历程的累积劣势（如缺乏较高的人力资本和政治资本、更多的务农或无业）对老年时期的经济安全具有十分重要的影响，以前的职业对经济安全的作用更为凸显。这表明，改善老年人的经济福利、降低老年时期经济安全的性别差异，不能仅就老年谈老年，而需要关注女性的终身发展，特别是要消除劳动力就业市场的性别隔离。

【“六普”报告的婴儿死亡率误差和实际水平的估计】

首都经济贸易大学劳动经济学院黄荣清等在《人口研究》（北京）2013 年第 2 期撰文，从 174 个国家数据所反映出的婴儿死亡与经济发展的关系、人口普查数据与卫生部检测地区婴儿死亡的对比、各省婴儿死亡数据的对比几个方面的分析发现，第六次人口普查的婴儿死亡存在明显的“漏报”。从死亡报告误差发生可能性相对较小的幼儿死亡着手，在对各省的幼儿死亡率进行修正的基础上，根据婴儿死亡与幼儿死亡之间的稳定关系对各省的婴儿死亡数据进行修正，进而得出修正后的全国婴儿死亡率为 17.27‰，普查的婴儿死亡漏报水平为 78%。

【门当户对的婚姻会更幸福吗？——基于婚姻匹配结构与主观幸福感的实证研究**】**

重庆大学经济与工商管理学院李后建在《人口与发展》（北京）2013 年第 2 期撰文，利用中国综合调查 2006 年数据，对夫妻个人社会经济及双方家庭经济因素的匹配结构与主观幸福感之间的关系进行了考察。“门当户对”的婚姻并不一定能够带来幸福感，职业匹配、单位类型匹配和级别匹配往往会恶化男女婚后的主观幸福感，经济条件对等的婚配模式则有利于男女幸福感的提升。婚姻匹配结构对男女主观幸福感的影响存在着城乡差异和性别差异。

【农民工流动方式与子女社会分化——对中国人口流动制度设计的反思**】**

华中科技大学社会学系刘成斌在《中国人口科学》（北京）2013 年第 4 期撰文，通过划分农民工在外出打工期间对子女教育选择形式的类型，采用实证调查数据揭示了双亲外出留守型农民工子女向上流动进入大学的概率最低，滑入犯罪的概率最高；单亲外出留守儿童比随同父（母）外出的流动儿童进入高层次院校的概率更大。表明流动儿童不稳定的受教育过程、高考返回原籍等因素影响了其向上流动的概率。因此，国家应当对农民工子女教育选择形式进行相应的引导和干预，减少双亲外出留守型儿童的数量。

【能源使用、碳排放与我国全要素碳减排效率】

贵州财经大学欠发达地区经济发展研究中心张伟等在《经济研究》（北京）2013 年第 10 期撰文，基于生产理论的 CO_2 减排效率的因素分解模型，对影响我国 CO_2 减排效率的因素进行分解，分析能源使用和 CO_2 排放两种技术的进步与效率对我国 30 个省区 CO_2 减排效率的影响，并运用环境方向性距离函数建立以资本、劳动力和能源为投入要素，以 GDP 和 CO_2 排放为产出的分别基于投入导向和产出导向的规模报酬不变的 DEA 模型，分别测度全国 30 个省、自治区、直辖市 1995—2010 年期间全要素 CO_2 的减排效率。在此基础上，对我国 30 个省、自治区、直辖市的全要素 CO_2 减排效率的影响因素进行实证分析。本文发现，1995—2010 年间，在全国 30 个省、自治区、直辖市中，能源使用和碳排放的技术因素对 CO_2 减排效率和 CO_2 减排效率的变化率有较强的正影响，现阶段提高能源使用和碳排放的技术效率和技术水平是提升我国全要素碳减排效率的关键因素。

【企业出口对员工工资影响的再分析——基于广义倾向得分法的经验研究**】**

上海财经大学国际工商管理学院史青在《数量经济技术经济研究》（北京）2013 年第 3 期撰文，将企业出口强度作为连续的处理变量，采用广义倾向得分法，控制企业的出口自选择后，在每一出口强度上考察了中国 2000—2007 年持续存活的企业出口后对其员工工资的影响。研究表明：企业出口确实能显著提高员工工资，然而这一因果关系只在企业出口强度的某些子区间成立。企业出口后，出口强度与员工工资呈现倒 U 形关系，出口对员工工资的改善作用随出口强度的增加先上升后下降。

【人口城镇化与城镇化用地关系研究——以江苏省为例**】**

中南财经政法大学工商管理学院张光宏等在《中国人口科学》（北京）2013 年第 5 期撰文，采用熵权法、综合发展评价模型、均衡发展模型对江苏省经济发展过程中人口城镇化与城镇化用地的耦合度、发展度、耦合发展度、空间均衡性进行研究。结果发现，人口城镇化与城镇化用地的均衡性和非均衡性状况同时存在。人口城镇化与城镇化用地的关系问题存在尺度敏感性，二者在省域尺度的均衡不代表内部空间的均衡。以城市为基本单元的研究显示，不同城市均衡性发展阶段、滞后类型不同。因此，促进城镇化健康发展需要针对不同城市和不同发展类型采取相应的措施。

【人口结构与国际贸易】

对外经济贸易大学国际经济贸易学院田巍等在《经济研究》（北京）2013 年第 11 期撰文，人口结构是否会影响国际贸易？一方面，高劳动人口比例会使出口国产出增加，从而增加出口；另一方面，高劳动人口比例也会给进口国带来更多的劳动收入，从而增加进口。该文利用 176 个国家从 1970—2006 年的大样本面板数据，控制多边阻力等因素，在引入劳动人口比之后，对贸易引力方程的回归分析支持了如下理论预测：贸易国的劳动人口比例上升会增加双边贸易流；出口国（进口国）平均劳动人口比上升 1%，出口（进口）会上升至少 3%（2%）。这一发现对于理解人口大国（如中国、印度）或贸易大国（如中国、美国）的贸易具有重要的理论和现实意义。

【人口老龄化另一种测量指标】

原国家人口计生委发展规划与信息司郭震威、中国民航科学研究院齐险峰等在《人口研究》（北京）2013 年第 3 期撰文，对从期望余寿的视角测量人口老龄化做了初步评述。文章设计了“前瞻年龄”65 岁以上（以

2000年为参照系）人口比例以及期望余寿15岁以下人口比例两个统计口径，据此计算了2000—2050年我国人口老龄化的演变情况。按新的测量指标计算，我国人口老龄化程度和人口抚养比明显低于传统指标，预计到21世纪中叶老年人口比例比传统测量指标低4—5个百分点。只有在全面认识的基础上及时采取综合策略，才能科学应对人口老龄化。

【人口流动对中国城乡居民健康差异的影响】

中国社会科学院人口与劳动经济研究所牛建林在《中国社会科学》（北京）2013年第2期撰文，认为城乡流动对农村常住人口的总体健康状况具有重要影响：一方面城乡流动经历对流动者健康状况存在损耗效应；另一方面，城乡流动现象通过选择机制使处于不同健康状况的居民在城乡之间重新布局：在流动初期，农村地区年轻、健康的个体更倾向于流出户籍所在地，在流动末端，健康状况明显变差的个体最先返回户籍所在地农村。在户籍限制真正消除前，城乡人口流动不可避免地将一部分健康风险和疾病负担转移给农村，这不仅制约农村地区社会经济的发展和居民生活质量的提高，一定程度还加剧了城乡卫生资源配置与需求的矛盾。

【人口年龄结构、养老保险制度转轨对居民储蓄率的影响】

南开大学经济学院杨继军等在《中国社会科学》（北京）2013年第8期撰文，利用1994—2010年中国省际数据进行动态面板回归发现，家庭支出结构的"远期化"和内生性劳动供给等原因，使少儿人口抚育负担对居民储蓄的影响为正；作为"非生产性"的老年人口比重的上升，则倾向于抑制储蓄；养老保险覆盖面、养老保险缴费水平对居民储蓄的影响显著为正，表明养老保险制度改革并没有纾解居民对于未来养老的担忧，进而并未起到给储蓄降温的目的。因此，弱化计划生育政策、提高人口出生率并不能降低当下的居民储蓄，而延迟退休年龄、挖掘适龄劳动人口消费潜力、通过养老保险制度改革降低不确定性，对降低高储蓄率则更为有效。

【人口年龄结构对居民消费影响的路径分析】

南京财经大学经济学院王芳在《人口与经济》（北京）2013年第3期撰文，在人口年龄结构对居民消费影响的理论机制基础上，提出人口年龄结构对居民消费影响的直接路径和间接路径假设，并以结构方程模型进行了路径分析的实证检验。检验结果表明：人口年龄结构对居民消费存在直接影响和间接影响；直接影响中，人口总抚养比正向影响居民消费，少儿抚养比、老年抚养比负向影响居民消费；间接影响中，总抚养比、少儿抚养比能通过产业结构、经济增长及收入分配影响居民消费，而老年抚养比只通过收入分配影响居民消费。同时，研究发现人口年龄结构对居民消费的间接影响路径系数大于直接影响路径系数。

【人力资本与产业结构转化对经济增长的效应分析——来自中国省级面板数据的经验证据**】**

华中科技大学经济学院周少甫等在《数量经济技术经济研究》（北京）2013年第8期撰文，根据两部门经济增长模型，以1995—2009年中国省级数据为对象，运用分位数回归的方法考察人力资本、产业结构对中国经济增长的影响。理论分析和实证研究均表明：人力资本对经济增长有显著的促进作用，且在条件分布的不同位置，这种作用存在明显差异；产业结构从传统产业向现代产业的转化也是经济增长的重要推动力；人力资本的经济增长效应受产业结构的影响，与人力资本相适应的产业结构转化可以优化人力资本的配置，提高人力资本的产出效率，有助于经济持续、快速地增长。

【社会经济地位对人口健康的影响——以生活方式为中介机制**】**

北京理工大学管理与经济学院黄洁萍等在《人口与经济》（北京）2013年第3期撰文，用结构方程模型和"中国健康与营养调查”（CHNS）数据考察了社会经济地位、吸烟、饮酒、体育锻炼与人口健康的关系。研究发现，社会经济地位不但直接影响健康，也通过生活方式间接影响健康；社会经济地位通过吸烟、饮酒和体育锻炼对自评健康的影响大于对健康体态的影响，教育与职业是影响生活方式和健康最重要的因素，家庭收入对两者的影响较小。

【**生育水平评估与生育政策调整**——基于中国大陆分省生育水平现状的分析】

浙江大学人口与发展研究所、浙江大学政策仿真实验室尹文耀等在《中国社会科学》（北京）2013 年第 6 期撰文，“十一五”期间我国大陆的总和生育率为 1.481，呈稳中有降态势，形成了“中、西部中度低水平，东部深度低水平，东北极度低水平”的空间格局。除少数极低生育率省区回升外，实际生育率及其与政策生育率的比值仍在下降。生育率下降的主要推动力是发展，突出表现为生育旺盛期育龄妇女比总人口和育龄妇女的城镇化、非农化水平高、人口外出流动比例大，以及城镇生产、生活方式和文化观念对农业人口的同化作用。发展促使生育率下降的趋势已不可逆转。现行生育政策难以使生育率稳定在合理的低水平。有可能引起政策性反弹的重点在计划生育基础较好的城镇和东部及东北地区；有可能引起非政策性反弹的势能已基本释放；中、西部农村年轻一代妇女多胎生育比例平均只有 4.12%。生育政策调整完善中的生育率反弹可通过渐进式策略实施有效调控，不会引起生育率大幅强烈反弹。我国生育政策全国统一调整时机已成熟。

【**提高劳动者的工资水平能否有效改善我国初次分配状况?**】

上海财经大学经济学院常进雄等在《数量经济技术经济研究》（北京）2013 年第 3 期撰文，从 CES 生产函数出发，推导提高劳动报酬占比的基本条件。采用何种途径提高劳动报酬占比取决于要素弹性的大小。实证分析发现，要素替代弹性的大小与当地的发展水平和禀赋条件有关，发展水平较高的地区可以通过提高劳动者的工资水平来改善初次分配，而发展水平较低的地区则可通过扩大就业的方式来改善初次分配。此外，在实证分析中我们还发现提高劳动报酬占比不会损害资本的合理利益。

【**外商直接投资、适度财政分权与农村剩余劳动力转移**——基于经济因素和体制变革的双重合力视角】

湖南大学经济与贸易学院赵德昭等在《金融研究》（北京）2013 年第 5 期撰文，利用 2003—2010 年中国 282 个地级城市的面板数据，实证检验了 FDI、财政分权对农村剩余劳动力转移的影响效应。研究结果发现，FDI 对农村剩余劳动力转移具有持续显著的正向影响，其在东部沿海地区的产业集聚导致农村剩余劳动力跨区域转移的“路径依赖”。财政收入和支出分权对农村剩余劳动力转移的影响效应均存在显著的倒 U 形曲线特征，财权和事权不匹配已成为制约地方政府公共服务供给能力提高的主要瓶颈。

【**外资进入是否提高了劳动者的讨价还价能力**】

南开大学国际经济研究所跨国公司研究中心盛丹等在《世界经济》（北京）2013 年第 10 期撰文，采用 2004—2007 年 3 万多家制造业企业的数据，运用基于倾向得分匹配的倍差法方法，考察了外资进入对劳动者讨价还价能力的影响。研究表明：外商企业进入对中国劳动者讨价还价能力产生了正向作用，而港澳台企业的进入则恶化了劳动者的讨价还价能力。进一步分析表明，外资所在行业竞争程度的增强以及企业对员工的教育培训能够提高劳动者的讨价还价能力；而外资企业出口倾向的增加显著降低了劳动者的讨价还价能力。因此，外资企业的加工贸易特征是导致劳动者讨价还价能力下降的重要原因。

【我国出生性别比变化新特点——基于“五普”和“六普”数据的比较**】**

华中科技大学社会学系石人炳在《人口研究》（北京）2013年第2期撰文，通过“五普”和“六普”数据对比分析发现，2010年和2000年相比，我国出生性别比的变化呈现“五升高”、“四缩小”和“一增多”的特点：全国出生性别比继续升高、一孩出生性别比升高、城市出生性别比升高、少数民族出生性别比升高、各类受教育程度女性生育孩子性别比全面升高；出生性别比的地区间差距缩小、城乡间差距缩小、汉族和少数民族之间差距缩小、孩次之间差距缩小；出生性别比严重偏高和极端严重偏高的省市区增多。上述特点表明，过去10年我国高出生性别比出现了四个方面的“扩散”迹象：从汉族向少数民族扩散、从乡村向城市扩散、从高孩次向低孩次扩散、从受教育程度低的妇女向受教育程度高的妇女扩散。因此，建议我国降低出生性别比的工作应该“控高”与“防扩”并重。

【我国人口因素对二氧化碳排放的影响——基于STIRPAT模型的分析**】**

新疆大学经济与管理学院马晓钰等在《人口与经济》（北京）2013年第1期撰文，首先估算了1999—2010年我国30个省区的CO_2排放量，同时通过静态与动态面板数据模型相结合，运用工具变量控制了这两种模型的内生性，全面客观地对我国各省区人口规模、年龄结构、家庭规模、城市化水平与CO_2排放量进行了检验。研究结果表明：人口规模、城市化水平和年龄结构是推动我国CO_2排放的主要人口因素，而大的家庭规模可以抑制我国的CO_2排放。此外，收入水平、能源消费结构、产业结构也是影响我国CO_2排放的其他重要因素，动态面板数据模型表明，上一期CO_2排放量对当期CO_2排放量存在明显的正向关系。

【新生代农民工“二元化”消费方式与身份认同研究——基于2010年上海市外来农民工的调查**】**

上海交通大学国际与公共事务学院纪江明、四川大学公共管理学院陈振营等在《人口与发展》（北京）2013年第2期撰文，利用“2010年上海市外来务工人员情况”问卷调查数据，建立多分类因变量Logistic模型，从消费社会学角度，对新生代农民工消费方式转型与身份认同困境进行了实证研究。研究表明，新生代农民工在消费行为和身份认同上具有自我的、个体化特征；他们试图讲上海话、和上海人交朋友、模仿上海市民的消费方式，不断加强和建构对自身“新上海人”身份的认同。由于受到经济、社会因素的影响，他们的消费方式呈现农村与城市特征并存的“二元化”状态，这种情况抑制了他们对自身的新市民身份认同。

【养老金“双轨制”对城镇居民生命周期消费差距的影响】

西南财经大学经济学院徐舒、四川大学经济学院赵邵阳在《经济研究》（北京）2013年第1期撰文，通过建立了一个异质性经济人的生命周期模型以刻画经济个体的动态消费决策，进而采用似然矩方法（Method of Simulated Moment）估计出模型的结构参数。在此基础上，通过反事实模拟考察当前养老金“双轨制”对公务员和城镇企业职工生命周期消费差距的影响。研究结果表明，在考虑了公务员与企业职工不同的收入增速、收入风险以及异质性偏好后，养老金“双轨制”引起的替代率差异能解释公务员与企业职工生命周期中24.3%的消费差距。享有与公务员相同的养老金替代率水平将促使企业职工生命周期的平均消费增加4.84%，并且对于财富水平越低的企业职工，该促进效应越明显。

【预期城乡收入差距及其对我国农村劳动力转移的影响】

东北财经大学数学与数量经济学院范晓非等在《数量经济技术经济研究》（北京）2013年第7期撰文，在当前“用工荒”的社会背景下，利用托达罗模型，在比较优势的框架下，采用 CHNS（中国健康营养调查）的微观数据，分析了我国农村劳动力转移的影响因素。具有内生选择的转换模型表明：预期城乡收入差距是影响我国劳动力转移的最重要的因素；劳动力转移增加了农村劳动力的预期收入，从而在一定程度上缓解了城乡收入差距；调查的我国农村劳动力数据存在自选择问题，因此在分析转移劳动力收入时应该考虑自选择的影响；教育是影响我国农村劳动力收入的重要因素。

【暂时性贫困与慢性贫困的度量、分解和决定因素分析】

复旦大学中国社会主义市场经济研究中心章元等在《经济研究》（北京）2013 年第 4 期撰文，基于 Rodgers & Rodgers（1993）的研究构建了一个新方法，可以加总家庭在一定时间段内的总贫困，并将其分解为暂时性贫困和慢性贫困成分。将该方法运用于中国 5 个省份 1995—2005 年的农户面板数据后发现：农户的总贫困的下降主要来自于暂时性贫困成分而非慢性贫困成分的下降；慢性贫困成分在总贫困中的比重远远高于暂时性贫困成分的比重；家庭成员数量会显著增加总贫困、暂时性贫困成分和慢性贫困成分；人力资本、政治资本和金融资本都能显著降低总贫困和慢性贫困成分，但低水平的人力资本（拥有初中教育水平的劳动力数量）和金融资本并不能降低暂时性贫困成分；特别是更多的经营耕地会显著增加暂时性贫困成分。

【制造业企业对劳动力市场变化的反应：基于微观数据的观察**】**

中国社会科学院人口与劳动经济研究所都阳等在《经济研究》（北京）2013 年第 1 期撰文，利用金融危机前后中国制造业企业调查数据，考察了企业对劳动力成本冲击和金融危机造成的需求冲击的反应。根据劳动力需求函数，估计结果表明，制造业企业的劳动力需求产出弹性值较高，达到 0.75—0.78。对低技能工人的需求工资弹性为 -0.40，对高技能工人的需求工资弹性为 -0.53。而且，不同类型工人之间的替代弹性为 0.26。经验分析表明，企业已经对要素价格信号的变化产生反应。在未来，如果能够保持劳动力市场灵活性，确保不同类型的企业有公平的竞争环境，要素市场的变化就有可能推动中国经济实现转型和升级。

【中国城乡户籍一元化改革与劳动力职业分布】

中国社会科学院宋锦等在《世界经济》（北京）2013 年第 7 期撰文，根据全国第五次人口普查和 2005 年人口抽样调查数据，采用线性概率模型、Oaxaca/Blinder 分解和双差分评估方法考察了户籍对职业机会的影响规模和构成，估计了城乡户籍一元化改革对不同户籍劳动力职业分布的作用。研究结果显示：户籍一元化改革改善了本地农村劳动力的职业机会，但在一定程度上挤出了外地劳动力。这使得改革地区内部的农业和非农业户口之间的就业壁垒有所减弱，而本地与外地户口之间的壁垒有所加强，可能会影响改革地区未来的劳动力供给来源和规模。

【中国城乡家庭结构变动分析——基于 2010 年人口普查数据**】**

中国社会科学院人口与劳动经济研究所王跃生在《中国社会科学》（北京）2013 年第 12 期撰文，利用第六次人口普查数据对中国家庭结构变动情况进行了分析。研究发现，2000 年以来中国家庭结构变动主要表现为：核心家庭比例明显下降，单人户显著上升，直系家庭没有降低反而略有增加。城乡家庭结构变动有别：城市核心家庭构成缩小，单人户明显增加，直系家庭稍有降低；农村核心家庭构成降幅较大，单人户提高，直系家庭上升。城乡二级家庭结构变动也不尽相同。数据显示，人口流动、子女数量、人口老龄化、婚姻和住房情况对家庭结构及其变动有显著影响。在家庭结构小型化为主导的时代，政府及社会组织应加强以家庭为目标的公共服务建设；改进户籍制度，减少劳动者与其家庭成员的地域分割；为增进和改善家庭代际关系创造条件。

【中国城乡居民的教育机会不平等及其演变(1978—2008)】

山东大学哲学与社会发展学院吴愈晓在《中国社会科学》（北京）2013 年第 3 期撰文，使用 CGSS2008 数据，检验户籍、家庭社会经济地位、父母受教育年限以及兄弟姐妹数量等因素对初中、高中和大学三个教育阶段升学机会的影响及其作用在 1978—2008 年间的变化趋势。研究发现，初中升学机会的城乡差异没有变化，高中和大学升学机会的城乡不平等有扩大趋势；父亲职业地位对子女升学机会的影响保持不变，表明教育获得的阶层差异 1978 年以来没有发生明显变化；父母受教育年限对子女教育获得的作用显著，而且其作用持续上升；因兄弟姐妹数量差异导致的教育不平等也有上升趋势。要理解改革后中国教育不平等的结构及其演变，除讨论阶层不平等外，尚需关注影响居民教育决策的微观机制。

【中国城镇化质量研究】

浙江工商大学统计与数学学院何平等在《统计研究》2013 年第 6 期撰文，基于理论基础建立了中国城镇化质量评价指标体系，并对全国及 31 个省市的城镇化质量进行了评价分析。结果发现，全国城镇化质量(49.23%）低于城镇化率（50.27%），城镇化质量的评价结果较为符合我国现实的城镇化进程的实际；城镇化率较高的地区，其城镇化质量水平也相对较高；7 个一级指标可分为两类，即城镇化率较高的地区其人口就业、经济发展、社会发展和居民生活指标水平相对较高，公共安全、资源环境和城乡一体化指标水平相对较低，而城镇化率较低地区则相反。

【中国初婚模式变迁——基于婚姻表的分析**】**

西安财经学院人口与发展研究所韦艳、西安财经学院董硕、西安交通大学人口与发展研究所姜全保在《人口与经济》（北京）2013 年第 2 期撰文，利用最近四次人口普查数据资料，采用净婚姻表的分析方法构建了 1981—2000 年男性和女性初婚表，通过初婚概率、未婚人口比例、终身结婚期待率和预期未婚寿命等关键指标来系统地分析和探讨近 30 年来中国初婚模式的变动及性别差异。研究结果表明，虽然初婚概率下降和峰值年龄有所推迟，男女未婚比例均保持较低水平，中国仍然属于普婚型社会；中国初婚模式的变动存在显著的性别差异，男性未婚水平较高的情况一直存在，而女性近年来初婚水平下降非常明显，初婚模式的性别差异正在逐渐缩小。中国初婚模式正处在转型中，其变迁与西方模式和亚洲模式既有相同之处也存在差异。

【中国的劳动份额是否真的很低：基于制造业的国际比较研究**】**

对外经济贸易大学金融学院钱震杰等在《世界经济》（北京）2013 年第 10 期撰文，利用工业统计数据库（INDSTAT）和中国工业企业年度调查（CASI）数据库，在 4 位数制造业层面比较了中国和 79 个经济体的劳动收入份额。通过对中外劳动份额的直接比较发现，用 CASI 生产法增加值计算的中国劳动份额远高于 INDSTAT 的世界平均水平，用 CASI 收入法增加值计算的中国劳动份额在 1998 年高于世界平均水平，但 2007 年降至世界平均水平之下。此外，在跨国劳动收入份额的回归分析中，控制了不同经济间的收入水平差距、4 位数行业差别及其他随时间变化的共同因素，发现中国劳动收入份额并不低于世界平均水平。

【中国经济增长的就业弹性】

暨南大学李文星在《统计研究》（北京）2013 年第 1 期撰文，利用 2001—2008 年中国深沪两市 508 家制造业上市公司的微观就业数据和企业动态劳动需求方程重新估计了中国经济增长的就业弹性。实证结果表明，中国制造业上市公司的总资产规模扩张（即企业投资）具有显著的就业效应。因此，企业微观数据并不支持中国经济增长的就业弹性下降或偏低的观点。

【中国经济增长如何转向全要素生产率驱动型】

中国社会科学院人口与劳动经济研究所蔡昉在《中国社会科学》（北京）2013 年第 1 期撰文，认为随着以劳动力短缺和工资持续提高为特征的“刘易斯转折点”的到来，以及以人口抚养比不再降低为表现的“人口红利”的消失，中国经济逐步进入从二元经济发展阶段向新古典增长阶段的转变时期。在这个转变过程中，资本报酬递减现象开始出现，靠大规模的政府主导型投资以保持经济增长速度的方式，不再具有可持续性。从经济增长理论、国际经验和中国现实等角度进行的研究发现，中国亟须通过政策调整，形成国内版的“雁阵”模型和“创造性毁灭”的政策环境，获得资源重新配置效率，并且从技术进步和体制改善中获得更高效率，以实现中国经济增长向全要素生产率支撑型模式的转变。

【中国居民消费的碳排放趋势及其影响因素的经验分析】

厦门大学经济学院国际经济与贸易系彭水军等在《世界经济》2013 年第 3 期撰文，基于（进口）非竞争型投入产出模型估算了 1992—2007 年中国居民消费引致的碳排放量及其部门分布，并采用结构分解法分析了包括居民部门行为因素和生产部门行为因素在内的七大因素对消费碳排放变化的影响。结果发现：1992—2007 年中国居民消费碳排放量呈较快增长趋势，是中国碳排放总量的重要组成部分；而居民消费碳排放主要来源于非化石能源产品与服务的消费所造成的间接排放，其中绝大部分又来自城镇居民的消费活动。结构分解分析显示：样本期内，中国居民消费碳排放量的迅速增加主要由能源产品及非能源产品与服务消费规模的增长造成，能源强度降低和能源消费结构变化是有效抑制其增加的主要因素，而生产部门能源使用结构的变化对其影响较小。另外，中间投入结构和产品消费结构有“高碳化”的趋势，已成为影响居民消费碳排放不可忽视的因素。

【中国劳动力市场发展对劳动力成本的影响】

香港金融管理局研究部张文朗等在《金融研究》（北京）2013 年第 7 期撰文，在过去的十年中，中国劳动力市场发生了巨大的变化。本文选取 2001—2008 年规模以上工业部门中企业层面的数据来研究劳动力市场发展对不同区域、不同技术水平及不同所有制企业的劳动力成本的影响。研究结果表明，劳动力市场供应紧张程度和劳动力迁移对大陆及港澳台企业及民营企业的劳动力成本有一定的影响，在沿海地区这种影响尤为显著，但总体而言这些影响并不显著。此外，本文还指出，中国的劳动力虽未出现绝对短缺现象，却存在着众多亟待解决的结构性问题。

【中国劳动收入份额的变化趋势及其驱动机制新解——基于国际贸易和最低工资的视角】

华南师范大学经济与管理学院赵秋运等在《金融研究》（北京）2013 年第 12 期撰文，使用 1997—2007 年间中国省际面板数据，分析了国际贸易、最低工资和劳动收入份额之间的关系，旨在解释 20 世纪 90 年代中期以来伴随着劳动收入份额的持续下降，中国所出现的一系列看似不相关且互相矛盾同时在时间上又耦合的现象。研究发现国际贸易背景下最低工资的扭曲使得资本和劳动要素在部门间再分配，导致我国资本密集型部门不断深化以及劳动密集型部门渐趋萎缩，最终使得我国总体劳动收入份额的持续下降。即便在控制其他各种影响劳动收入份额的潜在因素，其结论也具有稳健性。

【中国老年人的居住方式现状与变动特点——基于“六普”和“五普”数据的分析】

中国人民大学人口与发展研究中心、老年学研究所孙鹃娟在《人口研究》（北京）

2013年第6期撰文，利用“六普”数据，详细分析了我国老年人的居住方式现状和特点，结合“五普”数据对其变动情况进行比较，并分析同一队列老年人居住方式的纵向变化。结果显示，我国老年人家庭的空巢化趋势明显，但空巢家庭中的独居户和夫妻户老人呈现两极化倾向；受老年人口生育水平等因素的影响，三代同堂的扩展家庭依然是老年人的主要居住方式，但地区差异很大；随着“50后”、“60后”出生队列进入老年期，会率先使得以核心家庭为主的二代户比例降低，空巢化和独居化趋势将更加显著。尽快发展社会化养老机构、完善老年照料服务已成为老年人居住方式变化提出的迫切要求。

【中国离退休人员收入分配中的横向与纵向失衡分析】

北京师范大学经济管理学院李实等在《金融研究》（北京）2013年第2期撰文，利用中国收入分配课题组1988年、1995年、2002年和2007年的城镇住户调查数据分析离退休人员的养老金收入分配中的纵向失衡和横向失衡问题。研究发现，在纵向分配方面，我国离退休人员之间的养老金收入差距不断扩大，它成为城镇内部收入差距扩大的一个推动因素。从横向分配来看，不同特征的离退休人员之间的养老金差距也不可忽视，其中两种值得关注的显著失衡是离休与退休人员之间养老金的差异，以及公务员与企业退休人员之间的养老金差距。在控制各种影响因素变量后，离休人员比退休人员的养老金、退休公务员比企业退休人员的养老金都高出很多。

【中国人口变动对经济增长影响的量化研究】

首都经济贸易大学人口经济研究所齐明珠在《人口与经济》（北京）2013年第6期撰文，采用历史增长核算法，将经济增长分解为三个贡献要素，即劳动年龄人口规模的增长、劳动生产率的增长及劳动力利用效率的增长。在此基础上考察1991—2011年中国实际GDP增长和各贡献要素的变化特征和趋势。结果表明，劳动生产率的提升是中国过去20年经济增长的最主要动力，其次为劳动年龄人口的增长，而劳动力利用效率的影响为负。从未来趋势上看，我国人口年龄结构和总量变化都将对经济发展带来负面影响，短期看人口年龄结构的影响更大，中长期则人口总量的影响更大；劳动参与率的下降和工作时间的减少将使劳动力利用效率进一步下降；而近年来中国劳动生产率的增长速度放缓，这些因素预示着中国未来经济发展速度必然放缓。最后，文章提出促进农村劳动力向非农产业转移以提升总体劳动生产率，降低非充分就业率提升实际劳动力利用效率等政策建议。

【中国人口分布与经济发展空间一致性研究】

中国科学院地理科学与资源研究所封志明、中国科学院大学刘晓娜在《人口与经济》（北京）2013年第2期撰文，采用定性与定量分析相结合的方法，通过构建人口经济一致性系数和人口经济偏离度指数等指标，定量分析与评价了改革开放以来中国分县、分省、四大地区及全国，不同时空尺度的人口分布与经济发展的空间一致性。研究表明：2000—2010年，中国分县人口集聚程度高于经济集聚水平，人口集聚呈现出显著的经济导向性，人口集聚与经济集聚表现出向好趋势；2000—2010年，中国分省人口经济一致性程度呈增强趋势，受经济差距缩小影响，省际一致性差距在缩小；1978—2010年，东部地区人口经济一致性程度基本稳定，中部保持最优，西部呈减弱态势，东北呈增强特征，全国人口经济空间一致性程度总体呈减弱趋势。

【中国人口年龄结构与居民医疗保健消费】

西南财经大学中国西部经济研究中心王学义等在《统计研究》（北京）2013年第3期撰文，借助中国2001—2010年的省级面板数据，运用动态面板GMM估计方法，考察了中国人口年龄结构（少儿和老年抚养系数）变化对居民医疗保健消费支出的影响。结果发现，中国少儿抚养系数对居民医疗保健消费支出的影响不显著；老年抚养系数对居民医疗保健消费支出有正影响，即老年抚养系数的上升会带动居民人均医疗保健消费支出的增加。同时，医疗保健消费支出的滞后一期系数都为正，系统 GMM 两步估计系数为 0.51，表明居民医疗保健消费支出存在较强的惯性；人均收入增长对居民医疗保健消费支出有正向的显著影响。

【中国人口生育水平低在何处——基于“六普”数据的分析】

北京大学中国社会发展研究中心、社会学系郭志刚在《中国人口科学》（北京）2013 年第 2 期撰文，通过对中国第六次人口普查生育数据的分析，发现近年来二孩和多孩的总和生育率比过去略有提高，而“六普”数据显示的极低生育水平的主要原因在于一孩总和生育率显著下降，其中居住于农村的育龄妇女的一孩生育率下降明显，其原因是近年来农村婚育年龄推迟，导致农村育龄妇女的未婚比例显著提高。在排除了“六普”育龄妇女孩次结构的影响后，“六普”的递进生育率水平实际上与 2005 年的水平相当。所以，从总和生育率降低的孩次特征及其影响因素来看，“六普”数据显示的低生育水平并不能简单归结为生育漏报。另外，“六普”数据反映出中国妇女终身生育水平已接近 1.5，基本达到了现行生育政策的要求。

【中国人力资本的区域分布及发展动态】

美国佐治亚理工大学经济学院、中央财经大学、湖南大学李海峥等在《经济研究》（北京）2013 年第 7 期撰文，通过改进国际上广泛使用的人力资本综合度量方法——Jorgenson. Fraumeni 收入法，结合扩展的人力资本 Mincer 模型，构建了适合中国数据的省级人力资本估算方法。同时，通过建立省际生活成本平减指数解决了人力资本的横向比较问题，使计算结果能够更真实地反映中国人力资本的地区差异。本文运用该方法估算了代表不同发展水平的六个省（市）：上海、广东、河南、湖北、贵州和甘肃的人力资本水平，建立了跨省跨时间可比的分城乡 1985—2009 年省级年度人力资本综合度量指标及相应人力资本指数。结果显示，总人力资本广东最高，人均人力资本上海遥遥领先，而贵州和甘肃均排在最后。计算结果定量描述了省级人力资本的分布及发展动态，并初步形成中国省级人力资本面板数据。

【中国社会的代际收入流动性趋势：2000—2009】

北京大学经济学院何石军等在《金融研究》（北京）2013 年第 2 期撰文，使用 CHNS 的 1989—2009 年数据，估计了中国 2000 年、2004 年、2006 年和 2009 年的代际收入弹性。通过优化估计方法和细致的数据处理，努力剔除偏差因素使各年的估计具有可比性，我们得到了上述各年的代际收入弹性分别为 0.66、0.49、0.35、0.46。该结果反映出中国的代际收入弹性大体上是呈下降趋势的。但与已有国家的相关研究结果相比，中国的代际收入弹性仍然偏高，中国的家庭因素对子辈收入的影响仍然很大。改变这种状况需进一步深化相关改革，推进机会均等机制的形成。

【中国生育率转变中的数量和进度效应】

中国人民大学人口与发展研究中心陈卫等在《人口研究》（北京）2013 年第 3 期撰文，通过对总和生育率、去进度效应总和生育率及内在总和生育率的对比分析，对中国生育率转变过程中生育行为的结构进行剖析，对生育的数量效应、进度效应在生育率变动中的各自的作用进行定量分解。内在总和生育率在估计时期生育水平上，是比总和生育率和去进度效应总和生育率更好的指标，能够更准确测量生育的进度效应。结果表明 1970 年代我国生育率下降中的数量效应占比远超进度效应，达到 3/4；1980 年代数量效应的比例也达到 2/3；1990 年代，数量效应作用比例为略高于 50%；而 2000 年以来数量效应和进度效应的作用此消彼长，总体而言，数量效应不足50%。1970年代，进度效应使总和生育率下降0.2—0.4；1980年代，进度效应很小；而1990年代以来，进度效应使总和生育率下降0.1—0.2。

【中国通货膨胀对财产不平等的影响】

中国人民大学经济学院陈彦斌等在《经济研究》（北京）2013年第8期撰文，基于居民资产与消费结构差异等特征，通过构建一个两部门两产品的Bewley模型来研究中国通货膨胀对财产不平等的影响，而已有文献基本上只从居民资产结构差异的角度进行分析。研究结果表明：如果通货膨胀率从0上升到5%，那么总体财产不平等程度将会被加剧，城镇穷人家庭的净财产减持比例将达到富人家庭的30倍以上，农村家庭将遭受到较城镇家庭更高的福利损失。究其原因，除了穷人家庭因为在资产结构中持有更高比例的货币资产，所以在通胀过程中遭受到财产减持与福利损失之外，更重要的是，带有结构性特征的中国通货膨胀会进一步恶化以穷人（尤其是农村的穷人）为代表的高恩格尔系数居民的消费结构，从而导致财产减持与更高的福利损失。

【中国制造业的就业创造与就业消失】

清华大学经济管理学院马弘等在《经济研究》（北京）2013年第12期撰文，过去30年间，伴随着中国经济的总量增长，经济结构特别是就业的结构也在发生巨大的变化和转型。该文运用1998—2007年工业企业的微观就业数据，对中国制造业企业的就业创造与就业消失的规模、特征和趋势进行了详细分析。研究发现：（1）1998—2007年间，中国的制造业同时经历了大规模的就业创造与就业消失，平均就业净增长为正，且在2002年以后达到3%—7%的净增长。（2）就业创造和消失在不同行业之间具有显著的差异：消费品行业是创造就业最多的行业，而传统制造业的就业消失最多。（3）私营企业就业创造率高于外资企业和国有企业，国有企业的就业消失率最高；企业越年轻，其就业创造率（消失率）就越高（低），因此对应的就业净增长率也就越高；南部沿海地区有着最高的就业创造率，和东部沿海、北部沿海地区一起经历了就业净增长，而内陆地区则经历了就业的负增长，其中以西北和东北这些传统经济的工业生产基地最为严重。（4）就业再分配中，组内的就业流动占据主导地位；除此之外，不同年限企业之间和不同所有制企业之间的就业流动贡献较大。

【中小城市规模分布如何影响劳动者工资收入?】

中南财经政法大学财税学院赵颖等在《数量经济技术经济研究》（北京）2013年第11期撰文，构建了2004—2011年面板数据，通过使用齐普夫法则测度了我国中小城市规模分布的特征，并在此基础上研究了该规模分布差异对劳动者工资收入的影响。分析结果显示：中小城市规模的倾斜式发展有助于劳动者工资的绝对收入，这种直接影响约为0.8%—1.1%。同时能够优化工资分配格局，直接改善程度为4.99%—5.29%。这种倾斜式发展战略，虽然会在一定程度上缩小工资增长率与劳动生产率增长率之间的差异，但是也会在一定程度上扩大产业生产率与劳动者工资收入的缺口，约为1%。非国有经济发展能够提高收入但是会引致分配格局的恶化，要素市场的发展能够兼顾收入的提升和分配格局的改善。制定合理的政策组合，是我国在推进城镇化过程中跨越“中等收入陷阱”的努力方向。

【最低工资标准与中国企业的出口行为】

上海对外贸易学院国际经贸研究所、上海财经大学经济学院、上海对外贸易学院国际经贸学院孙楚仁等在《经济研究》（北京）2013年第2期撰文，通过构建了一个包含企业异质性和最低工资在内的两国、两要素贸易模型，从理论及实证上考察了最低工资和企业生产率对企业出口行为的影响。理论分析表明，最低工资的提高将通过选择效应（即迫使低效率企业退出出口市场）降低企业的出口概率，劳动力成本上升所导致的价格效应将降低企业的出口额，而企业出口概率和出口额都随着其生产率增加而增加。该文也进行了实证分析，利用中国制造业工业企业1998—2007年相关数据及所搜集的我国相关城市最低工资相关数据，对最低工资和企业生产率对中国企业出口行为的实际影响进行了估计。

第四篇

大　事　记

● 2013 年中国人口活动大事记

1 月

1 日

● 国务院转发了国家发改委、住房和城乡建设部的《绿色建筑行动方案》，提出了我国绿色建筑行动的主要目标：对新建建筑，“十二五”期间新建绿色建筑 10 亿平方米，2015 年城镇新建建筑中绿色建筑的比例达到 20%；对既有建筑节能改造，“十二五”期间要完成北方采暖地区既有居住建筑供热计量和节能改造 4 亿平方米以上，夏热冬冷地区既有居住建筑节能改造 5 000 万平方米以上，公共建筑和公共机构办公建筑节能改造 1.2 亿平方米，结合农村危房改造实施节能示范 40 万套，到 2020 年，基本完成北方采暖地区有改造价值的城镇居住建筑节能改造。

5 日

● 国务院办公厅转发了《“十二五”主要污染物总量减排考核办法》，环境保护部、国家统计局、国家发展和改革委员会、监察部联合印发了《“十二五”主要污染物总量减排统计办法》、《“十二五”主要污染物总量减排监测办法》。《统计办法》规定，主要污染物排放量统计执行环境统计制度，分为年报和季报。《监测办法》规定，纳入国家重点监控企业名单的排污单位，应当安装完善主要污染物自动监控设备，在 2013 年底前完成氨氮和氮氧化物自动监测设备的安装和验收。机动车环保检验机构应按要求开展机动车环保检测业务；纳入各地年度减排计划且向水体直接排放污水的规模化畜禽养殖场（小区）要开展自行监测和监督性监测。

6 日

● 据教育部官网报道，教育部办公厅下发了关于开展 0—3 岁婴幼儿早期教育试点的通知，决定在上海市、北京市海淀区等 14 个地区开展 0—3 岁婴幼儿早期教育试点，并对试点任务、内容和有关工作提出了明确要求。

7 日

● 全国政法工作电视电话会议提出，按照党的十八大关于加快户籍制度改革的部署要求，统筹考虑各地经济社会发展水平和城市综合承载能力，区别情况、积极作为，稳妥有序推进户籍制度改革，逐步让大多数流动人口在城镇和农村安居乐业、各得其所。将推进户籍制度改革作为 2013 年全国政法工作总体思路中的四项重点改革之一。

9 日

● 全国肿瘤登记中心、卫生部疾病预防控制司发布的《2012 中国肿瘤登记年报》表明，我国近 20 年来癌症呈现年轻化、发病率和死亡率走高的趋势，每年新发肿瘤病例约 312 万例，每分钟就有 6 人被确诊为癌症。乳腺癌、肺癌、结肠癌、甲状腺癌等癌症发病年龄均出现提前。

10 日

• 中国人口文化促进会四届二次常务理事会在京召开，中国人口文化促进会会长李金华、中宣部副部长申维辰、文化部副部长杨志今出席了会议，国家人口计生委副主任崔丽主持会议。会议提出，2013 年，中国人口文化促进会的总体思路是，把认真学习宣传和全面贯彻党的十八大精神作为首要政治任务，紧紧抓住当前机遇，进一步落实《国家人口计生委关于加强人口文化建设的意见》，积极推动人口文化事业的发展。

• 教育部、全国妇联、中央综治办、共青团中央和中国关工委联合下发《关于加强义务教育阶段农村留守儿童关爱和教育工作的意见》，意见指出，中国将全面建立留守儿童档案，并使得留守儿童在基础设施、营养改善和交通需求方面享受“三个优先”待遇。

14 日

• 全国人口和计划生育工作会议在北京召开。会议的主要任务是，深入学习贯彻党的十八大精神，总结 2012 年工作，分析面临形势，明确 2013 年目标任务，进一步解放思想、转变观念、真抓实干，加快推进人口计生事业的改革发展，不断开创人口计生工作的新局面。国家人口计生委主任王侠出席会议并讲话。国家人口计生委党组成员勾清明，国家人口计生委副主任王培安、崔丽、陈立，中央纪委驻国家人口计生委纪检组组长李五四，中国计生协常务副会长杨玉学出席会议。

18 日

• 国家统计局首次公布 2003 至 2012 年基尼系数，分别为：2003 年 0.479，2004 年 0.473，2005 年 0.485，2006 年 0.487，2007 年 0.484，2008 年 0.491。然后逐步回落，2009 年 0.490，2010 年 0.481，2011 年 0.477，2012 年 0.474。国家统计局局长马建堂指出，这些数据说明了我们国家加快收入分配改革、缩小收入差距的紧迫性。

22 日

• 据中国网报道，2012 年，国家人口计生委药具管理中心、广州广橡企业集团有限公司、上海达华药业有限公司、北京紫竹药业有限公司、浙江乾天乳胶科技有限公司等 5 家企事业单位加入国际生殖健康产品供应联盟（Reproductive Health Supplies Coalition），成为该联盟目前首批中国成员单位。

23 日

• 中国社会工作协会婚介行业委员会与百合网联合发布《2012 中国人婚恋状况调查报告》，旨在揭示在多元文化交汇下当代人的婚恋观，聚焦婚恋现象的深层原因，以期更好地为单身男女解决婚恋困惑。

24 日

• 据人力资源和社会保障部消息，中国人力资源市场信息监测中心发布 2012 年第四季度全国 103 个城市公共就业服务机构市场供求状况分析。市场中劳动力供求总体平衡；市场供求人数与去年同期相比有所增长，比上季度有所减少。

• 在全国环保工作会议上，环保部部长周生贤表示，今年，中国将把 PM2.5 的监测、信息发布和污染防治作为环保工作的重点，将在 113 个城市开展包括 PM2.5 在内的 6 项指标的监测，并在 12 月底前对外发布监测数据。

25 日

• 根据卫生部公布的 2013 年卫生工作要点，我国将继续完善新型农村合作医疗制度，提高新型农村合作医疗财政补助标准，儿童白血病等 20 种重大疾病医疗保障试点工作将以省为单位全面推开，并将儿童苯丙酮尿症、尿道下裂等病种纳入试点范围。

31 日

• 据中国网报道，由上海达华药业有限公司生产的长效皮下避孕埋植剂左炔诺孕酮硅胶棒（II）［Sino-implant（II）］成功通过世界卫生组织药品资格预审，成为中国首个通过该组织预审的成品避孕药具。

• 新华社全文发表了中共中央、国务院《关于加快发展现代农业　进一步增强农村发展活力的若干意见》，这是中央连续发布的第十个指导“三农”工作的“一号文件”。文件明确提出大力发展农村社会事业，搞好农村人口和计划生育工作。我们要深刻认识中央关于农村改革发展的新论断，科学判断和清醒认识人口发展的新形势，切实把握农村改革发展的战略部署，将统筹解决人口问题融入城乡经济社会发展一体化新格局。

• 全国卫生系统食品安全与卫生监督工作会议发布，2012 年，我国新公布实施 117 项食品安全国家标准。全国共设置食品安全风险监测点 1 400 多个，覆盖全部省份、90% 的地市和 47% 的县区，监测食品样品 15 万余份，获得监测数据 97 万余个，食源性疾病监测哨点医院达到 570 家，初步建立食源性疾病主动监测系统。

2 月

1 日

• 中德新生代流动人口社会融合圆桌会议在北京召开。会议由中国国家人口和计划生育委员会、德国联邦经济合作与发展部主办，德国国际合作机构协办。来自中国商务部、德国驻华大使馆、德国国际合作机构的代表和中德专家共约 40 人参加了会议。此次会议的召开，标志着中德新生代流动人口社会融合合作项目正式启动。

• 在新春佳节即将到来之际，中国计生协常务副会长杨玉学带队前往山东省看望协会老同志，5 日走访慰问北京等地的特殊困难计生家庭，给他们送去新春的祝福。

4 日

• 住房和城乡建设部发出《关于做好 2013 年全国村庄规划试点工作的通知》，通知强调，充分尊重村民在生产、土地使用和农房建设上的主体地位，农民的关切要体现在规划中，建设项目要与农民利益相结合。

6 日

• 国家环境咨询委员会暨环境保护部科学技术委员会第七次全体委员会议在北京召开，环保部副部长吴晓青透露，2012 年起全国 74 个城市（京津冀、长三角、珠三角地区的城市，省会城市和计划单列市）按照新的《环境空气质量标准》监测和评价空气质量；环保部将在第二个月上旬公布上月污染最重的 10 个城市与污染较轻的 10 个城市名单。

15 日

• 据新华网报道，截至目前，我国实有个体工商户约 4 060 万户，从业人数约 8 000 万，资金总额约 2 万亿元。分行业看，全国个体工商户 90% 集中在第三产业，8% 在第二产业，2% 在第一产业。分地区看，50% 的个体工商户在东部地区，30% 在中部地区，20% 在西部地区。

• 据新华网报道，5 年来，农村危房改造工作逐步由试点转为全面推进，2012 年实现了全国农村地区全覆盖，累计支持 1 033.4 万贫困户实施危房改造。今年三部门将按照党中央、国务院的要求，继续加大农村危房改造力度，完善政策措施，加强指导与监督管理，加快改善广大农村困难群众住房条件，今年我国要完成农村危房改造任务 300 万户左右。

17 日

• 农业部召开了全国春季田管暨春耕备耕工作视频会议，提出力争春播粮食作物面积稳定在 9.2 亿亩以上，全年粮食面积稳定在 16.69 亿亩以上；切实抓好“四补贴”、农业防灾减灾稳产增产关键技术补助等政策的落实；大力开展春耕科技服务，启动实施粮食增产模式攻关，进一步挖掘增产潜力，全力夺取夏粮丰收。

19 日

• 2013 年“全国工会就业援助月”在贵阳启动。本次活动突出以“家乡就近就业、服务园区建设”为主题，搭建优质便捷的服务平台，帮助广大求职者尽快找到合适的工作岗位，促进农村劳动力、困难职工家庭高校毕业生和下岗失业人员就业。

• 人力资源和社会保障部、卫生部就《劳动能力鉴定管理办法（征求意见稿）》向社会公开征求意见。根据征求意见稿，职工工伤后，申请劳动能力鉴定的时限自作出工伤认定结论之日起最长不超过 2 年。若申请人提供的材料完整，劳动能力鉴定委员会应在 60 日内作出鉴定结论。

• 环境保护部常务会议决定在重点控制区实施大气污染物特别排放限值。会议确定，这次纳入特别排放限值的重点控制区，共涉及 19 个省（区、市）、47 个地级及以上城市的火电、钢铁、石化、水泥、有色、化工等六大重污染行业，以及燃煤工业锅炉的新建项目，火电、钢铁、石化工业和燃煤工业锅炉的现有项目。会议认为，必须采取严格的大气环境管理措施，在重点控制区实施大气污染物特别排放限值，严格控制大气污染物新增量，倒逼产业结构的升级和企业的技术进步，从而推动大气环境质量不断改善。

21 日

• 农业部正式启动“美丽乡村”创建活动，以促进农业生产发展、人居环境改善、生态文化传承、文明新风培育为目标，2013—2015 年，在全国不同类型地区试点建设 1 000 个天蓝、地绿、水净，安居、乐业、增收的“美丽乡村”。

22 日

• 国家统计局发布《中华人民共和国2012年国民经济和社会发展统计公报》。公报显示，2012年末全国大陆总人口为135 404万人，比上年末增加669万人。公报显示，2012年末全国城镇人口为71 182万人，占总人口比重为52.6%，比上年末提高1.3个百分点。全年出生人口1 635万人，出生率为12.10‰；死亡人口966万人，死亡率为7.15‰；自然增长率为4.95‰。0—14岁（含不满15周岁）人口22 287万人，占总人口的16.5%，比上年末提高0.01个百分点；15—59岁（含不满60周岁）劳动年龄人口93 727万人，比上年末减少345万人，占总人口的69.2%，比上年末下降0.60个百分点；60周岁及以上人口19 390万人，占总人口的14.3%，比上年末提高0.59个百分点。全国人户分离的人口为2.79亿人，其中流动人口为2.36亿人。

• 国家人口计生委发出《关于进一步做好诚信计生工作的通知》，要求各地总结推广诚信计生工作成功经验，创新服务管理机制，进一步转变工作思路和方法，推动人口计生工作科学发展。同时要求各地要在2013年底之前完成县级基本实现诚信计生的评估验收工作，国家人口计生委将结合“十二五”规划中期评估工作，组织开展对各地诚信计生工作的抽查评估。

25 日

• 历时3年的第一次全国水利普查顺利完成，水利普查国家级成果通过国务院第一次全国水利普查领导小组审查。此次普查对象是我国境内的流域面积大于50平方公里的江河和面积大于1平方公里的湖泊、所有的水利工程、水利机构以及重点经济社会用水户。

26 日

• 据人民网报道，我国扶贫开发取得显著成效，按照农民年人均纯收入2 300元（2010年不变价）这一新的国家扶贫标准，2012年农村扶贫对象减少了2 339万人，总规模下降到9 899万人，占农村户籍人口的比例下降到10.2%。

27 日

• 全国老龄工作委员会办公室在北京召开《中国老龄事业发展报告（2013）》新闻发布会，这是我国第一部老龄事业发展状况蓝皮书。全国老龄办副主任、中国老龄科学研究中心主任吴玉韶，中国老龄科学研究中心副主任党俊武出席了发布会。发布会由全国老龄办宣传部主任刁海峰主持。蓝皮书审视了2012—2013年中国人口老龄化发展态势，从老龄政策、养老与医疗保障事业、老龄事业法制化进程、老龄服务、老年宜居环境、老龄文化、老年群体社会管理、老龄科学研究等方面进行了深入研究和探讨，分析了2012年中国老龄事业发展成就，指出目前老龄事业发展存在的问题，并对2013年中国老龄事业发展趋势进行了展望。

• 人力资源和社会保障部副部长胡晓义在全国社保工作会上说，城乡居民参加养老保险人数目前已达到4.84亿人。他透露，2012年，全国城镇基本养老保险、城镇基本医疗保险、失业保险、工伤保险、生育保险的参保人数分别达到3.04亿人、5.36亿人、1.5亿人、1.9亿人、1.54亿人，比2007年分别增长50.9%、140.2%、30.7%、56%、98.6%；我国连续8年调整企业退休人员养老金，2012年人均基本养老金水平比5年前增长86%。

29 日

• 住房和城乡建设部在京公布了首批 90 个国家智慧城市试点名单，其中地级市 37 个、区（县）50 个、镇 3 个。智慧城市是在物联网、云计算等新一代信息技术的支撑下，形成的一种新型信息化的城市形态。住房和城乡建设部副部长仇保兴表示，智慧城市是贯彻落实党中央、国务院城镇化战略部署的具体任务，也是扩大内需、启动投资、促进产业升级和转型的新要求。

3 月

1 日

• 我国监管食品中农药残留的唯一强制性国家标准——《食品中农药最大残留限量》（GB2763—2012）实施，为规范科学合理用药和农产品质量安全监管，严厉打击非法使用和滥用农药行为，提供了法定的技术依据。新标准首次推荐了配套的检测方法标准，基本涵盖了我国居民日常消费的主要农产品。新标准中蔬菜等鲜食农产品的农药最大残留限量数量最多，并首次制定了同类农产品的组限量标准和初级加工制品的农药最大残留限量标准。

2 日

• 中国科学院学部在北京举行中国城镇化高层研讨会，并启动“中国城镇化的合理进程与城市建设布局研究”院士咨询重大项目。该项目将以城市化进程和城市建设布局为重点，分析我国快速城市化过程中的问题、原因及其内在机制，揭示我国的基本国情与城市化之间的关系，阐明循序渐进推进城市化和资源节约型的城市化道路的必然性，基于深入调查和分析提出中国及各主要大区城镇化的指标体系、标准、具体要求和调控政策建议。

5 日

• 受国务院委托，国家发展和改革委员会向十二届全国人大一次会议提交了《关于 2012 年国民经济和社会发展计划执行情况与 2013 年国民经济和社会发展计划草案的报告》，提出了 2013 年人口自然增长率保持在 6.5‰以内的工作目标，并提出要完善人口和计划生育服务体系，提高妇幼保健水平。

• 十二届全国人大一次会议在人民大会堂隆重开幕，国务院总理温家宝向大会作《政府工作报告》。温家宝总理在谈到今年政府工作时强调，逐步完善人口政策。坚持计划生育基本国策，适应我国人口总量和结构变动趋势，统筹解决好人口数量、素质、结构和分布问题，促进人口长期均衡发展。重视发展老龄事业，切实保障妇女和未成年人权益，关心和支持残疾人事业。

• 生殖健康与家庭保健促进国际研讨会在江苏省太仓市中国生殖健康家庭保健培训中心举行。研讨会交流各国在实现与生殖健康和妇幼保健相关的千年发展目标和国际人发大会目标方面取得的进展、面临的挑战以及未来的战略，分享中国在人口与生殖健康领域南南合作、社区生殖健康服务，以及日本在公共卫生政策实施和社区保健医疗体系运行等方面的经验，分析来自尼日利亚、孟加拉国、乌干达和肯尼亚等国家的成功案例，探讨加强发达国家与发展中国家及相关国际非政府组织之间携手推进生殖健康和家庭保健领域多边交流与合作的具体举措。

6 日

• 全国政协十二届一次会议召开“积极稳妥推进城镇化 着力提高城镇化质量”提案办理协商会，公安部副部长黄明指出，按照党的十八大提出的“加快改革户籍制度，有序推进农业转移人口市民化，努力实现城镇基本公共服务常住人口全覆盖”的要求，加快推进户籍制度、社会管理体制和相关制度改革，有序推进农业转移人口市民化，逐步实现城镇基本公共服务常住人口全覆盖，让大多数流动人口稳定下来，在城镇和农村安居乐业、各得其所。

11 日

• 全国政协十二届一次会议第四次全体会议在人民大会堂举行，俞正声当选全国政协主席，会议同时选出 23 位全国政协副主席。

14 日

• 十二届全国人大一次会议在人民大会堂举行第四次全体会议，选举并通过，习近平为中华人民共和国主席、中华人民共和国中央军事委员会主席，张德江为第十二届全国人民代表大会常务委员会委员长，李源潮为中华人民共和国副主席。会议经过表决，批准了国务院机构改革和职能转变方案。

15 日

• 中华人民共和国主席习近平发布第一号主席令，根据中华人民共和国第十二届全国人民代表大会第一次会议的决定，任命李克强为中华人民共和国国务院总理。

• 据中国新闻网报道，团中央印发《关于实施 2013 年“优秀大学生西部基层建功计划”的通知》，继续实施推进引导更多有志青年到西部地区、贫困地区和基层一线去，到祖国和人民最需要、事业发展空间最广阔的地方去，充分发挥聪明才智、展现人生价值。

16 日

• 由中国技术创业协会主办，中国扶贫开发协会产业扶贫委员会支持，北京富娃网络科技有限公司组织实施的“万人创业帮扶工程”在北京启动。该工程将组织百名创业导师，优选千个创业项目，设立千万创业资金，扶持万人创业。主要帮扶对象为有创业愿望的大学毕业生、返乡农民工、失地农民以及复转退伍军人等。

17 日

• 国家卫生和计划生育委员会召开干部会议，中共中央政治局委员、国务院副总理刘延东出席并讲话，强调要贯彻党的十八届二中全会精神和十二届全国人大一次会议通过的决定，以转变职能为核心，扎实做好卫生计生机构改革各项工作。全国人大常委会副委员长、中组部常务副部长沈跃跃，全国人大常委会副委员长陈竺出席会议。

• 国家卫生和计划生育委员会召开首次干部会议，全国人大常委会副委员长、原卫生部部长陈竺，新组建的国家卫生和计划生育委员会党组书记、主任李斌，原卫生部党组书记、副部长张茅，原国家人口计生委党组书记、主任王侠出席会议并发表讲话和感言。

19 日

• 2013 年春节后流动人口返回及相关情况电话调查要报公布，结果表明：97.3% 的受访者回到（或留在）春节前的流入地，流动人口分布格局变化不大，流动人口就业单位基本稳定；未返乡流动人口在流入地主要与家人一起过年，春节期间工作的人员中有三成以上已拿到相当于三倍工资的加班费；绝大多数流动人口在家乡停留时间不超过两周，返乡过年期间亲戚朋友拜年开销较多；主要流出大省新增外出人口有所减少。

27 日

• 据《人民日报》报道，人社部劳科所的研究表明，当前我国就业人员最集中的职业类别是农林牧渔水利业生产人员，所占比重为48%，其次是生产运输设备操作人员及有关人员，所占比重为23%，排名第三位的职业类别是商业服务业人员，所占比重为16%。

28 日

• 民政部下发《关于做好 2013 年清明节工作的通知》。民政部称，将探索把告别厅租用、骨灰生态葬法等纳入基本服务项目范畴，这也意味着骨灰生态葬法将有望由政府来买单。民政部提出，要鼓励生态安葬，各地要因地制宜开展骨灰撒海、树葬等生态安葬活动，争取对不保留骨灰的实行免费海葬、撒散等生态化安葬，并对其家属实施奖励。同时，鼓励经营性公墓开辟生态公益墓区，提供免费或者低价骨灰安葬服务，引导群众摒弃硬质墓穴和墓志等。

4 月

1 日

• 国家卫生和计划生育委员会召开全国计划生育依法行政工作电视电话会议。会议的主要任务是深入贯彻落实党的十八大和 2013 年全国“两会”精神，总结全国计划生育依法行政工作情况，分析形势和问题，对进一步做好计划生育依法行政工作提出要求。王培安同志出席会议并讲话。

2 日

• 国家卫生和计划生育委员会召开了座谈会，认真学习和贯彻落实国家主席习近平 3 月 30 日访问刚果期间，会见我国援刚果医疗队重要讲话精神。马晓伟同志参加会议并讲话。同时向各省（区、市）卫生厅局、人口计生委，以及直属各单位印发了通知，要求全国医疗卫生和计划生育系统认真学习习近平主席重要讲话，积极参与深化医药卫生体制改革，弘扬医务人员救死扶伤、无私奉献的精神，要进一步做好我国卫生援外工作，开创卫生援外工作的新局面。

5 日

• 国家卫生和计划生育委员会主任、人感染 H7N9 禽流感疫情防控工作领导小组组长李斌主持召开人感染 H7N9 禽流感疫情防控领导小组会议，研究部署疫情防控工作，要求全面落实各项工作措施，对不同地区的防控工作进行分类指导。李斌说，党中央、国务院领导高度重视，习近平总书记、李克强总理近日分别作出重要指示和批示，要求做好病人救治和防控工作。清明节前夕，刘延东副总理主持召开会议，对防控工作作出部署。

7 日

• 第 64 个世界卫生日的宣传主题是：防控高血压，预防心脑血管病。这是世界卫生组织首次把高血压作为世界卫生日主题。国家卫生和计划生育委员会李斌主任、马晓伟同志，北京市副市长林克庆，世界卫生组织驻华代表蓝睿明等参加了由国家卫生和计划生育委员会主办的高血压防治咨询、义诊和主题宣传活动。

• 国务院办公厅印发《2013年食品安全重点工作安排》。《安排》要求，推进食品安全责任强制保险制度试点，开展食品生产企业首席质量官制度试点。

9日

• 崔丽会见来访的玛丽斯特普国际组织副总裁玛丽亚·克雷布女士率领的代表团一行六人。双方就生殖健康产品、南南合作、能力建设方面进行了讨论，并一致决定在战略层面加强合作，共同致力于为发展中国家减少未满足的计划生育需求而努力。

10日

• 国务院总理李克强主持召开国务院常务会议，会议要求继续做好人感染H7N9禽流感防控工作。会议要求，要以对人民群众生命健康高度负责的精神，继续组织医疗卫生、动物防疫、市场管理等专业力量，强化联防联控工作机制，加强国际合作，全面落实好各项防控措施，加强疫情研判、排查，抓好疫情的源头控制，及时消除隐患。充分发挥科技在防控工作中的作用，加快推进病原研究、诊断试剂标准化和治疗药物筛选。加强疫情发生地区医疗救治工作，切实做到早发现、早报告、早诊断、早治疗。科学高效应对，及时准确、公开透明发布疫情和防控信息，宣传普及防治知识，引导公众理性对待，保持正常的生产生活秩序。

• 在京举办的首届婚恋行业高峰论坛上，中国互联网协会副秘书长石现升说，目前婚恋网站会员诚信问题层出不穷，严重损害行业形象，导致婚恋行业面临诸多的法律风险。他建议，婚恋服务网站和机构要不断创新线上线下服务方式，提升服务能力，营造真实可靠的服务平台。

12日

• 中央宣传部、中央文明办、解放军总政治部、全国总工会、共青团中央、全国妇联近日在京召开电视电话会议，启动第四届全国道德模范评选表彰活动。会议强调，要以评选表彰活动为有利契机，以道德模范感人事迹为鲜活教材，不断深化中国梦宣传教育。要突出“群众评、评群众”，广泛发动群众参与评选表彰活动，用群众身边榜样树立起鲜明的价值导向。

14日

• 新华网上海报道，根据中华伏羲文化研究会华夏姓氏源流研究中心的最新研究，在“百家姓”排名前三位的王、李、张是中国最大群体的姓氏，分别有9 500多万人、9 300多万人和9 000多万人，三姓人群约占全国总人口的21%，“王”姓是中国第一大姓。

18日

• 国务院总理李克强在中南海紫光阁会见国际计生联会长瑟伯尼和总干事梅莱斯。李克强指出国际计划生育联合会倡导的科学理念，为提高世界人口的健康和发展水平发挥了积极作用，中方愿继续同国际计生联拓展计划生育、提高出生人口素质等的合作。中国政府高度重视公共卫生和人民生命健康，在H7N9疫情防控方面，做到科学有效应对，要求确保每一位患者得到及时救治，并与世卫等国际组织进行密切合作。瑟伯尼赞赏中国在公共卫生方面取得的成绩，愿加强与中国合作，推进联合国千年发展目标的落实。

20 日

• 四川省雅安市芦山县发生 7.0 级地震，给灾区人民的生命和财产带来了巨大损失。总书记习近平闻讯后立即作出重要指示，要求抓紧了解灾情，把抢救生命作为首要任务，还对军队和武警部队做好抗震救灾工作作出重要指示。总理李克强也作出了指示，并受党中央和习近平委托，抵达灾区指导抗震救灾工作。国务院副总理汪洋立即召开会议作出工作部署，决定启动国务院抗震救灾 I 级响应。

22 日

• 中国计划生育协会在北京举办《国际计生联 2020 愿景》全球启动仪式。国家卫生和计划生育委员会、联合国人口基金等国内部门和国际组织的代表，相关领域专家、青年志愿者参加了活动。《愿景》提出了涉及性别平等、服务提供、青年参与、母婴健康、资源开发等十个方面的倡议，希望借此呼吁各国政府调动政治意愿、整合和开发资源，促进全球性与生殖健康和权利的发展，并推动性与生殖健康成为 2015 年之后全球发展议程的重要组成部分。

25 日

• 人力资源和社会保障部一季度新闻发布会透露，2013 年一季度，我国就业局势保持基本稳定，1—3 月城镇新增就业人数 342 万人，好于 2012 年同期的 332 万人，更好于 2011 年的 303 万人。一季度城镇失业人员再就业人数 137 万人，就业困难人员就业人数 42 万人，一季度末城镇登记失业率 4.1%。

27—28 日

• 中国人口学会与全军人口计生管理干部培训中心在京联合举办第二届国防人口学论坛，与会者以军人家庭发展为主题，围绕军人家庭发展基本理论、家庭发展与国防建设、军人家庭人口文化和军人婚恋与家庭教育等问题进行了讨论。

5 月

1 日

• 中国第一部精神卫生法——《中华人民共和国精神卫生法》正式实施。该法是一部规范精神障碍患者治疗、保障精神障碍患者权益和促进精神障碍患者康复的法律。

1 日

• 第二届中国国际养老服务业博览会在国家会议中心举行。民政部部长李立国在会上表示，中国养老服务产业规模预计将在 2015 年超过 4 500 亿元，是当今中国老龄社会中名副其实的朝阳产业。民政部副部长窦玉沛表示，到 2015 年，居家和社区养老服务将基本覆盖我国 100% 的城市社区和 50% 以上的农村社区，我国将基本建立起形式多样、方便适用、广泛覆盖的居家和社区养老服务网络。

3 日

• 据新华网报道，共青团中央组织部公布的最新统计数据显示，截至 2012 年底，全国共有共青团员 8 990.6 万名；共有基层团组织 359 万个。其中，基层团委 27.1 万个，基层团工委 2.2 万个，团总支 21 万个，团支部 308.7 万个。

6 日

• 一项由中国关心下一代工作委员会、国家食药监总局南方医药经济研究所主办的，旨在了解儿童用药习惯及潜在风险的“儿童安全用药大调查”在广东启动。调查结果将汇编成《三公仔·爱子有方——儿童安全用药白皮书》，并向社会公开发布。这将是全国首部全面反映儿童常见病用药安全并提供相应正确指导的权威报告。该《报告》希望推动国家在儿童安全用药方面和相关政策法规方面的完善。

8 日

• 中华护理学会在北京召开 2013 年国际护士节护理大会。中华护理学会名誉理事长张梅颖，国家卫生和计划生育委员会主任李斌，中国科学技术协会书记处书记王春法，总后卫生部部长任国荃和国际护士会主席 Rosemary Bryant 出席开幕式并讲话。国际护士会主席 Rosemary Bryant 和首席执行官 David Benton 代表国际护士会宣布中华护理学会加入国际护士会，并向其颁发证书。

9 日

• 住建部发布《关于做好 2013 年城镇保障性安居工程工作的通知》，住建部表示，今年全国城镇保障性安居工程建设任务是基本建成 470 万套、新开工 630 万套。国务院决定，本届政府任期内改造各类棚户区（危旧房）1 000 万套以上，各地要加快改善棚户区（危旧房）居民的住房条件，到“十二五”期末，力争基本完成集中成片棚户区改造。

10 日

• 教育部副部长杜玉波在 2013 年全国普通高校毕业生就业工作推进会上表示，今年全国普通高校毕业生规模为 699 万人，比去年增加 19 万人，再创历史新高，当前高校毕业生就业形势复杂严峻，就业工作已进入关键时期。

• 由中国人口福利基金会、幸福工程组委会主办的“感恩母爱幸福传承——幸福工程脱贫母亲事迹报告会”在北京举行，中国人口福利基金会荣誉会长蒋正华，中国人口福利基金会荣誉会长顾秀莲，中国人口福利基金会会长王忠禹，以及国家卫生计生委副主任王培安、中国计生协常务副会长杨玉学、中国人口福利基金会理事长赵炳礼出席了报告会。与会领导为 10 位幸福母亲代表颁发了荣誉证书。

• 据人民网报道，全国妇联发布《我国农村留守儿童、城乡流动儿童状况研究报告》。报告显示，我国农村留守儿童数量达 6 102.55 万，总体规模扩大；全国流动儿童规模达 3 581 万，数量大幅度增长；留守儿童最大心愿就是与父母团聚；因为和父母长期分离，留守儿童生活照顾、安全保护和接受教育都受到不同程度的影响。

15 日

• 中国人口福利基金会、中国人民大学社会与人口学院、清华大学公共健康研究中心共同在北京开展了“关注家庭建设，促进家庭幸福——‘国际家庭日’中国行动”活动，发布了

《人民幸福“中国梦”——中国家庭幸福发展指数研究》和《家庭幸福指数国际对标研究》两个项目报告。中国人口福利基金会理事长赵炳礼出席活动。

• 农民工子女家庭教育公益服务计划暨农民工子女家庭教育论坛在京启动。该计划由中国青年高级人才培训中心主办，北京红枫妇女心理咨询服务中心负责项目执行。该计划以关爱农民工子女健康发展为宗旨，以农民工家庭为服务对象，将围绕“五个一”计划开展。

20 日

• 中国发展研究基金会发布的《农村义务教育学生营养改善计划评估报告》指出，营养改善计划实施以来，贫困地区农村学生以往饿肚子上学的现象明显减少，改变了他们过去每天只吃两顿饭的不良饮食习惯，已有超过 1 300 万的农村义务教育学生在校天天能够吃到肉食，受益学生体质有所改善，缓解了贫困地区农村学生发育迟缓问题。

• 在第七届全国大学生村官论坛上发布的《2013 年中国大学生村官发展报告》指出，截止到 2012 年底，全国有 6.7 万名大学生村官进入村两委班子，4 246 人担任村党组织书记，1 511人担任村委会主任。

22 日

• 由教育部、国家发改委、财政部联合印发的《中西部高等教育振兴计划（2012—2020年)》发布。《计划》提出，针对中西部高等教育改革发展的重要领域和薄弱环节，要重点加强优势特色学科专业建设、人才队伍建设、深化教育教学改革、提升科研创新水平、增强社会服务能力、促进优质资源共享、扩大中西部学生入学机会、优化院校布局结构、加强交流与合作、健全投入机制等十个方面的主要任务。

27 日

• 国家统计局发布的《2012 年全国农民工监测调查报告》显示，我国农民工总数达到 26 261万人，比上年增加 983 万人。农民工被拖欠工资状况继续得到改善，社会保险参保水平有所提高，但总体仍较低。

28 日

• 人力资源和社会保障部在其官方网站公布了《2012 年度人力资源和社会保障事业发展统计公报》。《公报》显示，已圆满完成 2012 年公务员录用考试任务，全国共录用公务员 18.8 万人，其中，中央机关及其直属机构 1.8 万人，地方 17 万人。

29 日

• 中国计生协成立 33 周年纪念日，也是全国计生协第十五个“会员活动日”，各地计生协纷纷组织开展了不同形式的宣传服务活动。

30 日

• 《2012 年我国卫生和计划生育事业发展统计公报》发布。《公报》指出，2012 年，我国卫生和计划生育事业稳步发展，医改工作有序推进。《公报》显示，医疗服务利用快速增长，服务效率有所提高；妇幼保健服务得到加强，妇幼健康水平继续提高。关于计划生育事业，

《公报》涉及4个方面的内容：一是人口和计划生育发展态势，二是国家免费孕前优生项目，三是流动人口计划生育基本公共服务均等化，四是计划生育惠民政策。

31日

●中国人口福利基金会会长王忠禹在吉林省长春市出席创建幸福家庭活动座谈会，听取了吉林省人口计生委以及长春市、吉林市、四平市铁东区人口计生委（局）有关创建幸福家庭活动的工作汇报。国家卫生计生委副主任王国强、王培安，中国人口福利基金会理事长赵炳礼出席座谈会并讲话。吉林省副省长王化文主持座谈会。

6月

1日

●食品安全国家标准《食品中污染物限量》（GB2762－2012）正式实施。新标准逐项清理了以往食品标准中的所有污染物限量规定，整合修订为铅、镉、汞、砷、苯并芘、N－二甲基亚硝胺等13种污染物在谷物、蔬菜、水果、肉类、水产品、调味品、饮料、酒类等20余大类食品的限量规定，删除了硒、铝、氟等3项指标，共设定160余个限量指标。

3日

●据《中国人口报》报道，中国计生协书画社在扬州大学附属中学举办青春健康书画笔会。专家从“人口意识”、“青春期性生理、性心理特征及自我保健”、“青春期两性交往”等方面深入浅出地为同学们讲解青春健康知识。阶梯教室外的大厅内，书画家挥毫泼墨，吸引了老师和同学的目光。

6日

●人力资源和社会保障部、教育部、财政部对外公布相关通知指出，从2013年起，对享受城乡居民最低生活保障家庭的毕业年度内高校毕业生给予一次性求职补贴。补贴标准由省级财政、人力资源社会保障部门会同有关部门根据当地实际制定。

7日

●国家卫生计生委副主任王国强到国家卫生计生委药具管理中心调研指导工作。王国强看望了药具管理中心全体干部，观看了药具管理中心廉政建设展览，听取了药具管理中心领导班子的工作汇报，充分肯定了多年来药具管理系统为落实计划生育基本国策，服务广大人民群众所做的卓有成效的工作。

8日

●廉思课题组在北京举办了青年蓝皮书《中国青年发展报告（2013）No.1——城市新移民的崛起》新书发布会。该书认为一个具有新知识、新视野、国际性的青年群体——“城市新移民”已经成长起来，城市新移民融入城市的路径选择、为社会发展贡献力量的现实渠道，会为我国从“农村中国”向“城市中国”的转型提供有益的参考和借鉴，并有可能形成一种人口城市化的新模式，为中国未来30年的发展提供有益经验。

14日

●国内第一家专业从事家长教育政策研究、课程研发、教材编写、教师培训和家长课程普及推广的家长教育学院——中国关心下一代工作委员会教育发展中心家长教育学院在京成立。据悉，家长教育学院今年的重点工作之一就是启动与地方政府合作的“三宽”（宽厚、宽容、宽松）家长教育工程，从家长教育入手，帮助地方政府创建家长教育先进城市；与学校、社区合作，通过培训老师，使家校合作、家校互动真正落到实处；通过培训家长，帮助家长走出家庭教育误区，建立全新的家庭教育体系，进而改善与孩子的关系，为孩子的成长创造宽松的环境。

• 国家卫生计生委主任李斌会见中国医药卫生事业发展基金会理事长王彦峰一行。李斌对基金会长期以来对卫生计生事业发展给予的大力支持和无私奉献表示感谢。李斌表示，希望今后与基金会在卫生计生扶贫开发、对口支援、人员培训、健康教育等方面有更加深入的交流与合作，充分发挥基金会在工作机制、社会资源和宣传网络等方面的优势。王彦峰介绍了中国医药卫生事业发展基金会有关情况。李斌代表卫生计生委向王彦峰颁发了荣誉证书和感谢状。

15—21 日

• 全国公共机构节能宣传周举办，主题为“践行节能低碳，建设美丽家园”。

17 日

• 全国低碳日，各地公共机构举办能源紧缺体验活动，采用停开空调和关闭公共区域照明等方式，号召公众以绿色低碳的办公模式和出行方式支持节能减排。

19 日

• 国家卫生计生委新网站正式上线运行。国家卫生计生委主任李斌致辞，国家卫生计生委副主任崔丽开通新网站。国家卫生计生委网站注重信息公开、在线服务和互动交流功能。设有领导活动、新闻发布、政策解读、媒体报道、重点专题、工作动态、政务信息、在线服务、互动交流等栏目，并包含 23 个业务频道和相关部门链接。

24 日

• 民政部发布关于征求《儿童家庭寄养管理办法》（草案）相关意见建议的通知。民政部要求，各地要对本地寄养儿童的数量、寄养工作情况、寄养管理中存在的问题进行调查摸底；将草案印发各级儿童福利机构，全面征求儿童福利机构和一定比例寄养家庭的意见建议；各地要与安全生产检查工作相结合，对寄养家庭尤其是距离儿童福利机构较远、寄养条件较差的寄养家庭进行排查，切实掌握寄养工作底数。

26 日

• 据新华网报道，中央财政下拨 2013 年中央财政疾病应急救助补助资金 5 亿元，支持各地建立疾病应急救助制度，对身份不明确或无负担能力患者发生的急救费用给予补助。建立疾病应急救助制度，是健全多层次医疗保障体系的重要内容，从制度层面形成对无负担能力患者急救医疗费用的保障机制，从而解决需紧急救治患者的医疗费用问题，解除医疗机构的后顾之忧。

27 日

• 经国家新闻出版广电总局批准，我国老龄科学研究领域第一份国家级学术期刊《老龄科学研究》在北京正式创刊。

• 全国社会保障基金理事会发布的年报显示，2012 年全国社会保障基金资产总额突破万亿元大关，达到 11 060.37 亿元，权益投资收益额 646.59 亿元，投资收益率 7.01%，创近 3 年新高。基金自成立以来的累计投资收益额 3 492.45 亿元，年均投资收益率为 8.29%。

29 日

• 西部计划生育基层工作座谈会在宁夏回族自治区银川市召开。中国人口福利基金会会长王忠禹，国家卫生计生委副主任王培安出席会议并讲话，中国人口福利基金会理事长赵炳礼出席会议。会议强调，深入贯彻落实党的十八大精神和中央关于做好计划生育工作的决策部署，进一步统一思想、坚定信心，突出工作重点，注重分类指导，确保完成当前和今后一个时期的各项目标任务，努力推动卫生计生事业科学发展。

30 日

• 中国计生协第七届常务理事会第四次全体会议在北京召开。会议总结了中国计生协 2013 年上半年工作情况，进一步明确了下半年的工作任务，审议通过《中国计生协七届四次常务理事会工作报告》和调整中国计生协第七届全国理事会理事、常务理事、副会长的建议。中国计生协党组书记、常务副会长杨玉学，中国计生协副会长汪鸿雁出席会议。会议增补勾清明为中国计生协第七届全国理事会副会长。

• 中央组织部最新党内统计数据显示，截至 2012 年底，中国共产党党员总数达 8 512.7 万名，比上年增加 252.5 万名，增幅为 3.1%；党的基层组织总数达 420.1 万个，比上年增加 17.5 万个，增幅为 4.3%。

7 月

1 日

• 新修改的《老年人权益保障法》正式施行。《老年人权益保障法》规定，家庭成员应当关心老年人的精神需求，不得忽视、冷落老年人；与老年人分开居住的家庭成员，应当经常看望或者问候老年人；用人单位应当按照国家有关规定保障赡养人探亲休假的权利。

2 日

• 国家卫生计生委党的群众路线教育实践活动专题调研工作正式启动。此次调研的重点主要有五个方面：一是了解医药卫生体制改革等卫生计生重点工作的进展情况；二是了解看病难、看病贵等影响和制约卫生计生事业发展的突出问题；三是了解人类辅助生殖技术管理等社会关注度高、群众反映强烈的突出现象；四是了解群众最需要解决的问题和最不满意的问题；五是统筹落实党中央、国务院关于扶贫开发和对口支援的有关要求。

2 日

• 全国老龄工作会议在京召开。会议全面总结了 2012 年的老龄工作，部署了今后一个阶段和本年度的重点工作。全国老龄委副主任、民政部部长、全国老龄办主任李立国作重要讲话，他强调，要切实抓好 2013 年重点工作，在宣传贯彻《老年人权益保障法》上下足功夫，在落实老龄事业“十二五”规划上做好文章，在推进社会养老服务体系建设上抓出成果，在强化基层老龄工作上务求实效。全国老龄办常务副主任陈传书作会议总结。

7日

●中国下一代教育基金会儿童饮食健康基金"饮食健康工程"在京正式启动。儿童饮食健康基金由中国企业合作促进会、北京御秀营养配餐研究院共同发起，是为中小学校、幼儿园学生餐营养改善计划设立的专项基金。"饮食健康工程"是儿童饮食健康基金推出的第一个公益项目，包括"苗儿壮计划"和"学校健康厨房"两项活动，以服务贫困地区儿童饮食健康为宗旨，配合贫困地区政府、教育部门为儿童的饮食健康提供资金以及技术保障。

9日

●民政部发布关于贯彻落实《养老机构设立许可办法》和《养老机构管理办法》的通知。《通知》指出，严格准入条件和程序，依法核发养老机构设立许可证，切实把好养老机构准入关。《通知》要求，要加强对养老机构依法登记后的监督管理，坚持事前审批与事后监管相结合，督促和指导养老机构规范服务内容、强化内部管理、接受监督检查，形成对养老机构的全过程监督管理。同时，要加强有关部门的沟通协调，建立许可信息共享和工作联动机制，尽量简化登记程序，强化许可管理。

10日

●国家卫生计生委召开例行新闻发布会，国家卫生计生委食品安全标准与评估司副司长陈锐在发布会上介绍，近年来，国家卫生计生委不断建立完善食品安全标准管理制度，公布实施了食品安全国家标准、地方标准和企业标准备案管理办法，并成立了国家食品安全风险评估中心，开展食品安全风险评估，为制定完善标准提供科学依据。截至目前，我国已制定公布了303部食品安全国家标准，覆盖了6 000余项食品安全指标；国家卫生计生委还专门组建了食品安全国家标准审评委员会。

11日

●全国省级计划生育药具站长培训班暨药具工作座谈会在北京召开。国家卫生计生委副主任，国家中医药管理局局长、党组书记王国强出席会议并讲话，他强调，要紧密结合药具工作实际，深入开展党的群众路线教育实践活动，力求取得实效。国家卫生计生委人事司司长金小桃为培训班作了"机构改革与参公管理"的讲座。

17—19日

●国家卫生计生委主任李斌一行到重庆市调研，实地了解当地卫生和计生工作情况，听取大家的意见和建议。李斌对做好当前和下一阶段的工作提出几点希望：落实全国医改工作电视电话会议精神，坚定不移地把医改推向深入；坚持计划生育基本国策、逐步完善生育政策，促进人口长期均衡发展；切实做好公共卫生和重大传染病防控等工作；进一步推进依法行政和综合监督工作；不断提升医疗服务和妇幼健康服务水平；大力加强宣传和健康促进工作。

18日

●2013首届中国（太原）家庭健康产业博览会在中国（太原）煤炭交易中心开幕，本届博览会围绕"人人健康，家家幸福"的主题，旨在传播健康生活知识，提高健康生活意识，倡导健康生活方式。

22 日

• 教育部组织召开了加快发展新型职业农民中等职业教育座谈会，教育部副部长鲁昕指出，今后一个时期，教育部将把建立和完善新型职业农民培养的职业教育国家制度作为主要任务，加快发展新型职业农民中等职业教育。同时要以农村实用人才带头人和农村生产经营型人才为重点，加快发展农村职业教育服务新农村建设，重点办好一批农业职业学校和 1 000 个涉农专业点，每年培养农村实用人才 100 万人，努力实现 2020 年农村实用人才总量达到 1 800 万人。

25 日

• 国家卫生计生委党组中心组学习暨调研成果汇报交流会在京召开。本次调研活动中，各调研组共深入 25 个省（区、市）的 100 多个县（市、区），调研基层单位（包括委直属联系单位）200 多个，召开各类座谈会 100 多场。会上，各调研组按照“总体把握、有所侧重、突出重点”的原则，重点汇报了在调研中发现的关键问题，深刻分析原因，并提出了整改措施和切实可行的工作建议。

29 日

• 第五次国家卫生服务调查启动会在京举行，国家卫生计生委将在全国范围内开展第五次国家卫生服务调查。通过本次调查力求能充分反映居民卫生服务的需要和需求、客观展现近年来医药卫生体制改革取得的成就和需要解决的问题、准确预测卫生服务供需变化的特点和趋势，为推进卫生改革和发展，进一步完善相关政策提供依据。

• 由共青团中央、中国青少年发展服务中心等单位联合举办的 2013 全国少数民族大学生暑期实习计划项目正式启动。此次实习活动为期 1 个月，旨在为少数民族大学生了解国情社情、体验职场运行、提升就业能力搭建平台，包括岗前培训、岗位实习、参观座谈、总结交流等内容。

31 日

• 由环境保护部主办、中国环境文化促进会承办的首次全国生态文明意识调查工作在京正式启动，同时，腾讯公益频道“全国生态文明意识调查网上调查问卷系统”也正式开通。本次调查范围覆盖各省、自治区、直辖市，涉及近 50 个城市和地区。调查结果将由环境保护部以《全国生态文明意识评价报告》形式向社会发布。

8 月

1 日

• 国家卫生计生委党组决定实施“服务百姓健康行动”，并印发了实施计划。本次活动旨在深入开展党的群众路线教育实践活动，建设人民满意的医疗卫生计生服务体系，适应人民群众健康新需求，满足人民群众对美好生活的新期待，推动卫生计生事业科学发展。

5 日

• 住建部发布 2013 年度国家智慧城市试点名单，确定北京经济技术开发区等 103 个城市（区、县、镇）为 2013 年度国家智慧城市试点，比 2012 年试点范围扩大 9 个。业内普遍认为，此举将会促进新型城镇化，进而刺激经济增长。

6 日

• 据新华网报道，环境保护部、国家发展改革委、财政部联合印发《国家环境监管能力建设“十二五”规划》，以总量减排、质量改善、风险防范、基础完善为着力点，开展能力建设，切实加强环境监管能力。《规划》将实施基础、保障、人才等三大工程，总投资 400 亿元。《规划》提出，环境监管能力建设的目标包括：污染源与总量减排监管能力全面提高、环境质量监测与评估考核能力显著提升、环境预警与应急能力系统加强、环境综合监督管理基础设施基本完善等 4 个方面。

13 日

• 31 省市男女最理想伴侣地图出炉。超五成的青年择偶时首选本地人；女性最想嫁的外省人中北京男最受欢迎；而男性则最想娶川妹子。这是零点指标数据进行 2013 年七夕主题调查，对全国各地 1 074 位 18—45 周岁的网民进行随机访问得出的结果。

15 日

• 世界卫生组织《2013 年世界卫生报告：全民健康覆盖研究》发布会在北京举行，呼吁各国继续对本地的研究进行投资，以制定与各国情况相符合的全民健康覆盖体系。全国人大常委会副委员长陈竺，世界卫生组织总干事陈冯富珍，国家卫生计生委主任李斌出席发布会。

• 中国计划生育协会会长王刚在京会见了来华访问的联合国副秘书长、联合国人口基金执行主任巴巴通德·奥索蒂梅欣。奥索蒂梅欣高度赞赏中国计生协开展的工作，表示联合国人口基金将与中国计生协就计划生育、生殖健康、性别平等等领域进一步深化合作。中国计划生育协会常务副会长杨玉学陪同会见。

16 日

• 国家主席习近平在人民大会堂会见出席中非部长级卫生合作发展会议的代表。习近平表示，中非友好源远流长，历久弥新，经受了国际风云变幻的考验，收获了比黄金还要宝贵的真情和信任。中非卫生合作是中非合作的重要组成部分。习近平感谢有关国际组织对中非卫生事业的支持以及为世界卫生公平做出的贡献，表示中方将继续支持国际组织的工作，积极参与国际卫生治理协调，支持非洲国家早日实现联合国千年发展目标。科摩罗副总统福阿德·穆哈吉代表出席会议的非洲国家感谢中国政府长期以来对非洲卫生、减贫事业的支持。国务院副总理刘延东会见时在座。

17 日

• 全国社会养老服务体系建设工作会议在内蒙古自治区乌兰察布市召开，会议确定今后我国社会养老服务体系建设的主要任务是：加快推动养老服务业发展；进一步贯彻落实“十二五”社会养老服务体系建设专项规划，大力推动社会养老服务体系建设；认真贯彻落实养老机构许可和管理办法，提高行业管理水平；加强人才队伍建设，提高养老服务专业化、职业化水平等。

23 日

• 据《中国人口报》报道，国家卫生计生委副主任王培安带领第七调研组先后到江苏省、湖南省调研计划生育工作形势。调研发现，违法生育有上升迹象；出生人口性别比偏高形势严峻，治理难度大；对计生家庭的奖扶标准偏低，激励作用减弱；流动人口管理难度大，服务能力不足等。

• 国家卫生计生委启动“圆梦女孩志愿行动”。该行动旨在引导全社会关注女孩生存环境，倡导社会性别平等，促进出生人口性别结构平衡。第十二届全国人大常委会副委员长陈竺，第九届、第十届全国人大常委会副委员长蒋正华，第十届全国政协副主席王忠禹出席启动仪式。国家卫生计生委副主任王培安致辞，中国计划生育协会常务副会长杨玉学、中国人口福利基金会理事长赵炳礼也出席了启动仪式。

26 日

• 全国智能化养老专家委员会第一次工作会议在京召开。全国智能化养老专家委员会主任蒋正华表示，在人口老龄化日益严峻的形势下，推行智能化养老是老龄服务的发展方向。全国老龄办副主任朱勇表示，全国老龄办将通过建立“智能化养老实验基地”，推进智能化养老技术设备在养老服务领域的研发和应用，进而推动我国养老服务行业的科技创新，提高其专业化、产业化水平。

• 在韩国釜山召开的国际人口科学研究联盟第 27 届世界人口大会上，中国人口与发展研究中心会同神州数码信息系统有限公司举办了“国际人口预测软件（PADIS-INT）”专题会，会议上介绍了软件研发的最新进展，印度、巴西和中国代表分别展示了国际人口预测软件的应用成果。

28 日

• 中国计生协国际合作项目经验交流会在安徽省马鞍山市召开。会议以“分享经验，创新发展”为主题，旨在总结和交流国际合作项目的成功经验，开阔国际视野，进一步提高协会工作科学化、规范化水平。中国计生协常务副会长杨玉学出席会议并讲话。

29 日

• 中组部、中编办、财政部、人力资源社会保障部、国资委、国家公务员局、中国残联联合出台《关于促进残疾人按比例就业的意见》。《意见》要求各级残疾人工作委员会成员单位要率先招录残疾人，继而带动其他党政机关。各级残联机关干部队伍中都要有一定数量的残疾人干部，其中省级残联机关干部队伍中残疾人干部的比例应达到 15% 以上。到 2020 年，所有省级党政机关、地市级残工委主要成员单位至少安排有 1 名残疾人。

30 日

• 国务院批复民政部，同意建立由民政部牵头的全国社会救助部际联席会议制度。联席会议的主要职能是在国务院领导下，研究拟订完善社会救助体系的重大制度、政策、体制和机制，向国务院提出建议；统筹做好最低生活保障与医疗、教育、住房等其他社会救助政策以及促进就业、扶贫开发政策的协调发展和有效衔接；研究解决救助申请家庭经济状况核对跨部门信息共享问题；督导推进全国社会救助体系建设。

9 月

1 日

• “2013 希望工程圆梦行动大型公益助学活动”在全国第一所希望小学——安徽省金寨

县希望小学启动，1 亿元助学金全国发放工作也就此拉开序幕。

2 日

• 中央补助地方健康素养促进行动项目 2012 年总结暨“健康中国行——全民健康素养促进活动 2013 年合理用药主题宣传教育活动”启动会在北京召开。会议的主要任务是，深入贯彻全国医改工作电视电话会议精神，全面落实国家卫生计生委党组关于切实加强宣传和健康促进工作，深入开展党的群众路线教育实践活动的新要求，研究部署健康素养促进行动项目工作，分析形势，表彰先进，交流经验，凝心聚力，抓好落实，努力开创健康促进工作新局面。国家卫生计生委副主任崔丽出席会议并讲话。

• “十二五”科技部科技支撑项目“人口与发展数学模型与综合决策支持系统”人口预测模型与技术国际研讨会暨国际人口预测软件（PADIS-INT）专家评审会在北京召开。第九、十届全国人大常委会副委员长蒋正华主持会议并讲话，联合国人口基金驻华代表处代表何安瑞致辞，来自美国、英国、澳大利亚、肯尼亚、印度、巴西、土耳其等国的相关专家以及国家卫生计生委等相关代表出席会议。

3 日

• 中国妇女发展基金会、中国儿童少年基金会等百家公益组织在京联合发起“守护童年”公益行动。行动以预防儿童被虐待和性侵为聚焦点，以母亲、家庭和儿童为主要服务对象，重点关注女童以及留守儿童、流动儿童。

4 日

• 国家卫生计生委召开全国加强妇幼健康服务管理电视电话会议，全面部署加强妇幼健康服务管理工作。会议要求，要坚持为人民健康服务的方向，坚持“儿童优先、母亲安全”宗旨，强化政策措施，进一步加强妇幼健康服务管理。会议强调，“十二五”已经进入了攻坚克难的关键时期，实现妇幼健康任务目标，要结合深化医改，团结广大妇幼卫生和计划生育技术服务工作者，共同推进妇幼健康服务工作。国家卫生计生委副主任王国强出席会议并讲话。

• 穆斯林群众生殖健康项目经验推广会议在宁夏回族自治区吴忠市召开。会议主要任务是贯彻落实党的十八大精神和党中央关于群众路线教育实践活动要求，完善生育关怀制度，认真总结穆斯林群众生殖健康项目实施 15 年来所取得的成果，推广宁夏回族自治区和新疆维吾尔自治区的成功经验，在西北五省（区）全面推开项目。国家卫生计生委副主任王培安、中国计生协副会长勾清明、宁夏回族自治区政府副主席王和山出席会议并讲话。

10 日

• 国家卫生计生委流动人口计划生育服务管理司发布《中国流动人口发展报告 2013》。《报告》基于近年来原国家人口计生委组织的全国流动人口动态监测调查数据，分析了人口流动迁移的趋势及新生代流动人口的发展特征，提出了以新生代流动人口为重点人群、推进人口城镇化的政策建议。《报告》分专题对人口流动迁移和城镇化、流动人口的就业收入、社会融合、生育状况等热点问题进行了分析，探讨了相关的政策。

12 日

• 中华预防医学会出生缺陷预防与控制专业委员会在北京举办第二届中国出生缺陷防控论坛。从会议获悉，2010 年至 2012 年，我国免费孕前优生健康检查目标人群覆盖率平均达 80% 以上。本次论坛针对出生缺陷防控主题，来自国内外出生缺陷预防领域的专家学者、全国 31 个省（区、市）卫生计生系统的管理和专业技术人员参会。

13—16 日

• 由中国人口学会生殖保健分会主办的“全国生殖保健综合服务与适宜技术培训班”在京开班。培训内容涉及面较广，侧重于避孕节育宫颈病变、产后出血、孕期生殖道感染、剖宫产等多个课题。培训班聘请原卫生部妇幼司、中国人口学会、国家计生委科研所、北京大学临床医院、首都医科大学附属医院等资深专家授课。

17 日

• 金砖国家扩大社会保障覆盖面技术研讨会在浙江省杭州市召开。人社部副部长胡晓义出席会议并讲话。他指出，中国政府高度重视社会保障工作，初步形成了具有中国特色的社会保障体系框架，数以亿计的中国人民享有了基本保障。截至 2012 年底，基本养老保险覆盖 7.88 亿人，基本医疗保险覆盖 13.4 亿人，失业、工伤、生育保险分别覆盖 1.52 亿人、1.9 亿人和 1.54 亿人。

19 日

• 第六届亚洲及太平洋人口大会部长级会议在曼谷举行。本届会议主题是“创建更加美好生活”，会议探讨了亚太地区人口发展态势以及在生殖健康、性别平等、城市化、人口迁徙等方面取得的进展和面临的挑战，确定了今后 10 年的工作重点。会议通过成果文件《亚洲及太平洋人口与发展部长宣言》。中国代表团团长、中国国家卫生计生委主任李斌率中国代表团出席会议。

25 日

• 中德流动人口社会融合国际研讨会在湖北省武汉市召开。此次会议是中德新生代流动人口社会融合合作项目的重要活动之一。该项目是中德公共政策对话基金项目的一个重要子项目，目的是促进中德双方在社会政策领域的对话与交流。国家卫生计生委副主任王培安出席会议并作主旨演讲。

• 全国计生协组织建设工作暨党的群众路线教育实践活动征求基层意见座谈会在安徽省宿州市召开。这次会议的主要任务是，深入贯彻落实习近平总书记在党的群众路线教育实践活动中的重要讲话精神，进一步落实广西会议精神，加强各级计生协组织建设工作，增强计生协组织“三个服务”的能力。中国计生协常务副会长杨玉学，中国计生协副会长勾清明出席会议并讲话。

26 日

• 在今年的世界避孕日，中国人口宣传教育中心、中国人民大学社会与人口学院联合发布了 2013 世界避孕日中国主题“科学避孕，我的未来，我的选择”。倡导全社会共同关注科学避孕，维护青少年健康，促进家庭和谐。

10 月

9 日

• 世界卫生组织发布消息称，中国国药集团成都生物制品有限责任公司生产的乙脑减毒活疫苗通过世卫组织预认证。中国制造的疫苗首次进入联合国的采购清单。

10 日

• 《中国人力资源发展报告（2013）》发布，报告指出，我国劳动年龄人口呈现“纺锤形”分布；少年儿童人口比重逐步下降，老龄人口比例上升；劳动年龄人口比重下降，劳动年龄人口进入负增长的历史拐点；同时，我国劳动参与率也呈现逐年下降的趋势。报告认为，尽管中国劳动年龄人口绝对数量开始下降，但劳动力供给总量充足，劳动参与率仍处于高位水平，经济活动人口的总量还没有大幅减少。因此，中国劳动力供给的总量压力仍然很大。

11 日

• 据住建部网站报道，2013 年，全国计划新开工城镇保障性安居工程 630 万套，基本建成 470 万套。截至 9 月底，已开工 620 万套，基本建成 410 万套，分别达到年度目标任务的 98% 和 87%，完成投资 8 200 亿元。

• 据新华网报道，来自中华全国总工会的统计显示，在各级工会的大力推动下，全国已有 2.76 亿职工通过工资集体协商制度，在集体合同中体现了他们的“收入话语权”。全总集体合同部部长张建国表示，不断完善工资集体协商制度，充分保障劳动者在初次分配中的话语权、共决权，无疑是保障收入分配制度改革取得实效的一个重要措施。

11 日

• 国家卫生计生委在黑龙江省哈尔滨市举办了 2013 年全国卫生计生行政执法培训班。国家卫生计生委副主任陈啸宏出席培训班开班式并讲话，黑龙江省副省长孙尧出席开班式并致辞。

13—19 日

• 为深入开展党的群众路线教育实践活动，建设人民满意的医疗卫生计生服务体系，切实提高人民群众的健康水平，国家卫生计生委、国家中医药管理局、总后勤部卫生部决定在全国范围内统一开展“服务百姓健康行动”全国大型义诊活动周。国家卫生计生委主任李斌，国家卫生计生委副主任王国强、马晓伟，中央第二十三督导组组长张玉台、副组长苏泽林，北京市副市长杨晓超，解放军总后卫生部部长任国荃参加了北京市丰台区方庄社区的义诊活动。

16 日

• 中国老年学学会在海南省万宁市公布最新的百岁老人统计数据，截至 2013 年 7 月 1 日，全国 31 个省区市健在的百岁老人达到 54 166 人，其中最长寿者年龄达 127 岁。此次统计发现：百岁老人中女性数量明显多于男性；乡村老人比城镇老人更长寿；此次上榜的中国十大百岁夫妻，平均年龄之和为 207.7 岁；万宁市被中国老年学学会授予“中国长寿之乡”的称号。

16—18 日

• 国家卫生计生委妇幼司吕梁革命老区出生缺陷预防专题培训班在山西省吕梁市举办。本次培训班针对孕前、孕期和产后三个阶段设置了孕前优生健康检查、产前筛查与产前诊断、产前咨询、听力筛查与诊断、新生儿疾病筛查与治疗等课程。国家卫生计生委妇幼司、山西省卫生厅、吕梁市政府相关领导出席开班式并致辞。

17 日

• 世界卫生组织下属国际癌症研究机构发布报告，首次指认大气污染“对人类致癌”，并视其为普遍和主要的环境致癌物。有专家认为，量化到每个人，大气污染的致癌几率不高，但危害在于几乎难以完全避免这种可能。

21 日

• 全国卫生计生系统对口支援新疆工作会议在新疆维吾尔自治区乌鲁木齐市召开，会议认真贯彻落实中央新疆工作座谈会和第四次全国对口支援新疆工作会议精神，要求推动卫生计生援疆工作深入开展。国家卫生计生委副主任陈啸宏，新疆维吾尔自治区副主席马敖·赛依提哈木扎，新疆生产建设兵团党委常委、副政委卢晓峰出席会议并讲话。

22 日

• 国务院副总理刘延东在中南海会见出席人口与发展南南合作部长级国际会议参会代表。刘延东指出，加强人口与发展领域的南南合作，对全球化、城镇化背景下发展中国家人口与资源环境协调可持续发展、妇儿健康、消除贫困、家庭和谐、实现联合国千年发展目标和国际人发大会行动纲领具有重要意义。中国愿意一如既往地参与和推动人口领域南南合作，发挥应有作用。

• 人口与发展南南合作部长级国际会议在北京开幕。会议旨在回顾总结过去 20 年在人口与发展南南合作方面取得的进展，探讨在国际人发大会及千年发展目标后时代，如何通过南南合作，推动发展中国家的人口与发展进程。国家卫生计生委主任李斌出席会议开幕式并致辞。

24 日

• 人口与发展南南合作伙伴组织理事会第十八届会议在北京举行，国家卫生计生委副主任王培安出席会议并讲话。会议通过了“伙伴组织北京宣言”，为未来 20 年人口领域南南合作的重点、目标和战略提出纲领性意见。

25 日

• 由国家卫生计生委主办的 2013 年“男性健康日”宣传服务活动在首钢总公司启动。国家卫生计生委把今年“男性健康日”的主题确定为“关注男性健康，倡导健康生活方式”，旨在倡导全社会以关注男性健康为着力点，围绕“倡导健康生活方式”，广泛组织开展宣传服务活动，传播健康知识，倡导健康生活理念，培养健康生活方式，推进全民健康，促进家庭幸福、社会和谐。

27 日

• 清华大学中国经济数据中心发布“城镇化全国入户调查数据”显示，80 后新生代农民工中逾70%不打算回乡就业，他们中只有7.3%的人愿意回乡务农；在农业户籍的流动人口中，21.6%的家庭已经在城镇买房，而非农户籍的流动人口中，79.8%的家庭已在城镇拥有住房。此次的调查样本覆盖了中国大陆的31个省、自治区、直辖市。

30日

• 为进一步贯彻落实全国宣传思想工作会议精神，不断提高卫生计生宣传干部做好宣传思想工作的能力，国家卫生计生委人事司、宣传司与中国人口文化促进会联合举办全国卫生计生系统人口文化社会宣传和新闻宣传人员培训项目培训班。国家卫生计生委、文化部有关人员，中国人口文化促进会以及北京大学、中国传媒大学专家教授分别为学员授课。

31日

• 国家卫生计生委在北京召开全国卫生计生系统对口支援西藏工作会议，会议总结了2010年中央第五次西藏工作座谈会以来全国卫生计生系统援藏工作，结合当前工作形势，就促进西藏及四川、云南、甘肃、青海四省藏区卫生计生事业持续健康发展进行了工作部署。国家卫生计生委主任李斌、西藏自治区副主席德吉出席会议并讲话。

11月

5日

• 国家卫生计生委在京召开《全国卫生服务体系规划纲要（2015—2020年）》编制工作启动会暨第一次专家工作会议。《全国卫生服务体系规划纲要（2015—2020年）》是在深化医改中，为满足群众不断增长的医疗卫生服务需求，优化配置全国医疗卫生服务资源、建立更为合理的服务体系而提出的一项国家层面的规划。国家卫生计生委副主任孙志刚出席会议并讲话。

6日

• 中央财经大学中国社会保障研究中心发布《中国社会保障发展指数报告2012》，报告显示，全国城镇职工基本养老保险负担系数为0.3165，意味着“大约10名在职人员供养3名退休人员”。此外，黑龙江省养老负担最重，广东省最轻，“北上广”的养老负担则连续3年下降。

• 由国家卫生计生委计划生育基层指导司组织的计划生育基层基础工作研讨会在江苏省南京市召开。与会人员围绕计划生育基层指导司起草的《关于加强计划生育基层基础工作的意见（征求意见稿）》，就当前计划生育基层基础工作状况、面临的突出矛盾和问题，以及下一步工作思路和措施进行了认真研讨，提出了意见建议。国家卫生计生委副主任王培安出席会议并讲话。

8日

• 中国家庭发展追踪调查地图抽样培训班在辽宁省大连市举办，标志着中国家庭发展追踪调查项目试调查启动。中国家庭发展追踪调查项目是我国第一次针对家庭的全国性追踪调查，具有高投入、高难度、高速度的特点，也是首次在调查中使用地图抽样和CAPI系统的国家级项目，CAPI系统的引用可以通过逻辑检验，在很大程度上确保数据的真实性。

9 日

• 中国共产党第十八届中央委员会第三次全体会议在北京举行。全会听取和讨论了习近平受中央政治局委托作的工作报告。全会审议通过了《中共中央关于全面深化改革若干重大问题的决定》。全会号召，全党同志要紧密团结在以习近平同志为总书记的党中央周围，锐意进取，攻坚克难，谱写改革开放伟大事业历史新篇章，为全面建成小康社会、不断夺取中国特色社会主义新胜利、实现中华民族伟大复兴的中国梦而奋斗。

12 日

• 据中新网报道，国家统计局发布报告称，2012 年城镇居民人均可支配收入 24 565 元，比 1978 年增长 71 倍，年均增长 13.4%，扣除价格因素，年均增长 7.4%；农村居民人均纯收入 7 917 元，增长 58 倍，年均增长 12.8%，扣除价格因素，年均增长 7.5%。城乡居民拥有的财富显著增加。结果显示，上海、北京、浙江这 3 个地区位列前三名。

• 由中国国家卫生和计划生育委员会与联合国人口基金联合主办的“国际人发大会行动纲领 2014 年后监测与实施国际会议”在江苏省太仓市中国生殖健康家庭保健培训中心举行。会议从“尊严、健康、行政、居所”等 4 个方面，审议了用于监测国际人口与发展大会行动纲领的各项指标，并制定 2014 年后新的国际人口与发展会议监测框架的指标。本次会议的成果和建议将被列入联合国关于审议国际人口与发展大会行动纲领特别会议的秘书长报告之中。

14 日

• 国家卫生计生委计划生育基层指导司在北京召开的全国分区域人口与计划生育形势分析讨论会。指导司司长杨文庄出席会议并讲话，他强调今年起开展分区域形势分析，将有利于我们更好地对全国人口与计划生育形势作出研判，从而更有针对性地加强对基层基础工作的指导。此外，需要进一步依据专家支持，逐步加强各区域的专家团队建设，形成区域人口形势分析研判的长效机制。

15 日

• 国家卫生计生委召开各省（区、市）人口计生委（卫生计生委）主任座谈会，深入学习贯彻三中全会精神，研究部署启动实施单独两孩政策工作。李斌出席会议并讲话。会议表示，坚决拥护中央决定，搞好摸底调查和评估，按照法律程序和要求，及时提请省级人大或其常委会修订人口与计划生育条例或作出规定，稳妥扎实有序启动实施单独两孩政策。

18 日

• 国家卫生计生委召开会议，传达习近平总书记同全国妇联新一届领导班子集体谈话时的重要讲话精神和中国妇女十一大精神。国家卫生计生委副主任、全国妇联副主席崔丽指出，要认真学习领会习近平总书记重要讲话精神和中国妇女十一大精神，切实增强做好妇女工作的责任感和使命感，努力开创直属机关妇女工作新局面。

• 地中海贫血暨出生缺陷预防国际研讨会在广东召开。会议重点探讨地中海贫血及出生缺陷预防策略和方法，交流经验，深化合作。第十一届全国人大常委会副委员长桑国卫出席开幕式并致辞。国家卫生计生委副主任王国强出席会议并讲话。中国计划生育生殖健康研究会会长江帆、广东省副省长林少春、国际地中海贫血联盟主席恩格鲁左思出席会议。

19 日

• 据《中国人口报》报道，近日，国家卫生计生委组织召开了各省（区、市）人口计生委（卫生计生委）主任座谈会，并配合中国人口学会召开了人口学界学习十八届三中全会精神座谈会。主任座谈会紧紧围绕学习贯彻党的十八届三中全会《决定》精神，研究部署调整完善生育政策工作，进一步统一思想认识，明确工作重点，启动实施一方是独生子女的夫妇可生育两个孩子的政策。

23—29 日

• 2013 年高校毕业生就业服务周在全国同步举行。服务周期间，各地将举办现场招聘会 251 场，158 家网站将举办网络招聘会。

26 日

• 据新华网报道，人力资源和社会保障部近日对外披露了 2003—2012 年全国企业职工基本养老保险情况。情况显示，10 年间职工养老保险参保总人数年均增长 8.2%；抚养比，即参保职工人数/离退休人数，在 2012 年达到 3.09，年均增长 0.7%；到 2012 年底，养老保险基金累计结余 22 968 亿元，比 2003 年增加 21 204 亿元，年均增长 33%。

28 日

• 中国计划生育协会第七届全国理事会第四次全体会议在北京召开，会议主要任务是全面贯彻落实党的十八届三中全会精神，研究部署明年的工作。中国计生协会长王刚、国家卫生计生委主任李斌、国家卫生计生委副主任王培安出席会议并讲话，中国计生协常务副会长杨玉学代表七届常务理事会作工作报告。中国计生协副会长潘贵玉、勾清明、赵炳礼、汪鸿雁等出席会议。

30 日

• 全国流动人口药具管理服务工作经验交流会在上海召开。国家中医药管理局局长王国强出席会议并讲话。王国强强调，新时期，药具工作要坚决贯彻党中央关于全面深化改革的战略部署，紧紧围绕卫生计生的中心任务，用全面深化改革的精神统领计划生育药具工作。按照“强体系、扎网底、保基本、全覆盖”的总要求，努力推进国家免费避孕药具基本公共服务的全覆盖。

12 月

1 日

• 新华社报道，在第 26 个世界艾滋病日来临之际，国务院总理李克强致信北京佑安医院，向在防艾一线的广大医务人员、基层工作者、社会组织和志愿者慰问致谢，为正与病魔作斗争的艾滋病患者加油鼓劲。受李克强委托，国务院副总理、国务院防治艾滋病工作委员会主任刘延东到佑安医院转达了李克强的信，并考察艾滋病防治工作、慰问患者。

2 日

• 国新办举行中国青年志愿者行动实施 20 年有关情况新闻发布会。据介绍，截至 2013 年

11 月底，全国所有的省区市和市地州盟、2 763 个县市区旗，以及 2 000 多所高校建立了青年志愿者协会，并建立了 13 万个志愿服务阵地，形成了比较完善的组织体系；经过规范注册的青年志愿者达 4 043 万。

5 日

• 国务院副总理、全国爱国卫生运动委员会主任刘延东主持召开新一届全国爱国卫生运动委员会第一次全体会议，审议修订委员会工作规则和成员单位职责分工，总结前一阶段工作，分析当前爱国卫生工作形势，研究部署下一阶段重点工作。刘延东指出，要提升爱国卫生治理能力的现代化，走出一条中国特色的爱国卫生发展道路，促进城乡环境持续改善、促进群众文明卫生意识不断增强、促进人民健康水平不断提高。

10 日

• 中央经济工作会议在北京举行。会议强调，我们要清醒认识到，经济运行存在下行压力，部分行业产能过剩问题严重，保障粮食安全难度加大，宏观债务水平持续上升，结构性就业矛盾突出，生态环境恶化、食品药品质量堪忧、社会治安状况不佳等突出问题仍没有缓解。会议提出了明年经济工作的主要任务。

11 日

• 教育部、农业部和国家林业局联合发布的《关于推进高等农林教育综合改革的若干意见》指出，要加强农林专业大学生创业平台建设，新建一批涉农涉林国家级、省级实验教学示范中心，与行业、科研院所和企业联合重点建设 500 个农科教合作人才培养基地，遴选建设一批国家大学生校外实践教育基地。扩大国家大学生创新创业训练计划资助范围，加大资助力度。

12 日

• 人力资源和社会保障部发布消息称，截至 2013 年 11 月底，由人力资源和社会保障部统一规划、面向社会公众发行的社会保障卡，全国持卡人数已突破 5 亿。

13 日

• 国家卫生计生委在北京召开流动人口卫生和计划生育基本公共服务均等化试点工作启动会议。国家卫生计生委副主任王培安出席会议并强调，开展这项工作是国家卫生计生委贯彻落实党的十八届三中全会精神的重要举措。要通过流动人口卫生计生基本公共服务均等化试点，探索流动人口卫生和计划生育基本公共服务的工作模式和有效措施，促进流动人口卫生和计划生育信息共享与应用，提高流动人口卫生和计划生育基本公共服务可及性和水平，为建立流动人口卫生和计划生育基本公共服务制度积累经验。

• 学习贯彻十八届三中全会精神加强卫生计生文化建设暨纪念中国人口文化促进会成立二十周年座谈会在北京召开，座谈研究如何在新时期、新机遇中，充分发挥人口文化事业已经取得的成绩和经验，创新卫生计生社会大宣传的新思路和迎接新挑战；探讨交流加强社会组织能力建设的思考及做法。中国人口文化促进会名誉会长彭珮云，中国人口文化促进会会长李金华出席会议并讲话。

15 日

• 由中山大学、社会科学文献出版社联合发布的《中国劳动力动态调查：2013 年报告》显示，中国劳动力处于务农或全职就业状态的比例接近六成，不在业人口比例低于 10%。该报告是基于中山大学社会科学调查中心完成的 2012 年“中山大学社会科学特色数据库——中国劳动力动态调查”全国数据的第一份报告。

17 日

• 据新华社报道，近年来，我国户籍制度改革的步伐明显加快，力度明显加大，在解决农业转移人口落户城镇方面取得了一定成效。2010 年至 2012 年，全国共办理户口“农转非”2 505万人，为前三年的 2.2 倍。

18 日

• 国家卫生计生委、民政部、财政部、人力资源和社会保障部、住房和城乡建设部五部委发出《关于进一步做好计划生育特殊困难家庭扶助工作的通知》，提出对计划生育特殊困难家庭要加大经济扶助力度，做好养老保障工作，提高医疗保障水平，开展社会关怀活动。同时强调，各地要切实承担责任，加强组织领导，结合实际制订具体政策措施，进一步明确各有关部门职责，确保投入到位、工作到位、监督落实到位。

20 日

• 第一届食品安全国家标准审评委员会第九次主任会议在北京召开。国家卫生计生委主任、审评委员会主任委员李斌出席会议并讲话。目前，国家卫生计生委会同相关部门建立健全食品安全标准管理制度，加强重点食品安全标准制定、修订工作，已公布实施 407 项食品安全国家标准，基本完成食品标准清理工作。会议还审议通过了审评委员会 2013 年度工作报告和 18 项食品安全国家标准草案。

• 全国出生人口性别比综合治理工作会议在福建省福州市召开，会议指出，国家对地方的指导力度进一步加大；各地出生人口性别比综合治理工作稳步推进。会议通报了全国出生人口性别比综合治理“十二五”规划中期评估结果及联合督查情况。国家卫生计生委副主任王培安出席会议并讲话，福建省人大常委会副主任刘群英致辞。

22 日

• 中国人口学会 2013 年年会在北京举行。本届年会的主题是“贯彻落实十八届三中全会精神，逐步完善生育政策，促进人口长期均衡发展”。中国人口学会名誉会长彭珮云出席会议。中国人口学会会长张维庆，国家卫生计生委副主任、中国人口学会常务副会长王培安出席会议并讲话。中国人口学会常务副会长翟振武主持了年会开幕式。

24 日

• 首届中国国际老龄产业博览会启动暨保利地产集团养老战略发布会在北京新保利大厦举行。首届中国国际老龄产业博览会将于 2014 年 7 月 3—5 日在广东省广州市举办。同日，由全国老龄办主管、中国老龄产业协会主办，具有时政新闻特点和国际视野的《环球老龄》杂志（月刊），正式创刊出版。

25 日

• 据新华网报道，2013 年我国农民收入实现连续十年较快增长的“十连快”佳绩，预计全年农民人均纯收入比上年增加 1 000 元左右，农民工资性收入占比将首次超过家庭经营收入，农民收入结构发生重要变化。

28 日

• 第十二届全国人大常委会第六次会议通过调整完善生育政策的决议，单独两孩政策依法启动实施。

30 日

• 据新华社报道，中共中央、国务院近日印发了《关于调整完善生育政策的意见》。该《意见》是为贯彻落实党的十八届三中全会关于坚持计划生育的基本国策，启动实施一方是独生子女的夫妇可生育两个孩子的政策，逐步调整完善生育政策，促进人口长期均衡发展的决策部署，稳妥扎实有序推进调整完善生育政策而提出的。

第五篇

附　　录

● 会议综述

第二届全国"人口、就业与社会保障"学术研讨会会议综述

王莹莹　童玉芬

由首都经济贸易大学、中国人口学会、中国劳动学会共同主办，首都经济贸易大学劳动经济学院、人口经济研究所承办的第二届全国“人口、就业与社会保障”学术研讨会于2013年6月8日在北京会议中心隆重召开。出席本次会议的有首都经济贸易大学、中国人口学会、中国劳动学会三个主办单位的主要领导，有来自国家卫生和计划生育委员会流动人口服务管理司、发展规划与信息司、人力资源和社会保障部劳动关系司等政府部门的领导，有来自中国人民大学、南开大学、复旦大学、北京大学、西安交通大学、中央民族大学、西南财经大学、南京大学、武汉大学、吉林大学、福建师范大学、华南农业大学、中国社会科学院、全国妇联妇女研究所、北京市社会科学院、上海社会科学院、山东工商学院、中国劳动关系学院等多达58所高等院校和科研机构的近200位专家学者、研究生，以及《人民日报》《中国人口报》《人口与经济》《人口研究》《中国劳动》《中国少数民族人口》等国内著名报刊的领导和代表。大会开幕式由中国劳动学会副会长、首都经济贸易大学学术委员会副主任杨河清教授主持，中国劳动学会华福周会长、中国人口学会常务副会长翟振武教授、国家卫生和计划生育委员会王谦司长、首都经济贸易大学校长王稼琼教授分别为大会致辞，表达对“第二届全国‘人口、就业与社会保障’学术研讨会”成功举办的祝福和期待。

学术研讨于上午9:15正式开始，上午是大会主题发言，分上、下半场，上半场由中国人口学会常务副会长、中国人民大学社会和人口学院院长翟振武教授主持。人力资源和社会保障部国际劳动保障研究所莫荣研究员以“如何看待当前就业形势”为题，指出当前就业形势依然严峻，特别是大学生就业困难，结构性矛盾突出并解读了国务院关于解决当前劳动力供需矛盾的相关政策。南开大学人口与发展研究所李建民教授在“人口红利的终结与经济增长的减速”主题演讲中强调应对我国经济增长减速需要制度创新，特别是社会制度的改革，他认为很多就业问题的产生可能并不在于就业政策，而在于整个社会制度安排有问题，如果宏观的社会制度问题不解决，仅仅从具体政策层面去解决，那也只能是头疼医头，脚疼医脚，不能彻底地从根本上解决问题。国家发展和改革委员会社会发展研究所杨宜勇研究员提出人口红利的终结有利于促进我国经济社会发展方式的转型。复旦大学人口研究所王桂新教授在“中国人口迁移与城市化发展动向的考察”主题演讲中对我国人口迁移规模/强度、区域模式、城市化发展的未来动向做出了判断。中国人民大学段成荣教授以“北京市人口规模调控研究：人口流动受益者的责任重构”为题，指出人口流动受益者与责任者的受益和责任应该相匹配，中央政府、城市政

府、企业、市民、流动人口各尽其责，引导人口有序流动。大会主题发言下半场由中国劳动学会常务副会长、中国劳动保障科学研究院院长田小宝研究员主持。中国社会科学院郑真真研究员在“ICPD20 年全球人口形势变化及对中国的启示”演讲中提出人口变化的滞后效应和长期效应。另外，她认为人口本身不是问题，不能敏锐及时地意识到人口变化及其影响才是问题。西安思源学院经济贸易学院院长段兴民教授和西安思源学院经济贸易学院王莉娜老师共同做了“基于复杂系统的公共就业服务多元化体制创新研究”的演讲，从复杂系统理论的角度来构建公共就业服务的多元合作模式，运用复杂系统适应性理论剖析了该模式的运作并为该模式的顺利运行提供了建议。国家卫生和计划生育委员会王谦司长以“城市化健康发展应重点关注的人口问题”为题，总结了近年来人口流动的特点和发展趋势，提出促进大中小城市协调发展，引导人口合理分布，有序推进农业转移人口市民化，促进流动人口社会融合，适应大规模人口流动迁移需要，推进人口管理体制改革等建议。全国妇联妇女研究所谭琳教授在“她们缘何要求与男性同龄退休?”的发言中指出机关事业单位女性与男性在受教育程度和健康状况方面相差无几，但是十年来女性实际退休年龄下降，性别差距不断拉大；对机关事业单位女性职业发展机会和退休生活产生了非常不利的影响，建议男女退休应有一个相同的上限和下限。首都经济贸易大学童玉芬教授探讨了中国城市化进程中超大城市的人口增长问题，分析了超大城市人口增长的机制、中国超大城市人口增长的现状以及未来的发展趋势。

6 月 8 日下午是大会专题论坛，分别是“人口与发展”专题论坛、“人口老龄化与社会保障”专题论坛、“就业与人力资源开发”专题论坛，共有 38 位专家学者做了精彩的专题发言。下面按照分论坛主题对专家学者的主要观点进行综述。

一 “人口与发展”专题论坛

学者们发言的内容主要围绕生育政策、生育意愿、少数民族人口、流动人口、城市化等相关问题。关于生育政策问题，陈友华教授在“机构改革背景下的中国计划生育新去向”的发言中认为，人口计生部门被拆解本身就表明中国强制性计划生育历史的终结，中国也因此逐渐向后计划生育时代过渡。庄国波教授基于公共管理的视角认为，多年来关于中国计划生育政策中两种对立观点的争论双方观点都有一定的依据，有些问题的产生是公共管理不到位造成的，与政策本身并无直接的关系。周长洪教授在“影响家庭幸福感的因素”发言中指出，根据“六普”数据，我国家庭呈现规模微型化、结构扁平化、类型特殊化以及老人家庭空巢化的典型特征，这表明家庭发展存在着极大的脆弱性和不稳定性，家庭作为社会稳定器的作用在逐步削弱。由此，他认为社会政策的制定应更多地考虑微观家庭的状况。孙晓明教授以“农村中老年女性人口生殖健康服务机制研究”为题，建议卫生计生部门加强女性更年期生殖健康服务。关于生育意愿问题，张建武教授在“广东‘80 后’生育意愿及其影响因素”发言中指出广东“80 后”传统的生育观念依然存在，生育意愿出现内部失调，对于开放二胎生育呼声较为强烈。关于少数民族人口问题，马正亮教授分析了我国少数民族人口发展与变化趋势，艾尼瓦尔·尼吉木教授介绍了新疆各民族人口空间分布格局及其变动，徐世英教授分析了我国少数民族在业人口的职业结构，蔡果兰教授介绍了新疆各地区人口与自然资源承载力的匹配模式。关于城镇化和流动人口问题，朱宇教授在“两代流动人口在城镇定居意愿的代际延续和变化”的发言中指出，尽管较之第一代流动人口而言，新生代流动人口在个人特征上已发生了有利于其在城镇定居的较为显著的变化，但其在城镇的定居意愿很大程度上仍延续了第一代流动人口的特点，整体上仍未发生从循环流动向在城镇定居的根本性转变。张力教授对中国流动人口的多元统计口径给出了更加准确的界定。亓昕教授以对建筑工群体的考察为例介绍了我国农民工城市融合的现状与困境。刘德鑫教授则介绍了对新型城镇化远郊农村的“上楼”问题的访谈情况。

二 “人口老龄化与社会保障”专题论坛

专家学者们就中国人口老龄化发展趋势、我国社会保障体制改革、养老意愿、养老服务等问题进行了探讨。人口老龄化是社会保障制度改革和研究的重要背景。苏杨研究员在“中国人口老龄化：发展趋势、经济影响和应对策略”的发言中从宏观层面论证了我国人口老龄化的发展态势。关于社会保障制度的改革，任远教授在“适应人口流动性推动社会保障体制的改革”发言中指出，分户籍、分地区、分城乡的碎片化的社会保障体制安排和人口流动性的日益增强构成一对尖锐的矛盾，为解决这一矛盾需建立城乡一体化、区域一体化乃至国家整体性的社会保障计划，使不同社会保障项目能够成为有机衔接的整体；褚福灵教授在“基本养老保险全国统筹探讨”的发言中提出了实现基本养老保险全国统筹两个方案，即基础养老金全国统筹方案和基本养老保险基金全国统筹方案；傅志明教授在“从过度保障到弹性保障：欧盟劳动者保障模式的变迁与启示”的发言中认为要建立弹性保障制度，也就是要正确处理市场与社会保障的边界，从而有利于提高劳动力市场的活力；仇雨临教授以“我国医疗保障制度转型与发展路径”为题，提出了我国医疗保障制度转型的方向、路径以及实现转型的条件。关于社会保险以及公共服务方面问题，吕学静教授在“我国失能老人专业照护的缺失与应对”的发言中，触及了社会保障面临的新问题即人口老龄化带来的老年护理的需求并提出了五个需要关注和解决的问题；杨成钢教授对未来十年四川省人口年龄结构进行测算，并对养老公共服务资源的供求差异进行分析；胡苏云教授分析了人口老龄化和医疗技术进步对医疗保障制度费用上涨的影响，通过定量分析表明医疗技术进步对医疗费用上涨的影响更大；黄健元教授以江苏省为例对人口老龄化背景下如何平衡基本养老基金进行了研究；肖严华副研究员以社会保障缴费率为切入点来探讨我国社会保障制度的改革；刘娟副教授在社会保险法的框架下提出了生育保险个体利益的帕累托改进三条路径；张启新副研究员介绍了上海市黄浦区瑞金二路街道“健康福利便利站”的案例，提出社区养老对应对人口老龄化的重要性。

三 “就业与人力资源开发”专题论坛

学者们主要探讨了我国劳动力流动、如何提高就业能力、促进就业以及人力资源开发实现途径等问题。董克用教授在“脆弱性短缺与结构性过剩”发言中指出，目前我国生产性供给短缺与大学毕业生过剩问题并存，并全面深入地分析了产生这一现象的原因。徐斌教授以微观就业为视角，提出了高组织效能下人才发展阶梯即提升人才内部就业力和竞争力的三个要素：理念、时间管理以及领导力。纪韶教授根据“六普”数据分析了不同城市群之间吸引力差异、内部流动活性的差异，以及通过建立区域经济互为影响因素模型定量分析了区域经济与区域人口流动的关系。尚珂教授分析了我国按比例安排残疾人就业地区差异及其影响因素，研究表明我国按比例安排残疾人就业地区差异较大，地区生产总值、地区政策差异以及地区间的残疾人受教育水平不同是其重要的影响因素。刘金祥教授探讨了体面劳动的内涵、劳动者实现体面劳动存在的问题以及实现途径。张呈琮教授分析了河北省三次产业的就业潜力，并给出了进一步挖掘二三产业就业潜力的思路和对策。刘平青教授以农民工样本为例研究了员工个体与组织在收入、价值观、能力以及压力等四个维度的匹配，他认为农民工与企业处于一种低层次的匹配状态。陈卫民教授在“1950 年以来发达国家人口老龄化过程中的产业结构转变”的发言中指出，人口老龄化对服务业发展有显著的正向影响，对服务业就业的影响大于对产值的影响，老龄化也会通过劳动力成本路径刺激生产服务业的发展。李琦教授基于北京市社区公益性就业组织的研究探讨了公共就业服务定位、存在的主要问题以及未来走向。此外，黎煦副教授比较了非正规就业者和正规就业者的工作满意度；谭永生副研究员提出了新形势下促进就业要实现“四个转变”的观点；杨慧副研究员研究了新世纪女性的就业结构和性别隔离情况；侯建明副教授分析了影响吉林省流动人口就业的因素。

全国“人口、就业与社会保障”学术研讨会已成功召开了两届，为人口学和劳动科学的专家学者搭建了深入交流与沟通的平台，在交流过程中达成不少共识，成果丰硕，但也存在一定的争议。我们相信，这样的合作与交流将对两大学科的发展产生重大的推动作用。

（作者单位：首都经济贸易大学人口经济研究所
本文原载《人口与经济》2013 年第 4 期）

部分新兴经济体的进城农村转移人口及其就业与住房保障

——2013年新兴经济体智库圆桌会议综述

夏　锋　李子明　郭文芹

2013年11月3日，“2013年新兴经济体智库圆桌会议”在中国（海南）改革发展研究院（简称“中改院”）举行。中改院院长迟福林教授应邀在开幕式发表主旨演讲，分析了中国以农民工为主体的农村转移人口市民化对经济转型升级与走向消费主导的经济增长和公平可持续发展的重要意义、核心内涵、基本路径及改革需求。中改院研究人员与来自巴西、俄罗斯、印度、南非、墨西哥、印尼、土耳其等国智库的专家学者围绕“农村转移人口市民化的趋势与挑战”、“农村转移人口非农就业现状与挑战”、“农业转移人口基本住房保障的现状与挑战”三个议题进行了深入交流。部分新兴经济体智库的专家学者介绍的有些情况和提出的一些观点对我国推进城镇化转型、加快以农民工为重点的农村转移人口的市民化具有一定的参考和借鉴价值。

一　新兴经济体农村人口转移流动的趋势与挑战

1. 新兴经济体农村人口转移现状

南非总统经济监测评估部官员祖玛介绍说，由于长期实行的种族隔离制度，南非政府采取严格的“流入控制”等措施，导致南非人的城镇化水平长期低位徘徊。白种人和其他有色人种的城镇化率始终超过非洲黑人。2001年，非洲黑人的城镇化率只有47%，而白人的城镇化率高达90%，其他有色人种为87%。20世纪80年代，南非废除“流入控制”制度，1994年开始实行自由流动制度，城市化开始加速。在2001—2011年间，南非城市人口比重从57%上升到67%。

墨西哥学院人口、城市与环境研究中心教授索布里诺指出，在1980—2010年之间，墨西哥大都市区人口占全国人口的比重从61%上升至70%。30年间的人口流动有5个特点：第一，墨西哥城大都会区人口增长大幅下降，从净迁入转变为净迁出；第二，与美国接壤的中部北部边境地区的大城市人口增长十分显著；第三，内部迁移模式发生变化，开始以城市向城市的流动为主；第四，人口集聚从农村到城市流动为主转变为从中小城市向大都市流动为主；第五，新兴城市数量加速增长，吸纳了相当数量的从农村到城市、从老城市到新城市的内部转移人口。

印度观察家研究基金会高级研究员艾加介绍说，70多年来，印度人的城镇化大起大落。在1941—1951年间，城市人口占比从不足20%提高到41%。在1951—1961年间，城镇人口占比不升反降。1961—1971 年间，城镇人口占比平稳上升，1981 年达到 46%。1981 年以来的 30 多年间，由于城市生活成本太高，越来越多的人选择居住在毗邻大型城市中心的郊区，城市人口增长率再次下降。2011 年印度人口城市化率仅为 31.8%。

俄罗斯西北战略研究中心研究部部长迪米特里指出，俄罗斯的城市化稍晚于其他工业化国家，但城市人口一直稳步增长。在人口的空间布局上，移民大半集中于圣彼得堡地区、中东部、西北部，西伯利亚以及乌拉尔地区的城市，主要在冶炼、交通、能源等制造加工行业就业。多年来，移民不断从莫斯科地区的周边向莫斯科市集聚，也不断从列宁格勒州向首府圣彼得堡集聚。在这些移民中，年轻移民以及男性移民占绝大多数，穆斯林人口占了 85%。

2. 新兴经济体农村转移人口的流动趋势

祖玛指出，南非人口流动呈现出“一快一慢”的趋势。虽然人口大规模从农村转移至城市的进程仍在继续，越来越集中在人口密集地区，主要集中在大都会区和二级城市。由于城市就业难度增大，迫使越来越多的进城农村转移人口回流到城市郊区。

索布里诺指出，在墨西哥，并非所有境内迁移都是从农村向城市流动，而是呈现出三个主要趋势：一是劳动力迁移，缺乏劳动技能的单身女性以就业为目的从小城镇流向大城市；二是有劳动技能的人为寻求更好的生存发展环境在同等规模的城市之间流动；三是回迁，缺乏劳动技能的人从大城市回到生活成本相对较低的农村地区。

艾加介绍说，根据 2011 年的人口普查，印度有 3.77 亿人（31%）居住在 7 935 个市镇与 521 个城市中，其中大孟买、德里和加尔各答的人口都超过 1 000 万。2001—2011 年，印度城市总人口增长到 31.8%，从 2001 年的 2.88 亿增长到 2011 年 3.77 亿。根据相关研究，2010—2050 年，印度城镇人口规模将达到 4.97 亿，而在此期间中国新增城镇人口规模只会有 3.41 亿，美国为 1.03 亿，尼日利亚为 2 亿，印度尼西亚为 0.92 亿。

土耳其经济政策研究基金会克鲁格卢指出，土耳其是个多民族和多文化的国家，移民历史与城市化进程交相呼应。1945—1980 年，土耳其的城市化过程不但包括周边农村人口向中心城市的集聚，也包括了跨地区的农村人口向城市的集聚。1975 年之后，土耳其农村转移人口不再仅仅是农村剩余劳动力的转移，而是整个家庭从农村到城镇的社会迁移。在 1950 年到 1980 年的 30 年间，城镇人口占比从 25% 快速增长到 1980 年的 80%。

3. 新兴经济体农村人口转移的动因

祖玛认为，南非农村人口转移的动因主要是经济机会的差异，农业部门的失业和就业的不稳定性是南非农村人口转移的主要动因。在南非，有 5 个大城市的经济总量占全国 GDP 的 52% 以上。豪登省的面积只有 1.83 万平方公里，仅为南非全国面积的 1.5%，但该省三大城市的经济总量就占到南非 GDP 的 32%。豪登省一个省的制造业占全国的 35%，贸易、服务业占全国的 21%，金融服务业占 19%，运输占 10%。过去 10 年，大城市的强劲经济增长，吸引大量农村人口转移。

南非非洲研究院研究部部长西梅拉内强调，在非洲，人口从农村迁入城市的主要原因是农村地区政治的不稳定和城市经济增长为农村人口带来的就业机会。但是，南非同样存在人口从城镇流回农村的现象，其主要原因是这些城市的就业机会减少、收入过低、生活成本太高。

索布里诺指出，随着由就业机会、较高收入等构成的城镇吸引力的式微，2010 年以来，墨西哥所有城市的人口迁移强度呈下降趋势，每年每千居民中的流动人口从 11.4 人降至 9.6 人，大型城市每年每千居民中的流动人口从 8.9 人降至 7.0 人。而中小城市由于生活成本相对较低，正在成为吸纳农村转移人口的主要载体。

艾加指出，农村地区发展停滞而新兴城市的兴起带来各种经济机遇，是印度农村人口向城市大规模迁移的主要原因。农村经济的发展难以维持农村人口生存和再生产，迫使村民迁往城镇。印度农村人口向城镇转移的其他重要原因包括就业、教育及婚姻。

4. 新兴经济体农村转移人口带来的治理挑战

祖玛认为，南非农村人口转移滞后与无序有其深刻的历史根源，种族隔离制度曾严格限制人口在全国范围内的流动。“流入控制”和《种族区域法》等臭名昭著的法律，通行证法规迫使黑人的城市化进程混乱无序。黑人被迫住在同一种族区域，在农村难以获得土地、在被迫居住的城镇就业困难，无论是仍然居住在种族隔离时期划定的农村地区还是已经转移到种族隔离时期划定的城镇地区的黑人，不仅就业难，而且难以享受基本的公共服务。这是南非农村人口转移面临的最大挑战。

西梅拉内指出，为了预防人口膨胀、交通拥堵、资源紧缺等大城市病，南非城市化坚持“小就是美”的理念，不给农村转移人口提供教育、医疗、住房等基本公共服务，迫使流入城镇的农村人口自动离开城区。对农村转移人口的社会排斥成为南非城镇化悖论。

索布里诺指出，在国际金融危机导致的经济危机背景下，墨西哥农村居民收入过低难以承担迁移成本，城镇就业机会减少，农村人口老龄化问题日益严重。这三个问题都是墨西哥与农村人口转移相关的公共治理挑战。

艾加指出，印度农村人口迁移产生了许多消极影响。一是贫困农村人口进入城镇后的自卑感和沮丧感导致毒品泛滥、犯罪率攀升；二是农村转移人口大多在城镇非正式经济部门就业，工资低、生活和健康无保障；三是庞大的农村转移人口给现有基础设施和公共服务供给造成巨大压力，贫民窟数量剧增，贫民窟住户比重占到城镇居民户数的17.4%。贫民窟聚集地生活环境恶劣，加快了传染病的蔓延；四是导致城镇人口性别比严重失衡。

迪米特里认为，俄罗斯外部移民带来的治理问题对其他新兴经济体内部移民面临的治理挑战具有一定的启示。2012年，进入俄罗斯的外部移民有1 100万，仅有134万是合法移民。种族、文化和宗教的多元化，移民的年轻化以及低教育水平，导致民族冲突日趋严重。

克鲁格卢指出，土耳其人口迁移带来的最大治理挑战是失业。2010年，土耳其的男性就业率远低于欧洲平均水平的77.6%，只有70.8%；女性就业率只有27.6%。究其原因，在于农村转移人口中的女性受教育程度较低。

5. 有效应对农村人口转移带来的治理挑战与制度创新

祖玛认为，城市化、工业化进程并不能自动提高农村转移人口的生活水平，首先，必须从宪法上保障农村转移人口在城镇的生存权利、就业权利和分享基本公共服务的权利，打破事实上存在的对农村转移人口的就业歧视和社会排斥等制度。其次，被动的、渐进式的政策法规调整难以及时而有效地保障农村转移人口在城镇的公民权利，必须站在保障农村转移人口在城镇的宪法权利的高度，超前规划农村转移人口的住房、交通和教育医疗公用设施建设。

索布里诺提出，公共政策应根据人口迁移及时做出调整，特别应加大农村转移人口迁入地的基础设施投资和公共服务。

艾加建议，为确保农村贫困的迁移人口在更大程度上分享城镇基本公民服务，一是应保证包括农村转移人口在内的所有城市居民有资源、有机会和有能力参与公共决策；二是应统筹协调政府相关部门的农村转移人口的政策规划；三是建立各级政府、企业和民间社会组织之间的合作伙伴关系，形成保障农村转移人口公民权利的社会合力；四是应制定并实施基本公共服务均等化标准，让非政府组织参与公共服务；五是城市规划建设应充分考虑以农村转移人口为主体的城镇非正规就业人口的就业和住房等基本生存需求。

迪米特里建议以保障农村转移人口在城镇的公民权利为目标，创新财税政策，增加公共投入，鼓励和支持农村转移人口的教育培训，增强不同种族和宗教人群的相互理解和包容，为农村转移人口公平提供平等参与城镇经济发展的机会，实现包容性的城镇化。

二　新兴经济体农村转移人口住房保障的挑战与对策

尼迈尔指出，巴西缺乏外来流动人口住房规划，迁移人口不得不在国有土地上私自搭建住房。由于居住者甚多，政府一直默认这些违法建筑的存在，并提供必要的水电等市政服务。1980年底，政府出台政策法规，使70%的违法自建住房合法化。但目前巴西城市住房高档化趋势明显，这种趋势越来越把贫穷弱势的转移人口排斥在城市房地产市场之外。贫民窟违法建筑的合法化，产生“盆地效应”，导致贫民窟大量增加，外来流动人口大都通过这种方式在城市中扎根，新的非法居住区不断涌现。

索布里诺介绍说，墨西哥全国的城市中有2 400个贫民窟，墨西哥城占了五分之一，贫民窟居住人口约400万。起初，墨西哥政府也对贫民窟违法自建住房采取默认态度，但20世纪50年代以来，墨西哥政府一直在通过强拆逼迁疏散贫民窟的居民。他认为，在建筑材料价格持续上涨、房地产开发成本上升、房价水涨船高的情况下，必须提高雇主为雇员提供的住房补贴标准。墨政府要求对参与全国劳动者住房基金的职工实行低利率购房贷款政策，对超低收入阶层实行梯级利率制度，购房贷款利率随收入减少而降低，从而减轻还贷负担。虽然这是针对所有劳动者的，但已经就业的农村转移人口也会直接受益。

艾加指出，为减少城市贫民窟，印度政府组织建造政府居住区，但效果并不好。目前，孟买大约有40%的人口仍然住在棚户区和贫民窟。印度宪法规定，所有印度公民都享有在印度领土内自由迁徙、在任何地方居住和定居的权利，保证印度农民可以自由迁往城市。20世纪60年代以来，农民开始不断涌向城市，大约1亿人生活在缺少水、电、基本医疗、教育和失业保障的贫民窟中。与巴西的贫民窟不同，印度的贫民窟建在私人土地上，大规模整改的困难很大。开发商必须和土地所有者进行繁琐的协商，政府难以通过行政手段推动大面积强拆。除此之外，印度贫民窟的居民缺乏投票权和政治参与能力，难以形成促使政府为其提供住房保障和基本公共服务。

克鲁格卢介绍说，欧盟援助土耳其的伊斯坦布尔、安卡拉、伊兹密尔和布尔萨等地为外来流动人口提供住房保障、就业、教育、医疗、社保等基本公共服务，促进流动人口经济社会融入，但效果如何还有待观察。

柯尼亚金宁介绍说，俄罗斯部分地区的政府通过建立“土地银行”，给外来移民租赁土地建设住房创造条件，这种做法也许对其他新兴经济体有一定的借鉴价值。

郎哈默尔介绍了德国福利性住房体系和住房券发放的经验。德国有三分之二的家庭租房而居，针对贫民的廉租房价格相对低廉，且实行差别定价，对于相同质量和位置的住房，对来自不同家庭背景和不同经济状况的租客实行差别性租价，对于低收入家庭可以支付一半房租；对流动人口也有一定优惠。他认为，这种做法可以避免集中兴建廉租房社区带来的社会隔离。他建议，新兴经济体城市当局进行社区规划时，可规定在新开发社区内，为移民和低收入者建设的公共住房必须占有一定的比例，从而改善不同阶层之间的交往交流和空间共享，促进社会的和谐稳定发展。

阮图安指出，德国的经验可能难以在发展中国家立即推广。德国已经完成了城镇化，而新兴经济体依然有大量的人口流动，存在对租客经济状况和身份的识别困难。

三　新兴经济体农村转移人口的公共就业服务

艾加指出，印度农村转移人口大多在城镇非正式经济部门就业，劳动条件和环境很差，劳动安全问题非常突出。为解决农村转移人口在城镇的就业问题，印度采取了一系列措施，如出台“市镇就业计划”，责成印度住房和城市扶贫部监督全国城市实施。为保障农村转移人口的收入，印度先后出台了《商店 & 机构行为法案》《员工的公积金与杂项规定法案》《奖金法案》和《员工的国家保险法案》，明确规定了工作时间与法定节假日、缴费比例以及享受的待遇水平等。

索布里诺指出，在墨西哥劳动力市场，流动人口收入水平的性别不平等问题突出，男性流动人口的收入是女性的 1.44 倍，这是就业服务缺失的后果。

南非人口流动与社会发展研究中心主任布兰多建议，与其任由农村人口为了就业和追求更高收入而迁移到城镇，不如鼓励对农村地区的投资，促进农村地区的工业化和农村人口的城镇化，就地为农村转移人口开辟就业渠道，提高其收入水平。

朴之水认为，农村流动人口就业服务的重要内容应是社会保障的覆盖。他建议增加农村流动人口社保个人账户的缴纳渠道，增强流动人口对社会保险制度的信心；增加离岗时将社保账户取现的选择；提高社会保险的统筹层次，增加社会保险的易携性，促进不同城市之间社保项目的可移植性；增加一般性财政对社会保险的投入；出台《社会保险法》，提供强制参保的法律依据。

祖玛建议，应该提高流向城市的农村转移人口组织化程度，破除农村流动人口在城镇就业和享受劳动者报酬及其劳动者福利的体制制度障碍；争取政府的更大支持，使流入城镇的农村转移人口与城镇居民平等享受宪法赋予公民的权利。

南非国际关系高级研究员德雷柏认为，新兴经济体国家的各级政府应该进一步加强流入城镇的农村转移人口的教育和技能培训，组建规范的就业服务机构，强制推行全民社会保险，提高农村转移人口在城镇的就业质量。

（作者单位：中国（海南）改革发展研究院
原载《经济体制改革》2014 年第 1 期）

"进城务工人员随迁子女公平接受教育的财政制度设计"专题研讨会综述

张 眉

进城务工人员随迁子女教育问题是我国城市化过程中的教育难题和重大社会问题，该问题的解决对我国社会公平和社会融合将产生重大影响。为了探讨我国进城务工人员随迁子女教育的新情况、新问题，及如何应对大规模随迁子女的受教育问题给我国义务教育管理体制和财政体制带来的挑战等问题，北京大学中国教育财政科学研究所受财政部和联合国儿童基金会的委托，于2012年秋承担了"公共财政支持流动儿童公平接受义务教育问题"课题的研究工作。课题组在贵阳、上海、广东等地进行了专题调研，获得了初步的实证发现。为进一步完善针对随迁子女教育问题的政策设计，北京大学中国教育财政科学研究所于2013年3月1日组织召开了"进城务工人员随迁子女公平接受教育的财政制度设计"专题研讨会。财政部和联合国儿童基金会相关部门负责人，北京、上海、广东和贵阳四省、市的教育管理者，以及来自京、广、沪、汉等地的人口学、社会学、经济学和教育学等领域的学者约50人参加了此次会议。与会者围绕我国各地随迁子女教育的实践和挑战，随迁子女教育问题的重点、难点，以及相应的财政制度设计进行了深入研讨。

一 各地解决随迁子女教育问题的措施

2001年《国务院关于基础教育改革与发展决定》提出"以流入地管理为主、以公办学校接受为主"（以下简称"两为主"）政策以来，各地政府针对随迁子女教育问题的政策有了明显的改善，已经从早期的被动应付转变到逐渐地改善管理并扩大服务，有些地方还进行了制度创新。各地采取多种措施，落实"两为主"政策。具体措施为：

通过简化入学条件、增加公办学校的班额等措施，吸纳进城务工人员随迁子女进入公办学校就读，取消赞助费、借读费，落实免费义务教育政策。目前，大部分地区已经实现以公办学校为主接纳随迁子女，但仍有部分地区随迁子女入读公办学校的比例低于50%，如贵州省贵阳市、广东省广州市和东莞市。

将进入公办学校接受义务教育的随迁子女纳入公共财政保障体系，进入公办学校就读的随迁子女均可享受与户籍学生同等的待遇。部分地区以常住人口数而不是户籍人口数为基数配置公办教育资源，保证父母在流入地工作和居住的儿童享受免费义务教育，比如上海市。值得指出的是，部分地区扩大了对随迁子女提供的教育公共服务范围，如上海市从义务教育延伸到学前和初中后教育。

部分地区对民办学校也提供财政支持并进行管理。大部分地方政府对民办学校提供部分经费资助，如贵阳市对经市、区（县）教育行政部门批准承担外来务工人员子女义务教育的民办学校给予生均公用经费补助；少部分地方政府对民办学校提供全额资助，如上海市市区两级政府根据教学成本和实际需要对本市以招收农民工同住子女为主的民办小学足额拨付教育经费，为了保障公共经费的有效使用，部分地区还建立了相应的财务管理制度，如上海建立了《上海市以招收农民工同住子女为主的民办小学资产与财务管理办法》，对民办学校进行预算管理、财务管理、资产管理和监督管理等。

此外，部分地方通过提高民办学校准入条件、规范民办学校办学行为，对进城务工人员自办的打工子弟学校进行规范和管理。

二 随迁子女教育面临的主要挑战和具体问题

随迁子女教育问题关系到上亿流动人口的切身利益，妥善解决随迁子女教育问题是促进社会和谐与稳定、解决我国人力资源短缺问题、促进社会公平与社会融合，以及提高教育资源配置效益的重要途径。从认识和研究层面来看，目前我国随迁子女教育面临着对流动人口群体认识不足、对流动人口相关理论假设缺乏严谨的实证研究、对地方政府动力机制认识不清，以及是否应该对民办学校提供公共资助等挑战。从中微观层面来看，随迁子女教育尚面临一系列问题，主要包括：随迁子女分布不均，义务教育阶段整体教育质量偏低、非义务教育阶段入学难，以及部分地区入学门槛有所提高等。

（一）随迁子女教育面临的主要挑战

1. 对流动人口群体认识不足

虽然已有许多有关随迁子女教育问题的研究，但有与会者指出，流动人口及其随迁子女基础数据的缺失一直是随迁子女教育政策研究的一大障碍。造成基础数据缺失的主要原因有二：一是统计信息不公开；二是人口统计口径的混乱。同时，有与会者指出，我国人口格局变化存在着很大的不确定性，给政府配置教育资源带来了很大的困难。整体而言，学界对于流动人口群体的认识仍然不足，对我国人口格局变动及其对教育政策的影响仍缺乏研究。

有学者根据第六次人口普查的数据分析了我国人口变动的趋势，认为我国人口变动的趋势主要体现在人口变化的不确定性、低生育率、出生性别比失衡、预期寿命的增长以及家庭结构与抚养模式的变化等方面。其影响主要在于：人口变化的不确定性导致政府无法更好地配置教育资源；低生育率则使适龄受教育人口减少；出生性别比例失衡则可能导致男性必须通过更多的教育投资以在婚姻市场中获得更大的竞争力；预期寿命的增长导致就业时间和教育收益期延长，从而使教育投资需求增长；流动人口缺乏社会支持（如家庭支持）将导致其子女的教育成本加大，从而在竞争中处于不利地位。因此，与会专家建议：为流动人口子女提供教育服务体系与财政体系的双重支持；通过构建充分、灵活的教育资源以应对人口变化的不确定性；处理好中央和地方的关系，尤其是鼓励更高级别政府投入基础教育，以应对教育的正外部性。与会专家还建议，应提高流动人口子女的教育投入水平，进而提升该群体的素质及其在劳动力市场上的竞争力。

2. 对流动人口相关理论假设缺少实证研究

“洼地效应”和“低端人口论”是目前影响我国流动人口及其管理的两个主要的理论假设，正如有与会者所指出的，这两个理论假设相关的论点和实践都缺乏足够的实证研究作为基础。

（1）“洼地效应”问题

“洼地效应”是各地政府在解决随迁子女教育问题时普遍比较担心的问题。其核心在于：公共福利政策的改变是否会影响人口的流动？随迁子女教育问题解决得越好是否会导致更多的人口流动从而导致更多随迁子女的流入？赞同者认为，城乡教育差异悬殊，必然会诱使农村适龄儿童流入城市接受较为优质的教育，从而对城市义务教育产生巨大的需求。还有与会者认为，政策的吸引力是“洼地效应”产生的部分原因。就大范围（如不同省份之间）而言，“洼地效应”的影响力不大；但就小范围（如同一省内）而言，“洼地效应”的确存在。

反对者则认为，各大城市流动人口的增长与随迁子女受教育情况的改善并没有直接的相关性。有研究者指出，因某地随迁子女教育政策的友好性而选择到某地接受教育的随迁子女占某地随迁子女总数的比例相对稳定，某个地区随迁子女教育问题解决得好或差，并不会对流动人口的迁移产生影响。还有学者认为，随迁子女是由于更多的流动人口进城工作而相应产生的，而非更好的教育政策带来的结果；除非随迁子女在流入地可以就地参加高考，否则很难出现真正意义上的“洼地效应”。

（2）“低端人口论”

“低端人口论”正在成为影响流动人口管理的主流理论。持“低端人口论”的城市管理者认为，为了控制城市人口规模，应该实施人口准入制度，通过发展高端行业、产业、企业使“低端”流动人口在城市无法生存而离开城市。因此，是否为城市创造了足够的财富并缴纳了相应的税收，成为流入地政府为流动人口提供公共服务的前提。目前，以“低端人口论”为理论基础的“积分制”已经成为广东省应对流动人口管理及随迁子女教育问题的主要政策。这一理论也正在逐渐影响其他城市，如上海、浙江杭州等地也开始试点“积分制”。

然而，对“积分制”持否定态度的与会者认为，积分制并不是解决随迁子女教育问题的好办法。其弊端在于，“积分入学”可能成为地方政府不努力解决随迁子女公平接受教育的借口。还有与会者指出，“积分制”可能造成劳动力市场低端人才的紧缺，如北京市劳动力市场中低端人才呈现供不应求的情况，部分企业出现了“用工荒”。

3. 政府解决随迁子女教育问题的动力不足

在解决随迁子女教育问题上，不同地方政府的态度和行为有着较大差异。有的地区态度比较积极，公共财政对随迁子女教育的支持力度比较大；而有的地区态度比较消极，财政支持力度比较小。

有学者认为，中央政府强调政治动员，因而重视价值观的构建和传导；基层政府由于直接面对社会问题，因而更为重视现实资源和利益的配置。在地方政府层面，由于无法挑战国家政策的权威性，缺乏向上级政府博弈的能力，所以出现了最常见的“上有政策，下有对策”现象。具体表现为：或消极应对，口头宣示而不作为；或强调困难，高筑门槛，变相抵制流动儿童入学，导致国家政策落地变形。该学者还指出：影响地方政府决策的两个主要因素是价值观和资源禀赋。资源约束和财政能力是重要因素，但能否真正解决问题关键在于地方领导人的价值观，即是否愿意解决。有与会者对此持保留态度，认为地方政府教育财政投入是一个复杂的行为，其背后的规律值得进一步研究。

4. 是否对民办学校提供公共财政支持仍存在争议

政府是否应该对民办学校提供公共财政支持？在民办学校就读的学生是否应该获得公共财政的支持？与会者对这一问题大多持肯定态度，但仍有诸多顾虑。原因在于：一是民办打工子弟学校的合法性不足。在大多数地方，部分民办打工子弟学校尚未获得政府的审批，因此政府很难对其进行资助。二是民办打工子弟学校教育质量较低。从调查结果来看，公办学校的教育质量的确高于民办学校，因而民办学校能否提供合格的义务教育有待考量。三是民办打工子弟学校缺少保证公共投入安全的财务制度。由于担心民办学校将公共投入中饱私囊，很多地方政府对是否为民办学校提供公共财政支持仍然持谨慎的态度。

（二）随迁子女教育面临的具体问题

与会者认为，随迁子女教育仍然面临很多问题，主要包括：

第一，随迁子女分布不均衡。主要集中在北上广等一线城市、珠江三角洲及长江三角洲的部分城市，因而这些城市往往面临着较大的随迁子女教育压力；其它省会城市和二三线城市的随迁子女教育问题已经基本解决。

第二，不同教育阶段随迁子女教育问题的重点不一。其中，学前教育和初中后教育的主要问题是“入学难”的问题；义务教育的主要问题从“入学难”变成了“上好学”的问题。随迁子女义务教育质量整体堪忧，在初中阶段这一问题尤其突出。此外，初中还存在严重的辍学问题。

第三，在北上广等一线城市，随迁子女进入公立学校接受义务教育的门槛仍然较高，近年来还出现了门槛从明转暗，甚至有所提高的现象。例如，根据东莞市教育局发布的《2013 年东莞市义务教育阶段新莞人子女积分制入学积分方案》，随迁子女进入公办学校就读需要根据父母的学历、职称的高低、社保年限等 11 个项目分数的累积。2013 年东莞市为随迁子女提供的学位仅 22 497 个，而 2012 年东莞市随迁子女总数已达 609 100 名，公办学校资源供给严重不足。

第四，仍有大量义务教育阶段的随迁子女不能享受免费义务教育。据不完全统计，全国在民办学校就读的随迁子女数量在 200—300 万之间，其中广东省 202.2 万（2011 年）、北京市 14.3 万（2010 年）、贵阳市 9.88 万（2011 年）。在民办学校就读的随迁子女仍需要缴纳不菲的学杂费，如在北京市的民办打工子弟学校，每个学期收费达 1 000—1 500 元；广东省民办学校的收费则更高。

三 解决随迁子女教育问题的政策建议

与会者认为，随迁子女教育问题的政策目标应该包括公平、效益、社会融合以及自由选择的权利，具体表现在：（1）切实落实随迁子女享受免费义务教育政策，实现最基础的教育公平，进而实现随迁子女接受义务教育财政的横向公平和纵向公平；（2）保障随迁子女在城市接受有质量的义务教育，从而提高我国教育的整体效益；（3）通过随迁子女教育实现社会融合；（4）允许不同办学主体的合法存在，保障随迁子女接受教育的自由选择权利。因此，公共财政支持随迁子女平等接受义务教育的目标应包括：一是落实随迁子女免费接受义务教育的政策；二是实现所有随迁子女公平接受义务教育；三是通过随迁子女公平接受免费义务教育实现社会公平和社会融合。在此基础上，与会者提出了解决随迁子女教育问题的若干政策建议。

从社会发展的角度综合考虑随迁子女教育问题。部分与会者认为，解决随迁子女教育问题应以国家总体改革和发展的战略趋势为起点；地方政府应建立以常住人口为主的公共服务体制，提供面向全体居民的均等化的基础公共服务。从更深层次考虑，解决随迁子女教育问题需要考虑城乡一体化和社会发展，通过户籍制度改革，将“农民工”转化为“新市民”，同时将附着于户口的福利与户口相剥离。

改变现有的“两为主”政策框架。与会者建议，将随迁子女教育“两为主”的政策框架改为“由中央和地方分担随迁子女的教育责任”。在具体实施方式上，可以采取政府委托办学、购买服务等多种方式保障随迁子女在流入地接受义务教育。此外，有学者提议将“两为主”政策中的“以公办学校为主”的提法去掉，仅保留以“流入地政府”为主，强化随迁子女教育问题的政府责任。

提高随迁子女教育的政府财政责任主体层级。与会者普遍认为，在原则上不改变现有“分级负责、以县为主”的城乡义务教育管理体制的前提下，应提高随迁子女义务教育财政投入责任主体层级。关于承担主体的意见主要有两种：（1）中央承担为主。有与会者甚至认为，义务教育为国家性事务，应颁布国家基准，由中央财政统筹，按动态性学籍对包括随迁子女教育在内的义务教育学生进行人头拨款。(2) 省级统筹为主。有学者提出，应构建“以省市为主”的进城务工人员随迁子女义务教育财政体制，使省市级政府成为义务教育最主要的财政责任承担者。

划分各级政府在随迁子女义务教育中的财政责任。与会者认为，在提高随迁子女教育的政府财政责任主体层级的基础上，需要进一步明确各级政府的财政责任，建立中央、地方各级政府财政分担机制。即各级政府按照分地区分类型按比例原则（如根据随迁子女跨省流动或跨区县流动的比例来实行不同的分担比例）分担生均公用经费。中央政府可针对不同地区流动人口随迁子女规模及地方财力情况，考虑在学杂费免除、生均公用经费、基建经费等方面实施不同比例的分担。

为民办学校提供公共财政支持。多位与会者认为，应重视对体制外资源的动员和使用，通过政府公共财政的支持促进民办教育的发展。其效益一是可以增加随迁子女受教育的可选择性，二是可以通过市场竞争提高教育资源的使用效益。具体做法包括：(1) 政府购买服务，向随迁子女就读的义务教育阶段民办学校提供公用经费，保障随迁子女享受免费义务教育。(2) 规范、提升打工子弟学校的质量，缩小其与公立学校之间的差距。

在具体的财政政策工具选项上，与会者的建议主要包括：(1) 切实落实免费义务教育政策，使义务教育阶段所有随迁子女均可享受到免费的义务教育。(2) 建立全国统一的学籍管理制度和全国学生学籍管理数据平台，将中央政府的财政补贴瞄准到随迁子女个人。(3) 设立多项国家级随迁子女教育专项资金。借鉴美国联邦政府解决季节性流动儿童教育问题的经验，通过建立省际随迁子女协同系统、电子学籍系统、随迁子女教育辅助项目等专项资金，承担中央政府的引导作用。改进现有中央专项的使用方法，对大量接受随迁子女的公办学校的校长、教师，积极参与解决随迁子女教育问题的社会组织和民办学校给予奖励和表彰。(4) 使用有条件现金转移支付（CCT）方法鼓励学生选择高中（含中职）教育，以降低辍学率。(5) 重视随迁子女学前教育和高中阶段教育的资源供给。

四　有待解决的其他问题

本次研讨会发现，随迁子女教育及相关领域仍存在大量问题，有待进一步研究。例如：(1) 现有关于随迁子女教育的政策建议大多提出要“增加中央专项转移支付”，而十八届二中全会通过的《国务院机构改革和职能转变方案》则明确提出，未来要“减少专项转移支付和收费”，两者之间是否存在实质性的冲突？在这种可能的未来新的顶层政策框架下，如何有效进行随迁子女教育的财政制度设计？(2) 多位嘉宾的发言中均提及刘易斯拐点问题，我国的刘易斯拐点是否已经出现？不同地区流动人口的需求变化格局有何差异？我国人口变化的格局及其对中国教育，尤其是随迁子女教育的影响，仍有待进一步研究和揭示。(3) 有学者认为，在城市就读的随迁子女的成绩比农村的留守儿童的成绩要好。作为一种战略性选择，公共财政对随迁子女教育的投入可能更加有利于提高我国的教育质量。这一课题仍然需要进一步的实证研究。(4) 财政拨款机制如何识别和瞄准随迁子女？是削减中西部地区的义务教育经费拨款、在随迁子女人数较多地区增加相应投入以满足随迁子女的受教育需求，还是中央额外拨付相应的经费？(5) 人口结构变化将对教育投入产生什么影响？人口老龄化势必带来社保支出的压力，而国际经验表明，各国快速增长的社保投入严重影响教育的公共投入。同样的情况是否将会在我国发生？此外，我国流动人口及其随迁子女的数据统计困难、流动人口和本地户籍人口间的融合问题，以及如何通过教育来促进社会的融合等问题，也有待进一步研究。

同时，本次学术研讨会体现了以下特点：（1）来自教育学、社会学、经济学和人口学等多学科背景的研究者，与来自中央和地方的教育管理者、国际机构的项目官员共同商讨随迁子女教育问题的对策，不同背景的参与者为研讨会贡献了丰富的视角和观点。未来进城务工人员随迁子女教育问题仍需各学科的学者和社会各界人士参与讨论，也需要增加政策研究者和决策者之间的对话。（2）研讨会围绕课题组的初步研究成果进行讨论，与会者对于课题组未来的研究提出了很多有益的意见和建议。这种会议组织形式为未来其他课题的开展提供了借鉴。

（作者单位：北京大学中国教育财政科学研究所）

• 会议动态

【人口普查国际学术研讨会】

2013 年 1 月 8—9 日，中国社会科学院人口与劳动经济研究所《中国人口科学》杂志社和香港科技大学人文社会科学院共同主办的“人口普查国际学术研讨会”在香港召开。会议旨在从 2010 年第六次人口普查数据分析人口发展的规律与趋势，探讨人口变化对未来经济社会发展的影响。来自中国社会科学院、北京大学、复旦大学、浙江大学、香港科技大学、澳门大学、纽约州立大学等多所大学和研究机构的专家、学者及统计局代表出席了会议。两岸三地的专家、学者就低生育水平下的人口与可持续发展；人口流迁模式变动趋势、特点及政策启示；人口普查技术创新和数据质量评估；人口发展中存在的问题与应对措施进行深入分析与探讨。21 世纪以来，中国的生育水平持续稳定在较低水平、人口老龄化逐渐加速、人口迁移和城市化水平快速提升，劳动力供需结构不断变化。2010 年第六次人口普查数据为分析和了解上述人口变动特征提供了重要依据。纵观几次人口普查数据，为及时发现和掌握人口发展态势提供了可能，专家、学者使用该数据进行的分析研究，对制定相关政策、解决人口和经济发展中的突出矛盾具有十分重要的意义。

【“全球化背景下劳动关系与劳工运动”国际研讨会】

2013 年 1 月 12—13 日，“全球化背景下劳动关系与劳工运动”国际研讨会在京召开。研讨会由中国人民大学劳动关系研究所、英国剑桥大学达尔文学院和首都经济贸易大学劳动经济学院联合主办，来自北京大学、清华大学、中国人民大学及英国、美国、韩国、加拿大等国家的专家学者与会。与会学者围绕经济全球化背景下劳动关系和劳工运动出现的新情况展开讨论，与会专家建议，在经济全球化背景下，各国要进一步保护劳动者的权益，构建全球新型和谐劳动关系。

【全国人口和计划生育工作会议】

2013 年 1 月 14 日，全国人口和计划生育工作会议在北京召开。会议的主要任务是，深入学习贯彻党的十八大精神，总结 2012 年工作，分析面临的形势，明确 2013 年目标任务，进一步解放思想、转变观念、真抓实干，加快推进人口计生事业的改革发展，不断开创人口计生工作的新局面。2012 年，人口计生系统全面贯彻科学发展观，坚决落实中央决策部署和中央领导同志的指示精神，加强顶层设计和系统谋划，进一步理清了人口计生事业科学发展的思路；狠抓工作的督导和落实，重点工作和重大项目取得积极进展；高度重视和积极回应社会关注的热点难点问题，努力维护社会稳定；切实加强自身建设，强化管理，推进人口计生工作创新发展，较好地完成了各项工作任务。会议通报表彰了全国人口计生系统先进集体和先进工作者、“最美在基层”——中国人口十佳杰出人物及 2012 年全国计划生育优质服务先进单位。

【中国社会保障 30 人论坛年会（2013）】

2013 年 2 月 22—23 日，“中国社会保障 30 人论坛年会（2013）”在京召开。会议围绕“社会保障与收入分配”的主题，就社会保障在调节收入分配中的作用、如何优化社会保障制度等议题展开了深入研讨。

此次会议发布了“2012 年中国社会保障十大事件”评选结果，“党的十八大报告提出关于社会保障制度的多项重要阐述”位列“榜首”。经过改革开放 30 余年的探索，我党对社会保障制度功能的认识上升到了一个新高度，社会保障制度不再只被作为推动经济体制改革的工具，也不再仅是保障人民生活和调节社会分配的一项特殊或临时制度，而是保障人民生活和调节社会分配的一项基本制度。

专家解析，“2012 年中国社会保障十大事件”的意义在于，它们为城乡居民提供了相对稳定社会保障预期，在社会保障法制化和基本保障制度方面取得重要进展和突破，并摸清了社会保障制度的家底。此次会议由中国社会保障 30 人论坛和中国社会科学院民族学与人类学研究所共同主办，中国人民大学中国社会保障研究中心、中国社会科学院劳动与社会保障研究中心、社会科学文献出版社承办。会议下设“社会保障综合论坛”、“养老保障”、“医疗保障”、“社会福利与社会救助”、“民族地区社会保障”和“中国社会保障青年学者交流会”等 6 个分论坛，并且发布了由中国社会科学院劳动与社会保障研究中心组织、王延中主编的《社会保障绿皮书（2012）》和中国社会科学院重大国情调研项目成果《中国社会保障收入再分配状况调查》。来自全国 50 多所高等院校和研究机构的 150 多位社会保障专家学者，以及中央有关部门负责人参加了会议。

【2013 年国际护士节护理大会】

2013 年 5 月 8 日，中华护理学会在北京召开“2013 年国际护士节护理大会”。国家卫生和计划生育委员会相关司局负责同志，世界卫生组织、国际护士会、世界灾害护理协会、国际护理研究杂志相关负责人，国内外护理专家，以及护士代表参加了会议。近年来，随着医药卫生体制改革的深化，护理工作也迎来了新的发展机遇，取得了显著成效。护士队伍建设取得长足进步，截至 2012 年底，全国注册护士总数达到 249.7 万人，比 2005 年增长了 115 万，占全国卫生技术人员总数的 37.4%。

【第二届全国“人口、就业与社会保障”学术研讨会】

2013 年 6 月 8 日，由首都经济贸易大学、中国人口学会、中国劳动学会共同主办，首都经济贸易大学劳动经济学院、人口经济研究所承办的第二届全国“人口、就业与社会保障”学术研讨会在北京会议中心隆重召开。出席本次会议的有首都经济贸易大学、中国人口学会、中国劳动学会三个主办单位的主要领导，有来自国家卫生和计划生育委员会流动人口服务管理司、发展规划与信息司、国家人力资源与社会保障部劳动关系司等政府部门的领导，有来自多达 58 所高等院校和科研机构的近 200 位专家学者、研究生，以及《人民日报》《中国人口报》《人口研究》《中国劳动》《中国少数民族人口》等国内著名报社和杂志社的领导和代表。

大会专题论坛，分别是“人口与发展”、“人口老龄化与社会保障”、“就业与人力资源开发”，共有 39 位专家学者做了精彩的专题发言。“人口与发展”专题论坛学者们发言的内容主要围绕生育政策、生育意愿、少数民族人口、流动人口、城市化等相关问题。“人口老龄化与社会保障”专题论坛专家学者们就我国社会保障体制改革、养老保险社会统筹、医疗保障费用、养老意愿、养老服务以及中国人口老龄化发展趋势、对经济的影响等问题进行了探讨。“就业与人力资源开发”专题论坛学者们主要探讨了我国当前的就业形势、存在的问题、如何提高就业能力，促进就业以及人力资源开发实现途径等问题。

【中国社会学学会 2013 年学术年会】

2013 年 7 月 20 日，由中国社会学会主办，贵州省社会科学院、贵州省社会学学会承办的“中国社会学学会 2013 年学术年会暨第八届理事会第三次会议”在贵阳召开。来自全国 31 个省、自治区、直辖市，以及香港特别行政区的千余名代表参加了年会。

本届年会以“美丽中国：城镇化与社会发展”为主题。通过“社会建设的理论与实践——从城镇化到城乡一体化”、“城镇化与城乡统筹”、“新型城市化与地方社会发展”、“新型城镇化进程中的社会管理”、“中国特色新型城镇化道路与政策”、“城镇化发展战略与中国的城市化发展道路”、“城市化进程中的流动人口服务与管理问题探索”、“流动人口与城市融合”等41个论坛，从多种不同视角，对建设美丽中国、加快城镇化进程、促进经济社会协调可持续发展等课题，展开深入研讨。笔者特别注意到，有些论坛探讨了许多新颖课题，如社会建设的地方经验，主张加快建立政府管理与社会自治紧密结合、良性互动、协调作用的社会管理体制机制；推进社会关系的再塑和再建构；将社会工作方法引入社区社会管理，有效实现社区和谐发展，将社会管理从管制模式向协商模式转换。有些学者探讨了敏感问题，如公共服务资源紧张、城市管理压力巨大、社会治安形势严峻以及群体性矛盾风险积聚等问题，提出通过开发邻里社会资本和睦邻文化资源建构社区生活共同体的主张。有些论文研究了城镇化共性难题，如人口迁移与流动、非自愿移民及相关问题。不少学者论及了互联网与虚拟社会的新课题，如网络社会人际关系具有高密度、群簇化、非正式、弱关系等特性，扩散性动员容易得到社会支持，社交网站、微博等网民交流场域带来了新型的交流模式，也产生了网络谣言等问题，政治参与正在网络社会中广泛形成，认为公民网络反腐是公民行使监督权的现代政治行动，有望在新的政治环境中获得新的发展。

年会还就将社会学理论研究与中国社会转型的实践相结合的问题进行了探讨，强调三个方面：首先，要在社会学话语系统中多一些“中国概念”。描述与说明中国速度、中国经验、中国道路，需要建立一些社会学独有的分析性概念。从生动丰富的实践中提炼出一些中国概念，提高社会学的理解力与解释力，从而为构建符合中国国情的社会学理论体系奠定基础，为世界社会学理论发展贡献中国元素，同时也让世界更好地了解中国、读懂中国。其次，要在实践与决策中多一些“社会学声音”。社会科学推动经济社会发展的作用日益显著，相对而言，经济学的声音较强，社会学的声音较弱。社会学者要更加关注社会现实，在推动社会发展的实践中有更多的“社会学声音”。建设美丽中国、实现中国梦的社会实践，需要更多更响亮的“社会学声音”，担当更多更重要的社会责任。最后，要加强理论界和实务界的联系沟通。不少来自党政部门、社会组织的代表参加了一些分论坛，也向社会学学者和专家们提出了不少问题和建议。实践探索需要更多的理论阐释和破题，理论研究的成果也需要更多的实践应用和验证。

【“农民工市民化与更高质量的城镇化”学术研讨会】

2013年8月16日，由中国社会科学院主办、中国社会科学院人口与劳动经济研究所承办的“中国社会科学论坛（2013经济学）：农民工市民化与更高质量的城镇化”学术研讨会在京召开。来自美国华盛顿大学、美国密歇根大学、澳大利亚国立大学、中国社会科学院、清华大学、美国社会科学研究协会、亚洲开发银行、国务院发展研究中心、国家发改委等单位的专家学者与会。此次研讨会共分为四个单元，第一单元的主题是“稳定公平就业与劳动力市场质量”；第二单元的主题是“户籍改革、公共服务与包容性城市”；第三单元的主题是“农民工市民化与新增长点”；第四单元的主题是“中国城镇化发展前景”。

【中央补助地方健康素养促进行动项目2012年总结暨2013年启动会】

2013年9月2日，“中央补助地方健康素养促进行动项目2012年总结暨2013年启动会”在北京召开。会议的主要任务是，深入贯彻全国医改工作电视电话会议精神，全面落实国家卫生计生委党组关于切实加强宣传和健康促进工作，深入开展党的群众路线教育实践活动的新要求，研究部署健康素养促进行动项目工作，分析形势，表彰先进，交流经验，凝心聚力，抓好落实，努力开创健康促进工作新局面。国家卫生计生委副主任崔丽出席会议并讲话。

会议通报了2012年健康素养促进行动项

目实施情况。2012年中央补助地方健康素养促进行动项目以统筹卫生计生系统健康教育资源为切入点，整合了原烟草控制项目和各疾病预防控制重大专项中的健康教育活动，重点开展了公益广告、健康巡讲、健康素养和烟草流行监测、创建无烟医疗卫生机构、食品安全健康教育、疾病预防控制健康教育6项工作。项目经费投入2.38亿元，是健康促进领域单项投入最大的重大专项。通过实施该项目，提高了城乡居民健康素养水平，创新了健康教育管理体制，提升了健康教育工作水平和健康教育队伍的能力，丰富了健康传播技术手段，带动了全国健康教育和健康促进工作健康发展。

会议还部署了2013年项目重点工作。在原有工作基础上，该项目将继续实施，经费预算为2.44亿元，进一步加大项目整合力度，围绕群众关心的健康问题，开展公益广告、健康巡讲、健康素养和烟草流行监测、健康促进医院创建、重大疾病和重点领域健康教育等活动，普及健康知识，促进养成健康行为，不断提高群众健康水平。

【全国农村改革与发展座谈会】

2013年9月3日至4日，“全国农村改革与发展座谈会”在江苏省无锡市召开。农业部党组副书记、副部长余欣荣出席会议并作重要讲话，江苏省副省长徐鸣、中国农业经济学会会长尹成杰、中国国际经济交流中心常务副理事长郑新立、中国扶贫基金会会长段应碧，以及来自全国各省、自治区、直辖市农业农村工作部门的专家、领导近100人参加了会议。此次会议主题是“农业现代化与城市化”。农业部余欣荣副部长指出，当前农业现代化和新型城镇化发展需要高度重视五个问题：一是在土地利用、城镇建设上要防止只注重规模扩张、不顾质量和效益的倾向。二是农民市民化重在破解就业难、社保难、入学难、住房难四大难点。三是产业集聚应补齐两个短腿，即纵向发展主要是农业产业链条不完整，横向拓展上主要是单一化、同质化的问题突出。四是政策方面仍有政府对农业投入不足，金融对农业的支持不足，政策与实际结合不足这三个不足。五是生态环境保护需要克服两个忽视问题，一方面是城镇化中往往忽视污染治理问题，另一方面是农业现代化过程中忽视环境保护。来自全国各地的“三农”专家、领导围绕党的十八大提出的“四化”同步发展战略，对农业现代化与城市化密切相关的问题进行了广泛热烈的讨论，集百家之言，形成了“十大”共识。

【中德流动人口社会融合国际研讨会】

2013年9月25日至26日，“中德流动人口社会融合国际研讨会”在湖北省武汉市召开。会议由中国国家卫生计生委、德国联邦经济合作与发展部主办，德国国际合作机构协办。此次会议是中德新生代流动人口社会融合合作项目的重要活动之一。

中德新生代流动人口社会融合合作项目是中德公共政策对话基金项目的一个重要子项目，目的是促进中德双方在社会政策领域的对话与交流。在中德双方的共同努力下，中德流动人口社会融合项目在过去四年中顺利实施，连续开展了实地考察、专家研讨、合作研究等活动。目前，项目合作进一步深化，前期理论和政策研究成果已经引入流动人口社会融合试点城市的工作之中。此次会议的主要目的是研讨中国流动人口社会融合指标，交流各试点城市促进流动人口社会融合的经验。

流动人口社会融合是关系我国经济社会长期健康发展的重大问题。2012年，全国流动人口达2.36亿人，约占总人口的1/6，其中约80%为农业转移人口。促进流动人口社会融合是转变经济发展方式的重要支撑；是加强和创新社会管理的重要内容；是实现城乡居民共同富裕的重要途径。自2009年起，原国家人口计生委就启动了流动人口动态监测项目，并组织相关研究机构开展流动人口社会融合理论和政策研究，着力构建流动人口社会融合指标体系，开展政策评估。2012年，结合中德合作项目，原国家人口计生委在武汉等8个城市启动了流动人口社会融合试点研究。流动人口社会融合研究课题组发布了中国流动人口社会融合指数及研究报告。课题组研究编制了“流动人口社会融合指数”和“流动人口市民化政策指标”。“流动人口社会融合指数”包括经济立足、社会接纳、身份认同、文化交融四个维度，旨在从个体层面测量流动人口融合状况。“流动人口市民化政策指标”包括劳动就业、社会保障、子女教育、卫生计生服务、社区接纳、入籍门槛六个方面，旨在评估各地流动人口服务管理政策的落实状况及对社会融合的作用和影响。课题组利用2013年国家卫生计生委流动人口动态监测数据对8个试点城市社会融合状况进行了分析。

与会代表围绕流动人口社会融合指数及融合状况、社会融合与健康、地方经验等3个专题进行了深入的交流和讨论。研讨会期间，外方与会人员还考察了武汉市武昌区首义路街道社区卫生服务中心和粮道街街道昙华林社区，了解中国政府在加强流动人口服务管理和促进流动人口社会融合方面的具体实践。

【人口与发展南南合作部长级国际会议】

2013年10月22日，“人口与发展南南合作部长级国际会议”在北京开幕。会议旨在回顾总结过去20年在人口与发展南南合作方面取得的进展，探讨在国际人发大会及千年发展目标后时代，如何通过南南合作，推动发展中国家的人口与发展进程。作为世界上人口最多的发展中国家，中国政府坚持从战略高度认识和把握人口问题，积极探索符合中国实际的人口发展道路，实行计划生育基本国策，统筹解决人口问题，促进人口长期均衡发展，取得了显著成绩。与此同时，中国政府一直致力于人口领域的南南合作，是南南合作的积极倡导者和推动者，在经验共享、战略研讨、人员培训和生殖健康产品交流等方面开展了大量卓有成效的工作。此次为期两天的会议由国家卫生计生委与人口与发展南南合作伙伴组织共同举办。来自34个国家的政府高级官员以及10多个国际组织和非政府组织的代表共100余人出席了会议。国家卫生计生委副主任马晓伟主持了会议开幕式。

【健康老龄化：中、德、日的多学科研究国际研讨会】

2013年10月23—25日“健康老龄化：中、德、日的多学科研究国际研讨会”在北京召开。研讨会由中国社会科学院人口与劳动经济研究所、德国日本研究所和德国老年学研究中心共同主办，来自中国、德国和日本的近40位专家学者出席会议。研讨会围绕老龄化背景下个体、社会、经济、技术和政策问题，从心理学、社会学、经济和商业、技术应用、政策评估等不同研究领域出发，以中、德、日的比较视角探讨如何规划老龄化社会的幸福感。在每个主题环节，均有中、德、日三方的与会专家发言和参与讨论，旨在通过学术交流，互相了解和借鉴，开阔研究视野，增进跨国家跨学科的合作，共同应对人口老龄化的挑战。

【第五届CIER/IZA劳动经济学学术研讨会】

2013年10月25日，由中国人民大学就业研究所（CIER）和德国劳动研究所（IZA）共同举办的“第五届CIER/IZA劳动经济学学术研讨会”在中国人民大学召开。此次会议聚焦我国及世界劳动力市场挑战与对策，从收入及收入不平等，人力资本，城市劳动力聚集，劳动力市场隔离，公共支出、税收和健康产出，移民的原因及影响，劳动力的福利与健康，劳动经济数据库建设八个方面进行了深入探讨。来自德国劳动研究所、北京师范大学、中央财经大学、中国社会科学院、厦门大学、美国克拉克大学、意大利博洛尼亚大学、中国人民大学、香港科技大学、上海财经大学、英国伦敦大学学院、英国南安普顿大学、南开大学、北京大学的学者分别报告了最新的研究成果。“CIER/IZA劳动经济学学术研讨会”由中国人民大学劳动人事学院和中国就业研究所、德国劳动研究所共同发起和主办，分别于2009年9月、2010年10月、2011年9月和2012年7月相继在中国人民大学、IZA（德国波恩）、中国人民大学和IZA（德国波恩）成功举办了四届。

【计划生育基层基础工作研讨会】

2013年11月，由国家卫生计生委计划生育基层指导司组织的“计划生育基层基础工作研讨会”在江苏省南京市召开。国家卫生计生委副主任王培安出席会议并讲话。部分省（区、市）人口计生委（卫生计生委）主任、副主任、相关业务处处长，部分设区市人口计生委（卫生计生委）主任、部分县（区）人口计生局局长参加了研讨会。与会人员围绕计划生育基层指导司起草的《关于加强计划生育基层基础工作的意见（征求意见稿）》，就当前计划生育基层基础工作状况、面临的突出矛盾和问题，以及下一步工作思路和措施进行了认真研讨，提出了意见建议。大家普遍反映，卫生部与国家人口计生委合并后，基层计生干部担心“纵向到底、横向到边”的基层工作网络被弱化，从而影响计划生育基本国策的落实，影响生育政策的完善，影响低生育水平的稳定。大家认为，出台《意见》很有必要，建议尽早下发，切实指导基层稳定和加强基层计划生育工作网络和队伍，保证有人管事、有钱办事、照章理事。

【2013（第六届）中国人力资源管理年会】

2013年11月16日至17日，由中国人民大学商学院和中国人力资源理论与实践联盟联合主办的“2013（第六届）中国人力资源管理年会”在中国人民大学召开。本届年会以“变革时代的人力资源转型升级”为主题，邀请400多名中国领先企业的人力资源高级管理人员现场参与。由中国人民大学商学院发起成立的中国人力资源理论与实践联盟致力于搭建中国人力资源管理实践者和研究者全面对接的交流与合作平台，提炼和分享最佳实践，促进理论和模式创新，为中国人力资源管理水平的整体进步贡献力量，联盟的愿景是成为中国人力资源管理领域最具影响力的创新与发展策源地。目前联盟的组织架构主要包括：学术委员会（权威教授和知名专家）、实践委员会（行业领先企业的HR高管）、顾问委员会（政府官员和著名企业家）。目前，联盟实践委员会正面向中国优秀企业的人力资源管理人员开放，欢迎广大HR同仁加入联盟，担任常务理事、理事或会员。

【2013中国城市规划年会】

2013年11月16日至18日，由中国城市规划学会主办的“2013中国城市规划年会”在青岛召开。本届年会的主题是“城市时代，协同规划”。与会专家指出，在未来相当长的一段时期内，我国城镇化仍然处于快速发展阶段。这一时期，工业化、信息化、城镇化、农业现代化同步发展，城市与城市、城市与乡村、城市与区域以及区域与区域间的协调发展，转型和重构的任务仍然艰巨。随着人口和经济活动的进一步集聚，城市规划的规模和复杂程度都会有大幅提升。因此，需要政府、社会、市场之间加强对话和协同努力，不同层级、不同类型的规划之间加强合作与协调，解决制约社会经济持续发展的重大结构性问题，实现农业社会向城市时代跨越，为全面建成小康社会保驾护航。

本届年会还共同讨论了《青岛宣言》，提出立足城镇化前沿，完善理论体系；配置公共资源，推动社会和谐；优化产业布局，促进经济转型；保护生态环境，提升发展质量；传承历史文化，保持地域特色；认识乡村价值，协调城乡发展；推进协同规划，促进学科进步等七条倡议。

【当代劳动经济学国际研讨会】

2013年12月7—8日，以“大数据”为讨论主题的第7届“当代劳动经济学国际研讨会”在厦门大学经济楼举行。本次会议由王亚南经济研究院（WISE）主办，旨在吸引中外学者共同探讨当前劳动经济学科的前沿问题和劳动市场的热点问题，关注当代中国劳动市场问题，以此为中外劳动经济学家提供学术交流、合作研究的平台。“大数据”研究是本次会议的主要特色，针对目前日益频繁的网络零售业务产生的海量、实时、快速膨胀的数据集，会议旨在搭建平台，让海内外研究搜寻匹配的理论学者、使用招聘网站数据的实证研究人员以及网络招聘的业界代表汇集在一起，探讨以招聘网站为突出代表的互联网应用产生的大数据给劳动力市场搜索与匹配研究带来的机遇和挑战。

本次会议邀请来自美国、加拿大、英国、德国、荷兰、丹麦、新加坡等国及国内香港、北京、上海、广州各地区的经济学教育研究机构及美国知名招聘网站 Carrerbuilder. com、国内知名招聘网站智联招聘 Zhaopin. com 等业界实证研究人员共 60 余人参会，并择优选录论文近 60 篇在会上宣读。期间，会议还将组织一个专门的数据发布环节，来自加拿大统计局，德国联邦劳工局的研究机构 IAB，北京大学中国健康与养老追踪调查（CHARLS）团队以及西南财经大学相关人员将分别介绍各自的数据产品的特色、适用研究以及可获得性。网络招聘“大数据”目前已成为劳动力市场研究的重要支撑条件，在智联招聘、厦门人才网、厦门人社局等单位的大力支持下，自 2008 年开始，WISE 在分析、整理此类大数据方面已经积累了相当研究经验，并于 2012 年获得国家自然科学基金对沈凯玲老师“从招聘网站微观数据看户籍、学历与工资对工作搜寻匹配的影响”这一项目的支持。

【“城乡发展一体化”国际研讨会】

2013 年 12 月 8 日由中国社会科学院经济学部主办、德国阿登纳基金会协办、中国社会科学院人口与劳动经济研究所承办的“城乡发展一体化”国际研讨会在京举行。中国社会科学院副院长李扬出席会议并致辞。中国社会科学院人口与劳动经济研究所副所长张车伟主持会议。来自中国、欧洲及经济合作与发展组织的专家围绕新型城乡一体化的理论思考、城乡一体化的制度改革与资源均衡配置、城乡发展与公共服务均等化以及城乡发展一体化中的新型城镇化问题展开了探讨。与会专家指出，当前我国城乡一体化建设进程面临的挑战包括：户籍制度、农村土地制度是难点；城乡住房制度尚存在问题，城乡住房制度不同且分割，市场制度不同且不健全；农民工市民化、城乡就业和社会保障、基础设施建设、公共服务，尤其是农村的教育、医疗、文化、养老服务等问题亟待解决。

针对存在的问题，专家们表示，要落实十八届三中全会精神，继续推进改革，关注城乡规划、市场机制、财政、金融、土地及户籍制度改革，以人为本，实现包容性的城镇发展。中国欧盟商会副主席何墨池强调，美丽的城市首先是为人而设计的。

以人为本，要重视农民工及其家属的迁移问题，改革户籍制度。若能实现城乡良性互动，将带来双赢局面。世界银行中国局高级经济学家王德文表示，对于单个城市而言，户籍制度改革存在着城市的改革成本和收益问题，但是从全国层面看，劳动力流动不仅可以提高资源配置效率，同时也具有正向外部性。户籍制度改革具有社会成本和社会收益效应，而建立分级的财政负担机制，可以协调单个城市与全社会在改革中的利益冲突，进而推动改革。

【中国城市转型与重构国际研讨会】

2013 年 12 月 23 日，“中国城市转型与重构国际研讨会”暨“中国地理学会城市地理专业委员会 2013 年学术年会”和“第四届中国城市发展规划与教育研讨会”在广州召开。会议由中国地理学会城市地理专业委员会、中山大学地理科学与规划学院及城市与区域研究中心、香港大学城市研究及城市规划中心、英国 SAGE 出版集团与 Urban Studies 编辑部、Urban China Research Network 共同主办。海内外各高校和科研机构的 300 多位专家学者参加了会议，其中 30 多人来自英国、美国、澳大利亚、法国、日本、韩国等国家，30 多人来自港澳台地区，是近年来中国城市研究国际会议中规模最大的一次。开幕式之后，会议设立六个分会场，围绕城市转型与重构这个主题，分别探讨中国城市转型与规划教育、中国城市更新与城市重构、中国城市规划与城市研究的未来发展、中国城市发展与城市治理、中国城市社会文化问题研究等当前中国城市发展正面临着急剧转型与重构的挑战。中国城市从快速扩张向内部空间的更新与重构转型。社会和谐公平、生态文明、文化多元包容、高效集约发展等是城市转型与重构的目标。中国城市的转型与重构任重而道远。面对中国城市发展的阶段性转折点，城市地理、城市规划及其他城市研究学者急需共同探讨上述关键问题，为未来的发展寻求共识。

【创新与改革——中国人口转变学术研讨会暨中国人口学会2013年年会】

2013年12月21—23日，由中国人口学会、国家卫计委主办，主题为“创新与改革——中国人口转变学术研讨会暨中国人口学会2013年年会”召开。全国妇联名誉主席、前国家人口与计生委主任、前中国红十字会会长彭珮云，中国人口学会会长张维庆出席会议并致辞。中国人口学会常务副会长王培安作了“贯彻落实党的十八届三中全会精神，做好新形势下的计划生育工作”的主题报告。来自国家卫计委、全国政协、国家统计局、中国社会科学院人口与劳动经济研究所、各省市计生委、人口学会及北京大学、中国人民大学、山东大学、解放军后勤指挥学院、华中科技大学、中南财经大学、浙江大学、华南师范大学、复旦大学、南京大学、河北师范大学、吉林大学、南开大学、河北大学、中央民族大学、首都经贸大学、贵州大学、西安交通大学、云南大学、新疆大学、香港科技大学、香港岭南大学等80多家单位的200多名领导和学者参加了此次年会。

【中国社会保障30人论坛年会（2014）】

2014年2月22—23日，“中国社会保障30人论坛2014年会”在中国人民大学举行。来自人力资源社会保障部、民政部、财政部、国家发改委、国家审计署、全国总工会、中国残联等部门的相关领导和来自中国人民大学、北京大学、清华大学、北京师范大学、南京大学、浙江大学、南开大学、武汉大学、中山大学、吉林大学、厦门大学、中共中央党校、国家行政学院、中国社会科学院、国务院发展研究中心等70多所著名高校与研究机构的专家学者200多人共聚中国人民大学，围绕“建立公平、可持续的社会保障制度”年会主题展开深入研讨，共议全面深化我国社会保障改革大计。在同步进行的养老保险、医疗保险、养老服务、社会福利、社会救助、综合保障等分论坛上，80多位专家学者与20多位相关部委的司、局长围绕各分论坛主题发表了自己的最新研究成果与见解，并和未能安排发言的与会专家学者展开了讨论。

与会专家指出，经过近几年的快速发展，我国社会保障体系建设取得了突破性的进展，普遍性养老金制度已经确立，全民医保初步实现，综合型社会救助制度已经成形，其他各项社会保障事业也在全面推进，一个普惠全民的社会保障体系正在发挥着重要作用。但现行制度总体上还存在着制度分割、权益失衡等内在缺陷，急切需要全面优化。与会专家认为，在全面深化社会保障改革中必须尊重制度的客观发展规律，以提升制度的公平性并确保制度可持续发展为出发点与落脚点，尽快清除体制性障碍，打破既有的利益格局，同时还要避免陷入新的误区与迷局。与会专家还对如何优化现行养老保险制度、医疗保险制度、社会救助制度、社会福利制度以及促进养老服务的发展提出了许多有益的政策建议。在各分论坛举行之后，郑功成教授主持召开了中国社会保障30人论坛成员会议，20多位论坛成员围绕国家社会保障体系建设与下一步改革重点问题以及如何进一步发挥论坛的作用展开了讨论，担当国家责任、社会责任与学术责任并积极推进社会保障改革深化同时避免陷入新的迷局成为论坛成员的基本共识。此外，论坛成员对以后的专题研讨、理论平台建设等方面形成了初步意见。

中国社会保障30人论坛是由我国社会保障学界的有识之士在2009年9月共同在京发起组成的高层学术群体，其宗旨是为健全社会保障、提升人民福祉、促进社会和谐献策献力，共同推进中国社会保障理论与政策的科学发展。该论坛以公益性、学术性为原则，秉持学术讨论与政策研究并重，既致力于澄清社会保障重大基础理论问题，发出社会保障学界理性的声音；又集中于国内社会保障技术支撑、政策选择、制度设计、立法规划方面的研究，用论坛成员研究的思想精华对中国社会保障改革及制度发展起推动作用。论坛通过论坛年会、专题研讨会、民生与社会保障讲堂等形式开展学术交流活动。

【中德城市与区域可持续发展国际研讨会】

2014 年 6 月 17 日，“中德城市与区域可持续发展国际研讨会”在中国科学院地理科学与资源研究所召开。来自中科院地理资源所、德国柏林自由大学、宁波大学、内蒙古师范大学、广州地理所、西南林业大学等专家学者出席会议，并进行了深入的讨论和交流。会上，柏林自由大学原副校长 Gerhard O. Braun 教授、地理资源所董锁成研究员分别作主题报告。Gerhard O. Braun 以“德国城市的精明增长”为题，从德国城市空间扩张与人口衰减并存的现象出发，剖析城市发展过程中的空间扩张障碍、规划和管治困境及其财政困难三方面问题，进而提出精明增长的五点基本要素。报告并非单方面提倡城市精明增长策略，Gerhard O. Braun 教授还指出了现阶段城市精明增长存在的负面影响，并从全球本地化参与、基础逻辑、变化、管治四方面解释城市作为互动系统如何实现经济增长、社会平等与环境优化的可持续发展目标，最后从城市结构、街道和广场、生态和绿化等几个方面对比介绍了德国波茨坦的 Kirchsteigfeld 新镇和上海安亭新镇。董锁成以“中国特色循环经济发展模式”为题，从循环经济发展国内外经验，提出符合中国国情的企业循环、产业循环（生态工业、生态农业、静脉产业）、区域循环、社会循环四层循环经济发展模式，并针对发达地区的自发战略转型、资源型城市转型升级和中西部欠发达地区跨越式战略转型模式进行了实证分析，报告内容丰富，创新性强，对当前我国发展循环经济，推进发展方式转型，促进循环发展、绿色发展和低碳发展，以及生态文明建设具有重要的理论指导和实践意义。

【新型城镇化与流动人口社会融合论坛(2014)】

2014 年 7 月 5 日，“新型城镇化与流动人口社会融合论坛 2014”在中国人民大学举行。论坛上发布流动人口社会融合状况分析调查，倡议推进流动人口数据开发和共享，卫计委流动人口司与中国人民大学社会转型与社会治理协同创新中心签署数据开发分析合作协议。此次论坛由国家卫生计生委流动人口司与中国人民大学社会转型与社会治理协同创新中心联合举办，中国人民大学、北京大学、中国社会科学院、美国约翰·霍普金斯大学等国内外 48 个教学科研机构约 200 余名专家学者与会。与会专家学者就“流动人口卫生计生基本公共服务”、“新型城镇化与市民化”、“人口迁移流动国际最新动态”、“人口迁移流动国内最新动态”、“流动人口社会融合”、“人口迁移流动的经济后果”等 6 个议题展开研讨，就如何进一步开发利用流动人口动态监测数据，充分发挥流动人口数据在政策制定、社会管理、公共服务、科学研究中的作用，有效促进流动人口在推进新型城镇化进程中的社会融合等重大民生问题进行交流。

此前，由国家卫生计生委委托中国人民大学牵头，组织中国社会科学院、国务院发展研究中心、清华大学等研究机构专家参与，研究编制了流动人口社会融合指数指标，并根据社会融合专题调查数据对流动人口的融合状况进行了分析。论坛发布的分析调查指出，我国流动人口已初步融入城市，基本实现在流入地的生存立足，但总体融合水平还有较大提升空间；经济发展水平在一定程度上促进了流动人口的经济立足，但未必一定带来流动人口和本地市民之间在行为、文化和心理方面的交融。

第六篇

数　　据

● 说明

1. 本栏目数据均来自国家有关部委。其中主要人口和社会经济数据源于国家统计局，其他则为国家卫生和计划生育委员会、民政部、教育部、中国残疾人联合会等相关部门进行的常规统计和专项调查所获得的数据。由于统计口径和统计时点的不同，可能会在比较时产生偏差，请在使用时注意，并以国家统计局正式公布的数据为准。

2. 除特殊注明外，本栏目统计数据均不含中国人民解放军、中国人民武装警察部队现役军人数和台湾省、香港特别行政区、澳门特别行政区人口数。

3. 国家统计局每年在全国各省、自治区、直辖市进行的抽样调查，以及各相关部委进行的专项调查的汇总数据，除特殊注明外，均未推算总体，请在使用时加以注意。

4. 每张数据表下均有数据出处。有些数据表下有与该表内容相关的注释，请在使用时注意。

5. “世界人口数据”部分的数据来源于美国人口资料局编《世界人口数据集2014》（Population Reference Bureau of U. S. A：2014 World Population Data Sheet）和联合国开发计划署编《人类发展报告2014》（UNDP：Human Development Report 2014）。

6. 各个国家和地区的统计范围、定义和方法都存在差异。因此，在使用这一部分数据进行直接比较时应谨慎从事，建议认真对比原文后再使用。

7. 本栏目数据表中“—”表示无数据或数据不适用。

• 中国人口发展主要图表

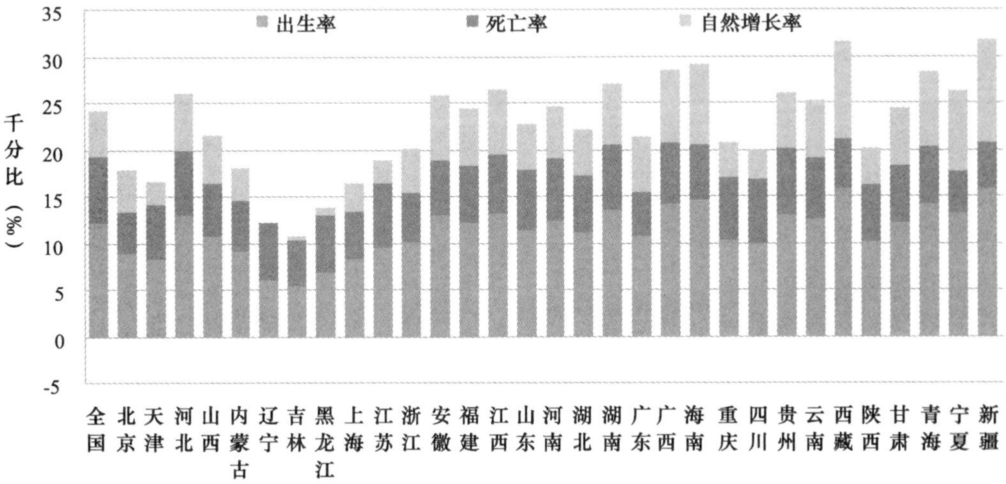

图 1　全国分地区的出生率、死亡率和自然增长率

资料来源：根据本书第 418 页表 2 数据绘制而成。

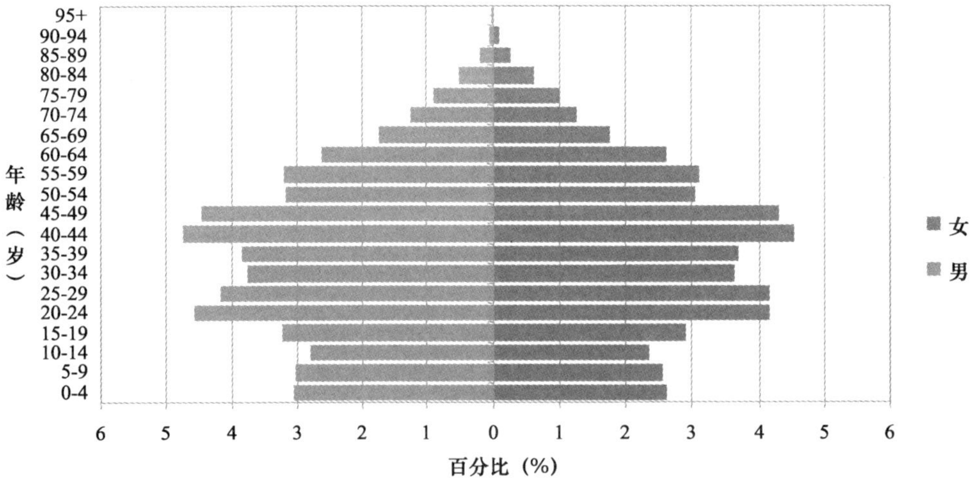

图 2　2013 年全国人口金字塔

资料来源：根据本书第 419—423 页表 3 数据绘制而成。

注：本篇图 1—图 10 由中国社会科学院人口与劳动经济研究所根据国家统计局人口和就业统计司数据绘制而成。

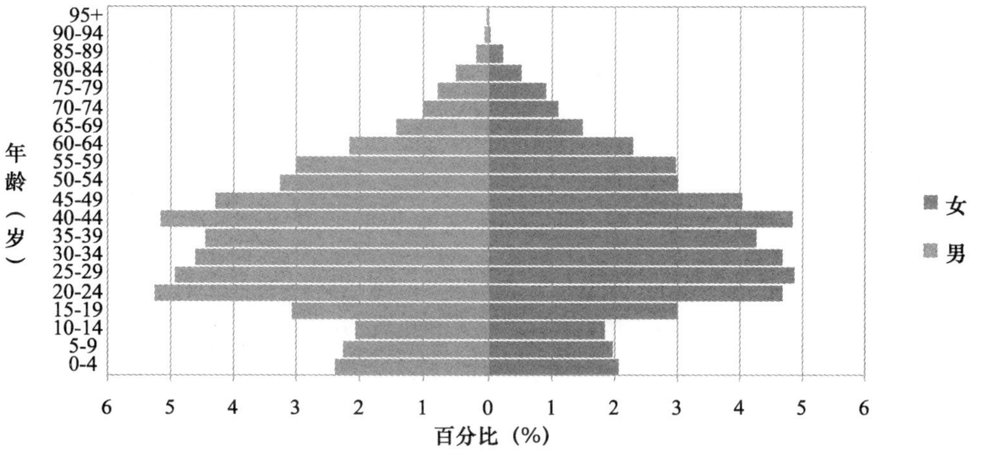

图 3　2013 年全国人口金字塔（城市）

资料来源：根据本书第 424—428 页表 4 数据绘制而成。

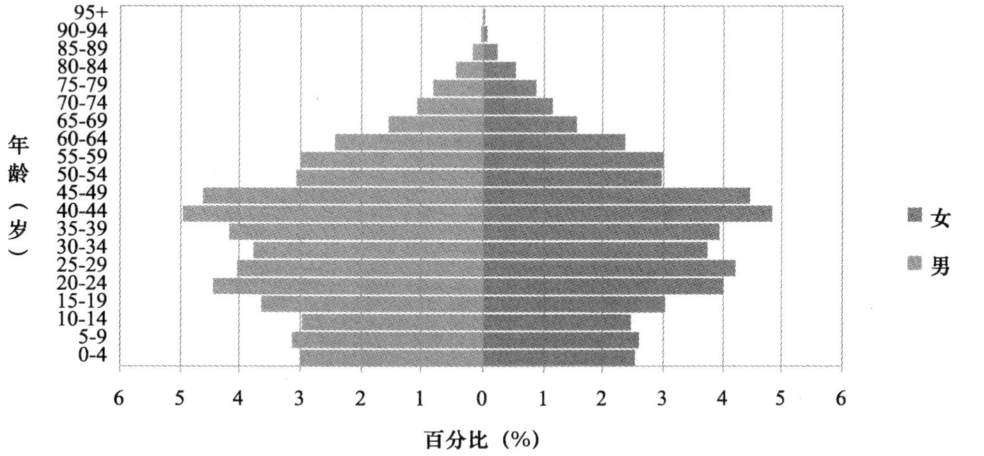

图 4　2013 年全国人口金字塔（镇）

资料来源：根据本书第 429—433 页表 5 数据绘制而成。

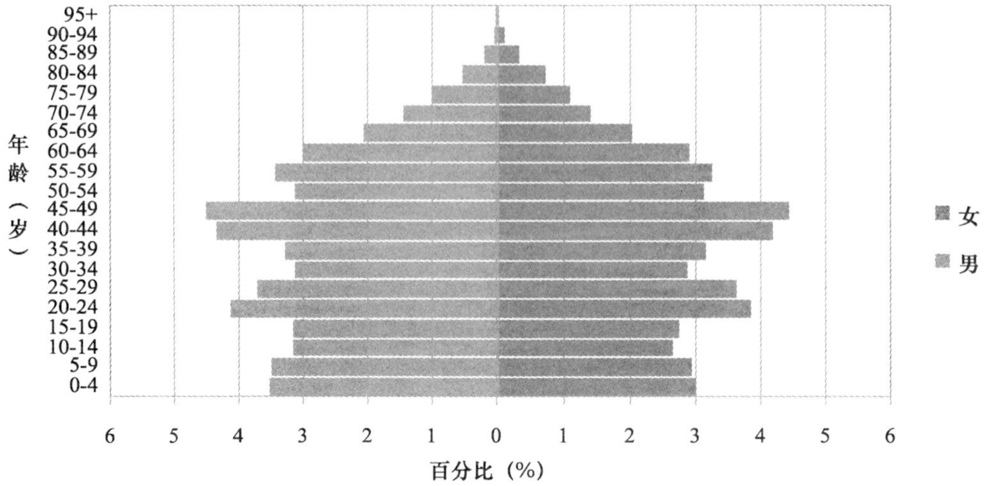

图 5　2013 年全国人口金字塔（乡村）

资料来源：根据本书第 434—438 页表 6 数据绘制而成。

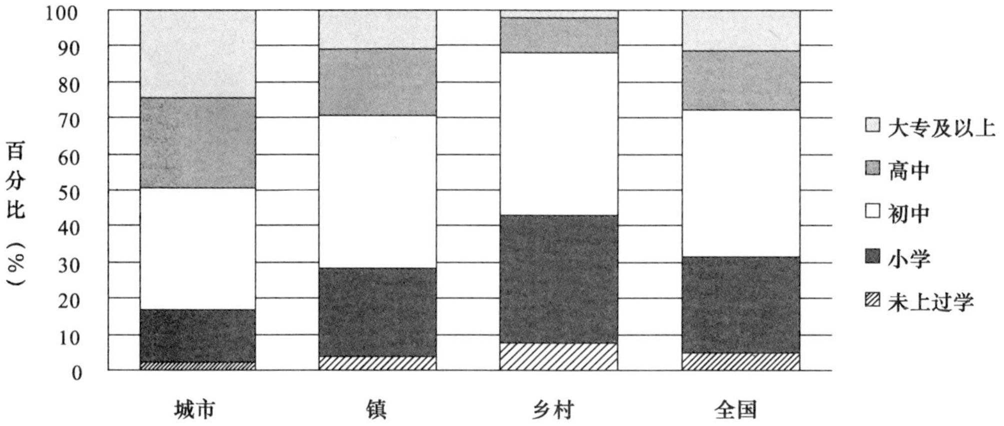

图 6　全国分城乡人口的受教育水平

资料来源：根据本书第 447—448 页表 11 数据绘制而成。

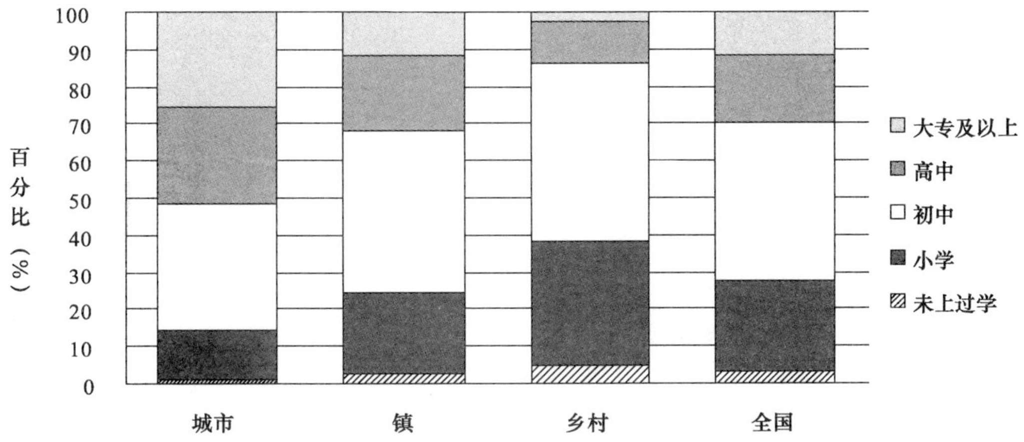

图 7　全国分城乡人口的受教育水平（男性）

资料来源：根据本书第 447—448 页表 11 数据绘制而成。

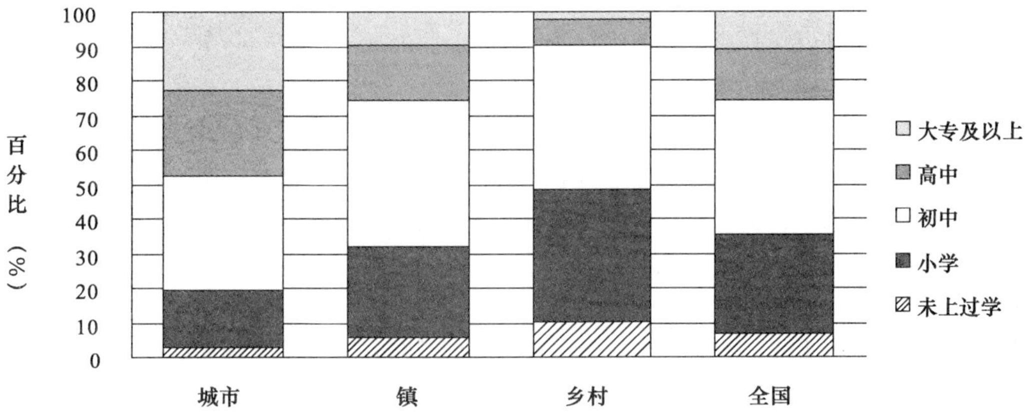

图 8　全国分城乡人口的受教育水平（女性）

资料来源：根据本书第 447—448 页表 11 数据绘制而成。

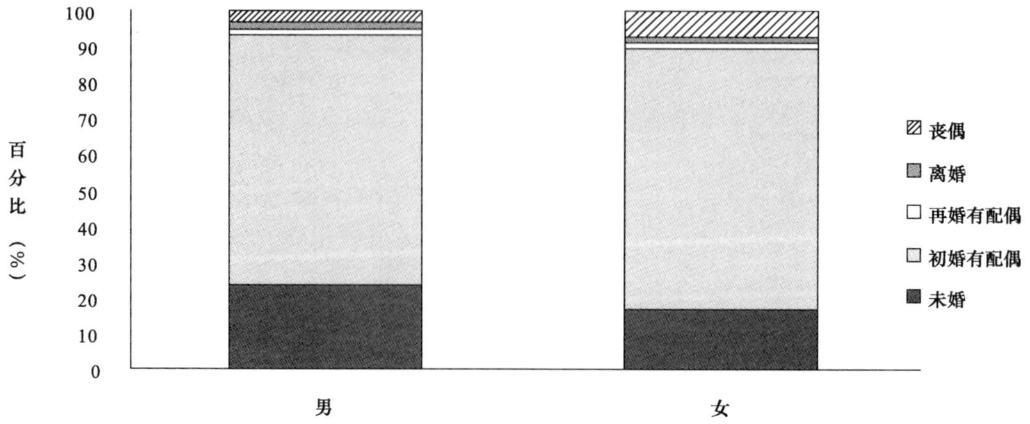

图9　全国分性别人口的婚姻状况

资料来源：根据本书第455—456页表15数据绘制而成。

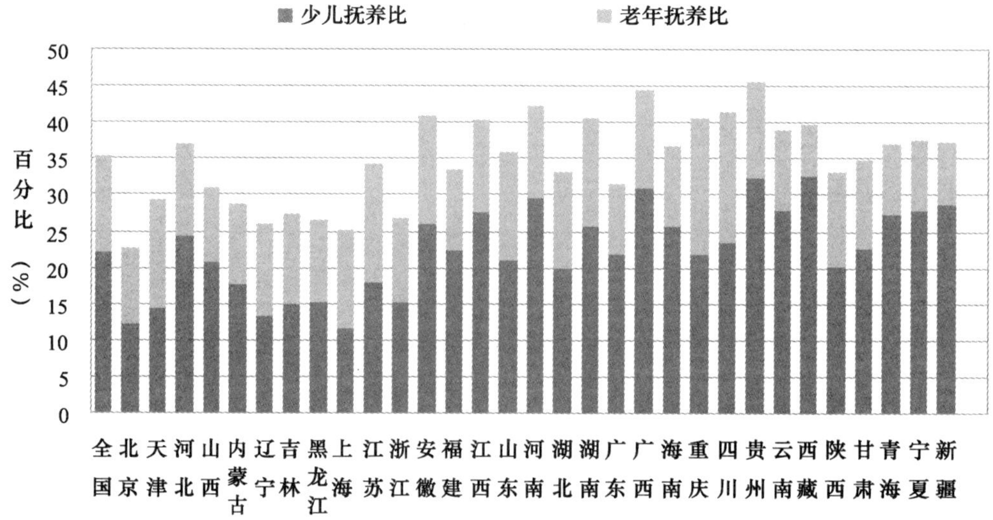

图10　2013年各地区人口少儿抚养比与老年抚养比

资料来源：根据本书第464页表20数据绘制而成。

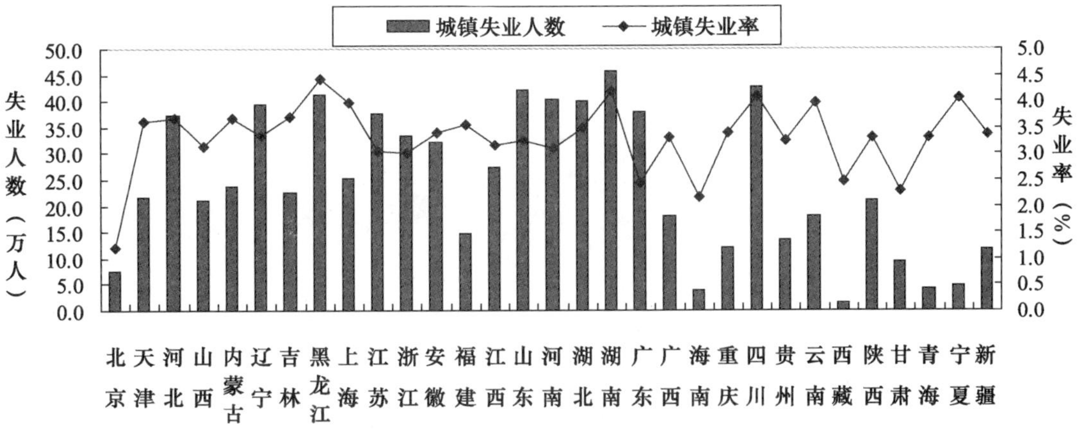

图 11　2013 年全国分地区的城镇失业人数和失业率

资料来源：根据本书第 493 页表 34 数据绘制而成。

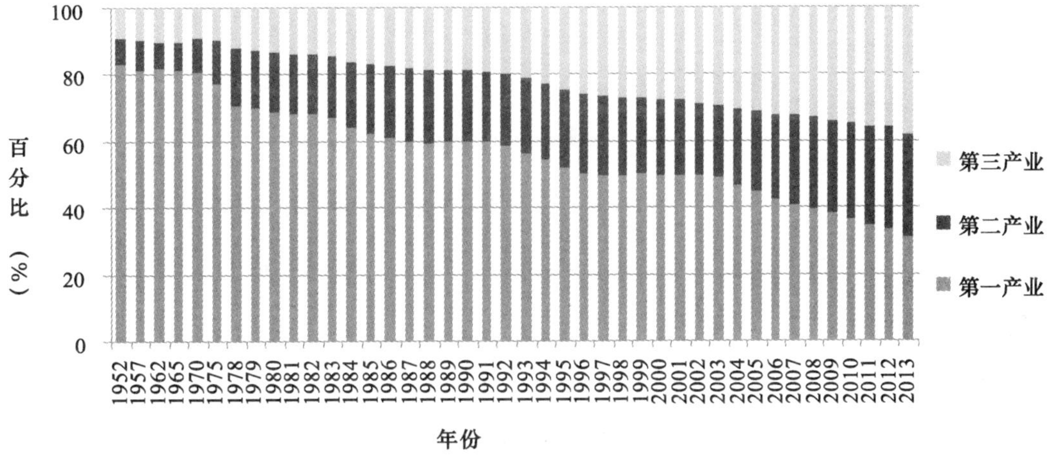

图 12　全国历年三次产业就业人员构成

资料来源：根据本书第 485—486 页表 29 数据绘制而成。

注：本篇图 11、图 12 由中国社会科学院人口与劳动经济研究所根据国家统计局数据绘制而成。

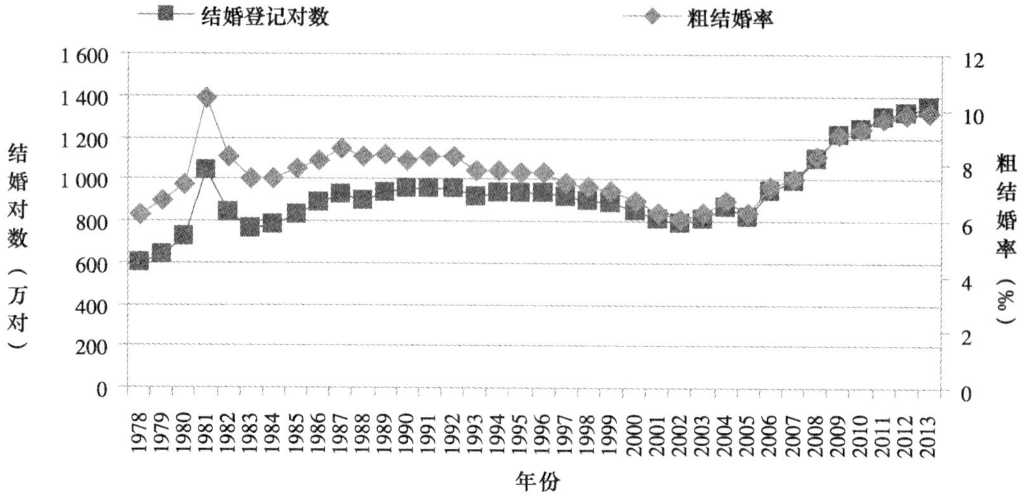

图 13　全国历年结婚对数与粗结婚率

资料来源：根据本书第 518 页表 50 数据绘制而成。

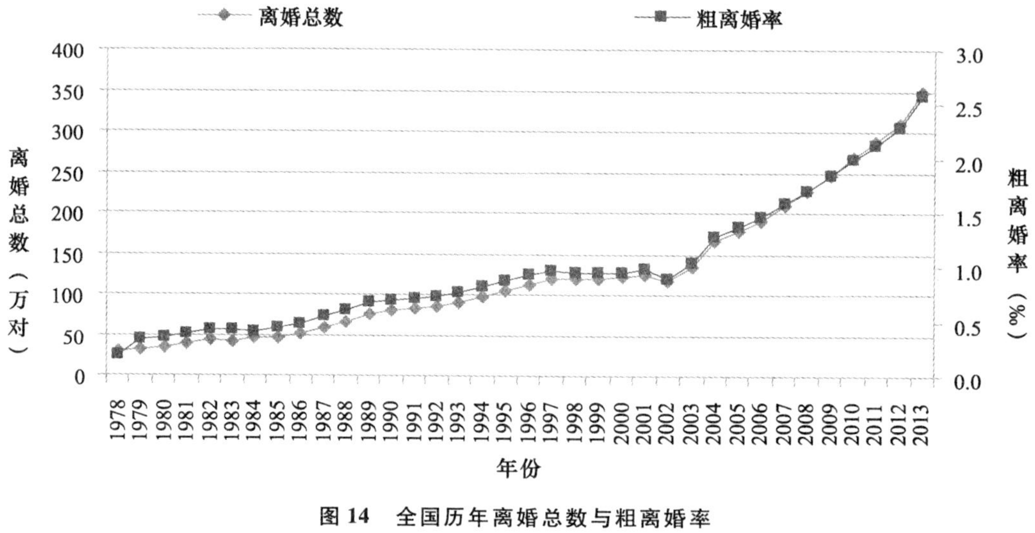

图 14　全国历年离婚总数与粗离婚率

资料来源：根据本书第 521 页表 53 数据绘制而成。

注：本篇图 13、图 14 由中国社会科学院人口与劳动经济研究所根据民政部规划财务司数据绘制而成。

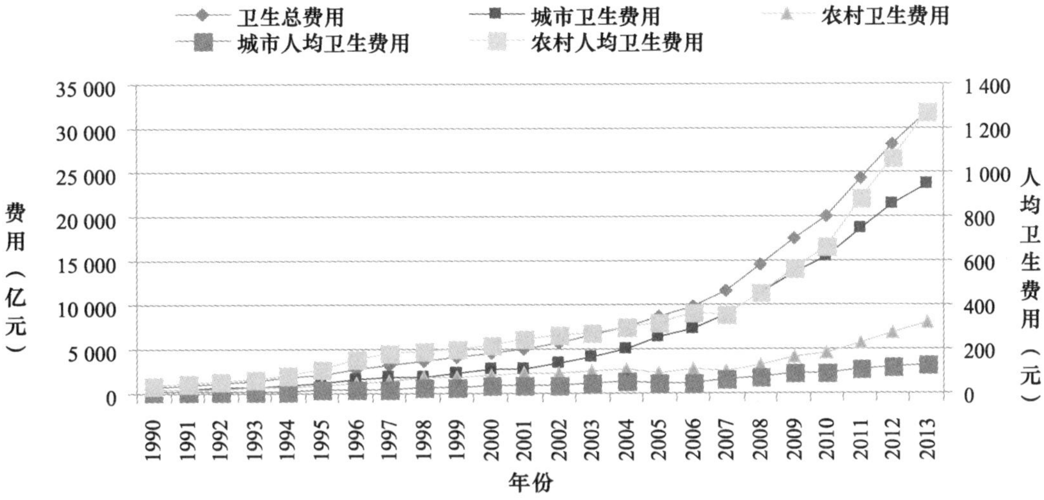

图 15 历年全国和城乡卫生费用

资料来源：根据本书第 559 页表 87 数据绘制而成。

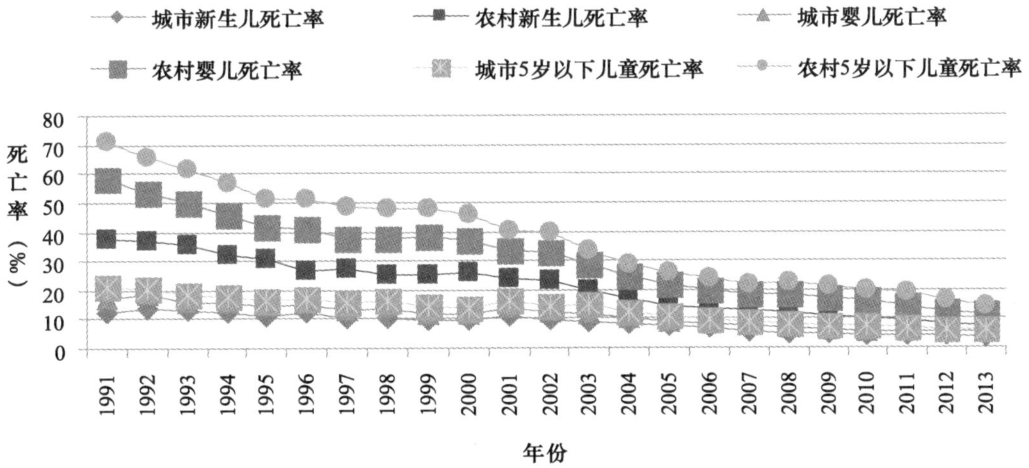

图 16 1991—2013 年卫生部监测地区新生儿死亡率、婴儿死亡率、5 岁以下儿童死亡率

资料来源：根据本书第 569 页表 97 数据绘制而成。

注：本篇图 15—图 17 由中国社会科学院人口与劳动经济研究所根据国家卫生和计划生育委员会统计信息中心数据绘制而成。

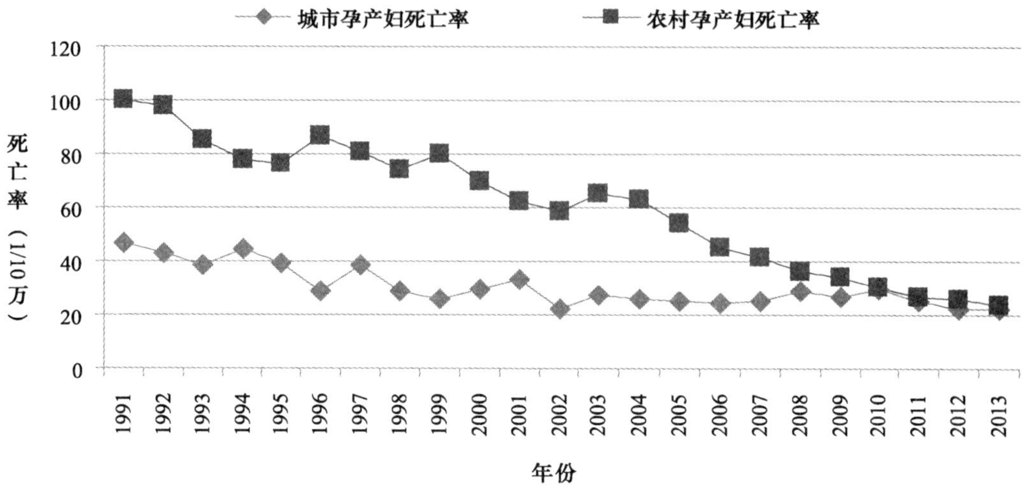

图 17　1991—2013 年卫生部监测地区孕产妇死亡率

资料来源：根据本书第 569 页表 97 数据绘制而成。

• 行政区划

1. 2013 年全国行政区划

单位：个

省级区划	地级区划数		县级区划数					乡镇级区划数			
名称	合计	地级市	合计	市辖区	县级市	县	自治县	合计	镇	乡级	街道办事处
全国	**333**	**286**	**2 853**	**872**	**368**	**1 442**	**117**	**40 497**	**20 117**	**12 812**	**7 566**
北京市	—	—	16	14	—	2	—	325	144	38	143
天津市	—	—	16	13	—	3	—	240	121	6	113
河北省	11	11	172	37	22	107	6	2 246	1 045	914	286
山西省	11	11	119	23	11	85	—	1 398	564	632	202
内蒙古自治区	12	9	102	22	11	17	—	1 010	493	275	242
辽宁省	14	14	100	56	17	19	8	1 521	636	228	657
吉林省	9	8	60	20	21	16	3	900	434	184	282
黑龙江省	13	12	128	64	18	45	1	1 279	495	398	386
上海市	—	—	17	16		1	—	208	108	2	98
江苏省	13	13	100	55	23	22	—	1 265	797	79	389
浙江省	11	11	90	34	21	34	1	1 324	639	264	421
安徽省	16	16	105	43	6	56	—	1 508	927	330	251
福建省	9	9	85	26	14	45	—	1 104	616	313	175
江西省	11	11	100	20	10	70	—	1 546	807	594	145
山东省	17	17	137	48	29	60	—	1 826	1 107	91	628
河南省	17	17	159	50	21	88	—	2 406	1 085	755	566
湖北省	13	12	103	38	24	38	2	1 232	757	175	300
湖南省	14	13	122	35	16	64	7	2 407	1 138	925	344
广东省	21	21	121	58	23	37	3	1 585	1 128	11	446
广西壮族自治区	14	14	110	36	7	55	12	1 247	722	405	120
海南省	3	3	20	4	6	4	6	224	182	21	21
重庆市	—	—	38	19	—	15	4	1 016	611	213	192
四川省	21	18	183	48	14	117	4	4 657	1 853	2 502	302
贵州省	9	6	88	13	7	56	11	1 507	782	606	119
云南省	16	8	129	13	12	75	29	1 388	652	574	162
西藏自治区	7	1	74	1	1	72	—	694	140	544	10
陕西省	10	10	107	24	3	80	—	1 420	1 142	74	204
甘肃省	14	12	86	17	4	58	7	1 347	478	750	119
青海省	8	2	43	5	3	28	7	395	137	228	30
宁夏回族自治区	5	5	22	9	2	11	—	237	101	92	44
新疆维吾尔自治区	14	2	101	11	22	62	6	1 035	276	589	169
香港特别行政区	—	—	—	—	—	—	—	—	—	—	—
澳门特别行政区	—	—	—	—	—	—	—	—	—	—	—
台湾省	—	—	—	—	—	—	—	—	—	—	—

数据来源：国家统计局。

• 人口数、户数和人口自然变动

2. 2013 年各省、自治区、直辖市人口数及人口自然变动情况

地　区	出生率（‰）	死亡率（‰）	自然增长率（‰）	年末总人口（万人）
全　国	**12.08**	**7.16**	**4.92**	**136 072**
北　京	8.93	4.52	4.41	2 115
天　津	8.28	6.00	2.28	1 472
河　北	13.04	6.87	6.17	7 333
山　西	10.81	5.57	5.24	3 630
内蒙古	8.98	5.62	3.36	2 498
辽　宁	6.09	6.12	-0.03	4 390
吉　林	5.36	5.04	0.32	2 751
黑龙江	6.86	6.08	0.78	3 835
上　海	8.18	5.24	2.94	2 415
江　苏	9.44	7.01	2.43	7 939
浙　江	10.01	5.45	4.56	5 498
安　徽	12.88	6.06	6.82	6 030
福　建	12.20	6.01	6.19	3 774
江　西	13.19	6.28	6.91	4 522
山　东	11.41	6.40	5.01	9 733
河　南	12.27	6.76	5.51	9 413
湖　北	11.08	6.15	4.93	5 799
湖　南	13.50	6.96	6.54	6 691
广　东	10.71	4.69	6.02	10 644
广　西	14.28	6.35	7.93	4 719
海　南	14.59	5.90	8.69	895
重　庆	10.37	6.77	3.60	2 970
四　川	9.90	6.90	3.00	8 107
贵　州	13.05	7.15	5.90	3 502
云　南	12.60	6.43	6.17	4 687
西　藏	15.77	5.39	10.38	312
陕　西	10.01	6.15	3.86	3 764
甘　肃	12.16	6.08	6.08	2 582
青　海	14.16	6.13	8.03	578
宁　夏	13.12	4.50	8.62	654
新　疆	15.84	4.92	10.92	2 264

注：1. 本表数据根据 2013 年人口变动情况抽样调查数据推算。

2. 全国总人口包括现役军人数，分地区数字中未包括；全国总人口未包括香港、澳门特别行政区和台湾省的人口数据。

3. 全国总人口根据 2013 年人口变动情况抽样误差和调查误差进行了修正，分地区人口未做修正。

4. 由于各地区数据采用加权汇总的方法，全国人口变动情况抽样调查样本数据合计与各分项相加略有误差（以下表同）。

数据来源：国家统计局人口和就业统计司。

3. 2013 年全国分年龄、性别的人口数

单位：人，%

年龄（岁）	人口数			占总人口比重			性别比（女＝100）
	合计	男	女	合计	男	女	
总计	**1 118 433**	**573 428**	**545 005**	**100.00**	**51.27**	**48.73**	**105.22**
0—4	63 490	34 273	29 218	5.68	3.06	2.61	117.30
0	11 731	6 341	5 390	1.05	0.57	0.48	117.65
1	12 039	6 405	5 634	1.08	0.57	0.50	113.69
2	11 714	6 283	5 432	1.05	0.56	0.49	115.67
3	13 839	7 616	6 223	1.24	0.68	0.56	122.38
4	14 166	7 627	6 539	1.27	0.68	0.58	116.65
5—9	62 446	33 890	28 556	5.58	3.03	2.55	118.68
5	13 118	7 084	6 034	1.17	0.63	0.54	117.40
6	12 481	6 658	5 822	1.12	0.60	0.52	114.35
7	12 643	6 906	5 737	1.13	0.62	0.51	120.37
8	12 069	6 663	5 406	1.08	0.60	0.48	123.26
9	12 136	6 579	5 557	1.09	0.59	0.50	118.39
10—14	57 562	31 141	26 422	5.15	2.78	2.36	117.86
10	11 124	5 999	5 125	0.99	0.54	0.46	117.04
11	11 098	6 075	5 023	0.99	0.54	0.45	120.95
12	11 812	6 368	5 444	1.06	0.57	0.49	116.96
13	11 970	6 437	5 533	1.07	0.58	0.49	116.32
14	11 558	6 262	5 296	1.03	0.56	0.47	118.25
15—19	68 715	36 177	32 538	6.14	3.23	2.91	111.18
15	13 208	7 129	6 079	1.18	0.64	0.54	117.28
16	13 890	7 596	6 294	1.24	0.68	0.56	120.69
17	14 745	7 670	7 074	1.32	0.69	0.63	108.43
18	14 121	7 244	6 877	1.26	0.65	0.61	105.34
19	12 751	6 537	6 214	1.14	0.58	0.56	105.19

3. 2013 年全国分年龄、性别的人口数

续 1

年龄（岁）	人口数			占总人口比重			性别比（女=100）
	合计	男	女	合计	男	女	
20—24	97 406	50 961	46 446	8.71	4.56	4.15	109.72
20	16 610	8 738	7 872	1.49	0.78	0.70	110.99
21	17 116	9 032	8 084	1.53	0.81	0.72	111.73
22	18 081	9 540	8 541	1.62	0.85	0.76	111.69
23	23 135	11 989	11 146	2.07	1.07	1.00	107.56
24	22 465	11 663	10 802	2.01	1.04	0.97	107.97
25—29	93 136	46 693	46 443	8.33	4.17	4.15	100.54
25	19 837	9 950	9 887	1.77	0.89	0.88	100.63
26	21 103	10 555	10 548	1.89	0.94	0.94	100.07
27	19 005	9 468	9 537	1.70	0.85	0.85	99.27
28	16 832	8 369	8 463	1.50	0.75	0.76	98.89
29	16 359	8 351	8 008	1.46	0.75	0.72	104.28
30—34	82 677	41 986	40 691	7.39	3.75	3.64	103.18
30	15 710	7 930	7 780	1.40	0.71	0.70	101.92
31	18 281	9 308	8 973	1.63	0.83	0.80	103.73
32	16 271	8 356	7 915	1.45	0.75	0.71	105.58
33	15 769	7 900	7 869	1.41	0.71	0.70	100.40
34	16 646	8 492	8 154	1.49	0.76	0.73	104.15
35—39	84 334	43 057	41 277	7.54	3.85	3.69	104.31
35	15 886	8 090	7 796	1.42	0.72	0.70	103.78
36	15 125	7 715	7 409	1.35	0.69	0.66	104.13
37	16 891	8 801	8 090	1.51	0.79	0.72	108.79
38	17 298	8 831	8 467	1.55	0.79	0.76	104.29
39	19 134	9 620	9 515	1.71	0.86	0.85	101.10

3. 2013 年全国分年龄、性别的人口数　续 2

年龄（岁）	人口数			占总人口比重			性别比（女=100）
	合计	男	女	合计	男	女	
40—44	103 771	53 017	50 753	9.28	4.74	4.54	104.46
40	19 655	10 105	9 550	1.76	0.90	0.85	105.81
41	20 380	10 331	10 048	1.82	0.92	0.90	102.82
42	20 479	10 602	9 877	1.83	0.95	0.88	107.35
43	22 571	11 517	11 054	2.02	1.03	0.99	104.19
44	20 686	10 462	10 225	1.85	0.94	0.91	102.32
45—49	98 129	49 884	48 245	8.77	4.46	4.31	103.40
45	21 994	11 207	10 787	1.97	1.00	0.96	103.90
46	17 476	8 925	8 551	1.56	0.80	0.76	104.37
47	19 509	9 883	9 626	1.74	0.88	0.86	102.67
48	19 940	10 077	9 863	1.78	0.90	0.88	102.17
49	19 210	9 791	9 418	1.72	0.88	0.84	103.96
50—54	69 533	35 355	34 178	6.22	3.16	3.06	103.44
50	22 061	11 272	10 790	1.97	1.01	0.96	104.47
51	16 422	8 317	8 105	1.47	0.74	0.72	102.62
52	9 028	4 507	4 520	0.81	0.40	0.40	99.71
53	11 587	5 902	5 685	1.04	0.53	0.51	103.81
54	10 436	5 357	5 078	0.93	0.48	0.45	105.50
55—59	70 719	35 892	34 827	6.32	3.21	3.11	103.06
55	13 412	6 932	6 480	1.20	0.62	0.58	106.97
56	14 774	7 563	7 211	1.32	0.68	0.64	104.88
57	13 978	7 109	6 870	1.25	0.64	0.61	103.48
58	14 183	7 110	7 073	1.27	0.64	0.63	100.51
59	14 371	7 179	7 192	1.28	0.64	0.64	99.81

3. 2013 年全国分年龄、性别的人口数 续 3

年龄（岁）	人口数			占总人口比重			性别比（女 =100）
	合计	男	女	合计	男	女	
60—64	58 256	29 230	29 026	5. 21	2. 61	2. 60	100. 70
60	12 962	6 507	6 454	1. 16	0. 58	0. 58	100. 82
61	13 001	6 490	6 511	1. 16	0. 58	0. 58	99. 68
62	11 290	5 622	5 668	1. 01	0. 50	0. 51	99. 20
63	10 717	5 423	5 294	0. 96	0. 48	0. 47	102. 44
64	10 286	5 187	5 099	0. 92	0. 46	0. 46	101. 74
65—69	39 216	19 577	19 638	3. 51	1. 75	1. 76	99. 69
65	9 011	4 504	4 507	0. 81	0. 40	0. 40	99. 94
66	8 422	4 222	4 200	0. 75	0. 38	0. 38	100. 52
67	8 102	4 005	4 097	0. 72	0. 36	0. 37	97. 76
68	7 051	3 479	3 572	0. 63	0. 31	0. 32	97. 37
69	6 630	3 367	3 262	0. 59	0. 30	0. 29	103. 22
70—74	27 905	13 748	14 157	2. 49	1. 23	1. 27	97. 11
70	6 064	3 011	3 053	0. 54	0. 27	0. 27	98. 65
71	5 937	2 963	2 974	0. 53	0. 26	0. 27	99. 63
72	5 855	2 870	2 985	0. 52	0. 26	0. 27	96. 13
73	5 488	2 697	2 792	0. 49	0. 24	0. 25	96. 60
74	4 560	2 207	2 353	0. 41	0. 20	0. 21	93. 81
75—79	21 253	10 054	11 199	1. 90	0. 90	1. 00	89. 78
75	5 074	2 456	2 618	0. 45	0. 22	0. 23	93. 82
76	4 457	2 201	2 256	0. 40	0. 20	0. 20	97. 58
77	4 335	2 018	2 317	0. 39	0. 18	0. 21	87. 07
78	3 927	1 805	2 122	0. 35	0. 16	0. 19	85. 09
79	3 461	1 574	1 887	0. 31	0. 14	0. 17	83. 42

3. 2013 年全国分年龄、性别的人口数　　续完

年龄（岁）	人口数			占总人口比重			性别比（女=100）
	合计	男	女	合计	男	女	
80—84	12 769	5 759	7 011	1. 14	0. 51	0. 63	82. 14
80	3 585	1 667	1 918	0. 32	0. 15	0. 17	86. 92
81	2 782	1 268	1 514	0. 25	0. 11	0. 14	83. 73
82	2 375	1 070	1 305	0. 21	0. 10	0. 12	82. 01
83	2 353	1 026	1 327	0. 21	0. 09	0. 12	77. 36
84	1 674	727	947	0. 15	0. 07	0. 08	76. 78
85—89	5 256	2 104	3 152	0. 47	0. 19	0. 28	66. 75
85	1 634	678	956	0. 15	0. 06	0. 09	70. 88
86	1 165	504	661	0. 10	0. 05	0. 06	76. 13
87	967	361	606	0. 09	0. 03	0. 05	59. 50
88	827	314	513	0. 07	0. 03	0. 05	61. 10
89	662	248	414	0. 06	0. 02	0. 04	59. 83
90—94	1 558	555	1 003	0. 14	0. 05	0. 09	55. 33
90	524	192	331	0. 05	0. 02	0. 03	58. 10
91	390	130	260	0. 03	0. 01	0. 02	49. 86
92	287	106	181	0. 03	0. 01	0. 02	58. 71
93	234	86	148	0. 02	0. 01	0. 01	58. 29
94	124	41	83	0. 01	0. 00	0. 01	48. 78
95 +	304	77	227	0. 03	0. 01	0. 02	34. 05

4. 2013 年全国分年龄、性别的人口数（城市）

单位：人，%

年龄（岁）	人口数			占总人口比重			性别比（女=100）
	合计	男	女	合计	男	女	
总计	**352 379**	**179 587**	**172 792**	**100.00**	**50.96**	**49.04**	**103.93**
0—4	15 846	8 478	7 367	4.50	2.41	2.09	115.07
0	2 755	1 472	1 282	0.78	0.42	0.36	114.82
1	3 371	1 753	1 618	0.96	0.50	0.46	108.32
2	2 919	1 609	1 310	0.83	0.46	0.37	122.83
3	3 444	1 891	1 554	0.98	0.54	0.44	121.70
4	3 356	1 753	1 603	0.95	0.50	0.45	109.34
5—9	14 957	8 023	6 934	4.24	2.28	1.97	115.71
5	3 185	1 681	1 504	0.90	0.48	0.43	111.71
6	3 088	1 660	1 427	0.88	0.47	0.41	116.33
7	2 840	1 516	1 324	0.81	0.43	0.38	114.50
8	2 944	1 624	1 320	0.84	0.46	0.37	123.05
9	2 901	1 542	1 358	0.82	0.44	0.39	113.53
10—14	13 887	7 364	6 523	3.94	2.09	1.85	112.89
10	2 552	1 340	1 211	0.72	0.38	0.34	110.66
11	2 707	1 475	1 232	0.77	0.42	0.35	119.79
12	2 880	1 514	1 366	0.82	0.43	0.39	110.79
13	2 902	1 529	1 372	0.82	0.43	0.39	111.41
14	2 847	1 505	1 341	0.81	0.43	0.38	112.22
15—19	21 486	10 833	10 654	6.10	3.07	3.02	101.68
15	3 347	1 839	1 508	0.95	0.52	0.43	121.89
16	4 325	2 191	2 133	1.23	0.62	0.61	102.74
17	4 938	2 407	2 531	1.40	0.68	0.72	95.12
18	4 661	2 376	2 285	1.32	0.67	0.65	104.01
19	4 216	2 019	2 197	1.20	0.57	0.62	91.89

数据来源：国家统计局人口和就业统计司。

4. 2013 年全国分年龄、性别的人口数（城市） 续 1

年龄（岁）	人口数			占总人口比重			性别比（女 = 100）
	合计	男	女	合计	男	女	
20—24	35 040	18 527	16 512	9.94	5.26	4.69	112.20
20	5 976	3 103	2 874	1.70	0.88	0.82	107.95
21	6 460	3 363	3 097	1.83	0.95	0.88	108.59
22	6 491	3 427	3 064	1.84	0.97	0.87	111.86
23	7 967	4 228	3 739	2.26	1.20	1.06	113.08
24	8 145	4 407	3 739	2.31	1.25	1.06	117.86
25—29	34 655	17 427	17 228	9.83	4.95	4.89	101.16
25	7 207	3 671	3 536	2.05	1.04	1.00	103.81
26	7 729	3 849	3 879	2.19	1.09	1.10	99.23
27	6 973	3 527	3 446	1.98	1.00	0.98	102.37
28	6 412	3 206	3 206	1.82	0.91	0.91	100.01
29	6 335	3 174	3 161	1.80	0.90	0.90	100.41
30—34	32 776	16 308	16 468	9.30	4.63	4.67	99.03
30	6 244	3 069	3 175	1.77	0.87	0.90	96.67
31	7 449	3 671	3 778	2.11	1.04	1.07	97.19
32	6 356	3 183	3 173	1.80	0.90	0.90	100.31
33	6 109	3 056	3 054	1.73	0.87	0.87	100.07
34	6 618	3 329	3 289	1.88	0.94	0.93	101.23
35—39	30 680	15 650	15 030	8.71	4.44	4.27	104.13
35	6 103	3 132	2 972	1.73	0.89	0.84	105.39
36	5 762	2 906	2 856	1.64	0.82	0.81	101.77
37	5 927	3 095	2 832	1.68	0.88	0.80	109.29
38	6 173	3 104	3 069	1.75	0.88	0.87	101.16
39	6 714	3 412	3 302	1.91	0.97	0.94	103.35

4. 2013 年全国分年龄、性别的人口数（城市）

续 2

年龄（岁）	人口数			占总人口比重			性别比（女＝100）
	合计	男	女	合计	男	女	
40—44	35 186	18 142	17 044	9.99	5.15	4.84	106.44
40	6 944	3 535	3 409	1.97	1.00	0.97	103.72
41	7 157	3 701	3 456	2.03	1.05	0.98	107.09
42	6 909	3 629	3 280	1.96	1.03	0.93	110.61
43	7 644	3 950	3 694	2.17	1.12	1.05	106.92
44	6 533	3 327	3 205	1.85	0.94	0.91	103.81
45—49	29 396	15 150	14 247	8.34	4.30	4.04	106.34
45	6 765	3 539	3 227	1.92	1.00	0.92	109.67
46	5 087	2 640	2 447	1.44	0.75	0.69	107.86
47	5 632	2 874	2 757	1.60	0.82	0.78	104.24
48	5 929	3 032	2 897	1.68	0.86	0.82	104.67
49	5 983	3 065	2 918	1.70	0.87	0.83	105.02
50—54	22 146	11 490	10 656	6.28	3.26	3.02	107.83
50	7 098	3 747	3 352	2.01	1.06	0.95	111.80
51	4 962	2 568	2 394	1.41	0.73	0.68	107.30
52	2 861	1 475	1 387	0.81	0.42	0.39	106.33
53	3 831	1 981	1 850	1.09	0.56	0.53	107.03
54	3 394	1 720	1 674	0.96	0.49	0.47	102.77
55—59	21 109	10 588	10 521	5.99	3.00	2.99	100.63
55	4 199	2 148	2 051	1.19	0.61	0.58	104.70
56	4 499	2 241	2 258	1.28	0.64	0.64	99.25
57	4 093	2 052	2 041	1.16	0.58	0.58	100.55
58	4 166	2 086	2 080	1.18	0.59	0.59	100.29
59	4 151	2 061	2 091	1.18	0.58	0.59	98.56

4. 2013 年全国分年龄、性别的人口数（城市） 续 3

年龄（岁）	人口数			占总人口比重			性别比（女=100）
	合计	男	女	合计	男	女	
60—64	15 757	7 671	8 087	4.47	2.18	2.29	94.85
60	3 611	1 740	1 871	1.02	0.49	0.53	93.02
61	3 417	1 678	1 740	0.97	0.48	0.49	96.43
62	3 079	1 492	1 586	0.87	0.42	0.45	94.07
63	2 888	1 405	1 483	0.82	0.40	0.42	94.76
64	2 762	1 355	1 407	0.78	0.38	0.40	96.33
65—69	10 293	5 002	5 290	2.92	1.42	1.50	94.56
65	2 368	1 144	1 224	0.67	0.32	0.35	93.44
66	2 246	1 063	1 182	0.64	0.30	0.34	89.90
67	2 156	1 059	1 098	0.61	0.30	0.31	96.48
68	1 804	893	912	0.51	0.25	0.26	97.93
69	1 718	844	874	0.49	0.24	0.25	96.52
70—74	7 551	3 596	3 956	2.14	1.02	1.12	90.90
70	1 522	741	780	0.43	0.21	0.22	94.97
71	1 608	776	831	0.46	0.22	0.24	93.39
72	1 599	751	848	0.45	0.21	0.24	88.59
73	1 527	717	810	0.43	0.20	0.23	88.60
74	1 296	610	686	0.37	0.17	0.19	88.82
75—79	6 075	2 793	3 282	1.72	0.79	0.93	85.10
75	1 369	660	709	0.39	0.19	0.20	93.14
76	1 275	621	654	0.36	0.18	0.19	94.99
77	1 301	559	742	0.37	0.16	0.21	75.36
78	1 147	514	633	0.33	0.15	0.18	81.12
79	983	439	544	0.28	0.12	0.15	80.67

4. 2013 年全国分年龄、性别的人口数（城市） 续完

年龄（岁）	人口数			占总人口比重			性别比（女=100）
	合计	男	女	合计	男	女	
80—84	3 637	1 747	1 890	1.03	0.50	0.54	92.43
80	1 051	520	531	0.30	0.15	0.15	97.92
81	786	373	413	0.22	0.11	0.12	90.40
82	642	300	342	0.18	0.09	0.10	87.85
83	667	312	355	0.19	0.09	0.10	87.69
84	491	242	249	0.14	0.07	0.07	97.17
85—89	1 430	616	814	0.41	0.17	0.23	75.77
85	437	210	228	0.12	0.06	0.06	92.07
86	319	136	182	0.09	0.04	0.05	74.64
87	272	103	169	0.08	0.03	0.05	60.87
88	219	92	127	0.06	0.03	0.04	72.35
89	183	76	108	0.05	0.02	0.03	70.62
90—94	382	154	228	0.11	0.04	0.06	67.57
90	141	59	82	0.04	0.02	0.02	72.38
91	95	30	65	0.03	0.01	0.02	46.71
92	70	29	41	0.02	0.01	0.01	69.03
93	51	23	28	0.01	0.01	0.01	83.61
94	24	12	12	0.01	0.00	0.00	106.73
95 +	89	28	61	0.03	0.01	0.02	45.02

5.2013 年全国分年龄、性别的人口数（镇）

单位：人,%

年龄（岁）	人口数			占总人口比重			性别比（女=100）
	合计	男	女	合计	男	女	
总计	**254 184**	**130 622**	**123 562**	**100.00**	**51.39**	**48.61**	**105.71**
0—4	14 079	7 642	6 437	5.54	3.01	2.53	118.73
0	2 531	1 358	1 173	1.00	0.53	0.46	115.79
1	2 602	1 397	1 204	1.02	0.55	0.47	116.01
2	2 581	1 385	1 196	1.02	0.54	0.47	115.80
3	3 110	1 717	1 392	1.22	0.68	0.55	123.36
4	3 256	1 785	1 471	1.28	0.70	0.58	121.32
5—9	14 594	7 976	6 618	5.74	3.14	2.60	120.52
5	3 098	1 673	1 425	1.22	0.66	0.56	117.41
6	2 867	1 517	1 350	1.13	0.60	0.53	112.39
7	2 961	1 626	1 335	1.16	0.64	0.53	121.74
8	2 793	1 590	1 203	1.10	0.63	0.47	132.22
9	2 875	1 570	1 305	1.13	0.62	0.51	120.32
10—14	13 825	7 574	6 251	5.44	2.98	2.46	121.16
10	2 646	1 443	1 203	1.04	0.57	0.47	119.90
11	2 623	1 442	1 181	1.03	0.57	0.46	122.04
12	2 893	1 585	1 308	1.14	0.62	0.51	121.17
13	2 861	1 563	1 298	1.13	0.61	0.51	120.37
14	2 802	1 541	1 260	1.10	0.61	0.50	122.33
15—19	16 961	9 234	7 727	6.67	3.63	3.04	119.51
15	3 252	1 750	1 502	1.28	0.69	0.59	116.49
16	3 575	2 106	1 469	1.41	0.83	0.58	143.32
17	3 682	2 049	1 633	1.45	0.81	0.64	125.46
18	3 359	1 764	1 595	1.32	0.69	0.63	110.56
19	3 093	1 566	1 527	1.22	0.62	0.60	102.54

数据来源：国家统计局人口和就业统计司。

5. 2013 年全国分年龄、性别的人口数（镇）

续 1

年龄（岁）	人口数			占总人口比重			性别比（女 =100）
	合计	男	女	合计	男	女	
20—24	21 527	11 336	10 191	8.47	4.46	4.01	111.24
20	3 906	2 054	1 852	1.54	0.81	0.73	110.88
21	3 699	1 968	1 732	1.46	0.77	0.68	113.62
22	3 910	2 143	1 767	1.54	0.84	0.70	121.29
23	5 038	2 620	2 418	1.98	1.03	0.95	108.37
24	4 974	2 552	2 422	1.96	1.00	0.95	105.35
25—29	20 957	10 249	10 708	8.24	4.03	4.21	95.72
25	4 350	2 085	2 265	1.71	0.82	0.89	92.06
26	4 746	2 288	2 458	1.87	0.90	0.97	93.11
27	4 393	2 129	2 265	1.73	0.84	0.89	94.00
28	3 763	1 861	1 902	1.48	0.73	0.75	97.85
29	3 704	1 886	1 818	1.46	0.74	0.72	103.72
30—34	19 151	9 616	9 535	7.53	3.78	3.75	100.84
30	3 527	1 775	1 752	1.39	0.70	0.69	101.31
31	4 126	2 051	2 074	1.62	0.81	0.82	98.89
32	3 812	1 956	1 855	1.50	0.77	0.73	105.47
33	3 740	1 852	1 888	1.47	0.73	0.74	98.06
34	3 946	1 981	1 965	1.55	0.78	0.77	100.78
35—39	20 653	10 590	10 063	8.13	4.17	3.96	105.23
35	3 793	1 943	1 850	1.49	0.76	0.73	105.02
36	3 612	1 883	1 728	1.42	0.74	0.68	108.98
37	4 263	2 183	2 080	1.68	0.86	0.82	104.96
38	4 366	2 210	2 156	1.72	0.87	0.85	102.51
39	4 620	2 370	2 250	1.82	0.93	0.88	105.37

5. 2013 年全国分年龄、性别的人口数（镇） 续 2

年龄（岁）	人口数			占总人口比重			性别比（女=100）
	合计	男	女	合计	男	女	
40—44	24 866	12 602	12 264	9.78	4.96	4.82	102.76
40	4 754	2 441	2 312	1.87	0.96	0.91	105.59
41	4 870	2 449	2 421	1.92	0.96	0.95	101.15
42	4 896	2 471	2 424	1.93	0.97	0.95	101.94
43	5 353	2 718	2 635	2.11	1.07	1.04	103.17
44	4 994	2 522	2 472	1.96	0.99	0.97	102.03
45—49	23 064	11 733	11 331	9.07	4.62	4.46	103.55
45	5 203	2 642	2 561	2.05	1.04	1.01	103.16
46	4 138	2 119	2 018	1.63	0.83	0.79	105.00
47	4 563	2 311	2 253	1.80	0.91	0.89	102.57
48	4 774	2 411	2 363	1.88	0.95	0.93	102.01
49	4 385	2 250	2 135	1.73	0.89	0.84	105.36
50—54	15 356	7 813	7 542	6.04	3.07	2.97	103.59
50	5 103	2 534	2 569	2.01	1.00	1.01	98.62
51	3 639	1 872	1 767	1.43	0.74	0.70	105.91
52	1 959	999	960	0.77	0.39	0.38	103.98
53	2 424	1 276	1 148	0.95	0.50	0.45	111.13
54	2 230	1 133	1 097	0.88	0.45	0.43	103.25
55—59	15 298	7 653	7 644	6.02	3.01	3.01	100.12
55	2 928	1 500	1 428	1.15	0.59	0.56	105.07
56	3 122	1 615	1 507	1.23	0.64	0.59	107.14
57	3 045	1 493	1 552	1.20	0.59	0.61	96.25
58	3 078	1 527	1 551	1.21	0.60	0.61	98.43
59	3 125	1 518	1 607	1.23	0.60	0.63	94.49

5. 2013 年全国分年龄、性别的人口数（镇）

续 3

年龄（岁）	人口数			占总人口比重			性别比（女=100）
	合计	男	女	合计	男	女	
60—64	12 140	6 170	5 970	4.78	2.43	2.35	103.35
60	2 767	1 425	1 342	1.09	0.56	0.53	106.17
61	2 713	1 370	1 343	1.07	0.54	0.53	102.02
62	2 340	1 194	1 146	0.92	0.47	0.45	104.17
63	2 253	1 130	1 123	0.89	0.44	0.44	100.57
64	2 067	1 051	1 015	0.81	0.41	0.40	103.52
65—69	7 921	3 950	3 971	3.12	1.55	1.56	99.45
65	1 822	904	917	0.72	0.36	0.36	98.60
66	1 691	838	853	0.67	0.33	0.34	98.30
67	1 627	794	833	0.64	0.31	0.33	95.32
68	1 455	746	709	0.57	0.29	0.28	105.24
69	1 326	667	659	0.52	0.26	0.26	101.13
70—74	5 654	2 743	2 911	2.22	1.08	1.15	94.25
70	1 204	578	626	0.47	0.23	0.25	92.38
71	1 244	619	625	0.49	0.24	0.25	99.05
72	1 138	531	607	0.45	0.21	0.24	87.40
73	1 108	539	569	0.44	0.21	0.22	94.61
74	960	477	483	0.38	0.19	0.19	98.63
75—79	4 241	2 039	2 203	1.67	0.80	0.87	92.55
75	990	465	525	0.39	0.18	0.21	88.49
76	915	458	458	0.36	0.18	0.18	100.09
77	811	385	426	0.32	0.15	0.17	90.34
78	793	373	420	0.31	0.15	0.17	88.85
79	732	358	374	0.29	0.14	0.15	95.68

5. 2013 年全国分年龄、性别的人口数（镇）

续完

年龄（岁）	人口数			占总人口比重			性别比（女=100）
	合计	男	女	合计	男	女	
80—84	2 487	1 147	1 340	0.98	0.45	0.53	85.66
80	718	324	394	0.28	0.13	0.16	82.09
81	520	242	278	0.20	0.10	0.11	86.98
82	468	218	250	0.18	0.09	0.10	87.33
83	450	206	244	0.18	0.08	0.10	84.30
84	331	158	173	0.13	0.06	0.07	91.15
85—89	1 030	428	602	0.41	0.17	0.24	71.01
85	323	131	192	0.13	0.05	0.08	68.48
86	228	104	124	0.09	0.04	0.05	84.37
87	191	76	114	0.07	0.03	0.04	66.77
88	144	57	88	0.06	0.02	0.03	64.56
89	143	59	85	0.06	0.02	0.03	69.65
90—94	324	114	209	0.13	0.04	0.08	54.59
90	104	37	67	0.04	0.01	0.03	54.85
91	86	30	55	0.03	0.01	0.02	55.02
92	59	23	35	0.02	0.01	0.01	66.43
93	49	19	30	0.02	0.01	0.01	64.99
94	27	4	22	0.01	0.00	0.01	20.14
95+	56	12	44	0.02	0.00	0.02	27.75

6. 2013 年全国分年龄、性别的人口数（乡村）

单位：人，%

年龄（岁）	人口数			占总人口比重			性别比（女=100）
	合计	男	女	合计	男	女	
总计	**511 870**	**263 219**	**248 651**	**100.00**	**51.42**	**48.58**	**105.86**
0—4	33 566	18 152	15 414	6.56	3.55	3.01	117.77
0	6 445	3 511	2 935	1.26	0.69	0.57	119.64
1	6 066	3 255	2 811	1.19	0.64	0.55	115.78
2	6 215	3 289	2 926	1.21	0.64	0.57	112.41
3	7 285	4 008	3 277	1.42	0.78	0.64	122.29
4	7 554	4 090	3 465	1.48	0.80	0.68	118.04
5—9	32 895	17 891	15 004	6.43	3.50	2.93	119.24
5	6 834	3 730	3 104	1.34	0.73	0.61	120.15
6	6 526	3 481	3 045	1.27	0.68	0.59	114.30
7	6 843	3 765	3 078	1.34	0.74	0.60	122.31
8	6 332	3 449	2 883	1.24	0.67	0.56	119.62
9	6 361	3 467	2 894	1.24	0.68	0.57	119.81
10—14	29 850	16 203	13 647	5.83	3.17	2.67	118.73
10	5 926	3 216	2 711	1.16	0.63	0.53	118.63
11	5 768	3 158	2 610	1.13	0.62	0.51	121.01
12	6 039	3 269	2 770	1.18	0.64	0.54	118.03
13	6 207	3 345	2 863	1.21	0.65	0.56	116.84
14	5 910	3 215	2 694	1.15	0.63	0.53	119.34
15—19	30 268	16 110	14 157	5.91	3.15	2.77	113.79
15	6 609	3 541	3 069	1.29	0.69	0.60	115.40
16	5 991	3 299	2 692	1.17	0.64	0.53	122.57
17	6 125	3 214	2 910	1.20	0.63	0.57	110.45
18	6 101	3 104	2 997	1.19	0.61	0.59	103.58
19	5 442	2 952	2 490	1.06	0.58	0.49	118.54

数据来源：国家统计局人口和就业统计司。

6. 2013 年全国分年龄、性别的人口数（乡村）　续 1

年龄（岁）	人口数			占总人口比重			性别比（女=100）
	合计	男	女	合计	男	女	
20—24	40 839	21 097	19 742	7.98	4.12	3.86	106.86
20	6 727	3 581	3 146	1.31	0.70	0.61	113.83
21	6 957	3 701	3 255	1.36	0.72	0.64	113.71
22	7 680	3 969	3 711	1.50	0.78	0.72	106.97
23	10 130	5 141	4 989	1.98	1.00	0.97	103.03
24	9 345	4 704	4 641	1.83	0.92	0.91	101.37
25—29	37 524	19 016	18 508	7.33	3.72	3.62	102.75
25	8 280	4 194	4 086	1.62	0.82	0.80	102.64
26	8 629	4 418	4 211	1.69	0.86	0.82	104.92
27	7 639	3 811	3 827	1.49	0.74	0.75	99.59
28	6 656	3 302	3 355	1.30	0.65	0.66	98.42
29	6 320	3 291	3 029	1.23	0.64	0.59	108.66
30—34	30 750	16 062	14 688	6.01	3.14	2.87	109.36
30	5 938	3 085	2 853	1.16	0.60	0.56	108.14
31	6 707	3 585	3 121	1.31	0.70	0.61	114.86
32	6 104	3 217	2 887	1.19	0.63	0.56	111.43
33	5 919	2 992	2 927	1.16	0.58	0.57	102.24
34	6 082	3 182	2 899	1.19	0.62	0.57	109.76
35—39	33 000	16 817	16 183	6.45	3.29	3.16	103.92
35	5 990	3 016	2 974	1.17	0.59	0.58	101.39
36	5 750	2 925	2 825	1.12	0.57	0.55	103.56
37	6 700	3 522	3 178	1.31	0.69	0.62	110.85
38	6 760	3 517	3 243	1.32	0.69	0.63	108.43
39	7 800	3 837	3 963	1.52	0.75	0.77	96.81

6. 2013 年全国分年龄、性别的人口数（乡村） 续 2

年龄（岁）	人口数			占总人口比重			性别比（女＝100）
	合计	男	女	合计	男	女	
40—44	43 718	22 273	21 445	8.54	4.35	4.19	103.86
40	7 957	4 128	3 829	1.55	0.81	0.75	107.81
41	8 353	4 182	4 171	1.63	0.82	0.81	100.25
42	8 674	4 502	4 172	1.69	0.88	0.82	107.92
43	9 574	4 849	4 725	1.87	0.95	0.92	102.62
44	9 160	4 612	4 547	1.79	0.90	0.89	101.42
45—49	45 668	23 001	22 667	8.92	4.49	4.43	101.47
45	10 025	5 026	4 999	1.96	0.98	0.98	100.54
46	8 251	4 165	4 085	1.61	0.81	0.80	101.96
47	9 314	4 698	4 616	1.82	0.92	0.90	101.79
48	9 236	4 634	4 602	1.80	0.91	0.90	100.69
49	8 842	4 477	4 365	1.73	0.87	0.85	102.57
50—54	32 031	16 052	15 980	6.26	3.14	3.12	100.45
50	9 860	4 991	4 869	1.93	0.98	0.95	102.50
51	7 820	3 877	3 944	1.53	0.76	0.77	98.30
52	4 207	2 034	2 173	0.82	0.40	0.42	93.59
53	5 332	2 645	2 687	1.04	0.52	0.52	98.47
54	4 812	2 504	2 307	0.94	0.49	0.45	108.55
55—59	34 312	17 651	16 661	6.70	3.45	3.25	105.94
55	6 285	3 284	3 001	1.23	0.64	0.59	109.43
56	7 153	3 707	3 446	1.40	0.72	0.67	107.59
57	6 840	3 563	3 277	1.34	0.70	0.64	108.72
58	6 939	3 497	3 442	1.36	0.68	0.67	101.59
59	7 095	3 600	3 495	1.39	0.70	0.68	103.00

6. 2013 年全国分年龄、性别的人口数（乡村）

续 3

年龄（岁）	人口数			占总人口比重			性别比（女=100）
	合计	男	女	合计	男	女	
60—64	30 358	15 389	14 969	5. 93	3. 01	2. 92	102. 81
60	6 583	3 342	3 241	1. 29	0. 65	0. 63	103. 10
61	6 871	3 443	3 429	1. 34	0. 67	0. 67	100. 41
62	5 870	2 936	2 935	1. 15	0. 57	0. 57	100. 03
63	5 575	2 888	2 687	1. 09	0. 56	0. 53	107. 46
64	5 458	2 781	2 677	1. 07	0. 54	0. 52	103. 91
65—69	21 002	10 625	10 377	4. 10	2. 08	2. 03	102. 39
65	4 822	2 456	2 366	0. 94	0. 48	0. 46	103. 82
66	4 486	2 321	2 165	0. 88	0. 45	0. 42	107. 19
67	4 318	2 152	2 166	0. 84	0. 42	0. 42	99. 35
68	3 791	1 840	1 952	0. 74	0. 36	0. 38	94. 26
69	3585	1 857	1 729	0. 70	0. 36	0. 34	107. 41
70—74	14 699	7 409	7 290	2. 87	1. 45	1. 42	101. 63
70	3 339	1 692	1 647	0. 65	0. 33	0. 32	102. 77
71	3 086	1 568	1 518	0. 60	0. 31	0. 30	103. 29
72	3 118	1 588	1 530	0. 61	0. 31	0. 30	103. 76
73	2 853	1 440	1 412	0. 56	0. 28	0. 28	101. 98
74	2 304	1 121	1 183	0. 45	0. 22	0. 23	94. 74
75—79	10 937	5 222	5 714	2. 14	1. 02	1. 12	91. 39
75	2 715	1 331	1 384	0. 53	0. 26	0. 27	96. 19
76	2 267	1 122	1 145	0. 44	0. 22	0. 22	98. 06
77	2 223	1 073	1 149	0. 43	0. 21	0. 22	93. 42
78	1 987	919	1 068	0. 39	0. 18	0. 21	85. 98
79	1 746	777	968	0. 34	0. 15	0. 19	80. 24

6. 2013 年全国分年龄、性别的人口数（乡村） 续完

年龄（岁）	人口数			占总人口比重			性别比（女 =100）
	合计	男	女	合计	男	女	
80—84	6 645	2 864	3 781	1. 30	0. 56	0. 74	75. 74
80	1 817	824	993	0. 35	0. 16	0. 19	82. 96
81	1 476	653	823	0. 29	0. 13	0. 16	79. 28
82	1 265	552	713	0. 25	0. 11	0. 14	77. 35
83	1 236	509	727	0. 24	0. 10	0. 14	69. 98
84	852	327	525	0. 17	0. 06	0. 10	62. 35
85—89	2 796	1 060	1 736	0. 55	0. 21	0. 34	61. 04
85	874	337	537	0. 17	0. 07	0. 10	62. 75
86	618	263	355	0. 12	0. 05	0. 07	74. 02
87	505	182	323	0. 10	0. 04	0. 06	56. 22
88	464	165	299	0. 09	0. 03	0. 06	55. 31
89	335	113	222	0. 07	0. 02	0. 04	50. 87
90—94	853	287	566	0. 17	0. 06	0. 11	50. 67
90	279	97	182	0. 05	0. 02	0. 04	52. 89
91	209	69	140	0. 04	0. 01	0. 03	49. 29
92	158	54	104	0. 03	0. 01	0. 02	51. 99
93	134	43	90	0. 03	0. 01	0. 02	48. 21
94	74	24	50	0. 01	0. 00	0. 01	48. 12
95 +	159	37	121	0. 03	0. 01	0. 02	30. 79

7. 2013 年各省、自治区、直辖市户数、人口数、性别比和平均家庭户规模

地区	户数（户）			人口数（人）			性别比（女=100）
	合计	家庭户	集体户	合计	男	女	
全国	**371 789**	**362 031**	**9 758**	**1 118 433**	**573 428**	**545 005**	**105.22**
北京	6 166	5 439	727	17 454	9 047	8 407	107.62
天津	4 515	4 406	109	12 150	6 040	6 109	98.87
河北	19 036	18 922	114	60 517	31 069	29 449	105.50
山西	9 903	9 757	146	29 957	15 381	14 576	105.52
内蒙古	7 521	7 420	101	20 613	10 699	9 914	107.91
辽宁	13 106	12 706	400	36 231	18 292	17 939	101.97
吉林	8 206	8 185	21	22 707	11 696	11 010	106.23
黑龙江	11 554	11 535	19	31 651	16 055	15 596	102.94
上海	8 377	7 965	412	19 932	10 268	9 664	106.24
江苏	22 008	21 350	658	65 526	32 754	32 772	99.94
浙江	17 034	15 657	1 377	45 376	23 512	21 864	107.54
安徽	16 155	15 835	320	49 765	25 383	24 382	104.11
福建	11 340	10 879	462	31 148	16 165	14 982	107.89
江西	10 730	10 607	123	37 321	19 423	17 898	108.52
山东	28 638	28 477	161	80 331	40 928	39 403	103.87
河南	23 644	23 446	198	77 688	39 055	38 633	101.09
湖北	15 907	15 690	217	47 860	24 322	23 538	103.33
湖南	16 935	16 753	182	55 219	28 374	26 845	105.70
广东	27 050	24 828	2 223	87 847	46 183	41 665	110.84
广西	11 809	11 559	251	38 947	20 352	18 595	109.44
海南	2 060	1 991	69	7 389	3 899	3 490	111.71
重庆	9 071	8 771	300	24 512	12 494	12 018	103.96
四川	24 136	23 612	524	66 904	34 111	32 793	104.02
贵州	9 296	9 099	197	28 905	14 944	13 960	107.05
云南	11 739	11 606	133	38 680	20 044	18 635	107.56
西藏	636	632	4	2 575	1 308	1 267	103.23
陕西	10 203	10 032	171	31 063	15 912	15 151	105.02
甘肃	6 280	6 222	57	21 311	10 948	10 363	105.64
青海	1 414	1 394	20	4 769	2 429	2 339	103.85
宁夏	1 684	1 675	10	5 399	2 757	2 642	104.32
新疆	5 634	5 583	51	18 688	9 583	9 105	105.25

数据来源：国家统计局人口和就业统计司。

单位：户，人，人/户

家庭户人口数（人）			性别比（女=100）	集体户人口数（人）			平均家庭户规模（人/户）
合计	男	女		合计	男	女	
1 077 642	**550 008**	**527 634**	**104.24**	**40 791**	**23 420**	**17 371**	**2.98**
14 170	6 988	7 182	97.30	3 284	2 059	1 225	2.61
11 744	5 959	5 785	103.01	405	81	324	2.67
59 922	30 752	29 170	105.42	595	317	278	3.17
29 389	15 018	14 371	104.50	569	363	205	3.01
20 325	10 484	9 841	106.54	288	215	74	2.74
34 620	17 843	16 777	106.36	1611	449	1162	2.72
22 639	11 650	10 990	106.00	67	47	20	2.77
31 581	16 025	15 556	103.02	70	29	40	2.74
18 725	9 557	9 167	104.26	1 207	710	497	2.35
62 891	31 402	31 488	99.73	2 635	1 351	1 284	2.95
39 733	20 361	19 372	105.11	5 643	3 152	2 492	2.54
48 036	24 761	23 275	106.39	1 729	622	1 107	3.03
29 612	15 331	14 281	107.35	1 535	834	701	2.72
36 298	18 485	17 813	103.77	1 023	938	85	3.42
79 775	40 609	39 166	103.69	556	318	237	2.80
76 916	38 373	38 543	99.56	772	682	90	3.28
46 196	23 453	22 742	103.13	1 665	869	796	2.94
54 501	27 910	26 591	104.96	718	464	254	3.25
78 242	40 514	37 728	107.39	9 605	5 668	3 937	3.15
38 265	19 967	18 298	109.12	682	385	298	3.31
7 017	3 707	3 310	112.00	372	192	180	3.52
23 315	11 843	11 472	103.24	1 197	651	546	2.66
65 186	32 826	32 361	101.44	1 718	1 286	432	2.76
27 970	14 501	13 469	107.67	935	443	491	3.07
38 077	19 616	18 461	106.26	602	428	175	3.28
2 562	1 300	1 262	102.98	14	8	5	4.05
30 584	15 609	14 975	104.23	478	303	175	3.05
20 862	10 673	10 189	104.76	449	275	174	3.35
4 693	2 380	2 313	102.88	75	49	26	3.37
5 361	2 726	2 635	103.45	38	31	8	3.20
18 435	9 382	9 053	103.63	253	201	52	3.30

8. 2013年各省、自治区、直辖市户数、人口数、性别比和平均家庭户规模（城市）

地区	户数（户）			人口数（人）			性别比（女=100）
	合计	家庭户	集体户	合计	男	女	
全国	**126 891**	**120 075**	**6 816**	**352 379**	**179 587**	**172 792**	**103.93**
北京	5 047	4 347	699	14 252	7 420	6 832	108.61
天津	3 145	3 054	91	8 100	3 964	4 136	95.84
河北	4 039	3 994	45	11 794	5 870	5 924	99.10
山西	3 597	3 513	84	10 239	5 066	5 173	97.94
内蒙古	2 919	2 867	52	7 673	3 918	3 756	104.31
辽宁	7 550	7 155	395	19 908	9 748	10 160	95.94
吉林	3 456	3 448	8	8 491	4 250	4 241	100.22
黑龙江	4 885	4 870	15	12 185	6 071	6 114	99.30
上海	6 489	6 263	225	15 480	7 901	7 579	104.25
江苏	9 306	8 749	558	27 137	13 755	13 382	102.79
浙江	6 109	5 304	806	17 035	9 116	7 918	115.13
安徽	3 738	3 478	259	10 553	5 239	5 314	98.60
福建	4 017	3 793	224	10 752	5 417	5 335	101.53
江西	2 429	2 372	57	7 061	3 556	3 505	101.44
山东	9 371	9 245	126	25 756	13 181	12 576	104.81
河南	4 824	4 636	188	14 835	7 553	7 282	103.72
湖北	5 434	5 278	157	16 049	8 034	8 015	100.24
湖南	3 834	3 703	131	11 247	5 664	5 583	101.45
广东	13 290	11 359	1 931	39 554	21 346	18 208	117.23
广西	2 831	2 766	64	8 704	4 432	4 272	103.74
海南	418	378	40	1 465	746	719	103.70
重庆	2 161	2 028	133	5 966	3 135	2 831	110.76
四川	5 790	5 700	90	15 099	7 650	7 449	102.71
贵州	1 663	1 522	141	4 614	2 075	2 539	81.74
云南	2 859	2 786	74	7 708	3 926	3 782	103.80
西藏	84	81	3	236	127	109	116.24
陕西	2 496	2 353	143	6 563	3 311	3 252	101.80
甘肃	1 571	1 558	13	4 113	2 063	2 050	100.60
青海	441	428	13	1 185	594	592	100.31
宁夏	729	724	5	2 019	1 024	994	103.02
新疆	2 368	2 323	45	6 606	3 436	3 170	108.37

数据来源：国家统计局人口和就业统计司。

单位：户，人，人/户

家庭户人口数（人）			性别比	集体户人口数（人）			平均家庭户规模
合计	男	女	（女=100）	合计	男	女	（人/户）
324 886	**164 594**	**160 292**	**102.68**	**27 493**	**14 993**	**12 499**	**2.71**
11 085	5 444	5 641	96.50	3 167	1 976	1 190	2.55
7 765	3 898	3 867	100.81	334	66	269	2.54
11 651	5 815	5 836	99.64	143	55	87	2.92
9 924	4 920	5 004	98.33	315	146	169	2.83
7 548	3 813	3 735	102.09	125	104	21	2.63
18 365	9 349	9 016	103.70	1 543	398	1 144	2.57
8 470	4 239	4 230	100.21	21	11	10	2.46
12 132	6 052	6 080	99.54	52	19	34	2.49
14 780	7 480	7 300	102.46	700	421	279	2.36
24 923	12 590	12 334	102.08	2 214	1 165	1 048	2.85
13 308	6 922	6 386	108.40	3 727	2 194	1 532	2.51
9 816	5 104	4 711	108.35	738	135	603	2.82
10 016	5 198	4 818	107.90	736	219	517	2.64
6 801	3 337	3 465	96.31	259	219	40	2.87
25 344	12 949	12 395	104.47	412	231	181	2.74
14 121	6 916	7 204	96.00	714	636	78	3.05
14 753	7 408	7 346	100.84	1 295	626	669	2.80
10 841	5 418	5 423	99.91	406	246	160	2.93
31 547	16 672	14 875	112.08	8 007	4 674	3 333	2.78
8 447	4 276	4 171	102.52	257	156	101	3.05
1 203	623	581	107.22	261	123	138	3.18
5 592	2 865	2 727	105.06	374	270	104	2.76
14 784	7 411	7 373	100.52	315	239	76	2.59
4 129	2 054	2 075	98.97	485	21	464	2.71
7 473	3 738	3 734	100.10	236	188	48	2.68
227	120	107	112.53	9	6	2	2.81
6 255	3 128	3 127	100.03	309	183	126	2.66
4 069	2 025	2 044	99.09	44	38	7	2.61
1 145	572	572	100.01	41	21	19	2.68
1 994	1 004	990	101.41	24	20	4	2.76
6 378	3 253	3 125	104.08	228	183	45	2.75

9. 2013 年各省、自治区、直辖市户数、人口数、性别比和平均家庭户规模（镇）

地　区	户数（户）			人口数（人）			性别比
	合计	家庭户	集体户	合计	男	女	（女＝100）
全　国	**82 578**	**80 652**	**1 925**	**254 184**	**130 622**	**123 562**	**105.71**
北　京	288	283	5	812	402	411	97.83
天　津	665	647	18	1 864	954	909	104.95
河　北	5 157	5 098	60	17 328	9012	8 315	108.38
山　西	1 745	1 743	2	5 507	2 787	2 720	102.48
内蒙古	1 547	1 519	28	4 429	2 282	2147	106.33
辽　宁	1 578	1577	1	4 169	2 221	1 948	114.02
吉　林	1 420	1419	1	3 816	1 959	1 857	105.51
黑龙江	2 264	2 263	2	5 983	3 020	2 963	101.91
上　海	1 055	1 017	39	2 380	1 302	1 078	120.79
江　苏	4 918	4 860	58	14 872	7 287	7 584	96.08
浙　江	4 545	4 147	399	12 007	6 022	5 985	100.63
福　建	2 922	2 817	106	8 177	4 345	3 832	113.40
江　西	3 136	3 074	63	11 178	5 949	5 229	113.76
山　东	6 149	6 126	23	17 421	8 824	8 598	102.63
河　南	5 507	5 498	10	19 192	9 618	9 574	100.45
湖　北	3 225	3 187	39	10 040	5 058	4 982	101.54
湖　南	4 682	4 645	36	15 236	7 810	7 426	105.18
广　东	5 883	5 681	203	19 971	10 432	9 539	109.36
广　西	2 646	2 462	184	8 749	4 571	4 178	109.42
海　南	703	674	29	2 433	1 295	1 138	113.85
重　庆	2 926	2 816	110	8 335	4 197	4 138	101.43
四　川	5 406	5 082	324	14 942	7 696	7 246	106.20
贵　州	2 022	1 978	44	6 322	3 455	2 867	120.49
云　南	2 538	2 512	26	7 949	4 093	3 856	106.15
西　藏	107	107	0	376	196	179	109.45
陕　西	3 072	3 049	24	9 376	4 801	4 574	104.97
甘　肃	1 345	1 304	41	4 438	2 279	2 160	105.51
青　海	344	342	3	1 128	566	562	100.80
宁　夏	238	237	0	790	401	389	103.07
新　疆	573	570	4	1704	851	853	99.76

数据来源：国家统计局人口和就业统计司。

单位：户，人，人/户

家庭户人口数（人）			性别比（女=100）	集体户人口数（人）			平均家庭户规模（人/户）
合计	男	女		合计	男	女	
244 466	**124 807**	**119 660**	**104.30**	**9 718**	**5 815**	**3 903**	**3.03**
795	388	407	95.45	17	13	4	2.81
1 793	939	854	109.89	71	16	55	2.77
16 937	8 795	8 142	108.02	391	217	174	3.32
5 489	2 777	2 712	102.38	18	10	7	3.15
4 320	2 220	2 100	105.76	109	62	47	2.84
4 165	2 217	1 948	113.79	4	4	0	2.64
3 815	1 959	1 856	105.56	1	0	1	2.69
5 981	3 019	2 962	101.90	2	1	1	2.64
2 258	1 198	1 060	113.01	122	104	18	2.22
14 595	7 196	7 400	97.25	276	91	185	3.00
10 646	5 517	5 129	107.58	1 361	505	856	2.57
7 842	4 098	3 745	109.43	334	247	87	2.78
10 418	5 233	5 185	100.94	760	715	45	3.39
17 319	8 764	8 555	102.45	102	60	43	2.83
19 135	9 573	9 562	100.11	57	45	12	3.48
9 781	4 894	4 887	100.14	259	165	95	3.07
15 080	7 699	7 381	104.31	156	111	45	3.25
18 685	9 668	9 017	107.22	1 286	764	522	3.29
8 341	4 355	3 987	109.22	407	216	191	3.39
2 327	1 229	1 098	111.97	106	66	40	3.45
7 656	3 876	3 780	102.54	679	321	358	2.72
13 740	6 824	6 916	98.67	1 202	871	330	2.70
5 910	3 059	2 851	107.28	412	396	16	2.99
7 782	4 003	3 778	105.96	167	90	78	3.10
376	196	179	109.45	0	0	0	3.52
9 223	4 695	4 529	103.66	152	107	45	3.03
4 061	2 069	1 993	103.81	377	210	167	3.11
1 116	559	558	100.16	11	8	4	3.27
789	400	389	102.93	1	1	0	3.32
1 691	842	848	99.27	13	9	5	2.97

10. 2013年各省、自治区、直辖市户数、人口数、性别比和平均家庭户规模（乡村）

地区	户数（户）			人口数（人）			性别比（女=100）
	合计	家庭户	集体户	合计	男	女	
全国	**162 321**	**161 304**	**1 017**	**511 870**	**263 219**	**248 651**	**105.86**
北京	831	808	23	2 390	1 225	1 164	105.24
天津	705	705	0	2 186	1 122	1 064	105.47
河北	9 840	9 830	9	31 396	16 186	15 210	106.42
山西	4 562	4 502	60	14 211	7 528	6 683	112.63
内蒙古	3 055	3 034	21	8 511	4 499	4 012	112.13
辽宁	3 978	3 974	5	12 154	6 324	5 830	108.46
吉林	3 331	3 318	13	10 400	5 487	4 913	111.69
黑龙江	4 405	4 402	3	13 483	6 964	6 519	106.83
上海	834	686	148	2 072	1 065	1 007	105.69
江苏	7 784	7 742	42	23 517	11 711	11 806	99.20
浙江	6 380	6 206	173	16 335	8 374	7 961	105.19
安徽	8 449	8 437	12	25 947	13 208	12 740	103.68
福建	4 401	4 269	132	12 219	6 403	5 816	110.10
江西	5 164	5 161	3	19 082	9 918	9 164	108.23
山东	13 118	13 106	12	37 153	18 923	18 229	103.81
河南	13 312	13 312	0	43 660	21 884	21 776	100.49
湖北	7 247	7 225	22	21 772	11 230	10 542	106.53
湖南	8 419	8 405	15	28 736	14 900	13 836	107.69
广东	7 877	7 788	89	28 322	14 404	13 918	103.50
广西	6 333	6 330	2	21 494	11 349	10 145	111.86
海南	940	939	1	3 491	1 858	1 633	113.75
重庆	3 983	3 927	57	10 211	5 162	5 050	102.22
四川	12 940	12 830	110	36 864	18 766	18 098	103.69
贵州	5 610	5 598	12	17 968	9 415	8 554	110.06
云南	6 341	6 307	34	23 022	12 025	10 997	109.35
西藏	445	444	1	1964	985	979	100.64
陕西	4 634	4 630	4	15 123	7 799	7 324	106.49
甘肃	3 363	3 360	3	12 760	6 607	6 153	107.37
青海	629	624	5	2 455	1 270	1 186	107.05
宁夏	718	714	4	2 591	1 332	1 259	105.74
新疆	2 693	2 690	2	10 378	5 296	5 082	104.22

数据来源：国家统计局人口和就业统计司。

单位：户，人，人/户

家庭户人口数（人）			性别比	集体户人口数（人）			平均家庭户规模
合计	男	女	（女=100）	合计	男	女	（人/户）
508 290	**260 607**	**247 682**	**105.22**	**3 580**	**2 612**	**969**	**3.15**
2 290	1 156	1 134	101.99	100	69	31	2.83
2 186	1 122	1 064	105.47	0	0	0	3.10
31 334	16 142	15 192	106.25	62	44	17	3.19
13 976	7 321	6 655	110.02	236	207	29	3.10
8 456	4 450	4 006	111.08	54	48	6	2.79
12 090	6 277	5 812	108.00	64	46	18	3.04
10 355	5 451	4 904	111.17	45	36	9	3.12
13 467	6 954	6 513	106.78	16	10	6	3.06
1 687	880	807	109.04	385	185	200	2.46
23 372	11 617	11 755	98.82	145	94	51	3.02
15 779	7 922	7 857	100.82	555	452	103	2.54
25 820	13 110	12 710	103.15	128	98	30	3.06
11 754	6 035	5 719	105.53	465	368	97	2.75
19 078	9 915	9 164	108.19	4	4	0	3.70
37 111	18 896	18 215	103.74	42	27	14	2.83
43 660	21 884	21 776	100.49	0	0	0	3.28
21 662	11 152	10 510	106.11	110	78	32	3.00
28 580	14 793	13 787	107.30	156	106	49	3.40
28 010	14 175	13 836	102.45	311	230	82	3.60
21 476	11 336	10 140	111.80	18	12	6	3.39
3 487	1 855	1 632	113.71	4	3	2	3.72
10 067	5 102	4 965	102.77	144	59	85	2.56
36 663	18 591	18 072	102.87	201	175	26	2.86
17 931	9 389	8 542	109.91	38	26	12	3.20
22 823	11 875	10 948	108.47	200	151	49	3.62
1 959	983	976	100.75	5	2	3	4.41
15 106	7 786	7 320	106.37	17	13	4	3.26
12 732	6 580	6 152	106.94	28	27	1	3.79
2 432	1 249	1 183	105.56	23	20	3	3.89
2 577	1 322	1 256	105.23	14	10	4	3.61
10 367	5 287	5 080	104.08	12	10	2	3.85

11. 2013 年各省、自治区、直辖市分性别、受教育程度的人口数

地　区	6 岁及以上人口			未上过学			小　学		
	合计	男	女	合计	男	女	合计	男	女
全　国	**1 041 825**	**532 072**	**509 754**	**52 010**	**16 272**	**35 738**	**274 658**	**130 360**	**144 299**
北　京	16 645	8 622	8 023	278	76	202	1 692	782	910
天　津	11 582	5 737	5 844	292	90	202	1 894	875	1 020
河　北	55 688	28 411	27 277	2 177	729	1 448	13 798	6 498	7 300
山　西	28 116	14 438	13 677	722	263	460	6 385	2 988	3 397
内蒙古	19 503	10 086	9 417	962	333	629	4 918	2 354	2 564
辽　宁	3 4925	17 627	17 298	809	307	502	6 401	2 938	3 463
吉　林	21 702	11 170	10 532	610	217	394	5 046	2 391	2 655
黑龙江	30 284	15 351	14 934	818	282	535	6 674	3 150	3 523
上　海	19 046	9 804	9 241	758	224	534	2 654	1 253	1 400
江　苏	61 632	30 638	30 994	2 629	664	1 965	14 527	6 411	8 115
浙　江	43 066	22 279	20 787	2 412	683	1 729	11 329	5 483	5 846
安　徽	45 731	23 122	22 609	3 394	1 055	2 339	13 022	6 017	7 005
福　建	28 714	14 832	13 882	1 679	377	1 302	8 746	3 998	4 748
江　西	34·378	17 813	16 566	1 081	340	741	9 105	4 205	4 900
山　东	75 252	38 111	37 142	4 288	1 196	3 092	18 912	8 626	10 286
河　南	71 151	35 389	35 762	3 770	1 231	2 539	18 142	8 725	9 417
湖　北	44 496	22 519	21 976	2 409	701	1 708	10 067	4 730	5 337
湖　南	51 107	26 154	24 953	1 875	620	1 255	14 311	6 949	7 362
广　东	81 324	42 608	38 716	2 620	668	1 952	18 284	8 503	9 781
广　西	35 486	18 510	16 977	1 447	456	991	11 385	5 366	6 018
海　南	6 755	3 539	3 216	328	90	238	1 319	630	689
重　庆	23 095	11 736	11 359	1 199	388	811	7 595	3 717	3 878
四　川	62 617	31 901	30 716	4 313	1 311	3 002	22 277	11 025	11 252
贵　州	26 607	13 673	12 934	2 657	893	1 763	8 982	4 522	4 460
云　南	35 624	18 454	17 170	2 980	1 072	1 908	14 753	7 404	7 350
西　藏	2 300	1 169	1 131	955	448	507	915	478	437
陕　西	28 894	14 787	14 107	1 356	419	937	6 615	3 084	3 532
甘　肃	19 821	10 160	9 661	1 521	515	1 006	6 747	3 255	3 492
青　海	4 398	2 246	2 152	597	213	384	1 532	778	754
宁　夏	4 969	2 524	2 445	380	128	253	1 427	671	757
新　疆	16 918	8 662	8 256	694	285	409	5 205	2 553	2 653

数据来源：国家统计局人口和就业统计司。

单位：人

初中			高中			大专及以上		
合计	男	女	合计	男	女	合计	男	女
425 144	**225 878**	**199 266**	**172 088**	**95 972**	**76 116**	**117 925**	**63 590**	**54 336**
4 496	2 396	2 099	3 321	1 722	1 599	6 859	3 645	3 214
4 242	2 234	2 009	2 483	1 255	1 228	2 670	1 285	1 386
26 955	14 337	12 619	8 452	4 612	3 840	4 307	2 236	2 071
13 129	6 984	6 145	4 866	2 623	2 243	3 013	1 580	1 432
8 374	4 491	3 883	3 283	1 838	1 446	1 966	1 071	895
15 256	8 073	7 183	5 535	2 992	2 543	6 924	3 317	3 606
9 594	5 111	4 483	3 942	2 121	1 821	2 509	1 331	1 180
13 761	7 218	6 543	5 324	2 783	2 542	3 708	1 917	1 791
7 063	3 762	3 301	3 868	2 065	1 804	4 703	2 501	2 203
24 668	12 674	11 994	11 346	6 342	5 004	8 462	4 547	3 916
15 432	8 518	6 914	6 428	3 611	2 818	7 464	3 985	3 480
18 937	10 335	8 602	6 191	3 520	2 671	4 186	2 194	1 992
11 293	6 475	4 818	4 443	2 543	1 900	2 554	1 440	1 115
13 419	6 842	6 577	7 546	4 490	3 056	3 228	1 936	1 292
32 094	16 942	15 151	12 514	7 246	5 267	7 445	4 100	3 345
32 606	16 375	16 231	10 877	5 873	5 003	5 757	3 184	2 571
16 684	8 660	8 023	10 032	5 478	4 554	5 304	2 950	2 354
21 498	11 054	10 443	9 080	5 206	3 874	4 343	2 324	2 018
37 022	19 944	17 078	16 733	9 648	7 085	6 665	3 845	2 820
15 385	8 598	6 788	4 538	2 612	1 925	2 732	1 477	1 254
3 169	1 658	1 511	1 345	787	558	593	374	221
8 486	4 326	4 159	3 653	2 049	1 604	2 162	1 254	907
21 140	11 245	9 895	8 290	4 533	3 757	6 597	3 786	2 812
9 731	5 443	4 288	2 818	1 677	1 141	2 419	1 137	1 282
11 631	6 555	5 076	3 497	1 896	1 601	2 763	1 527	1 235
279	163	115	97	53	44	55	27	28
12 128	6 449	5 679	5 331	2 940	2 391	3 463	1 895	1 568
6 945	3 758	3 187	2 820	1 624	1 196	1 788	1 007	780
1 206	681	524	511	273	237	553	299	253
1 825	1 007	818	778	420	358	559	298	258
6 697	3 567	3 130	2 147	1 138	1 008	2 174	1 118	1 057

12. 2013 年各省、自治区、直辖市分性别、受教育程度的人口数（城市）

地区	6 岁及以上人口			未上过学			小学		
	合计	男	女	合计	男	女	合计	男	女
全国	**333 349**	**169 429**	**163 920**	**7 198**	**2 128**	**5 070**	**48 927**	**22 480**	**26 446**
北京	13 595	7 072	6 523	123	30	93	1 125	514	611
天津	7 762	3 785	3 977	151	43	108	833	374	460
河北	11 072	5 494	5 578	187	58	129	1 582	747	836
山西	9 530	4 693	4 837	148	62	86	1363	607	756
内蒙古	7 239	3 676	3 563	176	56	120	1 258	561	697
辽宁	19 230	9 412	9 818	233	76	158	2 100	897	1 203
吉林	8 182	4 092	4 090	95	26	69	804	335	469
黑龙江	11 744	5 837	5 907	148	45	102	1 404	613	790
上海	14 780	7 536	7 244	300	73	227	1 707	768	940
江苏	25 700	12 945	12 755	729	189	539	3 885	1 690	2 195
浙江	16 179	8 640	7 539	433	113	320	2 726	1 291	1 435
安徽	9 927	4 911	5 016	350	119	231	1 599	713	887
福建	9 952	4 988	4 964	358	71	286	2 087	970	1 117
江西	6 666	3 350	3 317	96	26	70	1 039	476	563
山东	24 243	12 356	11 888	703	179	523	3 547	1 601	1 945
河南	13 793	6 981	6 811	262	66	196	1 988	969	1 020
湖北	15 138	7 563	7 575	336	90	246	1 724	759	965
湖南	10 478	5 236	5 242	199	84	115	1 887	880	1 007
广东	37 444	20 201	17 243	605	182	424	5 214	2 535	2 679
广西	8 076	4 097	3 979	159	44	115	1 453	677	776
海南	1 367	691	676	25	8	17	139	69	70
重庆	5 709	2 993	2 716	97	24	73	929	436	493
四川	14 444	7 347	7 097	406	140	267	3 068	1 435	1 633
贵州	4 402	1 968	2 434	104	34	70	615	262	353
云南	7 302	3 722	3 580	307	135	172	1 615	783	832
西藏	226	122	104	55	28	28	78	40	38
陕西	6 130	3 077	3 054	135	36	99	700	344	356
甘肃	3 893	1 950	1 943	95	27	68	560	242	318
青海	1 127	564	563	32	12	20	187	81	106
宁夏	1 878	948	930	49	13	36	325	152	173
新疆	6 140	3 182	2 958	101	39	62	1 383	658	726

数据来源：国家统计局人口和就业统计司。

单位：人

初中			高中			大专及以上		
合计	男	女	合计	男	女	合计	男	女
111 818	**57 298**	**54 520**	**84 311**	**44 327**	**39 984**	**81 094**	**43 195**	**37 901**
3 224	1 695	1 529	2 729	1 400	1 329	6 394	3 433	2 960
2 349	1 204	1 145	2 061	1 016	1 045	2 367	1 148	1 219
3 719	1 870	1 849	2 865	1 442	1 423	2 720	1 379	1 341
3 553	1 747	1 806	2 370	1 201	1 169	2 097	1 076	1 021
2 744	1 425	1 320	1 727	923	803	1 333	710	623
6 390	3 239	3 151	4 236	2 249	1 987	6 271	2 952	3 318
2 589	1 274	1 316	2 678	1 400	1 279	2 015	1 057	959
4 066	2 057	2 009	3 356	1 689	1 668	2 770	1 432	1 337
5 018	2 615	2 404	3 309	1 723	1 586	4 445	2 358	2 087
8 386	4 259	4 127	6 444	3 464	2 980	6 257	3 342	2 915
4 847	2 607	2 239	2 930	1 543	1 387	5 243	3 086	2 158
3 362	1 745	1 618	2 107	1 157	950	2 509	1 179	1 330
3 665	1 969	1 695	2 254	1 111	1 143	1 588	865	723
1 774	861	913	1 993	941	1 052	1 764	1 045	719
8 452	4 222	4 230	6 391	3 472	2 920	5 149	2 882	2 269
4 036	2 005	2 031	3 585	1 708	1 877	3 921	2 233	1 687
4 307	2 054	2 253	5 288	2 790	2 498	3 483	1 870	1 613
3 255	1 572	1 683	2 865	1 502	1 363	2 271	1 198	1 074
16 153	8 813	7 340	10 460	5 824	4 636	5 011	2 847	2 164
2 945	1 503	1 442	2 006	1 060	946	1 513	813	701
406	183	222	529	271	257	269	160	109
1 897	958	938	1 489	819	671	1 298	758	541
5 051	2 521	2 530	3 454	1 895	1 559	2 464	1 356	1 108
1 312	635	677	958	501	457	1 413	535	877
2 313	1 212	1 101	1 364	682	682	1 704	911	793
50	32	18	27	15	12	15	7	8
1 851	922	929	1 848	940	908	1 597	834	763
1 179	561	618	1 026	548	477	1 033	572	460
306	152	154	259	133	126	343	185	157
655	336	319	439	226	213	408	219	189
1 965	1 050	914	1 262	680	582	1 428	754	674

13. 2013 年各省、自治区、直辖市分性别、受教育程度的人口数（镇）

地　区	6 岁及以上人口			未上过学			小　学		
	合计	男	女	合计	男	女	合计	男	女
全　国	**237 007**	**121 306**	**115 701**	**9 583**	**2 995**	**6 588**	**57 258**	**26 741**	**30 517**
北　京	776	384	392	10	1	9	89	33	56
天　津	1 769	902	867	64	24	39	426	207	219
河　北	15 854	8 218	7 636	489	153	336	3 601	1 708	1 893
山　西	5 194	2 638	2 555	114	31	83	985	431	555
内蒙古	4 156	2 128	2 029	173	59	114	910	419	491
辽　宁	4 029	2 145	1 884	80	32	48	664	292	373
吉　林	3 671	1 880	1 791	89	30	59	724	331	393
黑龙江	5 743	2 902	2 840	124	42	82	1 081	495	587
上　海	2 264	1 239	1 025	90	21	70	458	234	223
江　苏	13 992	6 828	7 164	596	144	451	3 746	1 706	2 040
浙　江	11 396	5 692	5 704	532	155	378	2 992	1 431	1 561
安　徽	12 345	6 416	5 929	691	215	476	3 247	1 441	1 806
福　建	7 503	3 956	3 546	391	76	314	2 255	1 008	1 246
江　西	10 402	5 517	4 885	270	94	176	2 122	942	1 179
山　东	16 280	8 149	8 132	799	231	569	3 936	1 826	2 111
河　南	17 882	8 834	9 048	721	261	460	4 137	2 007	2 130
湖　北	9 344	4 705	4 639	476	187	289	1 765	820	945
湖　南	14 113	7 222	6 891	390	144	246	3 470	1 664	1 806
广　东	18 430	9 616	8 814	707	193	514	4 533	2 109	2 424
广　西	8 044	4 196	3 848	239	74	165	2 019	961	1 059
海　南	2 243	1 183	1 059	91	26	66	435	202	234
重　庆	7 885	3 953	3 933	217	65	151	2 148	989	1 159
四　川	14 131	7 274	6 858	433	129	305	3 245	1 500	1 745
贵　州	5 825	3 169	2 656	357	123	234	1 528	746	783
云　南	7 296	3 748	3 548	442	129	313	2 719	1 346	1 373
西　藏	341	178	163	169	84	85	93	51	41
陕　西	8 649	4 474	4 175	428	144	284	1 892	885	1 007
甘　肃	4 113	2 095	2 018	146	40	106	1 048	482	566
青　海	1 033	521	512	139	50	89	329	164	165
宁　夏	717	356	361	47	14	33	209	90	119
新　疆	1 585	788	797	67	24	43	452	222	230

数据来源：国家统计局人口和就业统计司。

单位：人

初中			高中			大专及以上		
合计	男	女	合计	男	女	合计	男	女
101 135	**52 588**	**48 547**	**43 504**	**24 882**	**18 623**	**25 526**	**14 100**	**11 426**
221	118	103	184	101	83	271	130	142
847	456	391	222	123	99	209	91	118
7 972	4 325	3 647	2 679	1 403	1 276	1 112	628	484
2 562	1 324	1 238	935	534	401	597	318	279
1 972	1 029	942	772	443	329	330	176	153
2 279	1 235	1 043	568	334	234	437	252	185
1 889	1 003	887	678	365	313	290	150	139
2 668	1 384	1 284	1 148	602	546	721	378	343
1 137	636	501	409	254	155	171	94	77
5 965	2 917	3 047	2 340	1 322	1 018	1 346	739	608
4 583	2 508	2 075	1 806	1 077	728	1 484	523	961
4 881	2 768	2 112	2 360	1 273	1 087	1 167	719	448
3 084	1 781	1 304	1 144	711	433	629	380	250
3 799	1 808	1 992	3 148	2 038	1 110	1 063	636	428
7 347	3 693	3 655	2 656	1 591	1 065	1 541	807	732
8 692	4 295	4 397	3 154	1 693	1 461	1 178	579	600
3 425	1 682	1 743	2 436	1 266	1 171	1 242	751	491
6 271	3 145	3 126	2 656	1 545	1 111	1 325	723	602
8 546	4 510	4 036	3 512	2 133	1 379	1 132	671	461
3 616	1 939	1 677	1 253	735	518	917	488	431
992	504	487	493	299	194	232	153	79
3 478	1 701	1 777	1 384	816	568	660	381	277
4 164	2 078	2 086	2 640	1 398	1 242	3 648	2 169	1 480
2 282	1 268	1 014	959	624	335	699	408	291
2 581	1 392	1 189	911	494	417	644	387	257
41	22	19	24	13	11	14	7	6
3 075	1 604	1 471	1 848	1 043	805	1 405	798	607
1 726	904	822	715	403	311	478	265	213
282	155	126	122	65	57	162	87	75
248	139	109	109	58	51	103	55	48
512	265	248	238	120	117	315	157	160

14. 2013 年各省、自治区、直辖市分性别、受教育程度的人口数（乡村）

地　区	6 岁及以上人口			未上过学			小　学		
	合计	男	女	合计	男	女	合计	男	女
全　国	**471 470**	**241 337**	**230 133**	**35 229**	**11 148**	**24 081**	**168 473**	**81 138**	**87 336**
北　京	2 275	1 166	1 108	145	45	100	477	235	243
天　津	2 051	1 050	1 001	78	22	55	635	293	341
河　北	28 762	14 699	14 063	1 500	518	982	8 614	4 043	4 572
山　西	13 391	7 107	6 284	460	169	291	4 037	1 950	2 087
内蒙古	8 108	4 283	3 825	613	217	395	2 750	1 374	1 377
辽　宁	11 665	6 070	5 596	495	199	296	3 637	1 749	1 888
吉　林	9 849	5 199	4 651	426	160	266	3 518	1 725	1 794
黑龙江	12 798	6 612	6 187	546	195	351	4 189	2 042	2 146
上　海	2 001	1 029	972	368	131	237	489	252	237
江　苏	21 939	10 864	11 075	1 305	330	975	6 896	3 015	3 881
浙　江	15 491	7 947	7 544	1 447	415	1 031	5 611	2 762	2 849
安　徽	23 459	11 795	11 663	2 353	721	1 633	8 176	3 864	4 313
福　建	11 260	5 888	5 371	930	229	701	4 404	2 019	2 385
江　西	17 310	8 946	8 364	715	220	495	5 944	2 786	3 158
山　东	34 729	17 606	17 123	2 786	786	2 000	11 429	5 199	6 230
河　南	39 476	19 573	19 902	2 787	904	1 883	12 017	5 750	6 267
湖　北	20 014	10 251	9 763	1 597	424	1 173	6 578	3 152	3 427
湖　南	26 515	13 696	12 819	1 285	392	894	8 953	4 404	4 549
广　东	25 449	12 790	12 659	1 308	293	1 014	8 537	3 859	4 678
广　西	19 366	10 217	9 149	1 049	339	710	7 912	3 728	4 184
海　南	3 144	1 665	1 480	211	56	155	745	360	385
重　庆	9 500	4 790	4 711	886	299	587	4 519	2 293	2 226
四　川	34 042	17 280	16 762	3 474	1 043	2 431	15 964	8 090	7 873
贵　州	16 381	8 536	7 845	2 196	736	1 460	6 838	3 514	3 324
云　南	21 026	10 985	10 041	2 231	808	1 423	10 419	5 274	5 145
西　藏	1 733	869	864	731	337	395	744	386	357
陕　西	14 114	7 236	6 878	793	239	554	4 023	1 855	2 169
甘　肃	11 815	6 115	5 700	1 280	448	832	5 138	2 531	2 607
青　海	2 238	1 161	1 077	426	151	274	1 016	533	483
宁　夏	2 374	1 220	1 154	284	101	183	892	428	465
新　疆	9 193	4 692	4 502	525	222	304	3 370	1 673	1 697

数据来源：国家统计局人口和就业统计司。

单位：人

初中			高中			大专及以上		
合计	男	女	合计	男	女	合计	男	女
212 191	**115 992**	**96 199**	**44 272**	**26 763**	**17 509**	**11 305**	**6 295**	**5 009**
1 050	583	467	408	221	187	193	83	111
1 047	573	473	199	116	83	93	45	49
15 264	8 142	7 122	2 908	1 767	1 141	475	229	246
7 014	3 914	3 101	1 562	888	673	319	185	133
3 658	2 037	1 621	785	471	314	303	185	119
6 587	3 599	2 989	730	409	322	215	114	101
5 116	2 835	2 281	585	356	229	205	123	81
7 027	3 777	3 250	820	491	328	216	106	111
907	511	396	151	88	63	88	48	39
10 317	5 497	4 820	2 562	1 556	1 006	859	466	393
6 003	3 403	2 600	1 693	990	703	738	377	361
10 694	5 822	4 872	1 724	1 091	634	511	299	212
4 544	2 725	1 819	1 044	721	324	337	194	142
7 846	4 174	3 672	2 405	1 511	894	401	255	145
16 294	9 028	7 266	3 466	2 183	1 283	754	410	344
19 878	10 074	9 803	4 137	2 472	1 665	657	374	285
8 952	4 925	4 028	2 308	1 422	886	578	328	250
11 971	6 337	5 634	3 559	2 159	1 400	747	404	342
12 323	6 621	5 702	2 761	1 691	1 069	521	326	196
8 825	5 156	3 669	1 279	817	461	302	177	124
1 772	970	801	323	217	106	93	61	33
3 111	1 667	1 444	780	415	366	204	116	88
11 925	6 646	5 279	2 195	1 240	955	485	261	223
6 138	3 540	2 597	901	551	350	308	194	113
6 738	3 952	2 786	1 222	721	502	415	230	185
188	110	78	46	25	21	24	12	13
7 202	3 923	3 278	1 635	956	678	462	263	199
4 040	2 293	1 747	1 080	673	407	277	170	106
618	374	244	130	75	54	49	27	22
923	532	390	229	135	95	46	25	21
4 220	2 253	1 968	647	338	309	431	208	224

15. 2013 年各省、自治区、直辖市分性别、婚姻状况的人口数

地区	15 岁及以上人口			未婚			初婚有配偶		
	合计	男	女	合计	男	女	合计	男	女
全国	**934 935**	**474 125**	**460 810**	**188 708**	**111 561**	**77 147**	**665 734**	**330 964**	**334 770**
北京	15 722	8 149	7 574	4 704	2 734	1 970	10 076	5 062	5 014
天津	10 790	5 315	5 476	2 077	1 041	1 037	7 868	3 959	3 909
河北	49 745	25 174	24 571	8 091	4 744	3 346	37 632	18 752	18 880
山西	25 247	13 006	12 241	5 141	2 957	2 184	18 307	9 323	8 984
内蒙古	17 782	9 223	8 560	3 075	1 874	1 201	13 217	6 720	6 497
辽宁	32 457	16 354	16 103	7 060	3 940	3 120	22 149	11 100	11 050
吉林	20 038	10 293	9 744	3 096	1 863	1 234	14 817	7 493	7 324
黑龙江	27 859	14 091	13 768	4 350	2 489	1 861	20 509	10 305	10 205
上海	18 065	9 264	8 801	3 456	1 944	1 512	13 213	6 818	6 395
江苏	56 793	27 932	28 861	9 757	5 427	4 330	41 962	20 617	21 345
浙江	39 959	20 665	19 294	10 003	5 876	4 127	27 112	13 770	13 341
安徽	40 579	20 257	20 322	8 356	4 747	3 609	28 840	14 165	14 675
福建	25 899	13 292	12 606	4 759	2 912	1 847	19 181	9 718	9 462
江西	29 968	15 317	14 650	6 640	4 031	2 609	21 070	10 454	10 616
山东	67 898	34 119	33 779	9 948	5 916	4 032	52 436	26 034	26 402
河南	61 555	29 957	31 597	12 349	7 030	5 319	44 335	20 937	23 397
湖北	40 707	20 446	20 262	7 915	4 668	3 248	29 365	14 457	14 908
湖南	45 131	22 842	22 289	8 354	5 028	3 326	32 367	16 064	16 303
广东	73 194	38 115	35 079	20 453	12 169	8 284	48 510	24 541	23 969
广西	30 586	15 862	14 724	7 005	4 488	2 516	20 811	10 367	10 444
海南	6 004	3 113	2 891	1 687	1 023	665	3 937	1 963	1 974
重庆	20 687	10 448	10 239	3 849	2 382	1 467	14 357	7 042	7 315
四川	55 831	28 322	27 510	11 340	7 088	4 252	37 941	18 587	19 354
贵州	22 520	11 470	11 050	5 328	3 059	2 270	14 920	7 456	7 464
云南	30 934	15 956	14 978	5 810	3 706	2 104	22 412	11 166	11 246
西藏	1 976	1 004	972	587	312	275	1 229	629	600
陕西	26 377	13 409	12 968	5 152	3 115	2 036	19 016	9 396	9 619
甘肃	17 709	9 037	8 672	3 685	2 193	1 492	12 578	6 271	6 306
青海	3 821	1 945	1 876	795	466	330	2 608	1 314	1 294
宁夏	4 306	2 178	2 128	862	495	367	3 090	1 548	1 542
新疆	14 795	7 570	7 225	3 024	1 845	1 179	9 871	4 935	4 937

数据来源：国家统计局人口和就业统计司。

单位：人

再婚有配偶			离　婚			丧　偶		
合计	男	女	合计	男	女	合计	男	女
15 023	**7 175**	**7 848**	**14 778**	**8 595**	**6 183**	**50 692**	**15 830**	**34 862**
247	123	124	217	101	116	478	128	350
142	69	73	188	90	99	515	157	359
921	441	480	572	385	187	2 529	851	1 677
390	182	209	300	199	101	1 109	346	763
367	176	191	286	183	103	837	269	568
542	260	282	992	532	460	1 714	523	1 191
360	175	185	678	399	279	1 087	364	724
614	300	314	975	563	412	1 410	434	976
259	129	130	320	150	171	818	224	593
887	417	470	783	473	310	3 403	997	2 406
568	263	305	535	303	231	1 742	453	1 289
646	283	363	473	298	175	2 264	763	1 500
427	214	214	269	150	119	1 263	298	964
347	166	181	360	232	128	1 552	435	1 117
990	428	562	684	440	245	3 840	1 301	2 539
669	318	351	781	460	322	3 421	1 212	2 208
621	295	325	551	296	255	2 256	730	1 526
782	359	423	738	451	288	2 890	940	1 949
592	317	275	547	304	244	3 092	785	2 307
339	169	170	455	286	169	1 976	552	1 425
56	31	25	45	27	18	278	68	210
489	227	262	493	269	224	1 500	529	971
1 404	629	776	1 282	748	534	3 864	1 269	2 594
442	230	212	450	266	184	1 379	459	920
493	238	256	488	271	217	1 731	575	1 156
15	9	6	44	15	29	102	39	63
344	168	176	321	225	97	1 544	505	1 039
186	93	93	209	124	86	1 050	356	694
81	39	42	118	62	57	218	65	153
80	41	38	93	47	46	181	47	134
719	386	333	529	248	281	651	155	496

16. 2013年各省、自治区、直辖市分性别、婚姻状况的人口数（城市）

地区	15岁及以上人口			未婚			初婚有配偶		
	合计	男	女	合计	男	女	合计	男	女
全国	**307 690**	**155 722**	**151 967**	**71 470**	**39 978**	**31 492**	**213 505**	**107 333**	**106 172**
北京	12 844	6 685	6 158	4 226	2 463	1 763	7 943	3 980	3 963
天津	7 318	3 551	3 767	1 447	683	764	5 311	2 676	2 635
河北	10 078	4 948	5 130	1 701	894	808	7 632	3 777	3 855
山西	8 548	4 234	4 314	1 606	831	776	6 476	3 239	3 237
内蒙古	6 618	3 381	3 236	1 277	735	543	4 798	2 425	2 373
辽宁	18 038	8 804	9 234	4 574	2 319	2 255	11 785	5 889	5 897
吉林	7 692	3 844	3 848	1 329	754	575	5 467	2 736	2 731
黑龙江	10 968	5 450	5 518	1 856	1 001	854	7 875	3 942	3 933
上海	14 050	7 145	6 904	2 937	1 612	1 325	10 160	5 196	4 964
江苏	24 018	12 043	11 975	4 864	2 584	2 281	17 479	8 829	8 650
浙江	15 190	8 121	7 069	5 440	3 278	2 163	9 064	4 602	4 462
安徽	9 031	4 439	4 592	2 217	1 074	1 143	6 134	3 101	3 033
福建	9 087	4 483	4 604	2 172	1 113	1 059	6 362	3 178	3 184
江西	6 035	2 992	3 043	1 253	673	580	4 281	2 132	2 149
山东	21 978	11 117	10 861	3 338	1 895	1 443	17 169	8 659	8 510
河南	12 427	6 237	6 190	2 777	1 643	1 134	8 691	4 255	4 436
湖北	14 072	6 967	7 105	3 490	1 945	1 545	9 605	4 704	4 901
湖南	9 425	4 677	4 747	1 696	948	748	6 810	3 382	3 428
广东	34 878	18 729	16 149	11 178	6 674	4 504	22 360	11 605	10 755
广西	7 296	3 681	3 615	1 824	1 069	754	4 819	2 408	2 412
海南	1 243	616	627	440	237	203	750	365	385
重庆	5 311	2 790	2 521	1 218	772	446	3 528	1 785	1 743
四川	13 302	6 723	6 579	2 826	1 746	1 080	9 049	4 418	4 631
贵州	4 067	1 812	2 254	1 185	413	772	2 384	1 208	1 177
云南	6 608	3 349	3 259	1 240	725	515	4 821	2 413	2 408
西藏	213	115	98	53	29	23	141	77	64
陕西	5 615	2 807	2 807	1 050	555	495	4 231	2 100	2 131
甘肃	3 531	1 768	1 763	627	338	289	2 620	1 324	1 296
青海	1 028	512	515	174	98	76	731	369	361
宁夏	1 678	840	838	297	166	131	1 216	614	602
新疆	5 503	2 861	2 642	1 157	712	445	3 812	1 946	1 866

数据来源：国家统计局人口和就业统计司。

单位：人

再婚有配偶			离　　婚			丧　　偶		
合计	男	女	合计	男	女	合计	男	女
4 630	**2 410**	**2 220**	**6 427**	**2 995**	**3 432**	**11 657**	**3 006**	**8 651**
158	83	75	181	76	105	337	84	253
73	37	36	139	57	82	348	97	250
205	113	92	136	62	74	405	102	302
99	58	41	119	54	65	248	53	196
153	74	79	141	80	62	248	68	179
234	118	115	625	290	336	820	188	632
125	68	57	342	166	176	429	121	308
187	100	88	512	264	248	538	143	395
204	100	104	276	125	151	473	113	360
308	156	153	403	208	194	964	266	698
150	73	77	160	74	85	376	94	282
199	101	99	173	83	90	308	80	229
148	73	75	116	55	61	289	64	225
72	40	31	148	80	68	281	66	215
328	164	164	284	142	142	859	256	602
190	105	86	283	110	174	485	125	360
195	97	98	251	97	153	532	124	408
158	80	78	233	103	130	528	165	363
252	149	103	274	114	160	814	187	626
96	57	39	168	73	95	389	73	316
5	3	3	11	5	6	36	7	30
145	78	67	189	100	88	232	55	177
367	181	185	438	199	238	623	179	444
114	62	52	175	83	92	208	46	162
128	65	63	165	68	97	255	78	177
4	2	2	8	4	5	6	2	4
73	39	34	105	53	52	156	60	95
49	27	21	87	42	45	149	37	112
33	16	17	37	16	20	53	12	41
42	21	21	55	25	30	67	14	53
138	71	66	194	85	109	203	47	156

17. 2013 年各省、自治区、直辖市分性别、婚姻状况的人口数（镇）

地　区	15 岁及以上人口			未　婚			初婚有配偶		
	合计	男	女	合计	男	女	合计	男	女
全　国	**211 686**	**107 429**	**104 257**	**41 512**	**24 446**	**17 065**	**153 359**	**76 434**	**76 925**
北　京	719	356	363	129	69	60	536	266	270
天　津	1 631	825	806	331	181	150	1 177	591	587
河　北	14 080	7 229	6 851	2 446	1 392	1 054	10 594	5 372	5 221
山　西	4 583	2 336	2 247	921	516	405	3 334	1 687	1 647
内蒙古	3 691	1 882	1 809	537	317	220	2 905	1 461	1 444
辽　宁	3 732	2 003	1 729	672	481	190	2 620	1 325	1 295
吉　林	3 347	1 701	1 646	468	281	187	2 513	1 272	1 241
黑龙江	5 232	2 632	2 600	773	442	332	3 903	1 976	1 927
上　海	2 133	1 160	973	331	222	110	1 695	899	796
江　苏	12 742	6 091	6 651	1 831	981	850	9 744	4 688	5 056
浙　江	10 503	5 235	5 268	2 362	1 172	1 190	7 415	3 772	3 643
安　徽	11 030	5 662	5 367	2 692	1 593	1 099	7 557	3 769	3 788
福　建	6 693	3 525	3 168	1 048	724	325	5 204	2 650	2 554
江　西	9 158	4 817	4 341	2 418	1 534	884	6 130	3 052	3 078
山　东	14 605	7 270	7 335	2 141	1 292	849	11 278	5 532	5 746
河　南	15 588	7 526	8 062	3 287	1 644	1 643	11 230	5 461	5 769
湖　北	8 442	4 214	4 228	1 505	854	651	6 291	3 097	3 194
湖　南	12 483	6 286	6 196	2 201	1 274	927	9 198	4 586	4 612
广　东	16 419	8 494	7 925	3 771	2 261	1 510	11 549	5 860	5 688
广　西	6 999	3 643	3 356	1 488	939	550	4 951	2 494	2 458
海　南	2 000	1 047	952	507	317	190	1 358	681	677
重　庆	7 065	3 520	3 545	1 227	739	488	5 081	2 478	2 603
四　川	12 920	6 669	6 250	3 155	1 982	1 172	8 557	4 185	4 372
贵　州	4 890	2 641	2 249	1 252	838	414	3 222	1 635	1 587
云　南	6 281	3 191	3 090	1 161	717	444	4 609	2 286	2 322
西　藏	293	154	139	101	58	42	170	89	81
陕　西	7 850	4 016	3 834	1 486	916	569	5 772	2 876	2 896
甘　肃	3 691	1 868	1 823	712	401	311	2 763	1 389	1 374
青　海	884	444	440	186	99	87	610	311	299
宁　夏	609	303	306	119	63	56	450	225	225
新　疆	1 394	689	705	254	148	106	943	469	473

数据来源：国家统计局人口和就业统计司。

单位：人

再婚有配偶			离　　婚			丧　　偶		
合计	男	女	合计	男	女	合计	男	女
3 451	**1 676**	**1 775**	**3 147**	**1 766**	**1 381**	**10 217**	**3 107**	**7 110**
22	12	10	11	5	5	22	4	18
26	11	15	25	16	9	72	26	46
298	134	163	152	107	45	591	224	366
89	39	50	47	36	12	192	58	134
90	44	47	41	25	16	118	34	84
71	35	36	135	75	60	234	87	147
69	35	33	127	65	63	169	48	122
147	70	77	157	84	73	252	61	191
26	14	12	24	13	11	57	12	44
206	95	111	145	98	47	815	227	587
182	95	87	184	102	82	361	94	267
161	72	89	103	57	46	517	172	346
92	48	44	60	34	26	288	69	219
110	52	59	92	57	35	408	123	285
224	98	126	146	93	52	815	254	561
135	61	74	190	99	91	746	261	485
135	70	65	120	55	65	393	139	254
239	115	124	154	88	66	690	223	467
123	73	50	112	73	39	863	226	637
87	44	43	102	67	34	371	99	271
25	15	10	16	8	8	94	26	67
198	94	104	200	91	108	358	118	240
308	158	150	335	168	167	566	177	389
96	53	43	129	65	64	192	51	141
90	37	53	106	59	47	315	92	223
2	1	1	9	3	7	11	3	8
95	46	49	78	59	19	419	118	301
31	14	17	35	14	22	149	50	100
18	8	9	29	15	14	42	11	31
7	4	2	11	6	6	22	5	17
48	26	22	73	31	42	76	15	61

18. 2013 年各省、自治区、直辖市分性别、婚姻状况的人口数（乡村）

地 区	15 岁及以上人口			未 婚			初婚有配偶		
	合计	男	女	合计	男	女	合计	男	女
全 国	**415 559**	**210 973**	**204 586**	**75 726**	**47 136**	**28 590**	**298 870**	**147 197**	**151 673**
北 京	2 159	1 107	1 052	349	202	147	1 598	816	781
天 津	1 841	939	902	299	176	122	1 379	692	688
河 北	25 588	12 998	12 590	3 944	2 459	1 485	19 407	9 603	9 804
山 西	12 116	6 437	5 680	2 614	1 610	1 004	8 497	4 397	4 100
内蒙古	7 473	3 960	3 514	1 261	822	439	5 515	2 834	2 680
辽 宁	10 687	5 548	5 139	1 814	1 139	675	7 744	3 886	3 858
吉 林	8 999	4 749	4 250	1 300	828	472	6 837	3 485	3 351
黑龙江	11 659	6 009	5 650	1 721	1 047	674	8 731	4 387	4 344
上 海	1 883	959	924	188	110	78	1 357	723	634
江 苏	20 033	9 798	10 234	3 062	1 862	1 199	14 738	7 099	7 639
浙 江	14 266	7 310	6 956	2 200	1 426	775	10 632	5 396	5 236
安 徽	20 518	10 155	10 363	3 448	2 080	1 368	15 149	7 295	7 854
福 建	10 119	5 284	4 835	1 539	1 075	464	7 614	3 890	3 724
江 西	14 774	7 509	7 266	2 969	1 824	1 145	10 659	5 270	5 389
山 东	31 315	15 732	15 583	4 468	2 729	1 739	23 989	11 843	12 146
河 南	33 539	16 194	17 346	6 284	3 743	2 542	24 414	11 221	13 193
湖 北	18 194	9 265	8 929	2 921	1 869	1 052	13 470	6 656	6 813
湖 南	23 224	11 878	11 345	4 457	2 806	1 650	16 359	8 096	8 263
广 东	21 897	10 892	11 005	5 503	3 233	2 270	14 601	7 076	7 526
广 西	16 290	8 537	7 753	3 692	2 480	1 212	11 040	5 466	5 574
海 南	2 761	1 450	1 312	740	469	271	1 829	918	911
重 庆	8 311	4 138	4 173	1 404	871	533	5 748	2 779	2 969
四 川	29 609	14 929	14 680	5 359	3 360	1 999	20 335	9 984	10 351
贵 州	13 563	7 017	6 546	2 892	1 808	1 084	9 313	4 613	4 700
云 南	18 045	9 416	8 629	3 409	2 264	1 145	12 982	6 467	6 515
西 藏	1 471	735	735	433	224	209	917	463	455
陕 西	12 913	6 586	6 326	2 616	1 644	972	9 013	4 421	4 592
甘 肃	10 486	5 401	5 086	2 347	1 454	893	7 195	3 558	3 636
青 海	1 909	988	920	435	269	167	1 267	633	634
宁 夏	2 019	1 035	984	445	265	180	1 424	709	715
新 疆	7 898	4 020	3 878	1 613	985	628	5 117	2 520	2 597

数据来源：国家统计局人口和就业统计司。

单位：人

再婚有配偶			离　婚			丧　偶		
合计	男	女	合计	男	女	合计	男	女
6 942	**3 089**	**3 852**	**5 204**	**3 834**	**1 370**	**28 818**	**9 717**	**19 101**
67	29	39	25	20	5	119	40	80
42	20	22	25	17	8	96	33	63
419	194	225	285	216	69	1 533	525	1 008
203	85	118	134	109	25	668	235	433
124	59	65	103	78	25	471	166	305
237	107	130	232	168	64	660	248	412
166	72	94	208	169	40	489	195	294
280	131	149	307	215	91	620	230	391
29	14	14	21	12	9	288	99	189
373	166	207	235	166	68	1 625	504	1 121
236	95	141	191	127	64	1 005	265	740
286	110	176	197	158	40	1 438	512	926
188	93	95	92	61	31	686	166	520
165	74	91	120	95	24	862	246	616
438	165	272	254	204	50	2166	791	1 375
343	152	191	308	251	57	2 190	826	1 363
291	128	163	181	144	36	1 331	466	864
385	164	221	351	259	92	1 672	553	1 119
217	95	122	161	116	45	1 415	372	1 043
156	67	89	185	145	40	1 217	379	837
26	14	12	18	14	5	148	35	113
146	55	92	104	77	27	910	356	553
730	289	440	510	381	129	2 675	914	1 761
232	115	117	147	118	29	978	362	617
275	136	139	217	144	73	1 161	405	756
9	6	3	26	8	18	85	34	50
176	83	93	138	112	26	970	327	643
106	51	55	87	68	19	752	269	483
30	15	15	53	30	22	123	41	82
31	16	15	27	16	10	92	29	64
534	289	245	262	133	129	372	93	279

• 人口构成

19. 2013 年各省、自治区、直辖市人口城乡构成

单位：万人，%

地区	总人口（年末）	城镇人口		乡村人口	
		人口数	比重	人口数	比重
全 国	**136 072**	**73 111**	**53.73**	**62 961**	**46.27**
北 京	2 115	1 825	86.30	290	13.70
天 津	1 472	1 207	82.01	265	17.99
河 北	7 333	3 528	48.12	3 804	51.88
山 西	3 630	1 908	52.56	1 722	47.44
内蒙古	2 498	1 466	58.71	1 031	41.29
辽 宁	4 390	2 917	66.45	1 473	33.55
吉 林	2 751	1 491	54.20	1 260	45.80
黑龙江	3 835	2 201	57.40	1 634	42.60
上 海	2 415	2 164	89.60	251	10.40
江 苏	7 939	5 090	64.11	2 849	35.89
浙 江	5 498	3 519	64.00	1 979	36.00
安 徽	6 030	2 886	47.86	3 144	52.14
福 建	3 774	2 293	60.77	1 481	39.23
江 西	4 522	2 210	48.87	2 312	51.13
山 东	9 733	5 232	53.75	4 502	46.25
河 南	9 413	4 123	43.80	5 290	56.20
湖 北	5 799	3 161	54.51	2 638	45.49
湖 南	6 691	3 209	47.96	3 482	52.04
广 东	10 644	7 212	67.76	3 432	32.24
广 西	4 719	2 115	44.81	2 604	55.19
海 南	895	472	52.74	423	47.26
重 庆	2 970	1 733	58.34	1 237	41.66
四 川	8 107	3 640	44.90	4 467	55.10
贵 州	3 502	1 325	37.83	2 177	62.17
云 南	4 687	1 897	40.48	2 789	59.52
西 藏	312	74	23.71	238	76.29
陕 西	3 764	1 931	51.31	1 833	48.69
甘 肃	2 582	1 036	40.13	1 546	59.87
青 海	578	280	48.51	298	51.49
宁 夏	654	340	52.01	314	47.99
新 疆	2 264	1 007	44.47	1 257	55.53

注：本表数据根据 2013 年人口变动情况抽样调查数据推算。

数据来源：国家统计局人口和就业统计司。

20. 2013年各省、自治区、直辖市人口年龄构成和抚养比

单位：人，%

地　区	人口数（人）				总抚养比（%）		
	合计	0—14岁	15—64岁	65岁及以上	合计	少儿抚养比	老年抚养比
全　国	**1 118 433**	**183 498**	**826 674**	**108 261**	**35. 29**	**22. 20**	**13. 10**
北　京	17 454	1 732	14 225	1 498	22. 70	12. 17	10. 53
天　津	12 150	1 359	9 399	1 392	29. 27	14. 46	14. 81
河　北	60 517	10 772	44 198	5 547	36. 92	24. 37	12. 55
山　西	29 957	4 710	22 860	2 388	31. 05	20. 61	10. 45
内蒙古	20 613	2 831	16 020	1 762	28. 67	17. 67	11. 00
辽　宁	36 231	3 774	28 756	3 701	25. 99	13. 13	12. 87
吉　林	22 707	2 669	17 844	2 193	27. 25	14. 96	12. 29
黑龙江	31 651	3 792	25 029	2 830	26. 46	15. 15	11. 31
上　海	19 932	1 866	15 945	2 121	25. 01	11. 71	13. 30
江　苏	65 526	8 733	48 762	8 030	34. 38	17. 91	16. 47
浙　江	45 376	5 417	35 785	4 174	26. 80	15. 14	11. 66
安　徽	49 765	9 186	35 337	5 241	40. 83	26. 00	14. 83
福　建	31 148	5 249	23 355	2 543	33. 37	22. 48	10. 89
江　西	37 321	7 353	26 608	3 360	40. 26	27. 63	12. 63
山　东	80 331	12 432	59 077	8 822	35. 98	21. 04	14. 93
河　南	77 688	16 133	54 620	6 935	42. 23	29. 54	12. 70
湖　北	47 860	7 153	35 966	4 741	33. 07	19. 89	13. 18
湖　南	55 219	10 088	39 294	5 837	40. 53	25. 67	14. 85
广　东	87 847	14 653	66 830	6 364	31. 45	21. 93	9. 52
广　西	38 947	8 361	26 966	3 620	44. 43	31. 01	13. 42
海　南	7 389	1 385	5 402	602	36. 79	25. 64	11. 15
重　庆	24 512	3 824	17 440	3 247	40. 55	21. 93	18. 62
四　川	66 904	11 073	47 295	8 536	41. 46	23. 41	18. 05
贵　州	28 905	6 385	19 838	2 682	45. 70	32. 19	13. 52
云　南	38 680	7 745	27 835	3 099	38. 96	27. 83	11. 13
西　藏	2 575	599	1 843	133	39. 73	32. 50	7. 23
陕　西	31 063	4 685	23 324	3 053	33. 18	20. 09	13. 09
甘　肃	21 311	3 603	15 813	1 895	34. 77	22. 78	11. 98
青　海	4 769	948	3 479	341	37. 06	27. 24	9. 81
宁　夏	5 399	1 093	3 924	382	37. 59	27. 86	9. 72
新　疆	18 688	3 893	13 605	1 190	37. 36	28. 61	8. 75

数据来源：国家统计局人口和就业统计司。

21. 2013 年各省、自治区、直辖市人口年龄构成和抚养比（城市）

单位：人，%

地　区	人口数（人）				总抚养比（%）		
	合计	0—14 岁	15—64 岁	65 岁及以上	合计	少儿抚养比	老年抚养比
全　国	**352 379**	**44 689**	**278 233**	**29 457**	**26.65**	**16.06**	**10.59**
北　京	14 252	1 408	11 703	1 141	21.78	12.03	9.75
天　津	8 100	782	6 308	1 010	28.41	12.39	16.02
河　北	11 794	1 716	9 078	1 000	29.92	18.90	11.02
山　西	10 239	1 692	7 891	656	29.75	21.44	8.32
内蒙古	7 673	1 056	5 931	687	29.39	17.80	11.59
辽　宁	19 908	1 870	16 211	18 27	22.80	11.53	11.27
吉　林	8 491	799	6 786	906	25.13	11.78	13.35
黑龙江	12 185	1 216	9 701	1 267	25.60	12.54	13.06
上　海	15 480	1 430	12 493	1 556	23.91	11.45	12.46
江　苏	27 137	3 119	21 351	2 667	27.10	14.61	12.49
浙　江	17 035	1 845	14 144	1 046	20.43	13.04	7.39
安　徽	10 553	1 522	8 199	832	28.71	18.56	10.15
福　建	10 752	1 665	8 447	640	27.28	19.71	7.57
江　西	7 061	1 026	5 232	803	34.96	19.61	15.35
山　东	25 756	3 778	19 672	2 306	30.93	19.21	11.72
河　南	14 835	2 408	11 288	1 139	31.42	21.33	10.09
湖　北	16 049	1 977	12 809	1 263	25.29	15.44	9.86
湖　南	11 247	1 822	8 323	1 102	35.14	21.90	13.24
广　东	39 554	4 676	32 969	1 909	19.98	14.18	5.79
广　西	8 704	1 408	6 605	691	31.78	21.31	10.47
海　南	1 465	221	1 155	89	26.85	19.18	7.67
重　庆	5 966	655	4 714	598	26.57	13.89	12.68
四　川	15 099	1 796	11 751	1 552	28.49	15.29	13.20
贵　州	4 614	548	3 580	487	28.91	15.30	13.61
云　南	7 708	1 100	5 910	698	30.42	18.61	11.81
西　藏	236	23	203	10	16.33	11.26	5.07
陕　西	6 563	949	5 160	455	27.19	18.38	8.81
甘　肃	4 113	582	3 157	374	30.29	18.44	11.85
青　海	1 185	158	892	136	32.92	17.69	15.24
宁　夏	2 019	341	1 531	146	31.84	22.28	9.56
新　疆	6 606	1 102	5 040	463	31.06	21.87	9.19

数据来源：国家统计局人口和就业统计司。

22. 2013 年各省、自治区、直辖市人口年龄构成和抚养比（镇）

单位：人，%

地区	人口数（人）				总抚养比（%）		
	合计	0—14 岁	15—64 岁	65 岁及以上	合计	少儿抚养比	老年抚养比
全国	**254 184**	**42 498**	**189 973**	**21 713**	**33.80**	**22.37**	**11.43**
北京	812	93	660	60	23.13	14.08	9.05
天津	1 864	232	1 467	164	27.05	15.84	11.21
河北	17 328	3 248	12 796	1 283	35.41	25.38	10.03
山西	5 507	924	4 159	424	32.39	22.21	10.19
内蒙古	4 429	738	3 410	282	29.90	21.64	8.26
辽宁	4 169	437	3 220	512	29.49	13.58	15.91
吉林	3 816	469	2 987	359	27.74	15.71	12.03
黑龙江	5 983	751	4 780	451	25.15	15.71	9.44
上海	2 380	247	2014	119	18.15	12.25	5.90
江苏	14 872	2 130	10 870	1 872	36.82	19.59	17.22
浙江	12 007	1 504	9 639	865	24.57	15.60	8.97
安徽	13 264	2 235	9 927	1 102	33.62	22.51	11.10
福建	8 177	1 484	6 166	527	32.62	24.06	8.55
江西	11 178	2 019	8 306	852	34.57	24.31	10.26
山东	17 421	2 817	12 884	1 721	35.22	21.86	13.36
河南	19 192	3 604	14 168	1 421	35.47	25.44	10.03
湖北	10 040	1 598	7 504	938	33.80	21.29	12.50
湖南	15 236	2 753	11 045	1 438	37.95	24.93	13.02
广东	19 971	3 552	14 730	1 689	35.59	24.12	11.47
广西	8 749	1 749	6 274	725	39.45	27.88	11.56
海南	2 433	434	1 788	212	36.11	24.26	11.85
重庆	8 335	1 270	6 301	764	32.27	20.15	12.12
四川	14 942	2 022	11 525	1 395	29.65	17.54	12.10
贵州	6 322	1 431	4 524	366	39.74	31.64	8.10
云南	7 949	1 668	5 678	603	39.99	29.37	10.62
西藏	376	83	276	17	36.28	29.96	6.32
陕西	9 376	1 526	6 900	949	35.88	22.12	13.76
甘肃	4 438	747	3 349	343	32.53	22.30	10.23
青海	1 128	243	829	55	35.98	29.36	6.62
宁夏	790	181	568	41	38.92	31.76	7.15
新疆	1 704	310	1 231	163	38.40	25.17	13.23

数据来源：国家统计局人口和就业统计司。

23. 2013年各省、自治区、直辖市人口年龄构成和抚养比（乡村）

单位：人，%

地区	人口数（人）				总抚养比（%）		
	合计	0—14岁	15—64岁	65岁及以上	合计	少儿抚养比	老年抚养比
全 国	**511 870**	**96 311**	**358 468**	**57 091**	**42.79**	**26.87**	**15.93**
北 京	2 390	231	1 862	297	28.36	12.39	15.98
天 津	2 186	345	1 624	217	34.62	21.24	13.38
河 北	31 396	5 808	22 324	3 263	40.63	26.02	14.62
山 西	14 211	2 095	10 809	1 308	31.48	19.38	12.10
内蒙古	8 511	1 037	6 680	794	27.41	15.53	11.88
辽 宁	12 154	1 467	9 325	1 362	30.33	15.73	14.60
吉 林	10 400	1 401	8 072	928	28.85	17.35	11.49
黑龙江	13 483	1 824	10 547	1 112	27.84	17.30	10.54
上 海	2 072	189	1 437	446	44.17	13.17	31.00
江 苏	23 517	3 485	16 541	3 491	42.17	21.07	21.11
浙 江	16 335	2 069	12 002	2 264	36.10	17.24	18.86
安 徽	25 947	5 430	17 211	3 307	50.76	31.55	19.21
福 建	12 219	2 101	8 742	1 376	39.77	24.03	15.74
江 西	19 082	4 308	13 070	1 705	46.00	32.96	13.04
山 东	37 153	5 837	26 520	4 795	40.09	22.01	18.08
河 南	43 660	10 121	29 164	4 375	49.71	34.70	15.00
湖 北	21 772	3 578	15 653	2 540	39.08	22.86	16.23
湖 南	28 736	5 512	19 927	3 297	44.21	27.66	16.54
广 东	28 322	6 424	19 132	2 765	48.03	33.58	14.45
广 西	21 494	5 204	14 087	2 203	52.58	36.94	15.64
海 南	3 491	730	2 459	302	41.95	29.67	12.28
重 庆	10 211	1 900	6 426	1 886	58.92	29.57	29.35
四 川	36 864	7 255	24 019	5 590	53.48	30.21	23.27
贵 州	17 968	4 406	11 735	1 828	53.12	37.55	15.58
云 南	23 022	4 977	16 246	1 799	41.71	30.64	11.07
西 藏	1 964	494	1 365	106	43.91	36.16	7.74
陕 西	15 123	2 211	11 264	1 649	34.26	19.62	14.64
甘 肃	12 760	2 274	9 308	1 178	37.09	24.43	12.66
青 海	2 455	547	1 758	151	39.66	31.09	8.57
宁 夏	2 591	572	1 825	194	41.99	31.34	10.66
新 疆	10 378	2 481	7 334	564	41.51	33.82	7.69

数据来源：国家统计局人口和就业统计司。

24. 2013 年全国 15 岁及以上人口分年龄、性别的婚姻状况

年龄（岁）	15 岁及以上人口			未婚			初婚有配偶		
	合计	男	女	合计	男	女	合计	男	女
总计	**934 935**	**474 125**	**460 810**	**188 708**	**111 561**	**77 147**	**665 734**	**330 964**	**334 770**
15—19	68 715	36 177	32 538	66 791	35 411	31 380	1 854	735	1 119
15	13 208	7 129	6 079	13 031	7 031	6 000	164	91	73
16	13 890	7 596	6 294	13 671	7 486	6 185	207	106	101
17	14 745	7 670	7 074	14 408	7 528	6 880	324	135	189
18	14 121	7 244	6 877	13 609	7 062	6 548	498	175	323
19	12 751	6 537	6 214	12 071	6 305	5 766	661	228	433
20—24	97 406	50 961	46 446	71 663	41 224	30 439	25 218	9 481	15 738
20	16 610	8 738	7 872	15 051	8 241	6 810	1 515	476	1 039
21	17 116	9 032	8 084	14 587	8 192	6 395	2 469	812	1 657
22	18 081	9 540	8 541	13 892	8 009	5 883	4 115	1 500	2 616
23	23 135	11 989	11 146	15 554	9 144	6 410	7 437	2 776	4 661
24	22 465	11 663	10 802	12 578	7 638	4 940	9 682	3 917	5 765
25—29	93 136	46 693	46 443	29 737	18 605	11 132	61 762	27 244	34 518
25	19 837	9 950	9 887	9 205	5 476	3 729	10 413	4 364	6 049
26	21 103	10 555	10 548	7 849	4 910	2 939	12 934	5 482	7 452
27	19 005	9 468	9 537	5 616	3 528	2 088	13 018	5 740	7 278
28	16 832	8 369	8 463	4 006	2 624	1 383	12 459	5 553	6 906
29	16 359	8 351	8 008	3 061	2 067	994	12 937	6 105	6 832
30—34	82 677	41 986	40 691	8 351	5 814	2 536	71 293	34 611	36 682
30	15 710	7 930	7 780	2 287	1 498	789	12 954	6 171	6 783
31	18 281	9 308	8 973	2 100	1 444	656	15 583	7 585	7 998
32	16 271	8 356	7 915	1 595	1 112	483	14 114	6 960	7 155
33	15 769	7 900	7 869	1 299	952	348	13 822	6 611	7 210
34	16 646	8 492	8 154	1 070	809	261	14 820	7 285	7 536
35—39	84 334	43 057	41 277	3 498	2 767	731	76 485	38 063	38 422
35	15 886	8 090	7 796	837	650	186	14 338	7 087	7 251
36	15 125	7 715	7 409	702	540	162	13 627	6 754	6 873
37	16 891	8 801	8 090	702	560	142	15 332	7 789	7 543
38	17 298	8 831	8 467	653	524	129	15 740	7 859	7 881
39	19 134	9 620	9 515	605	493	111	17 448	8 574	8 874

资料来源：国家统计局人口和就业统计司。

单位：人

再婚有配偶			离 婚			丧 偶		
合计	男	女	合计	男	女	合计	男	女
15 023	**7 175**	**7 848**	**14 778**	**8 595**	**6 183**	**50 692**	**15 830**	**34 862**
18	10	8	34	12	22	18	9	8
10	5	5	3	2	1	0	0	0
1	1	0	5	2	4	6	2	4
2	2	0	7	3	5	3	2	1
2	2	0	8	3	4	4	3	1
4	0	4	10	2	8	5	2	2
163	52	111	317	180	137	46	24	22
16	4	12	22	14	8	6	3	3
14	4	9	37	20	17	9	3	6
22	3	18	45	23	22	6	4	2
48	17	31	86	47	39	9	5	4
63	23	40	126	75	51	16	9	6
601	248	353	942	564	379	94	32	62
71	33	37	139	74	65	8	2	7
123	40	83	175	115	60	22	9	13
133	58	76	215	135	79	23	7	17
128	49	79	214	132	82	24	11	12
145	68	77	199	108	92	16	3	13
1 161	497	664	1 658	984	674	214	80	134
175	76	99	260	167	93	33	18	15
226	94	132	324	168	156	49	16	33
223	88	135	306	182	124	33	15	18
257	114	143	340	209	132	50	14	36
279	125	155	428	258	170	49	17	32
1 766	775	991	2 179	1 305	873	405	146	259
277	121	156	373	210	163	62	23	39
302	145	157	437	258	179	57	19	38
354	162	193	422	257	164	81	33	48
369	139	230	452	280	172	85	29	55
465	210	255	495	301	194	121	42	79

24. 2013 年全国 15 岁及以上人口分年龄、性别的婚姻状况

年龄（岁）	15 岁及以上人口			未婚			初婚有配偶		
	合计	男	女	合计	男	女	合计	男	女
40—44	103 771	53 017	50 753	2 643	2 241	402	94 825	47 600	47 226
40	19 655	10 105	9 550	642	533	109	17 909	8 974	8 935
41	20 380	10 331	10 048	546	461	85	18 663	9 308	9 356
42	20 479	10 602	9 877	504	429	75	18 708	9 520	9 189
43	22 571	11 517	11 054	525	448	77	20 626	10 354	10 271
44	20 686	10 462	10 225	426	370	56	18 919	9 444	9 475
45—49	98 129	49 884	48 245	1 663	1 482	181	89 707	45 210	44 497
45	21 994	11 207	10 787	417	368	49	20 169	10 131	10 038
46	17 476	8 925	8 551	310	279	31	16 017	8 110	7 907
47	19 509	9 883	9 626	362	320	42	17 860	8 960	8 899
48	19 940	10 077	9 863	283	253	30	18 222	9 168	9 053
49	19 210	9 791	9 418	290	261	30	17 440	8 841	8 599
50—54	69 533	35 355	34 178	954	836	118	62 877	31 985	30 892
50	22 061	11 272	10 790	305	261	44	20 066	10 248	9 818
51	16 422	8 317	8 105	218	189	28	14 923	7 540	7 384
52	9 028	4 507	4 520	111	90	21	8 198	4 123	4 075
53	11 587	5 902	5 685	169	154	15	10 397	5 293	5 104
54	10 436	5 357	5 078	151	142	9	9 293	4 782	4 511
55—59	70 719	35 892	34 827	1 095	1 029	66	62 462	31 857	30 605
55	13 412	6 932	6 480	192	174	17	11 965	6 179	5 786
56	14 774	7 563	7 211	217	202	15	13 139	6 743	6 395
57	13 978	7 109	6 870	228	214	14	12 312	6 271	6 040
58	14 183	7 110	7 073	237	225	12	12 470	6 297	6 173
59	14 371	7 179	7 192	221	213	8	12 576	6 366	6 210
60—64	58 256	29 230	29 026	887	837	50	49 496	25 438	24 058
60	12 962	6 507	6 454	205	194	11	11 202	5 671	5 531
61	13 001	6 490	6 511	219	207	12	11 171	5 694	5 477
62	11 290	5 622	5 668	175	164	11	9 598	4 925	4 673
63	10 717	5 423	5 294	151	141	10	9 047	4 701	4 346
64	10 286	5 187	5 099	137	131	6	8 480	4 449	4 031
65 +	108 261	51 874	56 387	1 427	1 315	112	69 754	38 740	31 014

续完

再婚有配偶			离　婚			丧　偶		
合计	男	女	合计	男	女	合计	男	女
2 558	1 182	1 376	2 769	1 639	1 130	975	356	619
465	221	244	512	331	181	126	46	80
479	206	274	529	295	234	162	62	101
512	250	262	566	348	218	189	57	132
585	270	315	600	359	240	235	85	150
516	236	281	562	306	257	262	106	156
2 433	1 150	1 283	2 395	1 348	1 048	1 930	694	1 236
547	269	277	557	321	236	304	117	187
420	211	208	416	222	194	313	102	211
490	220	271	436	241	195	361	142	219
474	217	257	505	287	218	457	152	305
503	233	270	481	276	206	496	181	314
1 678	816	862	1 731	982	749	2 293	735	1 558
510	252	259	571	321	250	609	190	418
395	181	214	398	243	155	488	164	324
220	107	113	222	117	105	277	70	207
300	150	151	282	154	128	438	151	287
252	127	126	258	147	111	481	159	321
1 611	818	792	1 241	725	516	4 310	1 463	2 847
326	169	157	274	167	108	655	242	413
325	172	153	264	154	109	830	292	538
347	168	179	268	160	107	823	295	528
321	173	148	235	129	106	920	286	634
291	136	155	201	114	86	1 082	349	734
1 188	588	600	700	400	300	5 984	1 967	4 018
290	163	126	201	125	77	1 064	354	709
242	104	138	143	75	68	1 227	410	817
207	98	110	126	63	63	1 183	372	811
220	104	116	125	77	48	1 175	401	775
230	119	111	105	60	45	1 335	429	906
1 845	1 039	807	812	458	354	34 423	10 323	24 099

25. 2013 年全国 15 岁及以上人口分年龄、性别的婚姻状况（城市）

年龄（岁）	15 岁及以上人口			未婚			初婚有配偶		
	合计	男	女	合计	男	女	合计	男	女
总计	**307 690**	**155 722**	**151 967**	**71 470**	**39 978**	**31 492**	**213 505**	**107 333**	**106 172**
15—19	21 486	10 833	10 654	21 170	10 698	10 472	304	124	180
15	3 347	1 839	1 508	3 313	1 820	1 492	29	14	15
16	4 325	2 191	2 133	4 280	2 167	2 113	45	25	20
17	4 938	2 407	2 531	4 875	2 378	2 496	61	27	34
18	4 661	2 376	2 285	4 596	2 353	2 243	62	20	42
19	4 216	2 019	2 197	4 107	1979	2 128	107	38	69
20—24	35 040	18 527	16 512	29 343	16 304	13 039	5 621	2 189	3 433
20	5 976	3 103	2 874	5 703	3 015	2 688	269	85	185
21	6 460	3 363	3 097	5 992	3 195	2 797	460	162	298
22	6 491	3 427	3 064	5 658	3 104	2 554	819	317	502
23	7 967	4 228	3 739	6 320	3 597	2 723	1 629	623	1 007
24	8 145	4 407	3 739	5 669	3 393	2 276	2 443	1 002	1 441
25—29	34 655	17 427	17 228	14 013	8 434	5 579	20 234	8 809	11 425
25	7 207	3 671	3 536	4 243	2 433	1 810	2 928	1 219	1 709
26	7 729	3 849	3 879	3 669	2 210	1 459	3 978	1 603	2 374
27	6 973	3 527	3 446	2 612	1 598	1 014	4 267	1 886	2 381
28	6 412	3 206	3 206	1 995	1 245	751	4 323	1 917	2 405
29	6 335	3 174	3 161	1 495	948	546	4 738	2 183	2 555
30—34	32 776	16 308	16 468	3 969	2 491	1 478	27 848	13 406	14 442
30	6 244	3 069	3 175	1 184	713	471	4 917	2 299	2 618
31	7 449	3 671	3 778	1 028	623	405	6 255	2 975	3 280
32	6 356	3 183	3 173	731	472	259	5 442	2 642	2 800
33	6 109	3 056	3 054	574	376	198	5 343	2 591	2 752
34	6 618	3 329	3 289	452	307	145	5 891	2 900	2 992
35—39	30 680	15 650	15 030	1 238	827	411	27 944	14 138	13 806
35	6 103	3 132	2 972	330	217	113	5 535	2 807	2 727
36	5 762	2 906	2 856	281	184	97	5 199	2 595	2 605
37	5 927	3 095	2 832	241	168	72	5 399	2 794	2 605
38	6 173	3 104	3 069	209	134	75	5 660	2 834	2 826
39	6 714	3 412	3 302	178	125	53	6 152	3 108	3 044

数据来源：国家统计局人口和就业统计司。

单位：人

再婚有配偶			离　婚			丧　偶		
合计	男	女	合计	男	女	合计	男	女
4 630	**2 410**	**2 220**	**6 427**	**2 995**	**3 432**	**11 657**	**3 006**	**8 651**
4	3	1	6	5	1	3	3	0
4	3	1	1	1	0	0	0	0
0	0	0	0	0	0	0	0	0
0	0	0	2	2	1	0	0	0
0	0	0	2	2	0	1	1	0
0	0	0	1	0	1	1	1	0
26	6	20	46	27	19	3	2	1
0	0	0	3	3	1	0	0	0
0	0	0	7	6	1	0	0	0
4	0	4	7	5	3	2	2	1
9	3	6	8	5	2	1	0	1
13	3	10	20	8	12	0	0	0
171	71	100	218	105	113	19	8	11
14	9	5	21	8	13	1	1	0
38	12	26	43	24	19	1	0	1
33	12	20	54	28	25	8	3	5
44	18	27	44	23	22	5	4	1
42	21	22	56	22	34	4	0	4
375	155	219	541	243	298	43	13	30
54	15	39	79	37	41	10	4	6
62	29	32	95	43	53	9	2	8
75	25	50	103	42	61	5	2	3
74	34	40	106	50	56	13	5	8
110	51	58	158	71	87	6	0	6
573	266	306	844	391	453	81	28	53
79	38	40	143	65	78	17	5	13
102	48	54	166	73	93	13	6	7
118	57	62	155	70	85	15	7	8
122	48	73	166	82	84	17	6	10
152	75	77	214	101	113	19	3	16

25. 2013 年全国 15 岁及以上人口分年龄、性别的婚姻状况（城市）

年龄（岁）	15 岁及以上人口			未婚			初婚有配偶		
	合计	男	女	合计	男	女	合计	男	女
40—44	35 186	18 142	17 044	780	529	252	32 099	16 515	15 584
40	6 944	3 535	3 409	188	120	67	6 376	3 218	3 158
41	7 157	3 701	3 456	184	133	51	6 541	3 377	3 164
42	6 909	3 629	3 280	144	93	51	6 297	3 297	3 000
43	7 644	3 950	3 694	158	111	47	6 947	3 579	3 368
44	6 533	3 327	3 205	106	72	35	5 938	3 045	2 893
45—49	29 396	15 150	14 247	352	262	91	26 713	13 890	12 823
45	6 765	3 539	3 227	104	76	28	6 152	3 223	2 929
46	5 087	2 640	2 447	64	49	15	4 631	2 427	2 204
47	5 632	2 874	2 757	66	44	22	5 148	2 667	2 481
48	5 929	3 032	2 897	56	49	7	5 391	2 770	2 621
49	5 983	3 065	2 918	63	44	19	5 391	2 802	2 589
50—54	22 146	11 490	10 656	222	159	63	19 776	10 438	9 338
50	7 098	3 747	3 352	74	49	26	6 370	3 415	2 955
51	4 962	2 568	2 394	52	38	14	4 460	2 331	2 128
52	2 861	1 475	1 387	29	18	11	2 542	1 346	1 196
53	3 831	1 981	1 850	38	34	5	3 405	1 786	1 619
54	3 394	1 720	1 674	28	21	7	3 000	1 559	1 441
55—59	21 109	10 588	10 521	141	101	41	18 794	9 601	9 193
55	4 199	2 148	2 051	24	15	8	3 758	1 949	1 808
56	4 499	2 241	2 258	35	26	9	4 015	2 032	1 983
57	4 093	2 052	2 041	26	14	12	3 637	1 857	1 780
58	4 166	2 086	2 080	30	24	6	3 683	1 877	1 805
59	4 151	2 061	2 091	27	22	6	3 701	1 885	1 817
60—64	15 757	7 671	8 087	91	67	24	13 727	6 949	6 778
60	3 611	1 740	1 871	23	16	6	3 172	1 570	1 602
61	3 417	1 678	1 740	28	22	6	3 007	1 521	1 487
62	3 079	1 492	1 586	18	13	5	2 681	1 373	1 308
63	2 888	1 405	1 483	14	10	4	2 528	1 275	1 254
64	2 762	1 355	1 407	8	6	2	2 339	1 211	1 129
65 +	29 457	13 936	15 521	150	107	43	20 444	11 274	9 170

续完

再婚有配偶			离　婚			丧　偶		
合计	男	女	合计	男	女	合计	男	女
844	429	415	1 283	624	659	179	45	134
151	76	76	204	114	90	25	8	17
158	74	84	243	109	133	31	8	23
164	94	71	263	136	126	41	8	32
206	108	98	287	143	144	46	9	36
165	78	87	287	122	165	37	11	25
797	403	394	1 149	504	644	385	91	294
184	98	86	261	124	137	65	18	47
137	71	67	189	77	112	65	15	50
149	71	78	203	76	127	66	15	50
147	78	69	252	116	136	84	20	64
180	85	95	244	111	133	105	23	82
597	321	276	976	436	540	575	136	439
186	106	81	313	143	169	155	34	121
126	62	64	225	113	112	99	24	75
87	43	45	139	58	81	65	10	55
104	59	45	163	67	97	120	35	85
94	51	42	137	55	81	136	33	103
478	278	200	702	342	359	994	266	728
102	52	50	170	86	84	145	45	101
98	60	38	145	73	72	206	50	156
105	63	42	151	74	77	174	43	131
89	52	38	131	64	68	233	70	163
83	51	32	104	45	59	236	58	178
282	162	121	342	156	186	1 314	336	978
77	48	28	101	47	54	239	59	180
61	34	26	74	33	40	247	67	180
45	22	22	68	28	40	267	56	211
50	27	24	56	27	29	239	66	173
50	30	20	42	20	22	322	88	234
483	316	167	320	160	159	8 061	2 080	5 981

26. 2013 年全国 15 岁及以上人口分年龄、性别的婚姻状况（镇）

年龄（岁）	15 岁及以上人口			未　婚			初婚有配偶		
	合计	男	女	合计	男	女	合计	男	女
总计	**211 686**	**107 429**	**104 257**	**41 512**	**24 446**	**17 065**	**153 359**	**76 434**	**76 925**
15—19	16 961	9 234	7 727	16 522	9 044	7 477	427	185	242
15	3 252	1 750	1 502	3 207	1 720	1 488	44	29	14
16	3 575	2 106	1 469	3 532	2 079	1 454	36	24	12
17	3 682	2 049	1 633	3 590	2 012	1 578	90	37	53
18	3 359	1 764	1 595	3 241	1 720	1 521	117	43	74
19	3 093	1 566	1 527	2 951	1 514	1437	141	52	88
20—24	21 527	11 336	10 191	15 603	9 037	6 566	5 825	2 244	3 581
20	3 906	2 054	1 852	3 560	1 960	1 599	337	88	249
21	3 699	1 968	1 732	3 153	1 771	1 382	526	188	338
22	3 910	2 143	1 767	2 944	1 775	1 169	957	364	593
23	5 038	2 620	2 418	3 328	1 963	1 365	1 688	641	1 047
24	4 974	2 552	2 422	2 619	1 569	1 051	2 317	963	1 354
25—29	20 957	10 249	10 708	5 944	3 642	2 303	14 672	6 435	8 238
25	4 350	2 085	2 265	1 846	1 039	808	2 450	1 015	1 435
26	4 746	2 288	2 458	1 591	955	636	3 079	1 297	1 782
27	4 393	2 129	2 265	1 162	732	430	3 154	1 354	1 799
28	3 763	1 861	1 902	747	504	243	2 947	1 326	1 621
29	3 704	1 886	1 818	599	412	186	3 042	1 442	1 600
30—34	19 151	9 616	9 535	1 431	997	434	16 996	8 268	8 728
30	3 527	1 775	1 752	379	253	126	3 047	1 470	1 577
31	4 126	2 051	2 074	364	253	111	3 597	1 732	1 865
32	3 812	1 956	1 855	282	188	94	3 400	1 705	1 696
33	3 740	1 852	1 888	234	173	61	3 352	1 596	1 756
34	3 946	1 981	1 965	172	130	42	3 600	1 765	1 835
35—39	20 653	10 590	10 063	639	506	133	18 948	9 548	9 400
35	3 793	1 943	1 850	164	131	33	3 449	1 715	1 733
36	3 612	1 883	1 728	108	84	24	3 317	1 693	1 624
37	4 263	2 183	2 080	143	111	32	3 916	1 969	1 947
38	4 366	2 210	2 156	124	104	20	4 022	2 013	2 009
39	4 620	2 370	2 250	100	76	24	4 244	2 158	2 086

数据来源：国家统计局人口和就业统计司。

单位：人

再婚有配偶			离　婚			丧　偶		
合计	男	女	合计	男	女	合计	男	女
3 451	**1 676**	**1 775**	**3 147**	**1 766**	**1 381**	**10 217**	**3 107**	**7 110**
2	1	1	4	1	3	6	3	4
0	0	0	1	1	0	0	0	0
1	1	0	0	0	0	5	2	3
0	0	0	1	0	1	0	0	0
0	0	0	1	0	1	1	1	0
1	0	1	1	0	1	1	0	1
24	8	16	65	44	20	11	4	7
3	2	1	4	2	2	2	1	1
5	1	4	12	7	5	3	1	2
1	1	0	8	4	4	0	0	0
5	1	4	18	16	2	0	0	0
9	2	7	23	16	8	6	2	3
119	50	69	197	116	82	24	8	16
16	8	9	36	24	13	1	0	1
26	9	17	40	22	18	10	5	4
27	15	12	45	27	18	7	1	5
23	6	16	41	23	17	6	1	5
27	12	15	36	20	16	1	0	1
277	119	158	404	217	187	44	15	28
40	20	20	56	30	26	6	2	4
58	18	39	96	44	52	11	4	7
49	19	30	73	45	28	7	0	7
58	26	32	88	52	36	9	5	5
73	35	38	92	47	45	10	4	6
434	206	228	537	310	227	95	20	75
69	34	34	101	60	41	10	2	8
72	44	28	103	60	43	12	2	10
92	39	53	96	58	39	16	6	9
76	28	48	119	62	56	25	2	22
125	59	66	118	70	48	33	7	26

26. 2013 年全国 15 岁及以上人口分年龄、性别的婚姻状况（镇）

年龄（岁）	15 岁及以上人口			未　婚			初婚有配偶		
	合计	男	女	合计	男	女	合计	男	女
40—44	24 866	12 602	12 264	435	363	72	23 026	11 576	11 450
40	4 754	2 441	2 312	107	89	18	4 409	2 243	2 166
41	4 870	2 449	2 421	81	67	14	4 516	2 253	2 264
42	4 896	2 471	2 424	83	69	13	4 541	2 268	2 273
43	5 353	2 718	2 635	99	80	18	4 954	2 498	2 456
44	4 994	2 522	2 472	65	56	9	4 605	2 313	2 292
45—49	23 064	11 733	11 331	269	240	29	21 259	10 793	10 466
45	5 203	2 642	2 561	52	44	8	4 862	2 460	2 402
46	4 138	2 119	2 018	52	47	5	3 819	1 947	1 871
47	4 563	2 311	2 253	69	63	6	4 177	2 110	2 067
48	4 774	2 411	2 363	53	46	7	4 390	2 235	2 155
49	4 385	2 250	2 135	43	40	3	4 012	2 041	1 971
50—54	15 356	7 813	7 542	154	132	22	14 042	7 161	6 882
50	5 103	2 534	2 569	51	43	9	4 692	2 341	2 352
51	3 639	1 872	1 767	36	31	5	3 337	1 719	1 618
52	1 959	999	960	14	11	3	1 804	928	876
53	2 424	1 276	1 148	31	26	5	2 194	1 155	1 039
54	2 230	1 133	1 097	21	21	0	2 015	1 018	997
55—59	15 298	7 653	7 644	136	127	9	13 633	6 936	6 698
55	2 928	1 500	1 428	24	22	3	2 630	1 360	1 269
56	3 122	1 615	1 507	21	18	3	2 788	1 473	1 315
57	3 045	1 493	1 552	37	37	0	2 688	1 324	1 364
58	3 078	1 527	1 551	26	24	2	2 744	1 389	1 356
59	3 125	1 518	1 607	28	27	1	2 783	1 389	1 394
60—64	12 140	6 170	5 970	140	136	5	10 329	5 429	4 901
60	2 767	1 425	1 342	38	37	1	2 389	1 238	1 151
61	2 713	1 370	1 343	31	30	1	2 346	1 238	1 108
62	2 340	1 194	1 146	31	31	1	2 010	1 057	953
63	2 253	1 130	1 123	21	19	2	1 873	985	888
64	2 067	1 051	1 015	19	18	0	1 712	910	801
65 +	21 713	10 433	11 280	239	223	16	14 202	7 861	6 341

续完

再婚有配偶			离　婚			丧　偶		
合计	男	女	合计	男	女	合计	男	女
584	257	327	620	349	272	201	58	144
103	47	55	107	58	49	29	4	24
120	52	69	118	66	52	34	11	23
108	49	58	132	78	54	32	7	25
123	49	74	133	76	57	44	14	29
130	60	70	130	71	59	63	21	42
587	295	292	524	273	251	426	133	293
111	58	53	122	61	61	57	19	38
102	55	47	96	48	48	69	22	48
128	58	70	100	56	43	89	24	66
121	53	68	104	52	52	107	25	82
125	70	55	102	56	46	103	43	60
367	173	195	326	195	132	466	154	312
112	44	67	116	59	56	132	47	85
85	42	43	69	46	23	112	34	78
48	23	26	38	21	17	55	16	39
68	37	32	50	34	17	81	25	56
54	27	27	53	35	19	87	32	55
376	183	193	188	104	84	964	303	661
83	43	40	42	25	17	149	50	99
75	36	39	42	21	20	197	66	131
79	33	46	42	23	18	199	76	123
72	45	26	39	22	17	197	47	150
68	26	42	24	12	12	222	64	159
263	134	128	131	79	52	1 278	393	885
66	40	26	37	27	10	237	83	154
55	20	35	27	11	15	256	71	184
46	27	19	18	8	10	235	71	164
47	22	25	32	23	9	279	80	199
49	26	23	17	10	7	270	87	183
420	252	168	150	80	71	6 702	2 018	4 685

27. 2013 年全国 15 岁及以上人口分年龄、性别的婚姻状况（乡村）

年龄（岁）	15 岁及以上人口			未婚			初婚有配偶		
	合计	男	女	合计	男	女	合计	男	女
总计	**415 559**	**210 973**	**204 586**	**75 726**	**47 136**	**28 590**	**298 870**	**147 197**	**151 673**
15—19	30 268	16 110	14 157	29 099	15 669	13 430	1 123	426	698
15	6 609	3 541	3 069	6 511	3 491	3 020	91	48	44
16	5 991	3 299	2 692	5 859	3 241	2 619	126	57	69
17	6 125	3 214	2 910	5 943	3 137	2 805	173	72	101
18	6 101	3 104	2 997	5 773	2 989	2 784	320	112	208
19	5 442	2 952	2 490	5 013	2 812	2 202	413	137	276
20—24	40 839	21 097	19 742	26 716	15 883	10 833	13 772	5 048	8 724
20	6 727	3 581	3 146	5 788	3 265	2 523	909	303	606
21	6 957	3 701	3 255	5 442	3 227	2 215	1 482	461	1 021
22	7 680	3 969	3 711	5 291	3 130	2 160	2 339	819	1 520
23	10 130	5 141	4 989	5 906	3 584	2 322	4 120	1 513	2 607
24	9 345	4 704	4 641	4 290	2 677	1 613	4 922	1 952	2 970
25—29	37 524	19 016	18 508	9 779	6 529	3 250	26 856	12 000	14 855
25	8 280	4 194	4 086	3 116	2 004	1 112	5 035	2 130	2 905
26	8 629	4 418	4 211	2 589	1 745	844	5 877	2 581	3 296
27	7 639	3 811	3 827	1 842	1 198	644	5 597	2 499	3 098
28	6 656	3 302	3 355	1 264	875	389	5 189	2 309	2 880
29	6 320	3 291	3 029	968	706	261	5 157	2 480	2 677
30—34	30 750	16 062	14 688	2 951	2 327	625	26 449	12 938	13 511
30	5 938	3 085	2 853	725	531	193	4 990	2 401	2 588
31	6 707	3 585	3 121	707	568	139	5 731	2 878	2 853
32	6 104	3 217	2 887	582	453	130	5 272	2 613	2 659
33	5 919	2 992	2 927	492	402	89	5 127	2 425	2 702
34	6 082	3 182	2 899	446	372	74	5 329	2 620	2 709
35—39	33 000	16 817	16 183	1 621	1 433	187	29 593	14 377	15 216
35	5 990	3 016	2 974	343	303	40	5 354	2 564	2 791
36	5 750	2 925	2 825	313	272	41	5 111	2 466	2 644
37	6 700	3 522	3 178	318	281	37	6 017	3 027	2 991
38	6 760	3 517	3 243	320	286	34	6 058	3 013	3 045
39	7 800	3 837	3 963	327	293	34	7 052	3 307	3 745

数据来源：国家统计局人口和就业统计司。

单位：人

再婚有配偶			离　婚			丧　偶		
合计	男	女	合计	男	女	合计	男	女
6 942	**3 089**	**3 852**	**5 204**	**3 834**	**1 370**	**28 818**	**9 717**	**19 101**
13	6	7	23	5	18	9	4	4
6	2	4	1	0	1	0	0	0
0	0	0	5	2	3	1	0	1
2	2	0	4	1	3	3	2	1
2	2	0	4	1	3	2	1	1
3	0	3	9	2	7	3	1	2
113	38	75	206	109	97	32	19	13
13	2	11	14	9	5	3	2	2
8	3	5	18	8	10	6	3	3
17	2	14	30	15	15	4	2	1
35	13	22	61	26	36	8	5	3
41	18	23	82	51	31	10	7	3
311	127	184	527	343	184	51	17	34
41	17	24	82	43	40	6	1	6
59	19	40	92	69	23	11	3	8
74	31	43	116	80	36	9	3	7
61	25	36	129	86	43	12	6	6
76	35	41	108	66	42	12	3	8
509	223	287	713	523	190	127	52	75
81	41	41	126	100	26	17	12	5
107	47	60	133	82	51	28	10	18
99	44	55	130	95	35	20	12	8
125	53	72	147	107	40	28	5	23
97	38	58	178	140	38	33	12	21
760	303	457	797	604	193	230	99	131
129	48	82	129	85	44	35	16	18
128	53	75	167	124	43	32	10	21
144	66	78	170	129	41	50	20	30
171	62	109	167	136	32	43	20	23
188	75	113	163	130	33	70	32	38

27. 2013 年全国 15 岁及以上人口分年龄、性别的婚姻状况（乡村）

年龄（岁）	15 岁及以上人口			未婚			初婚有配偶		
	合计	男	女	合计	男	女	合计	男	女
40—44	43 718	22 273	21 445	1 428	1 350	78	39 700	19 508	20 192
40	7 957	4 128	3 829	348	324	24	7 123	3 513	3 610
41	8 353	4 182	4 171	281	261	20	7 605	3 678	3 928
42	8 674	4 502	4 172	277	266	11	7 870	3 954	3 916
43	9 574	4 849	4 725	268	257	11	8 725	4 277	4 448
44	9 160	4 612	4 547	254	242	13	8 376	4 086	4 290
45—49	45 668	23 001	22 667	1 041	980	62	41 735	20 527	21 207
45	10 025	5 026	4 999	261	249	12	9 155	4 448	4 707
46	8 251	4 165	4 085	194	183	12	7 567	3 735	3 832
47	9 314	4 698	4 616	226	212	14	8 535	4 184	4 351
48	9 236	4 634	4 602	175	159	16	8 440	4 163	4 277
49	8 842	4 477	4 365	185	177	8	8 037	3 998	4 039
50—54	32 031	16 052	15 980	578	546	33	29 059	14 387	14 672
50	9 860	4 991	4 869	179	169	10	9 004	4 492	4 512
51	7 820	3 877	3 944	129	120	8	7 127	3 489	3 637
52	4 207	2 034	2 173	68	61	7	3 852	1 848	2 004
53	5 332	2 645	2 687	100	95	5	4 799	2 352	2 446
54	4 812	2 504	2 307	102	100	2	4 278	2 205	2 073
55—59	34 312	17 651	16 661	818	801	17	30 035	15 320	14 715
55	6 285	3 284	3 001	144	137	6	5 577	2 869	2 708
56	7 153	3 707	3 446	162	158	4	6 336	3 238	3 098
57	6 840	3 563	3 277	165	163	2	5 986	3 090	2 896
58	6 939	3 497	3 442	181	178	3	6 043	3 030	3 013
59	7 095	3 600	3 495	166	164	1	6 092	3 092	3 000
60—64	30 358	15 389	14 969	655	634	21	25 440	13 060	12 379
60	6 583	3 342	3 241	145	141	4	5 641	2 862	2 779
61	6 871	3 443	3 429	160	155	5	5 817	2 935	2 882
62	5 870	2 936	2 935	125	120	5	4 907	2 495	2 413
63	5 575	2 888	2 687	115	112	3	4 645	2 440	2 205
64	5 458	2 781	2 677	110	106	4	4 429	2 328	2 101
65 +	57 091	27 505	29 586	1 039	985	54	35 108	19 605	15 503

续完

再婚有配偶			离婚			丧偶		
合计	男	女	合计	男	女	合计	男	女
1 130	496	634	866	666	200	594	253	341
211	98	113	202	159	43	73	34	39
201	80	121	168	120	48	97	42	55
240	107	133	171	134	38	116	42	74
256	114	143	180	140	39	146	61	84
221	98	123	145	113	32	162	74	89
1 049	453	596	723	571	152	1 120	471	650
252	113	139	174	137	38	183	80	103
180	85	95	131	98	33	178	65	114
213	90	123	134	109	25	206	103	103
206	86	120	150	119	30	265	107	159
198	78	120	135	108	27	287	116	171
714	323	391	428	351	77	1 252	445	807
212	102	110	143	119	24	322	110	213
184	77	107	104	85	19	277	106	172
85	42	43	45	38	7	157	45	112
128	54	74	69	53	15	237	91	146
105	48	57	68	57	11	258	94	164
756	357	399	352	279	73	2 352	894	1 457
141	75	67	63	56	7	360	147	213
152	75	77	77	60	17	427	176	251
163	72	91	75	62	13	450	176	275
160	76	84	65	44	21	490	169	321
140	59	81	73	57	15	624	227	397
643	292	351	228	165	62	3 392	1 237	2155
147	76	72	63	51	12	587	212	375
126	49	77	43	31	12	724	272	453
117	49	68	40	27	13	681	245	436
122	55	67	37	27	10	657	254	403
131	64	67	45	30	16	743	254	489
943	471	472	342	218	124	19 659	6 225	13 434

• 劳动就业

28. 2008—2013 年全国就业基本情况

单位：万人，%

项　　目	2008	2009	2010	2011	2012	2013
经济活动人口（万人）	77 046	77 510	78 388	78 579	78 894	79 300
就业人员合计（万人）	75 564	75 828	76 105	76 420	76 704	76 977
第一产业	29 923	28 890	27 931	26 594	25 773	24 171
第二产业	20 553	21 080	21 842	22 544	23 241	23 170
第三产业	25 087	25 857	26 332	27 282	27 690	29 636
就业人员构成（合计 = 100）						
第一产业	39.6	38.1	36.7	34.8	33.6	31.4
第二产业	27.2	27.8	28.7	29.5	30.3	30.1
第三产业	33.2	34.1	34.6	35.7	36.1	38.5
按城乡分就业人员（万人）						
城镇就业人员	32 103	33 322	34 687	35 914	37 102	38 240
国有单位	6 447	6 420	6 516	6 704	6 839	6 365
城镇集体单位	662	618	597	603	589	566
股份合作单位	164	160	156	149	149	108
联营单位	43	37	36	37	39	25
有限责任公司	2 194	2 433	2 613	3 269	3 787	6 069
股份有限公司	840	956	1 024	1 183	1 243	1 721
私营企业	5 124	5 544	6 071	6 912	7 557	8 242
港澳台商投资单位	679	721	770	932	969	1 397
外商投资单位	943	978	1 053	1 217	1 246	1 566
个体	3 609	4 245	4 467	5 227	5 643	6 142
乡村就业人员	43 461	42 506	41 418	40 506	39 602	38 737
私营企业	2 780	3 063	3 347	3 442	3 739	4 279
个体	2 167	2 341	2 540	2 718	2 986	3 193
城镇登记失业人数（万人）	886	921	908	922	917	926
城镇登记失业率（%）	4.2	4.3	4.1	4.1	4.1	4.05

注：全国就业人员 1990 年及以后的数据根据劳动力调查、人口普查推算。

数据来源：国家统计局。

29. 全国历年按三次产业分就业人员数

单位：万人，%

年　份	经济活动人口（万人）	就业人员（万人）				构成（合计=100）		
		合计	第一产业	第二产业	第三产业	第一产业	第二产业	第三产业
1952	21 106	20 729	17 317	1 531	1 881	83.5	7.4	9.1
1957	23 971	23 771	19 309	2 142	2 320	81.2	9.0	9.8
1962	—	25 910	21 276	2 059	2 575	82.1	8.0	9.9
1965	—	28 670	23 396	2 408	2 866	81.6	8.4	10.0
1970	—	34 432	27 811	3 518	3 103	80.8	10.2	9.0
1975	—	38 168	29 456	5 152	3 560	77.2	13.5	9.3
1978	40 682	40 152	28 318	6 945	4 890	70.5	17.3	12.2
1979	41 592	41 024	28 634	7 214	5 177	69.8	17.6	12.6
1980	42 903	42 361	29 122	7 707	5 532	68.7	18.2	13.1
1981	44 165	43 725	29 777	8 003	5 945	68.1	18.3	13.6
1982	45 674	45 295	30 859	8 346	6 090	68.1	18.4	13.5
1983	46 707	46 436	31 151	8 679	6 606	67.1	18.7	14.2
1984	48 433	48 197	30 868	9 590	7 739	64.0	19.9	16.1
1985	50 112	49 873	31 130	10 384	8 359	62.4	20.8	16.8
1986	51 546	51 282	31 254	11 216	8 811	60.9	21.9	17.2
1987	53 060	52 783	31 663	11 726	9 395	60.0	22.2	17.8
1988	54 630	54 334	32 249	12 152	9 933	59.3	22.4	18.3
1989	55 707	55 329	33 225	11 976	10 129	60.1	21.6	18.3
1990	65 323	64 749	38 914	13 856	11 979	60.1	21.4	18.5
1991	66 091	65 491	39 098	14 015	12 378	59.7	21.4	18.9
1992	66 782	66 152	38 699	14 355	13 098	58.5	21.7	19.8
1993	67 468	66 808	37 680	14 965	14 163	56.4	22.4	21.2
1994	68 135	67 455	36 628	15 312	15 515	54.3	22.7	23.0
1995	68 855	68 065	35 530	15 655	16 880	52.2	23.0	24.8

数据来源：国家统计局。

29. 全国历年按三次产业分就业人员数

续完

年份	经济活动人口（万人）	就业人员（万人）				构成（合计=100）		
		合计	第一产业	第二产业	第三产业	第一产业	第二产业	第三产业
1996	69 765	68 950	34 820	16 203	17 927	50. 5	23. 5	26. 0
1997	70 800	69 820	34 840	16 547	18 432	49. 9	23. 7	26. 4
1998	72 087	70 637	35 177	16 600	18 860	49. 8	23. 5	26. 7
1999	72 791	71 394	35 768	16 421	19 205	50. 1	23. 0	26. 9
2000	73 992	72 085	36 043	16 219	19 823	50. 0	22. 5	27. 5
2001	73 884	72 797	36 399	16 234	20 165	50. 0	22. 3	27. 7
2002	74 492	73 280	36 640	15 682	20 958	50. 0	21. 4	28. 6
2003	74 911	73 736	36 204	15 927	21 605	49. 1	21. 6	29. 3
2004	75 290	74 264	34 830	16 709	22 725	46. 9	22. 5	30. 6
2005	76 120	74 647	33 442	17 766	23 439	44. 8	23. 8	31. 4
2006	76 315	74 978	31 941	18 894	24 143	42. 6	25. 2	32. 2
2007	76 531	75 321	30 731	20 186	24 404	40. 8	26. 8	32. 4
2008	77 046	75 564	29 923	20 553	25 087	39. 6	27. 2	33. 2
2009	77 510	75 828	28 890	21 080	25 857	38. 1	27. 8	34. 1
2010	78 388	76 105	27 931	21 842	26 332	36. 7	28. 7	34. 6
2011	78 579	76 420	26 594	22 544	27 282	34. 8	29. 5	35. 7
2012	78 894	76 704	25 773	23 241	27 690	33. 6	30. 3	36. 1
2013	79 300	76 977	24 171	23 170	29 636	31. 4	30. 1	38. 5

30. 全国历年按城乡分就业人员数

年份	合计	城镇						
		小计	国有单位	集体单位	股份合作单位	联营单位	有限责任公司	股份有限公司
1978	40 152	9 514	7 451	2 048	—	—	—	—
1980	42 361	10 525	8 019	2 425	—	—	—	—
1985	49 873	12 808	8 990	3 324	—	38	—	—
1990	64 749	17 041	10 346	3 549	—	96	—	—
1995	68 065	19 040	11 261	3 147	—	53	—	317
1996	68 950	19 922	11 244	3 016	—	49	—	363
1997	69 820	20 781	11 044	2 883	—	43	—	468
1998	70 637	21 616	9 058	1 963	136	48	484	410
1999	71 394	22 412	8 572	1 712	144	46	603	420
2000	72 085	23 151	8 102	1 499	155	42	687	457
2001	72 797	24 123	7 640	1 291	153	45	841	483
2002	73 280	25 159	7 163	1 122	161	45	1 083	538
2003	73 736	26 230	6 876	1 000	173	44	1 261	592
2004	74 264	27 293	6 710	897	192	44	1 436	625
2005	74 647	28 389	6 488	810	188	45	1 750	699
2006	74 978	29 630	6 430	764	178	45	1 920	741
2007	75 321	30 953	6 424	718	170	43	2 075	788
2008	75 564	32 103	6 447	662	164	43	2 194	840
2009	75 828	33 322	6 420	618	160	37	2 433	956
2010	76 105	34 687	6 516	597	156	36	2 613	1 024
2011	76 420	35 914	6 704	603	149	37	3 269	1 183
2012	76 704	37 102	6 839	589	149	39	3 787	1 243
2013	76 977	38 240	6 365	566	108	25	6 069	1 721

数据来源：国家统计局。

单位：万人

				乡村		
私营企业	港澳台商投资单位	外商投资单位	个体	小计	私营企业	个体
—	—	—	15	30 638	—	—
—	—	—	81	31 836	—	—
—	—	6	450	37 065	—	—
57	4	62	614	47 708	113	1 491
485	272	241	1 560	49 025	471	3 054
620	265	275	1 709	49 028	551	3 308
750	281	300	1 919	49 039	600	3 522
973	294	293	2 259	49 021	737	3 855
1 053	306	306	2 414	48 982	969	3 827
1 268	310	332	2 136	48 934	1 139	2 934
1 527	326	345	2 131	48 674	1 187	2 629
1 999	367	391	2 269	4 8121	1 411	2 474
2 545	409	454	2 377	4 7506	1 754	2 260
2 994	470	563	2 521	46 971	2 024	2 066
3 458	557	688	2 778	46 258	2 366	2 123
3 954	611	796	3 012	45 348	2 632	2 147
4 581	680	903	3 310	44 368	2 672	2 187
5 124	679	943	3 609	43 461	2 780	2 167
5 544	721	978	4 245	42 506	3 063	2 341
6 071	770	1 053	4 467	41 418	3 347	2 540
6 912	932	1 217	5 227	40 506	3 442	2 718
7 557	969	1 246	5 643	39 602	3 739	2 986
8 242	1 397	1 566	6 142	38 737	4 279	3 193

31. 2013 年各省、自治区、直辖市按行业分城镇单位就业人员数

地 区	合 计	农、林、牧、渔业	采矿业	制造业	电力、热力、燃气及水生产和供应业	建筑业	批发和零售业	交通运输、仓储和邮政业	住宿和餐饮业	信息传输、软件和信息技术服务业
全 国	**18 108.4**	**294.8**	**636.5**	**5 257.9**	**404.5**	**2 921.9**	**890.8**	**846.2**	**304.4**	**327.3**
北 京	742.3	3.1	6.8	103.5	8.7	43.9	68.8	59.2	31.0	58.2
天 津	302.4	0.5	7.6	122.3	4.5	31.0	17.2	14.3	6.6	3.6
河 北	653.4	5.2	28.3	150.3	19.6	90.6	28.9	27.6	6.9	8.6
山 西	464.0	2.2	103.0	73.1	11.5	38.4	21.2	23.6	5.6	6.0
内蒙古	303.8	24.1	21.5	47.5	13.4	25.5	11.4	21.7	4.6	5.9
辽 宁	689.1	23.3	34.0	179.5	16.5	112.1	27.7	37.7	8.1	12.7
吉 林	338.4	13.7	15.4	88.4	14.0	33.9	12.9	17.2	3.3	6.7
黑龙江	467.8	79.9	38.4	65.0	18.3	37.2	19.7	28.1	4.9	7.1
上 海	618.8	1.3	0.1	211.8	5.2	37.2	66.9	49.2	21.1	21.7
江 苏	1 503.3	6.6	13.6	555.4	18.1	420.5	61.4	48.4	19.2	30.5
浙 江	1 071.6	0.8	1.0	357.9	13.5	303.2	40.2	31.4	14.7	15.4
安 徽	519.7	4.9	33.1	120.4	12.0	99.7	22.6	22.0	5.8	6.2
福 建	644.0	4.5	2.8	252.6	8.9	146.2	26.4	24.3	9.8	7.0
江 西	445.0	5.6	8.3	125.8	13.2	91.3	15.6	21.2	4.7	6.3
山 东	1 290.6	1.8	74.6	437.2	23.9	188.6	67.3	50.6	19.3	17.5
河 南	1 076.0	5.2	62.6	312.7	24.6	189.5	52.7	43.6	11.8	9.5
湖 北	696.5	9.1	8.9	190.9	18.1	140.4	41.7	33.2	12.2	9.1
湖 南	601.0	2.3	15.5	134.2	16.6	107.4	23.3	24.5	9.5	7.3
广 东	1 967.0	6.2	2.9	1 020.2	32.2	162.3	95.5	83.3	39.3	33.3
广 西	403.0	9.1	4.4	80.8	14.7	60.9	14.1	21.2	5.4	5.2
海 南	98.8	4.8	0.8	10.6	2.2	7.7	12.8	5.4	6.8	1.3
重 庆	402.0	1.1	10.1	86.4	7.0	103.6	22.1	26.1	7.1	4.9
四 川	846.2	3.7	23.2	204.6	27.2	177.8	33.2	39.4	12.5	15.6
贵 州	296.7	1.6	18.4	46.4	13.5	39.5	14.0	11.3	4.1	3.4
云 南	428.1	7.1	22.9	74.0	10.3	73.7	25.5	16.8	9.6	6.6
西 藏	31.0	0.8	0.6	1.1	1.0	1.8	0.9	0.7	0.6	0.5
陕 西	505.3	2.6	36.3	107.9	12.2	72.1	26.0	25.0	12.6	9.5
甘 肃	256.6	5.2	10.6	39.2	10.0	46.1	7.7	12.7	3.5	3.1
青 海	64.2	1.4	4.4	11.8	1.9	7.3	2.4	4.8	0.6	1.0
宁 夏	72.2	2.0	6.6	12.6	3.4	6.2	2.7	4.0	0.6	0.8
新 疆	309.5	54.9	19.7	33.7	8.3	26.3	8.3	17.5	2.8	2.9

数据来源：国家统计局。

单位：万人

金融业	房地产业	租赁和商务服务业	科学研究和技术服务业	水利、环境和公共设施管理业	居民服务、修理和其他服务业	教育	卫生和社会工作	文化、体育和娱乐业	公共管理、社会保障和社会组织
537.9	**373.7**	**421.9**	**387.8**	**259.2**	**72.3**	**1 687.2**	**770.0**	**147.0**	**1 567.0**
39.1	40.6	66.2	59.7	9.8	9.1	46.1	24.8	18.1	45.5
8.1	9.1	5.8	10.7	4.1	10.8	18.9	9.3	2.3	15.5
25.6	9.1	11.5	14.0	11.5	1.4	89.7	33.7	5.3	85.4
15.6	3.2	7.3	7.0	8.8	1.5	52.4	18.8	4.7	60.1
11.1	4.8	4.4	6.1	8.2	1.0	35.1	13.9	3.5	40.3
23.2	14.0	13.3	16.9	15.9	2.8	59.1	33.4	5.5	53.5
11.0	5.7	5.5	8.0	8.3	1.3	37.1	17.4	3.6	35.1
15.9	6.0	5.9	11.2	10.2	4.7	45.2	22.3	4.6	43.3
30.0	24.0	42.1	20.4	8.1	5.1	29.5	18.8	5.9	20.5
30.8	21.2	31.9	19.2	14.0	3.6	89.5	43.9	7.7	67.7
36.3	17.9	28.8	16.0	11.7	2.2	68.4	39.4	7.2	65.6
17.2	9.4	7.1	8.3	7.8	0.9	63.7	27.2	3.4	48.1
15.1	12.6	11.4	7.7	5.5	1.4	48.2	19.8	4.0	35.9
11.3	5.4	5.5	5.7	7.4	0.6	45.8	19.7	3.3	48.3
34.8	23.7	20.8	16.9	14.9	3.3	120.1	56.2	7.2	112.1
24.1	15.8	12.5	14.8	12.4	2.0	116.9	48.4	8.5	108.5
17.3	12.0	9.0	15.1	9.3	1.7	68.1	37.2	5.6	57.5
21.2	11.2	9.0	12.4	9.6	1.9	72.2	36.4	5.1	81.5
43.3	52.5	55.8	29.5	16.3	7.3	118.6	55.9	10.9	101.7
11.6	7.8	9.8	9.4	9.6	0.6	61.8	28.0	3.3	45.2
2.8	5.8	2.0	2.0	3.1	0.4	12.5	5.3	1.3	11.3
13.1	10.1	10.9	6.4	5.0	1.3	39.1	16.2	2.6	28.9
24.1	15.7	12.2	19.9	12.1	1.7	90.9	42.7	5.9	83.9
8.0	6.9	4.6	6.5	4.6	1.3	47.6	16.7	1.9	46.4
9.9	10.1	9.4	9.2	7.8	1.4	58.0	22.2	3.5	50.2
1.0	0.13	0.5	1.1	0.2	0.1	4.4	1.7	0.7	13.2
15.0	8.7	7.6	16.7	8.9	2.0	58.5	23.4	4.6	55.7
7.2	3.9	2.7	6.9	5.4	0.3	36.5	12.8	2.5	40.4
2.2	0.8	0.7	2.3	1.0	0.1	7.6	3.7	0.8	9.4
3.1	1.4	2.0	1.4	2.1	0.1	8.8	4.1	0.8	9.3
8.7	4.0	5.9	6.5	5.5	0.7	37.0	16.7	3.0	47.2

32. 2013 年各省、自治区、直辖市私营企业就业人员数

单位：万户，万人

地区	户数	就业人数		城镇就业人数		乡村就业人数	
		合计	其中：投资者	合计	其中：投资者	合计	其中：投资者
全 国	**1 253.9**	**12 521.6**	**2 485.7**	**8 242.3**	**1 826.8**	**4 279.2**	**659.0**
北 京	67.3	527.9	126.7	355.7	89.8	172.2	36.9
天 津	19.0	101.8	40.7	91.8	36.3	10.0	4.5
河 北	40.0	204.3	79.9	109.0	52.8	95.3	27.1
山 西	22.0	216.2	46.2	124.5	25.8	91.7	20.4
内蒙古	16.6	195.8	36.1	124.8	29.9	71.0	6.2
辽 宁	39.1	435.7	73.3	337.0	60.8	98.7	12.4
吉 林	18.0	199.0	35.7	165.7	30.9	33.3	4.8
黑龙江	20.4	217.3	43.0	159.8	35.1	57.5	7.9
上 海	93.9	734.8	176.0	395.4	98.8	339.5	77.2
江 苏	145.1	1 918.8	253.4	1 236.1	183.4	682.7	70.0
浙 江	93.6	1 222.6	188.8	671.6	128.5	551.0	60.4
安 徽	35.4	323.2	75.7	222.7	55.5	100.5	20.2
福 建	40.2	419.1	82.1	344.1	70.6	75.0	11.6
江 西	26.3	330.8	54.6	164.9	37.9	165.9	16.7
山 东	75.3	792.6	153.7	428.5	106.1	364.1	47.5
河 南	40.1	329.4	94.5	168.5	58.0	160.9	36.5
湖 北	46.3	409.5	95.6	206.1	69.5	203.5	26.0
湖 南	30.5	464.8	67.0	370.4	52.1	94.4	14.9
广 东	153.0	1 218.4	289.5	1 043.0	246.6	175.4	42.8
广 西	28.3	259.6	58.0	129.9	34.6	129.7	23.3
海 南	13.3	94.4	29.5	71.9	24.0	22.5	5.5
重 庆	35.6	449.5	62.9	346.6	50.3	102.9	12.5
四 川	50.4	418.5	108.1	238.4	85.9	180.1	22.2
贵 州	19.5	161.7	34.8	84.5	21.0	77.2	13.8
云 南	22.9	322.0	46.7	268.2	42.2	53.8	4.5
西 藏	1.3	26.5	3.0	22.4	2.7	4.1	0.3
陕 西	27.2	217.0	59.1	149.0	46.0	68.0	13.2
甘 肃	11.7	118.2	23.8	77.5	16.6	40.7	7.3
青 海	2.6	26.1	5.4	12.7	3.2	13.3	2.2
宁 夏	5.6	49.5	12.1	31.9	7.5	17.5	4.7
新 疆	13.4	116.8	29.8	89.9	24.3	26.9	5.5

数据来源：国家统计局。

33. 2013年各省、自治区、直辖市个体就业人员数

单位：万户，万人

地　区	个体户数	个体就业人数		
		合　计	城　镇	乡　村
全　国	**4 436.3**	**9 335.7**	**6 142.3**	**3 193.5**
北　京	66.4	112.4	64.8	47.6
天　津	27.6	50.5	40.5	10.0
河　北	165.3	391.5	321.2	70.3
山　西	100.1	209.1	107.6	101.5
内蒙古	109.9	271.7	216.7	55.0
辽　宁	170.5	402.7	275.7	127.0
吉　林	114.3	274.1	195.4	78.7
黑龙江	133.9	314.0	232.5	81.5
上　海	36.8	46.6	30.9	15.6
江　苏	379.3	624.2	442.5	181.7
浙　江	259.2	538.1	336.9	201.2
安　徽	167.8	381.9	301.2	80.7
福　建	109.9	221.2	141.7	79.5
江　西	137.3	341.7	203.5	138.2
山　东	312.2	709.8	333.5	376.3
河　南	199.1	400.5	290.7	109.8
湖　北	268.5	746.5	417.0	329.6
湖　南	182.7	332.2	282.5	49.7
广　东	399.0	822.3	627.1	195.1
广　西	124.3	249.2	167.8	81.4
海　南	30.9	58.1	47.2	10.9
重　庆	111.5	197.0	159.1	37.9
四　川	274.9	536.5	275.6	260.9
贵　州	106.1	185.2	85.6	99.5
云　南	150.8	298.2	133.6	164.5
西　藏	11.3	28.0	22.1	5.9
陕　西	104.9	249.7	151.9	97.9
甘　肃	77.4	145.6	89.0	56.6
青　海	15.4	40.5	37.2	3.3
宁　夏	24.4	46.4	24.8	21.6
新　疆	64.6	110.3	86.3	24.0

数据来源：国家统计局。

34. 1990—2013 年各省、自治区、直辖市城镇登记失业人员及失业率

单位：万人，%

地 区	失业人员（万人）							失业率（%）						
	1990	2005	2009	2010	2011	2012	2013	1990	2005	2009	2010	2011	2012	2013
北 京	1.7	10.6	8.2	7.7	8.1	8.1	7.5	0.4	2.1	1.4	1.4	1.4	1.3	1.2
天 津	8.1	11.7	15.0	16.1	20.1	20.4	21.7	2.7	3.7	3.6	3.6	3.6	3.6	3.6
河 北	7.7	27.8	34.5	35.1	36.0	36.8	37.2	1.1	3.9	3.9	3.9	3.8	3.7	3.7
山 西	5.5	14.3	21.6	20.4	21.1	21.0	21.1	1.2	3.0	3.9	3.6	3.5	3.3	3.1
内蒙古	15.2	17.7	20.1	20.8	21.8	23.1	23.8	3.8	4.3	4.0	3.9	3.8	3.7	3.7
辽 宁	23.7	60.4	41.6	38.9	39.4	38.1	39.6	2.2	5.6	3.9	3.6	3.7	3.6	3.4
吉 林	10.5	27.6	23.4	22.7	22.2	22.3	22.6	1.9	4.2	4.0	3.8	3.7	3.7	3.7
黑龙江	20.4	31.3	31.4	36.2	35.0	41.3	41.4	2.2	4.4	4.3	4.3	4.1	4.2	4.4
上 海	7.7	27.5	27.9	27.6	27.0	26.7	25.3	1.5	—	4.3	4.4	3.5	3.1	4.0
江 苏	22.5	41.6	40.7	40.6	41.4	40.5	37.6	2.4	3.6	3.2	3.2	3.2	3.1	3.0
浙 江	11.2	29.0	30.7	31.1	31.7	33.4	33.4	2.2	3.7	3.3	3.2	3.1	3.0	3.0
安 徽	15.2	27.8	30.1	26.9	33.1	31.3	32.4	2.8	4.4	3.9	3.7	3.7	3.7	3.4
福 建	9.0	14.9	15.2	14.5	14.6	14.5	14.7	2.6	4.0	3.9	3.8	3.7	3.6	3.6
江 西	10.3	22.8	27.3	26.3	24.6	25.7	27.4	2.4	3.5	3.4	3.3	3.0	3.0	3.2
山 东	26.2	42.9	45.1	44.5	45.1	43.4	42.2	3.2	3.3	3.4	3.4	3.4	3.3	3.2
河 南	25.1	33.0	38.5	38.2	38.4	38.3	40.2	3.3	3.5	3.5	3.4	3.4	3.1	3.1
湖 北	12.7	52.6	55.3	55.7	55.1	42.3	40.2	1.7	4.3	4.2	4.2	4.1	3.8	3.5
湖 南	15.9	41.9	47.8	43.2	43.1	44.1	45.6	2.7	4.3	4.1	4.2	4.2	4.2	4.2
广 东	19.2	34.5	39.5	39.3	38.8	39.6	38.0	2.2	2.6	2.6	2.5	2.5	2.5	2.4
广 西	13.9	18.5	19.1	19.1	18.8	18.9	18.0	3.9	4.2	3.7	3.7	3.5	3.4	3.3
海 南	3.5	5.1	5.3	4.8	2.9	3.6	3.9	3.0	3.6	3.5	3.0	1.7	2.0	2.2
重 庆	—	16.9	13.4	13.0	13.0	12.4	12.1	—	4.1	4.0	3.9	3.5	3.3	3.4
四 川	38.0	34.3	36.3	34.6	36.9	40.7	42.9	3.7	4.6	4.3	4.1	4.2	4.0	4.1
贵 州	10.7	12.1	12.3	12.2	12.5	12.6	13.7	4.1	4.2	3.8	3.6	3.6	3.3	3.3
云 南	7.8	13.0	15.4	15.7	16.0	17.4	18.1	2.5	4.2	4.3	4.2	4.1	4.0	4.0
西 藏	—	—	2.0	2.1	1.0	1.6	1.6	—	—	3.8	4.0	3.2	2.6	2.5
陕 西	11.2	21.5	21.5	21.4	20.9	19.5	21.1	2.8	4.2	3.9	3.9	3.6	3.2	3.3
甘 肃	12.5	9.3	10.3	10.7	10.8	9.8	9.3	4.9	3.3	3.3	3.2	3.1	2.7	2.3
青 海	4.2	3.6	4.1	4.2	4.4	4.1	4.2	5.6	3.9	3.8	3.8	3.8	3.4	3.3
宁 夏	4.0	4.4	4.8	4.8	5.2	4.6	4.7	5.4	4.5	4.4	4.4	4.4	4.2	4.1
新 疆	9.6	11.1	11.9	11.0	11.1	11.8	11.9	3.0	3.9	3.8	3.2	3.2	3.4	3.4

数据来源：国家统计局。

•社会保障与社会服务

35. 全国历年城市社会救济和城市居民最低生活保障

单位：万人

年份	城市居民传统救济总人数				
	合计	城市居民传统定救人数	城市精简退职老职工人数	其中：享受40%人数	定量救济人数
1978	—	—	—	—	—
1979	33.6	23.7	9.9	—	—
1980	32.9	22.9	10.0	—	—
1981	31.5	21.5	10.0	—	—
1982	34.7	21.4	13.3	—	—
1983	47.1	22.6	24.5	—	—
1984	207.4	160.6	46.8	25.3	—
1985	30.0	18.2	11.8	6.4	5.4
1986	49.0	35.6	13.4	7.1	6.3
1987	29.8	16.2	13.6	7.2	6.4
1988	32.9	17.6	15.3	7.7	7.6
1989	30.5	16.2	14.3	7.1	7.2
1990	41.8	16.4	25.4	16.4	9.0
1991	33.7	16.1	17.6	8.5	9.0
1992	39.5	19.2	20.3	9.7	10.6
1993	24.6	13.8	10.8	5.0	5.8
1994	23.0	12.4	10.6	4.9	5.7
1995	109.0	55.2	53.8	23.9	29.9
1996	120.1	66.5	53.6	23.6	30.0

年份	城市最低生活保障人数						
	合计	在职人员	下岗人员	退休人员	失业人员	“三无”人员	其他人员
1996	84.9	—	—	—	—	—	—
1997	87.9	—	—	—	—	—	—
1998	184.1	—	—	—	—	—	—
1999	256.9	—	—	—	—	—	—
2000	402.6	—	—	—	—	—	—
2001	1 170.7	—	—	—	—	—	—
2002	2 064.7	186.8	554.5	90.8	358.3	91.9	783.1
2003	2 246.8	179.3	518.4	90.7	409.0	99.9	949.3
2004	2 205.0	141.0	468.9	73.1	423.1	95.4	1 003.5
2005	2 234.2	114.1	430.7	61.3	410.1	95.8	1 122.1
2006	2 240.1	97.6	350.0	53.2	420.8	93.1	1 225.3

年份	城市最低生活保障人数									
	合计	残疾人	三无人员	老年人	成年人			未成年人		
					在职人员	灵活就业	登记失业	未登记失业	在校生	其他
2007	2 272.1	161.0	125.8	298.4	93.9	343.8	627.2	364.3	321.6	223.0
2008	2 334.8	169.1	106.9	316.7	82.2	381.7	564.3	402.2	358.1	229.6
2009	2 345.6	181.0	94.1	333.5	79.0	432.2	510.2	410.9	369.1	210.7
2010	2 310.5	180.7	89.3	338.6	68.2	432.4	492.8	420.0	357.3	201.2
2011	2 276.8	184.1	80.3	346.9	61.5	429.7	472.5	426.7	348.5	191
2012	2 143.5	174.5	64.9	339.3	49.6	459.3	400.4	422.1	318.3	154.5
2013	2 064.2	169.2	58.0	330.3	45.1	462.1	365.5	416.8	303.2	141.3

注：1984年的精简退职老职工人数含农村的数据。

数据来源：民政部规划财务司。

36. 2013 年各省、自治区、直辖市城市居民最低生活保障及其他社会救济

地　区	城市居民最低生活保障人数	按人员性质分类			老年人	成年人	
		女　性	残疾人	三无人员		在职人员	灵活就业
全　国	**20 641 935**	**8 669 831**	**1 691 870**	**580 490**	**3 302 718**	**450 840**	**4 621 362**
北　京	103 682	46 425	20 124	2 289	13 661	6 677	14 007
天　津	160 370	78 574	22 703	845	17 953	5 011	15 302
河　北	727 646	297 880	45 967	17 438	118 703	16 833	188 372
山　西	850 298	364 613	52 374	14 328	92 072	26 705	259 062
内蒙古	783 744	387 721	63 726	—	106 864	4 526	190 755
辽　宁	960 553	419 024	129 277	13 631	129 975	9 702	147 126
吉　林	850 056	423 562	81 044	9 401	126 518	729	582 076
黑龙江	1 437 744	585 156	128 429	30 643	156 574	14 241	266 790
上　海	204 843	75 635	28 840	586	4 443	17 340	2 132
江　苏	337 500	144 579	40 107	5 791	82 070	7 844	47 134
浙　江	71 831	26 693	14 088	4 113	16 376	1 867	9 995
安　徽	782 663	323 693	77 390	38 679	218 325	9 090	148 589
福　建	157 694	57 541	22 311	6 867	34 193	2 482	29 084
江　西	978 048	412 525	159 167	59 464	188 204	26 542	225 850
山　东	487 176	197 161	34 365	13 072	72 985	22 234	87 293
河　南	1 309 834	522 270	87 832	44 544	231 515	19 545	233 964
湖　北	1 258 743	588 684	76 348	38 179	219 288	89 498	386 521
湖　南	1 435 222	551 573	88 725	55 576	293 238	22 485	195 690
广　东	339 911	136 650	40 749	15 528	68 474	9 044	69 467
广　西	494 366	172 795	36 843	35 271	127 390	13 524	115 000
海　南	144 743	58 760	9 827	5 512	30 603	4 254	31 630
重　庆	458 103	209 176	63 399	1 925	93 240	1 023	94 055
四　川	1 835 734	718 173	108 033	49 810	314 598	17 825	397 617
贵　州	513 277	210 907	30 106	14 569	75 926	8 037	109 759
云　南	1 040 515	387 912	55 785	30 514	160 336	26 780	210 741
西　藏	49 920	23 588	3 659	9 228	10 681	5 414	10 196
陕　西	670 571	318 392	27 341	6 911	48 910	8 644	140 665
甘　肃	874 989	315 069	39 151	15 490	88 670	19 717	172 993
青　海	225 153	112 955	9 320	3 479	20 933	7 580	37 045
宁　夏	179 672	77 113	15 917	6 191	22 731	3 469	47 152
新　疆	917 334	425 032	78 923	30 616	117 269	22 178	155 300

数据来源：民政部规划财务司。

单位：人，户，万元，人次

成年人		未成年人		城市居民最低生活保障家庭数	城市低保资金全年计划支出	城市“三无”救济人数
登记失业	未登记失业	在校生	其他			
3 654 505	**4 167 892**	**3 031 873**	**1 412 745**	**10 971 634**	**4 805 316.0**	**86 438**
26 943	17 410	16 236	8 748	58 457	65 394.3	59
46 258	33 438	26 144	16 264	86 929	84 797.2	1
125 629	123 971	113 589	40 549	389 970	183 449.6	479
96 220	138 515	178 211	59 513	420 570	158 833.9	415
127 807	243 471	66 201	44 120	445 872	336 954.1	13 022
239 243	208 080	170 932	55 495	515 099	264 188.4	1 569
24 300	19 991	92 777	3 665	521 793	67 086.8	7 702
335 629	413 053	181 910	69 547	751 815	213 783.7	2 083
68 577	65 112	44 732	2 507	136 088	130 405.4	—
52 045	89 654	41 199	17 554	178 011	123 564.0	2 305
9 149	14 702	14 133	5 609	46 420	16 105.4	950
103 122	159 142	97 783	46 612	461 104	245 183.9	2 480
29 736	37 755	16 597	7 847	83 057	37 717.9	968
180 306	131 960	131 125	94 061	452 893	181 606.3	16 859
147 691	77 649	59 821	19 503	243 483	173 239.4	1 664
271 095	262 758	171 246	119 711	719 127	210 317.3	156
207 530	205 607	99 643	50 656	667 091	373 804.9	8 783
361 060	262 781	176 850	123 118	789 383	353 452.3	2 421
40 457	70 845	62 843	18 781	161 431	69 920.4	3 923
64 573	77 465	63 126	33 288	252 800	116 985.9	1 516
17 779	30 843	20 507	9 127	62 376	35 068.6	317
67 541	101 923	77 827	22 494	266 832	172 012.4	9 785
274 125	461 299	239 191	131 079	1 027 660	255 459.6	—
60 207	132 965	95 198	31 185	267 684	163 647.8	1 211
196 662	219 231	158 747	68 018	633 165	152 796.8	52
4 474	7 249	6 639	5 267	27 085	16 125.4	883
119 292	78 383	172 235	102 442	321 125	197 213.3	2 499
188 322	182 775	159 736	62 776	374 176	135 228.9	1 699
22 189	54 012	53 210	30 184	104 838	25 181.2	57
25 847	33 247	33 116	14 110	90 622	18 934.4	152
120 697	212 606	190 369	98 915	414 678	226 856.5	2 428

37. 全国历年农村社会救济和农村居民最低生活保障

单位：万人，万户

年 份	农村社会救济总人数				
	合计	农村定期定量救济人数	农村精简退职老职工人数	其中：	
				享受 40% 人数	定量救济人数
1978	—	—	—	—	—
1979	6 847.6	6 837.7	9.9	—	—
1980	4 651.8	4 641.8	10.0	—	—
1981	4 265.1	4 255.1	10.0	—	—
1982	4 270.7	4 257.4	13.3	—	—
1983	3 526.7	3 502.2	24.5	—	—
1984	3 842.7	3 795.9	46.8	25.3	—
1985	116.7	75.1	41.6	18.1	23.5
1986	103.0	63.1	39.9	18.1	21.7
1987	92.2	53.2	39.0	17.7	21.3
1988	93.0	54.1	38.9	17.6	21.4
1989	75.7	35.0	40.7	18.3	22.3
1990	100.2	46.7	53.5	23.6	29.9
1991	97.0	43.8	53.2	23.5	29.8
1992	97.5	45.6	51.9	23.3	28.6
1993	80.1	36.3	43.8	19.5	24.3
1994	82.1	38.5	43.6	19.2	24.3
1995	98.3	55.2	43.1	19.0	24.1
1996	109.2	66.5	42.7	18.6	24.1
1997	104.5	51.4	53.1	23.2	29.8
1998	120.5	65.6	54.9	24.9	30.0
1999	107.1	55.6	51.5	22.5	28.7
2000	112.2	62.5	49.7	22.1	27.6
2001	130.5	80.7	49.8	21.3	27.8
2002	138.7	90.0	48.7	20.9	27.8

注：1984 年以前含应保未保的农村救济人数。

数据来源：民政部规划财务司。

37. 全国历年农村社会救济和农村居民最低生活保障

续完

年份	农村困难群众救助总人数			农村困难群众救助总户数								
	合计	农村居民最低社会保障人数	农村特困户救助人数	合计	农村居民最低生活保障户数			农村特困户救助户数			五保户供养	农村传统救济
					户数	其中：困难户	其他	户数	其中：困难户	其他		
2001	385.3	304.6	80.7	—	—	—	—	—	—	—	—	—
2002	497.8	407.8	90.0	156.7	156.7	—	—	—	—	—	—	—
2003	1 160.5	367.1	793.4	632.8	146.5	114.5	32.0	282.1	192.7	89.3	204.2	—
2004	1 402.1	488.0	914.1	780.8	197.9	165.2	33.6	317.1	260.4	56.6	265.8	—
2005	1 891.8	825.0	1 066.8	1 061.0	356.5	298.8	57.7	354.8	290.4	64.4	349.7	—
2006	2 987.8	1 593.1	775.8	1 606.3	777.2	—	—	325.8	—	—	503.3	115.6

年份	农村救助总人数					
	合计	农村居民最低生活保障人数	农村集中供养五保人数	农村分散供养五保人数	其他农村传统救济人数	农村临时救济人数
2007	4 818.6	3 566.3	138	393.3	75	646
2008	5 757.3	4 305.5	155.6	393	72.2	831
2009	5 922	4 760	171.8	381.6	62.2	546.4
2010	6 443.5	5 214	177.4	378.9	59.5	613.7
2011	6 522.2	5 305.7	184.5	366.5	68.7	596.8
2012	5 969.7	5 344.5	185.3	360.3	79.6	—
2013	5 998.3	5 388	183.5	353.8	73	—

38. 2013 年各省、自治区、直辖市农村居民最低生活保障情况

单位：人，户，万元，人次

地 区	农村居民最低生活保障人数					农村居民最低生活保障家庭数	农村低保资金全年计划支出
	合计	女 性	老年人	未成年人	残疾人		
全 国	**53 880 178**	**18 665 358**	**20 780 811**	**6 146 317**	**4 728 926**	**29 311 123**	**5 695 881.2**
北 京	59 575	24 920	23 358	7 946	18 243	34 816	26 641.2
天 津	107 444	43 556	26 718	18 224	18 748	47 710	29 655.0
河 北	2 218 981	679 050	1 301 604	121 957	177 713	1 606 259	247 315.5
山 西	1 497 629	529 593	852 921	73 814	169 001	1 182 460	154 393.5
内蒙古	1 253 151	564 945	660 925	39 495	66 071	964 849	268 882.2
辽 宁	883 982	310 284	388 681	69 000	112 982	533 416	109 800.7
吉 林	809 162	372 663	433 962	28 593	144 144	591 109	17 103.8
黑龙江	1 215 350	439 948	516 798	79 892	87 014	648 789	79 012.3
上 海	32 796	16 413	11 222	1 968	10 403	25 222	10 642.6
江 苏	1 301 395	475 996	495 363	136 093	141 807	703 140	270 909.6
浙 江	551 355	192 449	202 517	72 283	108 411	346 522	75 773.8
安 徽	2 160 542	764 581	816 941	203 060	269 940	1 175 239	265 368.3
福 建	736 542	244 181	207 123	83 482	103 213	358 562	116 069.0
江 西	1 606 531	630 174	472 461	287 160	341 261	699 239	111 977.7
山 东	2 598 685	879 595	1 491 896	170 701	220 041	1 743 032	444 854.2
河 南	3 909 196	1 172 211	1 994 214	311 774	372 629	2 893 314	295 999.1
湖 北	2 357 011	1 011 395	944 274	146 587	244 625	1 485 054	274 446.8
湖 南	2 893 347	799 410	1 101 923	323 114	213 319	1 489 541	275 562.1
广 东	1 632 234	525 581	461 340	307 717	161 566	721 482	173 227.0
广 西	3 458 922	982 488	1 211 587	542 429	200 801	1 334 863	311 799.6
海 南	245 488	98 297	62 704	37 904	15 429	95 276	36 476.3
重 庆	626 612	279 667	193 381	101 064	86 355	348 587	127 676.2
四 川	4 394 553	1 286 831	1 878 508	479 749	366 885	2 501 780	280 393.7
贵 州	4 770 600	1 738 581	1 588 398	757 371	307 670	2 236 280	573 364.7
云 南	4 665 411	1 729 219	1 338 711	563 475	265 582	2 456 760	370 628.8
西 藏	329 000	126 621	157 966	60 369	16 330	90 163	51 683.4
陕 西	1 998 903	817 394	639 932	204 651	139 702	858 286	265 971.7
甘 肃	3 432 860	1 139 217	722 927	557 302	170 979	1 131 886	231 070.9
青 海	402 865	122 262	72 695	74 406	25 943	137 781	29 175.8
宁 夏	381 821	118 789	127 948	23 921	59 370	287 628	25 317.5
新 疆	1 348 235	549 047	381 813	260 816	92 749	582 078	144 688.2

数据来源：民政部规划财务司。

39. 2004—2013 年全国农村医疗救助情况

单位：万人次，万人

年份	合计	农村民政部门救助	民政部门资助参加合作医疗
2004	673.7	552.6	121.1
2005	854.5	654.9	199.6
2006	1 518.4	1 317.1	201.3
2007	3 336.4	2 517.3	819.1
2008	4 635.5	3 432.4	1 203.1
2009	5 199.5	4 059.1	1 140.4
2010	6 094.7	4 615.4	1 479.3
2011	6 969.3	4 825.3	2 144
2012	6 664.1	4 490.4	2 173.7
2013	6 995.1	4 868.7	2 126.4

数据来源：民政部规划财务司。

40. 2013年各省、自治区、直辖市农村医疗救助及其他农村救济

单位：人，户次，人次

地 区	农村医疗救助情况		农村传统救济人数	临时救助户次
	农村民政部门救助人次数	民政部门资助参加合作医疗人数		
全 国	**14 900 867**	**48 687 404**	**729 532**	**6 981 385**
北 京	46 803	49 843	—	165 171
天 津	285 401	—	150	70 382
河 北	214 401	1 935 194	5 671	589 467
山 西	621 343	1 356 756	7 506	84 954
内蒙古	591 546	1 131 517	27 742	93 439
辽 宁	236 518	589 880	7 238	316 600
吉 林	770 616	834 034	25 047	1 164 417
黑龙江	1 451 521	1 376 458	13 730	252 207
上 海	51 301	13 700	13	895 791
江 苏	319 601	1 219 723	77 733	427 397
浙 江	52 579	540 198	5 299	138 637
安 徽	356 343	1 984 524	49 361	93 296
福 建	52 786	865 358	3 821	52 265
江 西	499 133	1 402 937	30 629	51 405
山 东	164 309	1 859 876	2 188	166 208
河 南	709 483	3 534 105	23 663	106 709
湖 北	1 036 339	2 419 075	23 358	319 555
湖 南	902 513	2 138 891	112 575	303 854
广 东	408 401	1 673 262	4 357	266 971
广 西	250 598	2 439 585	111 153	258 327
海 南	108 333	276 681	24 737	15 799
重 庆	732 678	1 305 887	13 514	154 566
四 川	1 493 457	4 734 504	65 403	239 267
贵 州	454 224	4 461 035	18 283	60 566
云 南	1 041 581	4 549 282	44 802	333 701
西 藏	665	10 541	—	3 290
陕 西	111 191	907 916	5 400	177 417
甘 肃	839 808	3 303 193	21 881	70 993
青 海	207 000	428 195	31	18 014
宁 夏	109 033	336 438	74	15 156
新 疆	781 362	1 008 816	4 173	75 564

数据来源：民政部规划财务司。

41. 2013 年各省、自治区、直辖市农村五保供养情况

地区	农村集中五保供养人数					农村集中五保供养资金全年计划支出
	合计	女性	老年人	未成年人	残疾人	
全国	**1 834 910**	**340 635**	**1 636 854**	**57 551**	**295 537**	**573 478.8**
北京	2 039	218	1 524	18	1 059	1 793.8
天津	1 399	158	1 274	6	289	1 013.0
河北	88 768	10 198	78 140	1 816	17 164	20 995.2
山西	28 026	2 094	22 334	600	6 730	8 643.2
内蒙古	27 875	2 338	23 626	303	6 290	14 784.2
辽宁	34 701	3 819	30 210	638	7 877	14 384.5
吉林	29 539	7 155	26 383	1 378	8 281	1 096.1
黑龙江	69 442	13 589	56 072	2 110	17 268	8 396.4
上海	1 211	244	1 107	4	217	815.2
江苏	116 809	20 855	109 102	1 777	16 727	67 470.1
浙江	36 458	6 199	34 322	447	5 423	11 419.3
安徽	166 392	24 365	154 433	2 882	21 131	39 537.7
福建	9 546	1 409	8 246	342	1 647	2 009.6
江西	119 411	43 702	100 382	11 607	16 340	25 255.3
山东	171 187	34 792	163 533	2 106	16 401	74 052.1
河南	197 384	39 355	180 689	6 068	26 582	38 296.4
湖北	88 980	20 713	81 027	1 557	14 953	24 961.3
湖南	108 753	23 076	95 850	4 973	16 522	36 486.7
广东	32 608	6 859	31 108	599	2 669	13 077.5
广西	23 005	4 385	21 495	589	3 689	6 457.7
海南	2 273	784	2 211	26	146	988.0
重庆	62 229	6 922	54 463	735	12 016	29 591.5
四川	265 894	32 256	233 981	7 468	43 423	58 102.5
贵州	27 608	5 219	21 925	3 535	4 344	8 210.1
云南	35 490	8 640	30 244	1 766	7 983	5 897.7
西藏	7 943	4 217	7 941	2	57	32 500.5
陕西	46 974	7 729	39 227	745	12 807	18 436.2
甘肃	10 842	1 882	8 856	921	2 114	1 861.1
青海	4 377	1 525	2 842	1 057	713	299.7
宁夏	3 903	894	3 245	193	1 150	825.8
新疆	13 844	5 044	11 062	1 283	3 525	5 820.4

数据来源：民政部规划财务司。

单位：人，万元，人次

农村分散五保供养人数					农村分散五保供养全年计划支出
合计	女　性	老年人	未成年人	残疾人	
3 537 579	**679 377**	**3 007 781**	**177 239**	**632 898**	**737 316.7**
2 037	179	1 582	10	1 048	1 638.9
11 243	1 095	9 713	68	2 547	7 184.1
149 602	15 140	131 313	3 885	26 370	27 264.4
136 512	15 631	98 816	7 139	41 557	22 553.1
59 811	4 794	50 595	1 110	13 827	20 075.3
103 955	13 430	88 363	2 664	23 005	24 061.6
93 064	20 055	81 676	4 064	28 557	1 776.4
76 882	15 883	56 850	2 586	24 191	9 283.4
1 648	245	1 322	16	496	842.7
84 635	15 453	78 625	1 756	11 553	35 387.5
921	119	874	11	141	200.1
269 984	49 928	249 109	5 729	32 526	39 590.4
78 045	12 388	61 152	3 928	19 240	20 009.0
109 069	37 640	89 446	11 882	16 701	16 677.1
56 872	12 045	54 260	766	5 440	16 975.4
279 581	53 520	249 082	9 910	38 268	35 364.9
180 019	39 506	163 329	3 785	25 062	33 845.5
405 162	80 068	343 322	22 533	65 604	73 043.6
210 379	41 068	197 107	7 531	19 357	64 195.7
271 665	48 039	242 550	14 930	37 480	59 703.0
30 457	10 112	28 556	740	2 801	11 684.9
99 254	10 915	83 588	2 363	18 070	44 725.8
244 373	36 829	210 160	8 649	43 452	40 642.8
97 449	21 627	69 554	18 771	15 374	18 431.9
180 288	44 945	126 299	19 635	48 755	16 952.5
7 195	3 737	7 142	53	316	30 779.0
83 895	14 349	65 198	3 896	22 569	28 714.0
112 911	23 314	92 272	6 949	23 860	17 221.1
18 544	5 782	14 148	2 754	3 344	2 251.4
10 540	2 720	7 905	654	3 563	828.0
71 587	28 821	53 873	8 472	17 824	15 413.2

42. 1999—2013 年全国最低生活保障和社会救济平均标准

年　份	城市最低生活保障平均标准（元/人，月）	农村最低生活保障平均标准（元/人，月）	集中供养农村五保户救济平均标准（元/人，年）	分散供养农村五保户救济平均标准（元/人，年）
1999	149.0	—	—	—
2000	157.0	—	—	—
2001	147.0	—	—	—
2002	148.0	—	—	—
2003	149.0	—	—	—
2004	152.0	—	—	—
2005	156.0	—	—	—
2006	169.6	850.8	1 608.2	1 224.5
2007	182.4	840.0	1 953.0	1 432.0
2008	205.3	987.6	2 176.1	1 624.4
2009	227.8	1 210.1	2 587.5	1 842.7
2010	251.2	1 404.0	2 951.4	2 102.1
2011	287.6	1 718.4	3 399.7	2 470.5
2012	330.1	2 067.8	4 060.9	3 008.0
2013	373.3	2 433.9	4 685.0	3 498.5

数据来源：民政部规划财务司。

43. 1999—2013 年全国最低生活保障和社会救济平均支出水平

年　份	城市最低生活保障平均支出水平（元/人，月）	农村最低生活保障平均支出水平（元/人，月）	农村集中供养五保平均支出水平（元/人，年）	农村分散供养五保平均支出水平（元/人，年）
1999	44.8	—	—	—
2000	45.3	—	—	—
2001	29.6	—	—	—
2002	43.9	—	—	—
2003	58.0	—	—	—
2004	65.0	—	—	—
2005	72.3	—	—	—
2006	83.6	414.0	—	—
2007	102.7	465.6	—	—
2008	143.7	604.8	2 055.7	1 121.0
2009	172.0	816.0	2 316.0	1 284.0
2010	189.0	888.0	2 460.0	1 416.0
2011	240.3	1 273.2	3 081.9	1 774.9
2012	239.1	1 247.9	3 496.6	2 237.3
2013	264.2	1 393.5	4 078.3	2 724.3

数据来源：民政部规划财务司。

44. 2013 年各省、自治区、直辖市养老服务机构(城市)

地　区	机构数	年末床位数		年在院总人天数	年末在院人数		在院人员按性质分		
		合计	光荣间床位		合计	女性	优抚对象	“三无”对象	自费人员
全　国	**7 077**	**970 711**	**7 816**	**136 133 234**	**534 546**	**200 931**	**8 565**	**102 575**	**423 406**
北　京	148	29 491	85	4 462 364	13 117	6 660	17	324	12 776
天　津	213	32 610	37	4 391 324	19 568	11 283	137	650	18 781
河　北	345	56 326	582	7 512 439	30 168	5 887	389	11 727	18 052
山　西	99	9 996	485	738 880	5 288	786	190	1 237	3 861
内蒙古	150	25 801	116	4 073 333	12 939	3 149	193	1 004	11 742
辽　宁	660	70 387	617	11 809 064	42 467	14 725	527	3 891	38 049
吉　林	81	7 248	192	649 452	3 048	1 233	68	691	2 289
黑龙江	148	18 278	138	3 157 360	12 515	3 554	677	6 469	5 369
上　海	413	64 143	—	13 033 565	44 246	28 930	41	535	43 670
江　苏	1 030	154 761	729	19 426 869	75 215	24 839	880	16 363	57 972
浙　江	450	79 947	109	9 814 521	38 112	15 162	200	4 669	33 243
安　徽	227	30 739	198	4 771 349	16 496	5 229	102	2 088	14 306
福　建	171	24 466	—	2 493 869	9 939	1 879	188	1 082	8 669
江　西	205	8 352	428	1 468 611	6 223	1 591	357	4 128	1 738
山　东	749	113 384	1 023	17 568 125	60 643	23 935	446	7 909	52 288
河　南	310	31 185	803	4 608 117	18 128	5 395	827	5 548	11 753
湖　北	252	30 516	341	3 236 901	17 147	7 958	265	4 050	12 832
湖　南	80	6 941	256	1 430 656	4 996	1 884	192	3 021	1 783
广　东	254	38 861	153	6 057 457	21 619	11 985	770	2 953	17 896
广　西	147	12 368	98	1 837 297	8 404	2 954	104	567	7 733
海　南	17	7 929	11	185 347	4 599	1 333	1 081	819	2 699
重　庆	265	34 666	220	5 406 988	19 686	6 602	—	2 303	17 383
四　川	204	24 030	349	2 929 235	17 822	4 613	215	11 133	6 474
贵　州	106	8 748	131	777 511	2 843	972	81	732	2 030
云　南	63	8 007	35	942 760	4 796	621	82	2 763	1 951
西　藏	7	275	—	27 270	174	51	7	167	—
陕　西	83	14 201	239	764 576	8 767	3 442	253	1 517	6 997
甘　肃	51	7 998	147	273 519	3 577	1 234	233	1 395	1 949
青　海	7	2 165	—	36 868	176	84	7	55	114
宁　夏	6	1 536	11	186 241	539	169	6	373	160
新　疆	136	15 356	283	2 061 366	11 289	2 792	30	2 412	8 847

数据来源:民政部规划财务司。

单位：个，人，张，人天，人次，平方米

在院人员按年龄分			在院人员按类型分			康复和医疗门诊人次数	机构建筑面积
老人	青壮年	少年儿童	自理（完全自理）	介助（半自理）	介护（不能自理）		
523 372	**8 876**	**2 298**	**314 658**	**117 148**	**102 740**	**1 438 399**	**19 816 509**
12 462	634	21	4 190	3 142	5 785	54 953	763 655
18 792	771	5	10 376	3 716	5 476	99 629	495 782
29 564	447	157	20 786	5 438	3 944	18 738	1 099 188
5 207	5	76	3 771	800	717	856	258 829
12 750	159	30	9 396	2 327	1 216	—	401 742
42 000	458	9	27 779	9 005	5 683	38 641	1 076 211
3 012	36	—	2 012	902	134	1 345	72 948
12 085	343	87	10 044	1 132	1 339	22 582	216 427
43 683	563	—	12 926	10 792	20 528	27 880	1 427 185
74 200	855	160	40 843	18 669	15 703	151 145	3 403 492
37 684	386	42	22 920	8 789	6 403	107 283	1 443 126
16 355	57	84	9 896	4 470	2 130	11 914	478 207
9 758	135	46	4 969	2 770	2 200	4 871	546 414
6 014	50	159	4 301	1 619	303	2 331	211 174
60 378	212	53	45 806	9 644	5 193	190 006	2 894 155
17 697	353	78	10 412	4 968	2 748	65 427	730 946
16 326	755	66	9 275	4 754	3 118	10 370	580 192
4 354	578	64	3 502	1 194	300	14 199	190 288
20 496	688	435	6 458	4 788	10 373	425 325	718 039
8 277	90	37	2 818	2 323	3 263	797	181 448
4 224	375	—	4 408	25	166	—	74 330
19 483	202	1	15 742	2 629	1 315	35 052	1 176 725
17 415	161	246	12 050	4 465	1 307	127 098	506 750
2 701	75	67	1 701	851	291	7 539	105 142
4 739	26	31	3 169	1 080	547	1 286	126 339
174	—	—	134	35	5	—	7 800
8 596	158	13	5 966	1 519	1 282	10 077	213 781
3 189	78	310	1 797	1 161	619	1 150	136 859
175	1	—	154	16	6	240	37 711
421	118	—	355	152	32	362	46 873
11 161	107	21	6 702	3 973	614	7 303	194 752

45. 2013 年各省、自治区、直辖市养老服务机构(农村)

地区	机构数	年末床位数		年在院总人天数	年末在院人数		在院人员按性质分		
		合计	光荣间床位		合计	女性	优抚对象	“三无”对象	自费人员
全国	**30 247**	**2 728 290**	**80 302**	**526 109 236**	**2 012 116**	**370 337**	**73 400**	**1 749 840**	**188 876**
北京	259	48 259	50	4 853 459	16 135	6 578	25	2 284	13 826
天津	151	12 698	5	960 620	3 975	1 605	73	1 110	2 792
河北	966	124 279	3 538	25 217 509	83 059	9 190	630	74 085	8 344
山西	616	47 087	2 140	7 151 916	28 381	1 673	329	26 984	1 068
内蒙古	483	38 325	908	7 929 388	27 830	2 731	1 049	24 124	2 657
辽宁	841	72 893	3 187	11 779 165	46 143	5 593	2 964	36 053	7 126
吉林	624	50 573	4 781	6 980 918	34 245	4 984	7 355	25 738	1 152
黑龙江	411	72 572	2 694	14 761 653	62 422	8 092	3 103	56 908	2 411
上海	196	37 954	28	5 911 775	20 784	11 634	405	1 621	18 758
江苏	1 544	206 771	4 629	40 014 853	142 926	32 485	5 832	110 426	26 668
浙江	1 503	168 674	3 024	25 351 547	85 985	26 722	1 294	32 288	52 403
安徽	2 113	232 934	3 332	48 609 342	174 790	25 075	2 722	170 528	1 540
福建	767	36 789	809	3 158 239	12 674	2 429	521	7 686	4 467
江西	1 371	124 559	13 292	26 226 849	121 517	30 405	4 923	113 662	2 932
山东	1 589	246 176	10 272	59 561 535	183 754	41 970	6 940	167 338	9 476
河南	2 499	245 049	11 544	47 083 289	212 744	33 936	15 061	193 849	3 834
湖北	1 677	157 747	4 039	30 200 281	131 667	31 892	5 620	120 325	5 722
湖南	2 370	128 739	3 547	28 088 508	112 957	21 807	4 372	106 467	2 118
广东	1 197	66 431	762	7 764 515	29 037	7 522	944	22 975	5 118
广西	1 156	28 274	371	5 871 396	20 901	2 541	200	19 902	799
海南	206	5 328	60	708 164	2 401	818	69	2 317	15
重庆	1 225	78 400	456	18 199 657	60 525	7 580	547	57 286	2 692
四川	2 831	293 018	3 045	63 826 278	256 482	30 001	6 181	241 893	8 408
贵州	1 041	45 030	1 089	7 119 265	25 964	2 916	489	25 255	220
云南	656	40 061	230	7 978 517	30 862	6 730	355	29 939	568
西藏	155	3 562	—	618 660	2 515	615	11	2 494	10
陕西	757	66 778	600	13 329 821	49 641	5 846	352	47 987	1 302
甘肃	459	19 262	884	2 361 185	11 641	2 183	607	10 290	744
青海	167	8 786	617	944 681	4 455	909	154	3 384	917
宁夏	52	4 614	134	1 051 229	3 554	578	97	3 311	146
新疆	365	16 668	235	2 495 022	12 150	3 297	176	11 331	643

数据来源:民政部规划财务司。

单位:个,人,张,人天,人次,平方米

在院人员按年龄分			在院人员按类型分			康复和医疗门诊人次数	机构建筑面积
老人	青壮年	少年儿童	自理（完全自理）	介助（半自理）	介护（不能自理）		
1 947 456	**49 654**	**15 006**	**1 613 017**	**316 005**	**83 094**	**2 480 670**	**51 765 938**
15 017	915	203	7 890	3 845	4 400	107 401	947 006
3 910	53	12	2 226	1 449	300	30 756	259 461
81 240	1 446	373	67 505	12 610	2 944	103 785	2 060 336
25 541	2 345	495	23 750	4 152	479	14 684	1 056 395
26 502	1 127	201	21 492	5 338	1 000	—	706 974
43 584	2 400	159	35 910	7 107	3 126	38 977	1 179 353
31 048	2 691	506	22 733	7 481	4 031	34 497	720 906
59 254	2 880	288	51 969	8 296	2 157	20 514	544 046
19 469	1 229	86	8 416	7 104	5 264	74 837	1 019 967
140 472	2 014	440	110 453	25 704	6 769	427 148	3 485 546
85 136	742	107	66 817	13 308	5 860	478 710	2 566 804
171 363	2 515	912	150 787	20 705	3 298	72 163	5 259 214
12 455	141	78	10 252	2 062	360	2 460	646 936
117 192	2 517	1 808	98 153	20 188	3 176	16 569	2 533 428
181 988	1 448	318	163 260	16 517	3 977	183 967	6 014 767
206 442	4 714	1 588	176 674	28 811	7 259	101 052	4 439 013
125 394	4 844	1 429	100 241	23 621	7 805	321 602	3 557 390
110 191	1 403	1 363	90 143	19 977	2 837	83 831	2 988 802
28 377	250	410	19 788	6 553	2 696	48 017	1 447 222
20 820	51	30	18 987	1 791	123	4 927	768 998
2 378	8	15	2 104	232	65	—	122 783
58 087	2 236	202	55 025	4 651	849	42 827	1 596 295
248 743	6 550	1 189	209 102	39 842	7 538	145 776	4 098 182
24 688	422	854	14 716	10 848	400	47 689	931 879
29 920	662	280	22 366	6 966	1 530	24 253	713 539
2 451	43	21	2 172	202	141	105	100 514
46 600	2 524	517	37 120	10 737	1 784	12 040	896 094
10 385	436	820	9 221	1 804	616	38 938	415 339
3 988	467	—	2 697	1 407	351	286	145 278
3 334	175	45	2 108	1 212	234	776	137 372
11 487	406	257	8 940	1 485	1 725	2 083	406 097

46. 2013年各省、自治区、直辖市儿童收养机构

地区	单位数	年末床位数		年在院总人天数	年末在院人数		在院人员按性质分		
		合计	其中:光荣间床位		合计	其中:女性	优抚对象	"三无"对象	自费人员
全国	**529**	**86 929**	**1 036**	**15 598 785**	**54 447**	**20 582**	**1 839**	**50 340**	**2 268**
北京	12	1 500	—	364 788	984	333	—	956	28
天津	2	823	—	294 920	684	262	—	666	18
河北	10	603	35	49 345	185	26	17	168	—
山西	8	678	—	70 183	490	104	—	457	33
内蒙古	7	1 501	—	269 222	798	325	—	798	—
辽宁	9	2 946	—	852 842	2 379	873	1 541	787	51
吉林	18	3 967	4	225 257	1 743	165	10	1 665	68
黑龙江	15	2 539	—	389 581	1 698	745	140	1 450	108
上海	7	2 499	—	416 960	2 261	932	—	2 013	248
江苏	16	3 196	4	741 261	2 136	995	4	2 091	41
浙江	14	2 395	—	553 100	1 557	599	—	1 295	262
安徽	41	5 709	5	1 084 272	3 291	1 240	35	3 034	222
福建	10	1 452	—	294 190	792	347	—	792	—
江西	5	965	—	83 667	742	106	—	742	—
山东	18	6 916	—	1 051 330	3 034	1 395	—	3 034	—
河南	13	2 643	—	858 220	2 550	1 017	30	2 520	—
湖北	51	5 691	195	900 839	3 562	1 372	—	3 462	100
湖南	21	3 831	527	801 639	2 977	1 797	10	2 960	7
广东	39	4 355	—	749 481	2 217	805	3	1 895	319
广西	8	1 355	—	162 375	792	289	—	792	—
海南	2	140	—	14 865	94	45	—	94	—
重庆	7	2 810	—	456 348	1 369	621	—	1 369	—
四川	44	5 244	17	803 976	2 764	1 140	7	2 569	188
贵州	18	2 787	155	448 752	1 320	685	3	1 268	49
云南	26	2 891	—	387 462	1 704	259	—	1 704	—
西藏	15	1 650	—	445 563	1 543	631	8	1 482	53
陕西	11	2 842	—	750 201	2 200	836	—	2 194	6
甘肃	19	3 066	19	458 496	2 243	600	2	2 114	127
青海	7	1 780	—	271 232	1 181	487	29	952	200
宁夏	6	1 223	—	116 730	443	142	—	443	—
新疆	50	6 932	75	1 231 688	4 714	1 409	—	4 574	140

数据来源:民政部规划财务司。

单位:个,人,张,人天,人次,平方米

在院人员按年龄分			在院人员按类型分			康复和医疗门诊人次数	家庭寄养儿童数量	机构建筑面积
老人	青壮年	少年儿童	自理（完全自理）	介助（半自理）	介护（不能自理）			
1 176	**1 794**	**51 477**	**21 825**	**12 600**	**20 022**	**472 769**	**20 627**	**2 179 375**
1	57	926	296	153	535	1 259	743	63 778
—	29	655	187	92	405	19 427	270	20 251
—	—	185	149	9	27	—	104	10 643
1	—	489	353	90	47	730	91	14 684
—	78	720	328	191	279	13 707	15	43 905
—	199	2 180	1 645	652	82	23 588	229	107 839
78	—	1 665	1 395	72	276	12 642	24	19 220
126	31	1 541	1 033	428	237	475	132	91 210
—	—	2 261	281	359	1 621	—	1 325	39 141
103	274	1 759	491	358	1 287	19 059	263	97 679
—	23	1 534	111	395	1 051	14 220	399	61 108
345	214	2 732	748	921	1 622	14 399	403	224 531
—	25	767	257	282	253	610	722	24 179
—	—	742	359	12	371	—	2	21 310
—	—	3 034	507	820	1 707	59 750	450	218 236
6	7	2 537	1 150	738	662	5 011	494	77 812
—	48	3 514	795	932	1 835	55 434	864	99 672
16	18	2 943	1 031	711	1 235	4 773	1 668	62 989
42	9	2 166	596	474	1 147	66 141	130	78 586
—	163	629	79	346	367	5 218	99	44 810
—	—	94	35	14	45	84	5	9 892
—	—	1 369	382	329	658	11 845	134	131 150
299	135	2 330	676	744	1 344	31 075	1 616	126 340
28	43	1 249	730	373	217	578	298	38 880
20	—	1 684	531	975	198	3 332	1 722	93 302
55	298	1 190	1 524	19	—	—	25	41 014
—	30	2 170	616	734	850	—	405	72 869
12	—	2 231	813	668	762	18 295	78	64 270
—	—	1 181	904	256	21	—	21	34 047
—	—	443	133	47	263	405	107	27 075
44	113	4 557	3 690	406	618	90 712	7 789	118 953

47. 2013 年各省、自治区、直辖市社会福利院

地　区	年末床位数		年在院总人天数	年末在院人数		在院人员按性质分		
	合计	光荣间床位		合计	其中:女性	优抚对象	"三无"对象	自费人员
全　国	**346 054**	**13 944**	**57 722 689**	**211 014**	**75 079**	**7 194**	**118 586**	**85 234**
北　京	3 388	—	1 000 100	2 733	1 412	1	564	2 168
天　津	700	—	150 200	522	100	—	350	172
河　北	8 303	1 910	1 673 460	5 329	866	39	4 949	341
山　西	4 376	—	1 036 882	3 273	695	11	3 093	169
内蒙古	8 548	329	2 007 565	5 398	807	334	2 668	2 396
辽　宁	10 878	245	2 094 647	7 290	2 091	246	3 570	3 474
吉　林	11 217	88	1 309 229	5 326	1 396	410	3 270	1 646
黑龙江	9 358	279	1 536 936	7 922	1 921	335	4 064	3 523
上　海	7 028	—	1 900 563	5 556	3 274	21	731	4 804
江　苏	26 724	468	3 044 008	11 892	5 062	293	6 174	5 425
浙　江	25 748	596	3 748 443	13 218	6 185	92	2 607	10 519
安　徽	7 310	379	1 488 253	4 244	1 666	128	2 764	1 352
福　建	11 600	431	1 292 720	3 846	1 542	132	2 581	1 133
江　西	16 657	1 159	2 521 224	12 927	3 135	373	8 865	3 689
山　东	8 426	—	1 244 906	3 969	1 477	102	2 695	1 172
河　南	9 662	155	1 951 484	6 687	2 028	374	5 497	816
湖　北	28 253	1 793	4 205 253	19 041	6 966	537	11 936	6 568
湖　南	14 601	654	3 236 732	10 867	4 888	1 188	6 656	3 023
广　东	41 941	1 390	7 913 497	24 974	11 852	296	8 391	16 287
广　西	9 136	547	1 924 651	6 317	2 837	89	3 225	3 003
海　南	768	—	172 061	525	229	—	447	78
重　庆	8 579	204	1 737 407	5 564	2 798	33	1 963	3 568
四　川	25 631	1 753	3 953 759	15 137	5 099	1 051	9 122	4 964
贵　州	5 888	497	706 485	2 520	916	41	2 044	435
云　南	8 767	30	802 705	5 543	1 259	64	4 827	652
西　藏	4 098	—	744 536	3 111	631	30	3 081	—
陕　西	7 062	546	1 547 985	5 070	1 295	443	4 361	266
甘　肃	6 698	53	624 722	2 993	686	153	2 496	344
青　海	2 212	31	225 118	1 009	135	54	718	237
宁　夏	2 451	94	320 765	1 805	362	21	1 386	398
新　疆	9 896	313	1 558 395	6 257	1 391	303	3 491	2 463

数据来源:民政部规划财务司。

单位：个，人，张，人天，人次，平方米

在院人员按年龄分			在院人员按类型分			康复和医疗门诊人次数	家庭寄养儿童数量	机构建筑面积
老人	青壮年	少年儿童	自理（完全自理）	介助（半自理）	介护（不能自理）			
155 006	**22 949**	**33 059**	**108 193**	**48 934**	**53 887**	**2 200 547**	**7 949**	**8 981 052**
2 024	645	64	872	919	942	42 214	16	182 004
241	278	3	175	176	171	2 178	—	15 384
3 661	340	1 328	3 406	636	1 287	9 988	247	267 389
381	322	2 570	690	501	2 082	1 675	1 838	104 832
4 401	397	600	3 408	1 259	731	13 360	53	224 939
5 634	1 191	465	4 108	1 180	2 002	18 755	121	392 171
3 863	1 063	400	3 949	875	502	36 254	89	98 570
7 189	636	97	6 014	965	943	25 318	—	128 234
4 709	847	—	882	1 235	3 439	2 510	—	170 552
8 407	1 587	1 898	4 218	2 657	5 017	118 532	425	842 252
10 984	1 276	958	6 397	2 699	4 122	86 510	344	603 755
2 909	511	824	2 286	841	1 117	9 075	397	385 213
2 377	400	1 069	1 669	1 077	1 100	93 153	323	193 709
8 439	1 297	3 191	8 489	3 133	1 305	2 220	947	501 419
2 838	932	199	2 194	1 137	638	50 610	—	275 820
3 318	811	2 558	3 009	1 722	1 956	33 912	254	209 598
16 504	1 650	887	11 483	4 667	2 891	90 040	135	671 510
5 144	1 638	4 085	4 492	3 108	3 267	88 385	568	280 008
17 771	1 511	5 692	8 900	6 460	9 614	1 183 369	797	929 304
4 018	503	1 796	1 991	1 811	2 515	103 874	539	289 330
150	87	288	83	98	344	95	14	32 092
4 651	781	132	2 773	1 062	1 729	65 199	99	303 013
13 454	1 058	625	8 684	3 997	2 456	75 902	107	678 561
1 324	234	962	1 552	653	315	678	88	137 341
4 867	210	466	3 062	1 487	994	2 555	37	207 461
2 745	4	362	2 718	281	112	—	—	104 192
2 843	1 725	502	2 616	1 718	736	7 462	132	223 380
2 028	189	776	1 600	893	500	7 768	33	108 792
692	286	31	537	454	18	3 282	—	23 258
1 538	239	28	1 196	326	283	6 506	—	100 740
5 845	273	139	4 708	801	748	15 033	346	296 231

48. 2013 年各省、自治区、直辖市老龄事业发展概况(一)

地　区	机构数	老龄人口情况				
		60 岁以上老年人口数	65 岁以上老年人口数	80 岁以上老年人口数	100 岁以上老年人口数	纯老年人家庭人口数
全　国	**2 571**	**201 124 413**	**125 163 633**	**26 854 212**	**60 648**	**30 828 374**
北　京	17	2 802 110	1 918 733	466 322	613	487 691
天　津	16	2 008 802	1 187 766	267 019	324	395 198
河　北	74	11 072 241	6 247 938	1 107 311	2 082	921 473
山　西	114	4 591 697	2 499 005	455 166	1 358	613 819
内蒙古	43	3 336 807	1 825 092	343 255	314	516 181
辽　宁	66	7 217 160	4 227 033	898 688	1 342	1 935 606
吉　林	34	4 410 302	345 544	67 101	116	101 099
黑龙江	107	5 698 810	2 540 230	575 751	555	1 106 470
上　海	18	3 762 570	2 550 132	693 599	1 867	864 294
江　苏	70	14 553 085	9 953 604	2 162 730	4 451	3 326 251
浙　江	90	7 730 188	5 715 230	1 325 787	1 756	2 134 467
安　徽	107	9 424 577	6 614 831	1 419 463	3 174	1 861 624
福　建	63	4 796 754	3 346 830	851 698	1 793	879 715
江　西	109	6 172 735	3 337 342	749 495	1 080	313 277
山　东	151	16 994 499	10 056 012	2 142 749	5 439	4 360 882
河　南	98	13 300 569	8 594 558	1 916 268	5 071	1 019 061
湖　北	89	8 797 083	5 431 004	1 005 988	2 072	796 154
湖　南	134	10 751 794	6 344 959	1 526 936	2 355	1 367 377
广　东	114	11 623 248	7 555 352	1 926 142	6 125	724 569
广　西	65	6 413 121	4 823 061	1 154 879	5 024	467 054
海　南	6	1 058 221	814 073	246 465	1 730	71 544
重　庆	32	5 901 390	3 999 963	922 234	1 266	1 670 085
四　川	213	15 516 013	10 267 700	2 035 983	4 740	1 932 973
贵　州	95	4 727 997	3 423 384	628 653	1 102	502 452
云　南	122	5 591 114	3 273 837	704 965	1 332	766 956
西　藏	3	249 320	61 746	16 987	31	384
陕　西	103	5 732 115	3 286 144	563 441	710	547 751
甘　肃	101	3 377 491	2 336 894	302 573	457	411 099
青　海	55	622 280	428 287	68 929	180	138 484
宁　夏	27	739 235	374 838	55 199	82	94 117
新　疆	235	2 151 085	1 782 511	252 436	2 107	500 267

数据来源:民政部规划财务司。

单位：个，人，次，件，张

老龄事业发展情况								
老年维权				老年活动设施		享受高龄补贴的老年人数	老年医疗护理机构	
老龄系统接待来信来访次数	老年法律援助中心		维权协调组织数	老年活动站/中心/室数			老年医院数	
	个数	涉老案件数		个数	老年人参与人数		个数	床位数
428 077	**21 093**	**55 613**	**78 383**	**359 896**	**45 571 722**	**15 578 750**	**3 288**	**136 900**
57 497	339	1 068	4 138	7 175	970 531	389 385	20	4 619
1 896	101	4 137	1 964	2 180	544 407	22 306	32	1 746
6 223	370	600	2 028	9 547	947 837	423 215	167	2 837
4 982	685	852	4 983	16 404	1 411 693	274 525	81	2 012
1 380	178	262	293	1 208	312 985	279 272	2	150
14 867	1 997	2 946	3 167	7 597	1 163 226	78 318	43	3 379
1 228	39	150	813	1 072	71 055	12 282	86	1 287
4 645	614	971	1 109	3 563	636 726	102 585	297	3 386
44 213	56	3 746	2 050	6 267	341 579	135 446	13	2 826
30 956	1 543	4 530	6 741	18 998	4 594 809	2 179 545	406	23 075
40 811	382	4 427	3 675	32 673	7 512 439	1 136 256	28	3 357
10 842	680	1 145	2 378	7 317	1 327 410	647 088	235	13 422
17 736	1 350	2 656	2 208	17 471	1 424 654	273 021	61	3 752
3 765	576	635	1 958	11 191	1 498 905	327 517	55	2 860
7 936	2 055	2 820	5 046	55 327	2 712 584	1 168 297	104	10 844
6 724	1 020	1 015	3 086	37 010	1 278 153	249 533	238	4 865
12 975	675	1 004	3 130	9 170	1 710 062	510 049	117	5 229
26 177	927	2 486	5 282	19 122	2 312 438	220 208	169	8 650
20 040	789	1 086	2 550	15 482	2 375 932	2 177 441	106	9 740
13 906	260	1 109	1 409	6 743	1 091 160	163 937	38	4 694
1 892	48	204	95	1 011	176 605	74 531	—	—
14 900	628	3 785	2 461	8 749	1 736 408	256 125	—	—
22 954	1 452	4 107	7 585	22 410	3 821 904	796 332	601	13 567
5 984	1 020	949	2 145	4 452	832 726	146 097	97	1 196
12 331	1 293	4 840	2 615	14 957	2 615 388	880 309	68	4 135
—	—	—	—	9	2 755	16 827	—	—
11 202	602	1 026	2 454	5 846	725 188	2 002 124	146	3 129
7 782	794	710	1 698	4 366	595 090	80 818	60	445
—	3	20	—	673	89 221	296 601	—	—
11 065	134	427	796	915	133 122	31 105	8	496
11 168	483	1 900	526	10 991	604 730	227 655	10	1 202

49. 2013 年各省、自治区、直辖市老龄事业情况发展概况(二)

地区	老龄事业发展情况						
	老年医疗护理机构			老年人协会个数			
	老年临终关怀医院数			个数	参加人数	村、居老年人协会	
	个数	床位数	年底在院人数			个数	参加人数
全 国	**713**	**34 343**	**14 947**	**419 202**	**44 485 278**	**342 390**	**32 600 686**
北 京	5	419	268	7 014	433 452	5 994	425 923
天 津	1	30	28	3 440	414 822	3 227	326 237
河 北	21	374	75	21 997	852 667	16 465	538 899
山 西	74	5 509	824	16 409	962 944	14 367	726 492
内蒙古	—	—	—	1 546	230 236	1 203	103 569
辽 宁	8	750	264	10 678	1 068 727	8 100	575 035
吉 林	1	50	43	1 434	92 199	1 035	48 227
黑龙江	50	1 192	539	6 124	547 742	4 494	393 691
上 海	6	114	43	1 908	200 140	1 708	148 174
江 苏	67	6 328	3 671	19 511	3 818 641	17 587	3 257 605
浙 江	5	654	634	30 867	5 975 682	29 280	5 998 873
安 徽	16	421	136	11 518	1 273 141	10 135	879 872
福 建	43	2 168	902	16 144	2 027 647	14 141	1 525 548
江 西	9	322	224	12 172	1 588 068	9 985	784 247
山 东	40	1 756	918	68 510	2 137 408	56 843	1 476 840
河 南	24	458	242	20 313	1 157 606	15 542	828 639
湖 北	24	518	219	10 903	1 910 031	8 882	890 881
湖 南	91	2 618	1 019	30 488	2 700 235	20 627	1 793 076
广 东	33	4 231	2 390	17 472	2 686 699	15 032	2 309 535
广 西	3	200	144	10 480	1 865 898	8 701	1 381 669
海 南	—	—	—	839	122 269	689	78 661
重 庆	—	—	—	8 561	2 038 652	4 837	1 348 838
四 川	127	3 357	803	24 376	4 344 825	20 277	2 664 220
贵 州	20	133	53	17 795	1 526 097	15 079	871 564
云 南	13	910	702	16 902	2 432 497	10 457	1 708 108
西 藏	—	—	—	7	477	—	—
陕 西	12	971	214	15 356	1 075 895	13 462	783 588
甘 肃	16	650	460	8 870	606 233	7 856	526 926
青 海	—	—	—	734	30 323	685	13 491
宁 夏	2	40	—	1 743	86 622	1 563	59 970
新 疆	2	170	132	5 091	277 403	4 137	132 288

数据来源:民政部规划财务司。

单位：个，人，万元，次，件，张

老龄事业发展情况									
老年人协会个数				老年基金会		其他老年社团组织		老年学校	
乡、街道老年人协会		县、市老年人协会		个数	事业投入经费	个数	参加人数	个数	在校人数
个数	参加人数	个数	参加人数						
38 924	**7 150 061**	**7 226**	**2 652 585**	**11 173**	**38 195**	**40 501**	**4 624 543**	**53 821**	**6 920 219**
103	47 985	8	10 700	5	80	7 246	631 735	2 514	259 215
190	61 321	7	1 977	2	971	1 203	149 857	422	209 994
3 098	110 321	885	133 457	503	27	174	134 057	331	43 162
881	134 406	707	61 996	13	21	597	55 697	2 794	291 177
212	63 531	127	68 703	—	—	23	5 321	61	9 646
1 402	240 235	255	44 379	—	—	1 466	64 975	662	130 834
251	32 324	28	8 833	1	6	150	21 967	305	26 639
1 097	161 553	55	22 613	3	1	98	12 318	354	27 936
182	46 951	8	3 912	13	3 867	53	31 615	1 338	503 312
1 340	383 679	218	85 520	12	7 903	10 538	959 594	3 737	809 813
737	416 081	56	222 273	294	1 725	1 057	130 509	7 954	767 350
1 017	203 126	171	62 117	6	12	867	84 422	2 568	214 420
931	201 898	124	34 542	328	6 139	2 581	410 984	11 808	943 389
1 062	266 178	289	157 747	7 163	101	1 743	93 237	974	203 927
7 398	334 446	513	232 006	8	307	2 992	101 471	3 047	406 735
1 256	130 125	346	40 456	13	29	334	32 215	2 706	153 695
1 259	446 393	303	234 833	702	186	591	181 547	1 000	187 996
2 227	476 645	801	187 132	45	395	793	214 206	1 015	173 355
1 421	350 076	152	59 981	714	14 158	2 043	150 514	643	134 996
892	294 544	130	86 909	396	111	670	145 230	741	75 157
111	21 433	34	17 471	187	—	17	7 646	9	2 594
3 361	535 012	280	253 217	5	331	1 226	237 727	1 465	276 289
3 159	1 422 267	408	335 631	5	201	1 045	456 533	2 429	477 951
1 781	195 209	363	49 951	19	386	1 091	57 019	1 572	151 211
1 250	235 132	468	120 525	50	988	850	123 358	2 043	309 640
—	—	4	245	—	—	—	—	—	—
920	144 169	93	35 874	25	228	506	89 890	358	51 227
593	101 786	64	16 860	660	11	169	27 997	123	13 076
35	13 381	6	1 969	—	—	—	—	7	4 953
136	21 954	27	6 096	—	—	81	3 821	29	2 852
622	57 900	296	54 660	1	13	297	9 081	812	57 678

50. 全国历年结婚登记情况

单位：万对，‰

年　份	结婚登记总数（万对） 合计	内地居民登记结婚数（万对）	涉外华侨港澳台登记结婚数（万对）	每千居民之结婚宗数（粗结婚率）（‰）
1978	597.8	597.8	—	6.2
1979	637.1	636.3	0.8	6.7
1980	720.9	719.8	1.1	7.3
1981	1 041.7	1 040.3	1.4	10.4
1982	836.9	835.5	1.4	8.3
1983	765.4	764.2	1.3	7.5
1984	784.8	783.4	1.4	7.5
1985	831.3	829.1	2.2	7.9
1986	884.0	882.3	1.7	8.2
1987	926.7	924.7	2.0	8.6
1988	899.2	897.2	2.0	8.3
1989	937.2	935.2	2.0	8.4
1990	951.1	948.7	2.4	8.2
1991	953.6	951.0	2.6	8.3
1992	957.5	954.5	3.0	8.3
1993	915.4	912.2	3.3	7.8
1994	932.4	929.0	3.4	7.8
1995	934.1	929.7	4.4	7.7
1996	938.7	934.0	4.7	7.7
1997	914.1	909.1	5.1	7.4
1998	891.7	886.7	5.0	7.2
1999	885.3	879.9	5.4	7.1
2000	848.5	842.0	6.5	6.7
2001	805.0	797.1	7.9	6.3
2002	786	778.8	7.3	6.1
2003	811.4	803.5	7.8	6.3
2004	867.2	860.8	6.4	6.7
2005	823.1	816.6	6.4	6.3
2006	945	938.2	6.8	7.2
2007	991.4	986.3	5.1	7.5
2008	1 098.3	1 093.2	5.1	8.3
2009	1 212.4	1 207.5	4.9	9.1
2010	1 241	1 236.1	4.9	9.3
2011	1 302.4	1 297.5	4.9	9.7
2012	1 323.6	1 318.3	5.3	9.8
2013	1 346.9	1 341.4	5.5	9.9

每千居民之结婚宗数（粗结婚率）计算方法：

$$\text{每千居民之结婚宗数} = \frac{\text{结婚宗数}}{(\text{当年期初人口数} + \text{当年期末人口数})/2} \times 1000‰$$

数据来源：民政部规划财务司。

51. 2013 年各省、自治区、直辖市结婚登记服务情况(一)

单位:对,人

地　区	登记结婚件数	登记结婚人数	按居住地分类									
			内地居民登记结婚件数	内地居民登记结婚人数	涉外及华侨、港澳台居民登记结婚件数							
					合计	内地居民		香港居民	澳门居民	台湾居民	华侨	外国人
						小计	其中:女性					
全　国	**13 469 267**	**26 938 534**	**13 414 255**	**26 808 974**	**55 012**	**53 685**	**31 234**	**5 083**	**1 419**	**10 020**	**6 919**	**32 898**
北　京	163 676	327 352	162 606	325 212	1 070	1 002	725	59	8	129	28	914
天　津	102 574	205 148	102 201	204 402	373	368	273	12	4	44	19	299
河　北	740 757	1 481 514	740 260	1 480 520	497	497	277	13	3	64	19	398
山　西	384 006	768 012	383 860	767 720	146	138	98	17	1	21	7	108
内蒙古	221 612	443 224	221 364	442 728	248	245	151	8	—	22	10	211
辽　宁	369 619	739 238	367 273	734 528	2 346	2 331	1 649	26	10	200	123	2 002
吉　林	254 091	508 182	253 018	506 036	1 073	1 070	679	26	12	121	40	877
黑龙江	376 612	753 224	374 511	749 022	2 101	2 099	1 163	31	13	180	296	1 583
上　海	149 535	299 070	147 481	294 962	2 054	1 900	1 470	108	19	340	—	1 741
江　苏	903 780	1 807 560	902 108	1 804 216	1 672	1 653	1 360	55	15	550	33	1 038
浙　江	422 174	844 348	416 955	832 820	5 219	4 351	1 650	68	16	288	2 834	2 881
安　徽	805 649	1 611 298	804 284	1 608 568	1 365	1 364	639	41	7	273	30	1 015
福　建	395 926	791 852	386 043	772 086	9 883	9 878	4 259	832	83	2 358	1 257	5 358
江　西	393 733	787 466	390 435	780 870	3 298	3 297	547	49	16	317	25	2 892
山　东	891 370	1 782 740	890 139	1 780 278	1 231	1 200	856	29	8	198	32	995
河　南	1 262 437	2 524 874	1 261 382	2 522 764	1 055	1 009	725	79	25	378	32	587
湖　北	645 767	1 291 534	644 163	1 272 614	1 604	1 604	1 575	156	38	597	41	772
湖　南	620 560	1 241 120	618 499	1 236 998	2 061	2 061	1 703	178	53	979	50	801
广　东	874 723	1 749 446	866 498	1 732 996	8 225	8 163	5 925	2 491	943	947	1 781	2 125
广　西	471 895	943 790	470 148	940 296	1 747	1 747	1 193	126	51	520	91	959
海　南	91 214	182 428	90 370	180 740	844	844	701	308	14	281	70	171
重　庆	303 084	606 168	302 313	604 626	771	766	617	62	20	246	21	427
四　川	776 819	1 553 638	775 297	1 550 594	1 522	1 521	1 263	149	36	516	30	792
贵　州	429 812	859 624	429 374	858 748	438	438	359	59	12	182	18	167
云　南	452 075	904 150	448 913	897 830	3 162	3 154	467	22	5	69	13	3 061
西　藏	11 566	23 132	11 558	23 114	8	8	172	—	—	—	—	8
陕　西	395 718	791 436	395 249	790 498	469	467	354	20	4	136	16	295
甘　肃	186 461	372 922	186 335	372 670	126	126	112	4	—	42	1	79
青　海	47 471	94 942	47 437	94 874	34	34	10	—	—	—	—	34
宁　夏	63 838	127 676	63 787	127 574	51	38	30	10	1	10	—	43
新　疆	260 713	521 426	260 394	518 070	319	312	232	45	2	12	2	265

数据来源:民政部规划财务司。

52. 2013 年各省、自治区、直辖市结婚登记服务情况(二)

单位:对,人

地区	按婚姻状况分类				按年龄分类				
	初婚人数	再婚人数		恢复结婚件数	20—24 岁	25—29 岁	30—34 岁	35—39 岁	40 岁及以上
		合计	其中:女性						
全国	**23 859 646**	**3 078 888**	**1 565 397**	**298 766**	**9 033 542**	**9 475 282**	**2 950 900**	**1 643 336**	**3 835 474**
北京	251 636	75 716	35 954	11 248	39 911	157 786	67 745	22 419	39 491
天津	169 871	35 277	12 916	7 920	52 311	91 463	30 629	12 429	18 316
河北	1 266 237	215 277	114 809	2 013	695 549	472 955	115 522	52 262	145 226
山西	710 324	57 688	31 289	4 725	281 863	261 031	76 051	46 468	102 599
内蒙古	355 101	88 123	46 008	8 159	126 534	171 289	56 811	30 495	58 095
辽宁	671 778	67 460	29 810	20 206	158 880	289 056	113 446	52 313	125 543
吉林	468 339	39 843	20 167	17 425	130 369	166 200	65 487	39 453	106 673
黑龙江	651 424	101 800	51 174	17 097	155 574	197 260	92 692	65 795	241 903
上海	221 651	77 419	37 716	11 998	33 979	121 823	57 455	23 629	62 184
江苏	1 582 023	225 537	114 318	33 242	619 341	554 907	140 465	93 591	399 256
浙江	712 969	131 379	62 225	11 758	182 687	355 455	107 521	51 451	147 234
安徽	1 401 155	210 143	108 606	19 375	625 653	474 462	127 364	96 820	286 999
福建	724 783	67 069	32 625	403	266 505	302 218	81 267	40 882	100 980
江西	713 805	73 661	37 708	7 079	306 584	272 596	75 608	50 209	82 469
山东	1 516 968	265 772	140 964	4 212	677 035	740 819	152 810	69 305	142 771
河南	2 467 531	57 343	28 972	20 617	1 039 236	819 177	240 223	140 528	285 710
湖北	1 201 344	90 190	43 515	9 594	407 706	463 510	135 739	78 869	205 710
湖南	1 070 438	170 682	89 061	9 841	442 598	461 856	143 366	67 597	125 703
广东	1 594 855	154 591	70 431	16 918	558 642	716 686	244 865	88 738	140 515
广西	863 772	80 018	43 654	5 348	283 944	374 809	141 208	62 357	81 472
海南	169 400	13 028	5 447	823	50 153	61 861	29 838	13 235	27 341
重庆	440 963	165 205	86 505	13 878	189 875	196 284	64 739	45 751	109 519
四川	1 242 155	311 483	166 278	24 632	495 343	495 190	164 295	126 482	272 328
贵州	835 350	24 274	12 462	6 021	244 030	247 276	110 897	84 491	172 930
云南	804 350	99 800	49 996	2 645	291 151	279 742	114 054	77 986	141 217
西藏	22 776	356	152	14	13 808	7 331	1 380	494	119
陕西	688 904	102 532	55 435	1 501	270 585	328 723	76 462	39 661	76 005
甘肃	359 235	13 687	7 487	1 580	139 232	146 875	35 178	16 000	35 637
青海	84 835	10 107	4 787	181	22 716	41 199	12 089	8 812	10 126
宁夏	115 443	12 233	6 201	1 645	52 404	39 330	12 227	7 579	16 136
新疆	480 231	41 195	18 725	6 668	179 344	166 113	63 467	37 235	75 267

数据来源:民政部规划财务司。

53. 全国历年离婚办理情况

单位：万对，对，‰

年份	离婚总数（万对）	民政部门登记离婚数（万对）			法院部门办理离婚数（万对）	每千居民之离婚宗数（粗离婚率）‰
		合计	内地居民登记离婚数（万对）	涉外华侨、港澳台登记离婚数（对）		
1978	28.5	17.0	17	—	11.5	0.18
1979	31.9	19.3	19.3	82	12.6	0.33
1980	34.1	18.0	18	330	16.1	0.35
1981	38.9	18.7	18.7	46	20.2	0.39
1982	42.8	21.1	21.1	116	21.7	0.42
1983	41.8	19.7	19.7	126	22.1	0.42
1984	45.4	19.9	19.9	110	25.5	0.40
1985	45.8	19.6	19.6	108	26.2	0.44
1986	50.6	21.4	21.4	205	29.2	0.47
1987	58.1	23.6	23.6	220	34.5	0.55
1988	65.5	26.4	26.4	310	39.1	0.60
1989	75.3	28.8	28.7	518	46.5	0.68
1990	80.0	30.1	30	602	49.9	0.69
1991	83.1	30.1	30	588	53	0.72
1992	85.0	31.6	31.5	833	53.4	0.74
1993	91.0	33.6	33.5	968	57.4	0.77
1994	98.2	35.5	35.4	737	62.7	0.82
1995	105.6	36.8	36.7	813	68.8	0.88
1996	113.4	39.4	39.3	1 175	74	0.93
1997	119.9	44.0	43.9	1 385	75.9	0.97
1998	119.2	46.6	46.5	948	72.6	0.96
1999	120.2	47.8	47.7	975	72.4	0.96
2000	121.3	48.9	48.8	1 075	72.4	0.96
2001	125.0	52.8	52.5	2 856	72.2	0.98
2002	117.7	57.3	56.8	5 221	60.4	0.90
2003	133.0	69	68.7	3 333	64	1.05
2004	166.5	104.6	104.0	5 830	61.9	1.28
2005	178.5	118.4	117.5	8 267	60.1	1.37
2006	191.3	129.1	128.3	8 414	62.2	1.46
2007	209.8	145.7	144.8	8 852	64.1	1.59
2008	226.9	161.0	160.0	9 470	65.9	1.71
2009	246.8	180.2	179.6	5 608	66.6	1.85
2010	267.8	201.0	200.4	5 783	66.8	2.00
2011	287.4	220.7	220.2	5 761	66.7	2.13
2012	310.4	242.3	241.7	6 161	68.1	2.29
2013	350.0	281.5	280.9	6 538	68.5	2.58

每千居民之离婚宗数（粗离婚率）计算方法：

$$\text{每千居民之离婚宗数} = \frac{\text{离婚宗数}}{(\text{当年期初人口数} + \text{当年期末人口数})/2} \times 1000‰$$

数据来源：民政部规划财务司。

54. 2013 年各省、自治区、直辖市民政部门离婚办理服务情况

单位：件(对)

地区	合计	内地居民登记离婚	涉外及华侨、港澳台居民登记离婚	
			小计	其中：外国人
全　国	**2 815 369**	**2 808 831**	**6 538**	**2 735**
北　京	54 536	54 363	173	123
天　津	39 722	39 659	63	47
河　北	133 622	133 562	60	41
山　西	41 952	41 939	13	7
内蒙古	58 312	58 282	30	21
辽　宁	123 743	123 487	256	187
吉　林	107 921	107 797	124	72
黑龙江	147 613	147 468	145	65
上　海	60 885	60 467	418	309
江　苏	175 421	175 200	221	107
浙　江	108 097	107 546	551	240
安　徽	124 815	124 723	92	53
福　建	65 007	63 749	1 258	449
江　西	70 247	70 094	153	95
山　东	172 125	171 993	132	85
河　南	177 502	177 414	88	34
湖　北	127 604	127 430	174	54
湖　南	137 627	137 301	326	53
广　东	150 631	149 257	1 374	292
广　西	73 592	73 406	186	78
海　南	9 887	9 776	111	24
重　庆	115 691	115 575	116	44
四　川	222 662	222 461	201	93
贵　州	62 337	62 270	67	15
云　南	70 862	70 763	99	86
西　藏	1 167	1 167		
陕　西	63 292	63 243	49	25
甘　肃	22 073	22 064	9	4
青　海	6 013	6 008	5	2
宁　夏	11 536	11 523	13	1
新　疆	78 875	78 844	31	29

数据来源：民政部规划财务司。

55. 全国历年自然灾害情况

年 份	受灾人口（万人次）	因灾死亡人口（含失踪）（人）	紧急转移人口（万人）	直接经济损失（亿元）	倒塌房屋（万间）	农作物受灾面积（万公顷）
1978	—	4 965	—	—	73. 1	4 844
1979	—	6 962	—	—	152. 1	3 937
1980	—	6 821	—	—	137. 3	5 003
1981	26 710. 0	7 422	—	—	261. 5	3 979
1982	22 900. 7	7 935	—	—	320. 3	3 313
1983	22 439. 0	10 952	—	260. 9	345. 4	3 471
1984	20 894. 0	6 927	—	—	274. 7	3 189
1985	26 446. 0	4 394	290. 5	410. 4	224. 9	4 437
1986	29 928. 0	5 410	345. 8	—	209. 7	4 714
1987	23 512. 0	5 495	348. 0	326. 3	180. 0	4 207
1988	36 169. 0	7 306	582. 9	—	258. 0	5 087
1989	34 569. 0	5 952	365. 3	525. 0	194. 1	4 699
1990	29 348. 0	7 338	579. 2	616. 0	247. 4	3 847
1991	41 941. 0	7 315	1 308. 5	1 215. 1	581. 5	5 547
1992	37 174. 0	5 741	303. 6	853. 9	196. 6	5 133
1993	37 541. 0	6 125	307. 7	933. 2	271. 6	4 867
1994	43 799. 0	8 549	1 054. 0	1 876. 0	512. 1	5 504
1995	24 215. 0	5 561	1 064. 0	1 863. 0	439. 3	4 587
1996	32 305. 0	7 273	1 216. 0	2 882. 0	809. 0	5 975
1997	47 886. 0	3 212	511. 3	1 975. 0	288. 0	5 343
1998	35 216. 0	5 511	2 082. 4	3 007. 4	821. 4	2 229
1999	35 319. 0	2 966	664. 8	1 962. 4	174. 5	4 998
2000	45 652. 3	3 014	467. 1	2 045. 3	147. 3	5 469
2001	37 255. 9	2 583	211. 1	1 942. 0	92. 2	5 215
2002	37 841. 8	2 840	471. 8	1 717. 4	175. 7	4 711. 9
2003	49 745. 9	2 259	707. 3	1 884. 2	343. 0	5 438. 6
2004	33 920. 6	2 250	563. 2	1 602. 3	155. 0	3 710. 6
2005	40 653. 7	2 475	1 570. 3	2 042. 1	226. 4	3 881. 8
2006	43 453. 3	3 186	1 384. 5	2 528. 1	193. 3	4 109. 1
2007	39 777. 9	2 325	1 499. 1	2 363. 0	146. 7	4 899. 3
2008	47 795. 0	88 928	2 682. 2	11 752. 4	1 097. 7	3 999. 0
2009	47 933. 5	1 528	709. 9	2 523. 7	83. 8	4 721. 4
2010	42 610. 2	7 844	1 858. 4	5 339. 9	273. 3	3 742. 6
2011	43 290. 0	1 126	939. 4	3 096. 4	93. 5	3 247. 1
2012	29 421. 7	1 530	1 109. 6	4 185. 5	90. 6	2 496. 2
2013	38 818. 7	1 851	1 215. 0	5 808. 4	87. 5	3 135. 0

数据来源：民政部规划财务司。

56. 2013年各省、自治区、直辖市自然灾害损失情况

单位:万人次,人,千公顷,万间,亿元

地区	人口受灾情况					农作物受灾情况		损失情况			
	受灾人口	死亡人口	失踪人口	紧急转移安置人口	需救助人口	受灾面积	绝收面积	倒塌房屋	严重损坏房屋	一般损坏房屋	直接经济损失
合计	**38 819**	**1 851**	**433**	**1 215.0**	**2 643.1**	**31 349.8**	**3 844.4**	**87.5**	**226.9**	**543.4**	**5 808.4**
北京	21.1	1	0	0.2	0.0	26.9	3.7	0.0	0.0	0.0	4.8
天津	8.6	0	0	0.0	0.0	7.8	0.8	0.0	0.0	0.0	1.0
河北	1 709.6	19	0	1.7	8	1 106.5	94.5	0.5	1.6	2.5	113.3
山西	1 465.9	49	1	9.6	4.7	1 592	132.4	3.8	6.7	21.1	146.9
内蒙古	565.6	73	2	9.3	34.8	1 733.1	232.6	1.0	5.0	10.8	128.9
辽宁	322.0	81	87	22.4	0.4	450.5	82.1	1.1	1.4	3.0	125.2
吉林	675.4	22	1	33.7	4.3	623.2	67.5	1.8	11.3	24.9	133.3
黑龙江	666.9	23	0	32.6	1.8	2 734.1	828.8	6.6	10.3	11.0	325.2
上海	12.1	3	0	1.0	0.0	28.0	1.6	0.0	0.0	0.3	3.7
江苏	590.7	11	0	0.9	2.2	487.1	25.1	0.1	0.2	1	32.7
浙江	1 702.2	20	3	162.4	75.6	1 326.9	142.5	0.6	0.5	7.9	695.9
安徽	2 855.9	35	1	30.3	158.7	1 769.7	138.2	1.1	2.1	3.6	206.4
福建	404.2	44	1	106.5	5	276.8	24.3	0.7	0.9	15.5	120.8
江西	1 160.3	34	1	14.6	199.0	1 049.1	84.8	0.9	0.9	7.3	90.2
山东	1 157.5	3	0	2.8	0	1 461.7	145.1	1.3	1.4	4.1	89.7
河南	2 587.8	19	1	1.2	14.3	1 179.9	93.7	0.6	0.7	1.6	109.6
湖北	2 353.9	46	0	18.7	279.9	2 487.9	141.3	1.4	1.8	4.4	145.0
湖南	3 344.0	44	6	40.9	404.6	3 047.2	496.5	2.7	4.4	21.0	282.7
广东	2 464.0	175	14	232.3	50.3	1 134.5	119.2	6.7	8.9	10.8	489.8
广西	764.8	90	6	30.5	35.2	694.4	20.1	3.1	3.0	14.5	63.1
海南	366.3	38	52	46.3	1.4	164.7	57.4	0.1	0.2	0.7	37.5
重庆	1 085.2	26	4	22.4	150.3	455.3	38.1	0.9	1.8	8.8	51.1
四川	4 555.5	372	203	180.4	428.2	1 602.9	102.6	15.1	58.6	157.2	1202.6
贵州	2 278.1	65	1	12.5	201.6	1 522.4	309.7	2.4	7.9	39.2	129.0
云南	1 984.2	164	15	7.8	284.5	1 231.1	161.7	1	11.6	42.5	154.2
西藏	151.5	90	24	17.8	3.5	22.1	4.0	0.9	10.1	17.9	42.0
陕西	1 471.9	88	2	90.6	60.1	813.4	90.7	7.5	16.3	27.6	231.7
甘肃	1 540.2	157	8	77.0	147.9	1 282.9	66.3	22.6	53.5	72.5	543
青海	167.5	36	0	2.5	7.1	171.2	8.3	0.1	0.2	1.1	13.6
宁夏	188.7	9	0	2.1	63.0	301.3	41.9	1.4	1.9	3.0	15.4
新疆	153.1	12	0	3.2	11.5	355.8	58.2	0.9	2.8	7.3	44.0
兵团	44	2	0	0.8	4.9	209	30.7	0.4	0.9	0.6	36.4

数据来源:民政部规划财务司。

● 社会保险

57. 1994—2013 年全国社会保险基本情况

单位:万人,亿元

年份	失业保险			城镇基本医疗保险			工伤保险		未参加生育保险人数
	年末参保人数	全年发放失业保险金人数	全年发放失业保险金	年末参保人数	年末参保城镇职工	年末参保城镇居民	年末参保人数	年末享受工伤待遇的人数	
1994	7 967.8	196.5	5.1	400.3	400.3	—	1822.1	5.8	915.9
1995	8 237.7	261.3	8.2	745.9	745.9	—	2 614.8	7.1	1 500.2
1996	8 333.1	330.8	13.9	855.7	855.7	—	3 102.6	10.1	2 015.6
1997	7 961.4	319.0	18.7	1 762.0	1 762.0	—	3 507.8	12.5	2 485.9
1998	7 927.9	158.1	20.4	1 877.6	1 877.6	—	3 781.3	15.3	2 776.7
1999	9 852.0	271.4	31.9	2 065.3	2 065.3	—	3 912.3	15.1	2 929.8
2000	10 408.4	329.7	56.2	3 786.9	3 786.9	—	4 350.3	18.8	3 001.6
2001	10 354.6	468.5	83.3	7 285.9	7 285.9	—	4 345.3	18.7	3 455.1
2002	10 181.6	657.0	116.8	9 401.2	9401.2	—	4 405.6	26.5	3 488.2
2003	10 372.9	741.6	133.4	10 901.7	10 901.7	—	4 574.8	32.9	3 655.4
2004	10 583.9	753.5	137.5	12 403.6	12 403.6	—	6 845.2	51.9	4 383.8
2005	10 647.7	677.8	132.4	13 782.9	13 782.9	—	8 478.0	65.1	5 408.5
2006	11 186.6	598.1	125.8	15 731.8	15 731.8	—	10 268.5	77.8	6 458.9
2007	11 644.6	538.5	129.4	22 311.1	18 020.0	4 291.1	12 173.3	96.0	7 775.3
2008	12 399.8	516.7	139.5	31 821.6	19 995.6	11 826.0	13 787.2	117.8	9 254.1
2009	12 715.5	483.9	145.8	40 147.0	21 937.4	18 209.6	14 895.5	129.6	10 875.7
2010	13 375.6	431.6	140.4	43 262.9	23 734.7	19 528.3	16 160.7	147.5	12 335.9
2011	14 317.1	394.4	159.9	47 343.2	25 227.1	22 116.1	17 695.9	163.0	13 892.0
2012	15 224.7	390.1	181.3	53 641.3	26 485.6	27 155.7	19 010.1	190.5	15 428.7
2013	16 416.8	416.7	203.2	57 072.6	27 443.1	29 629.4	19 917.2	195.2	16 392.0

数据来源:国家统计局。

58. 1990—2013 年全国社会保险基金收支及累计结余

单位:亿元

年 份	合 计	城镇职工基本养老保险	失业保险	城镇基本医疗保险	工伤保险	生育保险
基金收入						
1990	186.8	178.8	7.2	—	—	—
1995	1 006.0	950.1	35.3	9.7	8.1	2.9
1996	1 252.4	1 171.8	45.2	19.0	10.9	5.5
1997	1 458.2	1 337.9	46.9	52.3	13.6	7.4
1998	1 623.1	1 459.0	68.4	60.6	21.2	9.8
1999	2 211.8	1 965.1	125.2	89.9	20.9	10.7
2000	2 644.9	2 278.5	160.4	170.0	24.8	11.2
2001	3 101.9	2 489.0	187.3	383.6	28.3	13.7
2002	4 048.7	3 171.5	213.4	607.8	32.0	21.8
2003	4 882.9	3 680.0	249.5	890.0	37.6	25.8
2004	5 780.3	4 258.4	290.8	1 140.5	58.3	32.1
2005	6 975.2	5 093.3	340.3	1 405.3	92.5	43.8
2006	8 643.2	6 309.8	402.4	1 747.1	121.8	62.1
2007	10 812.3	7 834.2	471.7	2 257.2	165.6	83.6
2008	13 696.1	9 740.2	585.1	3 040.4	216.7	113.7
2009	16 115.6	11 490.8	580.4	3 671.9	240.1	132.4
2010	19 276.1	13 872.9	649.8	4 308.9	284.9	159.6
2011	25 153.3	18 004.8	923.1	5 539.2	466.4	219.8
2012	30 738.8	21 830.2	1 138.9	6 938.7	526.7	304.2
2013	35 252.9	24 732.6	1 288.9	8 248.3	614.8	368.4
基金支出						
1990	151.9	149.3	2.5	—	—	—
1995	877.1	847.6	18.9	7.3	1.8	1.6
1996	1 082.4	1 031.9	27.3	16.2	3.7	3.3
1997	1 339.2	1 251.3	36.3	40.5	6.1	4.9
1998	1 636.9	1 511.6	51.9	53.3	9.0	6.8
1999	2 108.1	1 924.9	91.6	69.1	15.4	7.1
2000	2 385.6	2 115.5	123.4	124.5	13.8	8.3
2001	2 748.0	2 321.3	156.6	244.1	16.5	9.6
2002	3 471.5	2 842.9	182.6	409.4	19.9	12.8
2003	4 016.4	3 122.1	199.8	653.9	27.1	13.5
2004	4 627.4	3 502.1	211.3	862.2	33.3	18.8

58. 1990—2013 年全国社会保险基金收支及累计结余 续完

年　份	合　计	城镇职工基本养老保险	失业保险	城镇基本医疗保险	工伤保险	生育保险
2005	5 400. 8	4 040. 3	206. 9	1 078. 7	47. 5	27. 4
2006	6 477. 4	4 896. 7	198. 0	1 276. 7	68. 5	37. 5
2007	7 887. 8	5 964. 9	217. 7	1 561. 8	87. 9	55. 6
2008	9 925. 1	7 389. 6	253. 5	2 083. 6	126. 9	71. 5
2009	12 302. 6	8 894. 4	366. 8	2 797. 4	155. 7	88. 3
2010	15 018. 9	10 755. 3	423. 3	3 538. 1	192. 4	109. 9
2011	18 652. 9	13 363. 2	432. 8	4 431. 4	286. 4	139. 2
2012	23 331. 3	16 711. 5	450. 6	5 543. 6	406. 3	219. 3
2013	27 916. 3	19 818. 7	531. 6	6 801. 0	482. 1	282. 8
累计结余						
1990	117. 3	97. 9	19. 5	—	—	—
1995	516. 8	429. 8	68. 4	3. 1	12. 7	2. 7
1996	696. 1	578. 6	86. 4	6. 4	19. 7	5. 0
1997	831. 6	682. 8	97. 0	16. 6	27. 7	7. 5
1998	791. 1	587. 8	133. 4	20. 0	39. 5	10. 3
1999	1 009. 8	733. 5	159. 9	57. 6	44. 9	13. 9
2000	1 327. 5	947. 1	195. 9	109. 8	57. 9	16. 8
2001	1 622. 8	1 054. 1	226. 2	253. 0	68. 9	20. 6
2002	2 423. 4	1 608. 0	253. 8	450. 7	81. 1	29. 7
2003	3 313. 8	2 206. 5	303. 5	670. 6	91. 2	42. 0
2004	4 493. 4	2 975. 0	385. 8	957. 9	118. 6	55. 9
2005	6 073. 7	4 041. 0	519. 0	1 278. 1	163. 5	72. 1
2006	8 255. 9	5 488. 9	724. 8	1 752. 4	192. 9	96. 9
2007	11 236. 6	7 391. 4	979. 1	2 476. 9	262. 6	126. 6
2008	15 176. 0	9 931. 0	1 310. 1	3 431. 7	384. 6	168. 2
2009	19 006. 5	12 526. 1	1 523. 6	4 275. 9	468. 8	212. 1
2010	23 407. 5	15 787. 8	1 749. 8	5 047. 1	561. 4	261. 4
2011	30 233. 1	20 727. 8	2 240. 2	6 180. 0	742. 6	342. 5
2012	38 106. 6	26 243. 5	2 929. 0	7 644. 5	861. 9	427. 6
2013	45 588. 1	31 274. 8	3 685. 9	9 116. 5	996. 2	514. 7

注:1. 2007 年及以后城镇基本医疗保险基金中包括城镇职工基本医疗保险和城镇居民基本医疗保险。

2. 2010 年及以后基本养老保险基金中包括城镇职工基本养老保险和城乡居民基本养老保险。

3. 工伤保险累计结余中含储备金。

数据来源:国家统计局。

59. 2013 年各省、自治区、直辖市城镇职工基本养老保险情况

单位：万人，亿元

地　区	年末参加城镇职工基本养老保险人数			基金收支情况		
	合计	职　工	离退休人员	基金收入	基金支出	累计结余
全　国	**32 218.4**	**24 177.3**	**8 041.0**	**22 680.4**	**18 470.4**	**28 269.2**
北　京	1 311.3	1 091.3	220.0	1 181.3	734.8	1 671.3
天　津	520.7	352.3	168.4	466.0	426.3	318.9
河　北	1 194.7	859.6	335.1	891.1	833.1	813.1
山　西	672.4	491.9	180.5	639.0	477.8	1 124.8
内蒙古	496.5	323.8	172.7	461.4	411.3	456.0
辽　宁	1 729.5	1 171.7	557.8	1 422.2	1 251.1	1 226.6
吉　林	655.2	406.8	248.4	462.8	448.2	421.6
黑龙江	1 062.1	639.9	422.2	845.6	886.0	429.5
上　海	1 429.9	992.4	437.5	1 563.5	1 308.0	1 077.0
江　苏	2 582.1	1 987.8	594.3	1 742.7	1 372.4	2 516.1
浙　江	2 375.4	1 976.5	398.9	1 278.0	944.9	2 297.0
安　徽	811.3	592.2	219.1	605.2	449.1	745.4
福　建	812.8	679.6	133.2	412.3	338.7	415.9
江　西	754.2	547.1	207.0	405.0	352.2	385.0
山　东	2 259.6	1 800.4	459.2	1 489.0	1 270.5	1 857.9
河　南	1 350.0	1 024.4	325.6	833.8	711.5	840.0
湖　北	1 219.4	823.5	395.9	860.5	798.0	817.1
湖　南	1 091.7	762.2	329.5	733.7	622.1	797.5
广　东	4 183.0	3 761.7	421.3	1 842.5	1 050.0	4 673.1
广　西	538.4	365.8	172.6	367.8	364.2	446.6
海　南	231.5	174.4	57.1	127.3	120.0	101.4
重　庆	773.1	497.8	275.4	607.2	508.0	557.3
四　川	1 720.3	1 124.1	596.2	1 392.9	1 107.6	1 749.7
贵　州	337.3	254.7	82.6	240.2	178.5	355.2
云　南	384.3	268.6	115.7	333.8	253.8	503.1
西　藏	14.0	10.5	3.5	21.0	13.5	32.0
陕　西	685.0	493.0	191.9	536.2	465.0	414.9
甘　肃	288.4	188.5	99.9	258.0	224.7	321.6
青　海	90.3	62.8	27.6	80.7	77.4	82.0
宁　夏	143.8	101.8	41.9	107.6	99.8	166.3
新　疆	476.3	332.5	143.8	464.8	367.0	644.8
不分地区	24.0	17.6	6.4	7.5	5.1	10.7

注：不分地区合计中，包括中国人民银行、中国农业发展银行数。

数据来源：国家统计局。

60. 1989—2013 年全国参加城镇职工基本养老保险人数

单位:万人

年　份	合　计	职工		离退休人员	
		小计	其中:企业(含其他)	小计	其中:企业(含其他)
1989	5 710.3	4 816.9	4 816.9	893.4	893.4
1990	6 166.0	5 200.7	5 200.7	965.3	965.3
1991	6 740.3	5 653.7	5 653.7	1 086.6	1 086.6
1992	9 456.2	7 774.7	7 774.7	1 681.5	1 681.5
1993	9 847.6	8 008.2	8 008.2	1 839.4	1 839.4
1994	10 573.5	8 494.1	8 494.1	2 079.4	2 079.4
1995	10 979.0	8 737.8	8 737.8	2 241.2	2 241.2
1996	11 116.7	8 758.4	8 758.4	2 358.3	2 358.3
1997	11 203.9	8 670.9	8 670.9	2 533.0	2 533.0
1998	11 203.1	8 475.8	8 475.8	2 727.3	2 727.3
1999	12 485.4	9 501.8	8 859.2	2 983.6	2 863.8
2000	13 617.4	10 447.5	9 469.9	3 169.9	3 016.5
2001	14 182.5	10 801.9	9 733.0	3 380.6	3 171.3
2002	14 736.6	11 128.8	9 929.4	3 607.8	3 349.2
2003	15 506.7	11 646.5	10 324.5	3 860.2	3 556.9
2004	16 352.9	12 250.3	10 903.9	4 102.6	3 775.0
2005	17 487.9	13 120.4	11 710.6	4 367.5	4 005.2
2006	18 766.3	14 130.9	12 618.0	4 635.4	4 238.6
2007	20 136.9	15 183.2	13 690.6	4 953.7	4 544.0
2008	21 891.1	16 587.5	15 083.4	5 303.6	4 868.0
2009	23 549.9	17 743.0	16 219.0	5 806.9	5 348.0
2010	25 707.3	19 402.3	17 822.7	6 305.0	5 811.6
2011	28 391.3	21 565.0	19 970.0	6 826.2	6 314.0
2012	30 426.8	22 981.1	21 360.9	7 445.7	6 910.9
2013	32 218.4	24 177.3	22 564.7	8 041.0	7 484.8

数据来源:国家统计局。

61. 2013 年各省、自治区、直辖市城乡居民社会养老保险情况

单位:万人,亿元

地区	参保人数		基金收支情况		
	合计	其中:达到领取待遇年龄参保人数	基金收入	基金支出	累计结余
全国	**49 750.1**	**14 122.3**	**2 052.3**	**1 348.3**	**3 005.7**
北京	180.1	31.6	29.9	17.1	101.4
天津	95.5	71.0	50.0	16.7	106.4
河北	3 354.2	840.2	99.9	60.6	133.2
山西	1 533.7	345.6	53.9	29.8	76.9
内蒙古	780.3	192.8	44.1	27.3	58.1
辽宁	1 046.9	360.4	42.8	31.1	42.0
吉林	643.1	218.8	24.4	15.0	30.1
黑龙江	815.8	244.6	30.4	17.9	44.1
上海	80.0	46.7	34.1	34.4	72.0
江苏	2 384.0	942.1	190.4	148.5	340.3
浙江	1 355.8	577.1	121.1	105.3	129.5
安徽	3 308.7	842.8	109.9	63.7	132.8
福建	1 467.2	375.4	48.9	29.6	63.9
江西	1 772.5	416.6	17.9	28.2	39.7
山东	4 512.8	1 315.2	209.3	138.6	357.8
河南	4 797.0	1 229.5	146.2	95.7	189.8
湖北	2 236.3	610.1	78.3	48.3	107.7
湖南	3 316.0	888.1	99.1	58.9	110.7
广东	2 346.8	791.3	141.7	90.9	219.5
广西	1 664.0	514.1	7.3	5.8	5.1
海南	272.1	68.1	12.0	7.6	15.2
重庆	1 122.9	377.1	64.8	38.4	66.9
四川	3 001.6	1 090.2	145.2	93.9	215.5
贵州	1 487.2	425.5	45.2	30.2	44.0
云南	2 152.7	431.5	63.9	33.5	94.4
西藏	140.4	22.7	4.4	2.8	6.7
陕西	1 704.9	398.8	65.9	39.8	90.7
甘肃	1 238.5	278.3	37.4	21.1	53.0
青海	216.1	40.3	7.7	4.6	12.0
宁夏	179.5	36.3	8.0	4.2	12.5
新疆	543.6	99.5	18.0	9.0	33.9

注:2012 年 8 月起,新型农村社会养老保险和城镇居民社会养老保险制度全覆盖工作全面启动,合并为城乡居民社会养老保险。

数据来源:国家统计局。

62. 2013 年各省、自治区、直辖市城镇基本医疗保险参保人数

单位：万人

地 区	年末参保人数合计	城镇职工			城镇居民
		小计	在岗职工	退休人员	
全 国	**57 072.6**	**27 443.1**	**20 501.3**	**6 941.8**	**29 629.4**
北 京	1 514.9	1 354.8	1 105.0	249.8	160.1
天 津	1 001.5	493.1	315.8	177.3	508.4
河 北	1 674.5	926.3	650.7	275.6	748.2
山 西	1 086.3	646.5	479.6	166.9	439.7
内蒙古	986.2	464.5	330.0	134.5	521.7
辽 宁	2 333.3	1 624.8	1 077.9	546.9	708.5
吉 林	1 378.6	574.9	377.4	197.5	803.7
黑龙江	1 580.4	868.1	556.5	311.6	712.3
上 海	1 650.5	1 394.1	955.7	438.4	256.4
江 苏	3 427.6	2 274.7	1 731.1	543.6	1 152.9
浙 江	4 121.1	1 791.1	1 491.6	299.5	2 330.0
安 徽	1 660.8	716.0	512.7	203.3	944.9
福 建	1 283.8	703.0	566.6	136.4	580.8
江 西	1 476.6	569.9	380.2	189.8	906.7
山 东	3 647.9	1 809.7	1 418.1	391.7	1 838.2
河 南	2 297.2	1 140.2	826.8	313.4	1 157.0
湖 北	1 960.6	922.8	642.1	280.7	1 037.8
湖 南	2 316.2	799.3	541.7	257.5	1 516.9
广 东	9 179.8	3 473.0	3 089.2	383.8	5 706.8
广 西	1 031.0	466.6	328.8	137.8	564.4
海 南	406.5	220.0	169.3	50.6	186.6
重 庆	3 234.8	539.5	380.6	158.9	2 695.3
四 川	2 486.0	1 282.0	887.6	394.5	1 204.0
贵 州	672.1	344.7	246.6	98.1	327.4
云 南	1 118.8	458.0	324.6	133.3	660.8
西 藏	54.8	30.6	23.4	7.2	24.3
陕 西	1 244.3	571.7	390.0	181.7	672.5
甘 肃	622.8	297.1	206.9	90.2	325.7
青 海	181.3	89.7	62.1	27.6	91.6
宁 夏	565.5	108.6	79.1	29.5	456.9
新 疆	877.1	488.0	353.7	134.3	389.1

数据来源：国家统计局。

63. 2013 年各省、自治区、直辖市城镇基本医疗保险基金收支情况

单位:亿元

地 区	基金收入			基金支出			累计结余		
	合 计	职 工	居 民	合 计	职 工	居 民	合 计	职 工	居 民
全 国	**8 248.3**	**7 061.6**	**1 186.6**	**6 801.0**	**5 829.9**	**971.1**	**9 116.5**	**8 129.3**	**987.1**
北 京	614.5	601.7	12.8	611.3	598.4	13.0	201.6	192.7	8.8
天 津	185.7	159.1	26.6	177.1	156.9	20.1	86.3	75.7	10.6
河 北	268.1	242.6	25.5	213.2	196.5	16.8	349.8	315.5	34.3
山 西	174.9	160.9	14.0	138.3	128.2	10.1	217.4	198.1	19.3
内蒙古	150.4	132.8	17.6	128.7	114.4	14.3	143.9	126.9	17.0
辽 宁	348.3	326.8	21.5	312.2	296.4	15.8	347.0	322.8	24.2
吉 林	127.3	102.7	24.6	105.6	89.7	15.9	178.0	141.8	36.2
黑龙江	212.0	187.4	24.6	190.6	170.0	20.6	273.7	239.2	34.5
上 海	624.8	600.6	24.3	414.9	394.1	20.8	685.7	679.4	6.3
江 苏	675.0	610.3	64.7	550.4	495.4	55.0	795.8	751.4	44.4
浙 江	628.8	491.6	137.3	508.4	373.1	135.2	758.8	716.5	42.3
安 徽	191.7	156.7	35.0	152.3	125.6	26.7	215.5	175.3	40.3
福 建	206.2	190.0	16.1	147.6	133.0	14.7	304.7	294.4	10.3
江 西	125.4	94.5	30.9	95.4	76.4	19.0	155.5	111.1	44.3
山 东	500.3	443.3	57.0	412.8	366.3	46.5	506.3	456.1	50.2
河 南	247.0	211.7	35.3	193.6	167.7	25.9	310.8	265.8	45.0
湖 北	232.3	195.1	37.2	209.8	183.8	26.0	242.6	189.2	53.4
湖 南	216.3	169.5	46.8	189.5	149.6	39.8	222.4	180.8	41.6
广 东	908.4	679.0	229.4	685.2	510.5	174.7	1 329.9	1 142.3	187.6
广 西	125.7	108.8	16.9	107.3	97.5	9.9	187.8	158.8	29.0
海 南	46.6	39.6	7.0	38.6	33.5	5.1	54.6	45.8	8.8
重 庆	238.3	143.6	94.7	208.0	131.0	77.0	203.9	152.9	51.0
四 川	404.2	323.1	81.1	344.0	271.4	72.6	487.1	430.6	56.5
贵 州	84.3	76.3	8.0	80.1	74.1	6.0	82.8	71.5	11.4
云 南	166.2	142.0	24.2	145.7	122.5	23.2	175.3	160.8	14.5
西 藏	14.9	14.0	0.9	11.9	10.5	1.4	25.9	25.9	0.0
陕 西	161.9	137.8	24.1	123.2	103.0	20.2	201.3	175.7	25.6
甘 肃	90.1	80.2	9.9	85.3	76.2	9.1	85.5	75.2	10.3
青 海	40.3	35.9	4.4	37.5	32.0	5.4	49.0	47.5	1.5
宁 夏	53.6	33.2	20.4	43.5	24.9	18.7	53.0	38.3	14.7
新 疆	184.6	170.7	13.9	139.0	127.2	11.8	184.4	171.2	13.2

数据来源:国家统计局。

64. 2013 年各省、自治区、直辖市失业保险情况

单位:万人,亿元

地　区	年末参加失业保险人数	年末领取失业保险金人数	基金收支情况		
			基金收入	基金支出	累计结余
全　国	**16 416.8**	**197.0**	**1 288.9**	**531.6**	**3 685.9**
北　京	1 025.1	2.4	56.5	32.1	137.0
天　津	278.7	2.0	34.1	13.3	98.4
河　北	505.0	7.1	46.6	19.4	123.2
山　西	400.7	3.1	34.1	5.2	109.0
内蒙古	233.4	2.3	24.3	6.3	71.1
辽　宁	663.2	7.6	64.6	15.9	192.2
吉　林	258.8	6.0	24.2	10.4	71.0
黑龙江	477.4	7.1	30.7	8.0	118.9
上　海	625.7	9.9	99.5	77.9	150.9
江　苏	1 389.3	29.9	134.2	62.8	338.7
浙　江	1 144.3	7.8	93.3	43.5	283.8
安　徽	409.0	6.1	32.8	19.0	71.5
福　建	496.7	4.2	30.0	9.7	103.2
江　西	271.1	1.5	11.1	3.2	44.3
山　东	1 089.6	17.8	57.3	46.3	241.7
河　南	741.3	10.5	41.2	16.2	101.1
湖　北	511.3	5.2	38.8	9.3	120.3
湖　南	461.7	6.1	26.2	8.8	78.8
广　东	2 702.2	8.8	127.7	24.3	407.8
广　西	253.4	5.6	24.7	7.7	87.5
海　南	150.8	2.1	5.4	3.4	28.1
重　庆	389.7	3.4	22.9	4.1	71.4
四　川	613.5	24.1	81.6	29.4	214.0
贵　州	185.2	1.3	18.0	13.1	54.8
云　南	232.5	4.5	24.9	4.5	87.6
西　藏	11.0	0.002	2.0	0.2	9.0
陕　西	339.7	3.2	41.5	16.4	105.1
甘　肃	163.1	1.0	14.8	2.6	46.8
青　海	38.5	0.5	5.0	0.9	19.6
宁　夏	71.3	1.1	7.0	1.5	22.7
新　疆	283.9	4.8	33.9	16.2	76.4

数据来源:国家统计局。

65. 2013 年各省、自治区、直辖市工伤保险情况

单位:万人,亿元

地 区	年末参加工伤保险人数	享受工伤待遇人数	基金收支情况		
			基金收入	基金支出	累计结余
全 国	**19 917.2**	**195.2**	**614.8**	**482.1**	**996.2**
北 京	920.3	4.8	25.6	18.3	29.3
天 津	335.1	3.3	9.5	8.2	13.8
河 北	737.0	10.5	28.2	30.3	19.7
山 西	550.0	9.7	28.3	22.1	44.9
内蒙古	277.4	2.2	12.6	7.8	25.1
辽 宁	856.7	13.2	25.4	25.3	41.3
吉 林	392.1	5.3	11.6	8.6	14.9
黑龙江	493.1	7.2	21.1	18.8	30.1
上 海	904.1	6.6	26.9	26.1	48.0
江 苏	1 487.3	13.6	57.0	48.1	57.3
浙 江	1 826.1	22.6	41.9	34.6	57.2
安 徽	473.2	8.1	19.1	12.6	27.0
福 建	607.5	3.5	15.8	8.3	40.1
江 西	431.5	4.5	13.4	8.4	19.3
山 东	1 371.9	11.2	40.0	31.3	50.6
河 南	773.1	4.6	21.1	14.2	42.0
湖 北	556.9	5.7	13.0	8.8	24.3
湖 南	731.2	8.3	27.2	20.4	35.7
广 东	3 057.3	16.7	58.8	36.5	194.4
广 西	325.6	1.9	6.9	4.0	20.9
海 南	123.4	0.3	2.4	1.1	7.7
重 庆	406.8	8.0	17.5	16.7	7.4
四 川	690.1	8.3	27.5	20.2	41.3
贵 州	260.4	2.3	13.1	11.5	14.6
云 南	334.3	4.4	13.6	11.4	20.7
西 藏	14.8	0.0	0.7	0.3	1.6
陕 西	378.1	3.0	12.6	7.9	26.6
甘 肃	167.7	1.8	7.0	5.9	11.2
青 海	52.3	0.6	2.5	2.2	4.4
宁 夏	72.7	0.5	3.1	3.2	8.6
新 疆	309.5	2.5	11.3	8.8	16.0

注:工伤保险累计结余中含储备金。

数据来源:国家统计局。

66. 2013年各省、自治区、直辖市生育保险情况

单位：万人，亿元

地 区	年末参加生育保险人数	享受待遇人数	基金收支情况		
			基金收入	基金支出	累计结余
全 国	**16 392.0**	**522.0**	**368.4**	**282.8**	**514.7**
北 京	883.2	41.1	37.5	34.5	36.5
天 津	249.1	24.8	9.7	7.5	17.8
河 北	667.6	15.7	11.2	7.5	16.6
山 西	445.6	5.2	7.8	3.5	13.7
内蒙古	285.0	6.5	6.3	4.3	9.5
辽 宁	752.3	25.9	12.4	13.2	13.3
吉 林	365.9	11.2	4.8	3.1	9.4
黑龙江	355.1	6.9	5.7	4.0	11.3
上 海	713.9	22.0	33.5	32.6	1.1
江 苏	1 355.6	78.7	36.3	26.9	69.1
浙 江	1 173.2	39.9	25.2	21.3	26.6
安 徽	458.5	10.6	8.0	5.8	11.0
福 建	539.6	12.1	12.6	8.2	18.5
江 西	217.8	2.5	2.4	1.0	5.8
山 东	974.4	47.1	28.1	22.3	36.8
河 南	569.6	13.6	11.5	6.3	21.8
湖 北	465.3	18.5	8.1	5.0	16.7
湖 南	536.0	14.8	8.6	5.6	16.8
广 东	2 711.6	45.0	38.5	27.6	59.9
广 西	270.2	7.7	5.8	3.9	11.1
海 南	120.2	4.0	2.1	1.5	3.8
重 庆	280.4	10.2	6.5	4.9	8.1
四 川	689.1	18.0	13.8	9.9	21.8
贵 州	238.7	4.4	3.5	2.1	6.4
云 南	270.9	11.2	7.4	7.1	12.3
西 藏	20.7	0.5	0.6	0.4	1.0
陕 西	240.3	4.3	5.3	2.6	10.9
甘 肃	135.1	3.2	3.5	2.4	5.3
青 海	42.8	1.7	1.6	0.7	2.2
宁 夏	68.4	3.7	1.9	1.4	2.1
新 疆	296.1	11.1	8.1	5.5	17.4

数据来源：国家统计局。

• 人民生活水平

67. 2013 年人民生活基本情况

指标	1990	2000	2010	2011	2012	2013
收入与支出						
城镇居民人均可支配收入(元)	1 510.2	6 280.0	19 109.4	21 809.8	24 564.7	26 955.1
农村居民人均纯收入(元)	686.3	2 253.4	5 919.0	6 977.3	7 916.6	8 896.0
城镇居民人均现金消费支出(元)	1 278.9	4 998.0	13 471.5	15 160.9	16 674.3	18 022.6
农村居民人均消费支出(元)	584.6	1 670.1	4 381.8	5 221.1	5 908.0	6 626.0
人均储蓄存款余额(元)	622.7	5 075.8	22 619.0	25 505.0	29 508.1	32 894.4
生活质量						
居民家庭恩格尔系数(%)						
城镇	54.2	39.4	35.7	36.3	36.2	35.0
农村	58.8	49.1	41.1	40.4	39.3	37.7
居住条件						
城镇居民人均住房建筑面积(平方米)	—	—	31.6	32.7	32.9	—
农村居民人均居住住房面积(平方米)	17.8	24.8	34.1	36.2	37.1	—
交通条件						
城市每万人拥有公交车辆(标台)	2.2	5.3	11.2	11.8	12.1	12.8
城市人均拥有道路面积(平方米)	3.1	6.1	13.2	13.8	14.4	14.9
城镇居民每百户拥有家用汽车(辆)	—	0.5	13.1	18.6	21.5	—
农村居民每百户拥有生活用汽车(辆)	—	0.3	2.8	5.5	6.6	—
通信条件						
电话普及率(含移动电话)(部/百人)	1.1	19.1	86.4	94.8	103.1	110.0
移动电话普及率(部/百人)	0.0	6.7	64.4	73.6	82.5	90.3
城市公用设施普及占有率						
用水普及率(%)	48.0	63.9	96.7	97.0	97.2	97.6
燃气普及率(%)	19.1	45.4	92.0	92.4	93.2	94.3
人均公园绿地面积(平方米)	1.8	3.7	11.2	11.8	12.3	12.6
每万人拥有公共厕所(座)	3.0	2.7	3.0	2.9	2.9	2.8
人均国内旅游花费(元)		426.6	598.2	731.0	767.9	805.5
城镇		678.6	883.0	878.0	914.5	946.6
农村		226.6	306.0	471.0	491.0	518.9
文化、教育和卫生						
文化						
广播节目综合人口覆盖率(%)	74.7	92.5	96.8	97.1	97.5	97.8

注:1. 农村居民每百户拥有生活用汽车,包括小面包车。

2. 城市交通状况、城市公用事业资料由住房和城乡建设部提供。

数据来源:国家统计局。

67. 2013 年人民生活基本情况 续完

指标	1990	2000	2010	2011	2012	2013
电视节目综合人口覆盖率(%)	79.4	93.7	97.6	97.8	98.2	98.4
每百户彩色电视机拥有量(台)						
城镇	59.0	116.6	137.4	135.2	136.1	—
农村	4.7	48.7	111.8	115.5	116.9	—
每百户家庭计算机拥有量(部)						
城镇	—	9.7	71.2	81.9	87.0	—
农村	—	0.5	10.4	18.0	21.4	—
居民家庭人均文教娱乐支出比重(%)						
城镇	11.1	13.4	12.1	12.2	12.2	12.7
农村	5.4	11.2	8.4	7.6	7.5	7.9
教育						
各级普通学校毕业生升学率(%)						
高中升学率	27.3	73.2	83.3	86.5	87.0	87.6
初中升学率	40.6	51.2	87.5	88.9	88.4	91.2
小学升学率	74.6	94.9	98.7	98.3	98.3	98.3
卫生						
每千人口医疗卫生机构床位数(张)						
城镇	—	—	5.9	6.2	6.9	7.4
农村	—	—	2.6	2.8	3.1	3.3
每千人口卫生技术人员(人)	3.5	3.6	4.4	4.6	4.9	5.3
居民家庭医疗保健支出比重(%)						
城镇	2.0	6.4	6.5	6.4	6.4	6.2
农村	3.3	5.2	7.4	8.4	8.7	10.0
社会保障						
社会保障						
参加城镇职工基本养老保险人数(万人)	6 166.0	13 617.4	25 707.3	28 391.0	30 426.8	32 218.4
职工人数	5 200.7	10 447.5	19 402.3	21 565.0	2 2981.1	24 177.3
离退休人数	965.3	3 169.9	6 305.0	6 826.0	7 445.7	8 041.0
参加城镇基本医疗保险职工和退休人数(万人)	—	3 786.9	23 734.7	25 227.0	26 485.6	27 443.1
参加失业保险人数(万人)	—	10 408.4	13 375.6	14 317.0	15 224.7	16 416.8
参加工伤保险人数(万人)	—	4 350.3	16 160.7	17 696.0	19 010.1	19 917.2
参加生育保险人数(万人)	—	3 001.6	12 335.9	13 892.0	15 428.7	16 392.0
社会保险基金收入(亿元)	186.8	2 644.5	19 276.1	25 153.3	30 738.8	35 252.9

68. 2013 年各省、自治区、直辖市城镇居民平均每人全年家庭收入来源

单位:元

地 区	可支配收入	总收入				
		合计	工资性收入	经营净收入	财产性收入	转移性收入
全 国	**26 955.10**	**29 547.05**	**18 929.79**	**2 797.11**	**809.88**	**7 010.26**
北 京	40 321.00	45 273.84	30 273.01	1 487.18	574.33	12 939.31
天 津	32 293.57	35 655.52	23 231.85	1 257.57	586.56	10 579.54
河 北	22 580.35	24 142.88	14 588.36	2 449.37	374.01	6 731.00
山 西	22 455.63	24 013.60	16 216.40	1 220.90	359.10	6 217.20
内蒙古	25 496.67	26 978.05	18 377.94	3 612.75	508.64	4 478.72
辽 宁	25 578.17	27 904.89	15 882.02	3 009.60	674.17	8 339.10
吉 林	22 274.60	23 544.19	14 388.26	2 482.01	355.22	6 318.70
黑龙江	19 596.96	21 149.20	12 525.77	2 237.60	264.18	6 121.64
上 海	43 851.36	48 879.33	33 235.39	2 317.02	787.74	12 539.18
江 苏	32 538.00	35 131.00	21 890.00	3 565.72	764.00	8 911.27
浙 江	37 851.00	41 241.00	24 453.00	5 123.00	1 486.00	10 179.00
安 徽	23 114.22	25 006.16	15 535.34	2 558.66	833.32	6 078.84
福 建	30 816.37	33 382.69	21 443.39	3 486.13	2 106.61	6 346.56
江 西	21 872.68	22 949.38	14 767.52	2 455.91	1 068.24	4 657.71
山 东	28 264.10	30 628.11	21 562.13	2 996.16	781.37	5 288.44
河 南	22 398.03	23 686.53	14 704.24	2 706.79	491.51	5 783.99
湖 北	22 906.42	25 180.49	15 571.83	2 340.01	535.76	6 732.89
湖 南	23 413.99	24 643.00	13 951.38	3 215.37	1 096.34	6 379.90
广 东	33 090.05	36 503.91	25 286.45	3 791.29	1 609.73	5 816.44
广 西	23 305.38	25 028.72	15 647.77	2 326.75	997.91	6 056.30
海 南	22 928.90	24 919.86	15 773.04	2 721.09	829.96	5 595.78
重 庆	25 216.13	26 850.32	16 654.66	2 329.35	675.24	7 191.07
四 川	22 367.63	23 893.89	14 976.04	2 286.66	784.02	5 847.17
贵 州	20 667.07	21 413.04	13 627.56	3 244.92	576.25	3 964.30
云 南	23 235.53	24 698.33	15 140.70	2 540.32	1 459.33	5 557.98
西 藏	20 023.35	22 560.67	19 604.00	713.10	423.87	1 819.70
陕 西	22 858.37	24 108.80	16 440.99	1 003.89	322.82	6 341.10
甘 肃	18 964.78	20 149.05	13 329.73	1 301.74	365.09	5 152.48
青 海	19 498.54	22 130.99	14 015.57	1 696.71	294.35	6 124.36
宁 夏	21 833.33	23 766.75	15 363.92	2 626.08	196.43	5 580.31
新 疆	19 873.77	22 387.85	15 585.27	1 803.48	152.66	4 846.44

数据来源:国家统计局。

69. 2013 年各省、自治区、直辖市按来源分农村居民人均纯收入

单位:元

地　区	纯收入	工资性收入	家庭经营纯收入	财产性收入	转移性收入
全　国	**8 895.9**	**4 025.4**	**3 793.2**	**293.0**	**784.3**
北　京	18 337.5	12 034.9	833.4	2 023.5	3 445.7
天　津	15 841.0	9 091.5	4 571.6	1 120.0	1 058.0
河　北	9 101.9	5 236.7	3 219.2	161.6	484.4
山　西	7 153.5	4 041.1	2 273.9	93.2	745.3
内蒙古	8 595.7	1 694.6	5 348.4	371.0	1181.7
辽　宁	10 522.7	4 209.4	5 160.2	283.2	870.0
吉　林	9 621.2	1 813.2	6 855.1	187.9	765.0
黑龙江	9 634.1	1 991.4	6 365.4	429.6	847.8
上　海	19 595.0	12 239.4	1 062.0	1 446.8	4 846.8
江　苏	13 597.8	7 608.5	4 258.4	572.1	1 158.7
浙　江	16 106.0	9 204.3	4 758.6	727.5	1 415.7
安　徽	8 097.9	3 733.5	3 681.4	113.6	569.3
福　建	11 184.2	5 193.9	4 890.5	359.9	739.8
江　西	8 781.5	4 422.1	3 683.8	191.0	484.6
山　东	10 619.9	5 127.2	4 525.2	283.9	683.8
河　南	8 475.3	3 581.6	4 285.4	160.3	448.1
湖　北	8 867.0	3 868.2	4 381.6	99.1	518.1
湖　南	8 372.1	4 595.6	2 962.0	147.7	666.9
广　东	11 669.3	7 072.4	2 596.4	1040.5	960.0
广　西	6 790.9	2 712.3	3 420.4	70.4	587.8
海　南	8 342.6	3 001.5	4 153.8	347.9	839.3
重　庆	8 332.0	4 089.2	3 136.5	234.7	871.7
四　川	7 895.3	3 542.8	3 321.2	202.3	829.1
贵　州	5 434.0	2 572.6	2 355.9	78.4	427.2
云　南	6 141.3	1 729.2	3 650.4	229.8	532.0
西　藏	6 578.2	1 475.3	4 157.0	88.9	857.1
陕　西	6 502.6	3 151.2	2 500.0	212.3	639.0
甘　肃	5 107.8	2 203.4	2 231.0	132.9	540.5
青　海	6 196.4	2 347.5	2 570.3	165.9	1 112.7
宁　夏	6 931.0	2 878.4	3 250.0	133.3	669.3
新　疆	7 296.5	1 311.8	4 654.5	230.1	1 100.0

数据来源:国家统计局。

70. 全国历年城乡居民家庭人均收入及恩格尔系数

年份	城镇居民家庭人均可支配收入		农村居民家庭人均纯收入		城镇居民家庭恩格尔系数(%)	农村居民家庭恩格尔系数(%)
	绝对数(元)	指数(1978=100)	绝对数(元)	指数(1978=100)		
1978	343.4	100.0	133.6	100.0	57.5	67.7
1979	405.0	115.7	160.2	119.2	—	64.0
1980	477.6	127.0	191.3	139.0	56.9	61.8
1981	500.4	129.9	223.4	160.4	56.7	59.9
1982	535.3	136.3	270.1	192.3	58.6	60.7
1983	564.6	141.5	309.8	219.6	59.2	59.4
1984	652.1	158.7	355.3	249.5	58.0	59.2
1985	739.1	160.4	397.6	268.9	53.3	57.8
1986	900.9	182.7	423.8	277.6	52.4	56.4
1987	1 002.1	186.8	462.6	292.0	53.5	55.8
1988	1 180.2	182.3	544.9	310.7	51.4	54.0
1989	1 373.9	182.5	601.5	305.7	54.5	54.8
1990	1 510.2	198.1	686.3	311.2	54.2	58.8
1991	1 700.6	212.4	708.6	317.4	53.8	57.6
1992	2 026.6	232.9	784.0	336.2	53.0	57.6
1993	2 577.4	255.1	921.6	346.9	50.3	58.1
1994	3 496.2	276.8	1 221.0	364.3	50.0	58.9
1995	4 283.0	290.3	1 577.7	383.6	50.1	58.6
1996	4 838.9	301.6	1 926.1	418.1	48.8	56.3
1997	5 160.3	311.9	2 090.1	437.3	46.6	55.1
1998	5 425.1	329.9	2 162.0	456.1	44.7	53.4
1999	5 854.0	360.6	2 210.3	473.5	42.1	52.6
2000	6 280.0	383.7	2 253.4	483.4	39.4	49.1
2001	6 859.6	416.3	2 366.4	503.7	38.2	47.7
2002	7 702.8	472.1	2 475.6	527.9	37.7	46.2
2003	8 472.2	514.6	2 622.2	550.6	37.1	45.6
2004	9 421.6	554.2	2 936.4	588.0	37.7	47.2
2005	10 493.0	607.4	3 254.9	624.5	36.7	45.5
2006	11 759.5	670.7	3 587.0	670.7	35.8	43.0
2007	13 785.8	752.5	4 140.4	734.4	36.3	43.1
2008	15 780.8	815.7	4 760.6	793.2	37.9	43.7
2009	17 174.7	895.4	5 153.2	860.6	36.5	41.0
2010	19 109.4	965.2	5 919.0	954.4	35.7	41.1
2011	21 809.8	1 046.3	6 977.3	1 063.2	36.3	40.4
2012	24 564.7	1 146.7	7 916.6	1 176.9	36.2	39.3
2013	26 955.1	1 227.0	8 895.9	1 286.4	35.0	37.7

数据来源:国家统计局。

71. 2013 年各省、自治区、直辖市城镇居民家庭平均每人全年现金消费支出

单位:元

地区	现金消费支出合计	食品	衣着	居住	家庭设备及用品	交通通信	文教娱乐	医疗保健	其他
全国	**18 022.64**	**6 311.92**	**1 902.02**	**1 745.15**	**1 215.07**	**2 736.88**	**2 293.99**	**1 118.26**	**699.36**
北京	26 274.89	8 170.22	2 794.87	2 125.99	1 974.25	4 106.04	3 984.86	1 717.58	1 401.08
天津	21 711.86	7 943.06	1 950.68	2 088.62	1 205.62	3 468.86	2 353.43	1 694.29	1 007.31
河北	13 640.58	4 404.93	1 488.11	1 526.28	977.46	2 149.57	1 550.63	1 117.30	426.29
山西	13 166.19	3 676.65	1 627.53	1 612.36	870.91	1 775.85	2 065.44	1 020.61	516.84
内蒙古	19 249.06	6 117.93	2 777.25	1 951.05	1 233.39	2 719.92	2 111.00	1 394.80	943.72
辽宁	18 029.65	5 803.90	2 100.71	1 936.10	1 145.57	2 589.18	2 258.46	1 343.05	852.69
吉林	15 932.31	4 658.13	1 961.20	1 932.24	908.43	2 217.87	1 935.04	1 692.11	627.30
黑龙江	14 161.71	5 069.89	1 803.45	1 543.29	796.38	1 661.35	1 396.38	1 334.80	556.16
上海	28 155.00	9 822.88	2 032.28	2 847.88	1 705.47	4 736.36	4 122.07	1 350.28	1537.78
江苏	20 371.48	7 074.11	2 013.00	1 564.30	1 378.85	3 135.00	3 290.00	1 122.00	794.00
浙江	23 257.19	8 008.16	2 235.21	2 004.69	1 400.57	4 568.32	2 848.75	1 244.37	947.13
安徽	16 285.17	6 370.23	1 687.49	1 663.55	898.55	2 411.16	1 904.15	869.89	480.16
福建	20 092.72	7 424.67	1 685.07	2 013.53	1 416.94	3 219.46	2 448.36	935.50	949.19
江西	13 850.51	5 221.10	1 566.49	1 414.89	1 004.15	1 812.78	1 671.24	672.50	471.58
山东	17 112.24	5 625.94	2 277.03	1 780.07	1 269.65	2 474.83	1 909.84	1 109.37	665.52
河南	14 821.98	4 913.87	1 916.99	1 315.28	1 281.06	1 768.28	1 911.16	1 054.54	660.81
湖北	15 749.50	6 259.22	1 881.85	1 456.30	1 059.22	1 745.05	1 922.83	1 033.46	391.57
湖南	15 887.11	5 583.99	1 520.35	1 529.50	1 146.65	2 409.83	2 080.46	1 078.82	537.51
广东	24 133.26	8 856.91	1 614.87	2 339.12	1 539.09	4 544.21	3 222.40	1 122.71	893.95
广西	15 417.62	5 841.16	1 015.88	1 662.50	1 086.46	2 564.92	2 083.99	776.26	386.46
海南	15 593.04	6 979.22	932.63	1 578.65	1 030.79	2 005.73	1 923.48	734.28	408.26
重庆	17 813.86	7 245.12	2 333.81	1 376.15	1 325.91	1 976.19	1 722.66	1 245.33	588.70
四川	16 343.45	6 471.84	1 727.92	1 321.54	1 196.65	2 185.94	1 877.55	1 019.04	542.99
贵州	13 702.87	4 915.02	1 401.85	1 496.49	1 083.77	1 870.08	1 950.28	633.72	351.66
云南	15 156.15	5 741.01	1 356.91	1 384.91	987.24	2 197.73	2 045.29	1 085.46	357.61
西藏	12 231.86	5 889.48	1 528.14	963.99	541.46	500.60	1 551.34	617.97	638.89
陕西	16 679.69	6 075.58	1 915.33	1 465.81	1 060.49	2 019.08	2 208.06	1 310.19	626.16
甘肃	14 020.72	5 162.87	1 747.32	1 596.00	939.48	1 503.61	1 547.65	1 117.42	406.37
青海	13 539.50	4 777.10	1 675.06	1 684.78	890.08	1 742.96	1 471.98	813.13	484.41
宁夏	15 321.10	4 895.20	1 737.21	1 497.98	1 001.82	2 503.65	1 868.42	1 158.83	657.99
新疆	15 206.16	5 323.50	2 036.94	1 275.35	977.80	2 210.25	1 597.99	1 179.77	604.55

数据来源:国家统计局。

72. 2013年各省、自治区、直辖市农村居民家庭平均每人消费支出

单位:元

地区	消费支出合计	食品	衣着	居住	家庭设备及用品	交通通信	文教娱乐	医疗保健	其他
全国	**6 625.5**	**2 495.5**	**438.3**	**1 233.6**	**387.1**	**796.0**	**485.9**	**614.2**	**174.9**
北京	13 553.2	4 695.9	1 172.9	2 387.0	898.2	1 452.2	1 330.9	1 167.1	449.1
天津	10 155.0	3 539.7	927.6	1 403.4	599.1	1816.2	750.4	732.6	386.0
河北	6 134.1	1 963.3	458.0	1 266.8	382.6	792.3	399.0	696.0	176.1
山西	5 812.7	1 920.7	471.8	1 206.0	288.2	699.1	502.5	559.0	165.4
内蒙古	7 268.3	2 583.5	564.7	1 111.6	302.3	1 106.5	555.2	831.2	213.3
辽宁	7 159.0	2 518.9	584.2	1 279.3	299.4	850.3	632.9	789.5	204.4
吉林	7 379.7	2 438.5	535.2	1 288.4	273.1	961.2	691.4	968.6	223.4
黑龙江	6 813.6	2 397.7	551.1	1 120.9	288.7	809.3	601.4	839.2	205.2
上海	14 234.7	5 334.6	770.7	22 60.4	693.7	1 718.7	963.7	1 990.9	501.9
江苏	9 909.8	3 283.2	685.1	1 788.7	556.4	1 420.8	1 022.3	809.9	343.4
浙江	11 760.2	4 190.9	848.1	1 933.8	564.9	1 891.1	1 048.0	943.9	339.5
安徽	5 724.5	2 269.7	335.2	1 138.9	390.4	540.9	376.7	551.7	121.0
福建	8 151.2	3 600.8	483.6	1 418.4	483.4	806.3	592.8	481.7	284.3
江西	5 653.6	2 389.1	308.6	1 163.1	323.9	587.6	356.4	401.3	123.8
山东	7 392.7	2 553.7	493.4	1 409.6	438.1	1 040.5	571.7	738.8	146.8
河南	5 627.7	1 938.5	481.8	1 043.9	416.0	616.0	408.1	603.7	119.7
湖北	6 279.5	2 308.5	347.7	1 415.7	425.0	605.9	407.4	624.4	144.9
湖南	6 609.5	2 537.0	342.3	1 438.3	420.3	640.0	426.3	638.3	167.1
广东	8 343.5	3 736.6	309.2	1 337.9	474.1	1 041.0	685.3	502.0	257.5
广西	5 205.6	2 084.7	170.9	1 360.5	281.1	516.3	276.2	413.4	102.5
海南	5 465.6	2 625.0	181.0	937.7	291.5	589.2	354.5	362.2	124.4
重庆	5 796.4	2 539.0	411.0	674.4	474.3	581.8	443.3	535.9	136.7
四川	6 308.5	2 665.0	467.3	986.8	446.6	665.0	385.8	557.4	134.5
贵州	4 740.2	2 036.2	254.2	980.8	272.4	489.7	301.4	302.3	103.2
云南	4 743.6	2 097.6	211.4	906.3	258.8	589.9	241.1	352.9	85.5
西藏	3 574.0	1 938.9	370.6	189.7	273.1	522.8	63.6	71.5	143.9
陕西	5 724.2	1 821.3	385.1	1 206.2	344.1	581.0	463.8	776.4	146.5
甘肃	4 849.6	1 798.5	352.7	794.0	302.6	598.4	366.5	513.3	123.5
青海	6 060.2	1 872.0	449.3	1 449.1	314.9	910.9	270.1	676.7	117.1
宁夏	6 489.7	2 021.8	453.3	1 409.6	382.8	827.0	439.7	702.0	253.4
新疆	6 119.1	2 072.0	484.7	1 623.8	256.4	693.9	286.9	593.4	108.0

数据来源:国家统计局。

73. 全国历年城乡居民家庭人均收入和消费支出

单位:元,%

年　份	城镇居民可支配收入	城镇居民家庭		农民纯收入	农村居民家庭	
		人均生活消费支出	恩格尔系数		人均生活消费支出	恩格尔系数
1978	343	311	57.5	134	116	67.7
1979	—	—	—	161	135	64.0
1980	478	412	56.9	191	162	61.8
1981	458	457	56.7	223	191	59.8
1982	495	471	58.6	270	220	60.6
1983	526	506	59.2	310	248	59.4
1984	608	559	58.0	355	274	59.3
1985	739	673	52.2	398	317	57.8
1986	900	799	52.4	424	357	56.5
1987	1 002	884	53.5	463	398	55.8
1988	1 181	1 104	51.4	545	477	54.0
1989	1 376	1 211	54.5	602	535	54.8
1990	1 510	1 279	54.2	686	585	58.8
1991	1 701	1 454	53.8	709	620	57.6
1992	2 027	1 672	53.0	784	659	57.6
1993	2 577	2 111	50.3	922	770	58.1
1994	3 496	2 851	50.0	1 221	1 017	58.9
1995	4 283	3 538	51.0	1 578	1 310	58.6
1996	4 839	3 919	48.8	1 926	1 572	56.3
1997	5 160	4 186	46.6	2 090	1 617	55.1
1998	5 425	4 332	44.7	2 162	1 590	53.4
1999	5 854	4 616	42.1	2 210	1 577	52.6
2000	6 280	4 998	39.4	2 253	1 670	49.1
2001	6 860	5 309	38.2	2 366	1 741	47.7
2002	7 703	6 030	37.7	2 476	1 834	46.2
2003	8 472	6 511	37.1	2 622	1 943	45.6
2004	9 422	7 182	37.7	2 936	2 185	47.2
2005	10 493	7 943	36.7	3 255	2 555	45.5
2006	11 759	8 697	35.8	3 587	2 829	43.0
2007	13 786	9 997	36.3	4 140	3 224	43.1
2008	15 781	11 243	37.9	4 761	3 661	43.7
2009	17 175	11 265	36.5	5 153	3 993	41.0
2010	19 109	13 471	35.7	5 919	4 382	41.1
2011	21 810	15 161	36.3	6 977	5 221	40.4
2012	24 565	16 674	36.2	7 917	5 908	39.3
2013	26 955	18 022	35.0	8 896	6 626	37.7

数据来源:国家统计局。

74. 2013年各省、自治区、直辖市居民消费水平

单位:元

地 区	绝对数			城乡消费水平对比(农村居民=1)	指数(上年=100)		
	全体居民				全体居民		
	合计	农村居民	城镇居民		合计	农村居民	城镇居民
北 京	33 337	17 663	35 836	2.0	106.6	118.5	105.7
天 津	26 261	14 954	28 779	1.9	106.7	113.2	105.6
河 北	11 557	6 460	17 198	2.7	110.8	115.7	107.0
山 西	12 078	7 476	16 341	2.2	110.5	113.5	107.5
内蒙古	17 168	8 218	23 590	2.9	109.9	113.7	107.7
辽 宁	20 156	10 417	25 161	2.4	109.5	117.6	106.7
吉 林	13 676	7 773	18 714	2.4	112.6	116.9	110.6
黑龙江	12 978	7 478	17 102	2.3	109.7	111.8	108.5
上 海	39 223	20 221	41 464	2.1	107.3	110.3	107.0
江 苏	23 585	14 571	28 753	2.0	116.6	119.6	114.7
浙 江	24 771	15 458	30 101	1.9	107.4	110.6	105.8
安 徽	11 618	6 114	17 779	2.9	103.8	100.5	102.1
福 建	17 115	10 147	21 725	2.1	107.1	108.1	105.4
江 西	11 910	7 429	16 728	2.3	110.0	113.7	106.3
山 东	16 728	9 224	23 358	2.5	110.1	112.0	107.7
河 南	11 782	6 438	18 833	2.9	109.6	110.2	106.7
湖 北	13 912	7 755	19 156	2.5	110.6	112.7	108.2
湖 南	12 920	7 005	19 508	2.8	108.1	109.0	105.6
广 东	23 739	9 914	30 440	3.1	106.4	108.0	105.5
广 西	11 710	5 795	19 185	3.3	109.1	105.4	107.9
海 南	11 712	7 072	15 877	2.2	108.2	115.1	103.7
重 庆	15 270	6 538	21 681	3.3	112.2	114.9	109.4
四 川	12 485	8 074	17 899	2.2	108.7	111.4	105.4
贵 州	9 541	5 383	16 581	3.1	112.7	118.7	106.7
云 南	11 224	6 003	19 089	3.2	111.7	105.2	111.8
西 藏	6 275	3 874	14 001	3.6	116.7	122.4	108.7
陕 西	13 206	6 620	19 620	3.0	110.4	113.1	106.6
甘 肃	9 616	5 245	16 327	3.1	111.7	108.1	113.3
青 海	12 070	6 954	17 617	2.5	111.8	109.7	111.1
宁 夏	13 537	7 062	19 671	2.8	108.8	116.1	105.0
新 疆	11 401	5 942	18 285	3.1	103.7	102.1	106.1

注:本表绝对数按当年价格计算,指数按不变价格计算。

数据来源:国家统计局。

75. 全国历年居民消费水平

单位：元

年份	绝对数 全体居民	绝对数 农村居民	绝对数 城镇居民	城乡消费水平对比（农村居民=1）	指数（上年=100）全体居民	指数（上年=100）农村居民	指数（上年=100）城镇居民	指数（1978年=100）全体居民	指数（1978年=100）农村居民	指数（1978年=100）城镇居民
1978	184	138	405	2.9	104.1	104.3	103.3	100.0	100.0	100.0
1980	238	178	489	2.7	109.0	108.4	107.2	116.5	115.4	110.2
1985	446	349	765	2.2	113.5	113.3	111.1	185.2	195.7	141.3
1990	833	560	1 596	2.9	103.7	99.2	108.5	229.2	215.4	190.9
1995	2 355	1 313	4 931	3.8	107.8	106.8	107.2	345.1	282.9	303.2
2000	3 632	1 860	6 850	3.7	108.6	104.5	107.8	491.0	371.3	391.1
2001	3 887	1 969	7 161	3.6	106.1	104.5	103.9	521.2	388.0	406.3
2002	4 144	2 062	7 486	3.6	107.0	105.2	104.9	557.6	408.1	426.2
2003	4 475	2 103	8 060	3.8	107.1	100.3	107.0	596.9	409.5	456.1
2004	5 032	2 319	8 912	3.8	108.1	104.2	106.9	645.3	426.7	487.7
2005	5 596	2 657	9 593	3.6	108.2	110.8	105.0	698.2	472.8	511.8
2006	6 299	2 950	10 618	3.6	109.8	108.2	108.0	766.4	511.6	552.7
2007	7 310	3 347	12 130	3.6	110.9	106.9	109.7	849.9	546.8	606.2
2008	8 430	3 901	13 653	3.5	109.0	108.5	106.9	926.4	593.5	647.9
2009	9 283	4 163	14 904	3.6	110.3	107.7	109.1	1 022.0	639.3	706.5
2010	10 522	4 700	16 546	3.5	108.2	108.0	105.9	1 106.1	690.3	748.3
2011	12 570	5 870	19 108	3.3	110.3	112.6	107.3	1 219.8	777.4	803.3
2012	14 110	6 632	21 035	3.2	109.4	109.3	107.5	1 334.5	849.6	863.6
2013	15 632	7 409	22 880	3.1	108.0	108.7	106.1	1 440.9	923.1	915.8

注：1. 城乡消费水平对比没有剔除城乡价格不可比的因素。

2. 居民消费水平指按常住人口平均计算的居民消费支出。

数据来源：国家统计局。

76. 2013 年各省、自治区、直辖市城镇单位就业人员工资总额和指数

单位:亿元

地　区	工资总额				指数(上年=100)			
	合　计	国有单位	城镇集体单　位	其　他单　位	合　计	国　有单　位	城镇集体单　位	其　他单　位
合　计	**93 064.3**	**33 359.6**	**2 195.8**	**57 508.9**	**131.2**	**101.2**	**110.3**	**159.9**
北　京	6 869.8	1 771.4	74.5	5 023.9	114.3	109.0	97.7	116.5
天　津	2 053.8	593.7	31.6	1 428.4	115.5	97.9	92.5	125.6
河　北	2 724.1	1 181.1	60.6	1 482.5	113.6	91.2	98.8	142.3
山　西	2 161.1	883.1	77.7	1 200.3	112.4	90.8	96.0	138.2
内蒙古	1 599.1	919.9	37.1	642.1	122.6	105.6	95.9	162.6
辽　宁	3 229.7	1 336.6	123.5	1 769.5	126.6	99.2	119.8	160.8
吉　林	1 476.6	790.1	25.3	661.3	133.4	118.2	92.4	160.8
黑龙江	1 947.9	1 155.5	59.8	732.6	112.4	94.2	120.0	160.7
上　海	5 676.6	1 079.4	67.6	4 529.6	128.9	84.6	105.4	147.8
江　苏	8 396.4	1 966.7	193.7	6 236.0	199.6	109.2	153.3	273.7
浙　江	5 985.1	1 715.0	117.0	4 153.1	112.6	104.7	97.8	116.8
安　徽	2 464.5	954.9	61.4	1 448.3	128.0	94.7	105.8	168.4
福　建	3 135.3	898.4	56.4	2 180.6	112.3	101.2	92.3	118.3
江　西	1 878.0	853.7	52.6	971.7	140.7	104.5	103.7	208.0
山　东	6 098.8	2 184.4	247.7	3 666.6	131.8	102.8	114.5	160.3
河　南	4 048.7	1 556.0	149.0	2 343.7	126.1	97.4	108.5	158.9
湖　北	3 012.4	1 195.2	49.6	1 767.6	127.7	95.9	78.3	168.4
湖　南	2 538.1	1 184.2	76.0	1 277.9	116.0	104.5	95.4	131.2
广　东	10 467.4	2 473.1	205.4	7 789.0	159.5	97.2	119.6	202.6
广　西	1 634.2	886.5	45.2	702.5	127.6	110.8	100.3	161.3
海　南	437.7	208.3	11.0	218.4	123.7	95.5	99.8	175.3
重　庆	1 960.3	666.7	31.1	1 262.5	127.8	103.9	106.7	146.4
四　川	4 003.5	1 917.5	118.0	1 968.0	148.3	112.4	106.6	222.9
贵　州	1 387.1	809.3	28.8	549.0	126.9	107.1	112.4	175.9
云　南	1 786.7	864.7	58.1	863.8	122.9	102.9	129.5	151.9
西　藏	177.7	157.6	1.4	18.7	138.3	126.4	125.6	693.9
陕　西	2 409.4	1 164.1	71.3	1 174.0	133.4	92.2	145.0	237.5
甘　肃	1 109.0	673.4	37.3	398.3	136.8	108.5	141.3	243.3
青　海	330.5	190.9	4.3	135.2	114.8	86.5	95.6	215.7
宁　夏	389.9	199.7	5.2	185.0	111.5	97.0	110.6	132.9
新　疆	1 674.7	928.7	17.3	728.8	120.6	107.4	97.3	144.1

数据来源:国家统计局。

77. 1995—2013 年全国城镇单位就业人员工资总额和指数

单位:亿元

地区	工资总额				指数(上年=100)			
	合计	国有单位	城镇集体单位	其他单位	合计	国有单位	城镇集体单位	其他单位
1995	8 055.8	6 172.6	1 210.6	672.6	119.0	117.4	115.6	142.2
1996	8 964.4	6 893.3	1 269.4	801.7	111.3	111.7	104.9	119.2
1997	9 602.4	7 323.9	1 283.9	994.5	107.1	106.2	101.1	124.0
1998	9 540.2	6 934.6	1 054.9	1 550.7	99.4	94.7	82.2	155.9
1999	10 155.9	7 289.9	995.8	1 870.1	106.5	105.1	94.4	120.6
2000	10 954.7	7 744.9	950.7	2 259.1	107.9	106.2	95.5	120.8
2001	12 205.4	8 515.2	898.5	2 791.7	111.4	109.9	94.5	123.6
2002	13 638.1	9 138.0	863.9	3 636.2	111.7	107.3	96.1	130.3
2003	15 329.6	9 911.9	867.1	4 550.6	112.4	108.5	100.4	125.1
2004	17 615.0	11 038.2	876.2	5 700.6	114.9	111.4	101.0	125.3
2005	20 627.1	12 291.7	906.4	7 429.0	117.1	111.4	103.4	130.3
2006	24 262.3	13 920.6	983.8	9 357.9	117.6	113.3	108.5	126.0
2007	29 471.5	16 689.1	1 108.1	11 674.3	121.5	119.9	112.6	124.8
2008	35 289.5	19 487.9	1 203.2	14 598.4	119.7	116.8	108.6	125.0
2009	40 288.2	21 862.7	1 273.3	17 152.1	114.2	112.2	105.8	117.5
2010	47 269.9	24 886.4	1 433.7	20 949.7	117.3	113.8	112.6	122.1
2011	59 954.7	28 954.8	1 737.4	29 262.4	126.8	116.3	121.2	139.7
2012	70 914.2	32 950.0	1 990.4	35 973.8	118.3	113.8	114.6	122.9
2013	93 064.3	33 359.6	2 195.8	57 508.9	131.2	101.2	110.3	159.9

注:1995—2008 年的城镇单位就业人员工资总额即为原来的城镇单位就业人员劳动报酬总额。

数据来源:国家统计局。

78. 2013 年各省、自治区、直辖市城镇单位就业人员平均工资和指数

地区	平均工资				
	合计	在岗职工	国有单位	城镇集体单位	其他单位
合　计	**51 483**	**52 388**	**52 657**	**38 905**	**51 453**
北　京	93 006	93 997	94 173	42 502	94 256
天　津	67 773	68 864	75 881	41 094	65 797
河　北	41 501	42 532	39 648	33 057	43 578
山　西	46 407	47 417	42 175	36 409	51 086
内蒙古	50 723	51 388	53 977	50 932	46 680
辽　宁	45 505	46 310	45 936	31 789	46 578
吉　林	42 846	43 821	45 618	34 570	40 289
黑龙江	40 794	42 744	39 072	35 819	44 381
上　海	90 908	91 477	95 573	55 098	90 733
江　苏	57177	57 984	67 826	50 560	54 691
浙　江	56 571	57 310	81 157	52 070	50 390
安　徽	47 806	48 929	48 683	37 926	47 765
福　建	48 538	49 328	58 199	41 293	45 625
江　西	42 473	43 582	45 315	36 004	40 629
山　东	46 998	47 652	52 811	41 416	44 486
河　南	38 301	38 804	42 270	33 135	36 393
湖　北	43 899	44 613	44 746	33 216	43 734
湖　南	42 726	43 893	44 153	32 975	42 205
广　东	53 318	53 611	62 652	35 650	51 553
广　西	41 391	42 637	42 552	32 197	40 738
海　南	44 971	45 573	47 159	36 418	43 559
重　庆	50 006	51 015	55 870	34 492	47 882
四　川	47 965	49 019	53 896	39 112	43 859
贵　州	47 364	49 087	49 734	47 941	44 229
云　南	42 447	44 188	46 849	43 702	38 729
西　藏	57 773	64 409	59 904	24 865	48 183
陕　西	47 446	48 853	48 381	38 455	47 212
甘　肃	42 833	44 109	45 636	32 822	39 834
青　海	51 393	52 105	55 410	34 255	47 311
宁　夏	50 476	52 185	49 914	48 650	51 151
新　疆	49 064	49 843	45 834	56 809	53 712

数据来源:国家统计局。

单位:元

平均货币工资指数(上年=100)					平均实际工资指数(上年=100)				
合计	在岗职工	国有单位	城镇集体单位	其他单位	合计	在岗职工	国有单位	城镇集体单位	其他单位
110.1	**110.1**	**108.9**	**115.2**	**111.0**	**107.3**	**107.3**	**106.1**	**112.2**	**108.2**
109.8	110.2	107.9	110.2	110.1	107.0	107.4	105.2	107.4	107.3
110.2	110.7	111.2	101.5	110.9	107.4	107.9	108.4	98.9	108.1
107.4	107.6	101.2	115.6	112.3	104.7	104.9	98.6	112.7	109.5
104.9	105.5	103.2	111.1	101.1	102.2	102.8	100.6	108.3	98.5
108.9	109.2	109.5	112.3	112.2	106.1	106.4	106.7	109.5	109.4
108.7	109.0	106.4	112.8	110.4	105.9	106.2	103.7	109.9	107.6
111.6	112.1	116.0	117.2	106.8	108.8	109.3	113.1	114.2	104.1
112.1	110.7	106.1	124.5	122.0	109.3	107.9	103.4	121.3	118.9
115.6	114.1	106.5	104.4	120.1	112.7	111.2	103.8	101.8	117.1
112.9	113.1	110.8	119.3	121.6	110.0	110.2	108.0	116.3	118.5
112.7	112.8	110.4	111.3	114.8	109.8	109.9	107.6	108.5	111.9
107.2	106.2	108.6	109.2	105.7	104.5	103.5	105.8	106.4	103.0
109.0	109.7	107.4	107.0	110.8	106.2	106.9	104.7	104.3	108.0
110.3	109.9	114.9	122.3	106.2	107.5	107.1	112.0	119.2	103.5
112.2	111.9	110.3	121.8	116.2	109.4	109.1	107.5	118.7	113.3
102.6	102.2	107.4	119.7	99.7	100.0	99.6	104.7	116.7	97.2
110.2	109.1	106.6	101.6	114.9	107.4	106.3	103.9	99.0	112.0
109.6	109.7	109.3	111.2	110.0	106.8	106.9	106.5	108.4	107.2
106.0	106.0	105.4	115.2	110.1	103.3	103.3	102.7	112.3	107.3
113.8	113.4	112.9	111.7	116.1	110.9	110.5	110.0	108.9	113.2
113.9	113.8	117.2	114.8	111.5	111.0	110.9	114.2	111.9	108.7
112.4	112.4	110.6	114.6	115.4	109.6	109.6	107.8	111.7	112.5
113.3	113.7	112.9	117.1	122.7	110.4	110.8	110.0	114.1	119.6
115.1	114.9	113.8	123.3	122.1	112.2	112.0	110.9	120.2	119.0
112.8	113.6	107.9	117.4	123.1	109.9	110.7	105.2	114.4	120.0
111.7	110.4	114.7	95.8	96.9	108.9	107.6	111.8	93.4	94.4
110.2	110.2	106.3	118.7	121.1	107.4	107.4	103.6	115.7	118.0
113.7	114.7	118.8	100.7	110.4	110.8	111.8	115.8	98.1	107.6
110.6	111.3	109.2	116.7	127.5	107.8	108.5	106.4	113.7	124.3
106.4	106.6	106.5	109.7	105.7	103.7	103.9	103.8	106.9	103.0
110.1	110.2	107.9	122.3	110.5	107.3	107.4	105.2	119.2	107.7

79. 1995—2013 年全国城镇单位就业人员平均工资和指数

年份	平均工资				
	合计	在岗职工	国有单位	城镇集体单位	其他单位
1995	5 348	5 500	5 553	3 934	7 728
1996	5 980	6 210	6 207	4 312	8 521
1997	6 444	6 470	6 679	4 516	9 092
1998	7 446	7 479	7 579	5 314	9 241
1999	8 319	8 346	8 443	5 758	10 142
2000	9 333	9 371	9 441	6 241	11 238
2001	10 834	10 870	11 045	6 851	12 437
2002	12 373	12 422	12 701	7 636	13 486
2003	13 969	14 040	14 358	8 627	14 843
2004	15 920	16 024	16 445	9 723	16 519
2005	18 200	18 364	18 978	11 176	18 362
2006	20 856	21 001	21 706	12 866	21 004
2007	24 721	24 932	26 100	15 444	24 271
2008	28 898	29 229	30 287	18 103	28 552
2009	32 244	32 736	34 130	20 607	31 350
2010	36 539	37 147	38 359	24 010	35 801
2011	41 799	42 452	43 483	28 791	41 323
2012	46 769	47 593	48 357	33 784	46 360
2013	51 483	52 388	52 657	38 905	51 453

数据来源:国家统计局。

单位:元

平均货币工资指数(上年 =100)					平均实际工资指数(上年 =100)				
合计	在岗职工	国有单位	城镇集体单位	其他单位	合计	在岗职工	国有单位	城镇集体单位	其他单位
118.9	121.2	117.3	121.1	119.9	101.8	103.8	100.4	103.7	102.6
111.8	112.9	111.8	109.6	110.3	102.8	103.8	102.7	100.7	101.3
107.8	104.2	107.6	104.7	106.7	104.5	101.1	104.4	101.6	103.5
115.5	106.6	113.5	117.7	101.6	116.2	107.2	114.2	118.4	102.3
111.7	111.6	111.4	108.4	109.8	113.2	113.1	112.9	109.8	111.2
112.2	112.3	111.8	108.4	110.8	111.3	111.4	110.9	107.5	109.9
116.1	116.0	117.0	109.8	110.7	115.3	115.2	116.2	109.0	109.9
114.2	114.3	115.0	111.5	108.4	115.4	115.5	116.2	112.6	109.5
112.9	113.0	113.0	113.0	110.1	111.9	112.0	112.0	112.0	109.1
114.0	114.1	114.5	112.7	111.3	110.3	110.5	110.9	109.1	107.7
114.3	114.6	115.4	114.9	111.2	112.5	112.8	113.6	113.1	109.4
114.6	114.4	114.4	115.1	114.4	112.9	112.7	112.7	113.4	112.7
118.5	118.7	120.2	120.0	115.6	113.4	113.6	115.0	114.8	110.6
116.9	117.2	116.0	117.2	117.6	110.7	111.0	109.8	111.0	111.4
111.6	112.0	112.7	113.8	109.8	112.6	113.0	113.7	114.8	110.8
113.3	113.5	112.4	116.5	114.2	109.8	110.0	108.9	112.9	110.7
114.4	114.3	113.4	119.9	115.4	108.6	108.5	107.7	113.9	109.6
111.9	112.1	111.2	117.3	112.2	109.0	109.2	108.3	114.2	109.3
110.1	110.1	108.9	115.2	111.0	107.3	107.3	106.1	112.2	108.2

80. 2013 年各省、自治区、直辖市医疗卫生机构数

单位:个

地　区	合计	医院	社区服务中心(站)	乡镇卫生院	村卫生室	门诊部(所)	疾病预防控制中心	专科疾病防治机构	妇幼保健机构	卫生监督机构	其他机构
总　计	**974 398**	**24 709**	**33 965**	**37 015**	**648 619**	**195 176**	**3 516**	**1 271**	**3 144**	**2 967**	**3 166**
东　部	350 906	9 500	20 178	9 353	221 522	79 995	1 064	550	1 034	889	1 567
中　部	314 415	7 309	7 665	11 472	225 018	50 851	1 109	517	986	929	965
西　部	309 077	7 900	6 122	16 190	202 079	64 330	1 343	204	1 124	1 149	634
北　京	9 683	596	1871	—	2 888	4 098	32	27	19	18	112
天　津	4 689	333	563	148	2 247	1 250	24	17	23	20	51
河　北	78 485	1 268	1 115	1 960	62 311	9 792	194	9	265	191	350
山　西	40 281	1 219	814	1 201	28 241	7 809	134	8	132	131	71
内蒙古	23 257	566	1 148	1 329	14 028	5 476	119	53	116	110	78
辽　宁	35 612	905	1 136	1 014	20 006	11 351	128	87	110	86	151
吉　林	19 913	576	361	775	11 527	6 305	94	51	68	36	76
黑龙江	21 369	993	774	996	11 778	5 331	174	113	148	131	60
上　海	4 929	328	1 009	—	1 342	2 088	20	19	21	18	46
江　苏	30 998	1 490	2 747	1 064	15 575	9 427	124	45	109	113	227
浙　江	30 063	843	6 263	1 141	12 504	8 741	100	25	87	106	169
安　徽	24 645	938	1 942	1 387	15 310	3 232	120	50	121	113	87
福　建	28 175	541	533	880	19 408	5 330	96	25	88	86	77
江　西	38 902	548	607	1 591	31 337	3 885	147	111	112	109	106
山　东	75 426	1 783	2 308	1 643	53 773	14 384	182	133	160	103	197
河　南	71 464	1 402	1 281	2 068	56 955	6 976	180	22	165	176	309
湖　北	35 631	711	1 231	1 152	24 941	6 682	113	75	101	102	99
湖　南	62 210	922	655	2 302	44 929	10 631	147	87	139	131	157
广　东	47 835	1 222	2 489	1 204	28 767	11 989	136	140	128	124	178
广　西	33 943	476	261	1 279	21 852	8 725	109	40	104	110	62
海　南	5 011	191	144	299	2 701	1 545	28	23	24	24	9
重　庆	18 926	531	493	960	11 009	5 552	42	16	40	39	20
四　川	80 037	1 716	907	4 594	55 165	14 494	207	35	202	204	191
贵　州	29 177	991	566	1 430	21 219	3 434	101	10	98	100	31
云　南	24 264	997	457	1 379	13 341	6 736	150	31	147	142	60
西　藏	6 725	106	9	677	5 313	480	82	0	54	1	2
陕　西	37 137	937	583	1 603	26 018	5 904	120	6	118	118	120
甘　肃	26 697	419	615	1 382	16 752	6 762	103	7	106	87	46
青　海	6 020	145	177	405	4 354	765	56	1	24	55	4
宁　夏	4 231	156	112	228	2 461	1 097	25	0	23	24	12
新　疆	18 663	860	794	924	10 567	4 905	229	5	92	159	8

数据来源:国家卫生计生委统计信息中心。

81. 2013 年各省、自治区、直辖市医疗卫生机构床位数

单位：张

地　区	床位总数	医院		每千人口医疗卫生机构床位
		合计	其中：综合医院	
总　计	**6 181 891**	**4 578 601**	**3 255 153**	**4.55**
东　部	2 476 121	1 917 233	1 336 145	4.41
中　部	1 937 375	1 394 080	997 078	4.54
西　部	1 768 395	1 267 288	921 930	4.83
北　京	104 011	96 558	58 592	4.92
天　津	57 743	49 071	27 962	3.92
河　北	303 497	220 423	165 288	4.14
山　西	172 620	128 294	88 819	4.76
内蒙古	120 065	91 604	66 056	4.81
辽　宁	241 860	197 453	136 833	5.51
吉　林	133 245	106 342	74 739	4.84
黑龙江	189 183	151 349	110 755	4.93
上　海	114 314	94 722	56 935	4.73
江　苏	368 287	286 183	189 971	4.64
浙　江	230 056	197 096	133 031	4.18
安　徽	235 959	171 508	125 039	3.91
福　建	156 149	114 849	82 059	4.14
江　西	174 299	114 782	81 126	3.85
山　东	489 737	342 104	247 855	5.03
河　南	429 810	306 546	223 791	4.57
湖　北	288 169	200 220	148 478	4.97
湖　南	314 090	215 039	144 331	4.69
广　东	378 367	294 219	218 272	3.55
广　西	187 216	118 475	83 413	3.97
海　南	32 100	24 555	19 347	3.59
重　庆	147 436	99 056	67 849	4.96
四　川	426 635	289 242	198 894	5.26
贵　州	166 724	120 418	92 362	4.76
云　南	210 125	156 074	115 475	4.48
西　藏	11 003	7 262	6 004	3.53
陕　西	185 139	142 093	108 337	4.92
甘　肃	116 064	84 511	62 070	4.49
青　海	29 529	23 580	17 069	5.11
宁　夏	31 134	27 076	21 265	4.76
新　疆	137 325	107 897	83 136	6.06

数据来源：国家卫生计生委统计信息中心。

82. 2013 年各省、自治区、直辖市卫生人员数

单位：人

地　区	卫生人员总数	卫生技术人员数			每千人口		
		合计	执业(助理)医师	注册护士	卫生技术人员	执业(助理)医师	注册护士
总　计	**9 790 483**	**7 210 578**	**2 794 754**	**2 783 121**	**5.27**	**2.04**	**2.04**
东　部	4 223 282	3 207 385	1 259 952	1 261 859	6.31	2.48	2.48
中　部	2 956 498	2 101 505	824 551	813 252	4.56	1.79	1.76
西　部	2 600 703	1 891 688	7 10 251	708 010	4.76	1.79	1.78
北　京	263 146	203 741	77 114	83 879	15.46	5.85	6.36
天　津	106 527	81 083	32 059	29 715	8.05	3.18	2.95
河　北	492 012	333 032	150 144	111 526	4.44	2.00	1.49
山　西	283 860	203 385	88 182	74 849	5.77	2.50	2.12
内蒙古	195 952	148 202	62 055	52 358	6.01	2.52	2.12
辽　宁	338 443	254 692	103 344	103 409	6.01	2.44	2.44
吉　林	200 184	145 934	61 998	52 715	5.45	2.31	1.97
黑龙江	279 122	207 601	80 475	73 974	5.49	2.13	1.96
上　海	192 333	157 109	57 944	67 939	10.97	4.05	4.74
江　苏	551 113	428 894	169 641	174 158	5.63	2.23	2.29
浙　江	427 072	352 466	138 279	132 705	7.30	2.86	2.75
安　徽	353 799	253 532	98 613	103 404	3.66	1.42	1.49
福　建	261 784	197 545	72 642	79 929	5.44	2.00	2.20
江　西	269 819	190 092	70 251	78 209	3.94	1.46	1.62
山　东	819 348	596 987	231 754	240 078	6.21	2.41	2.50
河　南	716 306	468 536	180 600	176 534	4.24	1.64	1.60
湖　北	411 184	309 343	117 191	127 871	5.01	1.90	2.07
湖　南	442 224	323 082	127 241	125 696	4.52	1.78	1.76
广　东	708 036	553 728	210 306	217 629	6.32	2.40	2.48
广　西	334 849	240 892	83 310	94 814	4.44	1.54	1.75
海　南	63 468	48 108	16 725	20 892	5.29	1.84	2.30
重　庆	197 667	142 133	55 141	55 460	4.23	1.64	1.65
四　川	596 001	426 988	173 890	158 457	4.68	1.90	1.74
贵　州	221 575	155 905	55 959	58 666	3.64	1.31	1.37
云　南	265 531	193 217	74 860	73 305	4.20	1.63	1.59
西　藏	24 653	11 638	5 176	2 397	3.67	1.63	0.76
陕　西	321 908	239 054	74 397	89 551	6.04	1.88	2.26
甘　肃	160 695	118 089	44 887	40 954	4.33	1.65	1.50
青　海	44 685	32 431	13 239	11 492	5.66	2.31	2.01
宁　夏	47 609	37 288	14 317	13 978	5.58	2.14	2.09
新　疆	189 578	145 851	53 020	56 578	6.43	2.34	2.50

数据来源：国家卫生计生委统计信息中心。

83. 2013 年各省、自治区、直辖市农村乡镇卫生院及床位、人员数

单位:个,张,人

地 区	机构数	床位数	人员数	每千农业人口	
				床位	人员
总 计	**37 015**	**1 136 492**	**1 233 858**	**1.30**	**1.41**
东 部	9 353	353 712	448 554	1.31	1.67
中 部	11 472	393 157	415 156	1.20	1.27
西 部	16 190	389 623	370 148	1.39	1.32
北 京	—	—	—	0.00	—
天 津	148	3 991	4 902	1.06	1.31
河 北	1 960	60 836	55 165	1.20	1.09
山 西	1 201	28 508	24 572	1.22	1.05
内蒙古	1 329	17 855	20 044	1.23	1.38
辽 宁	1 014	28 855	24 967	1.41	1.22
吉 林	775	17 789	24 634	1.25	1.73
黑龙江	996	20 852	23 214	1.08	1.20
上 海	—	—	—	0.00	—
江 苏	1 064	55 025	71 037	1.70	2.19
浙 江	1 141	15 086	45 796	0.46	1.40
安 徽	1 387	49 781	48 448	0.93	0.91
福 建	880	29 283	32 794	1.22	1.37
江 西	1 591	43 314	44 482	1.22	1.26
山 东	1 643	104 232	125 788	1.90	2.29
河 南	2 068	93 725	101 218	1.10	1.18
湖 北	1 152	61 845	71 243	1.53	1.77
湖 南	2 302	77 343	77 345	1.39	1.39
广 东	1 204	51 105	78 232	1.26	1.93
广 西	1 279	55 526	63 054	1.27	1.44
海 南	299	5 299	9 873	0.94	1.75
重 庆	960	36 777	31 198	1.83	1.55
四 川	4 594	114 388	95 859	1.76	1.47
贵 州	1 430	36 601	29 704	1.02	0.83
云 南	1 379	42 022	30 093	1.25	0.90
西 藏	677	3 166	3 057	1.21	1.17
陕 西	1 603	29 806	38 288	1.21	1.56
甘 肃	1 382	23 380	28 022	1.18	1.42
青 海	405	4 306	4 999	1.30	1.51
宁 夏	228	2 804	4 371	0.70	1.09
新 疆	924	22 992	21 459	1.77	1.65

数据来源:国家卫生计生委统计信息中心。

84. 2013 年各省、自治区、直辖市村卫生室及人员数

单位:个,%,人

地 区	村委会	村卫生室	设卫生室的村占总村数比重	村卫生室人员数		每千农业人口村卫生室人员
				合计	其中:乡村医生和卫生员	
总 计	**589 447**	**648 619**	**93.0**	**1 457 276**	**1 081 063**	**1.66**
东 部	224 299	221 522	82.2	509 901	366 024	1.89
中 部	192 554	225 018	99.7	540 224	397 093	1.65
西 部	172 594	202 079	99.6	407 151	317 946	1.45
北 京	3 941	2 888	73.3	4 996	3 530	1.99
天 津	3 739	2 247	60.1	6 260	4 581	1.67
河 北	48 734	62 311	100.0	112 443	83 849	2.22
山 西	28 106	28 241	100.0	51 774	40 856	2.22
内蒙古	11 173	14 028	100.0	26 864	19 496	1.86
辽 宁	11 675	20 006	100.0	35 183	25 634	1.72
吉 林	9 607	11 527	100.0	25 142	19 318	1.77
黑龙江	8 906	11 778	100.0	33 211	25 061	1.72
上 海	1 597	1 342	84.0	4 728	760	3.31
江 苏	14 627	15 575	100.0	65 182	39 774	2.01
浙 江	28 582	12 504	43.7	23 326	8 945	0.71
安 徽	14 901	15 310	100.0	71 292	51 621	1.33
福 建	14 448	19 408	100.0	36 362	27 922	1.52
江 西	16 720	31 337	100.0	60 894	47 485	1.72
山 东	74 798	53 773	71.9	161 730	134 372	2.95
河 南	46 818	56 955	100.0	165 872	121 349	1.94
湖 北	25 574	24 941	97.5	62 624	42 859	1.55
湖 南	41 922	44 929	100.0	69 415	48 544	1.25
广 东	19 589	28 767	100.0	53 874	33 280	1.33
广 西	14 305	21 852	100.0	48 992	37 073	1.12
海 南	2 569	2 701	100.0	5 817	3 377	1.03
重 庆	8 318	11 009	100.0	31 621	23 397	1.57
四 川	46 495	55 165	100.0	93 771	73 907	1.44
贵 州	16 869	21 219	100.0	43 041	36 302	1.20
云 南	12 197	13 341	100.0	42 620	35 937	1.27
西 藏	5 255	5 313	100.0	10 732	10 434	4.10
陕 西	26 751	26 018	97.3	44 932	34 692	1.83
甘 肃	16 025	16 752	100.0	29 967	21 966	1.52
青 海	4 170	4 354	100.0	9 473	6 740	2.86
宁 夏	2 266	2 461	100.0	5 101	3 664	1.27
新 疆	8 770	10 567	100.0	20 037	14 338	1.54

数据来源:国家卫生计生委统计信息中心。

85. 2013 年各省、自治区、直辖市医院诊疗人次、住院人数

单位：万人次，万人

地 区	诊疗人次			住院人数		
	合计	公立医院	民营医院	合计	公立医院	民营医院
总 计	**274 177.7**	**245 510.6**	**28 667.1**	**14 007.4**	**12 315.2**	**1 692.3**
东 部	154 682.9	138 482.9	16 199.9	5 799.0	5 143.7	655.2
中 部	60 001.4	54 300.3	5 701.1	4 225.1	3 794.0	431.0
西 部	59 493.5	52 727.4	6 766.1	3 983.4	3 377.4	606.0
北 京	13 279.3	11 968.6	1 310.8	233.3	209.4	24.0
天 津	6 305.4	5 229.5	1 075.9	123.5	113.1	10.4
河 北	10 061.9	9 034.1	1 027.8	706.5	639.0	67.5
山 西	4 478.8	4 017.2	461.6	298.5	266.9	31.6
内蒙古	3 862.2	3 546.4	315.7	231.4	215.7	15.8
辽 宁	8 413.0	7 768.1	644.9	513.8	464.6	49.2
吉 林	4 463.2	4 082.9	380.3	274.4	249.6	24.8
黑龙江	5 702.4	5 262.1	440.3	385.0	355.5	29.5
上 海	12 961.3	12 196.8	764.5	266.2	254.9	11.3
江 苏	21 201.2	17 083.3	4 118.0	850.7	666.5	184.1
浙 江	22 174.8	20 503.2	1 671.6	622.4	567.3	55.2
安 徽	7 995.1	6 621.9	1 373.2	559.2	463.4	95.8
福 建	8 772.2	7 997.1	775.1	390.9	349.7	41.2
江 西	5 272.8	4 900.7	372.0	397.5	352.5	45.0
山 东	16 580.2	14 653.1	1 927.1	1 029.8	916.3	113.6
河 南	14 276.5	12 893.9	1 382.5	942.0	853.1	88.9
湖 北	10 046.9	9 382.7	664.2	647.9	597.7	50.1
湖 南	7 765.7	7 138.7	627.0	720.5	655.2	65.3
广 东	33 459.2	30 651.3	2 807.9	987.4	890.7	96.7
广 西	7 752.0	7 385.3	366.7	438.5	418.7	19.8
海 南	1 474.1	1 397.9	76.3	74.4	72.2	2.2
重 庆	4 933.7	4 437.9	495.9	302.9	246.4	56.5
四 川	13 862.9	11 899.5	1 963.4	908.0	727.8	180.2
贵 州	4 063.2	3 193.0	870.2	406.9	282.9	124.0
云 南	7 632.0	6 469.4	1 162.6	491.2	394.9	96.3
西 藏	432.4	397.8	34.6	15.7	14.1	1.6
陕 西	6 432.8	5 704.4	728.4	441.4	392.1	49.3
甘 肃	3 451.9	3 237.2	214.6	241.6	227.1	14.5
青 海	969.5	919.1	50.4	63.6	59.0	4.6
宁 夏	1 550.8	1 392.6	158.2	80.7	72.8	7.8
新 疆	4 550.0	4 144.9	405.2	361.6	325.9	35.8

数据来源：国家卫生计生委统计信息中心。

86. 2013年各省、自治区、直辖市基层医疗卫生机构诊疗人次、住院人数

单位：万人次，万人

地区	诊疗人次					住院人数		
	合计	社区卫生服务中心	社区卫生服务站	乡镇卫生院	村卫生室	合计	社区卫生服务中心	乡镇卫生院
总计	**432 431.0**	**50 788.6**	**14 921.2**	**100 712.7**	**201 218.4**	**4 300.7**	**292.1**	**3 937.2**
东部	203 649.7	40 206.4	8 075.5	40 746.9	84 134.7	1 106.5	113.0	976.5
中部	122 601.1	5 682.4	3 903.0	29 264.5	70 511.9	1 508.1	94.2	1 388.0
西部	106 180.2	4 899.8	2 942.6	30 701.3	46 571.8	1 686.0	84.9	1 572.7
北京	6 579.0	4 236.2	510.1	—	399.9	3.4	3.4	—
天津	3 962.8	1 676.7	16.6	621.7	956.3	10.0	1.2	8.8
河北	28 215.2	599.5	984.6	4 265.8	19 520.9	167.1	6.5	157.3
山西	7 712.0	369.3	408.3	1 574.3	3 762.0	57.1	4.1	45.3
内蒙古	5 658.5	397.0	466.7	1 286.1	2 230.7	41.1	4.3	35.3
辽宁	9 103.0	897.0	454.5	1 649.8	3 877.4	72.5	8.8	62.1
吉林	5 507.9	314.5	57.7	970.1	2 952.7	24.2	2.6	20.9
黑龙江	6 073.0	574.8	191.2	1 005.8	3 431.9	72.8	4.9	64.9
上海	9 854.0	8 086.4	—	—	711.5	9.6	9.3	—
江苏	27 091.5	5 443.9	1 432.8	7 941.3	8 733.4	178.1	30.0	147.9
浙江	23 509.8	7 676.0	531.5	7 796.7	3 847.4	27.4	6.4	19.5
安徽	16 850.0	991.5	1 013.8	4 280.6	9 382.2	186.6	13.4	172.3
福建	10 597.4	1 009.6	335.9	2 296.8	4 674.8	117.2	7.1	110.0
江西	13 752.9	330.5	328.5	2 691.3	9 379.0	239.6	5.7	231.3
山东	43 860.9	1 672.8	1 408.5	8 137.2	27 633.0	308.3	22.6	280.7
河南	36 162.1	1 022.3	1 003.3	8 934.6	22 842.0	299.7	14.8	283.3
湖北	20 858.4	1 319.9	682.0	5 614.9	10 682.8	253.4	27.6	220.9
湖南	15 684.8	759.7	218.3	4 192.9	8 079.3	374.9	21.1	349.2
广东	38 338.5	8 822.0	2 207.5	6 971.0	13 106.4	202.8	16.0	181.8
广西	15 597.4	525.2	166.4	4 973.3	6 876.1	311.1	1.5	309.5
海南	2 537.6	86.3	193.6	1 066.5	673.6	10.1	1.7	8.4
重庆	8 503.2	572.8	134.3	2 186.5	3 541.1	188.2	22.5	161.0
四川	28 470.3	1 652.6	405.7	9 068.1	11 863.6	496.6	23.4	466.7
贵州	8 313.8	179.1	268.9	2 272.1	4 373.6	226.6	12.0	204.2
云南	12 690.7	341.3	257.1	4 000.1	5 962.7	158.6	6.8	151.3
西藏	721.9	1.9	1.1	354.3	141.6	2.7	0.0	2.7
陕西	10 251.8	470.4	284.0	2 015.2	5 418.3	79.5	6.1	71.9
甘肃	8 627.9	277.8	318.5	2 163.5	4 169.4	65.3	3.4	60.6
青海	1 207.2	60.9	161.6	281.2	509.5	17.9	0.5	16.6
宁夏	1 623.4	10.8	119.2	559.3	539.3	5.6	0.0	5.4
新疆	4 514.3	410.1	359.1	1 541.7	946.0	92.8	4.3	87.6

数据来源：国家卫生计生委统计信息中心。

87. 1990—2013 年全国卫生总费用情况

年份	卫生总费用(亿元)				城乡卫生费用(亿元)		人均卫生费用(元)			卫生总费用占GDP%
	合计	政府卫生支出	社会卫生支出	个人卫生支出	城市	农村	合计	城市	农村	
1990	747.39	187.28	293.10	267.01	396.00	351.39	65.4	158.8	38.8	4.00
1991	893.49	204.05	354.41	335.03	482.60	410.89	77.1	187.6	45.1	4.10
1992	1 096.86	228.61	431.55	436.70	597.30	499.56	93.6	222.0	54.7	4.07
1993	1 377.78	272.06	524.75	580.97	760.30	617.48	116.3	268.6	67.6	3.90
1994	1 761.24	342.28	644.91	774.05	991.50	769.74	146.9	332.6	86.3	3.65
1995	2 155.13	387.34	767.81	999.98	1 239.50	915.63	177.9	401.3	112.9	3.54
1996	2 709.42	461.61	875.66	1 372.15	1 494.90	1 214.52	221.4	467.4	150.7	3.81
1997	3 196.71	523.56	984.06	1 689.09	1 771.40	1 425.31	258.6	537.8	177.9	4.05
1998	3 678.72	590.06	1 071.03	2 017.63	1 906.92	1 771.80	294.9	625.9	194.6	4.36
1999	4 047.50	640.96	1 145.99	2 260.55	2 193.12	1 854.38	321.8	702.0	203.2	4.51
2000	4 586.63	709.52	1 171.94	2 705.17	2 624.24	1 962.39	361.9	813.7	214.7	4.62
2001	5 025.93	800.61	1 211.43	3 013.89	2 792.95	2 232.98	393.8	841.2	244.8	4.58
2002	5 790.03	908.51	1 539.38	3 342.14	3 448.24	2 341.79	450.7	987.1	259.3	4.81
2003	6 584.10	1 116.94	1 788.50	3 678.66	4 150.32	2 433.78	509.5	1 108.9	274.7	4.85
2004	7 590.29	1 293.58	2 225.35	4 071.35	4 939.21	2 651.08	583.9	1 261.9	301.6	4.75
2005	8 659.91	1 552.53	2 586.41	4 520.98	6 305.57	2 354.34	662.3	1 126.4	315.8	4.68
2006	9 843.34	1 778.86	3 210.92	4 853.56	7 174.73	2 668.61	748.8	1 248.3	361.9	4.55
2007	11 573.97	2 581.58	3 893.72	5 098.66	8 968.70	2 605.27	876.0	1 516.3	358.1	4.35
2008	14 535.40	3 593.94	5 065.60	5 875.86	11 251.90	3 283.50	1 094.5	1 861.8	455.2	4.63
2009	17 541.92	4 816.26	6 154.49	6 571.16	13 535.61	4 006.31	1 314.3	2 176.6	562.0	5.15
2010	19 980.39	5 732.49	7 196.61	7 051.29	15 508.62	4 471.77	1 490.1	2 315.5	666.3	4.98
2011	24 345.91	7 464.18	8 416.45	8 465.28	18 571.87	5 774.04	1 807.0	2 697.5	879.4	5.15
2012	28 119.00	8 431.98	10 030.70	9 656.32	21 280.46	6 838.54	2 076.7	2 999.3	1 064.8	5.41
2013	31 868.95	9 545.81	11 393.79	10 729.34	23 644.95	8 024.00	2 327.4	3 234.1	1 274.4	5.57

注:1. 本表系核算数,2013 年为初步测算数。

2. 按当年价格计算。

3. 2001 年起卫生总费用不含高等医学教育经费,2006 年起包括城乡医疗救助经费。

数据来源:国家卫生计生委统计信息中心。

88. 2013年全国公立医院收入与支出情况

指标	合计	公立医院			公立医院中：政府办医院
		三级医院	二级医院	一级医院	
院均总收入(万元)	12 666.8	60 969.4	9 243.5	1 073.2	16 355.5
医疗收入	11 361.5	55 535.8	8 177.8	881.8	14 671.9
其中:药品收入	4 920.8	23 987.4	3 544.8	419.7	6 327.0
财政补助收入	1 006.3	3 912.2	882.8	151.0	1 327.5
科教项目收入	53.5	387.3	6.2	0.6	72.8
其他收入	243.4	1 117.3	176.7	39.8	283.3
院均总支出(万元)	12 085.4	57 951.8	8 876.1	1 034.2	15 574.6
医疗业务成本	9 931.3	48 623.3	7 129.9	732.7	12 875.3
其中:药品费	4 241.5	20 760.8	3 058.2	332.1	5 479.1
财政项目补助支出	422.3	1 950.7	296.2	49.0	566.5
科教项目支出	41.9	280.2	11.1	0.9	55.8
管理费用	1 453.7	6 357.1	1 241.6	119.2	1 890.4
其他支出	236.2	740.6	197.2	132.5	186.7
次均门诊费用(元)	207.9	256.7	166.2	119.8	209.5
其中:药费	104.4	132.1	79.6	64.2	104.9
人均住院费用(元)	7 858.9	11 722.4	4 968.3	3 561.9	7 920.5
其中:药费	3 116.3	4 578.3	2 028.4	1 471.2	3 126.8

数据来源:国家卫生计生委统计信息中心。

89. 2013 年综合医院收入与支出情况

指标	合计	中央属	省　属	地级市属	县级市属	县　属
院均总收入(万元)	23 765.1	299 445.8	114 190.0	39 963.3	14 130.7	9 739.1
医疗收入	21 586.4	267 056.9	104 542.5	36 447.2	12 817.3	8 759.2
其中:药品收入	9 076.7	114 498.4	44 265.0	15 482.8	5 329.9	3 590.8
财政补助收入	1 691.4	19 023.3	6 709.3	2 875.9	1 039.7	840.9
科教项目收入	91.5	6 607.5	844.4	62.4	8.6	2.1
其他收入	395.8	6 758.1	2 093.8	577.7	265.2	136.8
院均总支出(万元)	22 652.5	284 898.2	109 068.9	38 001.4	13 575.9	9 224.1
医疗业务成本	18 943.9	241 766.7	93 124.9	31 792.0	11 302.2	7 486.7
其中:药品费	7 926.4	101 350.0	38 603.8	13 288.5	4 758.8	3 154.1
财政项目补助支出	702.3	10 167.6	3 563.1	1 208.9	363.4	278.7
科教项目支出	69.4	4 742.9	574.7	53.5	12.3	5.1
管理费用	2 713.5	25 713.4	10 829.5	4 656.5	1 756.6	1 312.8
其他支出	223.3	2 507.6	976.6	290.6	141.4	140.8
次均门诊费用(元)	211.5	384.1	302.2	221.1	170.7	151.6
其中:药费	101.3	204.5	152.8	109.0	77.1	64.2
人均住院费用(元)	7 968.3	19 539.3	15 246.3	9 924.8	6 054.9	4 191.8
其中:药费	3 124.7	7 236.9	5 878.2	3 895.6	2 397.9	1 693.0

注:1. 本表系卫生计生部门综合医院数字。

2. 地级市属含地区和省辖市区属,县级市属包括地级市辖区属。

数据来源:国家卫生计生委统计信息中心。

90. 2009—2013 年全国医院次均门诊费用、人均住院费用

单位:元,%

年份	门诊病人					住院病人				
	次均门诊费用(元)			占门诊费用%		人均住院费用(元)			占住院费用%	
	合计	药费	检查费	药费	检查费	合计	药费	检查费	药费	检查费
合计										
2009	152.0	78.3	27.1	51.5	17.8	5 684.0	2 480.6	393.7	43.6	6.9
2010	166.8	85.6	30.0	51.3	18.0	6 193.9	2 670.2	441.6	43.1	7.1
2011	179.8	90.9	32.4	50.5	18.0	6 632.2	2 770.5	492.7	41.8	7.4
2012	192.5	96.9	35.0	50.3	18.2	6 980.4	2 867.4	533.9	41.1	7.6
2013	206.4	101.7	37.4	49.3	18.1	7 442.3	2 939.1	590.2	39.5	7.9
三级医院										
2009	203.7	109.3	34.9	53.6	17.1	9 753.0	4 231.9	694.8	43.4	7.1
2010	220.2	117.6	37.9	53.4	17.2	10 442.4	4 440.9	765.5	42.5	7.3
2011	231.8	122.0	40.2	52.6	17.3	10 935.9	4 480.4	838.7	41.0	7.7
2012	242.1	126.7	42.7	52.3	17.6	11 186.8	4 521.0	881.1	40.4	7.9
2013	256.7	132.1	45.2	51.5	17.6	11 722.4	4 578.3	952.1	39.1	8.1
二级医院										
2009	128.0	65.1	26.2	50.8	20.4	3 973.8	1 784.0	270.1	44.9	6.8
2010	139.3	70.5	28.9	50.6	20.8	4 338.6	1 944.8	303.4	44.8	7.0
2011	147.6	73.6	31.0	49.9	21.0	4 564.2	1 999.2	332.3	43.8	7.3
2012	157.4	77.9	33.3	49.5	21.1	4 729.4	2 033.3	352.4	43.0	7.5
2013	166.2	79.6	35.2	47.9	21.2	4 968.3	2 028.4	389.0	40.8	7.8
一级医院										
2009	83.9	46.3	10.5	55.1	12.5	2 609.6	1 128.2	164.8	43.2	6.3
2010	93.1	51.6	11.5	55.4	12.4	2 844.3	1 243.7	185.9	43.7	6.5
2011	103.9	56.1	13.4	54.0	12.9	3 121.3	1 364.4	207.0	43.7	6.6
2012	112.0	59.9	14.7	53.5	13.1	3 285.0	1 411.3	236.1	43.0	7.2
2013	119.8	64.2	15.6	53.6	13.1	3 561.9	1 471.2	277.7	41.3	7.8

注:本表按当年价格计算。

数据来源:国家卫生计生委统计信息中心。

91. 2012—2013 年全国综合医院门诊费用、人均住院费用

单位:元,%

年份	门诊病人					住院病人				
	次均门诊费用(元)			占门诊费用%		人均住院费用(元)			占住院费用%	
	合计	药费	检查费	药费	检查费	合计	药费	检查费	药费	检查费
合计										
2012	198.4	97.7	41.5	49.2	20.9	7 403.5	3 033.1	578.0	41.0	7.8
2013	211.5	101.3	44.3	47.9	20.9	7 968.3	3 124.7	647.8	39.2	8.1
中央属										
2012	360.1	196.6	56.2	54.6	15.6	18 818.7	7 250.2	1 241.3	38.5	6.6
2013	384.1	204.5	61.0	53.2	15.9	19 539.3	7 236.9	1 302.7	37.0	6.7
省属										
2012	287.7	149.2	51.3	51.9	17.8	14 369.8	5 716.4	1 079.7	39.8	7.5
2013	302.2	152.8	54.5	50.6	18.0	15 246.3	5 878.2	1 197.1	38.6	7.9
地级市属										
2012	204.3	102.8	41.7	50.3	20.4	9 251.1	3 726.6	783.1	40.3	8.5
2013	221.1	109.0	45.4	49.3	20.5	9 924.8	3 895.6	869.3	39.3	8.8
县级市属										
2012	161.4	76.0	35.5	47.1	22.0	5 618.4	2 386.6	436.6	42.5	7.8
2013	170.7	77.1	37.4	45.2	21.9	6 054.9	2 397.9	491.8	39.6	8.1
县属										
2012	142.6	62.3	38.8	43.7	27.2	3 877.5	1 673.4	286.0	43.2	7.4
2013	151.6	64.2	40.5	42.4	26.7	4 191.8	1 693.0	326.6	40.4	7.8

注:1. 本表系卫生计生部门办综合医院数字。
2. 本表按当年价格计算。

数据来源:国家卫生计生委统计信息中心。

92. 2013年各地区医院门诊和住院病人人均医药费用

单位:元

地区	门诊病人			住院病人			
	次均门诊费用			人均住院费用			
	合计	药费	检查费	合计	药费	检查费	手术费
总计	**206.4**	**101.7**	**37.4**	**7 442.3**	**2 939.1**	**590.2**	**498.1**
北京	393.4	241.5	40.0	18 050.1	6 089.9	1 245.1	846.9
天津	260.0	164.2	18.3	13 677.1	5 366.9	646.0	489.0
河北	191.2	86.8	46.7	6 624.8	2 980.5	550.0	331.9
山西	206.3	90.9	47.0	7 548.5	3 117.8	632.6	411.9
内蒙古	195.8	83.2	45.9	7 463.9	3 245.6	597.6	338.7
辽宁	230.2	106.3	49.6	7 732.8	3 171.6	716.1	515.9
吉林	203.7	85.1	45.0	7 717.8	3 363.7	597.0	437.4
黑龙江	213.8	86.5	55.5	7 573.4	3 741.3	540.3	279.8
上海	283.6	153.0	31.0	14 422.4	5 054.0	851.8	1 452.8
江苏	211.1	105.4	34.1	9 277.3	4 081.9	639.4	529.9
浙江	205.8	110.3	25.0	9 771.1	3 819.6	524.7	790.0
安徽	180.1	83.2	41.3	6 388.9	2 554.5	490.3	398.9
福建	171.0	83.4	34.5	6 835.0	2 679.9	647.8	485.3
江西	180.4	91.9	40.3	6 007.5	2 639.1	435.4	462.5
山东	199.5	96.0	45.7	7 282.9	3 079.0	523.0	556.6
河南	146.0	61.7	36.3	6 200.7	2 370.9	499.4	447.6
湖北	190.0	93.9	35.9	7 080.5	2 600.3	575.7	573.0
湖南	223.7	105.4	49.1	6 338.9	2 578.9	482.3	393.3
广东	188.7	87.3	33.4	8 769.6	2 927.8	797.3	743.2
广西	154.8	71.1	32.1	6 527.0	2 324.6	587.5	346.7
海南	194.0	88.7	43.1	8 577.9	3 477.1	652.3	459.7
重庆	229.7	111.4	39.8	7 180.8	2 982.4	626.1	466.3
四川	182.7	78.5	40.9	6 367.9	2 312.9	565.2	401.9
贵州	199.0	79.0	46.3	4 958.8	1 732.2	496.3	339.6
云南	152.5	69.4	31.8	5 335.5	2 042.7	503.8	328.4
西藏	117.6	49.2	12.5	5 306.4	2 101.9	363.5	304.0
陕西	185.7	81.3	41.6	5 847.6	2 305.9	515.7	474.1
甘肃	146.5	70.0	31.7	5 147.4	2 064.3	485.2	389.7
青海	159.8	73.2	31.6	7 606.2	3 502.8	609.6	312.2
宁夏	162.0	81.9	30.4	6 492.6	2 622.8	492.0	409.0
新疆	181.4	91.0	40.5	5 641.9	2 115.8	658.6	348.1

数据来源:国家卫生计生委统计信息中心。

93. 2013 年全国城市分性别前 10 位疾病死亡率及死亡原因构成

顺位	合计			男			女		
	死亡原因	死亡率（1/10 万）	构成（%）	死亡原因	死亡率（1/10 万）	构成（%）	死亡原因	死亡率（1/10 万）	构成（%）
1	恶性肿瘤	157.77	25.47	恶性肿瘤	198.22	27.94	心脏病	128.50	24.38
2	心脏病	133.84	21.60	脑血管病	139.12	19.61	恶性肿瘤	116.27	22.06
3	脑血管病	125.56	20.27	心脏病	139.04	19.60	脑血管病	111.65	21.18
4	呼吸系统疾病	76.61	12.37	呼吸系统疾病	88.45	12.47	呼吸系统疾病	64.47	12.23
5	损伤和中毒外部原因	39.01	6.30	损伤和中毒外部原因	51.84	7.31	损伤和中毒外部原因	25.83	4.90
6	内分泌、营养和代谢疾病	17.12	2.76	消化系统疾病	19.55	2.76	内分泌、营养和代谢疾病	18.35	3.48
7	消化系统疾病	15.78	2.55	内分泌、营养和代谢疾病	15.93	2.24	消化系统疾病	11.91	2.26
8	传染病（含呼吸道结核）	6.93	1.12	传染病（含呼吸道结核）	9.54	1.34	神经系统疾病	6.54	1.24
9	神经系统疾病	6.85	1.11	神经系统疾病	7.16	1.01	泌尿生殖系统疾病	5.77	1.09
10	泌尿生殖系统疾病	6.44	1.04	泌尿生殖系统疾病	7.10	1.00	传染病（含呼吸道结核）	4.26	0.81
	十种死因合计		94.58	十种死因合计		95.27	十种死因合计		93.62

数据来源：国家卫生计生委统计信息中心。

94. 2013 年全国农村居民分性别前 10 位疾病死亡率及死亡原因构成

顺位	合计			男			女		
	死亡原因	死亡率（1/10 万）	构成（%）	死亡原因	死亡率（1/10 万）	构成（%）	死亡原因	死亡率（1/10 万）	构成（%）
1	脑血管病	150.17	22.92	恶性肿瘤	189.16	25.00	心脏病	137.42	25.02
2	恶性肿瘤	146.65	22.38	脑血管病	166.94	22.06	脑血管病	132.66	24.15
3	心脏病	143.52	21.90	心脏病	149.37	19.74	恶性肿瘤	102.26	18.62
4	呼吸系统疾病	75.32	11.49	呼吸系统疾病	82.35	10.88	呼吸系统疾病	67.98	12.38
5	损伤和中毒外部原因	57.14	8.72	损伤和中毒外部原因	78.20	10.33	损伤和中毒外部原因	35.14	6.40
6	消化系统疾病	15.19	2.32	消化系统疾病	19.67	2.60	内分泌营养和代谢疾病	13.07	2.38
7	内分泌营养和代谢疾病	11.76	1.79	传染病（含呼吸道结核）	10.78	1.42	消化系统疾病	10.51	1.91
8	传染病（含呼吸道结核）	7.94	1.21	内分泌营养和代谢疾病	10.51	1.39	神经系统疾病	6.62	1.21
9	泌尿生殖系统疾病	6.96	1.06	泌尿生殖系统疾病	8.18	1.08	泌尿生殖系统疾病	5.68	1.03
10	神经系统疾病	6.81	1.04	神经系统疾病	6.98	0.92	传染病（含呼吸道结核）	4.97	0.91
	十种死因合计		94.84	十种死因合计		95.42	十种死因合计		94.00

数据来源：国家卫生计生委统计信息中心。

95. 1990—2013 年全国儿童保健情况

年份	出生体重<2500 克婴儿比重(%)	围产儿死亡率(‰)	新生儿破伤风		5 岁以下儿童中重度营养不良比重(%)	新生儿访视率(%)	3 岁以下儿童系统管理率(%)	7 岁以下儿童保健管理率(%)
			发病率(1/万)	死亡率(1/万)				
1990	3.74	16.11	2.70	—	—	—	46.28	—
1995	2.01	13.64	—	2.90	—	82.32	53.33	—
1997	2.31	15.14	4.16	2.97	3.51	82.38	65.65	65.83
1998	2.58	14.94	2.74	1.86	3.41	83.74	69.07	68.89
1999	2.39	14.22	2.24	1.48	3.29	85.42	72.34	71.77
2000	2.40	13.99	1.88	1.16	3.09	85.80	73.84	73.37
2001	2.35	13.28	1.41	0.84	3.01	86.72	74.65	74.47
2002	2.39	12.47	1.33	0.73	2.83	86.12	73.88	74.03
2003	2.26	12.24	1.40	0.83	2.70	84.65	72.77	72.68
2004	2.20	11.08	0.98	0.51	2.56	84.96	73.73	74.44
2005	2.21	10.27	0.77	0.39	2.34	85.03	73.88	74.79
2006	2.22	9.68	0.64	0.32	2.10	84.70	73.90	75.00
2007	2.26	8.71	0.47	0.20	2.02	85.59	74.39	75.89
2008	2.35	8.74	0.34	0.15	1.92	85.36	75.04	77.39
2009	2.40	7.70	0.27	0.11	1.71	87.13	77.20	80.04
2010	2.34	7.02	0.17	0.08	1.55	89.60	81.50	83.40
2011	2.33	6.32	0.14	0.05	1.51	90.60	84.60	85.80
2012	2.38	5.89	0.11	0.04	1.44	91.84	87.04	88.89
2013	2.44	5.53	0.10	0.04	1.37	93.2	89.0	90.7

数据来源：国家卫生计生委统计信息中心。

96. 2013 年各省、自治区、直辖市儿童保健情况

地 区	出生体重<2500 克婴儿比重(%)	围产儿死亡率(‰)	新生儿破伤风		5 岁以下儿童中重度营养不良比重(%)	新生儿访视率(%)	3 岁以下儿童系统管理率(%)	7 岁以下儿童保健管理率(%)
			发病率(1/万)	死亡率(1/万)				
全 国	**2.44**	**5.53**	**0.10**	**0.04**	**1.37**	**93.2**	**89.0**	**90.7**
北 京	3.62	3.75	0.00	0.00	0.10	95.6	92.9	98.8
天 津	3.80	7.25	0.00	0.00	0.23	94.6	84.7	92.0
河 北	3.02	4.81	0.00	0.00	2.39	92.7	90.4	93.0
山 西	2.15	7.86	0.00	0.00	0.96	90.4	86.8	89.2
内蒙古	2.05	6.55	0.00	0.00	0.57	95.8	94.1	94.2
辽 宁	2.28	7.49	0.00	0.00	0.84	96.0	94.8	95.4
吉 林	1.74	8.88	0.00	0.00	0.26	95.0	91.4	92.0
黑龙江	2.37	7.30	0.00	0.00	1.59	95.4	93.3	94.7
上 海	4.03	2.44	0.00	0.00	0.07	98.2	97.6	99.0
江 苏	2.11	3.43	0.00	0.00	0.47	100.0	97.4	98.5
浙 江	2.98	4.82	0.00	0.00	0.54	98.9	96.1	97.1
安 徽	1.49	4.68	0.08	0.01	0.64	82.2	78.5	89.0
福 建	2.85	5.12	0.04	0.04	1.12	93.5	91.8	94.6
江 西	2.26	3.49	0.05	0.02	2.28	93.1	83.9	85.8
山 东	1.22	4.73	0.00	0.00	0.64	93.6	93.4	93.0
河 南	2.15	3.92	0.00	0.00	1.52	84.4	82.6	83.3
湖 北	1.72	4.84	0.00	0.00	0.94	96.0	91.3	91.6
湖 南	2.33	5.43	0.02	0.02	1.62	94.1	83.8	85.5
广 东	3.50	5.14	0.34	0.03	1.13	95.3	92.2	95.5
广 西	5.05	8.05	0.16	0.01	2.94	98.7	87.1	88.1
海 南	2.88	5.36	0.17	0.08	3.37	86.8	82.7	90.7
重 庆	1.14	4.56	0.07	0.03	0.78	88.5	88.7	90.1
四 川	1.64	5.03	0.05	0.04	1.37	93.7	91.8	90.8
贵 州	1.15	4.93	0.87	0.51	1.05	94.2	82.9	83.4
云 南	3.57	7.22	0.25	0.13	2.65	97.6	92.1	92.6
西 藏	5.47	18.82	0.00	0.00	4.17	73.9	62.5	63.2
陕 西	1.24	5.10	0.00	0.00	1.06	97.6	95.3	95.8
甘 肃	2.08	8.23	0.17	0.07	1.21	96.6	93.0	92.2
青 海	2.57	7.68	0.00	0.00	2.46	88.9	86.4	81.8
宁 夏	2.47	9.59	0.00	0.00	0.48	98.4	93.1	95.1
新 疆	2.14	13.89	0.34	0.16	1.91	92.0	82.4	84.6

数据来源:国家卫生计生委统计信息中心。

97. 1991—2013 年卫生部监测地区新生儿死亡率、婴儿死亡率、5 岁以下儿童和孕产妇死亡率

年份	新生儿死亡率(‰)			婴儿死亡率(‰)			5 岁以下儿童死亡率(‰)			孕产妇死亡率(1/10 万)		
	合计	城市	农村	合计	城市	农村	合计	城市	农村	合计	城市	农村
1991	33.1	12.5	37.9	50.2	17.3	58.0	61.0	20.9	71.1	80.0	46.3	100.0
1992	32.5	13.9	36.8	46.7	18.4	53.2	57.4	20.7	65.6	76.5	42.7	97.9
1993	31.2	12.9	35.4	43.6	15.9	50.0	53.1	18.3	61.6	67.3	38.5	85.1
1994	28.5	12.2	32.3	39.9	15.5	45.6	49.6	18.0	56.9	64.8	44.1	77.5
1995	27.3	10.6	31.1	36.4	14.2	41.6	44.5	16.4	51.1	61.9	39.2	76.0
1996	24.0	12.2	26.7	36.0	14.8	40.9	45.0	16.9	51.4	63.9	29.2	86.4
1997	24.2	10.3	27.5	33.1	13.1	37.7	42.3	15.5	48.5	63.6	38.3	80.4
1998	22.3	10.0	25.1	33.2	13.5	37.7	42.0	16.2	47.9	56.2	28.6	74.1
1999	22.2	9.5	25.1	33.3	11.9	38.2	41.4	14.3	47.7	58.7	26.2	79.7
2000	22.8	9.5	25.8	32.2	11.8	37.0	39.7	13.8	45.7	53.0	29.3	69.6
2001	21.4	10.6	23.9	30.0	13.6	33.8	35.9	16.3	40.4	50.2	33.1	61.9
2002	20.7	9.7	23.2	29.2	12.2	33.1	34.9	14.6	39.6	43.2	22.3	58.2
2003	18.0	8.9	20.1	25.5	11.3	28.7	29.9	14.8	33.4	51.3	27.6	65.4
2004	15.4	8.4	17.3	21.5	10.1	24.5	25.0	12.0	28.5	48.3	26.1	63.0
2005	13.2	7.5	14.7	19.0	9.1	21.6	22.5	10.7	25.7	47.7	25.0	53.8
2006	12.0	6.8	13.4	17.2	8.0	19.7	20.6	9.6	23.6	41.1	24.8	45.5
2007	10.7	5.5	12.8	15.3	7.7	18.6	18.1	9.0	21.8	36.6	25.2	41.3
2008	10.2	5.0	12.3	14.9	6.5	18.4	18.5	7.9	22.7	34.2	29.2	36.1
2009	9.0	4.5	10.8	13.8	6.2	17.0	17.2	7.6	21.1	31.9	26.6	34.0
2010	8.3	4.1	10.0	13.1	5.8	16.1	16.4	7.3	20.1	30.0	29.7	30.1
2011	7.8	4.0	9.4	12.1	5.8	14.7	15.6	7.1	19.1	26.1	25.2	26.5
2012	6.9	3.9	8.1	10.3	5.2	12.4	13.2	5.9	16.2	24.5	22.2	25.6
2013	6.3	3.7	7.3	9.5	5.2	11.3	12.0	6.0	14.5	23.2	22.4	23.6

数据来源：国家卫生计生委统计信息中心。

98. 1980—2013 年全国孕产妇保健情况

单位：人，%

年份	活产数	高危产妇比重	建卡率	系统管理率	产前检查率	产后访视率	住院分娩率（%）			新法接生率（%）		
							合计	市	县	合计	市	县
1980	—	—	—	—	—	—	—	—	—	91.4	98.7	90.3
1985	—	—	—	—	—	—	43.7	73.6	36.4	94.5	98.7	93.5
1990	14 517 207	—	—	—	—	—	50.6	74.2	45.1	94.0	98.6	93.9
1991	15 293 237	—	—	—	—	—	50.6	72.8	45.5	93.7	98.1	93.2
1992	11 746 275	—	76.6	—	69.7	69.7	52.7	71.7	41.2	84.1	91.2	82.0
1993	10 170 690	—	75.7	—	72.2	71.0	56.5	68.3	51.0	83.6	81.1	84.7
1994	11 044 607	—	79.1	—	76.3	74.5	65.6	76.4	50.4	—	—	87.4
1995	11 539 613	—	81.4	—	78.7	78.8	58.0	70.7	50.2	—	—	87.6
1996	11 412 028	7.3	82.4	65.5	83.7	80.1	60.7	76.5	51.7	—	—	95.5
1997	11 286 021	8.1	84.5	68.3	85.9	82.3	61.7	76.4	53.0	—	—	91.8
1998	10 961 516	8.6	86.2	72.3	87.1	83.9	66.2	79.0	58.1	—	—	92.6
1999	10 698 467	9.2	87.9	75.4	89.3	85.9	70.0	83.3	61.5	96.8	98.9	95.4
2000	10 987 691	10.0	88.6	77.2	89.4	86.2	72.9	84.9	65.2	96.6	98.8	95.2
2001	10 690 630	11.1	89.4	78.6	90.3	87.2	76.0	87.0	69.0	97.3	99.0	96.1
2002	10 591 949	11.9	89.2	78.2	90.1	86.7	78.7	89.4	71.6	96.7	98.6	95.4
2003	10 188 005	11.8	87.6	75.5	88.9	85.4	79.4	89.9	72.6	95.9	98.5	94.1
2004	10 892 614	12.4	88.3	76.4	89.7	85.9	82.8	91.4	77.1	97.3	98.9	96.2
2005	11 415 809	12.8	88.5	76.7	89.8	86.0	85.9	93.2	81.0	97.5	98.7	96.7
2006	11 770 056	13.0	88.2	76.5	89.7	85.7	88.4	94.1	84.6	97.8	98.7	97.2
2007	12 506 498	13.7	89.3	77.3	90.9	86.7	91.7	95.8	88.8	98.4	99.1	97.9
2008	13 307 045	15.7	89.3	78.1	91.0	87.0	94.5	97.5	92.3	99.1	99.6	98.7
2009	13 825 431	16.4	90.9	80.9	92.2	88.7	96.3	98.5	94.7	99.3	99.8	99.0
2010	14 218 657	17.1	92.9	84.1	94.1	90.8	97.8	99.2	96.7	99.6	99.9	99.4
2011	14 507 141	17.7	93.8	85.2	93.7	91.0	98.7	99.6	98.1	99.7	99.9	99.6
2012	15 442 995	18.5	94.8	87.6	95.0	92.6	99.2	99.7	98.8	99.8	99.9	99.7
2013	15 108 153	19.4	95.7	89.5	95.6	93.5	99.5	99.9	99.2	99.9	100.0	99.7

数据来源：国家卫生计生委统计信息中心。

99. 2013 年各省、自治区、直辖市孕产妇保健情况(一)

单位:人,%

地 区	活产数	高危产妇比重	建卡率	系统管理率	产前检查率	产后访视率	住院分娩率(%)		
							合计	市	县
北 京	117 693	38.1	99.5	96.0	98.8	96.2	100.0	100.0	100.0
天 津	91 172	42.2	96.4	93.4	95.5	94.9	100.0	100.0	100.0
河 北	999 938	12.8	96.1	89.8	95.9	92.5	99.9	99.9	99.9
山 西	346 126	14.9	94.2	84.0	90.6	90.6	99.9	100.0	99.8
内蒙古	206 229	24.7	97.9	94.5	97.3	96.0	99.7	100.0	99.5
辽 宁	301 040	20.9	98.8	94.0	96.5	95.6	100.0	100.0	100.0
吉 林	181 198	20.2	97.0	92.3	96.2	94.9	100.0	100.0	100.0
黑龙江	216 231	15.0	97.8	94.0	97.8	96.6	100.0	100.0	100.0
上 海	96 911	28.4	100.0	95.2	98.5	98.2	100.0	100.0	100.0
江 苏	752 556	29.6	99.8	100.0	100.0	100.0	100.0	100.0	100.0
浙 江	403 177	46.4	99.5	96.7	98.6	98.2	100.0	100.0	100.0
安 徽	732 781	19.4	90.0	73.5	89.8	82.9	99.9	99.9	99.8
福 建	500 079	29.1	95.9	90.4	96.5	93.7	100.0	100.0	100.0
江 西	625 075	14.9	94.4	84.8	94.5	94.0	99.8	99.9	99.8
山 东	924 328	11.6	95.8	92.0	95.5	94.2	100.0	100.0	100.0
河 南	1 620 152	13.9	87.8	79.6	93.3	86.3	99.9	100.0	99.8
湖 北	644 492	19.6	98.6	93.0	95.9	94.8	100.0	100.0	100.0
湖 南	821 355	24.7	96.6	90.3	96.0	93.9	99.9	100.0	99.9
广 东	1 320 372	19.3	96.6	90.8	96.9	95.2	99.5	99.6	99.0
广 西	823 733	21.9	99.7	95.8	96.3	98.6	99.8	99.9	99.7
海 南	117 653	11.5	93.5	81.8	94.4	87.0	99.8	99.9	99.6
重 庆	303 712	13.9	95.9	85.5	95.1	91.2	98.5	99.8	97.1
四 川	740 001	14.9	95.4	91.9	95.6	94.3	97.0	99.7	95.6
贵 州	434 365	10.0	96.1	90.6	96.0	94.8	98.1	98.8	97.8
云 南	557 516	23.5	98.7	94.4	97.6	97.9	98.2	99.4	97.8
西 藏	41 421	8.7	75.7	44.2	66.6	68.5	82.3	84.9	82.1
陕 西	375 019	20.5	98.4	95.8	96.6	97.4	99.9	99.9	99.9
甘 肃	287 491	12.1	97.7	95.1	96.6	95.7	99.1	99.6	98.9
青 海	68 152	12.8	88.1	86.4	89.4	88.6	95.5	99.4	94.8
宁 夏	79 491	27.7	99.5	96.3	99.2	98.4	99.8	99.9	99.7
新 疆	378 694	20.8	95.7	85.6	94.8	92.4	98.8	99.6	98.6

数据来源:国家卫生计生委统计信息中心。

100. 2013年各省、自治区、直辖市孕产妇保健情况(二)

地区	新法接生率(%)			孕产妇死亡率(1/10万)			孕产妇死因构成(%)					
	合计	市	县	合计	市	县	产科出血	妊高症	产褥感染	内科合并症	羊水栓塞	其他
北　京	100.0	100.0	100.0	10.2	7.7	15.2	8.3	0.0	8.3	25.0	8.3	50.0
天　津	100.0	100.0	100.0	8.8	8.9	8.6	25.0	12.5	0.0	25.0	12.5	25.0
河　北	100.0	100.0	100.0	10.7	10.0	11.0	21.5	6.5	0.0	30.8	15.0	26.2
山　西	100.0	100.0	100.0	15.6	11.3	18.6	22.2	14.8	1.9	18.5	27.8	14.8
内蒙古	99.8	100.0	99.7	15.5	12.0	17.9	15.6	6.3	0.0	12.5	21.9	43.8
辽　宁	100.0	100.0	100.0	8.3	7.2	11.5	8.0	8.0	0.0	44.0	20.0	20.0
吉　林	100.0	100.0	100.0	17.1	16.0	19.5	12.9	12.9	0.0	32.3	12.9	29.0
黑龙江	100.0	100.0	100.0	14.8	9.1	23.6	28.1	3.1	3.1	21.9	12.5	31.3
上　海	100.0	100.0	100.0	9.3	9.6	0.0	11.1	0.0	0.0	55.6	22.2	11.1
江　苏	100.0	100.0	100.0	1.9	1.4	2.6	21.4	14.3	0.0	42.9	7.1	14.3
浙　江	100.0	100.0	100.0	6.2	7.1	4.5	12.0	8.0	0.0	52.0	12.0	16.0
安　徽	100.0	100.0	100.0	13.7	11.0	15.0	25.0	7.0	0.0	31.0	10.0	27.0
福　建	100.0	100.0	100.0	12.0	8.0	15.6	16.7	6.7	0.0	35.0	11.7	30.0
江　西	100.0	100.0	100.0	10.7	10.7	10.7	22.4	9.0	1.5	34.3	16.4	16.4
山　东	100.0	100.0	100.0	9.3	10.5	8.0	17.4	15.1	1.2	30.2	16.3	19.8
河　南	99.9	100.0	99.9	10.3	12.6	9.3	25.2	9.6	0.0	14.4	29.3	21.6
湖　北	100.0	100.0	100.0	11.6	10.0	14.1	26.7	5.3	0.0	32.0	9.3	26.7
湖　南	100.0	100.0	100.0	16.0	14.3	16.8	19.9	2.3	0.8	37.4	15.3	24.4
广　东	100.0	100.0	99.9	8.4	8.0	9.6	30.6	6.3	0.0	20.7	24.3	18.0
广　西	100.0	100.0	100.0	14.2	10.3	16.6	15.4	9.4	0.0	33.3	25.6	16.2
海　南	99.9	100.0	99.7	17.9	19.4	15.8	28.6	23.8	0.0	23.8	19.1	4.8
重　庆	99.6	99.9	99.2	17.1	16.1	18.1	34.6	5.8	0.0	34.6	3.9	21.2
四　川	99.0	99.9	98.5	20.7	13.1	24.8	40.5	6.5	2.6	17.7	10.5	22.2
贵　州	99.8	99.9	99.7	22.6	26.5	21.3	40.8	8.2	1.0	25.5	14.3	10.2
云　南	99.7	99.9	99.7	26.7	21.6	28.5	38.9	11.4	1.3	23.5	11.4	13.4
西　藏	93.7	99.2	93.2	154.5	0.0	167.9	54.7	14.1	1.6	9.4	3.1	17.2
陕　西	100.0	100.0	100.0	13.3	12.3	13.9	22.0	12.0	0.0	18.0	26.0	22.0
甘　肃	99.8	100.0	99.7	23.0	17.7	25.2	31.8	9.1	0.0	18.2	21.2	19.7
青　海	97.0	100.0	96.5	44.0	51.9	42.7	26.7	23.3	0.0	10.0	26.7	13.3
宁　夏	100.0	100.0	100.0	15.1	5.9	21.9	33.3	0.0	0.0	33.3	25.0	8.3
新　疆	99.1	99.7	98.9	33.8	26.7	36.4	38.3	12.5	1.6	24.2	6.3	17.2

数据来源:国家卫生计生委统计信息中心。

101. 2013 年 28 种传染病报告发病及死亡情况

疾病名称	发病人数(人)	发病率(1/10 万)	死亡人数(人)	死亡率(1/10 万)
总计	**3 046 622**	**225.80**	**16 262**	**1.20**
病毒性肝炎	1 251 872	92.45	739	0.05
肺结核	904 434	66.80	2 576	0.19
梅毒	406 772	30.04	69	0.01
细菌性和阿米巴性痢疾	188 669	13.93	13	0.00
淋病	99 659	7.36	1	0.00
布鲁氏菌病	43 486	3.21	—	—
艾滋病	42 286	3.12	11 437	0.84
猩红热	34 207	2.53	2	0.00
麻疹	27 646	2.04	24	0.00
伤寒和副伤寒	14 136	1.04	3	0.00
流行性出血热	12 810	0.95	109	0.01
血吸虫病	5 699	0.42	1	0.00
登革热	4 663	0.34	—	—
疟疾	3 896	0.29	20	0.00
流行性乙型脑炎	2 178	0.16	64	0.00
百日咳	1 712	0.13	—	—
狂犬病	1 172	0.09	1 128	0.08
新生儿破伤风	492	0.03	45	0.00
钩端螺旋体病	353	0.03	5	0.00
流脑	213	0.02	21	0.00
炭疽	193	0.01	1	0.00
霍乱	53	0.00	1	0.00
人感染 H7N9 禽流感	19	0.00	1	0.00
人感染高致病性禽流感	2	0.00	2	0.00
鼠疫	—	—	—	—
传染性非典型肺炎	—	—	—	—
脊髓灰质炎	—	—	—	—
白喉	—	—	—	—

注:1. “—”无发病及死亡病例。

2. 新生儿破伤风发病率和死亡率单位为‰。

数据来源:国家卫生计生委统计信息中心。

102. 2013 年各省、自治区、直辖市农村改水情况

单位：万人，%

地　区	累计改水受益总人口	改水受益人口占农村人口%		饮用自来水人口占农村人口%	
		2012	2013	2012	2013
总　计	**89 938.3**	**95.3**	**95.6**	**74.6**	**76.4**
北　京	268.3	100.0	100.0	99.6	99.6
天　津	378.7	100.0	100.0	97.8	98.9
河　北	5 368.4	97.7	98.6	85.8	87.3
山　西	2 168.7	91.4	90.0	79.7	79.9
内蒙古	1 385.9	98.9	94.6	65.3	61.2
辽　宁	2 165.8	97.0	97.3	73.3	74.1
吉　林	1 542.1	100.0	100.0	81.8	85.4
黑龙江	2 096.1	99.6	99.6	67.6	68.8
上　海	289.7	100.0	100.0	100.0	100.0
江　苏	4 845.1	98.7	98.5	98.7	98.5
浙　江	3 548.1	97.6	98.7	93.9	95.7
安　徽	5 232.5	96.5	97.0	54.6	58.6
福　建	2 631.8	97.7	98.9	89.6	91.9
江　西	3 364.7	100.0	99.5	66.5	68.8
山　东	6 913.8	99.6	99.8	92.2	93.6
河　南	6 672.5	95.2	92.8	62.2	61.7
湖　北	4 465.6	99.4	99.5	73.3	75.3
湖　南	4 837.8	91.4	90.1	69.3	70.2
广　东	5 954.7	98.8	99.0	86.7	88.4
广　西	3 676.4	79.9	85.1	61.0	68.3
海　南	554.3	97.0	96.4	79.1	81.5
重　庆	2 542.6	98.9	98.9	90.5	91.0
四　川	6 487.3	93.6	94.4	59.3	63.0
贵　州	2 894.7	80.3	87.7	65.7	73.3
云　南	3 465.9	91.6	93.5	67.9	70.0
陕　西	2 154.0	96.3	91.2	54.4	40.2
甘　肃	2 038.3	94.2	97.1	63.2	66.2
青　海	341.7	87.7	88.1	79.9	78.7
宁　夏	392.1	95.5	95.7	79.8	84.3
新　疆	1 260.8	93.0	92.1	92.8	91.9

注：缺西藏数字。

数据来源：国家卫生计生委统计信息中心。

103. 2013 年各省、自治区、直辖市农村改厕工作情况

单位:%

地　区	卫生厕所普及率		无害化厕所普及率	
	2012	2013	2012	2013
总　计	**71.7**	**74.1**	**49.7**	**52.4**
北　京	97.0	97.0	96.6	96.6
天　津	93.3	93.4	93.3	93.4
河　北	55.8	56.7	29.5	30.9
山　西	52.2	53.2	27.3	28.1
内蒙古	46.0	50.0	21.1	23.9
辽　宁	64.2	66.9	29.6	32.0
吉　林	75.5	76.1	15.0	15.7
黑龙江	70.7	72.7	13.3	14.7
上　海	98.0	98.8	96.6	98.7
江　苏	90.9	93.1	73.9	79.2
浙　江	91.5	93.2	81.1	83.4
安　徽	59.2	62.6	32.3	34.0
福　建	88.5	90.7	86.9	88.9
江　西	84.4	86.9	58.9	62.1
山　东	88.3	90.1	50.8	54.1
河　南	72.9	74.4	49.9	54.1
湖　北	76.7	82.4	52.2	53.4
湖　南	64.8	65.7	37.8	39.3
广　东	88.6	90.0	81.1	83.2
广　西	72.8	78.4	66.5	71.4
海　南	70.0	78.8	67.5	77.6
重　庆	60.8	63.0	60.8	63.0
四　川	67.4	71.0	51.2	54.2
贵　州	43.9	47.7	28.1	30.3
云　南	58.7	60.8	31.4	33.9
陕　西	51.5	50.8	41.9	42.9
甘　肃	66.5	66.9	28.2	28.5
青　海	62.6	64.9	11.4	8.9
宁　夏	59.2	61.7	47.0	50.7
新　疆	64.3	70.1	39.3	45.4

注:缺西藏数字。

数据来源:国家卫生计生委统计信息中心。

104. 2013 年全国育龄妇女分年龄、孩次的生育状况

单位：人，‰

年龄	平均育龄妇女人数	出生人数				生育率			
		合计	一孩	二孩	三孩及以上	合计	一孩	二孩	三孩及以上
总计	**308 867**	**11 022**	**7 092**	**3 431**	**490**	**35.68**	**1.59**	**22.96**	**11.11**
15—19	33 282	261	244	17	1	7.84	0.02	7.32	0.50
15	6 088	2	2	0	0	0.38	0.00	0.34	0.03
16	6 784	14	13	1	0	2.03	0.00	1.95	0.08
17	7 181	44	44	1	0	6.19	0.00	6.07	0.12
18	6 243	86	81	4	1	13.71	0.12	12.97	0.61
19	6 986	115	104	11	0	16.42	0.00	14.84	1.58
20—24	47 741	3 320	2 777	512	30	69.53	0.63	58.17	10.73
20	8 001	264	237	25	2	32.95	0.19	29.58	3.18
21	8 385	451	395	55	1	53.75	0.12	47.08	6.55
22	9 747	625	547	74	3	64.10	0.34	56.12	7.64
23	11 302	968	807	156	5	85.63	0.45	71.38	13.80
24	10 306	1013	792	201	19	98.26	1.87	76.85	19.54
25—29	45 289	4 256	2 772	1 347	136	93.97	3.00	61.22	29.75
25	10 325	991	721	254	16	96.02	1.51	69.88	24.63
26	10 045	963	671	264	28	95.89	2.78	66.82	26.28
27	8 903	895	554	315	27	100.57	3.04	62.19	35.35
28	8 199	790	482	276	33	96.39	3.99	58.79	33.61
29	7 815	615	344	239	33	78.72	4.17	44.02	30.53

数据来源：国家统计局人口和就业统计司。

104. 2013 年全国育龄妇女分年龄、孩次的生育状况

续完

年龄	平均育龄妇女人数	出生人数				生育率			
		合计	一孩	二孩	三孩及以上	合计	一孩	二孩	三孩及以上
30—34	40 800	2 074	932	985	153	50. 84	3. 76	22. 84	24. 15
30	8 330	512	270	209	33	61. 50	4. 00	32. 45	25. 05
31	8 620	534	240	265	29	61. 94	3. 36	27. 89	30. 69
32	7 705	384	159	196	30	49. 84	3. 83	20. 60	25. 41
33	8 189	371	146	183	41	45. 30	4. 99	17. 79	22. 30
34	7 956	273	117	134	21	34. 33	2. 59	14. 67	16. 83
35—39	42 037	785	250	418	113	18. 68	2. 68	5. 96	9. 95
35	7 437	220	77	116	25	29. 60	3. 36	10. 35	15. 64
36	7 763	179	58	89	31	23. 00	4. 05	7. 43	11. 52
37	8 352	141	44	81	15	16. 87	1. 84	5. 23	9. 70
38	8 910	126	37	66	23	14. 12	2. 57	4. 13	7. 42
39	9 576	120	35	66	18	12. 53	1. 86	3. 68	6. 85
40—44	51 856	242	79	122	41	4. 66	0. 78	1. 52	2. 35
40	9 920	77	26	36	16	7. 81	1. 57	2. 61	3. 64
41	9 832	51	19	25	6	5. 19	0. 60	1. 97	2. 54
42	10 449	40	13	22	5	3. 86	0. 52	1. 21	2. 14
43	10 581	45	11	23	11	4. 25	1. 01	1. 06	2. 19
44	11 075	28	10	15	3	2. 52	0. 28	0. 86	1. 38
45—49	47 862	84	38	29	17	1. 76	0. 35	0. 80	0. 61
45	9 274	27	11	8	7	2. 89	0. 78	1. 21	0. 90
46	8 870	17	5	7	4	1. 89	0. 50	0. 56	0. 83
47	9 973	17	5	11	2	1. 75	0. 16	0. 53	1. 06
48	9 516	9	6	1	2	0. 96	0. 21	0. 63	0. 12
49	10 229	14	11	2	1	1. 37	0. 13	1. 05	0. 19

105. 2013 年全国育龄妇女分年龄、孩次的生育状况(城市)

单位:人,‰

年龄	平均育龄妇女人数	出生人数				生育率			
		合计	一孩	二孩	三孩及以上	合计	一孩	二孩	三孩及以上
总计	**108 141**	**2 927**	**2 198**	**690**	**39**	**27.06**	**20.33**	**6.38**	**0.36**
15—19	11 306	26	25	1	0	2.28	2.24	0.05	0.00
15	1 718	0	0	0	0	0.00	0.00	0.00	0.00
16	2 496	1	0	1	0	0.21	0.00	0.21	0.00
17	2 440	4	4	0	0	1.65	1.65	0.00	0.00
18	2 103	10	10	0	0	4.83	4.83	0.00	0.00
19	2 549	11	11	0	0	4.36	4.36	0.00	0.00
20—24	16 932	571	514	52	5	33.75	30.35	3.09	0.31
20	3 055	35	32	3	1	11.54	10.49	0.85	0.19
21	3 096	62	58	4	0	19.91	18.65	1.26	0.00
22	3 374	85	79	6	0	25.28	23.55	1.67	—
23	3 792	170	158	12	0	44.78	41.64	3.14	0.00
24	3 616	220	187	28	5	60.70	51.65	7.80	1.25
25—29	17 005	1 261	1 014	236	11	74.12	59.60	13.86	0.66
25	3 732	249	214	32	2	66.64	57.33	8.65	0.66
26	3 712	275	237	37	1	74.04	63.85	9.84	0.35
27	3 223	261	197	63	1	81.12	61.18	19.49	0.45
28	3 212	247	196	47	4	76.84	61.11	14.50	1.23
29	3 126	229	169	57	2	73.15	54.09	18.38	0.68

数据来源:国家统计局人口和就业统计司。

105. 2013 年全国育龄妇女分年龄、孩次的生育状况(城市) 续完

年龄	平均育龄妇女人数	出生人数				生育率			
		合计	一孩	二孩	三孩及以上	合计	一孩	二孩	三孩及以上
30—34	16 423	763	496	255	11	46. 44	30. 23	15. 51	0. 70
30	3 448	190	151	37	2	55. 03	43. 69	10. 70	0. 64
31	3 630	203	136	63	4	55. 93	37. 43	17. 45	1. 05
32	2 943	146	88	55	3	49. 67	30. 04	18. 74	0. 89
33	3 293	123	67	53	3	37. 36	20. 39	16. 13	0. 84
34	3 110	101	54	46	0	32. 39	17. 52	14. 87	0. 00
35—39	15 176	232	109	116	7	15. 30	7. 21	7. 63	0. 46
35	2 838	66	35	31	1	23. 25	12. 21	10. 77	0. 27
36	2 857	48	26	20	3	16. 94	8. 96	6. 84	1. 14
37	2 960	46	17	29	0	15. 46	5. 77	9. 69	0. 00
38	3 182	29	13	14	2	9. 09	4. 20	4. 24	0. 65
39	3 338	43	19	23	1	12. 91	5. 62	7. 02	0. 27
40—44	17 091	65	34	28	3	3. 79	1. 98	1. 64	0. 17
40	3 496	21	14	7	0	6. 03	4. 05	1. 98	0. 00
41	3 359	16	5	10	1	4. 90	1. 53	2. 95	0. 43
42	3 459	10	5	3	2	2. 83	1. 41	0. 98	0. 44
43	3 428	10	6	4	0	2. 85	1. 67	1. 17	0. 00
44	3 349	8	4	4	0	2. 30	1. 16	1. 14	0. 00
45—49	14 208	9	5	3	1	0. 64	0. 38	0. 21	0. 05
45	2 736	2	1	1	0	0. 82	0. 48	0. 34	0. 00
46	2 535	3	2	1	0	1. 23	0. 72	0. 51	0. 00
47	2 899	3	2	1	1	1. 14	0. 63	0. 27	0. 25
48	2 818	0	0	0	0	0. 00	0. 00	0. 00	0. 00
49	3 218	0	0	0	0	0. 00	0. 00	0. 00	0. 00

106. 2013 年全国育龄妇女分年龄、孩次的生育状况(镇)

单位:人,‰

年龄	平均育龄妇女人数	出生人数				生育率			
		合计	一孩	二孩	三孩及以上	合计	一孩	二孩	三孩及以上
总计	**72 372**	**2 400**	**1 510**	**791**	**96**	**33.17**	**20.87**	**10.93**	**1.32**
15—19	7 838	52	47	5	0	6.69	6.02	0.67	0.00
15	1 526	2	2	0	0	1.37	1.37	0.00	0.00
16	1 505	1	1	0	0	0.66	0.66	0.00	0.00
17	1 698	7	7	0	0	3.84	3.84	0.00	0.00
18	1 472	15	12	3	0	10.27	8.27	1.99	0.00
19	1 638	28	25	2	0	16.94	15.50	1.44	0.00
20—24	10 508	676	578	94	4	64.29	54.96	8.93	0.40
20	1 843	47	46	1	0	25.49	25.19	0.31	0.00
21	1 730	88	82	6	0	50.77	47.30	3.46	0.00
22	2 116	151	133	17	1	71.25	63.01	7.84	0.40
23	2 412	173	136	37	0	71.64	56.30	15.20	—
24	2 407	217	180	34	3	90.24	74.86	14.13	1.25
25—29	10 431	978	641	317	21	93.77	61.41	30.37	1.99
25	2 364	226	168	56	1	95.48	71.28	23.79	0.41
26	2 348	233	175	53	5	99.16	74.43	22.46	2.26
27	2 116	202	118	79	6	95.68	55.78	37.17	2.72
28	1 802	187	113	70	4	103.86	62.64	38.83	2.39
29	1 802	130	66	59	4	72.17	36.88	32.86	2.42

数据来源:国家统计局人口和就业统计司。

106. 2013 年全国育龄妇女分年龄、孩次的生育状况(镇)

续完

年龄	平均育龄妇女人数	出生人数				生育率			
		合计	一孩	二孩	三孩及以上	合计	一孩	二孩	三孩及以上
30—34	9 582	427	169	228	30	44.53	17.59	23.83	3.12
30	1 936	106	43	59	4	54.80	22.20	30.55	2.05
31	1 942	116	47	62	7	59.96	24.28	31.95	3.73
32	1 861	67	25	38	5	36.21	13.23	20.46	2.52
33	1 972	76	27	41	9	38.80	13.67	20.75	4.37
34	1 873	60	27	28	5	32.24	14.33	15.06	2.86
35—39	10 279	178	45	105	25	17.35	4.41	10.26	2.40
35	1 764	52	17	29	5	29.41	9.54	16.43	3.01
36	1 915	39	7	26	6	20.19	3.73	13.48	2.99
37	2 144	34	6	23	4	15.86	2.61	10.90	1.93
38	2 201	32	10	17	4	14.45	4.66	7.78	2.01
39	2 255	22	5	10	5	9.76	2.42	4.53	2.23
40—44	12 486	59	17	31	11	4.76	1.38	2.50	0.88
40	2 434	22	6	12	5	9.22	2.51	4.72	1.98
41	2 356	11	3	6	2	4.47	1.16	2.38	0.93
42	2 538	10	3	5	2	4.02	1.32	1.88	0.82
43	2 525	12	5	7	0	4.76	2.00	2.76	0.00
44	2 633	4	0	2	2	1.59	0.00	0.88	0.71
45—49	11 246	30	14	10	5	2.63	1.24	0.92	0.48
45	2 186	8	3	3	2	3.77	1.59	1.26	0.92
46	2 106	6	1	2	3	2.91	0.70	1.01	1.20
47	2 394	7	2	4	1	2.82	0.64	1.82	0.35
48	2 188	7	6	1	0	3.25	2.75	0.50	0.00
49	2 372	1	1	0	0	0.59	0.59	0.00	0.00

107. 2013 年全国育龄妇女分年龄、孩次的生育状况(乡村)

单位:人,‰

年龄	平均育龄妇女人数(人)	出生人数				生育率			
		合计	一孩	二孩	三孩及以上	合计	一孩	二孩	三孩及以上
总计	**128 354**	**5 695**	**3 384**	**1 950**	**355**	**44.37**	**26.36**	**15.19**	**2.77**
15—19	14 138	183	171	11	1	12.91	12.10	0.76	0.05
15	2 845	0	0	0	0	0.00	0.00	0.00	0.00
16	2 783	12	12	0	0	4.41	4.41	0.00	0.00
17	3 043	34	33	1	0	11.14	10.85	0.29	0.00
18	2 668	60	59	1	1	22.60	21.98	0.34	0.28
19	2 799	76	67	9	0	27.11	24.00	3.11	0.00
20—24	20 300	2 073	1 686	366	21	102.09	83.03	18.03	1.02
20	3 103	181	158	22	1	58.47	50.98	7.18	0.31
21	3 559	301	255	45	1	84.64	71.70	12.66	0.28
22	4 257	389	334	52	2	91.31	78.50	12.28	0.53
23	5 098	625	513	107	5	122.64	100.64	21.06	0.94
24	4 283	576	425	139	12	134.47	99.23	32.49	2.75
25—29	17 852	2 017	1 118	795	104	112.99	62.64	44.52	5.82
25	4 230	517	339	166	12	122.23	80.16	39.20	2.87
26	3 985	456	259	175	21	114.31	65.11	43.85	5.35
27	3 565	432	238	173	20	121.07	66.90	48.60	5.57
28	3 185	356	173	159	24	111.89	54.27	49.94	7.67
29	2 887	257	108	122	26	88.85	37.57	42.23	9.04

数据来源:国家统计局人口和就业统计司。

107. 2013 年全国育龄妇女分年龄、孩次的生育状况(乡村)

续完

年龄	平均育龄妇女人数	出生人数				生育率			
		合计	一孩	二孩	三孩及以上	合计	一孩	二孩	三孩及以上
30—34	14 794	885	267	502	112	59. 82	18. 04	33. 96	7. 57
30	2 947	217	77	113	27	73. 48	26. 05	38. 23	9. 21
31	3 049	214	57	139	18	70. 36	18. 83	45. 65	5. 88
32	2 901	170	46	103	22	58. 77	15. 75	35. 35	7. 67
33	2 925	171	52	89	29	58. 63	17. 64	30. 28	10. 07
34	2 973	112	35	59	15	37. 67	11. 91	19. 99	5. 14
35—39	16 583	375	96	197	81	22. 60	5. 77	11. 89	4. 88
35	2 834	102	25	57	19	36. 06	8. 99	20. 02	6. 66
36	2 991	92	25	44	22	30. 59	8. 35	14. 74	7. 50
37	3 248	61	21	29	11	18. 83	6. 46	8. 93	3. 45
38	3 526	65	13	35	16	18. 46	3. 74	10. 06	4. 65
39	3 983	55	11	32	12	13. 77	2. 77	8. 01	2. 99
40—44	22 279	118	28	63	27	5. 28	1. 24	2. 81	1. 20
40	3 989	34	6	18	11	8. 51	1. 39	4. 43	2. 69
41	4 117	24	11	9	2	5. 83	2. 79	2. 29	0. 56
42	4 452	20	4	14	2	4. 57	0. 99	3. 17	0. 40
43	4 627	23	0	12	11	5. 02	0. 09	2. 63	2. 30
44	5 093	16	6	9	1	3. 15	1. 11	1. 81	0. 23
45—49	22 408	45	19	16	10	2. 03	0. 85	0. 71	0. 47
45	4 352	16	6	5	5	3. 75	1. 48	1. 06	1. 21
46	4 229	7	2	4	2	1. 77	0. 39	0. 94	0. 44
47	4 680	7	2	5	0	1. 58	0. 42	1. 16	0. 00
48	4 510	2	0	0	2	0. 44	0. 00	0. 00	0. 44
49	4 639	12	9	2	1	2. 63	1. 91	0. 42	0. 30

108. 各地区已婚育龄妇女避孕率(2009—2013)

单位:%

地　区	2009	2010	2011	2012	2013
总　计	**89.0**	**89.1**	**88.6**	**87.9**	**87.3**
北　京	85.6	84.6	83.6	82.7	79.0
天　津	90.5	90.7	91.0	91.2	91.3
河　北	89.1	90.8	91.2	90.9	90.9
山　西	89.9	90.1	91.3	91.4	92.8
内蒙古	91.4	91.5	90.7	90.6	90.1
辽　宁	88.5	88.2	88.2	85.9	87.1
吉　林	90.3	89.9	89.6	89.8	89.8
黑龙江	92.1	92.6	92.1	91.7	91.3
上　海	82.3	82.8	80.5	81.6	83.1
江　苏	90.6	90.0	89.4	88.2	88.2
浙　江	89.2	88.6	88.0	87.4	87.1
安　徽	91.0	90.4	89.8	89.3	88.6
福　建	82.0	81.6	82.8	82.3	81.4
江　西	93.9	93.9	94.6	94.6	90.4
山　东	89.9	89.6	87.9	90.3	88.7
河　南	89.5	89.6	89.8	90.0	89.8
湖　北	87.6	86.1	86.9	85.3	82.6
湖　南	91.5	92.2	86.1	87.8	88.4
广　东	86.7	89.9	87.2	80.9	80.4
广　西	86.7	87.1	87.2	87.6	87.1
海　南	80.9	79.2	81.6	81.0	80.8
重　庆	90.9	90.8	89.4	79.7	80.3
四　川	89.1	88.3	90.6	89.3	88.2
贵　州	89.6	88.2	88.1	89.0	89.0
云　南	87.9	86.2	87.9	87.2	86.4
西　藏	79.3	78.0	75.3	81.3	75.2
陕　西	91.1	91.3	91.4	91.7	91.3
甘　肃	88.0	87.9	88.1	85.0	88.3
青　海	86.0	84.9	85.1	85.9	86.3
宁　夏	90.7	90.5	91.5	93.2	91.7
新　疆	79.1	82.7	83.2	82.0	81.5

数据来源:国家卫生计生委统计信息中心。

109. 全国历年计划生育手术情况

年份	节育手术总例数	放置节育器		取出节育器	
		例数	%	例数	%
1971	13 051 123	6 172 889	47. 3	—	—
1972	18 690 446	9 220 297	49. 3	853 625	4. 6
1973	25 075 557	13 949 569	55. 6	1 126 756	4. 5
1974	22 638 229	12 579 886	55. 6	1 352 787	6. 0
1975	29 462 861	16 743 693	56. 8	1 702 213	5. 8
1976	22 385 435	11 626 510	51. 9	1 812 590	8. 1
1977	25 539 086	12 974 313	50. 8	1 941 880	7. 6
1978	21 720 096	10 962 517	50. 5	2 087 420	9. 6
1979	30 581 114	13 472 392	44. 1	2 288 670	7. 5
1980	28 628 437	11 491 871	40. 1	2 403 408	8. 4
1981	22 760 305	10 344 537	45. 4	1 513 376	6. 6
1982	33 702 389	14 069 161	41. 7	2 056 671	6. 1
1983	58 205 572	17 755 736	30. 5	5 323 354	9. 1
1984	31 734 864	11 751 146	37. 0	4 383 129	13. 8
1985	25 646 972	9 576 980	37. 3	2 278 892	8. 9
1986	28 475 506	10 637 909	37. 4	2 313 157	8. 1
1987	34 597 082	13 448 332	38. 9	2 411 389	7. 0
1988	31 820 664	12 227 219	38. 4	2 264 969	7. 1
1989	29 031 912	10 854 752	37. 4	2 066 723	7. 1
1990	34 982 328	12 352 110	35. 3	2 355 128	6. 7
1991	38 135 578	12 289 953	32. 2	2 623 304	6. 9
1992	28 017 605	10 091 391	36. 0	2 151 223	7. 7
1993	25 114 685	9 366 096	37. 3	2 030 421	8. 1
1994	27 967 575	10 353 790	37. 0	2 322 221	8. 3
1995	22 236 012	8 368 242	37. 6	1 841 903	8. 3
1996	22 953 599	8 807 090	38. 4	2 029 474	8. 8
1997	20 418 688	7 947 709	38. 9	1 868 727	9. 2
1998	19 458 072	7 663 447	39. 4	2 088 129	10. 7
1999	18 209 721	7 159 823	39. 3	2 138 951	11. 7
2000	17 720 620	6 833 181	38. 6	2 235 434	12. 6
2001	17 070 650	6 627 130	38. 8	2 354 747	13. 8
2002	17 671 279	6 539 550	37. 0	2 395 709	13. 6
2003	18 644 537	6 808 186	36. 5	2 607 231	14. 0
2004	18 524 918	6 661 851	36. 0	2 807 888	15. 2
2005	19 388 510	6 803 959	35. 1	2 788 035	14. 4
2006	19 010 352	6 955 904	36. 6	2 786 171	14. 7
2007	19 682 051	7 242 095	36. 8	2 784 691	14. 2
2008	22 965 823	7 680 893	33. 4	2 928 735	12. 8
2009	22 768 853	7 818 040	34. 3	3 084 561	13. 6
2010	22 157 408	7 543 621	34. 0	2 817 209	12. 7
2011	21 948 224	7 296 642	33. 2	2 818 858	12. 8
2012	21 763 821	7 200 416	33. 1	2 835 480	13. 0
2013	20 348 829	6 811 831	33. 5	2 792 446	13. 7

数据来源：国家卫生计生委统计信息中心。

单位:例,人,%

输精管结扎		输卵管结扎		人工流产	
人数	%	人数	%	人数	%
1 223 480	9. 4	1 744 644	13. 4	3 910 110	30. 0
1 715 822	9. 2	2 087 160	11. 2	4 813 542	25. 8
1 933 210	7. 7	2 955 617	11. 8	5 110 405	20. 4
1 445 251	6. 4	2 275 741	10. 1	4 984 564	22. 0
2 652 653	9. 0	3 280 042	11. 1	5 084 260	17. 3
1 495 540	6. 7	2 707 849	12. 1	4 742 946	21. 2
2 616 876	10. 2	2 776 448	10. 9	5 229 569	20. 5
767 542	3. 5	2 511 413	11. 6	5 391 204	24. 8
1 673 947	5. 5	5 289 518	17. 3	7 856 587	25. 7
1 363 508	4. 8	3 842 006	13. 4	9 527 644	33. 3
649 476	2. 9	1 555 971	6. 8	8 696 945	38. 2
1 230 967	3. 7	3 925 927	11. 6	12 419 663	36. 9
4 259 261	7. 3	16 398 378	28. 2	14 371 843	24. 7
1 293 286	4. 1	5 417 163	17. 1	8 890 140	28. 0
575 564	2. 2	2 283 971	8. 9	10 931 565	42. 6
1 030 827	3. 6	2 914 900	10. 2	11 578 713	40. 7
1 752 598	5. 1	4 407 755	12. 7	10 489 412	30. 3
1 062 161	3. 3	3 590 469	11. 3	12 675 839	39. 8
1 509 294	5. 2	4 221 717	14. 5	10 379 426	35. 8
1 466 442	4. 2	5 314 722	15. 2	13 493 926	38. 6
2 382 670	6. 2	6 753 338	17. 7	14 086 313	36. 9
858 675	3. 1	4 500 029	16. 1	10 416 287	37. 2
641 705	2. 6	3 580 344	14. 3	9 496 119	37. 8
671 890	2. 4	3 726 861	13. 3	9 467 064	33. 9
464 387	2. 1	2 315 472	10. 4	7 476 482	33. 6
546 425	2. 4	2 736 415	11. 9	8 834 195	38. 5
436 656	2. 1	2 340 303	11. 5	6 589 869	32. 3
329 080	1. 7	1 993 126	10. 2	7 384 290	37. 9
318 858	1. 8	1 827 732	10. 0	6 764 357	37. 1
312 538	1. 8	1 680 917	9. 5	6 658 550	37. 6
254 229	1. 5	1 549 700	9. 1	6 284 844	36. 8
209 006	1. 2	1 372 535	7. 8	6 812 317	38. 6
272 608	1. 5	1 478 979	7. 9	7 215 440	38. 8
192 751	1. 0	1 466 742	7. 9	7 140 588	38. 5
199 372	1. 0	1 418 789	7. 3	7 105 995	36. 7
259 433	1. 4	1 422 983	7. 5	7 308 615	38. 4
206 103	1. 1	1 576 399	8. 0	7 632 539	38. 8
214 514	0. 9	1 606 313	7. 0	9 173 101	40. 0
219 284	1. 0	1 775 706	7. 8	6 111 375	26. 8
218 306	1. 0	1 699 379	7. 7	6 361 539	28. 7
196 064	0. 9	1 595 105	7. 3	6 631 310	30. 2
173 231	0. 8	1 561 809	7. 2	6 690 027	30. 7
157 153	0. 8	1 373 089	6. 8	6 237 177	30. 7

110. 2013 年各省、自治区、直辖市计划生育手术情况

单位：例，人，%

地区	节育手术总例数	放置节育器例数	取出节育器例数	输精管结扎人数	输卵管结扎人数	人工流产例数	节育手术构成（%）				
							放置节育器	取出节育器	输精管结扎	输卵管结扎	人工流产
总　计	**20 348 829**	**6 811 831**	**2 792 446**	**157 153**	**1 373 089**	**6 237 177**	**33.48**	**13.72**	**0.77**	**6.75**	**30.65**
北　京	139 634	14 245	33 415	1	304	71 753	10.20	23.93	0.00	0.22	51.39
天　津	186 757	22 615	30 711	2	440	117 089	12.11	16.44	0.00	0.24	62.70
河　北	974 455	534 778	113 242	10 425	39 203	155 805	54.88	11.62	1.07	4.02	15.99
山　西	389 017	157 319	57 344	41	21 867	91 611	40.44	14.74	0.01	5.62	23.55
内蒙古	304 897	138 900	53 230	53	9 687	59 744	45.56	17.46	0.02	3.18	19.59
辽　宁	607 836	158 541	152 710	323	537	209 246	26.08	25.12	0.05	0.09	34.42
吉　林	314 749	90 358	66 160	143	551	104 295	28.71	21.02	0.05	0.18	33.14
黑龙江	420 674	138 005	93 028	47	1 346	115 454	32.81	22.11	0.01	0.32	27.45
上　海	422 615	59 946	107 910	—	4 368	200 904	14.18	25.53	0.00	1.03	47.54
江　苏	1 466 803	304 432	280 844	74	8 329	553 353	20.75	19.15	0.01	0.57	37.73
浙　江	1 375 655	237 622	197 104	63	36 238	611 268	17.27	14.33	0.00	2.63	44.43
安　徽	516 443	235 267	42 262	2 820	57 540	125 096	45.56	8.18	0.55	11.14	24.22
福　建	758 130	290 922	73 231	16 833	119 653	183 044	38.37	9.66	2.22	15.78	24.14
江　西	721 485	305 958	44 418	351	128 518	133 871	42.41	6.16	0.05	17.81	18.55
山　东	1 635 485	728 974	287 531	32 880	110 253	304 692	44.57	17.58	2.01	6.74	18.63
河　南	1 102 012	511 088	119 225	16 101	103 987	230 420	46.38	10.82	1.46	9.44	20.91
湖　北	691 069	248 812	93 988	2 052	35 526	226 446	36.00	13.60	0.30	5.14	32.77
湖　南	1 017 257	456 943	86 607	6 878	154 719	209 998	44.92	8.51	0.68	15.21	20.64
广　东	1 843 290	389 390	120 417	27 165	207 047	817 337	21.12	6.53	1.47	11.23	44.34
广　西	716 184	172 018	65 224	1 984	23 480	305 676	24.02	9.11	0.28	3.28	42.68
海　南	152 760	46 142	12 215	74	8 003	57 487	30.21	8.00	0.05	5.24	37.63
重　庆	460 367	89 446	71 212	29	521	235 935	19.43	15.47	0.01	0.11	51.25
四　川	1 299 869	315 635	186 371	1 453	7 957	595 777	24.28	14.34	0.11	0.61	45.83
贵　州	530 214	224 226	50 058	32 924	148 099	41 361	42.29	9.44	6.21	27.93	7.80
云　南	892 156	323 995	149 820	3 489	40 003	200 092	36.32	16.79	0.39	4.48	22.43
西　藏	68 499	26 027	2 958	13	4 900	1 237	38.00	4.32	0.02	7.15	1.81
陕　西	371 883	155 320	52 904	603	19 394	102 954	41.77	14.23	0.16	5.22	27.68
甘　肃	271 472	111 606	26 530	215	48 410	51 477	41.11	9.77	0.08	17.83	18.96
青　海	89 077	38 016	13 088	6	7 534	14 458	42.68	14.69	0.01	8.46	16.23
宁　夏	189 138	61 116	29 596	13	20 508	48 128	32.31	15.65	0.01	10.84	25.45
新　疆	418 947	224 169	79 093	98	4 167	61 169	53.51	18.88	0.02	0.99	14.60

数据来源：国家卫生计生委统计信息中心。

• 教育状况

111. 全国历年各级各类学校数

单位:所

年　份	普通高等学　　校	普通中学	高　中	初　中	职业中学	普通小学	特殊教育学　　校	学前教育
1978	598	162 345	49 215	113 130	—	949 323	292	163 952
1980	675	118 377	31 300	87 077	3 314	917 316	292	170 419
1985	1 016	93 221	17 318	75 903	8 070	832 309	375	172 262
1986	1 054	92 967	17 111	75 856	8 187	820 846	423	173 376
1987	1 063	92 857	16 930	75 927	8 381	807 406	504	176 775
1988	1 075	91 492	16 524	74 968	8 954	793 261	577	171 845
1989	1 075	89 575	16 050	73 525	9 173	777 244	662	172 634
1990	1 075	87 631	15 678	71 953	9 164	766 072	746	172 322
1991	1 075	85 851	15 243	70 608	9 572	729 158	886	164 465
1992	1 053	84 021	14 850	69 171	9 860	712 973	1 077	172 506
1993	1 065	82 795	14 380	68 415	9 985	696 681	1 123	165 197
1994	1 080	82 358	14 242	68 116	10 217	682 588	1 241	174 657
1995	1 054	81 020	13 991	67 029	10 147	668 685	1 379	180 438
1996	1 032	79 967	13 875	66 092	10 049	645 983	1 428	187 324
1997	1 020	78 642	13 880	64 762	10 047	628 840	1 440	182 485
1998	1 022	77 888	13 948	63 940	10 074	609 626	1 535	181 368
1999	1 071	77 213	14 127	63 086	9 636	582 291	1 520	181 136
2000	1 041	77 268	14 564	62 704	8 849	553 622	1 539	175 836
2001	1 225	80 432	14 907	65 525	7 802	491 273	1 531	111 706
2002	1 396	80 067	15 406	64 661	7 402	456 903	1 540	111 752
2003	1 552	79 490	15 779	63 711	6 843	425 846	1 551	116 390
2004	1 731	79 058	15 998	63 060	6 478	394 183	1 560	117 899
2005	1 792	77 977	16 092	61 885	6 423	366 213	1 593	124 402
2006	1 867	76 703	16 153	60 550	6 100	341 639	1 605	130 495
2007	1 908	74 790	15 681	59 109	6 191	320 061	1 618	129 086
2008	2 263	72 907	15 206	57 701	6 128	300 854	1 640	133 722
2009	2 305	70 774	14 607	56 167	5 805	280 184	1 672	138 209
2010	2 358	68 881	14 058	54 823	5 273	257 410	1 716	150 420
2011	2 409	67 751	13 688	54 063	4 856	241 249	1 767	166 750
2012	2 442	66 676	13 509	53 167	4 566	228 585	1 853	181 251
2013	2 491	66 116	13 352	52 764	4 267	213 529	1 933	198 553

注:职业中学包括职业高中和职业初中。

数据来源:教育部。

112. 全国历年各级各类学校专任教师数

单位：万人

年　份	普通高等学校	普通中学	高　中	初　中	职业中学	普通小学	特殊教育学　　校	学前教育
1978	20.6	318.2	74.1	244.1	—	522.6	0.4	27.7
1980	24.7	302.0	57.1	244.9	2.3	549.9	0.5	41.1
1985	34.4	265.2	49.2	216.0	14.1	537.7	0.7	55.0
1986	37.2	275.8	51.8	223.9	16.4	541.4	0.8	60.5
1987	38.5	287.0	54.4	232.7	18.5	543.4	0.9	65.1
1988	39.3	296.0	55.7	240.3	20.3	550.1	1.1	67.0
1989	39.7	298.0	55.4	242.7	21.4	554.4	1.2	70.9
1990	39.5	303.3	56.2	247.0	22.4	558.2	1.4	75.0
1991	39.1	309.0	57.3	251.7	23.5	553.2	1.6	76.9
1992	38.8	314.1	57.6	256.5	24.8	552.7	1.9	81.5
1993	38.8	316.7	55.9	260.8	26.2	555.2	2.0	83.6
1994	39.6	323.4	54.7	268.7	27.7	561.1	2.3	86.2
1995	40.1	333.4	55.1	278.4	29.2	566.4	2.5	87.5
1996	40.3	346.5	57.2	289.3	30.8	573.6	2.7	88.9
1997	40.5	358.7	60.5	298.2	32.2	579.4	2.9	88.4
1998	40.7	369.7	64.2	305.5	33.6	581.9	3.0	87.5
1999	42.6	384.1	69.2	314.8	33.6	586.1	3.1	87.2
2000	46.3	400.5	75.7	324.9	32.0	586.0	3.2	85.6
2001	53.2	418.8	84.0	334.8	30.6	579.8	2.9	63.0
2002	61.8	437.6	94.6	343.0	31.0	577.9	3.0	57.1
2003	72.5	453.7	107.1	346.7	28.9	570.3	3.0	61.3
2004	85.8	466.8	119.1	347.7	29.4	562.9	3.1	65.6
2005	96.6	477.1	129.9	347.2	30.3	559.2	3.2	72.2
2006	107.6	485.1	138.7	346.3	30.7	558.8	3.3	77.6
2007	116.8	490.7	144.3	346.4	31.7	561.3	3.5	82.7
2008	123.7	494.4	147.6	346.9	32.6	562.2	3.6	89.9
2009	129.5	500.7	149.3	351.3	32.6	563.3	3.8	98.6
2010	134.3	504.2	151.8	352.3	30.9	561.7	4.0	114.4
2011	139.3	508.0	155.7	352.3	31.7	560.5	4.1	131.6
2012	144.0	509.8	159.5	350.3	31.3	558.5	4.4	147.9
2013	149.1	510.9	162.9	348.0	30.1	558.5	4.6	166.3

数据来源：教育部。

113. 全国历年各级各类学校招生数

单位:万人

年　份	普通高等学　　校	普通中学	高　中	初　中	职业中学	普通小学	特殊教育学　　校
1978	40.2	2 698.9	692.9	2 006.0	—	3 315.4	0.6
1980	28.1	1 934.3	383.4	1 550.9	30.7	2 942.3	0.6
1985	61.9	1 606.9	257.5	1 349.4	116.1	2 298.2	0.9
1986	57.2	1 643.9	257.3	1 386.6	112.8	2 258.2	1.1
1987	61.7	1 649.5	255.2	1 394.3	113.2	2 094.6	1.2
1988	67.0	1 584.8	244.3	1 340.5	119.5	2 123.3	1.2
1989	59.7	1 551.5	242.1	1 309.4	118.3	2 151.5	1.4
1990	60.9	1 619.6	249.8	1 369.9	123.2	2 064.0	1.6
1991	62.0	1 655.2	243.8	1 411.3	137.8	2 072.7	2.0
1992	75.4	1 699.7	234.7	1 465.0	152.1	2 183.2	3.0
1993	92.4	1 707.3	228.3	1 479.0	161.5	2 353.5	3.4
1994	90.0	1 859.8	243.4	1 616.4	175.3	2 537.0	4.0
1995	92.6	2 025.9	273.6	1 752.3	190.1	2 531.8	5.6
1996	96.6	2 042.9	282.2	1 760.7	188.9	2 524.7	4.8
1997	100.0	2 128.2	322.6	1 805.6	211.2	2 462.0	4.6
1998	108.4	2 321.0	359.6	1 961.4	217.6	2 201.4	4.9
1999	159.7	2 546.0	396.3	2 149.7	194.1	2 029.5	5.0
2000	220.6	2 736.0	472.7	2 263.3	182.7	1 946.5	5.3
2001	268.3	2 815.9	558.0	2 257.9	185.0	1 944.2	5.6
2002	320.5	2 929.0	676.7	2 252.3	216.9	1 952.8	5.3
2003	382.2	2 947.4	752.1	2 195.3	222.1	1 829.4	4.9
2004	447.3	2 899.7	821.5	2 078.2	229.1	1 747.0	5.1
2005	504.5	2 854.3	877.7	1 976.5	259.3	1 671.7	4.9
2006	546.1	2 794.8	871.2	1 923.6	294.0	1 729.4	5.0
2007	565.9	2 703.9	840.2	1 863.7	306.9	1 736.1	6.3
2008	607.7	2 693.2	837.0	1 856.2	294.1	1 695.7	6.2
2009	639.5	2 616.7	830.3	1 786.4	315.2	1 637.8	6.4
2010	661.8	2 551.7	836.2	1 715.5	279.8	1 691.7	6.5
2011	681.5	2 484.8	850.8	1 634.0	247.1	1 736.8	6.4
2012	688.8	2 414.8	844.6	1 570.2	214.4	1 714.7	6.6
2013	699.8	2 318.4	822.7	1 495.7	—	1 695.4	6.6

数据来源:教育部。

114. 全国历年各级各类学校在校学生数

单位:万人

年　份	普通高等学　校	普通中学			职业中学	普通小学	特殊教育学　校	学前教育
		合　计	高　中	初　中				
1978	85.6	6 548.3	1 553.1	4 995.2	—	14 624.0	3.1	787.7
1980	114.4	5 508.1	969.8	4 538.3	45.4	14 627.0	3.3	1 150.8
1985	170.3	4 706.0	741.1	3 964.8	229.5	13 370.2	4.2	1 479.7
1986	188.0	4 889.9	773.4	4 116.6	256.0	13 182.5	4.7	1 629.0
1987	195.9	4 948.1	773.7	4 174.4	267.6	12 835.9	5.3	1 807.8
1988	206.6	4 761.5	746.0	4 015.5	279.4	12 535.8	5.8	1 854.5
1989	208.2	4 554.0	716.1	3 837.9	282.3	12 373.1	6.4	1 847.7
1990	206.3	4 586.0	717.3	3 868.7	295.0	12 241.4	7.2	1 972.2
1991	204.4	4 683.5	722.9	3 960.6	315.6	12 164.2	8.5	2 209.3
1992	218.4	4 770.8	704.9	4 065.9	342.8	12 201.3	13.0	2 428.2
1993	253.6	4 739.1	656.9	4 082.2	362.6	12 421.2	16.9	2 552.5
1994	279.9	4 981.7	664.9	4 316.7	405.6	12 822.6	21.1	2 630.3
1995	290.6	5 371.0	713.2	4 657.8	448.3	13 195.2	29.6	2 711.2
1996	302.1	5 739.7	769.3	4 970.4	473.3	13 615.0	32.1	2 666.3
1997	317.4	6 017.9	850.1	5 167.8	511.9	13 995.4	34.1	2 519.0
1998	340.9	6 301.0	938.0	5 363.0	541.6	13 953.8	35.8	2 403.0
1999	413.4	6 771.3	1 049.7	5 721.6	533.9	13 548.0	37.2	2 326.3
2000	556.1	7 368.9	1 201.3	6 167.6	503.2	13 013.3	37.8	2 244.2
2001	719.1	7 836.0	1 405.0	6 431.1	466.4	12 543.5	38.6	2 021.8
2002	903.4	8 287.9	1 683.8	6 604.1	511.5	12 156.7	37.5	2 036.0
2003	1 108.6	8 583.2	1 964.8	6 618.4	528.2	11 689.7	36.5	2 003.9
2004	1 333.5	8 695.4	2 220.4	6 475.0	569.4	11 246.2	37.2	2 089.4
2005	1 561.8	8 580.9	2 409.1	6 171.8	625.6	10 864.1	36.4	2 179.0
2006	1 738.8	8 451.9	2 514.5	5 937.4	676.2	10 711.5	36.3	2 263.9
2007	1 884.9	8 243.3	2 522.4	5 720.9	740.5	10 564.0	41.9	2 348.8
2008	2 021.0	8 050.5	2 476.3	5 574.2	761.1	10 331.5	41.7	2 475.0
2009	2 144.7	7 867.9	2 434.3	5 433.6	785.7	10 071.5	42.8	2 657.8
2010	2 232.0	7 703.0	2 427.0	5 276.0	730.0	9 941.0	43.0	2 977.0
2011	2 308.5	7 519.0	2 454.8	5 064.2	683.6	9 926.4	39.9	3 424.4
2012	2 391.3	7 228.4	2 467.2	4 761.2	624.9	9 695.9	37.9	3 685.8
2013	2 468.1	6 875.0	2 435.9	4 439.1	—	9 360.5	36.8	3 894.7

数据来源:教育部。

115. 2013 年各省、自治区、直辖市每 10 万人口各级学校平均在校生数

单位:人

地　区	幼儿园	小　学	初中阶段[1]	高中阶段[2]	高等学校[3]
合　计	**2 876.3**	**6 913.1**	**3 279.2**	**3 227.3**	**2 417.9**
北　京	1 685.3	3 814.8	1 501.1	1 912.1	5 468.6
天　津	1 650.6	3 907.4	1 845.1	2 076.8	4 346.2
河　北	2 921.8	7 494.7	2 865.6	2 745.2	2 107.6
山　西	2 634.8	6 359.4	3 576.4	3 871.8	2 473.5
内蒙古	2 070.5	5 263.4	2 764.9	3 047.5	2 136.9
辽　宁	1 950.7	4 657.2	2 409.4	2 539.0	2 903.3
吉　林	1 607.0	4 952.2	2 345.4	2 513.2	3 032.6
黑龙江	1 410.5	4 016.8	2 433.1	2 657.6	2 528.5
上　海	2 105.2	3 329.7	1 834.9	1 308.4	3 420.8
江　苏	2 926.9	5 497.1	2 345.3	2 738.4	2 813.5
浙　江	3 412.0	6 382.8	2 707.0	2 887.0	2 362.6
安　徽	2 804.8	6 833.6	3 335.2	3 794.3	2 203.2
福　建	3 823.1	6 932.7	2 956.8	3 341.3	2 435.0
江　西	3 470.8	9 061.0	3 895.1	3 335.8	2 380.6
山　东	2 709.7	6 463.4	3 283.2	3 213.1	2 303.9
河　南	3 688.7	9 993.4	4 093.7	3 571.3	2 113.6
湖　北	2 549.5	5 680.2	2 567.4	2 607.4	3 144.1
湖　南	2 880.4	7 046.4	3 227.7	2 796.9	2 106.2
广　东	3 346.9	7 626.4	3 820.9	4 238.9	2 198.8
广　西	3 881.0	9 104.3	4 166.5	3 727.2	1 939.4
海　南	3 368.3	8 344.9	3 909.7	3 846.5	2 252.6
重　庆	3 033.4	6 754.3	3 455.3	3 988.6	2 894.0
四　川	2 866.4	6 512.6	3 364.5	3 497.4	2 140.0
贵　州	3 093.2	10 204.7	6 036.3	3 942.5	1 535.0
云　南	2 554.6	8 415.5	4 023.2	2 860.5	1 662.3
西　藏	2 383.3	9 571.4	4 094.7	2 291.7	1 527.5
陕　西	3 386.7	6 057.2	3 202.4	4 012.2	3 612.1
甘　肃	2 132.7	7 243.1	4 018.4	4 047.9	2 193.3
青　海	2 908.5	8 283.4	3 631.7	3 638.3	1 161.8
宁　夏	2 613.3	9 334.6	4 401.2	4 096.8	2 194.9
新　疆	3 219.7	8 483.7	4 113.2	3 266.3	1 680.9

注:1. 高等学校包括普通高等学校和成人高等学校。

2. 高中阶段合计数据包括普通高中、成人高中、普通中专、职业高中、技工学校和成人中专。

3. 初中阶段包括普通初中和职业初中。

数据来源:教育部。

116. 全国历年各级各类学校毕业生数

单位:万人

年　份	普通高等学　校	普通中学			职业中学	普通小学	特殊教育学　　校
		合计	高　中	初　中			
1978	16.5	2 375.3	682.7	1 692.6	—	2 287.9	0.3
1980	14.7	1 581.0	616.2	964.7	7.9	2 053.3	0.4
1985	31.6	1 194.9	196.6	998.3	41.3	1 999.9	0.4
1986	39.3	1 281.0	224.0	1 057.0	57.9	2 016.1	0.5
1987	53.2	1 364.1	246.8	1 117.3	75.0	2 043.0	0.4
1988	55.3	1 407.8	250.6	1 157.2	81.0	1 930.3	0.5
1989	57.6	1 377.5	243.2	1 134.3	86.3	1 857.1	0.5
1990	61.4	1 342.1	233.0	1 109.1	89.3	1 863.1	0.5
1991	61.4	1 308.5	222.9	1 085.5	94.5	1 896.7	0.6
1992	60.4	1 328.4	226.1	1 102.3	96.7	1 872.4	0.9
1993	57.1	1 365.9	231.7	1 134.2	102.5	1 841.5	1.2
1994	63.7	1 361.9	209.3	1 152.6	107.6	1 899.6	1.4
1995	80.5	1 429.0	201.6	1 227.4	124.0	1 961.5	1.9
1996	83.9	1 484.0	204.9	1 279.0	139.6	1 934.1	2.4
1997	82.9	1 664.0	221.7	1 442.4	150.1	1 960.1	2.8
1998	83.0	1 832.0	251.8	1 580.2	162.8	2 117.4	3.5
1999	84.8	1 852.7	262.9	1 589.8	167.8	2 313.7	3.8
2000	95.0	1 908.6	301.5	1 607.1	176.3	2 419.2	4.3
2001	103.6	2 047.4	340.5	1 707.0	166.5	2 396.9	4.6
2002	133.7	2 263.6	383.8	1 879.9	145.4	2 351.9	4.4
2003	187.7	2 453.7	458.1	1 995.6	135.5	2 267.9	4.5
2004	239.1	2 617.4	546.9	2 070.4	142.5	2 135.2	4.7
2005	306.8	2 768.1	661.6	2 106.5	170.0	2 019.5	4.3
2006	377.5	2 789.5	727.1	2 062.4	179.5	1 928.5	4.5
2007	447.8	2 745.2	788.3	1 956.8	197.7	1 870.2	5.0
2008	511.9	2 699.0	836.1	1 862.9	216.7	1 865.0	5.2
2009	531.1	2 618.4	823.7	1 794.7	232.1	1 805.2	5.7
2010	575.4	2 543.0	794.4	1 748.6	232.0	1 739.6	5.9
2011	608.2	2 523.2	787.7	1 735.5	219.0	1 662.8	4.4
2012	624.7	2 451.3	791.5	1 659.8	218.4	1 641.6	4.9
2013	638.7	2 359.8	799.0	1 560.8	—	1 581.1	5.1

数据来源:教育部。

117. 2013 年各省、自治区、直辖市各级普通学校生师比

单位:%

地区	小学	初中	普通高中	中等职业学校	普通高校
合计	**16.76**	**12.76**	**14.95**	**22.97**	**17.53**
北京	14.36	9.75	9.00	22.97	15.58
天津	14.42	10.04	11.24	14.04	17.29
河北	17.13	12.67	13.28	17.02	17.54
山西	12.72	11.00	14.16	17.18	17.73
内蒙古	11.85	11.12	14.94	16.63	17.87
辽宁	14.33	10.64	14.10	16.86	17.28
吉林	11.83	9.65	16.47	10.65	17.33
黑龙江	11.28	9.60	14.03	15.96	16.19
上海	15.92	12.11	9.45	18.34	17.14
江苏	16.86	10.50	11.41	17.97	15.48
浙江	19.05	12.58	12.92	17.65	17.02
安徽	17.18	12.63	17.00	28.49	18.78
福建	16.82	11.43	12.72	30.55	17.31
江西	19.70	14.44	17.62	29.70	17.74
山东	16.16	12.08	14.33	20.53	17.31
河南	19.01	13.75	17.51	22.70	17.70
湖北	16.70	10.94	14.17	18.35	17.96
湖南	19.00	12.68	15.44	26.20	18.57
广东	18.47	14.63	15.23	31.00	19.09
广西	19.77	16.68	17.52	40.19	17.69
海南	14.67	13.73	15.65	29.78	19.10
重庆	17.27	13.36	17.54	24.43	17.60
四川	17.21	13.41	16.85	29.66	18.33
贵州	18.43	18.23	18.25	33.19	18.15
云南	17.03	15.38	15.60	23.37	18.19
西藏	15.65	13.92	13.72	26.83	15.69
陕西	13.96	10.88	15.79	24.76	18.07
甘肃	13.30	12.28	15.70	18.09	18.38
青海	17.60	13.34	13.64	30.30	15.13
宁夏	17.70	14.68	16.51	35.98	17.30
新疆	13.48	10.67	12.78	22.86	17.35

注:普通高校生师比中专任教师数包括聘请校外教师。

数据来源:教育部。

118. 1990—2013 年全国学龄儿童入学率和各级普通学校毕业生升学率

单位:%

年　份	学龄儿童净入学率	小学升学率	初中升学率	高中升学率
1990	97. 8	74. 6	40. 6	27. 3
1991	97. 8	77. 7	42. 6	28. 7
1992	97. 2	79. 7	43. 6	34. 9
1993	97. 7	81. 8	44. 1	43. 3
1994	98. 4	86. 6	47. 8	46. 7
1995	98. 5	90. 8	50. 3	49. 9
1996	98. 8	92. 6	49. 8	51. 0
1997	98. 9	93. 7	51. 5	48. 6
1998	98. 9	94. 3	50. 7	46. 1
1999	99. 1	94. 4	50. 0	63. 8
2000	99. 1	94. 9	51. 2	73. 2
2001	99. 1	95. 5	52. 9	78. 8
2002	98. 6	97. 0	58. 3	83. 5
2003	98. 7	97. 9	59. 6	83. 4
2004	98. 9	98. 1	62. 9	82. 5
2005	99. 2	98. 4	69. 7	76. 3
2006	99. 3	100. 0	75. 7	75. 1
2007	99. 5	99. 9	79. 3	71. 8
2008	99. 5	99. 7	83. 4	72. 7
2009	99. 4	99. 1	85. 6	77. 6
2010	99. 7	98. 7	87. 5	83. 3
2011	99. 8	98. 3	88. 6	86. 5
2012	99. 9	98. 3	88. 4	87. 0
2013	99. 7	98. 3	91. 2	87. 6

注:1. 初中升高级中学包含升入技工学校。

2. 高中升学率为普通高校招生数(含电大普通班)与普通高中毕业生数之比。

数据来源:教育部。

119. 2013 年全国高等教育学校(机构)学生数

单位:人

项 目	招生数	在校生数	毕业生数	授予学位数
研究生	611 381	1 793 953	513 626	509 520
博 士	70 462	298 283	53 139	51 714
硕 士	540 919	1 495 670	460 487	457 806
普通本专科	6 998 330	24 680 726	6 387 210	3 130 415
本 科	3 814 331	14 944 353	3 199 716	3 130 415
专 科	3 183 999	9 736 373	3 187 494	—
成人本专科	2 564 934	6 264 145	1 997 729	126 057
本 科	1 038 158	2 654 596	811 159	126 057
专 科	1 526 776	3 609 549	1 186 570	—
在职人员攻读硕士学位	167 576	558 730	—	103 468
网络本专科生	2 200 729	6 146 406	1 560 762	40 267
本 科	804 378	2 175 100	536 702	40 267
专 科	1 396 351	3 971 306	1 024 060	—
自考助学班	—	405 329	194 882	—
普通预科生	—	42 514	—	—
研究生课程进修班	—	69 321	48 329	—
进修及培训	—	6 268 398	9 094 537	—
留学生	106 448	174 806	91 251	19 025

注:留学生指来中国学习的留学生数。

数据来源:国家统计局。

120. 2013 年全国各级各类学历教育学生情况

单位：人，%

项　目	招生数	在校学生数	毕业生数	女学生占学生总数的比重
高等教育				
研究生	611 381	1 793 953	513 626	49.0
博　士	70 462	298 283	53 139	36.9
硕　士	540 919	1 495 670	460 487	51.4
普通本专科	6 998 330	24 680 726	6 387 210	51.7
本　科	3 814 331	14 944 353	3 199 716	51.8
专　科	3 183 999	9 736 373	3 187 494	51.7
成人本专科	2 564 934	6 264 145	1 997 729	55.3
本　科	1 038 158	2 654 596	811 159	56.3
专　科	1 526 776	3 609 549	1 186 570	54.5
其他高等学历教育				
在职人员攻读博士、硕士学位	167 576	558 730	—	32.1
网络本专科生	2 200 729	6 146 406	1 560 762	49.1
本　科	804 378	2 175 100	536 702	52.4
专　科	1 396 351	3 971 306	1 024 060	47.3
中等教育	**29 935 409**	**88 582 754**	**30 887 540**	**47.4**
高中阶段教育	14 974 542	43 699 228	14 838 197	47.8
高中	8 226 961	24 469 522	8 093 801	49.8
普通高中	8 226 961	24 358 817	7 989 789	49.8
完全中学	2 689 932	7 914 286	2 551 466	49.5
高级中学	5 308 309	15 814 322	5 242 878	50.1
十二年一贯制学校	228 720	630 209	195 445	44.6

注：特殊教育学生数中包括普通中小学随班就读的学生。

数据来源：教育部。

120. 2013 年全国各级各类学历教育学生情况 续完

项　　目	招生数	在校学生数	毕业生数	女学生占学生总数的比重
成人高中	—	110 705	104 012	50. 2
中等职业教育	6 747 581	19 229 706	6 744 396	45. 4
普通中专	2 714 716	7 721 842	2 652 082	53. 6
成人中专	862 591	2 299 806	878 323	45. 1
职业高中	1 835 317	5 342 194	2 045 182	46. 3
技工学校	1 334 957	3 865 864	1 168 809	27. 9
初中阶段教育	14 960 867	44 883 526	16 049 343	46. 9
初中	14 960 867	44 401 248	15 615 452	46. 9
初级中学	10 863 869	32 340 393	11 559 429	47. 4
九年一贯制学校	1 804 465	5 256 281	1 760 777	45. 2
十二年一贯制学校	231 841	666 538	206 450	41. 0
完全中学	2 057 158	6 127 520	2 081 587	46. 8
职业初中	3 534	10 516	7 209	47. 3
成人初中	—	482 278	433 891	46. 0
初等教育	**16 953 556**	**94 848 050**	**16 988 501**	**46. 4**
普通小学	16 953 556	93 605 487	15 810 583	46. 3
小学	15 451 429	84 998 824	14 315 683	46. 4
九年一贯制学校	1 381 950	7 920 436	1 372 707	44. 9
十二年一贯制学校	120 177	686 227	122 193	41. 1
成人小学	—	1 242 563	1 177 918	53. 7
扫盲班	—	619 228	505 877	53. 7
工读学校	**3 891**	**9 307**	**3 596**	**13. 6**
特殊教育	**65 977**	**368 103**	**50 739**	**36. 0**
学前教育	**19 700 271**	**38 946 903**	**14 917 314**	**46. 2**

121. 2013 年各省、自治区、直辖市特殊教育基本情况

单位:所,人

地 区	学校数(所)	招生数	在校学生数	毕业生数	教职工数	
					合计	其中:专任教师
全 国	**1 933**	**65 977**	**368 103**	**50 739**	**55 096**	**45 653**
北 京	22	1 156	8 348	1 706	1 253	935
天 津	20	418	2 980	340	779	598
河 北	155	2 570	13 109	1 279	3 582	2 956
山 西	56	1 069	7 146	1 023	1 613	1 385
内蒙古	42	701	4 328	353	1 317	1 121
辽 宁	74	852	7 977	1 079	2 657	2 020
吉 林	47	740	5 610	805	1 717	1 388
黑龙江	74	1 205	9 317	1 002	2 253	1 850
上 海	29	1 147	8 105	1 549	1 588	1 207
江 苏	107	3 491	23 055	3 394	3 901	3 170
浙 江	82	2 812	16 327	1 777	2 331	2 038
安 徽	65	2 072	10 344	1 132	1 500	1 297
福 建	73	4 203	25 142	3 441	1 946	1 729
江 西	85	3 337	17 111	2 197	1 158	1 042
山 东	144	3 340	20 946	2 887	5 684	4 692
河 南	137	3 312	16 697	1 735	3 799	3 264
湖 北	80	1 788	10 576	1 227	1 921	1 647
湖 南	69	2 240	10 097	1 286	1 733	1 403
广 东	99	3 862	21 799	2 527	3 405	2 714
广 西	65	2 132	12 913	1 193	1 600	1 141
海 南	7	425	1 708	178	247	184
重 庆	36	3 316	15 622	2 101	971	852
四 川	119	8 230	43 731	9 191	2 315	2 055
贵 州	60	2 684	12 712	1 378	1 267	1 093
云 南	53	3 829	17 421	2 825	1 361	1 156
西 藏	5	213	835	37	161	136
陕 西	50	1 278	6 494	1 109	1 173	956
甘 肃	32	1 409	8 396	831	784	692
青 海	12	368	2 120	289	161	139
宁 夏	8	305	1 908	188	259	246
新 疆	26	1 473	5 229	680	660	547

数据来源:教育部。

122. 全国历年教育经费情况(1992—2012)

单位:亿元,%

年份	全国教育经费总投入	国家财政性教育经费		公共财政教育支出占公共财政支出比例	国家财政性教育经费占国内生产总值比例
		合计	其中:公共财政教育支出		
1992	867.05	728.75	564.94	15.10	2.71
1993	1 059.94	867.76	676.61	14.57	2.46
1994	1 488.78	1 174.74	931.13	16.07	2.44
1995	1 877.95	1 411.52	1 092.94	16.02	2.32
1996	2 262.34	1 671.70	1 288.08	16.23	2.35
1997	2 531.73	1 862.54	1 441.27	15.61	2.36
1998	2 949.06	2 032.45	1 654.02	15.32	2.41
1999	3 349.04	2 287.18	1 911.37	14.49	2.55
2000	3 849.08	2 562.61	2 191.77	13.80	2.58
2001	4 637.66	3 057.01	2 705.66	14.31	2.79
2002	5 480.03	3 491.40	3 254.94	14.76	2.90
2003	6 208.27	3 850.62	3 619.10	14.68	2.84
2004	7 242.60	4 465.86	4 244.42	14.90	2.79
2005	8 418.84	5 161.08	4 946.04	14.58	2.79
2006	9 815.31	6 348.36	6 135.35	15.18	2.93
2007	12 148.07	8 280.21	8 094.34	16.26	3.12
2008	14 500.74	10 449.63	10 212.97	16.32	3.33
2009	16 502.71	12 231.09	11 974.98	15.69	3.59
2010	19 561.85	14 670.07	14 163.90	15.76	3.65
2011	23 869.29	18 586.70	17 821.74	16.31	3.93
2012	27 695.97	22 236.23	20 314.17	16.13	4.28

注:1. 国家财政性教育经费:主要包括公共财政预算教育经费,各级政府征收用于教育的税费,企业办学中的企业拨款,校办产业和社会服务收入用于教育的经费等。

2. 2012 年对部分教育经费统计指标进行了修订。"公共财政教育支出"2012 年以前包括教育事业费、科研经费、基建经费、其他经费和教育费附加;2012 年包括教育事业费、基建经费和教育费附加。

数据来源:教育部。

123. 2013 年各省、自治区、直辖市分性别的 15 岁及以上文盲人口

单位：人，%

地　区	15 岁及以上人口			文盲人口			文盲人口占 15 岁及以上人口的比重		
	合计	男	女	合计	男	女	合计	男	女
全　国	**934 935**	**474 125**	**460 810**	**43 002**	**11 997**	**31 005**	**4.60**	**2.53**	**6.73**
北　京	15 722	8 149	7 574	239	57	182	1.52	0.70	2.41
天　津	10 790	5 315	5 476	222	51	171	2.06	0.96	3.12
河　北	49 745	25 174	24 571	1 553	432	1 121	3.12	1.72	4.56
山　西	25 247	13 006	12 241	529	168	361	2.09	1.29	2.95
内蒙古	17 782	9 223	8 560	759	238	520	4.27	2.59	6.08
辽　宁	32 457	16 354	16 103	582	205	377	1.79	1.25	2.34
吉　林	20 038	10 293	9 744	456	143	313	2.27	1.38	3.21
黑龙江	27 859	14 091	13 768	608	188	420	2.18	1.34	3.05
上　海	18 065	9 264	8 801	658	184	474	3.64	1.99	5.39
江　苏	56 793	27 932	28 861	2 148	443	1 705	3.78	1.59	5.91
浙　江	39 959	20 665	19 294	2 150	560	1 590	5.38	2.71	8.24
安　徽	40 579	20 257	20 322	3 014	879	2 136	7.43	4.34	10.51
福　建	25 899	13 292	12 606	1 312	241	1 071	5.06	1.81	8.50
江　西	29 968	15 317	14 650	825	201	624	2.75	1.31	4.26
山　东	67 898	34 119	33 779	3 604	834	2 770	5.31	2.44	8.20
河　南	61 555	29 957	31 597	3 004	882	2 122	4.88	2.94	6.72
湖　北	40 707	20 446	20 262	2 158	589	1 569	5.30	2.88	7.74
湖　南	45 131	22 842	22 289	1 408	390	1 018	3.12	1.71	4.57
广　东	73 194	38 115	35 079	2 051	407	1 645	2.80	1.07	4.69
广　西	30 586	15 862	14 724	1 045	252	793	3.42	1.59	5.38
海　南	6 004	3 113	2 891	286	65	221	4.76	2.08	7.65
重　庆	20 687	10 448	10 239	995	290	705	4.81	2.78	6.89
四　川	55 831	28 322	27 510	3 723	1 034	2 689	6.67	3.65	9.78
贵　州	22 520	11 470	11 050	2 350	745	1 605	10.44	6.50	14.53
云　南	30 934	15 956	14 978	2 614	893	1 720	8.45	5.60	11.49
西　藏	1 976	1 004	972	814	374	440	41.18	37.23	45.26
陕　西	26 377	13 409	12 968	1 132	317	815	4.29	2.37	6.29
甘　肃	17 709	9 037	8 672	1 309	421	887	7.39	4.66	10.23
青　海	3 821	1 945	1 876	517	173	345	13.53	8.87	18.37
宁　夏	4 306	2 178	2 128	339	109	230	7.88	5.01	10.82
新　疆	14 795	7 570	7 225	598	234	364	4.04	3.09	5.04

数据来源：国家统计局人口和就业统计司。

124. 2013年各省、自治区、直辖市分性别的15岁及以上文盲人口(城市)

单位:人,%

地区	15岁及以上人口			文盲人口			文盲人口占15岁及以上人口的比重		
	合计	男	女	合计	男	女	合计	男	女
全　国	**307 690**	**155 722**	**151 967**	**5 252**	**1 219**	**4 033**	**1.71**	**0.78**	**2.65**
北　京	12 844	6 685	6 158	96	18	79	0.75	0.26	1.27
天　津	7 318	3 551	3 767	112	22	90	1.53	0.61	2.39
河　北	10 078	4 948	5 130	115	28	86	1.14	0.57	1.68
山　西	8 548	4 234	4 314	78	24	55	0.92	0.56	1.27
内蒙古	6 618	3 381	3 236	101	23	77	1.52	0.69	2.39
辽　宁	18 038	8 804	9 234	131	33	98	0.73	0.37	1.06
吉　林	7 692	3 844	3 848	56	12	44	0.72	0.31	1.14
黑龙江	10 968	5 450	5 518	100	23	77	0.91	0.42	1.39
上　海	14 050	7 145	6 904	219	43	176	1.56	0.60	2.55
江　苏	24 018	12 043	11 975	579	125	455	2.41	1.03	3.80
浙　江	15 190	8 121	7 069	356	80	276	2.34	0.99	3.90
安　徽	9 031	4 439	4 592	271	84	188	3.00	1.88	4.08
福　建	9 087	4 483	4 604	253	36	217	2.79	0.80	4.72
江　西	6 035	2 992	3 043	72	11	61	1.20	0.36	2.02
山　东	21 978	11 117	10 861	572	98	473	2.60	0.88	4.36
河　南	12 427	6 237	6 190	196	34	162	1.58	0.54	2.62
湖　北	14 072	6 967	7 105	253	46	207	1.80	0.66	2.92
湖　南	9 425	4 677	4 747	121	43	78	1.28	0.91	1.64
广　东	34 878	18 729	16 149	409	88	321	1.17	0.47	1.99
广　西	7 296	3 681	3 615	102	21	82	1.40	0.56	2.26
海　南	1 243	616	627	18	4	14	1.47	0.70	2.23
重　庆	5 311	2 790	2 521	65	9	57	1.23	0.31	2.25
四　川	13 302	6 723	6 579	340	102	238	2.56	1.52	3.61
贵　州	4 067	1 812	2 254	63	17	46	1.54	0.92	2.04
云　南	6 608	3 349	3 259	243	106	138	3.68	3.15	4.23
西　藏	213	115	98	52	26	26	24.51	22.77	26.54
陕　西	5 615	2 807	2 807	94	19	74	1.67	0.69	2.64
甘　肃	3 531	1 768	1 763	60	13	47	1.71	0.76	2.67
青　海	1 028	512	515	21	6	15	2.00	1.15	2.85
宁　夏	1 678	840	838	40	8	32	2.37	0.90	3.85
新　疆	5 503	2 861	2 642	64	20	45	1.17	0.69	1.69

数据来源:国家统计局人口和就业统计司。

125. 2013 年各省、自治区、直辖市分性别的 15 岁及以上文盲人口(镇)

单位:人,%

地　区	15 岁及以上人口			文盲人口			文盲人口占 15 岁及以上人口的比重		
	合计	男	女	合计	男	女	合计	男	女
全　国	**211 686**	**107 429**	**104 257**	**7 794**	**2 165**	**5 629**	**3.68**	**2.02**	**5.40**
北　京	719	356	363	10	1	9	1.38	0.26	2.49
天　津	1 631	825	806	51	16	35	3.13	1.99	4.30
河　北	14 080	7 229	6 851	363	93	270	2.58	1.29	3.93
山　西	4 583	2 336	2 247	81	24	58	1.78	1.01	2.57
内蒙古	3 691	1 882	1 809	127	36	91	3.45	1.91	5.05
辽　宁	3 732	2 003	1 729	54	20	34	1.46	1.01	1.98
吉　林	3 347	1 701	1 646	67	20	47	2.01	1.18	2.87
黑龙江	5 232	2 632	2 600	79	22	57	1.50	0.83	2.19
上　海	2 133	1 160	973	82	14	68	3.85	1.25	6.96
江　苏	12 742	6 091	6 651	504	105	399	3.95	1.72	6.00
浙　江	10 503	5 235	5 268	470	124	346	4.47	2.38	6.56
安　徽	11 030	5 662	5 367	591	176	415	5.36	3.11	7.73
福　建	6 693	3 525	3 168	313	46	267	4.67	1.30	8.42
江　西	9 158	4 817	4 341	196	56	140	2.14	1.16	3.21
山　东	14 605	7 270	7 335	702	184	518	4.81	2.54	7.06
河　南	15 588	7 526	8 062	521	162	359	3.34	2.15	4.45
湖　北	8 442	4 214	4 228	424	165	259	5.02	3.92	6.13
湖　南	12 483	6 286	6 196	289	83	205	2.31	1.33	3.32
广　东	16 419	8 494	7 925	568	134	434	3.46	1.58	5.48
广　西	6 999	3 643	3 356	154	34	120	2.20	0.93	3.58
海　南	2 000	1 047	952	79	18	62	3.97	1.68	6.48
重　庆	7 065	3 520	3 545	169	43	126	2.39	1.22	3.56
四　川	12 920	6 669	6 250	375	105	270	2.90	1.57	4.32
贵　州	4 890	2 641	2 249	291	91	201	5.95	3.43	8.92
云　南	6 281	3 191	3 090	399	105	294	6.36	3.29	9.52
西　藏	293	154	139	147	74	73	50.19	48.06	52.56
陕　西	7 850	4 016	3 834	365	115	250	4.65	2.85	6.53
甘　肃	3 691	1 868	1 823	117	33	84	3.17	1.79	4.59
青　海	884	444	440	104	33	71	11.79	7.50	16.12
宁　夏	609	303	306	39	11	29	6.48	3.54	9.39
新　疆	1 394	689	705	61	21	40	4.37	3.05	5.65

数据来源:国家统计局人口和就业统计司。

126. 2013 年各省、自治区、直辖市分性别的 15 岁及以上文盲人口(乡村)

单位:人,%

地 区	15 岁及以上人口			文盲人口			文盲人口占 15 岁及以上人口的比重		
	合计	男	女	合计	男	女	合计	男	女
全 国	**415 559**	**210 973**	**204 586**	**29 956**	**8 613**	**21 343**	**7.21**	**4.08**	**10.43**
北 京	2 159	1 107	1 052	133	39	95	6.18	3.49	9.00
天 津	1 841	939	902	59	13	46	3.20	1.40	5.07
河 北	25 588	12 998	12 590	1 075	310	765	4.20	2.39	6.08
山 西	12 116	6 437	5 680	369	121	248	3.05	1.87	4.37
内蒙古	7 473	3 960	3 514	531	179	351	7.10	4.53	10.00
辽 宁	10 687	5 548	5 139	397	152	245	3.72	2.74	4.77
吉 林	8 999	4 749	4 250	333	111	222	3.70	2.33	5.22
黑龙江	11 659	6 009	5 650	430	144	286	3.69	2.39	5.07
上 海	1 883	959	924	357	127	230	18.94	13.20	24.90
江 苏	20 033	9 798	10 234	1 065	214	851	5.32	2.18	8.32
浙 江	14 266	7 310	6 956	1 324	356	969	9.28	4.86	13.93
安 徽	20 518	10 155	10 363	2 152	619	1 533	10.49	6.09	14.79
福 建	10 119	5 284	4 835	746	159	587	7.37	3.00	12.14
江 西	14 774	7 509	7 266	557	134	423	3.77	1.78	5.82
山 东	31 315	15 732	15 583	2 330	551	1 779	7.44	3.50	11.42
河 南	33 539	16 194	17 346	2 287	686	1 601	6.82	4.24	9.23
湖 北	18 194	9 265	8 929	1 481	378	1 103	8.14	4.08	12.35
湖 南	23 224	11 878	11 345	999	264	735	4.30	2.22	6.48
广 东	21 897	10 892	11 005	1 074	184	890	4.90	1.69	8.08
广 西	16 290	8 537	7 753	788	197	591	4.84	2.31	7.62
海 南	2 761	1 450	1 312	188	43	146	6.82	2.94	11.10
重 庆	8 311	4 138	4 173	761	238	523	9.15	5.76	12.52
四 川	29 609	14 929	14 680	3 008	827	2 181	10.16	5.54	14.86
贵 州	13 563	7 017	6 546	1 997	638	1 359	14.72	9.09	20.76
云 南	18 045	9 416	8 629	1 971	683	1 288	10.92	7.25	14.93
西 藏	1 471	735	735	615	274	341	41.80	37.22	46.39
陕 西	12 913	6 586	6 326	674	183	491	5.22	2.78	7.76
甘 肃	10 486	5 401	5 086	1 131	374	757	10.79	6.93	14.88
青 海	1 909	988	920	392	133	259	20.55	13.49	28.13
宁 夏	2 019	1 035	984	260	91	169	12.88	8.78	17.20
新 疆	7 898	4 020	3 878	473	193	280	5.99	4.81	7.21

数据来源:国家统计局人口和就业统计司。

127. 2013 年分地区未入学学龄残疾儿童少年情况

单位：人

	合计	视力残疾	听力残疾	言语残疾	肢体残疾	智力残疾	精神残疾	多重残疾
全　国	**83 532**	**5 015**	**5 445**	**5 067**	**25 782**	**26 434**	**3 413**	**12 376**
北　京	243	3	1	1	72	112	18	36
天　津	445	9	16	13	150	230	1	26
河　北	1 135	45	72	69	439	362	22	126
山　西	2 481	122	181	163	761	887	62	305
内蒙古	1 576	56	62	83	482	516	67	310
辽　宁	2 094	67	104	59	716	805	145	198
吉　林	2 896	78	133	148	907	1 136	202	292
黑龙江	1 037	40	57	33	292	400	82	133
上　海	9	0	0	0	5	3	0	1
江　苏	1 435	52	129	16	478	642	33	85
浙　江	526	10	33	8	172	217	21	65
安　徽	5 034	153	262	217	1 429	1 757	283	933
福　建	1 474	44	95	33	392	682	76	152
江　西	5 234	538	563	449	1 176	1 536	251	721
山　东	3 752	262	154	126	1 105	1 408	210	487
河　南	7 948	377	610	591	2 994	2 619	98	659
湖　北	2 461	178	204	125	799	654	102	399
湖　南	5 839	276	232	327	2 114	1 595	163	1 132
广　东	4 303	154	160	180	1 123	1 546	346	794
广　西	4 804	228	240	386	1 395	1 302	144	1 109
海　南	443	18	13	35	126	132	24	95
重　庆	943	59	47	56	312	389	33	47
四　川	4 436	381	310	322	1 548	1 295	105	475
贵　州	4 427	666	564	424	1 026	1 006	240	501
云　南	4 878	306	316	392	1 577	1 241	95	951
西　藏	178	20	13	26	74	10	7	28
陕　西	4 017	316	398	216	1 201	1 048	173	665
甘　肃	3 137	194	186	170	1 106	829	123	529
青　海	928	61	61	51	309	296	15	135
宁　夏	1 021	72	46	56	262	383	37	165
新　疆	4 183	224	177	279	1 171	1 304	224	804
新疆兵团	49	4	1	2	16	14	5	7
黑龙江农垦	166	2	5	11	53	78	6	11

数据来源：中国残疾人联合会。

128. 2013 年分地区残疾人就业情况

单位:万人

地　区	城镇残疾人就业状况		农村残疾人就业状况		
	就业人数合计	本年度安排就业人数	实际就业人数	从事农业生产劳动	从事其他形式就业
全　国	**445.6**	**36.9**	**1 757.2**	**1 385.4**	**371.7**
北　京	7.2	0.3	6.4	4.0	2.4
天　津	3.8	0.3	6.8	4.8	2.0
河　北	20.3	1.2	89.1	70.3	18.7
山　西	12.1	0.8	40.0	28.8	11.2
内蒙古	11.7	0.7	27.8	22.6	5.2
辽　宁	31.5	0.9	39.9	29.1	10.9
吉　林	15.9	0.9	30.5	25.4	5.1
黑龙江	12.6	1.4	24.2	19.7	4.5
上　海	6.7	0.3	2.5	0.5	2.0
江　苏	30.7	2.2	68.3	51.9	16.4
浙　江	20.6	1.3	32.3	21.3	11.0
安　徽	17.2	3.4	83.5	67.9	15.6
福　建	12.3	0.8	32.4	25.0	7.4
江　西	15.3	1.4	55.9	42.0	14.0
山　东	24.7	2.1	139.4	110.3	29.2
河　南	31.5	3.7	190.8	154.0	36.8
湖　北	23.0	3.3	90.3	68.6	21.6
湖　南	27.9	1.4	93.1	68.3	24.8
广　东	20.2	2.0	61.4	50.2	11.2
广　西	7.7	0.5	64.0	50.9	13.0
海　南	1.2	0.2	6.7	5.6	1.0
重　庆	13.8	0.7	50.1	40.5	9.5
四　川	26.9	3.2	180.5	143.7	36.8
贵　州	8.1	0.6	79.2	62.5	16.7
云　南	7.6	0.4	97.3	84.2	13.1
西　藏	0.2	0.0	1.9	1.9	0.1
陕　西	10.6	0.8	70.5	53.4	17.1
甘　肃	10.6	0.9	53.9	44.7	9.1
青　海	0.6	0.1	4.7	4.0	0.7
宁　夏	2.4	0.1	11.0	9.5	1.5
新　疆	7.2	0.6	23.0	20.0	3.0
新疆兵团	1.8	0.2	—	—	—
黑龙江农垦	1.6	0.0	—	—	—

数据来源:中国残疾人联合会。

129. 2013年分地区残疾人职业培训

单位：个，人

地区	职业培训基地			本年度城镇职业培训人数
	合计	残联兴办	依托社会机构兴办	
全 国	**5 357**	**2 022**	**3 335**	**37 8247**
北 京	62	8	54	10 471
天 津	30	6	24	2 837
河 北	386	267	119	20 775
山 西	512	282	230	8 422
内蒙古	66	20	46	12 213
辽 宁	158	60	98	14 869
吉 林	180	52	128	13 823
黑龙江	94	32	62	12 399
上 海	16	6	10	11 666
江 苏	216	71	145	23 208
浙 江	291	104	187	14 397
安 徽	86	23	63	12 114
福 建	201	79	122	8 799
江 西	227	44	183	3 802
山 东	683	103	580	22 642
河 南	230	49	181	51 062
湖 北	269	205	64	10 749
湖 南	185	75	110	6 368
广 东	130	56	74	13 117
广 西	65	28	37	6 327
海 南	12	3	9	2 322
重 庆	32	5	27	4 762
四 川	517	240	277	31 184
贵 州	40	10	30	4 423
云 南	111	36	75	8 451
西 藏	5	3	2	193
陕 西	80	21	59	12 337
甘 肃	42	19	23	19 494
青 海	28	15	13	2 131
宁 夏	31	3	28	2 861
新 疆	370	96	274	9 257
新疆兵团	2	1	1	772
黑龙江农垦	—	—	—	—

数据来源：中国残疾人联合会。

130. 2013 年分地区城镇残疾人参加社会保险情况

单位:万人

地区	城镇残疾职工参加社会保险合计	残疾居民参加城镇居民医疗保险	残疾居民参加城镇居民养老保险试点				
			实际参保残疾人	享受养老保险金	60 周岁以下参保残疾人	全部代缴	部分代缴
全　国	**296.7**	**547.3**	**401.4**	**162.0**	**239.5**	**76.7**	**53.1**
北　京	6.6	4.9	2.6	0.3	2.3	1.5	0.5
天　津	4.0	7.2	2.0	1.0	1.0	0.7	0.3
河　北	9.8	15.2	13.4	4.4	9.0	1.4	2.7
山　西	10.2	22.7	20.1	11.5	8.7	2.5	1.3
内蒙古	6.4	13.5	6.2	2.4	3.8	1.3	1.0
辽　宁	19.5	19.2	18.8	6.3	12.5	4.3	5.0
吉　林	6.7	21.3	8.6	1.9	6.7	3.9	1.2
黑龙江	7.0	15.7	12.5	5.8	6.8	0.8	2.0
上　海	7.4	2.9	2.4	0.0	2.4	2.3	0.1
江　苏	27.7	41.1	30.6	17.3	13.2	5.4	2.3
浙　江	16.4	12.7	7.9	3.4	4.5	2.5	0.6
安　徽	8.4	30.0	17.8	7.8	10.0	4.0	0.8
福　建	5.0	13.4	10.4	5.1	5.3	2.0	2.0
江　西	10.9	22.9	11.4	5.9	5.6	1.6	2.7
山　东	20.4	16.6	22.5	9.1	13.5	4.3	2.6
河　南	25.0	38.4	29.2	12.6	16.6	3.9	1.9
湖　北	16.5	30.3	22.5	6.5	16.0	8.2	4.3
湖　南	20.1	30.1	32.1	13.2	18.8	4.9	3.0
广　东	13.7	30.6	9.2	3.3	6.0	1.7	1.6
广　西	4.6	16.9	17.9	9.1	8.7	2.1	0.5
海　南	0.8	5.0	5.2	1.8	3.4	0.7	0.1
重　庆	7.3	17.5	13.3	5.3	7.9	1.3	5.0
四　川	13.3	33.7	26.4	7.1	19.3	4.6	1.9
贵　州	3.9	10.8	9.4	5.9	3.5	1.0	0.8
云　南	5.8	11.5	12.2	2.0	10.2	2.4	1.7
西　藏	0.7	0.4	0.2	0.1	0.1	0.1	0.0
陕　西	6.7	20.0	8.9	3.3	5.6	1.7	2.7
甘　肃	2.9	19.2	12.6	4.1	8.5	3.1	1.5
青　海	0.5	1.3	0.8	0.6	0.2	0.1	0.0
宁　夏	0.9	4.8	4.9	2.3	2.6	0.9	1.2
新　疆	5.6	9.5	8.2	2.1	6.1	1.0	1.7
新疆兵团	1.4	2.3	0.9	0.3	0.6	0.4	0.0
黑龙江农垦	0.8	5.6	0.0	—	—	—	—

数据来源:中国残疾人联合会。

131. 2013 年分地区残疾人参加新型农村社会养老保险

单位:万人

地区	合计	享受养老保金		60 周岁以下参保残疾人		
		小计	其中:重度残疾人	小计	重度残疾人	其他残疾人
全　国	**1 638.3**	**628.1**	**178.5**	**1 010.2**	**314.0**	**696.2**
北　京	7.9	1.3	0.7	6.5	3.0	3.5
天　津	3.8	2.5	0.9	1.3	0.9	0.4
河　北	115.1	35.3	9.0	79.8	16.1	63.7
山　西	74.1	37.2	4.9	36.9	11.6	25.3
内蒙古	21.7	9.9	3.8	11.8	4.0	7.7
辽　宁	33.2	8.5	2.7	24.6	5.7	18.9
吉　林	12.1	3.5	1.2	8.6	2.8	5.7
黑龙江	12.7	6.3	0.7	6.4	1.6	4.8
上　海	2.6	1.1	0.2	1.5	1.0	0.5
江　苏	52.0	18.0	6.8	34.0	8.3	25.7
浙　江	34.8	18.1	4.9	16.7	5.9	10.8
安　徽	82.1	31.6	11.0	50.5	17.9	32.6
福　建	44.4	22.5	8.4	21.9	10.4	11.5
江　西	46.7	24.8	3.9	22.0	6.0	16.0
山　东	112.7	42.5	14.0	70.2	21.6	48.6
河　南	200.0	85.9	15.7	114.1	49.2	64.9
湖　北	84.9	35.7	8.9	49.2	15.3	33.9
湖　南	130.5	49.9	17.7	80.6	23.0	57.5
广　东	49.1	19.0	8.3	30.1	11.9	18.2
广　西	72.7	34.0	10.6	38.8	11.3	27.5
海　南	12.8	4.5	1.3	8.3	2.7	5.6
重　庆	30.1	13.2	4.0	16.9	6.1	10.8
四　川	145.8	33.9	11.5	111.9	24.8	87.1
贵　州	42.7	20.6	5.0	22.1	6.8	15.3
云　南	63.9	18.6	6.2	45.3	12.1	33.2
西　藏	1.5	0.7	0.2	0.8	0.1	0.6
陕　西	34.5	9.7	3.5	24.9	7.9	17.0
甘　肃	79.3	25.4	6.6	53.8	17.6	36.3
青　海	4.2	2.8	0.3	1.4	1.0	0.3
宁　夏	14.0	5.8	3.8	8.2	3.7	4.5
新　疆	16.8	5.4	1.6	11.4	3.7	7.7

数据来源:中国残疾人联合会。

132. 2013 年分地区残疾人社会救助与社会福利

单位:万人

地区	社会救助						社会福利	
	城镇			农村				
	已纳入最低生活保障范围	集中供养	其他救助救济	已纳入最低生活保障范围	五保供养	其他救助救济	享受生活补贴	享受护理补贴
全　国	**264.80**	**11.67**	**69.68**	**828.24**	**65.24**	**196.32**	**366.18**	**91.98**
北　京	1.99	0.01	0.73	2.20	0.09	1.39	12.38	0.00
天　津	3.36	0.01	1.09	2.30	0.37	0.93	5.87	0.74
河　北	6.77	0.37	1.13	34.72	2.40	4.08	1.79	0.00
山　西	6.70	0.13	1.68	23.77	2.54	4.81	1.01	1.49
内蒙古	9.30	0.25	4.83	20.91	1.32	8.34	20.60	19.87
辽　宁	15.87	0.45	2.00	18.45	2.33	3.16	0.15	0.19
吉　林	13.27	0.65	1.64	15.23	1.03	1.44	—	0.00
黑龙江	16.23	0.35	1.67	13.97	1.02	3.00	0.60	0.78
上　海	1.53	0.01	5.72	0.28	0.01	1.96	4.19	4.19
江　苏	9.16	0.77	4.62	22.65	2.22	10.39	28.08	11.65
浙　江	2.79	0.32	1.46	14.99	0.66	8.07	20.09	7.36
安　徽	11.48	0.57	0.95	39.67	3.76	5.22	27.43	0.67
福　建	3.81	0.15	1.23	19.29	1.12	5.49	25.24	1.71
江　西	10.75	1.08	1.52	25.85	2.61	3.87	0.00	0.00
山　东	7.77	0.78	2.09	35.17	3.09	6.73	21.40	1.23
河　南	19.63	0.89	4.28	67.48	5.54	13.58	30.96	0.14
湖　北	18.46	1.23	2.47	53.03	4.15	6.83	20.14	0.31
湖　南	20.95	0.78	4.48	65.72	6.80	11.58	12.17	0.01
广　东	9.19	0.38	3.30	27.84	2.41	4.44	36.28	29.94
广　西	7.04	0.20	0.75	40.60	4.17	5.57	0.53	0.02
海　南	1.44	0.03	0.88	4.61	0.21	1.11	0.17	3.04
重　庆	6.26	0.37	2.77	12.80	1.81	5.70	0.76	0.81
四　川	15.97	0.81	5.73	73.80	5.29	16.26	4.44	1.23
贵　州	5.39	0.18	0.99	44.69	1.27	7.01	0.00	0.00
云　南	8.07	0.28	1.81	57.28	4.46	9.79	2.08	0.06
西　藏	0.09	—	0.06	1.57	0.04	0.08	0.26	—
陕　西	7.19	0.31	5.70	31.69	2.12	34.03	76.92	0.04
甘　肃	11.37	0.10	1.25	33.35	1.83	8.87	1.91	5.70
青　海	0.57	0.07	0.07	2.28	0.17	0.57	1.93	—
宁　夏	1.47	0.03	0.61	7.31	0.15	1.05	7.78	—
新　疆	5.79	0.09	0.93	14.73	0.27	0.97	1.03	0.79
新疆兵团	2.08	0.02	0.81	—	—	—	—	—
黑龙江农垦	3.06	0.01	0.42	0.00	—	—	—	—

数据来源:中国残疾人联合会。

133. 2013 年分地区托养服务机构建设情况

单位:个,人

地区	寄宿制托养服务		日间照料托养服务		综合托养服务机构		本年度享受居家托养服务残疾人
	机构数	托养残疾人	机构数	托养残疾人	机构数	托养残疾人	
全　国	**1 750**	**50 061**	**2 000**	**56 833**	**1 927**	**52 874**	**784 313**
北　京	29	256	—	—	51	951	98 541
天　津	14	232	68	981	2	32	15 107
河　北	54	1 847	12	319	81	2 215	18 556
山　西	51	593	6	679	31	692	14 690
内蒙古	68	1 797	8	128	34	845	18 261
辽　宁	77	4 334	104	2 257	37	1 168	23 662
吉　林	6	479	1	20	8	313	15 426
黑龙江	39	2 074	2	80	60	2 183	18 092
上　海	365	5 443	416	13 394	—	—	19 520
江　苏	40	1 276	299	5 440	783	17 193	74 307
浙　江	451	8 138	132	3 550	174	3 975	67 802
安　徽	12	683	15	301	54	1 654	16 003
福　建	15	726	49	1 134	46	2 168	23 498
江　西	10	978	3	71	8	214	14 598
山　东	168	5 695	37	3 645	235	6 237	34 978
河　南	5	296	1	30	40	2 532	20 539
湖　北	62	1 049	124	6 620	23	275	13 970
湖　南	20	754	50	1 216	41	1 529	19 853
广　东	20	881	328	9 684	37	2 263	19 592
广　西	3	172	24	906	3	73	19 442
海　南	6	410	—	—	—	—	11 752
重　庆	19	591	52	466	26	977	14 556
四　川	39	1 453	106	2 216	32	909	47 982
贵　州	4	318	4	38	6	164	13 625
云　南	17	674	3	63	23	703	20 382
西　藏	—	—	—	—	—	—	6 733
陕　西	61	5 917	20	340	47	1 935	17 545
甘　肃	21	925	7	543	19	1 210	24 857
青　海	24	369	4	45	13	189	15 322
宁　夏	5	204	34	1 197	5	160	14 127
新　疆	16	586	88	1 390	6	55	23 089
新疆兵团	23	540	2	70	2	60	6 364
黑龙江农垦	6	371	1	10	—	—	1 542

数据来源:中国残疾人联合会。

134. 2013 年分地区农村残疾人扶贫开发

单位:万户,万人,户,人

地区	扶持贫困残疾人户(万户)	扶持贫困残疾人(万人)	实际脱贫(万人)	返贫(万人)	危房改造实际完成(户)	危房改造项目受益贫困残疾人(人)
全　国	**155.0**	**238.7**	**120.6**	**19.4**	**122 280**	**144 359**
北　京	0.9	0.9	0.4	0.0	731	803
天　津	2.0	2.4	0.0	0.0	109	109
河　北	17.0	20.6	12.5	1.0	3 468	4 389
山　西	6.2	9.8	4.1	1.2	1 805	2 351
内蒙古	2.0	4.1	3.9	0.8	7 473	9 152
辽　宁	5.5	6.9	3.7	0.4	1 486	1 484
吉　林	1.8	3.0	2.1	0.1	1 226	1 408
黑龙江	1.8	1.9	1.4	0.1	2 392	2 659
上　海	0.4	0.5	0.0	0.0	388	388
江　苏	2.2	3.1	2.2	0.1	992	1 133
浙　江	7.2	10.5	2.4	0.5	4 030	4 864
安　徽	11.3	15.8	2.9	0.7	11 029	13 942
福　建	2.4	3.0	1.5	0.1	3 905	5 678
江　西	2.6	4.1	6.8	0.4	4 788	5 433
山　东	8.2	11.9	5.6	0.4	3 721	4 719
河　南	5.8	16.8	8.4	0.7	2 233	3 135
湖　北	5.8	11.2	6.0	0.5	1 200	1 525
湖　南	5.3	8.7	4.4	0.9	7 639	8 430
广　东	2.5	4.7	2.1	0.1	1 486	1 655
广　西	2.4	4.8	3.6	0.6	7 853	9 303
海　南	0.4	0.7	0.2	0.0	2 622	2 724
重　庆	4.1	4.7	2.3	1.3	3 355	3 655
四　川	15.9	25.4	12.1	2.6	3 046	3 660
贵　州	6.9	10.7	6.9	1.2	2 306	3 226
云　南	6.0	8.4	3.3	1.6	6 435	7 270
西　藏	0.0	0.0	0.0	—	74	69
陕　西	13.8	23.7	8.6	1.4	4 432	5 675
甘　肃	7.9	11.6	9.7	2.2	9 932	13 045
青　海	1.1	1.3	0.7	0.0	2 554	2 621
宁　夏	1.4	1.5	1.3	0.2	283	311
新　疆	2.8	3.5	1.1	0.2	15 280	15 490
新疆兵团	1.0	2.0	0.2	0.0	3 407	3 428
黑龙江农垦	0.4	0.5	0.2	—	600	625

数据来源:中国残疾人联合会。

135. 2013 年分地区残疾人法律服务和法律援助

单位：个，件

地　区	残疾人法律援助中心（工作站）				残疾人法律援助中心（工作站）办理的案件			
	合　计	省　级	地市级	县　级	合　计	省　级	地市级	县　级
全　国	**3 096**	**28**	**332**	**2 736**	**23 498**	**433**	**5 708**	**17 357**
北　京	17	1	—	16	337	6	—	331
天　津	0		—	0	0	—	—	0
河　北	186	1	11	174	2 471	29	1 177	1 265
山　西	120		10	110	674	—	357	317
内蒙古	102	1	12	89	359	1	52	306
辽　宁	115	1	14	100	989	2	252	735
吉　林	66	1	8	57	396	10	48	338
黑龙江	119	1	13	105	857	20	221	616
上　海	18	1	—	17	210	0	—	210
江　苏	111	1	13	97	948	3	132	813
浙　江	98	1	11	86	1 009	5	159	845
安　徽	115	1	15	99	1 132	12	184	936
福　建	93	1	9	83	993	8	217	768
江　西	94	1	9	84	804	13	161	630
山　东	152	1	17	134	1 453	1	508	944
河　南	165	1	17	147	712	7	219	486
湖　北	95	1	13	81	1 369	195	231	943
湖　南	118	1	13	104	753	9	72	672
广　东	124	1	20	103	624	5	247	372
广　西	119	1	14	104	606	1	93	512
海　南	17	—	2	15	75	—	16	59
重　庆	41	1	—	40	1 271	0	—	1 271
四　川	139	1	15	123	1 074	4	101	969
贵　州	85	1	7	77	200	1	12	187
云　南	134	1	14	119	836	8	100	728
西　藏	8	1	7	0	2	—	2	0
陕　西	107	1	9	97	646	11	411	224
甘　肃	95	1	15	79	939	2	72	865
青　海	55	1	8	46	154	3	19	132
宁　夏	25	0	5	20	372	0	284	88
新　疆	87	1	9	77	751	2	171	578
新疆兵团	166	1	14	151	339	75	180	84
黑龙江农垦	110	—	8	102	143	—	10	133

数据来源：中国残疾人联合会。

136. 2013 年分地区残疾人服务设施建设

单位：个，平方米，万元

地区	综合服务设施			康复设施			托养设施		
	项目个数	建设规模	总投资	项目个数	建设规模	总投资	项目个数	建设规模	总投资
全　国	**2 094**	**4 241 338**	**1 195 573.4**	**542**	**1 007 332**	**327 475.1**	**353**	**782 398**	**195 743.5**
北　京	4	55 621	29 679.5	3	13 221	8 273.7	—	—	—
天　津	24	88 532	46 817.3	8	9 550	1 966.0	16	10 613	3 866.0
河　北	146	145 790	28 347.7	7	33 979	8 178.1	8	31 219	5 550.1
山　西	52	108 182	28 489.8	32	71 946	17 293.4	1	2 000	400.0
内蒙古	65	54 516	8 906.8	2	4 005	430.0	4	4 496	500.0
辽　宁	126	249 023	81 402.2	13	57 927	11 813.9	16	22 898	10 368.5
吉　林	45	77 648	19 854.4	8	27 941	10 356.0	1	3 345	1 452.0
黑龙江	101	108 296	36 933.9	3	4 246	307.0	3	10 817	3 346.0
上　海	6	11 497	6 738.5	1	49 734	45 000.0	—	—	—
江　苏	73	405 092	139 575.1	47	119 259	30 456.0	40	174 136	54 361.0
浙　江	71	429 389	158 245.1	21	136 598	40 983.4	12	89 766	32 383.0
安　徽	71	142 314	44 092.1	4	11 932	2 318.0	—	—	—
福　建	78	152 741	50 529.7	208	26 808	3 935.3	40	54 247	10 362.2
江　西	20	29 213	7 367.0	7	11 520	6 406.0	2	650	65.0
山　东	136	333 071	66 015.9	27	78 168	27 728.0	25	74 631	20 986.0
河　南	134	178 147	28 293.8	6	44 942	9 304.0	2	5 400	1 500.0
湖　北	68	107 958	22 566.5	11	22 737	4 445.0	28	32 938	5 079.5
湖　南	93	121 628	23 428.9	18	16 645	3 245.5	32	28 568	3 384.1
广　东	85	342 616	109 419.6	49	90 618	25 771.8	33	45 321	8 842.1
广　西	94	129 906	21 962.4	1	660	125.0	2	920	70.2
海　南	7	6 306	1 731.0	—	—	—	—	—	—
重　庆	28	85 417	25 116.2	4	4 613	1 200.0	1	68	197.9
四　川	82	185 735	52 203.4	25	112 549	55 821.0	9	20 732	4 214.7
贵　州	59	52 786	8 872.2	3	11 397	2 519.9	1	1 640	252.0
云　南	126	158 312	25 964.2	—	—	—	—	—	—
西　藏	—	—	—	—	—	—	—	—	—
陕　西	76	146 942	31 195.3	19	29 026	4 492.7	37	93 257	12 396.3
甘　肃	92	97 181	30 511.2	2	1 300	347.0	4	10 575	1 864.0
青　海	31	17 911	4 011.2	3	4 088	973.0	—	—	—
宁　夏	17	29 792	6 957.1	—	—	—	—	—	—
新　疆	68	177 847	48 768.6	8	5 350	1 657.0	7	10 302	2 326.0
新疆兵团	10	6 983	968.0	2	6 574	2 128.5	27	45 338	6 629.9
黑龙江农垦	6	4 949	608.6	—	—	—	2	8 521	5 347.0

数据来源：中国残疾人联合会。

• 台湾省

137. 2008—2013 年台湾省面积和人口主要指标

项　目	2008	2009	2010	2011	2012	2013
土地面积(万平方公里)	3.6	3.6	3.6	3.6	3.6	3.6
户籍登记人口数(万人)	2 303.7	2 312.0	2 316.2	2 322.5	2 331.6	2 337.4
男	1 162.6	1 163.7	1 163.5	1 164.6	1 167.3	1 168.5
女	1 141.1	1 148.3	1 152.7	1 157.9	1 164.3	1 168.9
粗出生率(‰)	8.64	8.29	7.21	8.48	9.86	8.53
粗死亡率(‰)	6.25	6.22	6.30	6.59	6.63	6.68
人口自然增长率(‰)	2.40	2.07	0.91	1.88	3.23	1.85
一般生育率(‰)	31	31	27	32	—	32
结婚率(对/千人)	6.73	5.07	6.00	7.13	6.16	6.32
离婚率(对/千人)	2.43	2.48	2.51	2.46	2.41	2.30
期望寿命(岁)	—	—	—	—	—	—
男	75.59	76.03	76.13	75.98	76.16	—
女	81.94	82.34	82.55	82.65	83.03	—
人口的年龄分布(%)	—	—	—	—	—	—
0—14 岁	16.95	16.34	15.65	15.08	14.63	14.32
15—64 岁	72.62	73.03	73.61	74.04	74.22	74.15
65 岁及以上	10.43	10.63	10.74	10.89	11.15	11.53
性别比(女 = 100)	101.89	101.34	100.94	100.57	100.26	99.96
人口密度(人/平方公里)	636.6	638.8	640.0	641.7	644.2	645.8

数据来源:国家统计局。

138. 2008—2013 年台湾省劳动力和就业状况

项　目	2008	2009	2010	2011	2012	2013
劳动力总计(万人)	1 085.3	1 091.7	1 107.0	1 120.0	1 134.1	1 144.5
男	617.3	618.0	624.2	630.4	636.9	640.2
女	468.0	473.7	482.8	489.6	497.2	504.3
就业人数(万人)	1 040.3	1 027.9	1 049.3	1 070.9	1 086.0	1 096.7
男	590.2	577.6	588.0	600.6	608.3	611.6
女	450.1	450.2	461.3	470.2	477.7	485.1
就业者行业构成(%)	100.0	100.0	100.0	100.0	100.0	100.0
农、林、渔、牧业	5.1	5.3	5.2	5.1	5.0	5.0
工业	36.8	35.8	35.9	36.3	36.2	36.2
矿业及土石采取业	0.06	0.05	0.04	0.04	0.04	0.04
制造业	27.7	27.1	27.3	27.5	27.4	27.2
电力及燃气供应业	0.3	0.3	0.3	0.3	0.3	0.3
用水供应及污染整治业	0.7	0.7	0.7	0.7	0.8	0.8
建筑业	8.1	7.7	7.6	7.8	7.8	7.9
服务业	58.0	58.9	58.8	58.6	58.8	58.9
批发及零售业	17.0	16.9	16.6	16.5	16.6	16.6
运输及仓储业	4.0	3.9	3.9	3.8	3.8	3.9
金融及保险业	4.0	4.0	4.1	4.0	3.9	3.8
咨讯及通讯传播	2.0	2.0	2.0	2.0	2.1	2.1
住宿及餐饮业	6.6	6.7	6.9	6.8	6.9	7.1
教育服务业	5.8	6.0	5.9	5.9	5.8	5.8
公共行政	3.3	3.7	3.7	3.6	3.5	3.5
失业人数(万人)	45.0	63.8	57.7	49.1	48.1	47.8
失业率(%)	4.1	5.8	5.2	4.4	4.2	4.2

数据来源:国家统计局。

139. 2004—2012 年台湾省医院、病床和医务人员情况

单位：所，床，人

年　份	医疗机构	病床数	每万人病床数	从业医务人员数	每万人拥有医务人员
2004	19 240	143 343	63.18	192 611	84.89
2005	19 433	146 382	64.29	199 734	87.72
2006	19 682	148 962	65.12	206 959	90.47
2007	19 900	150 628	65.61	214 748	93.54
2008	20 174	152 901	66.37	223 623	97.07
2009	20 306	156 740	67.79	233 553	101.02
2010	20 691	158 922	68.61	241 156	104.12
2011	21 135	160 472	69.09	250 258	107.75
2012	21 437	160 900	69.01	258 283	110.78

数据来源：国家统计局。

140. 2004—2013 年台湾省入学率和教育经费

单位：人，%

年　份	粗入学率（6—21 岁）			每千人口高等教育学生数②	15 岁以上人口识字率③	公共教育经费	
	初等教育（6—11 岁）	中等教育（12—17 岁）	高等教育①（18—21 岁）			占 GDP 比重	占政府支出比重
2004	100.8	98.3	78.1	58.8	97.2	5.6	19.7
2005	100.3	97.9	82.0	58.7	97.3	5.7	20.0
2006	99.5	99.1	83.6	59.1	97.5	5.6	21.2
2007	100.8	98.7	85.3	59.2	97.6	5.4	20.8
2008	100.7	99.2	83.2	59.4	97.8	5.7	20.5
2009	101.4	99.0	82.2	58.7	97.9	6.1	19.9
2010	99.7	100.3	83.8	58.6	98.0	5.5	20.1
2011	100.4	100.0	83.4	58.5	98.2	5.7	20.4
2012	101.4	99.0	84.4	58.2	98.3	5.9	20.2
2013	99.5	100.3	83.9	57.4	98.4	—	—

注：①不含五专前三年、研究所及进修教育。
②不含五专前三年。
③年底资料。

数据来源：国家统计局。

● 香港特别行政区

141. 2008—2013 年香港特别行政区人口主要指标

单位:万人,‰,对,年

项　　目	2008	2009	2010	2011	2012	2013
年中人口(万人)	695.8	697.3	702.4	707.2	715.5	718.8
粗出生率(‰)	11.3	11.8	12.6	13.5	12.8	7.9
粗死亡率(‰)	6.0	5.9	6.0	6.0	6.0	5.9
婴儿死亡率(‰)	1.8	1.7	1.7	1.3	1.4	1.6
自然增长率(‰)	5.3	5.9	6.6	7.5	6.8	2
总和生育率①	1 064	1 055	1 127	1 204	1 253	1 124
登记结婚数(对)	47 331	51 175	52 558	58 369	60 273	55 398
登记离婚数(对)	17 771	17 002	18 167	19 597	21 125	22 271
出生时平均预期寿命(年)						
男	79.4	79.8	80.1	80.3	80.6	80.9
女	85.5	85.9	86.0	86.7	86.3	86.6

注:①不包括女性外籍家庭佣工。每千名女性的活产婴儿数目。

数据来源:国家统计局。

142. 2008—2013 年香港特别行政区劳动人口及失业状况

单位:万人,%

项　　目	2008	2009	2010	2011	2012	2013
劳动人口数目(万人)	363.7	366.0	363.1	370.3	378.5	385.9
男(万人)	194.4	194.4	193.1	194.3	197.2	199.2
女(万人)	169.3	171.6	170.0	176.0	181.3	186.6
劳动人口参与率(%)	60.9	60.8	59.6	60.1	60.5	61.2
就业人口(万人)	350.9	346.8	347.4	357.6	366.1	372.8
失业人口(万人)	12.8	19.3	15.7	12.7	12.4	13.1
失业率(%)	3.5	5.3	4.3	3.4	3.3	3.4

注:数字是根据每年 1 月至 12 月进行的“综合住户统计调查”结果,以及由政府统计处与跨部门人口分布推算小组共同编制,按区议会分区划分年中人口估计数字编制。

数据来源:国家统计局。

143. 2008—2013 年香港特别行政区按行业划分的就业人数

单位:万人

行业(按香港标准行业分类 2.0 版分类)	2008	2009	2010	2011	2012	2013
制造	16.6	15.0	13.3	13.3	13.4	12.6
建筑	26.5	26.2	26.5	27.7	29.1	30.9
进出口贸易及批发	58.9	56.2	54.7	53.9	56.4	51.5
零售、住宿及膳食服务①	55.2	54.5	55.8	57.8	59.1	61.2
运输、仓库、邮政及速递服务、资讯及通讯	43.4	42.3	42.2	43.4	43.4	44.5
金融、保险、地产、专业及商用服务	63.9	63.7	64.1	67.6	68.7	72.0
公共行政、社会及个人服务	84.3	86.7	88.5	91.5	93.5	97.8
其他	2.2	2.1	2.3	2.4	2.4	2.3
总计	350.9	346.8	347.4	357.6	366.1	372.8

注:①住宿服务包括酒店、宾馆、旅舍及其他提供短期住宿服务的机构单位。

数字是根据每年 1 月至 12 月进行的"综合住户统计调查"结果,以及由政府统计处与跨部门人口分布推算小组共同编制,按区议会分区划分年中人口估计数字而编制。

144. 2008—2013 年香港特别行政区按居住国家/地区划分的访港旅客人数

单位:万人次,%

居住国家/地区	2008	2009	2010	2011	2012	2013
中国内地	1 686.2	1 795.7	2 268.4	2 810.0	3 491.1	4 074.5
南亚及东南亚	293.6	288.5	350.1	375.1	365.2	371.8
中国台湾	224.0	201.0	216.5	214.9	208.9	210.0
北亚	222.9	182.3	220.8	230.5	233.3	214.1
欧洲、非洲及中东	209.4	196.9	217.4	219.4	222.8	225.4
美洲	168.5	156.8	175.0	182.1	177.8	166.6
澳大利亚、新西兰及南太平洋	76.3	70.8	76.9	75.8	74.1	71.7
中国澳门①	69.7	67.1	78.0	84.3	88.3	95.8
总计	2 950.7	2 959.1	3 603.0	4 192.1	4 861.5	5 429.9
与上年比较的变动百分比(%)	4.7	0.3	21.8	16.4	16.0	11.7

注:①访港旅客数字包括经澳门访港的非澳门居民。

数据来源:国家统计局。

145. 2008—2013 年香港特别行政区医疗卫生条件

项　　目	2008	2009	2010	2011	2012	2013
注册医护专业人员(人)	—	—	—	—	—	—
医生	12 215	12 424	12 620	12 818	13 006	13 203
中医	—	—	—	—	—	—
注册中医	5 860	6 048	6 241	6 414	6 565	6 743
有限制注册中医①	72	71	66	70	74	61
表列中医②	2 823	2 786	2 772	2 746	2 733	2 715
牙医	2 074	2 126	2 179	2 215	2 258	2 310
药剂师	1 785	1 878	1 954	2 050	2 127	2 285
护士	37 447	38 641	40 011	41 310	43 698	45 846
按每千名人口计算的医生数目	1.8	1.8	1.8	1.8	1.8#	1.8#
医疗机构和病床③	—	—	—	—	—	—
医疗机构(间)	107	111	113	117	120	127
病床(张)	35 048	35 062	35 522	36 121	36 579	36 720
按每千名人口计算的病床数目③	5.0	5.0	5.0	5.1	5.1#	5.1#

注:数字是指该年年底的数字。

①有限制注册中医可在指定的教育或科研机构进行中医药学方面的临床教学和研究工作,但不得作私人执业,其注册有效期不超过一年。

②表列中医可在中医注册过渡性安排下在香港合法执业,直至食物及卫生局局长日后在宪报上公布的日期为止。表列中医在过渡性安排期间,可分别循直接注册,通过注册审核或通过执业资格考试成为“注册中医”。

③包括医院管理局辖下医院及机构、私家医院、护养院及惩教机构的医院。

数据来源:国家统计局。

146. 2008—2013 年香港特别行政区 15 岁及以上人口受教育程度

单位：万人，%

项　目	2008		2009		2010		2011		2012		2013	
	人数	比重	人数	比重	人数	比重	人数	比重	人数	比重	人数	比重
总计												
男	279.00	46.68	280.03	46.49	281.90	46.26	283.98	46.07	286.87	45.87	288.16	45.71
女	318.72	53.32	322.26	53.51	327.49	53.74	332.46	53.93	338.47	54.13	342.30	54.29
未受教育/学前教育①												
男	7.17	1.20	7.20	1.20	7.94	1.30	7.56	1.23	6.41	1.02	6.22	0.99
女	25.11	4.20	24.20	4.02	24.53	4.03	23.59	3.83	21.61	3.46	21.42	3.40
小学												
男	47.84	8.00	46.37	7.70	44.55	7.31	42.58	6.91	42.66	6.82	41.86	6.64
女	60.28	10.09	59.41	9.86	57.90	9.50	56.98	9.24	57.95	9.27	57.61	9.14
初中												
男	49.56	8.29	49.02	8.14	48.56	7.97	47.54	7.71	47.32	7.57	47.48	7.53
女	45.71	7.65	46.75	7.76	46.62	7.65	46.65	7.57	46.90	7.50	46.96	7.45
高中												
男	98.35	16.45	99.03	16.44	100.97	16.57	102.42	16.61	102.75	16.43	100.55	15.95
女	114.74	19.20	117.16	19.45	120.80	19.82	124.03	20.12	126.68	20.26	125.83	19.96
高等教育												
非学位课程②												
男	24.31	4.07	23.67	3.93	22.48	3.69	22.83	3.70	24.18	3.87	24.89	3.95
女	24.89	4.16	24.01	3.99	22.51	3.69	22.68	3.68	23.26	3.72	24.39	3.87
学位课程③												
男	51.76	8.66	54.74	9.09	57.39	9.42	61.05	9.90	63.55	10.16	67.17	10.65
女	48.00	8.03	50.73	8.42	55.13	9.05	58.53	9.49	62.06	9.92	66.10	10.48

注：数字是根据每年 1 月至 12 月进行的“综合住户统计调查”结果，以及由政府统计处与跨部门人口分布推算小组共同编制，按区议会分区划分年中人口估计数字而编制。“综合住户统计调查”涵盖全港陆上非住院人口，因而并不包括公共机构/社团院舍的住院人士及水上居民。

①包括所有幼儿园及幼儿中心班级。

②包括所有在香港或以外地区学院的证书、文凭、高级证书、高级文凭、专业文凭及其它同等程度的高等教育课程。

③包括所有在香港或以外地区学院的学士学位、研究生修课及专题研究课程。

数据来源：国家统计局。

• 澳门特别行政区

147. 2008—2013 年澳门特别行政区人口主要指标

项　目	2008	2009	2010	2011	2012	2013
年中人口(万人)	54.1	53.5	53.7	55.0	56.8	59.2
出生率(‰)	8.7	8.9	9.5	10.6	12.9	11.1
死亡率(‰)	3.2	3.1	3.3	3.4	3.2	3.2
婴儿死亡率(‰)	3.2	2.1	2.9	2.9	2.5	2.0
自然增长率(‰)	5.5	5.8	6.2	7.3	9.6	7.9
总和生育率	1.0	1.0	1.1	1.2	1.4	1.1
登记结婚(宗)	2 778	3 035	3 103	3 545	3 783	4 153
离婚(宗)	658	782	889	998	1 230	1 172
项　目	2005—2008	2006—2009	2007—2010	2008—2011	2009—2012	2010—2013
出生时平均预期寿命(岁)	81.9	82.2	82.3	82.3	82.4	82.3
男	78.9	79.1	79.2	79.1	79.1	78.9
女	84.7	85.1	85.3	85.5	85.7	85.6

资料来源:国家统计局。

148. 2009—2013 年澳门特别行政区按行业划分的就业人口

单位:万人

行业	2009	2010	2011	2012	2013
总数	31.19	31.48	32.76	34.32	36.10
农业、捕渔业及采矿工业	0.11	0.06	0.08	0.08	—
制造业	1.64	1.52	1.28	1.03	0.90
水电及气体生产供应业	0.09	0.09	0.13	0.15	0.15
建筑业	3.18	2.71	2.82	3.23	3.53
批发及零售业	4.08	4.14	4.34	4.23	4.47
酒店及饮食业	4.32	4.28	4.61	5.30	5.43
运输、仓储及通信业	1.62	1.82	1.60	1.60	1.59
金融业	0.73	0.73	0.81	0.82	0.93
不动产及工商服务业	2.53	2.75	2.80	2.43	2.76
公共行政及社保事务	1.97	2.14	2.30	2.51	2.57
教育	1.18	1.15	1.23	1.31	1.43
医疗卫生及社会福利	0.75	0.81	0.85	0.86	0.91
文娱博彩及其他服务业	7.37	7.54	8.20	8.95	9.34
家务工作	1.60	1.74	1.68	1.80	2.03
其他及不详	0.01	0.01	0.02	0.01	0.06

数据来源:国家统计局。

149. 2008—2013 年澳门特别行政区经济活动人口及失业状况

单位:万人,%

项　　目	2008	2009	2010	2011	2012	2013
劳动人口(万人)	32.7	32.3	32.4	33.6	35.0	36.8
男	17.3	16.6	16.5	17.1	18.1	18.9
女	15.4	15.7	15.9	16.5	16.9	17.9
就业人口(万人)	31.7	31.2	31.5	32.8	34.3	36.1
失业人口(万人)	1.0	1.1	0.9	0.9	0.7	0.7
失业率(%)	3.0	3.5	2.8	2.6	2.0	1.8

数据来源:国家统计局。

150. 2008—2013 年澳门特别行政区医疗卫生条件

单位:人,所,张

项　目	2009	2010	2011	2012	2013
医护人员(人)					
医生	1 292	1 330	1 438	1 482	1 514
牙科医生	123	134	143	161	167
牙科技术员	71	67	64	60	58
护士	1 491	1 536	1 606	1 751	1 854
诊断及治疗助理员	450	412	405	465	418
卫生服务助理员	995	980	1 038	1 278	1 289
每千人口对医生	2. 4	2. 5	2. 6	2. 5	2. 5
医疗机构和病床					
医院(所)	3	4	4	4	4
病床(张)	1 109	1 173	1 222	1 354	1 366
每千人口的病床数	2. 1	2. 2	2. 2	2. 3	2. 2

数据来源:国家统计局。

151. 澳门特别行政区按教育机构类别统计的注册学生人数

单位:人

类　别	2009/2010	2010/2011	2011/2012	2012/2013	2013/2014
幼儿、小学、中学及高等教育	96 886	97 352	96 376	96 597	97 832
幼儿	9 776	10 804	11 787	12 669	13 395
小学	25 326	23 785	22 646	22 231	22 862
中学	38 222	37 224	35 726	33 921	32 054
高等教育	23 562	25 539	26 217	27 776	29 521
特殊教育	502	551	560	582	612

数据来源:国家统计局。

● 世界人口数据

152. 2014 年人口统计指标

国家或地区	人口规模(百万人) 2014 年(年中)	2030 年(预测)	2050 年(预测)	粗出生率(‰)	粗死亡率(‰)	自然增长率(%)	总和生育率(%)	城市人口的百分比(%) 2013	年龄中位数(岁) 2015	抚养比 青少年(0—15 岁) 2015	老年(65 岁及以上) 2015	出生性别比 2010/2015
全世界	**7 238**	**8 444**	**9 683**	**20**	**8**	**1.2**	**2.5**	**53.0**	**29.6**	**39.5**	**12.5**	**1.07**
非洲	**1 136**	**1 637**	**2 428**	**36**	**10**	**2.5**	**4.7**	—	—	—	—	—
尼日利亚	177.5	261.7	396.5	39	13	2.5	5.6	50.9	17.7	83.9	5.1	1.06
埃及	87.9	113.2	146	32	6	2.6	3.5	43.8	25.8	48.8	9.4	1.05
埃塞俄比亚	95.9	130.5	165.1	28	8	2.1	4.1	17.5	18.6	75.2	6.3	1.04
刚果民主共和国	71.2	114.9	193.6	46	16	3.0	6.6	35.4	17.5	84.7	5.4	1.03
南非	53.7	58.7	64.1	20	11	10.0	2.3	62.9	26.5	45.1	8.8	1.03
苏丹	38.8	55.1	77.1	34	8	2.5	5.2	33.5	19.4	72.1	5.9	1.04
坦桑尼亚	50.8	79.4	129.4	40	9	3.1	5.3	27.6	17.6	85.9	6.2	1.03
肯尼亚	43.2	60	81.3	34	9	2.6	4.3	24.8	19.0	75.4	5.0	1.03
阿尔及利亚	39.1	49.9	60.3	25	6	1.9	2.9	74.7	27.5	42.4	7.0	1.05
摩洛哥	33.3	38.2	41.4	22	6	1.5	2.6	57.8	27.5	41.7	7.6	1.06
北美洲	**353**	**396**	**444**	**12**	**8**	**0.4**	**1.8**	—	—	—	—	—
美国	317.7	354.4	395.3	13	8	0.4	1.9	82.9	37.7	29.4	22.2	1.05
加拿大	35.5	41.5	48.4	11	7	0.4	1.6	80.9	40.5	24.4	23.7	1.06
拉丁美洲和加勒比地区	**618**	**710**	**773**	**18**	**6**	**1.2**	**2.2**	—	—	—	—	—
巴西	202.8	223.1	226.3	15	6	0.9	1.8	85.2	31.2	33.6	11.6	1.05
墨西哥	119.7	137.5	150.8	19	6	1.4	2.2	78.7	27.7	41.7	10.3	1.05
哥伦比亚	47.7	55.7	61.3	19	6	1.3	2.3	75.8	28.3	40.7	10.0	1.05
阿根廷	42.7	50.2	59.4	19	7	1.1	2.1	92.8	31.6	36.7	17.3	1.04
秘鲁	30.8	35.9	40.1	20	5	1.5	2.4	77.9	27.1	42.9	10.3	1.05
委内瑞拉	30.2	36.1	40.5	20	5	1.5	2.4	93.9	27.7	42.6	10.1	1.05
智利	17.7	19.6	20.2	14	6	0.9	1.9	89.6	33.7	29.9	15.3	1.04
厄瓜多尔	16.0	19.8	23.4	23	5	1.8	2.8	68.6	26.7	45.8	10.7	1.05

资料来源:人口规模、粗出生率、粗死亡率、自然增长率、总和生育率来源于 Population Reference Bureau of U. S. A;2014 World Population Data Sheet;城市人口比例、年龄中位数、抚养比、出生性别比来源于 UNDP:Human Development Report 2014。

152. 2014 年人口统计指标

续完

国家或地区	人口规模(百万人) 2014 年(年中)	2030 年(预测)	2050 年(预测)	粗出生率(‰)	粗死亡率(‰)	自然增长率(‰)	总和生育率(‰)	城市人口的百分比(%) 2013	年龄中位数(岁) 2015	抚养比 青少年(0—15 岁) 2015	抚养比 老年(65 岁及以上) 2015	出生性别比 2010/2015
危地马拉	15.9	22.6	31.3	31	5	2.6	3.8	50.7	19.7	71.3	8.4	1.05
古巴	11.2	10.7	9.3	11	8	0.3	1.7	75.1	41.3	22.1	19.9	1.06
大洋洲	**39**	**48**	**60**	**18**	**7**	**1.1**	**2.4**	—	—	—	—	—
澳大利亚	23.5	28.6	36.4	13	6	0.7	1.9	89.5	37.4	29.1	22.7	1.06
新西兰	4.3	4.9	5.5	13	7	0.7	2.0	86.3	37.3	30.8	22.5	1.06
亚洲	**4 351**	**4 907**	**5 252**	**18**	**7**	**1.1**	**2.2**	—	—	—	—	—
亚洲(不包括中国)	**2 987**	**3 507**	**3 941**	**21**	**7**	**1.4**	**2.5**	—	—	—	—	—
中国	1 364.1	1 400.1	1 311.8	12	7	0.5	1.6	53.2	36.0	25.1	13.1	1.16
印度	1 296.2	1 510.0	1 656.9	22	7	1.5	2.4	32.0	26.9	42.9	8.3	1.11
印度尼西亚	251.5	306.7	365.3	20	6	1.4	2.6	52.2	28.4	42.2	8.2	1.05
巴基斯坦	194.0	254.7	348	28	8	2.0	3.8	36.8	23.2	52.3	7.0	1.09
孟加拉国	158.5	185.1	201.9	20	6	1.3	2.2	29.4	25.8	43.8	7.3	1.05
日本	127.1	116.6	97.1	8	10	-0.2	1.4	92.5	46.5	21.2	43.6	1.06
菲律宾	100.1	127.8	157.1	24	6	1.8	3.0	49.3	23.4	53.4	6.5	1.06
越南	90.7	102.0	106.3	17	7	1.0	2.1	32.3	30.7	31.7	9.6	1.10
土耳其	77.2	88.3	93.3	16	5	1.1	2.1	73.4	30.1	37.0	11.4	1.05
伊朗	77.4	90	99.2	19	5	1.4	1.8	69.3	29.5	34.2	7.8	1.05
欧洲	**741**	**746**	**726**	**11**	**11**	**0.0**	**1.6**	—	—	—	—	—
俄罗斯	143.7	143.5	134.1	13	13	0.0	1.7	74.2	38.5	23.4	18.8	1.06
德国	80.9	80	76.2	8	11	-0.2	1.4	74.2	46.3	19.7	32.7	1.06
法国	64.1	68.3	72.1	12	9	0.3	2.0	86.9	41.0	28.6	29.6	1.05
英国	64.5	71.1	77.0	12	9	0.3	1.9	79.9	40.5	27.4	28.1	1.05
意大利	61.3	63.4	63.5	9	10	-0.1	1.4	68.7	45.0	21.8	33.8	1.06
乌克兰	42.9	40.1	33.8	11	15	-0.4	1.5	69.3	39.9	21.4	21.2	1.06
西班牙	46.5	44.5	42.3	9	8	0.1	1.3	77.7	42.2	23.4	27.6	1.06
波兰	38.5	37.5	34.8	10	10	-0.1	1.2	60.7	39.4	21.7	22.0	1.06
罗马尼亚	20.0	18.7	16.5	10	12	-0.3	1.3	52.8	40.0	21.8	22.3	1.06
荷兰	16.9	17.6	17.9	10	8	0.2	1.7	84.0	42.4	25.8	27.8	1.06

153. 世界部分国家人类发展指数及其构成

国家或地区	人类发展指数(HDI)值	出生时预期寿命(岁)	平均受教育年限(年)	预期受教育年限(年)	人均国民总收入(GNI)(美元购买力平价2011)
	2013	2013	2013[a]	2013[a]	2013
全世界	**0.702**	**70.8**	**7.7**	**12.2**	**13 723**
非洲					
尼日利亚	0.504	52.5	5.2	9.0	5 353
埃及	0.682	71.2	6.4	13.0	10 400
埃塞俄比亚	0.435	63.6	2.4	8.5	1 303
刚果民主共和国	0.338	50.0	3.1	9.7	444
南非	0.658	56.9	9.9	13.1	11 788
苏丹	0.473	62.1	3.1	7.3	3 428
坦桑尼亚	0.488	61.5	5.1	9.2	1 702
肯尼亚	0.535	61.7	6.3	11.0	2 158
阿尔及利亚	0.717	71.0	7.6	14.0	12 555
摩洛哥	0.617	70.9	4.4	11.6	6 905
北美洲					
美国	0.914	78.9	12.9	16.5	52 308
加拿大	0.902	81.5	12.3	15.9	41 887
拉丁美洲和加勒比地区					
巴西	0.744	73.9	7.2	15.2	14 275
墨西哥	0.756	77.5	8.5	12.8	15 854
哥伦比亚	0.711	74.0	7.1	13.2	11 527
阿根廷	0.808	76.3	9.8	16.4	17 297
秘鲁	0.737	74.8	9.0	13.1	11 280
委内瑞拉	0.764	74.6	8.6	14.2	17 067
智利	0.822	80.0	9.8	15.1	20 804
厄瓜多尔	0.711	76.5	7.6	12.3	9 998

注:a为给出年份的前一年。

资料来源:UNDP:Human Development Report 2014。

153. 世界部分国家人类发展指数及其构成

续完

国家或地区	人类发展指数(HDI)值	出生时预期寿命(岁)	平均受教育年限(年)	预期受教育年限(年)	人均国民总收入(GNI)(美元购买力平价 2011)
	2013	2013	2013[a]	2013[a]	2013
危地马拉	0.628	72.1	5.6	10.7	6 866
古巴	0.815	79.3	10.2	14.5	19 844
大洋洲					
澳大利亚	0.933	82.5	12.8	19.9	41 524
新西兰	0.910	81.1	12.5	19.4	32 569
亚洲					
中国	0.719	75.3	7.5	12.9	11 477
印度	0.586	66.4	4.4	11.7	5 150
印度尼西亚	0.684	70.8	7.5	12.7	8 970
巴基斯坦	0.537	66.6	4.7	7.7	4 652
孟加拉国	0.558	70.7	5.1	10.0	2 713
日本	0.890	83.6	11.5	15.3	36 747
菲律宾	0.660	68.7	8.9	11.3	6 381
越南	0.638	75.9	5.5	11.9	4 892
土耳其	0.759	75.3	7.6	14.4	18 391
伊朗	0.749	74.0	7.8	15.2	13 451
欧洲					
俄罗斯	0.778	68.0	11.7	14.0	22 617
德国	0.911	80.7	12.9	16.3	43 049
法国	0.884	81.8	11.1	16.0	36 629
英国	0.892	80.5	12.3	16.2	35 002
意大利	0.872	82.4	10.1	16.3	32 669
乌克兰	0.734	68.5	11.3	15.1	8 215
西班牙	0.869	82.1	9.6	17.1	30 561
波兰	0.834	76.4	11.8	15.5	21 487
罗马尼亚	0.785	73.8	10.7	14.1	17 433
荷兰	0.915	81.0	11.9	17.9	42 397

154. 世界部分国家人类发展指数趋势 1980—2013 年

国家或地区	人类发展指数值									HDI 排名变化	HDI 平均年增长率(%)		
	1980	1990	2000	2005	2008	2010	2011	2012	2013	2008—2013	1980—1990	1990—2000	2000—2013
全世界	**0.559**	**0.597**	**0.639**	**0.667**	**0.685**	**0.693**	**0.698**	**0.700**	**0.702**	**—**	**0.66**	**0.67**	**0.73**
非洲													
尼日利亚	—	—	—	0.466	0.483	0.492	0.496	0.500	0.504	1	—	—	—
埃及	0.452	0.546	0.621	0.645	0.667	0.678	0.679	0.681	0.682	-4	1.91	1.30	0.72
埃塞俄比亚	—	—	0.284	0.339	0.394	0.409	0.422	0.429	0.435	2	—	—	3.35
刚果民主共和国	0.336	0.319	0.274	0.292	0.307	0.319	0.323	0.333	0.338	1	-0.53	-1.52	1.64
南非	0.569	0.619	0.628	0.608	0.623	0.638	0.646	0.654	0.658	2	0.86	0.14	0.36
苏丹	0.331	0.342	0.385	0.423	0.447	0.463	0.468	0.472	0.473	-1	0.33	1.20	1.59
坦桑尼亚	0.377	0.354	0.376	0.419	0.451	0.464	0.478	0.484	0.488	5	-0.64	0.59	2.04
肯尼亚	0.446	0.471	0.455	0.479	0.508	0.522	0.527	0.531	0.535	-1	0.55	-0.34	1.25
阿尔及利亚	0.509	0.576	0.634	0.675	0.695	0.709	0.715	0.715	0.717	5	1.25	0.96	0.95
摩洛哥	0.399	0.459	0.526	0.569	0.588	0.603	0.612	0.614	0.617	3	1.41	1.37	1.23
北美洲													
美国	0.825	0.858	0.883	0.897	0.905	0.908	0.911	0.912	0.914	-2	0.39	0.29	0.26
加拿大	0.809	0.848	0.867	0.892	0.896	0.896	0.900	0.901	0.902	1	0.48	0.21	0.31
拉丁美洲和加勒比地区													
巴西	0.545	0.612	0.682	0.705	0.731	0.739	0.740	0.742	0.744	-4	1.16	1.10	0.67
墨西哥	0.595	0.647	0.699	0.724	0.739	0.748	0.752	0.755	0.756	2	0.84	0.78	0.60
哥伦比亚	0.557	0.596	0.655	0.680	0.700	0.706	0.710	0.708	0.711	-2	0.68	0.94	0.63
阿根廷	0.665	0.694	0.753	0.758	0.777	0.799	0.804	0.806	0.808	4	0.43	0.81	0.55
秘鲁	0.595	0.615	0.682	0.694	0.707	0.722	0.727	0.734	0.737	8	0.34	1.03	0.60
委内瑞拉	0.639	0.644	0.677	0.716	0.758	0.759	0.761	0.763	0.764	-2	0.08	0.50	0.93
智利	0.640	0.704	0.753	0.785	0.805	0.808	0.815	0.819	0.822	3	0.96	0.67	0.68
厄瓜多尔	0.605	0.643	0.658	0.687	0.697	0.701	0.705	0.708	0.711	-1	0.61	0.24	0.59
危地马拉	0.445	0.483	0.551	0.576	0.601	0.613	0.620	0.626	0.628	3	0.82	1.34	1.01

资料来源：UNDP：Human Development Report 2014。

154. 世界部分国家人类发展指数趋势 1980—2013 年

续完

国家或地区	人类发展指数 值									HDI 排名变化 2008—2013	HDI 平均年增长率(%)		
	1980	1990	2000	2005	2008	2010	2011	2012	2013		1980—1990	1990—2000	2000—2013
大洋洲													
澳大利亚	0.841	0.866	0.898	0.912	0.922	0.926	0.928	0.931	0.933	0	0.29	0.37	0.29
新西兰	0.793	0.821	0.873	0.894	0.899	0.903	0.904	0.908	0.910	1	0.35	0.62	0.32
亚洲													
中国	0.423	0.502	0.591	0.645	0.682	0.701	0.710	0.715	0.719	10	1.72	1.66	1.52
印度	0.369	0.431	0.483	0.527	0.554	0.570	0.581	0.583	0.586	1	1.58	1.15	1.49
印度尼西亚	0.471	0.528	0.609	0.640	0.654	0.671	0.678	0.681	0.684	4	1.16	1.44	0.90
巴基斯坦	0.356	0.402	0.454	0.504	0.536	0.526	0.531	0.535	0.537	-1	1.22	1.21	1.30
孟加拉国	0.336	0.382	0.453	0.494	0.515	0.539	0.549	0.554	0.558	2	1.29	1.71	1.62
日本	0.772	0.817	0.858	0.873	0.881	0.884	0.887	0.888	0.890	-2	0.57	0.48	0.28
菲律宾	0.566	0.591	0.619	0.638	0.648	0.651	0.652	0.656	0.660	-1	0.45	0.46	0.49
越南	0.463	0.476	0.563	0.598	0.617	0.629	0.632	0.635	0.638	2	0.28	1.70	0.96
土耳其	0.496	0.576	0.653	0.687	0.710	0.738	0.752	0.756	0.759	16	1.50	1.27	1.16
伊朗	0.490	0.552	0.652	0.681	0.711	0.725	0.733	0.749	0.749	10	1.19	1.69	1.07
欧洲													
俄罗斯	—	0.729	0.717	0.750	0.770	0.773	0.775	0.777	0.778	0	—	-0.17	0.64
德国	0.739	0.782	0.854	0.887	0.902	0.904	0.908	0.911	0.911	-1	0.57	0.89	0.51
法国	0.722	0.779	0.848	0.867	0.875	0.879	0.882	0.884	0.884	0	0.76	0.85	0.33
英国	0.735	0.768	0.863	0.888	0.890	0.895	0.891	0.890	0.892	-2	0.45	1.18	0.25
意大利	0.718	0.763	0.825	0.858	0.868	0.869	0.872	0.872	0.872	-2	0.60	0.78	0.43
乌克兰	—	0.705	0.668	0.713	0.729	0.726	0.730	0.733	0.734	-5	—	-0.54	0.73
西班牙	0.702	0.755	0.826	0.844	0.857	0.864	0.868	0.869	0.869	1	0.74	0.90	0.39
波兰	0.687	0.714	0.784	0.803	0.817	0.826	0.830	0.833	0.834	3	0.38	0.94	0.48
罗马尼亚	0.685	0.703	0.706	0.750	0.781	0.779	0.782	0.782	0.785	-3	0.25	0.05	0.82
荷兰	0.783	0.826	0.874	0.888	0.901	0.904	0.914	0.915	0.915	3	0.53	0.57	0.35

155. 世界部分国家不平等调整后人类发展指数

国家或地区	人类发展指数（HDI）	不平等调整后 HDI			人类不平等系数	不平等调整后出生时预期寿命指数[b]		不平等调整后教育指数[c]		不平等调整后收入指数[d]		基尼系数
	值	值	整体损失（%）	位次变化[a]	值	值	损失（%）	值	损失（%）	值	损失（%）	
	2013	2013	2013	2013	2013	2013	2013	2013	2013	2013	2013	2003—2012
全世界	**0.702**	**0.541**	**22.9**	**—**	**22.8**	**0.647**	**17.3**	**0.433**	**27.0**	**0.564**	**24.1**	**—**
非洲												
尼日利亚	0.504	0.300	40.3	-14	40.2	0.296	40.8	0.233	45.2	0.394	34.5	48.8
埃及	0.682	0.518	24.0	-5	22.8	0.682	13.4	0.339	40.9	0.602	14.2	30.8
埃塞俄比亚	0.435	0.307	29.4	5	28.0	0.469	30.2	0.176	44.3	0.351	9.5	33.6
刚果民主共和国	0.338	0.211	37.6	1	36.8	0.231	49.9	0.262	29.4	0.155	31.2	44.4
南非	0.658	—	—	—	—	0.422	25.7	0.569	18.1	—	—	63.1
苏丹	0.473	—	—	—	—	0.435	32.8	—	—	—	—	35.3
坦桑尼亚	0.488	0.356	27.1	8	26.9	0.445	30.4	0.300	29.5	0.339	20.9	37.6
肯尼亚	0.535	0.360	32.8	0	32.7	0.440	31.5	0.357	30.7	0.297	36.0	47.7
阿尔及利亚	0.717	—	—	—	—	0.654	16.7	—	—	—	—	—
摩洛哥	0.617	0.433	29.7	0	28.5	0.652	16.8	0.254	45.8	0.493	23.0	40.9
北美洲												
美国	0.914	0.755	17.4	-23	16.2	0.851	6.2	0.830	6.7	0.609	35.6	40.8
加拿大	0.902	0.833	7.6	-2	7.5	0.902	4.6	0.816	4.0	0.785	13.9	32.6
拉丁美洲和加勒比地区												
巴西	0.744	0.542	27.0	-16	26.3	0.709	14.5	0.498	24.7	0.452	39.7	54.7
墨西哥	0.756	0.583	22.9	-13	22.3	0.788	10.9	0.501	21.4	0.500	34.6	47.2
哥伦比亚	0.711	0.521	26.7	-10	25.7	0.719	13.5	0.469	22.1	0.420	41.5	55.9
阿根廷	0.808	0.680	15.8	-4	15.3	0.786	9.3	0.716	8.6	0.560	28.1	44.5
秘鲁	0.737	0.562	23.7	-9	23.4	0.726	13.9	0.494	25.6	0.495	30.6	48.1
委内瑞拉	0.764	0.613	19.7	-10	19.4	0.738	12.2	0.562	17.6	0.556	28.4	44.8
智利	0.822	0.661	19.6	-16	18.5	0.868	5.9	0.644	13.7	0.516	36.0	52.1
厄瓜多尔	0.711	0.549	22.7	-3	22.4	0.752	13.4	0.466	21.6	0.472	32.1	49.3
危地马拉	0.628	0.422	32.8	-8	32.0	0.662	17.4	0.309	36.1	0.367	42.5	55.9

注：a 排名变化的依据是各国 HDI 的计算值。

b 不平等调整基于联合国经济与社会事务部制作的生命表。

c 不平等调整基于家庭调查数据，数据来自于：卢森堡收入研究所（LIS）；欧盟统计局（Eurostat）的欧盟收入与生活水平调查；世界银行的国际收入分配数据库；联合国儿童基金会（UNICEF）的多指标集群调查；美国国际开发署（USAID）的人口与卫生调查；世界卫生组织（WHO）的世界卫生调查。

d 不平等调整基于家庭调查数据，数据来自于：卢森堡收入研究所（LIS）；欧盟统计局（Eurostat）的欧盟收入与生活水平调查；世界银行的国际收入分配数据库；联合国儿童基金会（UNICEF）的多指标集群调查；美国国际开发署（USAID）的人口与卫生调查；联合国大学国际发展经济研究所的国际不平衡收入数据库（UNUWIDER）。

资料来源：UNDP：Human Development Report 2014。

155. 世界部分国家不平等调整后人类发展指数

续完

国家或地区	人类发展指数（HDI）	不平等调整后HDI			人类不平等系数	不平等调整后出生时预期寿命指数[b]		不平等调整后教育指数[c]		不平等调整后收入指数[d]		基尼系数
	值	值	整体损失（%）	位次变化[a]	值	值	损失（%）	值	损失（%）	值	损失（%）	
	2013	2013	2013	2013	2013	2013	2013	2013	2013	2013	2013	2003—2012
大洋洲												
澳大利亚	0.933	0.860	7.8	0	7.5	0.921	4.2	0.910	1.8	0.760	16.6	—
新西兰	0.910	—	—	—	—	0.895	4.8	—	—	—	—	—
亚洲												
中国	0.719	—	—	—	—	0.768	9.8	—	—	0.505	29.5	42.1
印度	0.586	0.418	28.6	0	27.7	0.536	25.0	0.274	42.1	0.500	16.1	33.9
印度尼西亚	0.684	0.553	19.2	5	19.1	0.654	16.4	0.463	23.2	0.559	17.7	38.1
巴基斯坦	0.537	0.375	30.1	2	28.7	0.502	29.9	0.204	45.2	0.516	11.0	30.0
孟加拉国	0.558	0.396	29.1	4	28.7	0.623	20.1	0.278	37.8	0.357	28.3	32.1
日本	0.890	0.779	12.4	-6	12.2	0.947	3.2	0.648	19.8	0.772	13.5	—
菲律宾	0.660	0.540	18.1	10	18.0	0.635	15.2	0.528	13.5	0.470	25.2	43.0
越南	0.638	0.543	14.9	15	14.9	0.757	12.1	0.421	18.0	0.502	14.6	35.6
土耳其	0.759	0.639	15.8	-3	15.6	0.757	11.0	0.560	14.1	0.616	21.8	40.0
伊朗	0.749	0.498	33.6	-34	32.1	0.728	12.5	0.429	37.3	0.395	46.6	38.3
欧洲												
俄罗斯	0.778	0.685	12.0	3	11.6	0.666	9.8	0.764	2.1	0.631	22.9	40.1
德国	0.911	0.846	7.1	1	7.0	0.900	3.7	0.863	2.4	0.781	14.8	28.3
法国	0.884	0.804	9.0	-2	8.9	0.913	4.0	0.745	8.6	0.765	14.2	—
英国	0.892	0.812	8.9	-4	8.6	0.890	4.5	0.838	2.6	0.719	18.8	36.0
意大利	0.872	0.768	11.9	-1	11.6	0.927	3.4	0.697	11.7	0.701	19.8	36.0
乌克兰	0.734	0.667	9.2	18	9.1	0.669	10.4	0.747	6.1	0.593	10.9	25.6
西班牙	0.869	0.775	10.9	1	10.5	0.918	3.9	0.751	5.4	0.673	22.1	34.7
波兰	0.834	0.751	9.9	-2	9.7	0.818	5.7	0.779	5.6	0.666	17.9	32.7
罗马尼亚	0.785	0.702	10.5	4	10.4	0.755	8.8	0.710	5.0	0.645	17.3	27.4
荷兰	0.915	0.854	6.7	1	6.6	0.902	3.9	0.857	4.1	0.806	11.8	30.9

156. 世界部分国家性别不平等指数

国家或地区	性别不平等指数		孕产妇死亡率[a]	未成年人生育率[b]	议会中的席位比例（%）	至少接受过中等教育的人口（占25岁及以上人口百分比）		劳动力市场参与率（%）（占15岁及以上人口百分比）	
	值	排名			女性	女性	男性	女性	男性
	2013	2013	2010[c]	2010/2015[c]	2013	2005—2012[d]	2005—2012[d]	2012	2012
全世界	**0.451**	**—**	**145**	**47.4**	**21.1**	**54.2**	**64.2**	**50.6**	**76.7**
非洲									
尼日利亚	—	—	630	119.6	6.6	—	—	48.1	63.5
埃及	0.580	130	66	43.0	2.8	43.4[e]	59.3[e]	23.6	74.6
埃塞俄比亚	0.547	121	350	78.4	25.5	7.8	18.2	78.2	89.4
刚果民主共和国	0.669	147	540	135.3	8.3	10.7[e]	36.2[e]	70.7	73.2
南非	0.461	94	300	50.9	41.1[f]	72.7	75.9	44.2	60.0
苏丹	0.628	140	730	84.0	24.1	12.8[e]	18.2[e]	31.2	76.0
坦桑尼亚	0.553	124	460	122.7	36.0	5.6[e]	9.2[e]	88.1	90.2
肯尼亚	0.548	122	360	93.6	19.9	25.3	31.4	62.0	72.2
阿尔及利亚	0.425	81	97	10.0	25.8	20.9	27.3	15.0	71.9
摩洛哥	0.460	92	100	35.8	11.0	20.1[e]	36.3[e]	43.0	57.4
北美洲									
美国	0.262	47	21	31.0	18.2	95.1	94.8	56.8	69.3
加拿大	0.136	23	12	14.5	28.0	100.0	100.0	61.6	71.2
拉丁美洲和加勒比地区									
巴西	0.441	85	56	70.8	9.6	51.9	49.0	59.5	80.9
墨西哥	0.376	73	50	63.4	36.0	55.7	60.6	45.0	80.0
哥伦比亚	0.460	92	92	68.5	13.6	56.9	55.6	55.7	79.7
阿根廷	0.381	74	77	54.4	37.7	57.0[e]	54.9[e]	47.3	75.0
秘鲁	0.387	77	67	50.7	21.5	56.3	66.1	68.0	84.4
委内瑞拉	0.464	96	92	83.2	17.0	56.5	50.8	50.9	79.2
智利	0.355	68	25	55.3	13.9	73.3	76.4	49.0	74.6
厄瓜多尔	0.429	82	110	77.0	38.7	40.1	39.4	54.4	82.6
危地马拉	0.523	112	120	97.2	13.3	21.9	23.2	49.1	88.2
古巴	0.350	66	73	43.1	48.9	73.9[e]	80.4[e]	43.3	70.1

注：a 孕产妇死亡率是指每10万名活产儿中孕产妇分娩时的死亡数。

b 未成年人生育率是指每1000名15—19岁青少年女性的生育人数。

c 为所指时期内年均预测值。

d 为所指时期内可以获得的最近年份的数据。

e Barro 和 Lee（2013）由联合国教科文组织统计研究所数据估计的2010年结果。

f 不包括36个临时专项轮值指定席位。百分比根据54个常设席位计算。

g 以25—64年龄人口为基数。

资料来源：UNDP：Human Development Report 2014。

156. 世界部分国家性别不平等指数

续完

国家或地区	性别不平等指数		孕产妇死亡率[a]	未成年人生育率[b]	议会中的席位比例（%）	至少接受过中等教育的人口（占25岁及以上人口百分比）		劳动力市场参与率（%）（占15岁及以上人口百分比）	
	值	排名			女性	女性	男性	女性	男性
	2013	2013	2010[c]	2010/2015[c]	2013	2005—2012[d]	2005—2012[d]	2012	2012
大洋洲									
澳大利亚	0.113	19	7	12.1	29.2	94.3[g]	94.6[g]	58.8	71.9
新西兰	0.185	34	15	25.3	32.2	95.0	95.3	62.1	73.9
亚洲									
中国	0.202	37	37	8.6	23.4	58.7	71.9	63.8	78.1
印度	0.563	127	200	32.8	10.9	26.6	50.4[e]	28.8	80.9
印度尼西亚	0.500	103	220	48.3	18.6	39.9	49.2	51.3	84.4
巴基斯坦	0.563	127	260	27.3	19.7	19.3	46.1	24.4	82.9
孟加拉国	0.529	115	240	80.6	19.7	30.8	39.3[e]	57.3	84.1
日本	0.138	25	5	5.4	10.8	87.0	85.8	48.1	70.4
菲律宾	0.406	78	99	46.8	26.9	65.9	63.8	51.0	79.7
越南	0.322	58	59	29.0	24.4	59.4	71.2	72.8	81.9
土耳其	0.360	69	20	30.9	14.2	39.0	60.0	29.4	70.8
伊朗	0.510	109	21	31.6	3.1	62.2	67.6	16.4	73.1
欧洲									
俄罗斯	0.314	52	34	25.7	12.1	89.6	92.5	57.0	71.4
德国	0.046	3	7	3.8	32.4	96.3	97.0	53.5	66.4
法国	0.080	12	8	5.7	25.1	78.0	83.2	50.9	61.8
英国	0.193	35	12	25.8	22.6	99.8	99.9	55.7	68.8
意大利	0.067	8	4	4.0	30.6	71.2	80.5	39.4	59.4
乌克兰	0.326	61	32	25.7	9.4	91.5[e]	96.1[e]	53.0	66.6
西班牙	0.100	16	6	10.6	35.2	66.8	73.1	52.6	66.5
波兰	0.139	26	5	12.2	21.8	79.4	85.5	48.9	64.8
罗马尼亚	0.320	54	27	31.0	11.6	86.1	92.0	48.5	64.7
荷兰	0.057	7	6	6.2	37.8	87.7	90.5	79.9	87.3

157. 世界部分国家性别发展指数（GDI）

国家或地区	性别发展指数：女性相对男性HDI比值	性别发展指数：排名[a]	性别发展指数：人类发展指数（HDI）值 女性	性别发展指数：人类发展指数（HDI）值 男性	出生时预期寿命（岁） 女性	出生时预期寿命（岁） 男性	平均受教育年限（年） 女性	平均受教育年限（年） 男性	预期受教育年限（年） 女性	预期受教育年限（年） 男性	人均国民总收入估值（GNI）（2011年购买力平价美元） 女性	人均国民总收入估值（GNI）（2011年购买力平价美元） 男性
	2013	2013	2013	2013	2013	2013	2002—2012[b]	2002—2012[b]	2002—2012	2002—2012	2013	2013
全世界	**0.920**	**—**	**0.655**	**0.712**	**73.0**	**68.8**	**6.0**	**7.4**	**12.0**	**12.3**	**8 956**	**18 277**
非洲												
尼日利亚	0.839	131	0.458	0.546	52.8	52.2	4.2[e]	6.3[e]	8.2	9.8	4 068	6 594
埃及	0.855	125	0.617	0.722	73.6	68.8	5.3	7.5	12.7	13.3	4 225	16 522
埃塞俄比亚	0.853	126	0.401	0.470	65.3	62.0	1.4[e]	3.6[e]	8.0	9.0	1 090	1 515
刚果民主共和国	0.822	134	0.304	0.369	51.8	48.2	2.1	4.1	8.4	10.9	390	499
南非	—	—	—	—	58.8	54.7	9.8	10.1	—	—	8 539	15 233
苏丹	—	—	—	—	63.9	60.3	2.5	3.8	—	—	1 692	5 153
坦桑尼亚	0.916	100	0.466	0.509	62.9	60.2	4.5	5.8	9.0	9.3	1 501	1 903
肯尼亚	0.908	107	0.508	0.560	63.6	59.8	5.4[d]	7.1[d]	10.7	11.3	1 763	2 554
阿尔及利亚	0.843	129	0.629	0.746	72.7	69.4	5.9	7.8	14.2	13.8	3 695	21 219
摩洛哥	0.828	132	0.545	0.658	72.7	69.1	3.2	5.6	10.6	11.6	3 215	10 692
北美洲												
美国	0.995	7	0.911	0.915	81.3	76.5	13.0	12.9	17.4	15.7	41 792	63 163
加拿大	0.986	24	0.893	0.906	83.6	79.3	12.3	12.2	16.2	15.4	34 612	49 272
拉丁美洲和加勒比地区												
巴西	—	—	—	—	77.6	70.4	7.3[d]	7.2[d]	—	—	10 851	17 813
墨西哥	0.940	85	0.728	0.775	79.8	75.1	8.1	8.8	12.9	12.6	10 060	22 020
哥伦比亚	0.972	46	0.697	0.718	77.7	70.4	7.0	7.1	13.5	12.9	7 698	15 485
阿根廷	1.001	2	0.806	0.805	79.9	72.6	10.0	9.6	17.5	15.4	11 975	22 849
秘鲁	0.957	72	0.720	0.753	77.6	72.2	8.5	9.6	13.2	13.1	8 942	13 607
委内瑞拉	0.999	2	0.759	0.760	77.7	71.7	8.7	8.4	15.3	13.1	11 924	22 180
智利	0.962	61	0.803	0.835	82.7	77.1	9.6	9.9	15.3	15.0	14 339	27 410
厄瓜多尔	—	—	—	—	79.4	73.7	7.4	7.8[d]	—	—	7 045	12 951
危地马拉	0.910	104	0.596	0.655	75.6	68.5	5.0	6.4	10.3	11.1	4 456	9 397
古巴	0.962	61	0.796	0.827	81.3	77.3	10.1[d]	10.3[d]	15.1	13.9	13 302	26 319

注：a 按照 HDI 性别间绝对差值排序。

b 为所指时期内可以获得的最近年份的数据。

c Barro 和 Lee（2013）由联合国教科文组织统计研究所数据估计的 2010 年结果。

d 根据联合国教科文组织统计研究所 2011 年全球教育要览。

e 根据各国最近人口和健康调查数据估算。

资料来源：UNDP：Human Development Report 2014。

157. 世界部分国家性别发展指数（GDI）

续完

国家或地区	性别发展指数				出生时预期寿命（岁）		平均受教育年限（年）		预期受教育年限（年）		人均国民总收入估值（GNI）（2011年购买力平价美元）	
	女性相对男性HDI比值	排名[a]	人类发展指数（HDI）值 女性	人类发展指数（HDI）值 男性	女性	男性	女性	男性	女性	男性	女性	男性
	2013	2013	2013	2013	2013	2013	2002—2012[b]	2002—2012[b]	2002—2012	2002—2012	2013	2013
大洋洲												
澳大利亚	0.975	40	0.920	0.944	84.8	80.3	12.5	13.1	20.3	19.4	35 551	47 553
新西兰	0.971	47	0.896	0.923	83.0	79.2	12.5	12.6	20.2	18.5	26 695	38 656
亚洲												
中国	0.939	88	0.696	0.740	76.7	74.1	6.9	8.2	13.0	12.8	9 288	13 512
印度	0.828	132	0.519	0.627	68.3	64.7	3.2	5.6	11.3	11.8	2 277	7 833
印度尼西亚	0.923	98	0.654	0.709	72.9	68.8	6.9	8.1	12.8	12.7	5 873	12 030
巴基斯坦	0.750	145	0.447	0.596	67.5	65.7	3.3	6.1	6.9	8.4	1 707	7 439
孟加拉国	0.908	107	0.528	0.582	71.5	69.9	4.6	5.6	10.3	9.7	1 928	3 480
日本	0.951	79	0.863	0.907	87.0	80.1	11.2	11.8	15.1	15.4	22 384	51 906
菲律宾	0.989	17	0.652	0.659	72.2	65.4	8.8[c]	8.5[c]	11.5	11.1	4 987	7 771
越南	—	—	—	—	80.5	71.3	5.2	5.7	—	—	4 147	5 655
土耳其	0.884	118	0.704	0.796	78.7	71.8	6.4	8.7	13.8	15.0	8 813	28 318
伊朗	0.802	137	0.556	0.693	73.2	65.9	4.4	6.7	8.7	11.4	4 246	23 555
欧洲												
俄罗斯	1.038	61	0.792	0.763	74.4	61.8	11.7	11.8	14.5	13.5	18 228	27 741
德国	0.962	61	0.892	0.928	83.1	78.3	12.6	13.3	16.2	16.4	33 028	53 445
法国	0.989	17	0.878	0.888	85.2	78.3	10.9	11.4	16.3	15.6	29 580	44 139
英国	0.993	13	0.887	0.894	82.5	78.6	12.8	11.8	16.7	15.8	27 589	42 632
意大利	0.962	61	0.852	0.886	85.0	79.6	9.7	10.6	16.8	15.8	22 303	43 640
乌克兰	1.012	21	0.738	0.729	74.4	62.8	11.2	11.4	15.3	14.9	6 450	10 279
西班牙	0.985	25	0.861	0.874	85.3	78.9	9.5	9.7	17.5	16.8	23 487	37 804
波兰	1.010	14	0.837	0.828	80.5	72.3	11.9	11.7	16.3	14.7	16 462	26 871
罗马尼亚	0.973	43	0.771	0.793	77.5	70.3	10.4	11.0	14.5	13.7	12 005	23 148
荷兰	0.968	51	0.899	0.929	82.9	79.1	11.6	12.2	18.0	17.8	34 497	50 432

158. 发展中国家的多维贫困指数

国家或地区	多维贫困指数[a]	多维贫困人口		准多维贫困人口比例（%）	严重贫困人口比例（%）	各维度的剥夺占多维贫困的比重			低于收入贫困线的人口	
		发生人数（千人）	剥夺强度（%）			教育（%）	健康（%）	生活水平（%）	国际贫困线每天1.25美元（ppp）（%）	国家贫困线（%）
	2005—2013[b]	2005—2013[b]	2005—2013[b]	2005—2013[b]	2005—2013[b]	2005—2013[b]	2005—2013[b]	2005—2013[b]	2002—2012[b]	2002—2012[b]
非洲										
尼日利亚	0.239	71 014.4	55.2	17.0	25.7	26.9	32.6	40.4	68.0	46.0
埃及	0.036[e]	6 740.4[e]	40.3[e]	8.6[e]	1.5[e]	41.8[e]	45.6[e]	12.6[e]	1.7	25.2
埃塞俄比亚	0.537	78 887.3	60.9	6.7	67.0	27.4	25.2	47.4	30.7	29.6
刚果民主共和国	0.399	46 278.1	53.7	15.5	46.2	18.5	25.5	55.9	87.7	71.3
南非	0.041	5 399.7	39.6	17.1	1.3	8.4	61.4	30.2	13.8	23.0
坦桑尼亚	0.335	29 841.7	50.4	21.5	32.1	16.9	28.2	54.9	67.9	28.2
肯尼亚	0.226	19 189.8	47.0	29.1	15.7	11.2	32.4	56.4	43.4	45.9
拉丁美洲和加勒比地区										
巴西	0.012[c,f]	6 082.8[c,f]	40.8[c,f]	7.4[c,f]	0.5[c,f]	27.7[c,f]	38.4[c,f]	33.9[c,f]	6.1	21.4
墨西哥	0.024	7 272.3	39.9	10.1	1.1	31.4	25.6	43.0	0.7	52.3
哥伦比亚	0.032	3 534.2	42.2	10.2	1.8	34.3	24.7	41.0	8.2	32.7
阿根廷	0.015[d]	1 438.0[d]	39.1[d]	5.2[d]	0.5[d]	38.2[d]	27.8[d]	34.0[d]	0.9	—
秘鲁	0.043	3 132.2	41.4	12.3	2.1	19.4	29.8	50.8	4.9	25.8
亚洲										
中国	0.026[f,g]	80 784.2[f,g]	43.4[f,g]	19.0[f,g]	1.3[f,g]	21.0[f,g]	44.4[f,g]	34.6[f,g]	11.8	—
印度	0.282	631 998.8	51.1	18.2	27.8	22.7	32.5	44.8	32.7	21.9
印度尼西亚	0.024[c]	14 574.5[c]	41.3[c]	8.1[c]	1.1[c]	24.7[c]	35.1[c]	40.2[c]	16.2	12.0
巴基斯坦	0.237	83 045.2	52.0	14.9	26.5	36.2	32.3	31.6	21.0	22.3
孟加拉国	0.237	75 609.5	47.8	18.8	21.0	28.4	26.6	44.9	43.3	31.5
菲律宾	0.038[c,h]	6 559.3[c,h]	51.9[c,h]	12.2[c,h]	5.0[c,h]	37.1[c,h]	25.7[c,h]	37.2[c,h]	18.4	26.5
越南	0.026	5 796.1	40.7	8.7	1.3	35.9	25.7	38.4	16.9	20.7

注：a 所有指标并不对所有国家都有效；因此进行跨国比较时要慎重。缺失数据的地方，指标权重被调整为100%。

b 为所指时期内可以获得的最近年份的数据。

c 营养相关指标缺失。

d 仅包含城市数据。

e 煮食燃料指标缺失。

f 地面材料指标缺失。

g 仅涉及部分地区（9省份）。

h 入学率指标缺失。

资料来源：UNDP：Human Development Report 2014。

159. 世界部分国家的儿童青少年健康状况

国家或地区	未接种疫苗的婴儿：一岁儿童中所占百分比		死亡率（每1000名活产婴儿）		产前检查覆盖率（每1000名活产婴儿）	儿童营养不良（占5岁以下儿童的百分比）		HIV流行情况（每1000人）			HIV预防		
	百白破疫苗	麻疹疫苗	1岁以下	5岁以下		生长迟缓（中度或重度）	超重（中度或重度）	已感染艾滋病病毒的儿童（0—14岁）（千）	感染艾滋病病毒的青少年（占15—24岁青少年百分比）女性	感染艾滋病病毒的青少年（占15—24岁青少年百分比）男性	有多个性伴侣的青少年中使用避孕套的人数比率（%）女性	有多个性伴侣的青少年中使用避孕套的人数比率（%）男性	感染艾滋病毒却未接受预防母婴传播治疗的孕妇（%）
	2012	2012	2012	2012	2008—2012[a]	2008—2012[a]	2008—2012[a]	2012	2012	2012	2008—2012[a]	2008—2012[a]	2011
全世界	**9**	**16**	**35**	**47**	**85**	**—**	**—**	**—**	**—**	**—**	**—**	**—**	**—**
非洲													
尼日利亚	53	58	78	124	58	35.8	3	430	1.3	0.7	46.6	—	79.1
埃及	6	7	18	21	74	28.9	20.5	—	0.1	0.1	—	—	85.7
埃塞俄比亚	20	34	47	68	43	44.4	1.7	170	0.5	0.3	—	47.2	72.3
刚果民主共和国	14	27	100	146	89	43.4	4.9	88	0.8	0.4	15.9	—	—
南非	30	21	33	45	97	33	19.2	410	13.9	3.9	—	—	5.0
苏丹	1	15	49	73	56	35	—	—	—	—	—	—	—
坦桑尼亚	1	3	38	54	88	42	5	230	3.6	1.8	33.9	40.6	15.3
肯尼亚	11	7	49	73	92	35.3	4.7	200	3.6	1.8	37.1	67.3	25.0
阿尔及利亚	1	5	17	20	89	15	12.9	—	—	—	—	—	24.7
摩洛哥	1	1	27	31	77	14.9	10.7	—	0.1	0.1	—	—	70.0
北美洲													
美国	2	8	6	7	—	3.3	7	—	—	—	—	—	—
加拿大	2	2	5	5	100	—	—	—	—	—	—	—	—
拉丁美洲和加勒比地区													
巴西	1	1	13	14	98	7	7.3	—	—	—	—	—	5.0
墨西哥	1	1	14	16	96	13.6	9.7	—	0.1	0.1	—	—	30.8
哥伦比亚	8	6	15	18	97	13.2	4.8	—	0.2	0.3	38.8	—	22.4
阿根廷	6	6	13	14	99	8.2	9.9	—	0.1	0.2	—	—	5.0
秘鲁	1	6	14	18	95	19.5	9.8	—	0.2	0.2	38	—	5.0
委内瑞拉	10	13	13	15	94	15.6	6.1	—	0.3	0.3	—	—	33.4
智利	10	10	8	9	—	—	—	—	0.1	0.2	—	—	5.0
厄瓜多尔	1	6	20	23	84	29	5.1	—	0.2	0.4	—	—	5.0
危地马拉	2	7	27	32	93	48	4.9	—	0.2	0.3	27.27	74.3	5.0
古巴	4	1	4	6	100	—	—	—	0.1	0.1	66.4	—	5.0

注：a 为所指时期内可以获得的最近年份的数据。

资料来源：UNDP：Human Development Report 2014。

159. 世界部分国家的儿童青少年健康状况

续完

国家或地区	未接种疫苗的婴儿：一岁儿童中所占百分比 百白破疫苗 2012	未接种疫苗的婴儿：一岁儿童中所占百分比 麻疹疫苗 2012	死亡率（每1000名活产婴儿） 1岁以下 2012	死亡率（每1000名活产婴儿） 5岁以下 2012	产前检查覆盖率（每1000名活产婴儿） 2008—2012[a]	儿童营养不良（占5岁以下儿童的百分比） 生长迟缓（中度或重度） 2008—2012[a]	儿童营养不良（占5岁以下儿童的百分比） 超重（中度或重度） 2008—2012[a]	HIV流行情况（每1000人） 已感染艾滋病病毒的儿童（0—14岁）（千） 2012	HIV流行情况（每1000人） 感染艾滋病病毒的青少年（占15—24岁青少年百分比） 女性 2012	HIV流行情况（每1000人） 感染艾滋病病毒的青少年（占15—24岁青少年百分比） 男性 2012	HIV预防 有多个性伴侣的青少年中使用避孕套的人数比率（%） 女性 2008—2012[a]	HIV预防 有多个性伴侣的青少年中使用避孕套的人数比率（%） 男性 2008—2012[a]	HIV预防 感染艾滋病毒却未接受预防母婴传播治疗的孕妇（%） 2011
大洋洲													
澳大利亚	8	6	4	5	98	—	—	—	—	—	—	—	—
新西兰	6	8	5	6	—	—	—	—	—	—	—	—	—
亚洲													
中国	1	1	12	14	94	9.9	6.6	—	—	—	—	—	33.9
印度	12	26	44	56	74	48	1.9	—	0.1	0.1	17.1	32.4	—
印度尼西亚	9	20	26	31	93	35.6	12.3	—	0.5	0.4	—	—	76.6
巴基斯坦	12	17	69	86	61	43.7	6.4	—	0.1	0.1	—	—	95.5
孟加拉国	1	4	33	41	55	41.3	1.5	—	0.1	0.1	—	—	25.0
日本	1	4	2	3	—	—	—	—	—	—	—	—	—
菲律宾	10	15	24	30	91	32	4.3	—	0.1	0.1	—	—	92.1
越南	1	4	18	23	94	22.7	4.4	—	0.1	0.2	—	—	58.1
土耳其	2	2	12	14	92	12.3	—	—	—	—	—	—	—
伊朗	1	2	15	18	98	—	—	—	0.1	0.1	—	—	75.4
欧洲													
俄罗斯	3	2	9	10	—	—	—	—	—	—	—	—	5.0
德国	3	3	3	4	100	—	—	—	—	—	—	—	—
法国	1	11	3	4	100	—	—	—	—	—	—	—	—
英国	1	7	4	5	—	—	—	—	—	—	—	—	—
意大利	1	10	3	4	99	—	—	—	—	—	—	—	—
乌克兰	24	21	9	11	99	—	—	—	0.5	0.4	62.7	63.7	5.0
西班牙	1	3	4	5	—	—	—	—	—	—	—	—	—
波兰	1	2	4	5	—	—	—	—	—	—	—	—	—
罗马尼亚	4	6	11	12	94	13	8.3	—	—	—	—	—	5.0
荷兰	1	4	3	4	—	—	—	—	—	—	—	—	—

160. 世界部分国家的教育状况

国家或地区	识字率		受过中高等教育	总入学率				小学退学率	教育质量					教育开支(占GDP的百分比)
	成人	青少年		学前教育	小学	中学	高等教育		受过专业教学培训的小学教师(%)	15周岁学生的学习成绩			师生比	
										数学[a]	阅读[b]	自然[c]		
	2005—2012[d]	2005—2012[d]	2005—2012[d]	2003—2012[d]	2003—2012[d]	2003—2012[d]	2003—2012[d]	2003—2012[d]	2003—2012[d]	2012	2012	2012	2003—2012[d]	2005—2012[d]
全世界	**81.2**	**87.9**	**63.6**	**52**	**108**	**74**	**31**	**17.1**	**—**	**—**	**—**	**—**	**—**	**5.0**
非洲														
尼日利亚	51.1	66.4	—	13	81	44	10	20.1	66	—	—	—	36	—
埃及	73.9	89.3	51.2	27	109	76	29	1.1	—	—	—	—	28	3.8
埃塞俄比亚	39.0	55.0	12.5	18	95	37	8	63.4	57	—	—	—	54	4.7
刚果民主共和国	61.2	65.8	16.5	4	111	43	8	29.3	94	—	—	—	35	2.5
南非	93.0	98.8	74.3	77	102	102	—	—	87	—	—	—	30	6.0
苏丹	71.9	87.3	15.5	—	—	—	—	9.1	60	—	—	—	38	—
坦桑尼亚	67.8	74.6	7.4	34	93	35	4	18.6	97	—	—	—	46	6.2
肯尼亚	72.2	82.4	28.6	51	112	60	4	—	97	—	—	—	47	6.7
阿尔及利亚	72.6	91.8	24.1	79	117	98	31	7.2	99	—	—	—	23	4.3
摩洛哥	67.1	81.5	28.0	59	116	69	16	8.4	100	—	—	—	26	5.4
北美洲														
美国	—	—	95.0	73	99	94	95	6.9	—	481	498	497	14	5.6
加拿大	—	—	100.0	71	99	102	—	—	—	518	523	525	—	5.5
拉丁美洲和加勒比地区														
巴西	90.4	97.5	53.6	—	—	—	—	—	—	391	410	405	—	5.8
墨西哥	93.5	98.5	58.0	99	104	84	28	5.0	96	413	424	415	28	5.3
哥伦比亚	93.6	98.2	56.3	49	107	93	45	15.3	100	376	403	399	25	4.5
阿根廷	97.9	99.2	56.3	75	118	90	75	4.7	—	388	396	406	16	5.8
秘鲁	89.6	97.4	61.1	77	105	91	43	18.5	—	368	384	373	20	2.6
委内瑞拉	95.5	98.5	53.7	72	102	85	78	6.1	—	—	—	—	—	3.6
智利	98.6	98.9	74.8	112	102	90	71	2.1	—	423	441	445	22	4.1
厄瓜多尔	91.6	98.7	39.8	150	114	87	39	8.6	84	—	—	—	18	5.2
危地马拉	75.9	87.4	22.6	64	114	65	18	29.1	—	—	—	—	26	2.8
古巴	99.8	100.0	77.1	109	99	90	62	3.5	100	—	—	—	9	12.9

注:a 经济合作与发展组织成员国的学生的平均分为494。

b 经济合作与发展组织成员国的学生的平均分为496。

c 经济合作与发展组织成员国的学生的平均分为501。

d 为所指时期内可以获得的最近年份的数据。

资料来源:UNDP:Human Development Report 2014。

160. 世界部分国家的教育状况

续完

国家或地区	识字率		受过中高等教育	总入学率				小学退学率	教育质量					教育开支(占GDP的百分比)
	成人	青少年		学前教育	小学	中学	高等教育		受过专业教学培训的小学教师(%)	15周岁学生的学习成绩			师生比	
										数学[a]	阅读[b]	自然[c]		
	2005—2012[d]	2005—2012[d]	2005—2012[d]	2003—2012[d]	2003—2012[d]	2003—2012[d]	2003—2012[d]	2003—2012[d]	2003—2012[d]	2012	2012	2012	2003—2012[d]	2005—2012[d]
大洋洲														
澳大利亚	—	—	94.4	95	104	133	83	—	—	504	512	521	—	5.1
新西兰	—	—	95.2	93	100	120	81	—	—	500	512	516	15	7.2
亚洲														
中国	95.1	99.6	65.3	62	128	87	24	—	—	613	570	580	17	—
印度	62.8	81.1	38.7	58	113	69	23	—	—	—	—	—	35	3.3
印度尼西亚	92.8	98.8	44.5	42	109	81	27	12.0	—	375	396	382	16	2.8
巴基斯坦	54.9	70.7	33.2	49	93	37	10	39.0	84	—	—	—	41	2.4
孟加拉国	57.7	78.7	26.7	26	114	51	13	33.8	58	—	—	—	40	2.2
日本	—	—	86.4	87	103	102	60	0.1	—	536	538	547	17	3.8
菲律宾	95.4	97.8	64.8	51	106	85	28	24.2	—	—	—	—	31	2.7
越南	93.4	97.1	65.0	77	105	—	25	2.5	100	511	508	528	19	6.6
土耳其	94.1	98.7	49.4	29	102	89	61	5.0	—	448	475	463	—	2.9
伊朗	85.0	98.7	65.1	35	106	86	55	3.8	98	—	—	—	20	4.7
欧洲														
俄罗斯	99.7	99.7	90.9	90	99	85	75	3.9	—	482	475	486	18	4.1
德国	—	—	96.6	112	101	102	57	3.4	—	514	508	524	12	5.1
法国	—	—	80.5	110	108	110	57	—	—	495	505	499	18	5.9
英国	—	—	99.9	85	107	97	61	—	—	494	499	514	17	5.6
意大利	99.0	99.9	75.7	98	100	101	64	0.5	—	485	490	494	10	4.5
乌克兰	99.7	99.8	93.5	101	106	98	80	1.9	100	—	—	—	16	5.3
西班牙	97.7	99.6	69.9	127	104	129	83	2.2	—	484	488	496	12	5.0
波兰	99.7	100.0	82.3	74	99	97	74	1.5	—	518	518	526	10	5.2
罗马尼亚	97.7	97.2	88.9	78	96	96	52	5.2	—	445	438	439	17	4.2
荷兰	—	—	89.0	90	108	128	76	—	—	523	511	522	—	6.0

• 世界人口数据部分指标解释

人类发展指数(HDI):评估人类发展三大基本维度(即健康长寿的生活、知识以及体面的生活水平)所取得的平均成就的综合指数。

出生时预期寿命:在新生儿出生时的各年龄组别死亡率经其一生保持不变的情况下,该新生儿的预计寿命。

平均受教育年限:使用每种教育水平所规定的期限将受教育程度换算为25岁及以上年龄人口获得的平均受教育年限。

预期受教育年限:如果特定年龄的入学率现行模式经其一生保持不变,一名学龄儿童预计将接受教育的年限。

人均国民总收入(GNI):国内生产总值加上由于拥有生产要素获得的收入减去对使用国外生产要素的支出,采用购买力平价比率换算成国际美元,除以年中的总人口。

不平等调整后人类发展指数(IHDI):人类发展三大基本维度经过不平等调整后的人类发展指数。

整体损失:不平等调整后的人类发展指数与人类发展指数之间的相对差异。

人类不平等系数:人类发展三大基本维度的平均不平等程度。

不平等调整后预期寿命指数:根据"主要数据来源"中列出的生命表数据计算得出的在预期寿命分布方面不平等调整后HDI预期寿命指数。

不平等调整后教育指数:根据"主要数据来源"中列出的家庭调查数据计算得出的在受教育年限分布方面不平等调整后HDI教育指数。

不平等调整后收入指数:根据阿特金森(Atkinson)不平等指数估计的家庭调查数据得出的收入分布的不平等。

基尼系数:测量一个国家个人或家庭收入的分配程度与绝对平均分配之间的差距的方法。数值0代表绝对平等,数值100代表绝对不平等。

性别不平等指数:反映女性和男性在生殖健康、赋权和劳动力市场三个维度成就的不平等的综合度量指标。

孕产妇死亡率:指该年每10万例活产婴儿中孕产妇因孕产造成的死亡人数。

未成年人生育率:每1 000名15—19岁女性中生育的人数。

国家议会中的席位比例:女性在上下两院、众议院或参议院拥有的席位占总席位的百分比。对于两院制立法体制的国家,席位数目是按两院总席位计算得出。

至少接受过中等教育的人口:25岁及以上年龄人口中至少达到中等教育程度的人口所占百分比。

劳动力市场参与率:工作年龄人口(15岁及以上)中,参与劳动力市场或者积极寻找工作的人口所占百分比。

性别发展指数:是用女性和男性估算出的人类发展指数值的比率来表示。反映女性和男性在健康、教育和生活水平三个维度成就的人类发展差距的综合度量指标。该比率越接近1,女性和男性之间的差异越小。

多维贫困指数:经过剥夺强度调整后的多维贫困人口百分比。

多维贫困发生率:加权剥夺得分为33%及以上的人口所占百分比。

多维贫困的剥夺强度:多维贫困人口遭受剥夺的平均百分比。

准多维贫困的人口:有沦为多维贫困风险(即剥夺分数为20—33%)的人口所占百分比。

严重贫困人口:处于严重多维贫困(即剥夺分数为50%及以上)的人口所占百分比。

各维度的剥夺占多维贫困的比重:各维度的剥夺在多维贫困指数中所占的比率。

低于每天1.25美元的人口:生活标准低

于国际贫困线每天 1.25 美元(购买力平价)的人口比率。

国家贫困线以下人口:生活标准低于该国贫困线(即由国家相关机构认定的适合该国国情的贫困线)的人口所占百分比。各国估算值基于从家庭调查中获得的按人口加权的分组估计值。

未接种白百破疫苗的婴儿:未接种首剂白喉、百日咳及破伤风疫苗的存活婴儿百分比。

未接种麻疹疫苗的婴儿:未接种首剂麻疹疫苗的存活婴儿百分比。

婴儿死亡率:婴儿从出生到 1 周岁期间死亡的概率,以每 1000 名存活婴儿中的死亡人数来表示。

5 岁以下儿童死亡率:儿童从出生到 5 周岁期间死亡的概率。以每 1000 名存活儿童中的死亡人数来表示。

产前检查覆盖率:在活产婴儿的女性中,怀孕期间至少接受过一次由熟练的医护人员提供的产前检查及护理的妇女所占百分比。

生长迟滞的儿童:是指在 0—59 个月大的儿童中,依据世界卫生组织规定的儿童生长标准,其身高比“年龄标准身高”中位数低两个以上标准差的儿童所占百分比。

超重儿童:是指在 0—59 个月大的儿童中,依据世界卫生组织规定的儿童生长标准,其体重比“身高标准体重”中位数高出两个以上标准差的儿童所占百分比。

已感染艾滋病毒的儿童:感染艾滋病毒的 0—14 岁儿童的估计人数。

青少年艾滋病毒感染率:在 15—24 岁青少年中,已感染上艾滋病毒的人口所占百分比。

有多个性伴侣的青少年中使用避孕套的人数比率:在所有承认自己在过去 12 个月内拥有多于一个性伴侣的 15—24 岁青少年中,在上一次与任一伴侣性交时使用过避孕套的青少年所占的百分比。

艾滋病毒呈阳性且未接受治疗以防止母婴传染的孕妇:在所有艾滋病毒呈阳性的孕妇中,未接受预防母婴传播的抗反转录病毒药物治疗的孕妇所占比率。

成人识字率:在 15 岁及以上人口中能够读写简单的日常生活用语并理解其含义的人所占的百分比。

青少年识字率:在 15—24 岁人口中能够读写简单的日常生活用语并理解其含义的人所占的百分比。

受过中高等教育的人口:在 25 岁及以上人口中至少接受过中等教育的人所占的百分比。

总入学率:特定教育级别(学前、初等、中等或高等)下,无论年龄大小,总入学人数的比率,以同等教育级别中的入学人数占规定学龄总人口的百分比来表示。

小学辍学率:在给定群体的小学入学儿童中,那些未完成小学教育最后一年而中途辍学的学生所占的百分比。计算方法为用 100% 减去顺利完成小学教育最后一年的儿童所占的比率,并假定在该入学儿童群体的小学教育阶段,所观察的人口流动率保持不变,且这些辍学儿童不会重新入学。

受过专业教学培训的小学教师:接受过从事小学教学所必需及最低限度的正规教师培训(岗前或在职培训)的小学教师所占的百分比。

15 岁学生在阅读、数学和科学三项科目的成绩:15 岁学生在这三项科目的知识技能测试中所取得的成绩。这三项科目对参与社会生活至关重要。

师生比例:在初等教育的指定学年,每名教师所对应的学生平均人数。

教育开支:用于教育方面的公共支出总额(经常项目和资本支出),以占 GDP 的百分比表示。

第七篇

索　　引

● 说　　明

1. 本索引按汉语拼音字母发音（同音字按声调），英文字母顺序排列；
2. 类目和文章标题及人名用黑体字注明，图、表名称后括号内另标有“图”“表”字样；
3. 索引名称后的数字表示内容所在页数，数字后括号内的小写英文字母表示内容所在栏。

1980—2013 年全国孕产妇保健情况 （表）570
1989—2013 年全国参加城镇职工基本养老保险人数 （表）529
1990 年以来中国人口寿命水平和死亡模式的再估计 330（a）
1990—2013 年各省、自治区、直辖市城镇登记失业人员及失业率 （表）493
1990—2013 年全国儿童保健情况 （表）567
1990—2013 年全国社会保险基金收支及累计结余 （表）526
1990—2013 年全国学龄儿童入学率和各级普通学校毕业生升学率 （表）595
1990—2013 年全国卫生总费用情况 （表）559
1991—2013 年卫生部监测地区新生儿死亡率、婴儿死亡率、5 岁以下儿童和孕产妇死亡率 （表）569
1994—2013 年全国社会保险基本情况 （表）525
1995—2013 年全国城镇单位就业人员工资总额和指数 （表）547
1995—2013 年全国城镇单位就业人员平均工资和指数 （表）550
1999—2013 年全国最低生活保障和社会救济平均标准 （表）504
1999—2013 年全国最低生活保障和社会救济平均支出水平 （表）505
2004—2012 年台湾省医院、病床和医务人员情况 （表）617
2004—2013 年全国农村医疗救助情况 （表）500
2004—2013 年台湾省入学率和教育经费 （表）617
2008—2013 年香港特别行政区人口主要指标 （表）618
2008—2013 年澳门特别行政区经济活动人口及失业状况 （表）623
2008—2013 年澳门特别行政区人口主要指标 （表）622
2008—2013 年澳门特别行政区医疗卫生条件 （表）624
2008—2013 年全国就业基本情况 （表）484
2008—2013 年台湾省劳动力和就业状况 （表）616
2008—2013 年台湾省面积和人口主要指标 （表）615
2008—2013 年香港特别行政区 15 岁及以上人口受教育程度 （表）621
2008—2013 年香港特别行政区按行业划分的就业人数 （表）619
2008—2013 年香港特别行政区按居住国家/地区划分的访港旅客人数 （表）619
2008—2013 年香港特别行政区劳动人口及失业状况 （表）618
2008—2013 年香港特别行政区医疗卫生条件 （表）620
2009—2013 年澳门特别行政区按行业划分的就业人口 （表）623
2009—2013 年全国医院次均门诊费用、人均住院费用 （表）562
2012—2013 年全国综合医院门诊费用、人均住院费用 （表）563
2013（第六届）中国人力资源管理年会 401（a）
2013：中国人口学研究的回顾与评述 279
2013 年 28 种传染病报告发病及死亡情况 （表）573
2013 年分地区残疾人就业情况 （表）606
2013 年分地区残疾人社会救助与社会福利 （表）610
2013 年分地区城镇残疾人参加社会保险情况 （表）608
2013 年分地区农村残疾人扶贫开发 （表）612
2013 年分地区未入学学龄残疾儿童少年情况 （表）605
2013 年分地区残疾人参加新型农村社会养老保险 （表）609
2013 年分地区残疾人法律服务和法律援助 （表）613
2013 年分地区残疾人服务设施建设 （表）614
2013 年分地区残疾人职业培训 （表）607
2013 年分地区托养服务机构建设情况 （表）611
2013 年各地区医院门诊和住院病人人均医药费用 （表）564

2013 年各省、自治区、直辖市按行业分城镇单位就业人员数 （表)489
2013 年各省、自治区、直辖市按来源分农村居民家庭人均纯收入 （表)539
2013 年各省、自治区、直辖市城市居民最低生活保障及其他社会救济 （表)495
2013 年各省、自治区、直辖市城乡居民社会养老保险情况 （表)530
2013 年各省、自治区、直辖市城镇单位就业人员工资总额和指数 （表)546
2013 年各省、自治区、直辖市城镇单位就业人员平均工资和指数 （表)548
2013 年各省、自治区、直辖市城镇基本医疗保险参保人数 （表)531
2013 年各省、自治区、直辖市城镇基本医疗保险基金收支情况 （表)532
2013 年各省、自治区、直辖市城镇居民家庭平均每人全年现金消费支出 （表)541
2013 年各省、自治区、直辖市城镇居民平均每人全年家庭收入来源 （表)538
2013 年各省、自治区、直辖市城镇职工基本养老保险情况 （表)528
2013 年各省、自治区、直辖市村卫生室及人员数 （表)556
2013 年各省、自治区、直辖市儿童保健情况（表)568
2013 年各省、自治区、直辖市儿童收养机构（表)510
2013 年全国分年龄、性别的人口数 （表)419
2013 年全国分年龄、性别的人口数（城市）（表)424
2013 年全国分年龄、性别的人口数（乡村）（表)434
2013 年全国分年龄、性别的人口数（镇）（表)429
2013 年各省、自治区、直辖市分性别、婚姻状况的人口数 （表)455
2013 年各省、自治区、直辖市分性别、婚姻状况的人口数（城市） （表)457
2013 年各省、自治区、直辖市分性别、婚姻状况的人口数（乡村） （表)561
2013 年各省、自治区、直辖市分性别、婚姻状况的人口数（镇） （表)459
2013 年各省、自治区、直辖市分性别、受教育程度的人口数 （表)447
2013 年各省、自治区、直辖市分性别、受教育程度的人口数（城市） （表)449
2013 年各省、自治区、直辖市分性别、受教育程度的人口数（乡村） （表)453
2013 年各省、自治区、直辖市分性别、受教育程度的人口数（镇） （表)451
2013 年各省、自治区、直辖市分性别的 15 岁及以上文盲人口 （表)601
2013 年各省、自治区、直辖市分性别的 15 岁及以上文盲人口（城市） （表)602
2013 年各省、自治区、直辖市分性别的 15 岁及以上文盲人口（乡村） （表)604
2013 年各省、自治区、直辖市分性别的 15 岁及以上文盲人口（镇） （表)603
2013 年各省、自治区、直辖市个体就业人员数（表)492
2013 年各省、自治区、直辖市各级普通学校生师比 （表)594
2013 年各省、自治区、直辖市工伤保险情况（表)534
2013 年各省、自治区、直辖市户数、人口数、性别比和平均家庭户规模 （表)439
2013 年各省、自治区、直辖市户数、人口数、性别比和平均家庭户规模（城市） （表)441
2013 年各省、自治区、直辖市户数、人口数、性别比和平均家庭户规模（乡村） （表)445
2013 年各省、自治区、直辖市户数、人口数、性别比和平均家庭户规模（镇） （表)443
2013 年各省、自治区、直辖市基层医疗卫生机构诊疗人次、住院人数 （表)558
2013 年各省、自治区、直辖市计划生育手术情况 （表)587
2013 年各省、自治区、直辖市结婚登记服务情况(一） （表)519
2013 年各省、自治区、直辖市结婚登记服务情况(二） （表)520
2013 年各省、自治区、直辖市居民消费水平（表)544
2013 年各省、自治区、直辖市老龄事业发展概

况(一) (表)514
2013 年各省、自治区、直辖市老龄事业发展概况(二) (表)516
2013 年各省、自治区、直辖市民政部门离婚办理服务情况 (表)522
2013 年各省、自治区、直辖市每 10 万人口各级学校平均在校生数 (表)592
2013 年各省、自治区、直辖市农村改厕工作情况 (表)575
2013 年各省、自治区、直辖市农村改水情况 (表)574
2013 年各省、自治区、直辖市农村居民家庭平均每人消费支出 (表)542
2013 年各省、自治区、直辖市农村居民最低生活保障情况 (表)499
2013 年各省、自治区、直辖市农村五保供养情况 (表)502
2013 年各省、自治区、直辖市农村乡镇卫生院及床位、人员数 (表)555
2013 年各省、自治区、直辖市农村医疗救助及其他农村救济 (表)501
2013 年各省、自治区、直辖市人口城乡构成 (表)463
2013 年各省、自治区、直辖市人口年龄构成和抚养比 (表)464
2013 年各省、自治区、直辖市人口年龄构成和抚养比(城市) (表)465
2013 年各省、自治区、直辖市人口年龄构成和抚养比(乡村) (表)467
2013 年各省、自治区、直辖市人口年龄构成和抚养比(镇) (表)466
2013 年各省、自治区、直辖市人口数及人口自然变动情况 (表)418
2013 年各省、自治区、直辖市生育保险情况 (表)535
2013 年各省、自治区、直辖市失业保险情况 (表)533
2013 年各省、自治区、直辖市私营企业就业人员数 (表)491
2013 年各省、自治区、直辖市特殊教育基本情况 (表)599
2013 年各省、自治区、直辖市卫生人员数 (表)554
2013 年各省、自治区、直辖市养老服务机构(城市) (表)506
2013 年各省、自治区、直辖市养老服务机构(农村) (表)508
2013 年各省、自治区、直辖市医疗卫生机构床位数 (表)553
2013 年各省、自治区、直辖市医疗卫生机构数 (表)552
2013 年各省、自治区、直辖市医院诊疗人次、住院人数 (表)557
2013 年各省、自治区、直辖市孕产妇保健情况(一) (表)571
2013 年各省、自治区、直辖市孕产妇保健情况(二) (表)572
2013 年各省、自治区、直辖市自然灾害损失情况 (表)524
2013 年各省、自治区、直辖市社会福利院 (表)512
2013 年国际护士节护理大会 397(a)
2013 年全国 15 岁及以上人口分年龄、性别的婚姻状况 (表)468
2013 年全国 15 岁及以上人口分年龄、性别的婚姻状况(城市) (表)472
2013 年全国 15 岁及以上人口分年龄、性别的婚姻状况(乡村) (表)480
2013 年全国 15 岁及以上人口分年龄、性别的婚姻状况(镇) (表)476
2013 年全国城市分性别前 10 位疾病死亡率及死亡原因构成 (表)565
2013 年全国高等教育学校(机构)学生数 (表)596
2013 年全国各级各类学历教育学生情况 (表)597
2013 年全国公立医院收入与支出情况 (表)560
2013 年全国行政区划 (表)417
2013 年全国农村居民分性别前 10 位疾病死亡率及死亡原因构成 (表)566
2013 年全国育龄妇女分年龄、孩次的生育状况 (表)576
2013 年全国育龄妇女分年龄、孩次的生育状

况（城市）（表）578
2013 年全国育龄妇女分年龄、孩次的生育状况（乡村）（表）582
2013 年全国育龄妇女分年龄、孩次的生育状况（镇）（表）580
2013 年人民生活基本情况（表）536
2013 年中国残疾人事业发展概况 186
2013 年中国教育事业发展概况 166
2013 年中国流动人口概况 163
2013 年中国人口发展概况 159
2013 年中国社会服务事业发展概况 191
2013 年中国卫生和计划生育事业发展概况 170
2013 年综合医院收入与支出情况（表）561
2013 中国城市规划年会 401(b)
2014 年人口统计指标（表）625
FDI、环境监管与能源消耗：基于能耗强度分解的经验检验 330(a)

A

澳门特别行政区按教育机构类别统计的注册学生人数（表）624

B

北京市人口、经济和环境关系的协调度评价 330(b)
部分新兴经济体的进城农村转移人口及其就业与住房保障——2013 年新兴经济体智库圆桌会议综述 385

C

财政部　人力资源社会保障部　国家税务总局关于企业年金　职业年金个人所得税有关问题的通知(2013 年 12 月 6 日) 105
财政部　教育部　人力资源社会保障部关于印发《中等职业学校国家助学金管理办法》的通知(2013 年 6 月 3 日) 124
财政部　教育部　人力资源社会保障部关于印发《中等职业学校免学费补助资金管理办法》的通知(2013 年 6 月 3 日) 126
城市化将如何应对老龄化？——从中国城乡人口流动到养老基金平衡的视角 330(b)
"城乡发展一体化"国际研讨会 402(a)
城镇化进程中农民工就业稳定性及工资差距——基于分位数回归的分析 330(b)
城镇居民婚姻匹配和家庭收入变动：1991—2009 331(a)
创新与改革——中国人口转变学术研讨会暨中国人口学会 2013 年年会 403(a)

D

当代劳动经济学国际研讨会 401(b)
第二届全国"人口、就业与社会保障"学术研讨会会议综述 381
第五届 CIER/IZA 劳动经济学学术研讨会 400(b)
独生子女死亡总量及变化趋势研究 331(a)
对 2010 年人口普查数据准确性的估计 331(b)

F

发展战略、城市化与中国城乡收入差距 331(b)
发展中国家的多维贫困指数（表）637
符合二胎政策妇女的生育意愿和生育行为差异——基于计划行为理论的实证研究 332(a)

G

个人所得税的收入分配效应 332(a)
个人所得税改善中国收入分配了吗——基于对 1997—2011 年微观数据的动态评估 332(b)
各地区已婚育龄妇女避孕率(2009—2013)（表）584
工会是否改善劳动收入份额？——理论分析与来自中国民营企业的经验证据 332(b)

工伤职工劳动能力鉴定管理办法(2014 年 2 月 20 日) 107
国家卫生和计划生育委员会令 第 1 号(2013 年 5 月 31 日) 121
国家卫生计生委 国家中医药管理局关于加快发展社会办医的若干意见(2013 年 12 月 30 日) 142
国家卫生计生委 国家中医药管理局关于加快推进人口健康信息化建设的指导意见(2013 年 11 月 20 日) 42
国家卫生计生委关于加强食品安全标准工作的指导意见(2013 年 9 月 12 日) 132
国务院关于促进健康服务业发展的若干意见(2013 年 9 月 28 日) 136
国务院办公厅关于印发中国食物与营养发展纲要(2014—2020 年)的通知(2014 年 1 月 28 日) 153
国务院办公厅关于转发教育部等部门特殊教育提升计划(2014—2016 年)的通知(2014 年 1 月 8 日) 149
国务院关于加快发展养老服务业的若干意见(2013 年 9 月 6 日) 20
国务院关于建立统一的城乡居民基本养老保险制度的意见(2014 年 2 月 21 日) 111

H

户籍歧视对城乡收入差距的影响 333(a)

J

计划生育基层基础工作研讨会 401(a)
技术进步、计算机使用与劳动收入占比——来自中国工业企业数据的证据 333(a)
技术偏向与中国劳动收入份额的再考察 333(a)
健康老龄化:中、德、日的多学科研究国际研讨会 400(b)
教育部关于印发《中小学生学籍管理办法》的通知(2013 年 8 月 11 日) 128
教育部 国家发展改革委 财政部关于全面改善贫困地区义务教育薄弱学校基本办学条件的意见(2013 年 12 月 31 日) 145
教育回报率的地区差异及其对劳动力流动的影响 333(b)
尽快启动普遍二孩软着陆,实现人口经济社会均衡发展 199
近 20 年来中国人口老龄化的区域差异及其演化 333(b)
“进城务工人员随迁子女公平接受教育的财政制度设计”专题研讨会综述 390
经济波动、劳动力市场摩擦与产业结构 334(a)
经济增速放缓与经济波动对居民福利影响的阶段差异分析 334(a)

L

流动人口研究中的概念、数据及议题综述 292
“六普”报告的婴儿死亡率误差和实际水平的估计 335(b)
劳动关系的集体化转型与政府劳工政策的完善 334(b)
劳动力市场扭曲、结构转变和中国劳动生产率 334(b)
劳动力市场扭曲是促进还是抑制了 FDI 的流入 335(a)
累计劣势与老年人经济安全的性别差异:一个生命历程视角的分析 335(a)

M

门当户对的婚姻会更幸福吗?——基于婚姻匹配结构与主观幸福感的实证研究 335(b)
民政部 国家发展和改革委员会 公安部 司法部 财政部 国家卫生和计划生育委员会 国家宗教事务局关于进一步做好弃婴相关工作的通知(2013 年 5 月 14 日) 3

N

能源使用、碳排放与我国全要素碳减排效率 336(a)
农民工流动方式与子女社会分化——对中国

人口流动制度设计的反思 335(b)
“农民工市民化与更高质量的城镇化”学术研讨会 398(b)

Q

企业出口对员工工资影响的再分析——基于广义倾向得分法的经验研究 336(a)
全国历年按城乡分就业人员数（表)487
全国历年按三次产业分就业人员数（表)485
全国历年城市社会救济和城市居民最低生活保障（表)494
全国历年城乡居民家庭人均收入和消费支出(表)543
全国历年城乡居民家庭人均收入及恩格尔系数（表)540
全国历年各级各类学校毕业生数（表)593
全国历年各级各类学校数（表)588
全国历年各级各类学校在校学生数（表)591
全国历年各级各类学校招生数（表)590
全国历年各级各类学校专任教师数（表)589
全国历年计划生育手术情况（表)585
全国历年教育经费情况(1992—2012)（表)600
全国历年结婚登记情况（表)518
全国历年居民消费水平（表)545
全国历年离婚办理情况（表)521
全国历年农村社会救济和农村居民最低生活保障（表)497
全国历年自然灾害情况（表)523
全国农村改革与发展座谈会 399(a)
全国人口和计划生育工作会议 396(b)
“全球化背景下劳动关系与劳工运动”国际研讨会 396(a)

R

人口城镇化与城镇化用地关系研究——以江苏省为例 336(b)
人口结构与国际贸易 336(b)
人口老龄化另一种测量指标 336(b)
人口流动对中国城乡居民健康差异的影响 337(a)
人口年龄结构、养老保险制度转轨对居民储蓄率的影响 337(a)
人口年龄结构对居民消费影响的路径分析 337(b)
人口普查国际学术研讨会 396(a)
人口与发展南南合作部长级国际会议 400(a)
人力资本与产业结构转化对经济增长的效应分析——来自中国省级面板数据的经验证据 337(b)
人力资源社会保障部　财政部关于印发《城乡养老保险制度衔接暂行办法》的通知(2014年2月24日) 115

S

社会经济地位对人口健康的影响——以生活方式为中介机制 337(b)
生育水平评估与生育政策调整——基于中国大陆分省生育水平现状的分析 338(a)
世界部分国家不平等调整后人类发展指数(表)631
世界部分国家的儿童青少年健康状况（表)638
世界部分国家的教育状况（表)640
世界部分国家人类发展指数及其构成（表)627
世界部分国家人类发展指数趋势 1980—2013年（表)629
世界部分国家性别不平等指数（表)633
世界部分国家性别发展指数(GDI)（表)635
世界人口数据部分指标解释 642
试论当前中国人口发展的阶段特征及其影响——以城乡关系为视角 252

T

提高劳动者的工资水平能否有效改善我国初次分配状况？338(a)

W

外商直接投资、适度财政分权与农村剩余劳动力转移——基于经济因素和体制变革的双重合力视角 338(b)

外资进入是否提高了劳动者的讨价还价能力 338(b)
我国出生性别比变化新特点——基于“五普”和“六普”数据的比较 339(a)
我国人口因素对二氧化碳排放的影响——基于 STIRPAT 模型的分析 339(a)

X

西方视角下的户籍制研究综述 322
新生代农民工“二元化”消费方式与身份认同研究——基于 2010 年上海市外来农民工的调查 339(a)
新型城镇化与流动人口社会融合论坛(2014) 404(b)
小企业生态对就业贡献的国内外研究进展 303

Y

养老金“双轨制”对城镇居民生命周期消费差距的影响 339(b)
预期城乡收入差距及其对我国农村劳动力转移的影响 339(b)

Z

暂时性贫困与慢性贫困的度量、分解和决定因素分析 340(a)
政府工作报告(节选)——2014 年 3 月 5 日在第十二届全国人民代表大会第二次会议上 65
制造业企业对劳动力市场变化的反应:基于微观数据的观察 340(a)
中德城市与区域可持续发展国际研讨会 404(a)
中德流动人口社会融合国际研讨会 399(b)
中共中央关于全面深化改革若干重大问题的决定(2013 年 11 月 12 日中国共产党第十八届中央委员会第三次全体会议通过) 26
中共中央　国务院印发《国家新型城镇化规划(2014—2020 年)》 69
中共中央组织部等 7 部门关于促进残疾人按比例就业的意见(2013 年 8 月 19 日) 97
中国残疾人联合会关于印发《残疾人托养服务基本规范(试行)》的通知(2013 年 12 月 31 日) 48
中国城市化发展的挑战及其应对建议 237
中国城市转型与重构国际研讨会 402(b)
中国城乡户籍一元化改革与劳动力职业分布 340(b)
中国城乡家庭结构变动分析——基于 2010 年人口普查数据 340(b)
中国城乡居民的教育机会不平等及其演变(1978—2008) 341(a)
中国城镇化质量研究 341(a)
中国初婚模式变迁——基于婚姻表的分析 341(a)
中国的劳动份额是否真的很低:基于制造业的国际比较研究 341(b)
中国电子商务生态系统中的就业与创业研究 268
中国经济增长的就业弹性 341(b)
中国经济增长如何转向全要素生产率驱动型 342(a)
中国居民消费的碳排放趋势及其影响因素的经验分析 342(a)
中国劳动力市场发展对劳动力成本的影响 342(b)
中国劳动收入份额的变化趋势及其驱动机制新解——基于国际贸易和最低工资的视角 342(b)
中国老年人的居住方式现状与变动特点——基于“六普”和“五普”数据的分析 342(b)
中国离退休人员收入分配中的横向与纵向失衡分析 343(a)
中国流动人口社会融合状况研究 259
中国人口变动对经济增长影响的量化研究 343(a)
中国人口分布与经济发展空间一致性研究 343(b)
中国人口年龄结构与居民医疗保健消费 343(b)
中国人口生育水平低在何处——基于“六普”

数据的分析 344(a)

中国人口生育政策改革的思考 228

中国人力资本的区域分布及发展动态 344(a)

中国社会保障30人论坛年会(2014) 403(a)

中国社会保障30人论坛年会(2013) 396(b)

中国社会的代际收入流动性趋势:2000—2009 344(b)

中国社会学学会2013年学术年会 397(b)

中国生育率转变中的数量和进度效应 344(b)

中国通货膨胀对财产不平等的影响 345(a)

中国制造业的就业创造与就业消失 345(a)

中华人民共和国国务院令　第637号(2013年7月12日) 14

中华人民共和国国务院令　第649号(2014年2月21日) 58

中华人民共和国国务院令　第652号(2014年4月25日) 117

中华人民共和国民政部令　第48号(2013年6月28日) 6

中华人民共和国民政部令　第49号(2013年6月28日) 10

中华人民共和国人力资源和社会保障部令　第20号(2013年9月26日) 100

中小城市规模分布如何影响劳动者工资收入? 345(b)

中央补助地方健康素养促进行动项目2012年总结暨2013年启动会 398(b)

最低工资标准与中国企业的出口行为 345(b)